Frank Schlöffel

Heinrich Loewe
Zionistische Netzwerke und Räume

Jüdische Kulturgeschichte in der Moderne
hrsg. von Joachim Schlör
Band 8

Frank Schlöffel ist Kulturwissenschaftler und Publizist. Er forscht insbesondere im Bereich der Jüdischen Studien, vor allem zur Geschichte und Kultur des Zionismus. Er studierte Jüdische Studien, Religionswissenschaft und Soziologie in Potsdam, wo er, gefördert von der Studienstiftung des deutschen Volkes, zu dem Thema „Heinrich Eljaqim Loewe (1869–1951). Netzwerke und Räume" promoviert hat.

Frank Schlöffel

Heinrich Loewe

Zionistische Netzwerke und Räume

Neofelis Verlag

Inhalt

Vorwort // 9

I. **Einleitung**
1. Biographische Notizen // 13
2. Im Archiv // 20
3. Auf dem Weg zu den Produktionsstätten zionistischer Kultur // 27

II. **Altenheim, Friedhof, Nachleben – letzte Spuren** // 39

III. **An(ge-)kommen in Berlin?** // 53

IV. **Nationaljudentum in Aktion (1889–1892)**
1. Russisch-jüdisch wissenschaftlicher Verein – Laboratorium des nationaljüdischen Experiments in Berlin // 72
2. Die *Selbst-Emancipation* zirkulieren! // 83
3. An den Akademien // 92
4. Nationalismus, Palästina, ‚Ostjuden' – eine Debatte im Winter 1892 // 106

V. **Zionismus in Aktion (1892–1897)**
1. Die Neuvermessung des nationaljüdischen Terrains Berlin // 125
2. Jung Israel – kulturtopographische Verflechtungen des Berliner Zionismus // 131
3. Jüdische Lesehalle und Bibliothek – Ort jüdischen Wissens, Ort jüdischer Wohltätigkeit // 148
4. Zwischen *Selbst-Emancipation* und *Zion* // 154
5. Berlin-Palästina-Basel // 165

VI. **‚Schekelzahler*innen' in Aktion (1897–1908)**
1. Die Neuvermessung des zionistischen Terrains Berlin nach dem 1. Zionistenkongress // 196
2. *Jüdische Rundschau* // 216
3. Bibliotheken I // 241

VII. Zionistische Kulturarbeiter*innen in Aktion I (1908–1918)
1. Zionistische Kulturgeographien *machen*! // 259
2. Die Sprache(n) der Juden // 277
3. Palästinaprojektionen – hinter den Kulissen // 295
4. Bibliotheken II – in der Hauptsammelstelle, Berlin // 308

VIII. Zionistische Kulturarbeiter*innen in Aktion II (1918–1933)
1. Zionistische Topographien der Kultur, der Bildung und des Wissens // 314
2. Exkurs *in die Peripherie* – Großstadt und Gartenstadt // 333
3. Jüdischer Schulverein // 341
4. Jüdische Volkskunde an der Freien Jüdischen Volkshochschule // 348
5. Bibliotheken III – Jüdische National- und Universitätsbibliothek // 359
6. Die neuen ‚Soncinat*innen' // 374

IX. (Neu-)Ankommen – Tel Aviver Fragmente
1. In der Passage // 385
2. Stadtbilder // 388
3. Selbstorganisation // 391
4. Bücher für die Stadt // 395

X. Zusammenfassende Betrachtungen // 400

Anhang
Abkürzungen // 410
Abbildungsverzeichnis // 411
Quellenverzeichnis // 412
Personenregister // 475
Ortsregister // 482

Für Efrim, Rosa, Milan und Dajena

Vorwort

Vorliegende raum- und verflechtungssensible Biographie ist ein Beitrag zur Kultur-, Sozial- und Geistesgeschichte moderner jüdischer Kulturen. Jede Episode, die aus dem Leben ihres Protagonisten Heinrich Loewe (1869–1951) erzählt, öffnet den Blick auf neue kulturelle und soziale jüdische Geographien – *Jewish Spaces.* Dabei wird weniger auf ihre Statik, sondern vielmehr auf ihre Bewegungen, die auch durch kleinteilige Verschiebungen sichtbar gemacht werden, fokussiert. Es ist bspw. das Berlin des ausgehenden 19. Jahrhunderts, wo zionistische Aktivist*innen sich in öffentlichen Lokalen und ihren Privatwohnungen trafen – oder wie im Falle Loewes lange Zeit, kräftig unterstützt durch die Familie, zionistische Periodica edierten.[1] Aus Privatwohnungen, deren Adressen anfangs häufig gewechselt hatten, wurden späterhin professionell arbeitende Büros, aus Versammlungen in Hinterzimmern diverser Kneipen und Restaurants Kundgebungen in Prachtsälen. Schon mit Blick auf das zionistische Berlin der Jahrhundertwende lässt sich sagen, dass jene Geschichte, die hier als Verflechtungsgeschichte nachgezeichnet wird, eine von um-, er- und bekämpften Orten und Räumen der Moderne ist. Umso mehr gilt dies natürlich für den für deutsche Jüd*innen zuvorderst imaginären Raum ‚Palästina'. Er wurde durch Zionist*innen wie Loewe zunächst im Schreiben angeeignet, später bereist und schließlich, etwa durch seine Mitwirkung am Aufbau der Jüdischen National- und Universitätsbibliothek in Jerusalem, materiell mitgestaltet.
Das Schreiben über jene Bewegungen des historischen Zionismus hin nach ‚Eretz Israel', für die die physische und im Denken sich manifestierende Mobilität Heinrich Loewes

1 Unter http://neofelis-verlag.de lässt sich auf der Produktseite des Buchs ein Stadtplan Berlins abrufen, in dem Heinrich Loewes Wohnungen, Zimmer und Unterkünfte, jüdische Institutionen, Orte für Unterrichtskurse jüdischer Bildungsträger, Veranstaltungsorte und sonstige Einrichtungen, die für Loewe Relevanz hatten, verzeichnet sind.

stellvertretend stehen kann, ist vor dem Hintergrund der heutigen politischen Situation im Nahen Osten freilich nach wie vor brisant. Schon die Bezeichnung für das damalige Territorium – zunächst als Teil des Osmanischen Reichs, später als Mandatsgebiet unter britischer Verwaltung –, in dem die ersten jüdischen Siedlungen Mitte des 19. Jahrhunderts gegründet wurden, kann zum Politikum werden; in zionistischen Kontexten einst verwendete Begriffe wie ‚Kolonisation', aber auch ‚Siedlung' lösen heute mitunter Befremden oder Missverständnisse aus. Nichtsdestotrotz wird gebotene Distanz haltend der Versuch unternommen, die Definitionsmacht über spezifische Begriffe, Verhältnisse usf. zunächst den historischen Akteur*innen zu überlassen, ihnen im Lärm der Geschichte(n) zuzuhören, bevor das von den in Fragmenten erhaltenen Spuren Loewes nachgezeichnete soziale und kulturelle zionistische Archipel (neu) geknüpft wird.

Ich richte den Blick auf die formative Phase des zionistischen Kollektivs in Berlin bis 1898 (Kap. III–IV), frage danach, was es für Heinrich Loewe bedeutete, in Berlin, einer Großstadt, anzukommen, um dann im umfangreichsten Kapitel der vorliegenden Studie, das die inhaltlichen Ausgangspunkte für die folgenden Kapitel bietet, auf die Entstehung und kulturelle Praxis der ersten zionistischen Zusammenschlüsse einzugehen. Ich fokussiere ihre ‚Mikrophysik' und die z. T. mit anderen jüdischen Initiativen geteilten Aktionsfelder. Zudem werden hier die Grundlagen für eine zionistische Beziehungsgeschichte zu Palästina gelegt, die sich in den folgenden Jahrzehnten fortschreiben sollte. – In Kapitel V. vertiefe ich den Blick auf die innere Mechanik des sich ausdehnenden zionistischen Kollektivs. Persönliche Abhängigkeitsverhältnisse und deren Konsequenzen für Loewes Biographie werden herausgearbeitet. Mit der Redaktion der *Jüdischen Rundschau* rückt bspw. eine signifikante Produktionsstätte zionistischer Propaganda in den Fokus. Der das V. Kapitel schließende Abschnitt „Bibliotheken I" ist der erste von insgesamt drei Abschnitten, die sich Loewe und den für seine Biographie eminent wichtigen Buchhäusern widmet. – Kap. VI und VII untersuchen Loewes kulturpraktische Aktionsfelder zwischen 1908 und 1933. Schwerpunkte bilden der politische Hebraismus und die Konstruktionsarbeit an Palästina. Die Konzeption einer jüdischen Gartenstadt bei Berlin am Ende des Ersten Weltkriegs wird näher beleuchtet. – Die Verhandlungen verschiedener politischer Fraktionen nach dem Ersten Weltkrieg, die sich bspw. in den Sitzungsprotokollen der Berliner jüdischen Repräsentantenversammlung abbilden, sind Ausgangspunkt des VIII. Kapitels, das Loewes Weg und jenen ausgewählter Kultur- und Bildungsinitiativen, an denen er partizipierte, bis zu seiner Emigration nach Tel Aviv 1933 darstellt. – Kapitel IX nimmt Loewes Ankunft und die ersten Jahre seines Lebens in der Stadt am Mittelmeer in den Blick.

Der zeitgenössischen Sprache, die keine geschlechtergerechten Bezeichnungen, wie sie heute zunehmend verwendet werden, kennt, aber auch der Umstand, dass die zionistische Geschichte praktisch wie narrativ von Männern dominiert wurde, stellen für das Schreiben eine gewisse Herausforderung dar. Mit ihm ist die Gefahr des

Unsichtbarmachens anderer Geschlechter verbunden, obschon es nicht erst seit dem 1. Zionistenkongress 1897, auf dem Marie Reinus stellvertretend für die 14 weiblichen Delegierten das Frauenwahlrecht – es kam erst auf dem folgenden Kongress zur Anwendung – erfolgreich eingefordert hatte, bspw. zahlreiche von Frauen getragene Organisationen innerhalb des zionistischen Kollektivs der Diaspora gab oder Frauen als Pionierinnen frühzeitig nach Palästina auswanderten. Bemerkenswert ist etwa eine Vereinsgründung in Berlin, auf die Heinrich Loewe in seinen unveröffentlichten Erinnerungen verweist: Unter dem Namen „Judas Töchter. Vereinigung jüdischer Frauen und Mädchen" ist schon am 11. Februar 1895 auf Initiative von Rosa Thonn und Margarete Sachs ein Verein mit dem Ziel gegründet worden, ihn als „weiblichen Parallelverein" Jung Israels zu einem „nützlichen Werkzeuge zionistischer Propaganda und jüdisch-nationaler Erziehung" zu machen.[2] Auch Jung Israel selbst, der auf Initiative u. a. von Loewe 1892 gegründet wurde, schlossen sich „eine Anzahl junger Mädchen, zwar nicht als Mitglieder, wohl aber als ständige, gern gesehene Gäste an, ohne, dass das irgend etwas offizielles war."[3] Obschon also die offiziellen Quellen (Versammlungsprotokolle usf.) aus der Frühzeit des zionistischen Kollektivs, die später veröffentlichten Erinnerungen verschiedener zionistischer Aktivisten sowie die Geschichtsschreibung des Zionismus sich dazu – bis auf wenige Ausnahmen – weitgehend ausschweigen, ist zu betonen, dass Frauen schon in den formativen Jahren des zionistischen Kollektivs wesentlich an seiner Konstituierung beteiligt waren. Folglich wird im vorliegenden Buch zum großen Teil eine geschlechtergerechte Sprache verwendet, auch wenn die dem Buch zugrundeliegenden Quellen zum großen Teil männlich kodiert erscheinen.

Ohne die Unterstützung vieler Menschen und Institutionen wäre dieses Buch nie erschienen. Zunächst gilt meinen Betreuern Christoph Schulte und Joachim Schlör herzlicher Dank für die jahrelange Begleitung der Arbeit, für die produktive Kritik und für die Geduld. Joachim Schlör danke ich ganz besonders – nicht nur für die Aufnahme des Bandes in die von ihm herausgegebene Reihe –, ohne ihn hätte ich Heinrich Loewe nie ‚kennengelernt', mein wissenschaftlicher Werdegang wäre ohne ihn nicht denkbar gewesen. Bei der Studienstiftung des Deutschen Volkes möchte ich mich für die großzügige finanzielle Unterstützung meiner Promotion bedanken. Besonderer Dank

2 Heinrich Loewe: Sichronot. Kap. Judas Töchter. CZA, A146/60, S. 1; vgl. ders.: Sichronot. Kap. Mitwirkung von Frauen. CZA, A146/68, S. 2. Zu den ersten nationaljüdischen Frauenvereinen in Österreich und dem Deutschen Reich sowie zu den ersten nationaljüdischen Aktivistinnen selbst vgl. Mark H. Gelber: *Melancholy Pride. Nation, Race, and Gender in the German Literature of Cultural Zionism*. Tübingen: Niemeyer 2000, S. 161–163. Die erste Gründung eines nationaljüdischen Frauenvereins geht auf November 1885 zurück. Unter dem Namen „Verein jüdischer junger Damen – Mirjam" wurde er in Wien gegründet.

3 Loewe: Sichronot. Kap. Mitwirkung von Frauen, S. 1. Loewe erwähnt hier neben einigen anderen Aktivistinnen bspw. Betty (Isabella) Friedländer, die ihm zufolge schon im Russisch-jüdisch wissenschaftlichen Verein aktiv gewesen war.

gilt allen Mitarbeiter*innen der Archive und Bibliotheken, die ich für die Recherche bis 2014 aufgesucht habe und die mich tatkräftig unterstützt haben: Karin Bürger und Ursula Wallmeier (Bibliothek des Moses Mendelssohn Zentrums, Potsdam), Nurit Libman, Tanya Zhovner, David D. Rubin (Bet Ariela, Tel Aviv), Rochelle Rubenstein, Simone Schliachter, Batia Leshem (Zionistisches Zentralarchiv, Jerusalem), Inka Arroyo (Central Archives for the History of the Jewish People, Jerusalem), Gil Weissblei (Archiv der Nationalbibliothek Israels, Jerusalem), Shlomo Meir (Leo Baeck Institut, Jerualem), Orna Zeltzer (Chaim-Weizmann-Archiv, Rechovot) Ziona Raz (Stadtarchiv Tel Aviv), Nili Davidson (Museum der deutschsprachigen Juden, Tefen), Barbara Welker (Archiv des Centrum Judaicum, Berlin), Ulrike Neuwirth (Archiv des Jüdischen Museums Berlin), Ilona Kalb, Winfried Schultze (Archiv der Humboldt-Universität zu Berlin), Ilka Lenze (Archiv der Bibliothek für Bildungsgeschichtliche Forschung des Deutschen Instituts für Internationale Pädagogische Forschung, Berlin), Bianca Welzing-Bräutigam (Landesarchiv Berlin), Gerhard Keiper (Politisches Archiv des Auswärtigen Amts, Berlin), Bärbel Mund (Archiv der Niedersächsischen Staats- und Universitätsbibliothek, Göttingen) und Uwe Förster (Kunstmuseum Kloster Unser Lieben Frauen, Magdeburg). Für den regen wissenschaftlichen Austausch, ihre Kritik und Hinweise zum Manuskript möchte ich mich über die oben genannten hinaus – und in der Hoffnung, niemanden zu vergessen – ganz herzlich bedanken bei: Dov Schidorsky, Ines Sonder, Annekathrin Helbig, Raiko Hannemann, Erik Petry, Nathanael Riemer, Caroline Jessen, Philipp Messner, Mathias Berek, Judith Siepmann, Lina Barouch, Albrecht Spranger, Heinz Nowak und allen Teilnehmer*innen der Colloquien an der Philosophischen Fakultät der Universität Potsdam. Jutta Sade und auch Esthi Ben Joseph danke ich für die wunderbaren Gespräche und den warmen Empfang daheim bei ihnen. Und nicht zuletzt möchte ich Matthias Naumann und Annika Ermel vom Neofelis Verlag danken. Ohne Euch gäbe es nicht nur dieses Buch nicht, sondern auch nicht den Verlag, in dem es nun so sorgfältig lektoriert und wunderbar gesetzt erscheint.

I.
Einleitung

1. Biographische Notizen

Als Heinrich Loewe am 11. Juli 1869 im kleinen Ackerbaustädtchen Wanzleben bei Magdeburg geboren wurde, war bereits etwas mehr als ein halbes Jahrhundert vergangen, seitdem Friedrich Wilhelm III. am 12. März 1812 dem Staat Preußen das Emanzipationsedikt gab und damit die bürgerliche Gleichberechtigung der Jüd*innen rechtlich kodifiziert wurde. Um das Jahr 1840 lebten in Wanzleben nur sechs Jüd*innen.[1] Es gab hier weder eine Synagoge noch eine jüdische Religionsschule noch einen jüdischen Friedhof. Allerdings verzeichnete das Straßennetz des Ortes eine ‚Judengasse'. Dieses Zeugnis einer ehemaligen geschlossenen jüdischen Ansiedlung in direkter Ortslage spricht für die Existenz einer jüdischen Gemeinde in Wanzleben seit dem Spätmittelalter. „Die Umgebung der Familie war durchaus deutsch"[2], notiert Loewe in seinen Erinnerungen. Nur zwei jüdische Familien lebten in der Kleinstadt in den 1870er und 1880er Jahren.[3] Die jährlichen Höhepunkte des bürgerlichen Lebens bildeten Weihnachten, das Schützenfest und das Schweineschlachten zum Neuen Jahr.[4] Als jüngstes von insgesamt fünf Kindern wird Heinrich Loewe hier geboren, im Haus in der Roßstraße 12, das sein Vater, Louis Loewe (1819–1899), Ende der 1850er Jahre erwarb und ausbauen ließ, um hier zugleich mit seiner in den nächsten Jahren sich stetig

1 Sämtliche Angaben zu Wanzleben im 19. Jahrhunderts sind der umfassenden Arbeit *Juden und Judengemeinden in der Magdeburger Börde und in den eingeschlossenen Teilen Anhalts* von Heinz Nowak entnommen, die zur Abfassungszeit dieser Arbeit als Manuskript vorlag. Ich hatte Gelegenheit, Heinz Nowak persönlich kennenzulernen. Hiermit möchte ich mich für die Gespräche und für den herzlichen Empfang besonders bedanken.

2 Heinrich Loewe: Sichronot. Kap. Gross-Wanzleben. CZA, A146/61, S. 4.

3 Heinrich Loewe: Sichronot. Kap. Judentum in Wanzleben. CZA, A146/61, S. 1.

4 Loewe: Sichronot. Kap. Gross-Wanzleben, S. 12a.

vergrößernden Familie zu wohnen und ein Geschäft zu betreiben.[5] Während Louis Loewe ursprünglich aus dem mecklenburgischen Strelitz stammte und einige Jahre in Berlin verbrachte – dort nicht nur seine Ausbildung in der angesehenen Buchhandlung M. Veit & Comp.[6] absolvierte, sondern auch Mitglied der zur proletarischen Aufstandsbekämpfung gegründeten Bürgerwehr von 1848 wurde –,[7] wuchs Heinrichs Mutter Betty, geb. Plaut (1826–1900), genannt Bertha, in unmittelbarer Nähe zu Wanzleben, im benachbarten Oschersleben, auf. Louis und Betty heirateten am 15. August 1860. „In Wanzleben gab es wenig Gelegenheit, vom Judentume etwas zu hören oder zu erlernen“ [8], erinnert sich Loewe. Das Elternhaus, ein einfaches, altes Haus mit kleinem Garten, Waschhaus, Stall und Ziehbrunnen auf dem schmalen, dahinter gelegenen Hof,[9] wirkte einigermaßen kompensierend, wenn auch kulturelle und religiöse Institutionen, die man in größeren und Großstädten vorfand, kaum zu ersetzen waren. Es bildete in diesem vom Protestantismus geprägten kleinstädtischen Raum einen jüdischen Mikrokosmos. Die Mutter brachte ihren Kindern das hebräische Alphabet bei, es wurde, wenn auch großteils auf Deutsch, gebetet – auch das Shma Yisrael. Der Shabbat, die jüdischen Speisevorschriften (Kashrut) und die hohen jüdischen Feiertage wurden eingehalten. Koschere Lebensmittel bezog die Familie aus Oschersleben, Familienangehörige bestattete man auf dem jüdischen Friedhof in Egeln.[10] Das Wohnzimmer zierten Pastelle der Ur- und Ur-Ur-Großeltern. In der kleinen Bibliothek im Hause befand sich eine Ausgabe des Tanach von 1716, den der Vater, so Heinrich Loewe, täglich las. Baruch Spinozas *Theologisch-politisches Traktat* lag im Bücherschrank, aber auch Martin Luthers Bibelübersetzung, Werke von Jean Paul, Johann Gottlieb Fichte, William Shakespeare, Hans Christian Andersen, den Gebrüdern Grimm und nicht zuletzt Fritz Reuter, dem Lieblingsschriftsteller der Eltern.[11] Als „Grenzbewohner“[12] charakterisiert Loewe seine Familie in Wanzleben, als an der kulturellen Peripherie Lebende.

5 Heinrich Loewe: Sichronot. Kap. Louis Loewe. CZA, A146/61, S. 9.

6 Zu Moritz Veit, der zusammen mit seinem ehemaligen Kommilitonen und Lehrer von Louis Loewe, Joseph Lehfeld (ursprünglich: Joseph Levy), die Boikesche Buchhandlung kaufte und in die Buchhandlung Veit & Comp. umwandelte, vgl. Jacob Toury: Jüdische Buchhändler und Verleger in Deutschland vor 1860. In: *Bulletin des LBI* 9 (1960), S. 58–69, hier 67–69; Monika Richarz: *Der Eintritt der Juden in die akademischen Berufe in Deutschland 1678–1848.* Tübingen: Mohr Siebeck 1974, S. 203–204; Stefi Jersch-Wenzel: *Jüdische Bürger und kommunale Selbstverwaltung in preußischen Städten 1808–1848.* Berlin: de Gruyter 1967, S. 61–62; Sebastian Panwitz: *Die Gesellschaft der Freunde 1792–1935. Berliner Juden zwischen Aufklärung und Hochfinanz.* Hildesheim / Zürich / New York: Olms 2007, S. 122–124; Heinrich Hubert Houben: *Jungdeutscher Sturm und Drang.* Leipzig: Brockhaus 1911, S. 26–27.

7 Vgl. Loewe: Sichronot. Kap. Louis Loewe, S. 6.

8 Loewe: Sichronot. Kap. Judentum in Wanzleben, S. 1.

9 Heinrich Loewe Sichronot. Kap. Häusliches Leben in Wanzleben. CZA, A146/61, S. 1.

10 Loewe: Sichronot. Kap. Judentum in Wanzleben, S. 1.

11 Ebd., S. 5; Heinrich Loewe: Sichronot. Einschaltung, Louis Loewe, Berta geb. Plaut. CZA, A146/61, S. [1].

12 Heinrich Loewe: Sichronot. Einfügung bei Berta Plaut – Loewe. CZA, A146/61, S. [1].

Einige der Kinder verließen Wanzleben frühzeitig. Gerade einmal neun Jahre alt, besuchte Eduard (geb. 1862), das älteste der Kinder, ab 1871 die Jacobson-Schule in Seesen,[13] eine aufklärerische, jüdische Schule, die von dem in Halberstadt geborenen ‚Hofjuden' Israel Jacobson 1801 im nordwestlichen Teil des Harzes gegründet worden war. Vier Jahre später verließ auch Richard (geb. 1863) das Haus der Eltern. Er ging nach Magdeburg, in die Hauptstadt der Provinz Sachsen. Hier besuchte er das protestantische Pädagogikum Kloster Unser Lieben Frauen und erhielt Religions- und Hebräischunterricht in der Schule der Jüdischen Gemeinde. Johanna (geb. 1865) und Moritz (geb. 1867) wurden weder in jüdischer Religion unterrichtet noch lernten sie Hebräisch. Während Johanna im Elternhaus zurück blieb und im Alter von 25 Jahren an der Influenza starb,[14] verließ Moritz die Kleinstadt, um in die Fußstapfen seines Vaters zu treten und im brandenburgischen Havelberg eine Lehre als Kaufmann zu beginnen.

Im Herbst 1883 musste Louis Loewe sein Geschäft in Wanzleben aufgeben. Ein Konkursverfahren wurde von den zuständigen Behörden eingeleitet, sämtliche Waren am 17. August 1883 zu Tagespreisen verkauft.[15] Das Grundstück in der Roßstraße erwarb ein gewisser Ökonomierat Schaeper,[16] bevor die Familie nach Magdeburg übersiedelte. Im Zentrum der damals 30.000 Einwohner*innen zählenden Provinzhauptstadt ließ sie sich nieder. Über das Ankommen in Magdeburg schreibt Heinrich Loewe – über sich als Dreizehnjährigen, der zum ersten Mal in seinem Leben Bekanntschaft mit großstädtischem Raum machte:

> Als wir in Magdeburg ankamen und den Bahnhof verliessen, sah ich mi[ch] gegenüber einer langen Strasse, wo alle Häuser vierstöckig waren, d. h. nach meinen Dafürhalten, so hoch wie in Wanzleben die Türme. Ich fragte Richard, der damals Primaner war, wie die Leute da oben hinaufkämen, denn aus der vierten Etage guckte ein Mann heraus. […] Immerhin war es doch interessant zum ersten Mal einen Fluss zu sehen.[17]

Wenige Tage später folgte der erste Synagogenbesuch.

Nachdem Richard, Eduard und Heinrich in Magdeburg zunächst in verschiedenen Pensionen lebten, darunter die Pension Jettchen Rosenfeld und die Pension Alfred

13 Zur Jacobson-Schule vgl. Meike Berg: Jüdische Reformschule im Herzogtum Braunschweig. Die Jacobson-Schule in Seesen von der Spätaufklärung bis zur Reichsgründung. In: Britta L. Behm / Uta Lohmann / Ingrid Lohmann (Hrsg.): *Jüdische Erziehung und aufklärerische Schulreform. Analysen zum späten 18. und frühen 19. Jahrhundert*. Münster: Waxmann 2002, S. 253–268.

14 Die Influenza-A-Pandemie von 1890 war der erste von insgesamt sechs großen Ausbrüchen der Krankheit.

15 Vgl. Stange: Konkursverfahren. In: *Amtliches Wanzlebener Kreisblatt*, 04.10.1883, S. 1.

16 Loewe: Sichronot. Kap. Gross-Wanzleben, S. 9a.

17 Heinrich Loewe: Sichronot. Kap. Kloster Unser Lieben Frauen. CZA, A146/61, S. 2.

Wiesenthal,[18] bezog die Familie eine Wohnung in der Kaiserstraße 12a. Hatte Heinrich Loewe die ersten Schuljahre an der Gehobenen Bürgerschule in Wanzleben verbracht, willigten seine Eltern ein, dass er seinem Bruder an das Pädagogikum Kloster Unser Lieben Frauen folgt. Die *Gesetze und Weisungen für die Schüler des Klosters Unser Lieben Frauen zu Magdeburg*, die nach bestandener Aufnahmeprüfung seines Sohnes von Louis Loewe am 11. April 1883 unterschrieben wurden, zeigen, dass die vermeintlich zwischen 1832 und 1834 säkularisierte,[19] nun staatlich anerkannte Schule keineswegs ihren religiösen Charakter abgelegt hatte. „Christliche Gottesfurcht" zählen die *Weisungen* als oberste Handlungsmaxime des zukünftigen Schülers an einer der angesehensten humanistischen Lehranstalten in Preußen auf.[20] In der Schule, die ihre Schüler, in der zeitgenössischen pädagogischen Praxis verhaftet, innerhalb wie außerhalb der Einrichtung auf militärische Art und Weise disziplinierte,[21] blieben Richard und Heinrich die einzigen Juden. Am christlichen Religionsunterricht nahm Heinrich nicht teil.[22] Anders als bei seinem Bruder, der an der Schule zum durch Stipendien finanzierten „Musterschüler"[23] avancierte, dokumentiert das Zeugnis Heinrichs im besten Fall durchschnittliche Leistungen. Auszeichnen konnte er sich ausschließlich in den Fächern Geschichte und Geographie, die er mit dem Prädikat „Gut" abschloss.[24] Wie sein Bruder Richard wurde Heinrich parallel zum Unterricht am Pädagogikum an der Schule der Magdeburger Jüdischen Gemeinde unterrichtet. Der Gemeinderabbiner, Moritz Rahmer, war es, der Loewe die Möglichkeit zu ersten journalistischen Versuchen gab. Sie arbeiteten ab Ende der 1880er Jahre zeitweilig gemeinsam an der

18 Heinrich Loewe: Sichronot. Kap. Kloster Unser Lieben Frauen. CZA, A146/61, S. 5.

19 Uwe Förster: Zu Ausstellung und Katalog. In: Matthias Puhle (Hrsg.): *Zwischen Kanzel und Katheder. Das Kloster Unser Lieben Frauen Magdeburg vom 17. bis 20. Jahrhundert*. Ausstellungskatalog Kunstmuseum Kloster Unser Lieben Frauen. Calbe: Grafisches Centrum Calbe 1998, S. 17–19, hier S. 18.

20 *Gesetze und Weisungen für die Schüler des Klosters Unser Lieben Frauen zu Magdeburg*. Magdeburg 1872, S. 3.

21 Die *Weisungen* umfassen einen umfangreichen Katalog von Ge- und Verboten, die dem Pädagogikum den Anstrich einer totalitären Bildungseinrichtung geben. Geregelt wurde etwa, wann und wo sich die Schüler während des Schulbetriebs aufzuhalten haben oder wie sich man sich im Unterricht zu verhalten habe: „Während des Unterrichts ist jede nachlässige Haltung, alles Plaudern, Vorsagen, Absehen oder Abschreiben, sowie der Gebrauch beschriebener Lehrbücher untersagt." (Ebd., § 5.) Bemerkenswert ist aber vor allem, dass auch das Leben der Schüler außerhalb der Schule reglementiert werden sollte. Sogar die Wahl des Wohnortes musste mit dem Klassenleiter und dem Schulleiter abgesprochen werden: „Das ganze häusliche Leben der Schüler muß mit den Zwecken der Schule im Einklang stehen. Daher darf zunächst kein Schüler eine Wohnung wählen oder wechseln ohne vorherige Berathung mit dem Klassenordinarius und ohne Zustimmung des Probstes. Eine Pension, die der letztere nach vorliegenden Erfahrungen bedenklich findet, ist sofort aufzugeben." (Ebd., § 9.) Und weiter: „Ungeeigneten Umgang außerhalb des Kreises seiner Mitschüler hat jeder Schüler zu meiden und auf Weisung des Probstes oder Ordinarius sofort aufzugeben." (Ebd., § 11.)

22 Vgl. Zeugnis der Reife von Heinrich Loewe, 19.03.1889. Pädagogikum zum Kloster Unser Lieben Frauen. CZA, A146/001.

23 Loewe: Sichronot. Kap. Kloster Unser Lieben Frauen, S. 7.

24 Vgl. Zeugnis der Reife von Heinrich Loewe.

bereits 1870 von Abraham Treuenfels in Breslau gegründeten *Israelitischen Wochenschrift für die religiösen und socialen Interessen des Judenthums*.

In Berlin, wo sich Heinrich Loewe im April 1889 an der Philosophischen Fakultät der Friedrich-Wilhelms-Universität immatrikulierte und gleichzeitig Veranstaltungen an der Hochschule für die Wissenschaft des Judentums[25] besuchte, begann sein öffentliches Engagement für die nationaljüdische Idee. Am Ende einer Epoche des Übergangs und Wandels angelangt, die geprägt war von nachhaltigen wirtschaftlichen, politischen, sozialen und kulturellen Transformationsprozessen, suchten vor allem in Berlin jüdische Studierende nach Reaktionsmöglichkeiten auf die Krise der jüdischen Assimilation[26] und den raumgreifenden, modernen Antisemitismus[27], nach explizit jüdischen Ausdrucksformen. Berlin, die im Wachsen begriffene Metropole jüdischer Kulturen, die Stadt der ‚Jüdischen Renaissance', entwickelte sich in den folgenden Jahrzehnten zu einem der internationalen Zentren des Kollektivs. Richard Loewe sagte über seinen jüngeren Bruder: Er „sei eigentlich die Seele dessen, was [zu dieser Zeit] als jüdische Bewegung in Berlin sich abspielte"[28]. Heinrich Loewe trug entscheidend dazu bei, dass das zunächst nationaljüdische, später dezidiert zionistische Kollektiv[29], welches

25 Nach ihrer Gründung am 6. Mai 1872 führte die Einrichtung offiziell den Titel ‚Hochschule'. 1883 wurde sie allerdings zwangsweise in ‚Lehranstalt' umbenannt. Zur Geschichte der Hochschule im Allgemeinen und ihrer Namensänderungen im Besonderen vgl. Marianne Awerbuch: Die Hochschule für die Wissenschaft des Judentums. In: Reimer Hansen / Wolfgang Ribbe / Willi Paul Adams (Hrsg.): *Geschichtswissenschaft in Berlin im 19. und 20. Jahrhundert. Persönlichkeiten und Institutionen*. Berlin / New York: de Gruyter 2006, S. 517–552, hier S. 532.

26 Einer kritischen Betrachtung unterziehen Till van Rahden und Shulamit Volkov bspw. den Assimilationsbegriff (vgl. Till van Rahden: *Juden und andere Breslauer. Die Beziehungen zwischen Juden, Protestanten und Katholiken in einer deutschen Großstadt 1860–1925*. Göttingen: Vandenhoeck & Ruprecht 2000, S. 17–24; Shulamit Volkov: Jüdische Assimilation und jüdische Eigenart im Deutschen Kaiserreich. Ein Versuch. In: *Geschichte und Gesellschaft* 9,3 (1983), S. 331–348). Für eine kritische Betrachtung des damit verbundenen Diskurses über Deutschtum und Judentum vgl. Christoph Schulte: Nicht nur zur Einleitung. In: Ders. (Hrsg.): *Deutschtum und Judentum. Ein Disput unter Juden aus Deutschland*. Stuttgart: Reclam 1993, S. 5–27.

27 Zur Entstehungsgeschichte des modernen Antisemitismus vgl. Norbert Kampe: Von der „Gründerkrise" zum „Berliner Antisemitismusstreit". Die Entstehung des modernen Antisemitismus in Berlin 1875–1888. In: Reinhard Rürup (Hrsg.): *Jüdische Geschichte in Berlin. Essays und Studien*. Berlin: Hentrich 1995, S. 85–100.

28 Jehuda Louis Weinberg / Hanna Weinberg-Schalit: *Jahrhundertwende. Eine Novelle in Briefen*. Unveröffentlichtes Manuskript, S. 52 (Privatbesitz F. S.).

29 Im Folgenden wird in Bezug auf die Vielheit zionistischer Akteur*innen und ihrer Verbindungen untereinander von ‚Kollektiv' gesprochen. Ich verwende den Begriff in Anlehnung an die Akteur-Netzwerk-Theorie, die Bruno Latour als eine Soziologie der Assoziationen versteht (vgl. Bruno Latour: *Eine neue Soziologie für eine neue Gesellschaft. Einführung in die Akteur-Netzwerk-Theorie*. Frankfurt am Main: Suhrkamp 2007). Im Gegensatz zu „soziologisch vorbelasteten Begriffen wie ‚Gesellschaft', ‚System' oder ‚Struktur'" (Theo Röhle: *Der Google-Komplex. Über Macht im Zeitalter des Internets*. Bielefeld: Transcript 2010, S. 65, Anm. 12), aber auch Bewegung – wie das zionistische Kollektiv zeitgenössisch und in Forschungsarbeiten häufig bezeichnet wird – öffnet jene „schwache und theoriearme Definition" (ebd.) den Raum für die Definitionsmacht der Handelnden. Vgl. Kap. I.3.

im Verlauf der Geschichte Trägerin der umfassenden zionistischen Revolution werden sollte, erste Konturen annahm.

Die Liste der Aktionsräume Loewes, die diese Studie betrachtet, ist sehr lang: Das erste Laboratorium des nationaljüdischen Experiments, der Russisch-jüdisch wissenschaftliche Verein, entstand Ende 1889. Loewe war als einziger Deutscher Mitglied. Es knüpften sich in der Folgezeit Kontakte zu anderen bestehenden Initiativen, etwa zur Kadimah in Wien; mit dem Magen David eigneten sich die Aktivist*innen erste Symbole an, die sie nach außen als ‚Nationaljüd*innen' kenntlich machten. Die von Nathan Birnbaum in Wien redigierte *Selbst-Emancipation*, die Loewe als Chefredakteur ab 1895 unter dem Namen *Jüdische Volkszeitung*, später *Zion*, weiterführen sollte, entwickelte sich zum Archiv des kollektiven Fortschritts. Durch die Rekrutierung vornehmlich in studentischen Kreisen, öffentlichkeitswirksame Veranstaltungen und sonstige Propaganda gelang es den Berliner Aktivist*innen, ihre Ideen in die Berliner Kulturtopographie einzuschreiben. Im Mai 1892 entstand u. a. auf Initiative von Loewe mit Jung Israel ein weiteres zionistisches Forum. Erste Allianzen mit nicht-nationaljüdischen Kreisen wurden geschlossen, mit der Jüdischen Lesehalle und Bibliothek und dem Palästina-Pavillon auf der Berliner Gewerbeausstellung zwischen 1894 und 1896 erste kooperative Projekte durchgeführt. 1895 unternahm Loewe zusammen mit Willy Bambus[30] die erste Palästinaexkursion. Eine zweite folgte, von der aus er als Delegierter der jüdischen Dörfer in Palästina zum 1. Zionistenkongress nach Basel 1897 reiste. Durch die nach dem 1. Zionistenkongress einsetzende Professionalisierung und Hierarchisierung des zionistischen Kollektivs war Loewe in den Jahren nach dem Kongress gezwungen, einerseits seine Position in der entstandenen Organisation neu zu definieren, anderseits seinen Lebensunterhalt zu sichern. Seinen Posten als Vorsitzender der Berliner Zionistischen Vereinigung (BZV) legte er kurze Zeit nach dem 2. Zionistenkongress 1898 nieder. In der Zwischenzeit war nicht nur sein Vater erkrankt, auch gab es innerhalb des zionistischen Kollektivs zahlreiche persönliche Differenzen. Sichtlich frustriert zog sich Loewe vorübergehend aus der zionistischen Arbeit zurück. Seine Eltern starben kurz nacheinander. Ende August 1899 gelang es Loewe, erst Schritte zu unternehmen, um seine wirtschaftliche Existenz außerhalb der Zionistischen Organisation zu sichern. Er nahm eine Tätigkeit an der Bibliothek der Friedrich-Wilhelms-Universität auf. Hier arbeitete er, zuletzt als Bibliotheksrat, bis zu seiner Entlassung 1933.

1902 erfolgte Loewes zionistisches Comeback. Ein Jahr zuvor, am 10. September 1901, hatten er und die sieben Jahre jüngere Johanna Auerbach geheiratet. Johanna, einer Rabbinerfamilie aus Wronke entstammend, war später in zionistischen Zusammenhängen, vor allem auch in der jüdischen Wohlfahrtsarbeit und Kinderfürsorge

30 Zur Willy Bambus' Biographie vgl. Erik Petry: *Ländliche Kolonisation in Palästina. Deutsche Juden und früher Zionismus am Ende des 19. Jahrhunderts.* Köln: Böhlau 2004, S. 270–273.

engagiert. Loewe zählt sie bspw. zu den Gründerinnen des Kinderheims Ahawah in der Auguststraße.[31] Heinrichs und Johannas Kinder, Hadassa und Gideon, wurden am 17. Juni 1902 bzw. am 14. November 1907 geboren.[32] Loewe übernahm nacheinander die Redaktion der Zeitschrift *Der Jüdische Student* und der *Jüdischen Rundschau*, die als Zentralorgan der Zionistischen Organisation für Deutschland fungierte. 1907, ein Jahr bevor Loewe als Chefredakteur der *Rundschau* entlassen wurde, berief man ihn als Referent für „Palästina-Kulturfragen" in das in Berlin neu gegründete Zentralbüro der Zionistischen Weltorganisation (WZO). Erstmals wurde er, nachdem er bereits seit 1905 für die Gründung einer Nationalbibliothek Propaganda in zionistischen Kreisen betrieb, an der zionistischen Projektierung des kulturellen Aufbaus Palästinas auf internationaler Ebene beteiligt. In den folgenden Jahren war Loewe in die Gründung der Organisation für hebräische Sprache und Kultur, Histadrut Ivrit, involviert, die bspw. den Kongress für hebräische Sprache und Literatur von 1909 vorbereitete und den ersten hebräischen Kindergarten in Berlin gründete. Ab Dezember 1911 entwickelte Loewe zudem für den Jüdischen Nationalfonds (JNF) Lichtbildvorträge, die als Propagandamittel eingesetzt wurden.

Im Januar 1914 wurde Heinrich Loewe zum Direktor der Hauptsammelstelle für die Jüdische National- und Universitätsbibliothek in Berlin berufen. Loewe koordinierte die Sammelstelle, die kurz vor Ausbruch des Ersten Weltkriegs ihren Betrieb in Berlin aufnahm. In diesem Zusammenhang entstand ein Netz aus Organisationen und Privatpersonen, die in verschiedenen Städten der jüdischen Diaspora die aus Berlin dirigierte Sammeltätigkeit unterstützten. Nach dem Ersten Weltkrieg verschob sich Loewes Arbeitsschwerpunkt für die Bibliothek. Nicht mehr nur das Sammeln und die Verschickung von Büchern sowie die Propagandatätigkeit für das neue Kulturinstitut gehörten zu seinen Aufgabenbereichen, sondern er war zudem in den Bau des Wolffsohnhauses, jener 1930 eröffneten neuen ‚Heimstätte' für die Bücher auf dem Skopusberg in Jerusalem eingebunden. Zwar noch im Rahmen des Aufbaus der Jüdischen National- und Universitätsbibliothek (JNUL) aktiv, erweiterte sich das Spektrum seiner Tätigkeiten auch in anderer Richtung: Loewe und andere zionistische Aktivist*innen arbeiteten daran, die jüdische Kultur- und Bildungslandschaft Berlins in eine zionistische umzuwandeln. Sie initiierten, teilweise in Kooperation mit anderen politischen Akteur*innen, nicht nur zahlreiche Kultur- und Bildungsprojekte, darunter etwa 1919 den Jüdischen Schulverein und die Freie Jüdische Volkshochschule (FJV) sowie 1924

31 Vgl. Heinrich Loewe. Sichronot. Kap. Die Zionistin. CZA, A146/69, S. 10. Zum Kinderheim vgl. Regina Scheer: *AHAWAH. Das vergessene Haus: Spurensuche in der Berliner Auguststraße*. Berlin: Aufbau 2004.

32 Hadassa trat in akademischer Hinsicht in die Fußstapfen ihres Vaters. Sie studierte ab 1926 Orientalische Sprachen in Bonn, nachdem sie bereits sieben Semester in Berlin absolviert hatte. Für diese Information danke ich Birgit Formanski vom Universitätsarchiv Bonn.

die Soncino-Gesellschaft der Freunde des jüdischen Buches, sondern wurden – neu organisiert und als Jüdische Volkspartei (JVP) formiert – eine signifikante Akteurin der Berliner jüdischen Kommunalpolitik.
Sein Leben endete wie das vieler Angehöriger, Freund*innen und Kolleg*innen in Berlin abrupt 1933. Loewe und seine Familie emigrierten in das britische Mandatsgebiet Palästina, wo er bis 1948 als Leiter der Stadtbibliothek Shaar Zion in Tel Aviv tätig war. Bis zu seinem Tod waren es noch drei weitere Jahre, die er zuletzt im Staat Israel lebte.

2. Im Archiv

Der Vielschreiber Heinrich Loewe hat einen immens großen Quellenkorpus hinterlassen, der sich im Wesentlichen auf das Zionistische Zentralarchiv (CZA) und das Archiv der Jüdischen National- und Universitätsbibliothek in Jerusalem sowie das Kulturzentrum Bet Ariela – Shaar Zion in Tel Aviv verteilt. Diese Wissensspeicher mit ihren spezifischen Praktiken des Sammelns, Aufbewahrens und Erschließens sind wesentliche Akteure im „historischen Feld".[33] Zu selten wurden sie bisher als solche wahrgenommen, obwohl sie als konstitutiv für die Auswertungspraxis historischer Quellen gelten können. Das Archiv wäre, so Julia Herzberg, nicht als „Sehnsuchtsort" zu bewerben, sondern es müsse dem*der Geschichts(be-)arbeiter*in als Ort des „Misstrauens" erscheinen. Die Leerstellen im Archiv sollten statt Schweigen Fragen provozieren.[34] Eine Studie, die etwa die Praxis des CZA – dem wohl weltweit wichtigsten

33 Julia Herzberg: Russische Trojaner. Über das Eindringen bäuerlicher Autobiographik in das Archiv. In: *L'Homme* 20,1 (2009), S. 111–123, hier S. 123. In den letzten Jahren gab es erste Versuche, Teilaspekte des Verhältnisses von Archiv und Forschung im Rahmen der Jewish Studies aufzugreifen. Eine Konferenz an der Universität Cape Town im April 2011 widmete sich bspw. dem Zusammenhang von jüdischer Migration und Archiv. Die Veranstaltung, die kooperativ vom Kaplan Centre for Jewish Studies and Research und dem Parkes Institute for the Study of Jewish/non-Jewish Relations initiiert wurde, wollte u. a. die Rolle von Archiven als „Erinnerungstransmitter" und Migration als mobilisierendes Element im Schaffungs- bzw. Konstruktionsprozess neuer Archive hinterfragen (vgl. Parkes Institute: The Archive and Jewish Migration: From Antiquity to the Present. Conference and Call for Papers. http://www.southampton.ac.uk/parkes/news/conf_migration_11.shtml (Zugriff am 20.06.2012)). Eine weitere, in diesem Zusammenhang wichtige Konferenz fand bereits 1999 in Potsdam statt. Hier wurde vor allem eine Bestandsaufnahme jüdischer Archive und Sammlungen in Europa vorgenommen, Problemlagen der Archivlandschaft sondiert und einzelne Sammlungen vorgestellt (vgl. Jean-Claude Kuperminc / Rafaële Arditti (Hrsg.): *Preserving Jewish Archives as Part of the European Cultural Heritage*. Paris: Alliance Israélite Universelle 2001).

34 Vgl. Herzberg: Russische Trojaner, S. 123. Hierzu auch Hubertus Büschel: Das Schweigen des Subalternen. Die Entstehung der Archivkritik im Postkolonialismus. In: Anja Horstmann / Vanina Kopp (Hrsg.): *Archiv – Macht – Wissen. Organisation und Konstruktion von Wissen und Wirklichkeiten in Archiven*. Frankfurt am Main / New York: Campus 2010, S. 73–88, hier S. 75–79. Anja Horstmann / Vanina Kopp: Einleitung. In: Ebd., S. 9–22, folgend sind Archive „Orte der Herrschaftspraxis" (ebd., S. 14), „Orte der Wissenskonstruktion" (ebd., S. 16) und „Orte der (Re-)Präsentation und Wandlung" (ebd., S. 18). Mit Bezug auf Michel Foucaults Theorie des Dispositivs (vgl. Michel Foucault: *Dispositive der Macht. Über Sexualität, Wissen und Wahrheit*. Berlin: Merve 1978, insb. S. 119–125) lassen sie sich als „Operator[en] [...] zur Bearbeitung, Lösung gesellschaftlicher Problemlagen und Transformationsphasen" (zit. n. Horstmann / Kopp: Einleitung, S. 10) definieren.

Gedächtnis des Zionismus – in seinen jeweiligen historischen Zusammenhängen, insbesondere nach der Gründung des Staates Israel 1948, untersucht, steht noch aus. Eine solche wäre allerdings für die Geschichtsschreibung des Zionismus unabdingbar und könnte zum Beispiel Fragen zu Bestandslücken, etwa dem Fehlen von Nachlässen zionistischer Aktivist*innen, der weitgehenden Marginalisierung von Frauen sowohl in der Geschichtsschreibung des Zionismus selbst, vor allem aber in der archivalischen Überlieferung beantworten. Gleichfalls ließen sich in diesem Zusammenhang Praktiken der Auswahl – der Inklusion und Exklusion von potentiellen Beständen – in den Blick nehmen und Fragen nach deren Funktion, z. B. als herrschaftslegitimierendes Element im politisch-diskursiven Feld (nicht nur) Israels, analysieren. Inwieweit politische Herrschaftspraxis und archivalische Praxis (nicht nur) in Israel korrelieren, lässt sich bereits durch die Verabschiedung des Archivgesetzes im Jahr 1955 erahnen.[35] Darüber hinaus könnten archivalische Raumordnungen als (überspitzt formuliert) Topologien der Kontrolle und Disziplinierung[36] des Archivguts auf der einen Seite und der Archivnutzer*innen auf der anderen Seite thematisiert werden.

Symptomatisch erscheint für die Geschichte des Archivs, die, wie Jacques Derrida ausführt, mit dem athenischen *archeîon* beginnt,[37] etwa die „Eiserne Tür", die Georg Herlitz, der Gründer und erster Direktor des CZA, als Grenzlinie zwischen Akten-Magazin und öffentlichem Bereich in einem Entwurf für das Archiv der Zionistischen Organisation aus dem Jahr 1922 vorschlägt.[38] Damit wurde der*die Archivar*in gegenüber den Archivnutzer*innen privilegiert und zum*zur (alleinigen) Herrscher*in über die Wissensbestände erhoben. Individuelles Wissen der Archivar*innen und ggf. archivalische Findmittel ersetzen in dieser räumlichen Konstellation den direkten Zugriff auf Akten und wirken als Vermittler zwischen Nutzer*in und Archivgut.[39] Die *Anleitung*

35 Alex Bein, der die Position des Staatsarchivars in den Folgejahren besetzte, führt diesbezüglich aus: „The State Archivist and archives administration in general are under the authority of the Prime Minister's office." (Alex Bein: Archives in Israel. In: *Archivum. Revue Internationale des Archives* 11 (1961), S. 171–181, hier S. 173.) Dem Staatsarchivar obliegt allerdings nicht nur die Aufsicht über das israelische Staatsarchiv, sondern auch über die von der Regierung anerkannten „Public Archives", zu denen u. a. das Zionistische Zentralarchiv gehört.

36 Zu derartigen Topologien vgl. Michel Foucault: *Überwachen und Strafen. Die Geburt des Gefängnisses*. Frankfurt am Main: Suhrkamp 1976.

37 Jacques Derrida: *Dem Archiv verschrieben. Eine Freudsche Impression*. Berlin: Brinkmann + Bose 1997, S. 11. Vgl. auch Knut Ebeling: Das Gesetz des Archivs. In: Ders. / Stephan Günzel (Hrsg.): *Archivologie. Theorien des Archivs in Wissenschaft, Medien und Künsten*. Berlin: Kadmos 2009, S. 61–88; Cornelia Vissmann: Arché, Archiv, Gesetzesherrschaft. In: Ebd., S. 89–103.

38 Georg Herlitz: Plan für ein Archiv der Zion. Organisation, 1922. CZA, A146/124.

39 Erst durch die Nutzung postmoderner Informationstechniken, wie sie für den Bereich der Jüdischen Studien im Rahmen großangelegter Digitalisierungsprojekte bspw. am Center for Jewish History in New York (vgl. http://access.cjh.org/) angewandt werden, steht die wissenschaftliche Community an der Schwelle zur Demokratisierung – zumindest in Bezug auf ihre Strukturen, die den Wissenserwerb moderieren. Auch am Leo Baeck Institut werden im Rahmen des Projekts *DigiBaeck* nicht nur die Aktenbestände im großen Stil digitalisiert und Nutzer*innen kostenlos zur Verfügung gestellt, gleichfalls bemüht

zum Ordnen und Beschreiben von Archiven[40] war Georg Herlitz der zweckdienliche Wegweiser zur Organisation des am 1. Juni 1919 gegründeten „Zionistischen Archivs".[41] Entsprechend folgte die Sammel- und Verzeichnungspraxis dem Muster einer Behörde. Dies führte dazu, dass unter der Leitung Herlitz' zunächst bspw. auf die Sammlung von privaten Korrespondenzen verzichtet wurde.[42] In diesem Zusammenhang erwies es sich für die heutige Zionismusforschung als Glücksfall, dass Alex Bein nach seiner Entlassung aus dem Reichsarchiv in Potsdam 1933 nach Palästina übersiedelte, im CZA arbeitete und schließlich Herlitz als Direktor des Archivs ablöste. Bein notiert in seinen Erinnerungen:

> Die Wichtigkeit von Privatarchiven hatte ich ja im Reichsarchiv in Potsdam verstehen gelernt, das [...] auf diesem Gebiet Pionierarbeit geleistet hatte. Meine Argumentation ging nun dahin: Wenn schon in einem staatlichen Archivwesen die offiziellen Archive nur einen Teil der historischen Wahrheit enthalten, weil die meisten Handlungen im Leben des Einzelmenschen beginnen und dort enden, so trifft das noch mehr bei einer Organisation zu, deren Handlungen auf Freiwilligkeit basieren. Hier spielt das Leben eines Individuums eine noch wichtigere Rolle, und vieles dokumentarische Material bleibt bei ihm zu Hause und gelangt gar nicht erst in die offiziellen Akten.[43]

Beins divergierender Auffassung von sammelwürdigem Archivgut ist es zu verdanken, dass Besucher*innen heute mehr als 900 private Nachlässe und Nachlasssplitter im CZA vorfinden.[44] Gleichzeitig problematisiert Bein in seinen Erinnerungen den Antagonismus zweier archivpraktischer Konzepte, der insbesondere nach dem Zweiten Weltkrieg im Verhandlungsraum CZA virulent wurde. Die leitenden Archivare Bein und Herlitz setzten die Hierarchie von Neuerwerb und Ordnung archivalischer Sammlungen auseinander. War Herlitz der Ansicht, die Ordnung und Systematisierung von bereits im Depot eingelagerten Archivgut hätten unbedingten Vorrang vor dem Ankauf neuer

man sich durch die Einbindung in Projekte wie das Internet Archive (vgl. http://www.archive.org) die Bestandsbeschreibungen mit größeren Wissenszusammenhängen zu verknüpfen (vgl. http://www.archive.org/details/LeoBaeckInstitute). Das Projekt *Judaica Europeana* bildet momentan den Höhepunkt der Digitalisierung von Archivbeständen zur jüdischen Geschichte (vgl. http://www.judaica-europeana.eu/ (Zugriff am 31.05.2017)).

40 Samuel Müller / Johan Adriaan Feith / Hans Kaiser / Wilhelm Wiegand: *Anleitung zum Ordnen und Beschreiben von Archiven*. Leipzig: Harrassowitz 1905.

41 Georg Herlitz: *Mein Weg nach Jerusalem. Erinnerungen eines zionistischen Beamten*. Jerusalem: Rubin Mass 1964, S. 82.

42 Vgl. auch Müller / Feith / Kaiser / Wiegand: *Anleitung zum Ordnen und Beschreiben von Archiven*, S. 2.

43 Alex Bein: *Hier kannst du nicht jeden grüßen. Erinnerungen und Betrachtungen*. Hildesheim / New York: Olms 1996, S 280.

44 Vgl. zu Herlitz und Bein im Zusammenhang mit dem Aufbau des israelischen Archivwesens auch Jütte: *Die Emigration der deutschsprachigen „Wissenschaft des Judentums"*, S. 89–100.

Dokumente, stand Bein dieser Auffassung diametral gegenüber. „[N]icht rechtzeitig erworbenes Material", so Bein, würde „oft unwiederbringlich verlorengeh[en]".[45]

Im Fall Loewe ist es gleich mehreren Personen zu verdanken, dass Dokumente aus seinem umfangreichen Nachlass im CZA deponiert wurden. Zunächst gab Loewe einen Teilnachlass, vermutlich noch Ende der 1940er Jahre, selbst in das Archiv. Drei Jahre nach seinem Tod ergänzten sein Schwager Elias Auerbach und seine Tochter Hadassa Loewe im Jahr 1954 den CZA-Bestand mit weiteren Materialien. Weiterhin übergab Hadassa Loewe 1983–84 einige Dokumente an das Archiv. Dazu gehörten vermutlich auch umfangreiche Korrespondenzen, die Hadassa zuvor in ihrer Wohnung in Ramat Gan aufbewahrt hatte. 1982 sorgte Dov Schidorsky[46] dafür, dass ein Teil der Akten, die Loewe in seinem Arbeitszimmer im dritten Stock des alten Gebäudes der Tel Aviver Stadtbibliothek deponiert hatte, in das CZA überführt wurden. Schidorsky ergänzte den Bestand ein weiteres Mal im Jahr 1997. Zudem gab Loewes Enkelin Jehudit Sade in den 1990er Jahren Dokumente ins CZA. Insgesamt umfasst der Loewe-Nachlass heute 192 Akten, die 3,5 Lfm messend Loewes professionelles und familiäres Leben sowie sein journalistisches Wirken – insbesondere sein Engagement für das zionistische Kollektiv – dokumentieren. Zudem wurde der Nachlass 2008 durch ein neues englischsprachiges Findbuch erschlossen.

Das Findbuch zum Loewe-Teilnachlass im CZA vermerkt, dass einzelne Dokumentensammlungen aus ihrem ursprünglichen Gefüge herausgelöst und in andere Bestände des Archivs transferiert wurden. Dies geschah entweder aufgrund ihrer Beschaffenheit – „printed material [...] pins, badges and coins" – oder dann, wenn sie von Theodor Herzl unterschrieben waren.[47] Weiterhin wurde Material an das Archiv der JNUL abgegeben. Erstaunlicherweise förderte eine Recherche in den Beständen der JNUL einen umfangreichen Teilnachlass Loewes zutage, von dem zuvor niemand wusste. Auf ca. 2.000 Seiten sind hier Loewes Amerikareisen in den Jahren 1923 und 1924, Stiftungen und Vermächtnisse an die JNUL, die Personalpolitik der 1914 gegründeten Berliner Hauptsammelstelle, die Arbeit des Palästina-Hochschul-Komitees, der

45 Bein: *Hier kannst du nicht jeden grüßen*, S. 282. Bein trifft einen Problemkomplex im Kern, mit dem sich auch in der heutigen Archivpraxis auseinandergesetzt werden muss. Es ist bedauerlich, dass nicht jedes Archiv einen John M. Spalek hat. Er sammelt seit mehr als vier Jahrzehnten unter großem persönlichen Einsatz private Nachlässe für das Exilarchiv der Deutschen Nationalbibliothek, darunter bspw. Nachlässe von Thomas Mann, Soma Morgenstern und Stefan Zweig. Von Spaleks Sammeltätigkeit handelt der Dokumentarfilm *Die Koffer des Herrn Spalek* (D 2012, R: Gregor Eppinger).

46 Vgl. Email von Dov Schidorsky, 02.11.2010. Dov Schidorsky hat bis heute am weitreichendsten über Loewe und das entstehende palästinische/israelische Bibliothekswesen publiziert (zuletzt ders.: גווילים נשרפים ואותיות פורחות : תולדותיהם של אוספי ספרים וספריות בארץ ישראל ונסיונות להצלת שרידיהם באירופה לאחר השואה [Verbrannte Schriftrollen und fliegende Briefe. Eine Geschichte der Büchersammlungen und Bibliotheken in Eretz Israel und der Rettungsversuche ihrer Überreste in Europa nach der Shoah]. Jerusalem: Magnes 2008.

47 Naomi Niv: *List of Files of the Papers of Heinrich Loewe (1869–1951)*. CZA 2008, S. 3.

Gesellschaft der Freunde der Jerusalem Bibliothek und der JNUL selbst dokumentiert. Teile des Archivmaterials waren noch notdürftig in Plastikschnüre gebündelt und entsprachen wohl ihrem Bearbeitungszustand zur Zeit der Übergabe an das Archiv. Auch waren die Akten in den papierenen und elektronischen Katalogen der JNUL nicht in Gänze als Teilnachlässe deklariert. Dies ist insofern bemerkenswert, als ich damit weniger die Archivpraxis der JNUL naiv kritisieren möchte, da sie zweifelsohne, wie in vielen anderen Archiven, durch ständigen Mangel an Geldern und an Personal moderiert wird. Ich möchte stattdessen darauf hinweisen, dass häufig genug der Zufall den Erfolg der wissenschaftlichen Recherche bedingt und je nach Erschließungsgrad und Qualität der Findmittel über das Auffinden von relevantem Material entscheidet. Zudem sah ich mich sowohl am CZA als auch an der JNUL teilweise mit hebräischsprachigen Recherchewerkzeugen konfrontiert, die sich je nach Bearbeiter*in und Zeitpunkt der Bearbeitung bspw. in Schreibweisen von Eigennamen unterschieden. Es lassen sich in der Datenbank des CZA allein für den Nachnamen Loewe eine Vielzahl unterschiedlicher Formen nachweisen – etwa לוה, לווה, ליוה, לווא. Durch das Fehlen eines adäquaten Thesaurus erschweren diese zusätzlich die Recherche und machen den*die aktenkundigen Archivar*innen als direkte Ansprechpartner*innen umso wichtiger.

Wenn auch in der Vergangenheit bspw. Jochanan Arnon[48] viel für die Erinnerung an Loewe getan hat, fungierte Bet Ariela leider zum Zeitpunkt meiner Recherche als Archiv ohne ausgebildete*n Archivar*in. Das Archiv, das im Hinterzimmer des Achad-Haam-Lesesaals deponiert war, hatte man zwar vor längerer Zeit teilweise durch eine Kartei erschlossen, eine systematische Ordnung des umfangreichen Bestands, der aus Kisten, Ordnern und losen Heftern bestand, ließ sich allerdings nur in Ansätzen erkennen. Dadurch war es schier unmöglich, in relativ kurzer Zeit einen Überblick dieses Bestands zu erhalten.[49] Ich machte mich also daran, in insgesamt acht Monaten digitale

48 Jochanan Arnon, geb. Fritz Arnold, war Leiter der Achad-Haam-Abteilung von Bet Ariela in den 1990er Jahren. Er wusste Joachim Schlör zufolge um die Bedeutung des Loewe-Nachlasses und war bemüht, deutschsprachige Bücher für die Bibliothek, manchmal im wortwörtlichen Sinn, aus dem Müll zu retten, um diesen Teil des kulturellen Erbes Tel Avivs zu bewahren. (Email von Joachim Schlör, 30.09.2013.)

49 Leider wurden bis zum Zeitpunkt meiner Recherche 2009 nur ungenügend Maßnahmen getroffen, die ein langfristiges Überdauern aller Dokumente in ihrem ursprünglichen Zustand garantierten. So war ein Band der von Loewe überlieferten Durchschriftenbücher, welche auf mehr als 1.000 Seiten sämtliche zwischen 1897 und 1899 von ihm verfassten Briefe enthalten, als ich in Israel war, um den Nachlass zu sichten, bereits von Schimmel befallen. Glücklicherweise haben das Deutsche Literaturarchiv Marbach und das Franz Rosenzweig Minerva Research Center (Hebrew University of Jerusalem) 2012 eine Forschungsstelle eingerichtet, die die Erhaltung und Erforschung von Nachlässen deutscher Jüd*innen in Israel koordiniert. Dem Engagement der Leiterin der Koordinationsstelle, Caroline Jessen, ist es zu verdanken, dass auch der Loewe-Teilnachlass im Bet Ariela im Zusammenhang mit diesem Projekt neu geordnet und erschlossen wurde. Die Ordnung und Katalogisierung des Loewe-Nachlasses begann im Januar 2013. Mit viel Geduld und großem persönlichen Engagement arbeiteten Caroline Jessen, Judith Siepmann und Lina Barouch am Nachlass, der seit Frühjahr 2014 der Forschung zur Verfügung steht. Zur Sammlung vgl. Judith Siepmann: Ein Mikrokosmos der deutschsprachigen Emigration. Heinrich Loewe und die Sammlung des Beit Ariela. In: *Naharaim* 7,1–2 (2013), S. 217–238.

Arbeitskopien des Gesamtbestands anzufertigen. Dies war ebenso im CZA und der JNUL möglich. Anschließend bündelte ich ca. 20.000 Einzelbilder in PDF-Dateien. Sie erhielten, soweit dies nachvollziehbar war, Angaben zur Entstehungszeit, zu Verfasser (und Adressaten) und Archivsignatur. In diesem Prozess des Sammelns und Habhaftwerdens der Dokumente vollziehen sich, um mit Michel de Certeau zu sprechen, natürlich in gleicher Weise „Geste[n] des *Beiseitelegens*"[50]. Ein Auswahlprozess findet statt, der durch zeitlich divergierende Relevanzsetzungen moderiert wird. Auf der Festplatte meines Notebooks angekommen, bildeten die gesammelten Quellen aus den Teilnachlässen und vielen weiteren Beständen ein neu strukturiertes Loewe-Archiv aus digitalisierten Briefen und Postkarten, Erinnerungs- und Tagebuchseiten, Manuskripten, Liedern, Gedichten, Zeitungs-, Zeitschriften- und Lexikonartikeln, einer Unmenge an Flugblättern, Satzungen, Protokollen, Berichten und Photographien. Ein neu konfigurierter digitaler ‚Gedächtnisort' entstand, der nach weiteren Recherchen in Archiven und Bibliotheken regelmäßig verdichtet das Fundament für den weiteren Forschungsprozess darstellte. Von nun an knüpfte sich fortwährend ein fluides Netz aus Referenzen, das es zu beherrschen und in ein wissenschaftliches Papier, in ein adäquates wissenschaftliches Narrativ als Alternative zur „Verknüpfungslogistik des Archivs" umzuwandeln galt.[51]
Die umfangreiche Quellenbasis dieser Studie wurde im vorangegangenen Kapitel bereits angedeutet: Mehr als 6.000 Briefe und Postkarten, die zwischen 1883 und 1951 zwischen Heinrich Loewe, Mitgliedern seiner Familie, Freund*innen, Kolleg*innen, zionistischen Aktivist*innen usf. zirkulierten; nahezu 400 Statuten, Satzungen, Protokolle, Flugblätter, Einladungsschreiben und sonstige Zirkulare, die im Rahmen verschiedener zionistischer Initiativen und jüdischer Organisationen produziert wurden; ca. 1.500 Seiten der Erinnerungen Loewes, dazu einige Seiten Tagebuchaufzeichnungen, die er zu Beginn seiner ‚Karriere' als zionistischer Aktivist und während der Amerikareise von 1923–24 anfertigte; ferner über 80 offizielle Dokumente wie (Reise-)Pässe, Verträge, Zeugnisse, Mitgliederausweise, Gutachten und sonstige Urkunden, mehr als 70 zum Teil unveröffentlichte Manuskripte aus der Feder Loewes und nicht zuletzt Photographien und geographische Karten, die zwischen 1889 und 1951 entstanden sind. Durch die genaue Betrachtung einer Auswahl dieser Quellen ist es erklärtes Ziel der vorliegenden Studie, so nah wie möglich an konkreten historischen Situationen und den sie hervorbringenden spezifischen Konstellationen zu arbeiten.
Im Wesentlichen werden diese Archivmaterialien heute in der JNUL, in Bet Ariela und im CZA aufbewahrt. Sie verteilen sich freilich nicht nur auf die jeweiligen Teilnachlässe Loewes, sondern auch auf andere private und institutionelle Sammlungen,

50 Michel de Certeau: Der Raum des Archivs oder die Perversion der Zeit. In: Günzel / Ebeling (Hrsg.): *Archivologie*, S. 113–121, hier S. 113.
51 Wolfgang Ernst: Das Archiv als Gedächtnisort. In: Ebd., S. 177–200, hier S. 188–189.

die sich vor allen Dingen im CZA befinden. Ergänzt habe ich die Recherche an diesen Hauptstandorten des papiernen Loewe-Gedächtnisses um weitere archivalische Quellen aus deutschen und israelischen Archiven, die kleinere für diese Studie relevante Sammlungen besitzen: Die Abteilung Handschriften und seltene Drucke der Staats- und Universitätsbibliothek Göttingen verwahrt eine Sammelmappe mit Dokumenten zu Loewes bibliothekswissenschaftlichem Fachexamen vom 26. August 1904. Das Archiv der Humboldt-Universität zu Berlin beherbergt die Personalakte Loewes,[52] welche seine Karriere als preußischer Beamter an der Berliner Friedrich-Wilhelms-Universität dokumentiert. Das Archiv der Stiftung „Neue Synagoge" Berlin – Centrum Judaicum besitzt ein Konvolut aus Briefen, vor allem Zirkulare, die zwischen 1921 und 1923 im Zusammenhang mit der Einrichtung einer jüdischen wissenschaftlichen Publikation in Jerusalem an diverse jüdische Gelehrte in Europa und Amerika verschickt wurden.[53] Ebenfalls in Berlin, im Jüdischen Museum, wird der Nachlass Herrmann Meyers aufbewahrt, der zahlreiche Dokumente zur Geschichte der Soncino-Gesellschaft umfasst. Mit Ausnahme der im folgenden Abschnitt genannten Arbeiten Yehuda Elonis und Erik Petrys,[54] die auf den Quellenbestand des CZA zurückgreifen, blieb ein Großteil dieser archivalischen Überlieferung in bisherigen Forschungsarbeiten unberücksichtigt und wird hier erstmals in vollem Umfang genutzt. Ergänzt wird das Archivmaterial um die eigenständigen Publikationen Loewes und hunderte Beiträge in vor allem dem Zionismus programmatisch nahestehenden Periodika.[55]

Eine Besonderheit der vorliegenden Arbeit ist die Rezeption der Korrespondenzspalten und redaktionellen Notizen in jüdischen Zeitungen und Zeitschriften des deutschsprachigen Raums. Zurecht verwies Barbara Schäfer darauf, dass diese bisher nur ungenügend in der Geschichtsschreibung rezipiert wurden, obwohl sie, am dichtesten an der konkreten historischen Situation geschrieben, einen faktenreichen, schier unüberschaubaren Fundus von Informationen etwa zu Gründungen von Zusammenschlüssen oder organisierten Veranstaltungen bieten.[56] In dieser Hinsicht wertet meine Studie insbesondere jene Periodica aus, die Loewe redaktionell betreute, aber auch andere jüdische Zeitungen wie die *Israelitische Wochenschrift*, die *Allgemeine Zeitung des Judentums*, die *Jüdische Presse* und *Der Israelit*. Um spezifische Debatten nachzuzeichnen, innerhalb des zionistischen Kollektivs wie zwischen zionistischen und anderen Autor*innen, nutze ich ebenso deutschsprachige jüdische Periodica als Hauptquelle. Das *Gemeindeblatt der Jüdischen Gemeinde zu Berlin* bspw. ist in diesem Zusammenhang für die Zwischenkriegszeit von herausragender Bedeutung. In den Protokollen

52 Sign. UK-P L199.

53 Findkartei-Nr. 75E, 143.

54 Vgl. S. 30–31.

55 Vgl. die Loewe-Bibliographie im Anhang.

56 Vgl. Schäfer: *Berliner Zionistenkreise*, S. 12.

der Repräsentantenversammlung, die das Blatt mal mehr, mal weniger ausführlich abdruckte, bildet sich die ganze Bandbreite existenzieller Fragen der urbanen jüdischen Gemeinschaft ab. Punktuell werden im Laufe der Arbeit auch anderweitige Blätter rezipiert, etwa Fachzeitungen zur Architektur wie die *Deutsche Bauzeitung*, die Eindrücke von einzelnen durch Zionist*innen genutzte Orte in Berlin vermitteln.

3. Auf dem Weg zu den Produktionsstätten zionistischer Kultur

> Und die Kultur agiert ebenfalls nicht heimlich hinter dem Rücken der Akteure. Diese äußerst sublime Produktion erfolgt an spezifischen Stätten und Institutionen. (Bruno Latour: *Eine neue Soziologie für eine neue Gesellschaft*)

Auf dem 48. Historikertag, der im September 2010 unter der Überschrift „Über Grenzen“ in Berlin stattfand, wurde unter der Leitung von Stefanie Schüler-Springorum eine Sektion organisiert, die sich unter dem Titel „Nationalismus, Internationalismus und Transnationalismus im deutschsprachigen Zionismus“ spezifischen Verflechtungen von zionistischen Diskursen mit nationalistischen und anderen Diskursen der ersten Hälfte des 20. Jahrhunderts widmete.[57] Obschon das Panel zionistische Narrative analysierte und kulturwissenschaftlich zu analysierende Dimensionen des zionistischen Kollektivs ausblendete, etwa die räumliche, dingliche und vor allem performative Dimension, welche Gegenstand der vorliegenden Arbeit sind, verwies Ivonne Meybohm zurecht darauf, dass es in Zukunft gelte, die Genese des „zionistischen Nationalismus in seiner Heterogenität zu erfassen“[58]. Aus meiner Sicht spielen dabei aber nicht nur jene „Vorbilder, Ideen und Diskurse“[59] eine gewichtige Rolle, die vom zionistischen Kollektiv rezipiert, affirmiert, modifiziert usf. wurden, sondern vor allem jene kulturelle Praxis, die, lokal verortbar, die sich transformierende materielle Basis und den Bezugsrahmen des zionistischen Kollektivs konstituierte, es be- und entgrenzte. Abseits der zionistischen Geschichtsschreibung im großen Maßstab, die schon in den ersten Jahrzehnten des 20. Jahrhunderts einsetzte und, zunächst nahezu ausnahmslos von zionistischen Aktivisten geschrieben, die Entwicklung zu einem weltumspannenden Kollektiv nachzeichnete,[60] gibt es heute einige Forschungsarbeiten, die sich explizit zionistischer Kultur

57 Vgl. Tagungsbericht HT 2010: Nationalismus, Internationalismus und Transnationalismus im deutschsprachigen Zionismus, 28.09.2010–01.10.2010, Berlin, In: *H-Soz-u-Kult*, 30.10.2010. http://hsozkult.geschichte.hu-berlin.de/tagungsberichte/id=3347 (Zugriff am 13.11.2012).

58 Ebd.

59 Ebd.

60 Nahum Sokolows zweibändiges Werk, *History of Zionism, 1600–1918*, bspw. lag bereits 1919 gedruckt vor und wurde auch auf Deutsch publiziert (Nahum Sokolow: *History of Zionism, 1600–1918*. London et al.: Longmans, Green 1919; ders.: *Geschichte des Zionismus*, Bd. 1, aus d. Engl. v. Stefan Hofer. Wien:

widmen. Zionistische Kultur produziert als eine identitäre Semantik analysiert etwa Michael Berkowitz.[61] Eindrücklich führt er bspw. vor, wie durch die zionistische Kulturarbeit zwischen den Weltkriegen die „discursive parameters for the ongoing struggle over Jewish identity“[62] gesetzt wurden. Die lange Zeit in der Forschung tradierte Unterscheidung zwischen ‚politischem‘ und ‚kulturellem‘ Zionismus bricht bspw. Philipp Theison auf, indem er nach einer in dieser Hinsicht entgrenzten „Poetik des Zionismus“[63] fragt. Die Rolle des Zionismus in der Musik analysiert Jascha Nemtsov und deutet damit den „Reichtum der vom Zionismus inspirierten Kultur, die sich zum größten Teil in der Diaspora entfaltete“[64], an.

Nicht auf die Zionismusforschung im Besonderen bezogen, sondern auf Jewish Studies im Allgemeinen demonstriert eine große Anzahl von Veröffentlichungen der letzten Jahre das gewachsene Interesse daran, Jewish Studies als Jewish *Cultural* Studies aufzufassen. Jüdische Kultur und Identität als positive Differenz begreifend, versucht etwa der von Jonathan und Daniel Boyarin herausgegebene und 1997 veröffentlichte Band *Jews and Other Differences*, u. a. der Marginalisierung von Zugängen der Cultural Anthropology zu „Jewishness“ entgegenzuwirken.[65] Einen „space of common discourse between Jews and others who share a critical approach to the politics of culture“[66] fordern die Herausgeber ein. Wie in Arbeiten von David Biale[67] oder der von Simon J. Bronner

Interterritorialer Verlag „Renaissance“ [1921]; ders.: *Geschichte des Zionismus*, Bd. 2: Der Zionismus während des Krieges, aus d. Engl. v. Lothar Hoffmann. Wien: Interterritorialer Verlag „Renaissance“ [1921]). Adolf Böhm veröffentlichte seine umfangreiche Abhandlung Die zionistische Bewegung im gleichen Zeitraum (Adolf Böhm: *Die zionistische Bewegung, eine kurze Darstellung ihrer Entwicklung*. Berlin: Welt-Verlag 1920–1921), in erweiterter Auflage erschien das Werk Mitte der 1930er Jahre (Adolf Böhm: *Die zionistische Bewegung*. Erw. Aufl. Tel Aviv: Hoza'ah Ivrith 1935–1937). Böhm betont in seiner Einleitung zum Buch, was für viele zeitgenössische Darstellungen, auch für zahlreiche in den folgenden Jahrzehnten publizierte Biographien wichtiger zionistischer Funktionäre, gelten kann: Es fehle „die menschliche Distanz“ der Autoren, das „Positive und Aktive“ werde hervorgehoben, „Leerlauf, Versagen, Blindgang etc.“ würde nur „gestreift“ (ebd., S. 9).

61 Michael Berkowitz: *The Jewish Self-Image in the West*. New York: New York UP 2000; ders.: *Western Jewry and the Zionist Project, 1914–1933*. Cambridge: Cambridge UP 1997; ders.: *Zionist Culture and West European Jewry before the First World War*. Cambridge: Cambridge UP 1993.

62 Berkowitz: *Western Jewry and the Zionist Project*, S. 194.

63 Philipp Theison: *Die Urbarkeit der Zeichen. Zionismus und Literatur – eine andere Poetik der Moderne*. Stuttgart / Weimar: Metzler 2005, S. 38.

64 Jascha Nemtsov: *Der Zionismus in der Musik. Jüdische und nationale Idee*. Wiesbaden: Harrassowitz 2009, S. 12.

65 Daniel Boyarin / Jonathan Boyarin: Introduction / So What's New? In: Dies. (Hrsg.): *Jews and Other Differences. The New Jewish Cultural Studies*. Minneapolis / London: University of Minnesota Press 1997, S. vii–xxii, hier S. xii.

66 Ebd.

67 Vgl. etwa David Biale: Preface: Toward a Cultural History of the Jews. In: Ders. (Hrsg.): *Cultures of the Jews. A New History*. New York: Schocken 2002, S. xvii–xxxiii. Hierzu auch Joachim Schlör: Jewish Cultural Studies – eine neue Heimat für die jüdische Volkskunde. In: Birgit Johler / Barbara Staudinger (Hrsg.): *Ist das jüdisch? Jüdische Volkskunde im historischen Kontext*. Wien: Institut für jüdische Geschichte Österreichs / Verein für Volkskunde 2010, S. 415–434, hier S. 420.

edierten Buchreihe „Jewish Cultural Studies“ wird hier bewusst der Begriff *Jewishness* anstatt *Judaism* gesetzt, die Ausschließlichkeit des Rekurses jüdischer Kultur*en* auf jüdische Religion mit ihren Glaubenssätzen und Praktiken explizit aufgebrochen. Ausgehend von dieser Neudefinition entwirft Joachim Schlör ein Programm, das als richtungsweisend für die vorliegende Arbeit gelten kann: Es ist der Ort der Kultur und der Ort des Individuums im Kollektiv, nach dem Schlör in zahlreichen Monographien und Aufsätzen fragt – die Analyse der „Einrichtung (von Individuen und Gruppen) im Raum“[68] formuliert er als eines der zentralen Anliegen *seiner* Jewish Cultural Studies. Im Zuge des Spatial Turn innerhalb der Geistes- und Kulturwissenschaften hat sich diese Auseinandersetzung mit *Jewish Space* durch zahlreiche Kolloquien, Konferenzen und Bücher als signifikanter Forschungsbereich der Jewish Studies in den letzten Jahren etabliert.[69] Zu erwähnen wäre hier das von Schlör 2001 initiierte und konzipierte Graduiertenkolleg „Makom – Ort und Orte im Judentum“ am Moses-Mendelssohn-Zentrum in Potsdam, als Ergebnis dessen etwa der von Julia Brauch, Anna Lipphardt und Alexandra Nocke herausgegebene Band *Jewish Topographies: Visions of Space, Traditions of Place* erschien. Das Buch stellt die jüdische Raumpraxis in den Mittelpunkt des Forschungsprogramms und fragt nach den Produktionsmodi des Raums, nach dem „doing Jewish space“[70]. Trotz des Facettenreichtums raumsensibler Erforschung jüdischer Kulturen und der Etablierung des Jewish Space als Schlüsselkonzept der Jewish Studies, welches Barbara Mann etwa in *Space and Place in Jewish Studies* beeindruckend vorführte,[71] steht eine in diesem Kontext erarbeitete Studie, die Orte und Räume mit der Biographie eines Einzelnen verknüpft, noch aus.

Die Produktion des zionistischen Raums in Berlin und von Berlin aus ist zweifellos mit den Biographien einer Vielzahl von zionistischen Aktivist*innen verknüpft, die sich vom ausgehenden 19. Jahrhundert an (selbst-)organisierten. Heinrich Loewe, den Barbara Schäfer im Rahmen ihrer herausragenden mikrohistorischen Studie über die entstehende zionistische Vereinslandschaft Berlins zum „Paradebeispiel einer ganzen Epoche“[72] erklärte, spielte im Zuge der ‚Zionisierung‘ der Großstadt eine entscheidende Rolle. Schäfers Arbeit kann als erste Spurensuche gelten mit dem Ziel, jene Produktionsstätten zionistischer Kultur der Großstadt offenzulegen.

68 Schlör: Jewish Cultural Studies, S. 432.

69 Einen Überblick (bis 2007) liefert Julia Brauch / Anna Lipphardt / Alexandra Nocke: Exploring Jewish Space. An Approach. In: Dies. (Hrsg.): *Jewish Topographies: Visions of Space, Traditions of Place.* Aldershot / Burlington: Ashgate 2008, S. 1–23, hier S. 11–13. Zuletzt ist u. a. erschienen: Alina Gromova / Felix Heinert / Sebastian Voigt (Hrsg.): *Jewish and Non-Jewish Spaces in the Urban Context.* Berlin: Neofelis 2015.

70 Brauch / Lipphardt / Nocke: Exploring Jewish Space. An Approach, S. 2.

71 Barbara E. Mann: *Space and Place in Jewish Studies.* New Brunswick: Rutgers UP 2012; vgl. dies.: *A Place in History. Modernism, Tel Aviv, and the Creation of Jewish Urban Space.* Stanford: Stanford UP 2006, S. 1–25 (Kap. „Jews in Space“).

72 Schäfer: *Berliner Zionistenkreise*, S. 157.

Die Forschung zu Loewe selbst ist bis heute leider stark fragmentiert: Mit *Aus der Frühzeit des Zionismus. Heinrich Loewe*[73] hatte Jehuda Louis Weinberg zwar 1946 chronologisch die Etappen des zionistischen Aktivisten dargelegt, das Buch ist allerdings mehr zionistische Hagiographie als kritische Darstellung: Mit viel Pathos schildert Weinberg schwerpunktmäßig Loewes Wirken bis in die 1920er Jahre. Seine Loewe-Biographie blieb der letzte umfangreiche Versuch, die Aktionsfelder Loewes festzuhalten. Bis Ende der 1970er Jahre waren es ausschließlich Lexikonartikel, die Loewes Biographie darstellten. Erst 1979 erschien in der überwiegend hebräischsprachigen Zeitschrift *Yad la Kore*, einer Fachzeitschrift für Bibliotheken und Archive in Israel, der Aufsatz „Heinrich Loewe's Conception of the Role of Public Libraries in Palestine"[74] von Dov Schidorsky. Schidorsky erschließt und analysiert darin systematisch sämtliche Schriften Loewes, die er zwischen 1905 und 1936 zur Nationalbibliothek in Jerusalem und zum Aufbau des jüdischen Bibliothekswesens in Palästina verfasst hatte. Bis 1999 publizierte Schidorsky weitere Aufsätze. Loewe wird in diesen als Protagonist des im Entstehen begriffenen israelischen Bibliothekswesens charakterisiert und sein Engagement zunehmend in Kategorien der Kulturtransferforschung, die seit Mitte der 1980er Jahre „die Bewegung von Menschen, materiellen und geistigen Gütern, zwischen relativ klar identifizierbaren und unterscheidbaren Kulturen und die Konsequenzen dieser Transfers"[75] hinterfragt, auseinandergesetzt.[76] In *Häuser des Buches. Bilder jüdischer Bibliotheken*, 2002 erschienen, blickt auch Markus Kirchhoff auf Loewe, um dessen „deutschen Einfluss"[77] auf das jüdische Bibliothekswesen in Palästina darzulegen.

Als ‚Vorkämpfer' des deutschen Zionismus profilierte Richard Lichtheim Loewe in seiner *Geschichte des deutschen Zionismus*, die 1951 auf Hebräisch und 1954 auf Deutsch erschien.[78] Explizit bezieht sich Yehuda Eloni in *Zionismus in Deutschland. Von den Anfängen bis 1914*[79] 30 Jahre später auf Lichtheim und weist dessen Buch als erste, wenn auch stark autobiographisch geprägte Studie über den deutschen Zionismus aus. Eloni, sprachlich wie inhaltlich noch tief verankert in der Tradition dezidiert zionistischer

73 Jehuda Louis Weinberg: *Aus der Frühzeit des Zionismus. Heinrich Loewe*. Jerusalem: Rubin Mass 1946.

74 Dov Schidorsky: Heinrich Loewe's Conception of the Role of Public Libraries in Palestine. In: *Yad la Kore* 18,1 (1979), S. 90–101.

75 Martina Steer: Einleitung. Jüdische Geschichte und Kulturtransfer. In: Dies. / Wolfgang Schmale (Hrsg.): *Kulturtransfer in der jüdischen Geschichte*. Frankfurt am Main: Campus 2006, S. 10–22, hier S. 13.

76 Vgl. Dov Schidorsky: Germany in the Holy Land: Its Involvement and Impact on Library Development in Palestine and Israel. In: *Libri* 49,1 (1999), S. 26–42; ders.: Libraries in Late Ottoman Palestine between the Orient and the Occident. In: *Libraries and Culture* 33,3 (1998), S. 260–276.

77 Markus Kirchhoff: *Häuser des Buches. Bilder jüdischer Bibliotheken*. Leipzig: Reclam 2002, S. 65–71 (Kap. „Jüdisches Bibliothekswesen im Lande Israel (Heinrich Loewe)").

78 Richard Lichtheim: *Geschichte des deutschen Zionismus*. Jerusalem: Rubin Mass 1954.

79 Yehuda Eloni: *Zionismus in Deutschland. Von den Anfängen bis 1914*. Gerlingen: Bleicher 1987.

Geschichtsschreibung, entwirft eine Chronologie der Entwicklungslinien der organisierten deutschen Zionist*innen in ideologischer Hinsicht. Inka Bertz indes war es, die Loewe in den 1990er Jahren über die um die Jahrhundertwende entstehenden Zirkel Berlins hinaus in der Bewegung der ‚Jüdischen Renaissance' verortete.[80] Für Joachim Schlör ist der ‚Jecke' Heinrich Loewe, der 1933 nach Palästina emigrierte, eine der herausragenden Persönlichkeiten des entstehenden Tel Aviv.[81] Andreas Kilcher behandelte Heinrich Loewe als Kulturphilosophen.[82] Nachdem er sich zunächst mit dem Galut-Begriff bei Loewe auseinandergesetzt hatte, bettete Erik Petry Loewes Biographie in die frühzionistische Besiedlung Palästinas ein.[83]

Die vorliegende Studie untersucht anhand der Biographie Heinrich Loewes soziale und kulturelle Verflechtungsprozesse. Es gilt, performative, räumliche, dingliche und narrative Elemente der Lebenswelt Heinrich Loewes zu analysieren, um dadurch Erkenntnisse über die Mechanik und kulturelle Praxis des zionistischen Kollektivs zu gewinnen sowie diese in Beziehung zur Biographie eines Einzelnen zu setzen. Wichtig erscheint mir in diesem Zusammenhang, dass, auch wenn einzelne Biographien von Loewes Zeitgenoss*innen nur rudimentär erfasst werden und in vielen Fällen Persönlichkeiten lediglich als Namen auftauchen, diese doch zumindest genannt werden, um die Komplexität des entstehenden interpersonellen zionistischen Geflechts anzudeuten. Meine Studie konzentriert sich auf Loewes Jahre in Berlin, wo er zwischen 1889 und 1933 wirkte. Einzelne Episoden der Biographie Loewes werden in ihre konkreten raum-zeitlichen Zusammenhänge – in verflochtene Lebenswege – eingebettet, die, dicht am überlieferten Material gearbeitet, betrachtet werden. Die Studie fragt über zwischenmenschliche Beziehungen hinaus nach der Bedeutung von Orten und Dingen für die kulturelle und politische Praxis jener ‚Mikrokollektive', in die Loewe eingebunden war. Hier richtet sich das Erkenntnisinteresse in erster Linie auf von Loewe eingenommene (Macht-)Positionen in diversen zionistischen Zusammenschlüssen sowie in jüdischen

80 Inka Bertz: Jewish Renaissance – Jewish Modernism. In: Emily D. Bilski (Hrsg.): *Berlin Metropolis. Jews and the New Culture, 1890–1918*. Ausstellungskatalog Jewish Museum, New York. Berkeley / Los Angeles / London: University of California Press 1999, S. 164–187; dies.: Politischer Zionismus und Jüdische Renaissance vor 1914. In: Reinhard Rürup (Hrsg.): *Jüdische Geschichte in Berlin. Essays und Studien*. Berlin: Hentrich 1995, S. 149–180.

81 Joachim Schlör: Heinrich Loewe und die jeckische Bibliophilie. In: Gisela Dachs (Hrsg.): *Die Jeckes* (Jüdischer Almanach des LBI). Frankfurt am Main: Jüdischer Verlag 2005, S. 53–59; ders.: *Tel Aviv – vom Traum zur Stadt. Reise durch Kultur und Geschichte*. Gerlingen: Bleicher 1996, S. 263–268.

82 Andreas B. Kilcher: Heinrich Loewe (Heinrich Sachse). In: *Metzler-Lexikon jüdischer Philosophen. Philosophisches Denken des Judentums von der Antike bis zur Gegenwart*, hrsg. v. Andreas B. Kilcher. Darmstadt: WBG 2003, S. 312–315.

83 Erik Petry: *Ländliche Kolonisation in Palästina. Deutsche Juden und früher Zionismus am Ende des 19. Jahrhunderts*. Köln: Böhlau 2004; ders.: Zwischen nationalem Bekenntnis und Pragmatismus. Heinrich Loewe und Willy Bambus. In: Andrea Schatz / Christian Wiese (Hrsg.): *Janusfiguren. „Jüdische Heimstätte", Exil und Nation im deutschen Zionismus*. Berlin: Metropol 2006, S. 189–212; ders.: Akkulturation versus Zionismus? Der „Galut"-Begriff bei Heinrich Loewe. In: *Judaica* 57,1 (2001), S. 41–57.

Bildungs- und Kulturinitiativen, ferner auf die Frage, welche Kultur diese Kollektive erzeugten und wie. Zentral erscheint dabei, in welcher Art und Weise welches Wissen im Kontext etwaiger Zusammenschlüsse, Zeitungsredaktionen und sonstiger Institutionen, deren Teil Loewe war, aufgenommen, verarbeitet und zirkuliert wurde. Hauptaugenmerk gilt in diesem Zusammenhang den Konstitutionsbedingungen und der Konstruktion der sozialen Welt an diesen für Loewes Wirken eminent wichtigen Orten. Dies setzt freilich voraus, dass auch eine spezifische *räumliche Praxis* nachgezeichnet wird, zudem jene *Raumpräsentationen* und *Repräsentationsräume,* deren Analyse Henri Lefebvre mit seiner Theorie von der *Produktion des Raumes* einforderte.[84] Der Schwerpunkt der Untersuchung liegt diesbezüglich auf der translokalen Verknüpfungsarbeit von Orten. Im Rahmen einer *Kartographie des Frühzionismus* sollen, bezogen auf die Biographie Loewes, jene Orte sichtbar gemacht werden, die als (großstädtische) Aktionsräume des zionistischen Kollektivs dienten, außerdem jene, die Kernelemente des zionistischen Diskurses bildeten und in diesem Sinn ‚gemacht' wurden. Palästina etwa besitzt in diesem Zusammenhang herausragende Bedeutung, aber auch Kischinew (Chişinău) als Ort des antisemitischen Pogroms von 1903, Britisch-Ostafrika oder die jüdische Gartenstadt bei Berlin als zionistische ‚Passagen' bspw. – und nicht zuletzt Berlin als umkämpfter Ort der jüdischen Moderne.

Die biographische Studie ist an netzwerktheoretische Überlegungen angelehnt, die etwa im Rahmen der Sozialen Netzwerkanalyse (SNA), vor allem aber im Rahmen der Akteur-Netzwerk-Theorie (ANT) entwickelt wurden. Ich gehe davon aus, dass soziale Formationen – Gruppen, Organisationen, Gesellschaften – nicht gegeben sind, sondern immer zweckdienliche Anstrengungen ihrer Akteur*innen, also Arbeit, erfordern.[85] Das Soziale wird dadurch performativ und ausschließlich situativ bestimmbar – Loewes Lebenswelt bleibt durch die Zeit in Bewegung. Die entstehenden Kollektive aus Gesinnungs- und Glaubensgenoss*innen, politischen Gegner*innen, Materialien und Symbolen, Gedanken und Ideen fließen und pulsieren durch Berlin und darüber hinaus. Transregionale, fragile, sich ständig transformierende Räume entstehen, keine langfristig geordnete Topographie. Vielmehr wiederstrebt diese dem „Zustand [als] Todfeind der Geschichte"[86].

84 Vgl. Henri Lefebvre: *The Production of Space*, aus d. Franz. v. Donald Nicholson Smith. Malden / Oxford / Carlton: Blackwell 1991; ders.: Die Produktion des Raums (1974). In: Jörg Dünne / Stephan Günzel (Hrsg.): *Raumtheorie. Grundlagentexte aus Philosophie und Kulturwissenschaften*. Frankfurt am Main: Suhrkamp 2006, S. 330–342.

85 Vgl. Latour: *Eine neue Soziologie für eine neue Gesellschaft*, insb. S. 55–66.

86 Michel Serres: *Der Parasit*. Frankfurt am Main: Suhrkamp 1987, S. 111.

Der sozialwissenschaftliche Diskurs pendelt seit Ende des 19. Jahrhunderts zwischen zwei konträren Erklärungsmodellen: Während der methodologische Individualismus annimmt, dass makrosoziologische Prozesse durch individuelles Handeln erklärbar wären, geht der methodologische Holismus (oder Kollektivismus) von der Herleitung individuellen Handelns durch makrosoziologische Vorgänge aus. Bereits die frühen Debatten sind durch das Kreisen wissenschaftlicher Auseinandersetzungen um die konzeptionelle Bruchstelle soziologischer Erklärung zwischen Mikro- und Makroebene gekennzeichnet. Georg Simmel geht es etwa in seiner *Soziologie* um die Entwicklung eines integrativen Konzepts soziologischer Erklärung – um die Schaffung einer eklektischen Wissenschaft,[87] die sich deutlich von der Metaphysik als (sozusagen) holistische und der Psychologie als (sozusagen) reduktionistische Analyseperspektive abhebt. Sozialwissenschaftliche Untersuchung dürfe sich nicht nur auf die „minimalen Beziehungen zwischen Menschen"[88] konzentrieren. Vielmehr erscheine, über diese „zarten Fäden"[89] von Gesellschaft hinaus, die Formulierung von Erklärungsansätzen bezüglich ihrer Relation zu den sich durch sie konstituierenden übergeordneten Strukturen notwendig. Sie begründen und tragen „all jene großen, objektiv gewordenen, eine eigentliche Geschichte bietenden Gebilde."[90]

In den 1980er Jahren entwickelte der US-amerikanische Soziologe James S. Coleman in *The Foundations of Social Theory*[91] ein Zwei-Ebenen-Modell soziologischer Erklärung: Die Makroebene beziehe sich auf die Verfasstheit eines sozialen Systems, während die Mikroebene durch konkrete, individuell handelnde Akteur*innen bestimmt ist. Konzeptionierte Coleman noch eine Metatheorie, um etwa die Defizite des Parsons'schen Strukturfunktionalismus aufzuzeigen, baute Hartmut Esser das sogenannte Makro-Mikro-Makro-Modell zu einem integralen Bestandteil seiner soziologischen Theorie aus und verschob damit den Status des Konstrukts hin zu einer selbstständigen Sozialtheorie.[92] In der sozialwissenschaftlichen Forschungspraxis finden sich allerdings, je nach Anwendungsbereich, unterschiedliche Definitionen der Mikro- und Makroebene

87 Georg Simmel: Über soziale Differenzierung. Soziologische und psychologische Untersuchungen. In: Ders.: *Gesamtausgabe*, Bd. 2: Aufsätze 1887 bis 1890, hrsg. v. Heinz-Jürgen Dahme. Frankfurt am Main: Suhrkamp 1989, S. 109–295, hier S. 116.

88 Georg Simmel: *Soziologie. Untersuchungen über die Formen der Vergesellschaftung. Gesamtausgabe*, Bd. 11, hrsg. v. Otthein Rammstedt. Frankfurt am Main: Suhrkamp 1992, S. 35.

89 Ebd.

90 Ebd.

91 James Samuel Coleman: *Foundations of Social Theory.* Cambridge: Belknap 1990.

92 Vgl. Jens Greve / Annette Schnabel / Rainer Schützeichel: Das Makro-Mikro-Makro-Modell der soziologischen Erklärung – zur Einleitung. In: Dies. (Hrsg.): *Das Mikro-Makro-Modell der soziologischen Erklärung. Zur Ontologie, Methodologie und Metatheorie eines Forschungsprogramms.* Wiesbaden: VS 2008, S. 7–17, hier S. 7–8.

an sich und ihres Verhältnisses zueinander. Peter M. Blau, ein ausgewiesener Netzwerkanalytiker z. B., definiert die beiden Ebenen wie folgt:

> Microsociology analyzes the underlying social processes that engender relations between persons. The focus is on social interaction and communication, and important concepts are reciprocity, significant symbols, obligations, exchange, and dependence. Macrosociology analyzes the structure of different positions in a population and their constraints on social relations. The focus is on the external limitations of the social environment on people's relations, and important concepts are differentiation, institutions, inequality, heterogeneity, and crosscutting circles.[93]

Und schließlich entwickelt Blau deduktiv, das zentrale Anliegen seiner Arbeit formulierend, eine Theorie der Sozialstruktur:

> The theory's objective is to explain patterns of social relations in structural terms, not individual behavior in cultural or psychological ones. In short, both the explicandum and the explicans of the proposed theory are distinctly social. The explicanda are the configurations or networks of social relations in a collectivity, particularly the extent of social relations among persons in different social positions.[94]

Beachtlich ist, dass im Gegensatz zur ‚konventionellen' empirischen Sozialforschung, wie sie etwa von Coleman und Esser vertreten wird, in Blaus Ausführungen nicht so sehr die handelnden Subjekte im Fokus stehen, sondern, in expliziter Anknüpfung an Simmel,[95] sich das Erkenntnisinteresse auf die sozialen Beziehungen, oder, wie Dorothea Jansen formuliert, auf die relationalen Merkmale von Personen richtet:

> Nicht das Individuum als solches, sondern seine Einbettung in eine Struktur interessiert. Die einzelnen Individuen werden gerade nicht unabhängig voneinander begriffen. Sozialstruktur ist nicht die Summe in einer Verteilung […], sondern sie entsteht durch die Beziehungen zwischen realen Akteuren.[96]

Mit der Histoire croisée haben es Michael Werner und Benédicte Zimmermann für die Geschichtswissenschaft unternommen, eine in dieser Hinsicht zielführende Forschungsperspektive zu entwickeln: die „induktive Pragmatik", welche „von der Beobachtung

93 Peter M. Blau: Contrasting Theoretical Perspectives. In: Jeffrey C. Alexander / Bernhard Giesen / Richard Münch / Neil J. Smelser (Hrsg.): *The Micro-Macro Link*. Berkeley / Los Angeles / London: University of California Press 1987, S. 71–85, hier S. 71–72.

94 Ebd., S. 75.

95 Vgl. ebd.

96 Dorothea Jansen: *Einführung in die Netzwerkanalyse. Grundlagen, Methoden, Forschungsbeispiele.* Wiesbaden: VS 2006, S. 18; vgl. Bettina Hollstein / Florian Straus (Hrsg.): *Qualitative Netzwerkanalyse. Konzepte, Methoden, Anwendungen.* Wiesbaden: VS 2006.

der Dinge und Gegenstände ausgeht, von den Handlungssituationen, aus denen heraus die Objekte mit Sinn bedacht werden, schließlich von der Logik der Akteure, in deren Wahrnehmungen sie sich einfügen und in deren Zweckbestimmungen sie Gestalt gewinnen."[97] Und weiter: „Dies bedeutet nicht, daß auf Verallgemeinerung verzichtet wird, doch die Verallgemeinerung ist von der konkreten Situation, in der sie aktualisiert wird, nicht zu trennen."[98] Basierend auf Georg Simmel und Walter Benjamin haben Jan K. Coetzee und Geoffrey Wood einen Ansatz für die Biographieforschung entwickelt, der von ähnlichen Prämissen ausgeht und in der vorliegenden Arbeit nutzbar gemacht wird.[99] Als „Fragmentary Method" bezeichnet, schlagen Coetzee und Wood eine Konzeptualisierung vor, in deren Rahmen der*die Biograph*in zum*zur Sammler*in von ‚Geschichten' wird, und durch das Nachzeichnen von biographischen Fragmenten die Komplexität von individuellen und kollektiven Erfahrungen und Erlebnissen sichtbar macht:

> [A]n individual or handful of life stories may provide brief flashes or illuminations of a specific time and place, which, by their very nature are limited and confined, yet, may provide greater insights into the richness of human experience than broad quantitative studies [...].[100]

Die Kollektive, an denen Loewe Zeit seines Lebens partizipierte, erscheinen vor diesem Hintergrund als raum-zeitliche, sich durch spezifische Dynamiken, spezifische Mechaniken der Wirklichkeitsproduktion und spezifische Figurationen von Menschen, Dingen und Ideen auszeichnende Spuren. Zionistische Kulturpraxis, abzielend auf die „symbolische Deutung der Wirklichkeit und [...] Interpretation und Aneignung der sozialen Welt"[101], lässt sich in zionistische Kulturpraxen ausdifferenzieren, die funktionell Mechanismen differenter Verknüpfungsarbeit unterliegen. „[E]xistieren heißt differieren,"[102] schreibt etwa Gabriel Tarde. Er begreift das Soziale als „regelrechtes Chaos

97 Michael Werner / Bénédicte Zimmermann: Vergleich, Transfer, Verflechtung. Der Ansatz der Histoire croissée und die Herausforderung des Transnationalen. In: *Geschichte und Gesellschaft* 28 (2002), S. 607–636, hier S. 620–621; vgl. dies.: Beyond Comparison. Histoire Croisee and the Challenge of Reflexivity. In: *History and Theory* 45,1 (2006), S. 30–50; Bénédicte Zimmermann: Histoire Croisée and the Making of Global History. http://www.iue.it/HEC//ResearchTeaching/20082009-Autumn/SS-reading-Zimmermann.pdf (Zugriff am 19.06.2012). Hierzu auch Helga Mittelbauer: Verflochten und Vernetzt. Methoden und Möglichkeiten einer Transkulturellen Literaturwissenschaft. In: *Moderne* 1 (2005), S. 15–30.

98 Werner / Zimmermann: Vergleich, Transfer, Verflechtung, S. 621.

99 Jan K. Coetzee / Geoffrey Wood: The Fragmentary Method in Biographical Research: Simmel and Benjamin. In: Bettina Völter / Bettina Dausien / Helma Lutz / Gabriel Rosenthal (Hrsg.): *Biographieforschung im Diskurs*. Wiesbaden: VS / Westdeutscher Verlag 2004, S. 119–137.

100 Ebd., S. 133.

101 Lutz Musner / Christian Gerbel: Kulturwissenschaften: work in progress. In: Lutz Musner: *Kultur als Textur des Sozialen. Essays zum Stand der Kulturwissenschaften*. Wien: Löcker 2004, S. 15–35, hier S. 26.

102 Gabriel Tarde: *Monadologie und Soziologie*. Frankfurt am Main: Suhrkamp 2009, S. 71.

disharmonischer Heterogenitäten“[103], in dem „Monaden offen und lebendig voneinander Besitz ergreifen, indem sie ihr flüchtiges Innenleben voreinander zur Schau stellen.“[104] Und weiter heißt es:

> Dies ist die Beziehung par excellence, das typische Haben, dessen Entwurf oder Spiegelbild alles Übrige ist. Durch Überzeugung, durch Liebe und Hass, durch persönliches Prestige, Glaubensgemeinschaften und Gemeinschaften von Freiwilligen, durch die gegenseitige Bindung eines Vertrages, jenes engmaschigen Netzes, welches sich endlos erstreckt, halten sich die sozialen Elemente – und werden ihrerseits gehalten – auf tausenderlei Art; und aus ihrem Wettbewerb entsteht schließlich das Wunder der Zivilisation.[105]

Die Arbeit des zionistischen Kollektivs wurde von einem außerordentlichen, mit diversen ‚Ressourcen‘ ausgestatteten Beziehungsgeflecht gestützt und begrenzt, das weit über spezifische zionistische Institutionen hinausreichte. Die Ideen von Judentum als einer Nation, Palästina als zionistischem ‚Zukunftsland‘ usf. wurden mannigfach von den Menschen verhandelt, die sich direkt oder indirekt auf diese Ideen bezogen, und von den Materialien, die mit dem Prozess dieser fortschreitenden *Zionisierung* assoziiert werden können. In diesem Zusammenhang lassen sich Loewes Handlungen und Artikulationen in Kategorien translokaler ‚Übersetzungsarbeit‘ beschreiben, als Prozesse „of mediation, of the interpretation of objectives expressed in the ‚languages‘ of different intermediaries engaged in an innovative project/process“[106]. Er ist Vermittler, verfremdet, montiert, transformiert.[107] Eingebettet verknüpfte er physisch getrennte Orte und überbrückte die Distanz zwischen diesen. Räume bilden sich dadurch, die nicht ‚autonom‘ gedacht werden können, sondern deren Beziehung zu Orten, die sich durch fixe geographische Koordinaten auszeichnen, von einem wechselseitigen Verhältnis geprägt sind: „Networks make regions make networks“[108], heißt es etwa bei John Law. *Lived Jewish Nationalist Spaces*[109] knüpfen sich zu einem zionistischen Archipel, das

103 Tarde: *Monadologie und Soziologie*, S. 73.

104 Ebd., S. 94.

105 Ebd. Hierzu auch Simmel: *Soziologie*, S. 15.

106 Hélène Buzelin: Translations ‘in the Making’. In: Michaela Wolf / Alexandra Fukarin (Hrsg.): *Constructing a Sociology of Translation*. Amsterdam / Philadelphia: Benjamins 2007, S. 135–169, hier S. 137.

107 Vgl. Latour: *Eine neue Soziologie für eine neue Gesellschaft*, S. 70.

108 John Law: Objects and Spaces. In: *Theory, Culture & Society* 19,5/6 (2002), S. 91–105, hier S. 97; vgl. auch Jonathan Murdoch: *Post-Structuralist Geography. A Guide to Relational Space*. London / Thousand Oaks: Sage 2006, S. 96.

109 Vgl. auch Brauch / Lipphardt / Nocke: Exploring Jewish Space, S. 4.

ein transregionales Kommunikationsnetz konstituierte. Das in diesem generierte und zirkulierte *Wissen* erscheint als „capacity for action“[110].

Die vorliegende Arbeit ist nicht nur Biographie eines zionistischen Aktivisten und jener Kollektive, in die er eingebunden war, sondern zugleich die Geschichte von um- und erkämpften Räumen und Orten – vor allem in Berlin, aber auch darüber hinaus. Mit Henri Lefebvre wie mit Bruno Latour gelesen, lässt sich von der Performanz verschiedener sozialer Topologien durch das Loewe-Kollektiv sprechen.[111] Es macht Berlin und wird von Berlin gemacht. Berlin ist Bühne „jener Prozesse ‚des Aneignens Umdeutens und Verhandelns‘ von und über Identität und Zugehörigkeit“[112] und zugleich Regisseurin der Aktivitäten des zionistischen Kollektivs. Zionistische Arbeit, d. h. hier wieder Orte produzieren und verknüpfen. Im Rahmen zionistischer Agitationsarbeit lässt sich dieser Prozess in Anlehnung an Tobias Metzler als „reclaiming and opening up new territories“[113] betrachten. Zionistische Arbeit, das ist in geographischen Kategorien gesprochen, die Aneignung von „Orten der Moderne“. Die Aktionsräume „wuchsen“, um mit Alexa Geisthövel und Habbo Knoch zu sprechen, „zu einem Ensemble städtischer und ländlicher Orte zusammen, die untereinander vielfältig vernetzt waren; Orte des Bewegens und Erkundens, des Vergnügens und Vermittelns, des Begegnens und Zerstörens begründeten eine neue räumliche Ordnung der Erfahrung“.[114] Die öffentlichen Versammlungsorte etwa, die Restaurants, Cafés, Lesehallen, die Seminarräume der Friedrich-Wilhelms-Universität, der Hochschule für die Wissenschaft des Judentums und des Berliner Rabbiner-Seminars, die Redaktionsräume zionistischer Periodica, auch die Privatzimmer und -wohnungen der Aktivist*innen (und die Wege zwischen diesen) usf. konstituierten *Thirdspaces*[115]. Sie etablierten sich mitunter im Sinne Mary

110 Nico Stehr: *Knowledge Societies*. London / Thousand Oaks / New Dehli: Sage 1994, S. 96.

111 Die Inszenierung von Räumlichkeit als Teil wissenschaftlicher Innovationsprozesse untersuchte Latour erstmals in seiner 1987 erschienenen Studie Science in Action. Er beschreibt hier eine flexible hegemoniale Topologie, in deren Zentrum lokal verankerte „centers of calculation“ stehen und andere assoziierbare Orte dominieren (vgl. Bruno Latour: *Science in Action. How to Follow Scientists and Engineers through Society*. Cambridge: Harvard UP 1987, S. 223).

112 Joachim Schlör: *Das Ich der Stadt. Debatten über Judentum und Urbanität 1822–1938*. Göttingen: Vandenhoeck & Ruprecht 2005, S. 143.

113 Tobias Metzler: Secularization and Pluralism: Urban Jewish Cultures in Early Twentieth-Century Berlin. In: *Journal of Urban History* 37,6 (2011), S. 871–896, hier S. 872; vgl. auch ders.: *Jews in the Metropolis. Urban Jewish Cultures in London, Berlin, and Paris, ca. 1880–1940*. Dissertation, University of Southampton 2008 (Kap. 2 „Community and Modernity“), veröffentlicht als ders.: *Tales of Three Cities: Urban Jewish Cultures in London, Berlin, and Paris (1880–1940)*. Wiesbaden: Harrassowitz 2014.

114 Alexa Geisthövel / Habbo Knoch: Einleitung. In: Dies. (Hrsg.): *Orte der Moderne. Erfahrungswelten des 19. und 20. Jahrhunderts*. Frankfurt am Main / New York: Campus 2005, S. 9–14, hier S. 10.

115 Vgl. Edward D. Soja: Thirdspace. Towards a New Consciousness of Space and Spatiality. In: Karin Ikas / Gerhard Wagner (Hrsg.): *Communicating in the Third Space*. New York / London: Routledge 2009, S. 49–61; ders.: *Thirdspace. Journeys to Los Angeles and Other Real-and-Imagined Places*. Cambridge: Blackwell 1996, S. 24–82 (Kap. „Discovering the Thirdspace“).

Louise Pratts als „contact zones"[116] oder als Orte des „creative misunderstanding"[117], die zugleich genutzt und gemacht wurden, Teil des zionistischen Kollektivs waren und aus der kulturellen Raumpraxis der Zionist*innen und dem sich durch die Zeit verflechtenden *zionistischen Archipel* wieder verschwanden. Diesen Archipel gilt es, anhand der Spuren, die ich aufzunehmen vermochte, nachzuzeichnen und in Erinnerung zu rufen.

116 Vgl. Mary Louise Pratt: Arts of the Contact Zone. In: *Profession* (1991), S. 33–40. http://writing.colostate.edu/files/classes/6500/File_EC147617-ADE5-3D9C-C89FF0384AECA15B.pdf (Zugriff am 11.12.2012).

117 Nicholas C. Burbules: Rethinking Dialogue in Networked Spaces. In: *Cultural Studies <=> Critical Methodologies* 6,1 (2006), S. 107–122, hier S. 114.

II.
Altenheim, Friedhof, Nachleben – letzte Spuren

Heinrich Loewe starb 82-jährig am 2. August 1951 in Haifa. Seine letzten Lebensmonate verbrachte er in einem von der mitteleuropäischen Einwandererorganisation Irgun Olej Merkas Europa (IOME) begründeten Altenheim auf dem Karmelberg. Eine der letzten Photographien, die im Februar 1951 vermutlich oberhalb der Stadt in der Nähe des Heims aufgenommen wurde, zeigt ihn neben einem gewissen Fräulein Gans – wohl eine Besucherin oder Mitarbeiterin des Heims.[1] Das lichte Haar unter einem breitkrempigen, hellen Hut versteckt, wirkt Loewes ausgeblichener, weißer Bart, der von seinem langen, schwarzen Mantel kontrastiert wird, als sichtbares Zeichen eines im Vergehen begriffenen Lebens. Der Weg ins Altenheim lässt sich als eine Phase des Übergangs beschreiben: Herausgelöst aus der Tel Aviver Nachbarschaft, in der er bis zuletzt als Familienvater, Großvater, Freund und Kollege lebte, gestaltete sich seine soziale Rolle, seine Aufgaben, sein gesamter Alltag im Altenheim, in diesem Grenzraum zwischen Leben und Tod, neu. Nach seinem Tod übersetzten sich Spuren seiner Biographie in Familienerzählungen, (private) Ausstellungen von Lebenszeugnissen, Grabinschriften (und Friedhofsordnungen), Nekrologe, Archivsemantiken, wissenschaftliche Arbeitsbestände und Forschungsstudien. Sie re-integrierten Heinrich Loewe in das Kollektiv der Lebenden.[2] Diese letzten überlieferten Dinge und Ding-Ordnungen sind Ausgangspunkt der folgenden Untersuchungen.

1 Heinrich Loewe und Frl. Gans, [Haifa], 1951. CZA, Jerusalem, A146/190.

2 Vgl. Corina Salis Gross: *Der ansteckende Tod. Eine ethnologische Studie zum Sterben im Altersheim.* Frankfurt am Main / New York: Campus 2001. Corina Salis Gross untersucht in ihrer ethnologischen Studie zum Leben und Sterben im Altenheim das „Lebensende als soziale Passage" (ebd., S. 84) – als einen „rituell gestaltete[n] Übergang" (ebd., S. 85). Mit Salis Gross, die ihre Analyse an Arnold van Genneps *Rites de passage* anlehnt (vgl. Arnold van Gennep: *Übergangsriten*, aus d. Franz. v. Klaus Schomburg / Sylvia M. Schomburg-Scherff. Frankfurt am Main / New York: Campus 2005), lassen sich Loewes letzte Lebensmonate und die ‚Neucodierung' nach seinem Tod als dreistufiger Prozess beschreiben,

Auf seiner Schreibmaschine tippte Loewe ein Jahr vor seinem Tod in seiner Tel Aviver Wohnung, Ben-Jehuda-Straße 72, einen Brief an seinen Schwager und Vertrauten, Elias Auerbach. Der Brief bringt sein Schamgefühl über seine Situation zum Ausdruck. Altersschwach, einsam, isoliert, hilfebedürftig und finanziell unter Druck; folgt man den Zeilen Loewes an Auerbach, ließe sich seine Lebenssituation mit diesen Attributen am besten beschreiben:

> Lieber Eli! Nochmals besten Dank für deinen Besuch. Ich bin wirklich so schwerfällig geworden, dass ich des Rates und der Hilfe des [A]llernächsten bedarf. Du kannst dir gar nicht denken, wie sehr ich mich sehne, aus dieser Lage herauszukommen, in der ich mich gefesselt fühle. Ich könnte glauben, dass ich ein alter Mann bin. [...] Ich bin in Fesseln, wenn ich die Familienwohnung verlasse, oder wenn ich in ihr bleibe. Jetzt habe ich noch so viel, wie ich gebrauche, um im Elternheim Einzug und Pension zu bezahlen. Aber das mindert sich allmählich. Dass ich menschlich weniger gut behandelt werde, tut mir nichts. Darüber setze ich mich hinweg. Aber was würde aus mir werden, wenn ich nicht weiter zahlen kann. [...] Ich kann nicht mitlaufen. Und ich sehe deutlich un[d] klar die Absicht, mich weiter so zu schrauben. Da möchte ich mich so bald wie möglich in das Heim flüchten, wenn es mir überhaupt gelingt einzutreten. Es war nicht meine Absicht, Dich damit zu belästigen, aber Du bist doch der Einzige, dem ich mich in dieser Situation anvertrauen kann. nicht abgesandt [handschriftliche Notiz, F. S.][3]

So oder in ähnlichem Wortlaut schrieb Loewe dennoch nach Haifa. Auerbach antwortete prompt und versicherte in Anbetracht „der unerfreulichen Atmosphäre" im Hause Loewe seine „unwandelbare Treue und Freundschaft".[4] Er erledigte in den folgenden Wochen viele bürokratische Dinge, verhandelte etwa mit Frau Wolffenstein, der Sekretärin des Altenheims, die Rahmenbedingungen für Loewes Einzug, erwirkte eine Vorauszahlung von Loewes Pension für ein dreiviertel Jahr durch den Watikim-Fonds und schaltete sich als Vermittler und Interessenvertreter Loewes in die familiäre Debatte um den Verbleib des Eigentums Loewes – seiner Bibliothek, seiner Kleider, seiner Möbel und seiner Tel Aviver Wohnung – ein.[5] Ein emotional besetzter Verhandlungsraum um materielle Interessen des Vaters und des Sohnes konstituierte sich. Auerbach suchte den Kontakt zu Loewes Sohn Gideon, der, wie Auerbach an Loewe schrieb, „die Wohnung und den ganzen Erlös als sein Eigentum"[6] betrachtete. Unmissverständlich, so

der sich in die Phasen der *Separierung*, der topographischen *Verschiebung* und der damit verbundenen Neudefinition von sozialen Rollen und Funktionen und schließlich der postmortalen *Reintegration* in das Kollektiv der Lebenden unterteilt.

3 Heinrich Loewe an Elias Auerbach, 11.07.1950. CZA, A146/23.

4 Elias Auerbach an Heinrich Loewe, 13.07.1950. CZA, A146/23.

5 Vgl. Elias Auerbach an Heinrich Loewe, 31.08.1950. CZA, A146/23.

6 Ebd.

Auerbach, machte Gideon klar, dass er sich seine Einmischung verbitte und die materiellen Verhältnisse der Familie Loewe selbst zu organisieren gedenke. Anstrengungen diesbezüglich unternahm Gideon bereits seit Mitte Juli 1950. Nachdem es schier unmöglich schien, trotz des Bemühens von Wohnungsvermittler*innen eine geeignete Bleibe für sich und seine Familie zu finden, überzeugte er seinen Vater, „statt alles Hals über Kopf zu beeilen, noch ein paar Monat[e] zu warten, wenn die Realisierung des Schikkun [hebr. Unterkunft] sichtbar wird, um den Haushalt in Ordnung aufzulösen"[7]. Schlussendlich wurde Loewes alte Wohnung in der Ben-Jehuda-Straße bis spätestens Januar 1951 verkauft und von seinen Kindern geräumt, die sich anderweitig einmieteten. Loewe hingegen bezog von nun an ein Zimmer im ersten Stock des Altenheims auf dem Karmelberg.[8]

Die Leitung des Altenheims versuchte sich, so gut es ging, auf die Bedürfnisse Loewes einzustellen. Zimmerskizzen wurden ausgetauscht, damit Loewe ermessen konnte, welche Dinge er aus seiner Tel Aviver Wohnung mitnehmen konnte. Schnell wurde deutlich, dass der begrenzte Raum nicht ausreichte, um etwa Loewes Privatbibliothek vollständig in seinem neuen Zimmer aufzustellen. Da das Heim über eine eigene Hausbibliothek verfügte, bat man Loewe aber, seine Bücher und die vier Regale, in denen sie bis dahin aufbewahrt wurden, nach Haifa zu transferieren und jene, die nicht in seinem Zimmer Platz finden konnten, an die IOME zu verkaufen, um sie später als Teil der Hausbibliothek von Pisgat Achusa aufzustellen.[9] Einen signifikanten materiellen Einschnitt erlebte Loewe – nach seiner zwangsläufigen Emigration im Dezember 1933 aus Deutschland – nun ein zweites Mal. Auch emotional setzte der Umzug ins Altenheim Loewe zu. Insbesondere die Unauffindbarkeit von (unfertig gebliebenen) Manuskriptseiten, an denen Loewe in Tel Aviv noch stetig arbeitete, machte ihm in den ersten Monaten im Heim zu schaffen.[10] Seine Manuskripte seien auf dem Transport nach Haifa entweder durcheinandergeraten oder hatten den Weg nach Haifa noch gar nicht angetreten, klagte er in einem Brief an seine ehemalige Tel Aviver Nachbarin Grete Peiser im Januar 1951.[11]

Loewe wurde durch den Tod seiner Frau Johanna bereits drei Jahre zuvor direkt mit dem Sterben konfrontiert. Die Familiengeschichte wurde nach der Ankunft in Palästina

7 Heinrich Loewe an Elias Auerbach, 20.07.1950. CZA, A146/23.

8 Vgl. Grete Peiser an Heinrich Loewe, 09.01.1950. CZA, A146/131; S. Wolffenstein an Heinrich Loewe, 01.10.1950. CZA, A146/131.

9 Elias Auerbach an Heinrich Loewe, 31.08.1950. CZA, A146/23.

10 Zur Geschichte und Theorie von Emotionen vgl. v. a. Ute Frevert et al. (Hrsg.): *Gefühlswissen. Eine lexikalische Spurensuche in der Moderne.* Frankfurt am Main / New York: Campus 2011; Manuel Borutta / Nina Verheyen (Hrsg.): *Die Präsenz der Gefühle: Männlichkeit und Emotion in der Moderne.* Bielefeld: Transcript 2010; dies.: Was haben Gefühle in der Geschichte zu suchen? In: *Geschichte und Gesellschaft* 35,2 (2009), S. 183–208.

11 Vgl. Heinrich Loewe an Grete Peiser, 22.01.1951. CZA, A146/137.

immer wieder von Todesfällen durchbrochen. Im Juli 1934 starb der Ehemann von Loewes Tochter Hadassa, Boris Segalowitsch, nach schwerer Grippe im Krankenhaus von Safed, nur drei Jahre später die Ehefrau von Loewes Sohn Gideon bei einer Fehlgeburt. Auch die Zwillinge, die sie erwartete, starben. Im Gegensatz zu diesen Ereignissen, die zweifelsohne nachhaltig auf Loewes Psyche wirkten, sind Sterben und Tod im Altenheim physisch fortdauernd und tagtäglich präsent.[12] Mit Alltagspraktiken des „doing death“[13] musste er sich auseinandersetzen. Pfleger*innen, Pensionär*innen, Sterbende, wohl auch klinisches Gerät, Medikamente und ‚bekömmliche‘ Nahrungsmittel konstituieren sich von nun an als zentrale Akteure in seinem Alltagsleben.
Knappe Reflexionen über den Tod verfasste Loewe unter dem Titel „Memento Mori“ vermutlich während seines Aufenthalts im Altenheim. Sie sollten wohl als eines der letzten Kapitel Teil seiner Memoiren werden. Nachdem eine Reihe von Freunden – bspw. Zeev Gluskin, Jehuda Grasowski und Georg Leschnitzer, die Loewe in dem Typoskript namentlich erwähnt – in den Jahren 1949 und 1950 verstorben waren, notierte er einige Zeilen schwermütig, paraphrasierte zudem einleitend das sogenannte *Schnitterlied* – ein deutsches Volkslied, das erstmals 1638 in zwei Flugschriften gedruckt und vor allem im 20. Jahrhundert in Literatur und Musik breit rezipiert wurde[14]:

> Man erinnert sich oft kaum, dass ein Schnitter in der Welt ist, der Gewalt hat vom höchsten Gott, über das Leben und den Tod des Menschen, wenn man seiner gewohnten Arbeit nachgeht. Aber man wird zuweilen durch irgend ein unerwartetes Ereignis aufgeschreckt, dass an die Vergänglichkeit erinnert.[15]

Die Transformation von Loewes Lebensrealität bestand vornehmlich in der Abnahme zwischenmenschlicher Beziehungen, ein fortschreitender Kontaktverlust zu Familienmitgliedern etwa. Eindrücklich skizzierte Loewe weiterhin den empfundenen Grad seiner ‚Integration‘ in das neue Kollektiv der „Alten“, dessen alltägliches Zusammenleben, nur zeitweilig durch Besuche, etwa von seinem Enkel Uri im Januar 1951, unterbrochen wurde: „Für mich“, schrieb er an Grete Peiser, „der ich hier auf dem Lande allein wohne, ist eine solche Unterbrechung des Alltagslebens (und des Alterslebens)

12 Vgl. Robert L. Rubinstein: The Ethnography of the End of Life. The Nursing Home and Other Residential Settings. In: *Annual Review of Gerontology and Geriatrics* 20 (2000), S. 259–272, hier S. 261.

13 Salis Gross: *Der ansteckende Tod*, S. 72; vgl. ferner Ursula Streckeisen: Doing Death. Expertenpraktik in den Kontexten von Lebenserhaltung, Verlust und Wissenschaft. In: Ronald Hitzler / Anne Horner / Christoph Meader (Hrsg.): *Expertenwissen. Die institutionalisierte Kompetenz zur Konstruktion von Wirklichkeit*. Opladen: Westdeutscher Verlag 1994, S. 232–246.

14 Michael Fischer: Es ist ein Schnitter, heißt der Tod. In: *Populäre und traditionelle Lieder. Historisch-kritisches Liederlexikon*, hrsg. v. Eckhard John, 2008. http://www.liederlexikon.de/lieder/es_ist_ein_schnitter_heisst_der_tod (Zugriff am: 18.06.2012).

15 Heinrich Loewe: Sichronot. Kap. Memento Mori. CZA, A146/60, S. 2.

besonders angenehm. Denn manches mal komme ich mir zwischen lauter alten Leuten so etwas deplaciert vor."[16]

Die überlieferte Korrespondenz Loewes brach im Februar 1951 ab. Letzte Gedanken tauschte Loewe mit seinem Biographen Jehuda Louis Weinberg aus. Weinberg – Rechtsanwalt, ehemaliger Rechtsberater des deutschen Konsulats in Jerusalem und der Anglo Palestine Bank sowie nach dem Ersten Weltkrieg zeitweiliger Leiter des Palästina-Amts in Berlin – hatte unter dem Titel *Aus der Frühzeit des Zionismus. Heinrich Loewe* offensichtlich umfassende Anleihen bei Loewes Erinnerungsmanuskript *Baderech Lezion* (dt. *Auf dem Weg nach Zion*) gemacht und dieses zunächst 1945 in hebräischer Sprache, dann 1946 in deutscher Sprache bei Rubin Mass in Jerusalem veröffentlicht.[17] Die Niederschrift seiner Erinnerungen begann Loewe bereits ein Vierteljahr nach seinem 70. Geburtstag im Jahr 1939.[18] Im gleichen Jahr veröffentlichte Ernst Simon die erste Loewe-Biographie.[19] Zum Entstehungsprozess von Weinbergs Biographie notierte Loewe:

> Auf Wunsch vieler Freunde, denen ich zuweilen über die ersten Zeiten des Zionismus erzählte, oder die in alten zionistischen Zeitschriften geblättert hatten, bin ich daran gegangen, Memoiren zu schreiben. Schliesslich habe ich sie bis zum ersten Kongress durchgeführt. Freilich wollte ich nicht wiederholen, was in den Kongressprotokollen steht. Es sollte auch keine Geschichte des Zionismus sein. Dazu lag dort keine Veranlassung vor. Als ich schon einen Teil geschrieben hatte, kam Louis Weinberg zu mir, er wolle meine Biographie schreiben. Das lag mir nicht sehr. Wir wurden uns einig, dass er die Frühzeit des Zionismus verfassen und dabei meine Mitwirkung an der Entstehung der Bewegung schildern sollte. Er hat meine Memoiren, weil sie im Manuskript vorlagen[,] fleissig und kritisch gelesen.[20]

Dov Schidorsky, der zwischen 1946 und 1948 als angehender Bibliothekar im dritten Stock des alten Gebäudes der Tel Aviver Stadtbibliothek in der Montefiorestraße 8 von Loewe unterrichtet wurde, erklärte in einem Gespräch im Juli 2009 darüber hinaus, dass Weinberg Loewe „ergeben" war und sich das Manuskript für seine Biographie von Loewe diktieren ließ. Dass sich das Verhältnis zwischen Loewe und Weinberg weitaus tiefergehend gestaltete als ein anzunehmendes distanziertes zwischen Autor und

16 Vgl. Heinrich Loewe an Grete Peiser, 22.01.1951. CZA, A146/137.

17 Weinberg: *Aus der Frühzeit des Zionismus.*

18 Vgl. Heinrich Loewe: Sichronot. Kap. Erinnerungen [Vorwort]. CZA, A146/68.

19 Ernst Simon: הינריך לוה (אליקים בן יהודה) [Heinrich Loewe (Eljakim Ben Jehuda)]. Tel Aviv: Drimer 1939.

20 Heinrich Loewe: Sichronot. Kap. Jehuda Louis Weinberg. CZA, A146/60, S. 3; vgl. ders.: Sichronot. Kap. Erinnerungen [Vorwort].

wissenschaftlichem Objekt, lassen sowohl die Biographie selbst, die im Stile einer zionistischen Hagiographie abgefasst ist, als auch andere literarische Arbeiten Weinbergs erahnen. In einem zwanzigstrophigen Gedicht, das er zeitnah zu Loewes 70. Geburtstag abfasste, heißt es etwa:

> Ich muss dir danken, dass du jene raren
> Genüsse schufst, mit denen du mich labst,
> dass du mir deines Lebens Memoiren
> zum Morgenimbiss in die Hände gabst.
>
> Ich lese es mit brennendem Interesse,
> was gnädig dir die Lebensparze wob,
> und träume alte Zeiten und vergesse
> im Traum das Gegenwartskaleidoskop
> […]
>
> Dass der Jahrzehnte sieben sich dir
> runden,
> was macht es aus. Du bist in diesen,
> sieben,
> was du von allem Anfang warst, geblieben.
> Du hast von früh als Säer dich gefunden.
> Aus deinem Garten, den du grubst,
> vertrieben,
> warst du ein Aufrechter in Kampfesstunden,
> und doch ein Knecht, der an sein Volk
> gebunden,
> mit seinem Hassen und mit seinem Lieben.[21]

Weinberg bemühte sich auf Anregung von Jakob Georg Lavi seit Anfang 1951 um die Veröffentlichung einer zweiten Auflage seines Loewe-Buchs. Er hatte vor, das Werk auch in England und den Vereinigten Staaten zu publizieren. Weinbergs Plan, die zweite Auflage „weit vor [Loewes] 90. Geburtstag […] auf einen Geburtstagstisch legen [zu]

21 Jehuda Louis Weinberg: Manuskript II: Widmungen von L[ouis] W[einberg]. CZA, A146/146, S. 62–66.

können“[22], scheiterte allerdings. Eine englischsprachige Fassung blieb auch nach Loewes Tod im August 1951 unveröffentlicht, sie wurde vermutlich nie geschrieben.

Einzelne Nachrufe bildeten Anfang der 1950er Jahre letzte Spuren in der Presselandschaft, die Loewe mit Hunderten von Beiträgen zwischen 1889 und 1951 bereichert hatte. Für die Ausgabe des *Mitteilungsblatts* des IOME vom 10. August 1951 verfasste Loewes langjähriger Mitstreiter und Freund, Sammy Gronemann, einen halbseitigen Nachruf. Gronemann warf Schlaglichter auf die Biographie des „wohl [...] älteste[n] Zionisten Deutschlands“, in „jener fast legendenhaften Zeit, in der er als Heinrich Sachse die erste Attacke ritt.“ Da waren die Auseinandersetzungen des „bildschönen feurigen Mann[es] mit dem braunen Spitzbärtchen“ mit Autoritäten des jüdischen Zukunftsdiskurses in Berlin und weit darüber hinaus. Da war der opponierende Loewe gegen Herzls Uganda-Plan und gegen die Redaktionskommission der *Jüdischen Rundschau*. Gronemann zeichnete den Lebensweg des „ewigen Kämpfers“ als Pfad permanenter Verhandlungen. „Sein Andenken“, so Gronemann abschließend, „solle auch in den Geschlechtern, die ihn nicht persönlich kannten, nicht vergessen werden.“[23] In der gleichen Ausgabe schaltete die Landesleitung des IOME eine Traueranzeige. Sie ist dem „Lehrer und Meister, Anreger, Gründer und Schöpfer in Deutschland noch vor dem 1. Kongress, Erzieher vieler Generationen zum Zionsgedanken“[24] gewidmet.

Der Landesleitung und Gronemann zum Trotz ließe sich der anschließend einsetzende Prozess um Loewes Nachleben als zunehmende Trennung des Namens Heinrich Loewe von gesellschaftlich relevanten Verhandlungsräumen beschreiben. Offensichtliches Indiz dafür ist etwa die Abwesenheit Loewes von den Landkarten und Stadtplänen des heutigen israelischen Staatsgebiets. Bereits 1928 notierte Markus Ehrenpreis in *The Soul of the East* offenbar nach einem Spaziergang durch Tel Aviv:

> Die Straßennamen sind Embleme des besonderen Charakters dieser außergewöhnlichen Stadt. Sie zeigen die geistigen Quellen an, aus denen sie ihre Stärke bezieht, und sie bezeugen die Verbundenheit ihrer Bewohner mit dem geistigen Erbe des Judentums.[25]

Sie legen auf die Topographien, die sie bezeichnen, Semantiken, verknüpfen Orte mit Geschichte, Biographien und anderen Orten. Bezeichnungen von Straßen (und ihre

22 Vgl. Jehuda Louis Weinberg an Heinrich Loewe, 27.01.1951. CZA, A146/146.

23 Sammy Gronemann: Heinrich Loewe s. A. In: *Mitteilungsblatt*, 10.08.1951, S. 3.

24 Landesleitung des Irgun Merkas Olej Europa: Traueranzeige Professor Dr. Heinrich Eljakim Loewe. In: *Mitteilungsblatt*, 10.08.1951, S. 9.

25 Zit. n. Joachim Schlör: *Tel Aviv – vom Traum zur Stadt. Reise durch Kultur und Geschichte*. Gerlingen: Bleicher 1996, S. 132.

Streuung), so Maoz Azaryahu, seien Übersetzungen von Ideologie „into the common language of the local landscape“[26]. Sie generieren sich als materielle Repräsentationen kultureller und politischer Praxis,[27] sind Abbild von gesellschaftlichen Machtverhältnissen. Um bspw. den hebräischen Charakter Tel Avivs zu betonen, entschied die Stadtverwaltung in den 1920er Jahren, die Straßen nach Persönlichkeiten der jüdischen und zionistischen Geschichte zu benennen, ferner nach Orten in Palästina.[28] Wie bei anderen Protagonist*innen des frühzionistischen Kollektivs ist heute zwar eine Straße in Tel Aviv nach Heinrich Loewe benannt[29] und die zionistischen Stadtgestalter*innen ebneten ihm damit auf den ersten Blick den Weg in diese „ordinary spheres of public day life“[30], allerdings wird Loewes Name auch dadurch im Straßenbild kaum sichtbar, trägt doch die heute abseits des belebten Zentrums befindliche, kleine Straße im Süden der Stadt, die bezeichnenderweise die Chasanowiszstraße verlängert und dadurch die Genealogie ‚zionistischer Bibliothekare‘ in den Raum schreibt,[31] lediglich den Namen Elyqum (Abb. 1–2) – eine fehlerhafte Wiedergabe des ersten Teils, Eljaqim, von Loewes hebraisiertem Namen.

Ganz anders verhält es sich mit Loewes Begräbnisstätte: Nachdem sein Leichnam von Haifa nach Tel Aviv am 2. August 1951 überführt worden war und sich am folgenden Tag um zwei Uhr nachmittags die Trauergemeinde in der Großen Synagoge[32] in der Allenbystraße versammelte, setze man sich in Bewegung, um Loewe auf dem Alten

26 Maoz Azaryahu: *Tel Aviv. Mythography of a City, Space, Place, and Society*. Syracuse: Syracuse UP 2007, S. 64. Zur Vergabepraxis von Ortsnamen in Israel vgl. ferner ders.: Naming the Past. The Power of Commemorative Street Names. In: Lawrence D. Berg / Jani Vuolteenaho (Hrsg.): *Critical Toponymies. The Contested Politics of Place Naming*. Farnham / Burlington: Ashgate 2009, S. 53–70; Yoram Bar-Gal: Cultural-Geographical Aspects of Street Names in the Towns of Israel. In: *Names* 37,4 (1989), S. 329–344; ders.: Naming City Streets. A Chapter in the Cultural-Urban History of Tel Aviv. 1909–1947. In: *Contemporary Jewry* 10 (1990), S. 40–49; Amit Pinchevski / Efraim Torgovnik: Signifying Passages. The Signs of Change in Israeli Street Names. In: *Media Culture Society* 24,3 (2002), S. 365–388.

27 Vgl. Nurit Kliot: Place Names as a Manifestation of Culture and Politics. In: Yehuha Gradus / Gabriel Lipshitz (Hrsg.): *The Mosaic of Israeli Geography*. Beer Sheva: Ben-Gurion University of the Negev Press 1996, S. 247–252.

28 Vgl. Anat Helman: *Young Tel Aviv. A Tale of Two Cities*. Waltham: Brandeis UP 2010, S. 31–32.

29 Für den Hinweis danke ich Lina Barouch. Ohne sie hätte ich die Elyqumstraße definitiv nicht gefunden.

30 Azaryahu: *Tel Aviv*, S. 64.

31 Vgl. Kap. VI.3.

32 Zur Großen Synagoge in der Allenbystraße vgl. Anat Helman: Was there Anything Particularly Jewish about 'The First Hebrew City'? In: Barbara Kirshenblatt-Gimblett / Jonathan Karp (Hrsg.): *The Art of Being Jewish in Modern Times*. Philadelphia: University of Pennsylvania Press 2008, S. 116–127, hier S. 121; Barbara E. Mann: The Archaeology of Memory on Tel Aviv's Rothschild Boulevard. In: Michael Berkowitz (Hrsg.): *Nationalism, Zionism and Ethnic Mobilization of the Jews in 1900 and Beyond*. Leiden / Boston: Brill 2004, S. 83–98, hier S. 92–94; Schlör: Tel Aviv, S. 152.

Abb. 1 (links): Straßenschild Elyqumstraße, Tel Aviv, 2013.
Abb. 2 (rechts): Blick in die Elyqumstraße, Tel Aviv, von Süden nach Norden, 2013.

Friedhof[33] in der Trumpeldorstraße zu bestatten.[34] Im Anschluss an Mathias Berek, der die Faktoren der individuellen und intersubjektiven Erinnerungsgenese untersucht und diese im Zusammenhang mit der „gesellschaftlichen Konstruktion der Wirklichkeit" betrachtet, ließe sich die „immobile" Topologie Trumpeldor-Friedhof als Element israelischer Erinnerungskultur annehmen.[35] Die Grabsteine sind Relikte, die Geschichte(n) neu codieren.[36] Der Friedhof in seiner Gesamtheit konstituiert sich in diesem Zusammenhang als Narrativ, das die Erinnerung mit den Biographien der auf ihm begrabenen historischen Persönlichkeiten verknüpft.[37] Er webt – wie die

33 Zur Geschichte des Friedhofs bis 1939 vgl. Zwi Kroll / Zadok Leinman: ספר בית הקברות הישן בתל אביב [Buch des Alten Friedhofs in Tel Aviv]. Tel Aviv [1939].

34 Vgl. פרופ. ה. לווה [Prof. H. Loewe]. In: *Davar*, 03.08.1951, S. 1. Die gleiche Wegstrecke wie der Sarg Loewes legte vermutlich auch Chaim Arlozoroffs Leichnam am 18.06.1933 zurück. Ein knapp 4-minütiger Videomitschnitt von Baruch Agadati dokumentiert die Beerdigung Arlozoroffs. Der Film ist unter https://www.youtube.com/watch?v=qo8Db2vnI5E (Zugriff am 31.05.2017) im Internet verfügbar.

35 Mathias Berek: *Kollektives Gedächtnis und die gesellschaftliche Konstruktion der Wirklichkeit. Eine Theorie der Erinnerungskulturen*. Wiesbaden: Harrassowitz 2009, S. 178. Vgl. auch Aleida Assmann: *Der lange Schatten der Vergangenheit. Erinnerungskultur und Geschichtspolitik*. München: Beck 2006, S. 217–234 (Kap. „Gedächtnisorte in Raum und Zeit"); Doris Francis / Leonie Kellaher / Georgina Neophytou: The Cemetery. A Site for the Construction of Memory, Identity and Ethnicity. In: Jacob Climo / Maria G. Cattell (Hrsg.): *Social Memory and History. Anthropological Perspectives*. Walnut Creek: AltaMira 2002, S. 95–110; Anne-Katrin Hillebrand: *Erinnerung und Raum. Friedhöfe und Museen in der Literatur*. Würzburg: Königshausen & Neumann 2001; Pierre Nora: Between Memory and History. Les Lieux de Mémoire. In: *Representations* 7,26 (1989), S. 7–24.

36 Berek: *Kollektives Gedächtnis*, S. 175.

37 Vgl. Maoz Azaryahu: A Tale of Two Monuments. In: Judith Tydor Baumel / Tova Cohen (Hrsg.): *Gender, Place and Memory in the Modern Jewish Experience. Re-Placing Ourselves*. London / Portland: Vallentine Mitchell 2007, S. 252–268, hier S. 252.

Straßennamen – mit am national-identitären Narrativ der israelischen Gesellschaft, auch wenn er in seiner Bedeutung für das *Nation Building* nicht vergleichbar ist mit den „two mythic poles of (Jewish) Israeli collective identity“[38] – der Westmauer und dem Herzl-Friedhof auf dem gleichnamigen Berg.[39] Analysiert man die Funktion und Wirkung des Friedhofs als Teil des Erinnerungs- und Gedenkdiskurses im heutigen Israel, ließe sich mit Barbara Mann trefflich vom Trumpeldor-Friedhof als „‚site of memory‘ only in *potentia*“[40] sprechen. Obwohl er gut zu erreichen ist und einen wichtigen Teil israelischer (Vor-)Geschichte dokumentiert, sind seine mediale Präsenz und die Zahl interessierter Besucher*innen vergleichsweise gering. Der Friedhof als signifikantes, vielstimmiges Mosaik israelischer Geschichtsrepräsentationen konstituiere sich heute vordergründig als *Ort des Vergessens.*[41]

Der 1902 anlässlich einer Choleraepidemie gegründete Friedhof befindet sich heute im Zentrum Tel Avivs. Von seinem Umfeld abgetrennt durch eine Mauer ist die Anlage – von außen uneinsehbar – eingebettet in eine urbane Topographie aus mehrstöckigen Wohn- und Geschäftshäusern. Auf ungefähr 12.000 m² sind ca. 4.000 Menschen begraben: Persönlichkeiten des öffentlichen Lebens des ‚Alten‘, vor allem aber des ‚Neuen Yishuv‘ und der „ersten hebräischen Stadt“[42] Tel Aviv. Die Wahl des Trumpeldor-Friedhofs als geeignete Begräbnisstätte war noch zu Lebzeiten Loewes, vermutlich von ihm selbst in Abstimmung mit den verantwortlichen Behörden, getroffen worden. Bereits Loewes Frau Johanna wurde nach ihrem Tod am 24. Januar 1948 hier bestattet. Die Entscheidung, hier den letzten Ruheort zu finden, erscheint kaum zufällig. Als „Pantheon“ der neuen hebräischen Kultur Israels las Barbara Mann die in dem Bereich, wo sich Loewes Grab befindet, versammelten Steine.[43]

Das Grab des Ehepaars Loewe (Abb. 3) befindet sich unweit der Gräber von Chaim Nachman Bialik, Max Nordau und Achad Haam im neueren westlichen Teil des Friedhofs. Das Auffinden des Grabes fordert von den Besucher*innen viel Geduld und Durchhaltevermögen. Einen Plan der Friedhofsanlage gab es zur Zeit meines Besuchs im Jahr 2009 vor Ort nicht. Zur Standortbestimmung wurden die Begräbnisstätten von der Chevra Kadisha Tel Aviv-Jaffo mit einer Kombination aus hebräischen Buchstaben und

38 Maoz Azaryahu: The Topography of National Rememberance. Two Israeli Cases. In: Gradus / Lipshitz (Hrsg.): *Mosaic of Israeli Geography*, S. 253–260.

39 Zum Herzl-Friedhof vgl. Maoz Azaryahu: Mount Herzl: The Creation of Israel's National Cemetery. In: *Israel Studies* 1,2 (1996), S. 46–74; Jacki Feldman: Between Yad Vashem and Mt. Herzl: Changing Inscriptions of Sacrifice on Jerusalem's "Mountain of Memory". In: *Anthropological Quarterly* 80,4 (2007), S. 1147–1174.

40 Barbara E. Mann: Modernism and the Zionist Uncanny. Reading the Old Cemetery in Tel Aviv. In: *Representations* 18,69 (2000), S. 63–95, hier S. 76.

41 Vgl. ebd., S. 91.

42 Vgl. Schlör: *Tel Aviv*, S. 130–135 (Kap. „Ha'ir ha'iwrit ha'rischona – die erste hebräische Stadt“).

43 Mann: Modernism and the Zionist Uncanny, S. 85.

Abb. 3
Grabstein Heinrich und Johanna Loewes auf dem Trumpeldor-Friedhof, Tel Aviv, 2009.

Zahlen ausgestattet (womöglich auch um den Friedhof touristisch attraktiver zu gestalten). Loewes Grab wies man folgende Koordinaten zu: Region 01: Sektion d: Reihe: צ Platz: 8. Der Grabstein wurde direkt vor einer kniehohen Mauer gesetzt. Ein großer Baum, der offensichtlich nach Setzung des Grabsteins gepflanzt wurde, verdeckt den Stein und seine detailreiche Inschrift[44]:

> Loewe / Hier ruht R' Eljakim Ben Jehuda / Prof. Dr. Heinrich Loewe / Einer der Gründer der zionistischen Bewegung / 3. Aw 5629 – 29. Tamus 5711 [11. Juli 1869 – 2. August 1951] / Chana Loewe Bat ha-Rav B[aruch] M[endel] Auerbach / 26. Tamus 5636 – 13. Sh'wat 5708 [18. Juli 1876 – 24. Januar 1948]

44 Hatte sich Loewe in seinem Erinnerungsframent „Unsere Namen“, das er nach seiner Pensionierung Ende der 1940 Jahre verfasste, noch ausdrücklich gegen die ausschließliche Hebraisierung der Namen von deutsch-zionistischen Einwander*innen ins damalige britische Mandatsgebiet Palästina ausgesprochen, legt der Grabstein Loewes „Galutnamen“ (Heinrich Loewe: Sichronot. Kap. Unsere Namen. CZA, A146/61, S. 7. Hierzu auch Robert Jütte: *Die Emigration der deutschsprachigen „Wissenschaft des Judentums“. Die Auswanderung jüdischer Historiker nach Palästina 1933–1945*. Stuttgart: Steiner 1991, S. 68–69) zwar nicht ab, er ließe sich aber als Kompromiss interpretieren. Die Inschrift Johannas verzichtet sogar auf die Angabe des ursprünglichen deutschen Namens. Beachtenswert ist darüber hinaus die Setzung des hebräischen Resch vor die hebraisierte Version Eljakim Ben Jehuda als Kennzeichnung des Ehrentitels „Rav“.

Beim Gang über den Trumpeldor-Friedhof fällt auf, dass sich einzelne zusammenhängende Grabstein-Ensembles in ihrer Inschriftgestaltung stark ähneln. Findet man im älteren Teil des Friedhofs auf der Ostseite eine Vielzahl von traditionellen hebräischen Grabinschriften, hebt sich das Grabstein-Ensemble, in das sich Loewes eingliedert, deutlich ab. Philipp Messner hat mit Blick auf die entstehende hebräische Werbetypographie in Palästina seit Ende der 1920er Jahre darauf hingewiesen, dass die neue Ästhetik eine bewusste Nachahmung „modernistischen Formenvokabulars" darstelle, dies ermögliche „eine ‚Reinigung' der hebräischen Lettern von der ihnen anhaftenden traditionell-religiösen Bedeutung und ihre Neucodierung als Nationalschrift, die als Ausdruck jüdisch-nationaler Partikularität gelesen werden kann".[45] Der Grabstein Loewes ist hingegen nicht dezidiert modernistisch gestaltet. Vielmehr ist er geprägt von einem modernistisch/traditionell synthetisierten Stil, wie seine Biographie Ausdruck des Dazwischen ist. Ähnlich der Grabinschrift weist sein kulturpolitisches Werk Pendelbewegungen auf. Seine Arbeiten über Zionismus, Bibliotheken und jüdische Kultur kommunizieren stets mit der 3.000-jährigen jüdischen Erfahrung, mit jüdischer Tradition und Religionspraxis.

Die Geschichte von Loewes Arbeitszimmer und seinen Akten, die die Stadtbibliothek Tel Aviv bis heute aufbewahrt, lässt sich nicht mehr rekonstruieren. Aufschlussreich war jedoch die Topographie der ersten Etage des Kulturzentrums Bet Ariela, das sich heute am Shaul-Ha-Melech-Boulevard befindet: Der Großteil des papiernen Nachlebens Loewes versteckte sich zur Zeit meines Aufenthalts 2009 im Hinterzimmer des Achad-Haam-Lesesaals.[46] Zwischen den Regalen, die neben den Überbleibseln der umfangreichen Privatbibliothek Loewes großenteils mit nicht katalogisierten, teilweise seltenen deutschsprachigen Zionistica der 1900er bis 1930er Jahre gefüllt waren, verbarg sich ein Loewe-Relief von 1927 sowie eine gerahmte Photographie Loewes auf dem Dach der Stadtbibliothek von Tel Aviv aus dem Jahr 1935, die die berühmt gewordene Aufnahme von Theodor Herzl auf dem Balkon des Baseler Hotels Drei Könige (1901) nachahmt.[47] (Abb. 4) Es waren die einzigen Indizien für die Bedeutung des Raums.[48] Ausgestellt war Loewe ansonsten nur noch bei seiner Enkelin Jehudith „Jutta" Sade, die heute im

45 Philipp Messner: Tel Aviv und die Revolution des hebräischen Schriftbilds. In: *Pardes* 15 (2009), S. 22–38, hier S. 38.

46 Vgl. S. 24, Anm. 49.

47 Und nicht nur die Kongruenz der Bildsprache beider Fotografien ist beeindruckend, auch die Nachahmung der historischen Konstellation ist bemerkenswert: Herzl wurde 1901 von Ephraim Moses Lilien fotografiert, Loewe 1935 von seinem Sohn Otto.

48 Noch 2009 kümmerte sich der alte Herr David D. Rubin als Praktikant im Bet Ariela um die deutschen Sammlungen. Er erstellte sogar ein handschriftliches Verzeichnis der Loewe-Privatbibliothek. Die Fotografie Loewes wurde erst nach meinem Rechercheaufenthalt im Jahr 2009 aufgehängt – vermutlich zeitnah zum Beginn der Erschließung und Ordnung des Loewe-Nachlasses.

Kibbuz Urim lebt.[49] Im Wohnzimmer von Jutta hängt ein Gemälde Loewes. Darüber hinaus wurde eine Photographie auf einem Regal nahe der heimischen Couchgarnitur platziert. Sie zeigt Loewe in den 1920er Jahren zusammen mit dem Tropenbotaniker und zwischen 1911 bis 1920 amtierenden Präsidenten der WZO Otto Warburg.[50] Diese letzten Artefakte – der Grabstein, das Relief und die Photographie im Hinterzimmer, das Gemälde und die Photographie im Wohnzimmer –, die Loewes materielles Nachleben im öffentlichen, halböffentlichen und privaten Raum konstituieren, „arbeiten" symbolisch und sind Verbündete in Kommunikationsraum der Fragen von „Zugehörigkeit, Gleichheit und Andersheit".[51] Einerseits produzieren sie in Abhängigkeit von der Umgebung, in die sie eingebettet sind, und den Menschen, die sie gebrauchen, Bedeutungen.[52] Andererseits verhandeln diese letzten materialisierten Erinnerungen an Loewe zugleich Vergangenheit, Gegenwart und Zukunft der Betrachter*innen und Besitzer*innen. Sie „stimulieren Erzählungen oder sie gewähren uns Zugang zu ihnen"[53]. Loewe knüpfte im Glauben an das zeitliche Überdauern seiner persönlichen Relikte Botschaften an diese. Was die die Herzl-Pose nachahmende Photographie Loewes als Botschaft andeutet, findet sich im Fall des Grabsteins in Stein gemeißelt: „Einer der Gründer der zionistischen Bewegung".

49 Jutta öffnete meiner Familie und mir ihr Haus. Wir verbrachten einige Tage in Urim und trafen uns auch später noch. Für die Herzlichkeit und Offenheit möchte ich mich bei ihr ganz besonders bedanken.

50 Zur Biographie Warburgs vgl. Frank Leimkugel: *Botanischer Zionismus. Otto Warburg (1859–1938) und die Anfänge institutionalisierter Naturwissenschaften in „Erez Israel"*. Berlin: Botanischer Garten und Botanisches Museum Berlin-Dahlem 2005, S. 28–91 (Kap. „Otto Warburg – Bioergographischer Abriss").

51 Grant Kien: Actor-Network Theory. Translation as Material Culture. In: Phillip Vannini (Hrsg.): *Material Culture and Technology in Everyday Life. Ethnographic Approaches*. New York: Lang 2009, S. 27–44, hier S. 28.

52 Für den Grabstein Loewes habe ich dies oben herausgearbeitet, ihn als Zeichen des Übergangs zwischen traditionellem Judentum und hebräischer Moderne eingeordnet. Das Relief im Hinterzimmer des Achad-Haam-Lesesaals auf der Rückseite eines Regals erschien geradezu deplatziert. Es ließe sich als Vehikel des Vergangenen und Vergessenen lesen, als ein Bedeutungsträger, der nur noch von Mitarbeiter*innen der Bibliothek und gelegentlich von Wissenschaftler*innen zur Kenntnis genommen werden konnte. Das Gemälde im Wohnzimmer (und die Photographie) Jutta Sades wurden bewusst in einem der zentralen Bereiche des Alltagslebens ausgestellt. Der Lebensweg der Bewohnerin assoziiert sich dadurch mit dem Großvater – einer zionistischen Ikone –, wodurch sich die kleine Zurschaustellung im Wohnzimmer als signifikante ‚symbolischen Ergänzung' konstituiert. Zur zionistischen Ikonographie vgl. Michael Berkowitz: *The Jewish Self-Image in the West*. New York: New York UP 2000.

53 Ian Woodward: Material Culture and Narrative. Fusing Myth, Materiality and Meaning. In: Vannini (Hrsg.): *Material Culture and Technology in Everyday Life*, S. 59–72, hier S. 60.

Abb. 4: Otto M. Lilien: „Heinrich Loewe auf dem Dach der Stadtbibliothek Tel Aviv“, 1935.

III.
An(ge-)kommen in Berlin?

Seit den 1880er Jahren produzierte sich das nationaljüdische Kollektiv vornehmlich in den Großstädten Mittel- und Osteuropas. Dabei etablierte sich Berlin neben Wien, London und Odessa als nationaljüdisches Zentrum. Hier begannen sich seit 1889 die ersten nationaljüdischen Laboratorien zu bilden, und jugendliche Aktivist*innen waren bemüht, Nationaljudentum in der Großstadt und über sie hinaus als Idee zu zirkulieren und Lebensanschauung vorzuführen. Auch Heinrich Loewe war, abgesehen von wenigen längeren Expeditionen, etwa nach Palästina in der zweiten Hälfte der 1890er Jahre und in die Vereinigten Staaten Anfang der 1920er Jahre, 44 Jahre in der Stadt in Aktion.

Geographisch gesehen lässt Loewe Magdeburg im Frühjahr 1889 zwar hinter sich, doch muss seine Übersiedlung nach Berlin keinesfalls als Bruch, sondern vielmehr als Übergang begriffen werden. Erst mit dem Tod seiner Eltern verschwand Magdeburg um die Jahrhundertwende permanent aus Loewes Bewegungsraum. Bis dahin war die Wohnung der Eltern, insbesondere in den Semesterferien und nach der Rückkehr von seiner zweiten Palästinareise im August 1898, ein oft genutzter Rückzugsort.

Zum Wechsel des Wohnorts im April 1889 bedurfte Loewe eines sogenannten Abzugsattests,[1] das er bei der lokalen Polizeibehörde in Magdeburg beantragte und bei der zuständigen Berliner Polizeibehörde vorlegte. Sein Vater sandte ihm das Dokument am 29. des Monats nach. Nach erfolgtem Wohnortswechsel gaben Loewes Eltern klare Prioritäten vor: „Sei fleißig und ordentlich“, betrage dich gut, sei sparsam, achte auf

1 Vgl. Nr. 54. Unanwendbarkeit des § 271 StrGB.s auf denjenigen, welcher sich ein Abzugsattest oder ein Gesindedienstbuch von der Polizeibehörde vorsätzlich auf den Namen eines anderen ausstellen läßt; Preußen. In: *Entscheidungen der Gerichte und Verwaltungsbehörden aus dem Gebiete des auf reichsgesetzlichen und gemeinrechtlichen Bestimmungen beruhenden Verwaltungs- und Polizeistrafrechtes* 7 (1887), S. 62–65; Louis Loewe an Heinrich Loewe, 29.04.1889. CZA, A146/18.

Sachen und Gesundheit, forderte Betty Loewe regelmäßig in ihren Briefen.[2] Die elterliche Erwartungshaltung resultierte teilweise aus der unzureichenden materiellen Situation der Familie.[3] Ihre Kritik richtete sich in erster Linie gegen eine unzweckmäßige und unvorteilhafte Alltagsorganisation des jungen Studierenden. Während Heinrichs Bruder Eduard seine Eltern finanziell unterstützte, konnte oder wollte Heinrich zunächst wenig zur Verbesserung der familiären Haushaltslage beitragen. Ab spätestens August 1891 erteilte er Nachhilfeunterricht und verdiente sich so ein paar Mark dazu.[4] Auch Richard appellierte in den ersten Jahren nach Ankunft seines jüngeren Bruders in Berlin an sein Gewissen. Er missbilligte allerdings weniger die vermeintlich unzweckmäßige Lebensführung als vielmehr Heinrichs Versuche, quasi nationaljüdische Angelegenheiten in der Öffentlichkeit zu verhandeln:

> Du könntest sehr viele Nachteile haben. Denn auch wenn du [...] hervortrittst, wird man so über dich herfallen, daß du doch nach deiner Kammer rennen wirst, auch kann er dann sehr leicht durch einen Zufall ans Licht kommen. Dann wären die gräulichen Reibereien nur so größer. Jedenfalls würdest du aus einer Streitigkeit in die andere kommen und auf diese Weise alle Zeit zu wissenschaftlichen und sonstigen Arbeiten verlieren. Du würdest vielleicht nicht einmal dein Doctorat machen können. Dann musst du die Gefahr der Relegation in Betracht ziehen. Höchstwahrscheinlich würde dir durch solche gefährlichen Streitigkeiten jede Möglichkeit, später einmal Docent zu werden, genommen sein![5]

2 Vgl. z. B. Betty Loewe an Heinrich Loewe, 12.01.1890. CZA, A146/18; Betty Loewe an Heinrich Loewe, 24.04.1890. CZA, A146/18.

3 Vgl. Heinrich Loewe an Leo Mozkin, 12.08.1891. CZA, A126/174.

4 Das Tagebuch Loewes enthält einen Stundenplan, der allerdings nahezu alle Wochentage füllt. Da der Stundenplan bspw. Lektionen in Deutsch vorsieht, ist nicht davon auszugehen, dass der Unterricht Bestandteil von Loewes Studium war. Hingegen ist es naheliegend, dass Loewe, sofern er in Berlin war, in den Semesterferien unterrichtete (vgl. Heinrich Loewe: Erstes Tagebuch, 1891. CZA, A146/1, [S. 7]). Auch Malwin Warschauer, der gemeinsam mit Loewe Veranstaltungen an der Hochschule für die Wissenschaft des Judentums besuchte, gab zur Finanzierung seines Studiums Nachhilfeunterricht (vgl. Malwin Warschauer: *Im jüdischen Leben. Erinnerungen des Berliner Rabbiners Malwin Warschauer*. Berlin: Transit 1995, S. 69–70).

5 Richard Loewe an Heinrich Loewe, 15.06.1891. CZA, A146/101. Heinrich Loewe plante einen Artikel, den er zuvor in der *Israelitischen Wochenschrift* veröffentlichte, als Buch erscheinen zu lassen und damit einer breiteren Öffentlichkeit zugänglich zu machen. Vermutlich handelt es sich dabei um den anonymen Artikel „Zur Lösung der Judenfrage", der als Leitartikel der Ausgabe der *Israelitischen Wochenschrift* vom 17.11.1891 erschien. Deutlich wird hier und an vielen anderen Stellen, dass sich Heinrich und Richard grundlegend in ihren jeweiligen Agitationsstrategien unterschieden. Richard war darum bemüht, seinen Namen aus der nationaljüdischen Presse herauszuhalten. In einem Brief vom 19. November 1890 veranlasste er bspw. Nathan Birnbaum zur Anonymisierung seiner Beiträge für die *Selbst-Emancipation*. Darüber hinaus bat er ihn, jegliche Hinweise auf seine Mitarbeit an der Zeitschrift zu vermeiden (vgl. Richard Loewe an Nathan Birnbaum, 19.11.1890. CZA, A188/9–8). Heinrich war dagegen weitaus aggressiver und ungeduldiger in seinem Vorgehen. Seine Artikel für die *Selbst-Emancipation* tragen meist seinen vollständigen Namen.

Berlin ist für den ankommenden Studierenden zunächst ein weitgehend unbekanntes, dichtes Geflecht aus Wegen und Orten – ein weitverzweigter Archipel, der einen mitunter disharmonischen Chor aus Menschen und Dingen dirigierte. Loewe muss sich hier orientieren, einfügen und gestalten. Er ist Fremder im Dazwischen – ein „urban stranger"[6]. Loewe kommt aus einer Welt, deren Bruchstücke in den nächsten Jahren verschwanden und ersetzt wurden, in eine neue Welt. Durch den regionalen *shift* von Magdeburg nach Berlin wird er Großstadtbewohner – als Fremder unter Fremden ein „urbanite *par excellence*"[7]. Dieser Prozess, dessen zeitlicher Endpunkt sich in Loewes Biographie (wenn überhaupt) natürlich nur schwer greifen lässt, lässt sich im Kontext einer allgemeinen Urbanisierung in der zweiten Hälfte des 19. Jahrhunderts ausdeuten. Urbanisierung, das meint zunächst die quantitative Zunahme der Stadtbevölkerung. Loewe ist einer von vielen, die es aufgrund der Hoffnung auf ökonomischen Aufstieg und der besseren (Aus-)Bildungschancen in die (Groß-)Städte zieht. Zwischen 1870 und 1900 entwickelte sich Berlin zu einer Weltstadt.[8] Das öffentliche Verkehrsnetz wurde seit der Fertigstellung der Ringbahn im Jahr 1877 und der Stadtbahn im Jahr 1882 stetig ausgebaut. Die Zugänglichkeit zur Stadt verbesserte sich. Industrie siedelte sich an. Seit den 1880er Jahren erreichten Massen von neuen Migrant*innen die Stadt. Die Einwohnerzahl Berlins wuchs zusehends: 1885 sind es schon 1,3 Millionen,[9] zehn Jahre später zählt das Statistische Amt mehr als 1,6 Millionen Einwohner*innen.[10] Die bloße Zunahme der städtischen Bevölkerung schuf neue, insbesondere kulturelle Herausforderungen für die Ein- und „Umwohnerschaft", hier konstituierte sich eine neuartige Lebensform: Urbanität.[11] Es wurde möglich, „mit Modellen der Anerkennung und Differenz zu experimentieren, ein Experiment, an dem bürgerliche Juden aktiv teilhatten."[12] Berlin gerierte sich aber nicht nur als fragmentierte Kulturgeographie, die von Fremden, die in die Großstadt kamen, mitgestaltet wurde. Gleichzeitig wurde Berlin zu einem Ort, an

6 Tobias Metzler: "Strangers within our Gates". Reading London through Foreign Spectacles. Unveröffentlichtes Manuskript, S. 1.

7 Ebd., S. 17.

8 Vgl. bspw. Nicholas Bullock: A Short History of Everyday Berlin, 1871–1989. In: David Goodman / Colin Chant (Hrsg.): *European Cities and Technology. Industrial to Post-Industrial Cities.* London: Routledge 1999, S. 225–256, hier S. 232.

9 *Statistisches Jahrbuch der Stadt Berlin* 16/17 (1889/90), S. 34.

10 *Statistisches Jahrbuch der Stadt Berlin* 26 (1899), S. 29.

11 Vgl. Schlör: *Das Ich der Stadt*, S. 166–167. Zur Urbanisierung des deutschen Judentums vgl. auch Steven M. Lowenstein: The Rural Community and the Urbanization of German Jewry. In: *Central European History* 13,3 (1980), S. 218–236.

12 Till van Rahden: Von der Eintracht zur Vielfalt. Juden in der Geschichte des deutschen Bürgertums. In: Ders. / Andreas Gotzmann / Rainer Liedtke: (Hrsg.): *Juden, Bürger, Deutsche. Zur Geschichte von Vielfalt und Differenz, 1800–1933.* Tübingen: Mohr 2001, S. 9–32, hier S. 31; vgl. auch Gottfried Korff: Mentalität und Kommunikation in der Großstadt. Berliner Notizen zur „inneren" Urbanisierung. In: Theodor Kohlmann / Hermann Bausinger (Hrsg.): *Großstadt. Aspekte empirischer Kulturforschung.* Berlin: Staatliche Museen Preußischer Kulturbesitz 1985, S. 343–362; Schlör: *Das Ich der Stadt*, S. 143.

dem sich die Gemeinschaft seiner Bewohner*innen sozial und kulturell ausdifferenzierte und ein in jeder Hinsicht pluralistisches Großstadtkollektiv formte.[13]
Mit Blick auf die urbane Geographie Berlins war Loewe ein mobiles Individuum und, wie Dieter Langewiesche in Bezug auf viele andere Berliner Binnenmigrant*innen zwischen dem 20. und 35. Lebensjahr ermittelte, sogar „hochmobil".[14] Er war „a single object in motion"[15] in „a big city in movement"[16]. Loewe besuchte nicht nur die Veranstaltungen an der Hochschule für die Wissenschaft des Judentums und der Friedrich-Wilhelms-Universität, sondern ruhte, reiste (vor allem) nach Magdeburg zu seinen Eltern und Geschwistern, ging spazieren, eilte von Zusammenkunft zu Zusammenkunft mit nationaljüdischen ‚Partei'-Freund*innen, schrieb Briefe, verfasste Korrespondenzen, Gedichte und Artikel für Rahmers *Israelitische Wochenschrift* in Magdeburg oder Birnbaums *Selbst-Emancipation* in Wien. Auch blieb er nicht über mehrere Jahre an einem Ort in der Stadt – nicht einmal im gleichen Stadtviertel. Er pflegte eine Umzugskultur, wie sie spätestens seit der Gründung der Friedrich-Wilhelms-Universität von Studierenden in Berlin (und vermutlich auch anderswo) praktiziert wurde: „The Berlin students", beobachtete etwa Henry Vizetelly, der Berlinkorrespondent der *Illustrated London News* Ende der 1870er Jahre, „do not limit themselves to any particular quarter of the city, but lodge wherever their fancy takes them".[17] Der ständige Wechsel seines Wohnsitzes und seine knappe finanzielle Ausstattung dürften ihn davon abgehalten haben, unmittelbar nach seinem Umzug eine umfangreiche Sammlung von Haushaltsgegenständen in seinen jeweiligen Stuben und Wohnungen zu versammeln.
Die an Loewe adressierten Briefe und Postkarten wechselten regelmäßig ihr Ziel. Gleichfalls hinterlegte er nahezu von Halbjahr zu Halbjahr unterschiedliche Adressen bei der Friedrich-Wilhelms-Universität, wo er sich zum 30. April 1889 immatrikulierte. Innerhalb der nächsten fünf Jahre lebte Loewe weniger in Berlin, sondern vielmehr zwischen Berlin und Magdeburg. Zwar war er „kein Freund von vielem Umziehen" und konnte, wie er retrospektiv einräumt, „Jahre lang in derselben Mietstube hausen",[18] doch zwang

13 Vgl. Joachim Schlör: *Nachts in der großen Stadt. Paris, Berlin, London 1840–1930.* München: dtv 1994.

14 Dieter Langewiesche: Mobilität in deutschen Mittel- und Großstädten. Aspekte der Binnenwanderung im 19. und 20. Jahrhundert. In: Werner Conze / Ulrich Engelhardt (Hrsg.): *Arbeiter im Industrialisierungsprozess. Herkunft, Lage und Verhalten, Industrielle Welt.* Stuttgart: Klett-Cotta 1997, S. 70–93, hier S. 78–79.

15 Stephen Greenblatt: Cultural Mobility: An Introduction. In: Ders. (Hrsg.): *Cultural Mobility. A Manifesto.* Cambridge / New York: Cambridge UP 2010, S. 1–23, hier S. 16–17.

16 Joachim Schlör: Berlin 1900. In: Christian Hermansen Cordua (Hrsg.): *Manifestoes and Transformations in the Early Modernist City.* Ashgate: Aldershot 2010, S. 255–270, hier S. 255.

17 Henry Vizetelly: *Berlin under the New Empire. Its Institutions, Inhabitants, Industry, Monuments, Museums, Social Life, Manners, and Amusements*, Bd. 2. London: Tinsley Brothers 1879, S. 99.

18 Heinrich Loewe: Sichronot. Kap. Lesehalle/VJSt. CZA, A146/62, S. 8.

ihn die materielle Situation, seine jeweiligen Zimmer für die Semesterferien zu kündigen und für die Zeit der Ferien und während längerer Reisen seinen Wohnsitz zu seinen Eltern zu verlegen:

> Aber wenn ich für die Ferien oder sonstwie für anderthalb oder zwei Monate wegfuhr, so wäre es eine Verschwendung aus meiner schmalen Börse gewesen, wenn ich für diese Zeit meiner Abwesenheit mein Zimmer behalten hätte.[19]

Loewe erreichte Berlin ca. einen Monat vor Semesterbeginn. Zunächst adressierte sein Vater an eine „Miniaturwohnung“[20] bei Maler Glatthaar in der Fischerstraße 6.[21] „Die Bude [...] im ältesten Stadtteile von Berlin-Coeln“ hatte ihm Siegfried Salzmann, sein Großcousin, ganz in der Nähe seiner eigenen Wohnung besorgt.[22] Zum Wintersemester 1889/90 zog Loewe Richtung Zentrum: ins Heilig-Geistviertel, in die Heilige-Geist-Straße 46.[23] Von hier aus ging es kurze Zeit später in östlicher Richtung weiter ins benachbarte Marienviertel. Seine neue Wohnung lag nur wenige Fußschritte von seiner alten entfernt, in der Heidereitergasse (Heidereutergasse) 6–7[24]. Das Haus Heidereitergasse 6–7 befand sich in direkter Nachbarschaft zum Verwaltungsgebäude der israelitischen Synagogengemeinde Adass Jisroel, der Alten Synagoge und Mädchenschule in der Heidereitergasse 4–5, und unweit des Vereinshauses für Innere Mission in der Heidereiter Gasse 10. Der Journalist Julius Rodenberg fand in seinen *Bildern aus dem Berliner Leben* eindrucksvolle Worte, um die urbane Szenerie dieser Straße – als Raum jüdisch-christlichen Dialogs *in potentia* – zu beschreiben:

> Hier endlich, in der Heidereitergasse, steht die älteste Synagoge, die vom Jahre 1714, die „alte“ genannt, im Gegensatz zu der „neuen“ in der Oranienburgerstraße, der Synagoge der Reformgemeinde, hoch über ihrem Portal in Lettern von Erz das Wort des Propheten, Ezech[iel] XI, 16: „Ja, ich habe sie fernweg unter die Heiden lassen treiben;“ und hier, der jüdischen Mädchenschule gegenüber, aus welcher um die Mittagszeit die kleinen Töchter Israels nicht minder laut und lustig herausspringen, als ihre christlichen Altersgenossinnen aus irgend einer andren Gemeindeschule von Berlin, ließst man über

19 Ebd., S. 8.

20 Louis und Betty Loewe an Heinrich Loewe, 12.05.1889. CZA, A146/18.

21 Postkarte von Louis Loewe an Heinrich Loewe, 27.03.1889 [Poststempel]. CZA, A146/18; *Amtliches Verzeichnis des Personals und der Studierenden der Königlichen Friedrich-Wilhelms-Universität zu Berlin. Auf das Sommerhalbjahr vom 24. April 1889 bis 15. August 1889.* Berlin: Schwabe 1889, S. 90.

22 Heinrich Loewe: Sichronot. Kap. Salzmann. CZA, A146/168, S. 1.

23 *Amtliches Verzeichnis des Personals und der Studierenden der Königlichen Friedrich-Wilhelms-Universität zu Berlin. Auf das Winterhalbjahr vom 18. Oktober 1889 bis 15. März 1890.* Berlin: Schwabe 1889, S. 100.

24 Louis und Betty Loewe an Heinrich Loewe, 06.01.1890. CZA, A146/18.

der Thür eines ziemlich unscheinbaren Hauses die Inschrift: „Lasset die Kindlein zu mir kommen und wehret ihnen nicht, Ev. Marc. X, 15." – Und wer also, zwischen dem alten und dem neuen Testament, dieses enge Gäßchen durchwandelt, der mag vielleicht jener Kirche des römischen Ghetto, der Santa Maria del Pianto, sich erinnern, die mit ihrem funkelnden Kreuz die hoch beim Palaste der Cenci, dem Marcellustheater und Bogen der Octavia gelegene Synagoge noch überragt, und ihr in einem hebräischen Bibelvers – einem seltsamen Schmuck an einer römischen Kirche! – die ganze Verstocktheit der Juden entgegenhält. Hier aber in Berlin ist es so nicht gemeint. Das kleine Haus in der Heidereitergasse, das Vereinshaus für innere Mission, ist zugleich eine Kleinkinderbewahranstalt; friedlich und freundlich schaut der Prophet der Evangelisten hinüber, die beide ja desselben Stammes sind, und ich glaube nicht, daß sie – wenigstens sie nicht – etwas dagegen hätten, wenn die Kinder von hüben und drüben mit einander spielen wollten.[25]

Zwischen Februar und April 1890 zog er erneut um, diesmal zur verwitweten Frau Losener in die Luisenstraße 24;[26] dann zwischen Juni und Oktober 1890 in die Weinmeisterstraße 14.[27] Lag die erstgenannte Wohnung in der Nähe der Berliner medizinischen Kliniken und Forschungsinstitute – der Charité und der Tierärztlichen Hochschule etwa – im westlichen Randgebiet der Friedrich-Wilhelm-Stadt, oder besser: des Berliner ‚Quartier Latin', markierte die Weinmeisterstraße das Randgebiet zum Scheunenviertel nach Osten. Scheunenviertel und Quartier Latin, das bedeutete für die ankommenden Studierenden billige Unterkunft und eine gewisse Nähe zur Berliner Universität. Scheunenviertel, das ist darüber hinaus das zeitgenössische Synonym für jüdisch-migrantisches Milieu, für Armut, Elend und organisierte (Klein-)Kriminalität.[28] Folgt

25 Julius Rodenberg: *Bilder aus dem Berliner Leben*, Bd. 1. Berlin: Paetel 1891, S. 219–220.

26 Betty Loewe an Heinrich Loewe, 27.04.1890. CZA, A146/18; *Berliner Adreß-Buch für das Jahr 1891*, hrsg. unter Mitwirkung von W. & S. Loewenthal. Berlin 1891, S. 311; *Amtliches Verzeichnis des Personals und der Studirenden der Königlichen Friedrich-Wilhelms-Universität zu Berlin. Auf das Sommerhalbjahr vom 16. April bis 15. August 1890.* Berlin: Schwabe 1890, S. 91.

27 *Amtliches Verzeichnis des Personals und der Studirenden der Königlichen Friedrich-Wilhelms-Universität zu Berlin. Auf das Winterhalbjahr vom 16. Oktober 1890 bis 15. März 1891.* Berlin: Schwabe 1890, S. 101.

28 Eike Geisel: Das Scheunenviertel, Beschreibung eines Zenotaphs. In: Ders. (Hrsg.): *Im Scheunenviertel. Bilder, Texte und Dokumente.* Berlin: Severin & Siedler 1981, S. 10–33, hier S. 12. Vgl. auch Anne-Christin Saß: *Berliner Luftmenschen: Osteuropäisch-jüdische Migranten in der Weimarer Republik.* Göttingen: Wallstein 2012, insb. S. 111–119. Zurecht weißt Saß darauf hin, dass die Bezeichnung „typisch-ostjüdisch" für das Scheunenviertel freilich sehr vereinfachend war und sich bei genauer Lektüre zeitgenössischer Quellen der Eindruck aufdrängt, dass das Scheunenviertel als überbevölkertes Zentrum der „Ostjudengefahr" (vgl. ebd., S. 117–118) fehlerhaft wahrgenommen wurde, zudem vielmehr „dichte[s] Netzwerk unterschiedlicher religiöser, sozialer und kultureller Einrichtungen" war und sich hier auch Netzwerke etablierten, in denen nationale bzw. regionale Herkunft und Glaubenszugehörigkeit eine untergeordnete Rolle spielten (ebd., S. 116). Vgl. auch dies.: Scheunenviertel. In: Stiftung Jüdisches Museum Berlin / Osteuropa-Institut, FU Berlin (Hrsg.): *Berlin Transit. Jüdische Migranten aus Osteuropa in den 1920er Jahren.* Ausstellungskatalog. Göttingen: Wallstein 2012, S. 44–45; dies.: Das Scheunenviertel. Zur Urbanität eines Stadtquartiers. In: Ebd., S. 62–64; Ulrike Pilarczyk: ‚Ostjuden' im Scheunenviertel. Eine bildanalytische Recherche. In: Ebd., S. 65–69. In der nazistischen Propaganda spielte das Scheunenviertel auch eine ganz besondere Rolle. Wie Dirk Walter herausarbeitet, wurde das Viertel als eine den Kurfürstendamm ergänzende jüdische

man der *Einführung in das akademische Leben an der Universität Berlin* von 1908, ließe sich Gleiches wohl auch für das benachbarte Studentenviertel im ausgehenden 19. Jahrhunderts konstatieren:

> Die Gegend ist zum Teil abscheulich. Denn in der Els[ä]sser und Hamburger Straße, Karlstr., Gipsstr., Linien- und Invalidenstr., und wie sie alle heißen, werden abends an fast jedem Hause rote und blaue Laternen leuchten, die da verkünden sollen: in diesen Häusern wohnt das Grauen, kommt alle her zu mir, die ihr für Lüge und Gemeinheit gewöhnlich genug seid! Wie unten so vielfach oben. Besonders in dieser Gegend hüte man sich vor den Wirtinnen, die ihre Laxheit auf der Zunge tragen [...].[29]

Der „dirnenmäßige Charakter"[30] der Gegend dürfte Loewe aus seinen Monaten im Marienviertel bereits bekannt gewesen sein.[31] Hier, im Quartier Latin, war er zudem durch die zahlreichen Cafés, Theater, Bier- und Tanzhallen umgeben von den „key institutions of student sociability"[32]. Vor Beginn des Sommersemesters 1891 zog Loewe nach Berlin Ost in die Raupachstraße 15.[33] Nur kurze Zeit lebte er hier. Bereits im Juni 1891 adressierte seine Mutter wieder an eine Adresse in der Fischerstraße, diesmal direkt an Salzmanns Wohnung in der Fischerstraße 10.[34] Das nächste Zimmer befand sich wiederum im Quartier Latin – in der Joachimstraße 6 –, bevor er zu Semesterbeginn des Winterhalbjahres 1891/92 ins Berliner Bellevueviertel, in die Melanchthonstraße 26, umzog.[35]

Topographie imaginiert. Der NS-Propagandist Wilfrid Bade bspw. halluzinierte das Scheunenviertel als Ort, „wo die Ostjuden das Sprungbrett zu ihrer Berliner Karriere zimmern" (zit. n. Dirk Walter: *Antisemitische Kriminalität und Gewalt. Judenfeindschaft in der Weimarer Republik*. Bonn: Dietz 1999, S. 219).

29 Vertrauenskommission zur Erhaltung freistudentischen Lebens an der Universität Berlin (Hrsg.): *Zur Einführung in das akademische Leben an der Universität Berlin*. Berlin: Verl. Freistudentischer Schriften 1908, S. 7–8. Vgl. auch Silvia Bonacchi: Robert Musils Berliner Studienjahre. In: Annette Daigger / Peter Henninger (Hrsg.): *Robert Musils Drang nach Berlin. Internationales Kolloquium zum 125. Geburtstag des Schriftstellers*. Bern / Frankfurt am Main / New York: Lang 2008, S. 37–84, hier S. 42–43.

30 Vertrauenskommission zur Erhaltung freistudentischen Lebens an der Universität Berlin (Hrsg.): *Zur Einführung in das akademische Leben an der Universität Berlin*, S. 8.

31 Vgl. auch Ai Maeda / James A. Fujii: Berlin 1888. Mori Ōgai's „Dancing Girl". In: Dies. (Hrsg.): *Text and the City. Essays on Japanese Modernity*. Durham: Duke UP 2004, S. 295–328, hier S. 313–314.

32 R. D. Anderson: *European Universities from the Enlightenment to 1914*. Oxford / New York: Oxford UP 2004, S. 69.

33 *Amtliches Verzeichnis des Personals und der Studirenden der Königlichen Friedrich-Wilhelms-Universität zu Berlin. Auf das Sommerhalbjahr vom 16. April bis 15. August 1891*. Berlin: Schwabe 1891, S. 91.

34 Betty Loewe an Heinrich Loewe, 29.06.1891. CZA, A146/18. Später konstituierte sich Salzmanns Wohnung vorübergehend als „zweites Elternhaus". Jedes Mal, wenn Loewe (nach 1895) aus Palästina zurückkam, kehrte er hier ein, um sich dann eine längerfristige Bleibe in Berlin zu suchen (vgl. Loewe: Sichronot. Kap. Salzmann, S. 3).

35 [*Unleserlich*] an Heinrich Loewe, 22.12.1891, CZA, A146/18; Postkarte von Louis Loewe an Heinrich Loewe, 04.02.1892. CZA, A146/18; *Amtliches Verzeichnis des Personals und der Studirenden der Königlichen Friedrich-Wilhelms-Universität zu Berlin. Auf das Winterhalbjahr vom 16. Oktober 1891 bis 15. März*

In seinen Erinnerungen porträtiert Loewe das Bellevueviertel als signifikantes Fragment der zionistischen Topographie im letzten Jahrzehnt vor der Wende zum 20. Jahrhundert. Ein Großteil der zionistischen Aktivist*innen wohnte hier.[36] Allerdings konzentriert er seine Beschreibungen im Wesentlichen auf einen Zeitraum zwischen Herbst 1891 und spätestens Sommer 1892. Nicht nur er bezog in dieser Zeit Quartier in dem von Jüd*innen häufig spöttisch als „Nebbich Westen"[37] bezeichneten Viertel, auch Leo Mozkin und sein Bruder Israel, die damals zum noch kleinen Kreis der Berliner zionistischen Aktivist*innen zählten, gastierten seit Sommer 1891 in verschiedenen Wohnungen in Berlin NW.[38] Zwischen den Wohnungen der Studierenden knüpften sich nächtliche Kommunikationsräume. Abseits der Vereinssitzungen des Russisch-jüdisch wissenschaftlichen Vereins zogen sich zwischen Quartier Latin,

1892. Berlin: Schwabe 1891, S. 100; *Amtliches Verzeichnis des Personals und der Studirenden der Königlichen Friedrich-Wilhelms-Universität zu Berlin. Auf das Sommerhalbjahr vom 16. April bis 15. August 1892*. Berlin: Schwabe 1892, S. 90.

36 Heinrich Loewe: Sichronot. Kap. Zionistische Grundarbeit. CZA, A146/62, 12, S. 2.

37 Die Bezeichnung „Nebbichwesten" leitet sich aus der Bezeichnung des Postbezirks Berlin NW ab. Sammy Gronemann notiert dazu, das Viertel als Passage zwischen Ost- nach Westberlin beschreibend, in seinen Erinnerungen: „Zwischen dem proletarischen Osten Berlin (Berlin O) und dem aristokratischen Westen (Berlin W) liegt das Bellevue-Viertel (Berlin NW, im jüdischen Volksmund „Nebbichwesten" genannt). Berlin O war die Domäne der Ostjuden, die seltsamerweise alle militärisch benannten Straßen besiedelten wie Artilleriestraße, Grenadierstraße, Dragonerstraße [...] Gar oft kam es vor, daß aus dem Osten eingewanderte Juden zunächst in den [...] genannten Straßen Quartier nahmen, dann allmählich zum Wohlstand gelangten, in das vornehmere Bellevueviertel zogen – der Heimat des Mittelstandes – und dann auf der sozialen Leiter aufsteigend ihren Wohnsitz nach Charlottenburg verlegten und Westjuden wurden [...]." (Sammy Gronemann: *Erinnerungen*, hrsg. v. Joachim Schlör. Berlin: Philo 2002, S. 256.) Auch Bertha Badt-Strauss benutzt die Bezeichnung in ihren Erinnerungen (vgl. Bertha Badt-Strauss: Eine jüdische Gelehrten-Republik. Erinnerungen an das Alte Hansa-Viertel. In: *Aufbau*, 28.10.1955, S. 32). Nach Hans Peter Althaus lässt sich das Wort *Nebbich* kaum ins Deutsche übersetzen und wurde „stark situations- und kontextabhängig gebraucht". Mögliche Umschreibungen des Wortes im 19. Jahrhundert waren „Gott bewahre" oder „leider". Es wurde aber auch verwendet, um behagliche Teilnahme auszudrücken, ohne auf ein kommendes Unheil zu deuten. (Hans Peter Althaus: *Chuzpe, Schmus & Tacheles. Jiddische Wortgeschichten*. München: Beck 2004, S. 135–142.) Dazu auch Buffle. In: *Slang and Its Analogues Past and Present. A Dictionary, Historical and Comparative of the Heterodox Speech of all Classes of Society for More than Three Hundred Years*, Bd. 1: A to Byz, hrsg. v. John Stephen Farmer. London: Poulter 1890, S. 356–357, hier S. 357; Michael Wex: *Born to Kvetch. Yiddish Language and Culture in All Its Moods*. New York: St. Martin's 2005, S. 25–26.

38 Leo Mozkin wohnte seit spätestens Herbst 1890 zunächst in der Kirchstraße 19. Gemeinsam mit Israel Mozkin bezog er spätestens seit Herbst 1891 eine Wohnung in der Spenerstraße 2. Hier blieb Israel wohnen, während Leo Mozkin seinen Wohnsitz spätestens seit Herbst 1892 in die Calvinstraße 6 verlegte (vgl. *Amtliches Verzeichnis des Personals und der Studirenden der Königlichen Friedrich-Wilhelms-Universität zu Berlin. Auf das Winterhalbjahr vom 16. Oktober 1890 bis 15. März 1891*, S. 110; *Amtliches Verzeichnis des Personals der Studirenden der Königlichen Friedrich-Wilhelms-Universität zu Berlin. Auf das Winterhalbjahr vom 16. Oktober 1891 bis 15. März 1892*. Berlin: Schwabe 1891, S. 108; *Amtliches Verzeichnis des Personals und der Studirenden der Königlichen Friedrich-Wilhelms-Universität zu Berlin. Auf das Sommerhalbjahr vom 16. April bis 15. August 1891*, S. 98; *Amtliches Verzeichnis des Personals und der Studirenden der Königlichen Friedrich-Wilhelms-Universität zu Berlin. Auf das Sommerhalbjahr vom 16. April bis 15. August 1892*, S. 98; *Amtliches Verzeichnis des Personals und der Studirenden der Königlichen Friedrich-Wilhelms-Universität zu Berlin. Auf das Winterhalbjahr vom 16. Oktober 1892 bis 15. April 1893*. Berlin: Schwabe 1893, S. 102).

dem weitaus teureren Bellevueviertel und dem noch teureren Westen Berlins diskursive Fäden des Nationaljudentums durch die Großstadt:

> Die Wohnungen z. B. in der auch von Studenten vielfach bewohnten Ackerstraße waren viel billiger als in der Melanchthonstraße, wo ich wohnte, und erst recht, als in dem grossen Haus Englische Strasse 23, wo u. a. Viktor Jacobson sein Zimmer hatte. Wenn nun am Abend die Diskussionen [im Russisch-jüdisch wissenschaftlichen Verein, F. S.] meist längst nach Mitternacht, zu Ende gingen, traten wir den Heimweg an. Dann begleitete ich zuerst einmal Mozkin nach Hause. Vor seiner Wohnung (vorher in der Auguststraße, nachher im Bellevueviertel) standen wir eine Zeitlang und diskutierten, um dann umzukehren, und Mozkin begleitete nun mich, bis wir eine Zeitlang vor dem Hause gestanden hatten, wo ich mein Heim hatte. So ging das mehrere Male hin und her. Nach langen Jahren, als der Kampf um den Zionismus im deutschen Judentume breitere Grundlage hatte, wiederholte sich dieses Spiel. Da ging ich beispielsweise mit Hans Gideon Heymann, der In den Zelten 8 wohnte, zuerst durch den Tiergarten auf seine Wohnung zu. Dort angelangt entschloss er sich, mich bis zur Lutherbrücke zu begleiten. Dann wurde eine Zeitlang dort Stehkonvent abgehalten, bis ich ihn zurück und er mich wieder bis zu meiner Wohnung hin begleitete. Auch hierbei wurden alle zionistischen und jüdischen Fragen, die besprochen und die oft auch nicht berührt waren, in solchem ganz engen Kreise neu und einmal durchgesprochen.[39]

Aber nicht nur mit zionistischen und jüdischen Streitfragen sahen sich die durch die Stadt Flanierenden in der nächtlichen Straßenkulisse konfrontiert. Die Straße bei Nacht gerierte sich vielmehr, in einem allgemeineren Sinne, als „Ort der Konfrontation“; hier trafen verschiedene Individuen und Gruppen mit unterschiedlichsten Lebensstilen aufeinander,[40] die sich zu flüchtigen Schauspielen versammelten.[41] Am 4. Mai 1895 etwa – Loewe bezog nach Wohnungen in der Krausnickstraße 12, Zehdenickerstraße 8a und Wilmersdorfer Straße 56 ein Zimmer in der Auguststraße 70 –[42] erging eine polizeiliche Verfügung an ihn. Ihm wurde vorgeworfen, 11.45 Uhr nachts in der Rosenthalerstraße 47 „durch Lärmen und Schlägerei mit

39 Loewe: Sichronot. Kap. Zionistische Grundarbeit, S. 2.

40 Schlör: *Nachts in der großen Stadt*, S. 36. Vgl. dazu auch Ash Amin / Nigel Thrift: *Cities. Reimagining the Urban*. Cambridge: Polity 2002, S. 17–18.

41 Vgl. Schlör: *Nachts in der großen Stadt*, S. 234.

42 Zu den Adressen vgl. Heinrich Loewe: Sichronot. Kap. Ein Pfiff. CZA, A146/62, S. 1; Betty Loewe an Heinrich Loewe, 20.06.1892. CZA, A146/18; Louis Loewe an Heinrich Loewe, 08.07.1892. CZA, A146/18; Louis und Betty Loewe an Heinrich Loewe, 25.07.1892. CZA, A146/18; Postkarte von Louis Loewe an Heinrich Loewe, 29.07.1892. CZA, A146/18; Heinrich Birkenstein an Heinrich Loewe, 09.02.1894 [Poststempel], CZA, A146/32; Postkarte von Louis Loewe an Heinrich Loewe, 06.03.1894. CZA, A146/18; Postkarte von Louis Loewe an Heinrich Loewe, 04.06.1894, Shaar Zion, offener Bestand; Postkarte von Heinrich Loewe an Betty und Louis Loewe, 01.12.1895. CZA, A146/18. Wie in S. 24, S. 49 ausgeführt wurde der Nachlass Loewes im Bet Ariela erschlossen. Hier und fortfolgend werden

dem Maurer Zimmermann groben Unfug und einen Auflauf veranlaßt zu haben"[43]. In diesem Jahr waren insgesamt 155 Nachtwächter des königlichen Polizeipräsidiums unter der Führung von 17 Nachtwachtmeistern im Einsatz.[44] Loewes Gesetzeswidrigkeit wurde von einem gewissen Schutzmann Churs (Nr. 3625) und Leo Mozkin bezeugt. Eine flüchtige soziale Formation konstituierte sich. Zionistische Aktivisten, die sich vorübergehend als Schläger, Aufrührer, sogar als Zeugen gegen sich selbst inszenierten, waren involviert. Ein Schutzmann als Vertreter des Gesetzes, „der – inmitten des Geschehens – zu lenken versucht, was ‚von oben', per Dekret nicht gesteuert werden kann"[45], und vermutlich auch ein schaulustiges Publikum partizipierten. Loewe bewegte sich (und die Straßenszene vom Mai 1895 sei hier nur als Beispiel gegeben) nicht als einzelnes Individuum in der Stadt und darüber hinaus, sondern vielmehr als Teil sich überlappender Kollektive durch Zeit und Räume.
In Berlin und über Berlin hinaus entstand in den folgenden Jahrzehnten eine eigene Kulturtopographie. Hier greift Emily D. Bilskis Zeitdiagnose, wenn sie schreibt:

> It became apparent that modernism in Berlin was the product of many unofficial places of cultural creation and presentation, where people worked together to advance a shared goal. These alternative spaces became sites in which individuals of disparate backgrounds and inclinations would meet and exchange ideas.[46]

Signifikante Orte des Austauschs sind diese von Bilski angedeuteten kulturellen Produktionsstätten des großstädtischen Judentums. An diesen Orten, so lässt sich mit Helen B. Schwartzman ergänzen, wurden Entscheidungen gefällt, Probleme und Krisen diskutiert.[47] Sie schaffen Bilder, deuten organisatorische Mechaniken an, konfigurieren

nichtsdestotrotz die alten Boxnummern angegeben, da eine Aktualisierung mit den neuen Signaturen einen zu hohen Rechercheaufwand bedeutet hätte. „Offener Bestand" verweist darauf, dass die jeweilige Quelle 2009 unsortiert in den Regalen des Raums aufgefunden worden waren.

43 Von einer derartigen ‚Straftat' weiß auch Franz Oppenheimer in seinen Erinnerungen zu berichten. Ähnlich wie Loewe lief er Gefahr, einen „öffentlichen Auflauf" zu veranlassen. Nachdem er den Polizeibeamten mit einem „halblauten" Ausruf im Nachgang beleidigte, wurde er verhaftet, zur Wache gebracht, verurteilt und mit einem Strafgeld von 5 Mark wegen öffentlichen Unfugs belegt. Vgl. Franz Oppenheimer: *Erlebtes, Erstrebtes, Erreichtes. Lebenserinnerungen; ergänzt durch Berichte und Aufsätze von und über Franz Oppenheimer*, hrsg. v. Yehuda Ludwig. Düsseldorf: Melzer 1964, S. 64. Zum zeitgenössischen Polizeisystem vgl. Raymond B. Fosdick: *European Police Systems*. London: Allen & Unwin 1915, insb. S. 109–117 (Abschnitt „Organization of Police Department. Berlin"); Andreas Roth: *Kriminalitätsbekämpfung in deutschen Großstädten 1850–1914. Ein Beitrag zur Geschichte des strafrechtlichen Ermittlungsverfahrens*. Berlin: Schmidt 1997, S. 36–57 (Kap. „Die Berliner Polizei").

44 *Statistisches Jahrbuch der Stadt Berlin* 21 (1897), S. 401.

45 Schlör: *Nachts in der großen Stadt*, S. 37.

46 Emily D. Bilski: Introduction. In: Dies. (Hrsg.): *Berlin Metropolis*, S. 2–13, hier S. 7.

47 Vgl. Helen B. Schwartzman: *The Meeting. Gatherings in Organizations and Communities*. New York: Plenum 1989, S. 9–10. Hierzu auch Jonas Larsen / John Urry / Kay Axhausen: *Mobilities, Networks, Geographies*. Aldershot / Burlington: Ashgate 2006, S. 30.

und repräsentieren letztlich die zahlreichen Zusammenschlüsse und Initiativen, die sich seit dem letzten Jahrzehnt des 19. Jahrhunderts unter dem Label Nationaljudentum (später Zionismus) zusammenfassen lassen. Mit Sarah E. Wobick-Segev lassen sich jene Cafés, Restaurants und Hotels, die häufig genug in nur einer Institution zusammenflossen, als eine „grey zone between public and private" charakterisieren.[48] Sie konstituierten sich als „ideal places where belonging and self-identification could be displayed and even staged"[49]. Das Berliner nationaljüdische Kollektiv bewegte sich nicht nur durch diese immanent wichtigen Verhandlungsräume des modernen Judentums, sondern erweiterte zudem seine ständig wechselnden Stammlokale um die ‚Lesehalle', die bspw. der Russisch-jüdisch wissenschaftliche Verein ab Januar 1891 in Bötzows Ausschank, Friedrichstraße 111, integrierte.[50] Derlei Orte waren multifunktional. Sie dienten den Aktivist*innen zum Konsum, zur Lektüre von aktuellen Zeitungs- und Zeitschriftenausgaben und zum intellektuellen Austausch. Manchmal generierten sich die teilweise zwielichtigen Etablissements, wie Loewe erinnert, auch als Arbeitsplätze für kollektive Übersetzungs- und Korrekturarbeiten.[51]

Zweifelsohne gehörte der Russisch-jüdisch wissenschaftliche Verein zu Beginn der 1890er Jahre im deutschsprachigen Raum zu den zentralen nationaljüdischen

48 Sarah E. Wobick-Segev: German-Jewish Spatial Cultures. Consuming and Refashioning Jewish Belongings in Berlin, 1890–1910. In: Gideon Reuveni / Nils Roemer (Hrsg.): *Longing, Belonging, and the Making of Jewish Consumer Culture.* Leiden / Boston: Brill 2010, S. 39–60, hier S. 48.

49 Ebd.

50 Zu den Versammlungsorten des Vereins vgl. auch S. 78–80.

51 Vgl. Heinrich Loewe: Sichronot, Kap. Die russische Judenfrage. CZA, A146/62. Die jungen Übersetzer arbeiteten irgendwann Anfang der 1890er Jahre teils in Mozkins Zimmer, teils in einem „Ersatzbordell" nahe Mozkins damaliger Wohnung am Rosenthaler Tor. Die Übersetzungsarbeit einer russischsprachigen Broschüre, die ein Schriftsteller namens Jaroschewsky abgefasst hatte und die unter dem Titel *Was soll aus den russischen Juden werden?* 1891 erschien, wurde trotz teilweise widriger Umstände im Lokal bewerkstelligt: „Mozkin wohnte damals nahe dem Rosenthaler Tore. Ich auch nicht sehr weit davon. Wir machten unsere Arbeit bei Mozkin auf dem Zimmer. Aber in den Stunden von 7 bis 10 Uhr abends konnten wir dort aus einem mir heute nicht mehr erinnerlichen Grunde nicht arbeiten. Wir gingen also in der Nähe für diese Zeit in ein Kaffee. Da lag damals nahe dem Rosenthaler Tore in der Rosenthalerstrasse ein Kaffee Protz. Dort setzten wir uns abends um 7 Uhr hin, um unsere Arbeit bei einer Tasse Kaffee zu erledigen. Wir waren die einzigen Gäste und völlig ungestört. Aber so gegen 9 ½ Uhr ehe wir für den Abend Schluss machten, füllte sich allmählich das Lokal mit geschminkten und geputzten Frauen, die an den einzelnen Tischen Platz nahmen, um auf Anschluss zu warten. Es war einfach ein Ersatz für die in Berlin verbotenen Bordells. An den weiteren paar Abenden, bis wir unsere Arbeit vollendet hatten, verliessen wir die gastliche Stätte etwas früher." (Ebd., S. 3.) Nach Herstellung des deutschsprachigen Manuskripts suchten Loewe und Mozkin in Berlin eine Druckerei, die bereit war, trotz der politischen Brisanz des Themas die Broschüre zu drucken. Schließlich einigten sie sich mit der Firma Mandelstamm & Ziesche. Allerdings wurde in der endgültigen Druckfassung auf die Erwähnung von Mandelstamm verzichtet, der Loewe zufolge als ‚Ausländer' Angst vor polizeilicher Verfolgung und Ausweisung aus Deutschland hatte. Danziger und Cassirer, die ihre Buchhandlung auf der Friedrichstraße in direkter Nachbarschaft zum Café Bauer betrieben, übernahmen schließlich den Vertrieb der Schrift, die in einer Auflage von 1.000 Stück unter das Lesepublikum gebracht werden sollte. Die Abwicklung des Verlagsgeschäfts wurde offiziell von Loewe vorgenommen, da auch hier vermieden werden sollte, dass „Mozkin als russischer Untertan irgendwelche Unannehmlichkeiten haben könnte" (ebd., S. 3).

Think Tanks.[52] Der Verein wurde nach seiner Gründung im Dezember 1889 zu einem Laboratorium des nationaljüdischen Experiments und kann als erster ernsthafter Versuch gelten, die Idee ‚Nationaljudentum' im Deutschen Reich zu institutionalisieren. Die Initiative, zu deren Protagonisten der Anfangsjahre neben Heinrich Loewe in erster Linie Leo Mozkin, Schmarjahu Levin, Joseph Lurije, Victor Jacobson, Fabius Schach und Nachman Syrkin gehörten, stellte den Versuch dar, eine angenommene kulturelle Krise des Judentums „into Jewish political idiom methods"[53] zu übersetzen. Innerhalb der zeitgenössischen Literatur und der gegenwärtigen Forschungsdebatte zur Geschichte des Zionismus wurden und werden auch heute diesbezüglich verschiedenste Möglichkeiten erörtert. Die Diasporaforschung[54] etwa knüpft derartige Krisenerfahrungen an das kollektive jüdische Exil „als festen Bestandteil jüdischer Lebenserfahrung und Geschichte"[55]. Exil sei „verbunden mit außerordentlichen Entscheidungs- und Wendesituationen und betreffe sowohl materielle und soziale Lebensbedingungen, politische und geistige Orientierungen als auch religiöse, sprachliche und künstlerische Konzepte".[56] Historiker des Zionismus wie Adolf Böhm, Richard Lichtheim und Yehuda Eloni sind sich einig darüber, dass das Ingangsetzen des Entstehungsprozesses des zionistischen Kollektivs in Deutschland eng verbunden ist mit einer als unzureichend empfundenen Emanzipation der Jüd*innen im Zuge der Aufklärung, die ihre Assimilation als eine „Art Begleiterscheinung"[57] forcierte. Das „gesellschaftliche Einleben" der Jüd*innen, so Eloni, reduzierte zwar kulturelle und sozio-ökonomische Unterschiede zwischen Mehrheit und Minderheit, doch ebnete es nicht den Weg in eine vollständige Integration der Judenheit in die bürgerliche Gesellschaft, wie spätestens das ‚Aufkommen' des

52 Vgl. David A. Brenner: *Marketing Identities. The Invention of Jewish Ethnicity in* Ost und West. Detroit: Wayne State UP 1998, S. 28–29; Yehuda Eloni: Das Hervortreten der nationaljüdischen Idee und die Debatte über den Zionismus. Archiv des LBI Jerusalem, / 693, S. 25; Hagit Lavsky: *Before Catastrophe. The Distinctive Path of German Zionism*. Jerusalem: Magnes 1998, S. 20; Jehuda Reinharz: Zur Einführung. In: Ders. (Hrsg.): *Dokumente zur Geschichte des deutschen Zionismus 1882–1933*. Tübingen: Mohr 1981, S. IX–XLVII, hier S. XXIV; Schäfer: *Berliner Zionistenkreise*, S. 29; David Vital: *The Origins of Zionism*. Oxford: Clarendon 1975, S. 223–224.

53 Steven J. Zipperstein: Symbolic Politics, Religion, and the Emergence of Ahad Haam. In: Shmuel Almog / Jehuda Reinharz / Anita Shapira (Hrsg.): *Zionism and Religion*. Hanover: Brandeis UP 1998, S. 55–66, hier S. 60.

54 Zur begrifflichen Differenzierung von ‚Galut' und ‚Diaspora' vgl. Howard Wettstein: Coming to Terms with Exile. In: Ders. (Hrsg.): *Diasporas and Exiles*. Berkeley / Los Angeles / London: University of California Press 2002, S. 47–59. Zu verschiedenen Konzeptualisierungen von ‚Diaspora' vgl. Irving M. Zeitlin: *Jews. The Making of a Diaspora People*. Cambridge / Malden: Polity 2012, S. 1–28 (Kap. „'Diaspora': on the Genealogy of a Concept"); Tim Coles / Dallen J. Timothy: 'My Field Is the World'. Conceptualizing Diasporas, Travel and Tourism. In: Dies. (Hrsg.): *Tourism, Diasporas and Space*. Oxon / New York: Routledge 2004, S. 1–29, insb. S. 3–6.

55 Armin Eidherr / Gerhard Langer / Karl Müller: Vorwort. In: Dies. (Hrsg.): *Diaspora – Exil als Krisenerfahrung. Jüdische Bilanzen und Perspektiven*. Klagenfurt: Drava 2006, S. 8–14, hier S. 8.

56 Ebd.

57 Eloni: *Zionismus in Deutschland*, S. 18.

Antisemitismus belege.[58] Es wäre, wie Lichtheim formuliert, eher ein „Aufgehen der Juden in ihrer Umgebung" gewesen, ohne dabei den „Charakter" als ein eigenständiges „Kulturvolk" in Rechnung zu stellen[59] – eine kollektive Selbstaufgabe also im Exil oder wie bei Loewe die Zeitdiagnose zu Anfang der 1920er Jahre[60] lautete: die „Auflösung" des Judentums oder die „Entjudung" des Judentums.[61] Die Erklärung des Assimilationsphänomens, die Loewe anbietet, erscheint fast schon banal. Er führt die „Auflösung" des deutschen Judentums hauptsächlich auf seinen quantitativen Anteil an der Bevölkerung zurück, dessen endgültige ‚Eintrocknung' und ‚Einschrumpfung' nur durch die osteuropäische Einwanderung verzögert würde:[62]

> Die Assimilation an fremde Volkstümer, in die das Judentum eingebettet ist, hängt zum großen Teile davon ab, ob die Juden in grosser oder geringer Zahl unter den Umwohnern, ob sie vereinzelt oder in grossen Gruppen wohnen. [...] Die deutschen Juden sind nicht ganz ein Prozent der deutschen Bevölkerung. Das ist der Hauptgrund ihrer Entjudung. Die Umgebung ist eben zu stark, um ein jüdisches Eigenleben aufkommen zu lassen.[63]

Ferner hänge der ‚Zusammenbruch' des Judentums Deutschlands direkt mit der Umwandlung der jüdischen Gemeinschaft in eine vorderhand urbane Gemeinschaft im Zuge der Ausbildung des kapitalistisches Wirtschaftssystems zusammen. Ausgerechnet die Großstadt, und dabei vornehmlich *sein* Berlin, porträtiert Loewe, als Hort allen Übels, als Garanten für den Erhalt des „political and demographical status quo ante"[64] im kollektiven jüdischen Exil. Er schreibt hier im Gleichklang mit anderen Zionisten, etwa mit Felix Theilhaber, der Berlin schon 1911 als schmarotzenden und destruktiven Moloch vorführte.[65] Jüdische Familien verlören ihre Zusammenhänge, die

58 Ebd., S. 16.

59 Lichtheim: *Geschichte des deutschen Zionismus*, S. 73.

60 In einer Sammlung aus insgesamt fünf Kapiteln unterwirft Loewe die Zeit zwischen der Haskala – der jüdischen Aufklärung – bis in die Gegenwart einer eingehenden Analyse. Das Manuskript datiert vermutlich auf Anfang der 1920er Jahre. Im fünften Abschnitt „Die deutschen Juden in der Politik" bemerkt er, dass seit zwei Jahren „dumme Jungens [...] [das Hakenkreuz] an alle Häuser und auf alle Bänke [schmieren] [...]." (Heinrich Loewe: Sichronot. Kap. I. Deutsche Juden / II. Jüdische Gemeinden in Deutschland / III. Jüdische Kultur in Deutschland / IV. Berufe der Deutschen Juden / V. Die deutschen Juden in der Politik (im Folgenden Kap. Deutsche Juden). CZA, A146/65, S. 15.) Im Frühjahr 1920 bestimmte die NSDAP das Hakenkreuz zum offiziellen Parteisymbol.

61 Vgl. Petry: Akkulturation versus Zionismus?, S. 41–57, hier S. 52–53.

62 Heinrich Loewe: Sichronot. Kap. Deutsche Juden, S. 3.

63 Ebd., S. 7.

64 Vital: *Origins of Zionism*, S. 3.

65 Vgl. Felix Theilhaber: *Der Untergang der deutschen Juden. Eine volkswirtschaftliche Studie*. München: Reinhardt 1911, S. 44–49; ders.: *Die Schädigung der Rasse durch soziales und wirtschaftliches Aufsteigen bewiesen an den Berliner Juden*. Berlin: Lamm 1914. Zur negativen Wahrnehmung der Urbanisierung durch zionistische Autoren vgl. Steven M. Lowenstein: Was Urbanization Harmful to Jewish Tradition and Identity

Begründer der jüdischen Reformbewegung würden sich an die Kulturtechniken des Protestantismus assimilieren. In der Stadt verkomme die jüdische Religionspraxis zur bloßen Mimikry. Hier träten Jüd*innen zum Christentum über. Hier würden die Töchter reicher Juden „Mischehen" mit den Söhnen adliger Offiziere eingehen und damit den „reaktionär-antisemitischen Bestrebungen" eine Argumentationsbasis bieten. Hier zerfalle die „jüdische Sexualethik" und schaffe den von „übergrosse[r] Nervosität" durchdrungenen „deutschen Großstadtjuden". Hier wären sämtliche „Degenerationserscheinungen" des Judentums verstärkt.[66]
Im Stimmungsbild und in der Wortwahl kommt Loewes Duktus im Abgesang seines Manuskripts Max Nordaus Beschreibungen des „‚fin-de-siècle'-Zustandes" sehr nahe. 1892/93 (und damit relativ zeitnah zur Übersiedlung Loewes nach Berlin) diagnostizierte Nordau für die „Geistesbeschaffenheit" des Paris des 19. Jahrhunderts in seiner Schrift *Entartung* (engl. *degeneration*):

> Aber so thöricht das Wort „fin de siècle" sein mag, die Geistesbeschaffenheit, die es bezeichnen soll, ist in den führenden Gruppen tatsächlich vorhanden. Die Zeitstimmung ist eine seltsam wirre, aus fieberhafter Ratlosigkeit und stumpfer Entmuthigung, aus ahnender Furcht und verzichtendem Galgenhumor zusammengesetzt. Die vorherrschende Empfindung ist die eines Untergehens, eines Erlöschens.[67]

Ob auch Loewe dieses „Erlöschen" des Judentums als Ergebnis eines „Degenerationsprozesses", wie er ihn mehr als 30 Jahre später schildern sollte, bereits um 1890 tatsächlich wahrnahm, kann nur schwer beurteilt werden. Krisenhaft scheint in Loewes eigener Biographie aber insbesondere der Ablösungsprozess vom Elternhaus zu sein, der mit der Übersiedlung nach Berlin direkt im Zusammenhang stand und eine grundlegende

in Germany? In: *Studies in Comtemporary Jewry* 15 (1999), S. 80–106, hier S. 80–81; Schlör: *Das Ich der Stadt*, S. 275–282 (Kap. „Die Großstadt als ‚Zerstörerin des jüdischen Volkstums'"). Zusammenfassend zur Stadt als Zerstörerin jüdischer Identität und Bühne neuer Möglichkeiten vgl. Metzler: Secularization and Pluralism. Zu (allgemeinen) antiurbanen Diskursen seit dem ausgehenden 19. Jahrhundert vgl. Klaus Bergmann: *Agrarromantik und Großstadtfeindlichkeit.* Meisenheim am Glan: Hain 1970.

66 Loewe: Sichronot. Kap. Deutsche Juden, S. 18. Einige dieser hier von Loewe beobachteten, vermeintlichen Krisenphänomene analysiert im Zusammenhang mit der Haskala Steven M. Lowenstein: *The Berlin Jewish Community. Enlightenment, Family and Crisis, 1770–1830.* New York / Oxford: Oxford UP 1994, insb. S. 111–133. Lowenstein zufolge stiegen bspw. die Scheidungsraten innerhalb der jüdischen Gemeinschaft Berlins um 1780 dramatisch an (vgl. ebd., S. 112); insbesondere in der Regierungszeit Friedrich Wilhelms II. (1786–1797) wurde Berlin, als Stadt mit vielen Garnisonen und unverheirateten Soldaten, als „centre of easy sexuality" wahrgenommen (vgl. ebd., S. 113). Zudem waren immerhin 25 % der Familien zwischen 1790 und 1812 von Konversion betroffen; der Übertritt von Jüd*innen zum Christentum wurde von Zeitgenossen und Historikern vielfach in seiner Bedeutung für die jüdische Gemeinschaft überhöht und als „Taufepidemie" beschrieben, er wurde insbesondere auch von jüdischen Aufklärern sehr kritisch betrachtet (vgl. ebd., S. 120–121).

67 Max Nordau: *Entartung*, Bd. 1. Berlin: Duncker 1893, S. 5. Zur Psychopathologie bei Nordau vgl. Christoph Schulte: *Psychopathologie des Fin de Siècle. Der Kulturkritiker, Arzt und Zionist Max Nordau.* Frankfurt am Main: Fischer 1997.

ökonomische, politische und kulturelle Neuorientierung erforderte. Der junge Student knüpfte zunehmend neue Beziehungen, die außerhalb des elterlichen „Assoziationskreises" lagen.[68] Symptomatisch erscheint es, wenn Loewe am 3. Oktober 1890 der jüdischen Jugend entgegen ‚brüllt': „Seid nicht wie eure Väter".

> Eine ernste Bitte richte an Euch, ihr Söhne des jüdisches Volkes, und eindringlich ist meine Warnung: Seid nicht wie eure Väter! Sie waren ja brave, gerade ehrliche Leute, Eure Väter, aber eines fehlte ihnen, nämlich der Sinn für das praktische Leben. Die Thoren, die sich für ein Ideal begeisterten, die Unvernünftigen, die nicht wüßten, daß ein Sklavenleben besser sei als der Tod für die Freiheit! Unsere Väter glaubten alberner Weise, daß Einigkeit stark mache, – wir wissen es besser: Im Streite wachsen die Kräfte![69]

Im nationaljüdischen Berliner Kollektiv lassen sich individuelle Krisenerfahrungen in ähnlicher Weise als Generationenkonflikt interpretieren, der sich konkret in den einzelnen Biographien der Aktivisten widerspiegelt. Hagit Lavsky betrachtete die erste Generation von Zionisten als Rebellen gegen ihre Elternhäuser,[70] die – wie es auch im oben zitierten Auszug zum Ausdruck kommt – nicht bereit waren, ihre Zukunft von assimilierten Juden und Antisemiten moderieren zu lassen. Durch den überwältigend hohen Anteil osteuropäischer Aktivist*innen fokussierte die kollektive Krisenerfahrung nicht ausschließlich auf Deutschland, sondern vor allem auf die tendenziell antisemitische Staatsräson des zaristischen Regimes in Russland, die sich immer wieder in Pogromwellen und der Implementierung religiöser und politischer Restriktionen gegen Jüd*innen entlud. Diese kollektive Krisenerfahrung münzte sich nicht nur in die Formierung von nationaljüdischen Zirkeln wie dem Russisch-jüdisch wissenschaftlichen Verein um, sondern provozierte unter den Akteur*innen zunächst einmal Fragen nach einer Handlungslegitimation. Die jungen Aktivist*innen standen vor der Herausforderung, sich (vielleicht auch durch die Hintertür) in den Diskurs um eine adäquate (jüdische) Zukunft einzuschreiben. Bezüglich der nationaljüdischen narrativen Praxis kann man in diesem Sinne von einer Arbeit mit doppeltem Minderheitenstatus sprechen: Minderheit in Bezug auf deutsche Sprache und ihre Literatur und Minderheit in Bezug auf den deutschsprachigen jüdischen Diskurs.[71]

Sowohl Loewes zionistische Retrospektive als auch zeitgenössische Beiträge in der *Selbst-Emancipation* sprechen dafür, dass er seine nationaljüdische Agitationsarbeit in einem besonderen Maße durch Heinrich Graetz legitimiert sah. Graetz, der u. a.

68 Vgl. Simmel: *Soziologie*, S. 102–103.

69 Heinrich Loewe: Seid nicht wie Eure Väter! In: *Selbst-Emancipation*, 03.10.1890, S. 2–3, hier S. 2.

70 Lavsky: *Before Catastrophe*, S. 18; vgl. auch Manfred Voigts: *Die deutsch-jüdische Symbiose. Zwischen deutschem Sonderweg und Idee Europa*. Tübingen: Niemeyer 2006, S. 232–233.

71 Vgl. Gilles Deleuze / Félix Guattari: What Is a Minor Literature? In: *Mississippi Review* 113 (1983), S. 13–33, hier S. 16–17.

aufgrund seiner Professur für jüdische Geschichte am jüdisch-theologischen Seminar in Breslau über hohe wissenschaftliche Reputation verfügte, gab Loewe mit seiner monumentalen Schrift *Geschichte der Juden* das *billet d'entrée* in den jüdischen Zukunftsdiskurs an die Hand. Graetz, bemerkt Loewe etwa in seinem ersten Beitrag für die *Selbst-Emancipation* vom 16. Juni 1890, das wäre „kristallisierter jüdischer Patriotismus“[72]. Sein Nationaljudentum verknüpft er mit der Einleitung Heinrich Graetz' zum fünften Band „seiner auf Sinnstiftung angelegten Meistererzählung“[73]. Hier heißt es in einer in zionistischen Kreisen später häufig rezipierten Textstelle:

> Die Geschichte des nachtalmudischen Zeitraums hat also noch immer einen nationalen Charakter, sie ist keineswegs eine bloße Religions- oder Kirchengeschichte, weil sie nicht bloß den Entwicklungsverlauf eines Lehrinhaltes, sondern auch einen eigenen Volksstamm zum Gegenstande hat, der zwar ohne Boden, Vaterland, geographische Umgrenzung und ohne staatlichen Organismus lebte, diese realen Bedingungen aber durch geistige Potenzen ersetzte.[74]

Loewe räumt in seinen Erinnerungen ein, dass er den fünften Band als Offenbarung empfunden habe. „Für mich“, schreibt er, „war in diesem Augenblick die fast zweitausendjährige Lücke zwischen dem Falle des jüdischen Staates und der Gegenwart, ja mit der nationalen Zukunft ideell vollkommen geschlossen.“ Und weiter:

> Es war mir auch klar, dass ich studieren würde, und zwar solche Sachen, wie sie in diesem Buche erzählt wurden, jüdische Geschichte studieren. Man hat mich später oft gefragt, wann und wie ich Zionist geworden bin. Ich habe das zwei Büchern zu verdanken, den geschichtlichen Teilen der Bibel und dem fünften Band von Graetz' Geschichte der Juden. Natürlich war dieser mir von Anfang an immanente Zionismus, der von den Vätern ererbt war, trotz dieser Anregungen naiv und kindlich, oft unklar, seiner selbst zeitweilig unbewusst. Aber er war da und war unauslöschlich. Er wurde oder war das Grundwesen meines Ich.[75]

Er schildert in der Retrospektive seine Konversion, eine „conversion from a lie to ‚truth'“, die sich im Zeitraum um seine Ankunft in Berlin in eine Konversion „from one set of cultural practices to another and from one set of subjectivities to another“ ausbauen

72 Heinrich Loewe: Ueber das Verhältnis von Nation und Religion der Juden, Teil 1. In: *Selbst-Emancipation*, 01.06.1890, S. 1–4, hier S. 2.

73 Markus Pyka: *Jüdische Identität bei Heinrich Graetz*. Göttingen: Vandenhoeck & Ruprecht 2008, S. 255.

74 Heinrich Graetz: *Geschichte der Juden*, Bd. 5: Vom Abschluß des Talmuds (500) bis zum Aufblühen der jüdisch-spanischen Kultur (1027). Leipzig: Leiner 1909, S. 15.

75 Heinrich Loewe: Sichronot. Kap. Kloster Unser Lieben Frauen. CZA, A146/60, 18, S. 3–4.

sollte.[76] Loewes Erinnerungen lassen sich mit Susan Stewarts als Bekenntnisbericht lesen, wie ihn viele seiner zionistischen Weggefährten schrieben. Unter Zionisten firmierte Graetz seit Anfang der 1890er Jahre als Prophet einer neuen Heilslehre. In einer Reihe von Selbstzeugnissen, darunter auch Theodor Zlocistis knappe autobiographische Aufzeichnungen, wird Graetz zum Heiligen und Märtyrer der frühen zionistischen Generation stilisiert:

> Aber der Führer der Verirrten wurde mir und uns allen Graetz. Er hatte den nationalen Stolz und die Leidenschaft eines Martyriums, das des endlichen Sieges gewiß ist. Wir kennen heut die Schwächen und die Konstruktionen Graetzens. Aber sein loderndes Feuer steht vor mir wie eine Altarflamme. Ihm danke ich die Einsicht in das trübe Werk der Reformen, und vom ihm an die Quellen geleitet, verstand ich wie planmäßig das feige Werk gemacht wurde, das jüdische Volkstum wie eine Konfessionsgemeinde zu verwässern. Es war richtiges Taufwasser.[77]

Schmarjahu Levin trifft in eindrucksvoller Weise den Kern dieses Transformationsprozesses, der sich bei Loewe vollzog. Er porträtiert ihn als „Proselyt", als einen vom russisch-nationaljüdischen Kollektiv „Neubekehrten":

> Er besuchte die Hochschule für die Wissenschaft des Judentums und hatte es sehr schwer, in die fremde Welt des jüdischen Wissens einzudringen. Mit bewunderungswürdiger Zähigkeit überwand er aber alle Hindernisse. Obwohl er nie die Absicht hatte, Rabbiner zu werden, wählte er die Hochschule aus demselben Grunde, aus dem der Neubekehrte, wenn er ‚koscher' zu essen beginnt, den „Schalet" verherrlicht: er betrachtet ihn als koscher in höherer Potenz.[78]

76 Susan Stewart: *Crimes of Writing. Problems in the Containment of Representation*. New York: Oxford UP 1991, S. 57.

77 Theodor Zlocisti: [Autobiographische Aufzeichnungen]. CZA, A48/34, S. 8.

78 Schmarjahu Levin: *Jugend in Aufruhr*. Berlin: Rowohlt 1933, S. 280–281. *Schalet* ist eine traditionelle jüdische Art von Gerichten, die zum Shabbat serviert werden, z. B. Apfelschalet, Nudelschalet, Kartoffelschalet (vgl. Schalet. In: *Deutsche Wörter jiddischer Herkunft. Ein Lexikon*, hrsg. v. Hans Peter Althaus. München: Beck 2009, S. 177). Eine besondere Rolle spielt Schalet als Gericht mit „göttlichen" Zügen in Heinrich Heines Gedicht *Prinzessin Sabbath*. Hier heißt es: „Schalet, schöner Götterfunken, / Tochter aus Elysium! / Also klänge Schillers Hochlied, / Hätt er Schalet je gekostet. // Schalet ist die Himmelspeise, / Die der liebe Herrgott selber / Einst den Moses kochen lehrte / Auf dem Berge Sinai, // Wo der Allerhöchste gleichfalls / All die guten Glaubenslehren / Und die heil'gen Zehn Gebote / Wetterleuchtend offenbarte. // Schalet ist des wahren Gottes / Koscheres Ambrosia, / Wonnebrot des Paradieses, / Und mit solcher Kost verglichen // Ist nur eitel Teufelsdreck / Das Ambrosia der falschen / Heidengötter Griechenlands, / Die verkappte Teufel waren." (Heinrich Heine: Prinzessin Sabbath. In: Ders.: *Historisch-Kritische Gesamtausgabe der Werke*, Bd. 3.1, hrsg. v. Manfred Windfuhr. Hamburg: Hoffmann & Campe 1992, S. 125–129, hier S. 128.) Zum Gedicht vgl. Michael A. Meyer: The Imagined Jew: Heinrich Heine's "Prinzessin Sabbath". In: William Cutter (Hrsg.): *History and Literature. New Readings of Jewish Texts in Honor of Arnold J. Band*. Providence: Brown UP 2002, S. 209–221. Auch Sammy Gronemann setzte mit seinem gleichnamigen Roman – ein „Eintopf von Anekdoten" (Hanni Mittelmann: *Sammy Gronemann (1875–1952): Zionist, Schriftsteller und Satiriker in Deutschland und Palästina*.

Kontrastiert man Levins Analyse des Konversionsprozesses Loewes mit den Briefen den Eltern, äußerte sich dieser geistige (Um-)Orientierungsprozess tatsächlich in den von Levin erwähnten Kategorien jüdischer kultureller Alltagspraxis. Loewe, der Anfang 1890 in direkter Nachbarschaft zur orthopraktischen jüdischen Gemeinde Adass Jisroel in der Heidereitergasse wohnte, stellte bspw. in den wenigen Monaten, die er hier blieb, seinen Haushalt auf eine koschere Wirtschaft um. Dazu forderte er von seiner Mutter die zweckdienlichen materiellen Artefakte an: „Handtücher für Milch und fleischiges Geschirr, Topflappen u. dgl.“[79] – Werkzeuge also, „mit denen Menschen versuchen, die Probleme, vor die sie ihr (gesellschaftliches) Leben stellt, (besser) zu lösen.“[80] Er war eifrig – was seine Eltern anging, wohl etwas zu eifrig. „[D]ein Kochen darf dich nicht zu sehr in Anspruch nehmen“[81], ermahnte ihn seine Mutter. Die Einhaltung traditioneller jüdischer Speisegesetze manifestierte sich mit Loewe als ihrem Rezipienten als eine Spielart nationaljüdischer Esskultur, als verdinglichte Form nationaljüdischer Kommunikation. Weiter transformierte – vielleicht muss man sagen: verkürzte – sich Graetz im Rahmen der alltäglichen Agitationsarbeit in der Hand Loewes zur Idee. Loewe assoziierte aber nicht nur sich selbst mit dieser Idee, sondern agierte als Vermittler, der zielgerichtet in seinem Umfeld für Graetz warb. Joseph Lurije z. B. bedankte sich im Januar 1892 in einem Brief an Loewe für dessen Graetz-*Promotion*. Graetz wurde nun anscheinend nicht mehr nur von Loewe, sondern auch von anderen nationaljüdischen Aktivisten als Schlüssel zu einer erstzunehmenden Position im öffentlichen Diskurs um eine adäquate (jüdische) Zukunft wahrgenommen:

> Wenn ich schon einmal schreibe, muss ich Ihnen meinen besten Dank für Grätz ausdrücken. Sie werden wohl sehr zufrieden sein, wenn Sie ersehen, wie viel Ihr Grätz unserer Jugend nützt.[82]

Treffsicher ließe sich dieses nationaljüdische Geflecht aus Vermittler*innen und Vermittlungen, wie es sich in und um den Russisch-jüdisch wissenschaftlichen Verein versammelte, mit Loewe selbst charakterisieren:

Frankfurt am Main / New York: Campus 2004, S. 93) – dem Schalet ein literarisch philosophisches Denkmal (Sammy Gronemann: *Schalet. Beiträge zur Philosophie des „Wenn Schon“*, hrsg. v. Joachim Schlör. Leipzig: Reclam 1998).

79 Betty Loewe an Heinrich Loewe, 24.04.1890. CZA, A146/18.

80 Rolf Haubl: Be-dingte Emotionen. Über identitätsstiftende Objekt-Beziehungen. In: Ders. / Hans Albrecht Hartmann (Hrsg.): *Von Menschen und Dingen. Funktionen und Bedeutung materieller Kultur*. Wiesbaden: Westdeutscher Verlag 2000, S. 13–36, hier S. 14.

81 Betty Loewe an Heinrich Loewe, 24.04.1890. CZA, A146/18.

82 Joseph Lurije an Heinrich Loewe, 15.01.1892. Shaar Zion, Boxnr. 24.

> Das Leben der ostjüdischen Massen war mir damals ganz fremd, während Schemarjahu von dem mittel- und westeuropäischen Kulturleben noch viel weniger wusste. Es gab viele östliche Juden, die nach Deutschland kamen und bei uns Proselyten der westlichen Kultur wurden. Wenn sie im Judentume verharrten, so begegneten sie uns, und schließlich wurden wir eins, wobei der eine von Osten nach Westen wanderte, während der Andere von Westen kam.[83]

Freilich vereinfachte Loewe die Mechanik des Zirkels, indem er mit großflächigen Kulturmodellen wie ‚Ostjudentum' und ‚Westjudentum' operierte. Obwohl er damit aber den Prozess nationaljüdischer Kollektivierung simplifiziert, deutet er doch gleichzeitig die Grundmuster der Netzwerkbildung durch Übersetzungs- und wechselseitige Transformationsprozesse an.

83 Heinrich Loewe: Sichronot. Kap. Schemarjahus Erinnerungen. CZA, A146/62, S. 1.

IV.
Nationaljudentum in Aktion (1889–1892)

1. Russisch-jüdisch wissenschaftlicher Verein – Laboratorium des nationaljüdischen Experiments in Berlin

Ein *Assoziationszirkel*, ein Ort also, an dem nationaljüdisches Wissen versammelt und arrangiert, Nationaljudentum produziert wurde, bildete sich in Berlin im Russisch-jüdisch wissenschaftlichen Verein. Außerhalb Berlins existierte mit der Kadimah in Wien, die am 5. Mai 1883 ihre erste ordentliche Plenarsitzung abhielt, bereits ein akademischer Zusammenschluss, der sich der „Pflege der Literatur und Wissenschaft des Judentums"[1] annahm und unter dem Deckmantel dieser jüdischen Kultur- und Wissenschaftspflege die nationaljüdische Idee verhandelte und propagierte.[2] Obwohl führende Mitglieder des Russisch-jüdisch wissenschaftlichen Vereins, darunter Leo Mozkin und Heinrich Loewe, enge Kontakte zu den Wienern unterhielten, blieb eine explizite, sichtbare Verknüpfung der beiden Vereinigungen vorerst aus. Erst 1898 wurde der Zusatz ‚Kadimah' in den Namen des Russisch-jüdisch wissenschaftlichen Vereins aufgenommen.[3] Gründe dafür sind vermutlich in der landsmannschaftlichen Organisation des Vereins zu suchen. Ausschließlich russische Juden wurden für eine ‚aktive Mitgliedschaft' zugelassen. Daher besaß Loewe lediglich passiven Mitgliedsstatus. Er hatte weder Stimmrecht noch das Recht auf unentgeltliche Nutzung der vom Verein

1 Statuten des akademischen Vereins „Kadimah", 19.01.1883. CZA, Z1/1, S. 1, § 2.

2 Vgl. Bericht über die am 17. Dezember 1894 vom akademischen Verein „KADIMAH" veranstaltete Makkabäer-Feier samt Ansprache des Reichsraths-Abg. u. Rabbiners Dr. J. S. Bloch, abschließend Jahresbericht des Vereines. CZA, Z1/1, S. 13. Zur Kadimah vgl. Adolf Gaisbauer: *Davidstern und Doppeladler. Zionismus und jüdischer Nationalismus in Österreich 1882–1918.* Wien / Köln / Graz: Böhlau 1988, S. 46; Julius H. Schoeps: The Beginning of Vienna Kadimah. In: *LBI Year Book* 43 (1998), S. 155–170.

3 Vgl. Reinharz (Hrsg.): *Dokumente zur Geschichte des deutschen Zionismus*, S. 20–21, Anm. 1.

gegründeten Lesehalle in der Gemeindeschule Mitte, Albrechtstraße 20[4] (ab Januar 1891 im Restaurant Bötzow, Friedrichstraße 111)[5]. Auch gehörte er nicht zum Kreis der ‚Eigentümer' des Vereins.[6] Mit den Wiener Aktivisten, vor allem mit dem Herausgeber der *Selbst-Emancipation*, Nathan Birnbaum, entspann sich in den folgenden Jahren eine intensive Zusammenarbeit. Nach langjähriger Pause erschien das von Birnbaum redigierte „Organ der Jüdisch-Nationalen" – so der Untertitel – wieder seit dem 1. April 1890. Gleich im Juni wandte sich Mozkin an Birnbaum mit der Bitte, Exemplare des Blattes für die vereinseigene Lesehalle bereitzustellen.[7] In erster Linie Mozkin und Loewe lieferten in den folgenden Jahren regelmäßig Beiträge, vor allem Nachrichten- und Lokalkorrespondenzen. Sie agierten dadurch als berlinisch-nationaljüdisches Cluster des ‚Korrespondenzbüros'[8] der *Selbst-Emancipation* in Wien.

Satzungsgemäß verfolgte der Verein das Ziel, der „jüdische[n] Jugend aus Russland in Berlin die Möglichkeit zu geben, sich mit den Interessen und Bedürfnissen des jüdischen Volkes vertraut zu machen"[9]. Die endgültige Fassung der Organisationsstatuten wurde im Januar 1890 von der Generalversammlung des Vereins, der Loewe anscheinend noch nicht beiwohnte, verabschiedet. Besonders beachtenswert erscheint in diesem Dokument der Zusatz zu § 3 Abs. a, der „Referate aus der Geschichte, Literatur und dem jetzigen Leben des jüdischen Volkes" als adäquate Instrumentarien zur Durchsetzung der Vereinsziele spezifiziert. Hier heißt es in einer Anmerkung, dass keinesfalls „politische Angelegenheiten"[10] besprochen werden dürften. Man reagierte mit diesem Zusatz auf die Bestimmungen des gültigen Vereinsrechts. In Österreich und Deutschland war es politischen Vereinen verboten, mit anderen politischen Vereinen zusammenzuarbeiten. Eine transregionale nationaljüdische Kooperative wäre unter diesen Umständen nicht möglich gewesen, da per Gesetz potentielle Kommunikationswege gesperrt wurden. Im preußischen Vereinsgesetz heißt es dazu:

4 Heinrich Loewe: Sichronot. Kap. Mozkin. CZA, A146/175, S. 12.

5 Original-Correspondenzen/Deutsches Reich/Berlin. In: *Selbst-Emancipation*, 02.02.1891, S. 4–5, hier S. 5.

6 Statuten des Russisch-jüdisch wissenschaftlichen Vereins, revidierte Fassung, Januar 1890. CZA, A126/142, Art. II § 5 Abs. a. (Ein Teilabdruck der Statuten findet sich in Reinharz (Hrsg.): *Dokumente zur Geschichte des deutschen Zionismus*, S. 19.)

7 Vorstand des Russisch-jüdisch wissenschaftlichen Vereins an die Redaktion der *Selbst-Emancipation*, 19.06.1890, CZA, A188/8/3.

8 Vgl. Isabell Voigt: Korrespondenzbüros als Hilfsgewerbe der Presse. In: Jürgen Wilke (Hrsg.): *Unter Druck gesetzt. Vier Kapitel deutscher Pressegeschichte.* Köln: Böhlau 2002, S. 69–124.

9 Statuten des Russisch-jüdisch wissenschaftlichen Vereins, revidierte Fassung, Januar 1890, Art. I § 2.

10 Vgl. ebd., Art. I § 3 Anm. zu Abs. a.

> Sie dürfen nicht mit anderen Vereinen gleicher Art zu gemeinsamen Zwecken in Verbindung treten, insbesondere nicht durch Komités, Ausschüsse, Centralorgane oder ähnliche Einrichtungen oder durch gegenseitigen Schriftwechsel.[11]

Trotz der mit Bedacht gewählten, mit Blick auf das politische Überwachungsregime des Deutschen Reichs affirmativen Formulierungen der Statuten entging der Verein der polizeilichen Überwachung nicht. Wie Berichte von sogenannten Schutzmännern der politischen Polizei zu Berlin belegen, stand der Zusammenschluss seit seiner Gründung unter Beobachtung. Allerdings vermutete man hier, im Gegensatz zu zeitgenössischen sozialistischen und anarchistischen Initiativen, die sich teilweise aus der osteuropäischen Migrant*innengemeinschaft rekrutierten, offensichtlich keinerlei subversives Potential, das die Stabilität der Herrschaftsverhältnisse des Deutschen Reichs hätte ernsthaft gefährden können.[12]

In der kollektiven Erinnerung der Mitglieder des Russisch-jüdisch wissenschaftlichen Vereins wird Leo Mozkin als eigentlicher Motor des Zusammenschlusses charakterisiert.[13] Mozkin wäre „Träger des Vereins und seiner Ideenwelt und so lange er in Berlin war, der unbestrittene Mittelpunkt"[14] gewesen, notiert Loewe etwa. Er agierte als „geistiger Führer", führt Schmarjahu Levin weiter aus.[15] Interessant erscheinen in diesem

11 Hans Delius: *Das preußische Vereins- und Versammlungsrecht, unter besonderer Berücksichtigung des Gesetzes vom 11. März 1850.* Berlin: Heymann 1891, S 251. Auch das Organisationsstatut der Kadimah (vgl. S. 72, Anm. 1) enthielt den Zusatz, dass keinesfalls politische Angelegenheiten besprochen werden durften. In einer späteren Fassung des Statuts des Russisch-jüdisch wissenschaftlichen Vereins (vgl. Handschriftlicher Entwurf der Organisationsstatuten des Russisch-jüdisch wissenschaftlichen Vereins. CZA, A126/148), der vermutlich im zeitlichen Umfeld der Namensänderung in „Russisch-jüdisch wissenschaftlicher Verein – Kadimah" entstand, fehlte dieser Zusatz. Auch die Vereinsziele wurden selbstbewusster formuliert. Hier hieß es etwa, dass sich die Arbeit des Vereins auf die „russisch-jüdische akademische Jugend jüdisch-national, zionistische[r] Gesinnung" konzentriere. Die Lesehalle des Vereins wurde nun als „jüdisch-nationale Bibliothek" (§ 2 Abs. b) vorgestellt. Weiterhin fehlte der Zusatz zu Art. I § 3 Abs. a (hier § 2 Abs. a), der ein Verbot politischer Debatten innerhalb des Vereins auferlegte. Handschriftliche Korrekturvorschläge an dem Manuskript machen allerdings deutlich, dass gleichfalls vermieden wurde, die Exklusivität des Vereins zu betonen. Zum Beispiel wurde handschriftlich der Zusatz, dass ausschließlich „Personen jüdischer Nationalität" oder wie in einer zweiten Notiz formuliert, „Personen, stehend auf dem Boden des National[thums]" (§ 7) als außerordentliche Mitglieder aufgenommen werden können.

12 Vgl. Anzeige der Gründung eines „jüdisch-nationalen Verein Jung-Israel" am 13. Mai 1892 beim Polizeipräsidium Berlin. Landesarchiv Berlin, APR.Br.Rep. 030 / 15231, Bl. 17; Bericht über den Verein „Jung Israel", 11. Oktober 1892 [Unterschriften der Berichterstatter *unleserlich*] an [Reg. M. Büttger]. Landesarchiv Berlin, APR.Br.Rep. 030 / 15231, Bl. 20R.

13 Levin: *Jugend in Aufruhr*, S. 280–281; Loewe: Sichronot. Kap. Mozkin, S. 16; ders.: Der ‚Russisch-jüdische Verein'. In: *Jüdische Rundschau*, 17.06.1933, S. 817; Fabius Schach: Persönliche Erinnerungen. In: *Jüdische Rundschau*, 17.06.1933, S. 817. Leo Mozkin trat den Posten des Vorsitzenden aufgrund „anderweitiger Ueberhaeufung mit Arbeiten" an Isaak Lurije Ende 1891 freiwillig ab (vgl. Original-Correspondenzen/Deutsches Reich/Berlin. *Selbst-Emancipation*, 02.01.1892, S. 34–35).

14 Loewe: Sichronot. Kap. Mozkin. S. 3.

15 Levin: *Jugend in Aufruhr*, S. 271. Die Erinnerungen Loewes und Levins widersprechen der Konzeption eines allgemeinen „wissenschaftlichen Vereins", wie sie Keith H. Pickus skizziert (vgl. Keith H. Pickus: *Constructing Modern Identities. Jewish University Students in Germany, 1815–1914.* Detroit: Wayne State

Zusammenhang die Parallelen zur Organisationsstruktur und -praxis der Bnei Moshe (hebr. Söhne Moses). Diese gründeten ihre erste Loge fast zeitgleich am 8. Februar 1889 in Odessa. In der Folgezeit wurden weitere Logen, darunter in Warschau und Białystok, eingerichtet. Auch der Russisch-jüdisch wissenschaftliche Verein dehnte sich auf weitere Standorte aus. Zweigstellen wurden bspw. in Dresden[16], Kertsch[17], Romny[18], Paris und Wien gegründet.[19] Achad Haam war Initiator der Bnei Moshe.[20] Ähnlich wie Mozkin in Berlin, der im Übrigen selbst Mitglied der Bnei Moshe wurde,[21] avancierte Achad Haam zur zentralen Persönlichkeit des Zusammenschlusses. Wie eine Würdigung in *Der Jude* von 1916/17 offenlegt, produzierte sich Bnei Moshe zugleich nach innen und außen als Geheimorden, der eine exklusive, rituell durchsetzte Alltagspraxis an den Tag legte:

> Die Gesellschaft war als ein streng geheimer Bund gedacht; sie stellte die höchsten Forderungen an ihre Brüder (‚Sie darf selbst gegen Große und Edle nicht nachsichtig sein, wenn ihnen auch nur eine der Bedingungen für einen solchen Bund fehlt'), hatte ihre feierlichen Zeremonien, ihre Begrüßungsformeln und Zeichen, woran sich die Brüder erkannten.[22]

Die zehn Gründer des Ordens schwuren auf Bund und „Führer". Verschwiegenheit und Unterordnung wirkten in dem hierarchisierten, elitären Zirkel, der spezifisch chassidische Vergemeinschaftungsmuster nachahmte,[23] als signifikante Exklusionsmechanismen. Auch um Mozkin bildete sich ein engerer Kreis. „Cheirus Jisroeil" bzw. „Cherut Israel" (jidd. bzw. hebr. „Freiheit Israels") nannten sich die zehn Mitglieder, die sich „zum unbedingten Schweigen und zum absoluten Gehorsam gegen den Führer"[24] verpflichteten. Ein solcher scharf konturierter Kreis scheint nicht lange Bestand gehabt zu haben.[25]

UP 1999, S. 128: „By definition, these organizations were religiously neutral and *generally not organized in a hierarchical manner* [Herv. F. S.].")

16 Vgl. Original-Correspondenzen/Deutsches Reich/Berlin [2]. In: *Selbst-Emancipation*, 02.07.1891, S. 4.

17 Loewe: Erstes Tagebuch, [S. 26]. In Loewes Tagebuch heißt es, dass Selig Soskin am 1. September 1891 von der Gründung eines „jüdisch-wissenschaftlichen Vereins" in der Hafenstadt Kertsch (Krim) auf Grundlage der „Berlin-Dresdener Statuten" berichtete. Vgl. auch Heinrich Loewe: Sichronot. Kap. Akademische Diskussionen und unakademische Verfolgungen. CZA, A146/175, S. 16.

18 Vgl. Joseph Lurije an Heinrich Loewe, 15.01.1892. Shaar Zion, Boxnr. 24.

19 Vgl. Notizen/Russisch-jüdisch-wissenschaftlicher Verein. In: *Selbst-Emancipation*, 01.06.1993, S. 6.

20 Mitte der 1930er Jahre distanzierte sich Achad Haam vom Bund und räumte ein, dass er nur kurzzeitig für Bnei Moshe tätig war. Er charakterisierte die Initiative retrospektiv als „failed experiment" (Zipperstein: Symbolic Politics, S. 55).

21 Vgl. ebd.

22 A. Robinsohn: Priester ohne Volk (Über die „Bne Mosche" und ihr Schicksal). In: *Der Jude* 1,6 (1916), S. 378–386, hier S. 379–380.

23 Vgl. Zipperstein: Symbolic Politics, S. 56.

24 Loewe: Sichronot. Kap. Mozkin, S. 9.

25 Vgl. ebd.

Aber ordenspraktische Grundelemente der Bnei Moshe lassen sich durchaus auch in der späteren Vereinspraxis des Russisch-jüdisch wissenschaftlichen Vereins und in weiteren assoziierbaren Organisationen in Berlin wiederfinden. Eine augenscheinliche Gemeinsamkeit war etwa die symbolische Kommunikation der Vertreter des Zusammenschlusses und weiterer Organisationen, wie dem philanthropischen Kolonisationsverein[26] Esra – Sammelbüchse für Palästina, durch Zeichen und Gesten.[27] Der Magen David, den Franz Rosenzweig 1921 als *das* Abbild seiner religionsphilosophisch begründeten Wirklichkeitsauffassung, als Schema des Judentums als Ganzheit, vorstellte,[28] zierte nicht nur den Jahresbericht des Esra von 1889/90,[29] sondern fand seinen Weg ebenso an die Kleidung einiger Aktivisten des Russisch-jüdisch wissenschaftlichen Vereins:

> Die Mitglieder verpflichteten sich auch äusserlich ihre nationale Zugehörigkeit dadurch zu zeigen, dass sie ein Magen-Dawid an der Uhrkette trugen. Zum Zeichen unserer Zugehörigkeit wurde Mozkin und mir von dem Verein je ein silberner Magen Dawid überreicht. Ich nahm es dankbar an. Aber ich trug es anders als die andern, nicht an der Uhrkette, wo es meines Erachtens nicht genügend gesehen würde. Vielmehr steckte ich es mir an die linke Rockklappe an, wie auch andere Vereine ihre Abzeichen trugen.[30]

Folgt man Gershom Scholems 1948 erstmals im *Luach Ha-Aretz* erschienenen Geschichte des Magen David,[31] datiert die verstärkte Diffusion des Symbols als sichtbares Emblem des Judentums auf die Emanzipationsperiode. Der Mechanismus der Imitation der christlichen kulturellen Praxis sei hier am Werk gewesen und hätte dazu geführt, dass zunächst vor allem Synagogen und Zeremonialgegenstände mit dem Magen David als Gegenbild zum christlichen Kreuz seit Anfang des 19. Jahrhunderts ausgestattet wurden. Aber das Emblem wäre weitgehend sinnleer geblieben, da es die

26 Der Begriff ‚Kolonisation' entstammt dem zeitgenössischen zionistischen Diskurs und fand weitreichend als Bezeichnung für die jüdische Besiedlung Palästinas und die mit ihr verbundenen Organisationen Verwendung. Mit ihm ist keine illegale Landnahme bzw. Landraub gemeint. Stattdessen zielt er auf die wirtschaftliche und/oder kulturelle Entwicklung bestimmter Gebiete Palästinas, der Landkauf vorausgeht. Im Folgenden werden ‚Besiedlung', ‚Kolonisation' usf. synonym verwendet.

27 Unter den Publikationen zum Verhältnis von materieller Kultur und symbolischer Kommunikation ist besonders hervorzuheben Elisabeth Hackspiel-Mikosch: *Die zivile Uniform als symbolische Kommunikation. Kleidung zwischen Repräsentation, Imagination und Konsumption in Europa vom 18. bis zum 21. Jahrhundert.* Stuttgart: Steiner 2006.

28 Vgl. Franz Rosenzweig: *Der Stern der Erlösung.* Frankfurt am Main: Kauffmann 1921, S. 284–286; Dow Marmur: *The Star of Return. Judaism after the Holocaust.* Westport: Greenwood 1991, S. 33–39; Joseph Gutmann: *The Jewish Sanctuary.* Leiden: Brill 1983.

29 Jahres-Bericht des Vereins „Esra" pro 1889–90. Shaar Zion, Boxnr. 44, S. 4.

30 Loewe: Sichronot. Kap. Akademische Diskussionen und unakademische Verfolgungen, S. 1.

31 Bei dem Aufsatz von 1948 handelt es sich um die erste Fassung von Scholems Beitrag. Die folgenden Ausführungen beziehen sich auf Gershom Scholem: *Das Davidschild. Geschichte eines Symbols*, erw. Fassung. Berlin: Jüdischer Verlag 2008.

jüdischen Prediger nicht hätten bewerkstelligen können, das Symbol als einen nachdrücklichen Ausdruck des Bekenntnisses zum Judentum zu etablieren. Diese Karriere des Magen David, die Scholem als schlecht umgesetzte Mimikry liest, wertet er als „Zeichen des jüdischen Verfalls“[32]. Erst die Verknüpfung des Emblems mit dem in Teilen säkularisierten zionistischen Kollektiv mobilisierte sein messianisches Potential – eine erste Zäsur in der modernen Geschichte des Symbols (eine zweite und andere bildete der gelbe Stern, den die Nazis als stigmatisierendes Erkennungszeichen für Jüd*innen einführten):

> Als die Zionisten es seit dem Basler Kongreß als Wahrzeichen wählten, besaß es zwei Eigenschaften, die es Männern, die auf der Suche nach dem Symbol waren, empfehlen mußten. Einerseits war es durch seine allgemeine Verbreitung während des Jahrhunderts, sein Erscheinen auf jeder neuen Synagoge, auf den Stempeln der Gemeinden und der Wohltätigkeitsvereine und dergleichen, jedermann bekannt; andererseits fehlte ihm im Bewußtsein der Zeitgenossen eine deutliche Verbindung mit religiösen Vorstellungen und Assoziationen. Der Mangel wurde zur Tugend: mehr als es die Erinnerung an vergangene Herrlichkeit heraufrief, sprach er die Hoffnung auf die Zukunft aus, auf die Erlösung.[33]

Die Einbindung des Magen David in das nationaljüdische Kollektiv und seine Mobilisierung als politisches Symbol datieren, wie oben angedeutet (und entgegen Scholem), bereits auf die frühen 1890er Jahre. Loewe gehörte zu jenen Aktivist*innen, die einerseits diese Praxis der politischen Emblematisierung der nationaljüdischen Aktivist*innen durch das sichtbare Tragen des Magen David in der Öffentlichkeit forcierten. Anderseits wurde freilich auch das Zeichen politisiert. Loewe versuchte bspw., Mozkin im Vorfeld einer Agitationsreise im August 1891 nach Magdeburg davon zu überzeugen, dass das Tragen des Magen David als jüdisches „Ehrenzeichen“ zweckmäßig für die Durchführung von Propagandaveranstaltungen, vor allem mit jugendlichem Publikum, sei:

> [V]iele werden Sie auch dadurch erreichen, daß Sie ebenso wie ich Ihr Ehrenzeichen das „מגן דוד“ [Magen David] öffentlich auf der Brust tragen! Das wird für Mut angesehen und imponiert unsern Magdeburgern.[34]

Nur einen Monat zuvor berichtete Selig Soskin, dass der Magen David als öffentlich sichtbares Emblem des nationaljüdischen Kollektivs in der Zwischenzeit bis nach Dresden gelangt war. Mit einem Vorstandsbeschluss wurde hier durchgesetzt, dass er

32 Ebd., S. 53.
33 Ebd.
34 Heinrich Loewe an Leo Mozkin, 12.08.1891. CZA, A126/174.

zugleich von ordentlichen Mitgliedern und von den „correspondierenden Mitgliedern“ des gerade gegründeten Zweigvereins des Russisch-jüdisch wissenschaftlichen Vereins zu tragen sei.[35]

Die photographischen Aufnahmen der folgenden Jahre dokumentieren die weitere Streuung des Magen David in zionistischen Kreisen. Der 1. Zionistenkongress, der den Magen David offiziell als propagandistisches Emblem und Marker des Kollektivs einführte, bildete in diesem Zusammenhang einen Höhepunkt. Nicht nur Loewe stellte das neue Erkennungszeichen des nationaljüdischen Kollektivs auf diversen Porträtphotographien, die in der ersten Hälfte der 1890er Jahre entstanden, zur Schau.[36] So zeigt bspw. eine Photographie der Demokratischen Fraktion auf dem 5. Zionistenkongress von 1901 ca. die Hälfte der Aktivisten mit angestecktem „Ehrenzeichen“.[37] Auf der einzigen überlieferten Photographie der Mitglieder des Russisch-jüdisch wissenschaftlichen Vereins von 1891 (Abb. 5), die später in den visuellen Kanon des Zionismus und der Zionismusforschung eingehen wird, fehlt der Magen David noch am linken Revers von Loewes Jacke. Bei dem Accessoire am Revers Simcha Rosenblums (links stehend) handelt es sich wohl um das Davidschild. Im Bildraum, in dem der Magen David nur als Marginalie auftaucht, stehen andere Dinge im Vordergrund. Das Inventar, das die Aktivisten präsentieren, kommt einer umfassenden Zurschaustellung nationaljüdischen Materials gleich: Rosenblum hält eine Palästinakarte in der rechten Hand. Neben ihm – auf der überlieferten Photographie nicht zu sehen – ist ein Wegweiser aufgestellt, der die hebräische Aufschrift ציונה („Nach Zion“) trägt. Als Mitarbeiter der *Selbst-Emancipation* halten Loewe und Mozkin (rechts sitzend) je eine Ausgabe der Zeitung in ihren Händen.[38] Es scheint, als solle das Bild das codieren, was Nationaljudentum ausmache und bedeute, wer es im Anfang der 1890er Jahre praktiziere: Junge Juden mit akademischem Hintergrund, die ihren politischen Aktivismus auf Palästina ausrichten und sich gleichzeitig vom Judentum der Epoche emanzipieren wollen.

Die eigentlichen Sitzungen des Vereins fanden wöchentlich am Samstagabend statt. Daneben wurden weitere Sitzungen unter der Woche abgehalten.[39] Den Einladungen zu den Versammlungen des Vereins folgten bereits in den ersten Monaten seines Bestehens mehr als 100 Personen. Ein Problem stellte allerdings der zu geringe Bierkonsum unter

35 Selig Eugen Soskin an Heinrich Loewe, 28.07.1891, CZA, A146/101.

36 Vgl. Heinrich Loewe, ca. 1891 und 1894. CZA, Jerusalem, A146/26.

37 Vgl. Berkowkitz: *Zionist Culture*, S. 44, Abb. 7.

38 Vgl. Heinrich Loewe: Sichronot. Kap. Akademische Diskussionen und unakademische Verfolgungen, S. 7. Etwas kurios erscheint, dass ein Bekannter Simcha Rosenblums, der als einer der Ersten aus dem Kreis der Berliner zionistischen Aktivist*innen nach Palästina auswanderte (1891), zufällig mit im Bild steht. Ein gewisser Hoch aus Odessa, der rechts neben Rosenblum steht, gehörte nämlich nicht zu den Mitgliedern des Russisch-jüdisch wissenschaftlichen Vereins.

39 Loewe: Sichronot. Kap. Mozkin, S. 12.

Abb. 5: Gruppenporträt des „engeren" Kreises des Russisch-jüdisch wissenschaftlichen Vereins, Sommer 1891.

den Versammelten dar, die größtenteils aus Russland stammten.[40] Denn jedes Lokal finanzierte sich vornehmlich über den Verkauf von Getränken. Die Lokalbesitzenden stellten eigens für den Getränkeausschank einen Kellner ab, der ausschließlich mit den Bestellungen von Bier und dem schnellen Nachfüllen der Gläser beschäftigt war.[41] Eine „Pflege studentischer Geselligkeit", zu der Biertrinken als integraler Bestandteil gehörte, sahen, entgegen Miriam Rürups Befund,[42] weder die Statuten des Vereins vor noch waren die Mitglieder, wie Levin andeutet, physisch imstande, die Gepflogenheiten anderer studentischer Zusammenschlüsse nachzuahmen. Aufgrund des daraus resultierenden Unmuts der Wirt*innen und Kellner*innen einzelner Lokale nahm der Verein in

40 Ebd.; Levin: *Jugend in Aufruhr*, S. 275.

41 Vgl. Vizetelly: *Berlin under the New Empire*, S. 102.

42 Vgl. Miriam Rürup: *Ehrensache. Jüdische Studentenverbindungen an deutschen Universitäten 1886–1937.* Göttingen: Wallstein 2008, S. 266.

seiner Anfangszeit den „Nomadencharakter des jüdischen Volkes“[43] an und zog von Kneipe zu Kneipe. Man entschied sich schließlich, einen Versammlungsraum gegen Mietzahlung zu beziehen. Loewe erwähnt zum Beispiel das „dunkle [...] wenig behagliche Vereinszimmer“ von Bötzow in der Alten Schönhauser Straße 23–24,[44] wo sie eine gewisse Zeit ihre Sitzungen abhielten;[45] weiterhin ein „Local in der Hauptstraße“[46], jenen bereits erwähnten Ausschank Bötzows (Friedrichstraße 111), der gleichzeitig als Lesehalle des Vereins fungierte. Bis spätestens Dezember 1893 schien man mit dem Hotel Centrum (Alexanderstraße 50–52) eine relativ beständige Bleibe gefunden zu haben.[47] Hier konnte man zudem Bier und Wurst auf Kredit bekommen, ein Umstand, welcher insbesondere den aus mitunter ärmlichen Verhältnissen stammenden (russischen) Studierenden entgegenkam.[48]

Die Versammlungsorte konstituierten sich Levin zufolge lediglich als „Mittelpunkt[e] oder Brennpunkt[e]“[49]. Die eigentlichen Aktionsräume des Kollektivs konzentrierten sich hingegen auf die ‚Einwander*innen-Bahnhöfe‘ – Friedrichstraße und Alexanderplatz. Jene waren zentrale Knotenpunkte der Ost-West-Wanderung, Bestandteile des sich sternförmig über Berlin hinaus legenden Eisenbahnnetzes, welches die Stadt letztlich ab Mitte des 19. Jahrhunderts zur „Metropole im deutschen Osten“ werden ließ.[50] Dem Konkurrenzkampf mit sozialistischen Aktivist*innen ausgesetzt, mobilisierten die Mitglieder des Russisch-jüdisch wissenschaftlichen Vereins die Ankommenden. Hier

43 Levin: *Jugend in Aufruhr*, S. 276.

44 Die Alte Schönhauser Straße 23–24 ist der ursprüngliche Ort, an dem Julius Bötzow 1864 seine Brauerei eröffnete. Einige Jahre später ließ er etwas östlich in der Prenzlauer Allee 242–247 einen 4.000 Quadratmeter großen Lagerkeller und einen 6.000 Menschen fassenden Biergarten anlegen. (Vgl. Werbeschild der Bötzow Brauerei. http://www.museum-digital.de/berlin/index.php?t=objekt&suinin=5&oges=637 (Zugriff am 10.03.2014).) Hier und im Folgenden wird in den Quellen allerdings stets die Alte Schönhauser Straße 23–24 als Treffpunkt angegeben.

45 Loewe: Sichronot. Kap. Mozkin, S. 13. Auch der bereits 1883 gegründete Akademische Verein für Jüdische Geschichte und Literatur hielt seine Sitzungsabende seit spätestens Frühjahr 1890 in der Alten Schönhauser Straße 23–24 bei Bötzow ab (vgl. Akten betreffend den Verein für jüdische Geschichte und Literatur. Archiv der Humboldt-Universität zu Berlin, R/S/649, Bl. 34). Zum Verein auch Pickus: *Constructing Modern Identities*, S. 89–94. Der Akademische Verein für Jüdische Geschichte und Literatur hatte Vorbildcharakter für die Organisation weiterer jüdischer Studentenverbindungen (vgl. Rürup: *Ehrensache*, S. 102).

46 Original-Correspondenzen/Deutsches Reich/Berlin. In: *Selbst-Emancipation*, 02.02.1891, S. 4.

47 Einladung an Heinrich Loewe zu Versammlung des russ. jüd. wiss. Vereins, 23.12.1893 [Poststempel], Shaar Zion, Boxnr. 23; Einladung an Leo Mozkin zu Versammlung des russ. jüd. wiss. Vereins, 28.12.1893 [Poststempel], CZA, A126/143; Einladung an Leo Mozkin zu Versammlung des russ. jüd. wiss. Vereins, 17.02.1894 [Poststempel], CZA, A126/143.

48 Vgl. Chaim Weizmann: *Trial and Error. The Autobiography of Chaim Weizmann*, illustr. Ausg. London: Horovitz 1950, S. 54.

49 Levin: *Jugend in Aufruhr*, S. 272.

50 Bettina Hitzer: *Im Netz der Liebe. Die protestantische Kirche und ihre Zuwanderer in der Metropole Berlin (1849–1914)*. Köln / Weimar / Wien: Böhlau 2006, S. 32.

ergriffen sie Besitz von ihnen, um „as many potential recruits as possible"[51] den sich von Zeit zu Zeit verschiebenden Zentren der nationaljüdischen Arbeit zuzuführen:

> Die Masse der Arbeit mußte täglich, unausgesetzt getan werden – und es war echte Missionsarbeit, Seelenfang, und die gefangenen Seelen mußten trainiert und dem Lager – unserm Verein – zugeführt werden. Da uns die „Bearbeitung" der immatrikulierten Studenten nicht genügte, organisierten wir eine Jagd auf die Neuankömmlinge. Jeden Morgen pflegte der Zug von den Ostgrenzen neue und arglose Scharen von Studenten nach Berlin zu bringen, und Sozialisten und Nationalisten lauerten ihnen auf. Diese Ankömmlinge waren noch ganz grün; zum größten Teil wußten sie gar nicht, wo ihre Sympathien waren, und ihre Zukunft pflegte von ihren ersten Beeinflussungen entschieden zu werden. Es war ein grimmiger Wettstreit.[52]

Trotz klarer Vorgaben durch den Gesetzgeber blieb der öffentliche (politische) Aktionismus innerhalb des Vereins Verhandlungssache. Im Wesentlichen lassen sich diesbezüglich zwei Dimensionen ausmachen: Zum einen verhandelten die offiziellen Vertreter des Vereins untereinander die politische Agenda, etwa in Bezug auf Organisationsfragen des nationaljüdischen Kollektivs. Loewe wagte diesbezüglich einen öffentlichen Vorstoß. In der Ausgabe der *Selbst-Emancipation* vom 1. April 1891 wurde sein „Mahnwort an alle Vereine für die Colonisation Palästinas!"[53] abgedruckt. Hierin forderte er – wie er retrospektiv einräumte, etwas naiv[54] – die Schaffung einer einheitlichen Gesamtorganisation aller jüdisch-nationalen Zusammenschlüsse. Dazu solle unter der Ägide des Russisch-jüdisch wissenschaftlichen Vereins ein Delegiertentag der bestehenden Kolonisationsvereine in Berlin einberufen werden. Nur zwei Nummern später erschien in der *Selbst-Emancipation* unter der Rubrik „Eingesendet" die Reaktion des Vorstands des Russisch-jüdisch wissenschaftlichen Vereins. Stellvertretend distanzierten sich Leo Mozkin und Joseph Lurije von dem Vorschlag Loewes. Die Angst vor polizeilicher Strafverfolgung dürfte in diesem Zusammenhang eine größere Rolle gespielt haben, als dies die Begründung der Aktivisten explizit ausdrückt:

> Obzwar wir mit Freuden die Erfüllung des Planes begrüßen würden, so halten wir es dennoch für unsere Pflicht zu erklären, daß der „Russisch-jüdische Wissenschaftliche Verein" als studentische Corporation sich dieser edlen Aufgabe nicht unterziehen kann, da er sich allen praktischen

51 Vital: *Origins of Zionism*, S. 224.
52 Levin: *Jugend in Aufruhr*, S. 272–273.
53 Heinrich Loewe: Mahnwort an alle Vereine für die Colonisation Palästinas! (Ein Zuruf aus dem Deutschen Reiche). In: *Selbst-Emancipation*, 01.04.1891, S. 2–3.
54 Loewe: Sichronot. Kap. Zionistische Grundarbeit, S. 8.

Unternehmungen ferne hält und sich ausschließlich mit dem Studium der jüdischen Geschichte, der jüdischen Frage und der nationalen Idee in theoretischer Hinsicht beschäftigt.[55]

Weiterhin konstituierten sich die jeweiligen Versammlungsorte als Konfliktfelder, auf denen Mitglieder des Vereins, ihre Sympathisant*innen und politischen Gegner*innen um Deutung und Deutungshoheit der jüdischen Zukunft stritten. Levin beschreibt den Verein als „Arena für die Kämpfe der beiden Hauptströmungen [Nationalismus und Sozialismus, F. S.] im jüdischen Studentenleben Berlins."[56] Mit Loewe ließe sich ergänzen: „Hier wurden die geistigen Kämpfe ausgefochten [...] Der Hauptkampf drehte sich um die Idee der Befreiung und der Freiheit"[57]:

> In ihm und um ihn sammelten sich die jungen Kräfte, die das jüdisch-nationale Prinzip in innigster Verbindung mit modernen sozialen Anschauungen im scharfen Gegensatz zu antinationalen Verschwommenheiten aufstellten und verfochten.[58]

Jede einzelne Sitzung ließe sich als Skript lesen, in dem kollektivierte Akteur*innen versuchten, adäquate Perspektiven für das Judentum und die Menschheit zu erarbeiten. Loewe und Levin zeichnen die Demarkationslinie zwischen dem sozialistischen und nationalistischen Kollektiv recht hart. Die Versammlungen selbst lassen sich aber keinesfalls als wohlstrukturierte Ensembles antagonistischer Kräfte charakterisieren. Vielmehr entwickelten die einen in direkter *Face-to-Face*-Kommunikation mit den anderen ihre politischen Positionen. Gleichfalls rekrutierte sich das Kollektiv nationaljüdischer Aktivist*innen teilweise aus diesem fluktuierenden heterogenen Pool, der durch ein hohes Maß an weltanschaulichen und handlungsspezifischen Differenzen geprägt war. „In der Tat", erinnert sich Loewe etwa, „kamen infolge dieser Kämpfe wirklich viele russisch-jüdische Studenten zu uns, die bis dahin entweder beiseite gestanden oder sogar unsere Gegner waren."[59]

Obwohl die einleitenden Vorträge in deutscher Sprache angekündigt wurden, bestimmte das Russische die Debatten im Verein.[60] Loewe war deshalb mit einer doppelten Herausforderung konfrontiert. Der russischen Sprache nicht mächtig, dürfte es

55 Joseph Lurije / Leo Mozkin: Brief an Nathan Birnbaum, 11. April 1891. In: *Selbst-Emancipation*, 03.05.1891, S. 8. In den darauffolgenden Nummern entspann sich eine lebhafte Debatte um das Thema. Vgl. Rubrik „Eingesendet" der Ausgaben zwischen dem 3. Mai und 16. Juli 1891, darunter auch Beiträge von Willy Bambus und Richard Loewe.

56 Levin: *Jugend in Aufruhr*, S. 267.

57 Loewe: Sichronot. Kap. Zionistische Grundarbeit, S. 1.

58 Heinrich Loewe: Motzkins Berliner Zeit. Ein Kapitel jüdischer Geschichte vor Herzl. In: *Jüdische Rundschau*, 17.11.1933, S. 817.

59 Loewe: Sichronot. Kap. Zionistische Grundarbeit, S. 4.

60 Vgl. Loewe: Sichronot. Kap. Mozkin, S. 13.

ihm schwergefallen sein, auch mittels persönlicher Dolmetscher wie Selig Soskin den Diskussionen überhaupt zu folgen. Anderseits musste er dem Anspruch gerecht werden, diesen Wissensraum mitzugestalten.[61] Dieser konstituierte sich zudem nicht nur großenteils in russischer Sprache, sondern umfasste gleichzeitig die aktive Auseinandersetzung mit dem Hebräischen. Levin hielt zum Beispiel zwei hebräische Vorträge über Perez Smolenskin, den Mitbegründer der Wiener Kadimah. Einer davon konzentrierte sich auf Smolenskins spiritistisch-nationalistisches Manifest „Am Olam" (dt. „Ewiges Volk"), das erstmals 1872 als Artikelfolge in *Ha-Shachar* abgedruckt wurde.[62] Loewe war zwar bemüht, Hebräisch zu lernen, er konnte aber keinesfalls mit der alltäglichen hebräischen Sprachpraxis, die etwa Schmarjahu Levin pflegte, mithalten. Noch im September 1891 notierte er in einem Entwurf seines ersten in Hebräisch abgefassten (überlieferten) Briefes an Levin:

> Du wusstest, wie schwer mir hebräische Sprache fällt, trotz allem werde ich dir diesen Brief in dieser Sprache schreiben.[63]

2. Die *Selbst-Emancipation* zirkulieren!

In seiner Studie *Imagined Communities* betont Benedict Anderson die besondere Rolle des Print-Kapitalismus für die Entstehung von Nationalismen. Durch die zunehmende Verbreitung und den Konsum von Print-Medien, so Anderson, war es einer immer größer werdenden Anzahl von Menschen möglich, „to think about themselves, and to relate themselves to others, in profoundly new ways"[64]. In diesem Sinne kann man

61 Vgl. Levin: *Jugend in Aufruhr*, S. 281. Seinen ersten Vortrag im Verein hörte Loewe (vermutlich Mitte des Wintersemesters 1889/90) über „Die Pharisäer und Sadducäer" von L. Günzburg. Erst ein Jahr später setzte er zu eigenen Beiträgen an. Im Wintersemester 1890/91 sprach er „Über eine brennende Frage" und im darauffolgenden Sommersemester titelte sein Vortrag „Unter jüdisch-nationaler Fahne". Vgl. Leo Mozkin: Korrespondenz, Berlin, 11. November. In: *Selbst-Emancipation*, 16.11.1891, S. 5–6, hier S. 6.

62 Zu Smolenskins „Am Olam" vgl. Robert S. Wistrich: *Die Juden Wiens im Zeitalter Kaiser Franz Josephs.* Wien / Köln / Weimar: Böhlau 1994, S. 290–291; Eli Lederhendler: Interpreting Messianic Rhetoric in the Russian Haskalah and Early Zionism: In: Jonathan Frankel (Hrsg.): *Jews and Messianism in the Modern Era. Metaphor and Meaning.* New York: Oxford UP 1991, S. 14–33, hier S. 21–22.

63 "אתה ידעת, כי כבדה בלשוני שפת עבר, ובכול-זאת אכתב לך אגרת בשפה הזאת„ (Heinrich Loewe an Schmarjahu Levin, 19.09.1891. Shaar Zion, Boxnr. 5).

64 Benedict R. Anderson: *Imagined Communities. Reflections on the Origin and Spread of Nationalism.* London / New York: Verso 2006, S. 36. Insbesondere aus kulturwissenschaftlicher Perspektive und für die Analyse des Zionismus als Nationalismus erscheint in diesem Zusammenhang die Definition von Nationalismen durch Anthony D. Smith aufschlussreich und tragfähig: „From an ethno-symbolic perspective, nations may be regarded as named and self-defining communities whose members cultivate shared symbols, myths, memories, values and traditions, inhabit and are attached to a historic territory or homeland, create and disseminate a distinctive public culture, and observe shared customs and standard laws." (Anthony D. Smith: *Ethno-Symbolism and Nationalism. A Cultural Approach.* London / New York: Routledge 2009, S. 49.)

die Rolle der *Selbst-Emancipation* als erstes Instrument der nationaljüdischen Agitationsarbeit zur Konstituierung einer *Imagined Jewish Nationalist Community* nicht hoch genug bewerten. Nicht nur, dass die *Selbst-Emancipation* als erste und lange Zeit einzige Zeitung im deutschsprachigen Raum das Potential besaß, einen öffentlichen nationaljüdischen Diskurs in Gang zu setzen, vielmehr produzierte sie durch ihr regelmäßiges halbmonatliches Erscheinen eine sich beständig entwickelnde nationaljüdische Gemeinschaft – „a solid community moving steadily down (or) up history“[65] – in entscheidender Weise. Das nationaljüdische Geschichtsbewusstsein, das sich in der *Selbst-Emancipation* abbildete, brach mit der traditionell jüdischen „sakral-versiegelten“ Vorstellung von Zeit; aus ihr, die, dem Menschen entzogen, göttlich, ewig und vom Messias abhängig war, wird menschlich beeinflussbare Geschichte.[66] Die *Selbst-Emancipation* formierte sich als Archiv des regelmäßigen Fortschritts des nationaljüdischen Kollektivs. Sie produzierte die Idee der jüdischen Nation „as a continuous narrative of national progress“[67]. Diese Entwicklung wurde durch das Emblem der Zeitung, das jeweilige Erscheinungsdatum der einzelnen Ausgaben, ‚messbar‘ und in eine historische Entwicklungslinie einordnungsfähig.[68] Gleich wie die Aktivist*innen vor Ort in Berlin, Magdeburg, Odessa, London, Jaffa, Jerusalem usf. Orte zu (physischen) nationaljüdischen Archipelen verknüpften, stellten die in Wien gesammelten, redigierten und gedruckten Artikel, Korrespondenzspalten und Chroniken Ereignisse an verschiedenen Orten in Beziehungen zueinander. Gleichzeitig versammelte das Blatt mit seinen verschiedenen Beitragenden eine Gruppe aus Gleichgesinnten und vermittelte durch seine Verbreitung Kontakte sowohl zwischen den Beitragenden, etwa in Rubriken wie dem „Sprechsaal“, als auch zwischen seinen Leser*innen.[69] Mit zunehmender Anzahl der abgedruckten Korrespondenzen wuchs vor den Augen der Leser*innen die nationaljüdisch imaginierte Welt.[70] Hier virtualisierte sich von Ausgabe zu Ausgabe das „dynamische Gebilde, in dem sich die gesellschaftlichen Hierarchien von Macht und Ohnmacht, Einschluss und Ausschluss in Bedeutungen und Wertigkeiten ‚übersetzen‘“.[71] Ohnmacht gegenüber den

65 Anderson: *Imagined Communities*, S. 26.

66 Vgl. Dan Diner: Ubiquitär in Zeit und Raum. Annotationen zum jüdischen Geschichtsbewusstsein. In: Ders. (Hrsg.): *Synchrone Welten. Zeitenräume jüdischer Geschichte*. Göttingen: Vandenhoeck & Ruprecht 2005, S. 13–36, hier S. 14; ders.: *Zeitenschwelle. Gegenwartsfragen an die Geschichte*. München: Pantheon 2010, S. 31–66 (Kap. „Sakrales verstehen“); Eyal Chowers: *The Political Philosophy of Zionism. Trading Jewish Words for a Hebraic Land*. Cambridge: Cambridge UP 2012, insb. S. 76–82 (Kap. „Judaism and Revolution“).

67 Homi K. Bhabha: Introduction. Narrating the Nation. In: Ders. (Hrsg.): *Nation and Narration*. London / New York: Routledge 1990, S. 3–8, hier S. 2.

68 Vgl. Anderson: *Imagined Communities*, S. 33.

69 Vgl. Vital: *Origins of Zionism*, S. 223.

70 Vgl. Anderson: *Imagined Communities*, S. 35.

71 Musner / Gerbel: Kulturwissenschaften, S. 30.

herrschenden gesellschaftlichen Verhältnissen ist ein zentrales Moment in der Genese des nationaljüdischen Kollektivs. Die *Selbst-Emancipation* kann in diesem Zusammenhang als Dokumentensammlung einer Verfolgungsgeschichte vor allem der Jüd*innen in Osteuropa und einer „real and imagined inequality within the Jewish world"[72] gelesen werden. Hier konstituierte sich von Nummer zu Nummer die nationaljüdische Katastrophe. Mit Heinrich Margulies ließe sich aus Sicht eines zionistischen Theoretikers hinzufügen, dass die „bunten Nöte […] zur Abstraktion ‚Galuth' zusammengefasst und zu einer Gesamtnot verschmolzen wurden"[73] und sich damit zu einer „Verelendungstheorie"[74] der jüdischen Diaspora verdichteten. Mit Hans Kohn[75] ließe sich in gleicher Weise sprechen, wenn er im Herbst 1912 schreibt, dass ein Zionist „[e]inen Weg [einschlägt], der das Heute verneint, weil es unerträglich ist, und der in der Gemeinschaft das Morgen schaffen will."[76] Loewe selbst führte diese Katastrophe auf die Unfähigkeit der jüdischen „Intelligenzia" zurück, adäquate Antworten auf ein zeitgenössisches Problem zu formulieren, nämlich auf die „jüdischen Frage", wie er in der Ausgabe vom 16. Oktober 1891 schrieb:

> Unsere Judenfrage ist ebenso eine nationale Frage als eine soziale Frage und kann durch religiöse Streitigkeiten nicht gelöst, sondern nur noch mehr verwickelt werden.[77]

Er diagnostizierte eine verlorene Einheit des Judentums und den Kampf antagonistischer Kräfte im jüdisch-politischen Feld. Weiterhin stellte er die Unterwerfung des „autoritätsfeindlichen Judenthum[s] in Deutschland" durch „Dr. Otto Böckel […], den große[n] Antisemitenhäuptling von M a r b u r g"[78], der seit Anfang der 1880er Jahre im Deutschen Reich „gegen Junker und Juden"[79] agitierte, fest. Damit imaginierte er

72 Berkowitz: *Zionist Culture*, S. 189.

73 Heinrich Margulies: *Kritik des Zionismus*, Bd. 2. Wien: Löwit 1920, S. 36. Zur Biographie von Margulies vgl. Vera Röhl: *„Es gibt kein Himmelreich auf Erden". Heinrich Margulies – ein säkularer Zionist.* Würzburg: Königshausen & Neumann 2014.

74 Ebd., S. 21.

75 Zu Hans Kohn vgl. die Beiträge von Christian Wiese, Adi Gordon, Noam Pianko und Zohar Maor des Abschnitts „IV. Hans Kohn (1891–1971). The Multifaced Contributions of a Political Philosopher". In *LBI Year Book* 55 (2010), S. 251–311.

76 Hans Kohn: Ein Vorwort (Einleitung zum Buche „Vom Judentum" 1913). In: Ders.: *Nationalismus. Ueber die Bedeutung des Nationalismus im Judentum und in der Gegenwart*. Wien / Leipzig: Löwit 1922, S. 10.

77 Heinrich Loewe: Beiträge zur jüdischen Frage. Von einem deutschen Juden. In: *Selbst-Emancipation*, 16.10.1891, S. 2–3, hier S. 3.

78 Ebd., S. 2.

79 Die Parole „Gegen Junker und Juden" hatte Otto Böckel bereits 1887 ausgegebenen (vgl. Dieter Langewiesche: *Liberalismus in Deutschland*. Frankfurt am Main: Suhrkamp 1988, S. 147). Zu Otto Böckel im antisemitischen Kollektiv vgl. Peter G. J. Pulzer: *Die Entstehung des politischen Antisemitismus in*

ein Judentum, das sich vollends der Totalität des antisemitischen Diskurses unterworfen hätte. Treffsicher führte auch Birnbaum (wohl der Doppeldeutigkeit seiner Aussage bewusst) in gleicher Ausgabe des Blattes aus:
So muß es uns nun recht sein, wenn die europäischen Völker und wir selbst erst auf dem Umwege des Antisemitismus zur Ueberzeugung zu gelangen beginnen, es müsse uns als Nation geholfen werden.

> Diese Ueberzeugung bricht sich thatsächlich die Bahn und ihr gehört die Zukunft. Die Emancipation hat sich nicht bewährt, in der Selbst-Emancipation liegt das Heil.[80]

Leser*innen oder Beitragende der *Selbst-Emancipation*, Sammler*innen von Geldbeträgen für nationaljüdische Projekte oder Agitationsredner für die nationaljüdische Sache usf. zu werden, waren wichtige Schritte im Prozess der nationaljüdischen Vergemeinschaftung und damit der ‚Selbstermächtigung', die hier von Birnbaum gefordert wird. Folgerichtig platzierte (natürlich auch aus ökonomischen Gründen) die Redaktion der *Selbst-Emancipation* bereits im Februar 1891 den Aufruf: „Gesinnungsgenossen! Verbreitet die Selbst-Emancipation!" als Blickfang auf der Titelseite ihrer Zeitung. Es oblag den nationaljüdischen Aktivist*innen, diese imaginierte Welt – dieses in Texten zusammenfließende Nationaljudentum, das mit dem Erscheinen der *Selbst-Emancipation* begann, seine eigene Geschichte in der Öffentlichkeit zu artikulieren – im Alltagsleben von potentiellen Leser*innen zu verankern und diese dadurch mit dem nationaljüdischen Kollektiv zu verknüpfen. Wie Loewe in seinen Erinnerungen notierte, war der Leser*innenkreis relativ beschränkt und bestand vornehmlich aus Studierenden, die über kein geregeltes Einkommen verfügten.[81] Trotz allem, oder gerade deswegen, maß Richard Loewe in einem Schreiben an Nathan Birnbaum von September 1891 dem Blatt einen besonderen Stellenwert für die nationaljüdische Agitationsarbeit bei.[82] Heinrich Loewe bewertete in einer (werbewirksam platzierten) Empfehlung für deutschsprachige jüdisch-nationalistische Propagandaliteratur an einen Mitstreiter im polnischen Gródek von Mai 1891 in gleicher Weise:

Deutschland und Österreich 1867–1914. Göttingen: Vandenhoeck & Ruprecht 2004, S. 150–156; Böckel, Otto. In: *Handbuch des Antisemitismus. Judenfeindschaft in Geschichte und Gegenwart*, Bd. 2,1: Personen, hrsg. v. Wolfgang Benz. München: de Gruyter / Saur 2009, S. 92–94.

80 [Nathan Birnbaum]: Die Emancipationsfeier in Frankreich. In: *Selbst-Emancipation*, 16.10.1891, S. 1–2, hier S. 2.

81 Heinrich Loewe: Sichronot. Kap. Selbst-Emancipation. CZA, A146/62, 15, S. 2.

82 Vgl. Richard Loewe an Nathan Birnbaum, 21.09.1891. CZA, A188/17/15: „Ich halte jetzt auch eine möglichst weite Verbreitung unserer Zeitung für unser bestes Agitationsmittel."

Zur Agitation für die nationale Sache eignet sich bei freisinnigen Juden: Hess: Rom und Jerusalem. Leipzig 1862, und Pinsker: Autoemancipation. Berlin 1882; bei orthodoxen Israeliten: Rülf: Aruchas basammi. – Am meisten werden Sie erreichen, wenn Sie die ‚Selbstemancipation' verbreiten.[83]

Die Brüder Loewe machten sich diese Maßgabe zu eigen, förderten die ständig finanzschwache *Selbst-Emancipation* und bemühten sich um ihre Verbreitung.[84]
Mit der *Selbst-Emancipation* im Gepäck verlagerte Loewe von Zeit zu Zeit seinen nationaljüdischen Aktionsraum nach Magdeburg. In den ersten Augustwochen des Jahres 1891 – es waren gerade Semesterferien und er war zu Besuch bei seinen Eltern – entschloss er sich, über seinen Alltag als nationaljüdischer Aktivist Tagebuch zu führen.[85] In den Alltag Loewes reihte sich damit über seine journalistische Tätigkeit und das Briefeschreiben hinaus – wenn auch nur für wenige Monate – eine weitere Praxis der intellektuellen und emotionalen Selbstreflexion ein. Das Tagebuchschreiben war verstärkte Sorge um ein ‚Ich', dessen Ziel es war, in „Magdeburg ein deutsches Elisabethgrad"[86] als Zentrum des nationaljüdischen Kollektivs in Deutschland zu

83 Heinrich Loewe: Dem Isch Jehudi in Grodek [Sprechsaal]. In: *Selbst-Emancipation*, 18.05.1891, S. 8.

84 Obwohl Heinrich Loewe erst auf der Ausschusssitzung der Redaktion vom 4. Februar 1891 offiziell zum „correspondierenden Mitglied" der *Selbst-Emancipation* ernannt wurde (vgl. Kadimah an Heinrich Loewe, 15.01.1892 [Transkript in Loewe: Sichronot. Kap. Zionistische Grundarbeit, S. 5], CZA, A146/62), amtierten er und auch sein Bruder Richard in dieser Funktion quasi schon seit Erscheinen von Heinrichs erstem Artikel im Juni 1890. Richard Loewe machte in einer Reihe von Briefen an Birnbaum Verbesserungsvorschläge zur Finanzierung des Blatts (vgl. Richard Loewe an Nathan Birnbaum, 22.12.1890. CZA, A188/9/8; Richard Loewe an Nathan Birnbaum, 22.05.1891. CZA, A89/7/1; Nathan Birnbaum an Richard Loewe, 25.05.1891. CZA, A89/7/1). Zur finanziellen Situation der Selbst-Emancipation vgl. auch Robert S. Wistrich: The Clash of Ideologies in Jewish Vienna (1880–1918). The Strange Odyssey of Nathan Birnbaum. In: *LBI Year Book* 33 (1988), S. 201–230, hier S. 205; ders.: *Laboratory for World Destruction. Germans and Jews in Central Europe*. Lincoln: University of Nebraska Press 2007, S. 122.

85 Vgl. S. 54, Anm. 4. Loewes Tagebuch trug die Aufschrift „5651 [1890/91] Herrn Stud. H. Loewe Ites Tagebuch. Berlin", innenklebend der Vermerk der Adresse: „Berlin, Joachimstr. 6, I, r.", dann eine Übersicht mit den täglichen Zugverbindungen zwischen Berlin und Magdeburg bzw. Stendal. Es folgen einige Paragraphen aus dem Statut über die Militärpflichten, vermutlich von 1886, vier Zeilen Abschrift in hebräischer Druckschrift, dann knappe historische Aufzeichnungen zur Kirchengeschichte seit dem 7. Jahrhundert, schließlich ein Vermerk über verliehenes Geld an Friedländer, einige bibliographische Notizen über „die Verfolgung der Juden in Rußland nebst Anhang" und ein Stundenplan (gerahmt von einigen Zeichnungen und Skizzen). Auf Seite acht des kleinen schwarzen Büchleins beginnen dann mehr oder weniger ausführliche Niederschriften über Loewes Alltag in Magdeburg und Berlin.

86 Loewe: Erstes Tagebuch, [S. 7]. In der Ausgabe vom 18. August 1891 erschien ein Artikel von einem gewissen Josef Inber in der *Selbst-Emancipation*, der aus Elisabethgrad über den Fortgang der Emigration nach Palästina berichtete (vgl. Josef Inber: Elisabethgrad, 9. August. In: *Selbst-Emancipation*, 18.08.1891, S. 6). Loewe notiert dazu in sein Tagebuch: „Der Artikel von Inber aus Elisabethgrad ist ganz vorzüglich. Aber er irrt sich an einer Stelle doch. Die schwächlichen Stadtjuden haben nicht etwa mehr Fähigkeiten als die würthembergischen Bauern[,] aber mehr ideeles [*sic*] Feuer, und die Idee, [*unleserlich*] die in ihren Herzen lodert, ist zu mächtig, als daß wir nicht unbedingt siegen würden." Es folgt die Einsicht, dass „noch immer Elisabethgrad der Mittelpunkt der Zionsbewegung in Rußland ist." (Loewe: Erstes Tagebuch, [S. 6–7].) Aus dieser Analyse Loewes erschließt sich sein Wille, die Magdeburger Verhältnisse entsprechend zu verändern.

schaffen. Kaum zufällig entschied er sich gerade in Magdeburg dazu, im Schreiben seinen Alltag zu reflektieren. Mit der temporären Verlagerung seines Aufenthaltsorts versammelte er einen von Berlin grundverschiedenen Personenkreis. Nicht mehr das Großstadtleben, die Spaziergänge und Diskussionsabende mit Leo Mozkin und anderen Gesinnungsgenoss*innen prägten seinen Alltag, sondern die Menschen und Dinge jenes Raums, dessen Grenzen er mit dem Umzug nach Berlin durchbrochen hatte. Zwei Jahre nach seinem Weggang schrieb Loewe, er sei eine „isolierte palästinensische Insel in Magdeburg“[87]. Er würde Mozkin, Lurije und Rosenblum vermissen, „um denen [s]ein Herz ausschütten zu können.“[88] War Loewe in Berlin noch eingebunden in eine – wenn auch nur rudimentär vorhandene – nationaljüdische Kulturtopographie, entbehrte Magdeburg einer solchen. Loewe und seine *Selbst-Emancipation* sorgten hier für die vorübergehende Anwesenheit des nationaljüdischen Diskurses.
Mittels der *Selbst-Emancipation* agitierte Loewe im Kreis der Familie, der Freunde und Bekannten. Aber der junge Aktivist blieb vorsichtig, vermied es, die Magdeburger mit der nationaljüdischen Sache explizit zu konfrontieren. Auch schien ihm die direkte Assoziation des Nationaljudentums mit seiner Person in der Öffentlichkeit zu gefährlich. Vielmehr sollte Leo Mozkin mit einem Vortrag Ende 1891 den Boden für die Streuung nationaljüdischer Ideen in Magdeburg bereiten. Loewe lud Mozkin in den Magdeburger Verein für Wissenschaft des Judenthums und bemerkenswerter Weise auch zu seinen Eltern ein. Um nicht Gefahr zu laufen, dass das, was Loewe offensichtlich mühevoll vor seinen Eltern verborgen hielt, zum Gegenstand innerfamiliärer Auseinandersetzungen wurde, schrieb er Anweisungen, wie sich Mozkin gegenüber seinen Eltern verhalten sollte. Sogar die Auswahl etwaiger Gesprächsthemen wurde vorab reglementiert:

> Instruction: / Meine Mutter nämlich ist längst dahinter, daß ich vielleicht doch nicht in ארץ אשכנז [Eretz Ashkenas, hebr. Deutschland] bleiben will, und sucht dem von vornherein vorzubeugen. Ich bitte Sie also bei uns in der Familie von unseren Zielen so wenig als möglich zu sprechen, da meine Eltern und Brüder das nur benutzen würden, um mich hier fest zu halten. Ich soll durchaus „Pfaff“ werden!! Aus demselben Grunde bitte ich Sie, mir womöglich selbst gleichgiltige Dinge nur in geschlossenen Briefen zu senden, nicht auf Karten, ferner nicht etwa ein Retourbillet sondern nur ein einfaches nach Magdeburg zu nehmen. Auch sollen Sie mir ja nichts davon wissen, wie es auf der Hochschule ist, und was ich da thue, oder vielleicht nicht thue. Meinen Vater werden Sie einen großen Gefallen thun, wenn Sie ein wenig, nicht sehr viel, die Berliner 48er loben, d. h. nicht die Berliner sondern die Fremden in Berlin. Die Hauptsache ist mir nur, daß Sie mir nichts ausplaudern, wie ich in Berlin bin![89]

87 Loewe: Erstes Tagebuch, [S. 5].
88 Ebd.
89 Heinrich Loewe an Leo Mozkin, 12.08.1891. CZA, A126/174.

Loewe inszenierte sich vor seinen Eltern als zuverlässig. Nichts durften sie von seinen Auswanderungsplänen nach Palästina erfahren, die er längst hegte.[90] Nichts durften sie von seinen Aktivitäten an der Hochschule für die Wissenschaft des Judentums oder überhaupt in Berlin wissen. Nichtsdestotrotz konfrontierte Loewe seine Eltern gelegentlich mit Palästina. Seiner Mutter las er zum Beispiel am Nachmittag des 22. August 1891 (und damit einen Tag vor der Ankunft Mozkins in Magdeburg) einen Artikel aus der *Selbst-Emancipation* über die landwirtschaftliche Siedlung Zichron Yaakov vor.[91] Im Tagebuch markiert dieses Ereignis den ersten Schritt des elterlichen Heims hin zu einem politischen Verhandlungsraum. Nachdem Loewe den Artikel vorgelesen hatte, so das Tagebuch, stritt sein Bruder Richard mit seiner Mutter über Palästina, während sich Heinrich aus der Diskussion zurückzog. Vergleichbare Debatten zwischen den Brüdern, Eduard und Richard, Mozkin und seinen Eltern fanden an Abenden der folgenden Wochen regelmäßig statt. Es wurde diskutiert und gestritten, am 23. August etwa über die Unterschiede zwischen Nationen.[92] Kollidierten Eduards und Mozkins Ansichten zunächst auf Schärfste, schien Mozkin Loewes Bruder bis zum 26. August von seiner Person, zumindest vorübergehend, überzeugt zu haben. Gleichfalls machte Mozkin bezüglich der Auswanderungspläne Loewes indirekt Zugeständnisse an dessen Eltern; und mehr noch: Er affirmierte die elterliche Sorge, vor allem die der Mutter. Loewe notierte am selben Tag noch in sein Tagebuch, die biblische Bezeichnung für das Land, Eretz Israel, benutzend, die später fester Bestandteil des zionistischen Diskurses werden sollte:

> Mozkin ist mit einem Mal dagegen, daß ich nach ארץ ישראל [Eretz Israel] gehen will, wie ich nachher von ihm erfahre, weil er glaubt, daß ich so über Knall und Fall à la Rosenblum und Soskin unüberlegt hinlaufen will.[93]

Erwartungsgemäß gab es auch außerhalb der Familie Widerstände, weniger gegen Loewes Auswanderungspläne (diese dürften den wenigsten ohnehin bekannt gewesen sein), sondern vielmehr gegen Loewes Agitationsarbeit für die nationaljüdische Idee. Otto Simon bspw., ein Freund, mit dem er bereits 1888 in der Magdeburger

90 Vgl. etwa Heinrich Loewe an Simchah Rosenblum. Shaar Zion, Boxnr. 4; Simcha Rosenblum an Heinrich Loewe, 27.07.1892. CZA, A146/101.

91 Loewe: Erstes Tagebuch, [S. 10]. Zichron Yaakov wurde 1882 von rumänischen Chovevei Zion ca. 35 Kilometer südlich von Haifa gegründet und ist eine der ersten jüdischen Siedlungen in Palästina.

92 Ebd., [S. 13].

93 Ebd., [S. 18]. Gemeint sind hier Simcha Rosenblum und Selig Soskin, beide Mitglieder des Russisch-jüdisch wissenschaftlichen Vereins. Rosenblum war bereits im Sommer nach Palästina abgereist. Selig Soskin emigrierte tatsächlich erst 1896. Er teilte sich während des Wintersemester 1891/92 und auch später noch regelmäßig Zimmer mit Heinrich Loewe (vgl. Heinrich Loewe an Simcha Rosenblum, 26.11.1891. Shaar Zion, Boxnr. 4).

Israelitischen Lesevereinigung[94] jüdische Literatur las und diskutierte, schrie ihn an: „[W]ir sollen deshalb nicht Palästinenser und Nationaljuden sein, weil dadurch die deutschen Juden geschädigt werden"[95].

Die konkrete ‚Missionsarbeit' Loewes, d. h. die durch ihn angeleitete kollektive Problematisierung einer Krise im Judentum, das Interesse für die nationaljüdische Idee zu wecken, die Rekrutierung und Mobilisierung von Aktivist*innen für das nationaljüdische Kollektiv, war geprägt von spezifischen Verhaltensmustern. Das Tagebuch als Protokoll seiner Agitationsarbeit legt hierüber ausführlich Zeugnis ab. Er dokumentierte in ihm seine alltäglichen Wege. Gleichfalls führte Loewe detailliert die Erfolge seiner Agitationsarbeit auf, die durch Fortschritte in der Markensammlung für die *Selbst-Emancipation* und durch von Loewe herbeigeführte ‚Konversionen' zum Nationaljudentum in seinem Umfeld gekennzeichnet waren. Loewe hierarchisierte sein Umfeld nach dem Grad der Zuneigung zum Nationaljudentum. Für ihn existierten Konvertiten, Sympathisanten, unsichere Kandidaten und Gegner. Diese Rollenzuweisung bestimmte Loewes weiteres Engagement. Eine Bilanz vom 19. August 1891 zählt zum Beispiel zwei abgeschlossene Konversionen, sechs Sympathisanten und einen unsicheren Kandidaten.[96] An den folgenden Tagen konfrontierte er diese systematisch mit nationaljüdischer Weltanschauung. Am 21. August besuchte er etwa mit Max Schild einen Sympathisanten. Nachmittags begab er sich dann in die Synagoge, nahm für Marcus (Konvertit) und die Brüder Loewenthal (Sympathisanten) eine neue Ausgabe der *Selbst-Emancipation* mit und ging mit ihnen anschließend spazieren.[97] Bemerkenswert ist in diesem Zusammenhang, dass Loewe keinesfalls entsprechend politischer Gesinnungen wählte. Die potentiellen neuen Mitglieder repräsentierten diverse politische Schattierungen. Loewe adaptierte politische Einstellungen, egal ob religiös-konservativ, religiös-freisinnig oder sozialdemokratisch. Er machte die Überzeugungen seiner Gegenüber zu Grundlage seiner eigenen Kommunikationsstrategie – eine Leistung, die zweifelsohne seinen Erfolg bedingte. Loewes Bemühungen um Max Schild

94 Im Juni 1888 gründete Heinrich Loewe zusammen mit befreundeten Magdeburger Juden die Israelitische Lesevereinigung. Es scheint, als hätten sich die Jungen an der Religionsschule der Magdeburger Jüdischen Gemeinde kennengelernt. Die kurzlebige Geschichte des Lesezirkels dokumentiert ein Protokollbuch, das im Nachlass Loewes überliefert ist; vgl. Israelitische Lesevereinigung Magdeburg. Tagesberichte. CZA, A146/94. Loewe war der Älteste in der Gruppe, die zunächst aus fünf Jugendlichen bestand und sich in den nächsten Monaten kaum vergrößerte. Bei den Treffen, die anfangs mehrmals wöchentlich stattfanden, las man als erstes Josephus' *Jüdischen Krieg*. Auch Heinrich Graetz' *Jüdische Geschichte* und Gustav Karpeles' *Geschichte der jüdischen Literatur* tauchen schon nach wenigen Wochen im Protokoll der Vereinigung auf. Der letzte Eintrag des Heftchens datiert auf den 23. Februar 1889.

95 Loewe: Erstes Tagebuch, [S. 3].

96 Ebd., [S. 7].

97 Ebd., [S. 9–10].

etwa wurden bis zum 3. September 1891 von Erfolg gekrönt:[98] Ihm gelang es, Schild ein Probeabonnement der *Selbst-Emancipation* zu vermitteln – ein wesentlicher Schritt hin zur Einbindung einer Person in das nationaljüdische Kollektiv.

War Loewe zunächst ausschließlich als Förderer und Beiträger für das Blatt aktiv, wurde er seit spätestens 1893 zunehmend in die eigentliche Organisation des Zeitungsbetriebs eingebunden – in die Abonnentenverwaltung, den Vertrieb und schließlich in die inhaltliche Gestaltung. Nathan Birnbaum machte Loewe in einem Brief vom 8. Dezember 1893 (vermutlich nicht zum ersten Mal) mit Redaktionsinterna vertraut. Besonders eindrücklich beschrieb Birnbaum die Schwierigkeiten der Zirkulation der Zeitung Richtung Osten, die durch die Pressezensur entstanden.[99] Man begegnete dem halbwegs erfinderisch, indem man nicht an Abonnent*innen in Osteuropa direkt adressierte, sondern die Zeitungssendungen über Odessa umleitete und von dort verteilen ließ. Birnbaum bekräftigte in dem Schreiben auch die Zweckmäßigkeit der Strategie des „Beilaunehaltens" des inoffiziellen Büros am Schwarzen Meer:

> Große Wichtigkeit hat der […] Ettinger. Diese Sache liegt so: die Warschauer Censur läßt die „S[elbst]-Emancipation" nicht durch. Es werden dafür alle Exemplare, welche für Rußl[and], Polen und Weißrußland bestimmt sind nach Odessa an Ettinger geschickt, welcher sie dann von dort aus an die einzelnen Bestimmungsorte adressiert. Es ist also jeder neue Abonnent aus genannter Gegend sofort Herrn Ettinger anzuzeigen, ihm fortab eine entsprechende Nummer mehr zu senden. – Die „Über Odessa"-Adressen dürfen also keineswegs von Berlin direkt verschickt werden. – Die Zahl dieser Adressen hat sich erst in der letzten Zeit, namentlich durch die vielen „Provisorien" bedeutend vergrößert und man wird wohl Herrn Ettinger einen kleinen Betrag für die Aufnahme einer Hilfskraft zugestehen müssen, wenn man ihn erhalten will. Ich war ohnehin froh genug, nach [Zwi Hirsch] Belkowskys Abreise aus Odessa einen Ersatzmann zu finden. – Herr Ettinger soll auch wie Belkowsky das Incasso bei den Odessaer Abonnenten – welchen man jedoch direct das Blatt zuschickt – besorgen. Bisher hat er nicht eincassiert.[100]

Die ständig finanzschwache *Selbst-Emancipation* musste im Oktober 1894 den Redaktionsbetrieb in Wien einstellen. Schon ab Januar 1894 erschien das Blatt unter dem neuen Titel *Jüdische Volkszeitung* in Berlin. Nur ein Jahr später verschwand der Name Nathan Birnbaum von der Titelseite, der bisher im Zentrum des Zeitungskopfs das Blatt mit seinem Chefredakteur verknüpfte. Die Genealogie der neuen Zeitung

98 Ebd., [S. 30].

99 Zur Pressezensur in Russland Ende des 19. und Anfang des 20. Jahrhunderts vgl. Censorship under Alexander III (1881–1894) and Nicholaus II (1894–1917). In: *The Encyclopedia of Censorship*, hrsg. v. Jonathon Green / Nicholas J. Karolides. New York: Facts on File 1990, S. 484–488, hier S. 484–485.

100 Nathan Birnbaum an Heinrich Loewe, 08.12.1893. Shaar Zion, Boxnr. 2.

hielt man durch den Zusatz „früher Selbst-Emancipation“ allerdings weiterhin sichtbar. Loewe übernahm die Leitung des kurzlebigen „Organs der zionistischen Partei“ im Oktober 1894. 1895 fand die Zeitung eine Nachfolgerin in der Monatsschrift *Zion*, die anfänglich ebenfalls von Loewe herausgegeben wurde.

3. An den Akademien

Angetreten ist Loewe seine Reise nach Berlin unter der Vorgabe, hauptsächlich zu studieren, wissenschaftlich Karriere zu machen – später sogar Rabbiner zu werden.[101] Er immatrikulierte sich am 30. April 1889 an der Philosophischen Fakultät der Friedrich-Wilhelms-Universität.[102] Vor Beginn des Sommersemesters 1889 musste sich Loewe zunächst im Senatssaal der Universität einfinden.[103] Hier erwartete ihn eine Immatrikulationskommission, bestehend aus dem Rektor der Universität, Carl Jakob Adolf Christian Gerhardt, dem Universitätsrichter Paul Daude, den vier Dekanen Otto Pfleiderer (Theologische Fakultät), Ernst Eck (Juristische Fakultät), Wilhelm Waldener (Medizinische Fakultät), Franz Eilhard Schulze (Philosophische Fakultät), dem Registrator und dem Sekretär der Universität. Sobald Loewe das komplexe bürokratische Prozedere durchlaufen, sämtliche Dokumente wie Anmeldebuch, *Gesetze der Studierenden* und eine sogenannte Zählkarte erhalten hatte, wurde die Einschreibung per Handschlag mit dem Rektor auf die Universitätsgesetze besiegelt. Daraufhin begab er sich vermutlich noch am selben Tag zu Dekan Schulze, welcher ihn in das Album der Philosophischen Fakultät eintrug und zugleich das Signum Facultatis nebst aktuellem Semesterplan aushändigte. Beim Ober-Pedell hatte Loewe anschließend Gebühren für die Matrikel und Bibliotheksnutzung zu hinterlegen. Weiterhin fielen sogenannte Auditoriengelder für den Besuch von öffentlichen und privaten Vorlesungen an, egal ob darüber hinaus ein Honorar an den jeweiligen Professor zu entrichten war oder nicht. Das Studium, das Loewe in den folgenden Jahren absolvierte, wurde explizit als Fortsetzung der akademischen Studien begriffen, denen er bereits in Magdeburg am Pädagogikum Unser

101 Vgl. Heinrich Loewe an Leo Mozkin, 12.08.1891. CZA, A126/174.

102 Nach Abschluss seines ersten Studiums immatrikulierte sich Heinrich Loewe erneut an der Friedrich-Wilhelms-Universität. Er schrieb sich am 6. Mai 1895, mittlerweile zum Doktor der Philosophie promoviert, an der Juristischen Fakultät ein. Im Rahmen seines rechtswissenschaftlichen Studiums lernte er bis zum Sommersemester 1896 über römisches Recht und seine Geschichte bei Alfred Pernice, besuchte einen Neuarabisch-Sprachkurs bei Erwin Maarbes, hörte bei Heinrich Dernburg und Johannes Biermann über Handakten und schloss mit „Politik und Völkerrecht“ bei Bernhard Hübler ab (vgl. Abgangszeugnis Heinrich Loewes von der Juristischen Fakultät der Friedrich-Wilhelms-Universität, 16.12.1896. CZA, A146/1).

103 Zum Aufnahmeprozedere vgl. Die Grundgesetze der Königlichen Friedrich-Wilhelms-Universität zu Berlin. In: *Die Königliche Friedrich-Wilhelms-Universität zu Berlin. Systematische Zusammenstellung der für dieselbe bestehenden gesetzlichen, statutarischen und reglementarischen Bestimmungen*, bearb. v. Paul Daude. Berlin: Müller 1887, S. 7–46 (Abschnitt „Die Statuten der Universität vom 31. Oktober 1816“), hier insb. §§ 6–9 des Abschnitts „Von den Studirenden“, S. 33–34).

Lieben Frauen nachging. Bis zu seiner Exmatrikulation am 10. Mai 1893 belegte er insgesamt 34 Vorlesungen und Übungen in der Geschichtswissenschaft und Philologie. Die Veranstaltungen, die er besuchte, hatten bis zum Sommersemester 1891 allgemeinen Charakter: Überblicksveranstaltungen zur Geschichte einzelner europäischer Länder, Zeitepochen, militärischer Auseinandersetzungen und historische Übungen. Seit dem Wintersemester 1891/92 kristallisierten sich Schwerpunkte heraus. Loewe lernte nun Arabisch und etwas Türkisch. Darüber hinaus konzentrierte er seine Studien auf die Geographie und Geschichte des Orients und der Türkei.[104]

Loewes akademische Profilierung war aber nicht nur verknüpft mit der Philosophischen Fakultät der Friedrich-Wilhelms-Universität, sondern auch mit einer weiteren Konstante innerhalb der Berliner Bildungslandschaft des ausgehenden 19. Jahrhunderts: der Hochschule für die Wissenschaft des Judentums, der das Deutsche Reich die Bezeichnung ‚Hochschule' verwehrte.[105] In welchem Ausmaß er allerdings regelmäßig Vorlesungen und Seminare besuchte, die zur Ausbildung als Rabbiner obligatorisch gewesen wären, lässt sich aus heutiger Sicht kaum noch bestimmen. Bereits oben zitierte „Instruktion" an Mozkin von August 1891 erweckt den Eindruck, als habe Loewe zumindest im Sommersemester 1891 eher sporadisch teilgenommen.[106] Er besuchte (teilweise gemeinsam mit seinem Freund und aus dem Russisch-jüdisch wissenschaftlichen Verein bekannten Mitstreiter Schmarjahu Levin) auf jeden Fall einige Veranstaltungen des (Literatur-)Historikers und Hebraisten David Cassel und von Chaim Heymann Steinthal, der als Sprachwissenschaftler und (Religions-)Philosoph zweifelsohne zu den zentralen Akteuren der Wissenschaft des Judentums in der zweiten Hälfte des 19. Jahrhunderts gehörte.[107] Darüber hinaus setzte er an der Hochschule den an der Religionsschule Magdeburg begonnenen Hebräischunterricht fort. Moritz Klotz, ein fortgeschrittener Hörer, leitete die Vorbereitungskurse für die Talmudvorlesungen bis 1891.[108] Loewe indes gehörte zu jener Gruppe Studierender, der es offensichtlich an Kenntnissen des Hebräischen und der rabbinischen Literatur mangelte. Bereits im Dezember 1889 bescheinigte Klotz Loewe unzureichende Fähigkeiten als Übersetzer klassischer hebräischer Texte, ferner kritisierte er seine Arbeitseinstellung in besonders anschaulicher und vermutlich etwas übertriebener Weise:

104 Vgl. Abgangszeugnis von Heinrich Loewe von der Philosophischen Fakultät der Friedrich-Wilhelms-Universität, 10.05.1893. CZA, A146/1.

105 Vgl. S. 17, Anm. 25.

106 Heinrich Loewe an Leo Mozkin, 12.08.1891. CZA, A126/174.

107 Vgl. Loewe: Sichronot. Kap. Mozkin, S. 14. Zu Chaim H. Steinthal bes. Hartwig Wiedebach / Annette Winkelmann (Hrsg.): *Chajim H. Steinthal. Sprachwissenschaftler und Philosoph im 19. Jahrhundert*. Leiden / Boston / Köln: Brill 2002; Bernd Jürgen Warneken: „Völkisch nicht beschränkte Volkskunde". Eine Erinnerung an die Gründungsphase des Fachs vor 100 Jahren. In: *Zeitschrift für Volkskunde* 95,2 (1999), S. 169–196, insb. S. 175, 187.

108 Vgl. Ismar Elbogen / J. Höniger: *Lehranstalt für die Wissenschaft des Judentums. Festschrift zur Einweihung des eigenen Heims*. Berlin: Hermann 1907, S. 61.

> Zu den Worten הגש אליו יהודה [„Jehuda hat sich ihm zugewandt"] des dieswöchentlichen [Torah]-Abschnittes bemerkt Raschi „לדבר אתו קשות" [„harte Worte mit ihm zu reden"]. Auch mich treibt die Verzweiflung harte Worte mit Ihnen dreimal zu reden. Vor allem möchte ich Sie [...] fragen, ob Sie das von Ihnen begonnene Werk im Laufe des Winters noch zu Ende bringen werden. Die Blätter, die Sie mir [...] abgeliefert haben, lassen es leider nicht erwarten. [...] Ich wurde beim Durchlesen der Blätter so aufgeregt, daß ich einen Schreikrampf bekommen habe und bis frühe bettlägerig war.[109]

In geographischer Hinsicht lagen Universität und Hochschule nicht sehr weit auseinander. Thronte die Friedrich-Wilhelms-Universität am Opernplatz (heute Bebelplatz) als Teil des sich im östlichen Teil von Unter den Linden befindlichen Bautenensembles ‚Forum Fridericianum'[110], richtete sich die Hochschule im Gebäude Unter den Linden 4a ein. Malwin Warschauer, der sich zwei Semester nach Loewe an der Philosophischen Fakultät der Friedrich-Wilhelms-Universität und an der Hochschule immatrikulierte, liefert in seinen Erinnerungen imposante Beschreibungen des ersten Aufeinandertreffens mit den Institutionen. Während ihn der monumentale Bau der Friedrich-Wilhelms-Universität mit seinen zwei Seitenflügeln in den Bann zog, sprang ihm Unter den Linden 4a als eine „fürchterliche Behausung" entgegen. Von der Geschichte gezeichnet, manifestierte sich in den Äußerlichkeiten dieses Ortes jüdischer Wissensvermittlung zugleich die kulturelle Hegemonie innerhalb des Deutschen Reichs. Implizit beschreibt Warschauer einen marginalisierten Grenzraum, in dem die Kluft zwischen staatlicher alimentierter Wissenschaft und ausgegrenzter[111] Wissenschaft des Judentums sichtbar wird:

> Unter den Linden 4a, neben dem Kultusministerium [...] stand ein schlichtes, dem Brüderverein gehöriges Haus. Der Eingang führte direkt in ein Schultheiss-Bierrestaurant. Durch dessen Vorraum ging es hindurch, durch einen winzigen Hof zur Hintertreppe. Diese, eine schwierige, steile Wendeltreppe aus stieg man, begleitet vom Tacken einer Dynamomaschine [...] hinaus zum dritten Stockwerk und landete in den Räumen der ‚Lehranstalt': drei Zimmer, Lesezimmer, Bibliothek, Hörraum. Es war alles schrecklich verwahrlost, Tapeten, verblichen, hingen von den Wänden in Stücken herunter, Vorhänge

109 Moritz Klotz an Heinrich Loewe, 24.12.1889. Shaar Zion, Boxnr. 24.

110 Vgl. Martin Engel: Das ‚Forum Fridericianum' in Berlin. Ein kultureller und politischer Brennpunkt im 20. Jahrhundert. In: Ernst Seidl (Hrsg.): *Politische Raumtypen. Zur Wirkungsmacht öffentlicher Bau- und Stadt-Strukturen im 20. Jahrhundert.* Göttingen: Vandenhoeck & Ruprecht 2009, S. 35–46.

111 Jegliche Bemühungen, die Wissenschaft des Judentums im 19. Jahrhunderts an deutschen Universitäten institutionell zu verankern, scheiterten. Vgl. Christhard Hoffmann: Wissenschaft des Judentums in der Weimarer Republik und im „Dritten Reich". In: Michael Brenner / Stefan Rohrbacher (Hrsg.): *Wissenschaft vom Judentum. Annäherungen nach dem Holocaust.* Göttingen: Vandenhoeck & Ruprecht 2000, S. 25–41, hier S. 28.

> waren einmal grün gewesen und sofort [*sic*]. Diese Treppe stiegen siebzigjährige Gelehrte [...]. Für uns war dieser Kontrast zur Universität, dieses greifbare Armutsdasein schlimm genug.[112]

Levin zielt mit seinen Beschreibungen der Räumlichkeiten in die gleiche Richtung wie Warschauer. Er vergleicht das Haus der Hochschule in ihrer Ästhetik mit „einer anspruchslosen Elementarschule"[113]. Die Räume wären nicht nur unwürdig eingerichtet, sondern auch dunkel. Er sei bei der Immatrikulation „einfach verletzt" gewesen.[114]
Aber nicht nur die Ästhetik der Bauten klaffte in ihrer Qualität auseinander, auch die Zahl der Studierenden hätte unterschiedlicher wohl nicht sein können. Waren die teilweise öffentlichen Vorlesungen an der Friedrich-Wilhelms-Universität in vielen Fällen hoch frequentiert – Heinrich von Treitschke zum Beispiel, dessen Vorlesung über italienische Geschichte Loewe gleich im Sommersemester 1889 besuchte, dürften ein Vierteljahrhundert lang jedes Semester Hunderte von Studierenden gehört haben –,[115] fanden sich im Seminarraum und ‚Hörsaal' der Hochschule nur eine kleine Anzahl von Studierenden und Lehrenden zusammen. Zwischen 1872 und 1933 waren es insgesamt nur 730.[116] Wirft man darüber hinaus einen Blick auf die offiziellen Reglements – ein 756-seitiges Buch im Fall der Universität[117], dessen Wissen nach Sachthemen geordnet und durch ein Sachregister erschlossen wurde; im Fall der Hochschule ein 7-seitiges Statut mit insgesamt zwanzig Paragraphen[118] – wird deutlich, wie nachdrücklich der Lern- und Lehralltag der Anstalten geregelt wurde, wie ferner das Größenverhältnis der Lehranstalten zueinander war. Enthält das Statut der Hochschule zu den Schülern an der Einrichtung ausschließlich Ausführungen zur notwendigen Qualifikation, zu Möglichkeiten der Hospitation in Lehrveranstaltungen und zum Ablauf von Prüfungen und der Übergabe von Zeugnissen, sieht man sich durch die *gesetzlichen, statutarischen und reglementarischen Bestimmungen* der Friedrich-Wilhelms-Universität mit kleinteiligen Ausführungen zu jeder universitären Funktionseinheit, zum Lehrpersonal und zur Organisation des studentischen Lebens an der Universität konfrontiert.
Während die (Macht-)Geometrie des universitären Hörsaals die Koordinaten der einzelnen Akteur*innen weitgehend vordefinierte (nicht einmal die zu belegenden Plätze der

112 Warschauer: *Im jüdischen Leben*, S. 82.

113 Levin: *Jugend in Aufruhr*, S. 256.

114 Ebd.

115 Gordon A. Craig: *Deutsche Geschichte 1866–1945*. München: Beck 2006, S. 233.

116 Daneben besuchten Gasthörer*innen und außerordentliche Hörer*innen die Veranstaltungen der Hochschule. Vgl. Irene Kaufmann / Daniela Gauding: *Die Hochschule für die Wissenschaft des Judentums (1872–1942)*. Teetz / Berlin: Hentrich & Hentrich 2006, S. 19.

117 Vgl. S. 92, Anm. 103.

118 Statut der Lehr-Anstalt für die Wissenschaft des Judentums, Berlin, 11.02.1883. In: *Bericht über die (Hochschule) Lehranstalt für die Wissenschaft des Judentums* (1885), S. 23–29.

Studierenden blieben dem Zufall überlassen)[119], gestaltete sich außerhalb der Hörsäle das Lehrer-Schüler-Verhältnis weitaus persönlicher. Man traf sich in den Wohnungen einzelner Professoren privatim, um gesellig beisammen zu sein und zeitgenössische Probleme und Fragen zu erörtern. Die Kommunikation war vergleichsweise zwanglos, die akademische Hierarchie ausgehebelt. Zwischen Loewe und einem seiner „Hauptlehrer" Richard Sternfeld entwickelte sich bspw. ein freundschaftliches Verhältnis, das „mehr als das von Lehrer und Schüler war".[120] Bemerkenswert sind in diesem Zusammenhang die wohl mit Bedacht gewählten Beschreibungen des Verhältnisses zu Sternfeld, die Loewe in seinen Erinnerungen liefert:

> In dem freundschaftlichen Verkehr, der sich zwischen uns beiden herausbildete, spielten seitdem zwei Dinge die Hauptrolle: Ich erzählte ihm von Juden und Judentum, vor allem von Palästina und der jüdisch-nationalen Bewegung, und wenn ich nicht davon sprach, fing er davon an und fragte, und er spielte Wagner, aber hauptsächlich Beethoven vor. Er war nämlich ein wunderbarer Musiker, dass er wiederholt ins Schloss gebeten wurde, dem Kaiser vorzuspielen. Er selbst hielt sich für einen bescheidenen Forscher französischer Geschichte. Oft wenn ich ihn in seiner Wohnung am Lützowplatz am Vormittag besuchte, – es war gelegentlich nicht sehr früh – stand er aus dem Bette auf, und setzte sich im Nachthemd an das Klavier, um sich und mich mit einem kleinen Beethovenkonzert zu erfreuen.[121]

Loewe legt hier Wert darauf, Sternfelds musikalisches Talent und seine musikalische Begeisterung für Wagner und Beethoven zu betonen, ohne zu erwähnen, dass Sternfeld damals Vorsitzender (und einziges jüdisches Mitglied) des Allgemeinen Richard Wagner-Vereins in Berlin war.[122] In welchem Ausmaß Sternfeld sich dem „Richard Wagner-Dienst"[123], wie Max Nordau eines der Kapitel von *Entartung* überschrieb, schon damals hingab, lässt sich schwer beantworten. Doch das Wirken im organisatorischen

119 Vgl. *Die Königliche Friedrich-Wilhelms-Universität zu Berlin,* S. 706–707.

120 Heinrich Loewe: Sichronot. Kap. Die Promotion. CZA, A146/62, 3, S. 1. Bei Sternfeld hörte Loewe seit dem Sommersemester 1890 über geschichtswissenschaftliche Methodik, Geschichte der Kreuzzüge und über die Geschichte Deutschlands, Frankreichs und Englands (vgl. Abgangszeugnis von Heinrich Loewe von der Philosophischen Fakultät der Friedrich-Wilhelms-Universität, 10.05.1893). Noch im Februar 1912 ermutigte Sternfeld Loewe, seine Schrift *Die Sprachen der Juden* (vgl. Kap. VII.2) zu einem größeren wissenschaftlichen Werk auszuarbeiten. Darüber hinaus gab Sternfeld im August 1914 Hinweise, wo Loewe *Die Sprachen der Juden* in Druck geben könnte. Vgl. Richard Sternfeld an Heinrich Loewe, 28.02.1912. CZA, A146/58; Richard Sternfeld an Heinrich Loewe, 18.08.1914. CZA, A146/134; Richard Sternfeld an Heinrich Loewe [o. D.]. CZA, A146/134.

121 Loewe: Sichronot. Kap. Die Promotion, S. 1.

122 Annette Hein fügt in ihrer umfassenden Auseinandersetzung mit den *Bayreuther Blättern* hinzu, dass Sternfeld die antisemitische Haltung der Zeitschrift mit trug. Insofern Hein diese Diagnose auf Sternbergs Publikationen für die Blätter bezieht, ließe sich dies für die Jahre zwischen 1915 und 1919 festhalten. In diesem Zeitraum veröffentlichte Sternberg insgesamt sechs Artikel in der Zeitschrift. Vgl. Annette Hein: *„Es ist viel ‚Hitler' in Wagner". Rassismus und antisemitische Deutschtumsideologie in den „Bayreuther Blättern" 1878–1938.* Tübingen: Niemeyer 1996, S. 86.

123 Nordau: *Entartung*, Bd. 2, S. 304–378 (Kap. „Richard-Wagner-Dienst").

Zentrum des Vereins und Sternfelds zahlreiche Publikationen zu Wagner lassen vermuten, dass er Loewe mit weit mehr als Wagners musikalischem Werk direkt oder indirekt konfrontierte.[124] Warschauer erinnert sich, dass es solchen Austausch auch mit Dozenten außerhalb der Hochschule gab. Martin Schreiner, der seit dem 8. Januar 1894 an der Hochschule unterrichtete, traf sich zu nächtlichen Debatten mit seinen Schülern im Café Monopol nahe des Bahnhofs Friedrichstraße[125] – ein Ort im Übrigen, der später eine besondere Bedeutung in der zionistischen Kulturtopographie Berlins erhalten sollte.[126]

Loewes Besuch der Vorlesungen Heinrich von Treitschkes über italienische Geschichte[127] und Moritz Lazarus'[128] über Psychologie, gleich in den ersten beiden Semestern,

124 1898 veröffentlichte Sternfeld seine *Französische Geschichte.* Bereits der erste Teil titelt: „Die Entstehung der französischen Nation", deren Anfänge er auf die Zeit um 600 v. u. Z. datierte. Nach eingehender Erläuterung der landschaftlichen und klimatischen Vorzüge Frankreichs kommt er auf den „Charakter dieser Nation" zu sprechen: „Beweglichkeit des Geistes bis zur Leichtfertigkeit, Eitelkeit, Prahlerei, Vorliebe für Abenteuer und Krieg, Unwiderstehlichkeit des ersten Angriffs mit bald folgender Erschlaffung, Begabung für schöne Rede" (Richard Sternfeld: *Französische Geschichte.* Leipzig: Göschen 1898, S. 21). Dezidiert chauvinistische Töne schlug Sternfeld aber erst in den ersten Jahren des Ersten Weltkriegs an. In seinem Buch *Richard Wagner und der heilige deutsche Krieg* beschrieb er die militärischen Auseinandersetzungen „as a predestined step, foreseen in Wagner's operas to facilitate the dominion of the world by the Germans" (Christopher Nicholson: *Richard and Adolf. Did Richard Wagner Incite Adolf Hitler to Commit the Holocaust?* Jerusalem / New York: Gefen 2007, S. 233; vgl. Frederic Spotts: *Bayreuth. A History of the Wagner Festival.* New Haven: Yale UP 1994, S. 155–156). Den Ersten Weltkrieg konstruiert Sternfeld als Heiligen Krieg (vgl. Richard Sternfeld: *Richard Wagner und der heilige deutsche Krieg.* Oldenburg: Stalling 1915), ein Topos, der Loewe durch den Besuch der Vorlesung Sternfelds über die Geschichte der Kreuzzüge im Sommersemester 1891 durchaus bekannt gewesen sein sollte. Zum Motiv des Heiligen Kriegs und der Stilisierung Wagners durch Sternfeld zum „Mahner und Berater seines Volkes" zum „Wecker und Wahrer deutschen Wesens" und zum „Deuter des Deutschtums" vgl. auch Sternfelds Vorwort zu Richard Wagner: *Was ist deutsch? Schriften und Dichtungen des Meisters für die Zeit des Heiligen deutschen Krieges*, hrsg. v. Richard Sternfeld. Leipzig: Breitkopf & Härtel 1915, S. III–IV.

125 Warschauer: *Im jüdischen Leben*, S. 88.

126 Vgl. Kap. V.1.

127 Heinrich von Treitschke arbeitete bereits im März 1869 in Heidelberg eine umfassende Abhandlung über Camillo Benso Graf von Cavour, den ersten Ministerpräsidenten des im März 1861 ausgerufenen Königreichs Italien, aus (vgl. Heinrich von Treitschke: Cavour. In: Ders.: *Historische und Politische Aufsätze*, Bd. 2. Leipzig: Hirzel 1871, S. 243–400). Es erscheint naheliegend, dass er die Abhandlung als eine der Vorlagen für seine Vorlesung über italienische Geschichte an der Friedrich-Wilhelms-Universität verwandte. Von Treitschkes Protagonisten Cavour stammt der Ausspruch: „Rom ist unser Polarstern". In einem Artikel für die *Selbst-Emancipation* bediente sich Heinrichs Bruder Richard bereitwillig dieser Metapher und verschob sie in der Ausgabe der *Selbst-Emancipation* vom 1. Juni 1891 in den nationaljüdischen Kontext: Aus Rom wurde Zion (vgl. Richard Loewe: Unser Polarstern. In: *Selbst-Emancipation*, 01.06.1891, S. 2–4. Dazu auch William de La Rive / Károly Mária Kertbeny: *Graf von Cavour. Skizzen und Erinnerungen.* Leipzig: Purfürst 1863, S. 223; Giuseppe Massari / Ernst Bezold: *Cavour. Biographische Aufzeichnungen.* Leipzig: Barth 1874, S. 335).

128 Im Rahmen seines Projekts „Der Protosoziologe Moritz Lazarus im Kontext deutsch-jüdischer Lebenswelten" (DFG, Institut für Kulturwissenschaften, Universität Leipzig) forscht Mathias Berek zu Lazarus. Vgl. auch ders.: Schnittpunkt sozialer Kreise statt völkischer Verwurzelung – Die Entstehung moderner Sozialtheorie aus der deutsch-jüdischen Lebenswelt des 19. Jahrhunderts am Beispiel Moritz Lazarus. In: *Medaon* 5 (2009). http://www.medaon.de/pdf/A_Berek-5-2009.pdf (Zugriff am 06.12.2013). Mathias danke ich ganz besonders für seine kritischen Anmerkungen zu jenen Stellen der vorliegenden Arbeit, die sich mit Lazarus beschäftigen.

erscheint bemerkenswert. Mit Treitschke und Lazarus hörte er bis zum Sommer 1890 zwei bedeutende Protagonisten der deutschsprachigen diskursiven Praxis des Nation Building. Konzeptionell pendelte das Denkmodell der Nation im ausgehenden 19. Jahrhundert zwischen deutsch-nationaler Einheit und Vielheit. Treitschkes und Lazarus' Äußerungen waren spätestens seit der ersten Phase des ‚Berliner Antisemitismusstreits',[129] die Treitschke 1879 durch seinen Aufsatz „Unsere Aussichten"[130] in den *Preußischen Jahrbüchern* einleitete, ernst genommene Positionen innerhalb des gesellschaftspolitischen und wissenschaftlichen Diskurses.[131] In diesem Zusammenhang lässt sich das öffentliche, laute Denken in Kategorien wie Volk und Nation als zentrales Element des wissenschaftlichen Diskurses im ausgehenden 19. Jahrhundert kennzeichnen. Machte sich etwa im Gefolge von Moritz Lazarus und Heymann Steinthal die Völkerpsychologie auf die Suche nach den „wirksamsten Keime[n] der Völkerbildung"[132], setzte sich die Philologie, wie zum Beispiel das von Gustav Körting verfasste *Handbuch der Romanischen Philologie* von 1896 offenlegt, das Ziel, „die Erkenntniss der geistigen Eigenart eines Volkes" und seiner Literatur zu befördern.[133] In diesem Spannungsfeld, das sich zwischen identitärer Politik und wissenschaftlicher Analyse im Fin de Siècle aufspannte, erstaunt es wenig, dass sich Loewe durch die Linse eines philologisch ausgebildeten Historikers als Konstrukteur jüdisch-nationaler Identität betätigte.

In zeitlicher Hinsicht kann der Besuch der Vorlesung Treitschkes als einer der ersten Schritte hin zur Profilierung Loewes als jüdisch-nationalistischer Theoretiker gelesen werden. Loewe, später auch Warschauer, waren im Übrigen nicht die einzigen Hörer der Hochschule, die Treitschkes Vorlesungen und Kollegs regelmäßig besuchten. Auch Israel Jelsky (ebenfalls nationaljüdischer Aktivist) nahm an Treitschkes Kolleg zur „Revolutionsgeschichte" im Sommersemester 1891 teil. Die Treitschke-Rezeption unter jüdischen Studierenden scheint also nicht Ausnahme, sondern, im Gegenteil,

129 Vgl. Marcel Stoetzler: *The State, the Nation, & the Jews. Liberalism and the Antisemitism Dispute in Bismarck's Germany.* Lincoln: University of Nebraska Press 2008, S. 2; Ingrid Belke: Liberal Voices on Antisemitism in the 1880s. Letters to Moritz Lazarus, 1880–1883. In: *LBI Year Book* 23 (1978), S. 61–88; Walter Boehlich: *Der Berliner Antisemitismusstreit.* Frankfurt am Main: Insel 1965; Uffa Jensen: *Gebildete Doppelgänger. Bürgerliche Juden und Protestanten im 19. Jahrhundert.* Göttingen: Vandenhoeck & Ruprecht 2005, S. 197–324; Günther Regneri: Salomon Neumann's Statistical Challenge to Treitschke: The Forgotten Episode that Marked the End of the ‚Berliner Antisemitismusstreit'. In: *LBI Year Book* 43 (1998), S. 129–153.

130 Vgl. Heinrich von Treitschke: Unsere Aussichten. In: *Preußische Jahrbücher* 44 (1879), S. 559–576, hier S. 572–576.

131 Vgl. Till van Rahden: Germans of the Jewish Stamm. Visions of Community between Nationalism and Particularism 1850 to 1933. In: Neil Gregor / Nils H. Roemer / Mark Roseman (Hrsg.): *German History from the Margins.* Bloomington: Indiana UP 2006, S. 27–48, hier S. 27.

132 Moritz Lazarus: Was heißt national? In: Ders.: *Treu und frei. Gesammelte Reden und Vorträge über Juden und Judenthum von Prof. Dr. M. Lazarus.* Leipzig: Winter'sche 1887, S. 53–110, hier S. 68.

133 *Handbuch der romanischen Philologie (Gekürzte Neubearbeitung der „Encyklopädie und Methodologie der romanischen Philologie")*, hrsg. v. Gustav Körting. Leipzig: Reisland 1896, S. 1.

Pflichtprogramm gewesen zu sein. Diese Praxis der Hörer traf auf Unmut bei einzelnen Dozenten der Hochschule. Eine Episode während einer Veranstaltung Steinthals, die Heinrich seinem Bruder Richard auf einer im Juli 1891 abgefassten Postkarte schilderte, lässt erahnen, wie heftig die Konflikte über die Verortung von Jüd*innen innerhalb der deutschen Gesellschaft in der Berliner wissenschaftlichen Community ausgetragen wurden und den Verhandlungsraum Hochschule prägten:

> Eben kommt Jelsky bei Steinthal zu spät. „Wo kommen Sie her?" „Aus dem Kolleg". „Von wem" „Von Treitschkes Revolutionsgeschichte". Blutrot im Gesicht vor Zorn und Entrüstung springt Steinthal vom Katheder und hält eine Philippika; so habe ich ihn noch nie gesehen; er zitterte vor Wut.[134]

Treitschke, der seit den späten 1860er Jahren völlig taub war und,[135] wie Warschauer einräumt, seine Vorlesungen zu Beginn der 1890er Jahre mehr „grunzte" als sprach,[136] begegnete Loewe im Hörsaal wohl als antisemitischer Polemiker, zugleich aber auch als ein nationalistischer Konstrukteur von deutschen, italienischen und anderen Nationen. Michael A. Meyer wies auf die Gemeinsamkeiten der Historiographien Treitschkes und Graetz' hin.[137] Beide Autoren hätten eher mit dem Ziel geschrieben, ihre Leser*innen zu bilden und zu inspirieren, anstatt historisch kritisches Wissen über die Vergangenheit anzuhäufen. Während Graetz' *Geschichte der Juden* „[as] a partisan commitment to Jewish revival"[138] erscheine, adoptiere Treitschke in seiner *Deutschen Geschichte im neunzehnten Jahrhundert* Preußen in ähnlicher Art und Weise. Geschichte sei hier „Heldendrama" mit einem „Heldenvolk" im Mittelpunkt,[139] nicht Kampf zwischen unpersönlichen Kräften, sondern zwischen großen Persönlichkeiten um nationale Ideale. Damit setzten sowohl Graetz als auch Treitschke dem Objektivitätspostulat Leopold von Rankes eine tendenziell subjektive Geschichtsdarstellung als Grundlage nationaler Geschichtsschreibung entgegen.[140] Sie fassten ihre Methode und ihren Stil

134 Postkarte von Richard Loewe an Heinrich Loewe, 21.07.1891. CZA, A89/7/1.

135 Heinrich von Treitschke. In: *Handbuch der deutschen Nationalliteratur von Luther bis zur Gegenwart für die oberen Klassen höherer Lehranstalten*, hrsg. v. Heinrich Viehoff, neu bearb. v. H. Leisering. Braunschweig: Westermann 1901, 2. Teil: Prosa, S. 348.

136 Warschauer: *Im jüdischen Leben,* S. 58. Hierzu auch Craig: *Deutsche Geschichte 1866–1945*, S. 233; Hellmut von Gerlach: *Von Rechts nach Links.* Frankfurt am Main: Fischer 1987, S. 62.

137 Michael A. Meyer: Heinrich Graetz and Heinrich von Treitschke. A Comparison of their Historical Images of the Modern Jew. In: *Modern Judaism* 6,1 (1986), S. 1–11. Hierzu auch Pyka: *Jüdische Identität bei Heinrich Graetz*, S. 241–256; Hans Liebeschütz: Treitschke and Mommsen on Jewry and Judaism. In: *LBI Year Book* 7 (1962), S. 153–182.

138 Meyer: Heinrich Graetz and Heinrich von Treitschke, S. 2.

139 Ebd. Hierzu auch Pyka: *Jüdische Identität bei Heinrich Graetz*, S. 241–256; Liebeschütz: Treitschke and Mommsen, S. 153–182.

140 Zum Vergleich Treitschkes und Rankes siehe Hagen Schulze: Entwürfe historischer Welten von Humboldt bis Meinecke. In: Hansen / Ribbe / Adams (Hrsg.): *Geschichtswissenschaft in Berlin*, S. 657–676, hier S. 657. Zu Rankes Objektivitätspostulat vgl. Siegfried Kracauer: *Geschichte – Vor den letzten Dingen*.

als „synkretistische Kombination von objektiver Quellenforschung und subjektiver Anteilnahme"[141] auf. Dieses Wechselspiel aus Objektivität und Urteil[142] beschränkte sich bei Treitschke aber nicht nur auf sein verschriftliches Geschichtswerk oder auf seine Auseinandersetzungen mit der ‚Judenfrage' um 1880. Vielmehr generierte sich durch Treitschkes „Stil des Politisierens" und seine „nationale Rhetorik" wohl auch die Geschichtsvorlesung, die Loewe 1889 besuchte, als politisches Verhandlungsfeld, das durch Treitschke vom Katheder aus dirigiert wurde.[143] Wenn Loewe retrospektiv schreibt, dass ihm die „Methode der deutschen Geschichtsschreibung ein Muster für das Studium jüdischer Geschichte werden"[144] sollte, kann man annehmen, dass sich nicht nur, wie er explizit macht, Richard Sternfelds, Wilhelm Wattenbachs und Albert Naudes Kollegs und Vorlesungen als intellektuelle Quellen assoziieren lassen, sondern darüber hinaus Treitschkes nationalistisch-politischer, mitunter demagogischer Gestus sein Agieren als nationaljüdischer Aktivist nachhaltig beeinflusste.

Dem nationaljüdischen Kollektiv, das sich im und um den Russisch-jüdisch wissenschaftlichen Verein sammelte, ging es nicht nur darum, Judentum zu (re-)definieren, sondern, so Schmarjahu Levin, vor allem die Idee der Nation von einem zeitgenössischen „seichten, populären Nationalismus"[145] abzugrenzen und in eine wissenschaftliche Idee zu konvertieren. Dieser Impetus wäre zum einen ohne die regelmäßigen Auseinandersetzungen im Russisch-jüdisch wissenschaftlichen Verein mit marxistischen Theoretikern und sozialistischen Aktivisten, darunter bspw. Alexander Parvus (eigentl. Israil Lasarevitsch Gelfand), Leonty Soloweitschik, Michail Tugan-Baranovski, Nikolai Berdiaew, Peter Struve und Wladimir Schmuilow, oder mit „Humanisten" wie Gregory

Frankfurt am Main: Suhrkamp 1973, S. 64–68; Rudolf Vierhaus: Rankes Begriff der historischen Objektivität. In: Reinhart Koselleck / Wolfgang J. Mommsen / Jörn Rusen (Hrsg.): *Objektivität und Parteilichkeit in der Geschichtswissenschaft*. München: dtv 1977, S. 153–182, hier S. 100–101.

141 Wolfgang J. Mommsen: Objektivität und Parteilichkeit im historiographischen Werk Sybels und Treitschkes. In: Koselleck / Mommsen / Rusen (Hrsg.): *Objektivität und Parteilichkeit*, S. 134–198, hier S. 138. Hierzu auch Jan-Arne Sohns: *An der Kette der Ahnen. Geschichtsreflexion im deutschsprachigen historischen Roman, 1870–1880*. Berlin / New York: de Gruyter 2004, S. 146–165 (Kap. „Das Objektivitätspostulat").

142 Treitschke schreibt in seiner Widmung an Max Duncker, die er als Vorwort in die *Deutsche Geschichte* setzte, etwa: „Dies Buch will einfach erzählen und urteilen. [...] Der Erzähler deutscher Geschichte löst seine Aufgabe nur halb, wenn er blos den Zusammenhang der Ereignisse aufweist und mit Freimut sein Urtheil sagt; er soll auch selber fühlen und in den Herzen seiner Leser zu erwecken wissen, was viele unserer Landsleute über dem Zank und Verdruß heute schon wieder verloren haben: die Freude am Vaterlande." (Heinrich von Treitschke: *Deutsche Geschichte im neunzehnten Jahrhundert*, Bd. 1. Leipzig: Hirzel 1882, S. VIII.)

143 Vgl. Hans Liebeschütz: Objektivität und Werturteil. In: Hans Tramer / Siegfried Moses (Hrsg.): *In zwei Welten. Siegfried Moses zum fünfundsiebzigsten Geburtstag*. Tel Aviv: Bitaon 1962, S. 607–626, hier S. 619.

144 Loewe: Sichronot. Kap. Die Promotion, S. 1.

145 Levin: *Jugend in Aufruhr*, S. 267.

Itelson kaum denkbar gewesen.[146] Zum anderen intendierte die zunehmende Rezeption von Autoritäten des (auch) jüdischen Zukunftsdiskurses in frühen theoretischen Texten Loewes zum jüdischen Nationalismus, die nationaljüdische Theorie und Praxis durch diese „mimesis of discourse“[147] öffentlich zu legitimieren. Die Verknüpfung mit der von Moritz Lazarus und Heymann Steinthal erarbeiteten Völkerpsychologie ist besonders auffällig.[148] Sie konstituierte sich bei Loewe in einem Zeitraum von fünf Jahren als ein sich verfestigendes, raumgreifendes Zitat. Hatte er zwar im Juni 1890 bereits Judentum mit starken textimmanenten Bezügen zu Graetz über die bloße „mosaische Religionsgemeinschaft“ hinaus als „Volksgemeinschaft“ definiert,[149] unternahm er erst in einer vierteiligen Artikelserie, die zwischen dem 18. Juni und 15. November 1892 in der *Selbst-Emancipation* erschien und gleichsam als Eröffnungsvortrag von Jung Israel gehalten wurde, den Versuch, das Gedankengerüst hinter der Vorstellung von einer ‚jüdischen Nation‘ differenziert aufzufalten. Sein Appell an das kollektive jüdische (Selbst-)Bewusstsein imaginiert die ideale, von Einigkeit und Einheit durchdrungene, historisch-gewachsene jüdische Gemeinschaft mit eigener Sprache:

> Eine Nation selbst aber ist eine von der Natur gegebene Gesellschaft, welche durch gemeinsame Abstammung, gemeinsame Geschichte und Tradition zu einer solchen Einheit verschmolzen ist, daß sie sich dieser Einheit bewußt ist, ganz gleich ob sie dieselbe gerade als nationale Einheit vorstellt. Es würde aber falsch sein, wollte man den Begriff der Nation in erster Linie von der Beschaffenheit der Wohnsitze und gemeinsamen Sprache abhängig machen, vielmehr sind die Hauptmerkmale die gemeinsam erlebten Begebenheiten, die gemeinschaftliche Geschichte, die ererbte Tradition und das Bewußtsein der Zusammengehörigkeit.[150]

In seinem Vortrag „Was heißt national?“, den Lazarus (als Antwort auf Treitschke) vor ausgewähltem Publikum an der Hochschule für die Wissenschaft des Judentums im Dezember 1879 hielt und den er später viel beachtet publizierte, entwarf er einen

146 Vgl. auch Jonathan Frankel: *Prophecy and Politics: Socialism, Nationalism and the Russian Jews 1862–1917.* Cambridge: Cambridge UP 1981, S. 314–15.

147 Meir Sternberg: Proteus in Quotation-Land. Mimesis and the Forms of Reported Discourse. In: *Poetics Today* 3 (1982), S. 107–156, hier S. 107.

148 Ähnlich der Vorlesung Treitschkes, die Loewe hörte, kann man heute nicht mehr nachvollziehen, welche konkreten Inhalte in den Veranstaltungen von Lazarus behandelt wurden. Das von Lazarus und Steinthal ausgearbeitete Programm der Völkerpsychologie als „Volksgeistlehre“ legt allerdings nahe, dass die „psychologische Erforschung von Nationen“ (Moritz Lazarus: Ueber den Begriff und die Möglichkeit einer Völkerpsychologie [1851]. In: Ders.: *Grundzüge der Völkerpsychologie und Kulturwissenschaft*, hrsg. v. Klaus Christian Köhnke. Hamburg: Meiner 2003, S. 3–25, hier S. 11) in den Vorlesungen Lazarus’ an der Berliner Universität eine zentrale Rolle spielte.

149 Heinrich Loewe: Ueber das Verhältnis von Nation und Religion der Juden. In: *Selbst-Emancipation*, 01.06.1890, S. 1–4, hier S. 2.

150 Heinrich Loewe: Der Nationaljude [1]. In: *Selbst-Emancipation*, 18.07.1892, S. 142–144, hier S. 143.

tendenziell subjektivistischen Begriff von Nation. Er notierte prägnant und kurz: „Die wahre Natur und das eigentliche Wesen der Nationalität ist nur aus dem Geiste zu verstehen.“[151] Dann fährt er fort:

> Getragen also wird dieser subjective Zusammenhang im Geiste einer Nation, und ausgebildet, weil innerlich erlebt, am meisten durch die Geschichte derselben, im weitesten Sinne des Wortes. In dem Maße als ein Einzelner, oder er mit seiner Familie, und diese vollends in der Abfolge mehrerer Geschlechter an dem Laufe der Geschichte passiven und activen Antheil genommen, wächst auch das subjective Band der Zugehörigkeit zueinander.[152]

Loewe bezog sich erstmals in der ersten Ausgabe von *Zion* vom 15. Februar 1895 direkt auf die Völkerpsychologie.[153] Hier formuliert er aus, was er in oben zitiertem Beitrag von 1892 bereits angelegt hatte:

> Die Nation ist nun eine bestimmte abgegrenzte Gruppe, die sich ihrer Eigenart bewusst ist. [...] [S]o betrachtet die „Völkerpsychologie“ die Nation als ein Individuum, auf das sie die Gesetze allgemeiner Psychologie anwenden muß. Denn ebenso wie das Wesen des Menschen nicht auf einer Zusammensetzung von Rumpf und Gliedern oder auf der organischen Verbindung chemischer Elemente beruht, so dürfen wir auch das Wesen von Nationen nicht in Aeußerlichkeiten suchen. [...] Sie ist ein historisches Produkt und ihr Merkmal ist die gemeinsame Geschichte.[154]

Die zweiteilige Artikelserie erscheint vor diesem Hintergrund paradigmatisch für die Transformation eines wissenschaftlichen Theoriemodells in ein Fundament politischer Ideologie und deren konsequenter Anwendung. Nationaljudentum lässt sich in diesem Zusammenhang als angewandte Völkerpsychologie denken. Loewe übernahm signifikante theoretische Implikationen der Völkerpsychologie, die das prozesshafte Schaffen der Nation betont sowie in der geteilten historischen Erfahrung und einem gewachsenen Bewusstsein der Zugehörigkeit ein wesentliches Erkennungszeichen der Nation erblickt. Zudem besaß er in seiner Argumentationslinie den gleichen theoretischen Fluchtpunkt wie Lazarus: Der Weg zur Begriffsbestimmung von Nation führte auch für ihn über Richard Boeckhs Theoretisierungen des Konstrukts, die dieser in seiner 1869 erschienenen statistischen Studie *Der Deutschen Volkszahl und Sprachgebiet in*

151 Lazarus: Was heißt national?, S. 64.

152 Ebd., S. 66.

153 Heinrich Loewe: Der Nationalismus [1]. In: *Zion*, 01/1895, S. 1–8; ders.: Der Nationalismus [2]. In: *Zion*, 03/1895, S. 33–41.

154 Loewe: Der Nationalismus [1], S. 7.

den europäischen Staaten formulierte.[155] Bei Boeckh wiederum erscheint die Sprache als objektives und wirkmächtigstes Erkennungszeichen der Nation. Loewe hingegen legt Nachdruck darauf, dass die Sprache die Nation zwar nicht *knüpfe*, aber *erhalte*; sie wird ihm zum „Bindemittel" der Judenheit.[156]

Aus der Definition Loewes, in der Nation als „geistiges Kollektiv-Individuum" gedacht wird, leitete er ab, dass die jüdische Nation jegliche Anstrengung unternehmen müsse, „ihre Existenz [zu] erhalten und ihre geistige Sonderart [zu] wahren und fort[zu]entwickeln."[157] Dazu gehöre die Pflicht

> [der] Wahrung und Pflege aller Außerungen seines nationalen Lebens, als da sind die Sprache und Schrift, Kunst und Litteratur, Philosophie und Religion, Haus und Schule, wirtschaftliche Gliederung und sociale Ausgleichung.[158]

Diese Handlungsmaxime machten sich die nationaljüdischen Aktivisten an der Hochschule zu eigen. Sie griffen in den Diskurs des Judentums, innerhalb dessen verhandelt wurde, ob Judentum Religionsgemeinschaft oder Volksgemeinschaft sei, ein. Warschauer folgend, konfrontierten vor allen Dingen Loewe und Levin ihre Kommilitonen permanent – im Hörsaal, während der Pausen, beim gemeinsamen Mittagessen und auf Zusammenkünften in Restaurants – mit der jüdischen Katastrophe: „materielle Judennot im Osten und [...] politischer Antisemitismus in Deutschland"[159]. Gleichzeitig boten sie als Lösungsvorschlag die „Wanderung der Ausgestoßenen nach Palästina [...] und Wiedergeburt des jüdischen nationalen Lebens"[160] an:

155 Richard Boeckh: *Der Deutschen Volkszahl und Sprachgebiet in den europäischen Staaten Eine statistische Untersuchung.* Berlin: Guttentag 1869, S. 1–18 (Kap. „Das Nationalitätsprinzip"); Lazarus: Was heißt national?, S. 59–67; Loewe: Der Nationalismus [1], S. 7–8. Lazarus' Essay setzt darüber hinaus auf Gustav Rümelin auf, dessen Nationsbegriff sowohl objektive als auch subjektive Merkmale geltend macht (vgl. Lazarus: Was heißt national?, S. 67–90; Gustav Rümelin: Ueber den Begriff des Volkes, 1872. In: Ders.: *Reden und Aufsätze*, Bd. 1. Tübingen: Laupp 1875, S. 88–116). Ernst Hasse bezeichnete Boeckhs Arbeit als die „Grundlage für die Wissenschaft vom deutschen Volkstum" (Ernst Hasse: *Richard Böckh*, 1906, zit. n. Peter Walkenhorst: *Nation – Volk – Rasse. Radikaler Nationalismus in Deutschen Kaiserreich 1890–1914.* Göttingen: Vandenhoeck & Ruprecht 2007, S. 100). Hannah Arendt wiederum hat sich ausführlich mit Ernst Hasses Beiträgen zur Theorie des kontinentalen Imperialismus beschäftigt und kam zu dem Schluss, dass es dieser pangermanischen Ideologie „vorbehalten [war], die Rasseideologie unmittelbar in die Politik umzusetzen und apodiktisch zu behaupten: ‚Deutschlands Zukunft liegt im Blute'" (Hannah Arendt: *Elemente und Ursprünge totaler Herrschaft. Antisemitismus, Imperialismus, Totalitarismus.* München / Zürich: Piper 1998, S. 476).

156 Loewe: Der Nationalismus [2], S. 33. In diesem Beitrag rückt auch die Schaffung eines eigenen Territoriums ins Zentrum. Zur besonderen Rolle der Sprache in Loewes Überlegungen zu Nation vgl. Kap. VII.2.

157 Loewe: Der Nationalismus [2], S. 39.

158 Ebd.

159 Warschauer: *Im jüdischen Leben*, S. 90.

160 Ebd.

Mit all dem wurden wir bekannt gemacht, durch eine Reihe die ‚Lehranstalt' besuchender, national gesinnter russischer Studenten. Der bekannteste von ihnen ist Schemarjahu Levin geworden, sie hatten aber auch einen sehr temperamentvollen Verbündeten deutscher Herkunft: Heinrich Loewe, der Geschichte studierte und in die Lehranstalt sich nur begab, um die Dozenten zu ärgern.[161]

Und weiter:

Wenn in dem kleinen Hinterzimmer eines Restaurants in der Alten Schönhauser Straße, wo wir ‚tagten' [der theologische Verein, F. S.], der hünenhafte Sch[marjahu] Lewin mit der Stimme eines Löwen und mit Armen und Händen zur Debatte redete, flüchtete alles, Freund und Gegner, wegen dringender Lebensgefahr und drückte sich in die Ecken zusammen.[162]

Wie rigoros Loewe versuchte, die Idee der jüdischen Nation mit dem Verhandlungsraum Hochschule zu verknüpfen, legt Warschauer ebenfalls offen. Gleichzeitig geht der Text auf das Material ein, das von Loewe zu diesem Zweck mobilisiert wurde. Die Bänke des Hörsaals und die jüdische Homiletik wurden zu Agentinnen der nationaljüdischen Sache:

Gegen den kindlichen hilflosen, schwachen Joël Müller benahm er sich einmal kurz nach Semesterbeginn so empörend frech und respektlos, daß ich, ein Jahr lang mindestens, kein Wort mit ihm gesprochen habe. Einen besonderen Haß bekundete er gegen die ungarischen Kollegen, weil sie sich als Magyaren betrachteten und einen lauten, arroganten ungarischen Patriotismus zur Schau trügen, was sie nicht hinderte, nach einer fetten Rabbinerstelle in Deutschland zu schielen. Löwe malte schön und groß auf die Bänke des Hörsaals das Wortspiel: ‚So ein Ungar ist und bleibt ungar'. Besondere Abneigung hatte er – wie Sch[marjahu] Lewin – gegen [Sigmund] Maybaum, den zum deutschen Assimilanten und Patrioten gewordenen Ungarn, der den jüdischen Nationalismus mit liberal-theologischen Argumenten als Abfall von der religiösen Mission des Judentums bekämpfte. Einmal hatte Löwe die Frechheit, in einer Übungspredigt im Seminar eine Grabrede auf Maybaum in dessen Gegenwart zu halten, was dieser mit gutem Humor lächelnd hinnahm. So erhitzte und verwirrte der aufrüttelnde neue Kampf um das Wesen des Judentums die zwanzigjährigen Köpfe [...].[163]

Über diese Agitationspraxis hinaus waren Loewe und andere bemüht, die hegemoniale Ordnung der Wissenschaft des Judentums, wie sie an der Hochschule vermittelt wurde, durch die Gründung des Vereins zur Pflege der hebräischen Sprache (und Literatur) zu ihren Gunsten zu verschieben. Anders als Inka Bertz und Malwin Warschauer

161 Warschauer: *Im jüdischen Leben*, S. 91.
162 Ebd., S. 92.
163 Ebd., S. 91.

ausführen,[164] handelte es sich bei dem Zusammenschluss um keine dezidiert nationaljüdische Initiative. Das Protokoll der Gründungsversammlung, die am 28. Oktober 1890 bei Bötzow in der Alten Schönhauser Straße ab 19.30 Uhr tagte, führt unter den zehn Gründungsmitgliedern neben nationaljüdischen Aktivisten wie Loewe und Jelsky auch Hörer fortgeschrittener Semester. Klotz, Ahron Mittelmann und ein gewisser Hannes lassen sich bspw. nicht ohne Weiteres mit dem Berliner Kreis nationaljüdischer Aktivist*innen assoziieren.[165] Mittelmann, der zum Vorsitzenden des Vereins gewählt wurde, war – so legt zumindest ein Brief von Heinrich an Richard nahe – Hauptgrund dafür, dass nationaljüdisch eingestellte Hörer des orthopraktischen Hildesheimer Rabbinerseminars in der Gipsstraße 12a (ab 1904 in der Artilleriestraße 31) dem neu gegründeten Verein nicht beitreten wollten. Sie gründeten fast zeitgleich einen eigenen Verein, der sich der Pflege des Hebräischen zuwandte. Bemerkenswert sind die Differenzen der Legitimationsbasis der beiden Vereine. Firmierte der eine, trotz seiner Protektion durch David Cassel,[166] zum ungewollten Kind der Hochschule, wurde der andere von den „Führern der nationalen Partei […], den beiden älteren Hildesheimer, Vater und Sohn", unterstützt.[167]

Obschon Loewe versuchte, etwa durch Anschläge am Schwarzen Brett, Studierende für eine nationaljüdische Vereinigung zu mobilisieren,[168] gelang es den Aktivisten nicht, dauerhaft Nationaljudentum an der Hochschule institutionell zu verankern. Der einzige Zusammenschluss, der dezidiert als „Verein zur Pflege der neuhebräischen Sprache – Choveve Sefat Ever"[169] gegründet wurde, bestand nur für kurze Zeit. Dies erklärt sich zum einen aus der mangelnden Beteiligung von nationaljüdischen Aktivisten wie Joseph Lurije und Schmarjahu Levin. Sie blieben den Versammlungen fern, zudem waren nur Hochschüler als Mitglieder zugelassen.[170] Ferner verließen zentrale Akteure des Zusammenschlusses wie etwa Moritz Klotz, der noch 1891 als Rabbiner nach Raudnitz berufen wurde,[171] nach und nach die Hochschule. Zum anderen wurden die Aktivitäten der Studierenden an der Hochschule keineswegs wohlwollend beäugt. Das Verhältnis zwischen Leitungsebene und den nationaljüdischen Aktivisten spitzte

164 Inka Bertz: Politischer Zionismus, S. 152; Warschauer: *Im jüdischen Leben*, S. 92.

165 Vgl. Protokoll der Gründungsversammlung des Vereins zur Pflege der hebräischen Sprache, 28.10.1890. CZA, A146/97.

166 Vgl. Heinrich Loewe: Sichronot. Kap. Selbst-Emancipation. CZA, A146/168, S. 7.

167 Richard Loewe an Heinrich Loewe, 21.01.1891. CZA, A89/7/1. Loewe notierte hier auch, dass der Verein trotz „stattlicher Mitgliederzahl ein kümmerliches Dasein fristet".

168 Vgl. Loewe: Sichronot. Kap. Selbst-Emancipation. CZA, A146/168, S. 7.

169 Ebd.

170 Vgl. Richard Loewe an Heinrich Loewe, 21.01.1891. CZA, A89/7/1.

171 J. Re.: Raudnitz. In: *The Jewish Encyclopedia. A Descriptive Record of the History, Religion, Literature, and Customs of the Jewish People from the Earliest Times to the Present Day*, Bd. 10: Philippson–Samoscz, hrsg. v. Cyrus Adler / Isidor Singer et al. New York / London: Funk & Wagnalis 1905, S. 332.

sich in den folgenden Jahren immer weiter zu. Wie die *Israelitische Wochenschrift* zwei Jahre nach Gründung des Vereins in ihren Korrespondenzspalten berichtete, stellte das Kuratorium der Hochschule, zu dieser Zeit unter dem Vorsitz von Moritz Lazarus, die nationaljüdisch gesinnten Studierenden vor die Entscheidung, entweder aus dem Verein Jung Israel, dessen Gründung Teil einer grundlegenden Neuorganisation des nationaljüdischen Kollektivs zwischen 1892 und 1895 war,[172] auszutreten oder die Hochschule zu verlassen.[173]

4. Nationalismus, Palästina, ‚Ostjuden' – eine Debatte im Winter 1892

Präludium

Im Februar 1892 erreichten die Auseinandersetzungen über Heinrich Loewes Rolle innerhalb der nationaljüdischen Propaganda einen vorzeitigen Höhepunkt des (inner-)familiären Konflikts. Sein Vater Louis wurde aktiv. Er wandte sich direkt an Birnbaum und forderte ihn auf, seinem Sohn Heinrich jegliche weitere Veröffentlichung in der *Selbst-Emancipation* zu verweigern. Birnbaum löste die Situation diplomatisch. Er gestand Loewes Vater zwar das „moralische Recht" zu, seinen „zudem noch minderjährigen Sohn von in [seinen] Augen verfehlten Schritten abzuhalten", eine „unter Umständen recht unangenehme Zensorstelle" war er allerdings nicht bereit einzunehmen.[174] „Moralisches Recht", wie es Birnbaum formulierte, besaß sein Vater nicht nur aufgrund der Tatsache, dass er Loewes „gesetzlicher Vormund" war. Vielmehr war die Beziehung von ökonomischer Abhängigkeit geprägt. So versorgten Loewes Eltern ihren Schützling in Berlin mit alltäglichen Dingen und Finanzmitteln, während sein Bruder Eduard die elterliche Hauskasse in Magdeburg unterstützte.[175]
Bis zu diesem Zeitpunkt agierte Loewe hinter den Kulissen einer anschwellenden Debatte, die sowohl in der von Moritz Rahmer herausgegebenen *Israelitischen Wochenschrift* als auch in der *Selbst-Emancipation* scharf geführt wurde und in ihrer Konsequenz für Loewe persönlich folgenreich sein sollte. Sie hatte zumindest den vorübergehenden Bruch mit Rahmer zur Folge und beendete Loewes Mitarbeit an der *Israelitischen Wochenschrift*.[176]

172 Vgl. Kap. V.1.

173 Korrespondenzen und Nachrichten/Deutschland/Berlin [1]. In: *Der Gemeindebote*, 29.07.1892, S. 1; Vermischte und neueste Nachrichten/Berlin [2]. In: *Israelitische Wochenschrift*, 05.08.1892, S. 259.

174 Vgl. Nathan Birnbaum an Louis Loewe, 11.02.1892. CZA, A146/67.

175 Vgl. etwa Betty und Louis Loewe an Heinrich Loewe, 29.03.1892. CZA, A146/18.

176 Richard Loewe schrieb am 15. März 1892 an seinen Bruder (vgl. Richard Loewe an Heinrich Loewe, 15.03.1892. CZA, A146/101): „Wie du dir wohl denken kannst, hat sich Dr. Rahmer durch die letzte Auslassung der ‚S[elbst]-E[mancipation]' auf's schwerste verletzt gefühlt. [...] Dr. Rahmer hat seinen Groll auf dich – und wie es scheint, noch mehr auf mich – übertragen und hinsichtlich deiner Person wenigstens

Er und andere aus dem Berliner nationaljüdischen Kollektiv verfassten keinen der Schlüsselbeiträge, die zwischen Januar und Februar 1892 die beiden Blätter füllten. Dies geschah im Falle Loewes wohl auch aufgrund der ‚Gefahren', die mit öffentlichen Polemiken gegen zentrale Akteure der etablierten jüdischen Gemeinschaft verbunden waren. Neben seinem Vater mahnte auch sein Bruder Richard Ende Januar 1892 und gab in dem bereits eingangs zitierten Brief[177] ein facettenreiches Bild der nationaljüdischen Agitation in Deutschland um 1892. Gleichzeitig monierte er den Versuch des Prager Rabbiners Armand Kaminka, durch einen tendenziösen Nachruf auf Leon Pinsker in der *Israelitischen Wochenschrift* nationaljüdische Ideenkomplexe aggressiv in den deutschsprachigen Verhandlungsraum um die jüdische Zukunft einzuschreiben:

> Die letzten Ausfälle der „[I]sr[aelitischen Woch[enschrift]" gegen das Nationaljudentum sollten dich belehren, wie falsch es für unsere Partei ist, im deutsche Reiche in der Öffentlichkeit zu agitieren. Man wird uns mit Leichtigkeit mit dem Argumente der Gefahr zu Boden machen. Es war ein großer Fehler Kaminkas, daß er den Artikel über Pinsker an die „[I]sr[aelitische] Woch[enschrift]" gesandt hat. Wir können hier nur ganz im Stillen arbeiten und müssen abwarten, bis alle außerdeutschen Juden für unsere Sache gewonnen sind. Wir müssen jetzt gerade danach streben, nicht mehr das Aufsehen auf uns zu ziehen, damit wir unsere Gegner einschätzen können. Wir haben bisher – und du am meisten – entsetzlich viel Lärm gemacht und entsetzlich wenig nur gerichtet. Das muss nunmehr anders werden. Es darf jetzt nur noch im innigen gesellschaftlichen Verkehr gearbeitet werden. Familienbekanntschaften sind die Hauptsache; da hatte Mozkin ganz Recht; aber es muß auch im allgemeinen bei dieser Art der Agitation schon bleiben, wenn es unsere Idee nicht im Keime ersticken lassen will. Zudem müssen wir uns doch bewußt sein, welche ungeheure Schwere der Verantwortlichkeit wir mit unserer ganzen Agitation auf uns laden. Wir könnten leicht schweres Unglück über die deutschen Juden bringen, sie vielleicht gar zur Taufe treiben, ohne den russischen Juden helfen zu können. Das sollten doch gerade die, die ihr Volk lieben, bedenken.[178]

Loewe sorgte bis dato vor allem durch lyrische Beiträge für das *Jüdische Literaturblatt* und das *Jüdische Familienblatt*, die von Rahmer als Supplements zur *Israelitischen Wochenschrift* herausgegeben wurden, für die Anwesenheit nationaljüdischer

im ‚Grätz-Verein' die Äußerung gethan, daß du hättest wissen müssen, daß er die Stelle nicht geschrieben haben konnte, und deshalb Birnb[aum] an seiner Äußerung hindern müssen, was allerdings eine Unmöglichkeit wäre. Er sagte, daß er dir deshalb auch die ‚Isr[aelitische] Wochenschrift' entzogen hätte." In seinen Erinnerungen gibt Loewe an, dass er seit ca. 1885 für Rahmer arbeitete und seine Hauptaufgaben zunächst in Buchbesprechungen und Übersetzungen bestanden. Später, nach Beginn seines Studiums, verfasste er dann selbst Beiträge, die leider größtenteils durch ihre Anonymisierung nicht mehr nachweisbar sind. Vgl. Heinrich Loewe: Sichronot. Kap. Judentum in Magdeburg. CZA, A146/61, 15, S. 14–15.

177 Vgl. S. 54, Anm. 5.

178 Richard an Heinrich Loewe, 24.01.1892, CZA, A146/19.

‚Propageme'[179] in der Zeitung. Größtenteils unter dem Pseudonym Ben Jehuda veröffentlichte er seit Februar 1890 eine Reihe von Gedichten – eigene oder solche, die entweder Übersetzungen von einschlägigen Psalmen darstellten bzw. unter Bezugnahme auf diese als Montagen verfasst wurden. Umfasst etwa Psalm 126 in der hebräischen Originalfassung lediglich sechs Verse, verwandelte Loewe das biblische Schriftzeugnis in das vierstrophige, von einem Schweifreim neu strukturierte Gedicht *Die Rückkehr in's Heimatland*[180]. Bemerkenswert erscheint, dass er seine „Zionslieder"[181] (natürlich hier nicht unter Pseudonym) parallel in der *Selbst-Emancipation* veröffentlichte. Die Motivik dieser Gedichte wechselt selten. Zion und die Rückkehr nach Zion dominieren Loewes schriftstellerische Versuche.

Loewe hegte, wie oben erwähnt, bereits in den ersten Jahren nach seiner Ankunft in Berlin Auswanderungspläne nach Palästina. An Simcha Rosenblum, der bereits nach Palästina unterwegs war, schrieb er am 26. Juli 1891 recht optimistisch:

> Nun in zwei Jahren sehen wir uns im heiligen Lande wieder; denn ich glaube, daß ich spätestens am 1. Oktober 1893 in Jaffa landen werde, um dann dauernd auf dem Boden zu bleiben, den unsere Väter bebaut haben, und den wir von Neuem der Menschheit zum Nutzen bearbeiten wollen.[182]

Ein weiterer Brief vom 7. September des Jahres schloss mit den Worten: „Auf baldiges Wiedersehen im Lande Israel."[183]

Ab November 1891 begann die *Selbst-Emancipation*, Briefe von Rosenblum aus Palästina abzudrucken. Diese Art der Palästina-Konstruktion hatte Tradition im Blatt. Bereits ein Jahr zuvor veröffentlichte die Redaktion bspw. die „Reisebilder eines Emigrierten", welche von dem Chaver Zion Jacob Konstantinowsky aus Odessa abgefasst wurden.[184]

179 Vgl. Rainer Gries: Zur Ästhetik und Architektur von Propagemen. Überlegungen zu einer Propagandageschichte als Kulturgeschichte. In: Ders. / Wolfgang Schmale (Hrsg.): *Kultur der Propaganda*. Bochum: Winkler 2005, S. 9–35. Gries definiert Propageme wie folgt: „Unter Propagemen seien hier also ‚semantische Marker' politischen Inhalts verstanden, ‚Erzählungen' begrenzter Komplexität, die wiederholt und über lange Zeit mit Hilfen von Massenmedien einer breiten Zielgruppe vermittelt wurden. Aufgrund ihrer elementaren semantischen Struktur sind sie in der Regel eingängig zu bebildern und erfolgreich zu kommunizieren. Propageme haben daher eine hohe Chance auf Aneignung und Akzeptanz durch die Vielen." (Ebd., S. 34.)

180 Heinrich Loewe: Die Rückkehr in's Heimatland. Nach Psalm 126. In: *Jüdischen Familienblatt* 7,7 (1890), S. 28.

181 Heinrich Loewe: Zionslieder. Die Rückkehr in die Heimat. In: *Selbst-Emancipation*, 15.12.1890, S. 7; ders.: Zionslieder. Klage Zions um Jehuda. In: *Selbst-Emancipation*, 18.08.1890, S. 7; ders.: Zionslieder. Mein Gruß an Zion. In: *Selbst-Emancipation*, 18.08.1890, S. 7.

182 Heinrich Loewe an Simcha Rosenblum, 26.07.1891. Shaar Zion, Boxnr. 4.

183 Heinrich Loewe an Simcha Rosenblum, 07.09.1891. Shaar Zion, Boxnr. 4. Der Brief ist direkt in die Ausgabe 31 des *Familienblattes* von 1891 geschrieben. Hier erschien eines der Gedichte von Loewe: *Das Schiff im Sturme* (ebd., S. 122).

184 J[acob] Konstantinowsky: In's Heimatland. Reisebilder eines Emigrierten. In: *Selbst-Emancipation*, 17.10.1890, S. 3–4; 02.11.1890, S. 3–4; 02.01.1891, S. 3–4.

Dieses Palästina als Text, das in den späten 1880er Jahren im deutschsprachigen Raum vornehmlich von Zeitungen zur Förderung der Besiedlung Palästinas, von *Serubabel* und der Hildesheimer'schen *Jüdischen Presse* bspw., produzierte wurde, verknüpfte sich auch mit der *Selbst-Emancipation*. Palästina wurde ein zentrales Element der nationaljüdischen Propaganda, das sich zunehmend mit jüdischer Nationalismustheorie, wie sie insbesondere auch Loewe und Mozkin propagierten, narrativ verflocht. In diesem Zusammenhang spielte die Auswanderung, die Bewegung nach Palästina, welche nun auch von Berliner nationaljüdischen Aktivisten wie Simcha Rosenblum und Selig Soskin vollzogen wurde, im Blatt eine zentrale Rolle.
Im nationaljüdischen Narrativ konstituierte sich dieser Topos des Weggehens seit der zweiten Hälfte des Jahres 1891 zunehmend in einer Poetik, die die Abstraktionen von jüdischer Diaspora und ‚Heimkehr' in einem metaphorischen Komplex von Schiff, Meer und Zion auflöste. Exponierte nationaljüdische Aktivisten, darunter Max Bodenheimer, Heinrich und Richard Loewe, konstruierten in ausgewählten Artikeln und literarischen Beiträgen dieses „dialektische Verhältnis von Unterwegssein und Ankommen"[185]. War zweifelsohne der Ort – die Heimat, das Heilige Land, Zion – ein gewichtiges Element nationaljüdischer diskursiver Praxis, das „Resultat einer Verrückung des nationalen Narrativs aus seinem Zentrum an die Peripherie"[186], widmeten sich Bodenheimer und die Brüder Loewe dem Weg dorthin. Richard Loewe beschrieb Zion als „den leuchtenden Polarstern Alt-Israels", als Stern, der dem „Volke" die Richtung weist.[187] Bodenheimer übertrug in seiner an die *Odysee* erinnernden Erzählung *Vision* die ‚Reise' des Judentums in die Reise eines Schiffs, das gleich einem „Totensarg" durch das lyrische Ich, „ein Seher Gottes und Prophet", der jüdische Messias, „Richtung Zion [gewandt] wird" und schließlich Erlösung im Ankommen findet.[188] Heinrich Loewe bemühte in seinem Gedicht *Das Schiff im Sturme*, ähnlich wie Bodenheimer, genuin religiöse Topoi. Gott übernimmt das „Wrack" und „lenkt das Schiff in den sicheren Port".[189] Unentschieden bleibt der*die Leser*in hier allerdings in der Frage, ob Loewe die Rettung durch das kollektive Ankommen in Zion oder vielmehr durch das Bekenntnis zum Nationaljudentum suggerieren wollte.

185 Joachim Schlör: Konstruktionen und Imaginationen vom Heiligen Land im deutschen Judentum: Berichte von unterwegs. In: *Aschkenas* 17,1 (2009), S. 167–183, hier S. 167.

186 Theisohn: *Urbarkeit der Zeichen*, S. 21.

187 Loewe: Unser Polarstern, S. 2. Vgl. S. 97, Anm. 127.

188 Max Bodenheimer: Eine Vision (1891), abgedruckt in ders.: *So wurde Israel*, hrsg. v. Henriette Hannah Bodenheimer. Frankfurt am Main: EVA 1958, S. 10–17.

189 Heinrich Loewe: Das Schiff im Sturme. In: *Jüdisches Familienblatt* 8,31 (1891), S. 122. Gleiche Metaphorik findet sich bei Loewe noch Jahre später (vgl. etwa Heinrich Loewe: Wo hinaus? In: *Jüdische Volkszeitung*, 02.01.1895, S. 1–2). Zum Meer als biblischem Topos vgl. Raphael Patai: *On Jewish Folklore*. Detroit: Wayne State UP 1983, S. 96–101 (Kap. "Some Hebrew Legends of the Sea"). Zum Meer als dezidiert zionistischem Topos vgl. ferner Hannan Hever: The Zionist Sea: Symbolism and Nationalism in Modernist Hebrew Poetry. In: *Jewish Culture and History* 13,1 (2012), S. 25–41.

Wissenschaftlich setzte sich Loewe mit Palästina offensichtlich bereits auf den ersten Sitzungen des Russisch-jüdisch wissenschaftlichen Vereins und später im Rahmen seines Studiums an der Friedrich-Wilhelms-Universität auseinander.[190] Seit dem Wintersemester 1891/92 hörte er Vorlesungen und besuchte Seminare zur Geschichte des Orients und der arabischen Sprache. Seit dem Wintersemester 1892/93 hörte und lernte er u. a. von der Geographie und Geschichte der Türkei und Syriens bei Martin Hartmann und Karl Foy. Diese Verhandlungsräume, die neben den zeitgenössischen Presseerzeugnissen als wesentliche Produktionsstätten des wissenschaftlichen Palästinadiskurses zu betrachten sind, schufen jene „‚antezedente[n]' territorialen Vorstellungen von Palästina"[191], die Markus Kirchhoff in seiner Studie *Text zu Land* eindrücklich erörtert und schließlich schlussfolgert: „Das Palästina des 19. Jahrhunderts war die Konstruktion eines Raumes auf der Basis neu begangener und neu ausgehandelter *routes* and *roots*"[192] – ein Befund, der umso stärker für den nationaljüdischen Kreis Berlins gelten kann, aus dessen Zentrum Palästina-Dokumentare Anfang der 1890er Jahre neue Wege beschritten, indem sie sich auf die Reise machten und ihre Beobachtungen des Landes in der nationaljüdischen Presse zirkuliert wurden.

In der *Israelitischen Wochenschrift* blieben Loewes Gedichte unkommentiert. Dies ist erstaunlich, da polemische Kritiken an der jüdischen „Nationalitäts-Idee" in der Zeitung regelmäßig erschienen.[193] Ein anti-nationaljüdischer Diskurs wurde bereits Anfang der 1880er Jahre geführt und diente vornehmlich der Abwehr, aber auch der Selbstverortung innerhalb der (nicht nur) jüdischen Öffentlichkeit.[194] Ausgewählte Beitragende des Blattes wiesen in ihrer Argumentation Kontingenz auf. Bereits in der Ausgabe von 7. Juni 1888 wurde anonym gegen die vermeintliche Verklärung Palästinas in

190 Vgl. Abgangszeugnis Heinrich Loewes von der Philosophischen Fakultät der Friedrich-Wilhelms-Universität, 10.05.1893; Leo Mozkin: Korrespondenz, Berlin, 11. November. In: *Selbst-Emancipation*, 16.11.1891, S. 5–6.

191 Markus Kirchhoff: *Text zu Land. Palästina im wissenschaftlichen Diskurs 1865–1920.* Göttingen: Vandenhoeck & Ruprecht 2005, S. 11.

192 Ebd., S. 12.

193 Vgl. etwa Ph[ilipp] Kroner: Der Höhepunkt des Nationalitätsschwindels. In: *Israelitische Wochenschrift*, 03.05.1888, S. 135; R.: Der nationale oder universelle Charakter des Judenthums. In: *Israelitische Wochenschrift*, 21.04.1883, S. 193–194; Rothschild: Sind die Juden ein ‚Volk' oder eine ‚Nation'? In: *Israelitische Wochenschrift*, 10.07.1890, S. 213–214.

194 Zum Verhältnis von jüdischer Publizistik und jüdischer Öffentlichkeit im 19. Jahrhundert vgl. Simone Lässig: *Jüdische Wege ins Bürgertum. Kulturelles Kapital und sozialer Aufstieg im 19. Jahrhundert.* Göttingen: Vandenhoeck & Ruprecht 2004, S. 445–504 (Kap. „Die Entwicklung einer deutschsprachigen jüdischen Publizistik"); Johann Valentin Schwarz: ‚A New German-Jewish Public Sphere'. Konzeptionelle Überlegungen zu einer Gesamtgeschichte der jüdischen Presse in Deutschland von den Anfängen bis zur Gegenwart. In: Susanne Marten-Finnis / Markus Bauer / Markus Winkler (Hrsg.): *Die jüdische Presse. Forschungsmethoden, Erfahrungen, Ergebnisse.* Bremen: Edition Lumière 2007, S. 39–54; vgl. auch David Sorkin: *The Transformation of German Jewry 1780–1840.* New York: Oxford UP 1987, S. 81–85 (Kap. „The Public Sphere"); ders.: *The Religious Enlightenment. Protestants, Jews, and Catholics from London to Vienna.* Princeton / Oxfordshire: Princeton UP 2008, S. 16–18 (Kap. „The Public Sphere").

der *Jüdischen Presse* als das „Das Land unserer Sehnsucht" agitiert. Implizit warf man der Redaktion Heuchelei vor:

> Genau genommen, wenn man sich keiner großen Selbsttäuschung hingiebt, ist es eine große Unwahrheit, Palästina als das „Land unserer Sehnsucht" hinzustellen. Wer hat denn Sehnsucht nach Palästina? Wenn heute der Messias in persona erschiene und die Juden zur Rückkehr nach Palästina aufforderte – – wie Viele würden ihm denn folgen? Wir sind überzeugt, die „Jüd[ische] Presse" würde auch dann noch weiter in Berlin erscheinen. Wo steckt denn bei diesen Herrn die Sehnsucht?[195]

Weiterhin produzierte das Blatt in den folgenden zwei Monaten ein mehr und mehr zynisches Bild der ‚Ostjuden'. Diese Elemente des Diskurses der ‚Ostjuden', die die Zeitschrift affirmierte, setzten explizit auf Bilder des Fremden im Deutschen Reich auf, wie sie etwa im Zusammenhang mit der deutschen Immigrationspolitik gezeichnet wurden: „At its core", schreibt Jack Wertheimer,

> the German approach to aliens was exploitative: not only did Germans not conceive of their homeland as a haven for the persecuted and needy, they evaluated foreigners solely on the basis of their utility.[196]

Als Sequenz der kulturellen Konstruktion des kollektiven ‚Selbst' und als Akt der kulturellen Konstruktion des kollektiven ‚Anderen' lässt sich die Debatte lesen.[197] Grenzgebiete wurden geschaffen, kulturell, nicht ethnisch determinierte Insellagen[198] produziert. Ging es für die Akteure, deren Beiträge die *Israelitische Wochenschrift* druckte, darum, die jüdisch-nationalistische Ideologie von Grund auf ad absurdum zu führen und das nationaljüdische Kollektiv zu marginalisieren, so nutzten die nationaljüdischen Beitragenden die Gelegenheit, apologetisch die soziale und politische Relevanz des jüdischen Nationalismus zu reklamieren. Die Debatte war allerdings in erster Linie eine Stellvertreter-Debatte. Mit Ausnahme von Armand Kaminka, der im Januar 1892 kurz vor dem Abschluss seiner Rabbinerausbildung an der Hochschule stand,[199] hielten sich

195 „Das Land unserer Sehnsucht". In: *Israelitische Wochenschrift*, 07.07.1888, S. 173.

196 Jack Wertheimer: *Unwelcome Strangers. East European Jews in Imperial Germany*. New York: Oxford UP 1987, S. 178.

197 Vgl. etwa Jack Kugelmass: Jewish Icons. Envisioning the Self in Images of the Other. In: Boyarin / Boyarin (Hrsg.): *Jews and Other Differences*, S. 30–53; Laurence J. Silberstein: Others Within and Others Without. Rethinking Jewish Identity and Culture. In: Ders. / Robert L. Cohn (Hrsg.): *The Other in Jewish Thought and History Constructions of Jewish Culture and Identity*. New York: New York UP 1994, S. 1–37.

198 Vgl. Fredrik Barth: Ethnic Groups and Boundaries. In: Ders. (Hrsg.): *The Social Organization of Culture Difference*. Prospect Heights: Waveland 1998, S. 9–37, hier S. 11.

199 Vgl. Korrespondenzen und Nachrichten/Deutschland/Berlin [1]. In: *Der Gemeindebote*, 29.07.1892, S. 2. Armand Kaminka studierte in Paris und an der Friedrich-Wilhelms-Universität, dem Rabbinerseminar und der Hochschule in Berlin.

andere aus dem Berliner nationaljüdischen Kollektiv weitgehend zurück mit Äußerungen. Leo Mozkin bilanzierte allerdings am Schluss der Kontroverse – nicht ganz zu Unrecht:

> Im Allgemeinen hat die „I[sraelitische] W[ochenschrift]" den Nationaljuden nur Nutzen gebracht, da sie, ohne es zu beabsichtigen, unsere Idee in neue Kreise hineingetragen hat.[200]

Neben Armand Kaminka griff der in Osteuropa noch tätige Rabbiner Isaak Rülf in die Auseinandersetzungen ein.[201] Beide assoziierten sich öffentlich sichtbar mit dem Nationaljudentum und verteidigten ihre Bestrebungen und die der nationaljüdischen ‚Kolonien' im deutschsprachigen Raum. Innerhalb der Debatte, die vornehmlich um die Idee der jüdischen Nation, die Verhältnisse der Jüd*innen in Russland und deren Auswanderungsmöglichkeiten nach Palästina entbrannte,[202] bildeten sich allerdings Allianzen, die keine dauerhafte Demarkationslinie zwischen Institutionen wie den Zeitungen, den (religiösen) Lehranstalten und Gemeinden sowie Zusammenschlüssen manifestierten. Vielmehr versuchten einzelne Akteure, u. a. durch Verknüpfung mit und Mobilisierung von anderen Akteuren, die Deutungshoheit über die jüdische Gegenwart und Zukunft temporär für sich zu beanspruchen. Die Debatte konstituierte sich als neuer, flüchtiger Verhandlungsraum, als ein transregionales Netz, das Memel (Klaipėda), Magdeburg, Wien und Berlin verband. Sie schuf über eineinhalb Monate einen ephemeren Kommunikationsraum aus kollektivierten Akteuren. Nicht nur Rabbiner, Gelehrte

200 L[eo] M[ozkin]: Original-Correspondenzen/Deutsches Reich/Berlin. In: *Selbst-Emancipation*, 23.02.1892, S. 46–47, hier S. 46.

201 Zu Isaak Rülf als Integrationsfigur von „Chowewe Zion, Nationaljudentum und Zionismus auf der einen Seite und religiösem Judentum auf der anderen Seite" vgl. Erik Petry: *Ländliche Kolonisation in Palästina*, S. 56–60.

202 Aufgrund der antisemitischen Verfolgungen in Russland wurden 1891 eine ganze Reihe von Abhandlungen zur ‚russischen Judenfrage' veröffentlicht, die eine Lösung in der Massenauswanderung aus Russland und der Masseneinwanderung nach Palästina suchten. Der Kölner Jurist Max Bodenheimer etwa, der ab Dezember 1891 im Vorstand des Vereins für jüdische Geschichte und Literatur in Köln tätig war, publizierte im Mai 1891 das Gedicht *An die russischen Juden* und schließt darin: „Erhebt Euch stolz und muthig aus dem Staube / Und trauet fest auf Juda's ew'gen Ort" (Max Bodenheimer: An die russischen Juden. In: *Allgemeine Zeitung des Judentums*, 22.05.1891, S. 264). Wenig später erschien Bodenheimers, in nationaljüdischen Kreisen Berlins viel rezipierte Broschüre *Wohin mit den russischen Juden? Syrien ein Zufluchtsort der russischen Juden*. Hamburg: Menorah 1891. Sie wurde zunächst von Loewe in der *Allgemeinen Zeitung des Judentums* und dem *Jüdischen Literaturblatt* (Heinrich Loewe: Wohin mit den russischen Juden? In: *Allgemeine Zeitung des Judentums*, 24.07.1891, S. 350), dann (fast einen Monat später) von Mozkin in der *Selbst-Emancipation* besprochen und uneingeschränkt „zur Weiterverbreitung und Lektüre empfohlen" (Leo Mozkin: Wohin mit den russischen Juden? In: *Selbst-Emancipation*, 18.08.1891, S. 1–2). Vgl. auch Yehuda Eloni: Die umkämpfte nationaljüdische Idee. In: Werner Eugen Mosse / Arnold Paucker (Hrsg.): *Juden im Wilhelminischen Deutschland 1890–1914*. Tübingen: Mohr Siebeck 1998, S. 633–688, hier S. 641–642). Loewe und Mozkin bewerkstelligten die Übersetzung einer weiteren Schrift zum Thema, die unter dem Titel „Was soll aus den russischen Juden werden?" erschien. Vgl. S. 63, Anm. 51.

und zentrale Persönlichkeiten jüdischer Institutionen verknüpften sich hier zu neuen (rivalisierenden) politischen Allianzen, sondern tradierte jüdische Ideengebäude und zeitgenössische Fragen des Judentums wurden in neuen Komplexen durch die Verbindung akademischer, insbesondere jüdisch-theologischer und öffentlicher (politischer) Diskurse neu arrangiert.[203]

Beachtenswert sind die Manipulationsstrategien der einzelnen Beitragenden, die durch textimmanente Codes unausweichlich Affekte bei den Leser*innen ausgelöst haben dürften. Daniel Schläppi hat diese Manipulationsstrategie der Emotionalisierung anhand des 700-jährigen Jubiläums der Eidgenossenschaft in Bern 1891 eindrücklich vorgeführt:[204] Geschichte wird von verschiedenen, z. T. verfeindeten Kollektiven in Besitz genommen. Vergemeinschaftungsprozesse finden statt und affektive Beziehungen einzelner Akteure zueinander transformieren sich. Die innerjüdische Debatte mündete allerdings nicht – wie im Fall der Jubiläumsfeier in Bern – in eine „Traumhochzeit im Kraftwerk der Emotionen“[205], die jegliche Differenzen der zerstrittenen Allianzen ausblendete. Vielmehr verschwand der Verhandlungsraum ohne öffentlich sichtbaren Interessenausgleich, und die dauerhafte Festigung im Diskurs sowie die daran geknüpfte Etablierung des Nationaljudentums als ernst genommene Position im Streit um die jüdische Zukunft scheiterten.

(In der) Fuge

Anlässlich des Todes Leon Pinskers am 23. Dezember 1891 veröffentlichten die *Israelitische Wochenschrift* und eine Reihe weiterer jüdischer Zeitungen Nekrologe. Sowohl in der *Selbst-Emancipation* als auch in anderen Periodica, wie der *Israelitischen Wochenschrift* oder der Zeitung *Der Israelit*, überließ man es naturgemäß den dem Lebenswerk

203 Achim Jaeger, Wilhelm Terlau und Beate Wunsch analysierten spätere, thematisch ähnlich gelagerte Debatten (vgl. dies.: *Positionierung und Selbstbehauptung. Debatten über den Zionistenkongress, die „Ostjudenfrage“ und den Ersten Weltkrieg in der deutsch-jüdischen Presse.* Tübingen: Niemeyer 2003). Treffsicher erörtern Jaeger und Wunsch am Beispiel der Debatten rund um den ersten Zionistenkongress in Basel 1897 die besonderen „Produktionsbedingungen“ der deutschsprachigen jüdischen Presse: Im 19. Jahrhundert wurden deutschsprachige jüdische Periodica selten von Berufsjournalisten redigiert und mit Inhalten gefüllt. Häufig führten Rabbiner die Blätter nebenberuflich und nutzten diese zur Artikulation eigener religiöser und politischer Ansichten bzw. zur Artikulation der Ansichten des jeweiligen Kollektivs. Auch die einzelnen Beitragenden, „die als Einsender die Blätter als Forum nutzten oder als scheinbar unbeteiligte Berichterstatter fungierten“, arbeiteten häufig ehrenamtlich (vgl. Achim Jaeger / Beate Wunsch: Zion und ‚Zionismus‘. Die deutsch-jüdische Presse und der Erste Baseler Zionistenkongreß. In: Ebd., S. 1–66, hier S. 6). Demzufolge waren, die „‚Publizisten‘ […] zum Teil identisch mit den ‚Handelnden‘“ (ebd., S. 5).

204 Daniel Schläppi: Die Emotionalisierung bürgerlicher Eliten. Zum Umgang mit der schweizerischen Helden- und Befreiungsgeschichte am Ende des 19. Jahrhunderts. In: *Moderne. Kulturwissenschaftliches Jahrbuch* 3 (2007), S. 112–127.

205 Ebd., S. 118.

Pinskers Nahestehenden, die Würdigungen zu verfassen.[206] In einer Anmerkung zum Artikel von Armand Kaminka, wo dieser Pinskers Verdienste um die Streuung der „Nationalitäts-Idee" insbesondere in Osteuropa in besonderem Maße würdigte,[207] ließ sich die Redaktion der *Israelitischen Wochenschrift* in der Ausgabe vom 1. Januar 1892 mit Blick auf das nationaljüdische Kollektiv zu folgenden Einschätzungen hinreißen:

> [S]ie setzen sich über die jüdische Religion hinweg und wollen nur eine jüdische Nation bilden, eine jüdische Nation ohne Religion aber ist ein nonsens, gegen eine solche Neubegründung Palästina's würden sämtliche Propheten, Tannaim und Amorim ihre Stimme erheben. An diesem inneren Widerspruch wird und muß die sogenannte jüdische Nationalitäts-Idee früher oder später zerschellen; sie ist [e]ine Giftpflanze auf dem Boden Palästina's und es ist uns unbegreiflich, wie orthodoxe und conservative Blätter in Deutschland und England dieselbe hegen und groß ziehen und die Augen vor dieser Gefahr verschließen [...].[208]

Eine Generalabrechnung war damit geschrieben, die zu ihrer Legitimation die jüdischen Propheten und Schriftgelehrten mobilisierte und neben den eigentlichen jungen nationaljüdischen Aktivisten vor allem deren (rabbinische) Verbündete, die – wie etwa Armand Kaminka, Gustav Karpeles, Hirsch Hildesheimer und Isaak Rülf – gleichzeitig journalistisch tätig waren bzw. jüdische Periodica redigierten, indirekt angriff. In Reaktion auf die redaktionelle Anmerkung ergingen in der folgenden Woche Zuschriften an die *Israelitische Wochenschrift*, „von mehreren Seiten zustimmende Zuschriften [...], von einer Seite auch eine abwehrende"[209]. Die Redaktion sah sich gezwungen, den Beiträgen Raum zu geben, da, wie betont wurde, „die Angelegenheit zu wichtig ist, als daß wir ihr nicht eine eingehende Besprechung widmen sollten."[210] Sie kam ihrer Ankündigung nach. Überaschenderweise verlegte man die Verhandlungen nicht, wie vielleicht zu erwarten gewesen wäre, auf das Titelblatt der Zeitung, sondern druckte zunächst zwei eingegangene Positionspapiere an den Anfang der Korrespondenzspalten. Ein Artikel wurde aus der Perspektive des religiös-konservativen Spektrums des deutschsprachigen

206 Vgl. Korrespondenzen und Nachrichten / Rußland / Odessa. In: *Der Gemeindebote*, 01.01.1892, S. 3–4; Zeitungsnachrichten und Correspondenzen / Rußland / Odessa. In: *Der Israelit*, 11.01.1892, S. 45–46; Grünberg: Dr. Leon Pinsker. In: *Selbst-Emancipation*, 05.01.1892, S. 1–2; Eine ausgesprochen positive Würdigung erfuhr Pinskers Lebenswerk im *Israelit* und natürlich auch in der *Selbst-Emancipation*.

207 Dr. [Armand] Kaminka: Berichte und Correspondenzen/Rußland. In: *Israelitische Wochenschrift*, 01.01.1892, S. 5–6.

208 Ebd., S. 6, Anm. 1.

209 Berichte und Correspondenzen/Deutschland/Magdeburg. In: *Israelitische Wochenschrift*, 07.01.1892, S. 11.

210 Ebd.

Judentums verfasst, der andere aus jener des nationaljüdischen Spektrums.[211] Die Redaktion der *Israelitischen Wochenschrift* ergänzte letzteren Beitrag um einen weiteren aus Berlin, den der recht selbstbewusst auftretende Autor mit „Ein Nationaljude" zeichnete.[212]

Der Fokus des ersten Beitrags, der Insider-Wissen der jüdisch-akademischen Szene in Berlin enthält, fiel zunächst auf die Qualität der Idee des Nationaljudentums. Zugleich gab er einen (stark tendenziösen) Einblick in die Beweggründe und Struktur des Berliner nationaljüdischen Geflechts:

> So finden sich die russischen Jünglinge – die sich zahlreich hier aufhalten (sie besuchen zum Theil auch die hiesigen jüd[ischen] theologischen Lehranstalten) – mit den „Esra Vereinlern" und den Neubegründern des „Vereins für jüdische Geschichte und Literatur" alle als „Jüd[isch]-Nationale" zusammen. Sie bilden ein Conglomerat von religiösen Nihilisten, die weil vaterlandslos, eine eigene „Nation" bilden möchten, und ausreichend Orthodoxen, die für die Wiederherstellung des jüd[ischen] Reiches unter einem Sproß Davids beten, von phantastischen Schwärmern und praktisch Gesinnten, die die russischen Juden für Agrikultur erziehen wollen und den Boden Palästinas dafür am geeignetsten halten; zu dieser letzteren Ansicht sollen sich auch, wie ich höre, einige Leiter des Bne-Brith-Ordens bekennen und Gelder diesem Zwecke zuführen. – sie alle aber bedenken nicht, daß sie mit dem Feuer spielen und eine große Gefahr für uns d e u t s c h e Juden dadurch heraufbeschwören können. Die beiden hier erscheinenden Blätter, das eine, das Organ der Orthodoxie [*Der Israelit*, F. S.], mag seine religiösen Gründe dafür haben, und das andere [*Allgemeine Zeitung des Judentums*, F. S.] liebäugeln bekanntlich aus geschäftlichen Interessen mit den verschiedensten Parteien, und darum auch mit der jüd[isch] nationalen[.][213]

Die Identifikation und Konstruktion des für die deutschen Jüd*innen vermeintlich gefährlichen ‚Anderen' zielt hier nicht auf *einen* negativ besetzten ‚Fremden', sondern differenziert sich in ein heterogenes Netz negativ-besetzter ‚Fremder' aus. Allen darin Mitwirkenden ist gemeinsam, dass sie zielgerichtet an der Realisierung des Gesamtprojekts Nationaljudentum bzw. an Teilaspekten – (Unterstützung der) Besiedlung, Wiederbelebung der hebräischen Sprache und Literatur, Finanzierung der nationaljüdischen Think Tanks und Verbreitung nationaljüdischer Propaganda usf. – arbeiten. In diesem

211 Vgl. Berichte und Correspondenzen/Deutschland/Magdeburg [1]. In: *Israelitische Wochenschrift*, 15.01.1892, S. 18–19. Der Autor des ersten Beitrags ist vermutlich Philipp Kroner. Zu Beginn seines Beitrags zitiert er eine Phrase, die er in der Überschrift zu einem von ihm verfassten Artikel aus dem Jahr 1888 benutzte (vgl. [Philipp] Kroner: Der Höhepunkt des Nationalitätsschwindels. In: *Israelitische Wochenschrift*, 03.05.1888, S. 135).

212 Berichte und Correspondenzen/Deutschland/Berlin. In: *Israelitische Wochenschrift*, 15.01.1892, S. 19–20.

213 Berichte und Correspondenzen/Deutschland/Magdeburg [1]. In: *Israelitische Wochenschrift*, 15.01.1892, S. 18–19, hier S. 18.

Zusammenhang werden Akteure unterschiedlichster Herkunft eingeführt. Neben den menschlichen, individuellen und institutionellen Akteuren, den Vereinen, Zusammenschlüssen und jüdischen Glaubensrichtungen, seien es vor allem das Finanzkapital, die Idee der Nation und von Palästina, die das Kollektiv mitknüpften. Auffällig ist, dass das Kollektiv hier eine größtenteils gemeinschaftliche Projektionsfläche bietet. Auch wenn einzelne exponierte Akteure aus dem „Conglomerat von religiösen Nihilisten" herausgelöst und direkt benannt werden,[214] wird, wohl bewusst, ein Netz, ausgestattet mit (wenn auch marginalen) politisch subversiven Kräften, konstruiert, dessen topographisches Zentrum zwar in Berlin liegt, dessen Grenzen aber für Leser*innen kaum nachvollziehbar erscheinen.[215]

Intendiert war, die Relevanz und Existenzberechtigung eines sich formierenden nationalistischen Spektrums im Judentum, vor allem in Berlin, in Frage zu stellen. Der folgende, von der Redaktion stark gekürzte Beitrag hingegen, welcher als elfseitiges Manuskript unter dem Titel „Ueber das Verhältnis von Kosmopolitismus, Nationalismus, Religion und Staatsangehörigkeit. Vom jüdischen Standpunkte betrachtet" eingereicht wurde, leitet die Handlungslegitimation des nationaljüdischen Kollektivs aus einer vermeintlichen Einheit des Judentums durch Verknüpfung von Religion, Territorium und Sprache ab. Darüber hinaus rekurrierte er auf die Unsicherheiten, die mit dem „rastlose[n] [W]andern" der Jüd*innen in der Diaspora verbunden wären, und hob damit augenscheinlich auf den anschwellenden zeitgenössischen Antisemitismus in Mittel- und Osteuropa ab. In Analogie zum Menschen stehe das Judentum in der Pflicht, „sich einen Stuhl, ein Territorium, [zu] suchen, wo es Ruhe findet!"[216]

Der als „Ein Nationaljude" kenntlich gemachte Beitragende, dessen knappe Überlegungen die Redaktion dem vorangegangenen Artikel ergänzend hinzusetzte, arbeitete in erster Linie gegen die Marginalisierung des Nationaljudentums in der jüdischen Gemeinschaft, indem er die Breite des Spektrums des heterogenen Kollektivs nachzeichnete und Autoritäten des zeitgenössischen politischen Diskurses mit dem nationaljüdischen Kollektiv verknüpfte. Bemerkenswert ist hier vor allem die Brücken- bzw. Mittlerposition, die Gustav Karpeles als Redakteur und Herausgeber der *Allgemeinen*

214 Vgl. Berichte und Correspondenzen/Deutschland/Berlin. In: *Israelitische Wochenschrift*, 15.01.1892, S. 19, Anm. 1.

215 Die Brücke nach Wien schlägt der Beitragende durch die Einfügung eines ausführlichen Zitats Adolph Jellineks, der in einem Artikel für die von ihm redigierte *Neuzeit* (nicht nur) die kulturelle Praxis des Chanukkafeierns vor Ort „im Geiste der Jüdisch-Nationalen" (vgl. ebd., S. 19) monierte. Die Aufführung der Chanukkafeier als dezidiert nationalistisches Makkabäerfest, setzt die Redaktion der *Israelitischen Wochenschrift* hinzu, ließ sich am Ende des Jahres 1891 ebenso in Berlin beobachten. Bereits zwei Wochen zuvor berichtete die *Allgemeine Zeitung des Judentums* über die Feierlichkeiten des Esra in den Festsälen des Architektenhauses, Wilhelmstraße 92–93 (vgl. Korrespondenzen und Nachrichten / Deutschland / Berlin. In: *Der Gemeindebote*, 01.01.1892, S. 1).

216 Berichte und Correspondenzen/Deutschland/Berlin. In: *Israelitische Wochenschrift*, 15.01.1892, S. 19–20, hier S. 19. Zum Topos des Wanderns vgl. auch S. 238–239.

Zeitung des Judentums und einer der Initiatoren der Vereine für jüdische Geschichte und Literatur, welche sich nach der Gründung des ersten Vereins in Berlin im Januar 1892 im gesamten Deutschen Reich konstituierten, zugeschrieben wurde:

> Unter den Führern unserer Partei befinden sich Atheisten wie Professor Mandelstamm, Orthodoxe wie Dr. Hirsch Hildesheimer und der Redakteur der Zeitung des Judenthums Herr Dr. Karpeles gehört wohl der Mittelpartei an. Da haben Sie die Vertreter aller Parteien![217]

In der folgenden Ausgabe der *Israelitischen Wochenschrift* verlegte die Redaktion die Verhandlungen auf die Titelseite des Blattes. Mit dem Kürzel „B. R." versehen erschien an prominentester Stelle der Leitartikel „Der Nationaljude".[218] Folgt man einem Brief, den Richard an Heinrich Loewe verfasste, wies Moritz Rahmer jegliche Verantwortung für den Artikel von sich. Er äußerte sich diesbezüglich im Laufe einer Sitzung des von ihm in Magdeburg neugegründeten Graetz Vereins für jüdische Geschichte und Literatur im März 1892.[219] Rahmer identifizierte den Glogauer Rabbiner Benjamin Rippner, der wie er seine Ausbildung zum Rabbiner am Breslauer Jüdisch-theologischen Seminars absolviert hatte, als Autor dieser und auch der folgenden Polemik, die unter dem Titel „Selbstemanzipation" – diesmal anonymisiert – drei Wochen später erschien.[220] Im Artikel „Der Nationaljude" sind es wieder die „russischen Jünglinge", die einer heftigen Polemik ausgesetzt werden,[221] bevor Rippner dazu übergeht, die Topographie der „Verrücktheit"[222] zu kartographieren. Der Autor konstruiert die „Talmudschulen des Ostens"[223] und die „russische Colonie Berlin"[224] als dämonische Epizentren dieses

217 Ebd., S. 20.

218 Vgl. B[enjamin] R[ippner]: Der Nationaljude. In: *Israelitische Wochenschrift*, 22.01.1892, S. 25–26.

219 Richard Loewe an Heinrich Loewe, 15.03.1892. CZA, A146/101.

220 Vgl. [Benjamin Rippner]: Selbstemanzipation. In: *Israelitische Wochenschrift*, 12.02.1892, S. 50–51. Zu Benjamin Rippner vgl. Margarete Heitmann: ‚Mein Leben begann also damit, daß ich zu Festung verurteilt wurde'. Arnold Zweig und seine Geburtsstadt Glogau. In: Julia Bernhard / Joachim Schlör (Hrsg.): *Deutscher, Jude, Europäer im 20. Jahrhundert. Arnold Zweig und das Judentum*. Bern / New York: Lang 2004, S. 25–40, hier S. 34.

221 In gleicher Nummer werden in einer Berliner Korrespondenz (vgl. Berichte und Correspondenzen/Deutschland/Berlin [1]. In: *Israelitische Wochenschrift*, 22.01.1892, S. 27–28) die russisch-jüdischen Studierenden gleichfalls als Urheber der jüdischen Nationalitätsidee dargestellt: „Eine kleine Anzahl russisch-jüdischer Studenten, welche unter dem Rufe: ‚für Iwan und Israel' mit den russischen Revolutionären geliebäugelt hatten und das heutige Elend der russischen Juden zum großen Theil mit verschuldet haben, begann sogleich nach dem Anfange der Judenverfolgungen sich als ‚jüdisch-nationale' Partei zu gerieren." (Ebd., S. 27.) Auch hier wird die Legitimation nationaljüdischer Ideenkomplexe und Handlungen in Frage gestellt und die russischen ‚Fremden' als eigentliche Träger der „Partei" diffamiert.

222 R[ippner]: Der Nationaljude, S. 25.

223 Ebd.

224 Ebd. Auch Schmarjahu Levin bezeichnet die Gemeinschaft russisch-jüdischer Studierender in Berlin als „Kolonie". Er spezifiziert damit einen stark abgegrenzten sozialen Raum. Hierzu schreibt er: „Die russisch-jüdische Studentenkolonie führte ein abgesondertes, fast abgeschiedenes Leben und arbeitete sich ihre eigenen Gesellschaftsformen aus. Körperlich lebte sie in Berlin, der deutschen Reichshauptstadt.

„Wahnsinn[s]"[225]. Sie hätten ein Kollektiv aus „bigotten Chassiden" und „polnische[n] Juden mit allen Unmanieren, allem Schmutz, aller geistigen und sittlichen Barbarei des Ostens"[226] versammelt. Eine Gemeinschaft der Abweichung bzw. der Abweichenden und Fremden wird gezeichnet, mit der man „tabula rasa" machen müsse.[227] Das narrative Konstrukt des ‚Nationaljuden' verknüpft sich hier mit dem des ‚Ostjuden'. ‚Ostjudentum' als negatives Kontrastprogramm einer voremanzipatorischen Ghettokultur – das ist seit spätestens Ende des 18. Jahrhunderts ein zentrales Element der jüdischen diskursiven Praxis in der deutschsprachigen Öffentlichkeit.[228] Im Zuge der Massenimmigration osteuropäischer Jüd*innen ins Deutsche Reich nach 1880 verfestigte sich das Bild, osteuropäisches Judentum wurde zum „embodiment of an alien and hostile culture"[229]. Es wurde zugleich räumlich und zeitlich distanziert.[230] Auch in dem Artikel von Benjamin Rippner wird die Grenze zwischen Ost und West, die Karl Emil Franzos mehr als fünfzehn Jahre zuvor als Grenze zwischen dem jüdischen Europa und „Halb-Asien" zeichnete,[231] zwischen diesem „Ihr" und dem „Wir Juden in Deutschland" narrativ stabilisiert und kulturelle Bezüge – der kultivierten Welt auf der einen Seite und der „Barbarei des Ostens" auf der anderen Seite – weitgehend aufgelöst.[232] Dann aber konstituiert sich die kulturelle Kontaktzone Berlin im Text als Bruch in der ‚Mauer', als potentielle Gefahrenzone des Judentums: „Aber bedenklich wird dieser Wahnsinn", so der Autor, „wenn er deutsche Köpfe ansteckt, wenn er unter den Juden Berlins einen Anhang findet".[233] Die Stadt generiert sich ihm als Geographie der ‚Geisteskrankheit'. Wegen der Drastik dieser Aussagen mag es kaum erstaunen, dass die zuvor von nationaljüdischen Beitragenden als Grenzgänger

Tatsächlich befand sie sich auf einer abgeschlossenen Insel. Vom Gesellschaftlichen abgesehen, stand dem russisch-jüdischen Studenten aber eine Welt von wissenschaftlichen und künstlerischen Möglichkeiten offen." (Levin: *Jugend in Aufruhr*, S. 263.)

225 R[ippner]: Der Nationaljude, S. 26.

226 Ebd., S. 25.

227 Ebd. (Herv. fett i. Orig.)

228 Vgl. Steven E. Aschheim: *Brothers and Strangers. The East European Jew in German and German Jewish Consciousness 1800–1923*. Madison: University of Wisconsin Press 1982, S. 3–31; ders.: Caftan and Cravat. The *Ostjude* as a Cultural Symbol in the Development of German Anti-Semitism. In: Seymour Drescher / David Sabean / Allan Sharlin (Hrsg.): *Political Symbolism in Modern Europe. Essays in Honor of George L. Mosse*. New Brunswick: Transaction 1982, S. 81–99.

229 Ebd., S. 82.

230 Vgl. insb. Michael C. Frank: *Kulturelle Einflussangst. Inszenierungen der Grenze in der Reiseliteratur des 19. Jahrhunderts*. Bielefeld: Transcript 2006, S. 37–43 (Kap. „Raum- und Zeitgrenzen: Die doppelte Distanzierung des Anderen").

231 Karl Emil Franzos: *Aus Halb-Asien. Kulturbilder aus Galizien, der Bukowina, Südrußland und Rumänien*. Leipzig: Duncker & Humblot 1876; ders.: *Die Juden von Barnow. Novellen*. Stuttgart: Hallberger 1877.

232 R[ippner]: Der Nationaljude, S. 25–26.

233 Ebd., S. 26.

porträtierten Akteure wie Gustav Karpeles konsequent vom nationaljüdischen Kollektiv dissoziiert werden.[234]

Erstaunlicherweise unterließ Karpeles eine öffentliche Reaktion in der von ihm redigierten *Allgemeinen Zeitung des Judentums*. Lediglich indirekt verknüpfte sich das Blatt mit dem nationaljüdischen Kollektiv, indem in den Korrespondenzspalten der Zeitung die Geschichte des Esra und des Vereins für jüdische Geschichte und Literatur fortgeschrieben wurde.[235] Die Redaktion der *Jüdischen Presse* hingegen ließ in ihrer Beilage zur Nummer vom 18. Februar 1892 einen in apologetischem Ton gehalten Beitrag aus Berlin drucken, in dem sich darum bemüht wurde, relativ sachlich wesentliche Aussagen von Rippner im Sinne der nationaljüdischen Ideologie richtigzustellen.[236] Die Ausführungen konzentrieren sich auf das (breite) Spektrum der das Nationaljudentum Tragenden, auf das osteuropäische Judentum und auf das Verhältnis von deutschem und jüdischem Patriotismus. Weit heftiger reagierte das nationaljüdische Kollektiv allerdings in der *Selbst-Emancipation*. Raumgreifend durchzogen die Beiträge zum Thema das Blatt.

Unter dem Titel „Ein Musterartikel" veröffentlichte die Redaktion der *Selbst-Emancipation* zunächst den Artikel von Benjamin Rippner aus der *Israelitischen Wochenschrift*. Dem Reprint wurde eine knappe Einleitung vorangestellt:

> Die Magdeburger „Israelitische Wochenschrift" vom 22. Jänner d.J. bringt unter dem Titel „Der Nationaljude" einen Leitartikel, der alles bisher Dagewesene an Unwahrheit, Thatsachenverdrehung und Verdächtigungslust – der Albernheit und Unwissenheit gar nicht zu gedenken – übertrifft. Er verdient niedriger gehängt zu werden, und bringen ihn daher vollinhaltlich zum Abdruck.[237]

Zweckmäßig re-kontextualisierte die Redaktion der *Selbst-Emancipation* den Artikel aus der *Israelitischen Wochenschrift*, indem sie davor einen Beitrag Birnbaums als Leitartikel

234 Ebd.; vgl. auch Vermischte und neueste Nachrichten/Berlin [1]. In: *Israelitische Wochenschrift*, 22.01.1892, S. 31. In gleicher Weise verfuhr Benjamin Rippner mit Heinrich Graetz. In einer Schrift, die er zur Würdigung Graetz' nach dessen Tod (wohl im Jahr 1891) verfasst hatte, besteht er darauf, dass Graetz kein „Nationaljude" gewesen sei: „Denn auch das muß betont werden, Graetz hatte eine gute deutsche Gesinnung, er war keineswegs Nationaljude in dem landläufigen Sinne, wie man etwa von einem Nationalpolen redet." Dann liefert er die wenig einleuchtende Erklärung: „wer ein zwölfbändiges Geschichtswerk in deutscher Sprache schreibt, kann unseres Erachtens schon aus Egoismus kein schlechter Deutscher sein." (Benjamin Rippner: *Heinrich Graetz*. Leipzig: Leiner [1891], S. 14.)

235 Vgl. etwa Korrespondenzen und Nachrichten/Deutschland/Berlin [2]. In: *Der Gemeindebote*, 22.04.1892, S. 1–2; Korrespondenzen und Nachrichten/Deutschland/Berlin [3]. In: *Der Gemeindebote*, 18.03.1892, S. 1–2; Korrespondenzen und Nachrichten/Deutschland/Berlin [4]. In: *Der Gemeindebote*, 08.01.1892, S. 2; Korrespondenzen und Nachrichten/Deutschland/Berlin [5]. In: *Der Gemeindebote*, 11.03.1892, S. 1; Korrespondenzen und Nachrichten/Deutschland/Berlin [6]. In: *Der Gemeindebote*, 26.02.1892, S. 1; Litteraturvereine. In: *Allgemeinen Zeitung des Judentums*, 26.02.1892, S. 97.

236 C.: Der ‚National-Jude'. In: *Die Jüdische Presse*, 18.02.1892, S. 81–82.

237 Ein Musterartikel. In: *Selbst-Emancipation*, 01.02.1892, S. 28–29, hier S. 28.

über „Die Principien des Zionismus“[238] schaltete und danach eine wütende Entgegnung von Isaak Rülf platzierte.[239] Rülf, damals Chefredakteur des *Memeler Dampfbootes*, die zu den erfolgreichsten deutschsprachigen Tageszeitungen in Nordpreußen zählte,[240] hatte bereits seit Mitte der 1880er Jahre Kontakte zum nationaljüdischen Kreis in Wien, später auch nach Berlin.[241] Loewe etwa unterstützte Rülf Ende 1890 bei einer Spendensammlung für die russischen Jüd*innen, die der Rabbiner von Memel aus dirigierte.[242] Wegen seines Engagements für die russischen Jüd*innen manifestierte sich Rülf im kollektiven jüdischen Gedächtnis unter dem Namen „Dr. Hülf“.[243]

Rülf unterzeichnete seinen Artikel bemerkenswerter Weise mit „Memel, 24. Januar 1892“ und machte damit die Autorschaft und gleichzeitig seine Stellung innerhalb der jüdischen Gemeinschaft als ‚Dr.-Rabbiner‘ kenntlich. Besonders auffällig erscheint die konsequente Verwendung des auktorialen „Wir“. Benjamin Rippner – aus Sicht Rülfs: „solch’ ein Mensch“, „Assimilant“, „Wichtelmännchen“, ein Verräter und Blasphemiker – wird zunächst als ‚er‘, dann als ‚du‘ angesprochen. Das redende Subjekt in Rülfs Beitrag positioniert sich größtenteils nicht als individualisierter Sprecher, sondern als harmonischer Chor – als „Wir, [...] die echten Nationaljuden“[244]. Lediglich in zwei Passagen löst sich Rülf sprachlich vom Kollektiv: Er bezieht sich auf seine eigene Biographie und verbittet sich, da in Kurhessen geboren, von deutschen Juden als Fremder beschimpft zu werden. Weiterhin appelliert er persönlich an das gesamte gegnerische Kollektiv, sich der religiösen und kulturellen Praxis des Nationaljudentums in der Zukunft anzugleichen und, in Anspielung auf den jüdisch-theologischen Topos der Chazarah be-Teshuvah (wörtlich: Rückkehr zur Antwort), zu „echtem“ und ‚authentischem‘ Judentum *zurückzukehren*. An das Ende seines Beitrags setzt Rülf den sogenannten Rütlischwur aus Schillers *Wilhelm Tell*:

238 Nathan Birnbaum: Die Principien des Zionismus [1]. In: *Selbst-Emancipation*, 01.02.1892, S. 27–28.

239 Isaak Rülf: Der Nationaljude. In: *Selbst-Emancipation*, 01.02.1892, S. 29–31; vgl. Eloni: *Zionismus in Deutschland*, S. 65.

240 Vgl. Carl Ziegner: *Deutsche überregionale Presse in Litauen seit 1991 untersucht am Beispiel der Monatszeitung Baltische Rundschau*. Norderstedt: Grin 2006, S. 54–55.

241 Vgl. Isaak Rülf an Kadimah, 12.12.1886. CZA, Z1/1; Isaak Rülf an Kadimah, 02.01.1888. CZA, Z1/1.

242 Vgl. Spende für die russischen Juden, in Berlin gesammelt von Heinr[ich] Loewe, gez. v. [Isaak] Rülf am 26.12.1890, Shaar Zion, offener Bestand.

243 Vgl. Heinrich Loewe: Sichronot. Kap. Memel. CZA, A146/67, S. 5; ders.: Sichronot. Kap. Zionistische Regungen. CZA, A146/168, 14, S. 2–4; Gronemann: *Erinnerungen*, S. 158; Schlomo Rülf: *Ströme im dürren Land. Erinnerungen*. Stuttgart: DVA 1964, S. 22; Leon Scheinhaus: Ein Edler in Israel. Dr. Isaak Rülf. In: *Jahrbuch für jüdische Geschichte und Literatur* 15 (1912), S. 198–211, hier S. 211.

244 Rülf: Der Nationaljude, S. 31.

> [Z]wischen ihnen und uns aber sei das Tuch zerschnitten, bis sie reuevoll zurückkehren und sich gehobenen Sinnes und stolzen Selbstgefühls, freudig und willig bekennen als echte „Nationaljuden" und den echtnationalen Schwur leisten: „Wir wollen sein ein einig Volk von Brüdern, in keiner Noth uns trennen und Gefahr".[245]

Ähnlich wie Rippner vor ihm löste Rülf seine dichotomisierende Argumentation zwar nicht auf. Aber statt wie Rippner die Gegenseite außerhalb des eigenen Kollektivs zu verorten, bietet *seine* nationalistische Definition des Judentums eine alternative Sozialethik an, die eine gesamtjüdische, transterritoriale Solidarität stark macht. Funktional auf die Emotionalisierung der Leser*innen abzielend de-kontextualisiert Rülf im oben zitierten Auszug den nationalen Ursprungsmythos der Heldengeschichte. Der gesamte Text, der als kollektive Selbstschau der nationaljüdischen Aktivist*innen angelegt ist, verknüpft sich dadurch mit einem zeitgenössisch weitläufig bekannten Bild, das den erfolgreichen Widerstand einer kleinen Gruppe gegen Unterdrückung illustriert.
Rülf konstruierte in seinem Beitrag für die *Selbst-Emancipation* eine spezifische psychische Verfasstheit des Nationaljuden, die zwischen „ethnic pride und manly dignity"[246] pendelt. Ein Nationaljude sei stolz auf seine Nachkommenschaft, zudem würdevoll und furchtlos gegenüber der „antisemitische[n] Horde und Rotte"[247]. Es war Max Nordau, der diese von Rülf und anderen im nationaljüdischen Kollektiv Aktiven angenommene spezifische Typologie des nationaljüdischen Charakters konsequent in dem späteren zionistischen Idealtypus des „Muskeljuden"[248] verwob und damit Zionismus als Theorie und Praxis der physischen, psychischen, sozialen, politischen und kulturellen Selbstemanzipation der Judenheit komplettierte.[249]
Eine Entgegnung auf Rülf folgte in der *Israelitischen Wochenschrift* bereits in der Nummer vom 12. Februar 1892.[250] Hatten sich die Beitragenden in den vorangegangenen

245 Ebd. Zum Rütli-Schwur vgl. Dariusz Komorowski: Rütli. National Foundation Myth from an Individual Perspective. Hermann Burger's Novel *Die künstliche Mutter*. In: Barbara Burns / Joy Charnley (Hrsg.): *Crossing Frontiers Cultural Exchange and Conflict. Papers in Honour of Malcolm Pender*. Amsterdam / New York: Rodopi 2010, S. 27–41.

246 Wistrich: *Laboratory for World Destruction*, S. 17.

247 Rülf: Der Nationaljude, S. 31.

248 Rede von Max Nordau. In: *Stenographisches Protokoll der Verhandlungen des II. Zionisten-Congresses gehalten zu Basel vom 28. bis 31. August 1898*. Wien: Verlag des Vereines Erez Israel 1898, S. 14–27. Zur Idee „Muskeljudentum" bei Max Nordau vgl. Daniel Wildmann: *Der veränderbare Körper. Jüdische Turner, Männlichkeit und das Wiedergewinnen von Geschichte in Deutschland um 1900*. Tübingen: Mohr Siebeck 2009, S. 218–230 (Kap. „Männliche Muskeln und männliche Kraft"). Wildmann geht insbesondere auch auf das Konzept der „Muscular Christianity" ein, die er als mögliche Inspirationsquelle Nordaus vorstellt (vgl. ebd., S. 221–224).

249 Vgl. auch Wistrich: *Laboratory for World Destruction*, S. 17–18; Todd Presner: *Muscular Judaism. The Jewish Body and the Politics of Regeneration*. London / New York: Routledge 2007.

250 [Rippner]: Selbstemanzipation, S. 50–51.

Artikeln mit Fragen der jüdischen ‚Kolonisation' Palästinas und der nationaljüdischen Ideologie beschäftigt, um anhand dieser Themenkomplexe das nationaljüdische Kollektiv zu diffamieren, re-kontextualisierte Benjamin Rippner als vermeintlicher Autor des Artikels „Selbstemanzipation" nun Rülfs Aussagen zum modernen Typus des Nationaljuden auf der einen und zum Nutzen von Abwehrmaßnahmen gegen den Antisemitismus auf der anderen Seite. Letzteren hatte Rülf durch Ablehnung des im Frühjahr 1890 gegründeten, überkonfessionellen Vereins zur Abwehr des Antisemitismus in seinem vorausgegangenen Artikel negiert.[251] Weiterhin nahm Rippner das Konzept der von Rülf geforderten Selbstemanzipation auseinander und erklärte, dass das Bekenntnis zum jüdischen Selbst und zum einzigen Gott integraler Bestandteil der jüdischen Lebenspraxis sei. Offensichtlich wird in diesem Zusammenhang die unterschiedliche Qualität der Bekenntnisse. Betonte Rülf das notwendige Bekenntnis zur ethnischen Herkunft, zur Geschichte und dem daraus resultierenden Glauben an den einen Gott, richtete Rippner das Hauptaugenmerk auf den anthropologisch-theologischen Imperativ der Gottesfurcht selbst:

> Selbstemanzipation / ist ein vortreffliches Wort und zweifellos ist es wichtig, das wir uns emanzipieren von allerhand Vorurtheilen, von veralteten Anschauungen, von aller Nachäfferei, und uns darauf besinnen, daß Israel seine Ehre nicht von den Nationen erhält, unter denen wir leben, sondern daß wir unsere Ehre in uns tragen; unzählige Male ist von jüdischen Kanzeln gemahnt worden mit Stolz zu bekennen: „ich bin ein Ebräer und nur den Ewigen, den Gott des Himmels, fürchte ich."[252]

Die Gottesfurcht verknüpft Rippner im einleitenden Abschnitt seines Beitrags mit dem biblischen Propheten Jona (Jona 1,9). Dies erscheint kaum zufällig, ließe sich doch die biblische Referenz als implizite Antwort auf Rülfs Aufforderung zur Umkehr – zur Chazarah be-Teshuvah – lesen, die einen wesentlichen theologischen Topos des Jona-Buchs darstellt. Während Rülf die positiven Beschreibungen des Ziels der Umkehr – das Nationaljudentum – lieferte, ging Rippner daran, *sein* Judentum mittels negativer Beschreibungen zu definieren: Jüdisch erscheint hier als alles, was nicht Nationaljudentum ist: keine Blasphemie, die den jüdischen Gott als „Nationalgott" begreift, keine fehlgeleitete Erfindung der Moderne, keine Marginalie, die als Resultat des kollektiven Unverstandes dem Antisemitismus nicht adäquat begegnet, und nicht zuletzt kein fehlender Patriotismus gegenüber dem Deutschen Reich.

Bemerkenswert ist die narrative Inszenierung des Verhältnisses von *Israelitischer Wochenschrift* und *Selbst-Emancipation*, die Rippner vornahm. Bewusst oder aus

251 Vgl. Rülf: Der Nationaljude, S. 31. Zum sogenannten Abwehrverein vgl. Auguste Zeiß-Horbach: *Der Verein zur Abwehr des Antisemitismus. Zum Verhältnis von Protestantismus und Judentum im Kaiserreich und in der Weimarer Republik*. Leipzig: EVA 2008.

252 [Rippner]: Selbstemanzipation, S. 50.

Unkenntnis entschied er sich dafür, zugleich die personelle Verflechtung der Blätter durch Brückenfiguren wie Loewe und die inhaltlichen Bezüge der Zeitungen zueinander, etwa den zeitweiligen Abdruck von Loewe-Gedichten in der *Israelitischen Wochenschrift*, im Geheimen zu halten. Der Kommunikationsraum, der sich zwischen den Redaktionen in Magdeburg und Wien und ihren jeweiligen Beitragenden – vor Ort in Berlin und anderswo – aufspannte, wird stattdessen als kurzfristig und vom Zufall bestimmt beschrieben. Rippner notierte:

> Jüngst ist uns nun zum ersten mal die Nummer eines Blattes zu Gesichte gekommen, das den Namen „Selbst-Emancipation" führt, sich das Organ der „Jüdisch-Nationalen" nennt und jetzt schon im fünften Jahre erscheint.[253]

Zu Recht (wenn auch schroff) korrigierte Nathan Birnbaum Rippners Aussagen und wies auf die lockere Zusammenarbeit der beiden Blätter seit Anfang der 1890er Jahre hin:

> Wir erklären um die Behauptung, daß die Redaction der „Israelitischen Wochenschrift" erst „jüngst zum ersten Mal" eine Nummer unseres Blattes „zu Gesichte" bekommen hat, für eine mit einer bestimmten, leicht erkennbaren Absicht ausgesprochene Lüge. Vielmehr tauschten wir mir der „Israel[itischen] Wochenschrift" seit Frühjahr 1890 gegenseitig Exemplare aus; die „Israel[itische] Wochenschrift" hat uns sogar im Sommer 1891 […] citiert. Bei dieser Gelegenheit fand sie auch einige wohlwollende Worte für uns, auf die wir freilich ebensowenig geben, als auf ihr wüstes Geschimpfe. – Es ist nun constatiert, wessen das Blatt fähig ist, und unsere Leser werden gewiß nicht böse sein, wenn wir dasselbe fortan als Luft betrachten.[254]

Im Zuge des Abbruchs der journalistischen Beziehungen zwischen *Selbst-Emancipation* und *Israelitischer Wochenschrift*, an dem offensichtlich das von dem Lemberger Rabbiner Ezekiel Caro in der *Wochenschrift* geschriebene „Wort zur Verständigung"[255] nichts mehr änderte, verschlechterte sich auch das Verhältnis zwischen Moritz Rahmer und Heinrich Loewe in den folgenden Wochen und Monaten. Heinrichs Bruder Richard versuchte auf ausdrücklichen Wunsch der Eltern, zwischen den beiden zu vermitteln. Auch Rahmer bemühte sich mittels der Eltern, auf seinen ehemaligen Schützling, der sich mittlerweile als bekennender Nationaljude nicht nur in deutschsprachigen, sondern

253 Ebd.

254 [Nathan Birnbaum]: Die „Israelitische Wochenschrift". In: *Selbst-Emancipation*, 23.02.1892, S. 50. Schon vor Erscheinen des Beitrags nahm Nathan Birnbaum gegenüber Richard Loewe ausführlich zu der Debatte Stellung (vgl. Nathan Birnbaum an Richard Loewe, 13.02.1892. CZA, A89/7/1). Mit dem „Sudelblatte" werde er sich nicht weiter beschäftigen, notiert er hier.

255 Vgl. [Ezekiel] Caro: Ein Wort zur Verständigung. In: *Selbst-Emancipation*, 19.02.1891, S. 58–59.

auch in hebräischsprachigen Zeitungen darstellte, einzuwirken. Verzweiflung bestimmte den stark emotionalisierten Duktus der Eltern. Gleichzeitig aber bildet der Brief der Eltern eine Grenze zwischen dem Kollektiv der ‚Vernünftigen' und dem der ‚Verrückten' ab, er produziert die damit verbundenen Stereotype von den osteuropäischen Jüd*innen – ein Spiegelbild der oben nachgezeichneten Debatte.

> Lieber Heinrich, Ich fange gleich ohne weitere Förmlichkeiten mit dem an[,] was mich verdrießt. Ich war heute zufällig bei Dr. Rahmer, der sehr aufgebracht über dich ist aus denselben Gründen als es mein Bruder in Strelitz, als ich es bin, deine Mutter und alle vernünftigen Leute, die es gut mit dir meinen und keineswegs übel mit den russ[ischen] Juden. Dr. Rahmer zeigte mir in einer hebr[äischen] Russ[ischen] Zeitung eine Stelle, wo du unter anderem Namen als Vertreter der nationalen Idee figurierst. Die national jerusalemische Idee ist ganz einfach eine Verrücktheit und sie ist von jeher von den Besten und Erhabensten unter den Juden mit entschiedenem Protest zurück gewiesen worden, wenn Christen sie ihnen octrieren wollten. Diese Idee hätte nie auftauchen müssen. Den Juden in den civilisierten Ländern kann sie nur Schaden bringen und wenn es ein Argument giebt, ihnen überall die schwer wiegende Gleichberechtigung wieder zu entziehen resp. aufzuheben, so ist es dieser als das bestgeeignetste. [...] Jerusalem mag für Russen und Polen passen; aber warum sind sie nicht längst hingegangen, wenn sie die Sehnsucht dahin treibt Es war stets besser, ihre Glaubensbrüder in Europa zu belästigen. Von ihnen ist uns noch kein Heil gekommen. Sie sollten bescheidener sein und nicht zu viel verlangen. Man hilft ihnen gern; aber sie sollten nicht die ganze Hand nehmen für den Finger und die ihnen angeborene größere Schlauheit nicht dazu ausnutzen, um die deutschen [*unleserlich*] und sie einzig und allein für ihre eigenen berechtigten und unberechtigten Interessen zu begeistern.[256]

256 Louis und Betty Loewe an Heinrich Loewe, 03.07.1892. CZA, A146/18.

V.
Zionismus in Aktion
(1892–1897)

1. Die Neuvermessung des nationaljüdischen Terrains Berlin

Anfang 1892 setzte eine Neuordnung des nationaljüdischen Kollektivs in Berlin ein. Das nationaljüdische Narrativ änderte sich. Eine intellektuelle und politische Sequenz des Übergangs wurde manifest, innerhalb derer Heinrich Loewe *sein* Nationaljudentum nach *Zionismus* verschob, nach Zionismus als Synthese aus jüdischer ‚Kolonisations'-Theorie und -praxis sowie nationalistischer Theorie des Judentums mit ihren praktischen Konsequenzen für die jüdische Kulturarbeit. Den Begriff Zionismus prägte Nathan Birnbaum bereits 1890. Er benutzte ihn offensichtlich als Übertragung der hebräischen Bezeichnung für die „Palästinafreunde", Chibat Zion,[1] in der Ausgabe der *Selbst-Emancipation* vom 17. Oktober des Jahres.[2] Knapp eineinhalb Jahre später betonte Birnbaum, dass Nationaljudentum und Zionismus identische Begriffe seien.[3] Appellierten die ersten programmatischen Artikel für die *Selbst-Emancipation* an das nationale Selbstbewusstsein der Jüd*innen und blieben seine Zionsphantasien den oben zitierten Gedichten vorbehalten,[4] machte Loewe bereits auf der konstituierenden Sitzung des neuen nationaljüdischen Laboratoriums, Jung Israel, am 30. Mai 1892 die neuerlichen territorialen Implikationen nationaljüdischer Kulturpolitik kenntlich. In diesem Zusammenhang adaptierte er eine Rhetorik der ‚Rasse' und schlug dezidiert chauvinistische Untertöne an:[5] Wären „die Juden heute in e i n e m Staate und in e i n e m

1 Vgl. Heinrich Loewe: Sichronot. Kap. Zionistische Regungen. CZA, A146/168, S. 1.

2 Vgl. R. [d. i. Nathan Birnbaum]: Osten oder Westen? In: *Selbst-Emancipation*, 17.10.1890, S. 1–3, hier S. 1.

3 [Nathan] B[irnbaum]: Parteiprogramme. In: *Selbst-Emancipation*, 21.06.1892, S. 115–117, hier S. 117.

4 Vgl. S. 107–109.

5 Vgl. Gelber: *Melancholy Pride*, S. 125–160 (Kap. „The Rhetorics of Race and Jewish-National Cultural Politics. From Birnbaum and Buber to Brieger's René Richter").

Lande vereinigt [...], [wären] sie das kultuvierteste und intelligenteste Element unter allen Menschenrassen"[6], schloss Loewe im Konjunktiv. Die nationaljüdisch motivierte Einwanderung nach Palästina sei allerdings von der philanthropischen Unterstützung der Emigration und ‚Kolonisation' „unserer russisch-jüdischen Brüder"[7] zu unterscheiden, die in Berlin bspw. vom Esra organisiert wurde.[8] Daher taten sich nationaljüdische Aktivisten wie Birnbaum und Loewe in den ersten Jahren nach Einführung des Begriffs ‚Zionismus' auch schwer, statt Nationaljuden Zionisten als Selbstbezeichnung zu gebrauchen, da Letztere die Grenze zwischen Wohlfahrt und Politik verschwimmen ließ.[9] Weit deutlicher noch forderte Loewe die Einrichtung Palästinas als jüdischen Staat, in dessen Grenzen sich eine autonome jüdische Kultur entwickeln könne, in seinem Leitartikel für die ersten beiden Ausgaben von *Zion*. Hier schrieb er Anfang 1895:

> Es bedürfe einer besonderen Arbeit, wollte man auch nur in großen Zügen darstellen, welchen Pflichten und Arbeiten sich ein nationales Judenthum zu unterziehen hat. Jedoch muß ein einzelner Punkt besonders betont und hervorgehoben werden, in dem ein Ziel der nationalen Bestrebungen seiner Verwirklichung zustrebt, und der zugleich die Unterlage bildet, auf der die Gesamtheit nationalen Lebens ruhen muß. Es ist dies die Schaffung eines Territoriums, auf dem sich eine jüdische Kultur mit hebräischer Sprache entwickeln kann. [...I]m Rahmen dieser Erörterung ist das Moment ausschlaggebend, daß Palästina das Land ist, in dem unsere Geschichte sich abgespielt hat, in dem sie entstand und ohne das sie nicht begreifbar ist. Wäre daher die Nothwendigkeit vorhanden, – die aber tatsächlich vorhanden existiert – einen jüdischen Ackerbaustand zu schaffen, auf dem ein neues nationales Leben erwachsen kann, so wäre doch die Kolonisation Palästina's eine Forderung, die unsere Nationalgeschichte an uns stellt. Wir führen eine Konsequenz unserer Geschichte aus, indem wir im Lande unserer Väter kolonisieren. Die Kulturaufgaben, die der jüdischen Nation aus ihrer bloßen Existenz erwachsen, begründen sich auf der Kenntniß der jüdischen Geschichte und erstrecken sich von ihr ausgehend auf alle Aeußerungen jüdischen Lebens, um schließlich in der Kolonisation Palästina's ihren Gipfelpunkt zu erreichen. Und darin liegt die Begründung, daß die Hauptforderungen der nationaljüdischen Partei sind und sein müssen: Eingehendste Kenntniß der jüdischen Geschichte, allseitigste Pflege der hebräischen Sprache und intensivste Kolonisation Palästina's![10]

Nicht nur Loewe antizipierte die fortgeschrittene institutionelle und narrative Präsenz von Palästina und dessen Besiedlung durch jüdische Einwander*innen in den zeitgenössischen jüdischen Medien. Die Aktivisten Max Bodenheimer und Richard Loewe

6 Heinrich Loewe: Der Nationaljude [4]. In: *Selbst-Emancipation*, 15.11.1892, S. 202; ders.: Der Nationaljude [3]. In: *Selbst-Emancipation*, 09.10.1892, S. 186–187, hier S. 187.

7 Heinrich Loewe: Der Nationaljude [1]. In: *Selbst-Emancipation*, 18.07.1892, S. 142–144, hier S. 142.

8 Vgl. Petry: *Ländliche Kolonisation in Palästina*, S. 249–258.

9 Vgl. Loewe: Sichronot. Kap. Zionistische Regungen, S. 1.

10 Loewe: Der Nationalismus [2], S. 41.

riefen (wie Heinrich Loewe selbst) bereits 1891 zu einer Gesamtorganisation und Ausdehnung der Agitation der wenigen nationaljüdischen Vereine auf. Darüber hinaus machten sie deutlich, dass eine Kooperation mit den bestehenden Initiativen, die sich propagandistisch und praktisch der Besiedlung Palästinas widmeten, zweckmäßig sei: Fünf Monate nach Loewes „Mahnwort an alle Vereine für die Colonisation Palästinas"[11] druckte die Redaktion der *Menorah* im September 1891 Max Bodenheimers Aufruf „Zionisten aller Länder vereinigt Euch!"[12]. Diese Parole, die zweifelsohne als Zitat des letzten und berühmt gewordenen Satzes „Proletarier aller Länder vereinigt Euch!" aus dem von Karl Marx und Friedrich Engels verfassten *Manifest der Kommunistischen Partei* von 1848 zu lesen ist, folgten auch andere exponierte nationaljüdische Aktivisten und riefen zu einer (internationalen) Gesamtorganisation der nationaljüdischen Zirkel und Kolonisationsvereine auf. Nathan Birnbaum notierte etwa in der Ausgabe der *Selbst-Emancipation* vom 2. November 1891:

> Die Agitation, die wir entfalten müssen, soll aber eine ausgiebige, oder lieber gar keine sein. Darin liegt die Schwierigkeit. Woher aus unserem kleinen Kreise die Mittel schaffen, welche solche Agitation braucht? Die Antwort liegt in dem Worte: Organisation: Die Organisation ist die Vorbedingung einer gedeilichen Agitation.[13]

Dann fährt Birnbaum fort, den Aufbau der projektierten Organisation genauer zu umreißen:

> Die Erklärung einer west- oder mitteleuropäischen Stadt zum Centrum der Bewegung, die periodische Abhaltung von Congressen daselbst, die Aufstellung eines Parteiprogramms und die Nominierung von Führern für die einzelnen Länder und die einzelnen Wirkungskreise bei diesen Kongressen – das ist der ganze Apparat dieser Organisation.[14]

Dieser Appell Birnbaums, der einen früheren Artikel von Richard Loewe über die zweckmäßige Ausdehnung der nationaljüdischen Agitationsarbeit ergänzte,[15] ist ein Plädoyer

11 Heinrich Loewe: Mahnwort an alle Vereine für die Colonisation Palästinas! (Ein Zuruf aus dem Deutschen Reiche). In: *Selbst-Emancipation*, 01.04.1891, S. 2–3.

12 Max Bodenheimer: Zionisten aller Länder vereinigt Euch! In: *Die Menorah*, 04.09.1891, S. 419–420.

13 [Nathan] B[irnbaum]: Der neue Cours (Ein Wort an alle Zionisten). In: *Selbst-Emancipation*, 02.11.1891, S. 1–3, hier S. 2. Auch an anderer Stelle wird die Organisation als Grundbedingung für den Erfolg der Unternehmungen erachtet. Anlässlich der Gründung des (nicht dezidiert nationaljüdischen) Berliner Literaturvereins warb die Redaktion der *Allgemeinen Zeitung des Judentums* (vermutlich Karpeles selbst) auf der Titelseite der Ausgabe vom 26. Februar 1892 für die flächendeckende Gründung von weiteren Literaturvereinen im Deutschen Reich, die fortan unter der Ägide eines „Centralvereins" in Berlin arbeiten sollten (vgl. Litteraturvereine, S. 97).

14 B[irnbaum]: Der neue Cours, S. 2.

15 Vgl. Loewe: Unser Polarstern, S. 2–4.

für die Vernetzung der lokalen Initiativen und ein Aufruf zum kollektiven Handeln. Informelle Beziehungen sollten zukünftig durch formelle ersetzt werden. Nachdem Birnbaum die Zentralisation der österreichischen nationaljüdischen Vereine bekannt gab, verkündete Jung Israel zwei Monate nach seiner Gründung bspw., dass man sich der „Wiener Parteiorganisation" anschließe.[16] Erst eineinhalb Jahre später griff die Verschiebung hin zu einem dezidiert zionistischen Diskurs im Beinamen der *Selbst-Emancipation.* Fortan prunkte auf der Titelseite der Schriftzug „Organ der Zionisten".

Seit Anfang 1892 konstituierte sich in Berlin ein mehrstimmiger Chor aus Aktivisten, die u. a. nach Maßgabe der Statuten der Einrichtungen, in denen sie Mitglieder waren, divergierende inhaltliche und handlungsspezifische Schwerpunkte setzten (von den persönlichen Schwerpunktsetzungen der einzelnen Aktivisten ganz zu schweigen). Der zionistische Chor floss medial-aufbereitet in ausgewählten Publikationen – Zeitungen, Zeitschriften, Broschüren – zusammen. Das Berliner zionistische Kollektiv bildete ein *Cluster* in einem lose organisierten, transregionalen Geflecht, dass trotz der Appelle Birnbaums, Bodenheimers und der Gebrüder Loewe im Vorjahr weiterhin relativ autonom und in Abhängigkeit von regionsspezifischen Verhältnissen agierte.

Ausgehend vom Russisch-jüdisch wissenschaftlichen Verein lassen sich die folgenden Jahre als Phase der Neuordnung – der Öffnung, Verbreiterung und Verdichtung – des nationaljüdischen Kollektivs beschreiben: Institutionell verknüpften dezidiert nationaljüdische Aktivisten ihre Arbeit in Berlin mit dem Kolonisationsverein Esra und dem im Januar 1892 gegründeten Verein für jüdische Geschichte und Literatur, d. h. mit der ‚Zionsliebe' auf der einen Seite und dem ‚jüdischen Wissen' auf der anderen. Die Skepsis, die etwa Karpeles' *Allgemeine Zeitung des Judentums* in den Gründungswochen des neuen zionistischen Laboratoriums, Jung Israel, formulierte,[17] schlug phasenweise um. Gleichfalls veröffentlichten nationaljüdische Aktivisten zunehmend in Hildesheimers *Jüdischer Presse.* Loewe schrieb einen Leitartikel für die Ausgabe vom 21. März 1895, der die jüdische Konversion zum Christentum in den Blick nahm.[18] Adolf Friedemann veröffentlichte in gleicher Ausgabe eine Abhandlung, die den zeitgenössischen Antisemitismus analysierte.[19] Willy Bambus publizierte (teilweise unter seinem Pseudonym Willy Heß) zahlreiche Artikel in der *Jüdischen Presse*, die sich größtenteils mit der Statistik der Jüd*innen befassten;[20] ferner seine umfangreichen Beschreibungen der Reise, die er mit Loewe gemeinsam Ende 1895 unternahm.[21] Erstmals wurde ab

16 Original-Correspondenzen/Deutsches Reich/Berlin. In: *Selbst-Emancipation*, 02.07.1892, S. 13.

17 Vgl. Von Nah und Fern. In: *Der Gemeindebote*, 15.07.1892, S. 4.

18 Vgl. Heinrich Loewe: Die Taufen. In: *Die Jüdische Presse*, 21.03.1895, S. 115–117.

19 Vgl. Adolf Friedemann: Antisemitismus und Umsturz. In: *Die Jüdische Presse*, 21.03.1895, S. 123.

20 Willy Heß [=Willy Bambus]: Vor fünfundzwanzig Jahren. In: *Die Jüdische Presse*, 01.08.1895, S. 313–314; ders.: Mahnende Zeichen. In: *Die Jüdische Presse*, 12.09.1895, S. 377–379.

21 Vgl. den Abschnitt „Palästina-Exkursion 1895", S. 165–177.

6. September 1894 durch eine zweiteilige Apologie des Zionismus die Allianz zwischen dem zionistischen Kollektiv und jüdisch-orthopraktischen Kreisen um Hirsch Hildesheimer in der Öffentlichkeit weithin sichtbar. Anonym wurde der Zionismus hier als genuin jüdische Glaubenslehre konstruiert.[22] Bereits im Februar 1893 wurde in einem anderen anonym verfassten Beitrag der *Allgemeinen Zeitung des Judentums* die Initiative Jung Israels begrüßt, einen „jüdischen Jünglingsverein“ zu begründen, der, in Jugendlogen organisiert, an bestehende Organisationen angebunden werden sollte.[23]

Parallel zu den stetig wachsenden, sich nachhaltig verdichtenden Verflechtungen zionistischer Aktivist*innen mit allgemeineren jüdischen Kulturinitiativen und jüdischen, nicht dezidiert zionistischen Presseerzeugnissen, dehnten sich zionistische Verhandlungsfelder auch in andere Richtungen weiter aus. Man setzte weiterhin darauf, die akademische Jugend für die zionistische Sache zu gewinnen. Zu diesem Zweck wurde bereits Ende des Jahres 1893 mit der Jüdischen Humanitätsgesellschaft ein genuin studentischer Zusammenschluss begründet. Die spätere Gründung der Vereinigung Jüdischer Studierender (VJSt) im Jahr 1895 erwies sich dann als tragfähiger Zusammenschluss und heterogener Verhandlungsraum, der seine Mitglieder aus der Berliner jüdischen Studierendenschaft rekrutierte und über den Russisch-jüdisch wissenschaftlichen Verein, Jung Israel und die Jüdische Humanitätsgesellschaft hinaus die zionistische Topographie der Stadt institutionell maßgeblich erweiterte. Mit der Übersiedlung der *Selbst-Emancipation* von Wien nach Berlin Ende 1894 verfügte man fortan über ein zionistisches Presseerzeugnis, das direkt von Berlin aus zirkuliert wurde und dessen Inhalte fortan konsequent aus Berlin diktiert wurden. Öffentliche Räume wie die kooperativ begründete Jüdische Lesehalle und Bibliothek boten ab 1895 die Möglichkeit, Zionismus in einer breiteren Öffentlichkeit zu verhandeln. Palästina,

22 Vgl. „Zionismus“ und Vaterlandsliebe. In: *Die Jüdische Presse*, 06.09.1894, S. 359–361; 13.09.1894, S. 375–376.

23 Vgl. Korrespondenzen und Nachrichten/Deutschland/Berlin [4]. In: *Der Gemeindebote*, 17.02.1893, S. 1. In der *Jüdischen Presse* wies man darauf hin, dass dieser „jüdische Jünglingsverein“ nach dem Muster der christlichen Vereine junger Männer organisiert werden sollte (vgl. Vermischtes/Berlin [2]. In: *Die Jüdische Presse*, 23.02.1893, S. 81). Im Februar 1893 gründete sich in Jung Israel ein Komitee, das, bestehend aus Wilhelm Boehlendorff, Max Oppenheimer, Willy Steinberg, Willy Bambus und Hugo Schildberger, die Schaffung von Jugendvereinen besprach und plante (vgl. Original-Correspondenzen/Deutsches Reich/Berlin. In: *Selbst-Emancipation*, 28.02.1893, S. 6). Ob das Projekt später der ursprünglichen Intention gerecht wurde, kann leider nicht entschieden werden. Wirft man allerdings einen Blick auf die funktionale Ausstattung der Jüdischen Lesehalle und Bibliothek, wie sie etwa Martin Philippson auf der Einweihungsfeier der Lesehalle und Bibliothek am 24. Februar 1895 vorstellte (vgl. Korrespondenzen und Nachrichten/Deutschland/Berlin [5]. In: *Der Gemeindebote*, 01.03.1895, S. 2), wird deutlich, dass die Integration des Jünglingsheims in die Jüdische Lesehalle und Bibliothek auch zwei Jahre nach dem Auftauchen der Idee in der jüdischen Öffentlichkeit präsent war. Ab März 1895 war die Lesehalle und Bibliothek tatsächlich auch soziales Projekt. Durch verbilligte Ausgabe von Speisen sowie die Einrichtung von Unterrichts- und Arbeitsvermittlung assoziierte sie sich zunehmend mit dem weitläufigen Wohlfahrtsnetz der Jüdischen Gemeinde Berlins und fokussierte in diesem Zusammenhang vornehmlich die jüdische Jugend als Zielgruppe.

dessen Produktion bis dato vornehmlich Broschüren, Zeitungsbeiträgen und Vorträgen vorbehalten war, wurde erstmals durch den Palästina-Pavillon der Abteilung Kairo auf der 1896 organisierten Gewerbeausstellung im Berliner Treptower Park als imaginierte, haptische Raumordnung inszeniert.

Zweifelsohne gehörten der ledige und beruflich ungebundene „idealistische Schwärmer"[24] Heinrich Loewe und sein pragmatischeres und an einigen Sorgen reicheres Pendant Willy Bambus zu den zentralen Akteuren im Produktionsprozess neuer zionistischer Räume in Berlin und darüber hinaus. Der sieben Jahre ältere Bambus wurde ab der zweiten Hälfte des Jahres 1891 ein wichtiger Partner für Loewe in der zionistischen Agitationsarbeit. Bambus war auch gut bekannt mit Heinrichs Bruder Richard. Mit ihm arbeitete er mehrere Jahre gemeinsam im Zentralkomitee des Esra in Berlin.[25] Legte Heinrich Loewe zunächst die Prioritäten seiner Agitationsarbeit auf die Streuung der Idee der jüdischen Nation, adaptierte er im Verlauf der Zusammenarbeit mit Bambus dessen pragmatischere Ansätze, ferner seinen auf der Unterstützung der ‚Kolonisation' Palästinas liegenden Fokus.[26] Die Grenze zwischen Agitation für die ‚Nationalitätsidee' und Agitation für die jüdische ‚Kolonisation' wurde bereits ab 1894 zunehmend durchlässiger. Loewe räumt etwa in seinen Erinnerungen ein, dass er im Dienst des Kolonisationsvereins Esra zwischen März und Juli 1894 „Agitationsvorträge für die Palästinaarbeit hielt"[27]. Bambus hatte ihn über Breslau nach Oberschlesien geschickt, um hier für die Unterstützung der jüdischen ‚Kolonisation' zu werben. „[M]it guten Empfehlungen"[28] von Heinrich Meyer-Cohn und Dr. Gustav Karpeles folgten weitere Reisen Loewes nach Süddeutschland – nach Nürnberg, Fürth, Erlangen, Darmstadt und Frankfurt am Main. Derartige Agitationsreisen setze Loewe auch nach seiner Rückkehr von seinem zweiten Palästina-Aufenthalt im Herbst 1897 fort. Loewe und Bambus waren die treibenden Kräfte in der Gründungsphase und späteren Vereinsarbeit von Jung Israel, sie arbeiteten in den folgenden Jahren gemeinsam an den Nachfolgeorganen der *Selbst-Emancipation* – der *Jüdischen Volkszeitung* und der Monatsschrift *Zion*. Sie brachen 1895 gemeinsam zu ihrer ersten Palästinareise auf und bewerkstelligten nach ihrer Rückkehr die Organisation und Standbetreuung des Palästina-Pavillons.

Mit dem Erscheinen des *Judenstaats* von Theodor Herzl im Februar 1896, anlässlich dessen sich weitläufige Debatten in der deutschsprachigen (jüdischen) Presse entspannen, manifestierte sich eine narrative und performative Bruchlinie im Berliner zionistischen Kollektiv. Inhaltliche Differenzen bezüglich des von Herzl projektierten Zionismus,

24 Vgl. Petry: *Ländliche Kolonisation in Palästina*, S. 282.

25 Vgl. Heinrich Loewe: Sichronot. Kap. Im Verein „Esra". CZA, A146/62, S. 4.

26 Vgl. Petry: *Ländliche Kolonisation in Palästina*, S. 273–277.

27 Loewe: Sichronot. Kap. Im Verein „Esra", S. 4.

28 Ebd., S. 5.

der sich seit dem 1. Zionistenkongress in Basel von August 1897 als ‚Kongresszionismus' bzw. ‚politischer Zionismus' formierte, spalteten die Berliner zionistische Allianz. Loewe und Bambus wurden direkte Konkurrenten in der Auseinandersetzung um eine legitime Vertretung des zionistischen Kollektivs in Berlin.

2. Jung Israel – kulturtopographische Verflechtungen des Berliner Zionismus

Als neuer „Sammelpunkt" der „Jüdischnationalen" in Berlin wurde Jung Israel nach mehreren Anläufen am 4. Mai 1892 gegründet.[29] Satzungsgemäß verfolgte der Verein das Ziel, durch „Vorträge, Referate und Diskussionen; Verbreitung geeigneter Lektüre; Pflege der hebräischen Sprache und eventuelle Errichtung von hebräischen Lehr- und Lesezirkeln", „das Bewußtsein der nationalen Zusammengehörigkeit des jüdischen Volkes zu wecken, jüdisches Leben und jüdische Wissenschaft zu pflegen".[30] Bereits in der Entwurfsfassung der Statuten wird deutlich, dass man zum einen die landsmannschaftliche Organisation des Russisch-jüdisch wissenschaftlichen Vereins überwand und zum anderen die von Loewe Anfang der 1890er Jahre projektierte Gründung eines dezidiert akademischen Vereins nach dem Vorbild der Wiener Kadimah fallen lassen musste: Das „wissenschaftlich" wurde im Entwurf handschriftlich gestrichen und durch „nationaler" ersetzt.[31] Dieser Umstand war vor allem der Zusammensetzung der Mitgliederversammlung geschuldet, die auch in ihrer beschränkten Größe verschiedene Berufe und soziale Status abbildete: Obwohl die Spitzel der Berliner politischen Polizei (I. Abteilung „Russen") ihrem Polizeipräsidenten den neuen Verein wegen personeller Kontingenz[32] als „Abzweigung von dem bekannten ‚russisch-jüdisch

29 Original Correspondenzen/Deutsches Reich/Berlin [2]. In: *Selbst-Emancipation*, 21.06.1892, S. 121. Das Gründungsdatum steht den Ausführungen Loewes für den Sammelband *Meilensteine* entgegen (vgl. Eljakim Heinrich Loewe: Jung-Israel. Ein fünfzigjähriger Gedenktag. In: Eli Rothschild (Hrsg.): *Meilensteine. Vom Wege des Kartells Jüdischer Verbindungen (K. J. V.) in der Zionistischen Bewegung.* Tel Aviv: Präsidium des K. J. V. 1972, S. 1–3, hier S. 3). Hier wird die Gründung auf den 30. März 1892 datiert. Die polizeiliche Anmeldung der Gründungsversammlung, die Loewe zitiert, gab es tatsächlich (vgl. Bescheinigung der Anmeldung zur Gründung eines jüdisch-nationalen Vereins, 31.03.1892. CZA, A126/142). Der Gründungstermin musste allerdings mehrmals verschoben werden.

30 Statuten des „Jung Israel, wissenschaftlich-jüdischen Vereins" zu Berlin. In: *Jung Israel. התקנות*. CZA, A146/95, §§ 3, 2 [S. 15]. Dieser Wortlaut der Satzung wurde erst zehn Tage später, am 13. Mai 1892, von der Mitgliederversammlung beschlossen. Der gewählte Vorsitzende Wilhelm Boehlendorff war wohl auf dieser Sitzung nicht anwesend, da er bereits am 13. Mai 1892 Berlin kurzfristig verlassen musste und anscheinend ohnehin (beruflich) auswärts tätig war (vgl. Wilhelm Boehlendorff an Wilhelm Perlmann, 13.12.1892. Shaar Zion, Boxnr. 23). Die Beschäftigung außerhalb Berlins könnte auch ein Grund dafür sein, dass Boehlendorff seinen Vorsitz bereits 1893 an Heinrich Loewe abgab.

31 Statuten des „Jung Israel, wissenschaftlich-jüdischen Vereins" zu Berlin, § 1 [S. 15].

32 Heinrich Loewe, Leib Estermann, Abraham Lichtenstein, Selig Soskin und Fabius Schach waren bspw. bereits Mitglieder im Russisch-jüdisch wissenschaftlichen Verein.

wissenschaftlichen Verein'" vorstellten,[33] führten immerhin sechs der (offiziell) anwesenden sechzehn Gründungsmitglieder keinen akademischen Titel und gingen keinem akademischen Studium nach.[34]

Personell durchlebte der Verein bis zu seiner Auflösung im Frühjahr 1898 eine recht abwechslungsreiche Geschichte. Diese Geschichte, die in erster Linie das subversive Gefahrenpotential des Vereins für die staatliche Ordnung des Deutschen Reichs anhand seiner Mitglieder, ihrer Anzahl und der besprochenen Themen auslotete, schrieben diverse Schutzmänner im Auftrag der Berliner politischen Polizei. Sie observierten die Versammlungen von Jung Israel durchgängig, kamen aber vergleichsweise schnell zu dem Schluss, dass der Verein politisch völlig „bedeutungslos" sei und keiner permanenten Kontrolle und Überwachung bedürfe.[35] Insgesamt zählte Jung Israel zwischen 1892 und 1898 nur 37 ständige Mitglieder.[36] Durchschnittlich waren allerdings nie mehr als 20 bis 25 Aktivisten gleichzeitig im Verein organisiert. Im ersten Jahr des Bestehens von Jung Israel übernahm der promovierte Chemiker Wilhelm Boehlendorff den Posten des Vorsitzenden. Boehlendorff führte als einziges Mitglied einen Doktortitel und

33 Anzeige der Gründung eines „jüdisch-nationalen Verein Jung-Israel" am 13. Mai 1892. Landesarchiv Berlin APR.Br.Rep. 030/15231, Bl. 17R. Wie Loewe in seinen Erinnerungen ausführte, bestanden mit Leo Mozkin bezüglich der Neuorganisation Differenzen (vgl. Loewe: Sichronot. Kap. Zionistische Regungen, S. 14). In Reaktion auf eine Korrespondenz von Mozkin, in der er die vor allem propagandistischen Erfolge des Russisch-jüdisch wissenschaftlichen Vereins nachzeichnete, schrieb Richard Loewe am 1. Dezember 1891: „Ihre Korrespondenz in Nr. 22 der ‚Selbst-Emmanc[ipation]' sollte wohl zugleich eine Antwort auf meinen vorigen Brief bedeuten, ich habe mich sehr darüber gefreut, möchte aber dennoch auch jetzt noch das Zustandekommen eines aus deutschen Juden bestehenden nationaljüdischen Vereins für eine unerläßliche Grundbedingung für das Vorwärtskommen unserer Bewegung in Deutschland halten." (Richard Loewe an Leo Mozkin, 01.12.1891. CZA, A126/174.) Die Gebrüder Loewe waren sich also in der Organisationsfrage weitgehend einig. Wie ein vorangegangener Brief von Richard an Mozkin offenlegt, war allerdings auch dieser an den Vorbereitungen zur Gründung einer „Berliner Kadimah" beteiligt – wenn nicht sogar einer der Hauptinitiatoren, die sich, wohl auch aus taktischen Gründen, im Hintergrund hielten: „Besonders habe ich mich gewundert, noch nichts über ihre ‚Berliner Kadimah' daraus zu entnehmen. Wird denn der Verein überhaupt nicht zustandekommen [...]? Sie waren doch hier so sehr siegesgewiß, und jetzt können Sie nicht einmal soviel[e] Studenten zusammenbringen, um solchen Verein zu gründen? Da scheint ja wirklich die Sache verloren zu sein, und man möchte am liebsten die Flinte gleich ins Korn werfen, um nicht länger bitteren Enttäuschungen ausgesetzt zu sein." (Richard Loewe an Leo Mozkin, 03.11.1891. CZA, A126/174.)

34 Willy Bambus war bspw. Kaufmann, Hugo Schildberger Buchhändler und Verleger. Ferner rekrutierte sich der neue Verein nicht nur aus Mitgliedern des Russisch-jüdisch wissenschaftlichen Vereins. Richard Loewe, Willy Bambus, Ernst Kalmus, Wilhelm Boehlendorff und Willy Steinberg etwa waren stattdessen aktiv in die Organisation des Vereins Esra involviert und zeitweilig im „Centralcomité" des Esra tätig. Bambus besetzte darüber hinaus einen Posten im Vorstand des am 2. Januar 1892 gegründeten Vereins für jüdische Geschichte und Literatur und war später Sekretär des Vereins zur Abwehr des Antisemitismus. Nach der Gründung des Vereins für jüdische Geschichte und Literatur war er hier zunächst als Beisitzer, seit spätestens 1894 als Sekretär tätig.

35 Bericht den Verein „Jung Israel" betreffend, 11.05.1895. Landesarchiv Berlin APR.Br.Rep. 030/15231, Bl. 32–34, hier Bl. 34R.

36 Die Vorstandarbeit wurde bis 1898 von insgesamt vierzehn Aktivisten erledigt: einem gewissen Ahronstamm, Ernst Schindler, Heinrich Tonn, Heinrich Loewe, Leib Estermann, Louis Leopold, Markus Ehrenpreis, Max Jungmann, Osias Thon, Rudolf Hartmann, Selig Soskin, Theodor Zlocisti, Wilhelm Boehlendorff und Willy Bambus.

wies damit wissenschaftliche Reputation nach. Er war wohl als Einziger finanziell abgesichert.[37] Heinrich Loewe fungierte zunächst als Stellvertreter. Er ersetzte Boehlendorff ein Jahr nach Gründung des Vereins für vier Jahre. Kurz vor seiner Abreise nach Jaffa im Februar 1897 wurde er als Vorsitzender von Jung Israel abgelöst. Osias Thon, mit dem Loewe an der Friedrich-Wilhelms-Universität gemeinsam Philosophievorlesungen besucht haben dürfte und der nur wenige Monate zuvor mit seiner im mittlerweile von Loewe herausgegebenen *Zion* publizierten Abhandlung „Zur geschichtsphilosophischen Begründung des Zionismus"[38] eine richtungsweisende Analyse der historischen Verhältnisse des Übergangs vom jüdischen Messianismus zum Zionismus geliefert hatte, übernahm als Vorsitzender. Die obligatorischen Mitgliederversammlungen waren manchmal nur von zehn bis fünfzehn Teilnehmern besucht, maximal deckte sich die Zahl der Anwesenden mit der maximalen Zahl der Mitglieder des Vereins.[39] Neben ordentlichen Mitgliedern wurden die Versammlungen auch von anderen zionistischen Aktivist*innen besucht. Leo Mozkin, Markus Braude und Richard Loewe, der frühestens 1894 Mitglied wurde, erschienen zum Beispiel regelmäßig zu den Treffen.[40] Wie Loewe in seinen Erinnerungen erwähnt, arbeiteten auch Frauen, mit denen er teilweise schon im Russisch-jüdisch wissenschaftlichen Verein Bekanntschaft gemacht hatte, im Verein mit, ohne dass sie offiziell als Mitglieder geführt wurden.[41]

Die Rekrutierung neuer (Gründungs-)Mitglieder für Jung Israel war weit weniger systematisch, als dies in der Praxis des Russisch-jüdisch wissenschaftlichen Vereins der Fall war.[42] Nicht mehr die Berliner Bahnhöfe dienten als Kontaktzonen, sondern universitäre Einrichtungen und Versammlungsorte bestehender Initiativen. Die Mitgliederwerbung wurde Loewe zufolge von einer kleinen Gruppe Berliner zionistischer Aktivisten betrieben und war oftmals durch den Zufall geleitet. Loewe führt diesen Umstand anhand der neuen Bekanntschaften mit Isidor Spear und Ernst Kalmus exemplarisch vor:

37 Immerhin besaß er nahe der Nordbahn in Charlottenburg eine eigene Immobilie und verfügte zudem über ein Gut in Birkbusch bei Bernau. Vgl. Heinrich Loewe et al. an Nathan Birnbaum, 31.12.1893. CZA, A188/16/10.

38 Osias Thon: Zur geschichtsphilosophischen Begründung des Zionismus [1]. In: *Selbst-Emancipation*, 01.12.1896, S. 319–323.

39 Vgl. Bericht den Verein „Jung Israel" betreffend, 03.04.1894. Landesarchiv Berlin APR.Br.Rep. 030/15231, Bl. 25, 32–33.

40 Vgl. Heinrich Loewe: Sichronot. Kap. Jung Israel. CZA, A146/62, S. 4.

41 Vgl. Loewe: Sichronot. Kap. Judas Töchter; ders.: Sichronot. Kap. Mitwirkung von Frauen: „In Jung-Israel verkehrten regelmässig Rosa T[h]onn, Ruth Müller, zwei Schwestern Josefowicz, mehrere Schwestern Thomaszewski (Hulda, Emma usw.), Selma Zlocisti, Schwester von Theodor und Eugen Zlocisti, Margarete Sachs, die Schwägerin von Willy Bambus, Berta und Lina Grodzin, Verwandte von Dr. Albert Goldberg und Dr. Eugen Kaminsky."

42 Vgl. auch S. 80–81.

In welcher oft fast zufälligen Weise jemand zum Zionismus [zum Verein Jung Israel, F. S.] kam, ergiebt sich aus dem Gewinn einzelner Mitglieder. Schon bei der Begründung von „Jung-Israel" hatte ich Isidor Spear aus Nürnberg herangezogen. Er hat zufällig mit dem Mitgliede unseres Russischen Vereins [Samuel] Wischewiansky an einem und demselben Tische im Laboratorium gearbeitet und dieser hat ihn mit mir bekannt gemacht. Im Verein „Esra" war der Bankier Kalmus als Kassierer des Berliner Lokalvereins tätig. [...] Sein Sohn Ernst studierte Medizin. Im ersten Semester arbeitete er selbstverständlich auf der Anatomie und präparierte Leichen. Bei einer Leiche präparierte er das eine Bein, während das andere sich der studierenden Sorgfalt Leib Estermanns erfreute. Bei der Arbeit sprach man auch über andere Dinge. „Was machen Sie so am Abend" fragte Kalmus nebenbei seinen Kameraden. „Ich bin heute Abend in einem jüdischen Verein". Ein Wort gab das andere, und im Laufe des Gespräches lud Estermann den Kalmus ein, am Abend mit ihm in „Jung Israel" zu gehen, was der annahm, ohne zu ahnen, dass das der Wendepunkt seines ganzen seelischen Strebens würde. Nach mehreren Sitzungen wurde er Mitglied und brachte auch seinen Vater mit, der gern ein ständiger Gast wurde.[43]

Andere Akteur*innen der Gründungsphase kannten sich durch die gemeinsame Arbeit in Berliner Initiativen, waren befreundet oder verwandt: Man wusste voneinander durch gemeinsame Sitzungen des Russisch-jüdisch wissenschaftlichen Vereins. Boehlendorff und Loewe hatten sich auf einer Sitzung des Esra kennengelernt.[44] Hugo Schildberger wiederum war bereits vor der Gründung von Jung Israel mit Boehlendorff befreundet. Schildberger konnte seinen Schwager Siegbert Friedländer für Jung Israel gewinnen. Die weiteren Gründungsmitglieder rekrutieren sich dann tatsächlich aus dem Russisch-jüdisch wissenschaftlichen Verein.[45]
Der Aufnahmeritus in den Zirkel folgte einem vergleichsweise strengen Reglement. Offensichtlich musste ein Eid abgelegt, der Magen David zwangsweise als Zeichen der Differenz getragen werden. Adolf Friedemann dokumentierte diese Praxis in seinem Tagebuch:

Wer in den von ihm [Heinrich Loewe, F. S.] gegründeten Verein „Jung Israel" aufgenommen werden will, der muss sich verpflichten, Leib und Blut hinzugeben für die gute Sache; er muss stets ein Davidszeichen im Knopfloch tragen, damit man ihn nie mit einem der „elenden Europäer" verwechsele etc. etc.[46]

Etwas nüchterner beschreibt Max Jungmann, der ab 1895 Mitglied in Jung Israel wurde, den Eintritt in den Verein:

43 Vgl. Heinrich Loewe: Sichronot. Kap. Jung Israel II. CZA, A/146/62, [S. 3].
44 Ebd., S. 1.
45 Ebd.
46 Adolf Friedemann: Tagebuch, begonnen am 26. Dez. 1893. CZA, A8/68, S. 3.

> Im „Jung Israel“ aufgenommen zu werden, war nicht so leicht wie später in der zionistischen Partei, wo man nur den Schekel und den Landesbeitrag zu entrichten hatte, um als Mitglied zu gelten. Im „Jung Israel“ musste man mindestens dreimal als Gast den Sitzungen beigewohnt haben, dann hatte man mündlich darüber zu berichten, auf welchem Wege man zum Zionismus gekommen wäre, und endlich unterschrieb man ein Revers, in dem ein volles Bekenntnis der Überzeugung und der Freiwilligkeit des Entschlusses zum Eintritt in den Verein niedergelegt wurde. Jetzt erst konnte man aufgenommen werden, wenn kein Mitglied dagegen Einspruch erhob. Und das wurde so wichtig behandelt, als verschriebe man sich einer anarchistischen Sekte oder gar dem Teufel selbst.[47]

In der Perspektive Friedemanns und der Retrospektive Jungmanns konstituiert sich Jung Israel unter dem Vorsitz Loewes als avantgardistischer Zirkel von zionistischen Eiferern. Ihre Notizen geben Grund zu der Annahme, dass Jung Israel die Machtarchitektur des Russisch-jüdisch wissenschaftlichen Vereins zumindest vorübergehend nachahmte. „Cherut Israel“ (Freiheit Israels), jene politische Parole, die zugleich als Bezeichnung des eingeschworenen Kreises fungierte, der von Aktivisten des Russisch-jüdisch wissenschaftlichen Vereins initiiert wurde und nur wenige Tage Bestand hatte,[48] wirkte offensichtlich auf das Selbstverständnis der Aktivisten als Elite des zionistischen Kollektivs. Beachtenswert ist die Funktionsverschiebung des Magen David als nicht mehr ausschließlich kollektives Erkennungszeichen der Jung Israel-Zionisten nach außen, sondern als Zeichen der Abgrenzung innerhalb des zionistischen Kollektivs, das die sogenannten „Palästinenser“ markierte. Diese zionistischen Aktivisten, die ihre Agitationspraxis in den Dienst des Aufbaus des jüdischen Palästinas stellten und sich, wie Friedemann weiter ausführte, mitunter als „radikale Kampfhähne für die Sache unbezahlbar“ machten, „weil sie die Massen anregen“,[49] forcierten zudem die Emotionalisierung von zionistischen Verhandlungsräumen. Eine Rede von Loewe in der Perspektive Friedemanns kann hier als beispielhaft gelten:

47 Max Jungmann: *Erinnerungen eines Zionisten*. Jerusalem: Rubin Mass 1959, S. 17. Brisanz erhielt die Frage der Aufnahme durch kollektiven und einstimmigen Beschluss etwa im Fall von Leo Winz. Winz scheint bereits kurz nach seiner Immatrikulation an der Friedrich-Wilhelms-Universität zum Wintersemester 1892/93 um eine Mitgliedschaft in Jung Israel bemüht gewesen zu sein. Trotz der Vorbehalte von Loewe und seinem „liebsten Freunde“ Selig Soskin wurde er schließlich aufgenommen, verblieb allerdings maximal zwei Jahre im Verein (vgl. Bericht betreffend den Verein ‚Jung Israel‘, 14. Juni 1893. Landesarchiv Berlin, APR.Br.Rep. 030/15231, S. 22; Heinrich Loewe: In eigener Sache. In: *Jüdische Rundschau*, 21.10.1904, S. 352–353, hier S. 353). Hierzu auch Philipp Messner: *Die Kulturzeitschrift* Ost und West *(1901–1923) und der Diskurs um eine jüdisch-nationale Identität*. Magisterarbeit, Philosophische Fakultät III der Humboldt-Universität zu Berlin, 2008 (= Leo Winz und die Diskurse jüdisch-nationaler Identität um 1900. http://www.isotype.ch/assets/Uploads/Winz/Leo%20Winz.pdf (Zugriff am 09.02.2013).

48 Vgl. S. 75–76.

49 Friedemann: Tagebuch, S. 9.

> Dr. Heinrich Löwe sprach sehr hübsch [in der Jüdischen Humanitätsgesellschaft, F. S.] über „2 Jahrhunderte jüd[ische] Heldenkämpfe". Bei seinen Schlussworten: „Und alle Thränen, sie fliessen nach Süden im stillen Verein, sie fliessen und ergiessen sich all in den Jordan hinein", geriet er so in Rührung, dass ihm die hellen Thränen in den Augen standen. Er ist zweifellos ein bedeutender Charakter und vorzüglicher Redner, der auch viel gelernt hat, nur ein unglaublicher Heissporn.[50]

Das Berliner zionistische Kollektiv war handlungsstrategisch beschränkt, da der Großteil seiner Akteur*innen nur unzureichend finanzielle Mittel akquirieren und einsetzen konnte, die etwa zum Aufbau einer eigenständigen Propagandamaschinerie nötig gewesen wären. Ein wirkungsmächtiger zionistischer Diskurs, der von auflagenstarken Presseerzeugnissen und regional und überregional wahrnehmbaren Veranstaltungen getragen und in Gang gehalten werden konnte, fehlte. Zur Einschreibung in relevante öffentliche Diskurse blieb, über die Mobilisierung von Materialen hinaus, die das Subjekt ‚Zionistische Partei' in Artikeln und Broschüren öffentlich sichtbar modellierte, vornehmlich die lautstarke Agitation einzelner Aspekte des zionistischen Programms durch das gesprochene Wort an den jeweiligen Versammlungsorten in Berlin und abseits der Großstadt.

Der erste öffentliche Diskussionsabend des neuen Vereins wurde noch während der Debatte um das Nationaljudentum in *Selbst-Emancipation* und *Israelitischer Wochenschrift* am 17. Januar 1892 im Restaurant Cohn, Königstraße 29, am südlichen Rand des Marienviertels abgehalten.[51] Bis zu seiner Auflösung bewegten sich die Versammelten, die sich mit Ausnahme der Semesterferien wöchentlich, teilweise auch nur jede zweite Woche dienstags oder mittwochs trafen, zunächst am Rande des Zentrums von Berlin. Man traf sich bei Bötzow in der Alten Schönhauser Straße 23–24 – jenem studentischen Hotspot nördlich des Scheunenviertels, in dem sich ebenso Mitglieder des Russisch-jüdisch wissenschaftlichen Vereins und Teile der Studierendenschaft der Hochschule regelmäßig trafen. Bis spätestens Juni 1893 versammelten sich die Aktivist*innen (wieder) im „helle[n] luftige[n] Lokal des jüdischen Restaurants Cohn in der Königstraße"[52]. Spätestens ab dem Jahreswechsel 1893/94 diente das Hotel Centrum in der Alexanderstraße 52–53 genauso wie dem Russisch-jüdisch wissenschaftlichen Verein als ständiges Vereinslokal.[53] Zwischendurch ließ sich Jung Israel bei Rothenberg im Münchener

50 Friedemann: Tagebuch, S. 3. Zu Loewes Promotion vgl. S. 142–144.

51 Vgl. Einladung zum ersten öffentlichen Diskussionsabend von Jung Israel am 17.01.1892. CZA, A146/95.

52 Vgl. Loewe: Sichronot. Kap. Jung Israel, S. 10.

53 Vgl. Heinrich Loewe an [*unbekannt*], 08.08.1894. CZA, A146/95; Postkarte von Joseph Sachs an Heinrich Loewe, 17.05.1894. Shaar Zion, Boxnr. 26.

Hof, Spandauer Straße 11–12, nieder.[54] Hier traf sich ebenso eine ganze Reihe anderer jüdischer Vereine, darunter der Lokalverein und das Zentralkomitee des Esra. Loewe schreibt in seinen Erinnerungen, dass es „mit unserem Wirt Rothenberg" zu einen „merkwürdigen Streit" kam, aufgrund dessen das Vereinslokal per Mitgliederbeschluss boykottiert wurde und man erst später hierher zurückkehrte.[55] Gleichfalls wurden im Hotel König von Portugal in der Burgstraße 12 und im Kölner Hof in der Kaiser-Wilhelm-Straße 29–30 Versammlungen abgehalten.[56]

Die zionistischen Aktivist*innen forcierten die programmatische Öffnung der zionistischen Semantik, deren Elemente bis dato das jüdische Nationalbewusstsein und die ‚Zionsliebe' bildeten. Dies geschah in Berlin zunächst durch die fortschreitende Assoziation mit dem Verein für jüdische Geschichte und Literatur, der ab 1892 durch Diskussionsrunden und Vortragsveranstaltungen erfolgreich das historische und literarische Wissen der Jüd*innen innerhalb des Berliner Zentrums vermittelte und weit öffentlichkeitswirksamer als die dezidiert zionistischen Zirkel in Szene setzte. Als Motor, zugleich als Repräsentation der „Renaissance, [der] Wiedergeburt des jüdischen Volkes" wertete Loewe diese kulturpraktische Arbeit.[57] Parallel zu den von David Cassel bereits 1877 angeregten öffentlichen Montagsvorlesungen an der Hochschule für die Wissenschaft des Judentums und den Vortragszyklen des Vereins zur Unterstützung jüdischer Gelehrter etablierte sich so eine feste Institution in der jüdischen Topographie Berlins, die das jüdische Wissen, größtenteils von ausgewiesenen Expert*innen vorgetragen, in Berlin durch stetig wechselnde Veranstaltungsorte streute. Die viel besuchten Veranstaltungen fanden großenteils in weitläufigen Sälen des Berliner Zentrums statt, etwa im von Franz Schwechten entworfenen Industriegebäude in der Beuthstraße 20. Der große Festsaal „in italienischen Renaissanceformen mit einer Pilaster-Architektur über hohem Paneel, mit Voute und gegliederter waagerechter Decke"[58] dürfte genauso wie das Haus des Architektenvereins in der Wilhelmstraße 92–93 und der blaue Saal des Grand Hotel de Rome, Unter den Linden 39, einen bleibenden Eindruck bei Vortragenden und

54 Loewe: Sichronot. Kap. Jung Israel, S. 11. Ein Inserat in der *Jüdischen Presse* stellte das koscher geführte Hotel Münchener Hof wie folgt vor: „Günstige Lage in unmittelbarer Nähe des Schlosses, der Museen, Bahnhöfe Friedrichstr[aße], Alexanderplatz, Börse, Elegante Festsäle, 200 Personen fassend. Mit allem Comfort der Neuzeit ausgestattete Gesellschafts- und 60 Fremdenzimmer, electrische Beleuchtung; Bäder im Hause. Speisen zu jeder Tageszeit, Diners von M. 0.75 an; echte und hiesige Biere [...]." Die koschere Küche wurde von Esriel Hildesheimer überwacht (vgl. Inserat Hotel Münchener Hof. In: *Die Jüdische Presse*, 22.01.1896, S. 89).

55 Ebd.

56 Vereine und Versammlungen. In: *Jüdische Volkszeitung*, 09.10.1894, S. 4.

57 Heinrich Loewe: Jüdische Geschichtsvereine (Berliner Brief IX.). In: *Jüdische Volkszeitung*, 21.08.1894, S. 1–2, hier S. 1.

58 Architekten-Verein zu Berlin / Vereinigung Berliner Architekten (Hrsg.): *Berlin und seine Bauten*, Bd. 3: Der Hochbau, Teil 2. Berlin: Ernst & Sohn 1896, S. 265.

Publikum hinterlassen haben. Sie vermittelten ein einzigartiges „Raumgefühl“[59]. Gleichfalls machte sich der Verein für jüdische Geschichte und Literatur daran, die Auditorien von ausgewählten Schulen im Berliner Zentrum zu ‚erobern‘.

Die Bespielung der Prunksäle durch Zusammenschlüsse wie dem Verein für jüdische Geschichte und Literatur ist gleichzeitig Ausdruck des hegemonialen Machtgefüges der Topographie des jüdischen Wissens in Berlin. In den folgenden Jahren sind es weniger die Pulte der Vortragenden dieser vom Verein für jüdische Geschichte und Literatur angemieteten, teilweise stattlichen Hallen Berlins, von denen aus Jung Israel-Aktivisten ihre Botschaften in die Öffentlichkeit bringen. Der Veranstaltungskalender, den zunächst die *Allgemeine Zeitung des Judentums* veröffentlichte und der später Teil der *Mittheilungen* des 1894 gegründeten Verbandes der Vereine für jüdische Geschichte und Literatur in Deutschland wurde, zeigt, dass die Berliner Bühnen fast ausschließlich einer bildungspolitischen Elite vorbehalten blieben. Persönlichkeiten wie Gustav Karpeles, David Cassel, Moritz Lazarus, Nahida Remy, Karl Emil Franzos und Albert Katz dominierten das Vortragsprogramm. Einzig Willy Bambus hatte als Mitglied von Jung Israel und Sekretär des Vereins für jüdische Geschichte und Literatur Gelegenheit, das Thema „Die Juden als Soldaten“ am 22. Dezember 1894 im Rahmen eines Diskussionsabends in Cassels Hotel (Burgstraße 16) zu verhandeln.[60] Inwiefern Bambus allerdings bemüht war, Elemente zionistisch-diskursiver Praxis vor dem anwesenden Publikum zu produzieren, kann heute leider nicht mehr entschieden werden. Gleiches gilt weitgehend auch für Loewe, der als Redner im Auftrag des Vereins für jüdische Geschichte und Literatur den Berliner Bühnen des jüdischen Wissens sogar gänzlich fern blieb. Lediglich in den Kleinstädten Guben, Hirschberg (Jelenia Góra) und Tilsit (Sowetsk) erhielt er zwischen 1894 und 1896 Gelegenheit, über „Ein Stück jüdischer Geschichte“, „Die Schule der Alliance Israélite“ und die „Kultur der Juden im Orient“ zu referieren.[61]

59 Habbo Knoch: Das Grandhotel. In: Ders. / Geisthövel (Hrsg.): *Orte der Moderne*, S. 131–140, hier S. 137.

60 Vgl. Bericht über die literarische Thätigkeit der Vereine im Winterhalbjahr 1894/95. In: *Mittheilungen aus dem Verband für jüdische Geschichte und Litteratur* 2 (1895), S. 8–17, hier S. 8.

61 Vgl. ebd., S. 11; Bericht über die literarische Thätigkeit der Vereine im Winterhalbjahr 1895/96. In: *Mittheilungen aus dem Verband für jüdische Geschichte und Litteratur* 3 (1896), S. 8–21, hier S. 8, 14, 21. Anders gestaltete sich die Partizipation zionistischer Vortragender andernorts. In Köln etwa hatten sie einen vergleichsweise hohen Anteil am Gesamtprogramm. Sowohl die Namen der Vortragenden als auch deren Vortragstitel deuten wie bei Loewes Vortrag über die Schule der AIU auf eine Vermittlung dezidiert zionistischer Propageme im Rahmen der Bildungsveranstaltungen der Lokalvereine des Verbands der Vereine für jüdische Geschichte und Literatur in Deutschland nach 1894 hin. Hier referierte Max Bodenheimer bspw. in der Wintersaison 1894/95 über „Josephus und [den] galiläischen Krieg“ und „Napoleon und die Juden“. Der ehemalige Berliner Aktivist Fabius Schach erinnerte an das Lebenswerk von Perez Smolenskin. Smolenskin war bereits Teil des Vortragprogramms des Russisch-jüdisch wissenschaftlichen Vereins gewesen. Elieser Rubinstein sprach in Köln über „Palästina und die jüdische Geschichte“. Vgl. Bericht über die literarische Thätigkeit der Vereine im Winterhalbjahr 1894/95, S. 12.

Jung Israel wurde hinsichtlich öffentlichkeitswirksamer Veranstaltungen in Berlin ab November 1894 selbst aktiv. Sogenannte Dichterabende wurden in den Veranstaltungskalender des Vereins integriert. Äußerst positiv nahm man in der *Allgemeinen Zeitung des Judentums* diese Erweiterung des Programms der zionistischen Aktivist*innen zur Kenntnis, sparte allerdings Kritik an der Organisation der ersten Veranstaltung nicht aus:

> Leider hatte der Vorstand einen zu kleinen Saal genommen, so daß nicht mehr als 170 Personen Platz fanden und überaus zahlreiche Besucher den Rückweg antreten mußten, ohne Einlaß in den Saal zu erhalten.[62]

Bemerkenswert ist, dass man bei den Dichterabenden nicht daran ging, ausschließlich Koryphäen zionistisch-diskursiver Praxis im Rahmen des Vortragsprogramms zu präsentieren. Diese Praxis, die noch im Russisch-jüdisch wissenschaftlichen Verein bemüht wurde, modifizierte man. Mit der Darbietung des Lebenswerks des Begründers der *Allgemeinen Zeitung des Judentums* und „Vorkämpfer[s] für die Förderung einer deutsch-jüdischen Literatur"[63], Ludwig Philippson, auf dem ersten Dichterabend am 22. November 1894 wurde ein Prozess der inhaltlichen Öffnung fortgesetzt, welcher schon anlässlich des zweiten Stiftungsfests am 7. März 1894 eingeleitet wurde. Mit einem aufwendig gestalteten Zirkular lud Jung Israel damals in den zweigeschossigen Saal des Vereins junger Kaufleute im Industriegebäude[64], Beuthstraße 20, zur Aufführung von *Esterka*, einem Trauerspiel aus der Feder Philippsons, das die Geschichte um die legendäre Jüdin Esterka thematisiert.[65] Fortan assoziierte sich der Zionismus in Berlin bewusst mit zentralen Akteuren, die an der Produktion „deutsch-jüdischer Literatursphären"[66] mitwirkten.[67] Diese Praxis der Grenzverschiebung zielte darauf ab, zionistische Semantiken um Fragmente einer allgemeineren jüdischen Kulturpraxis zu ergänzen und diese dadurch zu rekontextualisieren. Auch eine Würdigung Leopold Zunz' anlässlich seines 100. Geburtstags, die Loewe in der Ausgabe der *Jüdischen Volkszeitung* vom 21. August 1894 veröffentlichte, deutete diese Tendenz an: Zunz wurde

62 Korrespondenzen und Nachrichten / Deutschland / Berlin [8]. In: *Der Gemeindebote*, 30.11.1894, S. 2–3, hier S. 2.

63 Michael Brenner: *Jüdische Kultur in der Weimarer Republik*. München: Beck 2000, S. 26.

64 Zur Anlage des Vereinshauses vgl. Heinrich Wagner: b) Gebäude für kaufmännische Zwecke. In: *Handbuch der Architektur*, Bd. 4,4: Entwerfen, Anlage und Einrichtung der Gebäude, hrsg. v. Josef Durm / Herrmann Ende / Eduard Schmidt / Heinrich Wagner. Darmstadt: Diehl 1884, S. 316–319, hier S. 317.

65 Vgl. Ludwig Philippson: Esterka, ein Trauerspiel in vier Aufzügen. In: Ders.: *Saron: Gesammelte Dichtungen in metrischer und prosaischer Form*, Bd. 1. Magdeburg: Falckenberg 1844, S. 267–391.

66 Brenner: *Jüdische Kultur in der Weimarer Republik*, S. 26.

67 Philippson, der noch 1862 nur widerwillig Moses Hess' *Rom und Jerusalem* in der *Allgemeinen Zeitung des Judentums* besprechen ließ, hätte persönlich sicherlich etwas dagegen gehabt, mit dem Zionismus in Beziehung gesetzt zu werden (vgl. Michael A. Meyer: *Antwort auf die Moderne. Geschichte der Reformbewegung im Judentum*. Wien: Böhlau 2000, S. 301).

dem Lesepublikum nicht nur als „Hauptbegründer der Wissenschaft des Judenthums" vorgestellt, „sondern [als] einer der Väter des emporblühenden Neujudaismus [...], der, von der Wissenschaft des Judentums ausgehend, heute den nationaljüdischen zionistischen Gedanken geschaffen hat".[68]

Der Ablauf des Dichterabends gibt Aufschluss darüber, wie sich diese Praxis des narrativen *displacement* performativ ausgestaltete. Sie konstituierte sich als Bühne einer flüchtigen sozialen Formation: Ein Kollektiv aus zionistischen Aktivist*innen unterschiedlicher Zusammenschlüsse, dem Publikum, zentralen Akteuren der Berliner jüdischen Kulturproduktion (wie Martin Philippson und Hirsch Hildesheimer), gesprochenen Textfragmenten einer bedeutenden Persönlichkeit des deutschsprachigen Judentums, Ludwig Philippson, und gesungenen Liedern schuf jenen ephemeren Verhandlungsraum:

> Nach zwei kurzen einleitenden Vorträgen, in denen die Herren Zlocisti und Bambus über Leben und Werke Ludwig Philippsons sprachen, fanden Vorlesungen aus seinen bedeutendsten Werken statt, woran sich eine Ansprache des Vorsitzenden Herrn Dr. Heinr. Loewe über die Bedeutung Philippsons für das Judentum anschloss. Sodann fand ein K o m m e r s statt, wobei verschiedene Lieder (u. a. eins von Salomon ben Gabirol) gesungen wurden[.] Bei dem Kommers hielten die Herren Prof. Dr. Philippson und Dr. Hildesheimer begeisterte Reden, die von der Corona mit Enthusiasmus aufgenommen wurden[.] Ebenso fanden die Ansprachen der Herren Dr. H. Loewe, O. Thon und stud. jur. Loewenstein (von der akademischen Verbindung Sprevia) lebhaften Beifall.[69]

Die Veranstaltung wurde studentisch inszeniert. Man ahmte gängige Praktiken anderer Zusammenschlüsse nach, indem die kulturelle Praxis dem Kommers – einem etablierten Ritual in studentischen Kreisen – folgte.[70] Sowohl auf den Veranstaltungen von Jung Israel als auch auf Versammlungen der im Entstehen begriffenen jüdischen Studentenverbindungen spielten Lieder eine besondere Rolle. Deren instrumentelle Funktion bestand darin, Gruppensolidarität zu simulieren und zu erzeugen.[71]

68 Heinrich Loewe: Leopold Zunz. In: *Jüdische Volkszeitung*, 21.08.1894, S. 3–4.

69 Korrespondenzen und Nachrichten/Deutschland/Berlin [8]. In: *Der Gemeindebote*, 30.11.1894, S. 2–3, hier S. 2.

70 Bereits zwei Jahre zuvor rief Max Oppenheimer, der zu diesem Zeitpunkt aktiv in die beginnende Selbstorganisation jüdischer Studierender im Deutschen Reich eingebunden war, dazu auf, dem Beispiel der 1890 in Heidelberg gegründeten, schlagenden jüdischen Verbindung Badenia zu folgen und als Zeichen des ehrenhaften Widerstands (vgl. Miriam Rürup: *Ehrensache*, S. 179–199 (Kap. „Der Code der Zugehörigkeit: Ehre") gegen den grassierenden Antisemitismus an deutschen Universitäten (vgl. Norbert Kampe: *Studenten und ‚Judenfrage' im Deutschen Kaiserreich*. Göttingen: Vandenhoeck & Ruprecht 1988) jüdische Studentenverbindungen im ganzen Land zu gründen. Vgl. Max Oppenheimer: Jüdische Studenten-Vereinigungen. In: *Allgemeine Zeitung des Judentums*, 21.10.1892, S. 508).

71 Vgl. Philip Vilas Bohlman: Before Hebrew Song. In: Michael Berkowitz (Hrsg.): *Nationalism, Zionism and Ethnic Mobilization of the Jews in 1900 and Beyond*. Leiden / Boston: Brill 2004, S. 25–60, hier S. 29.

Als Handreichung für Veranstaltungen jeglicher jüdischer Vereine veröffentliche Loewe im selben Jahr sein *Liederbuch für jüdische Vereine* bei seinem Jung Israel-Kollegen Hugo Schildberger. Über das Buch, das 1898 neu aufgelegt wurde, wird Theodor Herzl noch zur Jahrhundertwende schreiben, dass, soweit er wisse, bis auf Loewes *Liederbuch* keinerlei zionistische Literatur existiere, die „belehrenden und unterhaltenden Charakters" wäre.[72] Loewe produzierte bis zu diesem Zeitpunkt (und auch später) eine ganze Reihe eigener Dichtungen, die oftmals auf biblischen Stoffen basieren. Er übersetzte aus dem Hebräischen und sammelte anderweitig fremdsprachliches Liedmaterial.[73] Das aus diesem vielschichtigen Sammelsurium zusammengestellte *Liederbuch* lässt sich mit Jascha Nemtsov als narrativer Grenzraum beschreiben, der sich „mit seiner ein wenig deklarativen Zionsliebe [...] zum großen Teil mithilfe von Motiven bekannter deutscher Studentenlieder artikuliert[e]".[74] Das weltweit erste Liederbuch dieser Art verflocht jüdisch-traditionelle Texte und Melodien mit Texten und Melodien deutscher Volkslieder, die der Mehrzahl der Versammelten bekannt gewesen sein dürften. Loewe besorgte die Herstellung dieses „synthetic product of the editor's imagination"[75] nahezu im Alleingang. In einem Brief an Nathan Birnbaum schilderte er kurz vor Veröffentlichung Ende Februar 1894 die Schwierigkeiten, die mit der Zusammenstellung der Lieder verbunden waren. Gleichfalls beklagte er die mangelnde Hilfe durch andere, die ungenügende Ausstattung und die unzureichende Qualität des spontanen Projekts. Loewe deutete ferner an, dass die Verknüpfung der Melodien deutscher Volkslieder mit traditionellen jüdischen Melodien eher einer gewissen Pragmatik im Herstellungsprozess des *Liederbuchs* entsprungen sei:

72 Theodor Herzl: (2278) an M. Kriwer, 17.02.1900. In: Ders.: *Briefe und Tagebücher*, hrsg. v. Alex Bein / Hermann Greive / Moshe Schaerf / Julius H. Schoeps / Johannes Wachten, Bd. 5: Anfang Dezember 1898–Mitte August 1900. Berlin: Propyläen 1983, S. 319.

73 Die Blüten dieser Lese sammelte er unter dem Titel „Jüdische Klänge" in einem zweibändigen, unveröffentlichten Manuskript (vgl. Heinrich Loewe: Jüdische Klänge. Übersetzungen und Lieder, Bd. 1. Shaar Zion, Boxnr. 42; ders.: Jüdische Klänge. Übersetzungen und Lieder, Bd. 2. Shaar Zion, offener Bestand). Darüber hinaus finden sich zahlreiche Arbeiten in seinem Nachlass, die teilweise in Zeitungen, teilweise als Einzeldrucke veröffentlicht wurden (vgl. Heinrich Loewe: [Es tobt und braust die wilde Schlacht ...]. Shaar Zion, Boxnr. 4; ders.: Klage Jehuda's um Zion. CZA, A89/7/1; ders.: Aphorismen. Shaar Zion, Boxnr. 3; ders.: o. T. [Man hat von Heinzelmännchen ...]. Ebd.; ders.: Ich möchte gerne singen! Ebd.; ders.: Kiwitt – Komm mit! Ebd.; ders.: Rose von Saaron. Ebd.; ders.: Auf mein Volk. CZA, A146/27; ders.: Rachel weint um ihre Kinder von A. Rakowski. Ebd.; ders.: Am Weiher. Ebd.; ders.: Der König im Walde. Ebd.; ders.: Eine Liebesgeschichte in Spanien. Ebd.; ders.: Wurschtzippel. Shaar Zion, Boxnr. 42; ders.: Bertha's Blick. Ebd.; ders.: Bundeslied des jüdisch-nationalen Vereins Jung-Israel. CZA, A146/95.

74 Nemtsov: *Zionismus in der Musik*, S. 351–352. Zur jüdischen Musik vgl. auch Philip Vilas Bohlman: *Jüdische Volksmusik. Eine mitteleuropäische Geistesgeschichte.* Wien: Böhlau 2005; Beatrix Borchard / Heidy Zimmermann (Hrsg.): *Musikwelten – Lebenswelten. Jüdische Identitätssuche in der deutschen Musikkultur.* Köln: Böhlau 2009.

75 Bohlman: Before Hebrew Song, S. 30.

> Auf das Liederbuch sich zu freuen, ist ein unverbesserlicher Optimismus! Der Gedanke nämlich an sich war gut, aber zur Ausführung fehlte es doch an jeder Vorarbeit und jeder Hilfe. Noten sind nur 8 darin, davon nur 2 neue, das andere: eine bekannte jüdische, die übrigen gebräuchliche deutsche Liederweisen. Freilich was konnte für 50 M[ark] geboten werden, wenn man nicht einmal darauf rechnen kann, daß die nationalen Vereine selbst das Buch kaufen. [...] Die Ausstattung hat mir Schildb[er]g[er] versprochen soll gut sein.[76]

Das *Liederbuch* wurde im entstehenden zionistischen Archipel weitläufig zirkuliert. Im August 1894 bat Bambus Loewe neben anderem Material, zwei Exemplare des *Liederbuchs* zum Einsatz für die Propagandaarbeit vor Ort nach Karlsbad (Karlovy Vary) zu schicken.[77] Auch in den weiteren zionistischen Zentren, Köln und Wien, setzte Loewe, vermittelt durch andere Aktivisten wie Zlocisti, Bodenheimer und Birnbaum, das *Liederbuch* ab.[78] Ferner beantragte Arthur Hantke auf der konstituierenden Sitzung der VJSt im Juli 1895 die Anschaffung von zehn Exemplaren des „Löweschen Liederbuches".[79]

Einige Monate vor Einbindung der Dichterabende in den Veranstaltungskalender Jung Israels transformierte sich auch ein anderer Ort zum flüchtigen zionistischen Verhandlungsraum: Am 11. Juli 1894 – Loewes 25. Geburtstag – verteidigte er seine Doktorarbeit in der Aula der Universität. Das Thema, *Richard von San Germano und die ältere Redaktion seiner Chronik, 1.Teil*[80], wurde an ihn von Richard Sternfeld herangetragen. Die öffentliche Verteidigung war Bestandteil eines mehrstufigen Prozederes, das Loewe ab Mai 1893 zu durchlaufen begann. Er musste zunächst die Zulassung zur Promotion bei der Philosophischen Fakultät beantragen. Dazu reichte er seine Arbeit nebst seiner philosophischen Thesen an seinen Dozenten Wilhelm Wattenbach weiter, der die Begutachtung der Schrift übernahm und der Arbeit das Prädikat „diligentiae et doctrinae specimen probabile"[81] (wörtlich: ein löbliches Muster von Gründlichkeit und Gelehrsamkeit) verlieh. In dem Gutachten von Wattenbach hieß es zu Loewes Arbeit:

76 Heinrich Loewe an Nathan Birnbaum, 27.02.1894. CZA, A188/17/4.

77 Willy Bambus an Heinrich Loewe, 13.08.1894. CZA, A146/101.

78 Postkarte von Heinrich Loewe an Nathan Birnbaum, 19.03.1894 [Poststempel]. CZA, A188/17/14; Heinrich Loewe an Nathan Birnbaum, 27.02.1894. CZA, A188/17/14; Heinrich Loewe an Max Bodenheimer, 20.03.1894. CZA, A15/97/5; Heinrich Loewe an Nathan Birnbaum, 14.04.1894. CZA, A188/17/14.

79 Vgl. Aus dem Archiv. In: *Der Jüdische Student* 7,2–3 (1910), S. 58–60, hier S. 58.

80 Heinrich Loewe: *Richard von San Germano und die ältere Redaktion seiner Chronik*. Halle an der Saale: Niemeyer 1894.

81 Promotionen 5.7.1894–1.8.1894. Archiv der Humboldt-Universität zu Berlin, Phil. Fak. 322, Bl. 137R. Ich danke Markus Altmeyer, der das Prädikat freundlicherweise übersetzt hat.

Die Arbeit des cand. H. Loewe besteht in einer genauen und sorgfältigen Untersuchung der durch [Augusto] Gaudenzi erst kürzlich entdeckten und bekanntgemachten Chronik des Richard von San Germano, welche [nun] von 1208 bis 1226 reicht und dem Abt von Monte[82] gewidmet ist. [...] Es fehlt nicht an sachlichen Erörterungen, welche eine genaue Bekanntschaft mit der betr. Literatur und gesundes Urteil erkennen lassen.[83]

Wattenbach beantragte anschließend gemeinsam mit Paul Scheffer-Boichorst die Zulassung zur Promotion. Das Gutachten und den Antrag legten sie dem gesamten Kollegium der Philosophischen Fakultät vor. Unverzüglich stimmte man ab und befürwortete Loewes Zulassung. Erst im zweiten Versuch allerdings bestand Loewe am 5. März 1894 die mündliche Promotionsprüfung, nachdem er ein Jahr zuvor bei den Professoren Wattenbach, Eduard Zeller, Max Lenz und Eberhard Schrader mangels „unsicherer" und „lückenhafter" Antworten auf Lenz' Fragen zur mittelalterlichen Geschichte und „zur Noth genügend[er]" Ausführungen über hebräisch-philologische Themenkomplexe durchgefallen war.[84] Die Promotionsordnung der Philosophischen Fakultät der Friedrich-Wilhelms-Universität sah vor, dass Kandidat Loewe von der Prüfungskommission über sein Hauptfach Geschichte und 1. Nebenfach Hebräisch hinaus im zweiten, für alle Studierenden obligatorischen Nebenfach Philosophie geprüft werden müsse.[85] Loewes philosophische Thesen wurden in der öffentlichen Verteidigung unter Vorsitz des Prodekans Otto Hirschfeld – ein getaufter Jude, wie Loewe in seinen Erinnerungen bemerkt[86] – besprochen. Insbesondere durch die Verhandlungen der letzten von Loewe vorgelegten These, „Die neue jüdische Nationalidee ist nicht aus dem Messiasglauben entstanden", verschwommen die Grenzen der Universität und die Aula konvertierte sich in einen zionistischen Aktionsraum:

Ich hatte Gelegenheit[,] mein nationaljüdisches Programm zu entwickeln. Das Gesicht des Prodekans wurde länger und länger, und wir hielten vor einem grossen Publikum, das die Aula füllte eine zionistische öffentliche Versammlung ab, bis endlich alle drei Opponenten erklärten, dass sie von meinen Ausführungen befriedigt seien. Dann bestieg der Prodekan die höhere Kanzel und überreichte mir mit den üblichen lateinischen Segensworten, nachdem der Doktoreid gesprochen war, das Diplom [...]. Darauf stieg ich also hinauf, um die üblichen Dankesworte der Universität, Fakultät, dem Prodekan, den Dozenten, und zuletzt der Festversammlung auszusprechen. Das tat ich in der vorgeschriebenen

82 Gemeint ist Friedrich von Lothringen (Papst Stephan IX.), der 1057 zum Abt von Monte Cassino gewählt wurde.

83 Ebd.

84 Ebd., Bl. 141–141R.

85 Vgl. Promotionsordnung für die philosophische Fakultät von 1809. In: *Die philosophische Doktorwürde an den Universitäten Deutschlands mit Textabdruck der amtlichen Satzungen*, hrsg. v. Otto Schröder. Halle an der Saale: Buchhandlung des Waisenhauses 1908, S. 14–17, hier § 11, S. 16.

86 Heinrich Loewe: Sichronot. Kap. Die Promotion. CZA, A146/62, S. 3.

Form und fügte dann den Dank an die Opponenten hinzu, die sich heute zu meinen Thesen in Opposition befunden hätten, die aber morgen und zu allen Zeiten, wie gestern und ehegestern, mit mir weiter arbeiten würden, um die jüdische Zukunft, die Ehre und Würde der jüdischen Nation und die alte freie Heimat wieder herzustellen. Das war dem Prodekan doch zu viel. Aber er war machtlos, da der Festakt eben mit diesem Danke des neugebackenen Doktors bereits geschlossen war. Hochrot im Gesicht sagte er zu mir: „Aber wenigstens die letzte Bemerkung war durchaus unangebracht".[87]

Bei den Opponenten handelte es sich um Wilhelm Boehlendorff, Selig Soskin und Max Oppenheimer, mit denen Loewe schon einige Zeit in zionistischen Zusammenhängen arbeitete. Loewes Ausführungen deuten darauf, dass das Setting dieses letzten Teils seiner Disputation arrangiert und damit jene Politisierung der Veranstaltung zwischen den vier zionistischen Aktivisten im Vorfeld abgesprochen worden war.
Auf Initiative von Max Oppenheimer, Adolf Friedemann, Ernst Caro und Louis Aaron gründete sich nur fünf Monate vor Loewes mündlicher Prüfung am 19. Oktober 1893 die Jüdische Humanitätsgesellschaft im Central-Hotel (Friedrichstraße 143–149) – „Passantenhotel"[88] und mit seiner 100 Meter langen Straßenfront größtes Gasthaus Berlins[89]. Dank der Tagebuchaufzeichnungen Adolf Friedemanns, der in der ersten Legislaturperiode den Posten des Stellvertreters im Verein übernahm, gewinnt man Einblicke in diesen signifikanten studentischen Verhandlungsraum des Zionismus, der sich zugegebenermaßen weitaus „farbloser"[90] in der jüdischen Öffentlichkeit präsentierte als das radikal-zionistische Labor Jung Israel. Der Zusammenschluss mit dem „recht nebelhaft[en]"[91] Namen wollte sich der „Ansiedlung armer Juden in Palästina und [der] Bekämpfung des Antisemitismus"[92] widmen. Den Vorschlag Oppenheimers, den Zusammenschluss als schlagende Verbindung zu gründen, wurde zurückgewiesen.[93] Die Jüdische Humanitätsgesellschaft war im Gegensatz zu Jung Israel darum bemüht,

87 Heinrich Loewe: Sichronot. Kap. Die Promotion. CZA, A146/62, S. 3.

88 Volker Wagner: *Die Dorotheenstadt im 19. Jahrhundert. Vom vorstädtischen Wohnviertel barocker Prägung zu einem Teil der modernen Berliner City.* Berlin / New York: de Gruyter 1998, S. 654.

89 Vgl. Friedemann: Tagebuch, S. 1. Zum Central Hotel vgl. Architekten-Verein zu Berlin / Vereinigung Berliner Architekten (Hrsg.): *Berlin und seine Bauten*, Bd. 3: Der Hochbau, Teil 2, S. 24; Peter Jelavich beschreibt das Central Hotel wie folgt: „When the Central-Hotel opened in Berlin in 1880, it boasted an enormous (2300-square-meter), glassed-decked winter garden. Its owners soon put it to more profitable use, first as a ballroom, and eventually (by 1887) as a vaudeville hall. They proceeded to book the most famous stars of the vaudeville circuit, and the Wintergarten eventually became Europe's most prestigious variety theater." (Peter Jelavich: Modernity, Civic Identity and Metropolitan Entertainment. Vaudeville, Cabaret and Revue in Berlin 1900–1933. In: Haxthausen / Suhr (Hrsg.): *Berlin. Culture and Metropolis*, S. 95–110, hier S. 97.)

90 Yehuda Eloni: *Zionismus in Deutschland*, S. 67; ders.: Die umkämpfte nationaljüdische Idee, S. 647; Lichtheim: *Geschichte des deutschen Zionismus*, S. 118.

91 Reinharz: Zur Einführung, S. XXIV.

92 Friedemann: Tagebuch, S. 1.

93 Ebd.

nach Außen ohne vermeintlich abschreckende propagandistische Gesten auszukommen, um sich als Sammelbecken weitläufigerer studentisch/akademischer Zirkel zu profilieren. Folgt man dem Tagebuch von Friedemann weiter, eröffnen sich dem*der Leser*in die ganze Breite der zionistischen Aktionsräume in Berlin und zugleich der hohe Grad institutioneller Verflechtungen der einzelnen Aktivist*innen in der Stadt und darüber hinaus nach 1893. Mehrfachmitgliedschaften in allen möglichen zionistischen Initiativen waren eher die Regel als die Ausnahme. Dies gilt insbesondere für die Jung Israel-Zionist*innen, die – wenn auch nicht immer im Vorstand der jeweiligen Zusammenschlüsse – als Mitglieder und ständige Gäste von Veranstaltungen *ihren* Zionismus an den Verhandlungsorten zur Disposition stellten. Die Jüdische Humanitätsgesellschaft etwa rekrutierte ihre Redner sowohl aus dem zionistischen Kollektiv, das sich zunehmend im Esra und in Jung Israel organisierte, als auch aus Vereinen wie dem Verein für jüdische Geschichte und Literatur. Loewe, Bambus, Thon und Hildesheimer frequentierten regelmäßig mit ihren Referaten die Veranstaltungen der Gesellschaft. Ihre hier dargebotenen Themen waren meist deckungsgleich mit den Themen, über die bspw. Bambus und Hildesheimer im Rahmen der Veranstaltungen des Vereins für jüdische Geschichte und Literatur referierten. Auch Gustav Karpeles produzierte das jüdische Wissen vor dem vergleichsweise großen Publikum der Veranstaltungen der Jüdischen Humanitätsgesellschaft.[94]

In der zweiten Junihälfte 1895 beschlossen Selig Soskin, Richard Loewe, Max Oppenheimer, Walter Munk, Robert Hantke und Theodor Zlocisti die Gründung „eines neuen Vereins auf studentischer corporativer Grundlage“[95]. Zu diesem Zeitpunkt bestand mit der Sprevia bereits eine schlagende und farbentragende jüdische Studentenverbindung in Berlin, die immerhin im Juni 1895 über 24 aktive Mitglieder verfügte,[96] während die Jüdische Humanitätsgesellschaft sich offenbar im „starken Rückgang“ befand.[97] Auf Vorschlag Friedemanns, der gemeinsam mit Walter Munk den Statutenentwurf ausgearbeitet hatte, erhielt der neue Zusammenschluss den Namen Vereinigung jüdischer Studierender (später Verein Jüdischer Studenten an der Universität Berlin) – augenscheinlich eine bewusst gewählte Antwort auf den im Januar 1881 gegründeten Verein Deutscher Studenten, der sich damals aus den Komitees zur Verbreitung der sogenannten Antisemiten-Petition[98] rekrutierte. Die VJSt gründete sich schließlich am

94 Vgl. ebd., S. 3–4. Friedemann beziffert die Anzahl der Anwesenden bei einem Vortrag von Hildesheimer auf immerhin 200 Gäste. Bis 20. Februar 1894 waren zudem 55 Mitglieder im Verein organisiert.

95 Friedemann: Tagebuch, S. 11.

96 Vgl. ebd.

97 Ebd., S. 7.

98 Mit der ‚Antisemiten-Petition‘, die im Zuge des „Berliner Antisemitismusstreits“ von Max Liebermann von Sonnenberg und anderen Antisemiten aus der „Berliner Bewegung“ initiiert wurde, forderte eine viertel Millionen Unterzeichnender von Bismarck, die Emigration von osteuropäischen Jüd*innen zu unterbinden, Juden von „obrigkeitlichen Stellungen, insbesondere vom Richteramt“ auszuschließen, jüdische

4. Juli 1895.[99] Zu dieser Versammlung erschienen u. a. auch Leo Mozkin und Mitglieder der Sprevia, die die Verfassung der Vereinigung mitdiskutierten. Unter heftigem Streit wurden die Statuten beschlossen.[100] Am gleichen Tag platzierte die VJSt einen Aufruf am Schwarzen Brett der Friedrich-Wilhelms-Universität,[101] der die Vereinigung als Nachahmung der Sprevia im größeren Maßstab ausweist, aber auch einige Elemente der dezidiert zionistischen Zusammenschlüsse übernimmt: Der mittelalterliche gelbe „Schandfleck" sollte in der Couleur der Verbindung, in der sich die Farben Blau, Weiß und Gelb wiederfanden, zum „Ehrenzeichen" werden, der jüdische Körper sich als „gestählter" Körper neu definieren. Jüdisches Selbstbewusstsein sollte öffentlich sichtbar zur Schau gestellt, die „Pflege jüdischer Geschichte und Literatur" zu einem Kernbereich der Verbindungspraxis werden. Die zentrale Forderung der VJSt bestand darin, sich gegen den Antisemitismus zu wehren, ein Zeichen gegen ihn zu setzten – Reaktion zu sein. Aus heutiger Sicht ordnet sie sich dadurch eher in die Reihe „jüdischer Abwehrorganisationen"[102] ein, die seit Mitte der 1880er Jahre im Deutschen Reich entstanden und im Central Verein deutscher Staatsbürger jüdischen Glaubens (CV) nach seiner Gründung im März 1893 eine ihrer wichtigsten Organisationen hatten, anstatt in Berlin bruchlos eine im Entstehen begriffene, radikale zionistische Tradition fortzusetzen.[103] Wenige Tage nach der Gründungsversammlung fand am 10. Juli 1895 der erste Konvent statt.[104] Hier stattete sich die VJSt mit dem Arsenal einer Studentenverbindung aus: Fahnen und Wappenschilder für das Vereinslokal, das man beschloss im von Jung Israel erprobten Münchener Hof in der Spandauer Straße zu eröffnen, wurden besorgt. Die für Duelle obligatorische Klingel, die das Herantreten der Duellanten an die Kreislinie signalisiert, und zwei Glockenschläger beschloss man anzuschaffen.[105] Auf den vollständigen Wichs – die festliche Bekleidung von Repräsentanten der studentischen

Lehrende an Volksschulen zu verbieten, die Zahl jüdischer Lehrender an weiteren Schule stark zu begrenzen und die amtliche Statistik über die jüdische Bevölkerung wieder aufzunehmen. Abgedruckt ist die Petition in Karsten Krieger (Hrsg.): *Der „Berliner Antisemitismusstreit" 1879–1881. Eine Kontroverse um die Zugehörigkeit der deutschen Juden zur Nation*. München: Saur 2003, Bd. 2, S. 579–583.

99 Vgl. Aus dem Archiv. In: *Der Jüdische Student* 7,2 (1910–1911), S. 58–60, hier S. 58.

100 Friedemann: Tagebuch, S. 11.

101 Aufruf der „Vereinigung Jüdischer Studierender" zu Berlin, 04.07.1895. In: Reinharz (Hrsg.): *Dokumente zur Geschichte des Deutschen Zionismus*, S. 34–35, hier S. 35.

102 Avraham Barkai: *Der Centralverein deutscher Staatsbürger jüdischen Glaubens 1893–1938*. München: Beck 2002, S. 23.

103 Zionismus trat im VJSt erst mit der Gründung der Zionistischen Weltorganisation in der Vordergrund. Die VJSt ging 1901 im dezidiert zionistischen Bund Jüdischer Corporationen auf, zu dessen ersten Präsidiumsmitgliedern eine ganze Reihe von ehemaligen VJStlern gehörte, darunter bspw. Heinrich Loewe, Adolf Friedemann, Max Jungmann, Arthur Hantke und Theodor Zlocisti (vgl. Schäfer: *Berliner Zionistenkreise*, S. 32–33).

104 Vgl. Walter Munk an Kadimah, 23.07.1895. CZA, Z1/1.

105 Zum studentischen Duell vgl. Lisa F. Zwicker: *Duelling Students. Conflict, Masculinity, and Politics in German Universities, 1890–1914*. Ann Arbor: University of Michigan Press 2011, S. 37–60 (Kap. „Performing German Student Life: The Duel, the Honor Code, and the Fraternities").

Korporation zu besonderen Anlässen – verzichtete man, stattdessen entschieden die Mitglieder, zwei Cerevisen (Studentenmützen) und zwei Schleifen anfertigen zu lassen.[106] Beachtenswert ist, dass die Mitglieder nach „längerer Debatte" beschlossen, statt, wie in anderen Verbindungen üblich, ein deutsches oder lateinisches Motto auf den Wappenschild zu setzen, das hebräische Original von Hillels Ausspruch „Wenn ich nicht für mich sorge, wer dann?" (Pirkei Avot 1,14; אם אין אני לי, מי לי?) wählten.[107] Auf der Inauguralsitzung wurden ferner zwei Kommissionen eingerichtet. Heinrich Loewe trat zusammen mit Samuel Rappaport und David Feitelberg in die wissenschaftliche Kommission ein, die zukünftig Vortragsveranstaltungen von Mitgliedern an der Universität organisieren sollte. Theodor Zlocisti, Ahronstamm, Max Jungmann und Albert Goldberg wurden in die Agitationskommission gewählt.[108] Schon auf der kommenden Generalversammlung trat Loewe aus der wissenschaftlichen Kommission aus und übernahm ab dem 14. November 1895 den Posten des Turn- und Fechtwarts, der zum Vorstand der VJSt gehörte.[109]

Nach Einrichtung der VJSt verstärkte sich die transregionale Netzwerkarbeit von zionistischen Aktivisten, die Mitglieder der Verbindung waren, in studentischen Kreisen: Die VJSt knüpfte vergleichsweise schnell Beziehungen zu anderen jüdischen Studentenverbindungen in Österreich, Mitglieder besuchten dort diverse Feierlichkeiten.[110] Auch wenn die Verbindung keinen dezidiert zionistischen Charakter hatte,[111] gelang es, die entstehende Infrastruktur im universitären Bereich als Bühne für zionistische Propaganda zu nutzen. Als Beispiel kann etwa Loewes Vortrag gelten, in dem er während des Wintersemesters 1895/96 von seiner Reise nach Palästina und über die dortigen jüdischen ‚Kolonien' berichtete.[112] Ein weiteres Beispiel dafür, dass die Aktionsräume des VJSt sich vorübergehend als zionistische Aktionsräume konstituierten, ist die Makkabäerfeier vom 16. Dezember 1895, die der VJSt in seinem Vereinslokal im Münchener Hof abhielt. Immerhin entschied man bereits durch den Titel, dass man das Chanukkafest in einer säkularisierten und nationalisierten Variante feiere, die auf die Erfindung der Kadimah in Wien zurückgeht.[113] Zur ersten studentischen Feier dieser

106 Vgl. Aus dem Archiv. In: *Der Jüdische Student* 7,2 (1910–1911), S. 58–60, hier S. 58.

107 Vgl. ebd., S. 59.

108 Vgl. ebd.

109 Vgl. Aus dem Archiv des B. J. C. II. Bericht über das 2. Semester der „Vereinigung Jüdischer Studierender" Winter 1895/96. In: *Der Jüdische Student* 5,2 (1908–1909), S. 40–44, hier S. 41.

110 Vgl. ebd., S. 42.

111 Für eine Wahrnehmung der VJSt in der Öffentlichkeit als nicht-zionistischer, eventuell auch als neutraler Zusammenschluss, spricht bspw. eine einmalige Subvention des Vereins durch den CV im Winterhalbjahr 1896/97 (vgl. ebd.).

112 Vgl. Aus dem Archiv des B. J. C. II. Bericht über das 2. Semester der „Vereinigung Jüdischer Studierender" Winter 1895/96, S. 41.

113 Die Kadimah veranstaltete erstmals 1883 eine solche Makkabäerfeier. Hierzu auch S. 116, Anm. 215.

Art in Berlin wurden Professoren und Studierende eingeladen, ferner Mitglieder jüdischer Verbindungen aus Berlin und Österreich.[114] Unter den ca. 100 Gästen war auch Leopold Landau, Professor für Gynäkologie an der Friedrich-Wilhelms-Universität und später Mitbegründer der Akademie für die Wissenschaft des Judentums in Berlin. „Prof. Landau", notierte Friedemann in sein Tagebuch, „hielt eine unglaublich nationale Rede. Er sprach unaufhörlich direkt vom Jüd[ischen] Staat"[115].

3. Jüdische Lesehalle und Bibliothek – Ort jüdischen Wissens, Ort jüdischer Wohltätigkeit

Im Gegensatz zu den zahlreichen vom Verein für jüdische Geschichte und Literatur organisierten Veranstaltungen, durch die zionistische Aktivisten wie Loewe eher marginal an der jüdischen Wissensproduktion in der Berliner (jüdischen) Öffentlichkeit mitwirkten, bot die Jüdische Lesehalle und Bibliothek ein gemeinsames Betätigungsfeld, auf dem etablierte Vermittler jüdischer Kultur und Geschichte – „Jubelgreise"[116], wie sie Adolf Friedemann im seinem Tagebuch nannte – sich in ihrem Engagement mit dem der zionistischen Aktivist*innen verflochten.[117] Kollektiv forcierte man die Popularisierung des jüdischen Wissens und bewegte die jüdischen Geschichte und ihre Akteure in das Zentrum jüdisch-metropolitaner, populärkultureller Praxis.[118] Die Entstehung der Jüdischen Lesehalle und ihrer Bibliothek war u. a. auch Effekt des sozialpädagogischen Diskurses, der nach der Reichsgründung in der zweiten Hälfte des 19. Jahrhunderts geführt wurde.[119] In diesem „mehrschichtige[n] Diskurs um die ‚soziale Frage'"[120] war die Verbesserung der ‚Volksbildung' ein zentrales Element. 1891 beschrieb bspw. Ernst Flössel

114 Vgl. Aus dem Archiv des B. J. C. II. Bericht über das 2. Semester der „Vereinigung Jüdischer Studierender" Winter 1895/96, S. 42.

115 Friedemann: Tagebuch, S. 19.

116 Ebd., S. 7.

117 Seit Einrichtung der Lesehalle im Lesezimmer Julius Isaacs waren zionistische Aktivisten in die Organisations- und Verwaltungsarbeit des Bibliotheksbetriebs aktiv eingebunden. Fabius Schach etwa, der zugleich Mitglied im Russisch-jüdisch wissenschaftlichen Verein und in Jung Israel war, leitete die Lesehalle seit ihrer Gründung. Leo Winz, späterer Chefredakteur der Kulturzeitschrift *Ost und West*, löste noch im ersten halben Jahr des Bestehens der Lesehalle und Bibliothek den Mitherausgeber der *Allgemeinen Zeitung des Judentums* und seinen vermeintlichen Mentor Albert Katz als Bibliothekar ab (vgl. Messner: *Die Kulturzeitschrift* Ost und West, S. 52–55). Zu ‚Ost und West' auch Brenner: *Marketing Identities*).

118 Vgl. Nils Roemer: *Jewish Scholarship and Culture in Nineteenth-Century Germany. Between History and Faith.* Madison: University of Wisconsin Press 2005, S. 124.

119 Zur Großstadtjugend als Gegenstand und Projektionsfläche von Erziehung um 1900 vgl. Esther Sabelus: Gefahr und Gefährdung. Arbeiterjugendliche um 1900 im Blick bürgerlicher Jugenderzieher. In: Rolf Linder (Hrsg.): *„Wer in den Osten geht, geht in ein anderes Land". Die Settlementbewegung in Berlin zwischen Kaiserreich und Weimarer Republik.* Berlin: Akademie 1997, S. 95–108.

120 Lothar Böhnisch / Wolfgang Schroer / Hans Thersch: *Sozialpädagogischen Denken. Wege der Neubestimmung.* Weinheim / München: Juventa 2005, S. 36.

die Situation der adoleszenten Generation als zivilisatorische Gefahr, der man mit Bildung begegnen müsse:

> „Hoch lebe die Liebe und der Leichtsinn!" [...] Dieser Wahlspruch kennzeichnet unsere heutige Jugend in den breiten Schichten der Bevölkerung. Luft und Leichtsinn, Vergnügungssucht und Genußsucht, gepaart mit gedankenlosem Indentaghineinleben, mit einem alle Schranken mißachtenden Sichgehenlassen und mit dem Mangel ersten Vorwärtskommens, bilden das Gepräge eines großen Teils unserer Jugend unter den sogenannten arbeitenden Klassen.[121]

Innerhalb des jüdischen Diskurses wurden bezüglich der Jugendfürsorge problematische Zonen ausgemacht. Die *Jüdische Volkszeitung* porträtierte die „Millionenstadt" insgesamt als Zerstörerin jüdischer Identität und Katalysatorin eines „Materialismus" unter Jugendlichen, dem man durch die Schaffung eines neuen Lebensmittelpunkts entgegenwirken müsse.[122] In der *Allgemeinen Zeitung des Judenthums* markierte man generalisierend „Cafés und Restaurants und oft noch schlimmer[e]"[123] Orte als potentiell gefährlich. Kaum zufällig erscheint es vor diesem Hintergrund, dass mit der Jüdischen Lesehalle und Bibliothek, die im Zuge der ‚Bücherhallenbewegung'[124] entstand, genau diese Etablissements ‚erobert' wurden. Die 1892 begründete Institution bewegte sich weg von einem halb-privaten Ort des Lesens und Austauschs. Der Transformationsprozess von der auf Privatinitiative des Fabrikbesitzers, Sammlers und Mäzens Julius Isaac zurückgehenden Lesehalle in den Raumkomplex aus Lesehalle und Bibliothek wurde im Winter 1895 abgeschlossen.[125] Die Lesehalle verließ Isaacs Lesezimmer in der Chausseestraße 114[126] bereits vierzehn Monate nach ihrer Eröffnung und wanderte über das Restaurant Cohn in der Königstraße 29[127] im September 1893 hin zum Hotel Centrum[128]. Auch in den

121 Ernst Flössel: *Volksbildung und Jugenderziehung mit Rücksicht auf die Zuchtlosigkeit unter der Jugend. Ein Beitrag zur Lösung der sozialen Frage durch systematische Jugendpflege.* Leipzig: Werther 1891, S. 1.

122 Vgl. Original-Correspondenzen/Deutsches Reich/Berlin [1]. In: *Jüdische Volkszeitung*, 09.10.1894, S. 3.

123 Vgl. Correspondenzen und Nachrichten/Deutschland/Berlin [4]. In: *Der Gemeindebote*, 17.02.1893, S. 1.

124 Vgl. Peter Vodosek: Zwischen Philantropismus und Sedativ. ‚Die Bücherhallenbewegung'. In: Mark Lehmstedt / Andreas Herzog (Hrsg.): *Das bewegte Buch. Buchwesen und soziale, nationale und kulturelle Bewegungen um 1900.* Wiesbaden: Harrassowitz 1999, S. 397–408.

125 Julius Isaac förderte etwa die orientalischen Sammlungen des Neuen Museums finanziell und durch Schenkungen von Ausstellungsgegenständen (vgl. Correspondenzen/Deutschland/Berlin [4]. In: *Die Jüdische Presse*, 22.12.1892, S. 641).

126 Vgl. Korrespondenzen und Nachrichten/Deutschland/Berlin [5]. In: *Der Gemeindebote*, 01.07.1892, S. 2.

127 Vgl. Korrespondenzen und Nachrichten/Deutschland/Berlin [2]. In: *Der Gemeindebote*, 24.02.1893, S. 1.

128 Korrespondenzen und Nachrichten/Deutschland/Berlin [2]. In: *Der Gemeindebote*, 22.09.1893, S. 1

folgenden Jahren war sie fester Bestandteil von diversen Gasthäusern: Ab Februar 1895 gastierte sie samt Bibliothek in „drei schönen Parterre-Räumen"[129] von Cassels Hotel, Burgstraße 16. Knapp eineinhalb Jahre später wurde sie in den größeren Münchener Hof, Spandauer Straße 11–12 verlegt.[130] Erst 1897 erhielt die Lesehalle und Bibliothek separierte Räumlichkeiten in der Oranienburger Straße 28, zunächst im Hofgebäude,[131] dann im April 1903 im Vorderhaus.[132]

Die Bibliothek und ihre Lesehalle als Ort, der „jüdische Wissenschaft" mit dem „jüdischen Leben" verknüpft, wurde bereits von Heinrich Loewe 1892 in einem Artikel für die *Allgemeine Zeitung des Judentums* projektiert:

> Will [...] eine Gemeindebibliothek in Wahrheit ein Schatz für die G e m e i n d e sein, so muß sie dem täglichen Lebensinteresse Rechnung tragen, ohne dabei freilich Sprache, Geschichte und Litteratur zu vernachlässigen. Dies wird aber dadurch erreicht, daß man mit der Bibliothek eine öffentliche israelitische Lesehalle verbindet, einen Ort, wo man neben den Werken Zunz, Grätz, [Samson Raphael] Hirsch, [Ludwig] Geiger usw. vor allem die jüdischen Zeitungen und Zeitschriften findet, wobei es durchaus nicht von Schaden sein würde, wenn auch die eine oder andere allgemeine Tageszeitung dort ein Plätzchen fände. Neben den wissenschaftlichen Werken müßten auch die bekannten Werke für und wider die Judenheit, für und wider die Kultusreform usw. ausliegen. [...] Jawohl! jüdische Wissenschaft und jüdisches Leben, sie sind so unzertrennlich wie Leib und Seele, wie Theorie und Praxis. Ein jüdische Gemeindebibliothek ist der Pflege der Theorie gewidmet und dem praktischen Leben die Lesehalle. Laßt uns aber um der Theorie willen Praktiker sein.[133]

Gemeinsam mit Bernhard Traubenberg, der sich schon in der Debatte um Max Bodenheimers Broschüre von 1891 zu Wort meldete,[134] illustrierte Loewe den Weg zur ‚geistigen Hebung' durch öffentliche, jedem zugängliche jüdische Bibliotheken: Eine Allianz aus zionistischen Aktivisten, Rabbinern und Wissenschaftlern müsse sich formieren, forderten Traubenberg und Loewe kurz nach Gründung des Vereins für jüdische

129 Correspondenzen/Deutschland/Berlin [4]. In: *Die Jüdische Presse*, 28.02.1895, S. 85. Hierzu auch Vermischtes / Deutschland / Berlin [1]. In: *Die Jüdische Presse*, 07.02.1895, S. 53.

130 Vgl. Correspondenzen/Deutschland/Berlin [1]. In: *Die Jüdische Presse*, 26.03.1896, S. 163.

131 Vgl. Korrespondenzen und Nachrichten/Deutschland/Berlin [4]. In: *Der Gemeindebote*, 08.10.1897, S. 1; Johannes Giskala: Zum zehnten Stiftungstage des Vereins Jüdische Lesehalle und Bibliothek. In: *Ost und West* 5,2 (1905), Sp. 137–142, hier Sp. 140.

132 Vgl. Jüdische Lesehalle und Bibliothek (Hrsg.): *Rückblick auf das erste Jahrzehnt der Lesehalle 1895–1905*. Berlin: Selbstverlag 1905, S. 4.

133 Heinrich Loewe: Wie sollen wir Gemeindebibliotheken gründen? In: *Allgemeine Zeitung des Judentums*, 22.07.1892, S. 357.

134 Vgl. Bernhard Traubenberg: Wohin? In: *Allgemeine Zeitung des Judentums*, 04.09.1891, S. 421–423. Hierzu auch Eloni: *Zionismus in Deutschland*, S. 57–58.

Geschichte und Literatur, die das „epidemische Umsichgreifen der Unwissenheit"[135] bzw. „jene Unwissenheit in allen Juden und Judenthum betreffenden Fragen"[136] durch die Schaffung eines Ortes des jüdischen Wissens – zeitgenössisch gesprochen – ‚kurieren' solle. Eingebettet in das öffentliche Lokal – in ein Geselligkeit förderndes Setting – wurde anberaumt, die Lesehalle und ihre Bibliothek als Spiegel der jüdischen Welt[137] einzurichten.

Am 12. November 1894 begann die Gründungsphase des gleichnamigen Trägervereins der Jüdischen Lesehalle und Bibliothek, die, wie oben ausgeführt, rudimentär bereits zwei Jahre bestand. Der neue Trägerverein verflocht fortan zahlreiche jüdische Initiativen in Berlin offiziell, die an verschiedenen Orten in der Stadt ihre kulturellen Produktionsstätten errichtet hatten und damit unterschiedlichste (jüdische) Verhandlungsräume generierten. Willy Bambus berief eine provisorische Kommission zur Gründung der Lesehalle und Bibliothek ein. An besagtem 12. November 1894 versammelten sich mit Gustav Karpeles, Max Oppenheimer, Heinrich Loewe und Willy Bambus Vertreter des Vereins für jüdische Geschichte und Literatur, Jung Israels und der Jüdischen Humanitätsgesellschaft, um das Projekt einem größeren jüdischen Publikum, bestehend aus Vertretern anderer Organisationen, der Bnei-Brit-Loge etwa, vorzustellen. Nachdem Bambus die Ziele der Lesehalle und Bibliothek referiert hatte, stimmten auch die Vertreter der Bnei-Brit-Loge zu, sich an dem neuen Verein zu beteiligen. Ein Statutenentwurf wurde vorgelegt, dessen Beratung einer Kommission übertragen wurde. Ebenso wählte man den Vorstand: Den Vorsitz übernahm zunächst Martin Philippson. Julius Isaac wurde stellvertretender Vorsitzender. Von den Übrigen wurden mit Willy Bambus und Leo Mozkin immerhin zwei der insgesamt sieben Vorstandsposten mit zionistischen Aktivisten besetzt. Darüber hinaus sollten die oben genannten Zusammenschlüsse zusätzlich jeweils einen Vertreter in den Vorstand delegieren.[138] Zwei Monate später konstituierte sich der Verein Jüdische Lesehalle und Bibliothek offiziell. Die vorgelegten Statuten wurden *en bloc* abgestimmt und angenommen. Ferner wurden die Ergänzungswahlen durchgeführt. Unter den acht Delegierten fanden sich mit Adolf Friedemann und Max Oppenheimer zwei weitere zentrale Akteure des Berliner zionistischen Kollektivs.[139]

135 Bernhard Traubenberg: Gründet Gemeindebibliotheken! In: *Allgemeine Zeitung des Judentums*, 24.06.1892, S. 302.

136 Loewe: Wie sollen wir Gemeindebibliotheken gründen?

137 Vgl. Kirsten Dickhaut: *Verkehrte Bücherwelten. Eine kulturgeschichtliche Studie über deformierte Bibliotheken in der französischen Literatur*. München: Fink 2004, S. 43.

138 Correspondenzen / Deutschland / Berlin. In: *Die Jüdische Presse*, 22.11.1894, S. 468–469; Korrespondenzen und Nachrichten / Deutschland / Berlin [3]. In: *Der Gemeindebote*, 16.11.1894, S. 1.

139 Vgl. Correspondenzen / Deutschland / Berlin [2]. In: *Die Jüdische Presse*, 17.01.1895, S. 23.

In den folgenden Jahren gelang es den die Lesehalle und Bibliothek Betreibenden tatsächlich, den von Loewe und Traubenberg bereits 1892 geforderten geselligen Wissensraum zu einem Zentrum der jüdischen Kultur- und Wohlfahrtstopographie zu entwickeln. Es entstand jener „place for interaction and social exchange that could act as a grey zone between public and private"[140], ein Ort, an dem sich jüdische Geschichte und Gegenwart öffentlich sichtbar in den ausliegenden Zeitungen, Zeitschriften und Büchern materialisierte und akkumulierte.[141] In der Schnittmenge eines Kollektivs aus verschiedenen Akteuren mit divergierenden politischen Ansichten konstituierte sich die Lesehalle fortan parallel zu den zahlreichen Veranstaltungsräumen jener Initiativen, die in Berlin jüdische Kultur produzierten, als „Heterotopie", die es vermochte, mehrere kulturelle Verhandlungsräume an einem Ort ineinander zu flechten – eine „tatsächlich realisierte Utopie [...], in [der] die wirklichen Plätze der Kultur gleichzeitig repräsentiert, bestritten und gewendet sind"[142]. Das 1895 erstmals umgesetzte Raumensemble aus Lesehalle und Bibliothek brach mit der traditionellen (sozialen) Architektur wissenschaftlicher Bibliotheken.[143] Es war vielmehr *andere* Bibliothek, Ort, an dem gelesen, debattiert, gegessen, getrunken, geredet wurde.
Schon auf der Einweihungsfeier der Lesehalle in Cassels Hotel am 24. Februar 1895 deutete der Vorsitzende des neugegründeten Trägervereins, Martin Philippson, die funktionale Multiplexität der neuen Einrichtung an:

> Dasselbe habe in erster Linie eine geistige Aufgabe zu erfüllen, die Schätze des jüdischen Geisteslebens in Vergangenheit und Gegenwart den weitesten Kreisen zugängig zu machen. Außerdem sei eine soziale Aufgabe zu erfüllen, durch die Erlangung möglichst großer, materieller Vortheile für die Besucher der Lesehalle und durch die Schaffung von Räumen, wo diese sich wirklich wohl fühlen könnten, allmählich die Organisation eines Jünglingheims zu erstreben.[144]

Zwei Wochen nach Eröffnung der Lesehalle wurde schließlich auch ihre Bibliothek – eine Volksbibliothek – am 11. März für die Besucher*innen zur Nutzung freigegeben. Bis zu ihrer offiziellen Eröffnung wurden die in bibliothekarischer Theorie und Praxis weitläufig tradierten ‚Mauern', etwa die Regulation der Nutzungsbedingungen,

140 Wobick-Segev: German-Jewish Spatial Cultures, S. 51.

141 Mit Blick auf Foucault spricht Laura Bieger in diesem Zusammenhang von Orten „akkumulativer Zeitlichkeit" (Laura Bieger: *Ästhetik der Immersion. Raum-Erleben zwischen Welt und Bild. Las Vegas, Washington und die White City*. Bielefeld: Transcript 2007, S. 27).

142 Michael Foucault: Von anderen Räumen. In: Ders.: *Dits et Ecrits*, Bd. 4: 1980–1988, hrsg. v. Daniel Defert / François Ewald. Frankfurt am Main: Suhrkamp 2005, S. 931–942, hier S. 935.

143 Vgl. Dickhaut: *Verkehrte Bücherwelten*, S. 44.

144 Korrespondenzen und Nachrichten/Deutschland/Berlin [6]. In: *Der Gemeindebote*, 01.03.1895, S. 2.

liberalisiert. Seit 1895 ließe sich im Sinne Nils Roemers tatsächlich von einer „library without walls" sprechen.[145] Die Lesehalle und ihre Bibliothek war aber nicht ausschließlich „site of memory that testified to the increasing dissemination and canonization of works by Wissenschaft's scholars"[146]. Sie zeichnete sich vordergründig durch ihren klaren Gegenwarts- und Zukunftsbezug aus. Auf der einen Seite initiierten die Betreibenden fortan soziale Projekte, die die Lesehalle und ihre Bibliothek in ihrem Funktionsumfang beträchtlich erweiterten und weit über den einer klassischen Bibliothek hinausgingen. Man richtete etwa im April 1895 „durch Vereinbarung mit dem Restaurateur Pelteson" einen „billigen, aber kräftigen Mittagstisch" für die jüdische Jugend zu „75 Pf das Couvert" ein.[147] Gegen Vorlage der Marken für die Bibliotheksnutzung wurde in Cassels Hotel ermäßigtes Essen ausgegeben, später gleichfalls in den neuen Herbergen der Lesehalle und Bibliothek.[148] Ferner ging man daran, eine Unterrichtsvermittlung und eine Stellenvermittlung einzurichten.[149] Folgerichtig wurde die Tätigkeit des Vereins für jüdische Geschichte und Literatur, der zu einem der Hauptinitiatoren der Lesehalle und Bibliothek gehörte, ab dem Geschäftsjahr 1895/96 mit insgesamt 500 Mark aus dem Etat der Berliner Jüdischen Gemeinde bezuschusst.[150] Zudem modellierte man die Bibliothek für ein breites Lesepublikum. Der Annahme folgend, dass die Empfehlungen des 1895 gegründeten Verbandes der Vereine für jüdische Geschichte und Literatur für den Buchbestand einer Vereinsbibliothek, auch und insbesondere für die Bibliothek der Jüdischen Lesehalle in Berlin maßgebend waren, kompilierte sich der Buchbestand aus jüdischem kulturellem Erbe, wissenschaftlichen Abhandlungen zur jüdischen Literatur- und Religionsgeschichte sowie zeitgenössischer Erzählliteratur für Jugendliche und Erwachsene.[151] Die Sammlung umfasste bei Gründung der Bibliothek 1.200 Bände und wuchs in den folgenden Jahrzehnten zusehends. Ergänzend wurden bis spätestens April 1895 ungefähr fünfzig jüdische Zeitungen unterschiedlicher Sprachen aus verschiedenen Ländern in der Lesehalle ausgelegt.[152] Dies scheint zum damaligen Zeitpunkt fast die Hälfte aller weltweit publizierten

145 Vgl. Roemer: *Jewish Scholarship and Culture*, S. 132–141 (Kap. „Libraries with and without Walls").

146 Ebd., S. 132.

147 Correspondenzen/Deutschland/Berlin [2]. In: *Die Jüdische Presse*, 05.04.1895, S.146.

148 Vgl. etwa Korrespondenzen und Nachrichten/Deutschland/Berlin [7]. In: *Der Gemeindebote*, 13.12.1895, S. 1–2, hier S. 2.

149 Korrespondenzen und Nachrichten/Deutschland/Berlin [2]. In: *Der Gemeindebote*, 05.04.1895, S. 1.

150 Vgl. Korrespondenzen und Nachrichten/Deutschland/Berlin [1]. In: *Der Gemeindebote*, 04.10.1895, S. 1.

151 Eine jüdische Vereins-Bibliothek. In: *Mittheilungen aus dem Verband der Vereine für jüdische Geschichte und Literatur* 2 (1895), S. 17–23.

152 Vgl. Korrespondenzen und Nachrichten/Deutschland/Berlin [2]. In: *Der Gemeindebote*, 05.04.1895, S. 1.

jüdischen Periodica zu sein.[153] Bis 1905 erreichte der Buchbestand die stattliche Zahl von 4.736 Büchern und 63 Zeitungen und Zeitschriften.[154] Fünf Jahre später zählte die Bibliothek bereits 7.172 Bände und 85 jüdische und zwölf allgemeine Zeitungen und Zeitschriften.[155]

4. Zwischen *Selbst-Emancipation* und *Zion*

Die fortwährend prekäre finanzielle Situation der *Selbst-Emancipation* ist in zahlreichen Briefen dokumentiert, die zwischen zionistischen Aktivisten in Berlin und Wien ausgetauscht wurden.[156] Außerdem erschienen regelmäßig Aufrufe in der Zeitung. Es wurden Spenden gesammelt, Marken und Vignetten von das Blatt Unterstützenden verkauft.[157] Im Gegensatz zu Projekten wie denen des Vereins für jüdische Geschichte und Literatur konnte es aber auch nach Umbenennung nicht auf öffentliche Förderung hoffen. Man war auf finanzielle Zuwendungen von Privatpersonen und Institutionen angewiesen. Mit dem Vorstand der Jüdischen Humanitätsgesellschaft wurde bspw. ausgehandelt, dass dieser gegen den Druck „ausführlicher Berichte, Annoncen etc. gratis"[158] die *Jüdische Volkszeitung* mit 10 Mark monatlich subventioniert. Vor allem aber war das wirtschaftliche Überleben der *Selbst-Emancipation* auf die Zahlungsmoral seiner ca. 260 bis 290 Abonnent*innen angewiesen,[159] um die es offenbar insbesondere in Russland nicht immer gut bestellt war.[160]

U. a. führte die streckenweise desolate finanzielle Situation dazu, dass das bestehende Finanzkomitee der *Selbst-Emancipation*[161] 1894 aufgelöst und der Redaktions- und Verwaltungsbetrieb nach Berlin verlagert wurde. Das neue Zeitungskomitee des nun als *Jüdische Volkszeitung* zirkulierten Blattes wurde durchweg mit Berliner Zionisten besetzt: Wilhelm Boehlendorff, Leib Estermann, Willy Bambus, Willy Steinberg,

153 Vgl. Heinrich Loewe: Die jüdische Journalistik. In: *Zion*, 15.05.1895, S. 88–97, hier S. 91–96.

154 Jüdische Lesehalle und Bibliothek (Hrsg.): *Rückblick auf das erste Jahrzehnt der Lesehalle 1895–1905*, S. 6.

155 Jüdische Lesehalle und Bibliothek (Hrsg.): *Bericht für das Jahr 1910.* Berlin: Selbstverlag [1910], S. 5.

156 Vgl. etwa Richard Loewe an Nathan Birnbaum, 22.12.1890. CZA, A188/9/8; Nathan Birnbaum an Heinrich Loewe, 12.01.1893. CZA, A146/101.

157 Vgl. auch Kap. IV.2; außerdem Heinrich Loewe an Nathan Birnbaum, 15.01.1894. CZA, A188/17/14, 4; Heinrich Loewe an Nathan Birnbaum, 16.01.1894. CZA, A188/17/14, 4.

158 Friedemann: Tagebuch, S. 2.

159 Vgl. Heinrich Loewe an Nathan Birnbaum, 02.01.1894. CZA, A188/17/14; Friedemann: Tagebuch, S. 2.

160 Vgl. Heinrich Loewe an Nathan Birnbaum, 27.02.1894. CZA, A188/17/14; Heinrich Loewe an Nathan Birnbaum, 14.04.1894. CZA, A188/17/14.

161 Dazu gehörten Moritz Moses, Kattowitz (Vorsitzender), Willy Steinberg (Kassierer), Willy Bambus, Wilhelm Boehlendorff, Leib Estermann, Heinrich Loewe, alle aus Berlin, Leopold Paul Löbl aus Wien und Abraham Salz aus Tarnów (vgl. Heinrich Loewe an Nathan Birnbaum, 02.01.1894. CZA, A188/17/14).

Felix Sachs, Max Oppenheimer und Heinrich Loewe überwachten von nun an die inhaltliche Gestaltung und finanzielle Entwicklung der einzigen zionistischen Zeitung im deutschsprachigen Raum.[162]

Nachdem Willy Bambus als neuer Geschäftsführer und sein Schwager Felix Sachs[163] die Verwaltung der *Jüdischen Volkszeitung* bereits im Januar 1894 in der Großen Frankfurter Straße 64 eingerichtet und damit der Erscheinungsort des Blattes von Wien nach Berlin gewechselt hatte, eröffnete Loewe den Redaktionsbetrieb erst im Oktober 1894 in seiner Privatwohnung, Wilmersdorfer Straße 56.[164] Die letzten Anstrengungen vor Umzug der Redaktion nach Berlin wurden dahin gehend unternommen, die korrespondierenden Zeitungen und Zeitschriften, welche zuvor bei der Redaktion in Wien eingingen, nach Berlin umzuleiten.[165] Innerhalb des Zeitungskomitees war während des gesamten Jahres 1894 die Aufgabenverteilung nicht klar zugeordnet. Die Geschäftsleitung, die von Anfang an nominell von Bambus ausgeübt wurde, splittete sich mehrfach. Es scheint, als habe Estermann, der neben Bambus als Eigentümer des Blattes ins Handelsregister eingetragen wurde,[166] zentrale Funktionen im Herstellungsbetrieb ausgeübt. Besonders die Organisation des Drucks stellten Loewe, Bambus, Estermann und ihre Geschäftspartner vor Herausforderungen, auf die zur Sicherstellung eines flüssigen Verlagsbetriebs schnell reagiert werden musste: Die von ihnen bemühten Berliner Druckereien etwa, die Drucke bis ca. 1895 noch im aufwendigen Handsatz herstellten,[167] arbeiteten ausschließlich gegen Vorkasse oder Barzahlung.[168] Sie gerieten des Öfteren in Konkurs.[169] Trotzdem musste dafür gesorgt werden, dass pünktlich am Dienstagabend an die Leser*innen ausgeliefert werden konnte.[170]

162 Heinrich Loewe an Nathan Birnbaum, 29.02.1894. CZA, A188/17/14; Postkarte von Heinrich Loewe an Nathan Birnbaum, 23.05.1894. CZA, A188/17/14.

163 Vgl. Heinrich Loewe an Nathan Birnbaum, 02.01.1894. CZA, A188/17/14.

164 [Kopf der Titelseite]. In: *Jüdische Volkszeitung*, 24.10.1894, S. 1.

165 Vgl. Postkarte von Heinrich Loewe an Nathan Birnbaum, 27.08.1894. CZA, A188/17/14; Postkarte von Heinrich Loewe an Nathan Birnbaum, 27.10.1894. CZA, A188/17/14.

166 Vgl. Petry: *Ländliche Kolonisation in Palästina*, S. 280.

167 Vgl. Hans Krummrey: Manuskriptherstellung und Drucklegung von CH^Bänden im Wandel der Technik. In: Marlis Weinmann-Walser (Hrsg.): *Historische Interpretationen. Gerold Walser zum 75. Geburtstag, dargebracht von Freunden, Kollegen und Schülern*. Stuttgart: Steiner 1995, S. 97–122, hier S. 104.

168 Heinrich Loewe an Nathan Birnbaum, 27.02.1894. CZA, A188/17/14.

169 Über die Schwierigkeiten, die sich aus dem plötzlichen Konkurs einer Druckerei ergaben, berichtete Loewe an Birnbaum: „Der Drucker ist in Conkurs gerathen und fleißig geworden. Senden Sie bis auf Weiteres alles Material direkt an Herrn Estermann, Charlottenburg, Pestalozzistr. 62 Hof III, derselbe wird sich den Stoff, den Sie schon an die Druckerei gesendet haben, von dort abholen. Über eine andere Druckerei sind wir uns noch nicht im Klaren, da wir einen annähernd ähnlich billigen Preis so bald nicht bekommen werden. Die Ungewißheit und Eile hat es auch bewirkt, daß No. 19 unsererseits so nachlässig behandelt werden mußte." (Postkarte von Heinrich Loewe an Nathan Birnbaum, 12.05.1894. CZA, A188/17/14.)

170 Heinrich Loewe an Nathan Birnbaum, 02.01.1894. CZA, A188/17/14.

Allem Anschein nach betreuten Loewe und Birnbaum die *Jüdische Volkszeitung* schon seit Anfang 1894 gemeinsam, bevor Loewe schlussendlich die Chefredaktion des Blattes ab Januar 1895 eigenverantwortlich übernahm. In der letzten Nummer der *Selbst-Emancipation* vom 15. Dezember 1893 adressierte die Verwaltung die Abonnent*innen des Blattes und bereitete sie auf den Umzug nach Berlin vor. „[A]us technischen Gründen“[171], heißt es hier etwas schleierhaft. In gleicher Annonce deutete die Verwaltung eine inhaltliche Öffnung der nun wöchentlich erscheinenden Zeitung an.[172] Sie solle zwar „auch in Zukunft unseren Principien mit unerschütterlicher Treue dienen“, aber auch „alle Ereignisse im Leben der Judenheit aufmerksam verfolgen und berichten, sowie dem unterhaltenden Theil sorgfältige Pflege angedeihen“ lassen.[173] Augenscheinlich wirkte die Verbreiterung des zionistischen Kollektivs, seine inhaltliche Ausdifferenzierung nach 1892 und die programmatische und performative Öffnung, welche sich in Berlin etwa durch Verknüpfung mit der Arbeit des Vereins für jüdische Geschichte und Kultur und der Berliner Jüdischen Lesehalle und Bibliothek vollzog, auf das zionistische Narrativ, den das bis dato als „Hauptorgan der Zionisten“ firmierende Blatt produzierte. Eine *Mainstream*-kompatible Wochenzeitung sollte mit der *Jüdischen Volkszeitung* geschaffen werden, die das Potential besäße, breitere Leser*innenkreise zu erschließen und dadurch in größerem Maßstab Förder*innen für das zionistische Projekt zu gewinnen. Die bloße Umbenennung der *Selbst-Emancipation* in *Jüdische Volkszeitung* und der Wegfall des Untertitels „Organ der Zionisten“ waren die ersten sichtbaren Indizien für diese Neuausrichtung. Unumstritten war sie jedoch nicht. In einem Brief an Birnbaum kritisierte bspw. Loewe die anvisierte Strategie, die freilich nicht nur ideologische, sondern vor allen Dingen auch materielle Gründe hatte, recht deutlich:

> Ob wir wohl mit dem „Verwässern“ des Blattes nicht schon heute zu weit gegangen sind. Es ist richtig, daß der scharfe, polemische Ton, den das Blatt annehmen mußte, solange es lediglich Parteiorgan war, besonders den deutschen Juden gegenüber bedeutend gemäßigt werden mußte. Aber somit sind wir doch weit hinter dem zurück geblieben, was die alte „S[elbst] E[mancipation]“ bot, namentlich in den ersten Jahrgängen. Wo sind die herrlichen Artikel von den ersten Nummern etwa des 3ten Jahrgangs geblieben, wo z. B. der wunderbare Artikel „Der Golus“: u.s.w. u.s.w.? Verstehen Sie mich recht: Ich habe weder den Willen noch das Recht, Ihnen etwa Vorwürfe oder auch nur etwas Ähnliches machen zu wollen. Aber Sie können es einem begeisterten Verehrer des „alten“ Birnbaum nicht übel nehmen, wenn er Sie bittet, einmal zu zeigen, daß Sie noch der „Alte“ sind! Ich weiß, um wievieles es Ihnen leichter ist, einen guten wie einen schlechten Artikel zu schreiben, eine Zeitung gehaltvoll als wässerig zu redigieren, aber ich fürchte eben deshalb, daß Sie vielleicht unsere Berliner Freunde speziell Bambus nicht

171 Verwaltung der *Selbst-Emancipation*: o. T. In: *Selbst-Emancipation*, 15.12.1893, S. 1.

172 Bis dahin erschien die *Selbst-Emancipation* alle zwei Wochen, am Anfang und in der Mitte des Monats.

173 Verwaltung der *Selbst-Emancipation*: o. T. In: *Selbst-Emancipation*, 15.12.1893, S. 1.

verstanden haben, der, soweit ich es beurteilen kann, gewiß nicht unzufrieden sein wird, wenn unter Beseitigung des polemischen Tons wieder jene Töne und Saiten angeschlagen würden, die in früheren Jahren so oft unser Herz weichgestimmt zugleich und begeistert haben. Ich habe zwar über das, was ich hier schreibe, mit dem Comité [Finanzkomitee der Jüdischen Volkszeitung, F. S.] keine Rücksprache genommen, glaube aber nicht fehlzugehen, wenn ich hier mich auf dem Boden zu bewegen wähne, wo sich auch Bambus, Steinberg und die große Mehrzahl hiesiger und anderswärtiger Gesinnungsgenossen befinden, und wohin uns höchstens die Feigheit des O[rgans] nicht völlig folgen würde.[174]

Loewe forderte, etwas vermeintlich Ursprüngliches und authentisch Zionistisches zu ‚recyceln', anstatt zielgruppenorientiert Kompromisse in der inhaltlichen Gestaltung zu machen. Seine zahlreichen (Leit-)Artikel für die *Jüdische Volkszeitung*, die 1894 veröffentlicht wurden, stellten diesen kompromisslos radikalen Zionismus eindrücklich zur Schau. Er machte ausgedehnten Gebrauch von der Polemik als narrativem Stil. Mit der mittelalterlichen Kreuzfahrerparole „Hierosolyma est perdita" (lat. Jerusalem ist verloren)[175] beginnend, inszenierte Loewe Zionismus als einzige Wahrheit. Er setzte die politische Sphäre, um mit Jürgen Stenzel zu sprechen, in der Manier eines „rhetorischen Manichäismus" auseinander, forderte zwar die Einheit des Gesamtjudentums, trieb die Akteure, die er in seinem Beitrag auf dem politischen Feld imaginierte, aber „in die Extremregionen Licht und Finsternis auseinander".[176] Diese Art und Weise zionistisch-diskursiver Praxis stand im krassen Gegensatz zur oben dargelegten performativen und räumlichen Praxis der Zionist*innen Berlins. Die von Friedemann im Dezember 1893 attestierte Loewe'sche Handlungsweise eines „Kampfhahns", dem es an politischem Kalkül mangele,[177] bildete sich fortan raumgreifend in den gedruckten Zeilen der *Jüdischen Volkszeitung* ab. Beachtenswert sind neben den Feuilletons, den Liedern, Märchen und Gedichten, die Loewe weiterhin durch die zionistische Presse streute, vor allen Dingen seine „Berliner Briefe", mit denen er anonym die Berliner Verhältnisse untersuchte und bewertete. Er porträtierte den Kampf der zionistischen Aktivisten gegen Antisemiten, Assimilanten, Vorstände der Gemeindeverwaltung, Rabbinerstand, evangelische Geistliche, gegen die Redaktionen der *Allgemeinen Zeitung des Judentums*, des *Israelit*, der

174 Heinrich Loewe an Nathan Birnbaum, 29.01.1894. CZA, A188/17/14.

175 Loewe räumte in einer Fußnote zum Titel des Beitrags ein, dass es eigentlich „Hierosolyma sunt perdita" lauten müsse. Er zog allerdings vor, die „besser bekannte Form" dieses Satzes, die sich durch Historiker wie Heinrich Graetz etabliert hatte, zu benutzen (Heinrich Loewe: Hierosolyma est perdita. In: *Jüdische Volkszeitung*, 06.02.1894, S. 1–3, hier S. 1). Graetz und andere deuten die im Zuge der Hep-Hep-Pogrome gebrauchte Parole H. E. P. als Anagramm von „Hierosolyma est Perdita". Hierzu auch Daniel Gerson: Hepp-Hepp. In: *Handbuch des Antisemitismus. Judenfeindschaft in Geschichte und Gegenwart*, Bd. 3: Begriffe, Theorien, Ideologien, hrsg. v. Wolfgang Benz. Berlin / New York: de Gruyter 2010, S. 116–117.

176 Jürgen Stenzel: Rhetorischer Manichäismus. Vorschläge zu einer Theorie der Rhetorik. In: Franz Josef Worstbrock / Helmut Koopmann (Hrsg.): *Formen und Formgeschichte des Streitens. Der Literaturstreit*. Tübingen: Niemeyer 1986, S. 3–11, hier S. 7.

177 Vgl. S. 135, Anm. 49.

Israelitischen Wochenschrift, der *Mittheilungen des Vereins zur Abwehr des Antisemitismus* sowie gegen den CV. Er verknüpfte diesen Kampf mit Berlin.[178] Die Großstadt generierte sich in der *Jüdischen Volkszeitung* als Bühne eines Viel-Akte-Schauspiels, als Prototypus der zionistischen Arena, in der das zionistische Kollektiv – als Kollektiv von Außenseiter*innen unter Außenseiter*innen – daran ging, die jüdischen Massen zu mobilisieren.

Die Szenerie der „Berliner Briefe“ setzte zwischen Westen und (Nord-)Osten der Stadt ein. Durch die Stadt zieht Loewe eine imaginäre Grenze und zerschneidet sie dadurch in zwei Teile – ein bipolares, jüdisches Stadtbild entsteht. Er solidarisierte das zionistische Kollektiv mit dem vermeintlich observanten, proletarischen, rechnete es wider seiner eigenen sozialen Herkunft und Stellung als Akademiker sogar selbst zu diesem und übte entschiedene Kritik am „ohnfehlbar[en]“ und „unantastbar[en]“ Vorstand der Berliner Jüdischen Gemeinde, den es galt, in einigen Monaten neu zu wählen:

> Die große Masse der Berliner Juden wohnt im Norden und Osten der Stadt. Dort giebt es ganze Straßen, deren Hauptbevölkerung aus Juden besteht, deren größter Theil in treuer Liebe am alten Judenthume hängt. Man sollte nun erwarten, daß der Gemeindevorstand darauf bedacht sein müsste, den religiösen Bedürfnissen dieses Haupttheils der Gemeinde Rechnung zu tragen. Da aber der größte Theil der Vorstandsmitglieder im Westen der Stadt, im Thiergartenviertel seine Villen hat, so darf man es ihm nicht verargen, wenn er nichts von der Existenz von uns armen Proletariern im Osten und Norden je gehört hat, nichts von unserem jüdischen Gefühl, und nicht davon, daß es im judenreichsten Theile Berlin keine Gemeindesynagoge giebt, um unseren religiösen Bedürfnissen zu genügen. Freilich hat die Gemeinde Millionen angewendet, um eine neue Synagoge in der Lindenstraße aufzuführen, aber uns kommt sie nicht zu Gute.[179]

Auch in den folgenden Nummern stattete Loewe Zionismus als jüdische Sozialkritik mit säkularisiertem, prophetischen Pathos[180] aus: Er bemängelte das Fehlen von jüdischen Gymnasien in der Stadt, welches dazu geführt habe, dass angehende jüdische Studierende dazu gezwungen seien, Rechtsanwälte oder Ärzte zu werden.[181] Er kritisierte den Staat (im Konjunktiv), der durch die wirtschaftlichen und politische Vorteile, die

178 Vgl. etwa Heinrich Loewe: Anpassung und Strebertum (Berliner Brief). In: *Jüdische Volkszeitung*, 08.05.1894, S. 1–2; ders.: Die Verwaltung der Berliner jüdischen Gemeinde (Berliner Brief VII). In: *Jüdische Volkszeitung*, 24.07.1894, S. 2–4; ders.: Die evangelische Generalsynode (Berliner Brief X). In: *Jüdische Volkszeitung*, 13.11.1894, S. 1–2; ders.: Zwei Seelen wohnen ach, in meiner Brust (Berliner Brief XII). In: *Jüdische Volkszeitung*, 05.12.1894, S. 1; ders.: Berliner Gemeindewahlen (Berliner Brief XII). In: *Jüdische Volkszeitung*, 19.12.1894, S. 1–2.

179 Loewe: Anpassung und Strebertum (Berliner Brief), S. 1. Gemeint ist die Synagoge in der Lindenstraße 48–50. Ihre Einweihung erfolgte am 27. September 1891.

180 Vgl. Michael Walzer: *Interpretation and Social Criticism*. Cambridge: Harvard UP 1987.

181 Heinrich Loewe: Zur Schulfrage (Berliner Brief 2). In: *Jüdische Volkszeitung*, 17.05.1894, S. 1–3; ders.: Die Wissenschaft des Judenthums (Berliner Brief VI). In: *Jüdische Volkszeitung*, 17.07.1894, S. 1–2.

eine Taufe mit sich brächte, den meineidigen „Utilitarismus" unter der Judenheit provoziere.[182] Dann richtete sich seine Kritik aber auch nach innen. Vehement forderte Loewe im Hochsommer 1894 seine ‚Gesinnungsgenossen' dazu auf, in den Semesterferien nicht untätig zu sein und an der Verbreitung des Zionismus in Berlin zu arbeiten. Mehr noch: „Die Agitation muß von Berlin hinausgetragen werden"[183], schrieb er in der Nummer der *Jüdischen Volkszeitung* vom 3. Juli 1894. Eine Anleitung dazu, wie dies geschehen könne, führte Loewe am Beispiel des Esra in der folgenden Ausgabe vor. Eine Broschüre, die „den Stand der Kolonisation auseinandersetzt", müsse gedruckt werden. Diese Broschüre müsse man massenhaft verbreiten, indem sie samt Jahresbericht des Esra an Institutionen und Privatpersonen verschickt werde. Zielgerichtet wären ferner Aufrufe zu zirkulieren und Flugblätter zu verteilen. Nicht zuletzt müssten Rabbiner hessischer, süddeutscher und rheinischer Gemeinden aufgefordert werden, ihre Mitglieder am Tisha Be-Av öffentlich in der Synagoge zum Beitritt in den Esra zu bewegen.[184] In Anbetracht der Tatsache, dass Loewe in diesem Zeitraum längst für den Esra unterwegs war,[185] erscheint es kaum zufällig, dass er in diesem Zusammenhang den Idealtypus des zionistischen Agitators modellierte, der ergänzend zu potentiell vermittelnden Rabbinern in „West- und Süddeutschland [...] mit lebendigem Wort zu entzünden wüßte, der es verstände, das dort in den Herzen der Juden noch nicht erloschene Feuer für ihr Volk zu lichten Flammen zu schüren."[186]

In den Straßen und auf den Plätzen Berlins begann kurz darauf die Verknüpfung der *Jüdischen Volkszeitung* mit der ‚Zionistischen Partei', insbesondere mit dem zionistischen Laboratorium Jung Israel. Bei Schmitz & Bukofzer in der Neuen Friedrichstraße 18 wurden Flugblätter gedruckt, die die Aktivist*innen fortan in der Großstadt und darüber hinaus verteilten. Redaktionell betreute Felix Sachs, der spätestens 1894 Mitglied in Jung Israel wurde, die Herstellung der Flugblätter. Die Verantwortlichen machten Werbung mit dem vergleichsweise billigen Preis von nur 2 Mark pro Quartal, weiterhin mit der Qualität des Blattes, welches man als Plattform „vorzüglicher Schriftsteller und gründlicher Kenner"[187] vorstellte. Die Flugblätter skizzierten das zionistische Kollektiv kurz und prägnant und verknüpften wesentliche Elemente zionistisch diskursiver Praxis mit der *Jüdischen Volkszeitung* und Jung Israel. Sie produzierten ein Narrativ, das jüdische Vergangenheit, Gegenwart und Zukunft ineinander verflocht. Das erste Flugblatt von August 1894 konstruierte aus gegebenem Anlass den jüdischen Fast- und Trauertag

182 Heinrich Loewe: Judentaufen (Berliner Brief III). In: *Jüdische Volkszeitung*, 19.06.1894, S. 1–2.

183 Heinrich Loewe: Agitation (Berliner Brief IV) In: *Jüdische Volkszeitung*, 03.07.1894, S. 1.

184 Heinrich Loewe: Esra (Berliner Brief V). In: *Jüdische Volkszeitung*, 10.07.1894, S. 1.

185 Vgl. S. 130.

186 Loewe: Esra (Berliner Brief V).

187 Flugblatt der *Jüdischen Volkszeitung* Nr. 2, Rückseite (1894). Bet Ariela, offener Bestand.

Tisha Be-Av als Baustein zionistischer Geschichte.[188] Es stellt Kontingenz her zwischen diesem „Geburtstag der Judenfrage“ und dem modernen Antisemitismus. Die Antwort auf diesen sucht das Flugblatt in der Agenda der ‚Zionistischen Partei‘. Es lädt ein zu den von Jung Israel organisierten Veranstaltungen und stellt den Flugblattempfängern die „Endgiltige Lösung der Judenfrage“ im Hotel Centrum in Aussicht.[189] Das zweite Flugblatt, das praktischer Weise mit dem Hinweis „Bitte zu lesen und weiter zu geben!“[190] versehen wurde, überarbeitete die Redaktion in seinem Layout. Während die Grundstruktur, das thesenhafte Aufzählen der Elemente des zionistischen Programms etwa, weitgehend erhalten blieb, wurde der letzte Abschnitt, welcher Angaben zum zionistischen Material, seinen Bezugsmöglichkeiten, ferner Angaben zu Jung Israel und seinem Versammlungsort enthält, umgearbeitet. In großen, fetten Buchstaben prunkte das Hotel Centrum nun auf dem Blatt. Das Hotel rückte in diesem Zeitraum aber nicht nur auf dem Flugblatt als zionistische ‚Antwortenmaschine‘ in den Fokus: Loewe bat bspw. einen Referenten, der im August 1894 auf einer Sitzung des CV den Zionismus offensichtlich heftig angegriffen hatte, zur ‚Lehrstunde‘ ins Etablissement:

> Um Ihnen nun die Gelegenheit zu geben, wenigstens etwas über den Zionismus kennen zu lernen, gestatte ich mir, Sie, wertester Herr, zu der nächsten Sitzung des hiesigen „jüdisch-nationalen Verein Jung-Israel“ höflichst einzuladen. [...] Es wird mich sehr freuen, wenn die Sitzung dazu beitragen kann, wenigstens die alleroberflächlichsten Begriffe des Zionismus Ihnen klarzulegen.[191]

Das Überdauern der *Jüdischen Volkszeitung* in ihrer bisherigen Form währte nicht lange. Bereits im Februar 1895 wurde die Zeitung umbenannt und in die Monatsschrift *Zion* umgewandelt, deren Chefredaktion Heinrich Loewe bis September 1896 übernahm.[192] In diesem Zeitraum wanderten die Geschäftsstellen des *Zion* erneut durch das Berliner Stadtgebiet. Während die Verwaltung und Expedition zunächst in der Großen Frankfurter Straße 64 verblieb und im Juli 1895 in die Schönhauser Allee 186 umzog, richtete sich die Redaktion erst in Loewes Privatwohnung, Auguststraße 70, dann – nach der Rückkehr von seiner ersten Palästinareise – in der Joachimstraße 11b ein. Einige

188 Flugblatt der *Jüdischen Volkszeitung* Nr. 1, Vorderseite (1894). Bet Ariela, offener Bestand.

189 Flugblatt der *Jüdischen Volkszeitung* Nr. 1, Rückseite (1894). Bet Ariela, offener Bestand. Das Hotel Centrum, in dem sich die Jung-Israel-Mitglieder seit spätestens September 1893 trafen, beherbergte in dieser Zeit auch die Jüdische Lesehalle und Bibliothek (vgl. S. 136, 148).

190 Flugblatt der *Jüdischen Volkszeitung* Nr. 2, Vorderseite (1894). Bet Ariela, offener Bestand.

191 Heinrich Loewe an [*unbekannt*], 08.08.1894, CZA, A146/95.

192 Heinrich Loewe: An die Leser des ‚Zion‘. In: *Zion*, 01.10.1896, S. 255–256, hier S. 255. Nach Loewe leitete erneut Nathan Birnbaum als Chefredakteur den *Zion*. Die Monatsschrift erschien später auch in hebräischer Sprache unter der Schriftleitung von Ruben Brainin. Im Oktober 1897 ging sie in den alleinigen Besitz von Willy Bambus über. Er übernahm die inhaltliche Leitung der deutschen Ausgabe der Zeitung bis zu ihrem Eingehen 1899. Bernard Lazare redigierte *Zion* in französischer Sprache seit Anfang 1898 (vgl. An unsere Leser! In: *Zion*, 01/1898, S. 1–2, hier S. 1).

Monate nach Loewes Ausscheiden aus der Redaktion wurde der Geschäftssitz im April 1897 in die Lessingstraße 23 verlegt.[193]

Die Produktionsbedingungen der neuen Zeitschrift waren denen der *Jüdischen Volkszeitung* vergleichbar. Vom ersten Erscheinen von *Zion* an wurde auf Arbeitsteilung gesetzt. Felix Sachs wurde im Blatt selbst bis Juni 1895 als Verantwortlicher für Redaktion und Verlag geführt. Danach übernahm Rudolph Hartmann. Auch hatte man nach wie vor keine feste Druckerei, die die Aufträge des Zeitungsverlags bearbeitete. Allein 1895 bemühten die Zeitungsmacher drei verschiedene Druckereien. Bis April 1895 ließ man bei Schmitz & Bukofzer in der Neuen Friedrichstraße 18 drucken; dann bei Rosenthal & Co. in der Johannisstraße 20 in Berlin N. Schließlich wurde ab Juli 1895 jener „begeisterte Wagnerianer" mit der Druckherstellung beauftragt, der Großvater Gershom Scholems, Siegfried,[194] welcher seine Druckerei in der Kreuzberger Sebastianstraße 20 führte und die auch nach seinem Tod im Jahr 1901 erheblichen Anteil an der Zirkulation des zionistischen Materials in der ersten Hälfte des 20. Jahrhunderts hatte.

Auch wenn Nathan Birnbaum vorübergehend ab Oktober 1896 wieder inhaltliche Verantwortung für *Zion* übernahm, hatte er auf den Entscheidungsprozess, der zur Umwandlung der *Jüdischen Volkszeitung* in *Zion* führte, keinen Einfluss: „Die Verwandlung der „‚J[üdischen]-Volkszeitung' in Monatshefte", so Loewe zur Rechtfertigung des unternommenen Schritts an Birnbaum Ende Januar 1895, „war eine finanzielle Nothwendigkeit", man hätte rasch zu einem Entschluss kommen müssen.[195] In der Öffentlichkeit wurde die Verwandlung der Zeitung freilich anders dargestellt: Die gegnerischen Blätter wären mit ihrer Kritik am zionistischen Kollektiv dank des „publicistischen Feldzuges" des zionistischen Kollektivs verstummt, man wolle nun daran gehen, auf zwei bis drei Bogen pro Monat wissenschaftlich fundiert und verständlich geschrieben, „die wichtigsten Ereignisse im Leben der jüdischen Nation und die einzelnen Seiten des Zionismus wissenschaftlich [zu] behandeln".[196]

Wesentliche strukturelle Neuerungen des Inhalts von *Zion* stellten die Einrichtung eines „Sprechsaals", der Rubriken „Nationale Bewegung" und „Nachrichten aus Palästina" sowie die Einrichtung des „Archivs zu einer künftigen Geschichte der nationaljüdischen Bewegung" dar. Wies der „Sprechsaal" *Zion* als Diskussionsplattform aus, knüpfte die Rubrik „Nationale Bewegung" explizit die Initiativen in europäischen und außereuropäischen Städten zu einer umfassenden, sich ausdehnenden Topographie des Zionismus zusammen. Weit deutlicher als in der *Selbst-Emancipation* und der

193 An unsere Leser! In: *Zion*, 30.04.1897, S. 97–98, hier S. 98.

194 Gershom Scholem: *Von Berlin nach Jerusalem. Jugenderinnerungen*. Frankfurt am Main: Suhrkamp 1977, S. 13–14.

195 Postkarte von Heinrich Loewe an Nathan Birnbaum, 29.01.1895. CZA, A188/17/14.

196 Das Comité zur Verwaltung der „Jüdischen Volkszeitung": An unsere Leser! In: *Jüdische Volkszeitung*, 23.01.1895, S. 1.

Jüdischen Volkszeitung assoziierte man sich durch die Einrichtung der „Nachrichten aus Palästina" mit den jüdischen Siedlungen und dokumentierte deren Fortschritt. Das „Archiv" brach darüber hinaus den bis dato beherrschenden Gegenwarts- und Zukunftsbezug des Blattes auf, es verlängerte die Geschichte des zionistischen Kollektivs bis in die Anfänge des 19. Jahrhunderts. Die neue Rubrik suchte nach früheren Fragmenten einer zionistischen Geschichtsschreibung, die als Fluchtpunkte Initiativen fokussierte, welche die Wiederherstellung eines jüdischen Staates forderten oder in die Tat setzten. Beginnend mit der Debatte, die anlässlich der „Blutaffäre von Damaskus" 1840 in der Zeitung *Orient* geführt wurde,[197] erzeugte man hier geschichtliche Kontingenz und deutete derartige Verhandlungen als Elemente zionistisch-diskursiver Praxis. Pointiert äußerte sich die Redaktion des *Zion* zur Intention des „Archivs" in der Ausgabe vom 15. Mai 1895:

> Wenn unser „Archiv" in den ersten beiden Nummern eine Diskussion zur Judenfrage gebracht hat, die von der Blutbeschuldigung in Damaskus ausgehend sich mit der Lösung der Judenfrage durch eine Handels- und Ackerbaukolonisation Palästina's befaßt, so können wir nicht umhin zu zeigen, daß diese Äußerung nicht vereinzelt dasteht, sondern als Symptom betrachtet sein will. Gerade der Anfang der vierziger Jahre des nunmehr seinem Ende entgegeneilenden Jahrhunderts weist eine ganze Reihe von Erscheinungen auf, die deutlicher als alle Deduktionen zweifelhafter Art beweisen, wie damals ein frischer Hauch das jüdische Volk zu durchwehen begann, das soeben anfing begreifen zu lernen, was Freiheit heißt.[198]

Ein Jahr später verließ die Rubrik die Dokumentation der 1840er Jahre und sammelte weitere Ereignisse und Ideen aus früheren oder späteren Zeiträumen. Mordechai Manuel Noahs Projekt einer „Zufluchtsstätte der hebräischen Religion"[199] auf der Grand Island im Niagara River von 1825,[200] der polnische Novemberaufstand von 1830/1831,

197 Vgl. Archiv zu einer künftigen Geschichte der national-jüdischen Bewegung. Eine Diskussion zur Judenfrage aus dem Jahre 1840 I. In: *Zion*, 15.02.1895, S. 12–16; Archiv zu einer künftigen Geschichte der national-jüdischen Bewegung. Eine Diskussion zur Judenfrage aus dem Jahre 1840 (Schluß) II. In: *Zion*, 15.03.1895, S. 46–53. 1840 wurde in Damaskus Ritualmordanklage gegen die jüdischen Bewohner*innen der Stadt erhoben, was in der zeitgenössischen internationalen Presse weitläufig diskutiert wurde (vgl. Jonathan Frankel: *The Damascus Affair. „Ritual Murder", Politics, and the Jews in 1840.* Cambridge: Cambridge UP 1997; Kerstin von der Krone: Die Berichterstattung zur Damaskus-Affäre in der deutsch-jüdischen Presse. In: Martin Liepach / Gabriele Melischek / Josef Seethaler (Hrsg.): *Jewish Images in the Media.* Wien: Verlag der Österreichischen Akademie der Wissenschaften 2007, S. 153–176).

198 Archiv zu einer künftigen Geschichte der national-jüdischen Bewegung II. Zionistisches aus den Vierziger Jahren. In: *Zion*, 15.05.1895, S. 98–101, hier S. 98.

199 Amerika. In: *Neueste Weltbegebenheiten. Erzählt von einem Weltbürger*, 04.11.1825, S. 711–712, hier S. 711.

200 Vgl. Natan Michael Gelber: *Zur Vorgeschichte des Zionismus. Judenstaatsprojekte in den Jahren 1695–1845.* London: Phaidon 1927, S. 62–84 (Kap. „Mordechai Immanuel Noah, ein amerikanischer Vorkämpfer des Judenstaatsgedankens"); S. Joshua Kohn: Mordecai Manuel Noah's Ararat Project and

Isaac da Costas ursprünglich auf Niederländisch erschienenes *Israel und die Heiden* von 1850,[201] das Glauben vieler Jüd*innen an eine Falschmeldung des *Herald* von 1851, man dürfe auf dem Berg Zion einen „Tempel mit salomonischer Pracht" einrichten usf.[202] konstituierten sich als Bindeglieder einer „Vorgeschichte des Zionismus", die Loewe auch die nächsten Jahrzehnte weiterschrieb.[203]
Mit der Vorankündigung des *Judenstaats* (damals noch die Vorankündigung des Titels *Die Lösung der Judenfrage*), welche Theodor Herzl in der Ausgabe vom 17. Januar 1896 des *Jewish Chronicle* veröffentlichte[204] und die *Zion* in der ersten Monatsausgabe von 1896 nachdruckte,[205] entspannen sich zahlreiche Debatten in *Zion* selbst und in der gesamten (jüdischen) Presse.[206] Loewe wertete in seiner in zionistischen Kreisen viel beachteten Schrift *Zionistenkongress und Zionismus eine Gefahr*, die bereits in zweiter Auflage als Supplement der Oktoberausgabe des *Zion* von 1897 veröffentlicht wurde, die Attacken, welche von außerhalb des zionistischen Kollektivs den Zionismus ins Visier nahmen, als Vorträge alter, leicht modifizierter Angriffe in größerem Maßstab.[207] Skeptisch beäugten aber auch Berliner zionistische Aktivisten die Thesen Herzls, deren Originalität erstmals von Jehuda Holzmann nach Absprache mit zentralen Akteuren des Berliner zionistischen Kollektivs in der ersten Ausgabe von *Zion* von 1896 angezweifelt wurde.[208] Nach reichlich Zustimmung, etwa zur Schaffung einer weltumspannenden Gesamtorganisation des Zionismus, kritisierte Holzmann das zionistische Programm Herzls. Missbilligung richtete sich in diesem Zusammenhang einerseits gegen Herzls unscharfe Aussagen bezüglich eines adäquaten Territoriums für einen zukünftigen jüdischen Staat, die er in der Phrase „Palästina oder Argentinien" kulminieren ließ.[209] Wie Herzl Loewe kurze Zeit später mitteilte, erwog er seine Formulierung bezüglich der Frage des Territoriums aus diplomatischen Gründen. Dies sollte allerdings geheim bleiben:

the Missionaries. In: *American Jewish Historical Quarterly* 55,2 (1965/1966), S. 162–198; Daniel Parmer: Mordecai Manuel Noah. A Jew's Struggle for Identity in the United States. In: *Queen's College Journal of Jewish Studies* 6 (2004), S. 57–63; Michael Weingrad: Messiah, American Style. Mordecai Manuel Noah and the American Refuge. In: *AJS Review* 31,1 (2007), S. 75–108.

201 Isaac da Costa: *Israel and the Gentiles. Contributions to the History of the Jews from the Earliest Times to the Present Day*. London: Nisbet 1850.

202 Vgl. Archiv zu einer künftigen Geschichte der national-jüdischen Bewegung III. Nach der Revolution. In: *Zion*, 30.01.1896, S. 25–27, hier S. 25–26.

203 Vgl. die Loewe-Bibliographie im Anhang.

204 Theodor Herzl: A Solution of the Jewish Question. In: *Jewish Chronicle*, 17.01.1896, S. 12–13.

205 Theodor Herzl: Eine ‚Lösung der Judenfrage'. In: *Zion*, 30.01.1896, S. 11–18, hier S. 11–16.

206 Vgl. Jaeger / Wunsch: Zion und ‚Zionismus', S. 1–66.

207 Heinrich Loewe: *Zionistenkongress und Zionismus eine Gefahr? Eine zeitgemässe Betrachtung*. Berlin: Schildberger 1897, S. 4.

208 Jehuda Holzmann: Zur Lösung der jüdischen Frage. In: *Zion*, 30.01.1896, S. 11–18, hier S. 11.

209 Vgl. ebd., S. 16–17.

> Brauche ich zu sagen, dass ich für uns Palästina wünsche? Aber wir werden es vielleicht nicht bekommen. Jedenfalls sind wir stärker in den diplomatischen Verhandlungen, wenn wir sagen: Palästina oder Argentinien. Dies bleibt natürlich unter uns![210]

Andererseits kritisierte Holzmann Herzl bezüglich der sogenannten Sprachenfrage. Herzls Programm des jüdischen Staates orientierte sich an der Vielsprachigkeit der Schweiz und wies dadurch dem Hebräischen nicht den von zionistischen Aktivisten wie Loewe geforderten Status der ausschließlichen Nationalsprache zu.[211] Folgenschwerer für die langfristige Entwicklung des Verhältnisses des zionistischen Kollektivs Berlins zu Herzl und seine Entwicklung selbst waren allerdings die öffentliche Geringschätzung der bisherigen jüdischen ‚Kolonisations'-Versuche und die Brandmarkung dieser als „künstliche Infiltration", die Herzl erstmals im *Judenstaat* artikulierte:

> Aber selbst die Colonisirungsversuche wirklich wohlmeinender Männer haben sich bisher nicht bewährt, obwohl es interessante Versuche waren. [...] Und sogar nützlich waren sie insofern, als dabei Fehler gemacht wurden, aus denen man bei einer Verwirklichung im Grossen lernen kann. Freilich ist durch diese Versuche auch Schaden gestiftet worden. Die Verpflanzung des Antisemitismus nach neuen Gegenden, welche die nothwendige Folge einer solchen künstlichen Infiltration ist, halte ich noch für den geringsten Nachtheil. Schlimmer ist, dass die ungenügenden Ergebnisse bei den Juden selbst Zweifel an der Brauchbarkeit des jüdischen Menschenmaterials hervorriefen.[212]

Herzls *Judenstaat* und der von ihm einberufene 1. Zionistenkongress in Basel im August 1897 veränderten das Berliner zionistische Kollektiv gravierend. Nach Erscheinen des *Judenstaats* zementierte sich eine narrative, performative und räumliche Bruchlinie, die dauerhaft Gegner*innen und Befürworter*innen des sogenannten Kongresszionismus in Berlin und darüber hinaus trennen sollte. Und mehr noch: die Spannungen im Berliner zionistischen Kollektiv verursachten die Degradierung des zionistischen Zentrums zur Peripherie innerhalb der Topographie des deutschen Zionismus durch Herzl, der bereits in einem Brief an Max Bodenheimer Ende April 1897 andeutete, Köln zur Hauptstadt des deutschen Zionismus zu küren.[213] Der Transformationsprozess setzte nach der Rückkehr Bambus' und Loewes von ihrer ersten Palästinareise ein. Die divergierenden Narrative des Zionismus entspannen sich parallel zur Planung und Durchführung der

210 Theodor Herzl an Heinrich Loewe, 07.02.1896. Shaar Zion, Boxnr. 22.

211 Holzmann: Zur Lösung der jüdischen Frage, S. 17–18. Hierzu auch Heinrich Loewe: Theodor Herzl über die Sprachenfrage. CZA, A146/9.

212 Theodor Herzl: *Der Judenstaat. Versuch einer modernen Lösung der Judenfrage*. Leipzig / Wien: Breitenstein 1896, S. 14. Hierzu auch Petry: *Ländliche Kolonisation in Palästina*, S. 324–339 (Kap. „Herzls Kampf gegen die ‚Infiltration'").

213 Vgl. Eloni: *Zionismus in Deutschland*, S. 75.

Ausstellung der Erzeugnisse jüdischer Dörfer in Palästina – einem jüdischen Joint Venture im Rahmen der Berliner Gewerbeausstellung 1896 –, an dem Loewe und Bambus aktiv teilhatten. Trotz der zunehmenden diskursiven Distanz zu ‚Zionsfreunden' wie Hildesheimer und Bambus, blieb Loewe bis weit nach dem 1. Zionistenkongress in Basel in Initiativen eingebunden, die maßgeblich von diesen dirigiert wurden. Während seiner zweiten Palästinareise, die er im März 1897 antrat, wirkte er etwa für die Import-Gesellschaft Palästina, die sich unter der Leitung von Moses Hildesheimer, einem Bruder Hirsch Hildesheimers, während des letzten Monats der Palästina-Ausstellung im Oktober 1896 in Berlin gegründet hatte.

5. Berlin-Palästina-Basel

Palästina-Exkursion 1895

Eine Woche, bevor Willy Bambus und Heinrich Loewe ihre seit Frühjahr 1895 geplante Reise nach Palästina antraten, wurden die beiden Aufbrechenden gebührend vom Berliner zionistischen Kollektiv verabschiedet. *Zion* berichtete, dass Selig Soskin, der amtierende Vorsitzende Jung Israels, auf der Abschiedsfeier die Reise als „Symptom einer neuen Erscheinung im Judenthume [...], als Zeichen der beginnenden Rückkehr des jungen Israels nach dem Lande seiner Väter"[214] deutete. Bemerkenswert ist, dass Richard Loewe seine Rede „mit einem Hoch auf den Führer der zionistischen Partei, Willy Bambus"[215], schloss und nicht etwa seinen Bruder Heinrich als *den* Akteur der ‚Zionistischen Partei' ins Rampenlicht stellte. Ursprünglich hatte man geplant, „eine kleinere Reisegesellschaft von Freunden der Zionsidee, besonders aus Rußland, zu gemeinsamer Fahrt zu vereinigen"[216]. Dieses Vorhaben scheiterte allerdings und Loewe und Bambus waren die einzigen zionistischen Aktivisten, die sich tatsächlich nach Palästina auf den Weg machten.
Die Reise von Bambus und Loewe zwischen September und Oktober 1895 stand exemplarisch für eine im Entstehen begriffene zionistische Reisekultur des ausgehenden 19. Jahrhunderts.[217] Über die Vernetzung lokaler Initiativen hinaus machten sich bereits Anfang der 1890er Jahre Akteure des Berliner zionistischen Kreises auf den Weg nach Palästina und forcierten damit die transterritoriale Verflechtung des zionistischen Kollektivs. Neue Beziehungen wurden geknüpft, etwa zu in Palästina aktiven Chovevei Zion,

214 Nationale Bewegung/Berlin [1]. In: *Zion*, 15.10.1895, S. 276.

215 Ebd.

216 Willy Bambus: Meine Reise nach Palästina I. In: *Die Jüdische Presse*, 16.10.1895, S. 435–436, hier S. 435.

217 Zur Reiseliteratur jüdischer Autoren, die Ende des 19. Jahrhunderts und Anfang des 20. Jahrhunderts Palästina besuchten, vgl. Wolf Kaiser: *Palästina, Erez Israel. Deutschsprachige Reisebeschreibungen jüdischer Autoren von der Jahrhundertwende bis zum Zweiten Weltkrieg.* Hildesheim / New York: Olms 1992.

zu Orten in Palästina – Hotels, Cafés, Schulen, Wohn- und Verwaltungsgebäuden in jüdischen Ortschaften –, zu Techniken landwirtschaftlicher Erschließung, zu hebräisch- und jiddischsprachiger Palästinaliteratur, zu palästinischen (Agrar-)Produkten (etwa zu den Weinfässern und -flaschen, die nach Loewes und Bambus' Rückkehr auf der Berliner Gewerbeausstellung zur Schau gestellt und verkauft werden sollten). Das Unterwegssein, zunächst in den Coupés der Schnell- und Personenzüge, dann auf dem Schiff, nach ihrer Ankunft in Palästina vornehmlich zu Fuß, zu Pferd und auf den sogenannten „Kolonistenwagen"[218], war eine Sequenz vorübergehender Beschleunigung und geographischer Verlängerung zionistischer Verknüpfungsprozesse. Loewe und Bambus verflochten nicht nur oben erwähnte Akteure untereinander, sondern zugleich ihr spezifisches Palästinanarrativ mit im Deutschen Reich zirkulierenden Ideen des Landes, von Judentum, von Araber*innen und vom Orient. In diesem Zusammenhang lässt sich die Reise als fortwährender Konstruktionsprozess, als ein Prozess des Schaffens von heterogenen Raum-Zeit-Ordnungen, als ein Prozess des Planens und Reparierens dieser Ordnungen und als ein Prozess des Ein- und Ausschlusses von Menschen, Orten und Zeiten lesen, der im Ergebnis die Reiseberichte von Loewe und Bambus als ‚Palästinapassagen' produzierte.[219]

Loewes Erinnerungen geben bspw. Auskunft darüber, in welcher Weise in Palästina lebende Akteure am Palästinanarrativ mitwoben: Konstitutiv für seine Palästinabeschreibungen in *Zion* waren die in Jerusalem von Abraham Moses Luncz redigierten Periodica *Luach Eretz Yisrael* und das Jahrbuch *Yerushalayim*. Beide beinhalteten u. a. statistisches Material zu den jüdischen ‚Kolonien' des Landes. Ferner bediente sich Loewe der mündlichen Auskünfte einzelner Chovevei Zion oder schöpfte aus den Quellen des Archivs des Vaad Ha-Poel (Aktionskomitee der Chovevei Zion).[220] Darüber hinaus bestimmte das verfügbare technische Gerät die Möglichkeiten Loewes und Bambus', ihren angefertigten Berichten Publizität zu verschaffen. Zur Vervielfältigung und anschließenden Zirkulation ihrer Beiträge waren die zionistischen Reisenden auf eine kompakte und transportable Reproduktionsmaschine angewiesen. Irrtümlicherweise hatten sie vorausgesetzt, dass man eine solche problemlos auf dem Weg nach Palästina

218 Vgl. auch Heinrich Loewe: [Sichronot]. Kap. Verkehr und Verkehrswege in Palästina vor 50 und 60 Jahren. CZA, A146/72.

219 Vgl. zum theoretischen Gerüst der Mobilität Peter Frank Peters: *Time, Innovation and Mobilities. Travel in Technological Cultures.* London / New York: Routledge 2006, S. 69. Zum vergleichsweise jungen Forschungsfeld der Mobility Studies und deren Einfluss auf die Jewish Studies vgl. Todd Presner: *Mobile Modernity. Germans, Jews, Trains.* New York: Columbia UP 2007, S. 22–25. Allgemein zur Konzeptionierung von Mobilität vgl. bspw. James Clifford: Traveling Cultures. In: Lawrence Grossberg / Cary Nelson / Paula A. Treichler (Hrsg.): *Cultural Studies.* New York: Routledge, S. 96–112; John Urry: *Cultural Mobilities.* Cambridge / Malden: Polity 2007; Philip Vannini: The Cultures of Alternative Mobilities. In: Ders. (Hrsg.): *The Cultures of Alternative Mobilities. Routes Less Travelled.* Surrey / Burlington: Ashgate 2009, S. 1–18.

220 Heinrich Loewe: Sichronot. Kap. Erste Palästina-Reise. CZA, A146/63, S. 34.

erwerben könne. Schließlich existierten in Berlin Schreibwarengeschäfte die solche Lösungen, etwa in Form eines zusammenrollbaren Hektographen, zur Verfügung stellten. Dieser Irrtum, ein vergleichbares Gerät auf der Reise kaufen zu können, führte dazu, dass Bambus und Loewe erst durch den Kauf eines Hektographen im „Kleinen Louvre", im Magazin von Zichron Yaakov, ihrer projektierten Pressepraxis ab der letzten Oktoberhälfte nachgehen konnten.[221]

Bambus begann allerdings schon auf dem Weg nach Palästina damit, die einzelnen Etappen der Reise in einer vielteiligen Artikelserie, die er in der *Jüdischen Presse* veröffentlichte, nachzuzeichnen. Mit pedantischer Sorgfalt kleidete er das Narrativ der jüdischen Moderne in Palästina, für die deutschsprachige jüdische Lesegemeinschaft aufbereitet, in ein Narrativ der Ökonomie und kulturellen Diversität des vor allen Dingen jüdischen Kollektivs. Im Zentrum von Bambus' Niederschriften standen die jüdischen ‚Kolonien', die Loewe und er nach ihrer Ankunft besuchten. Kurze Zeit nach Bambus' Artikelserie in der *Jüdischen Presse* verarbeitete er das von ihm zusammengetragene Material zunächst 1896 in seinem Buch *Die jüdischen Dörfer in Palästina*[222] und dann 1898 in dem bereits von Wolf Kaiser analysierten Reisebericht „Palästina, Land und Leute".[223] Mit Wolf Kaiser lassen sich Bambus' Reisebeschreibungen in eine kollektive diskursive Praxis der Palästina-Produktion stellen, die sich ab Ende des 19. Jahrhunderts durch die Zirkulation dezidiert zionistischer Reiseberichte in europäisch-jüdischen Lesesphären konstituierte.[224] Der Blick der zionistischen Reisenden war sowohl auf den gegenwärtigen Stand (vornehmlich) der jüdischen ‚Kolonisation' und auf das zukünftige ökonomische und kulturelle Potential dieser gerichtet. Palästina generierte sich als *das* Land jüdischen Aufbaus und Fortschritts.[225] Die Reiseberichte intendierten eine „positive emotionale Haltung zum zionistischen Projekt und die Überzeugung, daß es berechtigt, notwendig und realisierbar sei."[226] Den Berichten war folglich ein Gestus der „Produktivierbarkeit"[227] des jüdischen Palästina inhärent, der, wie Derek Jonathan Penslar herausarbeitet, als „ethos born of the Western Haskala" bereits die Agenda der ersten, von der Alliance Israélite Universelle (AIU) und Edmond James de Rothschild getragenen Förderwerke jüdischer ‚Kolonisation' und der ersten jüdischen

221 Vgl. ebd., S. 43.

222 Willy Bambus: *Die jüdischen Dörfer in Palästina. Ihre Entstehung und Entwicklung bis auf die Gegenwart.* Berlin: Cronbach 1896.

223 Kaiser: *Palästina, Erez Israel,* S. 109–115. Hierzu auch Miriam Rürup: Gefundene Heimat? Palästinafahrten national-jüdischer deutscher Studentenverbindungen 1913/1914. In: *Leipziger Beiträge zur jüdischen Geschichte und Kultur* 2 (2004), S. 167–190.

224 Vgl. Kaiser: *Palästina, Erez Israel,* S. 93–108.

225 Ebd., S. 95–96.

226 Ebd., S. 98.

227 Derek Jonathan Penslar: *Zionism and Technocracy. The Engineering of Jewish Settlement in Palestine, 1870–1918.* Bloomington: Indiana UP 1991, S. 15.

Siedler*innen selbst (etwa in Petach Tikwah) bestimmte.[228] In ihren Berichten betätigten sich Loewe und Bambus als Kartographen, die erzählend die Grenze zwischen den neuen jüdischen, sich im Archipel des ‚Neuen Yishuv' zu einer Einheit zusammenflechtenden Produktivstätten und ihrem Umland – Steppe, Wüste, Sumpfgebiet, arabische Dörfer, christliche und islamische Bauwerke usf. – setzten. Sie produzierten den zionistischen Raum und seinen Gegenraum in Palästina.[229] Den ‚Neuen Yishuv' konstruieren Loewe und Bambus in diesem Zusammenhang nicht nur als Alternative zu etablierten Kulturgeographien Palästinas – zur arabischen Gemeinschaft und zum ‚Alten Yishuv' –, sondern auch als Alternative zu Europa. Dürfte sich bei den meisten Leser*innen der von Bambus veröffentlichten Berichte der jüdische Ackerbau in den ‚Kolonien' als fremd und der Orient als vergleichsweise exotisch dargestellt haben, gelang es dem zionistischen Berichterstatter durch das Ineinanderweben dieser exotischen Bilder mit Vertrautem, Palästina als Topographie der jüdischen Moderne zu imaginieren. In diesem Zusammenhang sind bspw. die sich im europäischen, im jüdischen Viertel Jaffas befindenden Stadtteilarchitekturen zu nennen, ferner europäisch-koschere Lebensmittel, die in jüdischen Restaurants in Jaffa, Jerusalem und Haifa serviert wurden, und nicht zuletzt oftmals schwer zu erhaltende Konsumgüter, die letztlich aber doch, wie im Falle des Warendepots von Zichron Yaakov, verfügbar waren.

Im Gegensatz zu Bambus widmete sich Loewe seiner ersten Palästinareise erst um 1940 ausführlich in einem 60-seitigen Manuskript. Fast fünfzig Jahre nach der Reise verfasste Loewe ein faktenreiches Dokument, das Erik Petry zur Grundlage seines Kapitels „Die Palästinareise 1895" machte.[230] Loewe setzte auf die Arbeiten von Bambus auf, ergänzte diese um zahlreiche Personenporträts (die den Stil seiner Erinnerungen insgesamt prägen), trat in Dialog mit Bambus' vorgelegten Schriften zur Reise und gab intime Einblicke in das personelle Geflecht des ‚Neuen Yishuv'.[231]

Ausgestattet mit einem Visum des türkischen Generalkonsuls brach Loewe am 25. September 1895 mit dem Schnellzug von Berlin aus auf. Er traf den einen Tag zuvor abgereisten Willy Bambus in Wien, um von dort die Reise mit ihm gemeinsam fortzusetzen. Mit der Semmeringbahn schlängelten sich Loewe und Bambus durch die Alpen bis nach Triest, wo sie am Abend des 26. Oktober ankamen. Es ging weiter mit dem Schiff nach Venedig; dann – wieder im Schnellzug – über Bologna und Foggia in die süditalienische Hafenstadt Brindisi. Nach einem erzwungenen dreitägigen Aufenthalt

228 Penslar: *Zionism and Technocracy*, S. 15. Hierzu auch Ran Aharonson: Settlement in Eretz Israel – A Colonialist Enterprise? "Critical" Scholarship and Historical Geography. In: *Israel Studies* 1,2 (1996), S. 214–229.

229 Vgl. Yael Zerubavel: Desert and Settlement. Space Metaphors and Symbolic Landscapes in the Yishuv and Early Israeli Culture. In: Brauch / Lipphardt / Nocke (Hrsg.): *Jewish Topographies*, S. 201–222.

230 Petry: *Ländliche Kolonisation in Palästina*, S. 283–286.

231 Vgl. Heinrich Loewe: Sichronot. Kap. Erste Palästina-Reise. CZA, A146/63.

in Brindisi, der den Reisenden die Möglichkeit gab, Neapel zu besuchen, bestiegen sie das Dampfschiff Thalia der österreichischen Lloyd und kamen nach ca. dreitägiger Überfahrt am 5. Oktober 1895 in der nordägyptischen Hafenstadt Alexandria an. Von hier aus ging es weiter nach Kairo; dann über Ismailia via Dampf-Tramway in 3 ¾ Stunden am Suezkanal entlang nach Port Said.[232] Hier bestiegen sie erneut die Thalia und landeten am Morgen des 9. oder 10. Oktober vor der Küste von Jaffa.
Seit Ende der 1880er Jahre hatten in Jaffa (wie in anderen Städten Palästinas) die „days of building"[233] begonnen. Die Stadt dehnte sich in drei Richtungen aus, über die zerstörte Stadtmauer hinaus, die bis 1888 die Altstadt umschloss. Jüd*innen begannen seit den frühen 1880er Jahren, Land zu erwerben. Die ersten jüdischen Stadtteile entstanden: Neve Tsedek (1887), Neve Shalom (1890), die von den ersten jüdischen „real non-conformists"[234] bewohnt wurden.
Mit einem Ruderboot, gesteuert von einem Araber, wurden sie über das klippenreiche Küstengebiet Jaffas hinweg an Land gebracht.[235] Die Reise auf der Thalia hinter sich lassend, hatten sie hier den ersten, unmittelbaren Kontakt zum ‚Land ihrer Sehnsucht'.[236] Die Ankunft porträtierten Loewe und Bambus im Gleichklang. Im Gegensatz zu Bambus wagte Loewe jedoch eine recht präzise Skizze der Gefühlswelt, „die sich dem jüdischen Reisenden auch wider seinen Willen deutlich oder unbestimmt aufdräng[t]"[237]. Zudem assoziierte er den Blick auf das Land mit der Vorstellung von Palästina als Wiege europäischer Religiosität und Weltanschauung:

232 Vgl. Berichte des k. u. k. Commandos S. M. Schiffes Aurora über den weiteren Ausbau des Suez-Canals. In: *Mittheilungen aus dem Gebiete des Seewesens* 24,3 (1896), S. 293–307, hier S. 299.

233 Ruth Kark: *Jaffa. A City in Evolution, 1799–1917.* Jerusalem: Yad Yitzchak Ben Zvi 1990, S. 103. Vgl. insb. die Karte „Jaffa – Expansion of Built up Area, 1799–1918". In: Ebd., S. 300. Zur Geschichte Jaffas vgl. Mark LeVine: *Overthrowing Geography. Jaffa, Tel Aviv, and the Struggle for Palestine, 1880–1948.* Berkeley / Los Angeles / London: University of California Press 2005, S. 28–59 (Kap. 2 „From Cedars to Oranges: A History of the Jaffa-Tel Aviv Region from Antiquity to the Late Ottoman Rule"). Bei LeVines Studie, die sich u. a. in oben zitiertem Abschnitt durch ein sehr hohe Materialdichte auszeichnet, handelt es sich um eine „truly postcolonial historiography" (ebd., S. 2). Auf die sich daraus in Bezug auf Studien zum Zionismus ergebenen Schwächen hat Todd Presner hingewiesen. Im Gegensatz zu LeVine wirft er einen sehr differenzierten Blick etwa auf die Unterschiede zwischen dem europäischen kolonialen Projekt und dem zionistischen Projekt. Zu Recht stellt Presner fest, dass sich bspw. das in den Postcolonial Studies angewandte Paradigma der Dichotomie von Kolonisierendem und Subalternen derart strikt kaum aufrechterhalten lässt: „In the case of Zionism, it is the subaltern who becomes the colonizer: not in order to uniformly subjugate the native other or designate the other as degenerate but in order to regenerate both the diasporic Jew and the native Arab through a cultural-aesthetic politic of 'Europeanization'." (Presner: *Muscular Judaism*, S. 156.) LeVine, im Gefolge von Edward Said (vgl. etwa Edward Said: Zionism from the Standpoint of Its Victims. In: *Social Text* 1 (1979), S. 7–58) in Denkkategorien der Postcolonial Studies verharrend, muss jedoch Israel als „'colonial' or 'colonial settler society'" (LeVine: *Overthrowing Geography*, S. 265, Anm. 81) in den Blick nehmen und so auch Tel Aviv einseitig als „colonial city" (ebd., S. 24) deuten.

234 Ebd., S. 104.

235 Zum Hafen von Jaffa vgl. Kark: *Jaffa*, S. 230–238.

236 Vgl. auch Joachim Schlör: Tel Aviv: (With Its) Back to the Sea. In: *Journal of Modern Jewish Studies* 8,1 (2009), S. 215–235, hier S. 227.

237 Heinrich Loewe: Palästina. In: *Zion*, 25.11.1895, S. 281–86, hier S. 281.

Der Jude aber, den das historische Bewußtsein, dem die unverwüstliche Hoffnung seines unglücklichen Stammes hier den Fuß an's Land setzen läßt, er sieht nichts von dem Gedränge der arabischen Boote, die sich mühen einander zu überholen, er hört nichts von dem Geschrei und dem Rufen des Schiffsvolkes und der Bootsleute, die in allen Zungen ertönen; aber er sieht in einem einzigen Blicke die ganze hoheitsvolle und gewaltige Vergangenheit des israelitischen Volkes, sieht seine klägliche Gegenwart, all den Druck und die Knechtschaft, die seit Jahrtausenden auf Israels Söhnen lastet, sieht aber auch zugleich in diesem einzigen Blicke die ganze hoffnungsreiche, strahlende Zukunft der jüdischen Nation. Ist doch allen Nationen, die der europäischen Kultur erschlossen sind, Palästina das Land, welches fast der gesamten gesitteten Welt das Licht des Glaubens gab, das Land, das von einer höheren Macht bestimmt war, die Weltanschauung einer Welt zu schaffen.[238]

Der erste Anlaufpunkt in Jaffa war nach Abwicklung der Einreiseformalitäten das Hotel Palestine in der Bustrusstraße. Bezalel Kaminitz, der Inhaber dieses jüdischen Hotels, das, wie Bambus berichtete, seine Gäste mit europäischer Küche verköstigte und lediglich auf „Gemüsen und Früchten der Landessitte" basierte,[239] nahm die beiden Berliner Zionisten bereits auf der Thalia in Empfang und führte sie zu seinem Gasthaus. In den Reiseberichten von Loewe und Bambus bildete die Schilderung des Weges durch die Jaffaer Altstadt über den Markt hin zum ‚Judenviertel' eine der ersten Episoden nach ihrem Landgang. Sie schufen ein recht ambivalentes Panorama der Küstenstadt. Loewe fokussierte etwa die hygienischen Zustände Jaffas, die in vielerlei Hinsicht an die literarische Produktion osteuropäischer Schtetl im deutschsprachigen Raum erinnern: „[S]o gab es um diese Zeit kaum einen grösseren Schmutz, als Jaffa damals aufwies", erklärte er etwa und zeichnete Jaffa als „Wirrsal von luft- und lichtlosen Gassen", das sich in Palästina – in „ein[em] verlorene[n] Winkel der Asiatischen Türkei" wiederfand.[240] Sowohl Loewe als auch Bambus schlossen damit an einen Jaffa-Diskurs an, der den Schmutz und die Enge der Straßen als wesentliches Element des Jaffabildes im Besonderen und der ‚orientalischen' Stadt im Allgemeinen in (wohl nicht nur) deutschsprachigen Berichten über Jaffa/Palästina des ausgehenden 19. Jahrhunderts produzierte.[241] Ähnlich lösten Bambus und Loewe auch das Porträt der Altstadt Jaffas auf und komplettierten das Bild durch skizzenhafte Beschreibungen ihres Nordens – das *neue* Jaffa, welches schon zehn Jahre vor der Gründung Tel Avivs den modernen Kontrapunkt zu einem orientalisierten, exotischen Raum, das *alte* Jaffa, setzt.[242] Besonders pointiert stattete Bambus diese städtische Kulisse mit

238 Loewe: Palästina, S. 281–282.

239 Bambus: *Palästina, Land und Leute*, S. 42.

240 Loewe: Sichronot. Kap. Erste Palästina-Reise, S. 14.

241 Vgl. etwa Otto Arendt: Mit der Augusta Viktoria in's Mittelmeer. In: *Deutsches Wochenblatt*, 31.03.1892, S. 157–160, hier S. 159; Wilhelm Sievers: *Asien. Eine allgemeine Landeskunde*. Leipzig / Wien: Bibliographisches Institut 1892, S. 566.

242 Vgl. Mann: *A Place in History*, S. 192–205 (Kap. „Jaffa as Janus"), insb. S. 193–194.

europäischem Ambiente aus und porträtierte das ‚Judenviertel' – ähnlich den ‚Kolonien' (mit wenigen Ausnahmen) später – als europäische Insel des Fortschritts:

> In dem Judenviertel, der Nabuluser Straße, sieht es sehr europäisch aus: ausnahmslos zwei- und mehrstöckige Häuser, schönes Pflaster des Fahrdammes wie des Trottoirs, alles ziemlich sauber, anständige Läden. Die Bewohner meist europäisch gekleidet – kurz im Ganzen der Eindruck einer deutschen Stadt von 10–15000 Einwohnern.[243]

Hier und in den oben erwähnten jüdischen Stadtvierteln Neve Shalom und Neve Tsedek konzentrierte sich der ‚Neue Yishuv' oder, wie Loewe selbst formulierte, der „embryonale Zionismus"[244], der seinen Mittelpunkt im Büro der Chovevei Zion in der Bustrusstraße hatte.
Mit der Ankunft in Jaffa fand bald das Reisen zu zweit von Loewe und Bambus ein jähes Ende. Mit dem Arzt und seit 1895 Vorsitzenden des Vaad Ha-Poel Hillel Joffe sowie dem Gründungsmitglied der Bnei Moshe und seit 1892 Sekretärs des Vaad Ha-Poel Josua Eisenstadt organisierten sich Loewe und Bambus von Zeit zu Zeit in einer Reisegesellschaft. Zu dieser gehörten ebenfalls der Landwirt und Neueinwanderer Chaim Margaliot-Kalvarisky und Nahum Kaisermann. Den Chovevei Zion oblag es, die Berliner Zionisten durch das Land zu führen und die Verhältnisse (vor allem) des ‚Neuen Yishuv' anhand der lokalen Initiativen vorzuführen. An den einzelnen Zielorten gesellten sich zu den Reisenden sogenannte Mentoren. Dies waren meist Ortskundige, im Fall der jüdischen ‚Kolonien' Mitglieder der Administration, die die Reisenden bspw. mit den Anlagen, Anpflanzungen und Einrichtungen der dorfähnlichen Siedlungen vertraut machten und ihnen gegebenenfalls Unterkünfte, teilweise in Privathäusern, bereitstellten. Es bildeten sich vorübergehend Zweckgemeinschaften. Waren die Berliner Zionisten einerseits auf die Ortskenntnis der palästinischen Aktivist*innen angewiesen und ermöglichten diese durch ein weitreichendes Kontaktnetz Zugang zur jüdischen Topographie und (zentralen) Akteuren Palästinas, konnten die palästinischen Aktivist*innen anderseits hoffen, finanzielle Unterstützung bspw. zur Verbesserung der Wirtschafts- und Bildungsinfrastruktur aus Deutschland zu erhalten. Initiierte transregionale Projekte, etwa der durch den Esra co-finanzierte Bau einer gleichnamigen Straße in Rechovot,[245]

243 Bambus: Meine Reise nach Palästina III, S. 459. In seinen späteren Beschreibungen ersetzte Bambus die „deutsche Stadt" als Referenz des jüdischen Quartiers in Jaffa durch „eine Mittelstadt". Gleichfalls traten zu den Attributen des Quartiers „Laternen zur Strassenbeleuchtung" hinzu (vgl. Bambus: *Palästina, Land und Leute*, S. 41). Zum europäisierenden Blick des Zionismus auf Palästina vgl. auch Presner: *Muscular Judaism*, S. 155–186 (Kap. „The Land of Regeneration. Seafaring Jews and the Zionist Colonial Imaginary").

244 Loewe: Sichronot. Kap. Erste Palästina-Reise, S. 15.

245 In seinen Erinnerungen dokumentiert Loewe eine Sitzung, die während ihres Palästina-Aufenthalts in Rechovot stattfand (vgl. ebd., S. 21). Ortsansässige Chovevei Zion besprachen hier die finanzielle Unterstützung für den Straßenbau mit den Berliner Aktivisten. Man kam überein, dass der Berliner Esra den

waren für beide Seiten gewinnbringend. Während die einen Gelder erhielten, bekamen die anderen neue Objekte für ihre zionistische Propaganda.

Die erste Expedition unternahmen die Reisegefährten am zweiten Tag nach ihrer Ankunft. Es ging südwärts, wie Bambus und Loewe schreiben, in die „Perlen jüdischen Ackerbaus"[246] und „der Sauberkeit, Ordnung und guten fleissigen Arbeit"[247], mitten hindurch durch die von Kalkstaub bedeckte, vertrocknete und von „Verwahrlosung" gezeichnete Landschaft.[248] Sie besuchten zusammen mit Eisenstadt und Margaliot-Kalvarisky die landwirtschaftliche Schule der AIU, Mikweh Yisrael, in der ihr Verwalter Joseph Niego u. a. die Weinkellereien präsentierte. Von hier aus wanderte die vierköpfige Reisegesellschaft nach der ‚Kolonie' Rishon Le-Zion, die ca. zehn Kilometer südwestlich von Jaffa liegt. Den überwältigenden Eindruck, den Loewe von Mikweh Yisrael und Rishon Le-Zion hatte, versuchte er nicht nur in seinen Erinnerungen zu vermitteln. Hier dienen die knappen Beschreibungen der umliegenden arabischen Dörfer als kontrastive Geographien. Sie werden als Teile des verödeten Umlands vorgestellt, die die jüdischen „grüne[n] Oase[n]"[249] als Inseln erscheinen lassen. Auch die Zeilen einer Postkarte, die Loewe an seine Eltern sandte, deuten die von ihm als eindrucksvoll wahrgenommene Gestalt der jüdischen Dörfer an:

> Beide Kolonien imponieren einfach. Es läßt sich dahin zusammenfassen, daß es ein Dorf wie Rischon Lezion in Deutschland nicht gibt.[250]

Dann reisten sie in Begleitung von Eliyahu Wolf Lewin-Epstein, dem Administrator der Siedlung Rechovot, und Jacob Braude, einem Onkel Simcha Rosenblums, mit dem ‚Kolonistenwagen' über Nes Zionah nach Rechovot; von hier aus weiter nach Ekron und in die „Studentenkolonie"[251] Gederah. Anschließend fuhren sie nach Ramleh und von dort aus mit dem Zug nach Jerusalem, wo Loewe und Bambus um den 20. Oktober 1895 eintrafen – allerdings nur kurze Zeit blieben. In seinem Reisebericht sparte Bambus eine Beschreibung des ersten Jerusalembesuchs aus, da er die Stadt am Ende der Reise

Bau einer gleichnamigen Straße in Rechovot mit 15.000 Mark bezuschussen sollte. Die Akquise der Gelder in Berlin war Aufgabe von Willy Bambus. Weiterhin wurde während ihrer Reise die Sanierung von Mishmar Ha-Yarden verhandelt, ein Projekt, dem sich Bambus auch nach seiner Rückkehr widmete (vgl. Petry: *Ländliche Kolonisation in Palästina*, S. 285).

246 Bambus: Meine Reise nach Palästina III, S. 460.

247 Loewe: Sichronot. Erste Palästina-Reise, S. 15.

248 Vgl. ebd.

249 Ebd.

250 Postkarte von Heinrich Loewe an Louis und Betty Loewe, 22.10.1895 [Poststempel]. CZA, A146/18.

251 Loewe: Sichronot. Kap. Erste Palästina-Reise, S. 23. Hierzu auch Bambus: *Palästina, Land und Leute*, S. 79.

nochmals allein durchstreifte. Loewe hingegen hielt seine Erinnerungen in einem 15-seitigen Abschnitt, der fast ¼ des Gesamtmanuskripts ausmacht, fest.

Die Ankunft der beiden Reisenden fiel in eine Zeit, in der sich das Stadtgebiet Jerusalems, ähnlich wie das Jaffas, ausdehnte. Mit der Gründung jüdischer Baugesellschaften nach 1874 nahm Ruth Kark und Michal Oren-Nordheim zufolge der „Exodus" aus der von Mauern umgebenen Altstadt größere Dimensionen an.[252] Neue jüdische Stadtteile entstanden schon zuvor außerhalb der Altstadt, darunter etwa das von Moses Montefiore ‚gebaute' erste jüdische Quartier Mishkenot Shaanim (1860), welches trotz des dezidiert philanthropischen Impetus seines Erbauers im zionistischen Narrativ zum „Meilenstein"[253] avancierte. Gekommen waren Loewe und Bambus, um in der „Alte[n] Stadt [...] die neuen Juden anzusehen"[254] – jene, die das ‚moderne' jüdische Jerusalem aufbauten. Wie im Fall Jaffas produzierte Loewe aber ein ambivalentes Bild der bis heute *„umkämpften Stadt"*[255]. Stellte sich noch der Anblick der Jerusalemer Bahnstation, an der sie von einem jüngeren Bruder Bezalel Kaminitz' in Empfang genommen wurden, gegen die Erwartungen der Reisenden, hinterließ die Altstadt bei Loewe einen tiefen Eindruck: „Nun war die Romantik da, die wir auf der Station vermisst hatten. Hier war das Historische, und alles sah nach Geschichte aus"[256], notierte er. Die Bauwerke Jerusalems, die Loewe nur in Ausnahmefällen als ansehnliche Indikatoren kultureller Hegemonie betrachtete, waren aber vornehmlich sakrale Bauten des Christentums und des Islam: „Denn überall sah man Verfall, und wo etwas Lebendiges und Schönes sich zeigte, da war es entweder ein muhammedanisches Heiligtum oder eine christliche Stiftung"[257], heißt es. Und weiter: „Das war palästinensisches neunzehntes Jahrhundert"[258]. Jüdische Orte waren nur Marginalien der von Loewe in seinen Erinnerungen sichtbar gemachten Stadt. Zionistischer Raum in Jerusalem war zudem ein weitmaschiges topographisches Geflecht. Loewe erwähnt in dieser Hinsicht wichtige Anlaufpunkte der Berliner Zionisten: die Westmauer freilich, ferner die Schule der AIU, die Lämel-Schule[259]

252 Ruth Kark / Michal Oren-Nordheim: *Jerusalem and Its Environs. Quarters, Neighborhoods, Villages, 1800–1948.* Jerusalem / Detroit: Magnes / Wayne State UP 2001, S. 76. Einen sehr guten Überblick über die jüdischen und religiös gemischten Stadtteile, ihre Gründungsdaten, Bevölkerung und Begründer liefert ebd., S. 82–85.

253 Michal Peled Ginsburg / Moshe Ron: *Shattered Vessels. Memory, Identity, and Creation in the Work of David Shahar.* Albany: State University of New York Press 2004, S. 166, Anm. 29.

254 Loewe: Sichronot. Kap. Erste Palästina-Reise, S. 26.

255 F. E. Peters: Jerusalem: one City, one Faith, one God. In: Tamar Mayer / Suleiman Ali Mourad (Hrsg.): *Jerusalem. Idea and Reality.* London / New York: Routledge 2008, S. 14–26, hier S. 18.

256 Loewe: Sichronot. Kap. Erste Palästina-Reise, S. 25.

257 Ebd.

258 Ebd., S. 26.

259 Die Lämel-Schule gilt als die erste moderne jüdische Schule in Palästina. Sie wurde 1856 auf Initiative von Elise Herz unter großem Protest vor allem der orthopraktischen aschkenasischen Gemeinde Jerusalems gegründet. Hier sollte nämlich auch ‚weltliches' Wissen vermittelt werden (vgl. Alex Carmel: Impressionen aus Palästina. In: Heiko Haumann (Hrsg.): *Der Erste Zionistenkongress von 1897. Ursachen,*

und das Deutsch-jüdische Waisenhaus, nicht zuletzt einzelne Privathäuser, wie das von Eliezer Ben Jehuda, und jüdische Hotels, wie jenes Hotel Kaminitz in der außerhalb der Altstadt gelegenen Jaffastraße, in das er und Bambus einkehrten.[260]
Zurück in Jaffa ging die letzte Expedition Richtung Norden. Loewe und Bambus reisten mit dem ‚Kolonistenwagen', der eine gute Wegstrecke von Pferden gezogen wurde. Bevor sie am 25. Oktober 1895 im Hotel Carmel in der Deutschen Kolonie in Haifa einkehrten – ein „vorzügliches Nachtquartier"[261], wie Bambus in seinem Bericht notierte –, besuchten die Reisenden gemeinsam mit Eisenstadt und Margaliot-Kalvarisky verschiedene Dörfer, die auf dem Weg dorthin liegen. Als erstes besichtigten sie Petach Tikwah, dann Chaderah, Zichron Yaakov und das arabische Dorf Tanturah, in dem sie die bereits geschlossenen Hallen einer von Baron Rothschild finanzierten Glasfabrik besuchten.[262] Insbesondere die Beschreibungen von Petach Tikwah sind bemerkenswert, insofern, als Bambus diese erste von jüdischen Bauern gegründete Siedlung als ‚Sorgenkind' beschrieb.[263] Gegenstand der Reisebeschreibungen war aber nicht nur die Siedlung selbst, sondern auch die Beziehungen zu ihrem Umland. Hier stellten Loewe und Bambus eindrücklich das Verhältnis zwischen den jüdischen ‚Kolonien' und den arabischen Obrigkeiten dar. Der arabische ‚Nachbar' produziere sich als (selbsternannte) Autorität in dieser Region, der die jüdische Siedlung mangels Durchsetzungsfähigkeit ihrer Administration willkürlich ausbeute:

Bedeutung, Aktualität. Basel: Karger 1997 S. 46–50, hier S. 47). Zu den Motiven der Stifterin und zum frühen Erziehungskonzept der Schule vgl. Martina Niedhammer: *Nur eine „Geld-Emancipation"? Loyalitäten und Lebenswelten des Prager jüdischen Großbürgertums 1800–1867*. Göttingen: Vandenhoeck & Ruprecht 2013, S. 255–257.

260 Das Hotel Kaminitz würde sich inmitten eines Ensemble aus „schlechte[n] Bauten ohne Ordnung und Schönheitssinn" befinden. Schönes, so Loewe weiter, konstituiere sich in Jerusalem im Verborgenen: Prachtvolle Häuser und Gärten wurden durch hohe umgebende Mauern den Augen der Menschen entzogen (vgl. Loewe: Sichronot. Kap. Erste Palästina-Reise, S. 26).

261 Willy Bambus: Meine Reise nach Palästina XII. In: *Die Jüdische Presse*, 04.12.1895, S. 527–528, hier S. 527.

262 Die Glasfabrik in Tanturah wurde bis zu ihrer Schließung von Meir Dizengoff geleitet, dem späteren Bürgermeister von Tel Aviv (vgl. Loewe: Sichronot. Kap. Erste Palästina-Reise, S. 44).

263 Durch die Nähe zum Yarkon und seinem sumpfigen Umland lag Petach Tikwah in einem Gebiet, das häufig Zentrum von Malariaepidemien war. Die Malaria übertragenden Moskitos waren seit Beginn der modernen jüdischen Besiedlung Palästinas ein zentraler Aspekt des zionistischen Projekts. Sandra Marlene Sufian analysierte, wie die Moskitos paradoxerweise den jüdischen Landkauf in Palästina überhaupt erst ermöglichten (dies.: *Healing the Land and the Nation. Malaria and the Zionist Project in Palestine, 1920–1947*. Chicago: University of Chicago Press 2007, S. 102). Sie hatten nicht nur Einfluss auf die Gesundheit und Produktivität der Arbeiter*innen in den jüdischen Siedlungen, sondern darüber hinaus auf die Quantität jüdische Immigration und die Bereitschaft von Arbeiter*innen, sich in Palästina dauerhaft niederzulassen, überhaupt (vgl. ebd., S. 104–105). Vgl. auch Eric Zakim: *To Build and Be Built. Landscape, Literature, and the Construction of Zionist Identity*. Philadelphia: University of Pennsylvania Press 2006, S. 54–90 (Kap. „The Poetics of Malaria").

> Die Kolonie hat leider einen schlechten Nachbar, den Scheich Abu Nabtah, den die Nachgiebigkeit der Verwaltung sich hat über den Kopf wachsen lassen und der jetzt die Administration und die Kolonie mit allerlei Forderungen, die am Ende meist auf Bakschisch hinauslaufen, drangsaliert.[264]

Ausführlicher noch als Bambus griff Loewe das Verhältnis zwischen Araber*innen und Jüd*innen im nördlichen Palästina auf. Die Schilderung eines alltägliches Aufeinandertreffens während der Reise dient zur Zementierung der Gegensätze; ein arabisches Dorf und seine Bewohner*innen werden als vormodern, aggressiv und fremdenfeindlich beschrieben – eine (weitere) Negativfolie zum ‚Neuen Yishuv' entsteht:

> Wir steuerten auf Kilkilijja zu. Wir kamen bis an den Ort, um den wir herumfahren wollten. Als wir ganz nahe waren, eröffneten die dort spielenden und kauernden Jungens einen Steinhagel aus gemessener Entfernung auf uns. Es hätte unangenehm werden können. Da zog Kalvarisky seinen nicht sehr kleinen Feldstecher aus der Tasche, der sonst dazu diente, dass er seinen Blick erweiterte, und legte ihn an die rechte Wange, als ob er mit einem Revolver zielte und schiessen wollte. Da stob die ganze Gesellschaft fluchtartig aus einander und verschwand schleunigst hinter den Lehmmauern der Kleinstadt, die nach europäischen Anschauungen eher eine Biberansiedlung als die von Menschen sein konnte. Wir fuhren darauf von aussen um das Städtchen herum und erfuhren, dass die Stadt wegen des Fanatismus und der Fremdenfeindlichkeit der Einwohner berüchtigt sei.[265]

Arabische Akteure und Orte tauchen in den Reisebeschreibungen von Loewe und Bambus allerdings nicht nur als das ‚Umgebende', ‚Außen' und ‚Gegenüber' auf. Der Chân, jene traditionelle arabische Herberge, „die von milder Hand zur Aufnahme für Menschen und Thiere errichtet"[266] ist, erfüllte auch in den jüdischen ‚Kolonien', etwa in Chaderah, seinen Zweck und gewährte den jüdischen Siedelnden und Reisenden Unterkunft. Loewe freilich assoziierte den Chân in seinen Erinnerungen weniger mit arabischer/islamischer Philanthropie, sondern deutete ihn als Fragment zionistisch-kulturellen Erbes: „Als ich im Jahre 1922 Chedera passierte", schrieb er, „war meine erste Frage: ‚Existiert der Chan noch? Er hatte historische Bedeutung, und man sollte solche Gebäude erhalten als Andenken an die Anfänge unseres Wiederaufbauwerkes."[267]
Auf der nächsten Etappe der Reise, Zichron Yaakov, stand ein anderer Ort im Zentrum der Betrachtungen, der neben den steinernen Häusern der jüdischen Familien,

264 Willy Bambus: Meine Reise nach Palästina VII. In: *Die Jüdische Presse*, 20.11.1895, S. 499–501, hier S. 499.

265 Loewe: Sichronot. Kap. Erste Palästina-Reise, S. 40. Mit Kilkilijja ist vermutlich Qalqiliya gemeint.

266 Bambus: Meine Reise nach Palästina VII, S. 500. Eine kurze Geschichte des Chân liefert Titus Tobler: *Nazareth in Palästina; nebst Anhang der vierten Wanderung*. Berlin: Reimer 1868, S. 261. Zur Architektur des Chân in Chaderah vgl. Loewe: Sichronot. Kap. Erste Palästina-Reise, S. 42.

267 Ebd.

dem schlosshaften Verwaltungsgebäude, den Brunnen und Fontänen in der Nähe des „hübsch angelegte[n] Park[s]“ die Blicke der Reisenden auf sich zog.[268] „Klein Paris“, wie Zichron Yaakov damals (nicht nur) in zionistischen Kreisen genannt wurde,[269] verfügte im Gegensatz zu allen anderen jüdischen ‚Kolonien‘ über bereits erwähntes Warendepot. Die Verwaltung des Depots bestückte diesen zentralen Ort des Konsums nicht nur mit Alltagsgegenständen, die etwa zur Bewirtschaftung des Bodens, zur (spartanischen) Möblierung der Zimmer in den Häusern usf. zweckdienlich waren, sondern stattete das Warenhaus ebenso mit hochwertigen und geschmackvollen Luxusartikeln aus, die dem Großteil der deutschen Leser*innen aus ihrem Alltag bekannt gewesen sein dürften. Folgt man der von Loewe und Bambus angedeuteten Warenpalette des Kaufhauses, konstituierte sich eine am Bedarf der aus Europa eingewanderten Jüd*innen orientierte alternative Konsumkultur des ‚Neuen Yishuv‘, die jüdische Moderne, materialisiert in Konsumgütern, andersartig sichtbar machte.[270] Sie verknüpfte im Warenhaus Zichron Yaakovs die zweckdienlichen Gegenstände zum Bebauen der Äcker, die Peitsche und den Pflug bspw., mit Gütern wie dem eleganten Möbelstück und der dekorativen Lampe, welche als Zeichen des Wohlstands die Überlappung der urbanen Konsumräume Europas mit den jüdischen Siedlungen Palästinas im Warendepot kenntlich machten.[271]
Von Zichron Yaakov aus ging die Expedition weiter über Haifa in nördlicher Richtung. Ab dem in Palästina damals offenbar weitläufig bekannten ‚Treffpunkt Platane‘[272] im Norden von Akko musste die sechsköpfige Reisegesellschaft ihre Expedition zu Pferd fortsetzen. Die Reisenden besuchten Eyn Zetim und einen Tag später in Begleitung von Mosche David Schoub, der die technische Leitung der Ausstellung der Produkte jüdischer Dörfer in Palästina auf der Berliner Gewerbeausstellung übernahm, Rosh Pinah.[273] Am 26. Oktober 1895 in Rosh Pinah angekommen, unternahmen Loewe und Bambus zu Fuß mehrere Tagesausflüge in die nähere Umgebung: nach

268 Vgl. Willy Bambus: Meine Reise nach Palästina X. In: *Die Jüdische Presse*, 28.11.1895, S. 511–512, hier S. 511.

269 Leslie Stein: *The Hope Fulfilled. The Rise of Modern Israel*. Westport: Praeger 2003, S. 36.

270 Gudrun M. König definiert Konsumkultur als Prozess „der Produktion der Sichtbarkeit, der Verteilung und der Aneignung von Gütern und Waren“ (Gudrun M. König: *Konsumkultur. Inszenierte Warenwelt um 1900*. Wien: Böhlau 2009, S. 31). In seiner Studie *Reading Germany* betont Gideon Reuveni, dass in der heutigen Forschung zur Konsumkultur Konsum nicht mehr länger als trivialer ökonomischer Akt aufgefasst wird. „Rather, consumption is seen as part of a culture that shapes the horizon of expectations and provides a set of concepts by means of which an individual defines and navigates his or her way in society.“ (Gideon Reuveni: *Reading Germany. Literature and Consumer Culture in Germany before 1933*. New York / Oxford: Berghahn 2006, S. 8.)

271 Vgl. Bambus: Meine Reise nach Palästina X, S. 511; Loewe: Sichronot. Kap. Erste Palästina-Reise, S. 43.

272 Ebd., S. 47.

273 Rosh Pinah tauchte in den Berichten als industrielles Zentrum des ‚Neuen Yishuv‘ auf. Dort produzierten eine 4 PS starke Dampfmaschine und ein Kessel mit 20 PS an der Herstellung von Seide mit (vgl. Willy Bambus: Meine Reise nach Palästina XIV. In: *Die Jüdische Presse*, 11.12.1895, S. 542).

Safed, Mishmar Ha-Yarden, Machanayim und Yesud Ha-Maalah. Anschließend ging es zurück über Tiberias und Nazareth – ab Kfar Kena wieder mit dem Wagen – nach Haifa. Um den 29. Oktober 1895 brachen sie von Haifa Richtung Jaffa auf. Während Bambus die folgenden Tage erneut nach Jerusalem reiste, blieb Loewe in Jaffa zurück. Gemeinsam traten sie am 5. November 1895 die Rückreise nach Berlin an. Diese sollte insgesamt zehn Tage dauern. Nachdem sie wiederum von Port Said aus mit dem Schiff, diesmal der S. S. Karlsruhe der Norddeutschen Lloyd, in einer 3-tägigen Reise nach Neapel übergesetzt hatten, mussten Loewe und Bambus wegen akuten Geldmangels darauf verzichten, Südeuropa mit dem Schnellzug zu durchqueren. Von Florenz aus setzten sie ihre Reise in langsameren Personenzügen fort. Ab Leipzig brachte sie dann ein Schnellzug bis zum Berliner Anhalter Bahnhof, wo sie, freudig begrüßt von anderen zionistischen Aktivist*innen, am 15. November 1895 einfuhren und prompt ihre Wiederkunft im von Zionist*innen häufig besuchten Café Bauer, Unter den Linden 26, feierten, das nicht nur äußerlich, sondern auch in seinen Innenräumen den Besucher*innen ein bürgerliches und kosmopolitisches Setting bot.[274] Eine Kurzbeschreibung, die Loewe in seinen Erinnerungen liefert, versucht, die Situation nach ihrer Rückkehr einzufangen:

> Als Bambus und ich von unserer ersten Palästinareise (im Herbst 1895) nach Deutschland zurückkehrten, da ging es uns nach dem alten Liede ‚Wenn jemand eine Reise tut, so kann er was erzählen'. Es war den Leuten, als wären wir als Entdecker in einer ganz fremden Welt gewesen, die in Deutschland viel ferner und fremder empfunden wurde, als Amerika oder Australien. Man wollte von uns wissen, eigentlich ob das Land wirklich existiere und nicht bloss ein Märchenland wäre.[275]

Ecke Unter den Linden/Friedrichstraße sitzend, in einem der ersten im Wiener Kaffeehausstil gebauten Häuser der europäischen Metropole, dürften einem Teil der Zuhörer*innen die Berichte aus der Ferne über das zionistische Aufbauwerk und die durch Loewe und Bambus vermittelten Vorstellungen von Palästina geradezu unwirtlich erschienen sein, standen sich doch hier das im jüdischen Diskurs tradierte Bild Palästinas als sakraler ‚Gedächtnislandschaft'[276] und das von den heimgekehrten Zionisten idealisierte Bild einer im Entstehen begriffenen Nation auf alt-neuem Territorium gegenüber.

274 Vgl. Sarah Wobick-Segev: Buying, Selling, Being, Drinking. Jewish Coffeehouse Consumption in the Long Nineteenth Century. In: Dies. / Gideon Reuveni (Hrsg.): *The Economy in Jewish History. New Perspectives on the Interrelationship between Ethnicity and Economic Life*. New York: Berghahn 2011, S. 115–134, hier S. 126–128.

275 Heinrich Loewe: Sichronot. Kap. Richards Erwerbung. CZA, A146/62, S. 1.

276 Vgl. Kirchhoff: *Text zu Land*, insb. S. 390–391.

> Ein grenzenloses Vielerlei! Es ist ganz unmöglich, die Anzahl von Dingen auch nur anzudeuten, die man sieht. Man ist nichts anderes als eine Ameise, die mit 50 000 anderen Ameisen zusammen in einem Bau herumkrabbelt, der aus allen Materialien der alten und neuen Welt zusammengetragen ist. Alle Zeiten, Landschaften, Vertriebsformen sind willkürlich gesammelt. Alpenlandschaft, Seewarte, Landschenke, Kairo, Ostafrika, amerikanischer Salon, Nordpol, Spinnerei, Buchdruckerei, Möbelmagazin, Elektrizität, Straßenbahn, Menagerie, Tingeltangel, Wohlfahrtspflege, Stadtverwaltungsberichte, Schulhefte, historische Trachten, Rudolf Herzog, Porzellan, Schlosserei, Arzneimittel, Sport, Chokoladen, Pianino, Kunstgärtnerei, Papierfabrik, Leichenverbrennung, Seekrieg, Taucher, Weltmusik – es ist zum Davonlaufen. Wer das alles fassen will, der verliert den Verstand. Es ist zu viel, der Mensch kann es nicht ertragen, sein armes Gehirn soll erdrückt, sein Beutel völlig geleert werden. Mitten in aller Herrlichkeit fängt er an zu seufzen: wollte Gott, ich säße still im Wald, das wäre für Geist und Körper besser! Ja, es wäre schöner, aber lehrreicher und darum nützlicher ist es doch am Ende, hier im Treptower Felde den Riesenjahrmarkt anzusehen; nur muß man sich etwas Zeit gönnen und darf nicht glauben, man könne alles sehen und begreifen. Vater Goethe war ein kluger Mann, wenn er sagte: in der Beschränkung zeigt sich erst der Meister.[277]

Mit diesen Zeilen beschrieb Friedrich Naumann, als einer von insgesamt sieben Millionen Besucher*innen der Berliner Gewerbeausstellung von 1896, eindrücklich die Szenerie der Menschen,[278] Dinge, ökonomischen Techniken und Praktiken, Topographien und Zeitenräume, die sich in Berlin zwischen dem 1. Mai und dem 15. Oktober 1896 auf einem Areal von 1.100.000 m^2 als die flächenmäßig bisher größte Versammlung von Repräsentationen der Welt in einer Ausstellung konstituierte.[279] Flächenmäßig übertraf die Berliner Gewerbeausstellung, die von den Architekten Karl Hoffacker, Hans Grisebach und Bruno Schmitz konzipiert wurde, alle bisherigen Ausstellungen, etwa die in

277 Friedrich Naumann: Berliner Gewerbeausstellung 1896. In: Ders.: *Ausstellungsbriefe Berlin, Paris, Dresden, Düsseldorf 1896–1906.* Gütersloh / Berlin: Bauverlag 2007, S. 15–45, hier S. 15.

278 Vgl. Anne Dreesbach: *Gezähmte Wilde. Die Zurschaustellung „exotischer" Menschen in Deutschland 1870–1940.* Frankfurt am Main / New York: Campus 2005, S. 251–252.

279 Zur Größe der Fläche der gesamten Ausstellung und seiner Spezialabteilungen vgl. Die Anlage und die Bauten der Berliner Gewerbe-Ausstellung des Jahres 1896 [1]. In: *Deutsche Bauzeitung* 30,34 (1896), S. 209–211, hier S. 209. Exzellente Darstellungen eines Teils der auf der Ausstellung vertretenen Architekturen finden sich, teilweise mit Grund- und Aufrissen von Gebäuden illustriert, in den folgenden Ausgaben der *Bauzeitung*: Die Bautechnik auf der Berliner Gewerbe-Ausstellung 1896. In: *Deutsche Bauzeitung* 30,60 (1896), S. 382–383; 30,62 (1896), S. 391–395; 30,64 (1896), S. 403–405; 30,72 (1896), S. 453–455. Sowie Die Anlage und die Bauten der Berliner Gewerbe-Ausstellung des Jahres 1896. In: *Deutsche Bauzeitung* 30,34 (1896), S. 209–211; 30,36 (1896), S. 225–227; 30,38 (1896), S. 237–238; 30,42 (1896), S. 265–267; 30,44 (1896), S. 277; 30,50 (1896), S. 317–317; 30,58 (1896), S. 356–366. Zur Ausstellung vgl. auch Bezirksamt Treptow von Berlin (Hrsg.): *Die verhinderte Weltausstellung. Beiträge zur Berliner Gewerbeausstellung 1896.* Berlin: Berliner Debatte 1996; dass. (Hrsg.): *Die Berliner Gewerbeausstellung 1896 in Bildern.* Berlin: Berliner Debatte 1996.

Paris, Philadelphia und Chicago.[280] Akteur*innen des zionistischen Kollektivs gehörten freilich zu jenen „50 000 Ameisen", die wie Naumann oben beschrieb, tagtäglich das Areal der Ausstellung durchquerten, bewunderten, bestaunten und ihr Geld in der Gastronomie und bei den vielen Händler*innen ließen. Aber es wurde von zionistischen Aktivist*innen auch zur Schau gestellt, oder besser, von einer politisch heterogenen jüdischen Allianz, deren Akteur*innen – vergleichbar der Semantik der oben vorgestellten Reiseberichte von Bambus und Loewe – sich seit spätestens Anfang der 1890er Jahre als Repräsentant*innen jüdischen Fortschritts im türkischen Orient auf einem gemeinsamen Handlungsfeld betätigten. Zwischen Köpenicker Landstraße und dem eigens für die Ausstellung gebauten Bahnhof richtete man sich in einer von drei Spezialabteilungen der Gewerbeausstellung ein.[281] Die geographisch separierte, 60.000 m^2 Fläche umfassende Abteilung Kairo am südlichen Rand des Treptower Parks, die am 20. Mai 1896 offiziell eröffnet wurde, firmierte zur Schaubühne der Ausstellung der Erzeugnisse jüdischer Dörfer in Palästina.

Den für das gesamte Areal der Abteilung verantwortlichen jüdischen Architekten Gabriel Wohlgemuth trafen Loewe und Bambus bereits auf ihrer gemeinsamen Palästinareise. Wohlgemuth hielt sich gerade in Kairo auf, um in der Stadt die Originale zu sondieren, die später als Vorlage für die Kulissen der Abteilung Kairo dienen sollten, als Loewe und Bambus 1895 in der Metropole am Nil Station machten. Die beiden zionistischen Aktivisten traten an den Berliner Baumeister mit der Bitte heran, in den Ausstellungskomplex einen Palästina-Pavillon zu integrieren. Wohlgemuth stimmten jener Bitte zu und mehr noch:[282] Er wurde Vorsitzender des Comités für die Ausstellung der Produkte jüdischer Dörfer in Palästina, welches neben Wohlgemuth vom Mitredakteur der *Nation* und Leiter des Komitees zur Abwehr antisemitischer Angriffe, Paul Nathan, geführt wurde.[283] Das Comité war zunächst mit der Finanzierung des Ausstellungsprojekts beschäftigt. Dank eines zinslosen Darlehens des Förderers jüdischer ‚Kolonien' in Palästina, Baron Edmond de Rothschild, konnte schließlich damit begonnen werden, die Ausstellung in die Tat umzusetzen.[284]

280 Vgl. Die Anlage und die Bauten der Berliner Gewerbe-Ausstellung des Jahres 1896 [1], S. 10.

281 Paul Lindenberg: *Pracht-Album photographischer Aufnahmen der Berliner Gewerbe-Ausstellung 1896 und der Sehenswürdigkeiten Berlins und des Treptower Parks, Alt-Berlin, Kolonial-Ausstellung, Kairo etc.* Berlin: Werner 1896, S. 44.

282 Vgl. Loewe: Sichronot. Kap. Erste Palästina-Reise, S. 7.

283 Ferner gehörten zum ‚Comité': Julius Bodenstein (Schatzmeister), Rechtsanwalt Jonas, Rechtsanwalt Sonnenfeld, Verlagsbuchhändler Siegfried Cronbach, Bildhauer Reinhold, Bergwerkbesitzer Moritz Dorn, Willy Bambus und Hirsch Hildesheimer (vgl. Die Palästina-Ausstellung II. In: *Die Jüdische Presse*, 04.11.1896, S. 481–483, hier S. 481; dazu auch Petry: *Ländliche Kolonisation in Palästina*, S. 287, Anm. 83).

284 Vgl. ebd., S. 288. Ab Juli 1896 begann das Komitee mit der Rückzahlung des Darlehens und leistete die erste Ratenzahlung von 1.000 Mark (vgl. ebd.).

Die Palästina-Ausstellung wurde im Bezirk der Kait-Bey-Moschee platziert. Sie lag in einem mit Minarett versehenen Bau am Ausgang des Kait-Bey-Dioramas. Der Bau befand sich nur wenige Meter vom Haupteingang der Abteilung Kairo – dem Bab el Futuh – entfernt.[285] Heinrich Loewe beschrieb in einem Artikel für den 1895 gegründeten *Berliner Vereinsboten*, das neue „Central-Organ für die jüdischen Vereine Berlins", die Architektur des Pavillons und seine Einbettung in das orientalisierende Setting:

> Gegenüber dem Nil-Panorama, dem Beduinenlager und dem Tempel [...], am Platz zwischen der grossen Pyramide und dem Edfutempel [...] liegt ein Haus, das eine getreue Nachahmung eines Teiles vom Turme Davids in Jerusalem darstellt. Am Eingange ist ein Schild mit hebräischer und deutscher Aufschrift mit folgendem Texte; ‚Erzeugnisse jüdischer Dörfer aus Palästina'. Vor dem Hause, das mit Blumen orientalischer Herkunft geschmackvoll ausgeschmückt ist, stehen Tische und Stühle aus Bambusrohr, und eine Aufschrift: Wohl bekommen's.[286]

Ein noch besserer Blick für die Details des Bauwerks wurde in einem anonym verfassten Beitrag (vermutlich von Loewe selbst) in der *Jüdischen Presse* bewiesen:

> Auf dem Pyramiden-Platze, gegenüber dem großen Edfu-Tempel [...] und neben der Kait-Bey Moschee [...] erhebt sich ein einfacher Bau, dessen unbehauene mächtige Steine, wie seine ganze Ausführung den Eindruck eines soliden Festungsthurmes aus längstvergangenen Tagen machen. Dieses eigenartige Bauwerk, das in seiner architektonischen Form, wie in der sehr glücklich getroffenen Nachahmung des alten, verwitterten Gesteins an den Thurm Davids in Jerusalem erinnert, beherbergt die Palästina-Ausstellung. Ein roh-gezimmertes, von Reisig- und Blumenguirlanden umranktes Vordach trägt ein Schild mit der hebräischen und deutschen Aufschrift: ‚Erzeugnisse jüdischer Dörfer in Palästina'. Vor der Thür laden zierliche Stühle und Tische zum Sitzen ein.[287]

Der fertiggestellte Palästina-Pavillon konstituierte sich unter der Leitung von Mosche David Schoub als multifunktionaler Ort: als Messestand, als Verkaufsstelle und als flüchtiges Museum des ‚Neuen Yishuv'. Den kleineren Teil der zweigeteilten Ausstellungsfläche nahm eine Weinstube ein. Hier wurden koschere Weine und Cognacs aus Rishon Le-Zion, Rechovot und Zichron Yaakov ausgeschenkt und zum Verkauf angeboten.[288] Die geweißten Wände der Weinstube wurden mit Palmzweigen

285 Vgl. Carl Krug: *Offizieller Führer durch die Special-Abtheilung Kairo der Berliner Gewerbe-Ausstellung*. Berlin: Verlag des ‚Kleinen Journals' 1896, S. 51–63 (Kap. „Im Bezirk der Kait-Bey-Moschee").

286 Heinrich Loewe: Eine jüdische Palästina-Ausstellung in Berlin [1]. In: *Berliner Vereinsbote*, 10.06.1896, S. 1–2, hier S. 1.

287 Die Palästina-Ausstellung. In: *Die Jüdische Presse*, 27.05.1896, S. 243–245, hier S. 244.

288 Bestellschein Ausstellung der Erzeugnisse jüdischer Dörfer in Palästina. CZA, A146/99; Loewe: Eine jüdische Palästina-Ausstellung in Berlin [1], S. 2.

verkleidet und mit Arabesken, Weinreben, Photographien aus den jüdischen ‚Kolonien' und Bibelversen[289] dekoriert. Trefflich bezeichnete Sammy Gronemann in seinen Erinnerungen den palästinischen Wein als zentrales Element des zionistischen Kollektivs, „als erste[n] Bote[n] aus unserem Lande", der „handgreiflich" untermauere, „daß Palästina doch mehr ist als ein Symbol".[290] Ebenso pointiert ließ Loewe, der nach der Ausstellung für die Import-Gesellschaft Palästina arbeitete, in einem Brief an Herbert Bentwich den Zusammenhang zwischen Wein und Zionismus erahnen. Mit Blick auf den Absatz der Produkte der Gesellschaft schrieb er:

> Nur in Frankfurt a. M. und ähnlichen Orten, wo eine dem Zionismus feindliche Orthodoxie dominiert, ist das Geschäft schwieriger, während der Wein (ebenso wie der Zionismus überhaupt) bei den gesetzestreuen Juden Norddeutschlands durchaus freudigen Anklang findet.[291]

Der in gleicher Weise dekorierte zweite Ausstellungsraum versammelte weitere dieser vermittelnden, übersetzenden und weltdarstellenden Akteure,[292] die sich im und vor dem Palästina-Pavillon mit ihren Standbetreuenden, u. a. Heinrich Loewe, Hirsch Hildesheimer, Mosche David Schoub und Jehuda Holzmann (alias Dr. Haezioni), assoziierten: Bambus' Broschüre *Die jüdischen Dörfer in Palästina*[293], Eliezer Ben Jehudas *Ha-Zvi*, der von Schildberger verlegte Band *Palästina. Ansichten von denkwürdigen Stätten des heiligen Landes und Dörfern jüdischer Bauern*[294], zudem ein zehn Pfennige teures Photoalbum wurden ausgelegt, Photographien an den Wänden aufgehängt. Freilich hatten die ausgestellten landwirtschaftlichen und handwerklich produzierten Erzeugnisse aus den jüdischen Siedlungen, aus Mikweh Yisrael, Haifa und Jerusalem, besondere Bedeutung: Absinth, Ades, Anisette, Bohnen, Chartreuse, Chinawein, Curaçao, Drechslerwaren, Durrha, Eau de Cologne, Etrogim, Gerste, Getreide, Granatapfelsirup, Hirse, Honig, Karmel-Kräuterbitter, Linsenwicke, Kichererbsen (Humus), Linsen, Lupinen, Mais, Mandeln, Maraschino, Maulbeerensirup, Melonen, Oliven, Olivenholz-Schnitzereien, Olivenöl, Orangen, Orangenlikör, Orangenparfüm,

289 Diese Bibelverse waren Kohelet 9,7; Devarim 9,8; Joel 4,18; Shir Ha-Shirim 8,2 (vgl. Die Palästina-Ausstellung, S. 244).

290 Gronemann: *Erinnerungen*, S. 13.

291 Heinrich Loewe an Herbert Bentwich, 03.03.1898. CZA, A146/101.

292 Vgl. Frederike Felcht: „die Straßenbahnen und Omnibusse sind gestopft und gepfropft und mit Menschen garniert". Überlegungen zur Aufhebung des Anthropozentrismus von Mensch-Ding-Beziehungen. In: Elisabeth Tietmeyer / Claudia Hirschberger / Karoline Noack / Jane Redlin (Hrsg.): *Die Sprache der Dinge. Kulturwissenschaftliche Perspektiven auf die materielle Kultur.* Münster: Waxmann 2010, S. 43–52, hier S. 49; Elisabeth Tietmeyer / Claudia Hirschberger / Karoline Noack / Jane Redlin: Vorwort. In: Ebd., S. 7–8, hier S. 7.

293 Bambus: *Die jüdischen Dörfer in Palästina.*

294 *Palästina. Ansichten von denkwürdigen Stätten des heiligen Landes und Dörfern jüdischer Bauern.* Berlin: Schildberger 1896.

Orangensirup, Pflanzenseife, Rohseide, Rosenöl, Rosensirup, Sassaparillasirup, Schnitzereien, Seidencocons, Sesamöl, Steinarbeiten, Tomaten, Tonarbeiten, Trauben, Weizen, Wicken, Zitronenlikör und Zitronensirup versammelten sich zu einer bunten Gemeinschaft der Dinge.[295]

Der Palästina-Pavillon konstituierte sich als Raum, in dem sich jüdisch-sakrale Zeit und jüdische Moderne überlagerten. Erstere manifestierte sich vornehmlich in der Innen- und Außenarchitektur. Wie oben zitiert, ahmte die Fassade des Pavillons (mehr oder weniger erfolgreich) den Davidsturm in Jerusalem nach. Sieht man von dem hebräischen Schriftzug auf dem Hängeschild über dem Eingangsportal ab, dürfte sich die von den Ausstellenden intendierte Raum- und Bildsprache allerdings erst mit dem Gang der Besucher*innen ins Innere als dezidiert jüdische erwiesen haben, fanden sich doch hier, wie bereits erwähnt, Bibelsprüche „in großen hebräischen Lettern"[296] an den Wänden platziert. Die Spuren der jüdischen Moderne Palästinas brachten die zionistischen Standbetreuer*innen, die ausgestellten Drucksachen, Photographien und die Produkte selbst innerhalb und vor der Ausstellungsfläche zur Anschauung. Bemerkenswert erscheint diesbezüglich die Selbstschau der zionistischen Aktivisten Loewe und Bambus. Waren viele der Statist*innen in der Abteilung Kairo in folkloristischen Trachten in Aktion, die der Repräsentationsarbeit als „demüthige[r] Fellach [...] stolze[r] Beduine, [...] Kopten [...], hastige Griechen pfiffiger Miene, [...] würdevoller Arnaut, [...] Negertypen, ebenholzfarbigen Sudanesen, [...] lichte[r] Berberiner"[297] usf. Nachdruck verleihen sollten, traten Bambus und Loewe adrett gekleidet in dunklen Anzügen auf und bedeckten ihre Köpfe als Zeichen der „Abkehr von Europa"[298] mit dem roten Fes oder Tarbusch.[299] (Abb. 6) Auffällig ist ferner, dass Loewe anscheinend auf das Tragen des Magen David während der Ausstellung verzichtete. Es liegt nahe, dass der Schild Davids als Erkennungszeichen des radikalen zionistischen Berliner Kreises bewusst von dem Ausstellungspavillon ferngehalten wurde, um das Projekt, den Tatsachen

295 Zu den hier aufgezählten Produkten vgl. Loewe: Eine jüdische Palästina-Ausstellung in Berlin [1]; ders.: Eine jüdische Palästina-Ausstellung in Berlin [2]. In: *Berliner Vereinsbote*, 24.06.1896, S. 1–3; Berlin. In: *Zion*, 01.10.1896, S. 283; Correspondenzen/Deutschland/Berlin [2]. In: *Die Jüdische Presse*, 02.09.1896, S. 395; Die Palästina-Ausstellung. In: *Die Jüdische Presse*, 27.05.1896, S. 243–245, hier S. 244; Die Palästina-Ausstellung II. In: *Die Jüdische Presse*, 04.11.1896, S. 481–483; Korrespondenzen und Nachrichten/Deutschland/Berlin. In: *Der Gemeindebote*, 22.05.1896, S. 2; Vermischtes/Berlin [2]. In: *Die Jüdische Presse*, 12.08.1896, S. 370.

296 In der Berliner Gewerbe-Ausstellung II. In: *Allgemeine Zeitung des Judentums*, 05.06.1896, S. 275–276, hier S. 275.

297 Krug: *Offizieller Führer durch die Special-Abtheilung Kairo der Berliner Gewerbe-Ausstellung*, S. 3.

298 Heinrich Loewe: Sichronot. Kap. Übersiedlung nach Palästina. CZA, A146/177, S. 64.

299 Loewe hatte sich einen – vielleicht sogar diesen – Fes bereits auf seiner Reise durch Palästina zugelegt. In Safed kaufte er sich die Kopfbedeckung, die, wie er in seinen Erinnerungen notierte, „so freundlich war, bis Berlin mein sorgenvolles Haupt zu schützen" (Loewe: Sichronot. Kap. Erste Palästina-Reise, S. 58). Ein Gruppenbild vor dem Pavillon ist abgedruckt in Vivienne Silver-Brody: *Documentors of the Dream. Pioneer Jewish Photographers in the Land of Israel, 1890–1933*. Jerusalem: Magnes 1998, S. 43.

Abb. 6
Heinrich Loewe,
Berliner Gewerbe-
ausstellung, August 1896.

entsprechend, nicht als zionistisches zu markieren. Deshalb kann es kaum verwundern, wenn Loewe die Initiative in einem Artikel für den *Berliner Vereinsboten* als in der Form unbeabsichtigtes Propagandaprojekt beschrieb.[300]

Die Repräsentationsarbeit vor Ort, die am 21. Mai 1896 für die jüdischen Austellenden begann,[301] zielte, ähnlich der Reiseberichte, die Loewe und Bambus aus Palästina gaben, darauf ab, für die Besucher*innen ein Bild des produktivierten Palästinas zu generieren, d. h. in „weiteren Kreisen“, wie Loewe an Baron Rothschild schrieb, „ein Bild von der Entwickelung und den Leistungen“ des ‚Neuen Yishuv‘ zu verankern.[302] Ein*e Besucher*in (vielleicht ein*e Zionist*in) gab im Juni 1896 Auskunft darüber, dass die Repräsentationsarbeit der Ausstellenden das gewünschte Ziel (zumindest punktuell) erreichte.[303] Die Schilderungen des Eintretens in den Pavillon erinnern in vielerlei Hinsicht an jene der Ankunft von Loewe und Bambus in Jaffa im Oktober 1895: Der Pavillon provozierte die Verschränkung von jüdischer Geschichte und jüdischer Gegenwart vor dem geistigen Auge der Betrachtenden: „Ich mußte der großen Vergangenheit

300 Vgl. Loewe: Eine jüdische Palästina-Ausstellung in Berlin [2], S. 2.

301 Vgl. Correspondenzen/Deutschland/Berlin [1]. In: *Die Jüdische Presse*, 21.05.1896, S. 237.

302 Heinrich Loewe (i. A. des Comités für die Ausstellung der Produkte jüdischer Dörfer in Palästina) an Baron Edmond de Rothschild, 25.07.1896. CZA, A146/72.

303 In der Berliner Gewerbe-Ausstellung I. In: *Allgemeine Zeitung des Judentums*, 15.05.1896, S. 239–240; 05.06.1896, S. 275–276.

und der traurigen Gegenwart gedenken; an meinem Geiste zogen die bunten Bilder der wechselvollen Geschichte meines Volkes vorüber"[304]. In ihren Erinnerungen bestätigen einzelne zionistische Aktivisten wie Sammy Gronemann, Elias Auerbach und Max Jungmann die Entfaltung des gewünschten Effekts.[305]

Die Zurschaustellung der Entwicklung und des Fortschritts der jüdischen Siedlungen in Palästina vor Ort in Treptow verflocht sich in den Monaten nach Eröffnung der Ausstellung mit einer intensiven Publikations- und Pressearbeit des Berliner zionistischen Kollektivs. Sie erreichten, dass der Palästina-Pavillon und die damit verknüpfbaren zionistischen Propageme durch Unterstützung der Redaktionen der *Allgemeinen Zeitung des Judentums* und der *Jüdischen Presse* sowie durch die Mithilfe von international renommierten zionistischen Akteuren wie Theodor Herzl, der den Pavillon auf einer Vortragsreise als mustergültiges zionistisches Projekt vorstellte,[306] zentrale Elemente der jüdischen Nachrichtenproduktion zwischen Mai und Oktober 1896 wurden. Ergänzend zu zahlreichen Werbeannoncen für die ausgeschenkten Weine, die in der jüdischen Presse abgedruckt wurden, und Spezialveranstaltungen wie dem Sommerfest, welches der Verein Esra Anfang September 1896 in der Arena der Spezialabteilung Kairo ausrichtete,[307] berichteten die *Jüdische Presse*, die *Allgemeine Zeitung des Judentums* und *Zion* ausführlich über die jüdische Initiative im Treptower Park. Die *Allgemeine Zeitung des Judentums* begann bereits ab Anfang Mai 1896 mit ihrer Berichterstattung. In einer knappen Korrespondenz wurde in einem anonym verfassten Beitrag die zentrale Stellung des Unternehmens Palästina-Pavillon in der jüdischen ‚Abwehrarbeit' gegen antisemitische Anfeindungen betont, die sich, wie eine spätere Meldung der *Deutsch-Sozialen Blätter* belegt, auch auf den Palästina-Pavillon in Berlin und eine Folgeausstellung in Köln konzentrierten.[308] Auch stellten andere Artikel den Pavillon als Instrument der ‚Abwehrarbeit' dar. In der *Jüdischen Presse* wurde in diesem Zusammenhang zugleich jene dezidiert antisemitisch-diskursive Praxis fokussiert, die etwa das Vorurteil des zur körperlichen Arbeit unfähigen „Geldjuden" produzierte, und die diskursive Praxis jener jüdischen Kreise, die Distanz zum jüdischen Siedlungswerk in Palästina

304 In der Berliner Gewerbe-Ausstellung II. In: *Allgemeine Zeitung des Judentums*, 26.06.1896, S. 275–276, hier S. 275.

305 Elias Auerbach: *Pionier der Verwirklichung. Ein Arzt aus Deutschland erzählt vom Beginn der zionistischen Bewegung und seiner Niederlassung in Palästina kurz nach der Jahrhundertwende.* Stuttgart: DVA 1969, S. 80–81; Gronemann: *Erinnerungen*, S. 13–14; Jungmann: *Erinnerungen eines Zionisten*, S. 43.

306 Correspondenzen/Oesterreich-Ungarn/Wien. In: *Die Jüdische Presse*, 15.07.1896, S. 320–321, hier S. 321.

307 Vgl. Berlin. In: *Zion*, 30.08.1896, S. 254; Correspondenzen/Deutschland/Berlin [2]. In: *Die Jüdische Presse*, 02.09.1896, S. 395; Nationale Bewegung (Monatsschau)/Berlin [1]. In: *Zion*, 01.10.1896, S. 283; Vermischtes/Berlin [1]. In: *Die Jüdische Presse*, 12.08.1896, S. 370.

308 Mosaik. In: *Deutsch-Soziale Blätter*, 26.11.1896, S. 389–390, hier S. 390. Hierzu auch Correspondenzen / Deutschland / Köln. In: *Die Jüdische Presse*, 25.11.1896, S. 515.

wahrten[309] – oder wie Loewe formulierte, sich in „anerzogener Zweifelsucht"[310] übten. In Bezug auf den Palästina-Pavillon äußerte sich diese Distanz in der deutschsprachigen Presse selten in Polemiken, etwa in dem in der *Vossischen Zeitung* und in der *Allgemeinen Israelitischen Wochenschrift* kolportierten Vorwurf des Berliner „Koscher-Weinhändlers" Lajos Heimann, dass die ausgestellten Weine gar nicht aus Palästina seien,[311] sondern im Schweigen der jüdischen Blätter zur Ausstellung. Die Redaktionen des CV-Organs *Im Deutschen Reich* und des *Israelit* ließen die vergleichsweise bedeutende Initiative in ihren Berichterstattungen unkommentiert. In England und in Übersee nahm man hingegen Notiz vom Pavillon. Der *Jewish Chronicle* brachte einen Beitrag zur Ausstellung, der den damaligen Professor für semitische Sprachen an der Columbia University und späteren Präsidenten der American Federation of Zionists, Richard Gottheil, dazu veranlasste, zwecks wissenschaftlichem Austausch zu Loewe Kontakt aufzunehmen:

> I have just read in the London Jewish Chronicle an account of the Palestine exhibit in the Berlin Gewerbe Ausstellung. I am very much interested in the work of the colonies in Palestine; and am at present making a study of them for a cruise of lectures on the geography of Palestine [...].[312]

Die in New York publizierte Wochenzeitung *The American Hebrew* veröffentlichte einen Monat später eine Übersetzung von Loewes Artikel zum Palästina-Pavillon, die über den (Um-)Weg der Zeitung *Frauen-Reich* den Weg in das Blatt fand.[313]

Für die dauerhafte Anwesenheit der Produkte aus den jüdischen ‚Kolonien' in Berlin, später auch an anderen Orten Deutschlands – z. B. in Halberstadt und Magdeburg – sorgte nach der Ausstellung die am 11. Oktober 1896 mit 50.000 Mark Stammkapital gegründete Import-Gesellschaft Palästina GmbH.[314] Die Gesellschaft hatte unter ihrem ersten Geschäftsführer, Moses Hildesheimer, nicht nur das Ziel, den deutschen Markt für „Waren aller Art aus Palästina und Syrien, insbesondere der jüdischen Kolonien in Palästina"[315], zu erschließen. Vielmehr nahmen ihre Räumlichkeiten die Funktionalität

309 Correspondenzen/Deutschland/Berlin [1]. In: *Die Jüdische Presse*, 21.05.1896, S. 237. Hierzu auch Die Palästina-Ausstellung I. In: *Die Jüdische Presse*, 28.10.1896, S. 473–474; Die Palästina-Ausstellung II. In: *Die Jüdische Presse*, 04.11.1896, S. 481–483.

310 Heinrich Loewe: Eine jüdische Palästina-Ausstellung in Berlin. In: *Zion*, 15.07.1896, S. 161–67, hier S. 161.

311 Vgl. Die Palästina-Ausstellung II. In: *Die Jüdische Presse*, 04.11.1896, S. 481–483, hier S. 482.

312 Richard Gottheil an Heinrich Loewe, 26.08.1896. CZA, A146/99.

313 The Palestine Exhibit in Berlin. Translated for THE AMERICAN HEBREW from the *Deutsche Hausfrauen Zeitung* by M. Blanzger. In: *The American Hebrew*, 02.10.1896, S. 551.

314 *Handbuch der Gesellschaften mit beschränkter Haftung im Deutschen Reiche. Ein Hand- und Nachschlagebuch für Bankiers, Kaufleute, Industrielle, Kapitalisten etc.* Leipzig: Schumann's 1898, S. 34.

315 Vgl. ebd.

des Palästina-Pavillons auf: Die Firma mietete „ein Lokal in bester Geschäftsgegend“[316], am Werderschen Markt 9 (später an der Ecke St.-Wolfgang-/ Heilige-Geist-Straße[317] und der Kurstraße 39). Neben einem bloßen Verkaufsstand wurde eine Weinstube mit Dauerausstellung der Erzeugnisse jüdischer ‚Kolonien‘ in Palästina eingerichtet, zudem schaltete man Werbeannoncen, die in vielen Fällen ein Bild enthielt, das mit dem Slogan „Trauben aus Kanaan“ unterlegt eine mythische Herkunft der Produkte imaginierte. Loewes Tätigkeit verknüpfte sich in den folgenden Monaten zusehends mit dieser Geschäftsadresse. Kurz nach seiner Übersiedlung nach Jaffa im Winter 1897 stellte er, der ursprünglich seine Reise angetreten war, um sich hier dauerhaft niederzulassen und am Aufbau einer höheren hebräischen Schule mitzuwirken,[318] sich in den Dienst der Import-Gesellschaft. Im Vorfeld der Reise entband sich Loewe in Berlin von zahlreichen Posten und Mitgliedschaften sowie den damit verbundenen Verantwortlichkeiten: Aus dem Russisch-jüdisch wissenschaftlichen Verein trat er Anfang Juni 1896 aus.[319] Im gleichen Monat wurde er von der Königlichen Ober-Ersatz-Kommission im Bezirk Berlin ausgemustert und war folglich von allen militärischen Pflichten eines preußischen Staatsbürgers befreit.[320] Wie oben bereits erwähnt, legte Loewe

316 Korrespondenzen und Nachrichten/Deutschland/Berlin [4]. In: *Der Gemeindebote*, 16.10.1896, S. 1. Hierzu auch Berlin. In: *Zion*, 01.11.1896, S. 313. Bis 1898 konnte die Import-Gesellschaft ihre Verkaufszahlen auf 80.410 Flaschen pro Jahr (1897 58.365) steigern (vgl. auch zum Folgenden *Berichte der Geschäftsführung der Import Gesellschaft Palästina G.m.b.H. zu Berlin*. CZA, A28/13). Im Januar/Februar 1899 verzeichnete man einen Gesamtumsatz von 26.000 Mark, an dem die Weine aus Palästina den größten Anteil hatten. Die bis dahin gegründeten Niederlassungen, so ein Bericht der Geschäftsführung von März 1899, konnten nur wenig zur Umsatzsteigerung beitragen. Es waren allerdings Vertreter für die Gesellschaft unterwegs, die, so der Bericht hoffnungsvoll weiter, vor allen Dingen den Vertrieb der Weine ankurbeln sollten. Zur Lagerung der Weine wurde 1899 anberaumt, ein En-Gros-Lager in Hamburg einzurichten, das Platz für 70.000 Fässer Wein und Cognac bieten würde. Absprachen diesbezüglich wurden mit der Warschauer Gesellschaft Karmel, die in den folgenden Jahren ihr Tätigkeitsgebiet auf den Vertrieb palästinischer Produkte in Russland, im ‚Orient‘ und in Amerika konzentrierte (vgl. Palästina-Ausstellungen. In: *Altneuland* 3,7/8 (1906), S. 249), getroffen. Schließlich finanzierte Baron Rothschild diese Lagerhalle. Er erhielt von der Import-Gesellschaft und der Gesellschaft Karmel Provision auf deren verkaufte Produkte (vgl. auch Petry: *Ländliche Kolonisation in Palästina*, S. 291).

317 Vgl. Annonce Import-Gesellschaft Palästina. In: *Jüdische Rundschau*, 20.03.1903, o. P. Ergänzend zu den Dependancen der Import-Gesellschaft Palästina setzte man auch Vertreter ein, die die Produkte vertrieben. 1903 waren diese in Frankfurt am Main, Fürth, Posen, Königsberg, Kattowitz, Hannover und Köln unterwegs (vgl. ebd.).

318 Vgl. Heinrich Loewe: Sichronot. Kap. Übersiedlung nach Palästina, S. 18. Ferner die Artikel (vgl. die Loewe-Bibliographie im Anhang), welche Loewe zuerst in *Zion*, später in der *Jüdischen Rundschau* betr. eines Lyzeums in Jaffa veröffentlichte. Loewe gab Jaffa als ständigen Wohnort erst einige Monate nach seiner Rückkehr nach Berlin auf. Im Juni 1897 stattete ihn das Kaiserlich Deutsche Vizekonsulat in Jaffa mit einem Schutzschein aus, der u. a. an preußische Staatsbürger*innen vergeben wurde, die sich dauerhaft im Konsularsbezirk bewegten (vgl. Schutzschein Heinrich Loewe, ausgestellt vom Kaiserlich Deutschen Vice-Konsulat am 12. Juni 1897. CZA, A146/2; hierzu auch *Palästina und Syrien. Handbuch für Reisende*, hrsg. v. Karl Baedeker. Leipzig: Baedeker 1891, S. XXXVI–XXXVII). Noch im Januar 1898 hatte Loewe fest damit gerechnet, wieder nach Palästina zurückzukehren (vgl. Heinrich Loewe an Norman Bentwich, 09.01.1898. In: Durchschreibebuch 1897. Shaar Zion, Boxnr. 16, Bl. 469–470R).

319 Vgl. Postkarte von Heinrich Loewe an Leo Mozkin, 01.07.1896 [Poststempel]. CZA, A126/174.

320 Vgl. Ausmusterungs-Schein Heinrich Loewes, 07.06.1896. CZA, A146/2.

nach zweijähriger Tätigkeit die Chefredaktion der Monatsschrift *Zion* nieder.[321] Im November 1896 wurde er als Vorsitzender von Jung Israel abgewählt und durch Osias Thon ersetzt.[322] Einen Monat später verließ Loewe die Juristische Fakultät der Friedrich-Wilhelms-Universität, wo er sich unmittelbar nach seinem Abschluss an der Philosophischen Fakultät im Mai 1895 immatrikuliert hatte.[323]

Nach Loewes Ankunft in Jaffa dirigierte Moses Hildesheimer Loewe vom Werderschen Markt aus durch das Land. Er veranlasste ihn, unter Aufsicht des Superintendanten der von Rothschild unterhaltenen ‚Kolonien', Elie Scheid,[324] auf dem Postweg und durch zahlreiche Besuche in den jüdischen ‚Kolonien' Kontakte zu palästinischen Lieferanten herzustellen, zu pflegen, Produkte für eine weitere Palästina-Ausstellung im Rahmen der Allgemeinen Gartenbauausstellung von 1897 in Hamburg[325] anzukaufen und die Verschickung dieser, darunter bspw. Palmen und Zitrusbäume für diese Ausstellung, zu organisieren und zu überwachen.[326]

Loewes Engagement beschränkte sich allerdings nicht nur auf seine Tätigkeit für die Import-Gesellschaft. Da seine Anstellung an der finanziell angeschlagenen hebräischen Schule in Jaffa erst für Oktober 1897 in Aussicht gestellt war, musste er sich seine

321 Vgl. Heinrich Loewe: An die Leser des ‚Zion'. In: *Zion*, 01.10.1896, S. 255–256; Heinrich Loewe an Nathan Birnbaum, 25.09.1896. CZA, A188/17/14.

322 Vgl. Nationale Bewegung (Monatsschau)/Berlin [1]. In: *Zion*, 01.12.1896, S. 348.

323 Vgl. Abgangszeugnis der Juristischen Fakultät der Friedrich-Wilhelms-Universität von Heinrich Loewe, 16.12.1896. CZA, A146/001; Anmeldebuch der Juristischen Fakultät der Friedrich-Wilhelms-Universität von Heinrich Loewe, 02.05.1895. CZA, A146/1.

324 Zur Rolle von Elie Scheid im Verwaltungsapparat der Rothschild-‚Kolonien' vgl. Ran Aharonson: *Rothschild and Early Jewish Colonization in Palestine*. Jerusalem: Magnes 2000, S. 124–125.

325 Die Intention, die mit der Ausstellung in Hamburg verbunden war, war vergleichbar mit jener der Berliner Ausstellung: die Zurschaustellung der Produkte, die mit der Präsentation des produktivierten jüdischen Palästinas einherging, und der Abwehrkampf gegen antisemitische Vorurteile (vgl. Palästina-Ausstellung in Hamburg. In: *Zion*, 30.04.1897, S. 196). Der Palästina-Pavillon der Gartenbauausstellung in Hamburg wurde am 29. Juni 1897 eröffnet. Architekt des Pavillons war Alfred Loewengard (vgl. Weltchronik/Hamburger Gartenausstellung. In: *Die Welt*, 09.07.1897, S. 11).

326 Vgl. Heinrich Loewe an Richard Loewe, 04.04.1897. In: Durchschreibebuch 1897, Bl. 25R. Ferner: Heinrich Loewe an Moses Hildesheimer, 06.04.1897. In: Ebd., Bl. 31–31R; Heinrich Loewe an Joshua Ossowetzky, 07.04.1897. In: Ebd., Bl. 44; Postkarte von Heinrich Loewe an Moses Hildesheimer, 07.04.1897. In: Ebd., Bl. 33; Heinrich Loewe an Jacob Benschimol, 01.05.1897. In: Ebd., Bl. 45; Heinrich Loewe an Leib Schalit, 14.05.1897. In: Ebd., Bl. 60R; Heinrich Loewe an Moses Hildesheimer, 15.05.1897. In: Ebd., Bl. 65–65R; Heinrich Loewe an Moses Hildesheimer, 30.05.1897. In: Ebd., Bl. 94–95R. Hierzu auch Petry: *Ländliche Kolonisation in Palästina*, S. 300–301. Erwähnte Bäume verließen Palästina am 16. Mai 1897. Begleitet von einem Gärtner namens Glückmann aus Rishon Le-Zion wurden die Pflanzen mit dem Dampfer Rhodos von Alexandria aus nach Hamburg transportiert (vgl. Heinrich Loewe an Moses Hildesheimer, 15.05.1897; Heinrich Loewe: Palästina-Nachrichten: Jaffa. In: *Zion*, 30.01.1897, S. 251–253). Später folgten via Triest konservierte Früchte, Trauben, Mandeln, Etrogim und Getreideproben, von denen Erstgenannte für die Dauerausstellung der Produkte am Werderschen Markt in Berlin vorgesehen waren. Vgl. Heinrich Loewe an Meirowitz, 02.06.1897. In: Durchschreibebuch 1897, Bl. 102–103R; Heinrich Loewe an Moses Hildesheimer, 28.06.1897. In: Ebd., Bl. 152–154; Heinrich Loewe an Moses Hildesheimer, 20.07.1897. In: Ebd., Bl. 225R–228; Heinrich Loewe an Meirowitz, 05.07.1897. In: Ebd., Bl. 189–190R; Heinrich Loewe an Moses Hildesheimer, 05.08.1897. In: Ebd., Bl. 295–296R.

„Bedürfnisse durch [s]eine Feder nothdürftig zusammenschreiben."[327] Aus der finanziellen Not heraus entstanden während seines Palästina-Aufenthalts zahlreiche Beiträge für deutschsprachige jüdische Periodica. Durch seine detaillierten Berichte, die er an jüdische Zeitungen jeglicher politischer Couleur verkaufte, wurde er zu einem wichtigen Korrespondenten in der jüdischen Presselandschaft und zu einem zentralen Vermittler Palästinas. Beachtenswert ist in diesem Zusammenhang eine Reihe von Berichten, die Loewe unter dem Titel „Nachrichten aus Palästina" schrieb.[328] In fünfzehn Teilen, die zwischen dem 8. März und 13. August 1897 abgefasst wurden, lieferte Loewe eindrückliche Beschreibungen des Alltags und der jüngsten wirtschaftlichen und kulturellen Initiativen und Entwicklungen des ‚Neuen Yishuv'. Neben dem wenig lukrativen internationalen Verkauf von zwei Ansichtskartenserien zu (jüdischen) Siedlungen und Städten in Palästina und Ägypten, den Loewe gemeinsam mit seinem langjährigen Freund Willy Friedeberg betrieb,[329] gehörten jene Nachrichten, die er ausschließlich im Abonnement zu sechs Pfennig je Corpuszeile u. a. den Zeitungen *Israelit*, *Jüdische Presse*, *Welt*, *Österreichische Wochenschrift*, *Archives Israélites*, *Allgemeine Zeitung des Judentums*, *Neue Freie Presse* und *Zion* zum Abdruck anbot, zu den wenigen Einnahmequellen. Wie hoch die Einnahmen aus der Schreibtätigkeit von Korrespondenzen waren, zeigt exemplarisch eine Rechnung, die Loewe der Redaktion des *Zion* aufmachte. Auf 54,05 Mark belief sich der Erlös für Loewe aus drei Beiträgen mit einem Gesamtvolumen von 35 Seiten. Damit wurden freilich nicht nur seine Lebenshaltungskosten in Palästina – etwa für sein Zimmer in Kaminitz' Hotel Palestine in Jaffa, das im Übrigen bis zum Auszug Selig Soskins nur wenige Fußschritte von dessen Zimmer entfernt lag –[330] beglichen. Häufig flossen die Gelder direkt in andere Publikationsprojekte wie oben erwähnte Ansichtskartenserien.[331] Vor allen Dingen die schwierigen finanziellen Bedingungen, unter denen Loewe in Palästina leben musste, sorgten dafür, dass er die Vorstellung von einer permanenten Übersiedlung aufgab.[332]

327 Heinrich Loewe an Heinrich Meyer-Cohn, 21.03.1897. In: Durchschreibebuch 1897, Bl. 22–22R. Hierzu auch Heinrich Loewe an Willy Bambus, 15.03.1897. In: Ebd., Bl. 9–9R.

328 Heinrich Loewe: Nachrichten aus Palästina 1–15. CZA, A146/186.

329 Vgl. Heinrich Loewe an Willy Friedeberg, 06.04.1898. In: Durchschreibebuch 1897, Bl. 76–79R; Postkarte von Heinrich Loewe an Willy Friedeberg, 11.04.1897. In: Ebd., Bl. 39–41; Heinrich Loewe an J. Nessler, 20.04.1897. In: Ebd., Bl. 39–41; Postkarte von Heinrich Loewe an Willy Friedeberg, 11.05.1897. In: Ebd., Bl. 39–41; Heinrich Loewe an Willy Friedeberg, 11.06.1897. In: Ebd., Bl. 166–167R; Heinrich Loewe: Sichronot. Kap. Ansichtskarten. CZA, A146/177.

330 Heinrich Loewe an Louis und Betty Loewe, 24.05.1897. In: Durchschreibebuch 1897, Bl. 89–90R.

331 Vgl. Heinrich Loewe an Nathan Birnbaum, 15.07.1897. In: Durchschreibebuch 1897, Bl. 245–246R; Postkarte von Heinrich Loewe an Willy Friedeberg, 11.04.1897. In: Ebd., Bl. 39–41.

332 In den folgenden Jahren kehrte Loewe nur für vergleichsweise kurze Zeitspannen nach Palästina zurück. Er war bspw. Leiter einer von ihm organisierten Reisegesellschaft, die sich offensichtlich am 5. Oktober 1898 vom Bahnhof Alexanderplatz aus (vgl. [Handschriftliche Notizen zum Reisefahrplan]. In: Durchschreibebuch 1897, Bl. 278) nach Palästina auf den Weg machte. In der Welt wurde die Reise als

„Hier bin Ich" – auf dem 1. Zionistenkongress

Während Heinrich Loewes fünfmonatigem Palästina-Aufenthalt im Jahr 1897 knüpfte und vertiefte er Beziehungen zu zentralen Akteuren des ‚Neuen Yishuv', zu Mitgliedern des Vaad Ha-Poel, zu jüdischen Familien in Jaffa, zu den Administratoren der jüdischen ‚Kolonien', zu jüdischen ‚Kolonist*innen' und nicht zuletzt auch zum Deutschen Generalkonsulat in Jerusalem, für das er Berichte über die ‚zionistische Bewegung' und die Chalukah, die institutionalisierte Sammlung und Verteilung von Geldern im ‚Alten Yishuv' Palästinas, schrieb.[333] In dieser Zeit wurde der anstehende 1. Zionistenkongress im jüdischen Kollektiv Palästinas ausführlich diskutiert. Loewe sah seine Hauptaufgabe darin, für den Kongress unter den ‚Kolonist*innen' Werbung zu machen. Er hatte, wie er in einem vertraulichen Brief an Theodor Herzl am 1. August 1897 auseinandersetzt, etwa in der Leitungsebene einzelner von Rothschild finanzierter Siedlungen mit mannigfachen Widerständen zu kämpfen.[334] Neben orthopraktischen und Reformrabbinern in Deutschland, welche durch ihre Agitation gegen den Kongress schließlich dafür sorgten, dass dieser statt in München in Basel abgehalten werden

erste „jüdische Gesellschaftsreise nach dem Heiligen Lande von Deutschland aus" beworben (vgl. Tribüne/ Eine Palästinareise. In: *Die Welt*, 29.04.1898, S. 6–7). Diese Gesellschaftsreise fiel in die Zeit der Palästinareise Kaiser Wilhelms II. und die einer zionistischen Delegation unter Leitung Theodor Herzls, die dem Kaiser in Mikweh Yisrael begegnete (vgl. Alex Bein: *Theodor Herzl. Biographie*. Frankfurt am Main: Ullstein 1983, S. 408–440 (Kap. 9 „Dem Ziele Nahe: Die Palästinareise. September–November 1898"). Loewe berichtet in seinen Erinnerungen, dass er Herzl in der Jaffaer Dependance von Kaminitz traf, die wiederum den ersten Anlaufpunkt der Reise bildete. Da Loewe mit der von ihm geführten Gesellschaft unverzüglich weiter nach Jerusalem fahren wollte, hätte Herzl ihn gebeten, Zimmer im Jerusalemer Hotel von Kaminitz zu buchen (vgl. Heinrich Loewe: Sichronot. Einschaltung bei Herzl-Reise. CZA, A146/68, S. 1). Schließlich hätte Loewe dafür gesorgt, dass Herzl privatim untergebracht wurde, da im Kaminitz türkische Offiziere mit guten Deutschkenntnissen, die Herzl hätten überwachen können, gewohnt hätten (vgl. ebd.).

333 Vgl. Loewe: Sichronot. Kap. Übersiedlung nach Palästina, S. 13, 15–16. 1897 verfasste Loewe einen umfangreichen Bericht über den Zionismus und die zionistische Arbeit in Palästina, der einem Schreiben des Generalkonsuls von Tischendorf an das Auswärtige Amt in Berlin beigefügt wurde (vgl. Begleitschreiben Loewe zu Paul Andreas von Tischendorf an Auswärtiges Amt Berlin, 17.06.1897. Staatsarchiv Israels, Pe/415/4, Bl. 42–53; gleiches Dokument findet sich auch im Politischen Archiv des Auswärtigen Amtes Berlin, Türkei 195: Die Juden in der Türkei, R 14125). Ein Bericht über die Chalukah und die in Palästina lebenden marokkanischen Jüd*innen, der dem Schreiben Tischendorfs nach Berlin ebenfalls anhing, findet sich im Durchschreibebuch 1897, Bl. 137–144. Auf Vermittlung von Loewe gründete sich im Sommer 1897 in Berlin unter der Leitung von Hirsch Hildesheimer und Max Sobernheim ein Komitee zur Unterstützung der marokkanischen Juden (vgl. Heinrich Loewe an R. Yaakov Meir, 06.07.1897. In: Ebd., Bl. 199).

334 Heinrich Loewe an Theodor Herzl, 01.08.1897. In: Durchschreibebuch 1897, Bl. 281–282R: „Da ich es für außerordentlich wichtig halte, daß man gerade die Kolonisten für den Kongreß gewinnen soll, auch wenn sie in diesem Jahre noch nicht zum Kongreß kommen können, so sehe ich meine Hauptaufgabe darin, unter ihnen für die Kongreßidee eine Propaganda zu machen [...] Es ist sehr bezeichnend, daß der Culminationspunkt aller Demoralisation in den Baron'schen Kolonien [liegt], dass Dr. [Aaron Meir] Masie in Rischon-l'Zion kein Mittel der Intrigue und Lüge scheut, um den Kongreß in den Augen der Kolonisten herabzusetzen, zu verdächtigen und als Gefahr hinzustellen, welcher freilich der Kongreß wirklich sein kann für das unsaubere Element in der Administration."

musste,[335] formierte sich auch in Europa ein aus Pariser, Warschauer und Odessaer zionistischen Aktivisten bestehender Gegenprotest, der über zentrale Akteure wie Bambus und Hildesheimer in Berlin hinausreichte. „Mit einem Male kamen nach Erez-Jisrael Briefe von alten Freunden aus Berlin und Paris, die immer für die ‚Kolonisation' mitgewirkt hatten"[336], schreibt Loewe in seinen Erinnerungen; und weiter:

> Sie wiesen hin auf die Gefahr, die den gesamten Kolonisationsbestrebungen drohten, wenn der Kongress zustande käme und wenn er nicht mindestens von einem scharfen Proteste von den Kolonisten begleitet würde, in dem diese sich von dem neuen Zionismus lossagten. Es wurde auf die dringende Gefahr hingewiesen, in der die Kolonisten schwebten, ausgewiesen und enteignet zu werden.[337]

Auf der Suche nach adäquater Positionierung des ‚Neuen Yishuv' zum Kongress beschloss das zionistische Kollektiv Palästinas unter Absprache mit dem Odessaer Komitee, eine Versammlung in Rishon Le-Zion abzuhalten.[338] Es sollte über die Art und Weise einer Beteiligung der jüdischen ‚Kolonist*innen' am 1. Zionistenkongress beraten werden. Herzls zionistisches Programm war Gegenstand der Verhandlungen, die

335 Vgl. Michael Brenner: Warum München nicht zur Hauptstadt des Zionismus wurde – Jüdische Religion und Politik um die Jahrhundertwende. In: Ders. / Yfaat Weiss (Hrsg.): *Zionistische Utopie – Israelische Realität*. München: Beck 1999, S. 39–52; Nadia Guth Biasini: Basel und der Zionistenkongress. In: Haumann (Hrsg.): *Der Erste Zionistenkongress von 1897*, S. 131–140. Der Rabbinerverband für Deutschland konstituierte sich Ende Dezember 1896 in Berlin (vgl. Protokoll der konstituierenden Sitzung des „Rabbiner-Verbandes für Deutschland", abgehalten im Sitzungssaale der jüdischen Gemeinde zu Berlin. In: *Die Jüdische Presse*, 03.03.1897, S. 87–89). Vom geschäftsführenden Vorstand des Verbandes ausformuliert, erging im Juli 1897 eine Protesterklärung gegen die Programmatik des Zionismus, die in verschiedenen Tages- und Wochenzeitungen, jüdischen wie nicht-jüdischen, abgedruckt wurde. Auf der einen Seite wurde darin die Gründung eines jüdischen Nationalstaats in Palästina abgelehnt, da sie der überlieferten messianischen Verheißung widerspreche. Auf der anderen Seite stellte der Vorstand, für den Siegmund Maybaum, Markus Horovitz, Jacob Guttmann, Selig Auerbach und Mose Cossmann Werner zeichneten, heraus, dass die politischen Ziele des Zionismus unvereinbar mit den Pflichten der Jüd*innen gegenüber den Staaten wären, in denen sie lebten. Zugleich verwies man in der Erklärung aber auch darauf, dass die landwirtschaftliche ‚Kolonisation' aus philanthropischen – aus „edlen" – Beweggründen den staatsbürgerlichen Verpflichtungen nicht zuwiderlaufe. Die Redaktion der *Allgemeinen Zeitung des Judentums* etwa begrüßte diese Erklärung, die sich in erster Linie gegen den von Herzl propagierten politischen Zionismus richtete, ausdrücklich. In der vorgeschalteten Einleitung zur ‚Protesterklärung' heißt es: „Gegen die zionistische Bewegung erhebt sich gegenwärtig das gesamte Judenthum ohne Unterschied der religiösen Parteirichtung. Man darf darum den Unternehmern des Zionistentages, der übrigens noch nicht aufgegeben ist, dafür dankbar sein, daß sie die letzten Ziele ihrer Partei enthüllt und Allen, die dies Treiben jahrelang für eine unschuldige Spielerei gehalten, die Augen geöffnet haben." (Die Woche. In: *Allgemeine Zeitung des Judentums*, 16.07.1897, S. 338.) Herzl erwiderte die Erklärung des Rabbinerverbandes prompt, er hatte in diesem Zusammenhang Rückendeckung anderer Rabbiner, darunter bspw. Selig Gronemann und Isaak Rülf. Herzls Artikel erschien am gleichen Tag wie die Erklärung in der *Allgemeinen Zeitung des Judentums* (vgl. Theodor Herzl: Protestrabbiner. In: *Die Welt*, 16.07.1897, S. 1–2). Er übernahm als zionistischen Kampfbegriff, der sich in diesem Diskurs tradierte, den der „Protestrabbiner", welcher, wie Herzl ausführte, als Erstes von Max Nordau gebraucht wurde (vgl. ebd., S. 1).

336 Heinrich Loewe: Sichronot. Kap. Vor dem ersten Zionistenkongress. CZA, A146/177, S. 6.

337 Ebd.

338 Vgl. ebd., S. 6–7.

in Jiddisch und Deutsch nachts vor der Kelter der Siedlung abgehalten wurden.[339] Loewe und die Vertreter des Vaad Ha-Poel, Josua Eisenstadt und Nathan Kaisermann, referierten vor einem Auditorium von jüdischen ‚Kolonist*innen'. Man beriet über potentielle Gefährdungen der ‚Kolonisation', über Herzls öffentliche Kritik am bestehenden jüdischen Siedlungswerk in Palästina. Die Verhandlungen mündeten in die Abfassung von Resolutionen, die der zu wählende Delegierte vor dem Kongress zu vertreten hatte. Sie beinhalteten eine Ablehnung des ‚Kolonisations'-Stopps, der von Herzl bis zu einer völkerrechtlichen Sicherung Palästinas als jüdisches Gemeinwesen anvisiert wurde. Im Gegensatz zu Herzl kam man überein, dass eine zionistische Strategie des Faktenschaffens in Palästina, die Ansiedlung „produktiver Juden"[340] also, ein signifikantes Element der Argumentationsbasis in späteren Debatten um eine völkerrechtliche Anerkennung Palästinas als ‚Judenstaat' sein würde. Loewe, der in seiner Retrospektive die ordnungsgemäße Einberufung der Versammlung anzweifelte, wurde am Ende der Versammlung auf Vorschlag der Mitglieder des Vaad Ha-Poel zum Delegierten gewählt und machte sich am folgenden Tag, dem 18. August 1897, gemeinsam mit Abraham Ludvipol auf nach Basel.[341]
An Deck eines Dampfers der Khedival reisten die beiden bis Port Said, von hier aus fuhren sie fünf Tage in der dritten Klasse eines Dampfers der Messagiers Maritimes über Alexandria nach Marseille; von Marseille aus weiter über Genf nach Basel, wo sie um den 26. August 1897 eintrafen.[342] Bevor sich Loewe Unterkunft in Basel besorgte, machte er sich auf zum Kongressbüro, um sich als Teilnehmer des Kongresses zu registrieren.[343] Zwischen dem 29. und 31. August 1897 wurde getagt. Im 700 Menschen fassenden Konzertsaal des von Melchior Berri-Burckhardt entworfenen und 1876 erbauten Stadtcasinos am Barfüsserplatz,[344] an dem außen ein Schild mit der Aufschrift „Zionistenkongress" prunkte, Magen David und eine weiße, mit blauen Streifen durchzogene Fahne angebracht waren,[345] wurde ein massenwirksames Spektakel inszeniert – ein Spektakel, das Loewe, propagandistisch für *Zion* aufbereitet, zwei Monate nach dem Kongress in das zionistische Narrativ als Ereignis einordnete, das, indem es die Einheit des Judentums sichtbar gemacht habe, dem Verlauf und der Struktur nach „einem jüdischen Parlamente oder gar einem Synhedrion"[346] gleich gekommen sei. An diesem

339 Vgl. ebd., S. 75–76.

340 Ebd., S. 76.

341 Loewe: Sichronot. Kap. Übersiedlung nach Palästina, S. 76.

342 Heinrich Loewe an Saul Raphael Landau, 06.08.1897. In: Durchschreibebuch 1897, Bl. 302–303.

343 Loewe: Sichronot. Kap. Übersiedlung nach Palästina, S. 77–79.

344 Zur Architektur des Stadtcasinos vgl. Leo Beranek: *Concert Halls and Opera Houses: Music, Acoustics, and Architecture.* New York: Springer 2004, S. 461–464.

345 Bettina Zeugin: Drei Tage in Basel. In: Haumann (Hrsg.): *Der Erste Zionistenkongress von 1897,* S. 141–148, hier S. 141.

346 Heinrich Loewe: Der Zionisten-Kongreß in Basel. In: *Zion*, 10/1897, S. 264–266, hier S. 265.

nahmen mehr als zweihundert zumeist feierlich in schwarze Gesellschaftsanzüge mit weißem Binder gekleidete, männliche Abgesandte und einige wenige Frauen in exquisiten Kleidern aus 24 Ländern teil.[347] Die Delegierten betteten sich in eine parlamentarische Architektur – wie Israel Zangwill, Londoner Zionist und früher Anhänger Herzls, notierte – „[...] of drab yellow, with cane chairs neatly parted in the middle, and green-baized tables for reporters, and a green-baized rostrum, and a green baized platform, over which rise the heads and festal shirt-fronts of the leaders“[348]. An den drei Kongresstagen wurden unter Aufsicht des zwölfköpfigen Präsidiums (Fach-)Referate von der „erhöhten grün ausgeschlagenen Estrade“[349], die sich am Kopf der länglichen Halle befand, gehalten, zudem symbolträchtige Gesten ausgetauscht. Man verknüpfte sich mit traditionsreichen Artefakten und Ikonographien.[350] Max Bodenheimer bspw. entwarf eigens für den Kongress eine Vignette.[351] Sie war mit dem Magen David versehen, in dessen Zentrum der Löwe Judas platziert war. Das in den Farben Rot, Gold und Blau gehaltene Abzeichen trug als Rahmung des Magen David zwölf Sterne, die die zwölf Stämme Israels symbolisierten. Als äußere Umrandung diente der Schriftzug „Der Judenstaat ist die einzig mögliche Lösung der Judenfrage“, der Bodenheimer als Mitglied des vorbereitenden Komitees und später des Zentralkomitees sowie die Initiatoren des Kongresses diskursiv verortete. Das Abzeichen wurde bereits vor Beginn der Veranstaltung an die Teilnehmenden ausgegeben und materialisierte, neben zur Auslage gebrachten illustrierten Postkarten, Kernaussagen des Kongresszionismus in Bildern.[352] Dass mit dem später von Bodenheimer, David Wolffsohn[353] und Herzl zum offiziellen Wappenschild der zionistischen Organisation umgearbeitete Abzeichen nicht alle Delegierten einverstanden waren, zeigen Bodenheimers Erinnerungen an Herrmann Schapira, einen der Mitbegründer der Chovevei Zion, wichtigen Impulsgeber für eine jüdische Universität und die 1901 im Jüdischen Nationalfonds (JNF) realisierte Institution zum Ankauf und zur Absicherung von Boden in Palästina:

347 Die offizielle Präsenzliste zählte nur 199 Delegierte. Auf dieser fehlen einige russische Teilnehmende, die aufgrund der Gefahr, nach ihrer Rückkehr in Russland verhaftet zu werden, auf Nennung verzichteten (vgl. David Vital: *The Origins of Zionismus*. Oxford: Clarendon 1975, S. 356).

348 Israel Zangwill: *Dreamers of the Ghetto*. Philadelphia: Jewish Publication Society 1898, S. 431.

349 Johannes Lepsius: Der Zionisten-Kongress in Basel. In: *Der Christliche Orient*, 10/1897, S. 433–443, hier S. 433. Heinrich Loewe würdigte den Berliner Pastor Lepsius ausdrücklich als einen der „fleißigsten Congreßbesucher“ und aktivsten Propangandisten des Zionismus (vgl. Dr. L. [d. i. Heinrich Loewe]: Baseler Eindrücke. In: *Die Welt*, 10.09.1897, S. 2–3, hier S. 3).

350 Vgl. Berkowitz: *Jewish Self-Image in the West*, S. 53–54; ders.: *Zionist Culture*, S. 8–39.

351 Vgl. Max Bodenheimer: *So wurde Israel. Aus der Geschichte der zionistischen Bewegung*. Frankfurt am Main: EVA 1958, S. 78–80.

352 Vgl. Vital: *Origins of Zionismus*, S. 354.

353 Zur Biographie David Wolffsohns vgl. Ivonne Meybohm: *David Wolffsohn. Aufsteiger, Grenzgänger, Mediator. Eine biographische Annäherung an die Geschichte der frühen Zionistischen Organisation (1897–1914)*. Göttingen: Vandenhoeck & Ruprecht 2013.

[Hermann] Schapira war einer der eifrigsten Sammler dieser Vignette. Als ich seiner Frau gegenüber meiner Freude Ausdruck gab, kam ein kalter Wasserstrahl. Ihr Mann sammele die Vignette nur, um sie zu vernichten.[354]

Das wichtigste inhaltliche Ergebnis der Verhandlungen des 1. Zionistenkongresses bestand in der Verabschiedung des Baseler Programms, welches bis zur Staatsgründung Israels die grundsätzliche Handlungsmaxime der hier begründeten Zionistischen Weltorganisation (WZO), ihrer Unterorganisationen und Mitglieder kodifizierte. Die Idee Zionismus verdichtete sich: Die Förderung jüdischer Besiedlung, jüdischer Kulturalität und jüdischer Selbstorganisation verknüpfte sich mit der „Schaffung einer (öffentlich-)rechtlich gesicherten Heimstätte" der Judenheit in Palästina.[355] Organisationsstrukturen wurden geschaffen. Das „jüdische Volk bekam eine Adresse", bemerkte Loewe in diesem Zusammenhang, ohne dabei freilich zu erwägen, dass die WZO zu keiner Zeit die gesamte Judenheit repräsentierte – „eine Adresse" allerdings, an die bspw. die britische Regierung Anfang des 20. Jahrhunderts ihren Vorschlag zur jüdischen Besiedlung Britisch-Ostafrikas schicken sollte.[356] Das lose Kollektiv der Zionist*innen formierte sich von nun an als Kollektiv von ‚Schekelzahler*innen', als Kollektiv von Zionist*innen, die sich, idealtypisch gefasst, durch die jährliche Zahlung des Schekels zum Zionismus bekannten[357] und sich auf internationaler Ebene, auf Landesebene und auf Ortsebene organisierten. Der Kongress wurde zum Hauptorgan der Organisation. Permanente Kommissionen wurden eingerichtet, ergänzend dazu das Aktionskomitee (AC) als Leitungsorgan, aus dem sich einerseits die Exekutive, das Engere

354 Bodenheimer: *So wurde Israel*, S. 78–80. Hierzu auch Eloni: *Zionismus in Deutschland*, S. 78; Heinrich Loewe: Sichronot. Kap. Erster Kongress. CZA, A146/177, S. 7.

355 Der genaue Wortlaut des Baseler Programms besagt (zit. nach *Zion*, 10/1897, S. 262): „Der Zionismus erstrebt für das jüdische Volk die Schaffung einer öffentlich rechtlich gesicherten Heimstätte in Palästina. Zur Erreichung dieses Ziels nimmt der Kongress folgende Mittel in Aussicht: 1. Die zweckdienliche Förderung der Besiedlung Palästinas mit jüdischen Ackerbauern, Handwerkern und Gewerbetreibenden. 2. Die Gliederung und Zusammenfassung der gesamten Judenschaft durch geeignete örtliche und allgemeine Veranstaltungen nach den Landesgesetzen. 3. Die Stärkung des jüdischen Volksgefühls und Volksbewusstseins. 4. Vorbereitende Schritte zur Erlangung der Regierungszustimmung, die nötig sind, um das Ziel des Zionismus zu erreichen."

356 Vgl. Heinrich Loewe: [Sichronot. Kap.] Vorwort zum Protokoll des ersten Kongresses. CZA, A146/177, S. 2. Zu den Debatten um eine mögliche Besiedlung Britisch-Ostafrikas vgl. den Abschnitt „Wo liegt Zionismus?", S. 228–241.

357 Eine solche idealtypische Auffassung vom Akt der Schekelzahlung, findet sich etwa bei Sammy Gronemann: „Ich habe bis heute die Auffassung vertreten, daß die Schekelquittung nur jemandem gegeben werden sollte, der mit der Zahlung des Schekels gleichzeitig ein Glaubensbekenntnis und einen Treueschwur ablegt. Ich habe auch späterhin, als ich selber für den Zionismus propagierte, jedem den Schekel verweigert, von dem ich nicht überzeugt war, daß er das zionistische Programm wirklich ernsthaft erfaßt hat." (Gronemann: *Erinnerungen*, S. 149.)

Aktionskomitee (EAC), und andererseits das Große Aktionskomitee (GAC) mit seinen Delegierten der verschiedenen Landsmannschaften rekrutierten.[358]
Heinrich Loewes Äußerungen in den Kongresssitzungen waren rar. Erst auf der Nachmittagssitzung des dritten Verhandlungstages, die wesentliche Fragen der jüdischen ‚Kolonisation' Palästinas behandelte, kam er zu Wort. Das einleitende Fachreferat war Moses Schnirer vorbehalten. Aufgrund der fortgeschrittenen Zeit (die Verhandlungen um die ‚Kolonisation' Palästinas waren ursprünglich für den kompletten zweiten Tag angesetzt), beschränkte sich Schnirer auf allgemeine Ausführungen zur Legitimität der weiteren jüdischen ‚Kolonisation', die er vor dem Hintergrund des bereits beschlossenen Baseler Programms hinterfragte.[359] In diesem Zusammenhang kritisierte er das bisherige Siedlungswerk als korrupte „Bakschisch-Wirtschaft"[360] auf der einen Seite. Auf der anderen Seite gestand er den jüdischen ‚Kolonien', die er als nützliche landwirtschaftliche „Versuchsstationen"[361] beschrieb, den Status eines zentralen Elements in der zionistisch-diskursiven Praxis und eines signifikanten Faktors in der Entwicklung eines stabilen landwirtschaftlichen Sektors des zukünftigen jüdischen Staats zu. Ferner lieferte Schnirer die Diskussionsgrundlage zu Verhandlungen um den Status der jüdischen ‚Kolonist*innen'. Schnirer forderte die Abwendung von der Chalukah, dem „unselige[n] Unterstützungssystem"[362] und die Hinwendung zur Gestaltung der jüdischen ‚Kolonien' als freie, genossenschaftlich organisierte Produktionsstätten.[363] Der Kongress quittierte Schnirers Ausführungen mit „lebhaftem Beifall", so das offizielle Protokoll.[364] Es folgten Vorträge von Armand Kaminka und Adam Rosenberg, die auf eine notwendige Reform des bisherigen Siedlungswerks verwiesen. Willy Bambus schaltete ein, bevor Heinrich Loewe die Rednerbühne betrat.
In seinen Erinnerungen stellt sich sein Auftritt im Vergleich zum offiziellen Protokoll ganz anders dar. Folgt man dem Protokoll, war dieser selbstbestimmend: „Ich bedaure, auf die Tribüne hinaufsteigen zu müssen, weil ich nur wenige Worte sprechen will[365], zitiert es den Anfang von Loewes Referat etwa.[366] Retrospektiv spürt Loewe dagegen den Feinheiten des flüchtigen Verhandlungsraums nach und macht eine Geste

358 Ausführlich zur Organisationsstruktur vgl. Michael Heymann: Note on the Structure of the Zionist Organization and Some of Its Affiliated Institutions before 1905. In: Ders. (Hrsg.): *The Uganda Controversy*, Bd. 1. Jerusalem: Israel UP 1970, S. 9–13; *Zionistisches ABC-Buch*, hrsg. v. Zionistische Vereinigung für Deutschland. Berlin: Zionistisches Zentralbureau 1908, S. 181–187 (Organisationsstatut).

359 Zionistisches Aktionskomitee (Hrsg.): *Zionisten-Congress in Basel (29., 30. und 31. August 1897). Officielles Protocoll.* Wien: Verlag des Vereines Erez Israel 1898, S. 168–170.

360 Ebd., S. 169.

361 Ebd.

362 Ebd.

363 Ebd., S. 169–170.

364 Ebd., S. 170.

365 Ebd., S. 181.

366 Ebd.

Bodenheimers für seinen vergleichsweise kurzen Beitrag zur ‚Kolonisation' und zur Chalukah verantwortlich:

> Ich hatte sorgfältige Statistiken und Berichte über die Kolonien, über Wohlfahrts- und Erziehungsinstitute usw. in Verbindung mit dem Waad hap-Poel [*sic*] mitgebracht. Die sind von niemandem angeguckt worden. In der Diskussion hatte ich für dieses Thema zehn Minuten Redezeit. Auch das war nicht schlecht, da ich immer sehr schnell und doch dabei sehr deutlich sprechen konnte. Als ich aber etwa drei Minuten gesprochen hatte, strich Dr. Bodenheimer von der Präsidiums-Tribüne herüber, um mir wiederholt eindringlich zu sagen, dass ich die Zeit überschritten hätte und endlich aufhören möchte. Der Kongress und das Präsidium hätten den Wunsch, dass ich schliesse. Den Grund Dr. Bodenheimers kenne ich nicht. Ich vermute, dass er das aus Ablehnung der Kolonisation tat, die in den ersten Jahren nach Herzls Ansicht richtig war.[367]

Teilweise korrespondierend mit den von ihm in seinen Erinnerungen überlieferten Beschlüssen der oben beschriebenen Sitzung von Mitgliedern des ‚Neuen Yishuv' in Rishon Le-Zion wies Loewe in seinem Redebeitrag nachdrücklich darauf hin, dass die jüdischen Kolonist*innen Palästinas bereit wären, mögliche negative Konsequenzen – Loewe spricht von „Leiden"[368] – zu ertragen, die die Kongressbeschlüsse für diese nach sich ziehen könnten, dass man aber keinesfalls pauschal die bisherige Besiedlung verurteilen dürfe. Vielmehr müsse man sie *nach* der Schaffung eines „rechtlichen Zustands"[369] auf eine breitere Basis stellen und sich bewusst machen, dass die ‚Kolonisation' Palästinas nicht nur im Ackerbau bestehe, sondern dass „jeder Jude ein Colonist ist, der nach Palästina auswandert"[370]. Ähnlich wie Schnirer rückte Loewe abschließend den experimentellen Charakter der bisherigen ‚Kolonisation' in den Fokus, indem er diese als „Versuchsstation"[371] markierte.

Um die Fragen der jüdischen Besiedlung zwischen den Kongressen weiter zu erörtern und verbindliche Richtlinien für den Fortgang der ‚Kolonisation' zu erarbeiten, wurde auf dem 1. Zionistenkongress eine fünfköpfige Kommission gebildet. Im Gegensatz zu Willy Bambus war Loewe trotz seiner mittlerweile erworbenen Palästina-Expertise nicht Teil dieses neu geschaffenen Gremiums. Dies gelang erst ein Jahr später auf dem 2. Zionistenkongress, der ebenfalls in Basel tagte.

367 Loewe: Sichronot. Kap. Erster Kongress, S. 7.
368 Zionistisches Aktionskomitee (Hrsg.): *Zionisten-Congress in Basel*, S. 182.
369 Ebd.
370 Ebd.
371 Ebd., S. 183.

VI.
‚Schekelzahler*innen' in Aktion (1897–1908)

1. Die Neuvermessung des zionistischen Terrains Berlin nach dem 1. Zionistenkongress

Während sich nach dem 1. Zionistenkongress auf internationaler Ebene die Fäden zwischen verschiedenen mit dem Zionismus assoziierbaren Akteur*innen spannen und sich im Kongress institutionalisierten, kam auch auf nationaler Ebene Bewegung in das zionistische Kollektiv. Eine Gruppe weniger, ausgewählter zionistischer Aktivisten aus Deutschland versammelte sich am 11. Juli 1897, im unmittelbaren Vorfeld des 1. Zionistenkongresses, auf Einladung der Anfang 1897 gegründeten National-Jüdischen Vereinigung Köln im Büro Rudolf Schauers, das sich im pfälzischen Bingen befand.[1] Hier wurde von zehn zionistischen Aktivisten, darunter Leib Estermann als einzigem Zionisten aus Berlin, unter dem Namen National-Jüdische Vereinigung für Deutschland die Schaffung einer einheitlichen Interessenvertretung des deutschen Zionismus beschlossen und eine gemeinsame Stellungnahme zum Kongress entwickelt. Die 45 Teilnehmer*innen des 3. Delegiertentages der deutschen Zionisten, der am 31. Oktober 1897, knapp zwei Monate nach dem Baseler Kongress, in Frankfurt am Main stattfand und als „formgebend"[2] für das bis dahin lose organisierte zionistische Kollektiv Deutschlands betrachtet werden muss, benannten den neuen Verband auf Antrag Schauers in Zionistische Vereinigung für Deutschland (ZVfD) um. Sie versahen die neue Organisation mit einem Statut, das mit dem Baseler Programm korrespondierte.[3]

1 Vgl. Erster Delegiertentag zu Bingen, 11. Juli 1897. In: Reinharz (Hrsg.): *Dokumente zur Geschichte des Deutschen Zionismus*, S. 42–43, hier S. 42.

2 Eloni: Die umkämpfte nationaljüdische Idee, S. 657.

3 Vgl. Eloni: *Zionismus in Deutschland*, S. 80–81; ders.: Die umkämpfte nationaljüdische Idee, S. 652–653; Annahme des Namens „Zionistische Vereinigung für Deutschland", 31. Oktober 1897. In:

Auch auf diesem Delegiertentag war das Berliner zionistische Kollektiv weitgehend abwesend. Einzig Leib Estermann und Alfred Klee waren durch ihre Mitarbeit in der Formulierungskommission des sogenannten Agitationsparagraphen 18 des Statuts, der im Wesentlichen die Wege und Mittel zionistischer Propaganda herausstrich, in die Arbeit des Delegiertentages eingebunden.[4] In dem vom Delegiertentag gewählten geschäftsführenden Zentralkomitee waren jedoch keine Berliner zionistischen Aktivisten vertreten – ein Indikator dafür, dass sich die Hegemonie innerhalb des zionistischen Kollektivs Deutschlands weiter Richtung Westen verschob.[5]
Schon im Vorfeld des 1. Zionistenkongresses wurden vor und hinter den Kulissen scharfe Debatten um die Positionierung der Berliner zionistischen Initiativen in der im Entstehen begriffenen WZO geführt. Die Stabilität des Berliner zionistischen Kollektivs, das bis dato – wie oben beschrieben – ein funktionierendes Netz aus Zusammenschlüssen und sich einander ablösenden Presseorganen aufgebaut hatte, außerdem eine funktionierende Propagandamaschinerie im großstädtischen Raum und darüber hinaus etablieren konnte, litt unter diesen Debatten. Es kam schließlich zu einer grundlegenden Neuordnung des zionistischen Terrains Berlin Anfang 1898.
In der Öffentlichkeit wahrnehmbar wurde dieser konfliktbehaftete Prozess erstmals in einer Artikelserie, die Willy Bambus in anti-kongresszionistischem Ton vor allem gegen das ihm zu diesem Zeitpunkt vorliegende Arbeitsprogramm des Kongresses zwischen Juni und Juli 1897 in der *Jüdischen Presse* veröffentlichte.[6] Theodor Herzl hatte zuvor in einem Beitrag für die erste Ausgabe der *Welt*, die nunmehr als Zentralorgan der zu gründenden WZO fungierte, herausgearbeitet, dass es dem von ihm propagierten politischen Zionismus nicht lediglich darum gehe,

> die nothleidenden Juden [aus Osteuropa, F. S.] fortzuschaffen; es muss auch Vorhinein dafür gesorgt werden, daß sie das heutige Elend nicht mit einem unbestimmten, unberechenbaren vertauschen. Wir wollen keinen Menschenschmuggel betreiben. Die Ansiedlung einzelner Personen oder kleiner Gruppen in Palästina kommt nicht wesentlich in Betracht. [...] Eine endgiltige Lösung der Judenfrage können solche vom besten Willen eingegebenen Versuche nicht bringen [...]. Es wäre geradezu gegen unser Interesse, das Land unter ungenügenden Rechtsbedingungen zu cultivieren.[7]

Reinharz (Hrsg.): *Dokumente zur Geschichte des deutschen Zionismus*, S. 47–48; Statuten der „Zionistischen Vereinigung für Deutschland", 31. Oktober 1897. In: Ebd., S. 48–51.

4 Vgl. Eloni: *Zionismus in Deutschland*, S. 99.

5 Das Komitee setzte sich mit Max Bodenheimer als Vorsitzendem, David Wolffsohn, Lipman Prins, Hermann Schapira und Fabius Schach, der zuvor von Berlin nach Köln übergesiedelt war und dort die Stelle des Sekretärs des Vereins zur Abwehr des Antisemitismus eingenommen hatte, weitgehend aus im Westen Deutschlands wohnenden Zionisten zusammen. Einzige Ausnahme war Isaak Rülf aus Memel (vgl. Statuten der „Zionistischen Vereinigung für Deutschland", S. 47–48, hier S. 48, Anm.).

6 Willy Bambus: Der Kongreß der Zionisten. In: *Die Jüdische Presse*, 16.06.1897, S. 265–266; 30.06.1897, S. 289–290; 07.07.1897, S. 294–295.

7 Theodor Herzl: Der Congreß. In: *Die Welt*, 04.06.1897, S. 2.

Vor diesem Hintergrund wies Bambus, der u. a. neben Herzl sogar in der den 1. Zionistenkongress vorbereitenden Kommission arbeitete,[8] nachdrücklich auf die Rückhaltlosigkeit dieser von Herzl anberaumten zionistischen Agenda hin, welche einer politischen Lösung den Vorzug vor der von Akteuren wie Bambus propagierten jüdischen ‚Kolonisation' Palästinas gab. In Deutschland etwa, so Bambus, gebe es nur „ein kleines Häuflein"[9], das sich für den Kongress und sein Arbeitsprogramm begeistern könne. Im Verein Esra fände sich kein einziges Mitglied, das vorhätte, am Kongress teilzunehmen. Die *Welt* und die von Meir Kopfstein in New York gegründete deutsche Wochenzeitung *Toleranz* (später *Der Zionist*) seien Ausnahmen unter den jüdischen Presseerzeugnissen.[10] Nicht einmal *Zion* solidarisiere sich ohne Einschränkungen mit Herzls Initiative.[11]

Bambus revidierte seine prinzipielle Ablehnung des Kongresses nach Herzl'schen Vorstellungen kurze Zeit später in einer Korrespondenz für die *Jüdische Presse*, nachdem ihm, wie die Korrespondenz ausführt, das endgültige Arbeitsprogramm des Kongresses vorlag.[12] Dieser Wandel Bambus' resultierte daraus, dass das endgültige Arbeitsprogramm zuvor angekündigte Tagesordnungspunkte ausließ, die einen völker- und staatsrechtlichen Kontext aufwiesen – „Regelung der türkischen Finanzen" und die Frage einer jüdischen Repräsentation bei der kommenden Konferenz der Großmächte.[13] Bambus wurde schließlich Kongressteilnehmer und Mitglied des Kolonisationsausschusses.

8 Vgl. Theodor Herzl: (967) an Hirsch Hildesheimer, 09.05.1897. In: Ders.: *Briefe und Tagebücher*, Bd. 4: Briefe: Anfang Mai 1895–Anfang Dezember 1898, hrsg. v. Alex Bein / Hermann Greive / Moshe Schaerf / Julius H. Schoeps / Johannes Wachten. Frankfurt am Main: Ullstein 1991, S. 252–254, hier S. 253. Zum Verhältnis von Bambus und Herzl in dieser Zeit vgl. Petry: *Ländliche Kolonisation in Palästina*, S. 292–299.

9 Bambus: Der Kongreß der Zionisten I, S. 266.

10 Ebd.

11 Ebd.

12 Vgl. Correspondenzen/Deutschland/Berlin [1]. In: *Die Jüdische Presse*, 21.07.1897, S. 315. Das endgültige Arbeitsprogramm wurde erst eine Woche, nachdem der letzte Teil der Artikelserie von Bambus Arbeitsprogramm „Der Kongreß der Zionisten" in der *Jüdischen Presse* erschienen war, in der *Welt* abgedruckt (vgl. Zionisten-Kongreß in Basel. In: *Die Welt*, 16.07.1897, S. 5). Einen wesentlichen Teil des Arbeitsprogramms bildete die ‚Kolonisation' Palästinas. Innerhalb dieser Sektion, die für den Vormittag des zweiten Verhandlungstages anberaumt worden war (die man in dieser Form und in diesem Umfang aber nicht realisierte), bildeten u. a. der Landkauf, die Gründung neuer ‚Kolonien' und die Ausbildung neuer ‚Kolonist*innen' Tagesordnungspunkte – eine Tatsache, die augenscheinlich der von Herzl zuvor in der *Welt* ausgegebenen Intention des politischen Zionismus widersprach.

13 Vgl. Correspondenzen/Deutschland/Berlin [1]. In: *Die Jüdische Presse*, 21.07.1897, S. 315 In der Voranzeige zum Kongress (abgedruckt in Friedemann: *Leben Theodor Herzls*, S. 118–120) taucht der TOP „die Judenfrage und der nächste diplomatische Congreß der Großmächte", den Herzl selbst referieren wollte, noch auf. Wie Hirsch Hildesheimer war auch Willy Bambus zu diesem Zeitpunkt noch für die Leitung einer Sektion vorgesehen. Bambus etwa sollte die Sektion, in der man sich mit ‚Kolonisations'-Fragen beschäftigen wollte, leiten. Den TOP „Regelung der türkischen Finanzen", der in der Voranzeige nicht auftaucht, hatte Herzl zwischenzeitlich eigenmächtig in der Tagesordnung verankert (vgl. ebd., S. 36, Anm. 1).

Loewe, der sich zu diesem Zeitpunkt schon seit einigen Monaten in Palästina aufhielt, konnte dieses Schauspiel um Bambus nur aus der Ferne beobachten und hatte, vor allem wegen der langen Briefwege, kaum Möglichkeiten, zeitnah zu intervenieren. Zielbestimmt adressierte er einen längeren Brief, der sich durch kleinere sarkastische Auslassungen auszeichnet, an die Redaktion des *Zion* in Berlin:

> Nachdem Herr Willy Bambus in No 29 der „Jüdischen Presse" seine Angriffe auf die Kongreßzionisten eingestellt hat, habe ich keine Veranlassung, ihn über Einzelheiten seines früheren Artikels zu interpellieren. Es hätte zwar u. a. nahe gelegen, ihn zu fragen, seit wann er vergessen hat, daß das talmudische Schrifttum, dessen Veto er fürchte, durch und durch auf dem Boden des Judenstaates stehe, aber diese und ähnliche Fragen sind hinfällig durch den Widerruf des Herrn Willy Bambus in der „Jüdischen Presse". Dagegen nimmt sich Herr Bambus in einer Anmerkung zu seiner Erklärung mit so liebevollem Interesse der famosen Feigheitserklärung[14] der Herren Rabbiner an, daß man sich verdutzt fragt, ob er denn auch betheiligt sei. Doch lassen wir auch das auf sich beruhen, es soll hier konstatiert werden, daß Herr Bambus, gewiß nur wider seinen Willen, durch sein unzeitgemäßes und falsches Auftreten, leider der zionistischen Sache größten Schaden zugefügt hat, und nicht nur dem Kongreß allein.[15]

Nach dem ersten Zionistenkongress wurden die Auseinandersetzungen zwischen den beiden führenden Zionisten aus Berlin in der Öffentlichkeit und im Geheimen fortgeführt. Loewe folgte im Gegensatz zu Bambus dem projektierten Zionismus Herzls. In einem Artikel für die Oktoberausgabe des *Zion* von 1897 verneinte er bspw. negative Konsequenzen für die jüdische Besiedlung Palästinas aus den Kongressbeschlüssen und imaginierte gleichfalls eine programmatische Einheit des Kongresses.[16] Bambus hingegen argumentierte in gleicher Nummer gegen jene Teilnehmenden des Kongresses, die für einen Stopp der ‚Kolonisation' eintraten, und deutete darüber hinaus auf die Beschaffenheit des Kongresses als Arena divergierender Ideen hin.[17] Noch integrierten sich aber sowohl Loewe als auch Bambus in die ‚Zionistische Partei'. Bambus wehrte sich etwa im November 1897 vehement gegen seine Loslösung vom nun organisierten zionistischen Kollektiv. Er wurde dabei von Loewe unterstützt. Er, der gerade noch Bambus' „antizionistische" Korrespondenz in der *Allgemeinen Zeitung des Judentums* angegriffen hatte, räumte nur zwei Wochen später ein, dass die betreffende Textzeile, an der sich Loewes Kritik hauptsächlich entzündete,[18] nicht von Bambus selbst stamme,

14 Gemeint ist die im Juli 1897 vom geschäftsführenden Vorstand des Rabbinerverbandes für Deutschland veröffentlichte Erklärung gegen den Zionismus (vgl. S. 190, Anm. 335).

15 Heinrich Loewe an Red. des *Zion*, 30.07.1897. In: Durchschreibebuch 1897, Bl. 275–277.

16 Heinrich Loewe: Der Zionisten-Kongreß in Basel. In: *Zion*, 10/1897, S. 265–266, hier S. 265.

17 Willy Bambus: Ideen zur Kolonisation Palästinas. In: *Zion*, 10/1897, S. 267–270, hier S. 267.

18 Die zionistische Bewegung/Berlin. In: *Die Welt*, 26.11.1897, S. 12. Loewes Kritik bezog sich auf die Aussage in dem die Arbeit des Esra für jüdische ‚Kolonien' in Palästina bilanzierenden Artikel von Bambus, wo es heißt, dass die „Erfolge des Esra [zeigen], was auch mit kleinen Mitteln erreicht werden kann

sondern von der Redaktion der *Allgemeinen Zeitung des Judentums* ohne das Wissen von Bambus eingefügt worden war.[19] Trotz allem zeichnete sich der Bruch zwischen Bambus und Loewe spätestens in diesem Monat, im Dezember 1897, immer deutlicher ab. „Wenn er nicht vergessen werden will", schrieb Loewe an Selig Soskin, seinen langjährigen Freund, müsse „über kurz oder lang Bambus wieder mit uns mitgehen" – mit denen, die wie Loewe nicht in Opposition zum Zionismus Herzl'scher Prägung standen.[20] Vier Monate später revidierte Loewe seine Haltung zu Bambus erneut. In einem Brief an Adam Rosenberg vom 6. April 1898 gab er seine Verteidigung des Standpunkts von Bambus auf. In Anbetracht der jüngsten Entwicklungen in Berlin, auf die im Folgenden zurückzukommen sein wird, schrieb er sichtbar ernüchtert:

> Sie [verstehen] B[ambu]'s Standpunkt falsch, ich habe ihn ja so lange wie möglich verteidigt; sein Standpunkt ist aber letzterlich der: „Entweder bin ich der einzige Führer der Partei, dem jeder unbedingt gehorcht, oder ich spiele nicht mehr mit."[21]

Zeichen dafür, dass das Berliner zionistische Kollektiv durchaus in der Lage war, auf Grundlage gemeinsamer Standpunkte eine einheitliche Position zu entwickeln, gab es freilich bis zum endgültigen Bruch zwischen Bambus und Loewe. Als Kitt des Kollektivs, dessen fortschreitende Instabilität, zusammenfassend betrachtet, auf Fragen der Praktikabilität und Intensität der jüdischen ‚Kolonisation' Palästinas und der Deutungshoheit innerhalb der sich im Formieren begriffenen WZO zurückzuführen war, sollte bspw. die zwei Monate nach dem Kongress erscheinende Oktober-Ausgabe des *Zion* von 1897 dienen – jene Ausgabe, die als erste unter der allein verantwortlichen Redaktion von Bambus erschien, nachdem die Zeitung Anfang Oktober in seinen alleinigen Besitz übergegangen war.[22] Obschon Loewe und Bambus in ihren oben genannten Artikeln unterschiedliche Positionen bezüglich der ‚Kolonisation' Palästinas vertraten, kann diese Ausgabe in ihrer Gesamtheit und in der Art und Weise, wie sie redigiert wurde, als unzweideutige, vom einzigen zionistischen Blatt Berlins nach außen transportierte Stellungnahme für die ‚Kolonisation' als zentralen Aspekt der zionistischen Agenda gelesen werden. Dieser Eindruck wird durch die Einleitung bestärkt. Eingangs wird das komplette Baseler Programm zitiert, aus dem die Redaktion, d. i. Bambus, ableitet, dass

und in welcher Weise die ‚Kolonisation' Palästinas praktisch werden kann, ohne daß man sich dabei auf das Gebiet der hohen Politik einzulassen braucht." Hierzu auch [Willy] B[ambus]: Korrespondenzen und Nachrichten/Deutschland/Berlin [6]. In: *Der Gemeindebote*, 12.11.1897, S. 3.

19 Tribüne (Brief von Heinrich Loewe an die Redaktion von ‚Die Welt'). In: *Die Welt*, 10.12.1897, S. 11.

20 Heinrich Loewe an Selig Eugen Soskin. In: Durchschreibebuch 1897, Bl. 433R.

21 Heinrich Loewe an Adam Rosenberg, 06.04.1898. In: Durchschreibebuch 1898–1900, Shaar Zion, Boxnr. 16, Bl. 80–81R.

22 Vgl. Das Comitee des Zion: P. P. In: *Zion*, 10/1897, S. 261.

„der wesentliche Inhalt des Zionismus die Kolonisation Palästinas durch Juden"[23] sei. Die beigegebene, von Loewe unter seinem Pseudonym Heinrich Sachse verfasste, druckfrische Broschüre[24] *Zionismus und Zionistenkongreß. Eine Gefahr?*, die hinsichtlich der ‚Kolonisation' in wesentlichen Zügen mit seinem Redebeitrag auf dem 1. Zionistenkongress korrespondierte[25] und deren Inhalt explizit wohlwollend von der Redaktion des *Zion* aufgenommen wurde,[26] nimmt den von Bambus' vorgegebenen Grundtenor der Ausgabe, die bestehende Besiedlungsstätigkeit fortzusetzen,[27] auf, indem sie im Einklang mit dem Baseler Programm auseinandersetzt, dass die jüdische ‚Kolonisation' an ihrer Zweckdienlichkeit gemessen werden müsse. Zweckdienliche Förderung der ‚Besiedlung', so Loewe, bedeute vor allem die Ausdehnung und Professionalisierung der bestehenden ‚Kolonisation', die über die ländliche Besiedlung Palästinas hinaus die städtische im Blick haben müsse[28] – nicht ihre Sistierung bis zur (völker-)rechtlichen Absicherung des Gebiets, so der Text implizit.

Im Auftrag von Bambus hatte Loewe im September 1897 auf dem Briefpapier des Esra, für den er zu diesem Zeitpunkt, Palästina vorstellend, als ‚Wanderredner' durch verschiedene deutschsprachige Städte tourte,[29] die Bitte an Max Bodenheimer gerichtet, für die Zirkulation seiner Broschüre von Köln aus zu sorgen. Gleichfalls bat er Bodenheimer, der den Vorsitz der ZVfD innehatte, um die Gelegenheit, einen Vortrag in Köln zum Thema zu halten.[30] Bodenheimer behielt sich vor, die Broschüre nach Prüfung selbst zu drucken, und gab zugleich Auskunft, dass „[e]in Vortrag in Koeln [...] vorlaeufig zwecklos" sei.[31]

Die Antwort Bodenheimers und die Wahl zum 3. Delegiertentag der ZVfD waren symptomatisch für das sich seit Anfang 1897 entwickelnde Machtgeflecht des zionistischen Kollektivs. Die Hegemonie des Kollektivs verschob sich nach Köln an den Sitz

23 Die Redaktion: o. T. In: *Zion*, 10/1897, S. 261–262, hier S. 262.

24 Die Broschüre wurde Anfang September 1897 gedruckt (vgl. Heinrich Loewe an Max Bodenheimer, 18.09.1897. CZA, A15/266).

25 Vgl. S. 194–195.

26 Vgl. Die Redaktion: An unsere Leser. In: *Zion*, 10/1897, S. 263–264. Einzig kritikwürdig erscheint Bambus die Drastik Loewes, mit der er in der Broschüre gegen den Rabbinerverband vorgeht, und er mahnt zur Besonnenheit. Zu Loewes Ausführungen bezüglich der ‚Protestrabbiner' insb. Heinrich Loewe: *Zionistenkongress und Zionismus eine Gefahr? Eine zeitgemässe Betrachtung*. Berlin: Schildberger 1897, S. 18–21.

27 Vgl. Bambus: Ideen zur Kolonisation Palästinas, S. 267.

28 Loewe: *Zionistenkongress und Zionismus eine Gefahr?*, S. 29–31.

29 Loewe reiste bspw. nach Wien (vgl. Postkarte von Heinrich Loewe an Adam Rosenberg, 05.10.1897. In: Durchschreibebuch 1897, Bl. 380), außerdem hatte er u. a. Auftritte in Bremen, Jever, Norden, Emden, Oldenburg und Hamburg-Altona (vgl. Heinrich Loewe an Moritz Dorn, 05.10.1897. In: Ebd., Bl. 378 –379R; Heinrich Loewe an [*unleserlich*], 22.10.1897. In: Ebd., Bl. 398R. Hierzu auch Heinrich Loewe: Sichronot. Kap. Varel a. d. Jade. CZA, A146/60, S. 1).

30 Heinrich Loewe an Max Bodenheimer, 18.09.1897. CZA, A15/266.

31 Max Bodenheimer an Heinrich Loewe, 22.09.1897. CZA, A15/43.

der ZVfD. Berlin konstituierte sich im zionistischen Raum als Peripherie, als Ort, der sich mit Eloni als zionistischer Wirkungsort „zentrifugaler Kräfte“[32] beschreiben lässt. Hier wurde die legitime Repräsentation im zionistischen Kollektiv und die Art und Weise der Assoziation mit der WZO in den nächsten Jahren konfliktreich verhandelt. Diese topographische Ordnung widersprach freilich der politischen, kulturellen und wirtschaftlichen Raumordnung Deutschlands. Trefflich bemerkte Loewe diese Tatsache in einem Brief an die Leitung der ZVfD, die ihn zuvor informierte, dass die finanzielle Unterstützung der von ihm geplanten Zeitung *Orient*[33] ausgeschlossen sei. „Sehr geehrte Herren!“, schrieb Loewe,

> Antwortlich Ihres Schreibens [...] teile ich Ihnen mit, daß ich die materielle Lage Ihrer Organisation mit Ihnen lebhaft bedauere. Eine Änderung wird erst eintreten können, wenn die Zentrale von der Peripherie in das Zentrum des Reiches verlegt wird. Bis dahin ist eine materielle Stärkung der ZVfD ausgeschlossen.[34]

Die Topographie des Berliner Zionismus musste nach wie vor auf eine offizielle Anlaufstelle, etwa ein Büro oder dergleichen, verzichten. Als informelle Treffpunkte konstituierten sich weiterhin Cafés und Restaurants, in denen nicht nur zionistischen Stammtische abgehalten, sondern auch wichtige Treffen zwischen Berliner*innen und Zionist*innen von außerhalb verabredet und durchgeführt wurden. Sie dienten, u. a. durch die umfassende Auslage internationaler Presseerzeugnisse, als wichtige Räume für Arbeitsgespräche. Auf das Café Bauer in der Friedrichstraße wurde bereits hingewiesen.[35] Eine besondere Bedeutung erlangte aber – offensichtlich nach dem 1. Zionistenkongress – vor allem das im gleichnamigen, 1888 fertiggestellten Grandhotel[36] befindliche Café Monopol, welches sich, wenige Fußschritte vom Café Bauer entfernt, in der Friedrichstraße 100 befand. Wenngleich das 1878 erbaute Café Bauer, das als erstes seiner Art „einen in Berlin bis dahin unerhörten Luxus offenbarte“, vom Architekturkompendium *Berlin und seine Bauten* als „bedeutendste künstlerische Neuschöpfung“ unter den gastronomischen Einrichtungen Berlins des ausgehenden 19. Jahrhunderts

32 Eloni: *Zionismus in Deutschland*, S. 104.

33 Vgl. S. 211–212, Anm. 77.

34 Heinrich Loewe an ZVfD, 28.03.1899. CZA, A15/504.

35 Vgl. Wobick-Segev: Buying, Selling, Being, Drinking. S. 128. Zum hebräischen Zirkel, der sich im Café Monopol traf vgl. Shachar M. Pinsker: *Literary Passports. The Making of Modernist Hebrew Fiction in Europe*. Stanford: Stanford UP 2011, S. 120–126; ders.: Spaces of Hebrew and Yiddish Modernism – The Urban Cafés of Berlin. In: Verena Dohrn / Gertrud Pickhan (Hrsg.): *Transit und Transformation. Osteuropäisch-jüdische Migranten in Berlin 1918–1939*. Göttingen: Wallstein 2010, S. 56–76, hier S. 61–63.

36 Eine detaillierte Beschreibung der Architektur des Hotels liefert sein Architekt selbst (vgl. [Ludwig] Heim: Das Monopol-Hotel in Berlin. In: *Centralblatt der Bauverwaltung* 10,5 (1890), S. 47–48. Ferner Architekten-Verein zu Berlin / Vereinigung Berliner Architekten (Hrsg.): *Berlin und seine Bauten*, Bd. 3: Der Hochbau, Teil 2, S. 28–29).

gefeiert wurde, gestand man zu, dass zweifellos das Café Monopol, welches im Erdgeschoss des linken Hotelflügels situiert war, das Café Bauer in seiner „Raumwirkung" übertreffe.[37] Unmittelbar am Bahnhof Friedrichstraße gelegen, bot es den perfekten Ort, sich zu treffen, da Wege der auf Durchreise befindlichen oder nur für kurze Zeit bleibenden zionistischen Aktivist*innen vergleichsweise kurz gehalten werden konnten. Als Vorläufer des Cafés des Westen und des Romanischen Cafés, die sich beide auf dem Kurfürstendamm befanden, war es zionistisches „Stammcafé"[38] in Berlin und gerierte sich in den nächsten Jahren als einer der wichtigsten Orte zionistischen Transits und Austauschs. Herzl hatte sich hier bspw. mit Loewe im Vorfeld eines von ihm in Berlin gehaltenen Vortrags im Januar 1898 verabredet.[39] Dies hing allerdings nicht nur mit der Lage des Cafés zusammen, sondern, wie *Berlin und seine Bauten* andeutet, auch mit der Ästhetik des Hauses, dessen Café im maurischen Stil eingerichtet war. Die hohen Stuckdecken und Säulen, die das Café durchzogen, waren mit ‚orientalistisch' anmutenden Verzierungen versehen, die Wände mit Spiegeln und farbigen Gläsern behangen.[40] Gleichzeitig wurde das Monopol zu einem der zentralen und von Zionist*innen stets hochfrequentierten Verhandlungsorte – auf der Achse zwischen West- und Osteuropa liegend, ein hart umkämpfter zugleich, wie Heinrich Loewe, explizit ausgewiesen als „Monopolschwärmer", 1903 in Rückschau notierte:

> Wer von Osten her, besonders aus dem r u s s i s c h e n Osten kommt, muss durch Berlin und natürlich auch – durch das K a f f e e M o n o p o l. Es ist vielleicht die kleine goldene Sichel, die überall in diesem grossstädtischen Prachtbau des Türkischen Reiches Wappen darzustellen scheint, von der die Anziehung auf die Palästinaphilen ausgeübt wird. Jedenfalls ist das Kaffee Monopol eine der interessantesten Durchgangsstationen des Zionisten und des Zionismus. Denn mancher kleine wichtige Vorkongress wird dort abgehalten. Mindestens zwei Wochen lang vor dem Kongress und die ganze Zeit nach dem Kongress bis zu den hohen Feiertagen ist die Mehrheit der Kaffeegäste in [*sic*] Monopol aus Zionisten und besonders Kongressdelegierten zusammengesetzt. [...]
>
> Monopol aber steht im Zeichen des Zionismus. Oder besser, der Zionismus[,] der in Monopol das ganze Jahr nicht verschwindet, überhaupt circumpolar ist, kulminiert dort in den Tagen um den Kongress herum. Es gibt dann kaum einen der runden Tische ausser dem seitlichen Spielraume, wo über

37 Architekten-Verein zu Berlin / Vereinigung Berliner Architekten (Hrsg.): *Berlin und seine Bauten*, Bd. 3: Der Hochbau, Teil 2, S. 15.

38 Gronemann: *Erinnerungen*, S. 141.

39 Vgl. Theodor Herzl an Heinrich Loewe, 08.01.1898. Shaar Zion, Boxnr. 22. Oder er ging davon aus, Loewe auch ohne Verabredung im Monopol anzutreffen, der offensichtlich schon zu dieser Zeit viele Abende dort verbrachte (vgl. Heinrich Loewe an Heinrich Brückmann, 11.02.1898. In: Durchschreibebuch 1898–1900, Bl. 11). In diesem Schreiben setzte Loewe Brückmann davon in Kenntnis, dass er am Abend des 13. Februar 1898 im Café Monopol sein werde. Zum erwähnten Vortrag Herzls in Berlin vgl. S. 207–208.

40 Vgl. Privatbauten/Gasthäuser. In: *Zeitschrift des Architekten- und Ingenieur-Vereins* 36,5 (1890), Sp. 474.

ein anderes Thema, als über den Zionismus disputiert wird. Wenn jede Hundertschaft von Schekelzahlern einen Delegierten zu wählen berechtigt ist, so hätte Monopol an jedem Abend zum mindestens zwei Delegierte zu küren. Kurz „Welt" und „Rundschau" sind stets vergriffen – und das will viel sagen. Heute Abend war ich dort. Ich bin natürlich j e d e n Abend dort. Bis zur grossen Spiegelscheibe im Hintergrunde vorzudringen, war nicht möglich. An jedem einzelnen Tische wurde ich aufgehalten.[41]

Bemerkenswert ist hier, dass Loewe auch auf das Monopol als konstituierenden Ort von Sichtbarkeit anspielt. „Circumpolar" – ganzjährig sichtbar, als nicht untergehender Stern – wäre das zionistische Kollektiv im, vor allem aber durch den Ort, der unumgänglich durch sein orientalisierendes Setting und in Verbindung mit seinen zionistischen Besucher*innen ein Stück *Eretz Israel in potentia* als zionistisch europäisierter Vorstellung des Landes zur Schau stellte.
Hier, in Berlin, indes setzte bereits Ende des Jahres 1897 ein Prozess der narrativen und institutionellen Fragmentierung ein, der neue Allianzen schuf. Auf der einen Seite formierte sich um Heinrich Loewe ein Kreis von zionistischen Aktivist*innen. Auf der anderen Seite konstituierte sich eine Allianz mit Willy Bambus und Adolf Friedemann als Wortführern. Zum ersten ‚Showdown' der Fraktionen kam es bereits auf der Gründungsversammlung der ersten zionistischen Ortsgruppe, der Berliner Zionistischen Vereinigung (BZV), am 30. Dezember 1897. Für den Vorsitz der Vereinigung kandidierten Loewe und offensichtlich auch Bambus.[42] Loewe gewann die Wahlen, wohl mit eindeutiger Stimmmehrheit. Ferner wurden mit dem Schriftsteller Samuel Lublinski, dem Mediziner Bernhard Cohn, dem Rechtsanwalt I. Richard Silbergleit Akteure, die bisher zumindest nicht auf der internationalen Bühne des zionistischen Kollektivs agierten, in den Vorstand gewählt. Den Statuten folgend, fußte die organisatorische und ideologische Ausrichtung der BZV explizit auf dem Baseler Programm, das der Vereinssatzung vorangestellt wurde.[43] Die Mittel zur Förderung der Ziele des Zionismus wiesen einige signifikante Differenzen zu denen auf, die zuvor bspw. statuarisch von Jung Israel festgehalten wurden. Die BZV wurde im Gegensatz zu Jung Israel nicht mehr zum Selbstzweck geschaffen. Sie erhielt auch den Charakter einer fördernden Einrichtung, die alle „im Geiste des jüdischen Volkstums wirkenden Vereine, insbesondere jüdischer Geschichts-, Literatur-, Turnvereine und geselligen Vereinigungen, sofern diese

41 Ein alter Monopolschwärmer [Heinrich Loewe]: Die Zionisten unterwegs. In: *Jüdische Rundschau*, 21.08.1903, S. 356–357. Auch Sammy Gronemann wies sich bspw. auf seinem Weg ins zionistische Kollektiv als „eifriger" Debattierer im Monopol aus (vgl. Gronemann: *Erinnerungen*, S. 149).

42 Vgl. Postkarte von Heinrich Loewe an Martin Manteuffel, 04.01.1898. In: Durchschreibebuch 1897, Bl. 471R. Loewe notierte hier, dass „Bambus [...] geschlagen" wurde.

43 Vgl. Statuten der Berliner Zionistischen Vereinigung, Berlin 1898. Shaar Zion, Boxnr. 5, S. 1, § 1. Das Statut wurde erstmals im Herbst 1902 geändert (vgl. Statut der Berliner Zionistischen Vereinigung. In: *Jüdische Rundschau*, 31.10.1902, S. 37–38).

Vereine nicht eine dem Zionismus feindliche Stellung einnehmen"[44], unterstützen sollte. Neben Vortragsveranstaltungen, der Einrichtung einer Bibliothek[45] sowie der Verbreitung zionistischer Druckerzeugnisse und von Kenntnissen der hebräischen Sprache und Literatur – die allesamt in den Statuten früherer nationaljüdischer/zionistischer Zusammenschlüsse aus Berlin auftauchen – setzte sich die BZV ferner zum Ziel, die „Jugend im jüdischen Geiste"[46] zu erziehen. Diese auf Kinder und Jugendliche fokussierende pädagogische Ausrichtung fand sich ebenfalls erstmalig in einer Berliner zionistischen Vereinssatzung. Trotz dieser zu Papier gebrachten Erweiterung zionistischer Aktionsfelder wurde unter dem Eindruck des Baseler Programms jedoch nur jenes kodifiziert, was Berliner zionistische Zusammenschlüsse in ihrer Assoziationsarbeit der vergangenen Jahre in kleinem Maßstab ohnehin – im Fall der zionistischen Aktivist*innen Jung Israels aber informell – praktiziert hatten, nämlich die umfassende Einschreibung des zionistischen Dispositivs in sämtliche Bereiche jüdischer Alltagspraktiken der Großstadt.

In Reaktion auf die Gründung der BZV beschloss der Kreis um Bambus, eine zweite zionistische Ortsgruppe in Berlin zu gründen. Die Absprachen, die diesbezüglich zwischen Bambus und Bodenheimer gemacht wurden, und die zahlreichen „feindseligen" Auseinandersetzungen zwischen den Mitgliedern der ersten und der „oppositionellen" zweiten Ortsgruppe, die im April 1898 gegründet wurde, hat Yehuda Eloni eindrucksvoll dokumentiert und analysiert:[47] Zentrale Reibungspunkte waren Kompetenzfragen, Fragen um adäquate Kommunikationswege zwischen Köln und Berlin sowie Fragen nach dem Wahlmodus von Berliner Delegierten zu den Zionistenkongressen. Anlässlich des 2. Zionistenkongresses in Basel, der vom 28. bis 31. August tagte, entschloss man sich zwar, als „vereinigte Berliner Ortsgruppe"[48] gemeinsam Anträge beim Kongress einzureichen, explizit wies Loewe allerdings Herzl im Vorfeld darauf hin, dass dies „kein Zusammengehen" der Gruppen an sich bedeute, sondern vielmehr aus dem Umstand resultiere, dass man „mit der Parteileitung Hand in Hand gehen"[49] wolle, d. h. sich de facto der Wahlinstruktion des Kongressbüros, die keine gesonderte Vertretung eines Ortes duldete, beugte.[50] Eine nahezu tragikomische Episode machte den Teilnehmer*innen des Kongresses das zerrüttete Verhältnis von Loewe und Bambus, die stellvertretend für ihre jeweilige Ortsgruppe agierten, weithin sichtbar: Loewe, der zum

44 Ebd., S. 2, § 2 Abs. 2.

45 Das Ziel der Einrichtung einer Bibliothek findet sich zwar nicht in der Satzung Jung Israels, taucht aber in der des Russisch-jüdisch wissenschaftlichen Vereins als Lesehalle auf. Vgl. S. 73, Anm. 9.

46 Statuten der Berliner Zionistischen Vereinigung, Berlin 1898. Shaar Zion, Boxnr. 5, S. 2, § 2, Abs. 5.

47 Vgl. Eloni: *Zionismus in Deutschland*, S. 104–109.

48 Vgl. Heinrich Loewe an Adam Rosenberg, 09.06.1898. Durchschreibebuch 1898–1900, Bl. 167R.

49 Heinrich Loewe an Theodor Herzl, 10.06.1898. Durchschreibebuch 1898–1900, Bl. 169R.

50 Vgl. Eloni: *Zionismus in Deutschland*, S. 106. In Elonis Darstellung fehlt leider der Befund, dass sich die zerstrittenen Berliner Ortsgruppen auf diesen Kompromiss einigten.

Kongress unter der vagen Berufsbezeichnung „Schriftsteller" angereist war,[51] zweifelte Bambus' Fachwissen über die jüdische ‚Kolonisation' auf der Abendsitzung des dritten Verhandlungstags an.[52] Daraufhin verhöhnte Bambus Loewe öffentlich, indem er ihn in gleicher Sitzung daran erinnerte, dass er während ihrer gemeinsamen Palästinareise im Jahr 1895 meist geschlafen hätte, als er selbst jene Konferenzen abhielt, auf denen er die fraglichen Informationen zu den palästinischen Verhältnissen erhalten habe.[53] Für Loewe freilich dürfte der Kongress weitgehend zufriedenstellender verlaufen sein als für Bambus. Er wurde von den Delegierten in den Kolonisationsausschuss gewählt. Loewe beriet dadurch an zentraler Stelle über Fragen der ‚Kolonisation' mit und konnte an der Formulierung verbindlicher Handlungsdirektiven partizipieren.[54] Bambus hingegen blieb ohne offizielles Mandat.

Der inneren Zerrissenheit und zunehmenden ideologischen Fragmentierung, welche, wie oben beschrieben, nach dem 1. Zionistenkongress virulent wurde, setzte das zionistische Kollektiv ein Bild einer einheitlichen politischen Organisation entgegen. Man folgte, um die innerzionistischen Debatten zu programmatischen Streitpunkten zu überlagern, parallel einer Strategie des Homogenisierens, die den Unbeteiligten, vor allem den Nicht- und Anti-Zionist*innen, ein geeintes zionistisches Kollektiv imaginieren sollte. Ein Artikel von Willy Bambus für *Zion*, der darin die Erfolge des Zionismus in Berlin resümierte, war bspw. Ausdruck dessen. Hier ist die Rede von „Wir Berliner Zionisten", die auf Massenveranstaltungen auftreten, um mit Gegner*innen ihres Programms die jüdische Zukunft zu verhandeln.[55] Ferner demonstrierten

51 Delegiertenkarte zum 2. Zionistenkongress von Heinrich Loewe, 1898. CZA, A146/5.

52 Vgl. *Stenographisches Protokoll der Verhandlungen des II. Zionisten-Congresses*, S. 189–190.

53 Ebd., S. 196–197.

54 Vgl. Heinrich Loewe: Protokoll der Sitzung des vom IIten Zionistenkongress gewählten Kolonisationsausschusses zu Basel, den 31. August 1898, 5 Uhr nachmittags. CZA, Z1/288/1.

55 Willy Bambus: Der Zionismus in Berlin. In: *Zion*, 31.11.1897, S. 277–283, hier S. 278. Sammy Gronemann, ein aufmerksamer Beobachter der Vorgänge in Berlin, verweist in seinen Erinnerungen auf eine ‚Merkwürdigkeit' (vgl. Gronemann: *Erinnerungen*, S. 155), die sich in diesem Zusammenhang während der ersten Monate nach dem ersten Zionistenkongress ergab: Mit zionistischen Propagemen besetzte Tribünen Berlins – und darüber hinaus – wurden nicht nur vom zionistischen Kollektiv geschaffen. Häufig ging die Initiative von bekennenden Opponenten des Zionismus aus, etwa von den Vorständen des Liberalen Vereins für die Angelegenheiten der Jüdischen Gemeinde, die ins Hotel Imperial (vorm. Arnims Hotel) in Unter den Linden 44 zu einer antizionistischen Versammlung am 10. November 1897 einluden (vgl. Gronemann: *Erinnerungen*, S. 157; Korrespondenzen und Nachrichten/Deutschland/Berlin [3]. In: *Der Gemeindebote*, 21.05.1897, S. 1; Y. St.: Ein Zionsabend in Berlin. In: *Die Welt*, 26.11.1897, S. 9–10, hier S. 10). Das einleitende Referat wurde von Rabbiner Heinemann Vogelstein aus Stettin mit dem provokativen Titel „Gegen den Zionismus" gehalten. Folgt man Bambus in seinen Beobachtungen, lässt sich das Auftreten des Berliner zionistischen Kollektivs auf der Versammlung als politisch-subversives Handeln beschreiben, das sich aufgrund des von den Versammlungsleitern festgesetzten Diskussionsverbots als artikulierter Widerstand manifestierte: „Als alle privaten Versuche der zionistischen Führer, ebenso wie eine Anfrage bei Beginn der Versammlung selbst nutzlos verliefen, als selbst die Zusicherung, daß im Falle auch nur einer der Zionisten zu Worte käme, die Versammlung ruhig verlaufen würde, nur brüsker Abweisung und dem Hinweis auf die Polizei begegnete, überließen die Führer der Zionisten dem Vorstande das Geschäft, die Ruhe in der Versammlung zu erzwingen. Es begann nun eine Reihe der turbulentesten

Massenveranstaltungen in Berlin die Einheit des Zionismus, bei denen mit Herzl und Nordau gleich in der ersten Hälfte des Jahres 1898 *die* zwei Schwergewichte zionistisch-diskursiver Praxis als Referenten auftraten. Diese Veranstaltungen dienten, ergänzend zu den zirkulierten Drucksachen, zur Herstellung einer politischen Gegenöffentlichkeit, einer jüdischen *Gegen*sichtbarkeit, die von den Organisierenden in besonderer Art und Weise inszeniert wurde.

Theodor Herzl betrat das Podium eines überfüllten Saales des Königstädtischen Kasinos, welches sich nahe der Jannowitzbrücke in der Holzmarktstraße 72 befand, am 11. Januar 1898. Sammy Gronemann spricht in seinen Erinnerungen von einer Sensation.[56] Elias Auerbach, damals wie Gronemann als Besucher der öffentlichen Großversammlung zugegen, liefert in seinen Erinnerungen Details zur Architektur der Rednertribüne im, gemessen an den Interessent*innen, „lächerlich klein[en] Saal": ein Vorstandstisch, an dem Heinrich Loewe und weitere Funktionäre der BZV Platz genommen hatten, daneben ein kleines Rednerpult, im hinteren Teil der Tribüne eine kleine Tür.[57] Für Herzl wurde ein leerer Stuhl am Vorstandstisch reserviert – eine Praxis, die an den Ritus von Pessachmahl und Beschneidung, an das Warten auf den Messias ankündigenden Propheten Elija erinnert.[58] Erst nachdem Loewe mit Wort und Geste für Ruhe unter den Versammelten gesorgt hatte, betrat Herzl den Saal durch die Hintertür der

Scenen, die die ganze Rede von Vogelstein für den Redner wie für die Versammlung zu einer peinlichen Geduldsprobe machten. Als derselbe einleitend von seiner Liebe zu Zion sprach, wurde demonstrativ geklatscht, sobald er einen Angriff auf den Zionismus wagte, stürmisch gezischt, zwischen durch ertönten immer wieder Rufe nach Diskussion und allerlei wenig schmeichelhafte Zurufe für den Redner. Als er gar einmal den Namen Herzl nannte, ging ein tosender Beifallssturm durch den Saal und Hochrufe auf Herzl wurden laut. Immer größer wurde die Unruhe der Versammlung." (Bambus: Der Zionismus in Berlin, S. 278–279.) Die gezielte Produktion von Berliner zionistischer Einheit nach außen zeigte sich auch in Schriften, die bspw. anlässlich der Anfang Juni 1898 tagenden Generalversammlung des deutschen Rabbinerverbands zirkuliert wurden. Der Verband setzte Verhandlungen über den Zionismus auf seine Tagesordnung und sprach sich „fast mit Einstimmigkeit [...] gegen den Zionismus" aus (Die Generalversammlung des Rabbinerverbandes. In: *Allgemeine Zeitung des Judentums*, 10.06.1898, S. 265–266). Heinrich Brodys Broschüre (H. Salomonsohn [d. i. Heinrich Brody]: *Widerspricht der Zionismus unserer Religion?* Berlin: Selbstverlag 1898; hierzu auch Kurt Wilhelm: Der zionistische Rabbiner. In: Tramer / Moses (Hrsg.): *In zwei Welten*, S. 55–70, hier S. 58–59), mit der er eine Apologie des Zionismus aus rabbinischer Perspektive verfasste, wurde von der BZV herausgegeben. Zudem wurden Flugblätter abgefasst und zirkuliert (vgl. Heinrich Loewe an Adam Rosenberg, 08.05.1898. In: Durchschreibebuch 1898–1900, Bl. 120–21).

56 Gronemann: *Erinnerungen*, S. 164.

57 Auerbach: *Pionier der Verwirklichung*, S. 91.

58 Vgl. Hermine Schildberger: Ein zionistischer Abend in Berlin. In: *Die Welt*, 21.01.1898, S. 9–10, hier S. 10. Zum Mythos Herzl und zu ihm als prophetischer Gestalt im zionistischen Diskurs vgl. Andrea Livnat: *Der Prophet des Staates. Theodor Herzl im kollektiven Gedächtnis Israels*. Frankfurt am Main / New York: Campus 2011, S. 25–69 (Kap. II. „Vorgeschichte: ‚Wir haben ein herrliches Symbol begraben müssen'"); Aviad Kleinberg: The Enchantment of Judaism: Israeli Anxieties and Puzzles. In: Françoise Meltzer / Jaś Elsner (Hrsg.): *Saints. Faith without Border.* Chicago: Chicago UP 2011, S. 235–252; Mark H. Gelber: The Life and Death of Herzl in Jewish Consciousness. Genre Issues and Mythic Perspectives. In: Ders. / Vivian Liska (Hrsg.): *Theodor Herzl: From Europe to Zion*. Tübingen: Niemeyer 2007, S. 173–187; Robert S. Wistrich: Theodor Herzl. Between Myth and Messianism. In: Ebd., S. 7–22.

Bühne und bewegte sich zu seinem Stuhl. Loewe hielt das „undankbare“[59] Einleitungsreferat, während das Publikum Theodor Herzl mit seinen Blicken und seiner Konzentration fixierte. Nach Loewes Ansprache stimmte die Versammlung das Lied *Auf mein Volk* an, bevor Herzl schließlich seine Rede hielt; dann erneut ein Lied – *Dort wo die Ceder*, bevor Rechtsanwalt Silbergleit im Rahmen dieses „Weiheactes“[60] des zionistischen Kollektivs die Perspektiven des Zionismus referierte. Es folgten drei weitere Referate von zionistischen Aktivisten. Das Narrativ der Veranstaltung, das Hermine Schildberger in der *Welt* entwickelte, widersprach der Darstellung Auerbachs in seinen Erinnerungen entschieden. Offensichtlich bewusst verzichtete sie darauf, auf die heftigen Debatten und tumultartigen Unruhen, die zur Schließung der Versammlung durch den überwachenden Polizisten führten, einzugehen. Bei ihr erscheinen die Versammelten in einem harmonischen, wohl choreographierten Miteinander.[61]

Die Verhandlungen im zionistischen Kollektiv waren aber nicht nur Auseinandersetzungen um ein adäquates Narrativ des Zionismus nach innen und außen. Durch die zunehmende Kapitalisierung, Bürokratisierung, Professionalisierung und Hierarchisierung der sich verflechtenden zionistischen Organisationen wurden freilich auch andere Diskurse geführt, die (zukünftige) Positionen im entstehenden Machtgeflecht auseinandersetzten. In diese neue Ordnung schrieben sich zunehmend die materiellen Interessen einzelner Personen ein. In Berlin war vor dem 1. Zionistenkongress bereits die Gründung der Import-Gesellschaft Palästina ein besonderer Ausdruck dieses Transformationsprozesses.

59 Auerbach: *Pionier der Verwirklichung*, S 92; vgl. Gronemann: *Erinnerungen*, S. 164.

60 Schildberger: Ein zionistischer Abend in Berlin, S. 10.

61 Vier Monate nach dem Auftritt Herzls verzeichnete der zionistische Kalender Berlins ein weiteres Highlight. Max Nordau war am 26. April 1898 zu Gast im Saal der Victoriabrauerei, Lützowstraße 110–111 (vgl. Max Nordau in Berlin (Telegraphischer Bericht). In: *Die Welt*, 29.04.1898, S. 10). Im Vorfeld der Veranstaltung bemühte sich Loewe um die Platzierung von Inseraten in den großen Berliner Tageszeitungen – dem *Berliner Tageblatt* und der *Vossischen Zeitung*. Nordau wurde in den Annoncen als Schriftsteller angekündigt (vgl. Heinrich Loewe an Rudolf Hartmann, 20.04.1898. In: Durchschreibebuch 1898–1900, Bl. 112R). *Die Welt* berichtete von 1.500 Gästen, die dem Vortrag „Die Gegner des Zionismus“ (vgl. Max Nordau: *Der Zionismus und seine Gegner. Vortrag, gehalten in Berlin*, hrsg. v. d. Berliner Zionistischen Vereinigung. Berlin [1905]) folgten. Bemerkenswert ist die Aufstellung der zionistischen Allianz, welche die von Nordau aufgeworfenen Thesen im Anschluss des Vortrags mit den Opponenten Klausner (vermutlich Max Albert Klausner) und ein gewisser Splewkowsky verhandelte. Es traten, trotz schwerwiegender interner Differenzen, neben Heinrich Brody, Malwin Warschauer und Jehuda Holzmann, Bambus und Loewe gemeinsam als Fürsprecher des Zionismus auf (vgl. Max Nordau in Berlin, S. 10.). Nur ein Jahr später sprach Nordau auf Einladung der BZV erneut in Berlin, dieses Mal in einem 2.000 Personen fassenden Saal des Feen-Palasts in der Burgstraße 22–24. Die zionistischen Inszenierungen in den prunkvollen Etablissements können als Ausdruck der zunehmenden Aneignung von zentralen Orten der (längst nicht nur) jüdischen Kulturtopographie gelesen werden. Der Feenpalast, gegenüber dem Berliner Schloss und nahe der Börse, war zugleich zentraler Verhandlungsort anderer politischer Konzepte. Sozialistische und sozialdemokratische Redner traten u. a. hier auf. Vor diesem Hintergrund erscheint die temporäre Aneignung des Ortes durch das zionistische Kollektiv 1899 kaum zufällig, denn Nordau, erinnert Auerbach, referierte das Thema „Kapitalismus, Sozialismus, Zionismus“ und bot vermutlichen Letzteren als praktikable Alternative zu den Erstgenannten an (vgl. Auerbach: *Pionier der Verwirklichung*, S. 112–113).

Auch Loewes finanziell honorierte Broschüren, Zeitungsartikel, Gesellschaftsreisen und Ansichtskartenserien lassen sich in dieser Hinsicht als erste Boten diskursiver und performativer Verschiebungen, im Zuge derer Geld eine größere Bedeutung erhielt, deuten. Dieser Prozess, der die Beziehungen zionistischer Akteur*innen zueinander grundlegend veränderte, setzte verstärkt nach dem 1. Zionistenkongress ein. Auf dem Kongress und den folgenden Delegiertentagen der jeweiligen zionistischen Landesverbände wurde die bisherige Struktur in die (wenn auch fluiden) Strukturen einer Partei gegossen.[62] Das entstehende Geflecht, das (neue) interpersonelle Abhängigkeiten schuf, lässt sich am Beispiel der Korrespondenz Loewes mit Freund*innen, Familienmitgliedern und der Leitung der ZVfD veranschaulichen. Die Briefe dokumentieren Loewes desolate finanzielle Situation, die ihn neben der Krankheit seines Vaters, an der dieser in der Nacht vom 22. zum 23 Februar 1899 verstarb,[63] dazu zwangen, für mehr als ein Jahr zunächst bei Verwandten in Berlin, dann bei seinen Eltern in der Magdeburger Kaiserstraße zu wohnen. Zwischenzeitlich stand sogar Loewes Rückkehr nach Berlin in Frage: „Es ist mir aber jetzt sehr fraglich, was ich beginnen soll, ob ich hier oder in Berlin bleibe", schrieb er unter dem Eindruck des Todes seines Vaters im März 1899 an Heinrich Meyer-Cohn.[64]
Loewe suchte ab Frühjahr 1898 vergeblich eine bezahlte Festanstellung innerhalb der WZO bzw. der ZVfD, denn für zionistische Aktivist*innen, deren wirtschaftliche Verhältnisse sich derart prekär gestalteten, wurde die Intensität des Engagements für den Zionismus mehr und mehr zu einer existenziellen Frage. Zunächst versuchte er Isaak Rülf, dann David Wolffsohn als Vermittler im Führungsgremium für das Projekt eines Organs der ZVfD, das Loewe selbst als bezahlter Redakteur leiten würde, zu mobilisieren. Zwei entsprechende Briefe ergingen im April 1898 an die beiden Funktionäre.[65] Wolffsohn wiegelte in einem persönlichen Gespräch im Juni ab, denn er hielt die „Zeitungssache für aussichtslos"[66], machte ihm allerdings Hoffnung, als zionistischer Beamter für die zukünftige Bank – den Jewish Colonial Trust (JCT), der am 22. März 1899 in London registriert wurde – tätig werden zu können.[67] Schon sichtlich deprimiert, sandte Loewe im August 1898 erneut einen Brief an Wolffsohn und bat ihn

62 Eloni datiert den Abschluss des Übergangs hin zur Partei auf 1907 (vgl. Eloni: *Zionismus in Deutschland*, S. 216).

63 Vgl. Heinrich Loewe an Betty Friedländer. In: Durchschreibebuch 1898–1900, Bl. 391R.

64 Heinrich Loewe an Heinrich Meyer-Cohn, 15.03.1899. In: Durchschreibebuch 1898–1900, Bl. 407R.

65 Vgl. Heinrich Loewe an David Wolffsohn, 15.04.1898. In: Durchschreibebuch 1898–1900, Bl. 94–96R; Heinrich Loewe an Isaak Rülf, 12.04.1898. In: Ebd., Bl. 83–86R.

66 Heinrich Loewe an Eduard Loewe, 20.06.1898. In: Ebd., Bl. 190.

67 Vgl. David Wolffsohn an Heinrich Loewe, 24.09.1898. CZA, W/502; Heinrich Loewe an David Wolffsohn von 19.09.1898. In: Durchschreibebuch 1898–1900, Bl. 311R.

mit Nachdruck, als Agent Loewes in den Verhandlungen um die personelle Besetzung des Kreditinstituts aufzutreten:

> Sie kennen die Lage, in der ich mich befinde; und Sie werden es mir nicht sehr verübeln, wenn ich Sie bitte, demnächst an mich zu denken. Empfehlen kann ich mich nicht. Im Gegenteil scheinen durch die Sorgen meine geistigen noch mehr als die körperlichen Kräfte erschlafft zu sein. Jedoch habe ich die Zuversicht, daß sich beides wiederfinden wird, wenn [s]ich in einer geregelten Thätigkeit die Sorge um meinen Unterhalt vermindert. [...] So wie es jetzt ist, kann es nicht weitergehen.[68]

Vermutlich auch in Aussicht auf eine Anstellung zeichnete Loewe im November 1898 fünfzig Anteile des neuen finanziellen Instruments der Organisation.[69] Knapp einen Monat später notierte er in einem Brief an seinen Freund Julius Jacobsohn, dass Wolffsohn ihm bis dato mehrere Male eine Stellung als Generalsekretär des provisorischen Büros der Bank in Aussicht gestellt habe.[70] Im gleichen Brief offenbart sich seine Wahrnehmung von den Verhandlungen in den Führungsgremien um seine Stelle als Angestellter der Bank:

> Trotz dieses direkten Versprechens, habe ich Dir schon gesagt, glaube ich nicht daran. Denn ernstlich will Herr Dr. Herzl aus mir unbekannten Gründen mich ausrangiert wissen, dann ist Herr Dr. Bodenheimer als Freund des Dr. Oppenheimer[71] seit vielen Jahren bei aller persönlichen Liebenswürdigkeit nicht mein Gegner, sondern ein persönlicher Feind. Nun aber ist Dr. Bodenheimer, der über eigenes Urteil und selbstständige Gedanken nicht verfügt, in vieler Beziehung das akademische Sprachrohr des Herrn Wolffsohn. Dr. B[odenheimer] soll nun in Berlin die Äußerung [...] gethan haben, ich sei nach seinem Urteil für die Stelle ungeeignet. Das heißt so viel, als Herr W. zieht seine Zusage auf diesem nicht mehr ungewöhnlichen Wege zurück.[72]

Vier Tage später adressierte Loewe erneut an Jacobsohn. Sichtlich frustriert führte er am 5. Januar 1899 das zionistische Kollektiv als eines vor, dem ein „persönliches Regime und Adelsherrschaft"[73] aufgesetzt wurde. In ähnliche Richtung wies auch die Kritik der im Dezember 1901 – unmittelbar vor dem 5. Zionistenkongress – von vierzig zionistischen

68 Heinrich Loewe an David Wolffsohn von 17.08.1898. In: Durchschreibebuch 1898–1900, Bl. 286R.

69 Postkarte von Heinrich Loewe an David Wolffsohn von 19.11.1898. In: Ebd., Bl. 357R.

70 Heinrich Loewe an Julius Jacobsohn, 01.01.1899. In: Ebd., Bl. 367R. Loewe bezieht sich hier auf einen Brief Wolffsohns vom 27. November 1898, in dem dieser schrieb: „Es ist mir unmöglich, Ihnen schon jetzt anzugeben, welche Beschäftigung Sie bei der Bank finden werden. Sobald dieselbe ihre Thätigkeit entfalten wird, wird sich eine passende Stellung für Sie bestimmt finden [...]." (David Wolffsohn an Heinrich Loewe, 27.11.1898. CZA, W/503.)

71 Gemeint ist vermutlich Max Oppenheimer.

72 Heinrich Loewe an Julius Jacobsohn, 01.01.1899. In: Durchschreibebuch 1898–1900, Bl. 367R.

73 Ebd., Bl. 369R–370R.

Aktivisten (darunter etwa Martin Buber, Berthold Feiwel, Ephraim Moses Lilien, Chaim Weizmann und Leo Mozkin) gegründeten Demokratisch-Zionistischen Fraktion. Als dritten Punkt ihres Programms bezog sie Stellung gegen die „Verletzung demokratischer Grundsätze" innerhalb der WZO, ihrer assoziierten Verbände und „Machtmittel", zu denen bspw. der JCT und der JNF gehören würden.[74]
Schon drei Monate zuvor hatte Loewe seinen Vorstandsposten in der BZV im September 1898 – und damit zwei Wochen nach dem 2. Zionistenkongress – niedergelegt, wohl auch weil er in der Zeit der schweren Krankheit seines Vaters in Magdeburg gebunden war.[75] Das von Loewe Anfang 1899 initiierte Projekt einer zionistischen, literarisch-wissenschaftlichen Zeitschrift, die unter dem Titel *Der Orient. Monatsschrift für Kultur und Leben der jüdischen Nation* „in genauer Betrachtung des historisch Gewordenen [...] zu neuem historischen Werden beitragen [wollte]", indem man „der jüdischen Volksseele ihre Eigenart ablauschen" wollte[76] – die Loewe zudem mit der ZVfD gern „geschäftlich" verknüpft gesehen hätte[77] –, scheiterte nach wenigen Monaten Vorbereitungszeit. Für

74 Vgl. Zur Selbstkritik des Zionismus. In: *Jüdische Rundschau*, 10.10.1902, S. 11–12, hier S. 12. Ausdifferenziert heißt es hier: „Namentlich sind es folgende Erscheinungen im zionistischen Leben, welche die freiheitlichen und kulturellen Zionisten zwingen, sich zu ihrer Abwehr und Beseitigung zu vereinigen: [...] 3. Die Verletzung der demokratischen Grundsätze: a) bei der Zusammensetzung der Kongresse b) in der Leitung der Kongresse c) in offiziellen zionistischen Aktionen d) in den zionistischen Machtfaktoren (Bank etc.)"

75 Vgl. Heinrich Loewe an David Wolffsohn, 19.09.1898. In: Durchschreibebuch 1898–1900, Bl. 311R; Heinrich Loewe an ZVfD, 19.09.1898. In: Ebd., Bl. 312R.

76 Heinrich Loewe an Max Bodenheimer, 10.02.1899. CZA, A15/504.

77 Vgl. Heinrich Loewe an Zentralkomitee der ZVfD, 30.01.1899. CZA, A15/504. Die erste Nummer der Zeitschrift sollte ursprünglich am 1. April 1899 erscheinen. Aufgrund des Todes seines Vaters sollte sich dieser Termin um ein bis zwei Monate nach hinten verschieben (Postkarte von Heinrich Loewe an Zentralkomitee der ZVfD, 05.03.1899. CZA, A15/620). Loewe bot dem Führungsgremium der ZVfD resp. Bodenheimer an, eine offizielle Korrespondenz der ZVfD ins Blatt setzen zu lassen. Das Zentralkomitee stimmte Loewes Vorhaben unter der Bedingung zu, dass der *Orient* mit den Zielen der ZVfD korrespondiere (vgl. Eloni: *Zionismus in Deutschland*, S. 155). In diesem Zusammenhang war Loewe auch darum bemüht, die ZVfD und den *Orient* topographisch zu vernetzen. Sein Vorschlag zielte darauf, ein zukünftiges Berliner Büro der ZVfD mit den Redaktionsräumen des *Orient* zu verbinden. (vgl. Heinrich Loewe an Zentralkomitee der ZVfD, 30.01.1899. CZA, A15/504.) Das Projekt *Orient* wurde fast zehn Jahre später wiederaufgenommen. Loewe wandte sich im Januar 1910 an David Wolffsohn – mittlerweile Präsident der WZO – mit dem unverbindlichen Vorschlag, unter dem Titel *Der Neue Orient* ein auf die Allgemeinheit zielendes Blatt zu schaffen, das in literarischen und populärwissenschaftlichen Beiträgen auf „Kulturfragen des Landes Israel", die hebräische Sprache und die Erforschung Palästinas eingehen sollte. Explizit wies Loewe darauf hin, dass der *Orient* vergleichbar der *Neuen Rundschau*, dem *Morgen* oder dem *März* aufgebaut werden solle. Auch erfährt man aus dem Schreiben, dass Loewe Ende des 19. Jh. ebenfalls geplant hatte, den *Orient* als Beilage für die *Welt* zu konzipieren (Heinrich Loewe an David Wolffsohn, 11.01.1910. CZA, A146/119). Aus einem weiteren Brief an Wolffsohn geht hervor, dass die Finanzierung des *Orient*, vermutlich über Mittel aus der WZO, gesichert war und das Blatt nicht wie ursprünglich geplant im Verlag der *Welt*, sondern im Jüdischen Verlag erscheinen sollte (vgl. Heinrich Loewe an David Wolffsohn, 20.02.1910. CZA, W/650). Vier Tage später entschied Loewe, anstatt die Monatsschrift *Der Neue Orient* zu nennen, ihr den Namen *Orient* zu geben (vgl. Heinrich Loewe an David Wolffsohn, 24.02.1910. CZA, W/650). Im Kopf des Briefpapiers prunkte schon zuvor der Titel *Orient. Monatsschrift für Kultur und Leben der Juden*. Um den *Orient* ökonomisch sinnvoll auszurichten, war Loewe in der Folgezeit bspw. darum bemüht, Leo Mozkin in die konzeptionelle Planung einzubeziehen (vgl. Heinrich Loewe an Leo Mozkin, 20.03.1910. CZA, A126/139).

den 3. Zionistenkongress im August 1899 in Basel, für den 4. Zionistenkongress im August 1900 in London und für den 5. Zionistenkongress, der im Dezember 1901 wiederum in Basel stattfand, erhielt er von der BZV kein Mandat mehr.
Bereits im Winter 1900 erreichte die Qualität des Verhältnisses zwischen einigen leitenden Akteuren der ZVfD, der WZO und Loewe offensichtlich einen Tiefpunkt. Anscheinend war gegen ihn eine ‚Verleumdungskampagne' im Gange, in der man ihm vorwarf, „vom Zionismus zu leben"[78]. Wegen dieser wollte Loewe im Februar 1900 den endgültigen Bruch mit dem organisierten Zionismus vollziehen und sich als öffentlich sichtbarer Aktivist zurückziehen. An Max Nordau schrieb er, seine Zeit nach dem 2. Zionistenkongress zusammenfassend:

> Ich habe Grund anzunehmen, dass man Ihnen gesagt hat, ich lebe oder lebte vom Zionismus. Mir fehlen diejenigen Nordau'schen Ausdrücke, die notwendig wären, um die ganze elende Niedertracht dieser gemeinniedrigen Verleumdung auch nur einigermassen zu kennzeichnen. So lange sie im Munde der Gegner war, blieb sie mir gleichgiltig. Im Munde von Zionisten ist sie ekelhaft. Meine Thätigkeit für das Nationaljudentum wird mir freilich dadurch noch mehr erschwert. Dabei mögen Sie dieselbe so niedrig einschätzen wie Sie wollen. Aber: hagadati b. h. mezaref mahschbat [*sic*] toba lemaase! [„Der Haggadah zufolge rechnet Baruch Ha-Shem die gute Absicht der Tat hinzu", Talmud Yerushalmi, F. S.] Ich bin dieser bodenlosen Gemeinheit gegenüber machtlos, und halte es nun für meine Pflicht, da sich die Verleumdung bis zu Ihnen den Weg frei machte, sie als das kurz zu beschreiben, was sie ist. Es ist aber wahr, wie Sie wissen, dass ich mir in den letzten Jahren eine Stellung im Zionismus oder im Judentum suchte, um meine Agitationskraft dem Zionismus erhalten zu können, ohne Erfolg! [...] Ich bitte Sie den Verleumdungen kein Gehör schenken zu wollen und zu bedenken, dass diejenigen überall ein materielles Interesse wittern, die selbst nur persönliche Interessen kennen.[79]

Gleichzeitig sollte Otto Warburg in der Redaktion der Zeitschrift tätig werden (vgl. Heinrich Loewe an David Wolffsohn, 12.04.1910. CZA, W/650). In einem Brief von David Wolffsohn, der Loewe im Mai erreichte, ist zu lesen, dass Loewe zunächst vorhatte, Probehefte des *Orient* zu veröffentlichen, eine Verfahrensweise, die Wolffsohn für ungeeignet hielt, um Abonnent*innen zu werben und mit einer Druckerei einen vorteilhaften Vertrag auszuhandeln (David Wolffsohn an Heinrich Loewe, 01.05.1910. Shaar Zion, Boxnr. 20). Im gleichen Monat trat Loewe in Verhandlung mit u. a. der Grüner'schen Druckerei in Bernau, die bspw. die von Arthur Ruppin redigierte *Zeitschrift für Demographie und Statistik der Juden* druckte. Ein „akzeptables" Angebot sowie ein Umschlag und Papier illustrierendes Probeheft vom *Orient* sollten Wolffsohn davon überzeugen, in Berlin drucken zu lassen (Heinrich Loewe an David Wolffsohn, 23.05.1910. CZA, Z2/655), nachdem Wolffsohn zuvor vorgeschlagen hatte, die Zeitschrift in Köln zu produzieren (vgl. Heinrich Loewe an David Wolffsohn, 28.04.1910. CZA, W/650). Von Felix Rosenblüth erhielt Loewe Ende Mai Kenntnis, dass die von Elchanan Leib Lewinski in Odessa redigierte jiddische Tageszeitung *Gut Morgen* eine Notiz zum *Orient* veröffentlicht hatte – ein Indiz dafür, dass zu diesem Zeitpunkt die Realisierung der von Loewe herausgegebenen Zeitschrift unmittelbar bevorstand (Felix Rosenblüth an Heinrich Loewe, 30.05.1910. CZA, Z2/230). Über Mai 1910 hinaus existieren keine Dokumente mehr, die den Fortgang des *Orient*-Projekts dokumentieren. Da heute kein Bibliothekskatalog die Zeitschrift führt, muss davon ausgegangen werden, dass auch der neue *Orient* nicht erschienen ist.

78 Heinrich Loewe an Rawidowitsch, 20.02.1900. In: Durchschreibebuch 1898–1900, Bl. 610R. Wer hinter dieser Kampagne steckte, geht leider aus den Quellen nicht hervor.

79 Heinrich Loewe an Max Nordau, 20.02.1900. CZA, A119/162.

Ohne bezahlte Anstellung in einer zionistischen Institution musste Loewe zwangsläufig versuchen, seine wirtschaftliche Existenz außerhalb zu sichern. Um seinen Unterhalt dauerhaft zu besorgen, adressierte er bereits ab April 1898 Bewerbungen an diverse Zeitungsadministrationen, die Sekretär*innen, Korrespondent*innen, Stenographierer*innen oder Verantwortliche für spezifische Ressorts wie Theater- und Literaturkritik suchten. Er bewarb sich ferner bei der Berliner Jüdischen Gemeinde, die die Stelle eines leitenden Bibliothekars für eine neue wissenschaftliche Bibliothek ausgeschrieben hatte. Loewe war als einer von über dreihundert sich Bewerbenden chancenlos. Er hatte zwar Fürsprecher wie Salomon Neumann und Heinrich Meyer-Cohn, für dessen Anwaltskanzlei er schon in der Vergangenheit nebenberuflich tätig war, doch lehnte etwa Ludwig Geiger – späteres Mitglied des im Oktober 1912 gegründeten Antizionistischen Komitees[80] –, der dem Ausschuss zur Besetzung der Stelle vorstand, die Anstellung eines zionistischen Aktivisten als Gemeindebibliothekar und überhaupt als Angestellter der Berliner Jüdischen Gemeinde ab.[81]

Erst Ende August 1899 wurde Loewe der Weg in eine berufliche Karriere geebnet. Er bewarb sich bei der Königlichen Universitätsbibliothek zu Berlin und erhielt Mitteilung, dass er für den 14. September 1899 zum Bewerbungsgespräch eingeladen sei.[82] In dem Gespräch offerierte Wilhelm Erman, damaliger Direktor der Universitätsbibliothek, Loewe ein befristetes Arbeitsverhältnis bis zum 1. Januar 1900. Nach Ablauf der Probezeit stellte Erman eine Festanstellung in Aussicht. Er machte diese Aufwertung des Angestelltenverhältnisses von einem Zeugnis abhängig, das eine „anerkannte Autorität" über Loewes Qualifikation auf „rabbinischem und hebräischem Gebiete" ablegen sollte. Loewe wandte sich an Hermann L. Strack.[83] Strack, Professor für alttestamentarische Exegese und Talmudstudien an der Friedrich-Wilhelms-Universität, fertigte das Zeugnis bereitwillig aus.[84] „[O]hne Aussicht auf Übernahme in den staatlichen Bibliotheksdienst"[85] arbeitete Loewe fortan an der Bibliothek. Auf seine Zulassung zum Volontariat musste er noch einige Jahre warten. Erst im Mai 1904 wurde ein entsprechender Antrag beim Preußischen Ministerium der geistlichen-, Unterrichts- und Medizinalangelegenheiten bewilligt. Nur ein Jahr später absolvierte Loewe die bibliothekarische Fachprüfung. Im September 1906 wurde er als preußischer Beamter vereidigt. Wiederum ein Jahr später, am 1. Oktober 1907 – und damit auf den Tag genau sieben Jahre

80 Vgl. Matthias Hambrock: *Die Etablierung der Außenseiter. Der Verband nationaldeutscher Juden 1921–1935*. Köln / Weimar / Wien: Böhlau 2003, S. 216–222.

81 Vgl. Heinrich Loewe an Betty Friedländer, 09.01.1900. In: Durchschreibebuch 1898–1900, Bl. 588; Heinrich Loewe: Sichronot. Kap. Der Bibliothekar. CZA, A146/168, S. 1–2.

82 Vgl. Heinrich Loewe an Betty Friedländer, 14.09.1900. In: Durchschreibebuch 1898–1900, Bl. 549R.

83 Vgl. Heinrich Loewe an Hermann L. Strack, 25.01.1900. In: Ebd., Bl. 585R–586R.

84 Vgl. Heinrich Loewe an Hermann L. Strack, 2[6].01.1900. In: Ebd., Bl. 598R.

85 Erklärung Heinrich Loewes zur Übernahme in den Bibliotheksdienst an der Bibliothek der Wilhelms-Universität. Archiv der Humboldt-Universität zu Berlin, UK-P L199, Bd. 4, Bl. 2.

nach Beginn seiner Tätigkeit in der Universitätsbibliothek –, trat er die Stelle als Hilfsbibliothekar an. Ab April 1909 wurde er dann ordentlicher Bibliothekar.[86]
Nach fast zweijähriger weitgehender Abwesenheit erlebte Loewe ab Ende 1901 ein Comeback, das ihn, ausgestattet mit neuen Funktionen und Aufgabenbereichen, in das zionistische Kollektiv re-integrierte. Loewe griff wieder aktiv und öffentlich sichtbar in die Verhandlungen um Zionismus ein. Martin Buber, der im September 1901 die Nachfolge Berthold Feiwels antrat und die Schriftleitung der *Welt* übernahm, begrüßte die Entscheidung Loewes. Er adressierte am 30. November 1901 folgende Zeilen an ihn:

> Es freut mich ausserordentlich, dass Du wieder mitten drin in unserer Arbeit stehst; nicht bloss für die Bewegung freut es mich, der Du eine unschätzbare Kraft wieder bringst, sondern auch für Dich, dass Du Dein schönstes Bethätigungsgebiet wieder betreten hast.[87]

Loewe agierte nicht nur hinter den Kulissen für die Delegierten der BZV, die anlässlich der Repräsentantenwahlen der Jüdischen Gemeinde zu Berlin von 1901 aufgestellt wurden, sondern rückte vor allem durch seine journalistische Tätigkeit wieder in den Fokus der (jüdischen) Öffentlichkeit. Ab April 1902 stand sein Name im Impressum der Monatsschrift *Der Jüdische Student*, dem Zentralorgan des Bundes Jüdischer Corporationen (BJC), dessen Schriftleitung er bis März 1903 übernahm. Ferner gab er ab Mai 1902 die *Israelitische Rundschau* heraus, die, kurze Zeit später in *Jüdische Rundschau* umbenannt, als Organ der ZVfD firmierte. Bis 1908 arbeitete Loewe als Chefredakteur für das Blatt.
Berlin indes transformierte sich nach 1904 weiter in die Hauptstadt des Zionismus. Auf dem Delegiertentag der ZVfD in Hamburg wurde beschlossen, ein Zentralbüro einzurichten, das Arthur Hantke,[88] Eduard Leszynsky und Emil Simonsohn leiteten.[89] Das Büro, für welches Betty Frankenstein zunächst als Sekretärin, später als Büroleiterin arbeitete, wurde in der Friedrichstraße eröffnet. Schon ab November 1907 folgte eine weitere herausragende Schaltstelle des zionistischen Kollektivs. Das Zionistische Zentralbüro der WZO, Abteilung Berlin, zog unter dem Vorsitz Otto Warburgs nach Charlottenburg, in die Bleibtreustraße 49. In den drei Räumen und dem Nebengelass, das man für 800 Mark jährlich anmietete, richtete sich im kleinsten Raum das

86 Zu den Etappen der Bibliothekskarriere Loewes vgl. Archiv der Humboldt-Universität zu Berlin, UK-P L199, Bd. 1, Bl. 1.

87 Martin Buber an Heinrich Loewe, 30.11.1901. CZA, A146/33.

88 Max Bodenheimer blieb als Vorsitzender des Zentralkomitees der ZVfD in Köln. 1910 trat Arthur Hantke seine Nachfolge an.

89 Vgl. Lichtheim: *Geschichte des deutschen Zionismus*, S. 153–155.

Zentralbüro der ZVfD ein.[90] Im Laufe der vergangenen Jahre hatten sich zudem zahlreiche neue, tendenziell zionistische Vereinigungen gegründet, die organisatorische und ideologische Impulse von Berlin aus sendeten. Der Turnverein Bar Kochba etwa, dessen Mitglieder u. a. durch Schauturnen und öffentliche Sportveranstaltungen dem Publikum den „veränderbaren Körper"[91] der Jüd*innen vorführten, war der erste seiner Art in Deutschland. Ferner formierte sich im Februar 1900 unter dem Vorsitz von Lina Tauber und Lina Bergmann mit der Jüdisch-Nationalen Frauenvereinigung die erste bedeutende zionistische Frauenorganisation im Deutschen Reich, die zugleich zum Nukleus eines zionistischen Frauennetzwerks wurde.[92]

Loewe verknüpfte sein Leben ab 1902 allerdings nicht nur zunehmend und beständig mit den Machtzentren – den signifikanten Laboratorien – des zionistischen Kollektivs in Berlin. Darüber hinaus verschob sich nach zahllosen Umzügen in den letzten Jahren sein Lebensmittelpunkt endgültig in den Berliner Stadtteil Moabit. Hier lebten seine Gattin Johanna und er. Hier wuchsen seine Kinder Hadassa und Gideon auf. Von hier aus dirigierte er die Geschicke jener Zeitungen, deren Schriftleitung er übernommen hatte, ferner die 1914 eingerichtete Hauptsammelstelle für die Jüdische Nationalbibliothek.[93] Seine Wohnungen in der Lehrter Straße 14–15, dann in der Melanchthonstraße 4 (ab Oktober 1904), zuletzt in der Flemingstraße 12 (ab Juli/August 1908) konstituierten sich als zionistische Räume, die die Grenzen zwischen privat und öffentlich, sichtbar und unsichtbar verschwimmen ließen. Seine Privatwohnung in der Flemingstraße, wo Loewe mit seiner Familie bis zu seiner Emigration nach

90 Vgl. Protokoll der Sitzung des Zionistischen Centralbureaus, Abteilung Berlin, 16.10.1907. CZA, Z2/343, S. [2].

91 Vgl. Wildmann: *Der veränderbare Körper*; Heinrich Loewe: Sichronot. Kap. Jüdisches Turnen. CZA, A146/175; Robert Atlasz (Hrsg.): *Barkochba. Makkabi – Deutschland, 1898–1938.* Tel-Aviv: Mitglieder des Bar Kochba-Hakoah 1977; Felix Simmenauer: *Die Goldmedaille. Erinnerungen an die Bar Kochba-Makkabi Turn- und Sportbewegung 1898–1938.* Berlin: Hentrich 1990; Schäfer: *Berliner Zionistenkreise*, S. 70–80. Ab Juli 1899 führten die Mitglieder des Bar Kochba Berlin Protokoll. Diese Aufzeichnungen sind im Archiv der Maccabi World Union in Tel Aviv überliefert (vgl. Jüdischer Turnverein Bar Kochba: Protokolle der Turnabende, Vorturnstunden, Vorturner-Versammlungen, Vorstandssitzungen, Comissionssitzungen, General- u. außerordentl. Versammlungen etc., [begonnen am] 3. Juli 99. Archiv der Maccabi World Union, 14162291).

92 Tamara Or: *Vorkämpferinnen und Mütter des Zionismus. Die deutsch-zionistischen Frauenorganisationen (1897–1938).* Frankfurt am Main: Lang 2009, insb. S. 55–94 (Kap. „‚Kämpferinnen für die Idee' – Die Jüdischen-Nationalen Frauenvereinigungen"); vgl. auch Schäfer: *Berliner Zionistenkreise*, S. 85–88. Dem Befund Tamara Ors, die zionistische Frauenarbeit habe in den Erinnerungen führender Zionisten keine Rolle gespielt, ist, was die veröffentlichten Erinnerungen betrifft, Recht zu geben (vgl. Or: *Vorkämpferinnen und Mütter des Zionismus*, S. 55; hierzu auch Ines Sonder: „Das wollten wir. Ein neues Land ..." Deutsche Zionistinnen als Pionierinnen in Palästina, 1897–1933. In: *Medaon* 14 (2014). http://www.medaon.de/pdf/MEDAON_14_Sonder.pdf (Zugriff am 18.05.2017)). Loewe setzt sich in den bereits zitierten, allerdings recht kurz gehaltenen Kapiteln mit der zionistischen Frauenarbeit auseinander (Loewe: Sichronot. Kap. Judas Töchter; ders.: Sichronot. Kap. Mitwirkung von Frauen). Mit der Women's International Zionist Organization (WIZO) erhielten zionistische Frauen erst 1920 einen internationalen Dachverband.

93 Vgl. Kap. VII.4.

Palästina 1933 lebte, greifen seine Erinnerung als das „jüdische Konsulat"[94] auf, das zugleich Ort der Geselligkeit, des Familienlebens und des politischen Arbeitens und Verhandelns war, ein Ort, an dem das Ehepaar Loewe wohl ab den 1920er Jahren selbst karitative Aufgaben wahrnahm.[95]

2. *Jüdische Rundschau*

Das zionistische Kollektiv erhielt mit der *Jüdischen Rundschau* wieder ein Propagandainstrument, ein Periodicum, das sich zunächst ausschließlich mit Berliner zionistischen Aktivist*innen assoziierte. Ursprünglich wurde die Zeitung zwar zur Außenpropaganda begründet, durch den hohen Anteil von Beiträgen, die thematisch nach innen gerichtet waren, wurde sie aber zur Bühne, auf der innerzionistische (Streit-)Fragen und Themen verhandelt wurden. Fortwährend bildeten sich hier Debatten um adäquate Organisationsformen und politische Äußerungen einzelner zionistischer Aktivist*innen und Allianzen ab, die ideologische Fragmentierung des zionistischen Kollektivs wurde dadurch weithin sichtbar.

Die schrittweise Einrichtung der *Jüdischen Rundschau* fiel in eine Phase, in der sich eine Reihe zionistischer Presseerzeugnisse am deutschsprachigen Zeitungs- und Zeitschriftenmarkt zu etablieren versuchten. Die illustrierte Kulturzeitschrift *Ost und West* (ab Januar 1901), *Palästina – Zeitschrift für die Culturelle und wirtschaftliche Erschliessung des Landes* (ab 1902) und die kurzlebige wissenschaftliche Monatsschrift *Altneuland* (ab Januar 1904) erschienen in Berlin, in einer der ältesten Zeitungsstädte der Welt,[96] und wurden von hier aus zirkuliert. Als Blätter mit zionistischer Tendenz woben sie mit am zionistischen Narrativ und verdeutlichten zugleich die zunehmende Bedeutung der sich ausdehnenden zionistischen Kulturtopographie der Großstadt. Gleichfalls produzierten diese Presseerzeugnisse, hinter denen zumeist miteinander wohlbekannte Aktivist*innen agierten, jeweils einzelne Fragmente des zionistischen Narrativs, die sich in den zuvor erschienenen Zeitungen – wie *Selbst-Emancipation* oder *Zion* – anderen Elementen zionistisch-diskursiver Praxis unter- bzw. beiordnen mussten.

Loewe hinterließ mannigfach seine Spuren in der *Jüdischen Rundschau*. Nicht nur die Mikro- und Makrotypographie sowie die Inhaltsstruktur erarbeitete er mit, darüber hinaus schrieb er mehr als 200 Beiträge für diese eminent wichtige zionistische ‚Diskursmaschine' in den 6 ½ Jahren seiner Schriftleitung. Seine Texte waren in diesem Zeitraum bedeutende Beiträge zu den Debatten, die (nicht nur) innerhalb des zionistischen

94 Heinrich Loewe: Sichronot. Kap. Kleine Erlebnisse. CZA, A146/72, S. 1.

95 Vgl. ebd.

96 Vgl. Peter de Mendelssohn: *Zeitungsstadt Berlin. Menschen und Mächte in der Geschichte der deutschen Presse.* Frankfurt am Main: Ullstein 1982, S. 8.

Kollektivs geführt wurden. Sie knüpften mit an den Narrativen zentraler Ereignisse der jüdischen Gegenwart zu Beginn des 20. Jahrhunderts und interpretierten sie in Hinblick auf die jüdische Zukunft. Die sich regelmäßig wiederholenden jüdischen Feiertage, Delegiertentage der ZVfD, zionistischen Kongresse, Konferenzen, Versammlungen und Personalwechsel wurden in die Artikelpalette, die Loewe für die *Rundschau* Jahr für Jahr bereitstellte, genauso integriert wie journalistische Seitenblicke auf jüngste Entwicklungen, die sich zumeist in komplexen zeitgenössischen Diskursen verwoben. Er schrieb Palästina – die Topographie, die Nationalbibliothek, die Hochschule –, die neue jüdische Kultur, den jüdischen Nationalismus, Kischinew, Białystok, Shitomir und Homel, die Fraktionierung im zionistischen Kollektiv usf., ferner Entwicklungen und Ereignisse außerhalb des zionistischen Kollektivs.[97]

In der Redaktion

Die Redaktions- und Verwaltungsräume der *Jüdischen Rundschau* blieben bis zu ihrer gewaltsamen Auflösung im Zuge der Novemberpogrome von 1938 mobile Territorien. Sie betteten sich in unterschiedliche Kulissen der Großstadt ein: Bis 1908 wurde die Redaktionsarbeit unter der Leitung Heinrich Loewes von seinen Privatwohnungen aus bewerkstelligt. Die Lehrter Straße 14–15 und die Melanchthonstraße 4 lagen in Moabit, einem Stadtteil, der die meisten Ortskundigen an Industrie, Militär, Justiz und Strafvollzug denken ließ.[98] Aber die Melanchthonstraße, die noch heute parallel zur Spree verläuft, hatte auch Fühlung zum Hansaviertel auf der anderen Seite des Flussufers, jenem Stadtteil, dem Bertha Badt-Strauss den Charakter einer „jüdischen Gelehrtenrepublik" attestierte.[99] In der Zeit, in der Loewe Chefredakteur der Zeitung war, residierte die Verwaltung der *Jüdischen Rundschau* relativ weit entfernt von den Redaktionsräumen. Diese befanden sich in der Auguststraße 49a. Im April 1908 – knapp ein halbes Jahr bevor Loewe seinen Posten als Chefredakteur der Zeitung niederlegen musste – wurden Verwaltung und Redaktion im Haus Zimmerstraße 77, das sich im ‚Zeitungsviertel', in direkter Nachbarschaft zu den Pressepalästen von Mosse, Ullstein und Scherl,[100] befand, zusammengelegt. Vier Jahre nach der Eröffnung

97 Vgl. die Loewe-Bibliographie im Anhang.

98 Zur Topographie der Gegend von Moabit, in der Loewes Wohnungen lagen, vgl. Helmut Engel / Wilhelm Treue / Stefi Jersch-Wenzel (Hrsg.): *Geschichtslandschaft Berlin. Orte und Ereignisse*, Bd. 2: Tiergarten, Teil 2: Moabit. Berlin: Nicolai 1987, insb. S. 148–378 (Kap. III. „Am kleinen Tiergarten", Kap. IV. „Der Moabiter Osten").

99 Badt-Strauss: Eine jüdische Gelehrten-Republik. Zum Hansaviertel außerdem Bertram Janiszewski: *Das alte Hansa-Viertel in Berlin. Gestalt und Menschen*. Norderstedt: BoD 2008; Fritz Schmidt-Clausing: *Das Hansa-Viertel. Von den Schöneberger Wiesen zur „Stadt von Morgen"*. Berlin: Selbstverlag [1957], S. 9–15.

100 Vgl. De Mendelssohn: *Zeitungsstadt Berlin*; Bernd Sösemann: Berlin im Kaiserreich. Stadt großer Zeitungen und Verleger. In: Roland Berbig / Iwan-M. D'Aprile / Helmut Peitsch / Erhard Schütz (Hrsg.): *Berlins 19. Jahrhundert. Ein Metropolen-Kompendium*. Berlin: Akademie 2011, S. 215–228.

des Zionistischen Zentralbüros verließ die *Jüdische Rundschau* das Zeitungsviertel Richtung Westen. Im April 1911 richtete man sich in der zionistischen Bürogemeinschaft Bleibtreustraße 49 im Stadtteil Charlottenburg ein. Diese geographische Verdichtung, die Sammlung zentraler zionistischer Laboratorien an einem Ort, blieb bis 1938 erhalten: Ab September 1911 in der Sächsischen Straße 8, dann ab April 1924 in der eigenen Immobilie in der Meinekestraße 10, welche, vom Verlag Jüdische Rundschau gekauft, fortan als „Zentrale des deutschen Zionismus"[101] fungierte. Hier residierten nicht nur die Redaktion der *Jüdischen Rundschau* und das Palästinaamt. In einigen der Kellerräume beherbergte die weit über Berlin hinaus bekannte Einrichtung spätestens seit 1935 auch die Sammelstelle für die Jüdische National- und Universitätsbibliothek in Jerusalem, die Loewe offenbar noch bis zu seiner Emigration nach Palästina 1933 leitete.[102]

Im Gründungsjahr der *Jüdischen Rundschau* blickten die Verhandlungen um die Schaffung und inhaltliche Ausgestaltung eines Zentralorgans der ZVfD auf eine mehrjährige Geschichte zurück.[103] Schon in der zweiten Hälfte der 1890er Jahre näherte sich das zionistische Kollektiv dem von David Wolff gegründeten *Berliner Vereinsboten* an. Ursprünglich als unparteiliches Wochenblatt eingerichtet, brachte es bspw. Loewes Artikel zum Palästina-Pavillon auf der Berliner Gewerbeausstellung von 1896[104] und diente verschiedenen lokalen jüdischen Vereinen als Mitteilungsblatt. Unter Rabbiner Robert Wohlberg, dem neuen, in der Grenadierstraße 18 wohnhaften Redakteur des in *Israelitische Rundschau* umbenannten *Vereinsboten*, erschienen ab Januar 1899 in Kooperation mit der ZVfD erste Artikel und Berichte aus den zionistischen Ortsgruppen Deutschlands.[105] Zwei Jahre später wechselte die Inhaberschaft des Blattes. Sally Hanff, ein zwielichtiger Geschäftsmann, der anscheinend schon 1902 aufgrund angehäufter Schulden in die Vereinigten Staaten floh,[106] gliederte die *Israelitische Rundschau* in das Programm seines Zeitschriftenverlags ein, der sich in der Neanderstraße 10 befand. Mit der Firma Hanff & Sohn vereinbarte die ZVfD eine Zusammenarbeit. Bereits in der Ausgabe vom 24. Mai 1901 verkündete der Presseausschuss der ZVfD, zu dem Adolf Friedemann, Arthur Hantke und Theodor Zlocisti gehörten, dass die ZVfD die Leitung

101 Harald Reissig: Das Haus der Zionistischen Organisationen. In: Helmut Engel / Wilhelm Treue / Stefi Jersch-Wenzel (Hrsg.): *Geschichtslandschaft Berlin. Orte und Ereignisse*, Bd. 1: Charlottenburg, Teil 2: Der Neue Westen. Berlin: Nicolai 1985, S. 424–441, hier S. 425.

102 Vgl. oe: Bücher für Palästina! Aus der Arbeit der Berliner Sammelstelle. In: *Jüdische Rundschau*, 10.10.1935, S. 23.

103 Vgl. Jüdische Rundschau. In: *Zionistisches A-B-C-Buch*, S. 85–86. Ausführlich geht Yehuda Eloni auf die Vorgeschichte der *Jüdischen Rundschau* ein, vgl. ders.: *Zionismus in Deutschland*, S. 154–160.

104 Vgl. den Abschnitt „Palästina nach Berlin", S. 178–188.

105 Vgl. Eloni: *Zionismus in Deutschland*, S. 154.

106 Vgl. ebd., S. 154, Anm. 167.

des Blattes übernommen habe.[107] Die Schaffung einer soliden Finanzierungsgrundlage stand währenddessen noch aus.
Das Verhältnis zwischen dem Besitzer des Blattes und den zionistischen Verantwortlichen, die Inhalt und Ökonomie der Zeitung überwachten, war ab spätestens Winter 1901/02 von Mistrauen und Skepsis geprägt. Hantke beauftragte die Auskunftei Richter, deren Geschäftssitz sich in der Leipziger Straße 29 – und damit nur wenige Schritte von Hantkes eigener Kanzlei – befand, im Oktober des Jahres mit einem ausführlichen Gutachten, das brisante Details der Geschäftstätigkeit Sally Hanffs offenlegte. Hier hieß es abschließend:

> Seine [Hanffs] Vertrauenswürdigkeit hat unter den vielfachen tragischen Vorkommnissen, mit denen er direct oder indirect verknüpft war, stark gelitten. Man kann unter keinen Umständen eine Verbindung mit ihm, in welcher Art dieselbe auch sei, gut heissen, obwohl Sally H. zweifellos ein intelligenter, tüchtiger und fleissiger Mann ist.[108]

Ein weiteres Schreiben mit diskreditierenden Aussagen zu Hanff erhielt Hantke direkt aus der Führungsetage der BZV von Ludwig Behr.[109] Im Januar 1902 adressierte Zlocisti im Auftrag des Presseausschusses der ZVfD an Hanff. Hierin beschuldigte er ihn der nachlässigen Redaktionsarbeit und wies ferner darauf hin, dass Hanff, indem er Beiträge von Antizionisten veröffentlicht hatte, bestehende vertragliche Vereinbarungen gebrochen habe.[110] Als Konsequenz aus dieser zu Papier gewordenen Erschütterung des Vertrauensverhältnisses zwischen dem Zeitungsbesitzer und dem zionistischen Kontrollorgan der Zeitung ging man in Berlin daran, einen Übernahme- und Finanzierungsplan für das Blatt zu erarbeiten. Ludwig Behr und Arthur Hantke können als zentrale Akteure in den Verhandlungen mit Sally Hanff, dem Zentralkomitee der ZVfD und der Exekutive der WZO angesehen werden. Hanff war aufgrund der wirtschaftlichen Schieflage seines Unternehmens schnell bereit, die Zeitung für 2.000 Mark zu verkaufen. Hantke verhandelte parallel mit Herzl und Bodenheimer die Übernahmekonditionen durch die Exekutive der WZO und das Zentralkomitee der ZVfD. Die Korrespondenzen liefen auf keine Einigung hinaus, führten offenbar sogar dazu, dass Friedemann, Hantke und Zlocisti das Pressekomitee der ZVfD vorübergehend auflösten[111] und damit

107 Der Preßausschuß der Zionistischen Vereinigung für Deutschland: Erklärung. In: *Israelitische Rundschau*, 24.01.1901, S. 1.

108 Auskunftei S. Richter an Arthur Hantke, 09.11.1901. CZA, A11/18/1.

109 Vgl. Eloni: *Zionismus in Deutschland*, S. 157.

110 Vgl. ebd.

111 Vgl. Handschriftliche Notiz zum Austritt von Theodor Zlocisti, Adolf Friedemann und Arthur Hantke aus dem Pressekomitee der ZVfD, 05.[*unleserlich*].1902. CZA, Z2/401. Wenn das Pressekomitee der ZVfD überhaupt aufgelöst wurde, dann nur für sehr kurze Zeit. In alter Besetzung taucht es bspw. Anfang 1903 wieder in der *Jüdischen Rundschau* auf (vgl. Aus der Bewegung. In: *Jüdische Rundschau*,

ein weiterer Kommunikationsfaden zwischen Köln und Berlin zwischenzeitlich abbrach. Sowohl die Exekutive der WZO als auch das Führungsgremium der ZVfD ließen vom Blatt ab – ein folgenschwerer strategischer Fehler, da man durch die Aufkündigung einer Partnerschaft mit der *Rundschau*, insbesondere durch den Verzicht auf personelle Einbindung, „ein Kommunikationsmittel weittragender Bedeutung“[112] aus der Hand gab. Auch wenn von Anfang an Gelder von der ZVfD zur Finanzierung der *Jüdischen Rundschau* flossen,[113] konnte vom Zentralkomitee in Köln aus auf die Gestaltung der Zeitung formell zunächst kein Einfluss genommen werden. Es waren ausschließlich Berliner Zionist*innen, in deren Besitz die *Jüdische Rundschau* überging.

Zwölf Aktivisten und zwei Aktivistinnen, allesamt in Berlin organisierte Zionist*innen, kamen am 1. Juli 1902 auf Einladung Arthur Hantkes zur offiziellen Gründungsversammlung in dessen Kanzlei zusammen, die sich im Haus Charlottenstraße 70 befand.[114] Die 14 Anwesenden, darunter auch Heinrich Loewe, beschlossen die Gründung des Verlags Jüdische Rundschau, der mit gewähltem Aufsichtsrat und Vorstand versehen sein Vermögen zur Finanzierung der „Jüdische[n] Rundschau sowie andere[r] Druckwerke“[115] einsetzte.[116] Die GmbH konstituierte sich offiziell am 23. Juli 1902. Loewe, der von Hantke wenige Monate zuvor in einem Brief an Herzl als Redakteur der Zeitung vorgeschlagen worden war,[117] hatte bereits ab der Ausgabe vom 9. Mai 1902 die Schriftleitung der *Israelitischen Rundschau* übernommen, deren Herstellung er noch in seiner damaligen Privatwohnung im wenige Straßenzüge von der Universitätsbibliothek entfernten Haus Marienstraße 18 vorantrieb. Als Titel der neuen Zeitung schlug Loewe, offensichtlich in Anlehnung an das von ihm 1894/95 redigierte, gleichnamige Blatt, „Jüdische Volkszeitung“ vor, konnte sich allerdings in den entscheidenden Sitzungen,

20.03.1903, S. 107). Dies spricht dafür, dass durch die personelle Kongruenz von Aufsichtsrat des Verlags Jüdische Rundschau und Pressekomitee der ZVfD die Verzahnung von ZVfD und *Jüdischer Rundschau* trotz der anfänglichen Streitigkeiten aufrechterhalten wurde.

112 Eloni: *Zionismus in Deutschland*, S. 159.

113 Vgl. ebd., S. 160.

114 Vgl. Protokoll der Gründungsversammlung der Genossenschaft Jüdische Rundschau, 01.07.1902. CZA, A11/18/1. Das Unternehmen wurde ohne den Zusatz „Verlag“ gegründet. Erst auf Drängen des zuständigen Registergerichts, das in einem Schreiben an Jacob Wagner die Präzisierung des Firmentitels gefordert hatte, wurde die Genossenschaft mit diesem Zusatz eingetragen (vgl. Königliches Amtsgericht I Abt. 88 an Jacob Wagner, 10.07.1902. CZA, A11/18/1). Zu den Gründungsmitgliedern der Genossenschaft gehörten: Eduard Leszynsky, Walter Munk, Arthur Hantke, Hermann Gabriel, Bertha Majerowitsch, Wilhelm Levy, Emil Simonsohn, Willy Samson, Ludwig Behr, Jacob Wagner, Alfred Klee, Theodor Zlocisti, Heinrich Loewe und Lina Tauber (vgl. Protokoll der Gründungsversammlung der Genossenschaft Jüdische Rundschau, 01.07.1902. CZA, A11/18/1).

115 Statut der Genossenschaft Jüdische Rundschau, 01.07.1902. CZA, A11/18/1, § 2, S. 1.

116 Den Aufsichtsrat bildeten: Arthur Hantke, Alfred Klee, Theodor Zlocisti. Jacob Tauber und Ludwig Behr waren Vorsitzende, Wilhelm Samson und Hermann Gabriel ihr Stellvertreter. Sie wurden auf Vorschlag der Aufsichtsratsmitglieder gewählt (vgl. Protokoll der Gründungsversammlung der Genossenschaft Jüdische Rundschau, 01.07.1902. CZA, A11/18/1).

117 Vgl. Eloni: *Zionismus in Deutschland*, S. 158.

in denen die Namensgebung diskutiert wurde, nicht durchsetzen.[118] Die *Israelitische Rundschau* wurde schließlich in *Jüdische Rundschau* umbenannt, der Zusatz „Centralblatt für die jüdischen Vereine", den noch die *Israelitische Rundschau* führte, verschwand von der Titelseite. Auch „Offizielles" wurde im Nebentitel der Zeitung, der sie als Organ der ZVfD auswies, gestrichen.

Mit bescheidenem Monatshonorar ausgestattet, machte sich Loewe unter Aufsicht der Redaktionskommission, die wie der Aufsichtsrat des Verlages Jüdische Rundschau mit Arthur Hantke, Alfred Klee und Theodor Zlocisti besetzt wurde,[119] Ende September 1902 an die Arbeit. Den nötigen Arbeitsraum für den Redaktionsbetrieb der *Jüdischen Rundschau* stellte Loewe in der Familienwohnung zur Verfügung. Sie befand sich in der Lehrter Straße 14–15, in einem nahezu vierzig Wohneinheiten zählenden Mietshaus. Wohl auch aus pragmatischen Gründen zogen Loewe und seine Familie – seine Frau Johanna, die vier Monate alte Tochter Hadassa sowie sein Schwager Elias Auerbach – von der Marienstraße in die Lehrter Straße um, da diese Wohnung über ein Zimmer verfügte, das man direkt aus dem Treppenhaus erreichen konnte, ohne andere Teile der Wohnung betreten zu müssen.[120] Dort richtete er die Redaktion der *Jüdischen Rundschau* ein. Von Auerbach, der Loewe bei der Herstellung und dem Vertrieb der Zeitung (zumindest) in den ersten Jahren half, stammen die einzigen ausführlichen Beschreibungen des Zimmers, die tiefe Einblicke in den Produktionsprozess der *Jüdischen Rundschau* geben. Ferner machte er mit Berta Majerowitsch, die die Geschäftsführung des Verlags übernommen hatte,[121] eine wichtige Akteurin im Herstellungsprozess des Blattes sichtbar, die der lesenden Öffentlichkeit verborgen blieb (ihre Funktion wurde öffentlich mit einer ganz anderen Adresse assoziiert, nämlich mit dem eigentlichen Sitz der Verwaltung):

> Die Woche über diente dieses Zimmer als Aufenthalt der Redaktion, in ihm schrieb Loewe auch seine Artikel, und wir beide lasen dort Korrekturen. An einem besonderen Tisch in der Ecke des Zimmers befand sich die Geschäftsverwaltung der Zeitung. An diesem Tische thronte eine umfängliche

118 Vgl. Heinrich Loewe: Sichronot. Kap. Redaktion und Mitarbeit. CZA, A146/176, S. 9.

119 Heinrich Loewe an Hugo Schachtel, 15.12.1902. Shaar Zion, Boxnr. 5.

120 Vgl. Auerbach: *Pionier der Verwirklichung*, S. 128.

121 Aus einem Brief an die Genoss*innen des Verlags von Mai 1911 geht hervor, dass Bertha Majerowitsch während ihrer Tätigkeit als Geschäftsführerin Verluste durch private Geldeinlagen ausglich, um die jährlichen Bilanzen des Unternehmens in ein besseres Licht zu rücken. Von diesen Verlusten hatten Vorstand und Aufsichtsrat offenbar keine Kenntnis. Majerowitsch, die scheinbar recht wohlhabend war, geriet in „Vermögensverfall" und begann zuvor von ihr eingezahlte Beträge wieder aus dem Verlag zu entnehmen. Die im März aufgemachte Bilanz des mittlerweile 66 Genoss*innen zählenden Unternehmens wies einen Verlust von fast 21.000 Mark auf. Der Verlag stand damit kurz vor dem Konkurs. Anliegen des Schreibens war es, die Teilhaber*innen des Unternehmens um die Einzahlung erhöhter Haftungssummen zu bitten, damit die Insolvenz abgewendet werden konnte (vgl. Arthur Hantke / Hans Heymann an Genossen des Verlags Jüdischen Rundschau, 12.05.1911. CZA, A146/34).

Dame. […] Sie war eine treue Zionistin dieser ersten Jahre der Bewegung und leitete jahrelang diese nicht geringe Arbeit der Verwaltung und Expedition ohne eine Hilfskraft und ohne jegliches Entgelt. Am Tag der Expedition herrschte sie über das gesamte Zimmer. Da hatten wir alle mitzuhelfen, damit die Zeitung den Lesern zugestellt werden konnte. Die Zeitung mußte gefaltet, Beiblätter eingelegt, ein Papierband herumgelegt werden, und vor allem waren ja die Adressen zu schreiben.[122]

Auch Nanny Margulies-Auerbach, Loewes Schwägerin, half bei Herstellung und Vertrieb. Als 16-jähriges Mädchen nach Berlin gekommen, um einen Ausbildungsplatz zu finden, wurde sie von Loewes als erster Anlaufstelle in der Großstadt aufgenommen:

Ich hatte sogar damals die erste Lektion in Herausgabe und Redaktion einer Zeitung […] und zwar half ich soviel wie moeglich meinem Schwager bei der Arbeit fuer die „Jüdische Rundschau" […]. Diese Redaktionstage und meistens Abende (denn Loewe war Koeniglicher Bibliothekar […]) waren grossartig, bis tief in die Nacht hinein, und ich half korrigieren und was sonst so nötig war.[123]

Das Zimmer war allerdings nicht nur Redaktionsraum, in dem man unter Ausschluss der Öffentlichkeit arbeitete. Durch Einführung von Sprechstunden war Loewes Wohn- und Arbeitsstätte zugleich halböffentlicher Raum, der von Geschäftspartnern, potentiellen Autor*innen und Interessent*innen am Blatt usf. frequentiert worden sein dürfte. Zu den Aufgabengebieten des leitenden Redakteurs Loewe, der ab Dezember 1904 von Julius Becker, seinem späteren Nachfolger, unterstützt wurde,[124] zählten nicht nur die Textgestaltung und die Beurteilung, Bearbeitung, Umarbeitung und Platzierung eingehender und eigener Beiträge,[125] sondern auch die nötigen Absprachen bezüglich des Drucks. Dieser wurde zunächst von der im Mai 1885 gegründeten Buchdruckerei und Verlagsanstalt F. Lenz & Comp. GmbH in der Holzmarktstraße 4, nahe des Bahnhofs Jannowitzbrücke am östlichen Rand des Berliner Zentrums, realisiert.[126] Die Mitarbeiter*innen der Druckerei, bei denen Loewe teils die Manuskripte persönlich

122 Auerbach: *Pionier der Verwirklichung*, S. 128.

123 Nanny Margulies-Auerbach: *Erinnerungen. Zionismus wird Leben*. Im Privatbesitz, S. 12. Nanny Auerbach wurde später David Wolffsohns Sekretärin. Zwischen 1935 und 1966 leitete sie die Publicity-Abteilung der WIZO. Mein großer Dank gilt ihrer Tochter, Esthi Ben Joseph, die mir nicht nur bereitwillig aus ihrem Leben und das ihrer Familie berichtete, sondern auch zitierte Erinnerungen in Kopie überließ.

124 [Heinrich Loewe]: An unsere Leser. In: *Jüdische Rundschau*, 02.12.1904, S. 415.

125 Vgl. auch Die Redaktion (Schriftleitung). In: *Handbuch der Presse für Schriftsteller, Redaktionen, Verleger überhaupt für Alle, die mit der Presse in Beziehung stehen*, hrsg. v. Joseph Kürschner. Berlin / Eisenach / Leipzig: Hillger 1902, Sp. 1575–1576.

126 Das Unternehmen wurde von Friedrich Lenz und Oscar Kresse geführt (vgl. *Handbuch der Gesellschaften mit beschränkter Haftung im Deutschen Reiche*, S. 295). Bei F. Lenz & Comp. wurden auch andere vom Verlag Jüdische Rundschau publizierte Titel gedruckt, bspw. das von Loewe edierte *Neu-Judäa* (C. L. K.: *Neu-Judäa. Entwurf zum Wiederaufbau eines selbstständigen jüdischen Reiches. Als Beitrag zur Vorgeschichte des Zionismus*, hrsg. v. Heinrich Loewe. Berlin: Jüdische Rundschau 1903). Die erste Auflage dieser Schrift

vorbeibrachte, teils vorbeibringen ließ[127] oder per (Eil-)Brief einsandte, waren wiederum (mit-)verantwortlich für die Korrektur, die Satzherstellung und die fristgerechte Lieferung der *Rundschau*. Dadurch spielten sie eine signifikante Rolle im Herstellungsprozess, der insbesondere in den ersten Monaten des Bestehens des Blattes nicht immer reibungslos ablief. Fehlabsprachen, zu späte Anlieferung der Manuskripte zum Druck oder der Korrekturbögen zum finalen Lektorat durch die Schriftleitung, Komplikationen in der Abonnenten- und Inseratsverwaltung, kurzum, fehlende Arbeitsroutinen bildeten sich des Öfteren in Presseerklärungen oder in der Korrespondenz zwischen Verwaltung, Schriftleitung und Druckerei ab.[128] Die teilweise engen Zeitrahmen, in denen die fertigen Ausgaben vorliegen mussten, wirkten sich außerdem auf die äußere Gestalt des Blattes aus. Auerbach erinnert sich:

> Den Tag des Redaktionsschlusses erfüllte stets eine besondere Nervosität, da ja alle Aufsätze und Artikel rechtzeitig in die Druckerei gelangen mußten. Nach Satzlegung lag es uns dann ob, in aller Eile die Korrektur zu lesen und den Umbruch zu machen. Oft saß ich als der wichtigste Gehilfe der Redaktion bis spät in die Nacht an den Korrekturen, und nicht selten mußte ich sogar lange nach Mitternacht noch einmal in die Druckerei eilen, um spät eingelaufene wichtige Nachrichten doch noch rechtzeitig in der Zeitung unterzubringen.[129]

Unaufgeräumt und unsorgfältig redigiert erschien etwa die erste Nummer der *Jüdischen Rundschau* zu Rosh Ha-Shanah am 1. Oktober 1902. Jeden Freitag – vor Anbruch des Shabbat – wurden von nun an die folgenden Ausgaben veröffentlicht. Diese wurden zunehmend Bestandteil der alltägliche Lese- und Rezeptionspraxis von Jüd*innen. Mit 2.500 gedruckten Exemplaren überstieg die Auflagenstärke der *Jüdischen Rundschau* bspw. die der *Allgemeinen Zeitung des Judentums* (2.300 Stk.) spätestens 1908.[130]

erschien 1840 in Berlin. Ebenfalls 1903 wurde bei F. Lenz & Comp als Sonderabzug aus *Der jüdische Student* gedruckt: Richard Loewe: *Barkiden und Makkabäer*. Berlin 1903. Auch Max Nordaus Broschüre *Der Zionismus und seine Gegner* druckte man in der Holzmarktstraße 4.

127 Auerbach: *Pionier der Verwirklichung*, S. 128; F. Lenz & Comp. GmbH an Verlag Jüdische Rundschau, 14.11.1902. Shaar Zion, Boxnr. 4.

128 Vgl. F. Lenz & Comp. GmbH an Heinrich Loewe, 10.11.1902. Shaar Zion, Boxnr. 4; Heinrich Loewe an [Betty Frankenstein], 25.12.1902. Shaar Zion, Boxnr. 5; Verlag Jüdische Rundschau an Heinrich Loewe, 13.11.1902. Shaar Zion, Boxnr. 6; Heinrich Loewe: An unsere geehrten Mitarbeiter und Leser. In: *Jüdische Rundschau*, 10.10.1902, S. 9.

129 Auerbach: *Pionier der Verwirklichung*, S. 128.

130 *Sperlings Zeitschriften-Adressbuch, enthaltend die Zeitschriften und hervorragenden politischen Tagesblätter Deutschlands, Österreichs und der Schweiz. Hand- und Jahrbuch der deutschen Presse*, Bd. 44, hrsg. v. H. O. Sperling. Stuttgart: Sperling 1908, S. 243. Zum Vergleich: *Die Jüdische Presse* hatte 1908 eine Auflage von 4.000 Stk. *Die Welt* ebenso. Die vom CV herausgegebene *Im Deutschen Reich* wurde in 17.000 Exemplaren aufgelegt (ebd., S. 179), das Hamburger *Israelitische Familienblatt* in 19.000 Exemplaren (ebd., S. 243). Die in *Sperlings Zeitschriften-Handbuch* abgedruckten Zahlen beruhten allerdings in vielen Fällen auf den eigenen Angaben der Redaktionen.

Unter Leitung Loewes wurde die *Jüdische Rundschau* zu einem vielseitigen und modernen Propaganda- und Kommunikationsmittel des zionistischen Kollektivs. Dies drückte sich sowohl in der formalen wie in der inhaltlichen Gestaltung der Zeitung aus. Nachdem bereits in den letzten Nummern der *Israelitischen Rundschau* auf eine moderne Textgestaltung zurückgegriffen worden war, wagte auch die *Jüdische Rundschau* den Sprung in die typographische Moderne. Loewe hätte die Umgestaltung, in der er Fraktur schrittweise durch Antiqua ersetzte,[131] gegen den Willen der Redaktionskommission durchgesetzt, notiert er in seinen Erinnerungen.[132] Inwieweit innerhalb dieser Auseinandersetzung um die Schriftgestaltung der *Jüdischen Rundschau* auch ideologische Aspekte eine Rolle gespielt haben, wie dies bspw. im nach 1900 geführten, sich als ‚Kulturkampf' konstituierenden ‚Antiqua-Fraktur-Streit' der Fall war,[133] kann leider nicht entschieden werden. Loewe betonte retrospektiv, dass es ihm in erster Linie um die Lesbarkeit der Zeitung für Jüd*innen im Ausland gegangen wäre, zugleich deutete er aber auch auf die von ihm intendierte Umgestaltung hin, die deutlich Inhalt und Form in Zusammenhang stellte. Fraktur wird von ihm negativ besetzt und implizit als etwas Altes, vielleicht auch Reaktionäres bewertet. Zugleich spielt Loewe auf ein bestehendes Abhängigkeitsverhältnis an, das eine freie inhaltliche und formale Ausgestaltung durch den Chefredakteur unterband:

> Ich musste eine ganze Taktik anwenden, um bis Ende September [1902] das Blatt von Fraktur zur Antiqua, die ich auch wegen der Juden im Ausland für notwendig hielt, überzuführen. Zu diesem Zwecke druckte ich immer weniger „Fraktur" […] Freilich *mußte* der Inhalt oft genug „Fraktur" bleiben.[134]

Typographische und inhaltliche Änderungen kamen in den folgenden Jahren aber nicht nur im aktualisierten Satzspiegel zum Ausdruck. Auch das Layout der auf der Titelseite befindlichen Kopfzeile wurde mehrere Male aktualisiert. Dieser Prozess, der sich als Zionisierung der Typographie bezeichnen lässt, schlug sich ferner in der Form der Datumsangabe nieder. „[Ich] machte das Blatt immer mehr national-jüdisch und zionistisch"[135], notierte Loewe. Schon ab der zweiten Ausgabe der *Jüdischen Rundschau* – und damit fast zeitgleich mit der Umgestaltung der Datumsangabe in der orthopraktischen Zeitung *Der Israelit* – wurde der gregorianische Kalendertag um den jüdischen ergänzt. Ab 6. Januar 1905 prunkte außerdem der Magen David mit dem hebräischen Schriftzug ציון für kurze Zeit als Blickfang im Zentrum der Kopfzeile. Einen Monat später änderte

131 In der ersten Ausgabe der *Jüdischen Rundschau* sind bspw. noch Überschriften in Fraktur gesetzt.

132 Vgl. ebd.

133 Susanne Wehde: *Typographische Kultur. Eine zeichentheoretische und kulturgeschichtliche Studie zur Typographie und ihrer Entwicklung.* Tübingen: Niemeyer 2000, S. 246.

134 Loewe: Sichronot. Kap. Redaktion und Mitarbeit, S. 9 (Herv. F. S.).

135 Ebd.

sich das Layout erneut. Ein Schriftzug, der die deutschen Lettern in hebraisierte Formen kleidete, zierte die Zeitung bis Ende 1908.[136] Dieser Stil verschwand zeitlich etwas versetzt zu Heinrich Loewes Kündigung am 31. Dezember 1908.

Nur wenige Monate nach Erscheinen der ersten Ausgabe unterzog man die *Rundschau* auch inhaltlich einer Generalüberholung. War sie noch bis zur Ausgabe vom 20. Februar 1903 mit vergleichsweise geringer Bogenzahl ausgestattet, die durchschnittlich nur acht Seiten zählte, verdoppelte sich die Seitenzahl. Auch ihre Inhaltsstruktur transformierte sich zu diesem Zeitpunkt in ein wohlgeordnetes Textensemble. So erschien die Ausgabe vom 27. Februar 1903 weitaus strukturierter, mit vorangestelltem Inhaltsverzeichnis und Annonceteil. An den Hauptteil schlossen sich altbekannte und neue Rubriken an. „Aus der Bewegung" dokumentierte nach wie vor die Ereignisse im zionistischen Archipel. Die Rubrik „Rundschau" entgrenzte diesen Blickwinkel und fokussierte zunächst im Stil der Korrespondenzspalten von *Jüdischer Presse* und *Allgemeiner Zeitung des Judentums*, später im Stile der Rubrik „Die Woche" von Letztgenannter auf Ereignisse und Entwicklungen in verschiedenen jüdischen Gemeinden. Ferner integrierte die *Jüdische Rundschau* unter der Chefredaktion Loewes weitere, teilweise wechselnde Rubriken, bspw. den „Sprechsaal", den „Briefkasten der Redaktion", die „Chronik", die „lustige Ecke" und nicht zuletzt das Feuilleton, dessen Inhalt im April 1905 um die von Loewe zusätzlich herausgegebene Beilage *Literaturblatt* ergänzt wurde. Eine neue Kategorie widmete sich unter dem Titel „Nationalfond" dem gleichnamigen Institut der WZO, jener Einrichtung, die ihre akquirierten Gelder u. a. zum Ankauf palästinischen Bodens einsetzte.[137]

In ausführlichen Listen, die oftmals mehrere Spalten und Seiten füllten, wurden in der Rubrik „Nationalfond" die Geldspenden von Personen und Institutionen für diverse Förderprojekte des JNF verzeichnet. Die Tabelle, ein neues journalistisches Darstellungsmittel in der *Jüdischen Rundschau*, strukturierte ein Netz aus Menschen, Ereignissen (Verlobungen, Hochzeiten, Bar Mitzvot usf.) und Gegenständen. Gut sortiert entspann es sich vor den Augen der Leser*innenschaft und verknüpfte jüdische kulturelle Alltagspraxis mit zionistischem Fundraising[138]; die geldsammelnden jüdischen Haushalte wurden als Arbeitsstätten des JNF sichtbar: Zentral im Narrativ dieser Kleinsammlungen, das die *Rundschau* führte, waren jene Dinge, die mit dem Ziel,

136 Vgl. die Ausgaben der *Jüdischen Rundschau* vom 01.10.1902, 06.01.1905, 03.02.1905.

137 Zur Geschichte des JNF vgl. Zvi Shilony: *Ideology and Settlement. The Jewish National Fund, 1897–1914*. Jerusalem: Magnes 1998.

138 Vgl. Michael Berkowitz: Toward an Understanding of Fundraising, Philanthropy and Charity in Western Zionism, 1897–1933. In: *Voluntas. International Journal of Voluntary and Nonprofit Organizations* 7,3 (2009), S. 241–258; ders.: *Western Jewry and the Zionist Project*, S. 77–90 (Kap. „Fundraising and Catastrophe").

weitverbreitete jüdische (Alltags-)Gegenstände zu werden, vom JNF gestreut wurden:[139] Nationalfonds-Marken, die zunächst mit einer schematisierten Zeichnung des Magen David und der hebräischen Inschrift ציון versehen die Briefkuverts und Postkarten von zionistischen Aktivist*innen dekorierten;[140] Nationalfonds-Büchsen, die durch ihre Inventarisierung in jüdischen Haushalten „bei Familienmitgliedern, besonders bei Kindern, das opferwillige Interesse für unsere Sache" erweckten und erhielten, ferner sich in den Hausstand von „Bethäusern [...] Geschäftslokalen, Restaurants, Lesezirkeln, Vereinsräumen etc." einschrieben;[141] das *Goldene Buch*, das auf seinen „künstlerisch ausgestatteten" Gedenkblättern die Namen der herausragenden Spender*innen in zionistische Ikonographie einbettete;[142] und nicht zuletzt die Ölbäume, die durch die Geldspenden den palästinischen Boden zahlreich bevölkern sollten.[143]

Ein umfangreicher Umstrukturierungsprozess der *Jüdischen Rundschau* setzte im Anschluss an die Debatte zur ‚Landfrage' ein, auf die im folgenden Abschnitt eingegangen wird.[144] Die von Loewe, Becker und Auerbach in diesem Zusammenhang aufgeworfenen Thesen, welche das zionistische Kollektiv weg von Britisch-Ostafrika nach Palästina lenken sollten, stießen unter deutschen Zionist*innen keineswegs auf ungeteilte Zustimmung. Gegen die „Parteinahme" der *Jüdischen Rundschau* in der „Territoriumsfrage" richtete sich eine von 27 zionistischen Delegierten, Vorständen und Vereinen unterzeichnete Protesterklärung,[145] welche eine vom Presseausschuss der ZVfD eingeleitete inhaltliche und formale Neuausrichtung des Blattes nach sich zog. In einem Rundschreiben, das Arthur Hantke im Auftrag des Zentralbüros der ZVfD an zionistische Akteur*innen Deutschlands richtete, fasste er die Umstrukturierungsmaßnahmen der *Rundschau* zusammen. Sie sollten ab der ersten Ausgabe des Blattes von 1906 in die Tat umgesetzt werden:

> Die „Jüdische Rundschau" ist von den deutschen Zionisten im Jahr 1902 erworben worden, um in erster Reihe zur Aussenpropaganda verwandt zu werden. Im Laufe der Jahre haben aber die Artikel

139 Zu den Propaganda-Produkten des JNF vgl. Yoram Bar-Gal: *Propaganda and Zionist Education. The Jewish National Fund, 1924–1947.* Rochester: University of Rochester Press 2003, S. 30–70.

140 Vgl. *Was ist und was bezweckt der Jüdische Nationalfonds?* Wien: Selbstverlag des Vereines „Erez Israel" (Zentralbureau des Jüdischen Nationalfonds) in Wien 1906, S. 8–10; Nationalfonds-Marken. In: *Zionistisches ABC-Buch*, S. 159.

141 *Was ist und was bezweckt der Jüdische Nationalfonds?*, S. 12. Zur ‚Blauen Dose' außerdem Yoram Bar-Gal: The Blue Box and JNF Propaganda Maps, 1930–1947. In: *Israel Studies* 8,1 (2003), S. 1–19; ders.: *Propaganda and Zionist Education*, S. 30–40.

142 *Was ist und was bezweckt der Jüdische Nationalfonds?*, S. 12–13. Hierzu auch Goldenes Buch. In: *Zionistisches ABC-Buch*, S. 158–159.

143 Vgl. *Was ist und was bezweckt der Jüdische Nationalfonds?*, S. 15–18; *Der Herzl-Wald (die Baum-Spende).* Den Haag [1916], S. 3–4.

144 Vgl. den Abschnitt „Wo liegt Zionismus?", S. 229–241.

145 Vgl. Tubal: Zur Pressefrage. In: *Jüdische Rundschau*, 06.10.1905, S. 507–508.

über innere zionistische Themata in der „Jüdischen Rundschau“ einen so breiten Raum eingenommen, dass sich der Charakter der Zeitung wesentlich änderte. Diese Entwicklung […] muss jetzt aber eingeschränkt werden. […] In der „Jüdischen Rundschau“ sollen in Zukunft derartige Angelegenheiten nur in aussergewöhnlichen Fällen zur Behandlung gelangen, sodass die Zeitung wieder für die Aussenagitation und die Erörterung allgemein-jüdischer Fragen frei wird.[146]

Sichtbar wurde dieser Umstrukturierungsprozess zuallererst im Beinamen der *Rundschau*, der im Januar 1906 wechselte. Die Zeitung erhielt den neuen Untertitel „Allgemeine Jüdische Zeitung“ und adressierte damit einen weitaus größeren Leser*innenkreis. Sowohl die Umbenennung als auch die inhaltliche Umstrukturierung resultierten zweifelsohne aus der Debatte um die ‚Landfrage‘, gleichfalls können sie aber auch als Resultat eines Nachahmungsprozesses gelesen werden, der das Blatt in ein ernst zu nehmendes Konkurrenzprodukt in der deutschsprachigen jüdischen Presselandschaft zu transformieren versuchte. Offensichtlich erscheint in diesem Zusammenhang nicht nur die Nähe zum Titel, sondern auch zur inhaltlichen Gliederung der *Allgemeinen Zeitung des Judentums.* Während die Rubrik „Rundschau“ dem Hauptteil erhalten blieb, lagerte man einen Teil der zionistischen Interna in eine Beilage aus. Unter dem Titel „Aus der zionistischen Bewegung“ entspann sich hier das zionistische Archipel, das eine Alternative bspw. zum Narrativ der Beilage der *Allgemeinen Zeitung des Judentums* anbot, indem die Beilage nicht die jüdischen Gemeinden, sondern die zionistischen Ortsgruppen, Distrikte, zentralen nationalen und internationalen Schaltstellen in den Fokus nahm.

Die Debatte um die „Parteinahme“ der Redaktion der *Jüdischen Rundschau* in den Auseinandersetzungen um ein adäquates Territorium zwischen 1903 und 1905 hatte für die personelle Besetzung der Schriftleitung keinerlei Konsequenzen. Erst zweieinhalb Jahre später – im Frühsommer 1908 – suchten die verantwortlichen zionistischen Gremien eine vermutlich wirtschaftliche Schieflage des Blattes durch den Austausch der Chefredaktion zu lösen. Wie ein „Memorandum über die Pressefrage“ aus dem Berliner Zionistischen Zentralbüro in der Bleibtreustraße offenlegt, das anscheinend Arthur Hantke verfasst hatte, war man auch mit dem angestrebten Transformationsprozess der Zeitung längst nicht zufrieden. Die *Rundschau* – und dies zeigt ebenso der vergleichsweise hohe Anteil zionistischer Interna im Hauptteil des Blattes in den Jahren nach 1905 – gerierte sich zu diesem Zeitpunkt nicht als der erhoffte parteilose Magnet eines breiten politischen Spektrums jüdischer Leser*innen.[147]

146 Rundschreiben der Zionistischen Vereinigung für Deutschland No. 25, 21.02.1906. CZA, Z2/401, S. 1.

147 Vgl. Memorandum über die Pressefrage (1. Anlage eines Schreibens von Julius Becker an David Wolffsohn, 04.08.1908). CZA, Z2/323, S. 5–6.

Die Schriftleitung der Zeitung wurde ab Anfang 1909 an Julius Becker übergeben. Unter dem Eindruck des Breslauer Delegiertentages der deutschen Zionisten vom 8. und 9. Juni 1908, im Anschluss dessen sich der Verabschiedung Loewes von seinen Leser*innen[148] zufolge unter „sämtlichen" deutschen Zionist*innen Misstrauen gegenüber der Redaktion breit gemacht habe, stimmte Max Bodenheimer bereits in einem Brief vom 29. Juni 1908 Adolf Friedemann zu: „Ich [...] bin ganz deiner Auffassung, dass es mit Loewe nicht mehr weiter geht"[149]. Gleichzeitig setzte er darauf, dass die Gespräche in „gütlicher Verständigung" abgewickelt würden, dass man Loewe ferner zur Wahrung seines Einflusses auf die Redaktion einen Posten im Aufsichtsrat und die weitere Herausgabe des *Literaturblattes* in Aussicht stellen solle.[150] Wohl einen Tag später fanden sich die Mitglieder des geschäftsführenden Ausschusses der ZVfD, dem Arthur Hantke vorstand, zusammen, um gemeinsam mit Loewe das weitere Vorgehen zu beraten. Loewe erklärte sich fürs Erste mit der Niederlegung seines Postens einverstanden. Er ging auf die Vorschläge ein, durch seine Zuwahl im Aufsichtsrat des Blattes und durch Weiterführung des *Literaturblattes* am Herstellungsprozess der *Rundschau* beteiligt zu bleiben.[151] Entgegen der Bitte Bodenheimers[152] verlangte Loewe aber noch am gleichen Tag, an dem er sich mit diesen Bedingungen einverstanden erklärt hatte, dass innerhalb des Zentralkomitees der ZVfD über die Niederlegung seines Postens zunächst einmal abgestimmt werden solle.[153] Man kam diesem Wunsch nach und votierte mit dem Ergebnis von „15 gegen zwei Stimmen und zwei Stimmenthaltungen"[154] in deutlicher Mehrheit für die Niederlegung. Das Geschäftsverhältnis wurde zum 31. Dezember 1908 gekündigt. Über eine mögliche Erweiterung des Aufsichtsrats und über die Weiterführung des *Literaturblattes* sollte in einer weiteren Sitzung im Restaurant Dräsel in der Neuen Friedrichstraße 35 abgestimmt werden.[155] Leider sind keinerlei Dokumente zu dieser Sitzung überliefert. Das *Literaturblatt* wurde allerdings nach Loewes Rücktritt von seinem Posten als Schriftleiter eingestellt. Es sollte dagegen in ein „gutes Feuilleton" investiert werden.[156] Ob Loewe der *Rundschau* als Aufsichtsratsmitglied erhalten blieb, kann nicht entschieden werden.

148 Heinrich Loewe: An unsere Leser. In: *Jüdische Rundschau*, 25.12.1908, S. 513. Hierzu auch Eloni: *Zionismus in Deutschland*, S. 211–215 (Kap. „Die Entlassung Heinrich Loewes").

149 Max Bodenheimer an Adolf Friedemann, 29.06.1908. CZA, A 15/46.

150 Ebd.

151 Vgl. Arthur Hantke an den Vorstand und Aufsichtsrat des Verlags Jüdische Rundschau, 30.06.1908, CZA, A11/18/1.

152 Vgl. Eloni: *Zionismus in Deutschland*, S. 213.

153 Vgl. Heinrich Loewe an Max Bodenheimer, 30.06.1908. CZA, A15/492.

154 Arthur Hantke an den Vorstand und Aufsichtsrat des Verlags Jüdische Rundschau, 03.07.1908. CZA, A11/18/1.

155 Ebd.

156 Protokoll der 4. Sitzung des geschäftsführenden Ausschusses der ZVfD, 13.07.1908. CZA, Z2/405.

Wo liegt Zionismus?

Besonders interessant erscheinen aus heutiger Sicht jene Debatten, die die Grenzen zwischen verschiedenen Allianzen im zionistischen Kollektiv sichtbar werden lassen. Hierzu gehört etwa die *Altneuland*-Kontroverse von 1903,[157] die sich als eine Art „Vorbeben"[158] der sich daran anschließenden sogenannten Uganda-Kontroverse um einen adäquaten Raum zur zionistischen Besiedlung zwischen 1903 und 1905 bewerten lässt. In diesen Zusammenhängen wurden fortwährend Grenzen zwischen Ost und West, ‚Ja'- und ‚Nein-Sagern' bzw. zwischen ‚Palästinensern' und ‚Territorialisten' produziert. Die politische Fraktionierung in der WZO hatte zu diesem Zeitpunkt längst eingesetzt. Die Demokratisch-Zionistische Fraktion organisierte sich im Dezember 1901; Misrachi, jener Zusammenschluss von Zionisten in der WZO, der wünschte, der Zionismus solle „im Geiste [der] heiligen Thora geleitet"[159] werden, formierte sich nur wenige Monate später. Unmöglich erscheint es freilich, allen Spuren der von der *Jüdischen Rundschau* mitgeführten Debatten nachzugehen. Daher soll im Folgenden auf die zionistische ‚Landfrage' fokussiert werden, deren diskursive Würzelchen sich vom 6. Zionistenkongress

157 Vgl. Messner: *Die Kulturzeitschrift* Ost und West, S. 34–40; Petra Zudrell: *Der Kulturkritiker und Schriftsteller Max Nordau. Zwischen Zionismus, Deutschtum und Judentum.* Würzburg: Königshausen & Neumann 2003, S. 172–177 (Kap. „Die Altneuland-Kontroverse"); Michael Heymann: The State of the Zionist Movement on the Eve of the Sixth Congress. In: Ders. (Hrsg.): *The Uganda Controversy*, Bd. 1, S. 14–39, hier S. 21–22. Die Kontroverse entzündete sich an dem von Herzl 1902 veröffentlichten Roman *Altneuland*, der die Utopie einer neuen jüdischen Gesellschaft in Palästina entwickelte (Theodor Herzl: *Altneuland.* Leipzig: Seemann [1902]). Sie wurde vor allen Dingen in der *Jüdischen Rundschau*, der *Welt* und *Ost und West* geführt. Ausgangspunkt war ein Artikel Achad Haams in der hebräischsprachigen Zeitschrift *Ha-Shiloach*, der in der März-Ausgabe von *Ost und West* abgedruckt wurde (vgl. Achad Haam: „Altneuland". In: *Ost und West* 3,4 (1903), Sp. 227–244). In seiner „bissige[n] Kritik des Romans" (Messner: *Die Kulturzeitschrift* Ost und West, S. 35) bezeichnete Achad Haam Herzls Vorstellung u. a. als „mechanisches Nachäffen [des Europäischen, F. S.] ohne jegliche nationale Eigenheit" (Achad Haam: „Altneuland", Sp. 244). In *Welt* und *Rundschau* setzte man daran anschließend die wütende Entgegnung von Max Nordau: Achad Haam über „Altneuland". In: *Die Welt*, 13.03.1903, S. 1–5; ders.: Achad Haam über „Altneuland". In: *Jüdische Rundschau*, 13.03.1903, S. 92–96; 20.03.1903, S. 105–106. Nordau verteidigte in seiner Antwort auf Achad Haam Herzls Roman und mit ihm die westeuropäisch-jüdische Kultur. Er konstruierte einen Gegensatz von Europa und Asien, von Kultur auf der einen und Barbarei auf der anderen Seite – damit auch eine kulturelle Hegemonie im Judentum zugunsten des ‚Westjudentums'. Denn „[s]eine Eigenart wird das jüdische Volk innerhalb der allgemeinen westlichen Kultur entfalten, wie jedes andere gesittete Volk, nicht aber ausserhalb, in einem kulturfeindlichen, wilden Asiatentum, wie Achad-Haam es zu wünschen scheint." (Ders.: Achad Haam über „Altneuland". In: *Jüdische Rundschau*, 13.03.1903, S. 94.) Von der Redaktion nach ersten Reaktionen – erwähnt sei hier eine Protesterklärung gegen die persönlichen Ausfälle Nordaus gegen Achad Haam, welche bspw. von Martin Buber, Chaim Weizmann, Berthold Feiwel und Davis Trietsch unterzeichnete wurde (vgl. Sprechsaal/Erklärung. In: *Jüdische Rundschau*, 10.04.1903, S. 147) – zur „litterarische[n] Fehde" (Nordau und Achad-Haam. In: *Jüdische Rundschau*, 24.04.1903, S. 153) heruntergespielt, schloss sich an diese Positionierungen zu Herzls Entwurf einer europäisch-jüdischen Insel im Nahen Osten eine Debatte an, die sich in diversen Beiträgen und Kommentaren in der *Rundschau* abbildete. Den Abschluss einer Sammlung von Beiträgen zum Thema bildete ein zweiteiliger Artikel Sammy Gronemanns, der darum bemüht war, eine vermittelnde Position einzunehmen (vgl. Sammy Gronemann: „Ost und West". In: *Jüdische Rundschau*, 24.04.1903, S. 155–157; 01.05.1903, S. 162–164).

158 Messner: *Die Kulturzeitschrift* Ost und West, S. 35.

159 Misrachi. In: *Jüdische Rundschau*, 20.03.1903, S. 102–104.

1903 an bis 1905 zu weitverzweigten Debatten entspannen. Zu diesem Kongress, dem letzten Zionistenkongress unter Leitung Herzls, reiste Loewe mit mehreren Funktionen ausgestattet an. Zum einen begleitete er als Journalist die Verhandlungen an den Kongresstagen, zum anderen agierte er als gewählter Vertreter der ZVfD.

Mit der internationalen zionistischen Topographie hatte sich einige Monate zuvor ein wichtiger Ort verbunden: das fast zur Hälfte von Jüd*innen bewohnte Kischinew, die Hauptstadt Bessarabiens, welche im April 1903 Schauplatz antisemitischer Pogrome geworden war.[160] Zahlreiche Morde, hunderte durch körperliche Misshandlungen und Vergewaltigungen Verletzte, zum Teil Schwerverletzte, dazu 800 demolierte Häuser und Geschäfte bilanzierte eine vom Zionistischen Hilfsfonds in London eingesetzte Untersuchungskommission in einer umfassenden Studie 1910.[161] Von Kischinew ging eine Erschütterung aus – nicht nur der jüdischen Welt.[162] Berthold Feiwel widmete den Massakern im Jahr des Pogroms eine umfassende Abhandlung, die im Jüdischen Verlag erschien. Der Bericht Feiwels, der die Taten „[m]enschlicher Bestien"[163] dokumentierend in seiner drastischen Sprache an die hebräischen Kreuzzugsberichte erinnert,[164] umfasste zugleich eine Chronologie der Ereignisse und Bildmaterial von Verletzten und Toten sowie ein von Ephraim Moses Lilien entworfenes Weiheblatt, das der Arbeit vorangestellt war. Kidush Ha-Shem – das jüdische Sterben zur Heiligung des Namen Gottes[165] – wurde hier in das Narrativ Kischinews eingebunden. Auch die deutschsprachigen zionistischen Blätter wurden Archive der Gräueltaten, die in Kischinew an Jüd*innen verübt worden waren. Wie bei Feiwel „feierte die menschliche

160 Vgl. Edward H. Judge: *Ostern in Kischinjow. Anatomie eines Pogroms.* Mainz: Decaton 1994; Shlomo Lambroza: The Pogroms of 1903–1906. In: Ders. / John Klier (Hrsg.): *Pogroms. Anti-Jewish Violence in Modern Russian History.* Cambridge / New York: Cambridge UP 1992, S. 195–247.

161 Kischinew (1903), bearbeitet von Told [d. i. Berthold Feiwel]. In: *Die Judenpogrome in Russland*, Bd. 2: Einzeldarstellungen, hrsg. i. A. des Zionistischen Hilfsfonds in London von der zur Erforschung der Pogrome eingesetzten Kommission. Köln / Leipzig: Jüdischer Verlag 1910, S. 5–24.

162 In seiner Jahresbotschaft an den Kongress vom 6. Dezember 1904 verwies bspw. Theodore Roosevelt auf das Pogrom von Kischinew. Er sagte: „Yet it is not to be expected that a people like ours, which in spite of certain very obvious shortcomings, nevertheless as a whole shows by its consistent practice its belief in the principles of civil and religious liberty and of orderly freedom, a people among whom even the worst crime, like the crime of lynching, is never more than sporadic, so that individuals and not classes are molested in their fundamental rights—it is inevitable that such a nation should desire eagerly to give expression to its horror on an occasion like that of the massacre of the Jews in Kishenef, or when it witnesses such systematic and long-extended cruelty and oppression as the cruelty and oppression of which the Armenians have been the victims, and which have won for them the indignant pity of the civilized world." (Theodore Roosevelt: Transcript of Theodore Roosevelt's Corollary to the Monroe Doctrine (1905). http://www.ourdocuments.gov/doc.php?doc=56&page=transcript (Zugriff am 13.09.2012).)

163 Told [d. i. Berthold Feiwel]: *Die Judenmassacres in Kischinew.* Berlin: Jüdischer Verlag [1903], S. 27.

164 Vgl. *Hebräische Berichte über die Judenverfolgungen während des Ersten Kreuzzuges*, hrsg. v. Eva Haverkamp. Hannover: Hahn 2005.

165 Vgl. Verena Lenzen: *Jüdisches Leben und Sterben im Namen Gottes. Studien über die Heiligung des göttlichen Namens (Kiddusch HaSchem).* Zürich / München: Pendo 2002.

Bestialität" in einem Artikel der *Welt* „eine erschreckende Orgie"[166]. Einer Adresse an die „Jüdische[n] Stammesbrüder" nachgestellt, die zur Hilfe der vom Pogrom Betroffenen aufrief,[167] unternahm Loewe zudem in der *Jüdischen Rundschau* eine narrative Verkettung der „Judenschlachten von gestern"[168]. Das Pogrom von Kischinew war Loewe zufolge nicht geographisch determiniert, sondern in Potenz geographisch flexibel:

> Aber wir wollen zu bedenken geben, dass in jedem katholischen Orte und in jeder Stadt in Deutschland die gleichen Szenen wie in Kischinew sich abspielen könnten und nur deshalb nicht möglich sind, weil der preussische Staat denn doch sehr streng auf Ordnung sieht.[169]

Dieser Art und Weise, Kischinew als beliebiges, jederzeit und überall mögliches Schreckensszenario zu deuten, folgte auch Theodor Herzl in seiner Eröffnungsrede auf dem 6. Zionistenkongress:

> Denn die blutigen Tage der bessarabischen Stadt sollen uns nicht vergessen machen, dass es noch manches andere Kischinew, und nicht nur in Russland gibt. Kischinew ist überall, wo Juden an Leib und Seele gequält, an der Ehre gekränkt und am Vermögen geschädigt werden, weil sie Juden sind.[170]

Auch wenn von zentralen zionistischen Akteuren wie Herzl und Loewe explizit darauf hingewiesen wurde, dass man eher unfreiwillig antisemitische Massaker als Elemente in den zionistischen Diskurs einzuweben bereit sei, konstituierte sich Kischinew als Fluchtpunkt in der Argumentation für die schnellstmögliche Überwindung der jüdischen Diaspora. Und mehr noch: Nach dem Pogrom wurde die Verknüpfung der jüdischen Nation mit einem nationalem Raum das *Haupt*anliegen zionistischer Theorie

166 Gt.: Die Schreckenstage von Kischinew. In: *Die Welt*, 15.05.1903, S. 3–4, hier S. 4.

167 Redaktion der „Jüdischen Rundschau": Jüdische Stammesbrüder! In: *Jüdische Rundschau*, 08.05.1903, S. 173–174.

168 Heinrich Loewe: Martinique in Kischinew. In: Ebd., S. 174–176, hier S. 175.

169 Ebd., S. 175. Hierzu auch Heinrich Sachse [d. i. Heinrich Loewe]: Groß-Kischinew und Klein-Stegers. In: Ebd., 19.01.1904, S. 39–41, hier S. 41. Hier heißt es etwa: „Aber wir wollten uns darüber klar werden, dass in jeder Stadt Russlands mit großer Judenbevölkerung ein Kischinew und ein Homel geschehen kann, und dass es ebenso jedem Juden in Deutschland so gehen kann wie dem ‚gestorbenen' Juden Levy in Stegers [gemeint ist Berthold Levy, ein Jude, der am 23. September 1903 in Stegers (heute: Rzeczenica) zu Tode geprügelt wurde, F. S.]." Das von Loewe erwähnte Pogrom in Homel ereignete sich im September 1903. Unter Eindruck des Pogroms in Kischinew im Frühjahr 1903 hatte sich in Warschau das Komitee der jüdischen Selbstwehr konstituiert. Daran anschließend gründeten sich diverse Jüdische Selbstwehren, die in den auf Kischinew folgenden Pogromen stets in Erscheinung traten, so auch in Homel. Allein 1904 ereigneten sich 43 weitere Pogrome in Russland, mindestens 24 davon standen in direktem Zusammenhang mit dem Russisch-Japanischen Krieg (vgl. Anke Hilbrenner: Pogrome im Russischen Reich (1903–1906). In: *Handbuch des Antisemitismus. Judenfeindschaft in Geschichte und Gegenwart*, Bd. 4: Ereignisse, Dekrete, Kontroversen, hrsg. v. Wolfgang Benz. München: de Gruyter / Saur 2011, S. 298–299, hier S. 298).

170 *Stenographisches Protokoll der Verhandlungen des VI. Zionisten-Kongresses in Basel 23., 24., 25., 26., 27., und 28. August 1903*. Wien: Verlag des Vereines Erez Israel 1903, S. 4.

und Philosophie.[171] Mit Kischinew verknüpfte Herzl etwa das Angebot, welches ihm kurze Zeit vor dem 6. Zionistenkongress von der britischen Regierung unterbreitet worden war. Er schlug eine „jüdische Ansiedlung in Ostafrika mit jüdischer Verwaltung, jüdischer Lokalregierung und einem jüdischen Oberbeamten an ihrer Spitze, alles natürlich unter britischer oberhoheitlicher Ueberwachung“[172], vor. Für den Großteil der ca. 600 Delegierten kam der Vorschlag Herzls völlig überraschend.[173]

Von Loewe, der eifrig nach Berlin Bericht erstattete, druckte man bereits in der Ausgabe der *Jüdischen Rundschau* vom 25. August 1903 unter dem Titel „God save the English King“ eine Apologie der alternativen Siedlungsprojekte. Auch wenn es sich bei

171 Vgl. Zakim: *To Build and Be Built*, S. 24.

172 Ebd., S. 8. Ausführlich dazu Gur Alroey: Journey to New Palestine: The Zionist Expedition to East Africa and the Aftermath of the Uganda Debate. In: *Jewish Culture and History* 10,1 (2008), S. 23–58. Herzl traf Mitte März 1903 auf Foreign Secretary Henry Petty-Fitzmaurice (5th Marquess of Lansdowne) und auf den Colonial Secretary Joseph Chamberlain, der einige Monate zuvor von seiner Expedition in das britische Protektorat Ostafrika zurückgekehrt war. Es scheint, als wäre Uganda in diesem Treffen erstmals ins Spiel gebracht worden (vgl. ebd., S. 30). Nur einen Monat später begannen die Zionisten einen Plan zur jüdischen Besiedlung der Region auszuarbeiten. Leopold Greenberg legte diesen detaillierten Plan, der die Realisierung einer jüdischen Besiedlung Ostafrikas in zwei Stufen vorsah (zum Plan vgl. ebd., S. 30–31), der britischen Regierung vor. In einem Brief vom 14. August 1903 reagierte Clement Hill im Auftrag der britischen Regierung: „Lord Lansdowne will be prepared to entertain favourably proposals for the establishment of a Jewish Colony or settlement, on conditions which will enable the members to observe their National customs. For this purpose he would be prepared to discuss […] the details of a scheme comprising as its main features: the grant of a considerable area of land, the appointment of a Jewish Official as chief of local administration, and permission to the Colony to have a free hand in regard to municipal legislation and as to the management of religious and purely domestic matters, such Local Autonomy being conditional upon the right of His Majesty's Government to exercise a general control“ (zit. n. ebd., S. 32). Dieser Vorschlag diente Herzl als Vorlage für die Ausführungen, die er auf dem Kongress machte (vgl. ebd.).

173 Der Kongress war ohnehin recht zerfahren. Presseleute und Delegierte stritten um Sitzplätze, die Verhandlungen wurden regelmäßig durch Zwischenrufe aus dem Publikum und von der Galerie unterbrochen (vgl. etwa *Stenographisches Protokoll der Verhandlungen des VI. Zionisten-Kongresses*, S. 36–37, 62). Besonders bemerkenswert ist in diesem Zusammenhang etwa die Auseinandersetzung der Akteure auf der Rednertribüne um die El-Arisch-Expedition, die wenige Monate vor dem Kongress klären sollte, ob hier – im nördlichen Sinai – eine jüdische Besiedlung praktikabel wäre. Die Debatten um El-Arisch nahmen weite Teile der ersten beiden Verhandlungstage in Anspruch. Der Aufritt Davis Trietschs, ein Verfechter der Besiedlung El-Arischs, zugleich Opponent des Beschlusses, die El-Arisch-Besiedlung ad Acta zu legen, wurde der erste Verhandlungstag zur theatralen Inszenierung. Nicht ganz rückhaltlos verwies der Kongressneuling Alfred Nossig, der zusammen mit Trietsch die sich der wirtschaftlichen und kulturellen Erschließung Palästinas widmende Zeitschrift *Palästina* in Berlin redigierte, auf diesen Umstand und nahm, genauso wie Trietsch zuvor, die Exekutive der WZO, insbesondere Theodor Herzl, ins Visier seiner polemischen Kritik: „Herr Dr. Herzl hat hier gestern Nachmittag eine, ich möchte sagen[,] geschmacklose, aber das würde ja vielleicht unparlamentarisch sein, also eine äusserst geschmackvolle Theaterszene inszeniert, welche auf einer Vorstadtbühne von grösster Wirkung wäre.“ (Ebd., S. 77.) Dann, nach kurzem Dialog mit dem Versammlungsleiter Max Nordau und unter sich mehrenden Zwischenrufen aus dem Publikum, weiter: „Also ich habe gesagt, dass das, was wir gestern Nachmittag gehört haben, mich an eine Theaterszene erinnert hat. Ich hoffe, es ist nichts Ungebührliches darin. Es war nämlich die bekannte Szene, wo der Darsteller der Heldenrolle einen Bösewicht, der sich als Ehrenmann aufspielt, entlarvt. Der Bösewicht versucht es noch eine Zeitlang, den anständigen Mann zu spielen, aber da zieht der Held aus seiner tiefen Brusttasche ein Dokument heraus und beweist der ganzen Welt … […] Aber da, mit einem Male hebt sich im Hintergrunde der Vorhang, und was sieht man hinter dem Vorhange? – Die arme Witwe, das Opfer des schwarzen Intriganten. Es hätte noch gefehlt, dass Herr Trietsch gesagt hätte: ‚Ich bin durchschaut, ich ersteche mich.‘“ (Ebd., S. 77–78.)

diesen, bei El-Arisch und Ostafrika, nicht um zionistische Projekte im Sinne des Baseler Programms handele, sei deren Besiedlung und die jeder anderen „Kraftstation“ doch zweckmäßig. Es sei das jüdisch-nationale „Freiland“, dessen die osteuropäische Judenheit dringend bedürfe, eine notwendige Passage auf dem Weg nach Palästina, die die osteuropäische Judenheit dem „eisernen Ofen von Kischinew“ entreißen werde.[174] Im Zuge der Verhandlungen des Kongresses revidierte Loewe allerdings seine Ansichten. In der Nachmittagssitzung des dritten Verhandlungstages wechselte er über in das Lager der ‚Nein-Sager', welches vorrangig aus osteuropäischen Zionist*innen bestand. Hatte er zuvor noch die Absicht, für eine Kommission zu sprechen, die die ostafrikanischen Verhältnisse untersuchen und über die Besiedelbarkeit urteilen sollte, ließ er sich nun auf die Rednerliste der Opponenten einer solchen Kommission setzen. In seinem Redebeitrag, den er im Rahmen der Verhandlungen um Ostafrika leistete, rechtfertigte Loewe nicht nur seinen Sinneswandel, sondern reflektierte seine neue Position mit Rekurs auf oben zitierten Artikel, der in der *Jüdischen Rundschau* veröffentlicht worden war:

> Ich persönlich hatte unter dem machtvollen Eindrucke der Rede unseres grossen Führers an das von mir redigierte offizielle Organ der Zionistischen Vereinigung für Deutschland einen Leitartikel geschickt, in dem ich vor allem den Ausdruck des Dankes zur Geltung bringen wollte, den wir für ein Anerbieten einer Nation [der Englischen, F. S.] empfinden müssen. [...] Aber die lange Verhandlung hat mich eines anderen belehrt [...] Als ich gestern abend den Saal verliess, musste ich von einigen mir sogar recht befreundeten Herren den Vorwurf hören, ich sei umgefallen. Ich lasse mir daraus keinen Vorwurf machen, einer besseren Einsicht soll man sich niemals verschliessen, und der Kongress ist noch am Sonnabend nicht der Meinung gewesen, der er Sonntag war, nachdem er Dr. Herzls Rede gehört hat. (Zustimmung.) Wir haben auch zuerst eine andere Meinung gehabt, und es werden viele mit mir sein, die lange Zeit in ernstem Kampfe mit sich gewesen sind. Nicht ich bin umgefallen, sondern der Zionistenkongress würde umfallen und zusammenbrechen, wenn wir auf dieses Projekt auch nur eingehen. (Lebhafter Beifall. – Widerspruch.)[175]

Loewe deutet hier die meinungsbildende Energie an, die von der Raumkonstellation Kongress ausging. Gleichfalls offenbart er die von konkreten Situationen abhängigen, zuwiderlaufenden Diskurse, die vom Kongress auf der einen Seite und von der *Jüdischen Rundschau* auf der anderen Seite geführt wurden. Die Bewertung der alternativen Siedlungsprojekte in der *Rundschau* durch Loewe erscheint vor diesem Hintergrund als Aufflackern einer Meinungsäußerung, die sich inhaltlich alsbald verschob.

174 Heinrich Loewe: God save the English King. In: *Jüdische Rundschau*, 25.08.1903, S. 368.
175 *Stenographisches Protokoll der Verhandlungen des VI. Zionisten-Kongresses*, S. 201.

Nicht nur eine Vielzahl osteuropäischer Delegierter lehnte den Umweg nach Palästina über das „Nachtasyl"[176] Ostafrika ab. Stattdessen formierte sich eine breitaufgestellte Allianz, die in der Beschlussfassung zum Antrag auf Einsetzung einer Ostafrika-Kommission – wenn auch erfolglos – mit ‚Nein' stimmte. Es kam zum Eklat. Unter Beifall der Opposition verließen die ‚Nein-Sager' des GAC, Yehiel Tschlenow, Zeev Vladimir Temkin, Jacob Bernstein-Kohan, Zwi G. Belkowski, Victor Jacobson, Zwi G. Bruck und Yitzhak Leib Goldberg, den Saal. Mit ihnen ging wohl ein Großteil der Opposition.[177]

Als Effekt der ausgedehnten Verhandlungen um die Besiedlung alternativer Geographien rückte im Verlauf des Kongresses freilich auch Palästina in den Fokus der Debatten. Stellvertretend für die deutsche Landsmannschaft beantragte bspw. Selig Soskin die Einsetzung einer neu geordneten, aus drei Sachverständigen bestehenden und mit 15.000 Francs ausgestatteten Palästinakommission.[178] Ihre Arbeit solle sich auf die „wissenschaftliche und praktische Erforschung Palästinas und der für diese in Betracht

176 Den Begriff „Nachtasyl" entlehnten zunächst Max Nordau, dann Max Bodenheimer dem von Maxim Gorki 1901 geschriebenen *Na dne* (russ. *Am Boden*). Das Stück wurde unter dem Titel *Nachtasyl* im Januar 1903 am Deutschen Theater in Berlin unter der Regie von Richard Vallentin zum ersten Mal in Deutschland aufgeführt. Das „Nachtasyl" nimmt auch Morris de Jonge, „begabtester Schüler des großen Juristen Rudolf Jhering" (Heinrich Loewe: Ein Vergessener. Persönliche Erinnerungen. In: *Der Jude* 5,2 (1919), S. 105–109, hier S. 107) und streitbarer Weggefährte Loewes in einem bemerkenswerten und (wie sein Autor) von der Forschung bisher nicht rezipierten Debattenbeitrag zur zionistischen Ostafrikafrage auf. Innerhalb seines polemischen Beitrags, den de Jonge als Teil seiner fünfbändigen *Jüdischen Schriften* bei Hugo Schildberger in Berlin veröffentlichte, dekonstruiert er in einem fingierten, mit Belegstellen aus biblischen, rabbinischen und anderen traditionellen jüdischen Texten angereicherten Redebeitrag für den Kongress, die „Nachtasyltheorie" (Morris de Jonge: *Jüdische Schriften*, Bd. 2: Jerusalem oder Mombasa? Berlin: Schildberger 1903, S. 20). In diesem Zusammenhang kommt er nicht umhin, eine koloniale Perspektive einnehmend sich rassistischer Klischees zu bedienen, die Ostafrika als aus „Mitleid" (ebd., S. 36) resultierendes zionistisches Besiedlungsprojekt markieren. Zudem bedeute Ostafrika einen offenen, verfassungswidrigen Bruch mit dem Baseler Programm. Sämtliche Metaphern und ihre intendierten Semantiken – Nachtasyl, Kraftstation usf. –, von denen auch Loewe in seinem Beitrag für die *Jüdische Rundschau* Gebrauch machte, verwirft er. „Das spezifische Merkmal, sozusagen das konstituierende Element des Begriffs ‚Zionismus' im sozusagen staatsrechtlichen Sinne liefert das eine Wort: Palästina! [im ersten Artikel des Baseler Programms, F. S.] Glaubt man dieses Wort herauslösen zu dürfen, so lässt man den Artikel I. der Verfassung selbst auf. Es gibt auch keine ‚Surrogate' für Palästina, wie unser verehrter Freund Nordau durch sein Schlagwort vom ‚Nachtasyl' für besonders dürftige Zionisten sie glaubte konstruieren zu können. [...] Ebensowenig kann die Theorie, Ostafrika sei als ‚Kraftstation' für Palästina anzusehen, die Tatsache verschleiern, daß der Kongress die Richtung seines Strebens von Palästina ablenkt und anderswo eine öffentlichrechtlich gesicherte Heimstätte für das jüdische Volk sucht. Und dieselbe durchaus trügerische Scheinlogik liegt in der Rechtfertigung des Ostafrika-Projekts als einer Übergangsetappe, Zwischenstation etc. War die Bezugnahme Nordaus auf Gorki eine ästhetische Phrase, die Wendung von der Kraftstation eine elektrotechnische, so tritt uns hier noch die Phrase in militärischem Gewande entgegen. Es ist eine bekannte verfassungsgeschichtliche Erscheinung, daß der Luxus der Phrase immer dann am üppigsten sich entfaltet, wenn es gilt Staatsrechtswidrigkeiten zu legitimieren, mögen es nun Revolution oder Staatsstreiche sein." (Ebd., S. 20.)

177 Schon im Vorfeld des Kongresses zeichneten sich diesbezüglich Spannungen innerhalb des Aktionskomitees ab (vgl. Protokoll der Sitzung des Aktionskomitees am 21. August 1903. In: Heymann (Hrsg.): *The Uganda Controversy*, S. 101–104).

178 Vgl. *Stenographisches Protokoll der Verhandlungen des VI. Zionisten-Kongresses*, S. 272–274.

kommenden Länder" konzentrieren; es solle eine landwirtschaftliche Versuchsstation und eine Forschungsstelle für „endemische und infektiöse Krankheiten" errichtet und eine Zeitschrift für Palästinakunde gegründet werden.[179] Der Kongress entsprach dem Antrag, den Arthur Hantke mit detaillierteren Ausführungen und Loewe mit dem Ausspruch: „was wir für Uganda übrig haben, wollen wir auch für Palästina tun können"[180], erfolgreich unterstützten. Weiterhin beschloss der Kongress, das Kapital des JNF ausschließlich für Palästina einzusetzen.
Ostafrika und Palästina, dies waren auch jene Territorien, welche die *Jüdische Rundschau* bis zum Scheitern des Ostafrika-Projekts auf dem nächsten Zionistenkongress im Jahr 1905 in Beziehung und auseinandersetzte. Die internationale Presselandschaft, innerhalb derer das ostafrikanische Projekt in den nächsten Monaten verhandelt wurde, war vielstimmig.[181] In der *Allgemeinen Zeitung des Judentums* bspw. wurden die Verhandlungen des 6. Zionistenkongresses als „[H]äuten"[182] des Zionismus bewertet und die Uneinigkeit innerhalb des zionistischen Kollektivs als wiederholter Beweis für die Unzweckmäßigkeit vermeintlich utopischer Elemente im Zionismus interpretiert. Die *Jüdische Rundschau* ging hingegen daran, die einzelnen zionistischen Positionen zum Ostafrikaprojekt ausdifferenziert vorzuführen. Am Anfang einer Reihe von Beiträgen stand auf der Titelseite der *Jüdischen Rundschau* vom 23. Oktober 1903 eine Adresse Loewes an das Lesepublikum, die eine ausführliche Auseinandersetzung zur jüdischen Besiedlung Ostafrikas ankündigte.[183] Der erste Beitrag zum Thema von Adolf Friedemann, der gegen die „Zweifler" schrieb und das ostafrikanische Projekt als diplomatischen Erfolg vorstellte,[184] wurde in gleicher Nummer abgedruckt. In das Konvolut aus Textbeiträgen, die ‚Ja-Sager' und ‚Nein-Sager' lieferten, arbeitete man sowohl in der *Jüdischen Rundschau* als auch in der *Welt* Kartenmaterial ein. Die Leser*innen, so die Schriftleitung der *Jüdischen Rundschau*, sollten dadurch die Möglichkeit haben, sich ein Bild von der Geographie Britisch-Ostafrikas zu machen. Während man in beiden Zeitungen nicht über die rudimentäre visuelle Darstellung des britischen Protektorats hinauskam, druckte die Zeitschrift *Ost und West*, welche in ihrer Oktoberausgabe von 1903 Britisch-Ostafrika bereits als „Zukunftsland der Zionisten"[185] feierte, Photographien

179 Ebd., S. 272.
180 Ebd., S. 274.
181 Um diese Stimmen zu sammeln, richtete man in der *Welt* unter dem Titel „Zion und Ostafrika" eine Rubrik ein (vgl. Zion und Ostafrika. In: *Die Welt*, 25.09.1903, S. 3).
182 Der sechste Zionistenkongreß. In: *Allgemeine Zeitung des Judentums*, 04.09.1903, S. 421–422, hier S. 421.
183 [Heinrich Loewe]: Das Ostafrikanische Projekt des sechsten Kongresses. In: *Jüdische Rundschau*, 23.10.1903, S. 453–455, hier S. 453.
184 Adolf Friedemann: Ostafrika. In: Ebd., S. 455–456.
185 Kurt Toeppen: Das Gebiet des projektierten Judenstaates in Ostafrika. In: *Ost und West* 9,10 (1903), Sp. 681–704, hier Sp. 691.

und eine detaillierte Landkarte des Gebiets, inklusive der ungefähren Grenzen des „projektierten Judenstaates".

Die physische Geographie Ostafrikas, die von der englischen Regierung in den Vorjahren veranlassten Maßnahmen zur Verbesserung der Infrastruktur[186] und die möglichen Grenzen eines zukünftigen alternativen zionistischen Territoriums spielten in den Verhandlungen innerhalb der *Jüdischen Rundschau* (wenn überhaupt) zunächst nur eine untergeordnete Rolle. Vielmehr wurden die Grenzen innerhalb des zionistischen Kollektivs verhandelt, die politischen Artikulationen der verschiedenen politischen Allianzen in den kommenden Monaten seziert und ausgewertet. Loewe spielte in diesem sich konstituierenden Chor aus ‚Ja-Sagern' und ‚Nein-Sagern' eine gewichtige Rolle. Er lieferte nicht nur in Fülle zionistisch ideologisiertes Material, sondern band durch zahlreiche Berichte die Debatten immer wieder an Ereignisse zurück, anlässlich derer Ostafrika (neu) verhandelt wurde. Vor den Augen der Leser*innen konstituierte sich dadurch eine Debatte, die konkrete Orte und Ereignisse in die zionistische diskursive Praxis einwob. Als einschneidend lässt sich in diesem Zusammenhang etwa die Versammlung eines Großteils der russischen Mitglieder des GAC Ende 1903 in Charkow bewerten, auf der sich, initiiert von Menachem Ussischkin, die russische Opposition gegen Herzl und Ostafrika formierte.[187] Bemerkenswert ist darüber hinaus, wie Loewe durch die Zeit die streitenden Allianzen profilierte, wie er dazu überging, aus dem diffusen politischen Geflecht ein mehr und mehr erkennbares Feindbild zu destillieren. Deutliche Verschiebungen lassen sich diesbezüglich nachzeichnen. In oben erwähnter Adresse an das Lesepublikum lehnte er etwa die Konstruktion eines Gegensatzes zwischen Ost und

186 Im Dezember 1901 wurde bspw. die Zugverbindung zwischen Mombasa und dem Victoriasee fertiggestellt.

187 Während die *Welt* auf Grundlage eines Berichts „von vertrauenswürdiger Seite" (Die Charkower Konferenz. In: *Die Welt*, 25.12.1903, S. 4–5) unmittelbar Stellung gegen die Konferenz und ihre Beschlüsse bezog, etwa den „autokratischen Versuch" (Maarabi [d. i. Heinrich Loewe]: Die Konferenz zu Charkow. In: *Jüdische Rundschau*, 15.01.1904, S. 22–23, hier S. 22) Herzls, Ostafrika zu besiedeln, als Verstoß gegen das Baseler Programm interpretierte, blieb die *Jüdische Rundschau* zunächst vorsichtig und hielt sich mit einem Urteil zurück. Den Beschlüssen von Charkow, die Loewe aus *Ha-Sefirah* mit dem Hinweis übernahm, dass die Verantwortung für deren Richtigkeit beim Warschauer Blatt lägen (vgl. ebd.), setzte man in gleicher Ausgabe das per definitionem als authentisch erscheinende Protokoll einer Versammlung von Vertrauensmännern entgegen. Auf dieser von hochrangigen Warschauer und Łódźer Zionisten besuchten Versammlung, die Ende 1903 in Warschau stattfand, erklärte man die Forderungen der Konferenz von Charkow für „illegal" (vgl. Protokoll der Vertrauensmänner-Beratungen, die am 23. November (6. Dezember) 1903 in Warschau stattgefunden hat. In: *Jüdische Rundschau*, 15.01.1904, S. 23–24). Nachdem die anfängliche Vorsichtigkeit überwunden war, stellte sich auch die *Jüdische Rundschau* nach Veröffentlichung des vertraulichen Protokolls gegen jene, die sich in Charkow versammelt hatten. Als „Charkower Frondisten", die einen „Verfassungsbruch" begangen hätten, tauchen sie bspw. in einem Artikel von Loewe im März 1904 auf (vgl. Die Tagung des grossen Aktionskomitees. In: *Jüdische Rundschau*, 30.03.1904, S. 133–134). Unmittelbar davor war in Berlin eine Broschüre zur Konferenz publiziert worden: Freie zionistische Gruppe Erez Israel zu Berlin (Hrsg.): *Die Wahrheit über Charkow*. Berlin: Bernfeld 1904. Diese Broschüre war eine Apologie der Charkower Konferenz, sie richtete sich dem Vorwort zufolge gegen die u. a. von der *Welt* produzierten „Entstellung, Verunglimpfungen, unwahren Darstellungen, Verhetzung der Parteiangehörigen" (ebd., S. 3).

West innerhalb des zionistischen Kollektivs ab. Auch hielt er sich zurück, anderweitig politische Gegensätze innerhalb des Kollektivs aufzuzeigen.[188] Nachdem u. a. durch die Konferenz von Charkow im November und den Attentatsversuch auf Nordau auf einer Makkabäerfeier in Paris im Dezember 1903 die ‚bedrohliche' Fragmentierung im Zionismus öffentlich sichtbar geworden war, bediente sich Loewe dieser Konstruktion und resümierte die Ostafrika-Kontroverse wie folgt:

> Aber es blieb nicht beim Kampfe um Ostafrika. Alle Gegensätze, die zwischen ost- und westeuropäischen Zionisten, zwischen Palästinensern und Territorialisten, zwischen Chowewe Zion und Charteranhängern, zwischen alten und neuen politischen Zionisten tief unten im innersten Herzen existierten, wurden von Grund aus aufgewühlt und ein leidenschaftlicher Kampf entbrannte.[189]

Im Verlauf der nächsten Monate nahm das Feindbild, das Loewe stellvertretend für das deutsch-zionistische Kollektiv in der *Jüdischen Rundschau* projizierte, schärfere Konturen an. Herzl starb im Juli 1904, in der Sitzung des GAC im April 1904 kam es bereits zu einer weitgehenden Einigung zwischen den widerstreitenden Allianzen.[190] Als Siegerin aus diesem Streit, so Loewe, ginge eine dritte Gruppe hervor – die deutschen Zionist*innen, die „in gleicher Weise die praktische Palästinaarbeit, wie die strenge Innehaltung freiwilliger Unterordnung unter das selbstgewählte Parteihaupt"[191] zu den Grundlagen ihrer kollektiven Handlungen gemacht hätten. Ebenfalls noch vor Herzls Tod hatte man auf dem Delegiertentag der deutschen Zionisten in Hamburg Ostafrika aus der Tagesordnung ganz gestrichen.[192] Es ist vor diesem Hintergrund kaum überraschend, dass die *Jüdische Rundschau* ab Anfang 1905 (und damit kurz nach Beginn der zionistischen Expedition in das projektierte Gebiet des Guas-Ngishu-Plateaus, die im Winter 1904/1905 stattfand)[193] die von Loewe eingeführte Figur des ‚Landsuchers'[194]

188 Vgl. S. 235, Anm. 183.

189 Heinrich Loewe: Die Tagung des grossen Aktionskomitees. In: *Jüdische Rundschau*, 30.03.1904, S. 133–134.

190 Vgl. Heinrich Loewe: Der Streit im Grossen Aktionskomitee. In: *Jüdische Rundschau*, 22.04.1904, S. 161.

191 Ebd.

192 Vgl. Heinrich Loewe: Der Delegiertentag der deutschen Zionisten in Hamburg (Ein Epilog). In: *Die Welt*, 10.06.1904, S. 3–5, hier S. 3.

193 Zu Reisevorbereitungen und -verlauf vgl. Alroey: Journey to New Palestine, S. 32–37. Bis Ende 1903 blieb im Wesentlichen unklar, welches Gebiet genau der jüdischen Besiedlung dienen sollte. Das Guas-Ngishu-Plateau im Nordwesten Kenias wurde Anfang November des Jahres von Charles Eliot, dem Britischen Commissioner von Ostafrika, vorgeschlagen. Dabei handelt es sich um ein 16.000 km² großes Gebiet (vgl. ebd., S. 33).

194 Recherchiert man in der religionshistorischen Literatur, die vor das Erscheinen von Loewes Artikel datiert, wird man etwa bei Carl Krug fündig, der im ersten Band seiner *Geschichte des ebräischen Zeitalters* die „Invasion" der „ebräischen Landsucher" äußerst negativ aufgeladen anhand der in Josua geschilderten Landnahme auseinandersetzt (vgl. Karl Niebuhr [d. i. Carl Krug]: *Geschichte des ebräischen Zeitalters*, Bd. 1.

produzierte. Diese wob sie in den deutschen Zionismus-Diskurs ein, um dadurch im Vorfeld der entscheidenden Abstimmung auf dem 7. Zionistenkongress die mittlerweile innerhalb der WZO als Territorialismus[195] firmierende Bejahung alternativer zionistischer Siedlungsregionen zu diffamieren.

Die Figur des ‚Wandernden Juden', jener „ecotype, constantly moving, changing, adapting"[196], welcher, ursprünglich mit antijudaistischer Theologie und antisemitischer Propaganda verknüpft, im zionistischen Diskurs als Erinnerung an ein vormodernes, lebloses und im Schatten nach Tod suchendes Judentum konserviert wurde,[197] flackerte bereits in den frühen Texten, die die *Jüdische Rundschau* anlässlich der Uganda-Kontroverse druckte, auf. In einer „Kongressphantasie" machte etwa ein Autor namens Salman Ben Zwi Kleniec Ahasver zum Beobachter der Verhandlungen des 6. Zionistenkongresses – damit freilich auch zum Zeugen der Abstimmung über Ostafrika, die „seine Träume, [...] seine Hoffnungen zertrümmerten".[198] Diesem phantastischen Erzählraum entrissen, verknüpfte Loewe den Topos der rastlosen Wanderung mit den zionistischen Territorialisten. Er platzierte diese Fraktion in das Außerhalb des zionistischen Kollektivs, indem er sie als „Mitläufer"[199] und „Halbzionisten"[200] brandmarkte. „Fort

Berlin: Nauck 1894, S. 347). Später tauchte der Begriff bspw. in Simon Dubnow: *Weltgeschichte des jüdischen Volkes. Von seinen Uranfängen bis zur Gegenwart*, Bd. 1: Älteste Geschichte. Berlin: Jüdischer Verlag 1925, und in Elias Auerbach: *Moses*. Amsterdam: Ruys 1953, S. 185, auf – stets im Kontext des wandernden israelitischen Volkes auf der Suche nach seinem Territorium.

195 Vgl. David Glover: Imperial Zion. Israel Zangwill and the English Origins of Territorialism. In: Eitan Bar-Yosef / Nadia Valman (Hrsg.): *'The Jew' in Late Victorian and Edwardian Culture: Between the East End and East Africa*. Basingstoke: Palgrave Macmillan 2009, S. 131–143.

196 Galit Hasan-Rokem: Contemporary Perspectives of Tradition. Moving on with the "Wandering Jew". In: Nicolas Berg / Omar Kamil / Markus Kirchhoff / Susanne Zepp (Hrsg.): *Konstellationen – über Geschichte, Erfahrung und Erkenntnis. Festschrift für Dan Diner zum 65. Geburtstag*. Göttingen: Vandenhoeck & Ruprecht 2011, S. 309–332, hier S. 312.

197 Shelly Zer-Zion: The Wanderer's Shoe: The Cobbler's Penalty: The Wandering Jew in Search of Salvation. In: Edna Nahshon (Hrsg.): *Jews and Shoes*. Oxford / New York: Berg 2008, S. 133–148, insb. S. 140–148. Die Symbolhaftigkeit Ahasvers, u. a. auch als nach Tod suchender Figur des Schattens, analysiert Alfred Bodenheimer im Vergleich zum biblischen Moses (vgl. Alfred Bodenheimer: *Wandernde Schatten. Ahasver, Moses und die Authentizität der jüdischen Moderne*. Göttingen: Wallstein 2002, S. 20). Bemerkenswert sind neben den diametralen Gegensätzen der Figuren vor allem die Parallelen. Beide, so stellt Bodenheimer fest, seien Figuren der Bewegung, die das „Ziel ihrer Träume" niemals erreichen; „[f]ür Moses ist es das Land Israel, das er nicht betreten darf." (Ebd.) In der ‚Landsucher'-Debatte bleibt jene Verknüpfung aus, obschon der Begriff ‚Landsucher', wie S. 236–237, Anm. 194 referiert, durchaus auf biblische Kontexte unmittelbar nach dem Tod Moses' aufsetzt. Als neuer Moses wird später hingegen Theodor Herzl inszeniert (vgl. ebd., S. 45). Mit dem Wandern – der Vagabondage – als Forschungsrichtung der Jewish Studies beschäftigt sich u. a. Joachim Schlör: „Alte Wege, die wir wandern". Vagabondage in Repräsentationen des Jüdischen. In: Johanna Rolshoven / Maria Maierhofer (Hrsg.): *Das Figurativ der Vagabondage. Kulturanalysen mobiler Lebensweisen*. Bielefeld: Transcript 2012, S. 143–162.

198 Selman ben Zwi Kleniec: Der ewige Jude in Basel. In: *Jüdische Rundschau*, 04.12.1903, S. 526–527, hier S. 527.

199 Heinrich Loewe: Die Landsucher. In: *Jüdische Rundschau*, 20.01.1905, S. 23–25, hier S. 23.

200 Heinrich Loewe: Von den Landsuchern. In: *Jüdische Rundschau*, 27.01.1905, S. 39–40, hier S. 39.

mit dem Landsuchen und fort mit den Landsuchern!"[201] heißt es im Abschluss seines ersten Artikels zum Thema. Territorialismus sei eine „Mischehe von Zionismus und Assimilation, die unfruchtbar bleiben wird"[202], setzte Loewe in einem weiteren Artikel hinzu.

Über die Strategie der Platzierung der ‚Landsucher' in der *Jüdischen Rundschau* wurde nach Erscheinen des zweiten Artikels von Loewe hinter den Kulissen debattiert. Im Ergebnis beschloss der Presseausschuss der Zeitung, Loewes ‚Landsucher'-Beiträge, die er wohl schon geschrieben hatte, in den kommenden zwei Nummern nicht zu veröffentlichen.[203] Auch verwehrte sich der Ausschuss gegen einen Beitrag von Davis Trietsch zur Debatte.[204] Die ‚Landsucher' verschwanden allerdings nicht, auch wenn Loewe es unterließ, sich in den folgenden Wochen über den territorialistischen Zionismus öffentlich zu äußern. Sie tauchten etwa in einer zwischen Leib Estermann und Elias Auerbach geführten Diskussion auf, die sich um Auerbachs zuvor aufgestellte, vermeintlich konsensfähige zionistische Thesen drehte. Auerbach führte hinsichtlich der Besiedlung Ostafrikas aus, dass dies „Notstandsarbeit" sei, die man philanthropischen Organisationen überlassen müsse.[205] Estermann zweifelte diese konstruierte Einigkeit innerhalb des zionistischen Kollektivs an und deutete Auerbachs Ausführungen als undemokratischen Versuch, die territorialistische „Minderheit" aus der WZO zu verbannen[206] – zu Recht, wie sich in der Entgegnung Auerbachs herausstellte: Den Terminus ‚Landsucher' aufgreifend, verknüpfte er mit diesem ein ‚Horrorszenario', nämlich die Erlangung der Mehrheit durch die Territorialisten auf dem kommenden Zionistenkongress. Zwangsläufig, so Auerbach implizit, müsse man präventiv dafür Sorge tragen, dass die ‚Landsucher' vom zionistischen Kollektiv „gewaltsam ab[ge]sonder[t]" werden.[207] Nach dem 7. Zionistenkongress, der zwar die Besiedlung Ostafrikas verwarf, insgesamt aber erneut – bspw. durch die Gründung der Jewish Territorialist Organization (ITO) –[208] politische Zerfaserungen des zionistischen Kollektivs vorführte, trat

201 Loewe: Die Landsucher, S. 25.

202 Loewe: Von den Landsuchern, S. 40.

203 Vgl. Heinrich Loewe an Arthur Hantke, 30.01.1905. Shaar Zion, Boxnr. 5.

204 Vgl. ebd.; Heinrich Loewe an Davis Trietsch, 02.02.1905. Shaar, Boxnr. 5.

205 Elias Auerbach: Worüber wir einig sind. In: *Jüdische Rundschau*, 24.03.1905, S. 130–131, hier S. 130.

206 Leib Estermann: Worüber wir nicht einig sind. In: *Jüdische Rundschau*, 31.03.1905, S. 143–144.

207 Elias Auerbach: Zur Entgegnung. In: *Jüdische Rundschau*, 31.03.1905, S. 144.

208 Unter dem Eindruck des 7. Zionistenkongresses verließ auch ein breiteres Bündnis, die Sozialistisch-Territorialistische Partei, welche von Nachman Syrkin angeführt wurde, die WZO. Als Spin-off der Poalei Zion hatte sie sich unter dem Namen ‚Zionistisch Sozialistische Arbeiterpartei', kurz ‚Zionisten-Sozialisten' (vgl. Böhm: *Die zionistische Bewegung*, Bd. 1, S. 363), bereits auf einer Konferenz im Januar/Februar 1905 in Odessa gegründet und schloss sich nun der ITO an (vgl. Moshe Mishkinsky: Zionist Socialist Workers Party. In: *Encyclopaedia Judaica*, Bd. 21, hrsg. v. Michael Berenbaum / Fred Skolnik. Detroit: Macmillan 2007, S. 637–638.)

Julius Becker ebenso wie Auerbach mit der Parole an das Lesepublikum heran, den „Irgendwo-Territorialismus“ der „Landsucher“ zu bekämpfen.[209]

Den Gegenentwurf zum Territorialismus produzierte die *Jüdische Rundschau* parallel. Eine mehrteilige Artikelserie Loewes fasste unter dem Titel „Gegenwartsarbeit“ die grundlegenden Ideen zusammen, die gegenüber dem Territorialismus in den vergangenen Monaten in Stellung gebracht worden waren. In diesem Zusammenhang setzte Loewe metaphorisch wiederum auf den „Wanderer“ auf, im Gegensatz zu Ben Zwi Kleniec besetzte er ihn allerdings positiv. Loewe beschrieb diesen Topos, der die Verfasstheit des zionistischen Kollektivs illustrieren sollte, als Subjekt zielgerichteter Bewegung – Richtung Palästina freilich –, als Subjekt allerdings im Hier und Jetzt verankert:

> Ein solcher Wanderer ist der Zionismus. Auch er strebt einem Ziele zu, das in der Ferne liegt und das er noch nicht sieht, wenn er auch genau die Richtung weiss, wohin er strebt. Ist es doch die Heimat, von der er einmal ausgegangen ist.[210]

Nicht eine alternative Geographie zur Besiedlung, sondern zionistische Praxis, die, korrespondierend mit dem Baseler Programm, die „Stärkung und Förderung des jüdischen Selbstgefühls und Volksbewusstsein“ anvisiere, müsse in der Diaspora und Palästina materialisiert werden. Diese Intention verschränkte Loewe im Gegensatz zu Buber, der 1901 den Begriff Gegenwartsarbeit prägte und skizzenhaft als auf kulturelle „Renaissance“[211] abzielendes Programm „grosse[r] und radicale[r] Volkserziehung“[212] vorstellte, mit Ideen zu einer adäquaten politischen Propaganda. Diese erachtete Loewe zu diesem Zeitpunkt als wichtigste Aufgabe zionistischer ‚Gegenwartsarbeit‘. Wie Auerbach zuvor arbeitete Loewe vor diesem Hintergrund heraus, dass zionistische Aktion nicht „Notstandsaktion“ mit philanthropischem Gestus sein dürfe, sondern sich zugleich in der jüdischen Diaspora und in Palästina als „Volkspolitik“ entfalten müsse.[213] Er nahm damit den gegen die wohltätige Klein-‚Kolonisation‘ gerichtete Diskurs auf, der bereits im Vorfeld des ersten Zionistenkongresses geführt worden war.[214] Propaganda sollte Loewe zufolge in und durch beide Regionen vermitteln, dass Zionismus jene Bewegung im Judentum sei, die diesem eine Zukunft verschaffe.[215] Dazu wäre es freilich

209 Julius Becker: Der VII. Kongress [2]. In: *Jüdische Rundschau*, 01.09.1905, S. 440–441, hier S. 441.

210 Heinrich Loewe: Gegenwartsarbeit I. In: *Jüdische Rundschau*, 15.09.1905, S. 461–464, hier S. 461.

211 Vgl. Martin Buber: Juedische Renaissance. In: *Ost und West* 1,1 (1901), Sp. 7–10.

212 Martin Buber: Gegenwartsarbeit. In: *Die Welt*, 08.02.1901, S. 4–5, hier S. 4.

213 Loewe: Gegenwartsarbeit I, S. 462.

214 Vgl. S. 163–164.

215 Vgl. Loewe: Gegenwartsarbeit I, S. 462.

nötig, Palästina in eine Region umzuwandeln, die als Ort eines zukünftigen jüdischen Gemeinwesens dienen könnte. Man müsse deshalb damit beginnen, die ökonomischen Grundlagen für politisches Handeln zu schaffen, vor allem für die bereits in Palästina lebenden Jüd*innen, etwa für das städtische jüdische Proletariat.[216] Explizit verwies er in diesem Zusammenhang auf das von Franz Oppenheimer für den Zionismus auf dem 6. Zionistenkongress passgerecht gemachte und theoretisch fundierte Modell der landwirtschaftlichen Genossenschaft[217], indem Loewe die „Kreditbasis" der ‚Kolonisation' ins Spiel brachte.[218] Ziel dieser Kapitalisierung der zionistischen Besiedlung sei es, ein jüdisches Kollektiv als Machtfaktor in Palästina zu etablieren, als Argument in zukünftigen Verhandlungen um die Überlassung der ‚Charter'.

3. Bibliotheken I

Dr. Josef Chasanowicz, 1844 in Goniądz im russischen Gouvernement Grodno geboren, hielt am 31. Dezember 1890 einen Vortrag im Russisch-jüdisch wissenschaftlichen Verein in Berlin. „Er führte in dem Vortrage aus, daß Palästina sehr bald durch Europäer in ein Culturland umgewandelt werden wird, wenn nicht die Juden früher zugreifen" – so eine Korrespondenz in der *Selbst-Emancipation*.[219] Heinrich Loewe war an diesem Abend anwesend und machte mit dem gerade aus Palästina zurückgekehrten Büchersammler Bekanntschaft. 1915 wird Loewe in einer Würdigung des Arztes und „eifrigen Zionisten" aus Białystok von den reichen Anregungen schreiben, die er aus Palästina mitbrachte, darunter der Gedanke zur Gründung einer jüdischen Nationalbibliothek in Jerusalem.[220] Bis 1896 hatte Chasanowicz ca. 8.000 Bände gesammelt und nach Jerusalem geschickt. Zusammen mit weiteren Sammlungen, etwa der auf Vermittlung von Jehoshua Syrkin einverleibten Sammlung der 1875 gegründeten und wieder eingegangenen Bibliothek des in Jerusalem ansässigen Vereins Tiferet Yerushalayim und der Privatbibliothek des 1892 verstorbenen hebräischen Schriftstellers Yehudah Leib Gordon, bildeten diese den Grundstock der bereits im April 1892 von der Jerusalemer

216 Heinrich Loewe: Gegenwartsarbeit II. In: *Jüdische Rundschau*, 22.09.1905, S. 475–477, hier S. 477.

217 Vgl. *Stenographisches Protokoll der Verhandlungen des VI. Zionisten-Kongresses*, S. 182–195. Hierzu auch Franz Oppenheimer: *Die Siedlungsgenossenschaft. Versuch einer positiven Überwindung des Kommunismus durch Lösung des Genossenschaftsproblems und der Agrarfrage*. Leipzig: Duncker & Humblot 1896; Alex Bein: Franz Oppenheimer als Mensch und Zionist. In: *Bulletin des LBI* 7 (1964), S. 1–20. http://www.franz-oppenheimer.de/xbein1.htm (Zugriff am 19.09.2012).

218 Loewe: Gegenwartsarbeit II, S. 476.

219 Original-Correspondenzen/Deutsches Reich/Berlin. In: *Selbst-Emancipation*, 02.01.1891, S. 6.

220 Vgl. Heinrich Loewe: Josef Chasanowisz. In: *Jüdische Rundschau*, 14.05.1915, S. 158–159, hier S. 158. Chasanowicz starb erst 1920 (vgl. Heinrich Loewe: Mitteilungen über das Bibliothekswesen im Lande Israel. In: *Jüdische Rundschau*, 17.12.1920, 676).

Bnei-Brit-Loge eingerichteten kleinen Vereinsbibliothek Bet Midrash Abarbanel.[221] Von der Sammelpraxis Chasanowicz' in der zweiten Hälfte der 1890er Jahre berichtete Saul Raphael Landau. Sein 1898 erschienenes Buch *Unter jüdischen Proletariern. Reiseschilderungen aus Ostgalizien und Russland* legt Zeugnis ab vom Büchersammler und den Bedingungen, unter denen er Bücher beschaffte und für den Transport nach Jerusalem fertigmachte. Landau zeichnete das Bild eines idealistischen Autodidakten, der sich unter erheblichen materiellen Entbehrungen dem Aufbau der Bibliothek in Jerusalem verschrieb:

> Seine Kleider sind fadenscheinig, sein Junggesellen-Haushalt ist der bescheidenste, aber für alles Geld, das er als Arzt verdient, kauft er Bücher, läßt sie neu einbinden und führt sie dann auf eigene Kosten ihrer Bestimmung zu. Vor einigen Wochen expedierte er erst 27 Pud [1 Pud entspricht 25 kg, F. S.] und bezahlte über 50 Rubel Fracht; nun liegen schon wieder mächtige Bücherstöße in seinem Arbeitszimmer, schön gebunden und wohlgeordnet, von ihrem Besitzer mit Wohlgefallen und innerer Genugthuung betrachtet. Ihre Zusammenstellung kostet Dr. Chazanowicz nicht nur Geld, sondern auch viel Arbeit und Mühe. Er muss alle antiquarischen Bücherkataloge und bibliographischen Mittheilungen genau studieren, sich auch sonst von seltenen Bücherexemplaren Kenntnis verschaffen und dann erst correspondieren, oft bei Privatbesitzern noch bitten und flehen. Eine alte Bibel oder ein seltenes Gebetsbuch zieht er bei seinen Patienten dem größten Honorar vor; wenn ihm Jemand ein Buch verspricht, scheut er auch zehn und zwanzig Besuche nicht, um in dessen Besitz zu kommen.[222]

Diesem Bild setzte Loewe in seinen Erinnerungen ein anderes entgegen. Das bibliothekarische Fachwissen das Sammlers aus Białystok anzweifelnd monierte er dessen unsorgfältigen Umgang mit den Büchern, die das Bet Midrash Abarbanel über die Jahre erreichten:

> Die Bücher. die Ch[asanowicz] sammelte und nach Jerusalem schickte, waren oft selten, aber fast immer in fragwürdigem Zustande. Sie waren nicht verpackt, sondern zusammen gewurschtelt. Sie waren oft schmutzig und auf Titelblättern und anderen Seiten war ein unordentlicher Stempel mit dem Namen Chasanowicz, der oft noch das Aussehen des ohnehin nicht sorgsam behandelten Buches verschandelte.[223]

221 Die Bibliothek wurde anlässlich des vierhundertsten Jahrestags der Vertreibung der Jüd*innen aus Spanien nach dem Bankier und jüdischen Philosophen Don Isaak Abarbanel benannt. Zur frühen Geschichte der Bibliothek und ihrer Sammlungen vgl. *Die Jüdische Central-Bibliothek in Jerusalem. Ihre Entstehung und Entwicklung*. Jerusalem: Luncz 1910, S. 3–9; Jüdische Nationalbibliothek. In: *Selbst-Emancipation*, 01.11.1893, S. 4.

222 Saul Raphael Landau: *Unter jüdischen Proletariern. Reiseschilderungen aus Ostgalizien und Russland*. Wien: Rosner 1898, S. 51–52.

223 Heinrich Loewe: Sichronot. Kap. Bibliothek und Bibliothekar. CZA, A146/168, S. [1].

Chasanowicz sammelte allerdings nicht nur Bücher, sondern bewarb die in Jerusalem bestehende Bibliothek in der jüdischen Presse. Durch seinen Artikel für die *Welt* wurde Anfang Dezember 1899 die Vorstellung einer jüdischen Nationalbibliothek in Jerusalem im deutschsprachigen zionistischen Verhandlungsraum weithin sichtbar.[224]

Die Genealogie des von Chasanowicz vorgelegten Ideenkomplexes, der bis dahin ausschließlich in den hebräischsprachigen Zeitungen Osteuropas und Palästinas besprochen worden war, lässt sich bis in die Anfänge der 1870er Jahre zurückverfolgen.[225] Wie Dov Schidorsky in seiner ausgezeichneten Ideengeschichte der Jüdischen Nationalbibliothek ausführt, tauchte der Vorschlag zur Gründung dieser erstmals in der von Yisrael Dov Frumkin herausgegebenen Zeitung *Ha-Vazalet* auf. Der Wilnaer Rabbiner Joshua Heschel Lewin, der sich im proto-zionistischen Zirkel um Zwi Hirsch Kalischer bewegte, legte allerdings ein Konzept vor, das den Begriff ‚Nationalbibliothek' noch nicht kennt. Der Versuch, eine Bibliothek nach den Vorschlägen Lewins in Jerusalem zu etablieren, schlug fehl. 1884 unternahm Eliezer Ben Jehuda einen zweiten Versuch. Er gründete in Jerusalem das „Haus des Bücherschatzes Israels" (בית אוצר ספרי ישראל) und publizierte im gleichen Jahr einen entsprechenden Artikel in der Zeitung *Ha-Zwi*. In diesem Artikel erweiterte er nicht nur das von Lewin vorgelegte Konzept, sondern assoziierte den Begriff „national" erstmals mit der Bibliothek – hier dem „Bücherhaus" (בית ספרים לאומי). Ende der 1880er Jahre nahm sich ein Kreis von Chovevei Zion dem Bibliotheksprojekt an. Zu diesem gehörten Jehoshua Syrkin, Jehuda Leib Rabinowicz und Josef Chasanowicz. Syrkins Konzept einer jüdischen Nationalbibliothek legte er in einem Brief an die Gründer des Bet Midrash Abarbanel im August 1893 dar, ferner veröffentlichte er im Juni 1894 *Die Worte Yehoshuas* (דברי יהושע), worin er das Konzept der Bibliothek behandelte. Leib Rabinowicz nahm die Vorschläge Syrkins auf und veröffentlichte in *Ha-Meliz* 1893 eine zweiteilige Artikelserie zum Thema. Schließlich war es Chasanowicz, der sechs Jahre später, im November 1899, in der Zeitung *Ha-Magid*

224 Vgl. Josef Chasanowicz: Die jüdische Nationalbibliothek in Jerusalem. In: *Die Welt*, 01.12.1899, S. 5. Bis dahin erschienen ausschließlich Kurzberichte zur Nationalbibliothek in der *Welt* (vgl. etwa Die Nationalbibliothek in Jerusalem. In: *Die Welt*, 12.11.1897, S. 10; Nationalbibliothek in Jerusalem. In: *Die Welt*, 01.04.1898, S. 8) und in anderen zionistischen Periodica. Auch vor dem Hintergrund der Einrichtung der ersten öffentlichen Bibliothek Palästinas Ende 1899, der Khalidi-Bibliothek in Jerusalem, welche „an exceptional inventory of the intellectual interest of a Muslim Palestine elite family" (Johann Büsow: *Hamidian Palestine: Politics and Society in the District of Jerusalem 1872–1908*. Leiden / Boston: Brill 2011, S. 466) repräsentierte, erscheint die Wahl des Veröffentlichungstermins kaum zufällig. Zur Khalidi-Bibliothek vgl. Amy Ayalon: *Reading Palestine: Printing and Literacy, 1900–1948*. Austin: University of Texas Press 2004, S. 94–96; Lawrence Conrad I.: The Khalidi Library: In: Sylvia Auld / Robert Hillenbrand (Hrsg.): *Ottoman Jerusalem*, Bd. 1. London: Altajir World of Islam Trust 2000, S. 191–209. Conrad las zudem die Ankündigung der Eröffnung der Bibliothek als politisches Statement (vgl. Ayalon: *Reading Palestine*, S. 176, Anm. 46).

225 Vgl. auch zu den folgenden Ausführungen Dov Schidorsky: Jewish Nationalism and the Concept of a Jewish National Library. In: Ders. (Hrsg.): *Library Archives and Information Studies*. Jerusalem: Magnes 1989, S. 49–59, insb. S. 57–59.

He-Chadash (im Juli 1900 auch im Londoner *Ha-Yehudi* abgedruckt) unter dem Titel „Ein spirituelles Zentrum in Jerusalem" (מרכז רוחני בירושלים) die Bibliothek entwarf. Dem deutschsprachigen zionistischen Lesepublikum geschuldet, waren Chasanowicz' Ausführungen zur Bibliothek, die die *Welt* abdruckte, eine säkularisierte Variante seines hebräischsprachigen Entwurfs, der wenige Monate zuvor in der Zeitung *Ha-Magid He-Chadash* veröffentlicht worden war. Der *Welt*-Artikel verzichtete auf eine explizite Identifikation der Bibliothek als spirituelles Zentrum, die sie konzeptionell in die Nähe des Kulturzionismus Achad Haams gerückt hätte. Dass aber die Bibliothek als ein „geistiges Centrum des Judenthums"[226], angelegt wurde, das im Sinne Achad Haams auf „die Entwickelung der von [den] Vätern ererbten kulturellen Güter und [...] die Hebung des intellektuellen Niveaus der breiten Volksmassen"[227] zielte, machte einer der langjährigen Vorstandsmitglieder der Jerusalemer Bibliothek, David Yellin, in einem im Londoner Maccabaeans Club gehaltenen Vortrag vom Oktober 1900 deutlich. Die in der *Welt* entworfene Vorstellung wurde von einer dezidiert religiösen Gedankenwelt bereinigt und die Bibliothek als westernisiertes, zionistisches Projekt konstruiert. Der Bücherschatz kompilierte sich hier nicht mehr aus hebräisch- und anderssprachigen Werken, die von Judentum und Tora erzählen, auch wurde in der Vision das Haus nicht mehr von Rabbinern, Weisen und anderen Gelehrten frequentiert:

> In einer der schönsten Strassen der Stadt, stolz und ragend, erhebt sich ein mächtiger Bau, dessen Inneres die gesammelten Geistesschätze des jüdischen Volkes in sich birgt. Und ein jeder, der unser Schriftthum, unsere Geschichte, irgendein Erzeugnis jüdischer Wissenschaft oder jüdischer Kunst etc. kennen lernen will, der sucht unsere Nationalbibliothek in Jerusalem auf und findet hier das Gewünschte, in welcher Sprache immer er es suchen mag. [...] In ihren Räumen fühlen sich die Anhänger aller Parteirichtungen einig.[228]

Die Distanz zwischen Chasanowicz' Vision und der Realität vor Ort in Jerusalem war freilich groß. Der Umstand, dass die Bibliothek kein eigenes, zur sachgerechten Aufnahme und Aufbewahrung der wachsenden Buchbestände geeignetes Gebäude besaß, erschwerte die Sammeltätigkeit zusehends. Ein Ausbau des Hauses wurde erst 1902 realisiert. Aufgrund des schleppenden Eingangs von Spendengeldern geschah dies nur teilweise. Auf dem in der Nähe des neuen Stadtteils Zichron Moshe befindlichen Baugrund[229] konnte trotz zahlreicher internationaler Aufrufe zur Unterstützung der

226 Die Centralbibliothek in Jerusalem. In: *Die Welt*, 26.10.1900, S. 7.

227 Achad Haam: Ueber die Kultur. Referat von Achad Haam, erstattet auf der allrussischen Zionisten-Konferenz in Minsk, übers. v. Anna Brümann [I]. In: *Ost und West* 10,10 (1902), Sp. 655–660, hier Sp. 657.

228 Josef Chasanowicz: Die jüdische Nationalbibliothek in Jerusalem. In: *Die Welt*, 01.12.1899, S. 5.

229 Vgl. David Kroyanker: *Jerusalem Architecture, Periods and Styles*, S. 333.

Bibliothek, die mittlerweile 18.000 Bände zählte,[230] lediglich ein Flügel fertiggestellt werden. Das 20x7 Meter große Gebäude verfügte über zwei Stockwerke. Im oberen Stockwerk befanden sich der Lesesaal sowie ein Katalogzimmer und ein Arbeitszimmer der Beamten der Bibliothek. Das Erdgeschoss zergliederte sich in drei Räume: ein Vorzimmer, ein Magazin und das Arbeitszimmer des Leiters der Bibliothek. Das zur Verfügung stehende Geld für den Ausbau genügte nicht einmal, um die beiden Stockwerke miteinander zu verbinden. Nachdem lange Zeit das obere Stockwerke nur über eine Leiter durch ein Loch in der Decke zu erreichen war, konnte im Laufe der 1900er Jahre durch eine steinerne, außerhalb des Hauses angebaute Treppe zumindest etwas Abhilfe geschaffen werden.[231]

War die Bibliothek in Jerusalem für Loewe Ende des 19./Anfang des 20. Jahrhunderts Gegenstand rein intellektueller und politischer Auseinandersetzung, wurde die Universitätsbibliothek in Berlin zentraler Ort seines alltäglichen Handelns. Auch hier, an Loewes Arbeitsstelle, herrschte allerdings wegen der wachsenden Buchbestände um die Jahrhundertwende akuter Platzmangel – nur war die wirtschaftliche Situation im Vergleich zur Bibliothek in Jerusalem nicht dermaßen prekär.[232] 1899, als Loewe seinen Dienst an der Universitätsbibliothek antrat, zählte ihr Gesamtbestand mehr als 310.000 Einzeltitel. Dieser wuchs die kommenden Jahrzehnte: 1906 waren es bereits mehr als 400.000, bis 1931 hatte sich der Bibliotheksbestand mit 850.000 Titeln mehr als verdoppelt. Mehrfache Umzüge waren deshalb in diesem Zeitraum nötig: Die Universitätsbibliothek, die bereits 1897 auf Räume im Hauptgebäude der Universität (Dorotheenstraße 5) ausgedehnt worden war, befand sich, als Loewe nach dreimonatiger Probezeit seinen Dienst in der Bibliothek am 1. Januar 1900 begann, in der Dorotheenstraße 9. Noch im gleichen Jahr vereinnahmte die Bibliothek das angrenzende Haus in der Dorotheenstraße 10. Ein Jahr nachdem Loewe als ordentlicher Bibliothekar angestellt worden war, zogen die Sammlungen 1910 für zwölf Jahre erneut um. Im Eiltempo

230 Vgl. Nathanja Sahuwi: Die jüdische Nationalbibliothek. In: *Ost und West* 2,2 (1902), Sp. 101–108, hier Sp. 106. Zu den bis 1902 eingegangenen Büchern gehörten bspw. sämtliche Ausgaben des Palestine Exploration Fund und eine offenbar umfangreiche Schenkung von Frederic D. Mocatta (vgl. *Jüdische Central-Bibliothek in Jerusalem*, S. 8). Bis 1910 folgte u. a. der Büchernachlass Hermann Schapiras, weitere 3.000 Bände, die von Chasanowicz gesammelt wurden, die 3.000 Bände umfassende Privatbibliothek eines gewissen Dr. Plaskow aus Simferopol und 5.000 andere Bücher (vgl. ebd.; dazu auch Benjamin Lee Gordon: *Jewish Life in Modern Palestine*. Philadelphia: Greenstone 1919, S. 157–158). 1910 zählte der Bestand der Bibliothek 32.151 Werke. 1/3 davon waren Hebraica und Judaica (vgl. *Jüdische Central-Bibliothek in Jerusalem*, S. 10–11). Die Bilanz erfasste die 1.000 jiddischsprachigen Titel der Bibliothek bemerkenswerter Weise unter der Kategorie „Fremdsprachliche Bücher".

231 Vgl. Loewe: Aufbau der Jerusalem-Bibliothek, S. 87.

232 Die Daten sind im Folgenden entnommen aus Karl Friese: *Geschichte der Königlichen Universitäts-Bibliothek zu Berlin*. Berlin: Reimer 1910, S. 156; Adalbert Hortzschansky / Paul Schwenke: *Berliner Bibliotheksführer*. Berlin: Weidmannsche Buchhandlung 1906, S. 39; Joachim Krueger: Die Entwicklung der Aufstellung sowie der Standort- und Sachkatalogisierung in der Universitäts-Bibliothek Berlin. In: Christa Schwartz (Hrsg.): *Aus der Arbeit der Universitätsbibliothek Berlin*. Berlin: Univ.-BiBl. 1971, S. 6–22, hier S. 20, Anm. 7.

bewerkstelligte man den Umzug im April des Jahres in den noch in Errichtung befindlichen ‚heterotopen Baublock des Wissens‘[233], der zwischen Unter den Linden und der Dorotheenstraße sowie zwischen Universitätsstraße und Charlottenstraße entstand. Von den mehr als 18.000 m² waren allein 12.200 m² für die Büchersammlungen angedacht. Für die jüdische Jugend aufbereitet, berichtete Loewe in der Zeitschrift *Jung Juda* von dem Bau, der „ein ganzen Straßenviertel“ umfassen würde, nachdem er fertiggestellt sei.[234] „In dem schon fertigen Teile, in dem schon fertige Regale eingebaut sind“, so Loewe weiter, „sind deren so viele, daß man, wenn man einmal an allen vorbeigegangen ist, 87 Kilometer zurückgelegt hat“.[235] Im nördlichen Bereich dieses monumentalen Neubaus, der, von Ernst von Ihne entworfen und durch Alex Baerwald überarbeitet, dauerhaft die Königliche Bibliothek und die Akademie der Wissenschaften beherbergte, richtete sich die Universitätsbibliothek interimsmäßig ein. Erst 1922 erhielt sie in der Dorotheenstraße 81 ihre vorerst letzte Unterkunft, wo sie bis 2005 blieb.

Der Weg Heinrich Loewes in den Dienst der Universitätsbibliothek und damit hin zur professionellen Auseinandersetzung mit Bibliotheksfragen war mehr vom Zufall als von Zielgerichtetheit bestimmt.[236] Man kann davon ausgehen, dass er im Fall einer früheren positiven Rückmeldung auf eine der zahlreichen Bewerbungen, die er zwischen 1898 und 1899 schrieb, seine berufliche Zukunft im Journalismus gesucht hätte. Dass Loewe Affinitäten zu Büchern und Buchsammlungen besaß, steht freilich außer Frage. Chasanowicz hatte er, wie erwähnt, 1890 in Berlin getroffen und in diesem Zusammenhang von der Idee zur Gründung einer jüdischen Nationalbibliothek erfahren. Ben Jehuda, der schon 1884 das „Haus des Bücherschatzes Israels“ in Jerusalem gegründet hatte, lernte er während seiner Palästinareisen kennen.[237] In seinen ausführlichen Palästina-Reiseberichten, die er (erneut) 1903 unter dem Titel „Streifzüge durch den jüdischen Orient“ in der *Jüdischen Rundschau* publizierte,[238] nahm er aber keinerlei Notiz von jüdischen Bibliotheken. Für seine umfassende wissenschaftliche und journalistische Textproduktion, darunter auch zahlreiche Besprechungen neu

233 Vgl. Dieter Simon: Der Ort der Akademie. Topologische Impressionen. In: Wilhelm Vosskamp (Hrsg.): *Ideale Akademie. Vergangene Zukunft oder konkrete Utopie?* Berlin: Akademie 2002, S. 131–144, hier S. 136.

234 Heinrich Loewe: Etwas über Bibliotheken. In: *Jung Juda* 10,2 (1910), S. 19–20, hier S. 19.

235 Ebd.

236 Vgl. S. 208–214.

237 Eine Korrespondenz zwischen Ben Jehuda und Loewe, in der die beiden etwa die Möglichkeiten zum Ausbau der jüdischen Bibliothekslandschaft Jerusalems besprochen hätten, existiert nicht. In den Briefen an Ben Jehuda tauchen zwar mehrmals Büchersendungen auf, die Loewe von Jaffa nach Jerusalem veranlasste (vgl. Heinrich Loewe an Eliezer Ben Jehuda, 01.07.1897. In: Durchschreibebuch 1897, Bl. 173R; Heinrich Loewe an Eliezer Ben Jehuda, 16.07.1897. In: Ebd., Bl. 219R), ob die Bücher für die Abarbanel-Bibliothek oder für Ben Jehudas Privatbibliothek bestimmt waren, kann allerdings nicht entschieden werden.

238 Vgl. die Loewe-Bibliographie im Anhang.

erschienener Titel, war die Auseinandersetzung mit Büchern zweifellos unabdingbar. Zwangsläufig war er Vielleser und eifriger Bibliotheksbesucher sowie seit seiner Jugend Büchersammler.[239]

Die Auseinandersetzung mit Büchern blieb aber nicht auf Loewes Privatleben beschränkt. Ihre Sammlung und Systematisierung war auch zentrales Element der Berliner zionistischen Vereinspraxis. In nahezu jedem Statut der zionistischen Zusammenschlüsse, an denen er seit Anfang der 1890er Jahre partizipierte, gehörten Einrichtung, Bestandsaufbau und -pflege einer Bibliothek zu den statuarisch verfassten Handlungsmaximen. In der Öffentlichkeit tauchten Ideen Loewes zu Büchern und Bibliotheken, die er im Kontext der Gründungsphase der Jüdischen Lesehalle und Bibliothek 1892 erstmals ausführte,[240] hingegen erst nach 1902 verstärkt auf. Die Schaffung einer jüdischen Nationalbibliothek in Jerusalem bildete fortan ein zentrales Element in der Loewe'schen Textproduktion. Diese von ihm forcierte Einschreibung der jüdischen Nationalbibliothek in die zionistische Theorie und Praxis war unmittelbar mit seiner Tätigkeit an der Berliner Universitätsbibliothek verknüpft. Der Wissensspeicher wuchs vor seinen Augen. Die angehäuften und in Sachgruppen organisierten Bücher und Zeitschriften, die systematisierenden, katalogisierenden und bibliographierenden Mitarbeiter*innen der Bibliothek, die bibliothekarische Fachliteratur, die (Architektur des) Bibliotheksgebäudes samt seiner Lesesäle, Katalogzimmer und Arbeitsräume hinterließen Spuren in Loewes Denken und Handeln. Ferner war er als Angestellter der Universitätsbibliothek hautnaher Beobachter der greifenden Reformen, die unter der Ägide Friedrich Althoffs in das deutsche Bibliothekswesen implementiert wurden:[241] Im Zuge der Reformen, die bis weit in das 20. Jahrhundert hineinragten, erhielt die Königliche Bibliothek zu Berlin, in deren Räumen sich Loewe spätestens nach der Zusammenlegung mit der Universitätsbibliothek im Jahr 1910 nahezu täglich bewegt haben dürfte, quasi den Status einer Nationalbibliothek. Damit einhergehend wurde das Bibliothekswesen hierarchisiert, professionalisiert, bürokratisiert und besser koordiniert,

239 Die Anfänge der Privatbibliothek Loewes, die bis 1918 auf 1.145 Titel angewachsen war, datieren auf das Ende der 1880er Jahre. Ein Großteil der Bücher wurde ihm von Verwandten und von den damaligen Lehrern, Moritz Spanier und Moritz Rahmer, geschenkt. Nach eigener Angabe besaß er zu dieser Zeit eine deutschsprachige Jugendbuchausgabe von Homers *Odyssee*, August Raßmanns *Deutsche Heldensage* und Otto Eicherts *Kleines Schulwörterbuch zu ausgewählten Metamorphosen des Ovid*. Weiterhin gehörten ihm Karpeles' zweibändige *Geschichte der jüdischen Literatur*, Emanuel Hechts und Meyer Kayserlings *Leitfaden der jüdischen Geschichte*, ein „Siddur mit hebräischen Anmerkungen in Raschischrift", ein Druck der Mishna in sechs Oktavbänden und eine dreibändige Ausgabe von Graetz' *Volkstümlicher Geschichte der Juden*, vermutlich in der Ausgabe von Leiner, die 1888 in Leipzig erschienen war. Der Großteil der Bücher dieser kleinen Sammlung, darunter auch eine von Loewe hochgeschätzte Übersetzung der *Parallelbiografien* Plutarchs, war auf der Reise nach Basel zum 1. Zionistenkongress verloren gegangen. Vgl. Heinrich Loewe: Sichronot. Kap. Aus meiner Bibliothek. CZA, A146/168, S. [1]. Zu Loewes Privatbibliothek vgl. auch S. 375, Anm. 334.

240 Vgl. S. 150–151.

241 Vgl. auch Schidorsky: Germany in the Holy Land, S. 30.

die Abläufe in den Bibliotheken standardisiert.[242] Eine signifikante Innovation innerhalb dieses umfassenden Transformationsprozesses, der auf ein „funktional differenziertes Bibliothekssystem“[243] und ein Aufbrechen der relativ isolierten Arbeit an den einzelnen Bibliotheken abzielte, waren etwa die „Preußischen Instruktionen“, die, am 10. Mai 1899 erstmals veröffentlicht, das erste einheitliche Regelwerk zur Ordnung und Aufnahme von Titeln darstellten.[244] Auf Grundlage dieser wurde mit dem Preußischen Gesamtkatalog ein zentrales Katalogsystem geschaffen. Erklärtes Ziel war es, „den Gelehrten ‚überflüssige Schreiberei‘ und den Bibliotheken die ewige Wiederholung einer und derselben Arbeit“ zu ersparen.[245] Weitere wesentliche Neuerungen bestanden in der Einführung des preußischen Leihverkehrs im Januar 1893 und nicht zuletzt in der ‚Geburt‘ des verbeamteten deutschen Berufsbibliothekars im Dezember 1893.[246]
An der Universitätsbibliothek machte sich der Transformationsprozess innerhalb des deutschen Bibliothekswesens zuallererst in notwendigen Überarbeitungen der Kataloge bemerkbar.[247] Der neue Hilfsarbeiter Loewe wurde hier ab 1899 schwerpunktmäßig eingesetzt.[248] In seiner Dienstzeit, die sich anfangs innerhalb der Semester von Montag bis Freitag auf den Zeitraum zwischen 9.00 Uhr und 15.00 Uhr konzentrierte,[249] arbeitete

242 Vgl. Bernhard Fabian: Zur Reform des preußisch-deutschen Bibliothekswesens in der Ära Althoff. In: Ders. (Hrsg.): *Der Gelehrte als Leser. Über Bücher und Bibliotheken.* Hildesheim: Olms / Weidmann 1998, S. 149–174.

243 Engelbert Plassmann / Hermann Rösch / Jürgen Seefeldt / Konrad Umlauf: *Bibliotheken und Informationsgesellschaft in Deutschland. Eine Einführung.* Wiesbaden: Harrassowitz 2006, S. 254.

244 *Instruktionen für die alphabetischen Kataloge der preußischen Bibliotheken und für den preussischen Gesamtkatalog vom 10. Mai 1899.* Berlin: Asher 1899; vgl. Hans Popst: Die Entwicklung der Alphabetischen Katalogisierung in Deutschland. In: Bernd Lorenz (Hrsg.) *Bibliothek und Philologie. Festschrift für Hans-Jürgen Schubert zum 65. Geburtstag.* Wiesbaden: Harrassowitz 2005, S. 92–97.

245 Richard Fick: Der Preußische Gesamtkatalog. In: *Preußische Jahrbücher* 118 (1904), S. 313–327, hier S. 313.

246 Werner Schochow: *Die Berliner Staatsbibliothek und ihr Umfeld. 20 Kapitel preussisch-deutscher Bibliotheksgeschichte.* Frankfurt am Main: Klostermann 2005, S. 24.

247 Vgl. Krueger: Entwicklung der Aufstellung sowie der Standort- und Sachkatalogisierung in der Universitäts-Bibliothek Berlin, S. 6–22.

248 Zu den Ausführungen im Folgenden vgl. Heinrich Loewe: Bericht über die Tätigkeit des Hilfsarbeiters Dr. phil. Heinrich Loewe an der Universitätsbibliothek zu Berlin in der Zeit vom 1. Oktober 1899 bis zum 30. Juni 1904 [o. D.]. Archiv der Humboldt-Universität zu Berlin, UK-P L199, Bd. 4, Bl. 61; ders.: Bericht über die Tätigkeit des Volontärs Dr. Heinrich Loewe an der Kgl. Universitätsbibliothek zu Berlin in der Zeit vom 1. Juli bis 30. September 1904 vom 4. Oktober 1904, 04.10.1904. Ebd., Bl. 62; ders.: Bericht über die Tätigkeit des Volontärs Dr. Heinrich Loewe an der Kgl. Universitätsbibliothek zu Berlin in der Zeit vom 1. Oktober bis 31. Dezember 1904 [o. D.]. Ebd., Bl. 63–64. Hierzu auch Adolf Laminski: Ein Berliner Bibliothekar. In: *Wolfenbütteler Notizen zur Buchgeschichte* 30,1 (2005), S. 75–85, hier S. 76–77.

249 Seine Dienstzeit orientierte sich wohl an den Öffnungszeiten der Bücherausgabe (vgl. Hortzschansky / Schwenke: *Berliner Bibliotheksführer*, S. 39). In den Semesterferien sah der Dienstplan verkürzte Öffnungszeiten vor. Ein Großteil der an der Bibliothek tätigen Bibliothekare, darunter auch Loewe, arbeitete bspw. vom 15. August bis 15. Oktober 1905 nur vier Stunden täglich. Auch hinsichtlich des Arbeitens am Shabbat wurde zu diesem Zeitpunkt bei Loewe noch keine Ausnahme gemacht (vgl. Dienststundenplan während der Universitätsferien 16./8.–15./10.1905. Archiv der Humboldt-Universität zu Berlin, 175: Acta betreffend mehrerer Beamter, Bl. 93).

er ab Oktober 1899 am Alphabetischen Katalog. Er verzettelte Neuerwerbungen der Bibliothek und nahm sie auf. Anschließend war er mit dem Systematischen Katalog beschäftigt. Hier richtete er diverse Sachgruppen ein, darunter die Abteilung Hebraica und Judentum, die von Anfang an zum Hauptbeschäftigungsfeld Loewes gehörte.[250] Ab Herbst 1901 arbeitete er am Alphabetischen Bandkatalog, dessen Inhalte gemäß der Instruktion vom 10. Mai 1899 umgewandelt werden mussten. Ferner assistierte er in allen Abteilungen der Bibliothek bei der Bearbeitung der Semitica, half zwischenzeitlich im Bestelldienst aus, machte Lesesaalaufsicht, unterstützte beim Eintragen von Zeitschriften bei der Akzession und arbeitete in der Universitätsschriftenabteilung. Am Ende dieses ersten Abschnitts auf Loewes bibliothekarischer Karriereleiter, während dessen er grundlegende Techniken und Praktiken des Bibliotheksbetriebs einübte, stand 1904 die Zulassung zum Volontariat. Es sollte allerdings noch fast 5 ½ Jahre dauern, bis Loewe zum Bibliothekar ernannt wurde. In der Zwischenzeit arbeitete er zunächst als Assistent, später als Hilfsbibliothekar. Nachdem er sich bereits 1901 um das begehrte *billet d'entrée* in die ökonomisch lukrative Höhere Beamtenschaft beworben hatte,[251]

250 Loewe verfasste etwa die Bände 3 und 4, die sich den Lesesaalaufstellungen zu Theologie, Judentum und Orientalia widmen (vgl. Heinrich Loewe: *Theologie*. Berlin: Reimer 1914; ders.: *Führer durch den Lesesaal: C*. Berlin: Reimer 1914). Die Sammlung und Ordnung des (jüdischen) Wissens war aber nicht nur Bestandteil von Loewes Arbeitsalltag in der Universitätsbibliothek. Er wurde schon Anfang 1900 bspw. von der in der Neuen Wilhelmstraße ansässigen Verlagsbuchhandlung S. Calvary angefragt, ob er die Redaktion der renommierten *Zeitschrift für hebräische Bibliographie* übernehmen wolle (vgl. Heinrich Loewe an S. Calvary, 17.01.1900. In: Durchschreibebuch 1898–1900, Bl. 595R). Loewe stimmte dem zu (vgl. Heinrich Loewe an S. Calvary, 19.01.1900. In: Ebd., Bl. 597R). Die Vertragsverhandlungen schritten voran (vgl. S. Calvary an Heinrich Loewe, 08.02.1900. Shaar Zion, Boxnr. 4). Allerdings wechselte der Verlag der Zeitschrift Anfang 1900. Auf den Titelseiten der folgenden Jahrgänge der *Zeitschrift für hebräische Bibliographie*, die von nun an von J. Kaufmann in Frankfurt am Main verlegt wurde, prunkten statt des Namens Heinrich Loewe die von Heinrich Brody und Aron Freimann. Letzterer war nach der Berufung Heinrich Brodys zum Rabbiner in Náchod, die eine Pause im Erscheinen der Zeitschrift verursachte, neu in die Redaktion eingetreten (vgl. Redaction und Verlag der „Zeitschrift für Hebräische Bibliographie". In: *Zeitschrift für Hebräische Bibliographie* 4,1 (1900), S. 1).

251 Einige Monate vor der Anstellung Loewes als Assistent an der Universitätsbibliothek besserten sich seine Einkommensverhältnisse nachhaltig und stufenweise. Im April 1906 wurde sein Gehalt von 100 Mark monatlich (1.200 Mark jährlich) auf 150 Mark monatlich (1.800 Mark jährlich) angehoben (vgl. Bescheinigung Johannes Frankes über die Gehaltsbezüge Heinrich Loewes, 10. Mai 1907. Archiv der Humboldt-Universität Berlin, UK-P L199, Bd. 4, Bl. 67). Seit dem 1. April 1909 verdiente er jährlich 2.700 Mark. Hinzu kam der von 900 auf 1.200 Mark erhöhte Wohnungsgeldzuschuss (vgl. Besoldungstabelle der Beamten an der Universitätsbibliothek Berlin [1908]. Archiv der Humboldt-Universität zu Berlin, 175: Acta betreffend mehrerer Beamter, Bl. 141R–142). 1912 wurde das Gehalt erneut erhöht, auf 3.400 Mark jährlich, am 1. April 1915 wiederum auf 4.100 Mark (vgl. Laminski: Ein Berliner Bibliothekar, S. 76). Einen allg. Überblick über die finanzielle Ausstattung des Beamtentums liefert Hans Ulrich-Wehler: *Deutsche Gesellschafts-Geschichte*, Bd. 3: 1849–1914. München: Beck 1995, S. 1028–1030. Über die Entwicklung der Höheren Beamtenschaft, zu der Loewe seit Ende 1905 gehörte, schreibt Wehler, dass deren „Einkommen unter den damaligen Bedingungen bestechend hoch blieb" (ebd., S. 1028). Mit einer relativ besseren finanziellen Ausstattung der Beamten verknüpfte sich nicht nur das monatliche Einkommen, der Wohnungszuschuss und etwaige andere Zulagen, bspw. einmalige Zahlungen im Fall schwieriger Lebensverhältnisse – im Mai 1911 erhielt Loewe etwa 450 Mark, da seine Frau erkrankt war (vgl. Laminski: Ein Berliner Bibliothekar, S. 76) –, sondern auch die Absicherung im Alter durch die Pension und die Hinterbliebenenversorgung (vgl. ebd.). Zur Besoldung unterschiedlicher Beamtenkategorien im historischen Vergleich siehe

aber wegen des Fehlens eines adäquaten Hochschulabschlusses vom zuständigen Ministerium abgelehnt worden war,[252] war der neuerliche Versuch erfolgreich. Drei Jahre später schien die bibliothekarische und wissenschaftliche Expertise, vor allem Loewes vergleichsweise seltenes Sprachtalent, zu überzeugen. Dem umfangreichen Antrag legte der Direktor der Universitätsbibliothek, Johannes Franke, ein Begleitschreiben bei. Mit Nachdruck verwies er darauf, dass das Berliner Bibliothekskollektiv dringend eines orientalistisch fachkundigen Arbeiters wie Loewe bedürfe, um eine genügende Qualität im Katalogisierungsprozess gewährleisten zu können. Er forderte eigens für Loewe eine Ausnahmeregelung. Bemerkenswert ist in diesem Zusammenhang, dass Franke nicht nur auf die Bedürfnisse des Betriebs der Universitätsbibliothek rekurrierte, sondern, wohl bewusst, auch den nationalen Kontext der regionalen bibliothekarischen Erschließung in den Blick nahm. Immerhin war die Universitätsbibliothek als Teil des preußischen Netzes wissenschaftlicher Bibliotheken u. a. in das korporative Katalogisieren für den Preußischen Gesamtkatalog eingebunden:

> Euer Exzellenz, habe ich die Ehre, anliegend ein Gesuch des Dr. Heinrich Loewe, nebst 14 Anlagen, wegen Zulassung zum bibliothekarischen Volontärsdienst ganz gehorsamst zu überreichen. Die diesseitige Verwaltung hatte bereits am 9. März 1901 die Ehre, Euer Exzellenz ein gleiches Gesuch befürwortend zu unterbreiten, das Euer Exzellenz Genehmigung mangels des vorgeschriebenen Nachweises einer Staatsprüfung nicht gefunden hat. Die Verhältnisse haben sich inzwischen derart verändert, daß in den Bibliotheken, namentlich den größeren, der Mangel an Orientalisten unter den Bibliothekaren immer fühlbarer geworden ist und daß die Erkenntnis sich Bahn gebrochen hat, es werde hierin Wandel nicht eintreten, solange nicht in geeigneten Fällen orientalistisch vorgebildete Anwärter von dem Nachweis des Staatsexamens ausnahmsweise entbunden werden. Ich darf noch den Erfahrungen der derseitigen Bibliothek hinzufügen, daß das Bedürfnis nach einem Kenner von semitischen Literaturen und Sprachen den Beamten nach Beginn der Vergleichung mit dem Gesamtkatalog auch hier, an der verhältnismäßig an diesen Werken wenig reichen Sammlung sich oft geltend

auch Gerd Hohorst / Jürgen Kocka / Gerhard A. Ritter (Hrsg.): *Sozialgeschichtliches Arbeitsbuch. Materialien zur Statistik des Kaiserreichs 1870–1914.* München: Beck 1975, S. 109–111 (Fig. 4. „Besoldung ausgewählter Beamtenkategorien in Preußen"). Zu den Einnahmen und Ausgaben von Beamtenhaushalten im Vergleich zu Angestelltenhaushalten und Arbeiterhaushalten siehe ebd., S. 112–114 (Fig. 5 „Haushaltsrechnungen von Arbeiter-, Angestellten und Beamtenfamilien").

252 Der gültige Erlass vom 15. Dezember 1893, der die Zugangsvoraussetzungen für den wissenschaftlichen Bibliotheksdienst regelte, sah vor, dass die Bewerber „die theologische Prüfung, die erste juristische Prüfung, die ärztliche Prüfung oder die Prüfung für das Lehramt an höheren Schulen mit gutem Erfolge" (Erlass, betreffend die Befähigung zum wissenschaftlichen Bibliotheksdienst bei der Königlichen Bibliothek zu Berlin und den Königlichen Universitäts-Bibliotheken. In: *Zentralblatt für Bibliothekswesen* 11,1/2 (1894), S. 77–79, hier S. 77, § 2, Abs. b) nachweisen mussten oder den „an einer deutschen Universität [...] vorgeschriebenen Habilitationsleistungen" (ebd.). genügen. Mit Hinweis auf diesen Absatz lehnte man Loewe zunächst ab (vgl. Ministerium der geistlichen, Unterrichts- und Medicinal-Angelegenheiten (i. A. Friedrich Althoff) an Direktor der Königlichen Universitäts-Bibliothek (Johannes Franke), 06.05.1901. Archiv der Humboldt-Universität zu Berlin, UK-P L199, Bd. 4, Bl. 8.

gemacht hat, daß ferner die gegenwärtig hier stattfindende, noch 4–5 Jahre erfordernde Umarbeitung des alphabetischen Bandkatalogs nach der Instruktion von 1899 ebenfalls die Mitwirkung eines solchen sehr wünschenswert macht. Ähnliche Wahrnehmungen sind in der vorjährigen Versammlung des Vereins deutscher Bibliothekare sowie bei den diesjährigen Verhandlungen des Hauses der Abgeordneten zum Ausdruck gelangt.[253]

Am 11. Juni 1904 erging, von Althoff persönlich unterzeichnet, die Bestätigung der Übernahme Loewes in das Volontariat an Direktor Franke.[254] Zehn Tage später wurde der Eintritt Loewes den anderen Mitarbeiter*innen der Bibliothek zur Kenntnis gebracht.[255] Wegen der umfänglichen Kenntnisse, die er im Rahmen seiner viereinhalbjährigen Tätigkeit als Hilfsarbeiter an der Bibliothek gesammelt hatte, wurde Loewe schon ein knappes Jahr später zur bibliothekarischen Fachprüfung zugelassen.[256] Im Direktorialzimmer der Königlichen Universitätsbibliothek zu Göttingen absolvierte er diese am 26. August 1905 erfolgreich.[257] Das entstandene Protokoll der ca. 1 ¼ Stunden dauernden Prüfung gibt einen guten Eindruck davon, welche Fähigkeiten ein angehender wissenschaftlichen Bibliothekar um die Jahrhundertwende nachweisen musste. Loewe wurde zunächst in Bibliotheksverwaltungslehre von Karl Gerhard geprüft: bibliothekarische Fachzeitschriften, Kataloge, alphabetische Ordnungswörter, Inkunabelnkatalogisierung, Buchbinderei und Dictionary-Katalogsystem waren die Themen des ersten Teils. Anschließend befragte ihn der Prüfungsvorsitzende, Richard Pietschmann, zum Buchwesen, zu altsemitischer Schrift, zu Transkriptionsregeln, antiken Schreibmaterialien und zur Geschichte des Papiers. Danach prüfte Paul Schwenke in Bibliographie und Literaturgeschichte. Loewe hatte in diesem Prüfungsblock die Gründungsjahre der Universitätsbibliothek und der Königlichen Bibliothek zu referieren. Ferner musste er zum Werk der Brüder Humboldt Stellung beziehen und schließlich zu biographischen Nachschlagewerken und den zentralen deutschen Bibliographien reden. Abschließend stand der Nachweis der Sprachkenntnisse an. Dazu wurden ihm Auszüge aus bibliothekarischen Fachtexten in französischer, englischer und italienischer Sprache vorgelegt. Wenige Wochen nach bestandener Prüfung vereidigte man Loewe in

253 Johannes Franke an [Friedrich Althoff], 27.05.1904. Archiv der Humboldt-Universität zu Berlin, UK-P L199, Bd. 4, Bl. 12–12R.

254 Ministerium der geistlichen, Unterrichts- und Medicinal-Angelegenheiten (i. A. Friedrich Althoff) an Direktor der Königlichen Universitäts-Bibliothek (Johannes Franke), 11.05.1904. Archiv der Humboldt-Universität zu Berlin, UK-P L199, Bd. 4, Bl. 34.

255 Vgl. Ankündigung Johannes Frankes der Übernahme Heinrich Loewes als Volontär in den Bibliotheksdienst, 21.06.1904. Archiv der Humboldt-Universität zu Berlin, UK-P L199, Bd. 4, Bl. 39.

256 Ministerium der geistlichen, Unterrichts- und Medicinal-Angelegenheiten an Direktor der Königlichen Universitäts-Bibliothek (Johannes Franke), 05.05.1905. Archiv der Humboldt-Universität zu Berlin, UK-P L199, Bd. 4, Bl. 47.

257 Vgl. Protokoll der Bibliothekarischen Fachprüfung Heinrich Loewe am 26.08.1905. Archiv der Niedersächsischen Staats- und Universitätsbibliothek, Göttingen, Ms. Bibl.-Arch. B 7d:2, o. P.

Berlin.[258] Durch das Ritual, das auf die „moralische Verstärkung an sich schon vorhandener Rechtspflichten" abzielend die im Diensteid enthaltene Formel umfasste, in der der Schwörende, gegebenenfalls unter Berücksichtigung seines Glaubens, sich „zu Gott dem Allmächtigen und Allwissenden", zur Untertänigkeit gegenüber dem Kaiser und zur „Beobachtung der Verfassung" bekannte,[259] wurde im September 1905 der Übergang Loewes in das deutsche Berufsbeamtentum und damit in ein ausgedehntes Rechts- und Pflichtverhältnis markiert.[260] Seine Vereidigung und Aufnahme als Assistent an der Universitätsbibliothek fand nur drei Monate nach dem 7. Zionistenkongress statt. Schon im Vorfeld des Kongresses begann Loewe verstärkt mit der Assoziationsarbeit, die das Ziel verfolgte, Vorstellungen der jüdischen Nationalbibliothek mit der diskursiven Praxis des zionistischen Kollektivs zu verweben. Er erarbeitete die Schrift *Eine jüdische Nationalbibliothek*, welche anlässlich des Zionistenkongresses mit dem fingierten Druckort Berlin-Basel erschien.[261] Hatte er zwar im Oktober 1902 als tendenzielles Gegenkonzept zu Chasanowicz etwa die Sammel- und Aufbewahrungspraxis der Abarbanel-Bibliothek moniert,[262] setzte er mit der Broschüre und seinem Kongressauftritt den eigentlichen Fluchtpunkt für die weitere zionistische Arbeit an der Verwirklichung der Bibliothek. Die ideologische Aufladung, die Loewe in seinem knappen Artikel von 1902 vornahm und in der Broschüre weiter verdichtete, blieb in seinen kommenden Schriften und Artikeln zur Bibliothek weitgehend stabil. Ihm folgend, sei eine jüdische Nationalbibliothek, die ausschließlich in Jerusalem entstehen könne,[263] zentrale Produktionsstätte zionistischer Kultur und damit der wichtigste Ausdruck des jüdischen Nationalismus. Sie sei „der Wissensschatz, den ein Volk sichtbar aufspeichert"[264],

258 Vgl. Königliches Universitäts-Kuratorium an Direktor der Universitätsbibliothek (Johannes Franke), 21.09.1905. Archiv der Humboldt-Universität zu Berlin, UK-P L199, Bd. 4, Bl. 52.

259 Verordnung betreffend die Form der Diensteide, vom 6. Mai 1867. In: *Preußische Beamten-Gesetzgebung, enthaltend die wichtigsten Beamtengesetze in Preußen*, hrsg. v. Carl Pfafferoth. Berlin: Guttentag 1905, S. 1–2.

260 Vgl. Conrad Bornhak: *Grundriß des Verwaltungsrechts in Preußen und dem Deutschen Reiche.* Leipzig: Böhme 1906, S. 47–53.

261 Heinrich Loewe: *Eine Jüdische Nationalbibliothek.* Berlin: Jüdischer Verlag 1905.

262 Heinrich Loewe: Bemerkungen über die Nationalbibliothek zu Jerusalem. In: *Jüdische Rundschau*, 15.10.1902, S. 19–21.

263 Bereits 1902 wurde im Jüdischen Verlag eine Broschüre mit dem Titel *Eine Jüdische Hochschule* veröffentlicht. Die Autoren waren Martin Buber, Berthold Feiwel und Chaim Weizmann – allesamt Mitglieder der Demokratischen Fraktion. Loewe kritisierte die Unentschlossenheit der Autoren bezüglich der Ortswahl für eine zu schaffende jüdische Universität (vgl. [Heinrich Loewe]: Eine jüdische Hochschule. In: *Jüdische Rundschau*, 21.11.1902, S. 57–58). So schlagen diese als Alternativen zu Palästina, wo sie „die Lösung des jüdischen Hochschulproblems" als „[v]ollkommen gelungen" erachten, England und die Schweiz vor (Martin Buber / Berthold Feiwel / Chaim Weizmann: *Eine jüdische Hochschule.* Berlin: Jüdischer Verlag [1902], S. 20). Diese beiden Länder wären, vergleichbar den später im Zusammenhang mit der Uganda-Kontroverse z. T. geäußerten Vorstellungen von Britisch-Ostafrika, allerdings nur vorübergehende Stationen auf dem Weg einer jüdischen Hochschule nach Palästina (vgl. ebd., S. 21).

264 Loewe: *Jüdische Nationalbibliothek*, S. 7.

schrieb Loewe etwa 1905. Pointiert fasste er den Status der Bibliothek in der zu schaffenden zionistischen Kulturtopographie auf dem 7. Zionistenkongress zusammen:

> Die Nationalbibliothek in Jerusalem wird eine für die jüdische Literatur und Wissenschaft, für das jüdische Schrifttum eine öffentlich-rechtlich gesicherte Heimstätte in Palästina.[265]

Inwieweit diese von Loewe entwickelten Vorstellungen mit dem deutschen Bibliotheksdiskurs verflochten waren, zeigen bspw. die Ausführungen Adolf von Harnacks, der im Oktober 1905 die Generalverwaltung der Königlichen Bibliothek zu Berlin übernahm. Einige Monate zuvor hatte von Harnack in einem Brief an Friedrich Althoff „eine gewisse Centralisierung des staatlich-wissenschaftlichen Bibliothekswesens in der Hand des Generaldirektors“[266] gefordert, was von Friedrich Althoff unterstützt wurde. Die ideologische Aufladung, die durch ihn hinsichtlich der Königlichen Bibliothek zu Berlin vorgenommen wurde, zielte in den folgenden Jahren in die gleiche Richtung wie jene Loewes. Von Harnack schrieb etwa 1912:

> [E]s gehört [...] einfach wie zur nationalen Existenz so auch zur vollen Ausgestaltung der nationalen Würde, daß das geistige Leben der Nation, wie es sich in der Bücherproduktion ausspricht, in einer nationalen Bibliothek gesammelt wird [...].[267]

Hierzu Loewe in *Eine Jüdische Nationalbibliothek*:

> Es ist daher eine einfache Folge aus der Existenz einer jüdischen Nation, die den Anspruch erhebt, ein Kulturfaktor in der Menschheit bleiben zu wollen, dass sie daran geht, ihre geistigen Schätze in einer Bibliothek zu sammeln, die eben allein durch ihre Existenz national ist.[268]

Es ging Loewe aber nicht ausschließlich um die Bündelung jüdischen Kulturbesitzes in einer Institution, die die Bibliothek in eine „Art Theorie des kollektiven Gedächtnisses“[269] einbettete. Er wies der Bibliothek ferner eine zivilisatorische Aufgabe zu und machte

265 *Stenographisches Protokoll der Verhandlungen des VII. Zionisten-Kongresses und des Ausserordentlichen Kongresses in Basel*. Berlin: Jüdischer Verlag 1905, S. 243. In etwas abgewandeltem Wortlaut endet Loewe auch in *Die jüdische Nationalbibliothek*: „Es handelt sich für das jüdische Schrifttum, für Judentum und jüdischen Geist um eine öffentlich anerkannte, rechtliche und sichere Heimstätte. Denn das ist eine jüdische Nationalbibliothek.“ (Loewe: *Jüdische Nationalbibliothek*, S. 30.)

266 Zit. n. Christian Nottmeier: *Adolf von Harnack und die deutsche Politik 1890–1930*. Tübingen: Mohr Siebeck 2004, S. 265.

267 Zit. n. ebd., S. 266.

268 Loewe: *Jüdische Nationalbibliothek*, S. 7.

269 Kirchhoff: *Häuser des Buches*, S. 68.

sie zum Kernelement der auf ‚Hebung' abzielenden zionistischen Kultur- und Bildungspolitik in Palästina.[270] Vor den Augen der Leser*innen entstand ein praxisorientiertes ‚nationales Institut', das durch die Aufnahme und Bereitstellung jeglicher Literaturen an moderne jüdische Bildungseinrichtungen rückgekoppelt werden konnte. Loewe schlug in diesem Zusammenhang diverse Nachahmungen vor, die sich an seinen bibliothekarischen Beobachtungen der letzten Jahre orientierten und angloamerikanische und mitteleuropäische Bibliothekstraditionen widerspiegelten. Eine jüdische „Gelehrten-, Gebildeten- und Volksbibliothek"[271] sollte entstehen – eine Heterotopie des Wissens im Übergang, die temporär sogar jüdische Ausgrabungsgegenstände zur Schau stellen würde.[272] Kataloge musste die Bibliothek freilich haben, geschulte Angestellte, die sich der Herstellung des Alphabetischen oder Systematischen Bandkatalogs widmen sollten. Instruktionen, vergleichbar den „Preußischen", wären abzufassen. Die Abgabe von „Ehrenpflichtexemplaren", die er mit dem Hinweis auf die gängige und wirksame Praxis der Abgabe von Pflichtexemplaren in anderen Staaten bereits 1902 vehement verlangte,[273] war für Loewe eine der Voraussetzungen für die kontinuierliche Zunahme der Bibliotheksbestände. Die Forderung nach Abgabe von Ehrenpflichtexemplaren war ebenso Teil des Antrags zur Umwandlung der Abarbanel Bibliothek in eine jüdische Nationalbibliothek, den Loewe stellvertretend für eine kleine, aber international aufgestellte Delegation, zu der neben ihm auch Otto Warburg, Josef Chasanowicz sowie der Leiter der slawischen Abteilung in der New York Public Library, Herbert Rosenthal, ferner Abraham Korkis, Moses Gaster, David Suchowolsky und Litman Rosenthal gehörten, auf dem 7. Zionistenkongress einbrachte.

Der Antrag umfasste eine Vielzahl von Forderungen, die Loewe an die Einrichtung einer jüdischen Nationalbibliothek knüpfte.[274] Der JNF sollte langfristig Besitzerin der Bibliothek werden, als Stiftung könne man die Nationalbibliothek dem JNF übergeben, setzte Warburg, Loewe ergänzend, hinzu.[275] Eine Kommission wäre einzurichten. Für diese Bibliothekskommission, die formal aus Mitgliedern der Palästinakommission, Otto Warburg, Franz Oppenheimer und Selig Soskin, den zwei Bibliothekaren, Heinrich Loewe und Herman Rosenthal, sowie Josef Chasanowicz bestehen

270 Kirchhoff: *Häuser des Buches*, S. 70–71.

271 Loewe: *Jüdische Nationalbibliothek*, S. 10–11.

272 Ebd., S. 24.

273 Loewe: Bemerkungen über die Nationalbibliothek zu Jerusalem, S. 20–21.

274 Vgl. *Stenographisches Protokoll der Verhandlungen des VII. Zionisten-Kongresses und des Ausserordentlichen Kongresses in Basel*, S. 242–243. Abgedruckt wurde der Antrag ebenso im *Literaturblatt*, der Beilage der *Jüdischen Rundschau*, vgl. Die Jüdische Nationalbibliothek. Der vom VII. Kongress angenommene Antrag. In: *Literaturblatt* 11 (1905), S. 87–88.

275 Vgl. ebd., S. 244.

würde, hätte der Zionistenkongress ein Jahresbudget von 4.000 Francs[276] zu bewilligen. Außerdem wäre ein Kuratorium einzurichten, das bspw. die Richtlinien für die Büchersammlungen festlegen müsse, Büchersammelstellen in verschiedenen Ländern aufzubauen hätte und nach Möglichkeit in Palästina ansässige Mitglieder eines Aufsichtsgremiums benennen würde. Der Antrag wurde vom Kongress angenommen und es wurde beschlossen, dass die von Loewe beantragte Deckungssumme zur Finanzierung der jüdischen Nationalbibliothek aus Mitteln des JCT bereitgestellt wird.[277] Chasanowicz sagte zu, seine in Jerusalem befindlichen Sammlungen sowie das Gebäude und das Grundstück der WZO zur Verfügung zu stellen.[278]
In den folgenden Monaten wurden u. a. in der *Jüdischen Rundschau* und der *Welt* die Spendeneinläufe für die Nationalbibliothek dokumentiert, außerdem ein Zirkular gedruckt, das die eingesetzte Kommission namentlich vorstellte sowie über etwaige Ziele dieser und Partizipationsmöglichkeiten informierte.[279] Bemerkenswerterweise waren mit Ausnahme von Herman Rosenthal aus New York sämtliche Mitglieder der Bibliothekskommission in Berlin ansässig.[280] Trotz des Anlaufens der zionistischen Werbemaschinerie für die Bibliothek war die Arbeit der Kommission, welche u. a. darauf abzielte, „Bibliothekare, Bibliographen, Gelehrte, Journalisten und alle Freunde jüdischer Literatur und allgemeinen jüdischen Wissens"[281] für die Jüdische Nationalbibliothek zu gewinnen, nicht erfolgreich. Nur ein Jahr nach dem 7. Zionistenkongress musste Otto Warburg auf dem 10. Delegiertentag der deutschen Zionisten von 1906 einräumen, dass aufgrund der prekären finanziellen Situation der WZO sämtliche Bestimmungen des Kongressbeschlusses unausgeführt bleiben mussten.[282] Das knappe Budget, von dem Loewe zufolge kein einziger Pfennig dem Budget der Bibliothekskommission zugewiesen wurde[283] – und vermutlich auch persönliche Differenzen innerhalb der Bibliothekskommission veranlassten Warburg dazu, den 8. Zionistenkongress, der im August des Jahres in Den Haag stattfand, vor der Annahme eines weiteren Antrags zur erneuten Einsetzung einer Bibliothekskommission zu warnen und diesen stattdessen an

276 Vgl. The Zionist Congress. In: *The Times*, 02.08.1905, S. 5.

277 Vgl. ebd.

278 Vgl. Kommission für die Jüdische Nationalbibliothek. ועד לבית אוצר הספרים הלאומי בירשלם. In: *Jüdische Rundschau*, 01.09.1905, S. 448.

279 Kommission für die Jüdische Nationalbibliothek, [1905]. CZA, A146/110.

280 Im Gegensatz zu dem auf dem Kongress von Loewe vorgetragenen Antrag war Chasanowicz augenscheinlich nicht Mitglied der Kommission (vgl. ebd.).

281 Ebd.

282 Vgl. Bericht über den Zehnten Delegiertentag der deutschen Zionisten. In: *Die Welt*, 08.06.1906, S. 1–12, hier S. 9.

283 Vgl. *Stenographisches Protokoll der Verhandlungen des VIII. Zionisten-Kongresses im Haag vom 14. bis inklusive 21. August 1907.* Köln: Jüdischer Verlag 1907, S. 117.

das zuständige Ressort zu überweisen.[284] Loewe bemerkte, erkennbar deprimiert, auf der Nachmittagssitzung des 21. August zum Vorstoß Warburgs:

> Wir hatten im letzten Jahre eine Bibliothekskommission gewählt. Diese Bibliothekskommission war aber nichts weiter als ein Anhängsel der Palästinakommission, und diese die im allgemeinen aus Personen bestand, welche lediglich ein agrarisches, wirtschaftliches und soziales, aber keinerlei kulturelles Interesse und Verständnis hatten, konnte nicht dazu kommen, mit uns auch nur eine einzige Kommissionssitzung abzuhalten. Wir haben zwar privatim gearbeitet, d. h. die Mitglieder der Bibliothekskommission mit Freunden der Bibliothek außerhalb der Kommission, die Kommission selbst aber wurde durch den Vorsitzenden Prof. Warburg niemals einberufen, trotz aller Bemühungen von meiner Seite.[285]

Warburgs Warnung zum Trotz beschloss der Kongress die neuerliche Einsetzung der Bibliothekskommission. Sie wurde nun direkt dem ebenfalls neu eingerichteten Palästinaressort des EAC unterstellt.

Im Rahmen der Arbeit Loewes für das Dezernat Palästina-Kulturfragen, welches an das Zionistische Zentralbüro, Abteilung Berlin angeschlossen direkt dem Palästinaressort untergeordnet war, entstand im Sommer 1908 erstmals eine Schrift Loewes, die das Bibliotheksnarrativ grundlegend transformierte. Das Memorandum, das der im August tagenden Jahreskonferenz vorgelegt werden sollte,[286] fokussierte nicht mehr die *eine* Bibliothek von 1905, sondern skizzierte Fragmente einer zu schaffenden *Literaturversorgungstopographie* Palästinas: die Nationalbibliothek als Zentralbibliothek, wandernde Schülerbibliotheken, Lehrerbibliotheken, eine Bibliothek für die 1906 gegründete Kunstgewerbeschule Bezalel. Diese sollten das zweckmäßige jüdische Bibliotheksnetz Ende der 1900er Jahre knüpfen.[287]

Deutlich geht aus Loewes Papier weiterhin hervor, dass es bis April 1908 nicht gelungen war, die Nationalbibliothek, wie vom 7. Zionistenkongress anberaumt, in eine rechtliche Form zu überführen, in der sie vom JNF, der selbst erst im April 1907 durch seine Eintragung als Limited in London rechtlich legalisiert worden war,[288] hätte getragen werden können. Auch wurden zwischen Chasanowicz und dem AC keinerlei Vereinbarungen getroffen, mittels derer er seine Rechte an den in Jerusalem befindlichen

284 Vgl. *Stenographisches Protokoll der Verhandlungen des VIII. Zionisten-Kongresses im Haag vom 14. bis inklusive 21. August 1907*, S. 318.

285 Ebd., S. 384.

286 Vgl. Die Zionistische Jahreskonferenz. In: *Die Welt*, 14.08.1908, S. 1–12.

287 Vgl. Heinrich Loewe: Anregungen für die Kulturarbeit in Palästina (Anlage zum Bericht des Zionistischen Zentralbureaus, Abteilung Berlin), 04.08.1908. CZA, Z2/343, S. 4–5.

288 Vgl. Walther Lehn / Uri Davis: *The Jewish National Fund*. London / New York: Kegan Paul 1988, S. 24–33 (Kap. „Incorporation").

Buchsammlungen, dem Grundstück oder dem Haus – soweit er diese besaß – an den JNF übertragen hätte.[289] Ferner blieb der auf 60.000 Francs dotierte Baufonds unvollständig, dessen Mittel zur Fertigstellung des Gebäudes von 1902 eingesetzt werden sollten, gleichfalls ein Betriebsfonds von 20.000 Francs zur Finanzierung des Unterhalts der Bibliothek.[290] Diesbezüglich setzte zwischen dem Hauptbüro des JNF in Köln und den Repräsentanten der Abarbanel-Bibliothek in Jerusalem spätestens Ende Sommer 1908 wieder ein Austausch ein. An Jesaias Press, der langjährig zum Vorstand der Jerusalemer Bibliothek gehörte, signalisierten Max Bodenheimer und Nathan Gross auf dessen Anfrage hin, dass der JNF bereit wäre, ausschließlich „bezüglich des Erwerbs von Grund und Boden bezw. der Gewährung von Mitteln für den Grund und Boden der Nationalbibliothek zu verhandeln“[291]. Der vom Hauptbüro des JNF vertretenen Ansicht, der JNF könne einzig und allein Land kaufen und keine Gebäude, widersprach Otto Warburg kurze Zeit später – ebenfalls in einem Brief an Press.[292] Seiner Vorstellung nach, deren Stoßrichtung von Loewe in seiner Broschüre von 1905[293] und auf dem 7. Zionistenkongress verfochten worden war, müsse der JNF „Besitzer des Terrains nebst den fertigzustellenden Gebäuden“[294] werden. Gleichfalls wird aus dem Brief deutlich, dass nun auch intensiver als zuvor über einen Neubau der Bibliothek nachgedacht wurde. Während 1905 „an den Bau eines wirklich geeigneten, nach den Regeln bibliothekswissenschaftlicher Technik errichteten Gebäudes“ für die kommende Zeit nicht zu denken war,[295] stellte Warburg, Press konternd,[296] klar, dass, sofern der JNF Besitzer wäre, ein neues Gebäude der Nationalbibliothek „im orientalischen Stil“[297] von einem über ein Preisausschreiben ermittelten Architekten entworfen werden würde.

289 Vgl. auch Bericht über die VI. Sitzung des Zionistischen Zentralbureaus, Abteilung Berlin, 09.02.1908. CZA, Z2/343, S. 2; Bericht über die VIII. Sitzung des Zionistischen Zentralbureaus, Abteilung Berlin, 09.04.1908. CZA, Z2/343, S. 1. In letzterem Bericht heißt es: „Um die jüdische Nationalbibliothek in den Besitz der Genossenschaft Jüdischer Nationalfonds überzuführen, soll ein Komitee gebildet werden, das die früher bereits angeknüpften Verhandlungen mit Herrn Chasanowicz (Białystok) und der Leitung der Bibliothek Midrasch Abarbanell [*sic*] in Jerusalem fortführt und einen entsprechenden Vertrag vorbereitet. Herr Dr. Loewe wird mit der Bildung eines Komitees beauftragt.“

290 Vgl. Bericht des Palästinaressorts. In: *Jüdische Rundschau*, 21.08.1908, S. 328–332, hier S. 332.

291 Hauptbüro des JNF (Max Bodenheimer / Nathan Gross) an Jesaias Press, 30.09.1908. Archiv der JNUL, ARC 4-793/279.

292 Palästina-Ressort der WZO (Otto Warburg) an Jesaias Press, 01.10.1908. Archiv der JNUL, ARC 4-793/279.

293 Vgl. Loewe: *Jüdische Nationalbibliothek*, S. 16.

294 Palästina-Ressort der WZO (Otto Warburg) an Jesaias Press, 01.10.1908. Archiv der JNUL, ARC 4-793/279.

295 Loewe: *Jüdische Nationalbibliothek*, S. 24.

296 Jesaias Press hat seinem Schreiben an Warburg eine Skizze beigelegt, die offenbar die Architektur eines Neubaus darstellte (vgl. Palästina-Ressort der WZO (Otto Warburg) an Jesaias Press, 01.10.1908. Archiv der JNUL, ARC 4-793/279).

297 Ebd.

Diese Idee materialisierte sich tatsächlich nicht eher als 1930 mit der Fertigstellung des Wolffsohnhauses auf dem Skopusberg.[298] Die Idee zur Gründung einer von der WZO getragenen Nationalbibliothek in Jerusalem indes wurde auf dem 11. Zionistenkongress 1913 in Wien im Zuge des Kongressbeschlusses zur Gründung einer Universität wieder ernsthaft in Angriff genommen.

298 Vgl. Kap. VIII.5.

VII. Zionistische Kulturarbeiter*innen in Aktion I (1908–1918)

1. Zionistische Kulturgeographien *machen*!

Der Zeitraum zwischen 1905 bis 1907 markierte eine Phase der Umbrüche in der Entwicklung der zionistischen Kulturagenda. Wie die Einrichtung der Kommission für eine zukünftige jüdische Nationalbibliothek war auch die von Boris Schatz initiierte Kunstgewerbeschule Bezalel in Jerusalem, die seit 1905 unter Aufsicht eines Komitees arbeitete, zu dem wiederum Otto Warburg, Selig Soskin und Max Oppenheimer als Repräsentanten der WZO gehörten, eines jener ersten ambitionierten Projekte im kulturellen Bereich, welche die nachhaltigen, konfliktreich verhandelten Verschiebungen innerhalb der zionistischen Kulturpolitik andeuteten.[1] Insbesondere der 8. Zionistenkongress in Den Haag war in diesem Zusammenhang richtungsweisend. Er markierte, wie Otto Warburg auf dem darauf folgenden Kongress in Hamburg ausführte, den „Übergang der Palästina-Arbeit von der Theorie und Phraseologie in die Aktivität und Praxis"[2], läutete also nicht nur eine Phase der zunehmenden „geistige[n] Annäherung der Zionisten an Palästina"[3] ein, sondern hatte vor allem praktische Konsequenzen für die Verbindung der zionistischen Aktivist*innen mit dem Land. Die Palästina-Arbeit wurde in den kommenden Jahren intensiviert. Sie zielte auf die tatsächliche Umwandlung Palästinas in eine zionistische/hebräische Topographie ab[4] – in, im wortwörtlichen Sinne, *Eretz Israel*, das ‚Land Israel'. Mit der Ausdehnung der allgemeinen ‚Gegenwartsarbeit'

1 Am Beispiel der Kunstgewerbeschule Bezalel führt dies eindrücklich vor: Inka Bertz: Trouble at the Bezalel. Conflicting Vision of Zionism and Art. In: Michael Berkowitz (Hrsg.): *Nationalism, Zionism and Ethnic Mobilization of the Jews in 1900 and Beyond*. Leiden: Brill 2004, S. 247–285.

2 *Stenographisches Protokoll der Verhandlungen des IX. Zionisten-Kongresses in Hamburg vom 28. bis inklusive 30. Dezember 1909.* Köln / Leipzig: Jüdischer Verlag 1910, S. 135.

3 Der Achte Kongress. In: *Palästina* 4,9/12 (1907), S. 221–226, hier S. 221.

4 Vgl. Kirchhoff: *Text zu Land*, S. 395.

in Palästina, die Arieh Bruce Sasponik zufolge eng an die Ausweitung kultureller Aktivitäten geknüpft war,[5] verband sich zudem eine Intensivierung der zionistischen Kulturarbeit in der jüdischen Diaspora. Ineinander verschlungene Prozesse, „by which the approbation of Hebrew and other Zionist myths and symbols took root“[6], wurden in Gang gesetzt. Angesiedelt inmitten des *Wiederauflebens*[7] der hebräischen Sprache, im Rahmen dessen sich zwischen 1906 und 1913 im Yishuv soziale Gruppen formierten, die eine hebräische Lebenspraxis anstrebten, und sich Hebräisch zunehmend institutionalisierte – mit Tel Aviv wurde 1909 die erste „hebräische Stadt“[8] gegründet, zudem existierten erste hebräische Schulen[9] –, bildeten sich auch in den zionistischen Zentren der jüdischen Diaspora neue zionistische Kultur- und Bildungslaboratorien.

Für diese Entwicklungen war zunächst ein neuer organisatorischer Rahmen ausschlaggebend, der hinsichtlich der Palästina-Arbeit innerhalb der WZO ab 1907 implementiert wurde. Das Palästinaressort wurde gegründet, welches in Berlin unter der Leitung von Otto Warburg die Aufgaben der bis dato existierenden Palästinakommission übernahm und organisatorisch an das EAC angebunden war. Warburg stand ebenso an der Spitze des im September 1907 eingerichteten Zionistischen Zentralbüros, Abteilung Berlin, wo er als Leiter des Palästinaressorts das Dezernat Palästina-Propaganda übernahm.[10] Unter Aufsicht des Ressorts arbeitete ab Ende 1907 das neu geschaffene, von

5 Arieh Bruce Saposnik: "... Will Issue Forth from Zion"? The Emergence of a Jewish National Culture in Palestine and the Dynamics of Yishuv-Diaspora Relations. In: *Jewish Social Studies* 10,1 (2003), S. 151–184, hier S. 157.

6 Berkowitz: *Zionist Culture*, S. 46.

7 Vgl. Benjamin Harshav: *Hebräisch. Sprache in Zeiten der Revolution*. Frankfurt am Main: Jüdischer Verlag 1995. Aus linguistischer Perspektive widmet sich dem Hebräischen, den Terminus *Wiederaufleben* (*revival*) der Sprache ablehnend, bspw. Paul Wexler: *The Schizoid Nature of Modern Hebrew: A Slavic Language in Search of a Semitic Past*. Wiesbaden: Harrassowitz 1990. Zum Hebräischen als Sprache der Chaluzim vgl. Boaz Neumann: *Land and Desire in Early Zionism*. Waltham: Brandeis UP 2011, insb. S. 150–179 (Kap. „Pioneer Language“). Neumann schreibt: „During the Second Aliyah the network of schools in which Hebrew was the language of instruction expanded considerably, the quality of the teaching improved, and teachers began teaching what is known as Hebrew in Hebrew, as opposed to from the basis of another language. The halutzim were a vanguard in disseminating the language, working tandem with the teachers. Together, these two groups transformed Hebrew from the language of a few to the language of many.“ (Ebd., S. 153.) Zur Periodisierung des zionistischen *language planning* vgl. Shimon A. Shur: Modern Hebrew in the Light of Language Planning Terminology, History, and Periodization. In: *Hebrew Studies* 37 (1996), S. 39–54. Shur hat hier auch eine tabellarische Ereignisgeschichte des Wiederauflebens erarbeitet (vgl. ebd., S. 45–53).

8 Vgl. Anat Helman: Was There Anything Particularly Jewish about "The First Hebrew City"? In: Barbara Kirshenblatt-Gimblett / Jonathan Karp (Hrsg.): *The Art of Being Jewish in Modern Times*. Philadelphia: University of Pennsylvania Press 2008, S. 116–127; dies.: East or West? Tel-Aviv in the 1920s and 1930s. In: *Studies in Contemporary Jewry* 15 (1999), S. 68–79; Azaryahu: *Tel Aviv*, S. 33–71 (Kap. „The First Hebrew City“); Mann: *A Place in History*; Schlör: *Tel Aviv*, insb. S. 130–135 (Kap. „Ha'ir ha'iwrit ha'rischona – die erste hebräische Stadt“).

9 Harshav: *Hebräisch*, S. 273.

10 Bericht über die Besprechung vom 8. d[es] M[onats] betreffs Einrichtung eines Zentralbureaus in Berlin, erstattet (von Arthur Hantke) an das Zentralbüro der ZVfD, Köln, 11.09.1907. CZA, Z2/404.

Arthur Ruppin geführte Palästinaamt in Jaffa. Ein stabiler Kommunikationsweg war damit zwischen Palästina und der zionistischen Diaspora, vor allem Berlin, etabliert.[11] Von dem mit einer Auswahl an Werken aus der Bibliothek des „Palästina-Komitees"[12] ausgestatteten Zentralbüro aus, das nahe des Bahnhofs Zoologischer Garten in der Bleibtreustraße 49 im November 1907 eröffnete, wurde an einem Ort gebündelt aber nicht nur jene Palästina-Arbeit koordiniert, innerhalb derer – wie in den Jahren zuvor – bspw. adäquate Modi jüdischer Besiedlung verhandelt worden waren. Auch schuf man ein Dezernat für Palästina-Kulturfragen und besetzte es mit Heinrich Loewe, der mittlerweile in zionistischen Kreisen als Fachmann für Kultur- und Bildungsfragen in Palästina galt.[13] Außerdem wurden in diesem neuen zionistischen Koordinations- und Kompetenzzentrum, dem Arthur Hantke als Geschäftsführer und Julius Becker als besoldeter Sekretär zur Verfügung standen, weitere Arbeitsbereiche für die zionistische Propaganda- und Pressetätigkeit eingerichtet.[14] Alfred Nossig übernahm bis Februar 1908 die Presseabteilung. Die vakant gewordene Stelle wurde zunächst nicht neu besetzt. Eduard Leszynsky und Sammy Gronemann waren verantwortlich für die Propagandaabteilung.[15]

Für Loewe persönlich war die Berufung in das Zentralbüro insofern bedeutsam, als er in seiner mittlerweile fast 20-jährigen zionistischen Karriere, abgesehen von seiner kurzen Tätigkeit im Kolonisationsausschuss,[16] erstmalig direkt an umfassenden Entscheidungsprozessen auf internationaler Ebene beteiligt wurde. Er streute seine Ideen zum kulturellen Aufbau Palästinas nicht mehr ausschließlich durch die zionistische Presselandschaft, sondern setzte mit Handlungsempfehlungen Fluchtpunkte für die kollektive zionistische Kultur- und Bildungsarbeit in Palästina. Sie habe, wie Loewe in der Ausgabe der *Welt* vom 7. Juni 1907 notierte, auf die Verbreiterung und Verdichtung eines „jüdischen Kulturmilieus" zu fokussieren.[17] In seiner Funktion als Leiter des

11 Vgl. Bericht des Palästinaressorts. In: *Jüdische Rundschau*, 21.08.1908, S. 328–332, hier S. 329.

12 In den Berichten ist wohl die Fachbibliothek der ehemaligen Palästinakommission gemeint (vgl. Bericht über die IV. Sitzung des Zionistischen Zentralbureaus, Abteilung Berlin, 26.12.1907. CZA, Z2/343, S. [1]).

13 Loewe wurde bspw. schon im Mai 1904 als Direktor und Lehrer an einer Waisenschule in Betracht gezogen (vgl. „Erez Israel", Büro des Zionistenkongresses an Heinrich Loewe, 12.05.1904. Shaar Zion. offener Bestand; hierzu auch Heinrich Loewe an „Erez Israel", Büro des Zionistenkongresses, 19.05.1904. Shaar Zion, Boxnr. 6).

14 Zu den Aufgabenbereichen hieß es in einem Zirkular von Dezember 1907: „Das Zionistische Zentralbureau, Abteilung Berlin, soll insbesondere einen regeren Verkehr zwischen den Landesorganisationen und den Zentral-Behörden der Partei anbahnen. So hoffen wir, den Zusammenhang der Organisation zu festigen, gleichzeitig aber auch durch Vermittlung von Anregungen die Propaganda in den einzelnen Ländern zu stärken." (Zirkular des Zionistischen Zentralbüros, Abt. Berlin, 02.12.1907. CZA, Z2/343.)

15 Bericht des Zionistischen Zentralbureaus, Abteilung Berlin (Anlage zum Bericht des Zionistischen Zentralbureaus, Abteilung Berlin, 04.08.1908). CZA, Z2/1.

16 Vgl. S. 206.

17 Heinrich Loewe: Kulturbauern. In: *Die Welt*, 07.06.1907, S. 15–16.

Dezernats für Palästina-Kulturfragen fasste er mehr als ein Jahr später seine „Anregungen für die Kulturarbeit in Palästina“ ab. Diese wurden den Teilnehmenden der zionistischen Jahreskonferenz im August 1908 vorgelegt. Vor dem Hintergrund der immer noch anhaltenden Unterfinanzierung nicht nur[18] kultureller und pädagogischer Initiativen im Yishuv (wie bspw. im Falle von Bezalel und der Nationalbibliothek oder des 1905 gegründeten hebräischen Gymnasiums in Jaffa und der 1909 wieder geschlossenen Landwirtschaftsschule in Kiryat Sefer) zeichnete Loewe in seiner Empfehlung konkrete Pläne nach, die vom zionistischen Kollektiv in Angriff zu nehmen seien:[19] Geeignete hebräische Lehr-, Wörter-, Fach- und Selbstlernbücher müssten für die jüdischen Bildungsinstitutionen in Palästina produziert, Schüler-, Lehrer- und Wanderbibliotheken geschaffen, die Nationalbibliothek in eine rechtlich gesicherte Form überführt, geodätische Kurse an den palästinischen Mittelschulen eingerichtet, eine jüdische Palästinagesellschaft zur Erforschung des Landes gegründet werden. Es waren nur Schlaglichter auf die kulturellen und pädagogischen Leerstellen, wie Loewe in seiner Einleitung zum Bericht zugestand.

In den folgenden Jahren wurde die hebräische Sprache und Kulturarbeit mehr und mehr Bestandteil der Kongresspraxis des Zionistischen Kollektivs. Erste Versuche wurden unternommen, den Kongress in eine Hebräisch sprechende Versammlung umzuformen. Die Nachmittagssitzung des 13. August 1911 – eine Sitzung des 10. Zionistenkongresses in Basel, auf dem die Teilnehmer*innen gegen David Wolffsohn als Präsidenten der WZO stimmten und stattdessen Otto Warburg wählten – kann als Beispiel für diese Tendenz angesehen werden. Menachem Ussischkin hielt einleitend fest, dass man sich der „geistig-kulturellen Renaissance“ widmen werde.[20] Es wurden im Folgenden fast ausnahmslos hebräische Redebeiträge geliefert. Als erster Referent trat Nahum Sokolow auf, der sogleich thesenhaft das Programm zur Einschreibung nationaler hebräischer Kultur in Palästina, den ‚jüdischen Orient‘ und die jüdische Diaspora umriss. Die zionistische Maschinerie solle ihre Anstrengungen, so Sokolow, auf die „Verbreitung und Verlebendigung der hebräischen Sprache“ konzentrieren.[21]

18 Auf der Jahreskonferenz von August 1908 überlegte man zudem, wie wegen der allgemein schwierigen finanziellen Situation das Zentralbüro, Abteilung Berlin, „dergestalt reduziert werden kann, daß es möglich ist, die von dem Bureau bereits geleistete Arbeit nutzbringend zu verwerten und ohne große Kosten diejenigen Einrichtungen des Berliner Bureaus zu erhalten, deren Bestehen sich als besonders wertvoll erwiesen hat“ (Die Zionistische Jahreskonferenz. In: *Die Welt*, 14.08.1908, S. 1–16, hier S. 6). Aufgrund dieser Ausführungen muss auch die Frage offen bleiben, wie lange die Einrichtung überhaupt in der oben beschriebenen Form existierte.

19 Heinrich Loewe: Anregungen für die Kulturarbeit in Palästina (Anlage zum Bericht des Zionistischen Zentralbureaus, Abteilung Berlin), 04.08.1908. CZA, Z2/343.

20 *Stenographisches Protokoll der Verhandlungen des X. Zionisten-Kongresses in Basel vom 9. bis inklusive 15. August 1911.* Berlin / Leipzig: Jüdischer Verlag 1911, S. 194.

21 Ebd., S. 202. Ein handschriftliches Original der Kongressansprache befindet sich im Nachlass Sokolows (CZA, A18/10).

Kulturarbeit in der jüdischen Diaspora und Palästina ist zu diesem Zeitpunkt längst ein zentrales Element des zionistischen Arbeitsdiskurses. Sie ist gleichzeitig Assoziationsarbeit der zionistischen Akteur*innen mit nicht dezidiert zionistischen Akteur*innen, wie diese in kleinerem Maßstab schon in den 1890er Jahren betrieben wurde: Unter Beteiligung einer Reihe von zionistischen Aktivist*innen, darunter auch Loewe, hatte sich etwa die Organisation für hebräische Sprache und Kultur (Histadrut Ivrit) gegründet. Die erste große hebräische Konferenz wurde 1909 in Berlin abgehalten, Arbeitsprogramme wurden entwickelt, die der Hebraisierung des jüdischen Kollektivs Vorschub leisten sollten. Schon 1912 verzeichnete *Die Welt* in ihrem Editorial eine ganze Reihe von Beiträgen, die sich vorhandenen und projektierten Produktionsstätten zionistischer Kultur sowie der zionistischen Kulturtheorie widmeten. Auch aus der Feder Loewes, der zugleich als Repräsentant der Histadrut Ivrit und aus Perspektive eines organisierten Zionisten schrieb, druckte die Redaktion der *Welt* mehrere Artikel ab.[22] Loewe dürfte es mit äußerster Genugtuung empfunden haben, dass seine seit zwei Jahrzehnten die Sprache als Garantin jüdischen Zusammenhalts interpretierende Idee von Nation[23] sich in die Vorstellung von zionistischer Kultur einwob. Die Möglichkeit der Entwicklung einer eigenständigen jüdischen Kultur in der Diaspora ablehnend, hielt er 1912 fest:

> [Es] hat sich jetzt mehr und mehr die Erkenntnis Bahn gebrochen, daß das Gefäß aller hebräischer Kultur die hebräische Sprache ist, und daß man ein solches Fluidum, wie Kultur, ohne d as Gefäß der Sprache nicht zu fassen vermag, daß aber auch dieses Fluidum seine Form von dem Gefäße annimmt, in dem es gefaßt wird. Dieses Sprachgefäß uns wieder zu eigen zu machen, mußte daher die Vorarbeit sein. Denn die hebräische Sprache allein ist Form und Gefäß aller hebräischen Kultur, die einzig und allein der Weg zum jüdischen Kulturleben ist.[24]

Ebenso gehörte Nahum Sokolow zu den zentralen Akteuren im Prozess der ‚Kulturierung' und Hebraisierung zionistischer Theorie und Praxis. Er sorgte nicht nur im Rahmen seines Kongressauftritts für eine dahingehende theoretische Grundlegung der zionistischen Kulturarbeit, sondern entwickelte schon zuvor einen dezidiert *hebräischen Palästinismus*, der, richtungsweisend für die zionistische Kulturarbeit in Palästina, auch von Loewe vertreten wurde. Die hebräische Sprache war für Sokolow wie für Loewe das „unentreißbare Palladium unserer Nationalität"[25].

22 Vgl. die Loewe-Bibliographie im Anhang.

23 Vgl. S. 100–103, 278–281.

24 Heinrich Loewe: Ein Weg zur jüdischen Kultur. In: *Die Welt*, 12.01.1912, S. 36–38, hier S. 36–37.

25 Nahum Sokolow: Palästinismus und Nationalsprache. In: *Die Welt*, 17.10.1910, S. 1003–1008, hier S. 1006.

Berlin indes setzte den Prozess hin zu einem Zentrum der von Buber bereits 1902 diagnostizierten „Jüdischen Renaissance“[26] fort. Das Wiederaufleben des Hebräischen und damit verbunden die kulturelle *Techiyah* – die auf dem Hebräischen gründende ‚Auferstehung‘ des Judentums –,[27] welche sogar namensgebend für einen seit Anfang 1914 von Mozkin und Loewe geleiteten Verlag wurde,[28] avancierte hier und an anderen Orten der jüdischen Diaspora zu einem der Kernelemente zionistischer Kulturpraxis. Hebraistische Zirkel waren in Berlin schon seit dem ausgehenden 19. Jahrhundert aktiv.[29] Die Stadt wurde mit Beginn des 20. Jahrhunderts zu einer bedeutenden „Enklave“ hebräischer Kultur.[30] Ab 1909 forcierten vor allem (aber nicht nur) zionistische Aktivist*innen die weitere Ausdehnung der hebräischen Kulturtopographie Berlins.
Im zionistischen Kollektiv konzentrierte man sich freilich nicht nur auf die hebräische Kulturarbeit, auch das Palästina-Bild wurde weiterentwickelt und ausdifferenziert. In Berlin kooperierten bspw. die Jüdisch-nationale Frauenvereinigung und die BZV in dieser Hinsicht. Sie organisierten ab November 1912 gemeinsam die von der Frauenvereinigung seit längerer Zeit veranstalteten Kurse für Palästinakunde. Diese fanden in der Anfangszeit regelmäßig im Sitzungssaal des Zionistischen Zentralbüros in der Sächsischen Straße 8 statt.[31] Ab 1911 übernahm Loewe zudem die Aufgabe, für den JNF Palästina-Lichtbildvorträge zu erarbeiten. Dieses Unternehmen kann als erster Versuch gelten, die Palästinapropaganda partiell zu vereinheitlichen und die Bilder des Landes, die bis dato unkoordiniert von Agitationsrednern produziert wurden, einander anzunähern.[32]

Kulturarbeit, Komitees und Kapital

Das erste Instrument zur Finanzierung der Kultur- und Bildungsarbeit in Palästina sollte der Palästina-Kulturfonds werden, dessen Schaffung auf der Jahreskonferenz im August 1908 beschlossen wurde.[33] „Wollen wir Zionisten Einfluss auf kulturelle

26 Buber: Jüdische Renaissance, Sp. 7–10. Vgl. Asher D. Biemann: *Inventing New Beginnings. On the Ideal of Renaissance in Modern Judaism*. Stanford: Stanford UP 2009, insb. S. 274–283; ders.: The Problem of Tradition and Reform in Jewish Renaissance and Renaissancism. In: *Jewish Social Studies* 8,1 (2001), S. 58–87; Bertz: Jewish Renaissance, S. 164–187.

27 Vgl. Barbara Schäfer: Jewish Renaissance and Tehiyya – Two that Are One? In: *Jewish Studies Quarterly* 10,4 (2003), S. 320–335. Schäfer definiert *Techiyah* wie folgt: „The very specific connotation of the term is the revival of Judaism on the basis of its Hebrew roots, Hebrew not being synonymous with Jewish religiosity, but not excluding religious elements either.“ (Ebd., S. 334.)

28 Vgl. den Abschnitt „Tchijah“, S. 293–295.

29 Vgl. Stanley Nash: *In Search of Hebraism. Shai Hurwitz and His Polemics in the Hebrew Press*. Leiden: Brill 1980.

30 Pinsker: *Literary Passport*, S. 105.

31 Vgl. Zirkular der Jüdisch-nationalen Frauenvereinigung von November 1912. Shaar Zion, Boxnr. 6.

32 Vgl. Kap. VII.3.

33 Die Jahreskonferenz. In: *Die Welt*, 21.08.1908, S. 1–19, hier S. 14.

Einrichtungen in Palästina erlangen resp. solche gründen", heißt es in einem Bericht des Palästinaressorts, „so bedarf es eines großen Fonds, eines *Palästinakulturfonds* oder *Palästinafonds*".[34] Die geschäftsführende Kommission des Fonds leiteten Adolf Friedemann, Berthold Feiwel, Schmarjahu Levin und Otto Warburg. 100.000 Mark sollten unter Aufsicht der Kommission gesammelt werden, bevor der Fonds zwecks Schaffung eines „geistige[n] Zentrums für alle Juden", so das erste Zirkular Achad Haam affirmierend, aktiviert werden würde.[35] In der Zeitschrift *Palästina* wurde allerdings anderthalb Jahre später festgehalten, dass der Palästina-Kulturfonds bis dato weder die nötigen Geldreserven akkumuliert hatte noch eine positive Entwicklungsbilanz aufwies.[36] Ein neuerlicher Impuls zur Schaffung eines geeigneten Finanzierungsinstruments wurde erst 1912, auf der dem 10. Zionistenkongress folgenden Jahreskonferenz, gesetzt. Hier wurde eine Kommission gebildet, die die Resolution des Kongresses zur Zentralisierung und Organisation der Kulturarbeit in Palästina verwirklichen sollte.[37]

Auf Initiative Moses Feldsteins, der sogleich 40.000 Francs als Grundkapital bereitstellte, gründete sich zunächst die Feldsteinstiftung.[38] Das Komitee der Stiftung übernahm es ab Oktober 1912, eine adäquate Rechtsform und den Geschäftssitz des zu gründenden Instituts zu verhandeln. Man holte Gutachten aus England von Norman Bentwich und aus Österreich von Isidor Margulies ein.[39] Feldstein arbeitete daraufhin ein Memorandum aus. Er schlug u. a. vor, die Organisationsstrukturen des JNF nachzuahmen und die Gesellschaft unter dem Namen Kulturfonds Zerubabel zu registrieren.[40] Tatsächlich entstand der Kedem als struktureller „Zwilling" des JNF.[41] Der Entwurf wurde durch die englische Anwaltskanzlei Lewis & Yglesias erneut geprüft, welche bereits in der Gründungsphase des JNF beratend tätig gewesen war.[42] Schließlich wurde der

34 Bericht des Palästinaressorts. In: *Jüdische Rundschau*, 21.08.1908, S. 328–332, hier S. 332. (Herv. fett i. Orig.)

35 Zirkular der geschäftsführenden Kommission des Palästina-Kultur-Fonds von 09/1908. CZA, Z2/233; Palästinakursus in Berlin. In: *Jüdische Rundschau*, 15.11.1912, S. 440.

36 Vom 9. Zionisten-Kongress. In: *Palästina* 7,2 (1910), S. 51–55, hier S. 52.

37 Vgl. Barbara Schäfer: The KEDEM – A Cultural Foundation for Hebrew Culture in Palestine. An Attempt that Failed. In: Judit T. Borrás / Angel Sáenz-Badillos (Hrsg.): *Jewish Studies at the Turn of the Twentieth Century*, Bd. 2. Leiden: Brill 1999, S. 368–374, hier S. 369. Die entsprechende Resolution lautete: „Der X. Zionistenkongreß fordert das E. A. C. auf, die Kulturarbeit in Palästina und im Orient zu organisieren und zu zentralisieren." (*Stenographisches Protokoll der Verhandlungen des X. Zionisten-Kongresses*, S. 363.)

38 Das Feldstein-Institut. In: *Die Welt*, 01.11.1912, S. 1365.

39 Vgl. Exekutivkomittee des Kedem [Felix Rosenblüth] an Norman Bentwich, 16.10.1912. CZA, Z3/1390; Norman Bentwich an Exekutivkomittee des Kedem [Felix Rosenblüth], 18.10.1912. CZA, Z3/1390; Isidor Margulies an Zionistisches Zentralbüro, Berlin, 29.10.1912. CZA, Z3/1390.

40 Henry Lewis an Nahum Sokolow, 17.02.1913. CZA, Z3/1394.

41 Vgl. Schäfer: KEDEM, S. 371. Ausführlich setzt sich Barbara Schäfer auch mit der Organisationsstruktur des Kedem auseinander (ebd., S. 370–371).

42 Vgl. Lehn / Davis: *Jewish National Fund*, S. 29.

Fonds unter dem Namen Jüdischer Kulturfonds Kedem am 23. Juli 1913 in London als Limited registriert.[43] Den semantischen Raum, den das zionistische Kollektiv mit der Bezeichnung Kedem verknüpfte, beschrieb Loewe wie folgt:

> Wohlbedacht ist dieser Name Kedem gewählt, der uns einen neuen Morgen verheißt, einen Morgen, dessen Sonne einem glücklichen Tage unseres Volkes in die Zukunft scheinen soll. Der Osten, nach dem sich unser Volk sehnt, wo das geliebte Zion, zu allen Zeiten die Laute Israels zum Liede stimmte, wird wiederum das Ideal unseres Stammes sein. Aber das Wort Kedem bedeutet ja das, „was vor uns liegt", vor unser Zeit, es bedeutet jene Vorzeit, in der unser Volk aus einer kleinen Hirtenfamilie zu einem Volke erwuchs, das trotz allen Unglücks und allen Verfolgungen niemals ausgerottet werden konnte, und dem in der ererbten Kultur der Urzeit die Bürgschaft ewigen Lebens gegeben ist. Aber das Wort Kedem weist uns auch auf das hin, was in der Zukunft vor uns liegt und ruft uns gebieterisch zu: „Vorwärts!"[44]

Ins Hebräische übertragen firmierte er als Kedem Keren Ha-Tarbut Ha-Ivrit (Hebräischer Kulturfonds Kedem), ein expliziter Hinweis darauf, dass seine Initiatoren unter jüdischer Kulturarbeit von Anfang an und zukünftig hebräische Kulturarbeit verstanden wissen wollten. Der Sitz seines Direktoriums blieb in Berlin, es richtete sich in der Sächsischen Straße 8 ein.[45] Dieses bildete einen Teil der zionistischen Elite ab. Die Mitglieder waren mit Ausnahme des Kedem-Vorsitzenden Moses Feldstein allesamt gewählte Vertreter des AC, der stellvertretende Vorsitzende Menachem Ussischkin zudem seit 1906 Präsident des Odessaer Komitees. Außer Arthur Hantke stammten alle ursprünglich aus Osteuropa. Vergleichbar der personellen Besetzung des AC nach dem 10. Zionistenkongress markierte auch das Übergewicht osteuropäischer Zionisten im Direktorium des Kedem die Verschiebung der Hegemonie innerhalb der WZO von West- nach Osteuropa.[46]

Das kulturelle Aufbauprogramm, dem sich der Kedem verschrieb, war ehrgeizig, im Vergleich zu den ersten Ansätzen, die Loewe in seinen Empfehlungen von 1908 formuliert hatte, weitaus umfassender. Nichts Geringeres als der „Mittelpunkt für alle Versuche und alle Kräfte zu sein, die der Wiedergeburt des hebräischen Geistes, der hebräischen Sprache und der hebräischen Kultur in Palästina und in den orientalischen

43 Vgl. Schäfer: KEDEM, S. 368.

44 Heinrich Loewe: Der jüdische Kulturfonds „Kedem". In: *Die Welt* (Kongressausgabe), 07.09.1913, S. 59–60, hier S. 60.

45 Vgl. Jüdische Kulturarbeit in Palästina (Aufruf des Kulturfonds Kedem), [1913]. CZA, Z3/1392.

46 Vgl. Schäfer: KEDEM, S. 369.

Ländern gewidmet sind,"[47] sollte aus dem Kedem werden. In einer langen Liste wurden die anberaumten Aktionsfelder im Organisationsstatut festgehalten:[48] eine Sprachakademie, hebräische und anderssprachige (Lehr-)Bücher und Zeitschriften, Volksschulen, Mittelschulen, Hochschulen, Akademien, Kollegiatschulen, Universitäten, Lehrerseminare, Unterrichtskurse, Abendkurse für hebräische Sprache und für andere Fachbereiche, Kindergärten, Erziehungsanstalten, Turn- und Sportanstalten, Kunstschulen, Gewerbeschulen, Schulen für Bildhauerei, Musik, Drama, Wissenschaft, Landwirtschaft, Garten- und Waldbau, Lesehallen, Bibliotheken, Museen, Preisausschreiben, Stipendien, Fonds und Pensionskassen für jüdische Schriftsteller, Künstler und Lehrer, Hospize, Zufluchts- und sonstige Heime für jüdische Schriftsteller, Gelehrte, Kunstschaffende, Lehrer und Schüler, Ländereien, Häuser, Güter; dies sollte unter der Maßgabe der Verbreitung jüdischen Wissens und der hebräischen Sprache gefördert, vornehmlich in Palästina geschaffen, entwickelt bzw. erworben werden. Unter diesen Betätigungsfeldern war der Ausbau des 1890 in Jerusalem von Ben Jehuda gegründeten und 1912 vom Hebräischen Lehrerverband in Palästina als Autorität des zu entwickelnden hebräischen Wortschatzes anerkannten Vaad Ha-Lashon Ha-Ivrit (Hebräisches Sprachkomitee) zu einer Sprachakademie in der Anfangszeit die ausschließliche Aufgabe des Kedem.[49]

Um den Fonds mit Geldern anzufüllen, wurden Werbemittel erstellt, Zirkulare und eine Propagandabroschüre gedruckt. Letztere enthielt sowohl das Organisationsstatut als auch einen einleitenden Essay zum Kedem, welcher die Funktion, das Projekt zu bewerben und ideologisch zu fundamentieren, besaß. Die Broschüre sollte während des 11. Zionistenkongresses „massenhaft verbreitet werden"[50]. Loewe wurde vom EAC mit der Abfassung des Essays beauftragt. Er reichte das Manuskript Anfang Juli 1913 ein.[51] Das Direktorium des Kedem begutachtete Loewes Beitrag. Die Mitglieder kamen darin überein, dass Loewes Ausführungen ins Hebräische übersetzt zu „Achad-Haamistisch" und damit spirituell zu aufgeladen seien.[52] Man ließ Loewe deshalb wissen, dass beabsichtigt werde, die derweil von Nahum Sokolow eingegangene Vorrede in die Broschüre

47 Fond für hebräische Kultur „Ha'Kedem": Die Arbeit des „Kedem" in Palästina (Erklärungen zum Programm), [1913]. CZA, Z3/1397.

48 Auszug aus dem Memorandum of Association des Jüdischen Kulturfonds „Kedem". In: *Jüdische Kulturarbeit. Der Jüdische Kulturfonds Kedem*, "קרן התרבות הדעברית „קדם. Berlin 5674 [1913], S. 17–[24], hier S. 17–18, § 3 Abs. 2–9.

49 Vgl. Bericht über die Boardsitzung des Kedem, abgehalten am 01.09.1913. CZA, Z3/1395, S. [3]. Zum Hebräischen Sprachkomittee vgl. Jack Fellman: The Role of Eliezer Ben Yehuda in the Revival of the Hebrew Language: An Assessment. In: Joshua A. Fishman (Hrsg.): *Advances in Language Planning*. Den Haag / Paris: Mouton 1974, S. 427–455, hier S. 450–454 (Kap. 7 „The Language Council").

50 Direktorium des Kedem an Heinrich Loewe, 30.06.1913. CZA, Z3/1398.

51 Heinrich Loewe an Direktorium des Kedem, 06.07.1913. CZA, Z3/1398.

52 Direktorium des Kedem an Heinrich Loewe, 11.08.1913. CZA, Z3/1398.

zu setzen. Diese hebe nicht wie Loewes die „geistigen Momente“ hervor, sondern betone „speziell die politisch-soziale Bedeutung“ des Kedem für Palästina.[53] Die deutschsprachige Endfassung des Artikels, der schließlich in der Broschüre erschien, lässt allerdings Zweifel daran, dass Nahum Sokolow alleiniger Urheber der Zeilen war. Einzelne Textpassagen decken sich wortwörtlich mit einem Leitartikel zum Kedem von Loewe, der, wie vom Exekutivkomitee angekündigt, in der Sonderausgabe der *Welt* zum Kongress am 7. September 1913 erschien und später als Zirkular dienen sollte.[54] Daher ist zu vermuten, dass Textbausteine aus der Sokolow'schen Fassung und der Loewe'schen verwendet wurden.

Einmal mehr konstituieren sich diese zionistischen Texte als Adepten dominanter Elemente des wissenschaftlichen und politischen Diskurses. Loewes (und Sokolows) Ausführungen eigneten sich die bereits seit Ende des 18. Jahrhunderts breit rezipierte Volksgeistlehre an, deren Ausgangspunkte etwa in den politischen Philosophien Herders, Fichtes oder Hegels zu finden sind.[55] Die zionistischen Aktivisten deterritorialisierten diese und ‚übersetzten‘ sie in ein kulturpolitisches Konzept, innerhalb dessen sich ‚Volksgeist‘ in jüdischen Kulturgeist transformierte. Zur Argumentation der politischen Zweckmäßigkeit ist in *Jüdische Kulturarbeit* bemerkt:

> Wenn wir hebräisch als Einheitssprache durchführen, sind wir nicht mehr Dutzende von Bevölkerungssplitterchen verschiedenster Herkunft ohne jeden Einfluss auf die Regierung [...], sondern zwar noch eine Minorität, aber zahlreicher als jede andere Einzelgemeinschaft im Lande.[56]

Den kollektivierenden, „freien Kulturgeist“[57] galt es also, in Palästina zu streuen, zu verdichten und zu materialisieren, um ihn schließlich als „Geist der Hebraisierung auch in die Galuth hinauszutragen“[58]. Der hebraisierte Kulturdiskurs des zionistischen Kollektivs bezog in dieser Hinsicht Stellung gegen den jiddischen „Golus-Geist“, für welchen beispielhaft A. S. Joris im Dezember 1913 in der u. a. gegen „den Boykott des Jiddischen“[59] als nationaler Sprache arbeitenden Zeitschrift *Die Freistatt* plädierte und damit in Abgrenzung zum homogenisierenden, auf ‚Hebung‘ abzielenden zionistischen

53 Direktorium des Kedem an Heinrich Loewe, 11.08.1913. CZA, Z3/1398.

54 Vgl. Loewe: Der jüdische Kulturfonds „Kedem“, S. 60. Hierzu auch *Jüdische Kulturarbeit*, S. 14–16.

55 Vgl. Christoph Mährlein: *Volksgeist und Recht. Hegels Philosophie der Einheit und ihre Bedeutung in der Rechtswissenschaft*. Würzburg: Königshausen & Neumann 2000. Zum Verhältnis der Philosophie Fichtes bzw. Herders zur zionistischen vgl. Manfred Voigts: Fichte as "Jew-hater" and Prophet of the Zionists. In: *LBI Year Book* 45 (2000), S. 81–91; ders.: *Die deutsch-jüdische Symbiose*, S. 232–234.

56 Ebd., S. 8.

57 Loewe: Der jüdische Kulturfonds „Kedem“, S. 60.

58 *Jüdische Kulturarbeit*, S. 12.

59 [Fritz Mordechai Kaufmann]: Zum Programm der Freistatt. In: *Die Freistatt* 1,1 (1913/1914), S. 3–5, hier S. 4.

Kulturkonzept jenen ‚Geist' meinte, „der in der Vielheit der Formen die Einheit seines unsterblichen Wesens manifestiert"[60]. Der zionistischen Agenda folgend, sollte sich Palästina schließlich nicht nur als Magnet und Container, sondern vielmehr als Katalysator und ‚Sendestation' hebräischer Kultur für die jüdische Diaspora konstituieren. Achad Haam kann in diesem Zusammenhang als exklusiver Vermittler gelten, der, ohne Mitglied der WZO zu werden, den in politischen, philosophischen und geschichtswissenschaftlichen Abhandlungen des 19. und 20. Jahrhunderts omnipräsenten ‚Volksgeist' mit der zionistischen diskursiven Praxis verknüpfte.[61] Loewe dürfte allerdings der ‚Volksgeist' nicht erst in den Schriften Achad Haams begegnet sein. Wie oben dargelegt, hörte er während seines Studiums bei Moritz Lazarus, in dessen zusammen mit Heymann Steinthal ausgearbeiteter Völkerpsychologie als „Wissenschaft vom Volksgeiste"[62] der ‚Volksgeist' die zentrale Kategorie bildet.[63]

Dem zionistischen Kollektiv wurde der Kedem offiziell auf dem 11. Zionistenkongress in Basel vorgestellt, nicht nur durch die Broschüre, sondern durch die eingehende Besprechung des neuen Projekts. Wenige Monate bevor der ‚Sprachenkampf' zwischen Hilfsverein und zionistischen Organisationen – der im Wesentlichen ein Streit über die zukünftige Sprache an jüdischen, in erster Linie höheren Lehranstalten in Palästina war – Gefahr lief, sich zum einem „blutigen Sprachenkampf"[64]

60 A. S. Joris: Kultur oder Fetisch. In: *Die Freistatt* 1,9 (1913/1914), S. 499–508, hier S. 506. Zur konzeptionellen Ausgestaltung von *Die Freistatt* vgl. Martina Willemsen: *Fritz Mordechai Kaufmann und „Die Freistatt". Zum alljüdischen Literaturkonzept einer deutsch-jüdischen Monatsschrift.* Tübingen: Niemeyer 2007.

61 Vgl. Eyal Chowers: Ahad Ha'am and the Jewish Volksgeist. In: Abraham Ben-Zvi / Aaron S. Kleiman (Hrsg.): *Global Politics. Essays in Honour of David Vital.* Portland: Cass 2001, S. 267–281; ders.: *The Political Philosophy of Zionism*, S. 171–189 (Kap. „II. Language, Collective Spirit, and Theological Time: Ahad Ha'am"); Jacques Kornberg: At the Crossroads. An Introductory Essay. In: Ders. (Hrsg.): *At the Crossroads. Essays on Ahad Ha-am.* Albany: State University of New York Press 1983, S. xv–xxvii; Desanka Schwara: Verortung und Grenzziehung. Imaginationen des Nationalen im modernen Europa. In: Berg / Kamil / Kirchhoff / Zepp (Hrsg.): *Konstellationen*, S. 215–230.

62 Lazarus: Über den Begriff und die Möglichkeit einer Völkerpsychologie, S. 7.

63 Vgl. S. 100–101. Ferner Moritz Lazarus: *Das Leben der Seele in Monographien über seine Erscheinungen und Gesetze.* Berlin: Dümmler 1883, Bd. 1, S. 323–411 (Kap. „Ueber das Verhältnis des Einzelnen zur Gesammtheit"); ders. / Heymann Steinthal: Einleitende Gedanken über Völkerpsychologie als Einladung zu einer Zeitschrift für Völkerpsychologie und Sprachwissenschaft. In: *Zeitschrift für Völkerpsychologie und Sprachwissenschaft* 1,1 (1860), S. 1–73. Vgl. Hans Bernhard Schmid: *Plural Action Essays in Philosophy and Social Science.* Dordrecht / New York: Springer 2009, S. 181–196 (Kap. „'Volksgeist': Lazarus' Social Ontology"); ders.: „Volksgeist". Individuum und Kollektiv bei Moritz Lazarus (1824–1903). In: *Zeitschrift für Kulturphilosophie* 16,1 (2005), S. 157–170.

64 Arndt Kremer*: Deutsche Juden – deutsche Sprache. Jüdische und judenfeindliche Sprachkonzepte und -konflikte 1893–1933.* Berlin / New York: de Gruyter 2007, S. 307. Aus einer Vielzahl von Beiträgen, die im Rahmen des ‚Sprachenkampfs' erschienen, sei hier verwiesen auf Zionistisches Actions-Comité (Hrsg.): *Im Kampf um die hebräische Sprache.* Berlin: Selbstverlag [1914]; Bal Dimien [d. i. Nochem Sztif]: Der Hebraismus und die Reaktion. In: *Die Freistatt* 2,1 (1914), S. 8–15; Achad Haam: Zur Sprachenfrage an den jüdischen Schulen Palästinas. In: *Ost und West* 14,1 (1914), Sp. 19–26; Nachwort der Redaktion. In: Ebd., Sp. 25–36; Der Kampf um die hebräische Unterrichtssprache. In: *Neue National-Zeitung*, 09.01.1914,

auszuweiten, verlas Hillel Zlatopolsky in der Abendsitzung des 8. September 1913 einleitend das hebräischsprachige Referat des erkrankten Moses Feldstein. Er erörterte die Organisationsstruktur und Ziele des neuen Instruments zur „geregelten Belebung der Sprache und Kultur in Palästina"[65]. Als zweckmäßige Ergänzung zur Arbeit des JNF pries Zlatopolsky die projektierte Arbeit des Kedem an. Sie sollte sich zunächst schwerpunktmäßig auf die Entwicklung und Herausgabe von Lehr- und Lernmaterialien, die bereits Loewe in seinem Memorandum von 1908 einforderte, konzentrieren. Nachvollziehbarerweise widmete sich das Referat ausführlich dem Aufbau der hebräischen Sprachakademie, die, wie oben erwähnt, kurz vor dem Kongress in der Sitzung des Kedem-Direktoriums zum vorübergehend ausschließlichen Gegenstand der Förderungstätigkeit erklärt worden war. Zuletzt verwies Zlatopolsky auf die Schaffung einer hebräischen Universität, deren Gründungsidee nach langjähriger Stille von Chaim Weizmann seit der Sitzung des GAC im März 1913 wieder aufgegriffen worden war und daran anschließend in zionistischen Versammlungen, auf dem Kongress und in der jüdischen Presse verhandelt wurde.[66]

Im zukünftigen Kulturarbeitsprogramm des zionistischen Kollektivs, welches Menachem Ussischkin im Verlesen zahlreicher diesbezüglicher Resolutionsvorschläge auf dem 11. Zionistenkongress in seiner ganzen Bandbreite aufzeigte, blieb die Bibliothek noch eine Randnotiz. Er stellte sie als Grundlage der hebräischen Sprachakademie vor, billigte ihr aber geringere Bedeutung zu als einer zukünftigen Einrichtung, die das jüdische Volksschulwesen zu organisieren und zu beaufsichtigen hätte.[67] Am folgenden Tag hatte Loewe allerdings Gelegenheit, die Bibliothek im zionistischen Kultur- bzw. Universitätsdiskurs zu verfestigen. Im Gegensatz zu Ussischkin rückte er sie ins Zentrum der zu schaffenden jüdischen Kultur- und Bildungsgeographie Palästinas und

S. 4–7; K[urt] B[lumenfeld]: Splendid Isolation. In: *Die Welt*, 30.01.1914, S. 105–106; Der Tatbestand. In: Ebd., S. 107–110; K[urt] B[lumenfeld]: Der Rückzug. In: *Die Welt*, 06.02.1914, S. 129–130; Hugo Bergmann: Unsere Stellung zum Jiddischen. In: *Die Welt*, 20.02.1914, S. 177–180; Die Hebraisierung des Technikums. In: *Die Welt*, 27.02.1914, S. 205–206; M. Glücksohn: Hebräisch und Jiddisch. In: *Die Welt*, 03.04.1914, S. 325–327; S. Bernstein: Sprachenkampf und Volk. In: *Die Welt*, 08.05.1914, S. 451–453. Auch Heinrich Loewe schrieb über den ‚Sprachenkampf'. Zwischen den zerstrittenen Allianzen vermittelnd rief er dazu auf, Palästina nicht zur Arena „jüdischer Parteikämpfe" werden zu lassen, und plädierte für „Verständigung" in dieser Angelegenheit (Heinrich Loewe: Ein Kampf um die hebräische Sprache. In: *Dr. Bloch's Oesterreichische Wochenschrift*, 19.12.1914, S. 921–923, hier S. 923).

65 *Stenographisches Protokoll der Verhandlungen des XI. Zionisten-Kongresses in Wien vom 2. bis 9. September 1913.* Berlin / Leipzig: Jüdischer Verlag 1914, S. 289.

66 Vgl. Jehuda Reinharz: Laying the Foundation for a University in Jerusalem. Chaim Weizmann's Role, 1913–1914. In: Modern Judaism 4,1 (1984), S. 1–38. Präsent war die Idee einer jüdischen Universität auch unmittelbar in den Jahren zuvor. Für die Palästinanummer der *Welt* von 1910 schrieb Israel Abrahams, Nachfolger Solomon Schechters als Direktor des Jewish Theological Seminary of America und Dozent für Talmudstudien an der Universität Cambridge, bspw. einen entsprechenden Beitrag, in dem er nachdrücklich ihre Gründung in Jerusalem forderte (Israel Abrahams: Eine Universität in Jerusalem. In: *Die Welt*, 17.10.1910, S. 1031–1032).

67 *Stenographisches Protokoll der Verhandlungen des XI. Zionisten-Kongresses*, S. 297.

schloss damit nahtlos an Vorstellungen an, die er bereits Ende 1910 in einem Beitrag für die *Welt* entwickelt hatte. Bereits hier betonte er, die Nationalbibliothek als Bibliothek für „Universität, technische Hochschule, landwirtschaftliche Akademie[,] [...] Sprachakademie, [...] Talmud-Hochschule und Rabbinerseminar“, zudem als „Zentralstelle für die anderen Bibliotheken in Jerusalem und des ganzen Landes Israel“ umreißend, dass der Aufbau eines jüdischen Bibliothekswesens in Palästina parallel zum Ausbau des Bildungswesens erfolgen müsse.[68] Insbesondere in Verbindung mit der Universität referierte Loewe diese außerordentliche Bedeutung des Bibliothekswesens für die zionistische Kulturarbeit auf dem Kongress. Explizit verwies er hier, analog zum Baseler Programm, auf die damit verbundene notwendige Schaffung einer juristisch legalisierten Stätte des jüdischen Buches[69]:

> Und ich staune, wie ein Volk, das sich rühmt, von den Arabern das Volk des Buches genannt worden zu sein, so handeln konnte. Wir werden darangehen, eine Universitas literatum zu gründen, aber wir müssen eines wissen: Diese Universitäten sind Forschungsstätten; und nicht der Professor, der doziert, sondern der Professor, der arbeitet und wissenschaftliche Werke schafft, ist derjenige, der die Universität trägt. Der kann aber nicht arbeiten, wenn er keine Bibliothek hat. [...] Es handelt sich um eine öffentlich rechtlich gesicherte Heimstätte für das jüdische Buch, um eine öffentlich rechtliche Heimstätte für die jüdische Kultur.[70]

Auch im unmittelbaren Vorfeld des Kongresses wies Loewe auf die Dringlichkeit der Gründung einer Bibliothek als „absolute und unumgängliche Vorbedingung“[71] der Universität hin. Anlässlich dieses Artikels nahm Chaim Weizmann mit Loewe Kontakt auf. Die beiden Aktivisten gingen daran, ihre Kongressauftritte aufeinander abzustimmen, sie zu choreographieren. In einem Brief vom 13. August 1913 erbat Weizmann

68 Heinrich Loewe: Bibliotheken in Erez Jisraél. In: *Die Welt*, 17.10.1910, S. 1066–1068, hier S. 1068.

69 Aus seiner Perspektive fasste Loewe die Bedeutung der Bücher für die jüdische Geschichte in einem Typoskript zusammen, das offensichtlich Mitte der 1920er Jahre, kurz nach Gründung der Soncino-Gesellschaft der Freunde des jüdischen Buches (vgl. Kap. VIII.6), geschrieben wurde. Hierin macht er die jüdische Geschichte als Geschichte der jüdischen Bücher lesbar, auch als Verfolgungsgeschichte: „Das jüdische Volk hat nichts höher geschätzt als sein Buch und seine Bücher. Wohin es vertrieben wurde, hat es diese mit sich genommen und sie gehegt als das teuerste Gut und wie die Kinder. [...] Diese Bücher waren nicht bloss die Begleiter der jüdischen Geschichte. Sie teilten in jeder Weise die Geschicke des Volkes, sein Glück und sein Unglück. Wo Israel in die Verbannung ging, nahm es die Bücher mit, wo es verfolgt wurde, das [*sic*] galt die Verfolgung den Büchern Israel um nichts weniger als den Juden selbst.“ (Heinrich Loewe: Das jüdische Buch. Shaar Zion, Boxnr. 12, S. 2.) Vor diesem Hintergrund erscheint es kaum zufällig, dass Loewe mit seiner Vorstellung von der Nationalbibliothek in Jerusalem als einer „öffentlich rechtlich gesicherten Heimstätte für das jüdische Buch“ (über die Metapher hinaus) auch Schutzfunktionen implizieren wollte.

70 *Stenographisches Protokoll der Verhandlungen des XI. Zionisten-Kongresses*, S. 343–344.

71 Heinrich Loewe: Hochschulsorgen. In: *Die Welt*, 11.07.1913, S. 886–888; ders.: Eine Vorbedingung der Universität. In: *Die Welt*, 03.04.1914, S. 328–329.

für sein Referat Zahlenmaterial von Loewe, das Aufschluss über etwaige Kosten der Bibliothek geben sollte. Er ließ Loewe wissen, dass er in seinem Referat mit Nachdruck auf die Bibliothek eingehen werde. Gleichzeitig wollte Weizmann von Loewe Kenntnis haben, ob dieser bereit sei, im Rahmen eines zu gründenden Hochschulkomitees tätig zu werden.[72]

Nachdem Ussischkin und Weizmann auf dem Kongress ausführlich für die Gründung der Universität plädierten, beschloss dieser die Einrichtung eines Hochschulkomitees. Sämtliche neu gewählten bzw. bestätigten Mitglieder der Exekutive – Otto Warburg, Arthur Hantke, Victor Jacobson, Schmarjahu Levin, Nahum Sokolow, Yehiel Tschlenow – und ergänzend zu diesen Ussischkin und Weizmann bildeten das Komitee. Loewe wurde Ende November 1913 offiziell von Weizmann eingeladen, hier mitzuwirken und sich den Vorarbeiten für die Bibliothek zu widmen.[73] Auf der ersten Sitzung des Arbeitsausschusses, auf der Loewe urlaubsbedingt fehlte, fasste man am 6. oder 7. Januar 1914 im Zionistischen Zentralbüro den Beschluss, die Vorarbeiten für die Universitätsbibliothek zu beginnen.[74] Loewe wurde als Verantwortlicher für die Bibliothek bestätigt und mit der Koordination der Arbeiten für eine Jüdische National- und Universitätsbibliothek betraut. Unter seiner Leitung wurde die Hauptsammelstelle für die zukünftige Bibliothek in Berlin eingerichtet. Wie aus einem Brief an Weizmann hervorgeht, war Loewes Motivation, die Leitung zu übernehmen, aber keine ausschließlich „allgemein-jüdische".[75] Vielmehr erhoffte er sich durch eine derartige Einbindung in die zionistische Kulturarbeit, zeitnah nach Palästina übersiedeln zu können. Im selben Brief wies Loewe mit Nachdruck darauf hin, dass man die Entwicklung der Bibliothek nicht vom Wohlwollen potentieller Spender abhängig machen dürfe. Der Kedem, so schlug Loewe vor, sollte mit der Bibliothek direkt assoziiert werden und als Besitzerin der Einrichtung fungieren. Spätestens im April 1914 wurde Loewes Vorschlag vom Direktorium des Kedem bestätigt: Neben der Produktion und Verbreitung hebräischer Lehrbücher und der Schaffung einer hebräischen Sprachakademie sollte das Kapital des Fonds nicht für die Universität, sondern zunächst für den Aufbau der Bibliothek eingesetzt werden.[76] Auch die Büchersammeltätigkeit sollte vom Kedem finanziert werden.[77]

Loewe war in diesem Zeitraum weiter für den Kedem als Propagandist tätig. Er wurde erneut mit der Abfassung eines (Spenden-)Aufrufs für den Fonds beauftragt, ferner

72 Chaim Weizmann an Heinrich Loewe, 08.08.1913. Chaim-Weizmann-Archiv, ADA/00024743.

73 Chaim Weizmann an Heinrich Loewe, 30.11.1913. Chaim-Weizmann-Archiv, ADA 40/11/30,2.

74 Protokoll der Sitzung des Universitäts-Arbeitsausschusses am 06. und 07.01.1914. CZA, Z3/1601.

75 Heinrich Loewe an Chaim Weizmann, 21.12.1913. Chaim-Weizmann-Archiv, ADA/00024633.

76 [Direktorium des Kedem] an Heinrich Loewe, 03.04.1914. CZA, Z3/1398.

77 [Direktorium des Kedem] an Heinrich Loewe, 05.05.1914. CZA, Z3/1398.

gebeten Vertrauensmänner zu sammeln, die geeignet wären, regionale Kommissionen zur Intensivierung der Geldsammlungen für den Kedem zu leiten.[78] Mit Ausbruch des Ersten Weltkriegs kollabierte der Fonds allerdings. Da es sich bei den von Feldstein gestifteten 40.000 Francs um geliehenes Geld der Stadt Łódź handelte,[79] ging das Grundkapital der Stiftung prompt verloren und die Bibliotheksarbeit musste in den folgenden Jahren ohne gesicherte Finanzierung geleistet werden. Eine grundsätzliche Änderung trat diesbezüglich erst nach dem Ersten Weltkrieg mit der Gründung der Wolffsohnstiftung ein.[80]

Herbst 1914 – Zwischentöne bei Kriegsausbruch

Sämtliche Kultur- und Bildungsinitiativen, an denen Loewe nach 1908 beteiligt war, scheiterten durch den Ausbruch des Ersten Weltkriegs. Sie wurden – wie im Fall der von der Histadrut Ivrit getragenen Projekte[81] – ganz eingestellt, oder – wie im Fall der Tätigkeit der Hauptsammelstelle für die JNUL[82] – auf eine minimale Aktionsintensität reduziert. Auch der hebräische Buchmarkt brach ein. Die *Jüdische Rundschau* notierte in diesem Zusammenhang:

> Die gesamte hebräische Bewegung ist beinahe lahmgelegt. Die hebräische Histadruth in Berlin ist so gut wie aufgelöst, die hebräischen Zeitungen erscheinen in verkleinertem Umfange, zum Teil haben sie ihr Erscheinen ganz eingestellt. Die hebräischen Verlagsanstalten haben ihre Tätigkeit unterbrochen.[83]

Der Kriegsausbruch brachte aber nicht nur die zionistische Kulturarbeit in Berlin zum Erliegen, sondern forderte auch klare Positionierungen von den zionistischen Akteur*innen zum Krieg. Um diese Selbstverortungen adäquat in der Öffentlichkeit abzubilden, kamen die geschäftsführenden Funktionäre der ZVfD auf Heinrich Loewe zurück. Er sollte für die *Jüdische Rundschau* Artikel beitragen, die an leitender Stelle die zionistische Anschauung vorführen.[84] Seinen Erinnerungen zufolge wurde Loewe angehalten, dem Lesepublikum auseinanderzusetzen, dass das deutsche zionistische Kollektiv „ohne Rückhalt auf der deutschen Seite“[85] stünde. Die Affirmation von Propagemen des

78 [Direktorium des Kedem] an Heinrich Loewe, 16.06.1914. CZA, Z3/1398.
79 Vgl. Schäfer: KEDEM, S. 373.
80 Vgl. Kap. VIII.5.
81 Vgl. das folgende Kap. VII.2.
82 Vgl. Kap. VII.4.
83 Eine Hebräertagung in Amerika. In: *Jüdische Rundschau*, 23.10.1914, S. 399.
84 Vgl. Heinrich Loewe: Sichronot. Kap. Redaktion und Mitarbeit. CZA, A146/176, S. 13.
85 Ebd.

bildungsbürgerlichen Kriegsdiskurses, der kurze Zeit später etwa Ausdruck im *Manifest der 93*[86], Ernst Lissauers breit rezipiertem *Haßgesang gegen England*[87] oder in dem von dem Kultusbeamten der Berliner Jüdischen Gemeinde Abraham Glaßberg verfassten und in Deutsch und Hebräisch abgedruckten Zirkular *Im Kriegsjahr 1914, Bittgebet für Kaiser, Volk und Vaterland*[88] fand, wurde vollzogen. Sechs Tage nachdem Wilhelm II. am 1. August 1914 in seiner Zweiten Balkonrede beteuert hatte, „keine Parteien und auch keine Konfessionen mehr"[89] zu kennen, wurde Loewes Artikel in der Ausgabe der *Jüdischen Rundschau* vom 7. August 1914 abgedruckt.[90]

Die unter dem Eindruck des ‚Burgfriedens' entstandene Abhandlung umriss die Pflichten der Jüd*innen als deutsche Staatsbürger*innen. Sie lud dem Krieg eine universale kulturelle Bedeutung auf. Nicht mehr ‚hebräischer Kulturgeist' wurde konstruiert, sondern der von Kurt Tucholsky zehn Jahre später beschriebene, in einer „Woge von Betrunkenheit" sich konstituierende ‚Geist von 1914' wirkte hier.[91] Der Artikel beschwor die integrative Rolle des Kaisers und des Kriegs, überführte das zionistische Narrativ, welches vor Ausbruch des Kriegs politisch bewusst die ‚Paria-Existenz'[92] der jüdischen Gemeinschaft in der Diaspora betonte, in ein Narrativ, das sich etwa dem

86 Vgl. Ulf Gerrit Meyer-Rewerts / Hagen Stöckmann: Das „Manifest der 93". Ausdruck oder Negation der Zivilgesellschaft? In: Johanna Klatt / Robert Lorenz (Hrsg.): *Manifeste. Geschichte und Gegenwart des politischen Appells*. Bielefeld: Transcript 2011, S. 135–168; Ulrich Sieg: *Jüdische Intellektuelle im Ersten Weltkrieg: Kriegserfahrungen, weltanschauliche Debatten und kulturelle Neuentwürfe*. Berlin: Akademie 2001, S. 70–71.

87 Vgl. Elisabeth Albanis: Ostracised for Loyalty: Ernst Lissauer's Propaganda Writing and Its Reception. In: *LBI Year Book* 43 (1998), S. 195–224.

88 Abraham Glaßberg: *Im Kriegsjahr 1914. Bittgebet für Kaiser, Volk und Vaterland*. Berlin: Itzkowski [1914]. Ein Exemplar des Zirkulars, welches einleitet: „Unser Vater ! Unser König ! Bekämpfe unsere frevelhaften Feinde und Strafe sie für ihren Uebermut", befand sich im offenen Bestand des Loewe-Nachlasses in Shaar Zion – Bet Ariela. Neben dem Gebet für Wilhelm II. beinhaltet es eine „Elegie auf vier Länder". 1915 erschien eine zweite Auflage der Schrift unter dem Titel *Im Kriegsjahr 1914/15*.

89 Zit. n. Martin Wengeler: Von den kaiserlichen „Hunnen" bis zu Schröders „uneingeschränkter Solidarität". Argumentative und lexikalische Kontinuitäten und Veränderungen in deutschen „Kriegsbotschaften" seit 1900. In: Ders. / Dietrich Busse / Thomas Niehr (Hrsg.): *Brisante Semantik. Neuere Konzepte und Forschungsergebnisse einer kulturwissenschaftlichen Linguistik*. Tübingen: Niemeyer 2005, S. 209–232, hier S. 229.

90 Heinrich Loewe: Feinde ringsum! In: *Jüdische Rundschau*, 07.08.1914, S. 343–344.

91 Theobald Tiger [d. i. Kurt Tucholsky]: Der Geist von 1914. In: *Die Weltbühne*, 07.08.1924, S. 204. Hierzu auch Jeffrey Verhey: *Der „Geist von 1914" und die Erfindung der Volksgemeinschaft*. Hamburg: Hamburger Edition 2000; Reinhard Rürup: Der ‚Geist von 1914' in Deutschland: Kriegsbegeisterung und Ideologisierung des Kriegs im Ersten Weltkrieg. In: Bernd-Rüdiger Hüppauf (Hrsg.): *Ansichten vom Krieg. Vergleichende Studien zum Ersten Weltkrieg in Literatur und Gesellschaft*. Königstein: Forum Academicum 1984, S. 1–30.

92 Vgl. Hannah Arendt: Die verborgene Tradition. In: Dies.: *Die verborgene Tradition. Acht Essays*. Frankfurt am Main: Suhrkamp 1976, S. 46–73.

des CV annäherte:[93] *Deutschtum* und *Judentum* waren keine ausschließlich getrennt konstruierten Kategorien mehr, sie verschmolzen in dem Bekenntnis zum „deutschen Vaterlande", das Loewe stellvertretend für das deutsch-zionistische Kollektiv abgab, ineinander:

> Wir Juden, wir Zionisten, die wir in den Zeiten des Friedens uns scheuten, mit Patriotismus zu prunken, die wir allen Nachdruck auf unser Judentum legten, das der Betonung mehr bedurfte als unsere selbstverständliche Treue zum deutschen Vaterlande, wir werden heute als deutsche Bürger freudig alle Forderungen an Hab und Gut, an Leben und Blut erfüllen.[94]

Bemerkenswert ist die Verknüpfung des Loewe'schen Artikels mit einem Aufruf, der gemeinsam vom Reichsverein der deutschen Juden, von der ZVfD, von der Jüdischen Turnerschaft und vom Kartell jüdischer Verbindungen (KJV) unterschrieben wurde. Außerdem erschienen entsprechende Aufrufe der Jüdisch-nationalen Frauenvereinigung und des jüdischen Wanderbundes Blau-Weiß in der *Jüdischen Rundschau*. Man appellierte an alle deutschen Jüd*innen, sich dem „Dienste des Vaterlandes hinzugeben"[95]. Diese Handlungsmaxime wurde konsequent in den ersten Kriegsmonaten wiederholt im Zentralorgan des deutschen Zionismus ausgegeben. Das Kriegsnarrativ verwob sich allerdings zunehmend mit dezidiert zionistischen Propagemen der Vorkriegszeit. Ins Auge fällt in diesem Zusammenhang die Verknüpfung der antiken jüdischen Geschichte mit der Gegenwart, im Rahmen derer der zionistische Kriegsdiskurs mit Topoi der biblischen Makkabäerkämpfe angereichert wurde. Bereits Loewe verwies in seinem Artikel u. a. auf den „Todesmut der Makkabäer [...] als glorreiches Beispiel"[96] für die jüdische Jugend. Auch Franz Oppenheimers Rede „Alte und neue Makkabäer", deren Vortrag schon fast zehn Jahre zurück lag, wurde als Leitartikel der Ausgabe der *Jüdischen Rundschau* vom 28. August 1914 veröffentlicht. Martin Buber, dessen Rede anlässlich der Chanukkafeier der BZV Anfang Januar 1915 in der *Jüdischen*

93 Vgl. Jürgen Matthäus: Deutschtum and Judentum under Fire. The Impact of the First World War on the Strategies of the Centralverein and the Zionistische Vereinigung. In: *LBI Year Book* 33,1 (1988), S. 129–147.

94 Loewe: Feinde ringsum!, S. 343. 1919, ein Jahr nach Kriegsende, wird Loewe öffentlich andere Töne anschlagen. Er schrieb: „Wir haben gesehen, wie uns die alldeutsche Kriegsbegeisterung, wie ihre erlogenen englandsfeindliche Tendenzen, wie die arisch-germanische Großmannssucht das aufsteigende Reich in den Abgrund geschleudert haben." (Heinrich Loewe: Geschichtsauffassung [1]. In: *Israelitisches Gemeindeblatt Köln*, 24.10.1919, S. 1–2.)

95 Deutsche Juden! In: *Jüdische Rundschau*, 07.08.1914, S. 343. Vom CV und vom Verband der deutschen Juden unterschrieben findet sich ein solcher Appell in ähnlicher Formulierung auch im Zentralorgan des CV (vgl. An die deutschen Juden. In: *Im Deutschen Reich*, 09/1914, S. 339).

96 Loewe: Feinde ringsum!, S. 343.

Rundschau abgedruckt wurde, pries den Krieg als „befreiende Erfahrung“[97]. Diese zionistische Kriegsbegeisterung, die Todd Presner auf die Hoffnung des zionistischen Kollektivs auf Reaktivierung des makkabäischen Stolzes und Heroismus zurückführt,[98] erfasste freilich nicht alle zionistischen Kreise und Aktivist*innen. Eine Ausnahme bildete etwa der Berliner zionistische Zirkel Jung Juda. Gershom Scholem, der sich in diesem Zusammenschluss zwischen 1912 und 1917 engagierte, lehnte das von der *Jüdischen Rundschau* vorgegebene Narrativ vehement ab.[99] Sichtbar wurden diese kritischen Zwischentöne zum Ersten Weltkrieg in der *Jüdischen Rundschau* allerdings nicht, sondern eine weitere Facette des Kriegs: Obwohl ein anderer Essay Loewes für die *Jüdischen Rundschau*, der Anfang September 1914 erschien und dem die Redaktion eine vom Willen des Autors abweichende „Tendenz“ gab,[100] Deutschland glorifizierte, indem er dem Deutschen Reich innerhalb der internationalen Staatengemeinschaft als einzigem Staat das Potential zusprach, den Jüd*innen in der Diaspora Schutz und Freiheit zu bieten bzw. zu ermöglichen, führte der Beitrag den uneingeschränkten Patriotismus, den Loewe vormals noch einforderte, als situatives Gebot vor:

> Unsere jüdische ideale Gesinnung, die uns anspornt, für das Vaterland alle Opfer zu bringen, deren jeder fähig ist, wird nach dem Kriege ihren alten Zielen sich zuwenden, getreu unserer alten Losung: in deutschen Dingen deutsch, in jüdischen jüdisch![101]

Die Pflicht der Jüd*innen als Zionist*innen und die Pflicht der Jüd*innen als deutsche Staatsbürger*innen standen sich in diesem Zusammenhang keineswegs diametral gegenüber. Die Erstere war dementgegen eine zweckmäßige Ergänzung der Letzteren:

> In dieser ernsten Zeit, wo die aufflammende Vaterlandsliebe alle Parteien im Deutschen Reiche zu einer einzigen untrennbaren Patriotenschar zusammengeschmiedet hat, deren einziges Ziel die Rettung und Größe des Gesamtvaterlandes ist, dürfen wir doch nicht der besonderen Pflichten vergessen,

97 Klaus Davidowicz: Chanukka und der Zionismus in Deutschland. http://www.david.juden.at/kulturzeitschrift/70-75/75-davidowicz.htm (Zugriff am 18.10.2012).

98 Todd Presner: Muscle Jews and Airplanes. Modernist Mythologies, the Great War, and the Politics of Regeneration. In: *Modernism/Modernity* 13,4 (2006), S. 701–728, hier S. 706; ders.: *Muscular Judaism*, 187–216 (Kap. 6 „Soldiers of Regeneration. The Military Might of Old-New Maccabees and the Great War“).

99 Vgl. Klaus Davidowicz: Chanukka und der Zionismus in Deutschland; ders.: *Gershom Scholem und Martin Buber. Die Geschichte eines Missverständnisses.* Neukirchen-Vluyn: Neukirchener 1995, S. 57–61.

100 Vgl. Heinrich Loewe an Redaktion Jüdische Rundschau, 06.09.1914. CZA, A146/113. Loewe forderte die Redaktion auf, eine Berichtigung zu drucken, was auch geschah. Daraus geht hervor, dass der Artikel an einigen Stellen gekürzt wurde, etwa um eine Passage, in der Loewe den deutschen Patriotismus der polnischen Judenheit untermauerte (vgl. [Berichtigung]. In: *Jüdische Rundschau*, 11.09.1914, S. 364).

101 H. L. [d. i. Heinrich Loewe]: Die Juden im Kriege. In: *Jüdische Rundschau*, 04.09.1914, S. 357–358, hier S. 357.

> die uns durch die Bande des Blutes auferlegt sind. Die Liebe zur Familie und zu den eigenen Brüdern kann durch die Vaterlandsliebe weder aufgehoben noch eingeschränkt werden.[102]

Was die Aufforderung, sich angemessen am deutschen Krieg zu beteiligen, betrifft, schrieb Loewe selbst freilich aus relativ komfortabler Situation heraus. Ohnehin 1895 für den Dienst im Heer und der Marine für untauglich erklärt[103] hatte er bei Mobilmachung das 45. Lebensjahr überschritten und entging so dem Kriegsdienst, während eine Vielzahl seiner Gesinnungsgenossen zum Dienst an der Waffe eingezogen wurde. Das deutsche Militär machte sich Loewe allerdings auf andere Art und Weise zu nutze. Er wurde von der im Postamt O 17 (Fruchtstraße 8) eingerichteten militärischen Postüberwachungsstelle Berlin Ost eingesetzt, um im Auftrag des zuständigen Generalstabs Postsendungen in hebräischer, jiddischer und arabischer Sprache zu prüfen. Einem Schreiben nach, das von dem leitenden Hauptmann an Loewes damaligen Vorgesetzten an der Berliner Universitätsbibliothek, Johannes Franke, adressiert wurde, stand Loewe ab April 1916 der Postüberwachungsstelle wöchentlich jeweils einen Vormittag zur Verfügung.[104] Der Zeitraum, den Loewe im Rahmen der Postprüfung tätig war, reichte indes weit über das Kriegsende hinaus. Noch im Mai 1919 – die Bibliothek wird mittlerweile von Gotthold Naetebus geführt – bat ihn der Leiter der Prüfstelle, einen Brief in hebräischer Sprache durchzusehen.[105] Auch in einem Dienstzeugnis, das ihm im Oktober 1919 über seine ehrenamtliche Tätigkeit ausgestellt wurde, ist notiert, dass Loewe immer noch für die Postüberwachungsstelle tätig sei.[106]

2. Die Sprache(n) der Juden

Die Konstruktionsarbeit an einer Nationalsprache besaß am Ende des ersten Jahrzehnts des 20. Jahrhunderts eine lange Tradition. Es formierten sich innerhalb des zionistischen

102 Ebd., S. 357.

103 Vgl. Ausmusterungs-Schein Heinrich Loewe, 07.06.1895. CZA, A146/02.

104 Vgl. Leiter der Postprüfstelle Berlin Ost an Johannes Franke, 19.04.1916. Archiv der Humboldt-Universität, UK-P L199, Bd. 4, Bl. 92. Hierzu auch Heinrich Loewe: Fragebogen zur Durchführung des Gesetzes zur Wiederherstellung des Berufsbeamtentums vom 7. April 1933 (Reichsgesetz. I 175), 4.07.1933. Archiv der Humboldt-Universität, UK-P L199, Bd. 2, Bl. 51–52R, hier Bl. 51R. Inwieweit sich die Postüberwachung auch auf die Belange des zionistischen Kollektivs auswirken konnte, zeigt ein Brief Loewes, den er im Mai 1916 an das Zionistische Zentralbüro adressierte. Loewe, längst mit der Mechanik der Postüberwachung vertraut, wies bezüglich der internationalen Korrespondenz des Jüdischen Verlags darauf hin, dass die Prüfstelle, in der er arbeitete (dies erwähnte er im Übrigen nicht), Ausnahmen zulassen könne, insofern „geschäftliche Interessen einer deutschen Firma nachgewiesen werden" (Heinrich Loewe an Zionistischen Zentralbüro, 26.05.1916. CZA, Z3/570) können.

105 Leiter der Postprüfungsstelle an Heinrich Loewe, 22.05.1919. Shaar Zion, offener Bestand.

106 Leiter der Postüberwachungsstelle Berlin West: Zeugnis über die ehrenamtliche Tätigkeit Heinrich Loewes in der Postüberwachungstelle, 14.10.1919. Archiv der Humboldt-Universität, UK-P L199, Bd. 2,2, Bl. 49.

Kollektivs und über das Kollektiv hinaus Allianzen, die untereinander den Status der jüdischen Sprachen, Jiddisch und Hebräisch, verhandelten. Dieser Konflikt zwischen zwei Sprachen politisierte sich zunehmend. Schon im November 1890 widmete etwa Nathan Birnbaum in der *Selbst-Emancipation* einen Artikel dem Verhältnis der damals noch als Nationaljudentum firmierenden Bewegung zur Sprache. Wie viele nach ihm nutzte er zu diesem Zeitpunkt das Jiddische – die „Sprache des Ghetto[s]", das „Bild Israels im Exile" –[107] als Negativfolie, um die herausragende Bedeutung des Hebräischen für die Entwicklung des zionistischen Kollektivs herauszustellen. Er konnte dabei auf in der Haskala und später in der Wissenschaft des Judentums tradierte Bilder des Jiddischen aufsetzen, die es als Repräsentation der „Rückständigkeit" des osteuropäischen Judentums beschrieben.[108] Birnbaum zufolge solle man sich die Strategie der „Verdrängung" zu eigen machen und – wegen des vergleichsweise hohen Anteils von Jiddisch sprechenden Jüd*innen – „durch den Jargon gegen den Jargon" arbeiten.[109] Die Pflicht eines „Nationaljuden", so erhebt Birnbaum knapp zwei Jahre später zur zionistischen Handlungsmaxime, sei es, „sich mit dem Hebräischen in Wort und Schrift vertraut zu machen".[110]

Loewe, der sich dieser Pflicht annahm und seinen Erinnerungen zufolge im Stile eines deutschen Ben Jehuda Hebräisch sogar als „gesprochene Familiensprache" einführte,[111] kann, vergleichbar dem frühen Birnbaum,[112] als einer der zentralen Architekten des politischen Hebraismus im deutschsprachigen Raum gelten. Kurt Blumenfeld wird etwa 40 Jahre nach dem 1. Zionistenkongress in einem Rückblick auf das Jahr 1897 schreiben: „Hebräisch spricht im Kreis des Westens nur Heinrich Loewe".[113] *Die Welt* zitierte im Februar 1913 die hebräischsprachige Zeitschrift *Ha-Zman* wie folgt:

107 N[athan] B[irnbaum]: Der jüdische Jargon. In: *Selbst-Emancipation*, 02.11.1890, S. 1–2, hier S. 1.

108 Delphine Bechtel: Cultural Transfers between "Ostjuden" and "Westjuden". German-Jewish Intellectuals and Yiddish Culture, 1897–1930. In: *LBI Year Book* 42 (1997), S. 67–83, hier S. 68.

109 Birnbaum: Der jüdische Jargon, S. 1.

110 Nathan Birnbaum: Hebräische Sprache. In: *Selbst-Emancipation*, 18.07.1892, S. 140–141, hier S. 141.

111 Heinrich Loewe: Sichronot. Kap. Sprache und Sprechen. CZA, A146/175, S. 14.

112 Mit zunehmender Distanzierung Nathan Birnbaums vom organisierten Zionismus änderte sich auch seine Einstellung zum Jiddischen. Er war neben Max Diamant nicht nur Mitinitiator des ersten jiddischen Sprachkonferenz in Czernowitz (vgl. S. 281–282), sondern kann auch als wichtigster Theoretiker des antizionistischen Jiddischismus gelten, innerhalb dessen er dem Hebräischen das Jiddische als jüdische Nationalsprache entgegensetzte (vgl. Andreas Kilcher: Kafka, Scholem und die Politik der jüdischen Sprachen. In: Christoph Miething (Hrsg.): *Politik und Religion im Judentum*. Tübingen: Niemeyer 1999, S. 79–118, hier S. 88–91). Zu Eliezer Ben Jehuda im zeitgenössischen und wissenschaftlichen Diskurs über das Hebräische vgl. Ron Kuzar: *Hebrew and Zionism. A Discourse Analytic Cultural Study*. Berlin / New York: Mouton / de Gruyter 2001, S. 41–120.

113 Kurt Blumenfeld: Drei Zeitabschnitte. Von der Gründung bis 1904. In: *Jüdische Rundschau*, 18.06.1937, S. 4.

Der deutsche Zionismus hat schon eine mehr als fünfzehnjährige Vergangenheit hinter sich, und noch immer gibt es unter den deutschen Zionisten keine Leute, die hebräisch lesen und verstehen, die sich für unsere Literatur interessieren und sie fördern. Nur auf einen einzigen unter ihnen kann man hinweisen, der die hebräische Sprache erlernt hat, der aber darin keine Nachfolge gefunden hat: Dr. Heinrich Loewe.[114]

Diese Zeitdokumente zeugen ansatzweise von der exklusiven Rolle, die Loewe in der hebräischen Kulturarbeit im deutschsprachigen zionistischen Kollektiv innehatte.
Im letzten Jahrzehnt vor der Wende zum 20. Jahrhundert entwickelte Loewe in diversen Essays für einschlägige zionistische Zeitschriften eine dezidiert zionistische Theorie des Judentums.[115] Er bewegte sich in seinen Auseinandersetzungen mit Sprache und Sprachgeschichte auf dem Fundament der wissenschaftlichen Erforschung jüdischer Sprachtraditionen, die sich u. a. als Gegenstand der ab 1890 außeruniversitär institutionalisierten Jüdischen Volkskunde[116] etablierte. Seine Überlegungen, die inhaltlich im folgenden Jahrzehnt weitgehend stabil blieben, wurden in der offensichtlich pünktlich zum 10. Zionistenkongress 1911[117] im Jüdischen Verlag erscheinenden Schrift *Die Sprachen der Juden* zusammengefasst.[118] In der Schrift, die nicht nur in der Presse,[119] sondern Loewe zufolge auch von Martin Buber, dem er das Manuskript vor Veröffentlichung überlassen hatte, „für gut befunden wurde“[120], modellierte er eine jüdische Kulturnation, die sich nicht ersten Grades durch politische oder ethnische Faktoren definiere, sondern durch eine gemeinsame Sprache und eine gemeinsame Historie bestimmt sei. Mit Blick auf die zeitgenössische jüdische Sprachpraxis verwies Loewe auf das Vorhandensein einer historisch ererbten Sprache, dem Hebräischen als „einheitliche[m] Band zwischen den

114 Revue der Presse. In: *Die Welt*, 28.02.1913, S. 277.

115 Vgl. S. 101–103.

116 Vgl. Christoph Daxelmüller: Jüdische Volkskunde in Ost- und Mitteleuropa. In: *Aschkenas* 2 (1992), S. 173–204; ders.: Jüdische Volkskunde – jüdische Volkskultur. In: *Handbuch der Geschichte der Juden in Europa*, hrsg. Elke-Vera Kotowski / Julius H. Schoeps / Hiltrud Wallenborn. Darmstadt: WBG 2001, S. 204–217; ders.: Hundert Jahre jüdische Volkskunde. Dr. Max (Meïr) Grunwald und die „Gesellschaft für jüdische Volkskunde“. In: *Aschkenas* 9 (1999), S. 133–143; Birgit Johler / Barbara Staudinger (Hrsg.): *Ist das jüdisch? Jüdische Volkskunde im historischen Kontext*. Wien: Österreichisches Museum für jüdische Volkskunde 2010.

117 David Wolffsohn an Heinrich Loewe, 27.06.1911. CZA, Z2/339.

118 Heinrich Loewe: *Die Sprachen der Juden*. Köln: Jüdischer Verlag 1911.

119 „Das Buch ist für die Volkskunde der Juden von hervorragendem Wert“, hieß es in einer Rezension im Aprilheft der *Zeitschrift für Demographie und Statistik der Juden* (B. B.: Die Sprachen der Juden. In: *Zeitschrift für Demographie und Statistik der Juden* 8,4 (1912), S. 64). Die *Jüdische Rundschau* schrieb: „An dieser Stelle sei besonders auf [...] „Die Sprachen der Juden“ hingewiesen, das wertvolle Dienste für die hebräische Propaganda leistet.“ (Neuerscheinungen. In: *Jüdische Rundschau*, 02.02.1912, S. 36.)

120 Heinrich Loewe an David Wolffsohn, 28.06.1911. CZA, W/656.

Juden, nicht bloß aller Länder, sondern auch aller Zeiten"[121]. Eine psychologisierte zionistische Sprachphilosophie der jüdischen Nation entwickelte Loewe in *Die Sprachen der Juden* und in *Treibende Kräfte*, einer weiteren Schrift, die 1911 erschien. Diese Philosophie appellierte einerseits an das Bewusstsein des Einzelnen:

> In der Sprache wird sich der menschliche Geist seiner selbst offenbar. Sie ist nicht bloß das Verständigungsmittel der Menschen untereinander, sondern vor allem mit sich selbst. Erst mit Ausbildung und Verfeinerung der Sprache ist die gedankliche Verfeinerung möglich.[122]

Andererseits beschwor sie den ‚Geist' – die ‚kollektive Seele' – der jüdischen Nation:

> Sprache ist ja das wichtigste Kennzeichen nicht bloss des menschlichen Geistes, der in ihr sich selbst erkennt, sondern des Geistes der Nationen, die in ihr ihre Eigenart bewusst und unbewusst empfinden.[123]

Imprägniert mit Humboldt'scher Sprachphilosophie, die ebenso Sprache nicht als „bloßes Verständigungsmittel"[124], sondern als „Abdruck des Geistes und der Weltsicht der Redenden"[125] und als Repräsentationsform nationaler ‚Eigentümlichkeit' begreift,[126] sei das Hebräische Loewe zufolge Ausdruck jüdischen (Selbst-)Bewusstseins. In seinen Ausführungen wird Hebräisch von der antiken Sprache der alten jüdischen ‚Heimat' zur eigentlichen ‚Heimat'. Sie bilde „den Grund der ganzen nationalen Geschichte"[127] und wird von ihm als Sprache der „geistigen Freiheit"[128] und Garantin kultureller Autonomie konstruiert. Jiddisch, von Loewe als „Jüdisch-Deutsch" bezeichnet, und andere jüdische ‚Dialekte' bleiben hingegen weitgehend negativ besetzt. Auch wenn er sich etwa ausdrücklich gegen den Hass auf das Jiddische ausspricht, indem er diesen als Facette

121 Loewe: *Die Sprachen der Juden*, S. 142. Hierzu auch ders.: Der Nationalismus [2].

122 Ebd., S. 9.

123 Heinrich Loewe: *Treibende Kräfte*. Berlin 1911, S. 18.

124 Wilhelm von Humboldt: Über den Dualis (Gelesen in der Akademie der Wissenschaften am 26. April 1827). In: Ders.: *Schriften zur Sprache*. Frankfurt am Main: Zweitausendeins 2008, S. 113–133, hier S. 128.

125 Ebd.

126 Wilhelm von Humboldt: Über den Nationalcharakter der Sprachen (Fragment). In: Ders.: *Schriften zur Sprache*, S. 80–91, insb. S. 91. Hierzu auch ders.: Über die Verschiedenheit des menschlichen Sprachbaues und ihren Einfluss auf die geistige Entwicklung des Menschengeschlechts. In: Ebd., S. 289–549, hier S. 314–321 (Kap. „Zusammenwirken der Individuen und Nationen").

127 Loewe: *Die Sprachen der Juden*, S. 142.

128 Ebd., S. 143.

des Antisemitismus demaskiert,[129] und dem Jiddischen einen gewissen Wert hinsichtlich jüdisch-nationaler Erinnerungskultur zubilligt, sei diese Sprache letztlich doch Ausdruck von Galut, Assimilation und Unfreiheit.[130] – Damit entwickelte er eine Position in der ‚Sprachenfrage', der bspw. der Allgemeine Jüdische Arbeiterbund (Bund), nach jüdischer Kulturautonomie strebend, seit 1905 diametral gegenüberstand und vergleichbar radikal Jiddisch zur Sprache des osteuropäischen Proletariats erklärte.[131]

Die zunehmende Verfestigung des Hebräischen als Element des zionistischen Narrativs hatte erstmals Ende 1909 öffentlichkeitswirksames Handeln zur Folge. Hatten sich ca. 70 jiddischsprachige Schriftsteller*innen, Intellektuelle und politische Aktivist*innen, darunter auch Zionist*innen, bereits ein Jahr zuvor in Czernowitz auf der ersten

129 Diesbezüglich schreibt er: „Man verfolgte uns nicht, weil das Jüdisch-Deutsche unschön war, sondern man fand Judendeutsch häßlich und abscheulich, weil es von den verachteten und gehaßten Juden gesprochen wurde. Und diesem Haß gegen das Judendeutsch sollten wir keine Konzessionen machen." (Loewe: *Die Sprachen der Juden*, S. 145.)

130 Vgl. ebd., S. 143. Ausführlich setzt sich Arndt Kremer mit dem Status des Jiddischen bei Loewe auseinander (vgl. Kremer: *Deutsche Juden*, insb. S. 356–358). Zu Recht verweist Kremer darauf, dass Loewe das Jiddische in seinen Veröffentlichungen auf Distanz hält, auch indem er es nirgends als Jiddisch, sondern stattdessen als „Jargon", „Dialekt", „Pseudo-Nationalsprache" und „Jüdisch-Deutsch" bezeichnet (ebd., S. 356–357). Eine grundsätzliche Aufwertung erfährt Jiddisch bei Loewe erst im Zuge des Kriegs. Unter Leitung von Adolf Friedemann, Franz Oppenheimer und Max Bodenheimer wurde das Komitee zur Befreiung der russischen Juden gegründet, im November 1914 umbenannt in Komitee für den Osten (KfdO), mit dem versucht werden sollte, Deutschlands imperialistische Ambitionen mit den Interessen der osteuropäischen Jüd*innen zu verknüpfen (vgl. Bechtel: Cultural Transfers between "Ostjuden" and "Westjuden", S. 70). Loewe verfasste im Auftrag des KfdO die Schrift *Die Jüdisch-Deutsche Sprache der Ostjuden. Ein Abriß, im Auftrage des „Komitees für den Osten"*. Berlin 1915 (wieder abgedruckt in Andreas Herzog (Hrsg.): *Ost und West. Jüdische Publizistik 1901–1928*. Leipzig: Reclam 1996, S. 28–39; auszugsweise abgedruckt als Jiddisch, eine Kulturerscheinung. In: *Israelitisches Gemeindeblatt Köln*, 19.07.1918, S. 1–3; 09.08.1918, S. 1–2; 16.08.1918, S. 1–3; 18.10.1918, S. 3–4; 25.10.1918, S. 2–3). Sein Anliegen war es hier freilich nicht, die Vorzüge des Hebräischen als Nationalsprache gegenüber dem Jiddischen vorzuführen, wie er es in *Die Sprachen der Juden* unternommen hatte. Vielmehr stellte er Jiddisch als in „Blüte" (ebd., S. 12) begriffene, eigenständige Sprache mit eigenständiger Grammatik und Orthographie (vgl. ebd., S. 15) dar und implizierte ferner, dass die Jüd*innen Osteuropas u. a. aufgrund der Tatsache, dass „ihre[] große Mehrheit ebenfalls deutsch" (ebd., S. 1) versteht, aus politischer Perspektive ‚nutzbringend' für den deutschen Krieg sein dürften. Das Pamphlet überarbeitete Loewe später zudem und ersetzte an fast allen Stellen im Manuskript die Bezeichnung „Jüdischdeutsch" durch „Jiddisch". Auch auf dem Vorderblatt des Manuskripts erscheint der Titel „Jiddisch" (Heinrich Loewe: Jiddisch. CZA, A146/44). Mit neuer Einleitung versehen, hielt er fest, dass sich sein Beitrag „fern von jeder Polemik" halten werde (ebd., S. [1]).

131 Vgl. Joshua A. Fishman: The Tshernovits Conference Revisited. The First World Conference for Yiddish, 85 Years Later. In: Ders. (Hrsg.): *The Earliest Stage of Language Planning. The "First Congress" Phenomenon*. Berlin / New York: Mouton / de Gruyter 1993, S. 321–332, hier S. 322. Hierzu auch David E. Fishman: *The Rise of Modern Yiddish Culture*. Pittsburgh: University of Pittsburgh Press 2005, S. 48–61 (Kap. „The Bund Contribution"). Auf der Czernowitzer Konferenz kam die Radikalität des bundischen Jiddischismus zum Ausdruck. Eine der führenden Vertreterinnen des Bundes, Esther Frumkin (Pseudonym von Malkah Lifshitz), schlug bezüglich des Status der jiddischen Sprache die radikalste von insgesamt vier Formulierungsvarianten vor: „The conference recognizes Yiddish as the only national language of the Jewish people. Hebrew has the significance of a historical monument, whose revival is a utopia." (Zit. n. ebd., S. 60.)

jiddischen Sprachkonferenz versammelt,[132] wo u. a. anberaumt wurde, mittels einer Organisation für Jiddisch gleiche Rechte sowie die Förderung und Verbreitung jiddischer Kultur und Kunst durchzusetzen,[133] gelang es erst im Dezember 1909, zentrale Akteure des politischen Hebraismus in Berlin, dem „Labor der hebräischen Spracherneuerung“[134], zusammenzubringen.
Wie im Falle der Jüdischen Lesehalle und Bibliothek ging zunächst ein politisch recht heterogenes Kollektiv daran, die Pflege und Verbreitung jüdischer Kultur zu institutionalisieren. Wiederum war eine solche Kooperation möglich, weil sich Ziele der hebraistischen Allianz im Gegensatz zum später gegründeten Kulturfonds Kedem nicht (ausschließlich) auf Palästina konzentrierten. In erster Linie sollte die jüdische Diaspora in ein Territorium, das sich durch eine eigenständige jüdische/hebräische Kulturpraxis auszeichnet, verwandelt werden. Allerdings zeugt die historische Entwicklung der nach der Berliner Konferenz gegründeten Histadrut Ivrit von einer zunehmenden Zionisierung der hebräischen Kulturarbeit in der Diaspora. Bereits ihr Statut musste über kurz oder lang zwangsläufig zu einer Exklusion von nicht jüdisch-nationalistischen Hebraisten und hebraistischen Zirkeln führen. In der Ausgabe der *Welt* vom 5. Januar 1914 wird dieses wie folgt zitiert:

> § 2 Der Histadrut kann angehören: *jeder Jude, der Hebräisch als seine Nationalsprache anerkennt* und die Wiederbelebung der hebräischen Sprache und Kultur anstrebt.[135]

Beachtenswert erscheint in diesem Zusammenhang nicht nur die Organisationsweise, die seit Gründung der Histadrut Ivrit strukturell die WZO nachahmte und Institutionen wie die Trumah (hebr. Spende), analog dem zionistischen Schekel, und einen auf die Kapitalisierung der hebräischen Kulturarbeit in der Diaspora ausgerichteten Fonds, analog dem Palästina-Kulturfonds, schuf, sondern, abgesehen von den personellen Überschneidungen, auch die schrittweise inhaltliche und performative Überlappung der beiden Organisationen. In Berlin etwa waren eine Reihe von Projekten, die von in der WZO aktiven Zionist*innen angeregt und koordiniert wurden, offiziell Initiativen der Histadrut Ivrit. Hierzu zählten insbesondere der hebräische Kindergarten,

132 Vgl. etwa Kalman Weiser / Joshua A. Fogel (Hrsg.): *Czernowitz at 100. The First Yiddish Language Conference in Historical Perspective*. Lanham: Lexington 2010.

133 Emanuel S. Goldsmith: *Modern Yiddish Culture. The Story of the Yiddish Language Movement*. New York: Fordham UP 1997, S. 195–196; Fishman: Tshernovits Conference Revisited, S. 321–332.

134 Barbara Schäfer: Hebräisch im zionistischen Berlin. In: Michael Brenner (Hrsg.): *Jüdische Sprachen in deutscher Umwelt. Hebräisch und Jiddisch von der Aufklärung bis ins 20. Jahrhundert*. Göttingen: Vandenhoeck & Ruprecht 2002, S. 68–75, hier S. 70.

135 Das Zentralkomitee der „Histadruth Ibrith“: Hebräertag. In: *Die Welt*, 01.05.1914, S. 445–446, hier S. 446 (Herv. F. S.). Hierzu auch Eugen Mittwoch: Aufruf des deutschen Komitees für hebräische Sprache und Kultur. In: *Die Welt*, 15.07.1910, S. 684–685.

der 1914 gegründet wurde, und die hebräische Verlagsgesellschaft Tchijah, die ebenfalls ab 1914 den Arbeitsbetrieb aufnahm. Am deutlichsten aber trat die zionistische Aneignung der hebräischen Kulturarbeit auf der hebräischen Konferenz im Wiener Beethovensaal in Erscheinung. Sie wurde als Sondertagung zum 11. Zionistenkongress zwischen dem 25. und 28. August 1913 veranstaltet. Hier entstand ein Verhandlungsraum, in dem sich die von der WZO betriebene Kulturarbeit, zu deren Finanzierung sich der Kedem gegründet hatte, und die von der Histadrut Ivrit initiierten Projekte vermengten. Sie wurden als einheitliches zionistisches Kulturprogramm vorgestellt und als solches in der Öffentlichkeit wahrnehmbar.[136] Dazu trug auch die Inszenierung der Histadrut Ivrit auf dem Zionistenkongress bei. Während Adolf Böhm als Delegierter des Zionistenkongresses in Frage stellte, ob es überhaupt zweckmäßig sei, die hebräische Kulturarbeit aus Perspektive der WZO organisatorisch auszulagern,[137] verwies David Yellin in seiner im Namen der Histadrut Ivrit gehaltenen Begrüßungsansprache darauf, dass es sich bei der Organisation um eine „Schwester-Organisation" der WZO handle; zudem stellte er die in diesem Zusammenhang entstehende Synthese aus zionistischer Arbeit für das „Land der Väter" auf der einen und hebräischer Kulturarbeit für die „Sprache der Väter" bzw. den „Geist der Väter" auf der anderen Seite heraus.[138] Nathan Birnbaum, als einer der wesentlichen Akteure des politischen Jiddischismus besonders kritischer Beobachter der Vorgänge auf dem Kongress, trug dieser Situation Rechnung und führte in einem Artikel für *Die Freistatt* die organisatorische Verflechtung des Zionismus und des Hebraismus vor. In überspitzten Formulierungen wies er zudem auf die zutage tretenden Machtverhältnisse innerhalb des Kollektivs hin, im Rahmen derer Hebräisch hegemonialen Status erlangte:

> Jedes Wort, jede Gebärde, die auf ihm [dem 11. Zionistenkongress, F.S.] zutage trat, gehorchte der Losung, die die Konferenz der „Histadruth" ausgegeben hatte. In jedem Augenblicke, wo immer man gerade hielt, kehrte man die hebräische Sprache hervor, immer und immer wieder blitzte der hebräische Gedanke auf. Es war deutlich zu sehen, wie alle anderen Angelegenheiten gegenüber dem hebräischen Riesen einschrumpften. Insbesondere zum Schluß, als er sich in seiner ganzen Länge aufrichtete, d.h. die Resolution bezüglich der hebräischen Universität angenommen wurde.[139]

136 Zum Programm vgl. Hebräische Konferenz in Wien. In: *Jüdische Rundschau*, 22.08.1913, S. 350; Sondertagungen. In: *Die Welt*, 22.08.1913, S. 1106.

137 Vgl. *Stenographisches Protokoll der Verhandlungen des XI. Zionisten-Kongresses*, S. 51.

138 Der Rechenschaftsbericht des Aktions-Komitees. Wahl des Bureaus – Referat Hantkes – Generaldebatte. In: *Die Welt* (Kongressausgabe), 04.09.1913, S. 25–35, hier S. 25–26.

139 Nathan Birnbaum: Nach dem elften Zionistenkongress. In: *Die Freistatt* 1,8 (1913/14), S. 437–444, hier S. 437.

Während man sich an den ersten beiden Tagen der hebräischen Sondertagung darauf beschränkte, von herausragenden Persönlichkeiten des politischen Hebraismus, darunter „Koryphäen der hebr[äischen] Literatur“[140] wie David Frischmann und Chaim Nachman Bialik, die diskursiven Felder des Hebräischen sondieren zu lassen, etwa auf die Erziehung, die Belletristik, die Buchgeschichte und die alltägliche Sprachpraxis einging, folgten am letzten Verhandlungstag – analog der zionistischen Kongresspraxis – Berichte aus den einzelnen Ländern und die Vorstellung signifikanter Initiativen.[141] Die *Jüdische Rundschau* und die *Welt* betitelten die Veranstaltung einstimmig als hebräische Weltkonferenz,[142] wenngleich jene Aktivist*innen, die seit 1909 erfolglos ein vergleichbares Ereignis planten, vermutlich eine von der WZO unabhängige Veranstaltung im Sinn hatten.

Die Vorarbeiten für den ersten hebräischen ‚Weltkongress‘ begannen im Januar 1909. Im vorbereitenden Komitee der Konferenz waren sowohl zionistische Akteure und Personen aus dem Umfeld des Hebraistenkreises aktiv, der sich um Shai Hurwitz seit dem Ende des 19. Jahrhunderts konstituierte, als auch weitere jüdische Gelehrte und Rabbiner.[143] In Shai Hurwitz’ Berliner Wohnung am Kurfürstendamm traf sich eine Auswahl dieser Protagonisten des jüdischen Kulturdiskurses: Achad Haam, Leo Mozkin, Martin Buber, Heinrich Loewe, Eduard Baneth. In diesem Kreis wurde beraten, wie ein solcher Kongress zu organisieren sei. Man kam darin überein, ihn nicht als „Gegendemonstration“ zur Czernowitzer Konferenz zu gestalten. Vielmehr sollte sich die hebräische Versammlung als „Ausdruck eines wahren Verlangens von Hebraisten“ zusammenfinden.[144] Der Kongress hätte bereits im Sommer 1909 stattfinden und sich terminlich am 9. Zionistenkongress orientieren sollen. Dieser Plan ging allerdings in zweierlei Hinsicht nicht auf. Zum einen wurde frühzeitig verworfen, in der Kürze der Zeit einen hebräischen Weltkongress zu organisieren. Deshalb einigte man sich Anfang Oktober 1909 darauf, zunächst eine Arbeitssitzung in Berlin einzuberufen. Zum anderen war man auf die zum 9. Zionistenkongress in Hamburg reisenden Delegierten als Redner und Teilnehmende angewiesen. Schließlich verschob das vorbereitende Komitee auch den Termin der Arbeitssitzung auf Dezember, in das unmittelbare Vorfeld des Zionistenkongresses. Es kündigte diese in entsprechenden Zeitungsbeiträgen und dem offiziellen Flugblatt als „Kongress für hebräische Sprache und Kultur“ an und imaginierte zugleich eine breit gefächerte und geographisch weit gestreute Bewegung, indem

140 H.: Die hebräische Konferenz in Wien. In: *Frankfurter Israelitisches Familienblatt*, 05.09.1913, S. 2–3, hier S. 2.

141 Hebräische Konferenz in Wien. In: *Jüdische Rundschau*, 22.08.1913, S. 350; Sondertagungen. In: *Die Welt*, 22.08.1913, S. 1106.

142 Die hebräische Weltkonferenz (Ein Epilog). In: *Jüdische Rundschau*, 05.09.1913, S. 373–374; *Die Welt* (Kongressausgabe), 03.09.1913, S. 17–18.

143 Vgl. Nash: *In Search of Hebraism*, S. 285.

144 Ebd., S. 285–286.

neben den Mitgliedern des vorbereitenden Komitees 44 Einzelpersonen, darunter auch zwei Jiddischisten, und fünf hebräische Organisationen aus Europa, den Vereinigten Staaten und Palästina das Zirkular gegenzeichneten.[145]

Zwischen dem 19. und 21 Dezember 1909 versammelten sich die ca. 150 Teilnehmer*innen[146] des Kongresses für hebräische Sprache und Kultur unter der Leitung seines Präsidiums, das aus Leo Mozkin, Menachem Ussischkin und Nahum Sokolow bestand, in den von Joseph Fraenkel und Theodor Kampffmeyer entworfenen, 3.000 Menschen fassenden Sophiensälen (Sophienstraße 18).[147] Heinrich Loewe und Emil Levy waren die deutschen Schriftführer des Kongresses.[148] Wie in den zuvor zirkulierten Aufrufen angekündigt, ging es zunächst um inhaltliche Aspekte der hebräischen Kulturarbeit. Theoretisch fundamentierte diese bspw. Buber, dessen Referat wenig später als zweiteiliger Leitartikel der *Jüdischen Rundschau* erschien. Ausgehend von der jüdischen Diasporakultur als pathologischer jüdischer Kultur, um deren Zustand zu beschreiben, Metaphern wie „Organismus", „Volksorganismus" und „Regeneration" bereits im Aufruf der Histadrut Ivrit gebraucht worden waren,[149] konstruierte Buber hebräische Kultur als ‚Medikament', vergleichbar Loewe und Sokolow[150] als einigendes Band wider eine ‚krankhafte' jüdische Kulturpraxis:

> Und wieder zeigt sich die Not und Krankheit unseres Volkslebens in keiner anderen Erscheinung so deutlich wie darin, dass die Sprache, in der die ersten Worte unser Kinder gesprochen sind, fast durchweg nicht die sind, in der die Einheit unseres Volkes in Raum und Zeit einst lebendige Wirklichkeit wurde und war.[151]

145 Vgl. Kongreß für hebräische Sprache und Kultur. In: *Die Welt*, 19.11.1909, S. 1041; Ein Kongress für hebräische Sprache und Kultur, [1909]. CZA, A126/241. Zum vorbereitenden Komitee des Kongresses zählten zusätzlich zu den erwähnten Shai Hurwitz, Leo Mozkin, Martin Buber, Heinrich Loewe und Eduard Baneth, auch Ruben Brainin, Berthold Feiwel, Schmarjahu Levin, Emil Levy, Eugen Mittwoch, Malwin Warschauer sowie Leib Wilensky (vgl. ebd.). Loewes Erinnerungen zufolge waren die beiden in den offiziellen Dokumenten fehlenden Josef Lin, Albert Katz' Nachfolger als Bibliothekar der Jüdischen Lesehalle und Bibliothek, und ein gewisser Gottlieb herangetreten, um ihn für das Komitee zu begeistern. Loewe weist diese zugleich als Hauptinitiatoren des Kongresses von 1909 aus, was freilich im Widerspruch zum Aufruf der Histadrut Ivrit von 1909 und der Darstellung von Stanley Nash steht (vgl. Loewe: Sichronot. Kap. Sprache und Sprechen, S. 16).

146 Eugen Mittwoch spricht in einem späteren Bericht von nur 70 Teilnehmern (ders.: Aufruf des deutschen Komitees für hebräische Sprache und Kultur. In: *Die Welt*, 15.07.1910, S. 684–685).

147 Vgl. Die Konferenz für die hebräische Sprache und Kultur in Berlin. In: *Die Welt*, 24.12.1909, S. 1155–1156.

148 Vgl. Loewe: Sichronot. Kap. Sprache und Sprechen, S. 16.

149 Vgl. Ein Kongress für hebräische Sprache und Kultur. CZA, A126/241. Zu „Sprache und Heilung" im Kontext jüdischen Schreibens in der Moderne vgl. Caspar Battegay: *Das andere Blut. Gemeinschaft im deutsch-jüdischen Schreiben 1830–1930*. Köln / Weimar / Wien: Böhlau 2011, S. 47–52.

150 Vgl. S. 262–263.

151 Martin Buber: Die hebräische Sprache und der Kongress für hebräische Sprache und Kultur [1]. In: *Jüdische Rundschau*, 14.01.1910, S. 13–14, hier S. 13.

Sprache sei Buber zufolge das bewusstseinsbildende Archiv jüdischer Geschichte. Folgerichtig sei die Förderung „hebräische Produktivität" und „hebräische Receptivität",[152] hebräischer Literatur und Spracherziehung also, jenes geeignete Mittel, Judentum als nationaler Gemeinschaft eine „einheitliche Bewusstseinsform"[153] wiederzugeben.
Über inhaltliche Debatten hinaus, zu denen Bubers Beitrag, der die Diskussion auf dem Kongress einleitete, zweifelsohne ein wesentlicher Beitrag war, bildete die adäquate Institutionalisierung des politischen Hebraismus einen Schwerpunkt der Verhandlungen. Diese sollte durch die regelmäßige Einberufung eines Kongresses (Knessiah), ferner durch die Schaffung der Histadrut Ivrit, welche sich wie die WZO in Landesverbände und Ortsgruppen zergliedern würde, erfolgen. Die Delegierten des Kongresses wählten ein Zentralkomitee.[154] Dieses richtete sich in Berlin ein und bestand aus international bedeutenden jüdischen ‚Kulturarbeitern'. Darunter waren bspw. Achad Haam, Judah Leib Magnes und Eliezer Ben Jehuda. Die im vorbereitenden Komitee aktiven Mitglieder bildeten ergänzend zum Zentralkomitee einen Zentralausschuss.[155] Aus diesem wiederum wurden Loewes Erinnerungen zufolge Shai Hurwitz, Leo Mozkin und Martin Buber in das leitende Komitee gewählt, in dem Loewe selbst nach dem Ausscheiden Bubers tätig wurde.[156] Vergleichbar der WZO firmierte der Kongress als höchstes Organ der Histadrut Ivrit und sollte ursprünglich im Spätsommer des Folgejahres in Palästina erstmals einberufen werden.[157] Darüber hinaus wurde ein hebräischer Kulturfonds geschaffen. Die zunächst von Jitzchak Naiditsch geleitete Zentrale des Fonds eröffnete in Moskau.[158]
Das Echo in der deutschsprachigen jüdischen Presse auf den Kongress für hebräische Sprache und Kultur war vielstimmig. In einer Korrespondenz des Supplements der *Allgemeinen Zeitung des Judentums*, *Der Gemeindebote*, ist Wohlwollendes zu lesen: „Die Resultate der dreitägigen Verhandlungen übertreffen [...] selbst die optimistischsten Erwartungen."[159] Im Gegensatz dazu brachte *Der Israelit* das Referat Achad Haams in Stellung, um es als Kronzeugnis gegen die Initiative zu benutzen. Zu „künstlich" sei das Vorhaben, das die hebraistischen „Kräfte" nicht nur verknüpfen, sondern erst erschaffen

152 Martin Buber: Die hebräische Sprache und der Kongress für hebräische Sprache und Kultur [2]. In: *Jüdische Rundschau*, 21.01.1910, S. 25–26.

153 Buber: Die hebräische Sprache und der Kongress für hebräische Sprache und Kultur [1], S. 13.

154 Vgl. auch zum Folgenden Korrespondenzen und Nachrichten/Deutschland/Berlin [3]. In: *Der Gemeindebote*, 31.12.1909, S. 1.

155 Vgl. Mittwoch: Aufruf des deutschen Komitees für hebräische Sprache und Kultur, S. 685.

156 Vgl. Loewe: Sichronot. Kap. Sprache und Sprechen, S. 16.

157 Vgl. Hebräische Kultur. In: *Der Israelit*, 30.12.1909, S 2.

158 Vgl. Aufruf der Organisation für hebräische Sprache und Kultur. In: *Die Welt*, 13.05.1910, S. 424.

159 Korrespondenzen und Nachrichten/Deutschland/Berlin [3]. In: *Der Gemeindebote*, 31.12.1909, S. 1.

müsse.[160] Den wohl umfangreichsten Beitrag widmete Simon Bernfeld in *Ost und West* dem Kongress. Mit besonders kritischem Blick nahm er die Veranstaltung ins Visier. Er monierte nicht so sehr die vermeintliche Künstlichkeit, mit der die jüdische Diaspora und Palästina zu einer zusammenhängenden hebräischen Kulturgeographie ausgebaut werden sollten, sondern richtete sein Hauptaugenmerk auf die Kritik an der kulturellen Praxis der Versammlung und die Einberufung des Kongresses selbst. Mit zynischem Unterton polemisierte er vor allem gegen die Nachahmung der zionistischen Kongresspraxis und lieferte am Ende seines Beitrags sogleich eine Erklärung für die Institutionalisierung des hebräischen Kollektivs:

> [E]s gibt Leute, die sich gern an einer Parade beteiligen, und wenn es auch nur eine Leichenparade ist. Eine Gesellschaft zur Förderung der hebräischen Sprache kann eigentlich jedermann gründen, und an der Spitze einer solchen Gesellschaft zu stehen, ist keine besondere Auszeichnung. Vielmehr ist schon ein pompöser Kongress mit Präsidenten, mit Schriftführern und mit einem „Permanenzausschuss" und mit grosser Politik. [...] Es musste durchaus ein hebräischer Kulturkongress sein, zu dessen Einberufung man sich die Zustimmung berühmter und unberühmter jüdischer Männer geholt hat. [...] Und das Ergebnis der langen Tagung mit Nachtsitzungen, Vorberatungen und Geheimberatungen und Permanenzauschusspolitik? Phrasen wurden da in unheimlichen Quantitäten konsumiert. Die Leute wollten durchaus ihren Kongress haben, da sie auf den zionistischen Kongressen nicht zur Geltung kommen können. Ein Bravourstückchen aber muss der Öffentlichkeit mitgeteilt werden. Es wurde beschlossen, eine Organisation zu gründen, die der zionistischen wie ein Ei dem anderen gleichen solle.[161]

Die zionistischen Blätter begrüßten freilich die Veranstaltung und beschlossen, in Zukunft die Entwicklung der Histadrut Ivrit zu dokumentieren.

Unmittelbar nach dem hebräischen Kongress begann die Organisationsarbeit des hebraistischen Kollektivs. Diese wurde zunächst zentralisiert, indem als Knotenpunkt im Kommunikationsraum sich in Berlin das Zentralkomitee beherbergende Zentralbüro einrichtete. Anfangs residierte es in der Charlottenburger Kantstraße 93.[162] Spätestens 1914 zog es nur wenige Querstraßen weiter in die dritte Etage des Hauses Knesebeckstraße 80–81.[163] Auffällig erscheint in diesem Zusammenhang, dass man sich auch geographisch nahe der zionistischen Bürogemeinschaft in der Bleibtreustraße bzw. in der Sächsischen Straße niederließ.

160 Hebräische Kultur. In: *Der Israelit*, 30.12.1909, S 2.

161 Simon Bernfeld: Zwei jüdische Kongresse. In: *Ost und West* 10,2 (1910), Sp. 70–78, hier Sp. 72.

162 Vgl. Aufruf der Organisation für hebräische Sprache und Kultur. In: *Die Welt*, 13.05.1910, S. 424.

163 Vgl. Organisation für hebräische Sprache und Kultur (Mitteilungen des Zentralbureaus). In: *Die Welt*, 09.01.1914, S. 42.

Das Arbeitsprogramm der Organisation für hebräische Sprache und Kultur wurde in wenigen Monaten ausgehandelt. Es bildeten sich Ortsgruppen und Landeskomitees unmittelbar nach der Konferenz, darunter auch die Berliner Ortsgruppe im März 1910, die ihre Arbeit unter den Vorstehern Shai Hurwitz, Eduard Baneth, Emil Levy, Josef Lin, Jakob Renzer, Meir Alter Gonzer und Aschkenazy[164] aufnahm,[165] und das deutsche Landeskomitee der Histadrut Ivrit, welches sich unter dem Vorsitz von Eugen Mittwoch konstituierte und zu dessen geschäftsführendem Ausschuss weiterhin Heinrich Loewe, Arthur Biram und Georg Gerson gehörten.[166] Loewe übernahm zeitweilig sogar den Vorsitz des Landeskomitees, das sich in den folgenden Jahren mehrfach reorganisierte,[167] und gab auf der hebräischen Sondertagung zum 11. Zionistenkongress den Bericht über Deutschland.[168] 1910 druckte die *Welt* den bereits erwähnten Aufruf Eugen Mittwochs ab, der die Kernelemente der hebräischen Kultur- und Bildungsarbeit herausstellte. Demnach galt es, in den einzelnen Ländern ein „nach den Verhältnissen der verschiedenen Länder nuancierte[s] hebräische[s] Erziehungs-, Schul- und Unterrichtsprogramms" ins Werk zu setzen und gleichzeitig den „Zusammenhang[] zwischen der Diaspora und Palästina" zu stärken.[169] Auch der vom Kedem prioritär verfolgte Ausbau des schon seit 1912 kooperativ von WZO und Histadrut Ivrit finanziell unterstützten[170] Vaad Ha-Lashon Ha-Ivrit zu einer hebräischen Sprachakademie sowie die

164 Um wen genau es sich bei Aschkenazy handelt, konnte nicht ermittelt werden.

165 Vgl. Organisation für hebräische Sprache und Kultur. In: *Die Welt*, 25.03.1910, S. 266.

166 Ab wann Loewe, Biram und Gerson im geschäftsführenden Ausschuss des deutschen Landeskomitees tätig waren, kann leider nicht entschieden werden, da das entsprechende Zirkular, auf dem die drei Namen auftauchen, undatiert ist. Dem Inhalt des Schreibens folgend ist allerdings zu vermuten, dass es innerhalb der ersten Monate des Bestehens des Landeskomitees verfasst wurde (vgl. Geschäftsführender Ausschuss des deutschen Landeskomitees der Histadrut Ivrit an die Vertrauensmänner. CZA, A126/765). Zum Zeitpunkt des Aufrufs von Eugen Mittwoch bestanden Ortsgruppen in Russland, Galizien, Österreich, Ungarn, Rumänien, Türkei, England, Amerika, Südafrika und Deutschland (vgl. Mittwoch: Aufruf des deutschen Komitees für hebräische Sprache und Kultur, S. 685). Bereits im Oktober 1910 teilte die Histadrut Ivrit mit, dass ca. 100 Ortsgruppen „in allen Ländern" entstanden seien (Mitteilungen der Organisation für hebräische Sprache und Kultur. In: *Jüdische Rundschau*, 28.10.1910, S. 490–491, hier S. 490). Landeskomitees wurden bis Oktober 1910 in Deutschland, Russland, Galizien, Rumänien und Palästina geschaffen (vgl. ebd.).

167 Die ersten Wahlen des Landeskomitees datieren der Überlieferung nach auf Ende 1911/Anfang 1912. Heinrich Loewe wurde zum Vorsitzenden gewählt, Georg Gerson zum Schrift- und Kassenführer, zu Beisitzern Rabbiner J. Bleichröder, Arthur Biram, Joseph Meisl und Gotthold Weil, zu Revisoren Bertrand Hamburg und Moritz Simon (vgl. Aus der hebräischen Bewegung. Mitteilungen der Organisation für hebräische Sprache und Kultur (Histadruth Ibrith). In: *Jüdische Rundschau*, 02.02.1912, S. 36). Im April 1913 wurde der geschäftsführende Ausschuss des Landeskomitees personell nahezu komplett neu besetzt. Außer Joseph Meisl und Georg Gerson taucht kein weiterer aus dem Vorstand von 1911/1912 auf. Hingegen wurden gewählt: Sammy Gronemann, S. Perlmann, Lina Wagner, Josef Lin, S. Bernstein, Alfred Wolff, Eduard Baneth, Meir Alter Gonzer und Pinchas Cohen (vgl. Organisation für hebräische Sprache und Kultur. In: *Jüdische Rundschau*, 18.04.1913, S. 160).

168 Vgl. Hebräische Konferenz in Wien. In: *Jüdische Rundschau*, 22.08.1913, S. 350.

169 Vgl. Mittwoch: Aufruf des deutschen Komitees für hebräische Sprache und Kultur, S. 685.

170 Vgl. Hebraeisch. „Der Waad-Halaschon". In: *Jüdische Rundschau*, 28.06.1912, S. 243.

Schaffung von Lehr- und Lernmaterialien erwähnte Mittwoch als Hauptbetätigungsfelder der Histadrut Ivrit. Auf die „Hebraisierung der Judenheit"[171] abzielend, dadurch dass man einem späteren Zirkular an die Vertrauensmänner der Organisation zufolge der Histadrut den Charakter eines großen „Schulvereins" gebe, umfassten diese zudem die Vernetzungsarbeit mit bestehenden hebräischen Zusammenschlüssen, die Anwerbung und Ausbildung von Hebräischlehrer*innen sowie die Produktion und den zentralisierten Vertrieb hebräischer Literatur.[172] Den Ortsgruppen oblag es freilich, die von den Landeskomitees koordinierte Agitation in ihren jeweiligen Städten zu führen und für die Durchführung hebräischer Sprachkurse und Konversationszirkel auf Grundlage von durch die Landeskomitees entwickelten Materialien zu sorgen.[173]

In Berlin setzte sich die Maschinerie, die diese alternative Kultur- und Bildungstopographie aufbauen sollte, vergleichsweise schnell in Gang. Mit dem Zentralbüro der Histadrut Ivrit beherbergte die Großstadt, die in den Weimarer Jahren zum „hebräisch-literarische[n]" Zentrum in „politische[r] und kulturelle[r] Blüte" wurde,[174] nicht nur das Organisationszentrum des politischen Hebraismus, sondern kann international als eines der wichtigsten Versuchsfelder gelten, auf dem mit der Tragfähigkeit pädagogisch vermittelter hebräischer Kulturpraxis in der Diaspora experimentiert wurde. Diesen experimentellen Charakter der angestrebten kulturellen Erneuerung hatte bspw. bereits Martin Buber in oben zitierter Ansprache auf dem Kongress für hebräische Sprache und Literatur hervorgehoben, die er bezeichnenderweise in deutscher Sprache gehalten hatte. Buber, der die Organisation, offensichtlich enttäuscht von den ungenügenden

171 Mitteilungen der Organisation für hebräische Sprache und Kultur. In: *Jüdische Rundschau*, 28.10.1910, S. 490–491, hier S. 491.

172 Geschäftsführender Ausschuss des deutschen Landeskomitees der Histadrut Ivrit an die Vertrauensmänner. CZA, A126/765. Neben dem deutschen war der russische einer der wichtigsten Landesverbände. Auf einer Konferenz der russischen Landsmannschaft, die in Kiew vom 3. bis 6. November 1910 stattfand, stellte Chaim Nachman Bialik ein ehrgeiziges Arbeitsprogramm für den projektierten hebräischen Weltkongress vor (vgl. Die russische Landeskonferenz der Organisation für hebräische Sprache und Kultur. In: *Die Welt*, 02.11.1912, S. 1280–1281; Sch. W.: Die russische Landeskonferenz der Organisation für hebräische Sprache und Kultur [1]. In: *Jüdische Rundschau*, 11.11.1910, S. 516; Die russische Landeskonferenz der Organisation für hebräische Sprache und Kultur [2]. In: *Jüdische Rundschau*, 18.11.1910, S. 527–528). Die Hauptaufgabe des Kongresses bestehe Bialik zufolge in der Verbreitung hebräischer Literatur und der Förderung bereits bestehender „literarischer Unternehmungen". Ein „Kanon nationaler Literatur" solle geschaffen werden, der die wichtigsten Schriften traditioneller und zeitgenössischer hebräischer Literatur umfassen sollte. Eine Monatsschrift, die sich mit Fragen der hebräische Sprache und des „hebräischen Stils" beschäftigt, eine Zeitschrift für „Volks- und Sagenkunde" und eine Zeitschrift für die Wissenschaft des Judentums müssten eingerichtet werden. Eine Berufsgenossenschaft hebräischer Journalist*innen und Literat*innen, die ebenso jüdische Kunst fördere, sollte sich gründen. Darüber hinaus forderte Bialik die Einrichtung eines Museums für die jüdische Kunst und die Förderung des Hebräischen im jüdischen Erziehungs- und Bildungswesens.

173 Vgl. Mittwoch: Aufruf des deutschen Komitees für hebräische Sprache und Kultur, S. 685.

174 Tamara Or: Berlin, Nachtasyl und Organisationszentrum. Die hebräische Bewegung 1909–1933. In: Dohrn / Pickhan (Hrsg.): *Transit und Transformation*, S. 136–155, hier S. 139.

Fortschritten, vorzeitig verließ,[175] betonte, dass der zu diesem Zeitpunkt geplante hebräische Weltkongress nur ein Test wäre, indem er ausführte:

> Ja, der Kongress ist meiner Auffassung nach ein Experiment. Aber ein unerlässliches Experiment. Wir müssen diese erste Probe machen, um zu erkennen, ob wir nur träumen oder in Wahrheit wollen, ob wir nur einzelne losgelöste Phantasien sind oder ein Volk auf dem Wege zu sich selber.[176]

Zahlreiche Projekte, die in den nächsten Jahren initiiert wurden, zeugen von der exklusiven Rolle, die Berlin neben europäischen Städten wie Homel, Kiew, Lemberg, London, Odessa, Paris, St. Petersburg, Moskau, Wien und Wilna im hebraistischen Archipel schon vor dem Ersten Weltkrieg in diesem Zusammenhang gespielt hat.[177] Auf eine Auswahl jener Initiativen, die offiziell von der Histadrut Ivrit getragen bzw. unterstützt wurden und die mit der Idee des hebräischen Weltkongresses verknüpft hebräische Kultur praktizierten, soll im Folgenden schlaglichtartig eingegangen werden.

Propagandaveranstaltungen

Die ausgedehnte propagandistische Pressearbeit für die Histadrut Ivrit, die die *Welt* und die *Jüdischen Rundschau* übernahmen, wurde von den Berliner Aktivist*innen durch Vortragsveranstaltungen und Versammlungen vor Ort ergänzt. Die Veranstaltungen fanden – so zumindest die wenigen Ankündigungen in der *Welt* – vornehmlich in Charlottenburg und im Zentrum Berlins statt: Im Hotel Ruhland in der Mittelstraße 60, wo sich die Berliner Ortsgruppe der Histadrut Ivrit im März 1910 gründete, hielt Shai Hurwitz eine „Gedächtnisrede“[178] auf den kurz zuvor verstorbenen Moshe Leib Lilienblum.[179] Hurwitz setzte sein Engagement als Redner im Dienst der Histadrut Ivrit fort und sprach neun Monate später im Restaurant Gipsstraße 12a über Achad Haams Auffassung vom Wesen des Judentums.[180] Im großen Saal des zwischen 1903 und 1904 gebauten Tiergartenhofs in der Berliner Straße 1, den der Herzl-Club als ‚Stammlokal‘ nutzte,[181] fand im Dezember 1910 eine erste Großveranstaltung statt, die von 400 Personen besucht wurde.[182] Diese organisierte die Jüdisch-nationale

175 Vgl. Martin Buber: Brief an die Redaktion der Welt, 08.02.1912. In: *Die Welt*, 16.02.1912, S. 215.

176 Buber: Die hebräische Sprache und der Kongress für hebräische Sprache und Kultur [2], S. 26.

177 Zur hier skizzierten Topographie der „hebräischen Moderne“ in Europa vgl. Pinsker: *Literary Passports*. Zum Überlick vgl. ebd., S. 29–38 (Kap. 1 „Spatializing the Margins. Hebrew Modernism and the Urban Experience“).

178 Organisation für hebräische Sprache und Kultur. In: *Die Welt*, 25.03.1910, S. 266.

179 Vgl. Zentralbureau der Organisation für hebräische Sprache. In: *Die Welt*, 04.03.1910, S. 198.

180 Vgl. Deutschland/Berlin. In: *Die Welt*, 25.11.1910, S. 1251.

181 Vgl. Wobick-Segev: German-Jewish Spatial Cultures, S. 49. Zu Herzl-Club und Herzl-Bund vgl. das gleichnamige Kapitel in Schäfer: *Berliner Zionistenkreise*, S. 110–114.

182 Vgl. Deutschland/Berlin [2]. In: *Die Welt*, 23.12.1910, S. 1349.

Frauenvereinigung und diente, wie die *Welt* berichtete, „der Propaganda der hebräischen Sprache“[183]. David Yellin und Arthur Biram nutzten die Bühne, um einerseits den Stand der hebräischen Kulturarbeit in Palästina aufzuzeigen und andererseits über die „Leistungen“ und die zukünftigen Vorhaben der Histadrut Ivrit zu berichten.[184] Ein Jahr später war der große Saal des Tiergartenhofs erneut Schauplatz des politischen Hebraismus. Emil Levy, Schmarjahu Levin und Heinrich Loewe referierten das Thema „Die Auferstehung der hebräischen Sprache“ im Januar 1912 auf der wiederum als Großveranstaltung angekündigten Versammlung.[185] Im gleichen Jahr waren auf dem von der Jüdischen Turnerschaft im Marinehaus am Brandenburger Ufer organisierten 5. Turntag Delegierte der Histadrut Ivrit zu Gast. Loewe, der die Organisation nicht nur hier, sondern auch auf den Delegiertentagen der deutschen Zionisten vertrat – zudem zusammen mit Julius Hirsch und Isidor Wolf als Vertreter des seit 1895 bestehenden jüdischen Sportclubs Makkabi in Konstantinopel auftrat –, regte an, hebräische Turnliteratur für die „Ausbildung der Juden des Orients“ erarbeiten zu lassen.[186] Wiederum zwei Jahre später, im Mai 1914, rief das Zentralkomitee der Histadrut dazu auf, an Lag Ba-Omer überall Hebräertage zu veranstalten.[187] Als „Manifestation des Volkes für seinen Willen zu Wiederbelebung“[188] sollten diese Zusammenkünfte abgehalten werden. „Das hebräische Wort“ durfte hier „wenn nur irgend möglich“ nicht fehlen.[189] Die Hebräertage als neue Elemente des zionistischen Festkalenders erinnern stark an die Praxis zionistischer Kreise, seit dem späten 19. Jahrhundert Makkabäerfeiern an Chanukka zu organisieren.[190] In Berlin fand der Hebräertag am 13. Mai 1914, pünktlich zu Lag Ba-Omer, in den Sophiensälen statt.[191]

Sprachkurse

Über diese Veranstaltungen hinaus gingen die Berliner Aktivist*innen daran, die vom Landeskomitee ausgegebenen Leitlinien zur Verwandlung der jüdischen Diaspora in eine hebräische Kultur- und Bildungstopographie in die Tat umzusetzen. Nach den

183 Ebd.

184 Ebd.

185 Vgl. Organisation für hebräische Sprache und Kultur (Histadruth ibrith). In: *Die Welt*, 12.01.1912, S. 51.

186 Heinrich Loewe: Sichronot. Kap. Das hebräische Kommando. CZA, A146/175, S. 3. Wie *Die Welt* im Mai vermeldete, arbeiteten die Jüdische Turnerschaft und die Histadrut Ivrit tatsächlich ein Buch aus, das für das Turnen notwendige Termini in hebräischer Sprache beinhaltete (vgl. Die Tätigkeit der Histadruth Ibrith. In: *Die Welt*, 10.05.1912, S. 579).

187 Vgl. Das Zentralkomitee der „Histadruth Ibrith“: Hebräertag. In: *Die Welt*, 01.05.1914, S. 445–446.

188 Ebd., S. 446.

189 Ebd.

190 Vgl. etwa S. 146.

191 Vgl. Deutschland/Hebräertag in Berlin. In: *Die Welt*, 08.05.1914, S. 469.

hohen jüdischen Feiertagen richtete die hiesige Ortsgruppe in der zweiten Oktoberhälfte 1910 die ersten Hebräischkurse ein.[192] Der Sprachunterricht und Leseunterricht, welcher für Anfänger*innen und Fortgeschrittene angeboten wurde, diente vor allem der Kinder- und Jugendbildung.[193] In direktem Zusammenhang damit stand die von Heinrich Loewe und einem pensionierten Lehrer namens Heinrich Reuß initiierte Bibliothek für moderne hebräische Literatur, die einem Aufruf von April 1911 zufolge die Literatur zur Verbreitung des hebräischen Wissens „unter der jungen jüdischen Generation Berlins" bereitstellen und zugleich als zentraler Treff- und Ausgangspunkt für gemeinsame Ausflüge benutzt werden sollte.[194] Die durch „einheimische[] Pädagogen von Hebräern"[195] geleiteten Sprach- und Lesekurse wurden kooperativ mit in Berlin ansässigen jüdischen Vereinen veranstaltet und richteten sich, so zumindest ein Veranstaltungsprogramm von 1910, in erster Linie an deren Mitglieder.[196]

Offensichtlich herrschte zu Beginn Mangel an Unterrichtsmaterialien, die den Ansprüchen der Organisator*innen der Hebräischkurse genügt hätten. Während in der *Welt* noch 1914 dafür geworben wurde, dass die Veranstaltenden entsprechender Kurse auf das über die Histadrut Ivrit beziehbare *Lehrbuch der Hebräischen Sprache für Schul- und Selbstunterricht* von Moses Rath zurückgreifen sollten,[197] Loewe selbst in einer knappen Rezension für die *Jüdische Rundschau* noch im März 1917 die gerade erschienene zweite Auflage in höchsten Tönen lobte,[198] liefen seit spätestens Anfang 1912 die Vorbereitungen für eigens von der Histadrut Ivrit herausgegebene Lehr- und Lernmittel. Das Zentralbüro beauftragte Loewe mit einer Kostenkalkulation. In seinem Antwortbrief, den er im Februar 1912 absandte, teilte er mit, dass er seit einiger Zeit an Unterrichtsbriefen arbeite und ausschließlich für dieses Projekt eine Kalkulation übernehmen könne.[199] Basierend auf den elaborierten, teils modern-reformistischen Methoden (u.a. Toussain-Langenscheidt, Ollendorff und Berlitz) wollte Loewe eine eigene Methode entwickeln, um dem deutschsprachigen „Schüler die gesamten

192 Vgl. Aus der Bewegung/Berlin [3]. In: *Die Welt*, 07.10.1910, S. 977.

193 Vgl. ebd.; Organisation für hebräische Sprache und Kultur (Histadrut ibrith). In: *Die Welt*, 19.04.1912, S. 484–485.

194 Vgl. Heinrich Loewe / Heinrich Reuß: Bibliothek für moderne hebräische Literatur in Berlin. In: *Die Welt*, 07.04.1911, S. 320. Als Träger der Bibliothek wurde ein Verein eingerichtet, der dem Aufruf zufolge bereits im April 1911 100 Mitglieder zählte (vgl. ebd.).

195 Aus der Bewegung/Berlin [3]. In: *Die Welt*, 07.10.1910, S. 977.

196 Vgl. Zirkular Organisation für hebräische Sprache und Kultur. Ortsgruppe Berlin. Archiv der Stiftung „Neue Synagoge" Berlin – Centrum Judaicum. 1,75 E Nr. 37 #14436, Bl. 1123–1124.

197 Vgl. Aus der Bewegung/Histadruth Ibrith. In: *Die Welt*, 10.07.1914, S. 728. Vgl. Moses Rath: *Lehrbuch der hebräischen Sprache für Schul- und Selbstunterricht*. Krakau 1914.

198 Vgl. Heinrich Loewe: Zur zweiten Auflage von Raths Lehrbuch. In: *Jüdische Rundschau*, 16.03.1917, S. 92–93.

199 Heinrich Loewe an Zentralbüro der Organisation für hebräische Sprache und Kultur, 11.02.1912. CZA, A126/239.

Kenntnisse der hebräischen Sprache und ihrer Literatur, also ebenso wohl die Möglichkeit der Lektüre, wie der Beherrschung des Hebräischen in Wort und Schrift möglich [zu] machen"[200]. Insgesamt einhundert Unterrichtsbriefe plante er. Sie sollten zugleich für das eigenständige Lernen und als Vorlage für die Sprachkurse dienen. Bis März 1913 hatte Loewe die Bearbeitung der ersten zwei Briefe abgeschlossen.[201] Diese erarbeitete er, nicht wie noch im Februar 1912 angedeutet, unter Anlehnung an die Klassiker im Lehrbuchsegment des deutschsprachigen Buchmarkts, sondern bezog sich in erster Linie auf Shebach Walkowskis auf Jiddisch veröffentlichte Unterrichtsbriefe, die in Krakau erschienen waren.[202]

Hebräischer Kindergarten

Die Erziehung und Bildung der Kinder stand auch in einer weiteren Initiative im Vordergrund. Ende Sommer 1912 begann die zionistische Elite mit den Planungen für einen hebräischen Kindergarten in Berlin. Der Kindergarten, der in den zionistischen Blättern direkt mit der Histadrut Ivrit assoziiert wurde, ging tatsächlich auf das Engagement des Zentralbüros der ZVfD zurück. Zur Gründungsversammlung des Kindergartens lud die ZVfD insgesamt 44 Berliner jüdische Familien ein.[203] Darunter war freilich auch Loewe, dessen Sohn Gideon zu diesem Zeitpunkt gerade vier Jahre alt war. Kaum einer der Adressat*innen war nicht bereits für signifikante Institutionen des zionistischen Kollektivs tätig oder tätig gewesen.

Die erste Besprechung wurde bereits für Anfang September 1912 angesetzt. Bis zur Eröffnung des Kindergartens Ende 1913/Anfang 1914 verging aber noch geraume Zeit.[204]

Tchijah

Die Gründung der hebräischen Verlagsgesellschaft Tchijah in Berlin geht auf den Anfang des Jahres 1914 zurück. Ihre Kapitalisierung gestaltete sich schon vor Ausbruch des Kriegs recht schwierig. In einem Brief an Baron Vladimir Ginzburg, einen wohlhabenden jüdischen Philanthropen aus Paris, der vermutlich von Leo Mozkin

200 Ebd.

201 Vgl. Heinrich Loewe an Zentralbüro der Organisation für hebräische Sprache und Kultur, 18.03.1913. CZA, A126/239.

202 Vgl. Shebach Walkowski: מכתבי הוראה - אונטערריכטסבריעף [Unterrichtsbriefe]. Krakau: Fischer / Deutscher 1910.

203 Vgl. Einladung der ZVfD zur Besprechung des hebräischen Kindergartens in Berlin (Anlage: Adressliste), 23.08.1912. CZA, A126/238.

204 Vgl. Organisation für hebräische Sprache und Kultur (Mitteilungen des Zentralbureaus). In: *Die Welt*, 09.01.1914, S. 42.

geschrieben wurde, wies dieser auf die „verschiedenen Schwierigkeiten“[205] hin, die die Aufnahme des Geschäftsbetriebs immer wieder verzögerten. Bereits 1910 wurde die Gründung der Tchijah im Kreise des Zentralkomitees der Histadrut Ivrit angeregt. Man kam einem Bericht Mozkins von 1913 zufolge darin überein, durch die Organisation insgesamt 175.000 Mark in Geschäftsanteilen zeichnen zu lassen.[206] Diese Summe wurde zu diesem Zeitpunkt weder eingezahlt noch konnten neue Gesellschafter zu Finanzierung des Unternehmens gewonnen werden.[207] Bei Gründung der Tchijah, die als GmbH ins Handelsregister eingetragen wurde, verfügte die Gesellschaft deshalb nur über einen Bruchteil des projektierten Stammkapitals. Die Gelder der wenigen Anteilszeichner gingen in den folgenden Jahren schleppend ein. Besonders hervorzuheben ist etwa der Geschäftsanteil des erwähnten Baron Ginzburg, der schon 1910 Anteile gezeichnet hatte, dem Unternehmen die fälligen 10.800 Mark aber erst 1914 zur Verfügung stellte.[208] Ferner steuerten u. a. die beiden Großindustriellen und späteren Gründungsdirektoren des nach 1921 weltweit Gelder zum Aufbau Palästinas sammelnden Keren Ha-Yesod, Jitzchak Naiditsch und Hillel Zlatopolsky, jeweils 10.000 Mark bei.[209]

Die Geschäftsführung der Tchijah übernahmen Leo Mozkin und Heinrich Loewe, wobei Letzterer aufgrund der „geschäftlichen Verantwortung“ eher widerwillig und im Hintergrund für den Verlag arbeitete, etwa die Kommunikation mit den staatlichen Behörden übernahm.[210] Die enge Verzahnung im programmatischen und vor allen Dingen im administrativen Bereich mit der WZO zeigte sich nicht nur in der personellen Besetzung des Verlags und den Geldgebern. In dem einzigen verlegerischen Projekt, das dokumentiert ist, wird auch eine darüber hinaus gehende Verflechtung offenbar: Ein knappes Jahr nach Beginn des Ersten Weltkriegs wurde der Direktor des hebräischen Gymnasiums in Jaffa, Benzion Mossinsohn, gegen Auszahlung eines Honorars von 1.000 Mark von der Geschäftsleitung der Tchijah mit der Anfertigung eines hebräischsprachigen Lehrbuchs für die hebräischen Schulen in Palästina beauftragt. Das EAC, welches seit 1911 unter der Leitung von Otto Warburg arbeitete, sagte in einem Brief vom 26. Oktober 1915 die volle Haftung zu, für den Fall, dass aus der Vereinbarung zwischen der Gesellschaft und Mossinsohn Heinrich Loewe

205 [Leo Mozkin] an Vladimir Gunzburg, 23.03.1914. CZA, A126/735.

206 Vgl. Organisation für hebräische Sprache und Kultur. In: *Die Welt*, 25.04.1913, S. 539–540, hier S. 539.

207 Vgl. ebd.

208 Vgl. Leo Mozkin an Heinrich Loewe, 08.07.1914. CZA, A126/247.

209 Vgl. Leo Mozkin an Heinrich Loewe, 20.01.1922. CZA, A126/553. Hierzu auch Heinrich Loewe: Sichronot. Kap. Zlatopolski. CZA, A146/72.

210 Heinrich Loewe an Leo Mozkin, 02.04.1914. CZA, A126/735.

irgendwelche finanziellen Nachteile entstehen würden.[211] Warburg verwaltete zudem einen Teil des Betriebskapitals der Gesellschaft, den anderen Teil verwaltete das Bankhaus A. H. Heymann.[212]

Eine verlegerische Tätigkeit konnte das Unternehmen über diese geplante Veröffentlichung hinaus nicht entfalten. Entgegen ihrer Statuten[213] beschränkte sich die Firma zunächst darauf, einzelne jüdische Schriftsteller mit Geldsummen zu unterstützen. Hierzu zählten etwa Zahlungen an den sich gerade zu Studienzwecken in Deutschland aufhaltenden Samuel Josef Agnon. Salman Schocken, ein großer Förderer der Arbeit des späteren Literaturnobelpreisträger, hatte Agnon 1914 in Berlin kennengelernt.[214] Schocken und Mozkin vereinbarten, Agnon zur Hälfte aus Geldern der Tchijah und zur Hälfte aus dem Privatvermögen Schockens mit einer Art Stipendium in Höhe von 75 Mark monatlich zu unterstützen.[215] Agnon sollte im Gegenzug hebräische chassidische Schriften in einer speziellen Textsammlung zusammenstellen.[216] Während des Ersten Weltkriegs war Agnon gegen Zahlung eines Honorars in gleicher Höhe als Sekretär der Firma tätig, obschon der Geschäftsbetrieb der Tchijah kurze Zeit nach Ausbruch des Kriegs eingestellt wurde.[217] Die Gesellschaft existierte nach dem Krieg noch pro forma, sie wurde auf Initiative von Loewe im Oktober/November 1925 aufgelöst.[218]

3. Palästinaprojektionen – hinter den Kulissen[219]

Im Dezember 1910 beauftragte der JNF Heinrich Loewe mit der Erarbeitung des ersten Palästina-Lichtbildvortrags, der zu Agitationszwecken den Vertrauensmännern und Kommissären des JNF zur Verfügung gestellt wurde.[220] Die vom Hauptbüro des JNF angeregten Lichtbildvorträge waren Ausdruck einer zunehmenden Aneignung

211 Vgl. EAC an Heinrich Loewe, 26.10.1915. A126/414.

212 Vgl. [Leo Mozkin] an Vladimir Gunzburg, 23.03.1914. CZA, A126/735. Die Erinnerungen Aaron Hirsch Heymanns gab Loewe 1909 heraus (Heinrich Loewe: *A. H. Heymann: Lebenserinnerungen*; nach seiner Niederschrift, hrsg. i. Auftr. seiner Kinder. Berlin: Poppelauer 1909).

213 Vgl. Postkarte von Heinrich Loewe an Leo Mozkin, 29.08.1915. CZA, A126/414 (CZA).

214 Zur Beziehung zwischen dem Mäzen Schocken und dem Literaten Samuel Josef Agnon vgl. Volker Dahm: *Das jüdische Buch im Dritten Reich*. München: Beck 1993, S. 269–279.

215 Vgl. [Leo Mozkin] an Salman Schocken, 02.11.1914. CZA, A126/247; Zionistische Exekutive an Heinrich Loewe, 16.10.1915. CZA, A126/414.

216 Vgl. ebd.

217 Vgl. Leo Mozkin an Heinrich Loewe, 18.10.1915. CZA, A126/247.

218 Vgl. Hermann Lelewer an Heinrich Loewe, 10.01.1925. Shaar Zion, Boxnr. 4; Heinrich Loewe an Leo Mozkin, 12.10.1925. CZA, A126/553; Heinrich Loewe an Leo Mozkin, 25.10.1925. CZA, A126/553.

219 Eine stark gekürzte Fassung dieses Kapitels wurde bereits publiziert, vgl. Frank Schlöffel: Land und Redner_innen ein Maß geben. Ein Blick auf frühzionistische Text-Bild-Propaganda vor dem 1. Weltkrieg. In: *Nebulosa* 2,4 (2013), S. 10–13.

220 Vgl. JNF an Heinrich Loewe, 15.12.1910. CZA, KKL1/344.

populärer Kulturpraktiken durch das zionistische Kollektiv und müssen als probate Ergänzung zur illustrierten, Palästinabilder zirkulierenden zionistischen Presse betrachtet werden.[221] Michael Berkowitz zufolge baute das zionistische Kollektiv in diesem Zusammenhang „a common visual stock"[222] von Palästina auf, mittels dessen das Bewusstsein europäischer und ‚assimilierter' Jüd*innen ‚erobert' werden sollte. „By 1914", schreibt Berkowitz,

> the Zionist Movement was able to effect a change in Jewish consciousness. Many Jews now perceived Palestine as a Jewish country, or an incipient Jewish sovereignty, because it appeared to them as a microcosm of the long-term goal of the mainstream of the movement – a Jewish State.[223]

Die nach 1910 im Auftrag des JNF erarbeiteten Lichtbildvorträge zeigen jedoch auch, dass es Ziel der Visualisierung des jüdischen Palästinas war, auf Wahrnehmung und Handlung längst organisierter zionistischer Aktivist*innen, bspw. auf das der Vertrauensmänner des JNF, zu wirken, um den Identifikationsprozess mit dem Land voranzutreiben. Die Lichtbildvorträge erzählten eine in sich konsistente Geschichte über den Ort, eine wirkmächtige, identitätsgebende nicht nur von Rettung und zionistischer Revolution, sondern auch von Rückkehr in ein Land, das ein Großteil der Besucher*innen der Vorträge als Israel oder Kanaan aus der Bibel – dem „book of place", wie Zali Gurevitch sie nennt –, gekannt haben dürfte;[224] aus einer symbolischen wurde eine konkrete Realität.[225] Das Narrativ der Lichtbilder wies, wie Loewes und Bambus' oben vorgestellte Reiseberichte fast 20 Jahre zuvor,[226] den zionistischen Aufbau Palästinas als „aesthetic-political project of modernity"[227] aus.

Lichtbildvorträge gehörten schon vor dem 1. Zionistenkongress zum Repertoire zionistischer Kreise. Auf einem Treffen einiger Chovevei Zion in London setzte man bereits 1896 Lichtbilder ein, um den Mitgliedern, die ein Jahr später nach Palästina

221 Vgl. Michael Berkowitz: Zion's Cities. Projections of Urbanism and German-Jewish Self-Consciousness, 1900–1933. In: *LBI Year Book* 42 (1997), S. 111–121.

222 Berkowitz: *Zionist Culture*, S. 144.

223 Ebd.

224 Vgl. Zali Gurevitch: The Double Site of Israel. In: Eyal Ben-Ari / Yoram Bilu (Hrsg.): *Grasping Land. Space and Place in Contemporary Israeli Discourse and Experience*. Albany: State University of New York Press 1997, S. 203–216, hier S. 204. Im Allgemeinen zur zionistischen Konstruktion von Geschichte und der damit verbundenen Verknüpfung von Volk und Land vgl. Yael Zerubavel: *Recovered Roots. Collective Memory and the Making of Israeli National Tradition*. Chicago / London: University of Chicago Press 1995, S. 13–36.

225 Vgl. Zali Gurevitch / Gideon Aran: The Land of Israel. Myth and Phenomenon. In: Jonathan Frankel (Hrsg.): *Reshaping the Past. Jewish History and the Historians*. New York: Oxford UP 1994, S. 195–210, hier S. 198.

226 Vgl. den Abschnitt „Palästina-Exkursion 1895", S. 165–177.

227 Presner: *Muscular Judaism*, S. 157.

reisen sollten, „eine Idee von den Orten“[228] zu geben, welche sie besuchen würden. In der Initiative des JNF wurden hingegen erstmals visuell gestützte Agitationspraktiken zentral koordiniert und standardisiert. Insgesamt drei Lichtbildvorträge arbeitete Loewe bis zum Ausbruch des Ersten Weltkriegs aus. Während sich der erste von ihm konzipierte Vortrag, der 1911 unter dem Titel „Jüdische Volksarbeit im Lande Israel“[229] erschien, darauf beschränkte, die Propaganda nach außen zu intensivieren, entstand mit dem letzten Lichtbildvortrag ein multifunktionales Instrument, das auch die Propaganda nach innen stärken sollte: Die überarbeitete Fassung von „Der Nationalfonds am Werke“, dem zweiten Vortrag, hatte das Ziel, die Vertrauensmänner in „bewusste Agitatoren“[230] zu verwandeln, wie das Hauptbüro des JNF in Köln Loewe in einem Brief vom 21. Dezember 1913 mitteilte. Inhaltlich und strukturell standen die Lichtbildvorträge freilich in einer Genealogie. Der zweite und der dritte Vortrag setzten auf den ersten Vortrag auf. Diese Genealogie, die in den Konstruktionen des ‚Neuen Yishuv‘ im ersten Vortrag ihren Ausgangspunkt hatte, soll im Folgenden *en detail* betrachtet werden.

Überlegungen, die darauf abzielten, die Repräsentationsarbeit eines Raums zu visualisieren und zu vereinheitlichen, wurden in diesem Zeitraum auch außerhalb des zionistischen Kollektivs angestellt und zur Ausführung gebracht: 1911 bspw. hielten – unweit der Loewe'schen Familienwohnung – im Deutschen Kolonialmuseum in Berlin (Alt-Moabit 1) Vortragende insgesamt 2.931 Lichtbildvorträge.[231] Den Besucher*innen stellte man die deutschen ‚Kolonien‘ in Text und Lichtbild zur Schau.[232] Wie der JNF erarbeitete zudem bspw. das 1902 gegründete britische Colonial Office Visual Instruction Committee (COVIC) in der Zeit seines Bestehens auf Instruktionen basierende Lichtbildvorträge, die – bidirektional – Großbritannien in seinen Kolonien und die Kolonien in Großbritannien (insbesondere) Kindern vorführten. Die Lichtbildvorträge hatten das Ziel, „photography and geography within an imperial vision“[233] zu verbinden. Der erste von Loewe im Auftrag des JNF erarbeitete Lichtbildvortrag hingegen fokussierte die „Regeneration“ des Landes, um die Geldakquise für den Bodenankauf in

228 Silver-Brody: *Documentors of the Dream*, S. 37.

229 Heinrich Loewe: *Jüdische Volksarbeit im Lande Israel.* [Köln]: Jüdischer Nationalfonds 1911.

230 JNF an Heinrich Loewe, 31.12.1913. CZA, KKL1/344.

231 Vgl. Albert Gouaffo: *Wissens- und Kulturtransfer im kolonialen Kontext. Das Beispiel Kamerun – Deutschland (1884–1919).* Würzburg: Königshausen & Neumann 2007, S. 48.

232 Vgl. ebd.

233 James R. Ryan: On Visual Instruction. In: Vanessa R. Schwartz / Jeannene Przyblyski (Hrsg.): *The Nineteenth Century Visual Culture Reader.* London: Routledge 2004, S. 145–150, hier S. 146. Hierzu auch James R Ryan: *Picturing Empire. Photography and the Visualization of the British Empire.* Chicago: University of Chicago Press 1997.

Palästina zu beschleunigen. In einem Brief vom 8. Januar 1911 präzisierte das Hauptbüro des JNF exemplarisch das zentrale Anliegen dieses Vortrags dahin gehend:

> [Es kann] uns ja vor allem nur daran gelegen sein [...], eine günstige Stimmung für den Nationalfonds vorzubereiten und unserem Fonds auf die Weise grössere Mittel zuzuführen.[234]

In den Herstellungsprozess der Vorträge war von Beginn an eine ganze Reihe von Akteuren eingebunden. Das Hauptbüro des JNF in Köln, das seit 1907 unter der Leitung von Max Bodenheimer stand, koordinierte diesen. Es griff auf Loewe zurück, da er fähig war, das vorgegebene Thema – die Geschichte und Verhältnisse einzelner Projekte des JNF in Palästina – inhaltlich adäquat aufzuarbeiten. Darüber hinaus war Loewe mit den technischen Anforderungen an die Herstellung und Durchführung des Vortrags vertraut, da er seit geraumer Zeit derartige Lichtbildvorträge vorbereitete und hielt. Seine Expertise wurde bereits in seiner Antwort auf die Anfrage des JNF-Hauptbüros, ob er bereit wäre, die Arbeiten an dem Lichtbildvortrag zu übernehmen, erkennbar.[235] Als Referent von Lichtbildvorträgen verfügte er über Erfahrung in diesem Bereich und konnte treffsicher auf die ihm gestellten Fragen, die sich auf den Umfang und das Format des Bildmaterials, auf den Projektor und etwaige damit verbundene Kosten konzentrierten, antworten. Bis ins Detail erläuterte er die Anforderungen an adäquate Diapositive und zeigte sogleich, dass er sich bestens mit dem Produktionsprozess dieser und der Beschaffung der nötigen technischen Geräte auskannte:

> Es hat nur Zweck erstklassige Diapositive herstellen zu lassen, die von einer guten Firma auch nach schwächeren Photographien hergestellt werden können. Ich bin gern bereit, wenn Sie es wünschen die Anfertigung hier besorgen lassen zu wollen bei einer erstklassigen Firma. Durchschnittlich kommt jedes erste Diapositiv von einem Original auf 1,50 M, jedes fernere Diapositiv von derselben Ansicht auf -,85 Mark pro Stück zu stehen, wobei ich ein Format von 8½ x 10 voraussetze. Denn es empfiehlt sich stets dasselbe und das gebräuchlichste Format zu benutzen; das ist 8½ x 10 Querformat. In Deutschland bedarf es keines Projektionsapparates, da es schwierig ist, ihn gebrauchsfertig mitzunehmen, und er überall in guter Ausführung mit geübter Bedienung zu haben ist. Das Gleiche ist in Westeuropa einschliesslich Westösterreich in den allermeisten Städten der Fall. Wie es in den östlichen Ländern damit ist, entzieht sich meiner Beurteilung. Um einen besonderen Vortrag über den Nationalfonds zu halten, bedürfte es etwa 50 Bilder. Das Mindestmass für einen solchen Vortrag

234 JNF an Heinrich Loewe, 08.01.1911. CZA, KKL1/344.
235 Vgl. ebd.

wären doch wohl 40 Bilder, das Höchstmass ja nach dem Können und der Art des Redners zu sprechen (bei einem Vortrag überhaupt) bis zu 150 Bilder.[236]

In den kommenden Monaten erarbeitete Loewe das Manuskript des ersten Lichtbildvortrags. Er stellte in Absprache mit dem Hauptbüro des JNF das Bildmaterial zusammen. Ferner beaufsichtigte Loewe die technische Herstellung der Diapositive, die von dem in der Universitätsstraße 3b ansässigen Institut für wissenschaftliche Projektionsphotographie durchgeführt wurde.[237] Das unter der Leitung von Franz Stödtner arbeitende, „in weitesten Kreisen rühmlich bekannt gewordene"[238] Unternehmen befand sich in unmittelbarer Nähe zum Dienstgebäude der Universitätsbibliothek (Dorotheenstraße), in dem Loewe tätig war. Noch im November 1911 wies Loewe das Hauptbüro des JNF auf die geographische Nähe von Vermittler und Produktionsstätte hin, welche die Zusammenarbeit zwischen den beiden und die Koordination des Projekts erleichterten: „Da ich aber in meinem Dienstgebäude nebenan bin, so kann ich mit Ausnahme der Ferien [...] jederzeit schnell herumspringen und nach dem Rechten sehen."[239] Während Loewe die Vermittlung zwischen dem Hauptbüro und dem Institut für wissenschaftliche Projektionsphotographie übernahm, besorgte das unter der Leitung von Arthur Ruppin arbeitende Palästinaamt in Jaffa die Photographien für den Vortrag.[240] Unter Aufsicht Ruppins machte ein Photograph eigens für den Vortrag Aufnahmen, die Loewe mit Bildmaterial, das er bereits für andere Vorträge über Palästina benutzt hatte, zu einem Porträt der Aufbauarbeit des JNF verwob.[241]
Die gesamte Erarbeitungsphase des ersten Lichtbildvortrags dauerte neun Monate. In diesem Zeitraum besprachen die Akteure intensiv die Gestaltung des Vortrags. Zunächst setzte sich das Hauptbüro des JNF mit dem Palästinaamt in Jaffa in Verbindung. Arthur Ruppin wurde beauftragt, zunächst sechzig Bilder zu beschaffen.[242] Auf Anregung von Loewe sollte dieser veranlassen, dass dem Hauptbüro in Köln nicht nur Abzüge, sondern auch die originalen Negative zugingen.[243] Insgesamt 81 Lichtbilder erreichten Köln im April 1911. Diese wurden Ende April an Loewe weitergeleitet. Zudem erhielt Loewe aus dem Hauptbüro des JNF reichhaltiges Material, das die

236 Heinrich Loewe an JNF, 28.12.1910. CZA, KKL1/344.
237 Vgl. Heinrich Loewe an JNF, 22.11.1911. CZA, KKL1/344.
238 m.: Rez. zu Dr. Franz Stödtner, Katalog von Lichtbildern über Kunstgewerbe und Dekoration. Berlin 1898. In: *Zeitschrift für bildende Kunst* 10 (1898/1899), S. 158–159, hier S. 158.
239 Heinrich Loewe an JNF, 22.11.1911. CZA, KKL1/344.
240 Vgl. JNF an Heinrich Loewe, 08.01.1911. CZA, KKL1/344.
241 Vgl. Heinrich Loewe an JNF, 30.04.1911. CZA, KKL1/344.
242 Vgl. JNF an Heinrich Loewe, 08.01.1911. CZA, KKL1/344.
243 Vgl. Postkarte von Heinrich Loewe an JNF, 13.01.1911. CZA, KKL1/344; JNF an Heinrich Loewe, 18.01.1911. Ebd.

Geschichte und Aktivitäten der Einrichtung dokumentierte. Aus den 81 Lichtbildern, die Loewe vom Hauptbüro zugegangen waren, oblag es ihm, eine Auswahl zu treffen – ca. 50 bis 60 Bilder –, die einen einstündigen Vortrag illustrieren sollte.[244] Die aus Jaffa eingegangenen Diapositive genügten Loewe lediglich für die Ausarbeitung des Textes zu den Bildern. Das Paket beinhaltete ausschließlich Lichtbilder in mangelhafter Qualität. Zudem waren sie nicht im von Loewe angeforderten Format. Auch die Originalplatten, die zur Reproduktion der Bilder in Berlin nötig gewesen wären, gingen bei ihm nicht ein.[245] Daraufhin setzte sich das Hauptbüro des JNF wiederum mit Arthur Ruppin in Verbindung, um die Originalplatten von ihm zu fordern. Ruppin gab daraufhin zu bedenken, dass die Verschickung der Originalplatten mit erheblichen Kosten verbunden wäre, insbesondere weil diese zunächst von dem Photographen, der die Bilder anfertigt hatte, abgekauft werden müssten.[246] Schließlich erhielt Loewe zunächst nur Papierabzüge von den Bildern der ersten Lieferung. Überraschenderweise gingen aber offensichtlich im Juli 1911 50 Originalplatten von neuen Bildern in Köln ein, die der von Ruppin beauftragte Photograph in der Zwischenzeit aufgenommen hatte.[247] Wegen der hohen Reproduktionskosten,[248] die Loewe für 30, 40 und 50 Serien von der Berliner Firma kalkulieren ließ, beschloss das Hauptbüro des JNF, zunächst nur fünf Bildserien herstellen zu lassen. Diese wurden zu Propagandazwecken in Deutschland, Österreich, Russland, Nordamerika und Südafrika testweise eingesetzt.[249]

Am 9. August 1911, dem ersten Verhandlungstag des 10. Zionistenkongresses in Basel, präsentierte Loewe im von Johann Jacob Stehlin dem Jüngeren entworfenen und 1874 eingeweihten Bernoullianum erstmals eine Vorabfassung des Vortrags. Unter „begeisternden, häufig […] stürmischen Beifallsüberzeugungen" habe Loewe vor einem „überfülltem Auditorium ein lebendiges Bild vom neuen jüdischen Leben und Schaffen in Palästina [entrollt]"[250], so die *Welt*. Zudem stellte Loewe die Lichtbilder aus Palästina als kulturtechnische Innovation vor:

244 Vgl. JNF an Heinrich Loewe, 26.04.1911. CZA, KKL1/344.

245 Vgl. Heinrich Loewe an JNF, 30.04.1911. CZA, KKL1/344. Hierzu auch Heinrich Loewe an JNF, 31.05.1911. Ebd.

246 Vgl. JNF an Heinrich Loewe, 29.05.1911. CZA, KKL1/344.

247 Vgl. JNF an Heinrich Loewe, 06.07.1911. CZA, KKL1/344.

248 Zum Herstellungsverfahren von Lichtbildern vgl. Karl Hassack / Karl Rosenberg: *Die Projektionsapparate, Laternbilder und Projektionsversuche in ihren Verwendungen im Unterrichte.* Wien / Leipzig: A. Pichlers Witwe & Sohn 1907, S. 139–162 (Kap. „Das Anfertigen von Laternbildern").

249 Vgl. JNF an Heinrich Loewe, 08.05.1911. CZA, KKL1/344.

250 Nationalfonds-Lichtbildvortrag. In: *Die Welt*, 11.08.1911, S. 813.

> Zum ersten Mal seit zwei Jahrtausenden […] haben wir Lichtbilder aus dem Leben unseres Volkes, aus unserem eigenen Lande; Bilder, die unser Herz höher schlagen lassen und die uns darauf hinweisen, dass wir um Zion nicht allein beten, sondern auch tatkräftig arbeiten und wirken sollen.[251]

Erst einige Wochen nach seinem Auftritt in Basel gelang es Loewe, die Endfassung des Manuskripts und einen Vorschlag zur Ordnung der Bilder vorzulegen. Er reichte den Text, die fünf Bildserien und eine Instruktion für die zukünftig mittels des Vortrags Agitierenden Anfang September 1911 beim Hauptbüro in Köln ein.[252] Bis Ende November dauerte es dann noch, bis der Vortrag in seiner endgültigen Fassung zur Drucklegung freigegeben und die Arbeiten an der finalen Anordnung der Bilder abgeschlossen waren.[253]

Insgesamt 61 Lichtbilder, von denen ein Teil bspw. in der Zeitschrift *Palästina* abgedruckt wurde, enthielt der entstandene Vortrag.[254] Er wurde durch einen geschichtlichen Exkurs eingeleitet, der die Aktivitäten der Biluim in Palästina als Ausgangspunkt der Betrachtungen des im Entstehen begriffenen Raums wählte; der Vortrag setzte Bild für Bild das Mosaik des zionistisch produktivierten Bodens zusammen, er führte, um mit Loewe zu sprechen, „die Erlösung des seit Jahrtausenden schlummernden Bodens"[255] vor. Es wurde u. a. projiziert: Die Ernte jüdischer Bauern in Gederah, die Pflege der Weinstöcke, die Weinernte in Rishon Le-Zion, die Getreideernte in Yehudah, ausgewachsene Eukalyptusbäume in Petach Tikwah, die Orangenernte, Viehherden, die Baumpflanzungen, die Seifen- und Ölherstellung in Ben Shemen, die Aufforstung des Herzlwalds. Mit diesen Praktiken der landwirtschaftlichen Produktivierung assoziierten sich vor den Augen des Publikums eine Reihe von Architekturen. Hierzu zählten nicht nur die eigentlichen landwirtschaftlichen Produktionsstätten wie der Weinkelter und die Tenne in Rishon Le-Zion, das Wirtschaftsgebäude in Ben Shemen und der Geflügelhof in Kinneret. Auch die vom JNF neu geschaffenen Wohnstätten der Arbeiter*innen in Chaderah und Deganyah wurden gezeigt. Darüber hinaus unternahm der Vortragende Expeditionen hin zu einem signifikanten Transitort, dem Hafen von Jaffa, ferner zu zionistischen Kultur- und Bildungseinrichtungen. Die Aufführung eines Orchesters im hebräischen Gymnasium Tel Avivs und die Bezalelhäuser in Jerusalem wurden gezeigt. Dieses Narrativ der zionistischen Produktivierung Palästinas verknüpfte

251 Zit. n. ebd.

252 Vgl. Heinrich Loewe an JNF, 05.09.1911. CZA, KKL1/344.

253 Vgl. Postkarte von Heinrich Loewe an JNF, 13.11.1911. CZA, KKL1/344; JNF an Heinrich Loewe, 13.11.1911. Ebd.; JNF an Heinrich Loewe, 21.11.1911. Ebd.

254 Vgl. JNF an Heinrich Loewe, 02.01.1912. CZA, KKL1/344. Die Bilder finden sich in *Palästina* 9 (1912): Der Jüdische Nationalfonds.

255 Loewe: *Jüdische Volksarbeit im Lande Israel*, S. 2.

Loewe im Vortrag in Wort und Bild mit der Arbeit des JNF. Immer wieder wird die Bildersammlung des jüdischen Aufbauwerks mit Bildern von den Dingen durchbrochen, die dem JNF zur Spendensammlung dienten. Loewe streute etwa Abbildungen von Nationalfondsmarken, des ‚Goldenen Buches', eines Diploms der Ölbaumspende und eines Diploms über die Eintragung in das *Goldene Buch* ein. Diese Lichtbilder spielten im Vortrag eine essentielle Rolle, da er, wie oben erwähnt, nicht nur als reine Schau des zionistischen Raums, sondern als Instrument zur Intensivierung der Geldsammlungen für den JNF angelegt war. Die Bindung zwischen den Besucher*innen und den Sammelmitteln sollte gestärkt werden.

Um dabei nichts dem Zufall zu überlassen, wurden die von Loewe ausgearbeiteten Instruktionen benutzt.[256] Für zukünftige Vortragende gab er kleinteilige Erläuterungen, wie sich auf den Vortrag vorzubereiten sei, was während des Vortrags zu beachten wäre und wie man die Interaktion mit dem Publikum nach dem Vortrag zu gestalten hätte. Jene Idee, die Propaganda zu ‚optimieren', indem Redende zu erfolgreichen, „Anschauungsunterricht"[257] inszenierenden und didaktisch adäquat handelnden Geldsammelnden gemacht werden sollten, spiegelt sich im gesamten Dokument wieder. Es liest sich wie ein Konvolut aus Regieanweisungen für eine Theateraufführung, das in zweierlei Hinsicht Räume konstituierend auf die Wahrnehmung der Besucher*innen zu wirken vermochte – Räume schaffend insofern, als durch Wort und Bild Palästina als dezidiert zionistischer Raum zur Schau gestellt wurde, diesem gleichzeitig aber auch ein spezifisch dramatisiertes räumliches Setting im Veranstaltungssaal gegeben wurde. Über diese zu generierende Raumkonstellation heißt es in der Instruktion:

> Wenn der Vortrag beginnt, wird die Beleuchtung abgestellt. Nur der weisse Lichtschirm ist hell. Auf diesem ist noch kein Bild zu sehen. Erst wenn der Vortragende von Gedera spricht, erscheint das Bild der Kolonie auf dem Rahmen.
>
> Wer frei spricht, kann allerdings auch vorher einen etwa halbstündigen einleitenden Vortrag halten. Dann lässt man eine Pause von wenigen Minuten eintreten und, nachdem dann der Leiter der Versammlung das Publikum gebeten hat, die Plätze wieder einzunehmen, wird die Saalbeleuchtung abgestellt und fängt der eigentliche Lichtbildvortrag an [...] Da der Lichtbildvortrag selbst nicht viel länger als eine Stunde dauern darf, wird immer noch Zeit übrig bleiben für eine kurze Ansprache des Versammlungsleiters. In derselben soll das Publikum unter anderem aufgefordert werden, schon gleich auf

256 Vgl. Instruktionen zu dem Lichtbildvortrag des Jüdischen Nationalfonds, [1911]. CZA, KKL1/472.
257 Ebd.

der Stelle für den N. F. [JNF, F. S.] zu spenden und es soll zu diesem Zwecke eine Sammlung im Saale (nicht erst beim Weggehen am Ausgang) veranstaltet werden.[258]

Schon bevor Loewe und das Hauptbüro in Köln den endgültigen Wortlaut des Vortrags erfolgreich verhandelt hatten, begann die Agitationsarbeit mittels der Lichtbildvorträge. Loewe selbst war ein eifriger Nutzer des entstandenen Bildmaterials. Er referierte zwischen 1911 und 1912 anlässlich dezidiert zionistischer Versammlungen, etwa im Herzl-Club, auf Einladung der Jüdisch-nationalen Frauenvereinigung und der zionistischen Ortsgruppe in Berlin.[259] Ferner wurde er von zionistischen Ortsgruppen nach Hamburg, Prag und Göppingen eingeladen, um ‚Eretz Israel' in Lichtbildern zu präsentieren.[260] Diese zionistischen Initiativen waren aber nicht die einzigen, die auf den Lichtbildvortrag zurückgriffen. Wie Loewe in einem Brief an den JNF berichtete, wurde er im Januar 1912 auch von zwei nicht-zionistischen Vereinen eingeladen.[261] Derartige Einladungen mehrten sich spätestens im Winter 1912. In Berlin hielt Loewe Vorträge in einem sogenannten Sparsamkeitsverein, im Verein der ehemaligen Schüler und Schülerinnen der VI. Jüdischen Gemeindeschule und in einer der hiesigen Bnei-Brit-Logen.[262] Loewes Engagement konzentrierte sich nicht nur auf die Präsentation der Lichtbilderserien des JNF, die er in einzelnen Fällen durch anderweitiges Bildmaterial ergänzte. Eine signifikante Rolle spielte er zudem im Herstellungsprozess, indem er – wie oben erwähnt – als Bindeglied zwischen dem Hauptbüro des JNF in Köln und dem technischen Dienstleistungsunternehmen in Berlin, welches das Projekt betreute, agierte. Zum sicheren Transport der Lichtbildserien, von denen bspw. eine Serie mit Schäden an den Deckgläsern einzelner Diapositive aus Holland zurückgesandt wurde,[263] bedurfte es bspw. spezieller Versandboxen, deren Herstellung Loewe mit Franz Stödtner vom Institut für wissenschaftliche Projektionsphotographie kommunizierte.[264]

258 Ebd.

259 Vgl. Heinrich Loewe an JNF, 22.11.1911. CZA, KKL1/344; Heinrich Loewe an JNF, 06.12.1911. Ebd.

260 Vgl. Postkarte von Heinrich Loewe an JNF, 20.11.1911. CZA, KKL1/344; Heinrich Loewe an JNF, 06.12.1911. Ebd.

261 Vgl. Heinrich Loewe an JNF, 20.01.1912. CZA, KKL1/344. Das Interesse nicht dezidiert zionistischer Organisationen beschränkte sich nicht auf das bloße Vorführen der Lichtbilder. Die jüdische Kultusgemeinde in Zürich etwa bestellte Anfang 1912 eine ganze Serie von Palästina-Lichtbildern, die im Schulunterricht zur Bildung der Kinder eingesetzt werden sollte (vgl. JNF an Heinrich Loewe, 09.02.1912. CZA, KKL1/344).

262 Vgl. Heinrich Loewe an JNF (Nathan Gross), 22.09.1912. CZA, KKL1/344.

263 Vgl. JNF an Heinrich Loewe, 04.10.1911. CZA, KKL1/344; Heinrich Loewe an JNF, 08.10.1911. Ebd.; JNF an Heinrich Loewe, 11.10.1911. Ebd.; JNF an Heinrich Loewe, 17.10.1911. Ebd.

264 Für die Agitationsarbeit während der Chanukka-Feiertage in den Vereinigten Staaten brauchten bspw. die amerikanischen Sammelstellen die Lichtbildvorträge in Übersetzung (vgl. JNF an Heinrich Loewe, 26.10.1911. CZA, KKL1/344). Auch die ZVfD orderte eine Serie (vgl. Postkarte von Heinrich Loewe an

Mitte Oktober 1911 teilte das Hauptbüro des JNF mit, dass die Sammelstellen die Zentrale in Köln „mit Bestellungen auf Lichtbilder geradezu bestürm[en]“[265]. Deshalb wurde Loewe gebeten, die Herstellung der Reiseverpackungen und die Anfertigung von weiteren Serien zu beschleunigen. Die Eile im Produktionsprozess wirkte sich nachteilig auf die Qualität der Serien aus. Das Hauptbüro in Köln erreichten in der Folgezeit Bildserien, die aufgrund der saisonal bedingten hohen Arbeitsbelastung des Berliner Instituts teilweise mit falsch sortierten Bildern bestückt waren. Das gänzliche Fehlen von einzelnen Bildern machte Nachbestellungen nötig.[266] Auch die aus Berlin gelieferten Reisekisten, die zuerst als Verpackungsmaterial in die Vereinigten Staaten dienten, erwiesen sich als mangelhaft.[267]

Im gleichen Brief, in dem das Hauptbüro in Köln die Qualität der eigens für den Transport der Bilder hergestellten Reisekisten monierte, eröffnete man Loewe Ende 1911, dass geplant werde, die Herstellung von fehlenden Diapositiven nach Köln zu verlagern. Dies geschah mit der Begründung, dass sich die aufwendige Koordinationsarbeit des Projekts leichter realisieren lasse:

> Bei dem großen Umfang unseres Betriebes – wir haben mit ca. 26 Sammelstellen zu verkehren und in den verschiedensten Sprachen – sind wir zur Überzeugung gelangt, dass es fast unmöglich erscheint, die Manipulation betreffs der fortwährend zu bestellenden Bilder statt der zerbrochenen, mit der erforderlichen minutiösen Genauigkeit zu verfolgen, wenn wir weiterhin die Bilder in Berlin anfertigen lassen. Wir möchten daher Ihre liebenswürdige Unterstützung nicht mehr in Anspruch nehmen, sondern bei einer Kölner Firma [...] jeweils die fehlenden Bilder bestellen. Zu diesem Behufe wären wir Ihnen verbunden, wenn Sie uns gütigst nach Fertigstellung der von Ihnen bestellten 5 Serien die bei Ihnen befindlichen Platten retournieren wollten.[268]

Schon Anfang 1912 brach das Hauptbüro des JNF die Geschäftsbeziehungen mit dem Institut für wissenschaftliche Projektionsphotographie vorübergehend ab. Nur noch in Ausnahmefällen produzierte das Institut durch die Vermittlung von Loewe Diapositive

JNF, 20.11.1911. Ebd.). Ferner wurde der Lichtbildvortrag für Feierlichkeiten anlässlich des 10-jährigen Bestehens des JNF für den Delegiertentag der holländischen Zionisten 1911 und vom Makkabi in Konstantinopel verwendet (vgl. JNF an Heinrich Loewe, 04.12.1911. CZA, KKL1/344).

265 JNF an Heinrich Loewe, 18.10.1911. CZA, KKL1/344.

266 Vgl. JNF an Heinrich Loewe, 27.11.1911. CZA, KKL1/344; JNF an Heinrich Loewe, 20.11.1911. Ebd.

267 Vgl. JNF an Heinrich Loewe, 04.12.1911. CZA, KKL1/344.

268 Ebd.

für zionistische Initiativen in Berlin.[269] Neben der vereinfachten Koordination des Herstellungsprozesses waren auch verbilligte Herstellungskosten ausschlaggebend für diese Entscheidung.[270] Den Gesamtauftrag für die Diapositive erteilte man der Kölner Firma Wulff & Kleinholz, die Reisekisten wurden in Düsseldorf bei der Firma Ed. Liesegang in Auftrag gegeben.[271] Damit wurde eine Phase der Konzentration des Herstellungsprozesses im Großraum Köln eingeläutet. Während dieser kurzlebigen Verschiebung des gesamten Produktionsprozesses der Lichtbilder weg von Berlin, die bis in die erste Hälfte des Jahres 1913 andauerte, war Loewe ausschließlich dafür verantwortlich, das Geschäft mit dem Institut für wissenschaftliche Projektionsphotographie adäquat abzuwickeln.

Unter den Verantwortlichen im Hauptbüro des JNF setzte erst 1913 ein Umdenken hinsichtlich des Produktionsstandorts der Lichtbilder ein: Bereits Ende 1912 wurde im Auftrag des Hauptbüros eine weitere Lichtbildserie konzipiert. Diesmal beschränkte man sich allerdings darauf, den Lichtbildern Instruktionen mit „Gedächtnisnotizen"[272] und keinen ausgearbeiteten Vortrag beizulegen. Auf „vielfachen Wunsch", so das Hauptbüro in einem Brief an Loewe, wurde später entschlossen, einen von Loewe ausgearbeiteten Vortrag zur zweiten Serie nachzureichen.[273] Der leitende Sekretär des Hauptbüros, Nathan Gross, korrespondierte mit Loewe im April 1913 über weitere Lichtbildserien. Diese sollten wiederum den Besucher*innen des anstehenden Zionistenkongresses vorgeführt werden. Wohl Dank des Wirkens von Loewe erhielt das

269 Vgl. Postkarte von Heinrich Loewe an JNF, 14.10.1912. CZA, KKL1/344; JNF an Heinrich Loewe, 25.10.1912. Ebd. Eine andere neue Entwicklung ergab sich Anfang 1912. Wurden die Lichtbildvorträge bis dahin in einigen Fällen durch Filmvorführungen ergänzt, die von Dritten organisiert wurden (vgl. Heinrich Loewe an JNF, 22.11.1911. Ebd.), zog das Hauptbüro des JNF nun in Erwägung, seinen standardisierten Lichtbildvortrag um eigenes Filmmaterial zu ergänzen (vgl. JNF an Heinrich Loewe, 30.09.1912. Ebd.). Diesbezüglich adressierte man an Loewe im Februar 1912: „Von vielen Seiten wird nunmehr die Vorführung von lebenden Bildern verlangt. Wir halten dies jedoch für unzweckmäßig, da sich der Vortrag über den Nationalfonds zu gewöhnlichen Lichtbildern besser eignet. Wohl aber beabsichtigen wir anlässlich der bevorstehenden Palästinareise des Herrn Dr. Bodenheimer, der Frage näher zu treten, ob nicht ein oder zwei lebende Bilder eingeschaltet werden sollen." (JNF an Heinrich Loewe, 09.02.1912. CZA, Ebd.) Zu frühen Filmproduktionen in Palästina vgl. Tobias Ebbrecht-Hartmann: *Übergänge. Passagen einer deutsch-israelischen Filmgeschichte*. Berlin: Neofelis 2014, insb. S. 57–85 (Kap. 3 „Das Land filmen – Deutsch-israelische Filmgeschichte vor Israel"); Ariel L. Feldstein: Filming the Homeland. Cinema in Eretz Israel and the Zionist Movement, 1917–1939. In: Miri Talmon / Yaron Peleg (Hrsg.): *Israeli Cinema. Identities in Motion*. Austin: University of Texas Press 2011, S. 3–15. Judd Ne'eman: Israeli Cinema. In: *Companion Encyclopedia of Middle Eastern and North African Film*, hrsg. v. Oliver Leaman. London: Routledge 2001, S. 223–364; Hillel Tryster: *Israel before Israel. Silent Cinema in the Holy Land*. [Jerusalem]: Steven Spielberg Jewish Film Archive / Hebrew University / CZA 1995.

270 Vgl. JNF an Heinrich Loewe, 09.02.1912. CZA, KKL1/344.

271 Vgl. JNF an Heinrich Loewe, 10.01.1912. CZA, KKL1/344; JNF an Heinrich Loewe, 25.10.1912. Ebd.

272 Heinrich Loewe an JNF, 30.04.1913. CZA, KKL1/344.

273 JNF an Heinrich Loewe, 07.04.1913. CZA, KKL1/344.

Institut für wissenschaftliche Projektionsphotographie den Auftrag, die benötigten Diapositive herzustellen.[274] Es produzierte ebenso in den folgenden Monaten für den JNF.[275] Loewe machte sich im Mai 1913 an die Erarbeitung des neuen Manuskripts. Mit „Der Zionismus am Werke" sollte ein Porträt der Sammelmittel des JNF entstehen, in dem – wie Loewe es formulierte – „der Vorwand [der Geldsammlung] nicht allzusehr als Vorwand erscheint."[276] In einem Brief an Hugo Schachtel, den er Anfang Juli 1913 abfasste, präzisierte Loewe die Intention des Vortrags. Er stellte ihn als Instrument zur Professionalisierung der Sammeltätigkeit vor:

> Der Vortrag soll die Sammelmittel des Nationalfonds den Vertrauensleuten recht nahe bringen, soll sie ihnen ans Herz legen und zeigen, wie sie sammeln sollen, unter Umständen sogar auf Grund dieses Vortrages selbst Geld beschaffen.[277]

Entgegen dem ursprünglichen Vorschlag des Hauptbüros, den Lichtbildvortrag selbst nur als Demonstration der Geldsammlungsmaschinerie des JNF anzulegen, einigte man sich mit Loewe dahin gehend, einen geschichtlichen Exkurs voranzustellen. Den Vertrauensmännern sollte nach Auffassung des Hauptbüros dadurch der Vortrag „mundgerecht"[278] gemacht werden. Der geschichtliche Abschnitt umschloss in seiner Entwurfsfassung Bilder, welche von Mordechai Manuel Noahs Ararat ausgehend die zionistische Geschichte autonomer Siedlungsprojekte von 1825 her konstruierten.[279] Dadurch verlängerte er die Geschichte im Vergleich zum ersten Vortrag erheblich. Den Schwerpunkt des Vortrags bildete die Dokumentation der vom JNF zur Spendensammlung

274 Die Verschiebung der Produktion in den Großraum Köln hatte auch für Loewes Tätigkeit als Referent von Lichtbildvorträgen weitreichende Konsequenzen. Der Zugang zu den Bildserien, die er weiterhin für seine Lichtbildvortragsveranstaltungen nutzte, wurde deutlich erschwert, da diese entweder im Hauptbüro in Köln oder in den einzelnen Sammelstellen des JNF aufbewahrt und nur gegen Bestellung verschickt wurden (vgl. JNF an Heinrich Loewe, 30.09.1912. CZA, KKL1/344; JNF an Heinrich Loewe, 04.01.1912. Ebd.). Die relativ geringe Zahl der verfügbaren Serien (mindestens 15 Stück) sorgte bspw. dafür, dass Loewe auf diese für eigene Vorträge oder von ihm vermittelte Vorträge nicht zurückgreifen konnte, da sie anderweitig – etwa für Agitationsveranstaltungen in Frankreich und Russland – verliehen waren (vgl. JNF an Heinrich Loewe, 21.01.1912. Ebd.; JNF an Heinrich Loewe, 31.01.1912. Ebd.). Diese Situation änderte sich erst, nachdem Loewe zusagte, eine Besprechung für *Ost und West* zu schreiben, die die vom JNF herausgegebene „Jemenitenbroschüre" (Jehoshua Feldmann: *Die jemenitischen Juden*. Köln: Verlag des Hauptbureaus des Jüdischen Nationalfonds [1912]) auseinandersetzte (JNF an Heinrich Loewe, 17.11.1912. CZA, KKL1/344; Postkarte von Heinrich Loewe an JNF, 25.11.1912. Ebd.). Diese Gefälligkeit Loewes veranlasste das Hauptbüro dazu, an die Landessammelstelle des JNF in Berlin die Weisung auszugeben, ihn beim Verleihen der Bilder zu bevorzugen (JNF an Heinrich Loewe, 26.11.1912. CZA, KKL1/344).

275 JNF an Heinrich Loewe, 14.04.1914. CZA, KKL1/344.

276 Heinrich Loewe an JNF, 30.04.1913. CZA, KKL1/344.

277 Heinrich Loewe an Hugo Schachtel, 03.07.1913. CZA, KKL1/344.

278 JNF an Heinrich Loewe, 06.05.1913. CZA, KKL1/344.

279 Vgl. Heinrich Loewe an JNF, 30.04.1913. CZA, KKL1/344.

eingesetzten Dinge, jene „technische Seite der Propaganda"[280], die explizit als Grundlage der JNF-Propaganda zur Schau gestellt werden sollte. Auf dem 11. Zionistenkongress in Wien 1913 präsentierte Loewe, zeitgleich mit einer Ausstellung des JNF,[281] diesen Lichtbildvortrag erstmals. In kulturtechnischer Konkurrenz stand er zu Bewegtbildern aus dem ‚Neuen Yishuv', die – ebenfalls während des Kongresses – im Wiener Sofiensaal vorgeführt wurden.[282]

Nach dem Zionistenkongress in Wien wies das Hauptbüro des JNF an, diesen Vortrag zu erweitern. Ein multifunktionales Instrument wurde als Ergänzung zu den mittlerweile mehr als 50 international zirkulierenden Lichtbildserien[283] gefordert, das sich sowohl zur inneren wie zur äußeren Propaganda eignen sollte. Der Vertrauensmänner hätte man sich in diesem Zusammenhang zugleich als Empfänger und Vermittler der JNF-Propaganda zu bedienen:

> Von einem Vortrag über die Sammelmittel wie den von Ihnen entworfenen erwarten wir weiter, dass er durch die lebendige Veranschaulichung unserer Sammelmittel und Zwecke den Vertrauensmännern sich so einprägen wird, dass sie mit unserem Organisationsapparat gewissermassen zusammen wachsen werden. Anderseits sollte er aber auch es unseren Vertrauensmännern ermöglichen, den Vortrag auch für propagandistische Zwecke zu benutzen. Dies kann u. E. dadurch bewerkstelligt werden, dass bei den meisten Sammelmitteln jeweils auch der Zweck dargelegt und das entsprechende Bild vorgeführt wird.[284]

Insgesamt vier Monate verwendete Loewe darauf, die Überarbeitungen am Vortrag vorzunehmen.[285] Im Februar 1914 sandte er die Entwurfsfassung an das Hauptbüro in Köln mit der Bitte, etwaige Änderungswünsche einzuarbeiten. Aus „Zeitmangel"[286] blieb das Manuskript eine gewisse Zeit liegen, bevor ab Ende April 1914 an der Erweiterung der korrespondierenden Lichtbildserien gearbeitet wurde.[287] Nach Ausbruch des Ersten

280 JNF an Heinrich Loewe, 06.05.1913. CZA, KKL1/344.

281 Einem Bericht in der *Welt* folgend, spielten auch hier die Sammelmittel des JNF eine erhebliche Rolle. Dazu heißt es: „Die breiten Tische, auf denen die Propagandamittel in ihrer chronologischen Entwicklung ausgebreitet sind, wollen mit Muße studiert sein. [...] Typisch ist die Entwicklung der Nationalfondsmarke: Erst ein Zionszeichen, dann Führerköpfe – jetzt aber schon durchaus Bilder aus unserem jüdischen Neuland. [...] Unter Glasschutz ruht das berühmte, nunmehr abgeschlossene erste goldene Buch." (Nationalfonds-Ausstellung. In: *Die Welt*: 07.09.1913, S. 77.)

282 Vgl. Dr. O. A.: *Lebende Bilder aus Palästina*. In: *Die Welt*, 03.09.1913, S. 19.

283 In einem Brief von Oktober 1913 beziffert der Autor die Zahl der verfügbaren Lichtbildserien auf 56 Stück (vgl. JNF an Heinrich Loewe, 09.10.1913. CZA, KKL1/344).

284 Ebd.

285 Vgl. Postkarte von Heinrich Loewe an JNF, 11.02.1914. CZA, KKL1/344; Heinrich Loewe an JNF, 20.02.1914. Ebd.

286 JNF an Heinrich Loewe, 20.03.1914. CZA, KKL1/344.

287 Vgl. JNF an Heinrich Loewe, 20.04.1914. CZA, KKL1/344.

Weltkriegs stellte der JNF die Produktion von neuen Lichtbildserien ein. Auch Loewe pausierte als Lichtbildvortragsredner für geraume Zeit.[288] Der Krieg halte ihn von Lichtbildvorträgen ab, notierte er etwa in einem Brief an den JNF im August 1916.

4. Bibliotheken II – in der Hauptsammelstelle, Berlin

Heinrich Loewe wurde offiziell im Januar 1914 von der Zionistischen Exekutive bevollmächtigt, an leitender Stelle mit den Vorarbeiten für die JNUL zu beginnen. In Berlin gab es bis dato nur vereinzelte und unkoordinierte Aktivitäten, die gezielt auf die Büchersammlung für die Bibliothek in Jerusalem hinwirkten. Besonders erwähnenswert ist in diesem Zusammenhang jenes Komitee, das sich offensichtlich unter Beteiligung Loewes 1912 gründete, um die in St. Petersburg befindliche umfangreiche Nachlassbibliothek David Ginzburgs zu erwerben.[289] Diese Bibliothek gehörte zu den größten Privatbibliotheken Europas. Im März 1917 in 118 Kisten verpackt,[290] waren es Mathilde, der Witwe David Ginzburgs und Schwägerin Vladimir Ginzburgs, zufolge ca. 14.000 Bände, darunter Judaica und Orientalia, die theologische Bibliothek des Philosophen Vladimir Solovyov und 3.000 Manuskripte, welche nach Jerusalem geschickt werden sollten.[291] Zahlreiche Akteur*innen waren in das langjährige Ankaufs- und Überführungsprozedere der Bibliothek involviert, darunter auch Loewe, der bis zuletzt erfolglos versuchte, die Bibliothek durch Unterstützung von u. a. Albert Einstein,[292] mit dem er in der seit 1922 aktiven Gesellschaft der Freunde der Jerusalem-Bibliothek (später Gesellschaft der Freunde der Hebräischen Universität und Bibliothek, Jerusalem) tätig war, endgültig von der JNUL in Besitz nehmen zu lassen.[293]

288 Vgl. Heinrich Loewe an JNF, 15.08.1914. CZA, KKL1/344.

289 Vgl. Briefentwurf von Heinrich Loewe an Wladimir Iljitsch Lenin [undatiert]. Archiv der JNUL, ARC 4 793/150. Schon 1911 hatte Eliezer Ben Jehuda in der in Jerusalem erscheinenden Zeitschrift *Ha-Or* einen Artikel veröffentlicht, in dem er forderte, die Ginzburg-Bibliothek für die JNUL anzukaufen (Die Bibliothek des verstorbenen Barons Günzburg. In: *Die Welt*, 17.02.1911, S. 152). Der in Frankfurt am Main geborene Jakob Schiff, mittlerweile in New York lebender Bankier, Philanthrop und Mäzen, sei zur gleichen Zeit bemüht gewesen, die Sammlung für eine wissenschaftliche Einrichtung in der Metropole an der amerikanischen Ostküste zu erhalten (ebd.). Zur Biographie Schiffs vgl. Paul Arnsberg: *Jakob H. Schiff. Von der Frankfurter Judengasse zur Wallstreet*. Frankfurt am Main: Kramer 1969; Naomi Wiener Cohen: *Jacob H. Schiff: A Study in American Jewish Leadership*. Hanover: Brandeis UP 1999.

290 Vgl. Notarielle Bescheinigung über den Ankauf der Bibliothek David Ginzburgs, ausgestellt vom Notar Roman Bar, 22.11.1922. Archiv der JNUL, ARC 4 793/150.

291 Vgl. Mathilde von Ginzburg an Heinrich Loewe, 23.10.1922. Archiv der JNUL, ARC 4 793/150.

292 Vgl. Heinrich Loewe an EAC, 15.05.1924. Archiv der JNUL, ARC 4 793/150.

293 Offenbar nach der Oktober-Revolution im Herbst 1917 unter der bolschewistischen Regierung konfisziert, spielte später auch der Ankaufpreis eine Rolle, der zwischen dem entsprechenden russischen Ministerium und der WZO neu ausgehandelt wurde. In einem Telegramm von Loewe an das Zionistische Zentralbüro in London von Juni 1922 heißt es dazu: „wollen bibliothek übernehmen bemuehen uns auftreibung geldes teil bereits aufgebracht erbitten aber aeusserste reduzierung preises da aufbringung aeusserst schwierig gefahr unmoeglichkeit bei jetzigem preis" (Telegramm von Heinrich Loewe an Zionistisches

„Es ist in Berlin eine Sammelstelle gegründet worden, die eigentlich schon die Jerusalem Bibliothek selbst darstellt“[294], berichtete Loewe 1914 zuerst in der *Welt*, dann im von seinem Freund Saly Geis redigierten *Frankfurter Israelitischen Familienblatt*. Seinen Befund erklärte er sogleich mit der Funktionsweise der Hauptsammelstelle:

> [Die] dort eingehenden Bücher werden bereits in der Sammelstelle geprüft, geordnet und katalogisiert, überhaupt vollständig bibliotheksfertig gemacht, sodaß sie jederzeit fix und fertig in vollständiger Ordnung nach Jerusalem überführt werden können.“[295]

Was Loewe hier als einwandfrei funktionierende Bücherei vorstellte, entsprach freilich nicht der tatsächlichen Situation, in der sich die Hauptsammelstelle nach ihrer Gründung befand. Die finanzielle Ausstattung der Einrichtung war unzureichend, sie war keinesfalls vergleichbar mit ähnlichen Unternehmungen. Der um die Jahrhundertwende betriebene Auf- und Ausbau der ebenfalls auf „kulturelle Hebung“[296], aber auf „Kräftigung des deutschen Elements“[297] in der Region zielenden Kaiser-Wilhelms-Bibliothek in Posen (heute Poznań) und ihres entstehenden Netzes aus Wanderbibliotheken etwa, auf den Loewe selbst als nachahmenswertes Musterbeispiel rekurrierte,[298] verfügte – kaum vergleichbar – über einen erheblich höheren Etat.[299] Einem Brief des AC an Loewe vom 13. März 1914 zufolge standen zwar, wenn auch in geringem Umfang, Gelder zur Deckung der Personalkosten und etwaiger Anschaffungskosten für Regale,

Zentralbüro, London, 26.06.1922. Archiv der JNUL, ARC 4 793/150). Die Sammlung befindet sich heute immer noch in der Russischen Staatsbibliothek, obschon von Seiten der israelischen Regierung 2008 der Versuch unternommen wurde, die Ginzburg-Sammlung nach Israel zu holen (vgl. Anshel Pfeffer: State Renews Efforts to Bring Disputed Jewish Manuscripts from Russia. In: *Haaretz*, 12.07.2008. http://www.haaretz.com/print-edition/features/state-renews-efforts-to-bring-disputed-jewish-manuscripts-from-russia-1.247641 (Zugriff am 28.01.2013)). Zur Geschichte der Überführungsversuche vgl. Mordechai Nadav: An Account of Efforts Made to Acquire the Baron David Ginsburg Collection for the Jewish National Library in Jerusalem. In: Ders. / Jacob Rothschild (Hrsg.): *Essays and Studies in Librarianship Presented to Curt David Wormann on His Seventy-Fifth Birthday*. Jerusalem: Magnes 1975, S. 81–95.

294 Heinrich Loewe: Aus den Ereignissen des Tages/Zur Gründung der hebräischen Universitätsbibliothek in Jerusalem. In: *Frankfurter Israelitisches Familienblatt*, 09.04.1914, S. 2; ders.: Eine hebräische Universitätsbibliothek zu Jerusalem. In: *Jüdische Rundschau*, 05.06.1914, S. 242–243, hier S. 243.

295 Loewe: Aus den Ereignissen des Tages/Zur Gründung der hebräischen Universitätsbibliothek in Jerusalem. In: *Frankfurter Israelitisches Familienblatt*, 09.04.1914, S. 2; ders.: Eine Vorbedingung der Universität. In: *Die Welt*, 03.04.1914, S. 328–329, hier S. 329.

296 Rudolf Focke: Das Volksbibliothekswesen in der Provinz Posen. In: *Blätter für Volksbibliotheken und Lesehallen* 10,7/8 (1909), S. 109–119, hier S. 109.

297 Ebd.

298 Vgl. Loewe: Vorbedingung der Universität, S. 329.

299 Bemerkenswert ist, dass Heinrich Simon, den Loewe durch dessen Tätigkeit an der Berliner Universitätsbibliothek gekannt haben musste, den Direktor der Posener Bibliothek, Rudolf Focke, 4 ½ Jahre beim Aufbau vor Ort unterstützte (vgl. Focke: Volksbibliothekswesen in der Provinz Posen, S. 114).

Arbeitsmaterialien usf. zur Verfügung, Mittel für den Ankauf von Büchern hingegen nicht.[300] Loewes Honorar für das „Sammeln und Ordnen von Büchern"[301] für die JNUL belief sich zudem auf ein Monatsgehalt von nur 150 Mark. Zum Vergleich: An der Berliner Universitätsbibliothek, wo er im April 1912 die zweite Stufe seiner Dienstklasse erreicht hatte, erhielt er ein Grundgehalt das nahezu doppelt so hoch war, 283 Mark insgesamt.[302] Die Anstellungsvereinbarung wurde obendrein auf ein halbes Jahr befristet. Danach – ab August 1914 – wurden die Gehaltszahlungen an Loewe gänzlich ausgesetzt, da der Universitätsfonds, aus dem Loewe bezahlt wurde, durch den Ausbruch des Ersten Weltkriegs vom Hochschulkomitee abgeschnitten worden war.[303] Dadurch schränkte sich zwangsläufig die Arbeitsintensität von Loewe für die JNUL ein. Loewe notierte dazu nach Kriegsende:

> Da kam der Krieg, nachdem noch nicht ein Vierteljahr vergangen war, seitdem man den ersten Aufruf erlassen hatte. Und damit war die Sammlungstätigkeit zunächst vollkommen abgeschnitten. Zwar erhielt die Sammelstelle nach einigen Monaten wieder einige Bücher, bekam sogar von einigen Seiten noch einige Kisten mit Büchern, aber von einer wirklichen Sammlung von Büchern zum Zwecke einer Bibliothek war nicht mehr die Rede.[304]

Während er bis Kriegsausbruch noch 8.000 Bände sammeln konnte, ging die Zahl der Bücher, die im Laufe des Kriegs eingingen, auf 2.000 Exemplare zurück.[305] Zur fachgerechten Unterbringung und zur Bearbeitung der eingehenden Bücher und Buchsammlungen dienten lediglich Loewes eigene Wohnung und eine kleinere Wohnung, die er im Erdgeschoss des Hinterhauses Flemingstraße 12 ab Oktober 1914 zusätzlich anmietete.[306]

300 Vgl. AC an Heinrich Loewe, 13.03.1914. CZA, A146/110. Zusätzlich wurden Loewe zur materiellen Ausstattung der Sammelstelle insgesamt nur 450 Mark in Aussicht gestellt, lediglich eine Hilfskraft sollte wohl in Teilzeit für 75 Mark monatlich Loewe in der Arbeit unterstützen. Im Juli 1914 bewarb sich Miriam Tennenbaum, in Bendzin (heute Będzin) geboren und zwischenzeitlich als Redaktionsmitarbeiterin der *Ha-Sefirah* tätig, auf die Stelle als Hilfskraft der Hauptsammelstelle. Sie hatte von einer bekannten Bibliothekarin gehört, dass Loewe vorhabe, eine Assistentin für die zukünftige JNUL auszubilden. Anschließend wollte sie nach Palästina auswandern (vgl. Miriam Tennenbaum an Heinrich Loewe, 28.07.1914. Shaar Zion, offener Bestand).

301 Ebd.

302 Vgl. Minister der geistlichen Unterrichts- und Medizinalangelegenheiten an Direktor der Universitätsbibliothek [d.i. Johannes Franke], 22.03.1912. Archiv der Humboldt-Universität, UK-P L199, Bd. 4, Bl. 77.

303 Vgl. Zionistisches Zentralbüro Berlin an Heinrich Loewe, 16.08.1914. Shaar Zion, Boxnr. 9.

304 Heinrich Loewe: Jüdische Bibliotheken im jüdischen Lande. In: *Israelitisches Gemeindeblatt Köln*, 27.12.1918, S. 1–3.

305 Vgl. Heinrich Loewe an JNF, 29.12.1918. CZA, KKL1/346.

306 Vgl. Heinrich Loewe an Zionistischen Zentralbüro Berlin, 13.03.1914. CZA, A16/110. Die kleinere Wohnung im Hinterhaus sollte Loewe bis mindestens Ende des Ersten Weltkriegs anmieten (A. C. (Arthur Hantke) an Heinrich Loewe, 18.08.1915. Shaar Zion, Boxnr. 9).

Um die Gründung der Hauptsammelstelle publik zu machen, richtete Loewe nicht nur an das *Frankfurter Israelitische Familienblatt* und *Die Welt* Aufrufe, auch an andere Zeitungen wie die *Jüdische Rundschau* und *Der Jüdische Student* gingen kurze Abhandlungen, die – teilweise identisch in ihren Inhalten – u. a. die Arbeit, insbesondere aber die Sammelpraxis der Hauptsammelstelle vorstellten und die Sichtbarkeit der zionistischen Initiative erhöhten. Wie Loewe im April 1914 an Chaim Weizmann schrieb, müsse eine derartige Propaganda für die Bibliothek zwangsläufig ungenügend bleiben. Sie diene „nur als Wegbereiter" und könne zweckmäßige Werbeveranstaltungen und den systematischen Bücherankauf, etwa von jüdischen Gelehrtenbibliotheken auf Grundlage testamentarischer Verfügungen, nicht ersetzen.[307] Vor allem ging es Loewe in den Aufrufen darum, potentielle Bücherspender*innen für die Sammelstelle zu mobilisieren – diese zu Schenkungen zu bewegen. Einerseits verortete er diese in akademischen Kreisen, appellierte etwa als „Alter Herr" des KJV an jüdische Studierende und Dozenten.[308] Andererseits versuchte er, jüdische Literat*innen, Verlage, Buchdruckereien und Büchersammler*innen für das Projekt zu gewinnen.[309]
In diesem Zusammenhang firmierte das sogenannte Ehrenpflichtexemplar, das Loewe bereits 1902 angeregt hatte,[310] zum zentralen Bindeglied zwischen Spender*in und Bibliothek. Als Pflichtabgabe sollte es institutionalisiert werden.[311] Einen Anreiz zur Abgabe von Werken bot Loewe, indem er auf eine beständig sichtbare Verknüpfung der gespendeten Bücher mit den Namen der Spender*innen hinwies. Dies sollte sowohl über einen direkten Eintrag im Buch als auch durch einen Vermerk im Bibliothekskatalog bewerkstelligt werden. Loewe, der dem Lesepublikum der zionistischen Blätter diese Verfahrensweise fortlaufend vorführte, indem er in späteren monatlichen Berichten für die *Welt* wiederholt darauf zurückkam,[312] mystifizierte diese bibliothekarische Praxis nahezu:

> Dort wird es ein Exlibris erhalten, das den Namen des Spenders für alle Zeiten mit dem Buche vereinigt und ihm ein ewiges Andenken in Jerusalem sichert.[313]

307 Heinrich Loewe an Chaim Weizmann, 23.04.1914. Chaim-Weizmann-Archiv, ADA_00023962.

308 Heinrich Loewe: Eine Universitäts-Bibliothek in Jerusalem. In: *Der Jüdische Student* 11,1 (1914–1915), S. 6–10, hier S. 8–9.

309 Heinrich Loewe: Eine hebräische Universitätsbibliothek zu Jerusalem. In: *Jüdische Rundschau,* 05.06.1914, S. 242–243, hier S. 243; Loewe: Eine Vorbedingung der Universität, S. 329.

310 Vgl. ders.: Bemerkungen über die Nationalbibliothek in Jerusalem. In: *Jüdische Rundschau*, 15.10.1902, S. 19–21, hier S. 21.

311 1913 wurde auch die Deutsche Bücherei in Leipzig gegründet. Auf Initiative des Börsenvereins des Deutschen Buchhandels wurden dessen Mitglieder verpflichtet, Freiexemplare an die Bibliothek abzugeben. Bis dahin war die Übermittlung von Freiexemplaren an Institutionen des Deutschen Reichs nicht vorgesehen, da die Bildungs- und Kulturhoheit bei den einzelnen Ländern lag.

312 Vgl. Heinrich Loewe: Hebräische Universität zu Jerusalem. In: *Die Welt*, 17.07.1914, S. 637–638.

313 Loewe: Eine hebräische Universitätsbibliothek zu Jerusalem. In: *Jüdische Rundschau,* 05.06.1914, S. 242–243, hier S. 243.

In diesem Sinn wurde das Bücherspenden für die Bibliothek von Loewe psychologisch aufgeladen. Er führte es als ethisch begründete Pflicht vor, ferner als ein signifikantes persönliches Erlebnis, das er an kollektive und individuelle Erinnerungspotentiale koppelte. Das gespendete Buch konstituierte sich als materialisiertes Symbol der Aufopferung des Individuums für die Bibliothek. Loewe konstruierte die Bibliothek dadurch nicht nur als eine übergeordnete Kultur- und Bildungseinrichtung, sondern zugleich als Archiv ihrer Spender*innen, als Dokumentationszentrum ihrer eigentlichen ‚Erbauer*innen'.

Im Zuge der Vorarbeiten für die JNUL knüpfte sich nach Einrichtung der Hauptsammelstelle in Berlin ein flüchtiges, transregionales Netz von Organisationen und Privatpersonen, die in verschiedenen Städten der jüdischen Diaspora die von Loewe koordinierte Sammeltätigkeit unterstützten. Dazu zählten freilich einzelne Büchersammelnde, die Teilbestände aus ihren Bibliotheken herauslösten und für die zukünftige JNUL bereitstellten. Mehr als zwanzig europäische Städte zählen die Spendenausweise, die Loewe bis Ende 1914 in der zionistischen Presse publizierte.[314] Die Spendenden, zu denen etwa der Chemiker Ignaz Timar sowie der Schriftsteller, Journalist, Theatermacher und Komponist Max Brod[315] zählten, konzentrierten sich auf Berlin und sein Umland, darüber hinaus auf den deutschsprachigen Raum. Ein nicht geringer Teil der überlassenen Bücher überwand aber auch größere Distanzen und wurde bspw. aus Sarajevo, Triest und Bukarest zugesandt. Zur besseren Organisation der Sammeltätigkeit wurden von zionistischen Aktivist*innen und Organisationen Sammelstellen eingerichtet. Bis Juni 1914 gründeten die jüdischen Studentenverbindungen Barissia in Prag und Kadimah in Bern eine solche. Auch in Warschau wurde eine Sammelstelle eingerichtet.[316] Wenige Wochen später folgte eine auf Initiative von Hugo Schachtel und Walter Steinitz geschaffene Sammelstelle in Breslau und eine unter Leitung des Nederlandschen Zionistenbonds in Holland.[317]

314 Vgl. Aus der Bewegung/Hebräische Universitätsbibliothek Jerusalem. In: *Die Welt*, 24.04.1914, S. 420; Aus der Bewegung/Hebräische Universitäts-Bibliothek Jerusalem. In: *Die Welt*, 01.05.1914, S. 444; Aus der Bewegung/Hebräische Universitätsbibliothek zu Jerusalem. In: *Die Welt*, 22.05.1914, S. 510–511; Aus der Bewegung/Hebräische Universitätsbibliothek zu Jerusalem. In: *Die Welt*, 26.06.1914, S. 637–638; Aus der Bewegung/Hebräische Universitätsbibliothek zu Jerusalem. In: *Die Welt*, 17.07.1914, S. 751; Hebräische Universitätsbibliothek Jerusalem. In: *Jüdische Rundschau*, 13.11.1914, S. 423.

315 Zur Biographie Max Brods vgl. Claus-Ekkehard Bärsch: *Max Brod im Kampf um das Judentum. Zum Leben und Werk eines deutsch-jüdischen Dichters aus Prag.* Wien: Passagen 1992. Zu Brod als zionistischem Denker vgl. Mark H. Gelber: Max Brod's Zionist Writings. In: *LBI Year Book* 33 (1988), S. 437–448.

316 Vgl. Aus der Bewegung/Hebräische Universitätsbibliothek zu Jerusalem. In: *Die Welt*, 26.06.1914, S. 637–638, hier S. 637.

317 Vgl. ebd. 1957 zählte Norbert Weldler bereits 39 Sammelstellen, die sich in erster Linie auf Europa, Amerika und Afrika verteilten (vgl. ders.: *Die Jüdische National- und Universitätsbibliothek in Jerusalem.* Zürich: „Der Scheideweg" 1957, S. 51–52).

Zudem begann man mit der von Loewe geforderten Einwerbung von ganzen Privatbibliotheken und Teilbibliotheken jüdischer Gelehrter, die die wissenschaftliche Arbeit an der zukünftigen Universität ermöglichen sollten. Ende Mai 1914 wurden vom Berliner Büro des Hochschulkomitees in der Sächsischen Straße aus Zirkulare an jüdische Büchersammler mit akademischem Hintergrund verschickt. Der Zahnarzt Hugo Schachtel, der Internist Paul Lazarus und die Rechtsanwälte Max Bodenheimer und Moritz Schottländer erhielten bspw. einen solchen Aufruf, in dem sie aufgefordert wurden, verzichtbare Bücher aus ihren Sammlungen an die JNUL zu spenden.[318]
In den wenigen Wochen, die noch bis zum Ausbruch des Kriegs verblieben, gelang es immerhin, nicht nur Sammlungen aus dem deutschsprachigen Raum, bspw. ca. 500 meist sozialwissenschaftliche Titel von dem aus Berlin stammenden Ignaz Timar zu erhalten, sondern auch Privatbibliotheken aus Osteuropa zu überführen. Die Sendung wurde durch die in Berlin ansässige Spedition A. Warmuth bewerkstelligt.[319] Die ersten Gelehrtenbibliotheken, die Berlin auf diesem Weg erreichten, kamen aus Odessa, Kowno und Tschernigau (heute Tschernihiw).[320] Zionistische Aktivisten wie Menachem Ussischkin und Vladimir Jabotinsky übernahmen teilweise die Vermittlung zwischen der Hauptsammelstelle in Berlin und den Nachlassverwaltern vor Ort, die zumindest in einigen Fällen ebenfalls Zionisten waren.[321] Diese Gelehrtenbibliotheken, die offenbar zu einem großen Teil russischsprachige medizinische Fachliteratur beinhalteten,[322] begann Loewe in Berlin zu katalogisieren. Die Verzettelung der einzelnen Titel und damit der Aufbau des ersten Katalogs konnte von ihm zwar noch begonnen werden, Loewe musste diese Tätigkeit aber „aus Mangel an Mitteln und Hilfskräften“[323], wie er kurz nach Kriegsende dem JNF berichtete, rasch abbrechen.

318 Vgl. Hochschulkomitee an Hugo Schachtel, 28.05.1914. Shaar Zion, Boxnr. 36; Hochschulkomitee an Paul Lazarus, 28.05.1914. Ebd.; Hochschulkomitee an Max Bodenheimer, 28.05.1914. Ebd.; Hochschulkomitee an Moritz Schottländer, 28.05.1914. Ebd.

319 Vgl. Abel Lapin an Heinrich Loewe, 18.06.1914. Archiv der JNUL, ARC 4 793/213.

320 Vgl. Heinrich Loewe: *Jüdisches Bibliothekswesen im Lande Israel.* Jerusalem: National- u. Universitätsbibliothek 1922, S. 23.

321 Abel Lapin, einer der Nachlassverwalter, schrieb Loewe mit „Hochverehrter Gesinnungsgenosse“ an (Abel Lapin an Heinrich Loewe, 18.06.1914. Archiv der JNUL, ARC 4 793/213).

322 Vgl. Heinrich Loewe an JNF, 29.12.1918. CZA, KKL1/346.

323 Ebd.

VIII.
Zionistische Kulturarbeiter*innen in Aktion II (1918–1933)

1. Zionistische Topographien der Kultur, der Bildung und des Wissens

Der Erste Weltkrieg war eine Zeit der Stagnation, sämtliche kulturellen und erzieherischen Aktivitäten des zionistischen Kollektivs wurden in diesem Zeitraum weitgehend gestoppt – auch die Zionistenkongresse setzten zwischen 1914 und 1921 aus. Im Übergang zur Weimarer Zeit formierten sich hingegen diverse Laboratorien, die Impulse für neue jüdische Kultur- und Bildungsinitiativen setzten. Das Hauptbüro der WZO in Berlin wurde zwar am Ende des Kriegs geschlossen und eine zentrale Schaltstelle der zionistischen Kulturpolitik, die provisorisch schon seit 1917 in London residierte, ging auf Distanz. Trotzdem avancierte Berlin, wie vielfach analysiert, nach dem Krieg zu einem multiplexen kulturellen Zentrum jüdischer Kulturen. Die Großstadt wurde nach 1920 zum „major Yiddish literary center"[1], zum Zentrum des politischen Hebraismus[2] und zur „Schnittstelle der jüdischen Migration"[3]. An der permanenten Ausdehnung der

1 Delphine Bechtel: Babylon or Jerusalem. Berlin as Center of Jewish Modernism in the 1920s. In: Dagmar C. G. Lorenz / Gabriele Weinberger (Hrsg.): *Insiders and Outsiders. Jewish and Gentile Culture in Germany and Austria*. Detroit: Wayne State UP 1994, S. 116–123, hier S. 116; auch dies.: Where is the New Jerusalem? Modernist Yiddish Journals in Berlin and Warsaw, 1922–1924. In: *Michael* 16 (2004), S. 35–50; dies.: Jiddische Literatur und Kultur in Berlin im Kaiserreich und in der Weimarer Republik. In: Brenner (Hrsg.): *Jüdische Sprachen in deutscher Umwelt*, S. 85–95; Glenn S. Levine: Jiddish Publishing in Berlin and the Crisis in Eastern European Jewish Culture 1919–1924. In: *LBI Year Book* 42 (1997), S. 85–108; Susanne Marten-Finnis / Heather Valencia: *Sprachinseln. Jiddische Publizistik in London, Wilna und Berlin*. Köln / Weimar / Berlin: Böhlau 1999.

2 Or: Berlin, Nachtasyl und Organisationszentrum, S. 136–155.

3 Tobias Brinkmann: Ort des Übergangs. Berlin als Schnittstelle der jüdischen Migration aus Osteuropa nach 1918. In: Dohrn / Pickhan (Hrsg.): *Transit und Transformation*, S. 25–44. Hierzu auch ders.: *Jüdische Migration*. http://www.ieg-ego.eu/de/threads/europa-unterwegs/juedische-migration/tobias- brinkmann-juedische-migration (Zugriff am 20.11.2012); ders.: „Mit Ballin unterwegs". Jüdische Migranten aus Osteuropa im Transit durch Deutschland vor dem Ersten Weltkrieg. In: *Aschkenas* 17 (2007), S. 75–96; ders.: Topographien der Migration. Jüdische Durchwanderung in Berlin nach 1918. In:

jüdischen Kultur- und Bildungstopographie in Berlin während der Weimarer Zeit, die Michael Brenner *en detail* als Phase des Erkundens „von neue[n] und kreative[n] Formen jüdischer Kultur" beschreibt,[4] hatten zionistische Aktivist*innen einen erheblichen Anteil. Die zahlreichen neuen Bildungs- und Kulturinstitutionen, die Synagogen, Schulen, Sprachclubs usf., entstanden allerdings vornehmlich westlich der Kaiserstraße, wie Alfred Klee als Delegierter der Jüdischen Volkspartei (JVP) mit Blick auf die von der Jüdischen Gemeinde subventionierten Einrichtungen Ende 1928 feststellte.[5] „Stiefmütterlich behandelt" wäre der Osten der Stadt, bestätigte ein weiterer, liberaler Delegierter im Verlauf der gleichen Sitzung.[6]

Die Schaffung kultureller Einrichtungen, die sich demgemäß auf das Zentrum und den Westen der Stadt konzentrierten, insbesondere die Forcierung des finanziell aufwendigen Synagogenbaus und die Subvention jüdischer Kultur- und Bildungsvereine seitens der Jüdischen Gemeinde, können nicht darüber hinwegtäuschen, dass zahlreiche ‚Krisen' die Weimarer Jahre zeichneten, von denen auch – und insbesondere – die jüdische Gemeinschaft der Großstadt betroffen war:[7] Antisemitische Äußerungen und Handlungen politischer Entscheidungsträger, antisemitische Ausschreitungen in Vierteln mit hohem jüdischen Bevölkerungsanteil, durch den an Wirkmacht gewinnenden Nationalsozialismus befeuerter wirtschaftlicher Antisemitismus[8], Wohnungsnot, (Hyper-)Inflation, Säkularisierung, soziale Abstiegsängste, eine überproportionale Selbstmordrate, ‚Mischehen', Geburtenrückgang, (Massen-)Arbeitslosigkeit und -Verarmung, Ethnisierung sozialer Konflikte (‚Ostjuden') – dies sind nur einige der Aspekte jener Verhältnisse, die neue Existenzbedingungen der Jüd*innen schufen und (die Debatten) über adäquate jüdisch-politische Praxis bestimmten. Diese Konfliktfelder sind in eindrücklicher Weise in den Sitzungsprotokollen der Berliner jüdischen Repräsentantenversammlung, die das *Gemeindeblatt der Berliner Jüdischen Gemeinde* abdruckte, dokumentiert.

Diner (Hrsg.): *Synchrone Welten*, S. 175–198; Olaf Terpitz: An Enclave in Time? Russian-Jewish Berlin Revisited. In: Jörg Schulte / Olga Tabachnikova / Peter Wagstaff (Hrsg.): *The Russian Jewish Diaspora and European Culture, 1917–1937.* Leiden / Boston: Brill 2012, S. 179–199. Die Kultur und entstehenden kulturellen Topographien osteuropäisch jüdischer Migrant*innen im Berlin der Weimarer Zeit analysiert eindrücklich Saß: *Berliner Luftmenschen*, insb. S. 111–137 (Kap. „Topografien").

4 Brenner: *Jüdische Kultur in der Weimarer Republik*, S. 237.

5 Vgl. Repräsentantenversammlung. Sitzung vom 8. November 1928. In: *Gemeindeblatt der Jüdischen Gemeinde zu Berlin*, Januar 1929, S. 18–21, hier S. 20. Alfred Klee regte in der Sitzung die Einrichtung eines jüdischen Kulturzentrums im Osten Berlins an.

6 Ebd.

7 Vgl. auch S. 65–66, Anm. 65.

8 Vgl. Aus der Repräsentantenversammlung. Sitzung vom 16. Februar 1928. In: *Gemeindeblatt der Jüdischen Gemeinde zu Berlin*, April 1928, S. 74–77, hier S. 76. Zur Geschichte des wirtschaftlichen Antisemitismus vgl. Derek Jonathan Penslar: *Shylock's Children. Economics and Jewish Identity in Modern Europe.* Berkeley / Los Angeles: University of California Press 2001.

Der Ort der Sitzungen, der Repräsentantensaal, welcher sich – mittlerweile restauriert – im Fassadentrakt der Neuen Synagoge, Oranienburger Straße, befindet, kann in diesem Zusammenhang als einer der wichtigsten Verhandlungsräume der großstädtischen jüdischen Gemeinschaft betrachtet werden. Interessenvertreter*innen verschiedener politischer Gruppen trafen sich hier ein- bis zweimal monatlich, um, an einem U-förmigen Tisch sitzend,[9] zusammen mit dem Gemeindevorstand die Geschicke der in den 1920er Jahren vor allem durch Migration aus Osteuropa auf 180.000 Jüd*innen angewachsene Gemeinde (davon ca. 130.000 Wahlberechtigte im Jahr 1926) zu lenken. Alexander Szando, seit 1923 beauftragt, die Sitzungsprotokolle der Versammlungen des jüdischen Parlaments anzufertigen, erinnert sich an den Saal:

> Der Schauplatz der Sitzungen war der große Repräsentantensaal [...]. In dem riesigen Raum, von dessen Wänden die Ölgemälde verblichener Gemeinde-Koryphäen auf die versammelten niederblickten, befand sich eine große, hufeneisenförmige Tafel, zu deren beiden Seiten die Repräsentanten ihre Plätze einnahmen. In der Mitte, etwas erhöht, saß der Vorsitzende der Versammlung, rechts von ihm die Orthodoxen [...] und daran anschließend die Zionisten, links von ihm die Liberalen. Dort, wo die offene Seite des Hufeisens war, befand sich ein langer Tisch, an dem die Mitglieder des Gemeindevorstandes ihren Platz hatten. Im Hintergrund pflegten meist einige Gemeindebeamte zu sitzen oder zu stehen. Ein Rednerpult gab es nicht. Jeder Repräsentant, der in der Debatte das Wort ergriff, erhob sich von seinem Platze und sprach von dort aus. Das gleiche galt für die Mitglieder des Gemeindevorstandes, wenn sie das Wort ergriffen [...]. Rund um den Saal, in erheblicher Höhe, befand sich eine Empore, auf der stets eine Anzahl von Zuhörern anwesend war.[10]

In den Repräsentantensitzungen, in denen nach der Wahl vom 16. Mai 1926 auch Frauen vertreten waren, verlief also stets eine mehr oder weniger sichtbare Grenze durch den Raum. Diese manifestierte sich in den 1920er Jahren in erster Linie zwischen den Liberalen und der JVP und ihren Koalitionsparteien.

Die ZVfD war früh bemüht, organisatorische Strukturen der zionistischen Kulturarbeit aufzubauen, die wiederum eine Zentralisierung dieser zur Folge hatten. Bereits im Laufe des Ersten Weltkriegs gründete sich etwa auf Initiative von Martin Buber, Moses Calvary und Salman Schocken der Ausschuss für jüdische Kulturarbeit. In den ersten Besprechungen der Mitglieder des Ausschusses, die sich ab Dezember 1916 in Berlin regelmäßig trafen, sollten die Grundlagen für die Arbeit nach Ende des

9 Repräsentantensaal der Jüdischen Gemeinde zu Berlin, Lichtdruck nach einem Foto von Hermann Rückwardt (1885). Staatliche Museen zu Berlin – Kunstbibliothek, abgedruckt in Hermann Simon / Jochen Boberg (Hrsg.): *„Tuet auf die Pforten" 1866–1995*. Ausstellungskatalog. Berlin: Stiftung „Neue Synagoge" Berlin – Centrum Judaicum 1995, S. [155].

10 Zit. n. Gabriel E. Alexander: Die Demonstration der Erwerbslosen in der Repräsentantenversammlung. In: Ebd., S. 154–163, hier S. 154–155.

Weltkriegs gelegt werden. Beispielhaft präzisierte Martin Buber, was eigentlich unter der Idee Kulturarbeit zu verstehen sei. Im Zusammenhang mit der Gründung des Kulturausschusses und eineinhalb Jahre vor dem bildungs- und kulturpolitisch richtungsweisenden 15. Delegiertentag der ZVfD, welcher, besucht von 150 Delegierten und 1.500 Gästen, Ende Dezember 1918 im Kaisersaal des Weinhauses Rheingold am Berliner Potsdamer Platz abgehalten wurde,[11] formulierte Buber, die umfassende *Zionisierung* jüdischen Alltagslebens fordernd:

> Was wir wollen, dafür ist das Wort „Kultur" zu groß – und zu klein. Wir wollen nicht „Kultur", sondern Leben. Wir wollen das jüdische Leben umgestalten. [...] Wir wollen aus dem Leben von Juden ein jüdisches Leben machen.[12]

Auch Julius Becker, der langjährig als Sekretär der WZO und der ZVfD tätig war, erarbeitete neue Perspektiven. Nicht ganz zu Unrecht demaskierte er in einem vierseitigen Exposé, das als Ergebnis der ersten Beratungen des Kulturausschusses entstand, die zionistische Kultur- und Bildungsarbeit, die bis dato geleistet worden war, als Werkzeug, welches eher dazu geeignet sei, „Gesinnung zu wecken" als „Kenntnis zu verbreiten".[13] Dies lag aber nicht nur an der Eindimensionalität der Projekte, die oftmals und ausschließlich die Vermittlung des Hebräischen fokussierten, sondern vielmehr an einer chronischen Unterfinanzierung und der sich daraus ergebenden fehlenden Breite der zionistischen Kultur- und Bildungsarbeit in der Diaspora in den ersten beiden Jahrzehnten des 20. Jahrhunderts. Becker, der, sich der arabischen Präsenz in Palästina und den sich daraus ergebenen Notwendigkeiten durchaus bewusst, das Papier als Empfehlung zur Verbesserung der ‚Ausbildung' von zionistischen Funktionär*innen abfasste, notierte:

> Wir müssen unsere jungen Leute [...] anregen, die Erziehung zum Zionismus nicht nur in dem Studium der hebräischen Sprache u[nd] der Beschäftigung mit Achad Haam zu suchen, so wichtig und notwendig beides ist. Wir brauchen Kenner auf dem Gebiete der grossen Politik, des Nationalitätenproblems, des Wahlrechtes, der Kulturorganisationen, der sozialen Politik, des Genossenschaftswesens, der Heimstättenpflege, der Bevölkerungspolitik, der Massenhygiene der Juden, des orientalischen Wirtschaftsproblems, des Orienthandels usw. usw.[14]

11 Vgl. Der zionistische Delegiertentag [1]. In: *Frankfurter Israelitisches Gemeindeblatt*, 03.01.1919, S. 3–4, hier S. 3.

12 Martin Buber: „Kulturarbeit". Zu den Delegiertentagen der deutschen und der holländischen Zionisten. In: *Der Jude* 1,12 (1916/1917), S. 792–793, hier S. 792.

13 Julius Becker: Exposé „Concerning Kulturausschuss", Februar 1917. CZA, Z3/804, S. [1].

14 Ebd., S. [4].

Zum wichtigsten Instrument der Durchsetzung zionistischer Interessen in den jüdischen Gemeinden Deutschlands wurde die 1919 gegründete JVP. Mit der JVP Berlin konstituierte sich ein politisches Gegengewicht zu den bis dato die jüdische Kommunalpolitik dominierenden Liberalen. „Zum Zwecke der Beeinflussung der Arbeit der Berliner Jüdischen Gemeinde im nationaljüdischen Sinne"[15] schlossen sich in ihr die Mitglieder der BZV, der Misrachi Ortsgruppe Berlin, des Neuen jüdischen Gemeindevereins, des Verbands der Ostjuden Berlin (später Verband ostjüdischer Organisationen), des geschäftsführenden Ausschusses der ZVfD und der Arbeitsgemeinschaft der nationaljüdischen Jugendorganisationen zusammen.[16] Prompt nach Gründung der JVP gelang ihr der Einzug in das jüdische Stadtparlament im Zuge der Wahlen von Juli 1920. Erstmals waren dadurch zionistische Aktivisten, darunter auch Heinrich Loewe, in ihm vertreten.

In der Weimarer Zeit verfolgte die JVP das Ziel, das Konzept der konfessionellen ‚Religionsgemeinde' durch das der ‚Volksgemeinde' zu ersetzen. In Kooperation mit orthopraktischen Interessenvertretern, mit denen sich einzelne Mitglieder der JVP Berlins in einzelnen Punkten der Gemeindepolitik, in Fragen der Übersetzungsgenauigkeit der Halacha in die Berliner jüdische Religionspraxis etwa, einig waren, galt es der ‚Klal Israel', die innerhalb der Chibat Zion bereits seit Anfang der 1880er Jahre propagiert wurde,[17] eine politische Vertretung zu schaffen. Ideologisch knüpfte die Politik der JVP an die von Aktivisten wie Loewe bereits in den Jahren vor dem 1. Zionistenkongress entwickelte Idee von Nationaljudentum als einer „Volksgemeinschaft" mit spezifischem Charakter an.[18] In seiner Schrift *Die jüdische Volksgemeinde* brachte Emil Simonsohn stellvertretend für die Zionist*innen jene Formel auf den Punkt. Er argumentierte, dass

15 Programm der ‚Jüdischen Volkspartei', [Juni 1920]. In: Reinharz (Hrsg.): *Dokumente zur Geschichte des deutschen Zionismus*, S. 276–277, hier S. 276.

16 Vgl. Satzung der Jüdischen Volkspartei Berlin, [1919]. CZA, A142/52/2.

17 Vgl. Ehud Luz: The Limits of Toleration. The Challenge of Cooperation Between the Observant and the Nonobservant during the Hibbat Zion Period, 1882–1895. In: Shmuel Almog / Jehuda Reinharz / Anita Shapira (Hrsg.): *Zionism and Religion*. Hanover: Brandeis UP 1998, S. 44–54, hier S. 44–45. Den Liberalen wurde etwa im Rahmen des Wahlkampfs für den 1. Verbandstag des 1922 gegründeten Preußischen Landesverbandes jüdischer Gemeinden von der JVP vorgeworfen: *„den Gedanken des ‚Klal Jisroel' geopfert* und die Judenheit in *zusammenhanglose Einzelteile* zersplittert und aufgelöst" zu haben (Wahlaufruf der Jüdischen Volkspartei. In: *Gemeindeblatt der Jüdischen Gemeinde zu Berlin*, 26.09.1924, S. [28–29], hier S. [28]). Im Preußischen Landesverband jüdischer Gemeinden wurden 70 % der in Preußen lebenden Jüd*innen repräsentiert. Im gleichen Jahr, 1922, gründete sich zudem der Preußische Landesverband gesetzestreuer Synagogengemeinden (vgl. Michael Demel: *Gebrochene Normalität. Die staatskirchenrechtliche Stellung der jüdischen Gemeinden in Deutschland*. Tübingen: Mohr Siebeck 2011, S. 129). Zur Bandbreite jüdischer Gemeinschafts- und Gemeindekonzeptionen vgl. auch Michael Brenner / Derek Jonathan Penslar: *In Search of Jewish Community. Jewish Identities in Germany and Austria 1918–1933*. Bloomington / Indianapolis: Indiana UP 1998.

18 Vgl. auch S. 100.

die jüdischen Volksgemeinden sich nicht auf rein konfessioneller Grundlage aufbauen können, sondern die Vertretungsorgane einer nationalen Minderheit sind, die ihre kulturellen Angelegenheiten, welche aus ihrer geistigen Individualität resultieren, autonom regeln.[19]

Nichtsdestotrotz wurde (auch aus politisch-strategischen Gründen) innerhalb des nationaljüdischen Diskurses die religiöse Komponente verstärkt. Zuweilen assoziierte sich die Programmatik der JVP mit dem Label Nationalreligion, das die Verknüpfung von Orthopraxie und tradierten zionistischen Propagemen zur Schau stellte. Kaum zufällig erscheint es vor diesem Hintergrund, dass zentrale Akteur*innen der Volkspartei, darunter Max Kollenscher, Lina Wagner-Tauber, Sammy Gronemann und Heinrich Loewe, nach ihrer Emigration nach Palästina an der Gründung der national-religiösen Gemeinde Ichud Aguda Leumit Datit in Tel Aviv im Sommer 1934 beteiligt waren.[20]
Im Rahmen der Arbeit der JVP sollten die jüdischen Gemeinden Deutschlands, orientiert an dem Vorbild der Nachfolgestaaten Österreich-Ungarns, in „Vertretungsorgane nationaler Minderheiten" konvertiert werden, die ihre kulturellen Angelegenheiten autonom regeln.[21] Die dazu notwendige Umstrukturierung der Gemeinde, die freilich mit dem Ziel einer Ausdehnung ihrer Aufgabengebiete einherging, wurde von führenden Aktivisten der JVP, die den Wahlkampf von 1919/1920 aus ihrer Parteizentrale in der Heilige-Geist-Straße 52 koordinierten, zum Hauptanliegen erklärt. Entsprechend wurde das Parteiprogramm eingeleitet:

Die Jüdische Volkspartei erstrebt die Zusammenfassung aller auf die Erhaltung des Judentums gerichteten Kräfte innerhalb der Berliner jüdischen Gemeinde zu einer wahrhaften Volksgemeinde.[22]

Diese Vorgabe der Partei wurde nicht nur in der jüdischen Presse und in diversen Wahlkampfveranstaltungen,[23] sondern auch auf der Straße gestreut: „Wir bitten alle, die helfen wollen, unsere Gemeinde zu einer jüdischen umzugestalten, um ihr Erscheinen"[24], heißt es etwa in einem Aufruf zur Teilnahme an einer Wählerversammlung am 23. Oktober 1919 in der Aula des Königsstädtischen Realgymnasiums

19 Emil Simonsohn: *Die jüdische Volksgemeinde*. Berlin: Jüdischer Verlag 1919, S. 10.

20 Vgl. S. 392–393.

21 Hambrock: *Die Etablierung der Außenseiter*, S. 247.

22 Programm der ‚Jüdischen Volkspartei', [Juni 1920]. In: Reinharz (Hrsg.): *Dokumente zur Geschichte des deutschen Zionismus*, S. 276.

23 Laut eines Zirkulars, das vermutlich auf das Frühjahr 1920 datiert, wurden an folgenden Orten Wählerversammlungen durch die JVP abgehalten (vgl. Programm der „Jüdischen Volkspartei". CZA, A142/87/2): Brauerei Königsstadt (Schönhauser Allee 10/11), Deutscher Hof (Luckauerstraße 15), Bürgersäle (Bergstraße 147), Prachtsäle des Westens (Spichernstraße 3), Residenz-Festsäle (Landsberger Straße 31) und Sophiensäle (Sophienstraße 17/18).

24 Wahlaufruf der JVP. „Was fordern wir von der Berliner jüdischen Gemeinde", 1919. CZA, A142/87/2.

(Pasteurstraße 44–46). Auch Loewe selbst, der von Anfang an Delegierter in der Repräsentantenversammlung, später auch des Preußischen Landesverbandes jüdischer Gemeinden[25] war, kritisierte dahingehend den Zustand der bestehenden Jüdischen Gemeinde. Auf seiner Rede zur Einleitung des Gemeindewahlkampfes von 1926 differenzierte Loewe diese Ablehnung des Bestehenden in der Stadthalle zu Berlin,[26] dem für feierliche Anlässe geschaffenen Saal des Berliner Stadthauses am Molkenmarkt, aus. Er spitzte sie auf eine Kritik an der bestehenden Ordnung, an den Machtverhältnissen innerhalb der jüdischen Gemeinschaft, zu. In Stichpunkten, die als Vorlage für seine Ausführungen dienten, hielt Loewe fest:

> Krise
> Die Verhältnisse des Judentums sind andere geworden.
> Die jüdische Gemeinde ist eine andere geworden.
> Das alte Regime ist geblieben.
> Herrscht das Prinzip der Reformgemeinde.
> Niemals entsprach das den Zuständen u. Anschauung in der Gemeinde
> Aber sie waren die Notabeln, die Reichen.
> Schaffen den Sabbath ab. [...]
> Schaffen das Hebräische bis auf Minimum ab.
> [...] Schaffen die Beschneidung ab.
> Gemeinde nicht bloß religiöse Funktionen.
> Ersatz der alten Organisationen auf nationalem
> religiösem
> sozialen
> kulturellem Gebiete.
> Haben die Erziehung z[um] Judenthume unmöglich gemacht.
> [...] Noch heute sabotiert die liberale Majorität die Möglichkeiten jüdischer Schulen.[27]

25 Vgl. Preußischer Landesverband jüdischer Gemeinden. Ergebnis der Wahlen zum ersten Verbandstag des Preußischen Landesverbandes jüdischer Gemeinden. In: *Gemeindeblatt der Jüdischen Gemeinde zu Berlin*, 08.05.1925, S. 81–84, hier S. 82.

26 Von einer „großen zionistischen Versammlung" in der „mit blauweißen Fahnen geschmückt[en]" und bis auf den letzten Platz belegten Berliner Stadthalle berichtet auch Magnus Hirschfeld: *Die Weltreise eines Sexualforschers*. Brugg: Bözberg 1933, S. 388. Hier wurden auch andere politische Großveranstaltungen abgehalten, etwa die Liebknecht-Luxemburg-Kundgebung von 1925, auf der Wilhelm Pieck sprach (vgl. Biographische Daten. In: Wilhelm Pieck: *Gesammelte Reden und Schriften*, Bd. 2. Berlin: Dietz 1959, S. 532), oder Victor Fraenkls Gedächtnisrede auf Gustav Landauer im Juni 1919 (vgl. Helge Döhring: *Damit in Bayern Frühling werde! Die syndikalistische Arbeiterbewegung in Südbayern von 1914 bis 1933*. Lich: Edition AV 2007, S. 206).

27 Heinrich Loewe: Wahlkampfrede zur Einleitung des Gemeindewahlkampfs in der Stadthalle [Stichpunktzettel], 1926. CZA, A146/91.

Und dann die Forderungen:

> Wiederaufforstung des verkasteten Landes
> des verkasteten Judentums.[28]

Das Modell der Kaste, welches Max Weber in seiner *Wirtschaftsethik der Weltreligionen*, die zwischen 1915 und 1919 entstand, auch auf die Judenheit anwandte und dadurch die Vorstellung des ‚Pariavolks' entscheidend mitprägte,[29] verschob Loewe perspektivisch: Nicht die gesellschaftlichen Machtverhältnisse, in die sich die jüdische Gemeinschaft einbettete, waren von Belang, sondern das Innenverhältnis jüdischer Gruppierungen zueinander. Im Rahmen des Gemeindewahlkampfs der JVP von 1926 konstruierte Loewe eine allmächtige Quasi-Priesterkaste, die ihre Herrschaftslegitimation längst verloren hätte – ein Narrativ, das im Übrigen stark an seine Propagandaartikel für die *Jüdische Volkszeitung* Ende des 19. Jahrhunderts erinnert.[30]

In der JVP bauten sich zwar parallel zur ZVfD politische Strukturen auf, deren Entstehung u. a. auf interne Machtkämpfe innerhalb der ZVfD zurückzuführen ist.[31] Eine Perspektive auf die JVP als ein gegenüber der ZVfD antagonistisches Sammelbecken oppositioneller, Diaspora-bejahender Zionist*innen, wie sie Michael Brenner einnimmt,[32] erscheint allerdings nicht gerechtfertigt: Einerseits waren, wie die Satzung darlegt, auch Funktionäre der ZVfD-Leitungsebene in die Parteiarbeit involviert. Einige dieser, die noch im Zuge der Fraktionierung der ZVfD[33] die zionistische Arbeit in Palästina favorisierten – etwa Kurt Blumenfeld und Arthur Hantke – waren nicht nur Mitglieder

28 Ebd.

29 Max Weber: Die Wirtschaftsethik der Weltreligionen. Das antike Judentum. In: Ders.: *Gesamtausgabe*, Bd. I.21,1, hrsg. v. Eckart Otto. Tübingen: Mohr Siebeck 2008, S. 234–606. Hier heißt es: „Das eigentümliche religionsgeschichtlich-soziologische Problem des Judentums läßt sich weitaus am besten aus der Vergleichung mit der indischen Kastenordnung verstehen. Denn was waren, soziologisch angesehen, die Juden? Ein Pariavolk. Das heißt, wie wir aus Indien wissen: ein rituell, formell oder faktisch, von der sozialen Umwelt geschiedenes Gastvolk. Alle wesentlichen Züge seines Verhaltens zur Umwelt, vor allem seine längst vor der Zwangsinternierung bestehende freiwillige Ghettoexistenz und die Art des Dualismus von Binnen- und Außenmoral lassen sich daraus ableiten." (Ebd., S. 241.)

30 Vgl. S. 158–159.

31 Vgl. Lavsky: *Before Catastrophe*, S. 66–84 (Kap. "The Challenge. *Palästinaarbeit* or *Gegenwartsarbeit*").

32 Vgl. Michael Brenner: The Jüdische Volkspartei – National Jewish Communal Politics During the Weimar Republic. In: *LBI Year Book* 35 (1990), S. 219–243, hier S. 226–234.

33 Anlässlich des im Juli 1920 stattfindenden 16. Delegiertentages der deutschen Zionisten traten Delegierte aus Berlin im Gegensatz zu Delegierten aus anderen deutschen Städten erstmals in Listen an, die sich an ihren politischen Plattformen orientierten (vgl. Lavsky: *Before Catastrophe*, S. 67). Die Hauptgruppierungen waren Ha-Poel Ha-Tzair, die Freie Zionistische Gruppe und Zionei Zion, deren Hauptvertreter Heinrich Loewe und Elias Auerbach waren (vgl. ebd.).

der JVP, sondern traten sogar als Delegierte der JVP in Erscheinung.[34] Andererseits war mit Heinrich Loewe ein Aktivist in der Berliner Fraktion der Volkspartei vertreten, der stets eine vermittelnde Position zwischen Palästinaarbeit und zionistischer Arbeit in der Diaspora einnahm. Dies lässt sich etwa aus der Führungsrolle Loewes innerhalb der Debatten um die Ausrichtung von ZVfD bzw. WZO nach dem Ende des Ersten Weltkriegs ablesen, in denen er sich schon allein aufgrund seiner Positionierung als Wortführer der Zionei Zion (wörtlich: Zion-Zionisten), deren Programm Hagit Lavsky zufolge in „Zionist activism on behalf of the Diaspora Jews with the ultimate aim of involving them in the realization of the national home“[35] bestand, klar für eine Synthese aussprach. Auch die kollektiven Bemühungen der Volkspartei-Fraktion innerhalb der Berliner Repräsentantenversammlung zeigen, dass diese keineswegs ausschließlich Diasporapolitik unter jüdischer Gemeindepolitik verstand. Ähnlich der Histadrut Ivrit vor dem Ersten Weltkrieg zielte die politische Praxis der Partei u. a. darauf, Palästinaarbeit mit der jüdischen Diasporaarbeit zu verknüpfen. In der vergleichsweise kurzen Zeitspanne zwischen 1926 und 1930, in der eine Koalition aus JVP, Poalei Zion, Religiöser Mittelpartei und Konservativer Fraktion über eine knappe Stimmenmehrheit von einem Sitz in der Repräsentantenversammlung verfügte,[36] in die ferner die Neugründung des Deutschen Pro Palästina Komitees (1926) und die Erweiterung der Jewish Agency (1929) fiel, wurde am Verhandlungstisch des Repräsentantensaals mehrfach betont, dass die Fraktion der JVP unter Gemeindearbeit auch die Assoziation von Diaspora und *Eretz Israel* verstand. Stellvertretend für die Koalition, von der die JVP ein Teil war, ließe sich hier etwa Oskar Cohn zitieren, der im Juni 1928 forderte, den „Palästinagedanken“ als Unterrichtsgegenstand jüdischer Schulen zu verstärken:

> Es muß aufhören, daß für beträchtliche Teile unserer Volksgenossen in Deutschland der Palästinagedanke und die Palästinatat das Gespenst im Hause ist, von dem man nicht spricht.[37]

Auch der von Cohn geforderten „Palästinatat“ nahm sich die Koalition an. Loewes Erinnerungen zufolge wurde in der Repräsentantenversammlung bspw. ausgehandelt, dass die zahlreichen Dubletten und die Bücher ohne einen „das Judentum direkt berührenden Inhalt“, über die die Bibliothek der Jüdischen Gemeinde verfügte, an die

34 Blumenfeld und Hantke wurden als Delegierte der JVP für den ersten Verbandstag des Preußischen Landesverbandes jüdischer Gemeinden gewählt (vgl. Preußischer Landesverband jüdischer Gemeinden. Ergebnis der Wahlen zum ersten Verbandstag des Preußischen Landesverbandes jüdischer Gemeinden. In: *Gemeindeblatt der Jüdischen Gemeinde zu Berlin*, April 1925, S. 81–84, hier S. 82.

35 Lavsky: *Before Catastrophe*, S. 72.

36 Vgl. Ulrich Tempel: Religion and Politics in the Berlin Jewish Community: The Work of the Repräsentantenversammlung, 1927–1930. In: *LBI Year Book* 46 (2001), S. 215–240.

37 Repräsentantenversammlung. Sitzung vom 28. Juni 1928. In: *Gemeindeblatt der Jüdischen Gemeinde zu Berlin*, August 1928, S. 235–247, hier S. 238.

JNUL gestiftet wurden.[38] Die Koalition setzte ferner durch, dass die Berliner Jüdische Gemeinde direkt am Aufbau der Hebräischen Universität mitwirken sollte. Georg Kareski ergänzend präzisierte Alfred Klee in der Repräsentantenversammlung vom 17. Januar 1929 stellvertretend für seine Fraktion die damit verbundene Intention. Diese zielte auf die Sichtbarmachung der Verbindung zwischen Jerusalem und Berlin:

> Wir wünschten [...] eine äußerlich weit sichtbare Verknüpfung der Berliner Jüdischen Gemeinde mit Palästina. Die Herren haben uns auf unsere Anregung hin einen Lehrstuhl an der Hebräischen Universität in Jerusalem, der dauernd mit der Berliner Jüdischen Gemeinde verknüpft bleiben wird [...], koezidiert. Welches Fach gelehrt werden soll, wird in Verhandlungen mit der Universitätsverwaltung, den augenblicklichen Bedürfnissen der Universität entsprechend, festgelegt werden. Gewiß gibt es auch andere sehr dringliche Fragen in Palästina; [...] Für diesmal war eine weithin sichtbare kulturelle Neuschöpfung von höchster Bedeutung.[39]

Die Förderung der Universität durch Aufbau und Finanzierung eines ‚Lehrstuhls der Berliner Jüdischen Gemeinde' wurde zwischen Mitgliedern der JVP-Fraktion und der liberalen Fraktion nach den turbulenten Wahlen von 1926 ausgehandelt. In diesen Verhandlungen, die bis 1929 andauerten, galt es, Kompromisse zu schließen, die ein „reibungsloses Zusammenarbeiten auf bestimmten Gebieten"[40] ermöglichen sollten. Die liberale Fraktion machte nicht nur Zugeständnisse hinsichtlich der Intensität der Palästinaarbeit der Gemeinde, sondern auch in der kommunalen jüdischen Schulpolitik. Sie erklärten sich bspw. bereit, die Volksschule des Jüdischen Schulvereins in den Etat der Gemeinde aufzunehmen. Im Gegenzug stimmte die Fraktion der JVP zu, die Legislaturperiode, die satzungsgemäß sechs Jahre betragen hätte, auf drei Jahre zu verkürzen. Nach den Wahlen von 1930, im Zuge derer die liberale Fraktion die Stimmenmehrheit zurückerlangte, wurden sämtliche dieser Zugeständnisse zurückgenommen.

Nach dem Ersten Weltkrieg wurde auch auf internationaler Ebene die zionistische Kulturarbeit neu organisiert. Die Schaffung einer umfangreichen und ausdifferenzierten Topographie des jüdischen Wissens bildete ein zentrales Element des zionistischen Kulturdiskurses – der zionistischen Kulturpraxis. Im Rahmen der Arbeit der WZO galt dies nicht nur für Zentren der jüdischen Diaspora wie Berlin, wo zionistische Aktivist*innen fortwährend an der ‚Eroberung' adäquater Territorien arbeiteten, sondern in besonderem Maße für Palästina. Während der Londoner Konferenz,

38 Vgl. Heinrich Loewe: Sichronot. Kap. Jerusalem-Bibliothek. CZA, A146/75, S. 2.

39 Aus der Repräsentantenversammlung. Sitzung vom 17. Januar 1929. In: *Gemeindeblatt der Jüdischen Gemeinde zu Berlin*, März 1929, S. 118–127, hier S. 118.

40 Alfred Klee: Der Lehrstuhl der Berliner Gemeinde. In: *Jüdische Rundschau*, 21.08.1931, S. 395–396, hier S. 395.

auf der sich unter dem Eindruck des Faisal-Weizmann-Abkommens[41] die Mitglieder des GAC vom 24. Februar bis 12 März 1919 in Abwesenheit der Delegierten besiegter Staaten – darunter natürlich auch Deutschland – versammelten, fasste man den Beschluss, das Department für Erziehung und Kultur einzurichten.[42] Dieses nahm neun Monate nach der weltweit vielbeachteten Grundsteinlegung der Hebräischen Universität am 21. Juli 1918 unter der Leitung Schmarjahu Levins im Londoner Zentralbüro (Great Russell Street) den Betrieb auf.[43] Ihm oblag es, in den folgenden Jahren die Kultur- und Bildungsarbeit der WZO vom Londoner Zentralbüro aus zu koordinieren. Die Kernbereiche dieser Arbeit bestanden in der Entwicklung des zionistischen Schulsystems in Palästina und seiner Hebraisierung sowie in der Organisation der hebräischen Diaspora-Kulturarbeit und nicht zuletzt der Entwicklung des Hochschul- und Bibliothekswesens in Palästina.[44]

Palästina stand seit der Konferenz von San Remo 1920 unter britischem Mandat. Das Land, das von zionistischen Aktivisten der Berliner JVP sichtbar mit der jüdischen Diaspora verknüpft werden sollte, wurde von der WZO zunehmend mit Orten und Architekturen jüdischer Forschung und Lehre ausgestattet. Eine besondere Bedeutung erlangte in diesem Zusammenhang die Stadt Jerusalem, genauer: der Skopusberg, welcher sich östlich der Jerusalemer Altstadt erhebt. Von der WZO zum bedeutendsten Sitz des jüdischen Wissens bestimmt, wurden hier ab Ende der 1910er Jahre die Hebräische Universität und ihr Wissensspeicher – die JNUL – aufgebaut. Jerusalem, zeitgleich andere Orte wie Haifa, wo die Bauarbeiten am Technion 1925 abgeschlossen waren, wurden in den Folgejahren zu kulturellen ‚Magneten'. Als Teil des zionistischen Siedlungsprojekts gerierte sich das wissenschaftliche Areal des Skopusbergs, auf dem die ersten Institute der Universität in den Räumen des zu Kriegszeiten erworbenen Grey-Hill-Anwesens[45] 1925 und das Wolffsohn-Haus, die neue Herberge der JNUL, 1930 eröffneten, zumindest bis zum Zweiten Weltkrieg als importiertes

41 Das Faisal-Weizmann-Abkommen, auf das sich die arabische Delegation unter Führung Faisal I. und die zionistische Delegation unter Führung Chaim Weizmanns bei ihrem Zusammentreffen auf der Pariser Friedenskonferenz einigten, war eine Art Absichtserklärung über die politische Neuordnung Palästinas. Man einigte sich u. a. darauf, gemeinsam die Staatsgrenzen zu bestimmen und die jüdische Immigration in großem Maßstab zukünftig zu forcieren. Das Abkommen trat jedoch nie in Kraft.

42 Vgl. Die zionistische Kulturarbeit. Bericht des Departements für Erziehung und Kultur beim Zionistischen Zentralbüro in London. In: *Jüdische Rundschau*, 13.02.1920, S. 78–79. Zur Systematisierung des zionistischen Bildungswesen nach dem Ersten Weltkrieg vgl. Yuval Dror: *'National Education' through Mutually Supportive Devices. A Case Study of Zionist Education*. Bern: Lang 2007, S. 239–252.

43 Hugo Bergmann, späterer Direktor der JNUL, übernahm den Posten des Stellvertreters.

44 Vgl. Die zionistische Kulturarbeit. Bericht des Departements für Erziehung und Kultur beim Zionistischen Zentralbüro in London.

45 Eine Luftaufnahme des Anwesens findet sich in Benjamin Z. Kedar: *The Changing Land. Between the Jordan and the Sea. Aerial Photographs from 1917 to the Present*. Jerusalem: Yad Yitzchak Ben Zvi 1999, S. 136.

Diasporaensemble aus Kulturtechniken, Beamten, Wissenschaftler*innen und Dingen, die ihren Ursprung in Europa und Amerika hatten.[46]

Das Narrativ des Areals auf dem Skopusberg gehörte zu den zentralen Elementen zionistischer Propaganda in den 1920er Jahren. Der Diskurs wurde nicht nur in Schriften und Redebeiträgen geführt, mit denen bspw. Loewe als zeitweiliges Mitglied der Zionistischen Exekutive und der von der WZO gegründeten Universitätskommission wesentliche Akzente setzte: Keine andere Stadt komme, „ganz abgesehen von historischen, sogar romantischen Gefühlen"[47], für den Universitätskomplex in Betracht, heißt es etwa im Vorfeld des 12. Zionistenkongresses, der im September 1921 vierzehntägig in Karlsbad stattfand. Als nachdrückliche Stellungnahme für eine neue hebräische Kultur in Palästina dienten auch die architektonischen Entwürfe, welche von dem gartenstadtbewegten Soziologen, Biologen und ersten von der WZO engagierten Stadtplaner Patrick Geddes sowie seinem Kollegen, dem Architekten Frank Mears, ausgearbeitet wurden: Der Skopusberg, so Diana Dolev, „became a central protagonist in developing the architecture of the campus into a forceful nationalist tool"[48]. Auf dem Grundstück von John und Caroline Grey-Hill sollte ein Bautenensemble entstehen, das eine dezidiert orientalisierende Formensprache adaptierte und – vergleichbar dem von Alex Baerwald konzipierten Technion – als authentische Artikulation hebräischer Nationalkultur in Erscheinung treten.[49] Im Fall des Campus auf dem Skopusberg, der von Geddes und Mears projektiert, in dieser Form aber niemals implementiert wurde,[50] war dies besonders brisant. Nicht nur, dass man die Platzwahl oberhalb der Jerusalemer Altstadt als Demonstration eines kulturellen Machtanspruchs und als Hegemonisierung des städtischen Raums lesen kann,[51] vielmehr wurde dem geplanten Bau ein quasi-sakraler Status eingeschrieben, der etwa Ausdruck in der zentralen Großen Halle fand. Sie wurde in den Entwürfen von Geddes und Mears dem Felsendom nachempfunden, der in

46 Vgl. Israel Bartal: The Emergence of Modern Jewish Academy. From Religious Academies in Eastern Europe to a Secular University. In: Berg / Kamil / Kirchhoff / Zepp (Hrsg.): *Konstellationen*, S. 15–44, hier S. 40.

47 Loewe: *Jüdisches Bibliothekswesen im Lande Israel*, S. 17.

48 Diana Dolev: Academia and Spatial Control. The Case of the Hebrew University Campus on Mount Scopus, Jerusalem. In: Haim Yacobi (Hrsg.): *Constructing a Sense of Place. Architecture and the Zionist Discourse.* Aldershot: Ashgate 2004, S. 227–246, hier S. 227.

49 Vgl. ebd., S. 233–235; dies.: Architectural Orientalism in the Hebrew University. The Patrick Geddes and Frank Mears Master-Plan. In: *Assaph* 3 (1998), S. 217–234, hier S. 220; Noah Hysler Rubin: Geography, Colonialism and Town Planning: Patrick Geddes' Plan for Mandatory Jerusalem. In: *Cultural Geographies* 18,2 (2011), S. 231–248.

50 Zur geplanten Architektur des Universitätskomplexes vgl. Volker M. Welter: The Geddes Vision of the Region as City – Palestine as a "Polis". In: Jeannine Fiedler (Hrsg.): *Social Utopias of the Twenties. Bauhaus, Kibbutz and the Dream of the New Man.* Wuppertal: Müller + Bussmann 1995, S. 72–79, hier insb. S. 76–79.

51 Vgl. Haim Yacobi: Academic Fortress. The Case of Hebrew University on Mount Scopus, Jerusalem. In: Wim Wiewel / David C. Perry (Hrsg.): *Global Universities and Urban Development. Case Studies and Analysis.* Cambridge / Armonk: Sharpe 2008, S. 257–272, hier S. 257–258.

Sichtlinie des Campus liegt.[52] Diese Assoziation der ‚säkularen' Einrichtung mit religiösen Topoi wurde auch anderweitig vorgeführt: Die Werbebroschüre und -dokumente der Universität, die weltweit zirkuliert wurden, enthielten den biblischen Vers: „Denn von Zion kommt die Weisung des Herrn, aus Jerusalem sein Wort" (Jesaja 2,3).[53]

Ein Novum – und dies betrifft insbesondere die verschiedenen Kulturinitiativen, in denen sich Loewe engagierte – war die *breit* gefächerte Kooperation zwischen zionistischen und nicht dezidiert zionistischen Akteur*innen, die verknüpft mit der von der ZVfD und WZO koordinierten, genuin zionistischen Kultur- und Bildungsarbeit, Territorien des jüdischen Lehrens, Lernens, Forschens (und Lebens) regional und transregional erschlossen. Während sich das zionistische Kollektiv erst mit der Hebräischen Universität in Jerusalem, die sieben Jahre nach ihrer Grundsteinlegung am 1. April 1925 eröffnet wurde, seine Alma Mater der Wissensvermittlung schuf, geben diverse Kultur- und Bildungsprojekte in Berlin Einblick in diese intensive Arbeit. Die Verknüpfungsarbeit erfolgte nach dem Ersten Weltkrieg in Berlin in großem Maßstab.[54] Loewe befand sich nach wie vor dem Krieg im Zentrum der jüdischen Kultur- und Bildungsaktivitäten in Berlin. Der „Hans Dampf in allen Gassen"[55] war Mitinitiator einer ganzen Reihe von Projekten, die sich über seine zentrale Rolle im Aufbauprozess der JNUL und seine Mitherausgeberschaft der „Scripta universitatis atque bibliothecae hierosolymitanarum" (Schriften der Universität und Bibliothek Jerusalem)[56] hinaus als

52 Vgl. Dolev: Academia and Spatial Control, S. 230.

53 Vgl. ebd., S. 233.

54 Über Kultur- und Bildungsinitiativen, um die es in den folgenden Kapiteln gehen soll, hinaus, kann die jüdische Pressearbeit als weiterer Kooperationsbereich gelten. Hier wurden die Grenzen zwischen offensichtlich widerstreitenden politischen Allianzen Anfang des 20. Jahrhunderts weitaus durchlässiger, als dies noch Ende des 19. Jahrhunderts der Fall war. Ein markantes Beispiel ist Loewes Tätigkeit für das *Israelitische Gemeindeblatt* in Köln. Vor der Leser*innenschaft verborgen, füllte er die jüdische Wochenzeitung, die offensichtlich schon im Vorfeld der Redaktionsübernahme durch Loewe enge Beziehungen zum Büro des KKL unterhielt (vgl. etwa KKL an Heinrich Loewe, 04.08.1913. CZA, KKL1/344), unter wechselnden Pseudonymen (Assad, Elbmann) nach 1916 mit zahlreichen Artikeln. Loewes Beiträge, die häufig dezidiert zionistische Themenfelder behandelten, verknüpften sich etwa mit Beiträgen zum CV. Der Leser*innenschaft wurde eine zu diesem Zeitpunkt einzigartige Nachrichtenquelle zur Verfügung gestellt, die teilweise widerstrebende Weltanschauungen nebeneinander setzte (vgl. Heinrich Loewe: Sichronot. Kap. Redaktion und Mitarbeit. CZA, A146/176, S. 14–15). In einem Artikel für das *Israelitische Gemeindeblatt* fasste Loewe 1917 die sich daraus ergebende Vorreiterrolle des Blattes zusammen: „Seit nahezu einem Jahr ist unser Blatt als das erste der Rufer im Streit gewesen, das nach Einigkeit im Gesamtjudentum ruft. Keine Grundanschauung soll aufgegeben werden, sondern unter voller Wahrung aller Grundsätze jeder Partei sollen sie alle die gemeinschaftliche Grundlage gemeinsamer Arbeit für das Gesamtjudentum finden" (Assad [d. i. Heinrich Loewe]: Gemeinsame Arbeit. In: *Israelitisches Gemeindeblatt Köln*, 26.01.1917, S. 2–4, hier S. 4). Als „kritische Synthese" (Assad [d. i. Heinrich Loewe]: Synthese. In: *Israelitisches Gemeindeblatt Köln*, 23.02.1917, S. 2–4, hier S 3) fasste Loewe die zukünftige „positive Arbeit" (ebd., S. 2) für die jüdische Zukunft.

55 Schäfer: Hebräisch im zionistischen Berlin, S. 74.

56 Die Herausgabe der „Scripta", die Loewe mit dem Physiker Immanuel Velikovsky besorgte, ist in Archiven weitläufig dokumentiert. Ein umfangreicher Bestand befindet sich etwa im Archiv des Centrum Judaicum (Sign. 75E, 143). Außerdem besitzt das Archiv der JNUL zahlreiche Akten zum Projekt

Einlösung der von Herzl bereits auf dem 2. Zionistenkongress ausgegebenen Handlungsmaxime der ‚Eroberung der jüdischen Gemeinde' lesen lassen.[57]

In der Diaspora wurde die jüdische Schule, wie von Kurt Blumenfeld auf dem 15. Delegiertentag der ZVfD 1919 propagiert, zum Kernelement der zionistischen Praxis.[58] Den Ausführungen Blumenfelds verlieh Bruno Kirschner fast ein Jahr später Nachdruck. In einem vergleichsweise ausführlichen Leitartikel für die *Jüdische Rundschau* bestimmte er die Schaffung „nationaler Schulen" zum wichtigsten Programmpunkt der zionistischen „Goluspolitik" in Deutschland.[59]

Im Gründungsjahr der JVP wurde in Berlin der Jüdische Schulverein geschaffen. Der Schulverein, zu dessen Hauptinitiatoren Heinrich Loewe gehörte, und die mit ihm assoziierbaren Initiativen waren, aus zionistischer Perspektive betrachtet, Modellprojekte, die dazu beigetragen haben, die jüdische Gemeinschaft Berlins kulturell zu verdichten, sie zu *zionisieren*. Auf Initiative des Schulvereins entstand etwa die „erste moderne hebräische Sprachschule Deutschlands"[60]. Loewe war zudem Gründungsmitglied der Freien Jüdischen Volkshochschule (FJV), die ebenfalls 1919 den Unterrichtsbetrieb aufnahm. Er, den Franz Rosenzweig in einem Brief an seine Eltern 1916 als gern bemühte Integrationsfigur des *ganzen* Judentums vorstellte,[61] später – im Zusammenhang mit der Gründung einer jüdischen Akademie in Berlin – abschätzig als Maulhelden

(Sign. ARC 4 793/213; ARC 4 793/276). Der erste Band, *Orientalia et Judaica*, erschien 1923, der zweite Band, *Mathematica et Physica*, für den Albert Einstein als Herausgeber gewonnen werden konnte, im gleichen Jahr bei Kreysing in Leipzig. Über die Zusammenarbeit mit Loewe gibt es zudem Notizen in den von Velikovsky niedergeschriebenen Erinnerungen *Days and Years* und *Before the Day Breaks* (Immanuel Velikovsky: A Flashback. http://www.varchive.org/bdb/flashback.htm#1 (Zugriff am 21.11.2012); ders.: My Years in Berlin. http://www.varchive.org/dy/berlin.htm (Zugriff am 21.11.2012)).

57 Loewes nunmehr dreißig Jahre andauernder ‚Eroberungsfeldzug', der sich nach dem Ersten Weltkrieg intensivierte, ging mit dem Schreiben von Berlin einher. Als langjähriger Chefredakteur verschiedener zionistischer Blätter hatte er reichlich Erfahrung mit der Produktion von politisch motivierten Großstadtbildern gesammelt (vgl. etwa. S. 158–159) Während des Ersten Weltkriegs unternahm er allerdings eine Expedition in eine für ihn bis dahin fremde Sphäre: Im Auftrag von Preuss' Institut Graphik erarbeitete er einen reich bebilderten Prachtband, der mit dem Gestus eines Reiseführers Berlin und die Mark Brandenburg vorstellt (Heinrich Loewe: *Berlin, Mark Brandenburg und Altmark*. Berlin: Preuss [1919]). Der Autorenvereinbarung folgend (vgl. Preuss' Institut Graphik an Heinrich Loewe, 15.12.1916. CZA, A146/58), die im Dezember 1916 zwischen dem Grafikinstitut und Loewe geschlossen wurde, sollten insgesamt drei Bände entstehen, die Deutschland „mit Ausflug [nach] Tirol-Salzburg" porträtieren.

58 Vgl. Der zionistische Delegiertentag [2]. *Frankfurter Israelitisches Gemeindeblatt*, 10.01.1919, S. 2; Der Deutsche Zionismus am Ende des Ersten Weltkrieges, [26.] Dezember 1918, Protokoll des XV. Delegiertentages der Zionistischen Vereinigung für Deutschland, Berlin, den 25.–27. Dezember 1918, Berlin 1919, S. 76–94. Referat Blumenfelds. In: Reinharz (Hrsg.): *Dokumente zur Geschichte des deutschen Zionismus*, S. 245–254, hier S. 249–251.

59 Bruno Kirschner: Warum brauchen wir die jüdische Schule? In: *Jüdische Rundschau*, 14.11.1919, S. 625–627, hier S. 625.

60 Rachel Perets: Die Vermittlung der hebräischen Sprache in Deutschland vor 1933. In: Brenner (Hrsg.): *Jüdische Sprachen in deutscher Umwelt*, S. 76–84, hier S. 81.

61 Vgl. Franz Rosenzweig an die Eltern, [22.10.1916]. In: *Briefe*, unter Mitw. v. Ernst Simon, ausgew. u. hrsg. v. Edith Rosenzweig. Berlin: Schocken 1935, S. 129–130, hier S. 129.

porträtierte,[62] unterrichtete an der Volkshochschule Jüdische Volkskunde und schöpfte in seinen Vorlesungen aus einem reichhaltigen Fundus an Forschungen und gesammelten folkloristischen Erzählungen, die er seit Beginn der 1910er Jahre publiziert hatte.[63] Ferner wurde Loewe erster Vorsitzender der bibliophilen Soncino-Gesellschaft der Freunde des jüdischen Buches[64]. Bemerkenswert ist in diesem Zusammenhang, dass Loewe, dem „mit Rücksicht auf seine anerkennenswerten wissenschaftlichen Leistungen"[65] am 22. Dezember 1916 der Professorentitel – mitten im Krieg – verliehen wurde, sich nicht nur für die *Zionisierung* des jüdischen Berlins engagierte und an der FJV als Vermittler jüdischen Wissens auftrat, sondern auch zum zentralen Akteur in Projekten firmierte, die weitaus umfassender waren. Das wohl ehrgeizigste dieser Projekte, das aber letztlich scheiterte, war die Gründung einer jüdischen Gartenstadt bei Berlin. Hierbei ging es nicht darum, sich in die urbane Geographie Berlins einzuschreiben, sich bildungspolitisch in die Großstadtlandschaft einzuweben. Vielmehr sollte das auf die von Ebenezer Howard entworfene *Garden City* zurückgehende Siedlungsmodell abseits der Großstadt einen dezidiert jüdischen Raum schaffen.

Stand das Projekt der jüdischen Gartenstadt bei Berlin am Beginn einer Phase der kulturellen Blüte der deutschsprachigen Judenheit, markierte die Machtübernahme Hitlers 1933 deren jähes Ende. Jüdische Kultur gewann zwar „unter der Ägide der Reichsvertretung der deutschen Juden und durch Gremien wie den Jüdischen Kulturbund [...] in gewisser Hinsicht neue Tiefe und Kraft", der von den Nazis erzwungene Weg in ein „soziale[s] und politische[s] Ghetto",[66] der schlussendlich in die Shoah, die Vernichtung der europäischen Judenheit, führte, war allerdings eingeschlagen. Spätestens nach dem Novemberpogrom 1938, bei dem eine Vielzahl von Jüd*innen misshandelt, verschleppt und ermordet, jüdische Geschäfte demoliert und jüdische Zeitungen, Zeitschriften und Kultureinrichtungen verboten wurden,[67] war er unausweichlich. „Das Ende der Illusionen" sei gekommen, titelte die *Jüdische Rundschau* bereits im November 1933. Darüber könne auch der jüdische Diskurs, der Schlagwörter wie

62 Vgl. Franz Rosenzweig an Hedwig Cohn-Vohssen, 07.03.1918. In: Ebd., S. 283–286, hier S. 283. Rosenzweig nahm die Berliner Initiative nicht als Teil eines nachhaltigen Bildungsprogramms wahr, sondern deutete den Aufruf zur Gründung einer Akademie als bloße „Fanfare". Seine skeptische Haltung gegenüber den entstehenden jüdischen Bildungs- und Erziehungsinitiativen setze sich auch Anfang der 1920er Jahre fort. Zu Unrecht, wie Michael Brenner darlegt, bewertete Rosenzweig die Entwicklung der FJV negativ (vgl. Brenner: *Jüdische Kultur in der Weimarer Republik*, S. 105).

63 Vgl. die Loewe-Bibliographie im Anhang.

64 Vgl. Kap. VIII.6.

65 Patent als Professor für den Bibliothekar an der Königlichen Universitätsbibliothek in Berlin, Dr. phil. Heinrich Loewe (UIK Nr. 7658/151), gezeichnet am 22.12.1916 von August von zu Trott Solz. Shaar Zion, Boxnr. 62.

66 Paul Mendes-Flohr: Einführung. In: Ders. / Avraham Barkai: *Deutsch-jüdische Geschichte in der Neuzeit*, Bd. 4: Aufbruch und Zerstörung. 1918–1945. München: Beck 1997, S. 9–14, hier S. 11.

67 Vgl. Ben Barkow / Michael Lenarz / Raphael Gross (Hrsg.): *Novemberpogrom 1938. Die Augenzeugenberichte der Wiener Library, London*. Frankfurt am Main: Jüdischer Verlag 2008.

„Erneuerung und Intensivierung" nach dem Regimewechsel einführte, und die „paar mehr Veranstaltungen" nicht hinwegtäuschen.[68]

Als Beamter war Loewe – wie der Sozialdemokrat und damalige Direktor der Universitätsbibliothek Rudolf Hoecker[69] – direkt von dem am 7. April 1933 erlassenen *Gesetz zur Wiederherstellung des Berufsbeamtentums*[70] betroffen und wurde von der Leitung der Universität in den ‚Ruhestand' versetzt. Loewe war zuletzt als Bibliotheksrat an der Universitätsbibliothek tätig, hatte sogar Ambitionen, in der Verwaltungshierarchie der Einrichtung aufzusteigen. Während er sich mit seinem Anliegen, für den Posten des stellvertretenden Direktors in Erwägung gezogen zu werden, noch im Januar 1933 direkt an den Leiter der Staatsbibliothek und Vorsitzenden des Preußischen Beirats für Bibliotheksangelegenheiten, Hugo Andres Krüss, wandte,[71] der später zu den Unterzeichnern des im *Völkischen Beobachter* erschienenen Aufrufs „Deutsche Wissenschaftler hinter Adolf Hitler"[72] und als „Kommissar für die Sicherung der Bibliotheken und die Betreuung des Bücherguts im westlichen Operationsgebiet" zu den zentralen Akteuren des nazistischen Buchraubs während des 2. Weltkriegs zählte,[73] musste Loewe nur knapp fünf Monate später einen Fragebogen zur Erfassung seiner Biographie ausfüllen,

68 K. L.: Zur Lage des deutschen Judentums. Das Ende der Illusionen. In: *Jüdische Rundschau*, 28.11.1933, S. 864. Eindrucksvoll und sehr persönlich ist das Leben von Jüd*innen nach 1933 bspw. geschildert in Hazel Rosenstrauch (Hrsg.): *Aus Nachbarn wurden Juden. Ausgrenzung und Selbstbehauptung 1933–1942.* Berlin: Transit 1988.

69 Rudolf Hoecker wurde nach Inkrafttreten des Berufsbeamtengesetzes allerdings nur vorübergehend in den Ruhestand versetzt, 1936 auf Bibliotheksrat zurückgestuft und an die Bibliothek der Technischen Hochschule (TU) als einfacher Fachreferent zwangsversetzt. Die Nachfolge Hoeckers an der Universitätsbibliothek trat Gustav Abb an. Abb, 1937 auf dem Deutschen Bibliothekarstag als erstes Mitglied der NSDAP zum Vorsitzenden des Vereins deutscher Bibliothekare gewählt (Yorck Alexander Haase: Die Bibliothekarstage in der Zeit des Nationalsozialismus. In: Engelbert Plassmann / Ludger Syré (Hrsg.): *Verein Deutscher Bibliothekare 1900–2000. Festschrift.* Wiesbaden: Harrassowitz 2000, S. 81–100, hier S. 93), war ab 1940 Leiter der Hauptverwaltung der Bibliotheken im Generalgouvernement Polen und Direktor der Universitätsbibliothek Krakau (Michael Labach: Der VDB während des Nationalsozialismus. In: Ebd., S. 59–80, hier S. 59). Er wurde am 22. Juni 1941 – einen Tag nach dem Überfall auf die Sowjetunion – vom Reichsministerium für Wissenschaft, Erziehung und Volksbildung, vergleichbar Krüss, zum Kommissar für die Sicherung der Bibliotheken und Betreuung des Buchgutes im östlichen Operationsgebiet ernannt (vgl. Ulrike Hartung: *Verschleppt und verschollen. Eine Dokumentation deutscher, sowjetischer und amerikanischer Akten zum NS-Kunstraub in der Sowjetunion (1941–1948).* Bremen: Temmen 2000, S. 30, Anm. 16).

70 Gesetz zur Wiederherstellung des Berufsbeamtentums vom 7. April 1933. In: Arno Buschmann (Hrsg.): *Nationalsozialistische Weltanschauung und Gesetzgebung 1933–1945*, Bd. 2: Dokumentation einer Entwicklung. Wien: Springer 2000, S. 49–55. Hierzu auch Cornelia Wegeler: *„... wir sagen ab der internationalen Gelehrtenrepublik".* Altertumswissenschaft und Nationalsozialismus. Das Göttinger Institut für Altertumskunde 1921–1962. Köln / Weimar / Wien: Böhlau 1996, S. 125–127.

71 Vgl. Heinrich Loewe an den Vorsitzenden des Preußischen Beirats für Bibliotheksangelegenheiten, Hugo Andres Krüss, 12.01.1933. Shaar Zion, Boxnr. 62.

72 Deutsche Wissenschaftler hinter Adolf Hitler. In: *Völkischer Beobachter. Berliner Ausgabe / Ausgabe A*, 19./20.08.1934, S. 2.

73 Vgl. Gerd Simon: Chronologie Krüss, Hugo Andres. http://homepages.uni-tuebingen.de/gerd.simon/ChrKruess.pdf (Zugriff am 21.11.2012). Zum Bücherraub der Nazis vgl. Erich Bödeker / Gerd-Josef Bötte (Hrsg.): *NS-Raubgut, Reichstauschstelle und Preußische Staatsbibliothek. Vorträge des Berliner Symposiums am 3. und 4. Mai 2007.* München: Saur 2008.

der die Grundlage für die Entscheidung über seinen Verbleib im Beamtendienst darstellte. Hierin vermerkte Loewe selbstbewusst „Ich bin Jude“[74].

Gegen Loewe wurde schon im Vorfeld der schriftlichen Befragung ein Disziplinarverfahren eingeleitet. Ausgangspunkt des Verfahrens war die Denunziation durch einen Kollegen. Ein gewisser Werner Rust, der sich in dem „parteiamtlichen Bericht“[75] als Bibliotheksrat und Mitglied der NS-Beamtenarbeitsgemeinschaft vorstellte,[76] reichte unmittelbar nach Inkrafttreten des Berufsbeamtengesetzes einen Bericht über Loewes politische Anschauung ein. Seine Ausführungen stützte er auf persönliche Gespräche mit Loewe, die er im März 1933 geführt habe. Rust monierte, dass Loewe seit Beginn seiner Dienstzeit das Ausnahmerecht der Befreiung von schriftlichen Arbeiten an Sonnabenden genieße und ferner seit seiner „endgiltigen Uebernahme in den preußischen Dienst bis Frühjahr 1931 [...] überhaupt dem Sonnabenddienst fern“[77] bliebe. Weiter notierte der parteiamtliche Berichterstatter, dass Loewe aufgrund dieser Ausnahmeregelung zwar unter der Woche statt erst um 9.00 Uhr morgens bereits um 8.00 Uhr seine Arbeit beginne, sich daraus allerdings eine Stunde weniger im Arbeitsplan Loewes im Vergleich zu den anderen Bibliothekaren ergebe. Auf die Frage, wie Loewe verfahre, wenn an ihn herangetragen würde, ebenfalls am Samstag zu arbeiten, habe Loewe gemeint, er als frommer Jude würde sein Abschiedsgesuch einreichen. Auch berichtete Rust von politisch abweichendem Verhalten Loewes: Im März 1933 habe Loewe Rust gegenüber geäußert: „Es wäre in Deutschland Pogrom“[78], zudem hätte er sich als Zionist und SPD-Wähler zu erkennen gegeben, revidierte dies allerdings später.

Loewe hatte die sich in Berlin verändernden Verhältnisse, insbesondere die Radikalisierung, jene steigende Gewaltbereitschaft der Nazis, im Blick, er war zudem keinesfalls naiv, was die zunehmende Ausdehnung nationalsozialistischer Wirkungsbereiche im öffentlichen und privaten Leben sowie deren politischen Machtzuwachs betraf: Anlässlich der Eröffnung des Reichstages am 13. Oktober 1930 – die NSDAP erhielt bei den Wahlen 18,3 % der Stimmen und war damit zweitstärkste Fraktion im Parlament hinter der SPD – kam es zu antisemitischen Ausschreitungen. Nachdem die Polizei eine Demonstration von 4.000 bis 5.000 Menschen, die sich am Reichstag versammelt hatten, aufgelöst hatte, zogen Gruppen aus der Menge in angrenzende Straßen sowie auf

74 Heinrich Loewe: Fragebogen zur Durchführung des Gesetzes zur Wiederherstellung des Berufsbeamtentums vom 7. April 1933 (Reichsgesetz. I 175), 04.07.1933. Archiv der Humboldt-Universität zu Berlin, UK-P L199, Bd. 2, Bl. 51–52R.

75 Werner Rust: Parteiamtlicher Bericht, 27.04.1933. Archiv der Humboldt-Universität zu Berlin, UK-P L199, Bd. 2, Bl. 42–43.

76 Rust war Abteilungsleiter und stellvertretender Direktor der Deutschen Bücherei in Leipzig, ein „richtiger“ Nationalsozialist und Träger des von Hitler am 9. November 1933 eingeführten „Goldenen Parteiabzeichens – der dritthöchsten Auszeichnung der NSDAP“ (Walter Gebhardt: Georg Leyh 1877–1977. In: *Zeitschrift für Bibliothekswesen und Bibliographie* 24 (1977), S. 209–244, hier S. 218).

77 Rust: Parteiamtlicher Bericht, Bl. 42.

78 Ebd.

angrenzende Plätze, um die Schaufenster von größtenteils jüdischen Geschäften und Kaufhäusern mit Steinen zu zerstören und Besucher*innen von jüdischen Cafés und Restaurants anzugreifen.[79] In Anbetracht der Tatsache, dass die Presse die Rolle des militanten Antisemitismus in ihrer Berichterstattung herunterspielte,[80] setzte Loewe zu einem Bericht an, dessen Veröffentlichung der Herausgeber der *Leipziger Jüdischen Presse*, Simon Klughaupt, mit folgender Begründung ablehnte:

> Die Veröffentlichung dieser Arbeit würde gegen unsere Richtlinien verstossen, wonach wir politische Artikel, insbesondere solche gegen den Nationalizmus [*sic*] nicht veröffentlichen. Unsere Zeitung soll eine jüdische Familienzeitung sein, keinerlei Politik treiben [...].[81]

Weitere Versuche, den Beitrag mit dem Titel „Berliner Schaufenster" anderweitig zu veröffentlichen, unternahm Loewe offensichtlich nicht. So blieb seine wütende Abrechnung mit dem Nationalsozialismus und seinen Wähler*innen in Deutschland, die ihm die Nazis später durchaus als ‚Straftat' hätten vorwerfen können, im Verborgenen. Mit geschärftem Blick für das Bedrohungspotential, das schon in den Weimarer Jahren von den Nazis ausging,[82] schrieb Loewe 1930, die Entwicklungen der kommenden Jahre vorausahnend:

> Die Reichstagseröffnung diente diesmal dazu, wohlorganisierte Strassenkrawalle in Berlin zu machen. Man hatte die Vorbereitungen sehr sorgfältig getroffen. Man hatte Steine gesammelt, um Steine zu werfen. Die Organisatoren haben vorher genau studiert, welche jüdischen Geschäfte auf dem Weg vom Potsdamer Platz nach der Friedrichstrasse hin in der Leipzigerstrasse liegen. Es sind jüdische Geschäfte betroffen. Auch zwei nicht jüdische Geschäftshäuser sind dabei. Diese hatten auf eine vorherige Anfrage von nationalsozialistischer Seite, ob ihre Inhaber Juden seien, es nicht für nötig gehalten, zu antworten. Infolgedessen wurden sie für Juden gehalten und als solche behandelt. Der Sturm auf das jüdische Bürgerkaffee war ebenfalls gut vorbereitet. Ausser ihnen und dem Wertheimschen

79 Ausführlich zu Chronologie der Ereignisse vgl. Thomas Friedrich: *Hitler's Berlin. Abused City*. New Haven / London: Yale UP 2012, S. 186–191 (Kap. „Antisemitic Riots Mark the Opening of the Reichstag").

80 Vgl. ebd., S. 191.

81 Simon Klughaupt an Heinrich Loewe, 30.10.1930. CZA, A146/71.

82 Die Ausschreitungen von 1930 reihten sich in eine lange Reihe von antisemitischen Gewalttaten in Berlin ein, die 1931 im sogenannten Kurfürstendamm-Krawall gipfelten (vgl. Walter: *Antisemitische Kriminalität und Gewalt*, S. 211–221 (Kap. „Der Kurfürstendammkrawall vom 12. September 1931"). Zu erwähnen wären hier ferner der Mord an Walther Rathenau (1922), das Scheunenviertel-Pogrom (1923) und nicht zuletzt hunderte Schändungen jüdischer Friedhöfe im gesamten Staatsgebiet. „Im Vergleich zur Vorkriegszeit [...] verschärften sich aktionistische, antisemitische Aktivitäten deutlich. Offene Gewalt gegen Juden (Straßenkrawalle, Überfälle, Geiselnahmen und Terroranschläge geriet in der frühen Weimarer Republik zu einem zentralen Element der ‚Straßenpolitik'", fasst Jochen Oltmer die Situation zusammen (ders.: *Migration und Politik in der Weimarer Republik*. Göttingen: Vandenhoeck & Ruprecht 2005, S. 252).

Warenhause, das im Besitze getaufter Juden ist, die aber in der Oeffentlichkeit immer noch für Juden gelten, hat man nichtjüdische Geschäfte auf dem Weg sorgfältig vermieden, um sich immer nur gegen die grösseren jüdischen Läden zu wenden.
Es ist eine Lüge zu behaupten, dass Kommunisten an diesen Krawallen beteiligt seien, dieselbe Lüge wie sie damals von deutschen Antisemiten in die Welt geschrieben wurde, als die Pogrome in Kischinew und Homel der Welt zeigten, wie hoch die russisch-zaristische Kultur stand. Damals wurde in Deutschland zusammengelogen, die Juden hätten auf die christliche Bevölkerung Angriffe gemacht und dabei seien schliesslich auch einige Juden durch die Gegenwehr der christlichen Bevölkerung zu Schaden gekommen. Im Prinzip ist es seit nahezu zwei Jahrtausenden ja immer dieselbe Methode, anzugreifen, zu morden, zu plündern und sich in dem Schafspelz duldender Unschuld zu hüllen.
[...]
Eine ganz falscher Trost wäre es, dass die Millionen, die nationalsozialistisch gewählt hätten, nicht gewußt hätten, was sie taten, nicht dem Parteiprogramm zugestimmt, sondern nur ihrer allgemeinen Unzufriedenheit mit den heutigen Zuständen Ausdruck verliehen hätten. Selbst wenn die meisten nur urteilslose Mitläufer wären, so ist doch die Tatsache vorhanden, dass diese Millionen von Wählern den gewählten Drahtziehern die Vollmacht und auch die Macht gegeben haben, ihr Programm in die Wege zu leiten. Und welches Programm dies ist, dafür zeugt die Vorübung, die am Montag in der Leipziger Strasse abgehalten wurde. Es war eines der Uebungsmanöver für den planmäßigen Kampf. Es war ein Versuch, wie weit man mit dieser Taktik gut gehen könne.
Und diese[s] Programm ist nicht bloss Theorie. Das national-sozialistische Programm besagt deutlich, dass kein Jude Staatsbürger sein darf, und zwar entscheidet die Abstammung. Das kann man so schroff nicht durchführen. Denn ein grosser Teil der Parteiangehörigen und erst recht der deutschnationalen Wähler ist jüdischer Abstammung. Am meisten ist das bei ihren Zeitungsschreibern der Fall.
Aber diese ehemaligen Juden und ihre Nachkommen geben sich nicht zu erkennen, und man wird nicht nach ihnen suchen. Die einheimischen Juden sollen unter Fremdengesetz gestellt werden. Ausländische Juden soll man vertreiben. Juden und Judenstämmlinge[n] wird verboten, an der deutschen Presse und an der Literatur mitzuwirken. Grotesk ist es, zu verlangen, dass Zeitungen von Juden und für Juden nur in der hebräischen Sprache erscheinen sollen, in deutscher Sprache nicht erscheinen dürfen. Ausserdem hat die Partei zwar auch Forderungen aufgestellt, die auf dem Gebiete der Wirtschaft liegen. Aber diese Forderungen sind so fern von den allereinfachsten Elementen jeder Volkswirtschaft, dass sie niemals diskutiert und am allerwenigsten realisiert werden können. Das einzige Stück des nationalsozialistischen Programms, das eben durchführbar wäre, ist der handgreifliche Antisemitismus und die gesetzliche Judenverfolgung. Hierzu haben Wähler in einer solchen Zahl die Zustimmung und Vollmacht erteilt, dass auf jede jüdische Seele in Deutschland nicht weniger als sieben nationalsozialistische Stimmen abgegeben wurden.[83]

83 Heinrich Loewe: Sichronot. Kap. Berliner Schaufenster. CZA, A146/71, S. 1–3.

In einem Brief des Verwaltungsdirektors der Friedrich-Wilhelms-Universität an das zuständige Ministerium wurde Loewe 1933 zwar keine politisch motivierte Straftat vorgeworfen, da das Gespräch zwischen Rust und Loewe vor Inkrafttreten der *Verordnungen des Reichspräsidenten zur Abwehr heimtückischer Angriffe gegen die Regierung zur nationalen Erhebung* stattfand.[84] Allerdings wurde eine Beurlaubung empfohlen, die dann tatsächlich am 18. Mai – acht Tage, nachdem bei der „Aktion wider den undeutschen Geist" Bücher in Deutschland verbrannt wurden –, vom „Herrn Minister" Bernhard Rust[85] veranlasst, in Kraft trat und die Entlassung Loewes bedeutete. Diese Farce beendete Loewes berufliche Existenz in Deutschland. Er schloss am 16. Juni mit diesem Teil seines Lebens ab: „Der Ueberbringer dieses Schreibens", adressierte er an die Leitung der Universitätsbibliothek, „hat gemäss dem telefonischen Gespräch den Auftrag, die mir gehörigen Bücher und Sachen anzunehmen und mir zu verbringen".[86] Leise verabschiedete die *Jüdische Rundschau* stellvertretend für das deutsche zionistische Kollektiv seinen „alten Mitkämpfer"[87] am 4. Juli 1933, kurz bevor Loewe und seine Familie nach Tel Aviv emigrierten.

2. Exkurs *in die Peripherie* – Großstadt und Gartenstadt

Das Projekt einer jüdischen Gartenstadt bei Berlin wurde erstmals 1917 in der Öffentlichkeit sichtbar. Die sogenannte Gartenstadtbewegung hatte sich durch die Gründung der Deutschen Gartenstadt-Gesellschaft – zu deren Gründungsmitgliedern im

84 Vgl. Verwaltungsdirektor bei der Friedrich-Wilhelms-Universität (d. i. Rudolf Hoecker) an den Minister für Wissenschaft, Kunst und Volksbildung, 02.05.1933. Archiv der Humboldt-Universität zu Berlin, UK-P L199, Bd. 2, Bl. 46–46R.

85 Bernhard Rust – nicht zu verwechseln mit Werner Rust – trat als Reichsminister am 2. Februar 1933 die Nachfolge von Wilhelm Kähler an. Seit 1934 war er zudem Reichserziehungsminister. 1938 widmete sich Erika Mann in ihrem im Original unter dem Titel *Die Schule der Barbaren* erschienenen Buch dem Rust'schen Erziehungssystem (vgl. Erika Mann: *Zehn Millionen Kinder. Die Erziehung der Jugend im Dritten Reich.* München: Neues Leben 1988). Im gleichen Jahr legte Rust seine Vorstellung vom totalitären, auf nationalsozialistischer Ideologie gründenden Erziehungssystem im *Reichsministerialblatt „Wissenschaft, Erziehung und Volksbildung"* dar (vgl. Bernhard Rust: Grundlagen der Erziehung. In: *Führung und Verführung. Pädagogik des Nationalsozialismus. Eine Quellensammlung*, hrsg. v. Hans-Jochen Gamm. Frankfurt am Main / New York: Campus 1984, S. 127–130). Hier heißt es etwa: „Aufgabe der deutschen Schule ist es darum, Menschen zu erziehen, die in echter Hingabe an Volk und Führer fähig sind, ein deutsches Leben zu führen, ihre geistigen Kräfte zu entfalten und zur höchsten Leistungsfähigkeit zu entwickeln, damit sie an ihrer Stelle die Aufgaben meistern, die Deutschland gestellt sind." (Ebd., S. 129.) Vgl. zu Bernhard Rust auch Ulf Pedersen: *Bernhard Rust. Ein nationalsozialistischer Bildungspolitiker vor dem Hintergrund seiner Zeit.* Braunschweig: Gifhorn 1993. Zur nazistischen Erziehung ferner die Beiträge in Klaus-Peter Horn / Jörg-W. Link (Hrsg.): *Erziehungsverhältnisse im Nationalsozialismus. Totaler Anspruch und Erziehungswirklichkeit.* Bad Heilbrunn: Klinkhardt 2011.

86 Heinrich Loewe an Universitätsbibliothek Berlin, 16.06.1933. Archiv der Humboldt-Universität zu Berlin, UK-P L199, Bd. 1, Bl. 410.

87 Professor Heinrich Loewe nach Tel-Awiw berufen. In: *Jüdische Rundschau*, 04.07.1933, S. 303.

Übrigen auch der zionistische Aktivist und ‚Freiland'[88]-Anhänger Franz Oppenheimer zählte – bereits kurz nach der Jahrhundertwende im Deutschen Reich institutionalisiert. Davis Trietsch, der seit 1905 umfangreich zum Verhältnis von Gartenstadt und zionistischer ‚Kolonisation' publizierte,[89] blieb es in der Ausgabe der *Jüdischen Rundschau* vom 22. Juni 1917 vorbehalten, dem Lesepublikum den theoretischen Rahmen der Gartenstadt als „Konzentrationsform"[90] zu skizzieren. Trietsch, der die Siedlungsform Gartenstadt als „Antithese zu den engen verschmutzten Ghettos in Osteuropa"[91] begriff, deutete die Qualität des neuartigen „Industriedorfs"[92] nur an, das Loewe im Folgenden mit Bildern anreicherte. Eine Vision entstand während des Kriegs – eine Vision, die eines antiurbanen Gestus, wie er sich auch in den Memoiren Loewes findet, nicht entbehrte.[93]

Hier und in den folgenden Beiträgen zur jüdischen Gartenstadt bei Berlin wurde diese als alternative Lebenswelt zur Großstadt entworfen. Sie erscheint als das die moderne Stadt konterkarierende Modell, als in dieser Hinsicht widerständiges, vor allen Dingen einheitliches Territorium jüdischer Kultur im Grenzraum zwischen Stadt und Land. Diese Hinwendung zum Suburbanen war keine Ausnahmeerscheinung in den ersten Jahrzehnten des 20. Jahrhunderts. Private Stadtrandsiedlungen, die wie die projektierte jüdische Gartenstadt ökonomisch und kulturell an die Großstadt gebunden blieben, waren zwar um die Jahrhundertwende in Berlin noch Einzelfälle, bis 1932 jedoch machten sie etwas mehr als 1/6 der großstädtischen Gesamtfläche aus.[94] „[Wir] wollen kein neues Ghetto schaffen," heißt es 1918 in einem Dokument der jüdischen Gartenstadtaktivist*innen, „sondern wollen Hand in Hand mit gleich strebenden Organisationen unserer nicht jüdischen Mitbürger unsere berechtigten Sonderziele verfolgen."[95] Jene, die sich, ihrer Finanzkraft entsprechend, auf verschiedene zur „Abschließung

88 Vgl. Ulrich E. Bach: Seeking Emptiness. Theodor Hertzka's Colonial Utopia Freiland (1890). In: *Utopian Studies* 22 (2011), S. 74–90.

89 Vgl. Ines Sonder: *Gartenstädte für Erez Israel. Zionistische Stadtplanungsvisionen von Theodor Herzl bis Richard Kauffmann*. Hildesheim / New York / Zürich: Olms 2005, S. 44–51 (Kap. „Davis Trietsch: ‚Die Gartenstadt' (1905) und andere Schriften zur jüdischen Gartenstadtkolonisation").

90 Heinrich Loewe / Davis Trietsch: Ein Projekt als Anregung. In: *Jüdische Rundschau*, 22.06.1917, S. 208–210, hier S. 208.

91 Klaus Hillenbrand: Ägypten, Zypern, Ostafrika? In: *taz*, 13.05.2006, S. 1001–1003.

92 Trietsch / Loewe: Ein Projekt als Anregung, S. 209.

93 Vgl. S. 65–66.

94 Gerd Kuhn: „Wildes" Siedeln und „stille" Suburbanisierung. Von den Wohnlauben zu den privaten Stadtrandsiedlungen. In: Alena Janatková / Hanna Kozińska-Witt (Hrsg.): *Wohnen in der Großstadt 1900–1939. Wohnsituation und Modernisierung im europäischen Vergleich*. Stuttgart: Steiner 2006, S. 111–132, hier S. 113.

95 Entwurf eines Zirkulars [Jüdische Gartenstadt bei Berlin], [1918]. Shaar Zion, Boxnr. 58.

tendierenden"[96] Stadtbezirke verteilten, sollten in der jüdischen Gartenstadt bei Berlin zusammengeführt werden: ‚Heimstätten' für die aus dem Krieg zurückkehrenden jüdischen Soldaten, „hygienisch einwandfreie kleine Wohnungen" für die jüdischen Arbeiter*innen, die in Berliner Mietskasernen oder, wie Klara Eschelbacher 1920 mit Blick auf das aus Osteuropa emigrierte Proletariat berichtete, „in kleinen stinkenden"[97] Herbergszimmern und an Bahnhöfen ‚hausen', Eigenheime für den jüdischen Mittelstand und nicht zuletzt die „Week-end Kolonie nach englischem Muster" für die Kreise „des besser situierten Publikums".[98]

Loewe und seine Mitstreiter*innen waren freilich nicht die Einzigen, die im sozialreformistischen Stil gegen die Großstadt schrieben. Kurz vor dem Aufflackern des Gartenstadtprojekts in der Öffentlichkeit widmete sich etwa der expressionistische Essayist Alfred Lemm (eigentlich Alfred Lehmann) in der von Martin Buber und Salman Schocken begründeten Zeitschrift *Der Jude*, einen expliziten Verweis auf George Grosz setzend,[99] der „Groszstadtunkultur"[100]. Kurz vor seinem Tod, 1918, hatte er zudem mit seiner „Siedlung neben der Stadt"[101] einen dem jüdischen Gartenstadtprojekt vergleichbaren Entwurf vorgelegt. Lemms Kritik der Großstadt, die er als „Zerstörerin des jüdischen Volkstums"[102] darstellte und in eine allgemeine Kritik am Fortschrittsglauben einbettete, gehört wohl (neben dem von Joachim Schlör vorgestellten Text von

96 Andreas Wirsching: *Vom Weltkrieg zum Bürgerkrieg? Politischer Extremismus in Deutschland und Frankreich 1918–1933/39. Berlin und Paris im Vergleich.* München: Oldenbourg 1999, S. 141.

97 Klara Eschelbacher: Die Wohnungsfrage. In: *Neue Jüdische Monatshefte* 4,11/12 (1920), S. 255–261, hier S. 260. Zum Bericht von Eschelbacher vgl. auch Schlör: *Das Ich der Stadt*, S. 111–112.

98 Entwurf eines Zirkulars [Jüdische Gartenstadt bei Berlin]. Shaar Zion, Boxnr. 58.

99 Zur modernen Metropole bei George Grosz vor und während der Kriegsjahre vgl. Beth Irwin Lewis: Lustmord: Inside the Windows of the Metropolis. In: Charles Werner Haxthausen / Heidrun Suhr (Hrsg.): *Berlin. Culture and Metropolis.* Minneapolis: University of Minnesota Press 1990, S. 111–140.

100 Alfred Lemm: Groszstadtunkultur und Juden. In: *Der Jude* 1,5 (1916/17), S. 319–326. Es ist davon auszugehen, dass „sz" statt „ß" in „Groszstadtunkultur" kein Versehen war.

101 Vgl. Florian Sendtner: „Phantastisch bis zum Vertrackten". Der unbekannte expressionistische Schriftsteller Alfred Lemm (1889–1918). In: *Menorah* 6 (1995), S. 181–198. Auf Lemms Entwurf, den er in der unveröffentlichten und als verschollen geltenden Schrift *Vom neuen Lebensstil und seiner Verwirklichung in der Siedlung bei der Stadt* niederlegte, bezog sich bspw. auch sein Bruder Siegfried Lehmann, der 1916 einer der Hauptinitiatoren der Gründung des Jüdischen Volksheims im Scheunenviertel war. Lehmann, später Direktor des Jugenddorfs Ben Shemen, rekurrierte im Rahmen seiner Überlegungen zu einem Ort für die jüdische Jugendgemeinschaft schon 1918 auf das Konzept seines Bruders: „Diese vorläufig nur in den Ferien bestehende Siedlung könnte später nach dem Projekt von Alfred Lemm zu der ‚Siedlung neben der Stadt' ausgebaut werden, einem Wohnort der nationalen Jugend unserer Richtung, denen eine Abwanderung nach Palästina aus irgend welchen Gründen nicht möglich ist." (Siegfried Lehmann: Notwendigkeit der neuen Gemeinschaft. Beitrag zum Programm einer neuen jüdischen Jugendgemeinschaft [1]. In: *Jerubbaal* 1 (1918/1919), S. 85–91, hier S. 90.) Zu Siegfried Lehmann und seinem Engagement für das Volksheim in Berlin, das Kinderhaus in Kowno und das Kinder- und Jugenddorf Ben Shemen vgl. Dajena Schlöffel: *Aus dem Scheunenviertel ins Heilige Land – Idee und Alltag zionistischer Erziehung bei Siegfried Lehmann im Spiegel dreier Einrichtungen.* Magisterarbeit, Philosophischen Fakultät der Universität Potsdam 2009.

102 Schlör: *Das Ich der Stadt*, S. 275–282 (Kap. „Die Großstadt als ‚Zerstörerin des jüdischen Volkstums'").

Jakob Wassermann, in welchem der Autor seine Begegnungen mit Wien schildert)[103] zu den energischsten Verneinungen des großstädtischen Lebens; die Stadt geriert sich ihm als Ort des grenzenlosen zwischenmenschlichen Wettstreits, der Unfreiheit, des Anrüchigen, der Täuschung, der Hast, der Egomanie, des Narzissmus, des übersteigerten Geltungsbedürfnisses der ‚Vereinzelten', der Unzuverlässigkeit:

> Die Verschiebung des Schwerpunktes vom schlichten Willen, das Wesen zu erfüllen, auf das Reüssieren – die Pointe – erhielt hervorragende Unterstützung vom intensiven Lebenskampf. In dieser heißen Atmosphäre des Einanderübertrumpfens, in die mit spekulierender Erwartung immer noch und immer noch ein Höhenrekord hineingeworfen wird; auf diesem Markt auf Tod und Leben, der ohne Selbstbeschränkung losgelassen, sich ins grotesk Verzogene steigert, wird auf eine Seite, auf die des Gelingens und Sichdurchsetzens hin gearbeitet, und es werden jene Hirnkräfte noch mehr gewetzt, welche an den Erfolgen besonders teil hatten.
>
> Die Pointe hat in der Großstadt ihre engere Heimat. Die Anhäufung der Menschen drängt diese dazu, ihre Handlungen aufeinander einzustellen, statt sie unabgelenkt nach der vom Selbst empfundenen Notwendigkeit auszuführen. Die Frauen in den Straßen, deren Häuser lediglich für den Mietzins gebaut sind, tragen ihre Kleider und ihre Schritte zur Schau. Die Männer haben statt des unbeobachteten Zuhausegesichts ihr Ausgehgesicht aufgesetzt, das mit Rücksicht auf die anderen Straßenbegeher frisiert ist. Man tut, als ob man es sehr eilig hätte – das macht das eigene Leben wichtiger. Man tut, als ob man seine Bekannten nicht sehe – das gibt Überlegenheit. Der Fluch des Geschehenwerdens liegt über den Städten. Die Sprache jedes Einzelnen erhält den Einschlag nach der Richtung der Wirkung: unehrliche Zuspitzung zum Zweck des Beifalls. Der „Witz auf jeden Fall" wird erblich. Die hohe Öffentlichkeit kann sich nirgends beherrschen, der lukrativen Verführung, dem Wort zu folgen, diesen gefährlichen Zeichen-Mitteln zum Ausdruck. Eine unerreicht vollendete Wortkultur baute die Eitelkeit des Treffens in den Büchern aus. Auf der Genugtuung des Gutsagens, nicht auf dem Willen zu sagen, liegt das Schwergewicht. Der Fluch des Gehörtwerdens liegt über der Stadt. Und wie dieser Schlagwortliteratur entglitt der ganzen Epoche das eigentliche Wesen.[104]

Die Kritik der Großstadt ist dem Gartenstadtprojekt von Anfang an inhärent. Sie ist eines der Leitmotive der propagandistischen Texte, die im Zusammenhang mit der geplanten Gründung der Gartenstadt entstanden. Am deutlichsten tritt sie in einem Aufruf zu Tage, der Mitte Januar 1918 in der *Jüdischen Rundschau* abgedruckt und wohl auch als Flugblatt zirkuliert wurde. Zur Pathologie der Großstadt, die von Alfred Lemm beispielhaft in oben zitiertem Abschnitt skizziert wurde, treten hier weitere Großstadtbilder hinzu, die das Verhältnis von Judentum und Großstadt reflektieren

103 Schlör: *Das Ich der Stadt*, S. 282–283.
104 Lemm: Groszstadtunkultur und Juden, S. 320.

und mit der ‚Flucht' in die Gartenstadt einen Weg aus der vermeintlichen Krise des urbanisierten Judentums vorführten. Offensichtlich für das großstädtische jüdische Lesepublikum geschrieben, konstruiert der Text einen Antagonismus zwischen Natur und Großstadt. Während Erstgenannte der Jugend „den goldenen Schimmer verleiht", ‚degeneriert' Letztgenannte die heranwachsende Generation. Im „Trubel der Großstadt"[105], so der Aufruf, versinke das Judentum. Aus religionspraktischer und ökonomiekritischer Perspektive stellte eine zweiteilige Artikelserie in *Der Israelit* die Vorzüge der Gartenstadt vor. Das Konzept der ‚Ackerstadt' Carl Ballods rezipierend, der dieses 1918 in seiner Schrift *Die Ackerstadt und die städtische Selbstversorgung*[106] dargelegt hatte, wird hier die „Gefahr" betont, die von der von Walther Rathenau vorausgesagten Entwicklung des Wirtschaftssystems hin zu einer „durch und durch planmäßig rationalisierte[n] Gesamtwirtschaft an [...] Stelle der ungeregelten, zersplitterten Einzelinitiative"[107] für den Shabbat ausgehe. Die Ackerstadt resp. die Gartenstadt wird im Beitrag als ‚recycelte' Idee vorgestellt, als „Modernisierung uralten jüdischen Besitzes"[108], die diesem „Grundpfeiler der jüdischen Lebensheiligung und Gesetzestreue" den geeigneten Raum geben könne, dar, indem sie, dem „unheilvollen Drängen in die Großstadt"[109] entgegenwirkend, die wirtschaftlichen Bedingungen schaffe, um den Shabbat zu halten. Thoratreue Kreise hätten sich demnach an der jüdischen Initiative zu beteiligen.[110]

Auch Loewe, der das Narrativ der Gartenstadt an den zionistischen Diskurs anlehnte und die jüdische Siedlung bei Berlin nicht als Endstation in der Galut, sondern als Passage auf dem Weg nach Palästina beschrieb, modellierte diese als positiv besetzen *Gegen*ort der Großstadt. Er führte dem Lesepublikum die Gartenstadt als ‚Heilmittel' der vermeintlichen Pathologie der Großstadt vor. Ein von tatkräftigen Jüd*innen bevölkerter, (nicht nur) hebräischer Mikrokosmos sollte vor den Toren Berlins entstehen, ein Ort der „jüdischen Volksgesundheit", ein Ort moderner jüdischer Kultur und der jüdischen Freiheit, den Loewe als Hommage an die Stadt am Mittelmeer als „Tel Abib [*sic*] bei Berlin"[111] konstruiert. Die Vorzüge der als Vorstadt konzipierten Siedlung differenzierte er aus: Gute Anbindung an den Arbeitsplatz in der nahegelegenen Großstadt,

105 Joseph Loewy: Zum Projekt einer jüdischen Gartenstadt. In: *Jüdische Rundschau*, 18.01.1918, S. 19–20.

106 Carl Ballod: *Die Ackerstadt und die städtische Selbstversorgung*. Berlin: Welt 1918.

107 Ackerstadt und Gartenstadt I. Das Ackerstadtproblem und der Sabbat. In: *Der Israelit*, 31.01.1918, S. 1–2, hier S. 1. Zu Rathenaus Wirtschaftstheorie vgl. Walther Rathenau: *Die neue Wirtschaft*. Berlin: Fischer 1918; ders.: *Von kommenden Dingen*. Berlin: Fischer 1917.

108 Ackerstadt und Gartenstadt I, S. 1.

109 Ebd., S. 2.

110 Vgl. Ackerstadt und Gartenstadt II. Eine jüdische Gartenstadt. In: *Der Israelit*, 07.02.1918, S. 1.

111 Loewe / Trietsch: Ein Projekt als Anregung, S. 209–210.

gesundheitsfördernde frische Luft, ein – und dies ist der wichtigste Punkt in Loewes Abhandlung – „jüdisches Milieu", kein Ghetto, vielmehr ein Laboratorium jüdischen Lebens samt zentralgelegener Synagoge, koscheren Lebensmittelgeschäften, Lokalen und jüdischer Schule.
Drei Monate nach Veröffentlichung von Loewes Artikel meldete sich der Architekt und spätere Leiter der Zentralstelle für Siedlungsangelegenheiten im Palästinaamt, Richard Kauffmann, zu Wort.[112] Kauffmann, der als Feldwebel der Reserve im deutschen Herr diente, als er seine Anregungen für das Gartenstadtprojekt im September 1917 von der Front aus einsandte, konzentrierte sich in seiner recht umfangreichen Abhandlung auf architektonische Fragen. Er präzisierte einiges von dem, was Loewe in seinem Artikel angelegt hatte. Aus Kauffmanns Perspektive wäre mit der Gartenstadt eine „großzügige, einheitliche Architekturanlage" zu schaffen, die die Fähigkeit der Jüd*innen, auf architektonischem Gebiet etwas „Mustergültiges und Eigenartiges" leisten zu können, vorführen sollte.[113] Die Gestaltung der Gartenstadt dürfe ihre Funktion als „Notbehelf"[114], die Loewe in seinem Beitrag betonte, nicht offenbaren. Vielmehr solle sie ein „Vorbild des jüdischen Zusammenschlusses im Galuth"[115] sein und als solches erscheinen. Dieser Einheitsgedanke sollte sich in der Raumordnung und -gestaltung der Gartenstadt abbilden, Kauffmann schwebte in diesem Zusammenhang ein architektonisch-harmonierendes Bautenensemble vor, hinter dem die individuellen Interessen von potentiellen Bauenden zurückzutreten hätten.[116] In seinen Ausführungen nahm Kauffmann Loewes Vorschlag auf, im Zentrum der Gartenstadt einen Platz zu errichten. An diesem zentralen Ort sollte u. a. die Synagoge errichtet und um ihn alle weiteren Wohn- und Gemeinschaftsbauten konzentrisch angeordnet werden. Von

112 Zur umfangreichen Tätigkeit Richard Kauffmanns vgl. Sonder: *Gartenstädte für Erez Israel*, S. 117–216 (Kap. „Der Stadtplaner Richard Kauffmann – Gartenstadtprojekte in Erez Israel (1920–1927)"). Das „städtebauliche Leitbild seiner Planungen in Erez Israel" (ebd., S. 138) war Sonder zufolge die Gartenstadt.

113 Richard Kauffmann: Zum Problem einer jüdischen Gartenstadt in Berlin. In: *Jüdische Rundschau*, 14.09.1917, S. 304–305, hier S. 304.

114 Ebd., S. 305.

115 Ebd.

116 Kauffmann führte aus, dass sich die Individualität der einzelnen Bauherren nicht in die Gestaltung der einzelnen Wohnhäuser übersetzen sollte. Vielmehr hätte man vorab einen Haustyp zu entwickeln, der mit den Bedürfnissen der einzelnen Bauenden abgestimmt werden würde. Jedes Haus sollte nach Kauffmann über einen ausreichend großen Garten verfügen, der, zergliedert in Wohn- und Nutzgarten, auch die Suka, jene zu Sukot errichtete Laubhütte, zu beherbergen hätte. Zu einem geeigneten Bauplatz für die gesamte Siedlung, der offensichtlich im September 1917 noch nicht gefunden war, machte Kauffmann recht vage Angaben. Er legte ausschließlich Wert darauf, dass die Gartenstadt in eine adäquate Umgebung einzubetten sei. Sie solle umgeben von Wäldern und nahe bei Gewässern sein. Aufgrund des gut ausgebauten Nahverkehrssystems in und um Berlin wäre die Entfernung zur Großstadt nicht zwangsläufig ausschlaggebend, einzig die Platzierung des Baugrundstücks nahe der Bahnlinie müsse gewährleistet werden (vgl. ebd.).

diesem Platz ausgehend, dessen Anlage tradierten Mustern der Gartenstadtplanung entsprach,[117] konstruierte Kauffmann die Gesamtanlage:

> Unsere Stadt soll ihren Mittelpunkt haben. Er soll das Stadtbild weit überragen, sich auf dem höchsten Punkt inmitten der Siedlung erheben, und alles andere: Wohn- und Gemeinschafts-Bauten, Straßen, Plätze und Gärten werden sich ansteigend in Kreise um ihn lagern. Es ist der Tempel, der Wahrzeichen und Mittelpunkt sein soll für unsere Stadt. Alles strebt zu ihm hin. Er muß König sein in diesem Reich. Und wenn heiliger Ernst aus seiner Lage – Erscheinung – und Gliederung spricht und als erstes und bedeutendstes das Auge des Beschauers fesselt, so mögen heitere Landhäuser, die sich im prangenden Grün ihrer Gärten zu seinen Füßen schmiegen, die andere Seite jüdischen Wesens: die Herzenswärme der einzelnen und das innige Familienleben alles zum Ausdruck bringen. – Dies Vermögen, inneres Wesen und Zweckbestimmung eines Baukörpers in allen seinen Teilen, – von der Gesamtanlage bis ins geringste „Detail" – zur sichtbaren Wirkung zu bringen, bestimmt eben das Gesicht, den Stil des Ganzen.[118]

Im Zeitraum zwischen der Veröffentlichung der Texte von Loewe und Kauffmann hatte man in Berlin begonnen, an der Realisierung des Gartenstadtprojekts zu arbeiten. Während der Vorsitzende des deutschen Makkabi-Kreises, Martin Exiner, im Juli 1917 darauf drängte, nach Ende des Kriegs auch den Mittelpunkt des jüdischen Sports in die Gartenstadt durch Gründung eines Sportzentrums zu verschieben,[119] mahnte Joseph Loewy, der als ausgewiesener Experte augenscheinlich die Federführung der Planungen übernahm, zunächst der Organisationsarbeit für die Gartenstadt einen festen Rahmen zu geben. Er schlug die Schaffung eines „Vereins zur Begründung der Gartenstadt bei Berlin" vor, dessen Mitglieder fortan die Koordination, Durchführung und Öffentlichkeitsarbeit des Projekts übernehmen sollten.[120] Ein solcher Verein wurde allerdings nicht gegründet. Dementgegen wurde Ende 1917 ein Ausschuss ins Leben gerufen, in dem sich neben den genannten Davis Trietsch, Heinrich Loewe und Joseph Loewy auch Arthur Kahn, Clara Boschwitz und Moritz A. Loeb engagierten.[121] Im Rahmen der Ausschussarbeit knüpfte man Kontakte zu vergleichbaren Projekten. Ein erster Erfolg

117 Die Idee, eine Gartenstadt um einen zentralen Platz mit öffentlichen Gebäuden in konzentrischen Kreisen anzulegen, findet sich bereits bei Ebenezer Howard selbst (vgl. etwa Robert Fishman: *Urban Utopias in the Twentieth Century. Ebenezer Howard, Frank Lloyd Wright, and Le Corbusier.* Cambridge / London: MIT Press 1982, S. 40–51 (Abschnitt „Design for Cooperation").

118 Kauffmann: Zum Problem einer jüdischen Gartenstadt in Berlin, S. 304.

119 Vgl. Martin Exiner: Die Gartenstadt – ein jüdisches Sportzentrum. In: *Jüdische Rundschau*, 06.07.1917, S. 223–224, hier S. 223.

120 Vgl. Joseph Loewy: Wie kommen wir zu einer jüdischen Gartenstadt bei Berlin? In: *Jüdische Rundschau*, 06.07.1917, S. 224.

121 Vgl. Zirkular „Zum Projekt einer jüdischen Gartenstadt bei Berlin". Shaar Zion, Boxnr. 58.

stellte sich ein, als der Zusammenschluss von der kurz vor Kriegsanfang gegründeten Gartenstadt-Gesellschaft-Falkenberg das Angebot erhielt, einen Teil des von der Gesellschaft optionierten, 70 Hektar großen Terrains in der Nähe des Bahnhofs Grünau – im südöstlichen Vorortsbereich Berlins – zu kaufen.[122] Das projektierte Bauland dürfte dem Ausschuss insofern entsprochen haben, als es in unmittelbarer Nähe zum bewaldeten und wasserreichen Dahmegebiet liegt und über eine durchaus komfortable Anbindung an das Verkehrsnetz Berlins verfügte.

Das Projekt gewann in der Folgezeit Kontur und wurde in größerem Rahmen am 22. November 1917 in den von Carl Gause im neoromanischen Stil entworfenen Berliner ‚Wilhelmshallen' am Zoo (Hardenbergstraße 29a–e) dem großstädtischen Publikum vorgestellt.[123] Der Ausschuss plante für Interessierte kurz nach der öffentlichen Vorstellung eine Besichtigung der Gartenstadt Falkenberg und regte die Gründung einer Genossenschaft an, durch welche das Projekt der jüdischen Gartenstadt bei Berlin kapitalisiert werden sollte. Im Vorfeld der Gründung der Genossenschaft, die offiziell am 25. März 1918 von 65 Mitgliedern vorgenommen wurde,[124] fand die weitaus größte Veranstaltung zum Thema statt. Am 17. Februar 1918 versammelten sich ca. 500 Menschen[125] im großen Saal des neuen Anwaltshauses, Schöneberger Ufer 40, um die Referenten über die Gartenstadt zu hören. Nachmittags um 4.00 Uhr eröffnete der Generalsekretär und Mitbegründer der Deutschen Gartenstadtgesellschaft, Adolf Otto, der zugleich Bewohner der Gartenstadt Falkenberg war, nach einer knappen Einleitung von Moritz A. Loeb die Versammlung mit einem Lichtbildvortrag. Daran anschließend stellte Loewe die Frage „Warum brauchen wir jüdische Gartenstädte?".[126] Der Text von Loewes Ansprache ist leider nicht überliefert, jedoch oben zitiertes Dokument, offenbar einige Wochen später entstanden, welches zusammenfassend Konzept und Ziele der jüdischen Gartenstadt bei Berlin darlegte.[127] In Anbetracht dessen, dass am 1. April 1918 die finale Fassung des preußischen Wohnungsgesetzes in Kraft trat, das

122 Vgl. Eine jüdische Gartenstadt bei Berlin. In: *Jüdische Rundschau*, 14.12.1917, S. 405. Zur Gartenvorstadt Falkenberg vgl. *Gartenvorstadt Falkenberg bei Grünau*, hrsg. v. d. Bauabteilung der deutschen Gartenstadtgesellschaft, o. J. Shaar Zion, Boxnr. 58, S. 5.

123 Vgl. Eine jüdische Gartenstadt bei Berlin. In: *Jüdische Rundschau*, 14.12.1917, S. 405.

124 Vgl. [Zirkular der Genossenschaft Jüdische Gartenstadt], [1918]. Shaar Zion, Boxnr. 58, S. 1.

125 Vgl. Joseph Loewy: Jüdische Gartenstadt bei Berlin. In: *Jüdische Rundschau*, 01.03.1918, S. 70.

126 Im *Israelitischen Gemeindeblatt* und in der *Jüdischen Rundschau* berichtete Joseph Loewy ausführlich von der Veranstaltung. Bemerkenswert ist vor allem der Hinweis des Autors auf die sich an die Vorträge anschließende Verhandlung der Statuten der Genossenschaft. Diese folgten weitgehend dem „Normalstatut", wichen allerdings in zwei wesentlichen Punkten ab: Zum einen wurden per definitionem Nichtjüd*innen von der Aufnahme in die Genossenschaft ausgeschlossen, zum anderen wurden auch getaufte Jüd*innen, Jüd*innen, die ihre minderjährigen Kinder taufen ließen, sowie Jüd*innen, die in „Mischehe" lebten, von einer Aufnahme ausgegrenzt (Jüdische Gartenstadt bei Berlin. In: *Frankfurter Israelitisches Gemeindeblatt*, 08.03.1918, S. 3; Zum Projekt einer jüdischen Gartenstadt. In: *Jüdische Rundschau*, 18.01.1918, S. 19–20).

127 Vgl. S. 334, Anm. 90.

u. a. erstmals finanzielle Mittel für den Wohnungsbau nicht nur für Staatsbedienstete in Aussicht stellte, spricht daraus wohl auch die Hoffnung, staatliche Unterstützung zu erhalten.[128] Im Anschluss an die erste Generalversammlung der Genossenschaft jüdische Gartenstadt im Februar 1919 erwartete man zudem finanzielle Subvention durch die Jüdische Gemeinde Berlins.[129]

Danach verlieren sich die Spuren der Gartenstadt. Erst 1921 meldete die *Jüdische Rundschau*, dass unter Beteiligung von Felix Theilhaber, Siegbert Wolff und eines gewissen Dr. Kraustein ein neuer Vorstand gewählt worden sei.[130] Die Ziele der 1918 gebildeten Genossenschaft jüdische Gartenstadt wurden nach unten korrigiert. Das mittlerweile angehäufte Kapital setzte man zur Finanzierung der jüdischen Garten- und Landwirtschaftsschule ein, welche unter der Ägide des 1897 gegründeten Vereins zur Förderung der Bodenkultur unter den Juden Deutschlands auf einem der Berliner Jüdischen Gemeinde gehörenden Gut von 70 Morgen (= 28,33 ha) in Buckow entstand. „So ziemlich ausgeführt“[131] waren die Bauarbeiten auf dem Terrain Mitte 1920 und die landwirtschaftliche Berufsausbildung von Jugendlichen konnte beginnen. Vom 1912 gegründeten jüdischen Wanderbund Blau-Weiß offenbar als Hachshara-Zentrum genutzt,[132] war jene Gartenbauschule tatsächlich eine der Passagen der deutschen Chaluzim auf ihrem Weg nach Palästina, den Loewe mit der jüdischen Gartenstadt bei Berlin verknüpft hatte.

3. Jüdischer Schulverein

Die jüdische Bildungslandschaft Berlins dehnte sich nach dem Ersten Weltkrieg stark aus. Eine zentrale Rolle im Prozess der Schaffung neuer jüdischer Bildungsinstitutionen spielte der 1919 gegründete Jüdische Schulverein. 1939 von den Nazis aufgelöst,[133] entstand der Verein als jüdisches Laboratorium, in dem Bildungsinitiativen diskutiert,

128 Vgl. Thomas Koinzer: *Wohnen nach dem Krieg. Wohnungsfrage, Wohnungspolitik und der Erste Weltkrieg in Deutschland und Großbritannien (1914–1932)*. Berlin: Duncker & Humblot 2002, S. 242. Im Mai 1918 wurde der preußische Staatskommissar für das Wohnungswesen eingesetzt – ein wichtiger Schritt hin zur Zentralisierung aller Bestrebungen im Wohnungs- und Siedlungswesen (ebd., S. 255).

129 Vgl. Korrespondenzen und Nachrichten/Deutschland/Berlin [5]. In: *Der Gemeindebote*, 20.06.1919, S. 2.

130 Vgl. Jüdische Gartenbauschule Berlin. In: *Jüdische Rundschau*, 10.05.1921, S. 260.

131 Garten- und Landwirtschaftsschule Buckow bei Berlin. In: *Jüdische Rundschau*, 23.05.1922, S. 273; vgl. Angelika Kipp: *Jüdische Arbeits- und Berufsfürsorge in Deutschland 1900–1933*. Berlin: Metropol 1999, S. 36.

132 Vgl. Hermann Meier-Cronemeyer: *Kibbuzim, Geschichte, Geist und Gestalt*, 1. Teil. Hannover: Verlag für Literatur und Zeitgeschehen 1969, S. 75. Zur Hachshara vgl. auch Ilana Michaeli / Irmgard Klönne (Hrsg.): *Gut Winkel – die schützende Insel. Hachschara 1933–1941*. Berlin: Lit 2007; Ulrike Pilarczyk: *Gemeinschaft in Bildern. Jüdische Jugendbewegung und zionistische Erziehungspraxis in Deutschland und Palästina/Israel*. Göttingen: Wallstein 2009.

133 Vgl. Aktenvermerk des Reichsministers für Wissenschaft, Erziehung und Volksbildung betr. Auflösung des Jüdischen Schulvereins, 11.11.1939. Vereinsregister des Amtsgerichts Charlottenburg, 95 VR 2622, Bl. 91.

(wie im Fall der FJV und der Hebräischen Sprachschule) adoptiert und (wie im Fall der 1920 und 1922 gegründeten Volksschulen[134] sowie des 1929 gegründeten hebräischen Sprachclubs Bet Am Iwri[135]) neu geschaffen wurden. Die Gründungsversammlung des Schulvereins fand am 6. Juli 1919 in der Wohnung des anerkannten Krebsforschers und Röntgenologen Carl Lewin, Fasanenstraße 28, statt.[136] Hier versammelten sich herausragende Persönlichkeiten des jüdischen öffentlichen Lebens: Eduard Baneth, Talmudgelehrter und langjähriger Dozent an der Hochschule für die Wissenschaft des Judentums, Isaak Boschwitz, einer der „ältesten Zionisten"[137] Deutschlands, Felix Rosenblüth und Mosche Smoira, die Anfang der 1920er Jahre gemeinsam eine Rechtsanwaltskanzlei in Jerusalem eröffneten und zentrale Akteure des israelischen Justizwesens wurden, und nicht zuletzt Chaim Krupnik, Übersetzer, Verleger und Wirtschaftswissenschaftler.[138] Drei Tage später – am 9. Juli 1919 – wurden auf einer weiteren Sitzung Malwin Warschauer, der zwischen 1903 und 1938 als Rabbiner in der Neuen Synagoge (Oranienburger Straße) tätig war, und Rabbiner Arthur Liebermann, der den Synagogenverein Moabit und Hansabezirk betreute,[139] in den vorbereitenden Ausschuss zur Gründung

134 Die erste Volksschule des Jüdischen Schulvereins wurde genau genommen schon im April 1920 geöffnet, diese musste allerdings im September 1920 wieder geschlossen werden (Martin-Heinz Ehlert: Die zionistische Theodor-Herzl-Schule in Berlin bis 1939. In: Bibliothek für Bildungsgeschichtliche Forschung des Deutschen Instituts für Internationale Pädagogische Forschung (Hrsg.): *„Wir gehen gern in unsere Schule". Eine Ausstellung über die zionistische Theodor-Herzl-Schule in Berlin bis 1939. Ein dokumentarischer Katalog zur Ausstellung.* Berlin Selbstverlag 2006. http://bbf.dipf.de/publikationen/ausstellungskataloge/pdf/wirgehengern.pdf (Zugriff am 23.11.2012), S. 6). Unter der Leitung Betty Berggrüns eröffnete die Volksschule wenig später erneut. Sie war die Vorgängerin der späteren Theodor-Herzl-Schule. Über die verschiedenen Adressen schreibt ein ehemaliger Schüler: „Meine ersten Schritte in der Schule machte ich in der ersten Klasse im Jahre 1929. Zu dieser Zeit befand sich die Schule in der Fasanenstraße. Sie war im Seitenflügel des Gemeindegebäudes neben der großen Synagoge untergebracht. Man betrat sie durch ein eisernes Gittertor und einen mit Steinen gepflasterten, ein wenig dunklen Hof. Die Klassen 5 bis 9 lernten zu jener Zeit nicht in der Fasanenstraße, weil der Platz dort nicht ausreichte, sie waren in der Grolmannstraße untergebracht. [...] Nach dem Umzug 1931 in die Klopstockstraße änderte sich das. Das rote Backsteinhaus mit dem kleinen Turm darinnen, dahinter ein großer Hof, auf dem man spielen und rennen konnte, gefiel uns sehr. Der Hof hinter der Mauer wurde von einer roten Backsteinmauer begrenzt und in seiner Mitte stand ein steinerner Springbrunnen, auf dessen Seitenrand zu sitzen nur den ‚Großen' vorbehalten war." (Zit. n. Ehlert: Die zionistische Theodor-Herzl-Schule, S. 10–11.) Die zweite Schule befand sich (1925) in der Religionsschule der Synagoge Rykestraße (Nissan Berggrün: Die Hebräische Sprachschule zu Berlin. In: *Jüdische Rundschau*, 28.05.1925, S. 380–381, hier S. 380).

135 Vgl. „Beth Am Iwri". In: *Jüdische Rundschau*, 15.02.1929, S. 82; Baruch Krupnik: Hebräisches Zentrum in Berlin. In: *Jüdische Rundschau*, 12.02.1929, S. 73; Arthur Nathan: Hebräische Sprache und Beth Am Iwri. In: *Jüdische Rundschau*, 27.08.1929, S. 434.

136 Protokoll über die Gründungsversammlung des Jüdischen Schulvereins, 06.07.1919. Archiv der Bibliothek für Bildungsgeschichtliche Forschung des Deutschen Instituts für Internationale Pädagogische Forschung, HERZL 1, Bl. 1.

137 Vgl. Aufforderung zur Zahlung der Zionistensteuer, 12. November 1920. In: Reinharz (Hrsg.): *Dokumente zur Geschichte des deutschen Zionismus,* S. 282–284, hier S. 284, Anm. 2.

138 Vgl. Protokoll über die Gründungsversammlung des Jüdischen Schulvereins, Bl. 1.

139 Die Synagoge des Synagogenvereins Moabit und Hansabezirk in der Lessingstraße 19 besuchte offensichtlich auch Loewe regelmäßig. Eine entsprechende Einlasskarte datiert auf das Jahr 5687 (1926/27) und befindet sich im CZA (Sign. A146/5). 1898 eingeweiht, besuchten das Gotteshaus einer Gedenktafel

des Vereins kooptiert. In gleicher Sitzung bestätigte man Heinrich Loewe als Vorsitzenden des Vereins und Carl Lewin als seinen Stellvertreter.[140]

Zu den integralen Bestandteilen des jüdischen Bildungsprogramms, das vom Schulverein vertreten und mittels der Fraktion der JVP in der Jüdischen Gemeinde Berlins durchgesetzt werden sollte, zählte die Vermittlung des Hebräischen und die Durchdringung des Unterrichts mit jüdischem Wissen. Jüdische Bildung an allgemeinen Schulen zu etablieren, war insbesondere von den zionistischen Aktivist*innen nicht erwünscht, bis zum Inkrafttreten der Weimarer Verfassung auch gar nicht möglich.[141] Besonders deutlich wird dieses Ziel, eine eigenständige jüdische Bildungstopographie zu etablieren, in zwischen Mai und Juni 1919 angefertigten Protokollen, welche die Verhandlungen um die Einrichtung einer „höheren nationalen jüdischen Schule in Berlin" dokumentieren.[142] Schon einige Monate vor der Gründung des Schulvereins wurde im Rahmen vorbereitender Kommissionen – zu denen Loewe zwar nicht gehörte, dafür aber mit

zufolge, die heute am Haus Lessingstraße 6 angebracht ist, u. a. Albert Einstein, Ismar Elbogen, Hermann Struck und Eugen Mittwoch (vgl. Gedenktafel Lessingstr 6 (Hansa) Synagoge Synagogenverein Moabit und Hansabezirk. http://en.wikipedia.org/wiki/File:Gedenktafel_Lessingstr_6_(Hansa)_Synagoge_Synagogenverein_Moabit_und_Hansabezirk.jpg (Zugriff am 23.11.2012)). Während dem Novemberpogrom 1938 wurde die Synagoge, die etwa 250 Plätze besaß und sich auf dem Vorgartengelände des heutigen Hauses Lessingstraße 6 befand, komplett niedergebrannt; sie wurde nicht wieder aufgebaut (vgl. Janiszewski: *Das alte Hansa-Viertel in Berlin.* Norderstedt: BoD 2008, S. 89).

140 Vgl. Protokoll über die Gründungsversammlung des Jüdischen Schulvereins, Bl. 4.

141 Letzteres hatte juristische Gründe. Morris de Jonge (auch Moritz Christoph de Jonge), „begabtester Schüler des großen Juristen Rudolf Jhering" (Heinrich Loewe: Ein Vergessener. Persönliche Erinnerungen. In: *Der Jude* 5 (1919), S. 105–109, hier S. 107) und streitbarer Weggefährte Loewes – er ließ sich bspw. taufen und war Redakteur der *Kreuzzeitung*, bevor er zum Zionismus ‚kam' –, legte diese bereits 1911 in der *Welt* in dem außerordentlich detaillierten und von großer Sachkenntnis zeugendem Essay „Das Recht auf Hebräisch im Volksschulunterricht" exemplarisch für die Situation der Volksschule vor dem Ersten Weltkrieg dar (Moritz de Jonge: Das Recht auf Hebräisch im Volksschulunterricht. In: *Die Welt*, 03.03.1911, S. 189–191). De Jonge referierte in eindrucksvoller Weise die juristische Sachlage bezüglich der Vermittlung des Hebräischen an Volksschulen, wie sie nach dem Erlass des preußischen Kultusministeriums von 1904 gegen „die allgemeine Einführung des Hebräisch im jüdischen Religionsunterricht der Volksschulen" bestand. Mit der Begründung, dass der Hebräischunterricht als Bestandteil des jüdischen Religionsunterrichts über das Unterrichtsprofil der Volksschulen hinaus ziele, wurde dies vom „Ministerium des Geistes", wie das preußische Kultusministerium einst von leitenden Angestellten bezeichnet wurde, auf Antrag der Berliner Schuldeputation beschlossen und unter dem Aktenzeichen IX 5 schriftlich kodifiziert (Jörg H. Fehrs: *Von der Heidereutergasse zum Roseneck. Jüdische Schulen in Berlin 1712–1942.* Berlin: Hentrich 1993, S. 251). Die am 11. August 1919 verabschiedete Weimarer Reichsverfassung eröffnete den zionistischen Aktivist*innen diesbezüglich Handlungsspielräume. Die Artikel 146 und 147, auf die Bruno Kirschner in seinem Aufsatz explizit hinwies (Bruno Kirschner: Warum brauchen wir die jüdische Schule? In: *Jüdische Rundschau,* 14.11.1919, S. 625–627, hier S. 627), sahen die Möglichkeit vor, parallel zum öffentlichen Schulwesen, „auf Antrag von Erziehungsberechtigten Volksschulen ihres Bekenntnisses oder ihrer Weltanschauung einzurichten, soweit hierdurch ein geordneter Schulbetrieb [...] nicht beeinträchtigt ist." (Die Verfassung des Deutschen Reichs. In: *Reichs-Gesetzblatt* 152 (1919), S. 1383–1418, hier S. 1411.) Bedingung für die Einrichtung solcher Schulen war der Nachweis über eine dem öffentlichen Schulsektor vergleichbare Qualität in Lehre, Einrichtung und Lehrzielen. Diese Neuregelung dürfte ein wichtiger Impuls für die Einrichtung der beiden vom Schulverein 1920 bzw. 1922 gegründeten Volksschulen gewesen sein.

142 Die drei überlieferten Protokolle befinden sich im Central Archive for the History of the Jewish People (CAHJP), Jerusalem (Bestand D Be4/269).

Felix Rosenblüth, Isaak Boschwitz und Chaim Krupnik spätere Gründer des Schulvereins, zudem mit Alfred Klee einer der zentralen Akteure der JVP – das Konzept jüdisch-nationaler Bildung, wie es sich in der geplanten Schule materialisieren sollte, besprochen. Hier heißt es gleich am Anfang einer thesenhaften Zusammenfassung:

> 1. Die Schule ist als die Schule einer nationalen Minderheit gedacht, die das Recht exterritorialer, persönlicher, und kultureller Autonomie hat oder beansprucht.[143]

Bereits seit 1911 konzentrierte sich Loewe in seinen Artikeln, die er zum Thema publizierte, auf die Notwendigkeit dezidiert jüdischer Bildungseinrichtungen in der jüdischen Diaspora:

> [N]eben der Notwendigkeit, im Lande Israel eine jüdische Kulturgemeinschaft in hebräischen Geiste aufwachsen zu lassen, darf der Nationaljude nicht die Aufgaben übersehen, die ihm noch außerhalb der stammestümlichen Heimat erwachsen. So sehr eine erwachende jüdische Kultur des Landes Israel an und für sich auf die Juden in den Ländern ihrer Zerstreuung zurückwirken muß, so ist es doch ein dringendes Erfordernis, auch direkt dafür zu arbeiten, daß die jüdische Jugend durch Kenntnisse von Judentum und Liebe zu ihm diesem erhalten bleibt. Die Frage einer Jüdischen Erziehung ist eine unumgängliche geworden, und ihre Beantwortung ist notwendig.[144]

Der Unterricht, der Loewe und später auch der Fraktion der JVP in der Repräsentantenversammlung vorschwebte, sollte jüdisch-nationale Identität stiften. Es müsse neben hebräischer Sprache auch jüdische Geschichte und Literatur ins Zentrum der Wissensvermittlung gestellt werden. Anfang der 1910er Jahre suchte Loewe diese Institution der Vermittlung jüdischen Wissens in einem Lyzeum,[145] einem vielklassigen Schulmodell,

143 Protokoll der 3. Sitzung der pädagogischen Kommission des vorbereitenden Ausschusses zur Gruendung einer hoeheren nationalen juedischen Schule in Berlin, 03.05.1919. CAHJP, D Be4/269, S. [4] [Thesen fuer die Gruendung einer juedisch-nationalen hoeheren Schule, zusammengestellt von Dr. Max Schwabe].

144 Heinrich Loewe: Eine einzelne Kulturaufgabe. In: *Die Welt*, 04.08.1911, S. 761–763, hier S. 761.

145 Vgl. ebd., S. 762 Loewe lehnte die ‚interkonfessionelle' Simultanschule strikt ab: „Eine zeitlang haben wir uns eingebildet, daß die Simultanschule unserer Jugend die Möglichkeit einer jüdischen Erziehung geben wird. Wir haben inzwischen eingesehen, daß es in Wahrheit gar keine Simultanschule gibt." (Heinrich Loewe: Jüdische Erziehung. In: *Neue Jüdische Monatshefte*, 10.10.1916, S. 13–16, hier S. 15; vgl. auch ders.: Wer die Schule hat…. In: *Israelitisches Gemeindeblatt Köln*, 10.03.1917, S. 2–3.) Michael Brenner bestätigt diese Beobachtung. Simultanschulen waren Brenner zufolge von christlicher Kulturpraxis durchsetzt, christliche Feiertage wurden begangen und auf die Schulpflicht von jüdischen Kindern am Shabbat bestanden (vgl. ders.: Zwischen Ost und West. Berlin als Zentrum Jüdischer Kultur in der Weimarer Republik. In: Reinhard Rürup (Hrsg.): *Jüdische Geschichte in Berlin. Essays und Studien*. Berlin: Hentrich 1995, S. 197–214, hier S. 199–200). Ein zentrales und schlagkräftiges Argument gegen die Partizipation jüdischer Schüler*innen am Alltag in öffentlichen Schulen lieferte darüber hinaus der aufkommende Antisemitismus. Ähnlich den deutschen Hochschulen, an denen sich antisemitische Anfeindungen seit dem Ausgang

das während der Vorbereitungen für eine höhere nationale jüdische Schule in Berlin diskutiert, offensichtlich aber wegen des großen finanziellen und organisatorischen Aufwands fallen gelassen wurde. Nichtsdestotrotz blieb die höhere jüdische Schule Teil des Forderungspakets der zionistischen Kommunalpolitiker Berlins. Für die größte jüdische Gemeinde Deutschlands verlangten sie von dem für das jüdische Schulsystem Berlins verantwortlichen Schulvorstand der Gemeinde, jüdische Volks- und Mittelschulen zu gründen, ferner höhere Lehranstalten und (Real-)Gymnasien.[146] 1919 war in diesem Zusammenhang ein Schlüsseljahr. Zahlreiche Bildungsinitiativen starteten. Moderne Erziehungs- und Unterrichtsanstalten verknüpften sich zu einem urbanen Archipel der jüdischen Wissensvermittlung und -aufnahme.

„Das älteste Glied in der Kette"[147] der Unterrichtsanstalten, die sich im Jüdischen Schulverein zusammenschlossen, war die Hebräische Sprachschule. Jene Schule, die Barbara Schäfer als neuen Aktionsraum des Berliner hebräischen Kollektivs und als „wichtige[n] Begegnungsraum von Ost und West"[148] porträtierte, nahm am 9. Januar 1919 ihren Lehrbetrieb auf. Für den Unterricht nutzte man zunächst vier Veranstaltungsorte. In den Räumen des Jüdischen Frauenvereins für Turnen und Sport, Lessingstraße 13, und des Zionistischen Jugendvereins, Heilige-Geist-Straße 52, unterrichteten Mosche Smoira, Max Strauß und Kurt Hammerstein Anfänger und Fortgeschrittene. Die Ober- und Konversationskurse, die von Baruch Krupnik und Ephraim Porath in hebräischer Sprache gehalten wurden, fanden in der Privatwohnung Mosche Smoiras und den Räumen des Herzlklubs, Große Präsidentenstraße 2, statt.[149] Im Mai 1925 – noch vor der Mehrheitsverschiebung in der Repräsentantenversammlung zu Lasten der Liberalen – wurde die Sprachschule von der Jüdischen Gemeinde auf ihren Etat übernommen, zudem firmierte sie auf Anregung der JVP von nun an als Hebräische Lehranstalt der

des 19. Jahrhunderts dokumentieren lassen und etwa im Fall der VJSt zur jüdischen Selbstorganisation führten, fand der Antisemitismus Eingang in die Klassenzimmer. Aber Loewe begriff die Gründung einer eigenen jüdischen Schule nicht als regressive Erwiderung auf diesen, sondern vielmehr als bewusstes und zweckmäßiges Handeln, welches, auf die Zukunft der Jüd*innen in der Diaspora gerichtet, den Prozess der Hinwendung zur hebräischen Sprache und Kultur sowie zu einer unabhängigen und selbstbewussten jüdischen Diasporaexistenz einleiten sollte: „Nur von der nationalen jüdischen Schule dürfen wir in Deutschland eine Erhaltung des Judentums, eine Wiederbelebung des jüdischen Geistes, eine neue Blüte jüdischer Gedanken, eine Kultur des Herzens erwarten." (Loewe: Jüdische Erziehung, S. 16.)

146 Vgl. etwa Aus der Repräsentantenversammlung. Sitzung vom 19. Dezember 1920. In: *Gemeindeblatt der jüdischen Gemeinde zu Berlin*, Januar 1921, S. 5–8, hier S. 6.

147 Kurt Hammerstein: Die Tätigkeit des Jüdischen Schulvereins in Berlin. In: *Jüdische Rundschau*, 28.05.1925, S. 380.

148 Schäfer: Hebräisch im zionistischen Berlin, S. 75. Hierzu auch Brenner: *Jüdische Kultur in der Weimarer Republik*, S. 228. Um die hebräische Sprachvermittlung in Berlin weiter zu professionalisieren, gründete sich im November 1919 sowohl der Verband der hebräischen Lehrerinnen und Lehrer als auch ein Sprachseminar zur Ausbildung von Hebräischlehrer*innen für die jüdische Diaspora.

149 Vgl. Hebräische Sprachschule in Berlin. *Jüdische Rundschau*, 07.01.1919, S. 10.

Jüdischen Gemeinde zu Berlin.[150] Die 200 Schüler*innen, die Kurt Hammerstein in seiner Bilanz von 1925 zählte, wurden ab spätestens Mitte der 1920er Jahre in den Räumen der Hochschule für die Wissenschaft des Judentums, die sich seit 1907 in der Artilleriestraße 14 befanden, im Haus der Jüdischen Gemeinde, Oranienburger Straße 29, und in der Knabenmittelschule der Jüdischen Gemeinde, Große Hamburger Straße 27, unterrichtet. Mittlerweile an der Struktur des Hochschulunterrichts orientiert, gaben insgesamt sieben Lehrende Unterricht für die unterschiedlichen Semester, die in vier bis fünf bzw. zwei Wochenstunden Hebräisch lernten.[151] 1927 zählte eine vom Ausschuss der ZVfD für Kultur- und Erziehungsarbeit in Auftrag gegebene statistische Erhebung[152] bereits Schulen in 35 Städten (ausgenommen von der Statistik waren „zumeist" die interne Unterrichtstätigkeit von bspw. zionistischen Jugendvereinen, Studentenvereinigungen und die vom Misrachi organisierten Kurse). 16 Städte verfügten über hebräischen Sprachschulen mit größerem Kursangebot. In diesen Städten erhielten allein 1.026 Schüler*innen (von insgesamt 1.300 Schüler*innen deutschlandweit) Sprachunterricht.

Im Gegensatz zur Histadrut Ivrit bemühte man sich, den Jüdischen Schulverein in der jüdischen Öffentlichkeit als weltanschaulich neutralen Zusammenschluss vorzustellen. „Alle Juden, gleich welcher religiösen und politischen Richtung", so Betty und Nissan Berggrün bspw. in ihren Reminiszenzen zur hebräischen Kulturarbeit in Berlin von 1936, „sollten an ihm mitarbeiten können".[153] Von der liberalen Fraktion der jüdischen Repräsentantenversammlung wurde der Schulverein jedoch keineswegs als eine uneingeschränkt unterstützungswürdige, politisch heterogene Initiative wahrgenommen. Dies zeigt sich insbesondere in den Debatten innerhalb der Versammlung, die nach 1921 um die vom Schulverein gegründeten Bildungseinrichtungen geführt wurden. Während in der Repräsentantenversammlung etwa am 28. August 1921 die Subvention der FJV mit 10.000 Mark beschlossen wurde[154] – hinsichtlich der Volkshochschule auch später Konsens herrschte, dass diese unbedingt unterstützungswürdig

150 Vgl. Aus der Repräsentantenversammlung. Sitzung vom Donnerstag, den 14. Mai abends 7 Uhr. In: *Gemeindeblatt der Jüdischen Gemeinde zu Berlin*, 07.08.1925, S. 132–136, hier S. 136. Zur hebräischen Sprachschule/Lehranstalt vgl. auch Fehrs: *Von der Heidereutergasse zum Roseneck*, S. 251; Perets: Die Vermittlung der hebräischen Sprache, S. 81.

151 Vgl. Berggrün: Hebräische Sprachschule zu Berlin, S. 381.

152 Vgl. Max Mayer: Von den hebräischen Sprachschulen und Kursen in Deutschland. In: *Jüdische Rundschau*, 08.11.1927, S. 631.

153 Nissan Berggrün / Betty Berggrün: Historische Reminiszenzen. Aus der Geschichte der hebräischen Arbeit in Berlin. In: *Jüdische Rundschau*, 04.09.1936, S. 6.

154 Vgl. Aus der Sitzung der Repräsentantenversammlung vom 28. August 1921. In: *Gemeindeblatt der Jüdischen Gemeinde zu Berlin*, 11.11.1921, S. 86–88, hier S. 87.

sei –,[155] beanstandete Loewe, dass der Gemeindevorstand im Sommer 1921 „aus politischen Gründen“[156] verbot, Werbeplakate für den hebräischen Kindergarten, den der Schulverein unterhielt, an den Synagogen anzuschlagen. Der Kindergarten stand offenbar direkt mit der ZVfD in Verbindung: „Näheres zu erfragen bei der Zionistischen Vereinigung“[157], schloss jenes Plakat anscheinend, das sich an die jüdischen Eltern Berlins wandte. Im Winter 1925 entzündete sich ein weiteres Mal eine weitreichende Debatte um eine vom Schulverein unterhaltene Einrichtung. Diesmal war die Hebräische Sprachschule Gegenstand der Auseinandersetzungen. Nachdem Alfred Klee ausführlich auf die Gründe für eine Subventionierung der Sprachschule eingegangen war, fasste Moritz Türk, Oberlehrer am Friedrichwerderschen Gymnasium, zudem u. a. Mitarbeiter der Zentralwohlfahrtsstelle der deutschen Juden, die Sichtweise der liberalen Fraktion auf die Schule zusammen. Eine nationaljüdische Institution sei nicht förderungswürdig, so Türk:

> Nur durch den Schluss der Debatte ist es mir unmöglich gemacht worden, auf die Ausführungen des Herrn Klee zu antworten. Ich hätte es sonst ausgesprochen, daß wir die Sprachschule ablehnen, weil wir die jüdisch-nationalen Bestrebungen nicht fördern wollen.[158]

Auch die Fraktion der JVP versah einzelne Institutionen, die unter Aufsicht des Schulvereins arbeiteten, sichtbar mit politischer Tendenz. Besonders bemerkenswert ist in diesem Zusammenhang die Debatte um die Zusammenlegung der zweiten vom Schulverein gegründeten Volksschule in der Rykestraße, die seit 1927 „unter Wahrung ihres zionistischen Charakters“[159] von der Gemeinde finanziert wurde, mit der Grundschule Talmud Thora Knesset Jisroel in der Linienstraße 19 – die einzige orthopraktische Grundschule Berlins. Moritz A. Loeb hatte den Antrag eingebracht, die Schule, die von der Adass Jisroel unterhalten wurde, durch die Gemeinde finanzieren zu lassen. Er machte

155 Vgl. Aus der Sitzung der Repräsentantenversammlung. Sitzung vom Donnerstag, dem 5. Juni 1924. In: *Gemeindeblatt der Jüdischen Gemeinde zu Berlin*, 05.09.1924, S. 169–171, hier S. 170. Nach längerer Debatte wurde in der Sitzung am 5. Juni 1924 ein Initiativantrag auf Erhöhung der Subvention auf 12.300 Mark beschlossen (vgl. ebd., S. 171). Tatsächlich bewilligte man eine Subvention von 10.000 Mark (vgl. Aus der Sitzung der Repräsentantenversammlung. Sitzung vom Sonntag, dem 7. September 1924. In: *Gemeindeblatt der Jüdischen Gemeinde zu Berlin*, 26.09.1924, S. 195–197 hier S. 195). Zuletzt (ab 1931) befand sich das Sekretariat der FJV sogar in der Oranienburger Straße 29, nachdem es anfangs im Haus Steglitzer Straße 9 war. Ca. 1923 zog das Sekretariat in die Yorckstraße 88 um.

156 Die Frage des Religionsunterrichts in der Repräsentantenversammlung. In: *Gemeindeblatt der Jüdischen Gemeinde zu Berlin*, 11.11.1921, S. 82–86, hier S. 84.

157 Ebd., S. 85.

158 Aus der Repräsentantenversammlung. Sitzung vom 15. Februar 1925. In: *Gemeindeblatt der Jüdischen Gemeinde zu Berlin*, 03.04.1925, S. 51–53, hier S. 53.

159 Ehlert: Die zionistische Theodor-Herzl-Schule in Berlin bis 1939, S. 6.

parteipolitische Gründe dafür verantwortlich, dass bisher noch keine Zusage seitens der Jüdischen Gemeinde erfolgt sei. Alfred Klee wies als Sprecher der JVP-Fraktion die Vorwürfe Loebs zurück, er betonte den „nationalreligiösen" Charakter beider Schulen, wies ferner explizit darauf hin, dass die Talmud Thora Knesset Jisroel von Julius Tugendreich – Mitglied der JVP – betreut und von dem Misrachi-Anhänger und „Rabbiner zweier Welten"[160] Wilhelm Lewy geleitet wurde.[161]

4. Jüdische Volkskunde an der Freien Jüdischen Volkshochschule

Hatte Loewe schon seit Ende des 19. Jahrhunderts zu höheren Schulen für die jüdische Jugend publiziert und sein ursprüngliches, Ende der 1890er Jahre entwickeltes Konzept, das die Gründung einer solchen in Jaffa vorsah, weitreichend in zionistischen Blättern zirkuliert,[162] deterritorialisierte er im Laufe der 1910er Jahre seine Idee und verschob die zu schaffende Schule nach Berlin.[163] In diese Zeit fallen ebenfalls die Vorbereitungen für die Einrichtung der Graetz-Akademie in Berlin.[164] Die „jüdische Volks-Universität"[165] wurde zwar niemals öffentlich mit der Histadrut Ivrit verknüpft, die personelle Besetzung des Komitees der letztlich gescheiterten Initiative sowie das inhaltliche Konzept, das bspw. explizite Arbeit für das Hebräische vorsah,[166] deuten allerdings auf die enge Verzahnung der Aktivitäten der Histadrut Ivrit mit der ZVfD bzw. der WZO hin. Leo Mozkin war Vorsitzender der Kommission. Neben ihm arbeiteten mit Arthur Biram, Martin Buber, Eduard Baneth, Emil Levy, Eugen Täubler, Gotthold Weil und Heinrich Loewe immerhin acht der 14 Komiteemitglieder zwischen 1909 und 1914 auch in Leitungsgremien der Histadrut Ivrit.[167] Unter den weiteren Mitgliedern der Kommission befanden sich Alfred Klee, Theodor Zlocisti, Gustav Witkowsky, Emil Simonsohn, Adolf Friedemann und Bertrand Hamburg, allesamt seit Jahren für den Zionismus tätig.

160 Wilhelm: Der zionistische Rabbiner, S. 60.

161 Vgl. Aus der Repräsentantenversammlung. Sitzung vom 17. Januar 1929. In: *Gemeindeblatt der Jüdischen Gemeinde zu Berlin*, März 1929, S. 118–127, hier S. 118.

162 Die Bibliographie führt nur den erneuten Abdruck seiner „Kulturellen Streifzüge durch den jüdischen Orient" von 1903 (vgl. die Loewe-Bibliographie im Anhang).

163 Vgl. S 344–345.

164 Ähnliche Unternehmungen, die auf die jüdische Erwachsenenbildung zielten, gab es schon zuvor in Berlin. Kooperativ wurden bspw. 1905 von der Hasmonea und der VJSt Deutschkurse für jüdische Arbeiter*innen, in erster Linie für osteuropäische Migrant*innen, eingerichtet. Das Unterrichtsprogramm sollte ab November des Jahres zu dem einer Volkshochschule ausgebaut werden (vgl. Jüdische Volkshochschule. In: *Jüdische Rundschau*, 13.10.1905, S. 520–521). Eine jüdische Volkshochschule, die Université Populaire Juive, wurde zudem 1902 in Paris gegründet (vgl. Aus „Echo Sioniste" (Paris 15. Juni). In der Jüdischen Volksuniversität. In: *Ost undWest* 2,7 (1902), S. 502–503; Aus unserer Volksbildungs-Bewegung/Frankreich/Jüdische Volksuniversität. In: *Die Welt*, 21.11.1902. S. 13–14).

165 Die Freie Jüdische Volkshochschule. In: *Jüdische Rundschau*, 18.02.1919, S. 100.

166 Vgl. Protokoll der 3. Sitzung des Komitees für die Grätz-Akademie, [1910]. CZA, A8/29.

167 Vgl. Protokoll der 4. Sitzung des Komitees für die Grätz-Akademie, [1910]. CZA, A8/29.

Starten sollte das Kursprogramm der Graetz-Akademie im 1. Quartal 1911. Sicher war, dass Mozkin, Zlocisti, Täubler und Loewe über die „Beziehung der Juden zu Palästina seit Zerstörung des Tempels“ lesen würden.[168] Um das Veranstaltungsprogramm auf sechs bis acht Vortragszyklen auszubauen, hatte man vor, weitere Vortragende für die Akademie zu gewinnen. Jegliche Bemühungen, diese zum damaligen Zeitpunkt einzurichten, scheiterten, da offensichtlich das Interesse und die Mittel zur Realisierung durch das zionistische Kollektiv schlichtweg nicht vorhanden waren: „Die zionistischen Kräfte waren aber noch zu schwach, um ein solches Werk zu Ende zu führen“[169], heißt es 1919 rückblickend in der *Jüdischen Rundschau*.

Erst 1916 erfolgte mit der Einsetzung des Ausschusses für Jüdische Kulturarbeit durch die ZVfD eine wirksame Neuausrichtung. In diesem Zusammenhang wurden Loewe, Max Strauß und Ahron Eliasberg beauftragt, das „alte Projekt“[170] wieder aufzunehmen.

Kurze Zeit nachdem der Unterricht an der Hebräischen Sprachschule begann, wurde die FJV im Großen Logenhaus des Ordens Bnei Brit (Kleiststraße 10) am 23. Februar 1919 in Schöneberg feierlich eröffnet.[171] Die Initiative, die sich bereits in der Gründungsphase als gesamtjüdisches Projekt gerierte und damit in wesentlichen Zügen der Organisationsmaxime des Schulvereins entsprach, ging auf die Arbeit verschiedener institutioneller Akteure zurück. Einerseits wurde jener Unterausschuss gebildet, dem Eliasberg, Strauß und Loewe angehörten. Dieser sollte auf die Eröffnung einer jüdischen Volkshochschule im April 1918 hinarbeiten.[172] Andererseits wollten ungefähr zur gleichen Zeit auch Mitglieder des Berliner Vereins für jüdische Geschichte und Literatur und Mitglieder des Synagogenverbandes eine solche Institution ins Leben rufen.[173] Schließlich fanden sich Delegierte „aller jüdischer Parteien und Richtungen“[174] – darunter Loewe als Vertreter der ZVfD – im August oder September 1918 zusammen. Auf dieser Besprechung bildete sich eine „gemischte Kommission“[175], die den Plan zur Gründung einer jüdischen Volkshochschule innerhalb der nächsten Monate in die Tat umsetzte. Die offizielle Gründungsversammlung fand am 1. Februar 1919

168 Vgl. ebd.

169 Die Freie Jüdische Volkshochschule. In: *Jüdische Rundschau*, 18.02.1919, S. 100.

170 Ebd.

171 Vgl. Die Freie jüdische Volkshochschule. In: *Im Deutschen Reich*, 03/1919, S. 134–135, hier S. 134.

172 Vgl. Vorbereitender Ausschuss zur Gründung der freien jüdischen Volkshochschule in Berlin an Vorstand des Deutsch-Israelitischen Gemeindebundes, 04.07.1918 (inkl. Anlage: Denkschrift zur Gründung der freien jüdischen Volkshochschule in Berlin). Archiv der Stiftung „Neue Synagoge“ Berlin – Centrum Judaicum, 1,75 C Ge1, Nr. 732 #10621, Bl. 230–235.

173 Vgl. Die Freie Jüdische Volkshochschule. In: *Jüdische Rundschau*, 18.02.1919, S. 100.

174 Die Vorlesungen an der Freien Jüdischen Volkshochschule in Berlin. In: *Jüdische Rundschau*, 21.02.1919, S. 108.

175 Ahron Eliasberg: Eine freie jüdische Volkshochschule. In: *Jüdische Rundschau*, 06.09.1918, S. 231.

unter Beteiligung einer Vielzahl jüdischer Organisationen statt.[176] Loewe, der später zum geschäftsführenden Ausschuss des gegründeten Vereins gehören sollte, stand dieser Kooperation, der u. a. auch Mitglieder des CV angehörten, allerdings bis zuletzt kritisch gegenüber. Auf dem 15. Delegiertentag der ZVfD bemerkte er:

> Die freie jüdische Volkshochschule, wäre schon lange zustande gekommen, wenn wir nicht genötigt gewesen wären, zu versuchen, mit der jüdischen Gemeinde und den Liberalen zusammen zu gehen.[177]

Die Volkshochschule zielte im Gegensatz zu den später vom Schulverein unterhaltenen Kindergärten und Volksschulen auf die jüdische Erwachsenenbildung. Sie besaß Vorbildcharakter und sollte in Berlin „das Rückgrat der Erneuerung jüdischen Wissens im 20. Jahrhundert werden“[178]. Streng genommen wurde das Projekt aber nicht nur aus diesem Grund initiiert, vielmehr sollte mit der Volkshochschule eine adäquate Konkurrentin zu (großstädtischen) Unterhaltungsinstitutionen wie dem Caféhaus, dem Kino, dem Radio, der Ballnacht und dem Sportereignis etabliert werden, die fähig wäre, „die Seele[n]“ der Jüd*innen dauerhaft an jüdische Kultur zu binden.[179] Es galt ferner, der zumeist von den verschiedenen jüdischen Zeitungsredaktionen produzierten „vergifteten Atmosphäre“[180], innerhalb derer sich die widerstreitenden jüdischen Allianzen nicht erst seit den formativen Jahren des zionistischen Kollektivs bewegten, etwas Positives entgegenzusetzen.

Die FJV stellte eine dezidiert jüdische Variante der ‚allgemeinen‘ Volkshochschule dar. Mehr noch: Sie hätte, wie Rabbiner Julius Bergmann anlässlich ihrer Eröffnung ausführte, als jüdisches Ebenbild der Berliner Universität zu entstehen;[181] oder Loewe

176 Vgl. Protokoll der Gründungsversammlung des Vereins Freie Jüdische Volkshochschule e. V. vom 1. Februar 1919. Archiv der Stiftung „Neue Synagoge“ Berlin – Centrum Judaicum, 1,75 C Ge1, Nr. 732 #10621, Bl. 247–254. Insgesamt 18 Organisationen und Institutionen jeglicher politischer Ausrichtung zählt das Protokoll, darunter u. a. der CV, die Gesellschaft zur Förderung der Wissenschaft des Judentums, die Jüdische Gemeinde Berlin, die jüdische Reformgemeinde, das KJV, der deutsche Rabbinerverband und der Verband der deutschen Juden (vgl. ebd., Bl. 247).

177 XV. Delegiertentag der Zionistischen Vereinigung für Deutschland. In: *Jüdische Rundschau*, 14.01.1919, S. 27–29, hier S. 28.

178 Brenner: *Jüdische Kultur in der Weimarer Republik*, S. 105. In der Satzung der FJV heißt es zur Zielsetzung: „Zweck des Vereins ist die Verbreitung des Wissens von Juden und Judentum, insbesondere durch die Veranstaltung populär-wissenschaftlicher Vortragsfolgen.“ (Satzung für die Freie jüdische Volkshochschule e. V. Archiv der Stiftung „Neue Synagoge“ Berlin – Centrum Judaicum, 1,75 C Ge1, Nr. 732 #10621, Bl. 239–246.)

179 Bruno Kirschner: Zehn Jahre Freie Jüdische Volkshochschule, Berlin. In: *Jüdische Rundschau*, 25.01.1929, S. 42.

180 Die Freie jüdische Volkshochschule. In: *Jüdische Rundschau*, 18.02.1919, S. 100.

181 Vgl. Die Freie jüdische Volkshochschule. In: *Im Deutschen Reich*, 03/1919, S. 134–135, hier S. 134.

zufolge sich die Humboldt-Akademie zum Vorbild zu nehmen.[182] Die Akademie, 1915 mit der Freien Hochschule Berlin zur Humboldt Akademie, Volkshochschule Groß-Berlin fusioniert, gehörte nach der Reichsgründung 1871 zu jenen Institutionen, die durch ihre (wissenschaftlichen) Vortragszyklen den Aufbau *einer* deutschen Nation zementieren sollten.[183]

In der Konzeption der FJV werden vergleichbare Intentionen offenbar. Ein „sichtbarer Mittelpunkt", eine in der Bildungslandschaft Berlins fest verankerte „Stätte jüdischer Volksbildung",[184] an der wissenschaftliches Lehrpersonal den interessierten Laien systematisch jüdische Sprache, Geschichte, Religion und Kultur erschließt und damit die „Bruchstücke des jüdischen Stammes"[185] ineinander webt, sollte geschaffen werden. Bemerkenswert erscheint, dass die erfolgreiche Berufung von Lehrenden an die Volkshochschule, die fortan in den sechs Bereichen Hebräisch/Bibel/Talmud, Literatur und Sprachenkunde, Geschichte/Religionsphilosophie/Ethik, Volks- und Gesellschaftswissenschaft, moderne Bewegungen sowie Verschiedenes unterrichteten,[186] einer Dreiviertelmehrheit innerhalb der paritätisch organisierten Kommission bedurfte.[187] Es ist daher kaum verwunderlich, dass trotz der Übernahme der Geschäftsführung durch Loewe und Eliasberg im ersten Geschäftsjahr das Programm der Volkshochschule durchaus ausgeglichen gestaltet wurde. Unter den sechzehn Vorlesungen des ersten Trimesters finden sich nur zwei Veranstaltungen, in denen die zionistischen Aktivisten Max Strauß und Davis Trietsch Zionismus bzw. Palästina verhandelten. Loewe hingegen besprach, wenn auch mit tradierten zionistischen Propagemen angereichert, die Jüdische Volkskunde.[188]

Um auf die Veranstaltungen innerhalb Berlins aufmerksam zu machen und die Hörer*innenzahl Jahr für Jahr nachhaltig zu steigern, bediente man sich auch der von Jüd*innen teilweise hochfrequentierten Berliner Orte des (jüdischen) Konsums. Mithilfe von Geldern aus dem Etat der Jüdischen Gemeinde wurden nicht nur Handzettel und Zirkulare verteilt und verschickt, Einzelbenachrichtigungen versandt,

182 Vgl. Heinrich Loewe: Freie Jüdische Volkshochschule. In: *Gemeindeblatt der Jüdischen Gemeinde zu Berlin*, 11.04.1919, S. 29–30, hier S. 30; ders.: Freie Jüdische Volkshochschule. In: *Israelitisches Gemeindeblatt Köln*, 21.02.1919, S. 3.

183 Vgl. Wayne G. Pirtle: German Adult Education Following the Unification of 1871. In: *Adult Education Quarterly* 23,2 (1973), S. 99–114.

184 Bruno Kirschner: Die Winterarbeit der Freien Jüdischen Volkshochschule. In: *Gemeindeblatt der Jüdischen Gemeinde zu Berlin*, 26.01.1925, S. 8–9, hier S. 8.

185 Loewe: Freie Jüdische Volkshochschule, S. 29.

186 Vgl. Ahron Eliasberg: Von der Freien Jüdischen Volkshochschule. In: *Jüdische Rundschau*, 06.05.1919, S. 251.

187 Vgl. Die Freie jüdische Volkshochschule. In: *Jüdische Rundschau*, 18.02.1919, S. 100.

188 Vgl. Die Vorlesungen an der Freien Jüdischen Volkshochschule in Berlin. In: *Jüdische Rundschau*, 21.02.1919, S. 108.

Informationsaushänge öffentlich an den Litfaßsäulen der Stadt angeschlagen und Annoncen und Berichte in einschlägigen jüdischen Zeitungen geschaltet,[189] die Vorlesungsprogramme wurden darüber hinaus in diversen (Verlags-)Buchhandlungen und an den Theaterkassen der beiden größten Warenhäuser – im Kaufhaus des Westens (Tauentzienstraße) und in den beiden Filialen von Hermann Tietz in der Leipziger Straße und am Alexanderplatz – ausgelegt.[190] Die Auslageorte, an denen man zugleich die entsprechenden Karten erwerben konnte, konzentrierten sich zunächst auf das Zentrum und den Westen Berlins. Erst später dehnte man die Werbung für die Vorlesungen an der Volkshochschule auf sämtliche jüdische Buchhandlungen aus.[191]

Die Vortrags- und (Rezitations-)Zyklen, die Fortbildungskurse für Religionslehrer*innen (ab 1925), die volkstümlichen (Lieder-)Abende (ab ca. 1927) und sogenannten Kontradiktorischen Abende (ab 1931), welche in den folgenden Jahren an der FJV veranstaltet wurden, streute die Kommission zunächst über einen Großteil des Berliner Stadtgebiets. Die größtmögliche Diffusion der Veranstaltungsorte, die der langjährige[192] Vorsitzende der Volkshochschule, Bruno Kirschner, nach 1925 gern bis in die Außenbezirke Berlins und in die Provinz ausgedehnt gesehen hätte,[193] war mit dem Ziel verbunden, Jüd*innen gleich welcher Region den Zugang zum hier vermittelten jüdischen Wissen zu ermöglichen. Bis 1933 zählten die Programme der Volkshochschule insgesamt 22 Orte. Beachtenswert ist, dass der geographische Raum, innerhalb dessen Veranstaltungen organisiert wurden, sich in der ersten Hälfte der 1920er Jahre vorübergehend verengte. Hatte man zuvor und später darauf gesetzt, weite Teile Berlins als Einzugsgebiete für die Veranstaltungen zu nutzen, konzentrierte man sich zwischen spätestens 1925 und 1928 auf den Westen und das Zentrum der Stadt. Im gesamten Zeitraum waren es vor allem etablierte Orte des Berliner Judentums, die die einzelnen Veranstaltungen beherbergten – die Synagogen in der Fasanenstraße, Levetzowstraße, Rykestraße, Prinzregentenstraße, im Grunewald und in der Heidereutergasse sowie das Haus der Hochschule in der Artilleriestraße, das Logenhaus in der Kleiststraße und die Häuser der

189 Vgl. Kirschner: Die Winterarbeit der Freien Jüdischen Volkshochschule, S. 8; Aus der Sitzung der Repräsentantenversammlung. Sitzung vom Donnerstag, dem 5. Juni 1924. In: *Gemeindeblatt der Jüdischen Gemeinde zu Berlin*, 05.09.1924, S. 169–171, hier S. 170.

190 Vgl. Freie Jüdische Volkshochschule e. V. Berlin. Vorlesungen im Winterhalbjahr 1920. In: *Gemeindeblatt der Jüdischen Gemeinde zu Berlin*, Dezember 1919, o. P. Karten für Hörer*innen waren ferner im Sekretariat der Volkshochschule in der Steglitzer Straße 9, später in der Yorckstraße 88 und wohl zuletzt im Verwaltungsgebäude der jüdischen Gemeinde, Oranienburger Straße 29 erhältlich.

191 Vgl. etwa Freie Jüdische Volkshochschule Berlin. In: *Jüdische Rundschau*, 23.10.1925, S. 703.

192 Bruno Kirschner leitete die FJV seit 1924 (vgl. Bruno Kirschner an Heinrich Loewe, 18.02.1925. CAHJP, D Be4/444).

193 Vgl. Kirschner: Die Winterarbeit der Freien Jüdischen Volkshochschule, S. 9.

Jüdischen Gemeinde in der Rosenstraße 2–4 und 12.[194] Mehrfach wurden auch Räumlichkeiten in städtischen Schulhäusern für die Veranstaltungen genutzt,[195] vergleichsweise selten im Haus des Brüdervereins in der Kurfürstenstraße 114–115. Am weitaus häufigsten versammelten sich Besucher*innen der Volkshochschulveranstaltungen in der ,Orgelsynagoge' Fasanenstraße. Zeitweilig war der bewunderungswürdige Bau mit seinen drei Kuppeln der einzige Ort, an dem die Lehrenden und Kunstschaffenden der FJV auftraten.

Den Umstand, dass großenteils nur liberale Synagogen für die Vortragsveranstaltungen zur Verfügung standen, monierte Loewe erstmals in der Repräsentantenversammlung vom 25. September 1924. Der Raum jüdischer Wissensvermittlung, so Loewe, müsse auf *alle* Gemeindesynagogen ausgedehnt werden.[196] Dem entgegen standen die zeitweilig rückläufigen Besucher*innenzahlen der Veranstaltungen. Auf diese wies nicht nur Benas Levy in dieser Sitzung hin, indem er ausführte, dass es für die Vortragenden unzumutbar wäre, wie im Falle der Veranstaltungen von 1924 in der Fasanenstraße, Lesungen vor einem Publikum abzuhalten, das nicht größer als der Minyan der Synagoge wäre.[197] Auch Bruno Kirschner und andere Berichtende legten mehrfach in der *Jüdischen Rundschau* die schwierige Situation offen: War die Zahl der Besucher*innen des ersten Trimesters mit 1.500 Gästen noch unerwartet hoch, zählte der Geschäftsbericht der Jahre 1919/20 nur noch etwas über 1.000 Besucher*innen für das Herbsttrimester von 1920.[198] Zwischenzeitlich waren die Zahl sogar noch geringer. Im Oktober 1923 schrieb Kirschner sogar von „beschämender Gleichgültigkeit, die die Berliner jüdische Oeffentlichkeit gegenüber dem Vorlesungswesen der Freien Jüdischen Volkshochschule an den Tag legt"[199]. Ein absoluter Tiefstand wurde, trotz des Wegfalls der Hörer*innengebühr, in der ersten Hälfte der 1920er Jahre erreicht. Nur noch 300 bis 400 Teilnehmer*innen zählte Kirschner in seinem Bericht von 1924 rückblickend

194 Zur Architektur der Synagogen vgl. *Synagogen in Berlin. Zur Geschichte einer zerstörten Architektur*, hrsg. v. Berlin Museum. Berlin: Arenhövel 1983. Abraham Pisarek hat die Synagogen im Besonderen und jüdische Orte in Berlin im Allgemeinen, v. a. das Leben an ihnen, fotografisch eindrucksvoll dokumentiert. Vgl. Joachim Schlör (Hrsg.): *Jüdisches Leben in Berlin 1933–1941. Fotografien von Abraham Pisarek*. Berlin: Braus 2012.

195 Hierzu zählen etwa die Leibniz-Oberreal-Schule (Schillerstraße 125–127), Kaiser-Friedrich-Schule (Knesebeckstraße 24), das Gymnasium Zehlendorf in der Burggrafenstraße 25 und das Oberlyzeum in der Berliner Straße 9/10, Neukölln.

196 Vgl. Aus der Sitzung der Repräsentantenversammlung. Sitzung vom Donnerstag, dem 25. September 1924. In: *Gemeindeblatt der Jüdischen Gemeinde zu Berlin*, 07.11.1924, S. 224–226, hier S. 226.

197 Vgl. ebd.

198 Freie Jüdische Volkshochschule Berlin. Bericht über die Geschäftsjahre 1919 und 1920. In: *Jüdische Rundschau*, 14.01.1921, S. 24.

199 Bruno Kirschner: Freie Jüdische Volkshochschule Berlin. In: *Jüdische Rundschau*, 26.10.1923, S. 540.

auf die letzten Semester.[200] Diese Situation änderte sich grundlegend Ende 1924. In der Repräsentantenversammlung wurde zuvor beschlossen, der FJV insbesondere für ihre Werbekampagnen größere Geldsummen zur Verfügung zu stellen.[201] Auch wenn Kirschner in einem Brief an Loewe noch beklagte, dass eine öffentlichkeitswirksame Veranstaltung wie der Rezitationszyklus „Drei Jahrtausende jüdische Dichtungen" es vermag, „nur wenige Alte Herren [des KJV, F. S.] auf die Beine zu bringen"[202], verzeichnete sein Bericht im *Gemeindeblatt der jüdische Gemeinde zu Berlin* eine Rekordzahl von 2.000 Besucher*innen für das Herbsttrimester 1924.[203] Diese Zahl sank in den folgenden Jahren allerdings erneut erheblich. Gemessen an der Besucher*innenzahl rangierten Loewes Vorlesungen zur Volkskunde in der zweiten von Kirschners Kategorien: Ca. 100 Teilnehmer*innen besuchten seine Veranstaltung im Herbst 1924. Damit befanden sich Loewe und die Jüdische Volkskunde weit hinter den Vorlesungen von bspw. Leo Baeck, Julius Bergmann und Malwin Warschauer, die ca. 250 Besucher*innen anzogen.[204]

Loewes Karriere als Dozent der FJV begann im Logenhaus des Ordens Bnei Brit. Später selbst Präsident der Montefiore-Loge, erläuterte er den Besucher*innen bereits auf der Eröffnungsfeier die Disziplin Jüdische Volkskunde. Die Loewe'sche Interpretation des Forschungsfeldes nahm ihren Fluchtpunkt in der Definition des Forschungsgegenstandes. Dies scheint insofern beachtlich, als sie direkt auf die von Max Grunwald gelieferte Zielbestimmung aufsetzte. Hatte Grunwald in der ersten Ausgabe der *Mitteilungen für jüdische Volkskunde* noch Jüdische Volkskunde recht vage als objektives, vorurteilsfreies Betrachten des „Leben[s] Israels in seiner bunten, wechselnden Gestalt"[205] bezeichnet, lieferte Loewe 1919 ein konkretes Programm, nach dem er seine Vorlesungen an der Volkshochschule strukturierte:[206] „Semitische Rasse", ihre „Mischung", Körper und Mentalität, „Echte und Unechte Juden", Statistik, Sprachgeschichte,

200 Vgl. ders.: Die Freie Jüdische Volkshochschule in Berlin. In: *Jüdische Rundschau*, 10.10.1924, S. 584.

201 Vgl. S. 346–347.

202 Bruno Kirschner an Heinrich Loewe, 18.02.1925. CAHJP, D Be4/444. Das finanzielle Defizit, das aus der Veranstaltungsreihe entstand, wurde von der Berliner jüdischen Gemeinde ausgeglichen (vgl. Berliner Jüdische Gemeinde (Von unserem Berichterstatter). In: *Jüdische Rundschau*, 10.07.1925, S. 475).

203 Kirschners Bericht anlässlich des 10-jährigen Jubiläums der Volkshochschule im Januar 1929 zählte 600 bis 800 Hörer*innen (Kirschner: Zehn Jahre Freie Jüdische Volkshochschule, S. 42).

204 Vgl. Kirschner: Die Winterarbeit der Freien Jüdischen Volkshochschule, S. 8–9.

205 [Max Grundwald]: Einleitung. In: *Mitteilungen der Gesellschaft für Jüdische Volkskunde* 1,1 (1898), S. 3–8, hier S. 4.

206 Die Veröffentlichung eines Buches zur Jüdischen Volkskunde war 1919 ebenfalls geplant. Sie sollte im Welt-Verlag erscheinen (Welt-Verlag an Heinrich Loewe, 10.06.1919. Shaar Zion, Boxnr. 6), wo Loewe gemeinsam mit Cheskel Zwi Klötzel und Moritz Steinhardt 1920 *Das jüdische Jugendbuch* publizierte. Für das Buch stellte Loewe „eine Zusammenstellung von jüdischen Schwänken und Eulenspiegeleien" (Vertrag zwischen Heinrich Loewe und dem Welt-Verlag, 22.08.1919. Shaar Zion, Boxnr. 3) zur Verfügung. Auch auf die jugendliche Leser*innenschaft zugeschnittene Abhandlungen, etwa zu jüdischen Namen, die offensichtlich aus der Feder Loewes stammen, finden sich in dem Band (Heinrich Loewe / Cheskel Zwi

Namensforschung, Sitten und Bräuche, (Alltags-)Kultur, Volkserzählungen, Volkslieder, Humor und Sprüche – diese Wissensgebiete vereinigt Loewe in (s)einer Disziplin,[207] die er an anderer Stelle bezeichnenderweise als Jüdische Kulturkunde ausweist.[208] Offensichtlich ist die Bandbreite der von der Jüdischen Volkskunde zu behandelnden Gebiete an Richard Andrées 1881 veröffentlichtes Werk *Zur Volkskunde der Juden* angelehnt: Loewes Programm liest sich wie dessen Inhaltsverzeichnis. Nach 1900 gehörte diese Studie, die u. a. zu dem Ergebnis kam, dass es sich bei Juden um eine „kollektive grosse Individualität"[209] (= Volk) handle, die sich durch ihren widerstandsfähigen „monumentalen Hebräertypus"[210] auszeichne, zu den meist rezipiertesten Debattenbeiträgen.[211] Als „notwendige Ergänzung zu einer allgemeinen Kulturkunde" legte Loewe die Jüdische Volkskunde an, als „Lebensbeschreibung", die beobachtend an der mikrologischen Gegenwart der Judenheit teilnimmt.[212] Er nahm in diesem Zusammenhang – ähnlich der von Lazarus und Steinthal entworfenen Völkerpsychologie[213] – die kollektivpsychologische Verfasstheit eines ‚Volkes' an, die als wichtigste Frage der Volkskunde firmierte und die es galt, in ihrem Verhältnis zur Kulturgeschichte zu untersuchen:

> [D]as unter der Schwelle des Bewusstseins liegende Denken, die unwillkürlichen Volksvorstellungen und Anschauungen wirken trotz der hohen Kultur des jüdischen Volkes auf die Gestaltung dieser Geschichte durchaus mit. Sie lassen ihre Spuren dann in der jüdischen Kultur erscheinen [...] Diese inneren Vorgänge, die im menschlichen Herzen vor sich gehen und die oft genug dem unbewußten Denken angehören, haben zu allen Zeiten nicht minder auf die Gestaltung der Volksgeschichte eingewirkt als die großen kulturellen Ideen, welche offiziell die Kultur des Volkes ausmachten.[214]

Klötzel / Moritz Steinhardt (Hrsg.): *Das jüdische Jugendbuch*. Berlin: Welt 1920, S. 34–35). Das Buch ist mit zahlreichen Abbildungen gespickt, darunter Photographien des ‚Neuen Yishuv', die den gesamten Band durchziehen.

207 Vgl. Die Vorlesungen an der Freien Jüdischen Volkshochschule in Berlin. In: *Jüdische Rundschau*, 21.02.1919, S. 108.

208 Heinrich Loewe: Jüdische Kulturkunde. In: *Jüdisches Gemeindeblatt Köln*, 31.05.1918, S. 1–2.

209 Richard Andrée: *Zur Volkskunde der Juden*. Bielefeld / Leipzig: Velhagen & Klasing 1881, S. 4.

210 Ebd., S. 46. In ihrer Studie *Biologie der Juden* verweist Veronika Lipphardt im Anschluss an Georg Lilienthal darauf, dass Andrée von einer „relativ reinen jüdischen Rasse" ausgehe (Veronika Lipphardt: *Biologie der Juden. Jüdische Wissenschaftler über „Rasse" und Vererbung 1900–1935*. Göttingen: Vandenhoeck & Ruprecht 2008, S. 54; Georg Lilienthal: Die jüdischen „Rassenmerkmale". Zur Geschichte der Anthropologie der Juden. In: *Medizinhistorisches Journal* 28 (1993), S. 173–198, hier S. 179). Dem ist entgegenzuhalten, dass Andreé keineswegs die Judenheit als ‚Rasse' definierte. In seiner Einleitung legt er dar, dass sie als *Volk* Teil der „semitischen Rasse" seien (Andrée: *Zur Volkskunde der Juden*, S. 4). Demgemäß benutzt Andrée ‚Rasse' als Oberbegriff. In diesem Zusammenhang nimmt er die Rassetheorie des jüdischen Orientalisten Daniel A. Chwolson auf (vgl. Daniel A. Chwolson: *Die Semitischen Völker. Versuch einer Charakteristik*. Berlin: Duncker 1872, S. 15–18).

211 Vgl. Lipphardt: *Biologie der Juden*, S. 54.

212 Heinrich Loewe: Juedische Volkskunde [1]. In: *Volk und Land* 1,10/11 (1919), Sp. 289–296, hier Sp. 289.

213 Vgl. S. 98–99, 280.

214 Loewe: Juedische Volkskunde [1], Sp. 289–290.

Grunwald, der heute wie damals gemeinhin als „treibende Kraft“[215] der Gründung der Gesellschaft für Jüdische Volkskunde in Hamburg und ferner als solche im Etablierungsprozess dieses vergleichsweise jungen Forschungsbereichs gilt,[216] erteilte dem zeitgenössisch weit verbreiteten, in Disziplinen wie bspw. Anthropologie, Physiologie und Pathologie kolportierten, pseudo-wissenschaftlichen Befund, dass es sich bei Juden um eine homogene, konstante ‚Rasse‘ handele, innerhalb derer geistige und körperliche Eigenschaften korrelierten, eine klare Absage: In einem Artikel, der ursprünglich 1922 in der Wiener Zeitschrift *Wahrheit* abgedruckt wurde, reflektierte er zentrale Begriffe des (nicht nur) wissenschaftlichen Diskurses zu Rasse, Volk und Nation an rassentheoretischen Arbeiten, die seit der Jahrhundertwende entstanden waren. Die Essenz seines Artikels ließ er in der auch anderweitig viel bemühten Handlungsmaxime Nietzsches kulminieren: „Mit keinem Menschen umgehen, der an dem verlogenen Rassenschwindel Anteil hat.“[217] Die Rassentheorie, so Grunwald, sei „ein Kartenhaus“, das ausschließlich dazu geeignet sei, dem Antisemitismus ein „Versteck zu bieten“.[218] ‚Volk‘ als dominante Bestimmungkategorie des Judentums definierte er wie folgt:

> Unter V o l k verstehen wir mithin die lockere Masse, die sich in der Nation organisiert und als solche im Staat [...] in Erscheinung tritt. An sich, ohne die Tendenz zur Nation, ist das Volk eine durch gewisse engere oder weitere, äußere oder innere Beziehungen unter sich verbundene Menschenmenge. Von einem „jüdischen Volk“ – nicht einem „Volksgespenst“, um mit Heine zu reden – kann jedenfalls mit mehr Recht gesprochen werden, als etwas von einem „katholischen Volk“ oder auch von einem „jüdischen Stamm“. Wir sind mehr [...] als nur religiöse Gemeinschaft. Wir sind selbst dort, wo unser Zusammenhang unter uns ebenso wie mit den Traditionen unserer nationalen Vergangenheit ganz locker ist, wo sich nicht e t h n o g r a p h i s c h von einem „Volke“ reden läßt, wie z. B. bei den Ostjuden oder den Sefardim [...] vielleicht nur im Unterbewußtsein wirksame Gemeinsamkeit der „anerzogenen Rasse“ miteinander verbunden, mag die gemeinsame Abstammung noch so fraglich erscheinen. Wir fühlen uns als Gemeinschaft und empfinden gewisse sittliche Defekte, wie Hartherzigkeit und andere, instinktiv als Zeichen n i c h t jüdischer Herkunft.[219]

215 Christine Schatz: Angewandte Volkskunde. Die „Gesellschaft für Jüdische Volkskunde“ in Hamburg. In: *Vokus. Volkskundlich-kulturwissenschaftliche Schriften* 14,1 (2004), S. 121–134, hier S. 122.

216 Zu Grunwald und zur Jüdischen Volkskunde vgl. Christoph Daxelmüller: Hamburg, Wien, Jerusalem. Max Grunwald und die Entwicklung der jüdischen Volkskunde zur Kulturwissenschaft. In: Birgit Johler / Barbara Staudinger (Hrsg.): *Ist das jüdisch? Jüdische Volkskunde im historischen Kontext.* Wien: Österreichisches Museum für Volkskunde 2010, S. 375–394; ders.: Jüdische Volkskunde – jüdische Volkskultur; ders.: Hundert Jahre jüdische Volkskunde.

217 Max Grunwald: Rasse, Volk, Nation. In: *Jahrbuch für Jüdische Volkskunde* 26/27 (1925/1926), S. 307–343, hier S. 331.

218 Ebd., S. 332–333.

219 Ebd., S. 334. Die Vorstellung einer „anerzogenen Rasse“ übernimmt Grunwald offensichtlich von dem schweizerischen Rechtswissenschaftler Johann Caspar Bluntschli. Bluntschli versteht unter ‚anerzogenen Rassen‘ buddhistische Mönche, den römisch-katholischen Klerus, Universitätsstudenten usf., Kollektive

Der starke Fokus, den Loewe in seiner Eröffnungsvorlesung an der FJV auf die Frage legte, was/wer denn eigentlich Gegenstand einer Jüdischen Volkskunde sei und als was sich Judentum definieren lasse, kann – ähnlich den Ausführungen Grunwalds von 1898 und 1922 – als Teil der bzw. Reaktion auf die „Biologisierung der ‚Judenfrage'"[220] gelesen werden. Der biologistischen Idee vom ‚Volk' setzte Grunwald – wie oben ausgeführt – ein anderes Verständnis von Judenheit entgegen. Loewes Vorschlag zur theoretischen und praktischen Ausgestaltung der Volkskunde, den er 1919 machte, zielte dagegen in eine andere Richtung. War Loewe um die Jahrhundertwende noch hin und her gerissen, ob Biologie von seiner Theorie des jüdischen Nationalismus Besitz ergreifen solle,[221] gerierte sich das Konstrukt ‚Rasse' in seinem Programm der Jüdischen Volkskunde als signifikante Komponente. Auf der Suche nach dem die geographisch weit gestreuten und kulturell heterogenen „jüdischen Stämme" Verbindenden nutzt Loewe, ‚jüdische Eigenart' destillierend, ‚Rasse' als inkludierende Kategorie, die letztlich den „verschiedenen lebenden, so unendlich verschiedenen und doch so einheitlichen Judenstämme[n]"[222] eine gemeinsame ethnische Basis liefert. Er schrieb etwa:

> Wenn [...] der körperliche jüdische Typus ein durchaus einheitlich gerichteter ist, bei außerordentlicher Vielseitigkeit der einzelnen Individuen, so entspricht dieser doch einer nicht minder geistigen Verfassung. Auch das jüdische Denken und das jüdische Fühlen beweg[en] sich nach denselben großen Gesetzen und l[assen] den geistigen jüdischen Typus ebenfalls in einem hohen Maße gleich gerichtet erscheinen.[223]

In diesem Zusammenhang dürfte die von seinem Schwager Elias Auerbach entworfene Rassentheorie wichtige Impulse gesetzt haben, die wie die Konstruktionsarbeit Loewes

also, die durch „geistige Erziehung und Abrichtung" (Johann Caspar Bluntschli: *Lehre vom modernen Staat*, 3. Teil: Politik. Stuttgart: Cotta 1876, S. 114) entstünden. Zur Rassetheorie Bluntschlis im Allgemeinen vgl. Brigitte Geiger: Die Rassentheorie von Johann Caspar Bluntschli. In: *Zürcher Taschenbuch* 114 (1994), S. 143–171. Zu den Debatten um das Konzept „Jüdischer Stamm" insb. auch im Kontext des deutschen Nation Building vgl. van Rahden: Germans of the Jewish Stamm; ders.: *Juden und andere Breslauer*, S. 21–22.

220 Thomas Gräfe: *Antisemitismus in Deutschland 1815–1918. Rezensionen, Forschungsüberblick, Bibliographie*. Norderstedt: BoD 2007, S. 152; vgl. Alex Bein: *Die Judenfrage. Biographie eines Weltproblems*, Bd. 1. Stuttgart: DVA 1980, S. 347–363.

221 In seinem Beitrag „Der Nationalismus" von 1895 fehlt ‚Rasse' in der Aufzählung der Erkennungsmerkmale einer Nation (vgl. Heinrich Loewe: Der Nationalismus [1], S. 2). In „Nation und Nationalismus" von 1902 findet sich die Aufzählung leicht modifiziert, hier taucht der Begriff ‚Rasse' auf (ders.: Nation und Nationalismus. In: *Der Jüdische Student* 1,7–8 (1902–1903), S. 110–122, hier S. 111).

222 Heinrich Loewe: Juedische Volkskunde (Schluß). In: *Volk und Land* 1,12/13 (1919), Sp. 359–368, hier Sp. 364.

223 Ebd., Sp. 359.

in der von Felix von Luschan Ende des 19. Jahrhunderts entworfenen Anthropologie einen wesentlichen Fluchtpunkt nahm.[224]

Seit 1907 an den Debatten um ‚jüdische Rasse' beteiligt, widmete sich Auerbach in den folgenden Jahrzehnten immer wieder der Konstruktionsarbeit „einer kollektiven jüdischen Identität auf biologischer Grundlage"[225]. Damit fragmentierte er wie viele andere Rassenanthropologen seiner Zeit den ‚jüdischen Körper', der, wie Julia Schäfer ausführlich analysiert, „als Vehikel benutzt [wurde], um einen Diskurs über Krankheit und Gesundheit, Normalität und Perversion zu führen"[226]. Ein wesentlicher Grundzug der Auerbach'schen Rassentheorie, die er exemplarisch in einem 1920 in *Der Jude* veröffentlichten Artikel darlegte, kennzeichnet Loewes ethnologische Interpretation, die er im Rahmen seiner Eröffnungsvorlesung an der FJV vornahm: Hatte Andreé etwa Juden als Teil einer ‚Rasse' – der semitischen – bestimmt, konstruierten Auerbach und Loewe diese als ‚Rasse' an sich – als *eine* ‚jüdische Rasse'.[227] „Rassehaft, fast unvermischt" seien „die Juden [...] durch alle möglichen Sprachen und Sprachstämme hindurchgegangen",[228] heißt es bspw. in Loewes Eröffnungsvorlesung. Explizit verwies Auerbach darauf, dass es sich bei Juden (und Japanern) um *die* ‚Rasse' par excellence handle. Ließe sich bei allen anderen „führenden Kulturvölkern" wegen „schrankenloser und immer wiederholender Mischung nicht mehr von Rassen sprechen", hätte sich im Fall der Juden eine „historisch gewordene Fortpflanzungsgemeinschaft, die sich durch

224 Zur Rassetheorie von Luschans vgl. Anja Laukötter: *Von der „Kultur" zur „Rasse" – vom Objekt zum Körper. Völkerkundemuseen und ihre Wissenschaften zu Beginn des 20. Jahrhunderts.* Bielefeld: Transcript 2007, S. 102–124 (Kap. „Das Konzept ‚Rasse' bei von Luschan").

225 Lipphardt: *Biologie der Juden*, S. 213. Lipphardt wirft in ihrer Studie einen äußerst differenzierten Blick auf die Rassentheorie Auerbachs (ebd., S. 213–222), indem sie die verschiedenen Stufen der Theorieentwicklung, die bei Auerbach – auch in direkter Auseinandersetzung mit Felix von Luschan – in den 1920er Jahren in der Formel vom „jüdischen Rassengemisch" (ebd., S. 73) kulminierten, nachzeichnet. Hierzu auch Mitchell B. Hart: *Jews and Race. Writings on Identity and Difference, 1880–1940.* Waltham: Brandeis UP 2011, S. 159–169 (Kap. „'The Jewish Racial Question,' Elias Auerbach").

226 Julia Schäfer: *Vermessen, gezeichnet, verlacht. Judenbilder in populären Zeitschriften 1918–1933.* Frankfurt am Main / New York: Campus 2005, S. 217. Besonders bemerkenswert erscheint ein Projekt, an dem Loewe und Grunwald gemeinsam mitwirkten: Sie waren im Arbeitsausschuss zur Vorbereitung des Pavillons „Hygiene der Juden" auf der Großen Ausstellung für Gesundheitspflege, soziale Fürsorge und Leibesübungen (GeSoLei) in Düsseldorf 1926 tätig. Max Eschelbacher führte in seiner Beschreibung der Topographie des Pavillons sehr deutlich die von Schäfer aufgeworfene These vor – die ‚jüdische Biologie' als Indikator für die Qualität gesellschaftlicher Verhältnisse: „Ein letzter Raum ist den biologischen Problemen des heutigen Judentums gewidmet. Jüdische Typen, gewonnen aus Paßbildern zeigen die mannigfaltigen und doch im letzten Grunde einheitlichen Erscheinungsformen unseres Stammes, Statuetten stellen kleine Splitter der Judenheit dar, chinesische, indische Juden und andere wenig gekannte Spielarten. Statistische Tabellen geben Aufklärung über unsere Gesundheits- und Krankheitsverhältnisse, sie offenbaren mit einer erschreckenden Klarheit die schweren *Gebrechen*, an denen das deutsche Judentum leidet, Mischehe, Geburtenrückgang, Stammbäume aller jüdischer Familien geben uns wiederum Vertrauen zu der trotzdem ungebrochenen *Vitalität* der Juden." (Max Eschelbacher: Zur Einführung. In: *Menorah* 4,6/7 (1926), S. 319–324, hier S. 321 (Herv. F. S.).)

227 Zur Ideengeschichte *einer* ‚jüdischen Rasse' vgl. Raphael Patai / Jennifer Patai Wing: *The Myth of the Jewish Race.* New York: Wayne State UP 1989, S. 21–25 (Kap. 1. „Jews Constitute One Single Race").

228 Loewe: Juedische Volkskunde (Schluß), Sp. 364.

typische Schichtung körperlicher und geistiger Merkmale von anderen unterscheiden läßt" erhalten.[229] Ende der 1910er Jahre übernahm Loewe diese Perspektive, die, durchdrungen von seiner eigenen nationaljüdischen Kulturtheorie, „Nation als historisch gewordene Kulturgemeinschaft [... und] Volk als historisch gewordene Sprach- und Staatsgemeinschaft"[230] definierte, verwob sie nicht nur in seine volkskundlichen Vorlesungen, sondern ließ sie auch in einzelne volkskundliche Schriften einfließen.[231] Dieses Narrativ der Judenheit blieb aber keineswegs stabil. In dem Artikel „Jüdische Stammesforschung" (ein Appell für die Gründung eines entsprechenden Instituts, vermutlich in Jerusalem) bspw., der 1930 im *Gemeindeblatt der Jüdischen Gemeinde zu Berlin* veröffentlicht wurde, verzichtete Loewe darauf, ‚Rasse' zu instrumentalisieren. Vielmehr wies er schon Ende der 1920er Jahre nachdrücklicher als zuvor auf die Diversität der jüdischen „Menschengruppen"[232] (= Stämme) hin, die als solche durch die volkskundliche Erforschung sichtbar werden:

> Gibt es doch schon unter den Juden innerhalb desselben Landes, der gleichen Landschaft, desselben Ortes, ja sogar derselben Familie oft so ausgesprochen verschiedene Typen physischer und erst recht psychischer Art, daß man hier die Momente von Vererbung und Erwerbung von Eigenschaften, vom Einfluß der Rasse und des Milieus mit Händen greifen zu können glaubt, daß aber einstweilen noch diese Sicherheit zerrinnt, sobald die exakte Forschung den Gründen dieser Gleichheit und dieser Verschiedenheiten nachzugehen sich bemüht.[233]

5. Bibliotheken III – Jüdische National- und Universitätsbibliothek

Im Juli 1919 unternahm Heinrich Loewe erste Schritte, um die durch den Krieg unterbrochenen Arbeiten für die JNUL wieder aufzunehmen. In einem Brief an den im Zentralbüro in Kopenhagen tätigen Schmarjahu Levin, welchen er als „Freund" zeichnete und mit Jehuda Louis Weinberg vom Palästinaamt inhaltlich und formal absprach,[234] rief Loewe ins Bewusstsein, dass die adäquate Literaturversorgung des jüdischen Palästinas als Teil der zionistischen Kulturarbeit oberste Priorität habe. Stand allerdings vor dem Krieg die Arbeit für *eine* Bibliothek im Zentrum, verwies Loewe nun nachdrücklicher als zuvor auf die Notwendigkeit, die Grundlagen für den Aufbau eines jüdischen

229 Elias Auerbach: Rassenkunde. In: *Der Jude* 5,1 (1920/21), S. 49–57, hier S. 50.

230 Ebd.

231 Vgl. etwa Heinrich Loewe: *Proselyten. ein Beitrag zur Geschichte der jüdischen Rasse.* Berlin: Soncino-Gesellschaft 5687 [1926].

232 Heinrich Loewe: Ein Institut für jüdische Stammeskunde. Jüdische Anthropologie, 31.12.1928. CZA, A146/37. Vgl. auch S. 356–357, Anm. 219.

233 Heinrich Loewe: Jüdische Stammesforschung. In: *Gemeindeblatt der Jüdischen Gemeinde zu Berlin*, Mai 1930, S. 236–238, hier S. 236.

234 Vgl. Jehuda L. Weinberg an Heinrich Loewe, 12.07.1919. Shaar Zion, offener Bestand.

Bibliotheks*wesens* in Palästina zu legen. Den Ausgangspunkt sollte dieses Projekt in der National- und Universitätsbibliothek nehmen. Besonders beachtenswert ist diesbezüglich die Auseinandersetzung mit dem jüdischen Bibliothekswesen, die Loewe in der Zeit vor dem 12. Zionistenkongress in Karlsbad von 1921 hinter den Kulissen führte. Wie sehr seine Ideen für das jüdische Bibliothekswesen in ‚Eretz Israel' von dem deutschen Bibliothekswesen, in das Loewe eingebunden war, ausgehen, zeigt etwa ein Brief, den er im März des Jahres an Chaim Weizmann richtete. Im Gegensatz zu den Propagandaschriften und Redebeiträgen, die stets die Vision eines jüdischen bzw. hebräischen Bibliothekswesens vorführten, kontrastierte hier das Literaturversorgungsnetz der Berliner Bibliotheken und Lesehallen Loewes Überlegungen. Explizit wies er seinen Arbeitsplatz als nachahmenswerte Vorlage für den Aufbau der Universitätsbibliothek in Jerusalem aus:

> Eine m i t t l e r e , keineswegs eine grosse Bibliothek ist die Berliner Universitäts-Bibliothek. Sie ist deshalb ein Analogon zu der Jerusalemer, weil sie eine Benutzungsbibliothek, keine Archivbibliothek ist. Sie muss dem praktischen Bedürfnisse der Universität dienen. Insofern hat sie einen grossen Vorsprung vor Jerusalem, als sie bereits ein Jahrhundert lang existiert, dass sie ein ganz modernes weit gebautes Haus hat und alle Einrichtungen vorhanden sind. Ferner bekommt sie, abgesehen von alten Stiftungen und besonders ihr zugute kommenden Bestimmungen, Pflichtexemplare, und zwar ungefähr etwas mehr als die Hälfte aller Erscheinungen des deutschen Buchhandels. Erst darüber hinaus muss sie kaufen. Dazu kommt noch der Austausch mit allen Universitäten und Akademien der Welt, der nur zeitweilig durch die Kriegsereignisse gehemmt war.[235]

Auf dem 12. Zionistenkongress in Karlsbad hielt Loewe, knapp sechs Monate nach dem Brief an Weizmann, der insbesondere auf eine zweckmäßige finanzielle Ausstattung des entstehenden Bibliothekswesens drängte, stellvertretend für die Universitätskommission ein Plädoyer, das auf die Übernahme der systematischen Förderung des jüdischen Bibliothekswesens in Palästina zielte. Die Briefe, die Loewe in diesem Zeitraum versandte, zeigen allerdings, dass keineswegs er allein für die auf dem Zionistenkongress vorgetragenen Vorschläge zum Bibliothekswesen verantwortlich gemacht werden kann. Der Urheber des ersten Entwurfs für Loewes Konzept war Otto Vanselow, ein befreundeter Bibliothekar – ein „Halbjude"[236], wie ihn Loewe bezeichnete –, mit dem er langjährig an der Berliner Universitätsbibliothek zusammengearbeitet hatte.[237] Vanselows ausgearbeiteten Plan änderte Loewe nur noch in Kleinigkeiten ab: „Ihre

235 Heinrich Loewe an Chaim Weizmann, 20.03.1921. Archiv der JNUL, ARC 4 793/167.
236 Heinrich Loewe: Sichronot. Kap. Otto Vanselow. CZA, A146/66, S. 5.
237 Ebd., S. 2.

Pläne kommen mir großartig zu statten“[238], schrieb Loewe an Vanselow. „Sie sind viel praktischer als mein Entwurf, den ich freilich ganz schnell hingeworfen hatte, um Ihnen überhaupt einen Anhalt zu geben, was ich wollte.“[239] Eine „feste Arbeitsgemeinschaft“[240], die in der gegenseitigen Unterstützung bei wissenschaftlichen und literarischen Arbeiten bestand, verbarg sich demnach hinter Loewes präsentierten Vorschlägen. Die Delegierten des Kongresses stimmten schließlich dem Antrag zu und die Förderung wurde in die Agenda der WZO übernommen. Gleiches gilt für den 18. Delegiertentag der deutschen Zionisten, der 1922 stattfand. Auch hier sorgte Loewe mit seinem Referat dafür, dass eine entsprechende Resolution verabschiedet und die Förderung des jüdischen Bibliothekswesens den organisierten deutschen Zionist*innen als Pflicht auferlegt wurde.[241]

Im Vorfeld des 12. Zionistenkongresses entstand Loewes umfassende Abhandlung *Jüdisches Bibliothekswesen im Lande Israel*. Die mit Druckort Jerusalem erschienene Schrift basierte auf einem Artikel, den Loewe bereits Ende 1919 in den *Neuen Jüdischen Monatsheften* veröffentlicht hatte.[242] In der Abhandlung, die, mit Unterstützung der WZO gedruckt, als Propagandainstrument und als *billet d'entrée* in den internationalen bibliothekarischen Schriftenaustausch dienen sollte,[243] legte Loewe umfassend die Rolle eines jüdischen resp. hebräischen Bibliothekswesens dar. Konstruierte er die Universität als Katalysator der kulturellen Hegemonisierung Palästinas, im Zuge derer allerdings das Recht der Araber auf Boden und kulturelle Autonomie – „Eigenkultur“[244], wie Loewe schreibt – anzuerkennen sei, firmierte das Bibliothekswesen zum eigentlichen Ausdruck der ‚kulturellen Höhe‘.

In diesem Zusammenhang hob Loewe insbesondere auf die Rolle der zu schaffenden JNUL als signifikante nationale Institution ab. Er stellte die Bibliothek als Projekt vor, an dem sich jede*r, egal ob jüdisch oder nicht-jüdisch oder welcher politischen Gesinnung, zu beteiligen habe. Die Bibliothek konstituierte sich bei Loewe als Ort, an dem das „Wissen des Jüdischen Volkes und das Wissen […] vom Jüdischen Volke“[245] und zugleich jedes „Gebiet menschlichen Denkens und Dichtens, Schauens und Schaffens“[246] gesammelt, geordnet und zugänglich gemacht werden sollte.

238 Heinrich Loewe an Otto Vanselow, 18.08.1921. Shaar Zion, Boxnr. 36.

239 Ebd.

240 Loewe: Sichronot. Kap. Otto Vanselow, S. 5.

241 Vgl. Weitere Resolutionen. Bibliothek. In: *Jüdische Rundschau*, 15.09.1922, S. 405.

242 Vgl. Heinrich Loewe: Jüdische Bibliotheken im Lande Israel. In: *Neue Jüdische Monatshefte* 3 (1919), S. 169–170.

243 Vgl. Heinrich Loewe an Berthold Feiwel, 21.07.1921. Archiv der JNUL, ARC 4 793/167.

244 Loewe: *Jüdisches Bibliothekswesen im Lande Israel*, S. 9–10.

245 Ebd., S. 16.

246 Ebd., S. 17.

Während Palästina zu Anfang der 1920er Jahre nicht nur Universität, Bibliothekswesen und augenscheinlich auch potentiellem wissenschaftlichem Personal, Studierender und Material entbehrte, setzte sich in der jüdischen Diaspora die Bildung und Verflechtung von Institutionen in Gang, die den Aufbau der Universität im Allgemeinen und der JNUL im Besonderen fokussierte. Mit der Gründung von Hochschulkomitees und Sammelstellen in verschiedenen Ländern wurde die Arbeit zunehmend dezentral organisiert. Unter Loewes Leitung nahm die Hauptsammelstelle in Berlin ihre Tätigkeit wieder auf. Nach wie vor mit der Sammlung, Katalogisierung und Verschickung von Büchern beschäftigt, wurden auch „jüngere Kräfte", Studierende etwa, für die anfallenden Arbeiten hinzugezogen.[247] Über die umfangreiche Sammeltätigkeit berichtete Loewe regelmäßig in der *Jüdischen Rundschau*. Zunächst in von ihm privat angemieteten Räumlichkeiten untergebracht, zog die Hauptsammelstelle später in das Haus Meinekestraße 10 um. Hier residierte in den 1930er Jahren (vermutlich erst nach Loewes Emigration) ebenfalls die Gesellschaft der Freunde der Jerusalem-Bibliothek, die unter ihrem aus Heinrich Loewe, Albert Einstein, Gustav Bradt und Emil Dammann lange Zeit bestehenden engeren Vorstand Ende Oktober 1922 die Arbeit aufnahm.[248] Anlässlich eines Besuchs Sol Rosenblooms – einem der wichtigsten Förderer des Bibliotheksbaus in Jerusalem – in den Bibliotheksräumen des Logenhauses, Kleiststraße 10, gegründet, wurden der Förderverein und das Koordinationszentrum für Geldspenden und Bücher aus Deutschland spätestens in der Zeit nach der Machtübernahme der Nazis zugleich „Verbindungsstelle" zur Hebräischen Universität.[249] Nach 1938 vermittelte es in Zusammenarbeit mit dem Palästinaamt, das sich ebenfalls in der Meinekestraße 10 befand, außerdem jüdische Studierende aus Deutschland an zionistische Bildungseinrichtungen in Palästina. Die ehemalige Hauptsammelstelle für Bücher indes transformierte sich, mittlerweile von der Gesellschaft der Freunde der Jerusalem-Bibliothek offiziell getragen,[250] in eine Zentralsammelstelle für sämtliches jüdisches Kulturgut,

247 Vgl. etwa ([Heinrich Loewe]: Mitteilungen über die Arbeit für das Bibliothekswesen in Erez Jisrael. In: *Jüdische Rundschau*, 13.05.1921, S. 264; ders.: Mitteilungen über das jüdische Bibliothekswesen in Erez-Israel. In: *Jüdische Rundschau*, 23.08.1921, S. 481.

248 Vgl. Gesellschaft der Freunde der Jerusalem-Bibliothek in Deutschland. In: *Jüdische Rundschau*, 03.11.1922, S. 578–579. Zum Vorstand der Gesellschaft gehörten weiterhin aus Berlin: Mosche Sobernheim, Ismar Elbogen, Eduard Leszynsky, Rabbiner Meier Hildesheimer, Leo Baeck, Ernestine Eschelbacher, Rechtsanwalt Dr. Walter und Josef Altmann. Weiterhin waren im Vorstand der Gesellschaft aktiv (ab spätestens 1927) Hans Mühsam (vgl. Für die Jerusalem-Bibliothek. In: *Jüdische Rundschau*, 11.01.1927, S. 20) und Willy Rosenthal, der ab spätestens 1931 den Vorsitz übernahm (vgl. Heinrich Loewe: Gesellschaft der Freunde der Jerusalem-Bibliothek. In: *Jüdische Rundschau*, 06.10.1931, S. 469). Aus Leipzig war Raphael Chamitzer, aus Kassel Simon Strauß, aus Köln Max Bodenheimer und aus Breslau Ludwig Laqueur im Vorstand aktiv.

249 Vgl. Bücher für Palästina. In: *Jüdische Rundschau*, 24.05.1938, S. 4.

250 Vgl. Büchersammelstelle für die Nationalbibliothek. In: *Jüdische Rundschau*, 13.08.1935, S. 4. Einen skizzenhaften Einblick in die Arbeit der Sammelstelle gewährt ebenso Leimkugel: Botanischer Zionismus, S. 87–88 (Kap. 4.15 „Vorsitzender der ‚Gesellschaft der Freunde der Jerusalem-Bibliothek' – Warburgs

das – nach zwangsläufigen Haushaltsauflösungen jüdischer Künstler*innen und Wissenschaftler*innen – für den Transfer nach Palästina zur Verfügung stand.[251] Unterstützt von weiteren Zweigstellen im Deutschland, etwa in Frankfurt am Main und Hamburg,[252] wurden bspw. 1935 30.000 Bücher nach Palästina geschickt, „im geringen Umfange“[253] auch Kunstgegenstände, wissenschaftliche Sammlungen und Museumsstücke.

Das Erziehungsdepartment der WZO setzte ab 1919 die Hebrew University Advisory Committees (Universitätskomitees) ein, beratende Gremien von Fachleuten, die bei der Konzeption der ersten Universitätsinstitute, Fakultäten und weiteren universitären Einrichtungen behilflich waren. In London etwa versammelten sich vor allem an englischen Hochschulen Lehrende.[254] Vergleichbare Komitees gründeten sich in Paris, New York, Jerusalem und Berlin.[255] Das ebenfalls 1919 in Berlin entstandene Komitee arbeitete unter der Leitung Otto Warburgs, hier waren u. a. auch Albert Einstein und Heinrich Loewe aktiv. 1921 wurde vom im März des Jahres offiziell in London registrierten Keren Ha-Yesod ein eigens für die Finanzierung der Universität zuständiger Fonds eingerichtet, der Spendengelder aus aller Welt aufnehmen sollte.[256] Um den Fonds anzureichern, versuchte das zionistische Kollektiv vor allen Dingen, amerikanisches Kapital einzuwerben. Neben der Propagandaarbeit mittels Werbeschriften und kleineren Broschüren unternahmen zionistische Funktionäre ausgedehnte Reisen nach Übersee. Besondere Aufmerksamkeit in der Presse erhielt etwa die gemeinsame Reise von Albert Einstein, Elsa Einstein und Chaim Weizmann, die sich Ende Winter 1921 nach Amerika aufmachten.[257] Nicht nur die *Jüdische Rundschau* dokumentierte die Reise fast minutiös, auch bspw. in der *New York Times* erschienen zahlreiche Meldungen.

Im Sommer 1919 kam man auf einer Sitzung von Mitgliedern des Zionistischen Zentralbüros darin überein, dass man sich bei der Besetzung eines Bibliothekarsstelle an der JNUL „in allererster Linie“ an Loewe zu wenden habe, deshalb bat man ihn, sich darauf

letztes Amt“). Leimkugel zufolge leitete Otto Warburg die Gesellschaft seit 1934. Er übernahm den Vorsitz von Willy Rosenthal, der im gleichen Jahr verstorben war.

251 Vgl. ebd.

252 Vgl. Spendet Bücher zur Zehnjahresspende der „Gesellschaft der Freunde der Jerusalem-Bibliothek e. V.“ In. *Jüdische Rundschau*, 03.09.1935, o. P.

253 Bücher für Palästina! Aus der Arbeit der Berliner Sammelstelle. In: *Jüdische Rundschau*, 10.10.1935, S. 23.

254 Vgl. Zionistisches Zentralbüro, Abt. für Erziehung und Kultur: Report on the Preparation for the University of Jerusalem and the Technical College in Haifa, 28.06.1920. CZA, A146/449, S. 4.

255 Vgl. Die Beratungen über die Jerusalemer Universität. In: *Jüdische Rundschau*, 25.07.1924, S. 421.

256 [Heinrich Loewe]: Mitteilungen über das jüdische Bibliothekswesen im Lande Israel. In: *Jüdische Rundschau*, 29.12.1920, S. 697.

257 Vgl. etwa Einstein und Keren Hajessod. In: *Jüdische Rundschau*, 25.02.1921, S. 107; Einsteins Amerikareise. In: *Jüdische Rundschau*, 01.03.1921, S. 115; Professor Einsteins Abreise. In: *Jüdische Rundschau*, 23.03.1921, S. 152; Die Ankunft der zionistischen Delegation in Amerika. In: *Jüdische Rundschau*, 08.04.1921, S. 189.

vorzubereiten, nach Palästina zu immigrieren, sobald die Möglichkeit der Einreise gegeben sei.[258] Kurze Zeit nach der Mitteilung aus dem Zentralbüro reichte Loewe beim zuständigen Ministerium für Wissenschaft, Kunst und Volksbildung ein Urlaubsgesuch für eine Informationsreise nach Palästina ein. Das Gesuch, auf sechs Monate den Dienst an der Berliner Universitätsbibliothek zu unterbrechen, wurde ihm im September 1919 bewilligt,[259] kurze Zeit später auf Antrag Loewes um ein Jahr verlängert. Es fehlte nur noch die Einreiseerlaubnis, die die Zionistische Exekutive in London zu erwirken gehabt hätte. Dies scheiterte allerdings aus ungeklärten Gründen,[260] und Hugo Bergmann, der bis dahin als Sekretär der Kulturabteilung der WZO tätig war und bis 1935 Direktor der JNUL blieb, emigrierte im Auftrag der WZO nach Palästina, um sich der Organisation der JNUL und des jüdischen Bibliothekswesens vor Ort zu widmen. Offensichtlich erfolgte die Berufung Bergmanns auf Empfehlung von Menachem Ussischkin, der die Zionist Commission in Jerusalem leitete. Der Vorschlag Ussischkins, den Schmarjahu Levin in einem Brief an Loewe auf die Unmöglichkeit der kurzfristigen Einreise zurückführte, wurde auf einer Sitzung im Londoner Zentralbüro am 20. Januar 1920 angenommen. „Auf ausdrücklichen Wunsch des Herrn Dr. Bergmann“, so heißt es in dem Schreiben, das Loewe die neue Situation zur Kenntnis brachte, solle mit dem Beschluss, Bergmann zu schicken, Loewes Stellung in der Universitätsbibliothek keineswegs in Frage gestellt werden. Sobald er eine Einreiseerlaubnis erhielte, würde er Bergmann ersetzen – so der Brief implizit.[261] Bergmann adressierte noch am gleichen Tag ein persönliches Schreiben an Loewe aus London, in dem er ausdrücklich darauf hinwies, dass er nur „einerart Platzhalter“[262] sei. Weiter schrieb er:

258 Vgl. Helene H. Cohn an Heinrich Loewe, 05.08.1919. Shaar Zion, Boxnr. 9.

259 Vgl. Heinrich Loewe an Zionistisches Zentralbüro, Abt. für Erziehung und Kultur, 29.09.1919. CZA, L12/173.

260 Weinberg zufolge lautete die offizielle Begründung der Exekutive, dass Loewe aufgrund seiner deutschen Staatsbürgerschaft die Einreise verweigert werde (vgl. Weinberg: *Aus der Frühzeit des Zionismus*, S. 219). Allerdings spricht einiges dafür, dass nicht nur die neuen diplomatischen Verhältnisse nach dem Ersten Weltkrieg ausschlaggebend für die Verweigerung gegenüber Loewe waren. Auch persönliche Differenzen zwischen Loewe und dem der Leitung der WZO enger verbundenen Bergmann sowie dessen Urteil über Loewes Eignung als Direktor der am amerikanischen Bibliothekssystem orientierten Nationalbibliothek in Jerusalem dürften hier eine Rolle gespielt haben. So schreibt Hugo Bergmann an Robert Weltsch noch 1929: „Du schriebst mir von der Möglichkeit, daß ich von der Bibliothek wegginge. Ich würde es sehr gern […]. Aber ich sehe […] niemand, der meine Arbeit antreten könnte. Heinrich Loewe kommt natürlich gar nicht in Betracht, schon wegen des ihm unbekannten amerikanischen Systems und der Unkenntnis des Englischen etc. Abgesehen davon, dass er ein schrecklicher Mensch ist …“ (An Robert Weltsch, 7.2.29. In: Ders.: *Tagebücher & Briefe*, Bd. 1, hrsg. v. Miriam Sambursky. Königstein: Jüdischer Verlag 1985, S. 281–282.)

261 Vgl. Schmarjahu Levin an Heinrich Loewe, 21.01.1920. Shaar Zion, Boxnr. 9.

262 Hugo Bergmann an Heinrich Loewe, 21.01.1920. Archiv der JNUL, 1502/1673.

> Ich bitte Sie, die Versicherung entgegen zu nehmen, dass mir jede Absicht fern liegt, Ihre hoehere Autoritaet und groessere Erfahrung auf dem Gebiet des Bibliothekswesens auch nur im entferntesten in Frage zu stellen. [...] Ich hoffe im eigenen Interesse, dass Sie moeglichst bald Ihre Arbeit in Palaestina selbst beginnen werden.[263]

Dazu kam es nicht. Während Loewe bis 1924 mit Nachdruck daran arbeitete, die Stelle des Direktors der JNUL einzunehmen und offiziell zum Organisator des jüdischen Bibliothekswesens in Palästina berufen zu werden, spitzte sich der Konflikt zwischen ihm und dem Zentralbüro mehr und mehr zu. Dispute über (vermeintlich) ausstehende Gehaltszahlungen hatte Loewe bereits seit Ende des Kriegs mit der Zionistischen Exekutive geführt. Hinzu kam die mitunter diffuse Situation, innerhalb derer Loewes Stellung in der WZO wieder und wieder neu bzw. nicht definiert wurde. Die Auseinandersetzung zwischen Loewe und der Exekutive erfolgte selten durch direkte Kommunikation. Vielmehr trat Loewe einem ausdifferenzierten bürokratischen Apparat gegenüber. Er verhandelte weitgehend mit Funktionären, die als Vermittler eingesetzt waren. Sie handelten ‚im Auftrag', ein Faktum, welches seinen Teil dazu beitrug, dass Loewes Rolle, seine Funktionen und Kompetenzen über Jahre hinweg unklar blieben. Hatte man ihm zum 1. April 1921 gekündigt,[264] erneuerte die im gleichen Jahr eingesetzte provisorische Leitung der WZO den Vertrag.[265] Nahm Loewe den Verzicht auf seine Dienste als zukünftiger Leiter der Jerusalemer Bibliothek im Oktober 1920 lediglich zur Kenntnis und argumentierte mit einer „moralische[n] Verpflichtung"[266] der Zionistischen Exekutive zu seiner Anstellung als Direktor der Bibliothek, die er aus bereits getätigten Versprechungen dieser ableitete, wies er Ende 1922 auf den Umgang der Exekutive mit ihm und die damit verbundenen Folgen für seine wirtschaftliche Existenz hin.[267] Entscheidend war in diesem Zusammenhang der unbezahlte Urlaub, den Loewe seit April 1920 vom preußischen Staatsdienst nahm, in der Annahme, nicht nur eine Informationsreise nach Palästina zu unternehmen, sondern dauerhaft – zunächst mit einem Monatsgehalt von 4.000 Mark ausgestattet[268] – als zionistischer Beamter in Palästina tätig zu werden. Der genommene Urlaub, währenddessen Loewe anscheinend keine Zahlungen von der WZO erhalten hatte, bedeutete für ihn und seine Familie augenscheinlich eine gravierende Verschlechterung ihrer wirtschaftlichen Existenz:

263 Ebd.

264 Vgl. Otto Warburg an Zionistisches Zentralbüro, Abt. für Erziehung und Kultur, 03.11.1920. CZA, L2/173.

265 Vgl. Heinrich Loewe an Max Soloweitschik, 20.11.1920. Shaar Zion. Boxnr. 9.

266 Heinrich Loewe an Zionistisches Zentralbüro, 10.01.1920. CZA, L12/173.

267 Vgl. Heinrich Loewe an Max Soloweitschik, 20.11.1920. Shaar Zion. Boxnr. 9.

268 Vgl. Heinrich Loewe an Zionistisches Zentralbüro, 25.10.1921. Archiv der JNUL, ARC 4 793/167.

Ich bin seit Monaten nicht imstande, für meine Kinder Butter zu kaufen. Weder Butter noch Eier kommen in mein Haus, an Anschaffung von Kleidungsstücken oder Schuhzeug ist gar nicht zu denken.[269]

Ab Juli 1924 baute Loewe zusätzlich juristischen Druck auf. Vorausgegangen war eine mündliche Erklärung Weizmanns, die er ihm wenige Tage vor seiner Propagandareise nach Amerika gab.[270] Weizmann habe Loewe davon unterrichtet, dass er „als leitender Direktor der Bibliothek nach Jerusalem übersiedeln solle"[271]. Gleichzeitig habe er Loewe wissen lassen, dass er die Exekutive davon in Kenntnis setzen würde, er habe ihm dies offiziell zugesagt. Daraufhin begann Loewe in Berlin, die Übersiedlung nach Palästina vorzubereiten. Kurze Zeit später ging ein Kündigungsschreiben aus London ein, so Loewe.[272] Genau genommen lag ihm allerdings schon im März des Jahres ein offizielles Kündigungsschreiben von der Zionistischen Exekutive vor. Darin wurde Loewe mitgeteilt, dass sowohl seine Tätigkeit für die WZO als Leiter der Hauptsammelstelle in Berlin nicht über den 30. Juni 1924 hinaus verlängert als auch sämtliche Ansprüche, die im Zusammenhang mit dem Direktorenposten in Jerusalem stünden, für nichtig erklärt würden. Im Auftrag der Zionistischen Exekutive schrieb ihr Generalsekretär Israel Cohen ferner:

They [die Exekutive, F. S.] desire me to point out that they cannot, under any circumstance, admit your claim, and the request to refrain in future from so styling yourself.[273]

Er entschied schließlich, seinen Fall vor das Zionistische Kongressgericht zu bringen. In der Klageschrift Loewes, die Max Kollenscher als Prozessbevollmächtigter für ihn ausarbeitete, und in der Erwiderung der Exekutive wurden die Positionen der beiden Parteien nochmals besonders deutlich herausgearbeitet. Loewe beharrte darauf, nicht nur als Leiter der Hauptsammelstelle in Berlin – als (einziger) besoldeter Büchersammler für die JNUL –, sondern als Direktor der JNUL angestellt worden zu sein.[274] Schon 1914, im Zuge der Schaffung des Vorbereitenden Komitees zur Gründung der Universität in Jerusalem, sei ihm offiziell der Auftrag erteilt worden, „an die Spitze der Bibliotheksleitung"[275] zu treten. Auch nach dem Krieg habe sich daran nichts geändert. Das

269 Heinrich Loewe an Max Soloweitschik, 20.11.1920. Shaar Zion. Boxnr. 9.

270 Vgl. S. 371–372.

271 Heinrich Loewe an Otto Warburg, 07.07.1924. CZA, A12/26.

272 Vgl. ebd.

273 Israel Cohen an Heinrich Loewe, 26.03.1924. Shaar Zion, Boxnr. 9.

274 Vgl. Max Kollenscher: Klage des Bibliotheksrats Prof. Dr. Heinrich Loewe, eingereicht beim Kongressgericht der Zionistischen Organisation z. Hd. d. Herrn Rechtsanwalts Sammy Gronemann, 11.11.1924. Shaar Zion, Boxnr. 9.

275 Ebd.

wohl am schwersten wiegende Argument Loewes war der Vertrag, den er als Bevollmächtigter der Zionistischen Exekutive im Februar 1922 mit dem Kuratorium der Wolffsohnstiftung ausgehandelt hatte. Der Vertrag, der im Wesentlichen regelte, dass die Wolffsohnstiftung ihr Kapital für den Neubau der Bibliothek einsetzte, führte einen Passus, der Loewe explizit als Bibliotheksdirektor auswies.[276] In der Erwiderung der Exekutive heißt es dazu, dass man bei Ratifizierung des Vertrags in einer „Zwangslage" handelte, man wollte keine Verantwortung für ein Scheitern der Verhandlungen mit der Stiftung übernehmen und nahm so den Passus in Kauf.[277] Eine endgültige Klärung des Falls Loewe wurde anscheinend nie herbeigeführt. Nicht ganz zu Unrecht brandmarkte Loewe die Strategie der Exekutive als kalkulierte „Verschleppung" und forderte zwischenzeitlich die Überweisung des Falls an ein ordentliches Gericht.[278] Erst Ende 1926 entschied das Kongressgericht, dass es für den Fall Loewe nicht zuständig sei. Schon zuvor hatte Loewe selbst anscheinend mehrfach angedeutet, dass es ihm auch mittlerweile weniger um das Geltendmachen seiner Ansprüche ginge als vielmehr um seine Rehabilitierung in der WZO. Wie aus einem Brief von Montague David Eder – Mitglied des 1925 gegründeten Board of Governors der Hebräischen Universität – an Mosche Sobernheim vom 21. Dezember 1926 hervorgeht, strebte Loewe etwa an, alternativ einen bloßen Ehrentitel, bspw. „Direktor der Wolffsohnstiftung", verliehen zu bekommen.[279]

Der Neubau der JNUL war Loewes letztes großes Projekt auf der internationalen Bühne des zionistischen Kollektivs. Bis 1937 blieb der Zionistenkongress von 1923 der letzte, an dem Loewe teilnahm.

Die Baugeschichte der JNUL, die sich in der Korrespondenz Loewes mit Kollegen widerspiegelt, begann im Juli 1921. Loewe fertigte im Austausch mit Otto Vanselow erste Pläne an, die ein Bibliotheksgebäude vorsahen, das für zehn Jahre nutzbar sein sollte. Vanselows Rolle bei der Erarbeitung der ersten Pläne ist kaum zu unterschätzen. In einem späteren Brief an ihn, der auf den 22. Februar 1922 datiert, wies Loewe explizit darauf hin, dass Vanselow einen „hervorragenden Anteil"[280] hatte, auch indem er wohl den ersten Plan für das Gebäude entwarf.[281] Leider tragen die im Loewe-Teilnachlass überlieferten Zeichnungen kein Datum.[282] In Anbetracht der Tatsache, dass Loewe 1921 noch mit der Einrichtung eines oder zweier Herzlzimmer plante und ein Herzlmuseum

276 Vgl. Loewe: *Jüdisches Bibliothekswesen im Lande Israel*, S. 63–65.

277 Exekutive der Zionistischen Organisation: Erwiderung der Executive der Zionistischen Organisation auf die Klageschrift des Bibliotheksrats Prof. Dr. Heinrich Loewe, 02.10.1924. CZA, L12/173, S. 4.

278 Heinrich Loewe an Max Kollenscher, 21.12.1924. Shaar Zion, Boxnr. 9.

279 Vgl. Montague David Eder an Mosche Sobernheim, 21.12.1926. CZA, A146/115.

280 Heinrich Loewe an Otto Vanselow, 22.02.1922. Shaar Zion, Boxnr. 36.

281 Vgl. Otto Vanselow an Heinrich Loewe, 08.06.1921. CZA, A146/124.

282 Sämtliche Pläne befinden sich im CZA (Sign. A146/124).

in das Gebäude integrieren wollte, ohne ein Wolffsohnzimmer zu erwähnen, ferner einen Entwurf vorlegte, der Details eines Magazins aussparte, liegt es nahe, dass die ersten überlieferten Entwürfe auf Mitte 1921 datieren und damit im Vorfeld von Loewes Verhandlungen mit Jacobus Kann und Eduard Leszynsky, Mitgliedern des Kuratoriums der Wolffsohnstiftung, entstanden.

Welche die endgültige Fassung als Ergebnis der Diskussion zwischen Loewe und Vanselow war, kann nicht endgültig entschieden werden. Auf einen offenbar früheren Grundriss[283] rekurrierte Loewe aber offensichtlich noch im Juli 1922 in einem Brief an Richard Kauffmann: Korrespondierend mit den Vorschlägen Vanselows[284] führte er aus, dass zunächst das Verwaltungsgebäude „als Provisorium der ganzen Bibliothek" einzurichten, später die Bibliothek um das Lesesaalgebäude und einen Magazinbau „mit geschlossenen Zwischenhöfen"[285] zu erweitern wäre. In wesentlichen Zügen ahmte der Grundriss den der Königlichen Bibliothek zu Berlin nach, die bis 1922 im hinteren Teil die Universitätsbibliothek – Loewes Arbeitsplatz – beherbergte: Ein rechteckiger Bau, der Lesesaal gerahmt von Gärten, die an den Ehrenhof der Königlichen Bibliothek erinnern. Die Brücke vom Verwaltungsgebäude im vorderen Teil des Hauses sollte vergleichbar der Königlichen Bibliothek das Treppenhaus bilden, an das sich der Lesesaal anschließt. Gleicht man die überlieferten Entwürfe mit der Korrespondenz Loewes ab, etwa mit einem Brief, den Vanselow im Dezember 1921 sandte (in dem er nicht nur ausführlich zu Loewes raumgestalterischen Überlegungen Stellung bezieht, sondern auch ein Etatschema und einen adäquaten Personalplan entwickelte), dürfte sich der projektierte Bibliotheksbau zu diesem Zeitpunkt wie folgt gestaltet haben:[286] Ein dreigeschossiger Monumentalbau sollte entstehen, soweit war sich Loewe auch mit leitenden zionistischen Funktionären, etwa mit Chaim Weizmann und Otto Warburg, einig.[287] Im Erdgeschoss sollten sich die Dienstwohnung des Bibliotheksdirektors und weitere unterkellerte Wohneinheiten für Angestellte sowie ein Archiv befinden, das als Vorläuferin des späteren Zionistischen Zentralarchivs die zionistischen Aktensammlungen aus Odessa, Berlin, London und Wien vereinigen sollte.[288] Ferner planten Loewe und Vanselow die Schaffung eines Hörsaals, in dem „ernste Vorlesungen und seminaristische Uebungen"[289] der ersten Rumpffakultäten abgehalten würden. Das erste Obergeschoss sollte u. a. die Katalogzimmer, die Arbeitszimmer der bibliothekarischen Fachangestellten sowie Räume für Kunstwerke und Karten beherbergen, das zweite Obergeschoss

283 Vgl. Grundrissentwurf JNUL, Heinrich Loewe, (ca. 1921/22. CZA, A146/124.
284 Vgl. Otto Vanselow an Heinrich Loewe, 08.06.1921. CZA, A146/124.
285 Heinrich Loewe an Richard Kaufmann, 03.07.1922. CZA, A12/26.
286 Vgl. Otto Vanselow an Heinrich Loewe, 11.12.1921. CZA, A146/124.
287 Vgl. Heinrich Loewe an Eduard Leszynsky, 11.09.1921. Shaar Zion, Boxnr. 36.
288 Vgl. ebd.
289 Ebd.

u. a. das Büro des Direktors, weiterhin weitere Teile des Magazins. 1927, zwei Jahre vor Eröffnung des David-Wolffsohn-Hauses, zeichnete Loewe die Topographie des Gebäudes weitaus konkreter. In Teilen korrespondierend mit einer seiner Entwurfszeichnungen[290] und der tatsächlichen Gestalt, die das Haus annahm,[291] führte er auf der deutschen Bibliothekstagung desselben Jahres in Dortmund aus:

> Gleich im Erdgeschosse beginnen die Magazine. Dort sind Räume für 227.200 und für 255.360 Bände vorgesehen. Hier führt der Haupteingang an Ausstellungsräumen vorbei, die nicht bloß für Bibliotheksausstellungen bestimmt sind, sondern vor allem der Unterbringung des Theodor-Herzl-Museums und der Wolffsohn-Sammlung der Stiftung dienen sollen. An den Ausstellungsräumen führt hier der Haupteingang vorbei. Zu beiden Seiten des sich hier befindenden Dublettensaales sind Dunkelräume vorgesehen, der eine für photographische Zwecke, der andere unter entsprechenden baulichen Sicherungen als feuersicherer Aufbewahrungsraum für besondere Kostbarkeiten. Seitwärts liegt der Zeitschriftenlesesaal, über dem sich zum Teil eine Kuppel, teils auch die besonderen Arbeitsräume für Gelehrte befinden. Auf dem gegenüberliegenden Flügel des Bauwerks ist vor allem auch eine geräumige Dienstwohnung für den Hauswart vorbereitet. Der Hauptlesesaal liegt im ersten Stockwerke. [...] Auf dem gleichen Flure liegt dem Lesesaal dann ein Magazin gegenüber [...]. Die Katalogräume befinden sich im selben Stockwerke. Von dort führt eine offene Wandelhalle in das Magazin, während ein breiter Eingang den Zutritt zum Lesesaal gewährt
>
> Für die an der Katalogisierung tätigen Beamten und für den bibliographischen Apparat ist ein gleich großer Raum wie für die Kataloge selbst vorgesehen. Anschließend an den großen Lesesaal sind besondere Arbeitsräume in Aussicht genommen. Außerdem ist für einen Speisesaal, zunächst für die Bibliotheksbeamten, gesorgt. Er liegt neben den über der Hauswartswohnung befindlichen Diensträumen.
>
> Im Untergeschosse befinden sich vor allem Werkstätten, besonders für eine ausreichende Hausbuchbinderei. Dagegen kann der unter dem Lesesaale befindliche Raum als Magazin genutzt werden.[292]

Offensichtlich hatte Geddes/Mears zunächst nur einen Vorschlag für die äußere Hülle und die Fassade des Bauwerks vorgelegt.[293] Die Innenräume seien in enger Absprache mit der Wolffsohnstiftung erarbeitet worden,[294] betonte Loewe. Dies impliziert freilich,

290 Vgl. Handschriftlichen Skizzen zur Innenarchitektur des Wolffsohn-Hauses v. Heinrich Loewe, ca. 1922. CZA, Jerusalem, A146/124.

291 Vgl. *The David Wolffsohn House of the Jewish National and University Library.* Jerusalem [1930], S. 12–15. Ausführlich wird in der Broschüre die Innenarchitektur des Gebäudes beschrieben. Drei Stockwerke besitzt das Haus. Zudem wurde es unterkellert. Der im Erdgeschoss befindliche, nach Berl Katznelsohn benannte Zeitschriftenlesesaal bot Platz für 45, der Lesesaal, 1930 noch nicht möbliert, für 142 Besucher*innen.

292 Heinrich Loewe: *Der Aufbau der Jerusalem-Bibliothek. Sonderdruck aus den Soncino-Blättern* (= Beiträge zur Kunde des jüdischen Buches). Berlin [1927], S. 90.

293 Vgl. ebd., S. 89.

294 Vgl. ebd.

dass er bis zuletzt in die architektonischen Planungen eingebunden blieb und seine raumgestalterischen Vorstellungen, die er gemeinsam mit Otto Vanselow entwickelt hatte, sich zumindest fragmentartig im Entwurf von Geddes/Mears wiederfinden.[295]
Am 16. Januar 1922 erging die formelle Bestätigung der Londoner Exekutive an Loewe, die Verhandlungen über die Finanzierung des Bibliotheksbaus mit dem Kuratorium der Wolffsohnstiftung als Vertreter der Exekutive zu führen.[296] Zu diesem Zeitpunkt lag bereits ein Vertragsentwurf vor, der wesentliche Gesichtspunkte des Verhältnisses zwischen WZO und Wolffsohnstiftung regelte. Auf diesen Vertragsentwurf nahm das Schreiben des Sekretärs Leo Kohn Bezug. Er gab im Auftrag der Exekutive Loewe eine Reihe von Punkten zu bedenken, die er bat, bei den Verhandlungen zu berücksichtigen. Liest man den in Loewes Schrift *Jüdisches Bibliothekswesen im Lande Israel* abgedruckten Vertrag zwischen Zionistischer Exekutive und Wolffsohnstiftung, der knapp einen Monat später, am 19. Februar, rechtskräftig wurde, wird deutlich, dass das Ergebnis der Verhandlungen keineswegs die von Kohn angeführten Kritikpunkte aufnahm.[297] Die entscheidenden Aspekte, der direkte Einfluss der Wolffsohnstiftung auf die Bibliotheksverwaltung und die vertragliche Bindung an bestimmte Personen – Heinrich Loewe als Bibliotheksdirektor, Otto Warburg und David Yellin als weitere Mitglieder der leitenden Bibliothekskommission – wurden trotz der entschiedenen Einwände der Exekutive, die offenbar von Loewe in den Verhandlungen mit dem Kuratorium vorgetragen wurden,[298] in den Vertrag aufgenommen. Die Exekutive befürchtete, dass es besonders hinsichtlich der Verwaltung der Bibliothek zukünftig Probleme geben werde, da zu diesem Zeitpunkt bereits eine Bibliothekskommission aus Vertretern der Bnei-Brit-Loge und der Zionistischen Organisation bestand, die die Geschicke der JNUL bestimmten.[299] Von Loewes Palästinareise, die er gemeinsam mit seiner Frau Johanna am 6. März 1922 antrat, erhoffte man sich u. a. die Klärung dieser verwaltungstechnischen Fragen.
Diesmal mit einem Visum der britischen Behörden im Gepäck reisten Loewes über Genua nach Jerusalem. Loewes Hauptaufgabe bestand darin, einen passenden Bauplatz für die Bibliothek zu finden, die nicht mehr Volksbibliothek und wissenschaftliche Bibliothek in einer Institution verknüpfen sollte. Die Buchsammlungen, die dem Universitätsbetrieb nicht dienlich waren, sollten nun im alten, in der Jerusalemer

295 Vgl. Dolev: Architectural Orientalism in the Hebrew University, insb. S. 222, Fig. 4.

296 Vgl. Leo Kohn an Heinrich Loewe, 16.01.1922. CZA, L12/117. Eine beglaubigte Abschrift des Dokuments, die auf den 22. Februar datiert, befindet sich im Bet Ariela, Boxnr. 9.

297 Vgl. Loewe: *Jüdisches Bibliothekswesen im Lande Israel*, S. 63–65.

298 Vgl. Heinrich Loewe an Eduard Leszynsky, 04.03.1922. Shaar Zion, Boxnr. 36.

299 Vgl. Leo Kohn an Heinrich Loewe, 16.01.1922. CZA, L12/117.

Innenstadt befindlichen Bibliotheksgebäude verbleiben.[300] Einem Brief an Otto Warburg zufolge hatte seine Reise insofern Erfolg, als er mit Hilfe von Richard Kauffmann, der Anfang der 1920er Jahre von der Palestine Land Developement Company (PLDC) zum „ersten zionistischen Städteplaner berufen“[301] worden war, das Gelände, auf dem die Bibliothek Jahre später gebaut wurde, auszuwählen in der Lage war.[302] Die Kriterien für einen adäquaten Bauplatz fasste Loewe vielfach nachträglich in der zionistischen Presse zusammen: Sie solle dort gebaut werden, wo die „Linien der gesamten natürlichen Stadtentwicklung Jerusalems, die besonders nach Norden führen“, hinstreben, nahe des Universitätskomplexes und zugleich von den jüdischen Stadtteilen und Siedlungen aus gut erreichbar.[303] Sie solle auf dem Skopusberg dem Universitätskomplex vorgelagert entstehen.[304] Zurück in Deutschland instruierte Loewe Anfang Juli 1922 Richard Kauffmann aus der Ferne. Er solle über David Yellin Kontakt zu einem gewissen Makler Hochstein aufnehmen, um mit einem arabischen Bauern, der offensichtlich das Grundstück besaß, den Quadratmeterpreis und die Kaufoption zu verhandeln.[305] Eine Aufnahme des Terrains müsste zunächst bewerkstelligt werden, schrieb Loewe, damit man an ein Preisausschreiben gehen könne. Diesbezüglich konkurrierten auf Zirkularen – Postkarten und Informationsbroschüren – ganz unterschiedliche architektonische Entwürfe für das Wolffsohnhaus in der folgenden Zeit. Neben dem Konzept von Patrick Geddes, Frank Mears und Benjamin Chaikin, das unter zionistischen Aktivist*innen nicht unumstritten war, schließlich aber offenbar aufgrund bestehender Verträge zwischen der Exekutive und den Architekten verwirklicht wurde,[306] machten bspw. auch Alex Baerwald und Richard Neutra Vorschläge für den Bibliotheksbau. Zur Finanzierung des Gebäudes mussten, über das Kapital der Wolffsohnstiftung hinaus,[307] weitere Gelder eingeworben werden. Gemeinsam mit seiner Frau machte sich

300 Vgl. Heinrich Loewe: Bericht über das jüdische Bibliothekswesen in Palästina, erstattet an die Exekutive und das Actions-Comité der Zionistischen Organisation. In: Ders. *Mitteilungen über das jüdische Bibliothekswesen in Erez-Jisrael (Bericht der Hauptsammelstelle), Januar 1923.* Archiv der JNUL, ARC 4 893/213, S. 8. Der Bericht findet sich auch abgedruckt in *Jüdische Rundschau*, 23.02.1923, S. 92.

301 Sonder: Gartenstädte für Erez Israel, S. 137.

302 Vgl. Heinrich Loewe an Otto Warburg, 12.06.1922. CZA, A12/26.

303 Vgl. Loewe: Bericht über das jüdische Bibliothekswesen in Palästina, S. 9.

304 Vgl. Heinrich Loewe an Richard Kauffmann, 03.07.1922. CZA, A12/26.

305 Vgl. Heinrich Loewe an Otto Warburg, 12.06.1922. CZA, A12/26.

306 Vgl. Loewe: *Der Aufbau der Jerusalem-Bibliothek*, S. 89: „Die Entwürfe des Baues sind von den englischen Baumeistern Geddes und Mears gemacht, die sich schon vor der Inangriffnahme jeder kolonisatorischen zionistischen Arbeit irgendwie die Rechte gesichert hatten, daß nur sie für die Universität und ihre Institute bauen dürfen. Daß dadurch z. B. alle zionistischen Architekten von vornherein ausgeschlossen waren, hat zwar einen großen Sturm der Entrüstung hervorgerufen, aber an der Tatsache selbst nichts geändert.“

307 Vgl. Die Tätigkeit der Wolffsohn-Stiftung im Jahre 1922. In: *Jüdische Rundschau*, 19.06.1923, S. 307.

Loewe knapp ein Jahr nach seinem Aufenthalt in Jerusalem im Auftrag der Wolffsohnstiftung auf zu einer Propagandareise in die Vereinigten Staaten.[308] Loewes erreichten nach zwölftägiger Überfahrt, die mit dem Luxusdampfer RMS Laconia über Southampton führte, am 24. Oktober 1923 den Hafen New Yorks.[309] Hier angekommen galt es in den folgenden sechs Monaten,[310] ein Netzwerk aus Forschenden, Bibliothekaren und finanzkräftigen Persönlichkeiten zu flechten, das die Bibliothek in Jerusalem zu unterstützen vermochte. Ferner oblag es Loewe, die „Systeme und den Bau vie[l]er wertvoller Bibliotheken" zu studieren und den Bauplan für das Wolffsohnhaus weiter zu konkretisieren.[311] Zahlreiche Lokalkomitees zur Unterstützung der Bibliothek wurden in den folgenden Monaten eingerichtet.[312] Zuerst wäre das American Commitee of the Hebrew University Library in Jerusalem zu nennen, das sich als zentrales Koordinationsgremium unter seinen Vorstehern Harry Friedenwald, Sol Lowenstein, Alexander Marx und Sol Rosenbloom während Loewes Reise in New York konstituierte.

Tatsächlich erreichte die Propagandareise, die über die Stationen New York, Philadelphia, Pittsburgh, Washington D. C., Baltimore, Cincinnati, Boston, Chicago, Cleveland, Detroit und Kansas City ging, dass Sol Rosenbloom (Pittsburgh), Lewis Landsberg (Bensonhurst), David Simons (Detroit) und Mary Fels (New York) das von Loewe und Kauffmann 1922 ausgesuchte Grundstück auf dem Skopusberg erwarben und der Wolffsohnstiftung schenkten.[313] Formell allerdings erhielt die Wolffsohnstiftung den Baugrund vom JNF in Erbpacht.[314] Darüber hinaus sammelte Loewe zahlreiche Eindrücke, die seine Vorstellungen einer zukünftigen wissenschaftlichen Gebrauchsbibliothek auf dem Skopusberg nahe an die Konzeptionen und Ausstattungen amerikanischer Bibliotheken heranführten. Diverse Bibliotheksleiter, die Loewe auf seiner Reise besuchte, sorgten in der Folge nicht nur dafür, dass ihre Bibliotheken in den Schriftenaustausch mit der JNUL eintraten, sondern führten ihm auch „bereitwillig ihre Baukonstruktionen [...] und ihre technischen und administrativen Einrichtungen

308 Mit vergleichbaren Zielen war Loewe bereits 1921 in Lettland unterwegs. Hier gründete er einem Bericht in der *Jüdischen Rundschau* zufolge ein Palästina-Hochschulkomitee in Riga, von dem eine Sammelstelle für die JNUL eingerichtet wurde ([Heinrich Loewe]: Mitteilungen über die Arbeit für das Bibliothekswesen in Erez Jisrael. In: *Jüdische Rundschau*, 13.05.1921, S. 264).

309 Vgl. Heinrich Loewe an Max Schlössinger, 04.10.1923. Archiv der JNUL, ARC 4 793, 275/3.

310 Vgl. Heinrich Loewe an Emil Caro, 03.03.1924. Archiv der JNUL, ARC 4 793, 275/3.

311 Vgl. Heinrich Loewe: Aufgabe und Ergebnis einer Reise fuer die Juedische National- und Universitaets-Bibliothek zu Jerusalem, [1924]. Archiv der JNUL, ARC 4 793, 167, S. 1.

312 Vgl. News from the Hebrew National & University Library in Jerusalem, [1923/1924]. Archiv der JNUL, ARC 4 793, 275/3, S. 5.

313 Vgl. [Heinrich Loewe]: [Bericht über die Amerikareise], 21.05.1924. Archiv der JNUL, ARC 4 793, 275/3, S. [1].

314 Vgl. Loewe: *Der Aufbau der Jerusalem-Bibliothek*, S. 88.

vor“[315], notierte Loewe auf der RMS Aquitania, die ihn und seine Frau wieder zurück nach Europa brachte. Wenige Monate zuvor schrieb er an Jacobus Kann in Den Haag, die New York Public Library (NYPL), die er offensichtlich genauestens während seines Aufenthalts inspiziert hatte, sei ein „Beispiel für viele“[316]. Hier habe man so geplant, dass der Bibliotheksbau, der zwischen 1902 und 1911 an der Fifth Avenue als Hauptgebäude der Bibliothek entstanden war, um ein Vielfaches erweitert werden könne. Ferner habe die NYPL 45 Zweigbibliotheken im ganzen Stadtgebiet. Beide Tatsachen, so Loewe, seien beim Bau der JNUL auf dem Skopusberg unbedingt bedenkenswert. Zum niederländischen Konsul in Jerusalem berufen, reiste Jacobus Kann kurze Zeit später nach Palästina, um die nötigen Schritte für den Bau zu koordinieren.[317] Es sollte allerdings noch weitere zweieinhalb Jahre dauern, bis am 18. Juli 1926 der Grundstein für das Wolffsohnhaus gelegt wurde.[318] Für eine Verzögerung des Bauprojekts sorgte vor allen Dingen das Erdbeben vom 12. Juli 1927. Es versetzte dem Skopusberg „einen Hauptstoß“, wie Loewe auf der deutschen Bibliothekstagung 1927 berichtete, ohne allerdings dem Haus Schaden zuzufügen. Die Baukosten verteuerten sich trotzdem.[319] Spätestens Anfang 1929 wurden die Arbeiten am Rohbau des Wolffsohnhauses abgeschlossen und man ging daran, das Gebäude mit dem notwendigen Mobiliar auszustatten.[320] Während die Schreibtische und Stühle der Bibliothek vor Ort von Lotte Cohn[321] entworfen wurden, handelte es sich bei den Bücherregalen um eine Stiftung des Deutschen Verbandes zur Förderung der Universität Jerusalem, der sich spätestens 1925 gegründet hatte.[322] In den ersten Monaten des Jahres 1929 begann der Büchertransfer aus der Jerusalemer Innenstadt in das neue Gebäude.[323] Schließlich wurde das Haus im April 1930 eingeweiht. Zu diesem Zeitpunkt zählte die Bibliothek, die die *Jüdische Rundschau* als einen der modernsten Bibliotheksbauten des Nahen Ostens feierte,

315 Loewe: Aufgabe und Ergebnis einer Reise fuer die Juedische National- und Universitaets-Bibliothek, S. 1.

316 Heinrich Loewe an Jacobus Kann, 12.12.1923. Archiv der JNUL, ARC 4 793, 275/3.

317 Vgl. News from the Hebrew National & University Library in Jerusalem, [1923/1924]. Archiv der JNUL, ARC 4 793, 275/3, S. 2.

318 Vgl. Das neue Haus der Nationalbibliothek. In: *Jüdische Rundschau*, 06.08.1926, S. 442.

319 Vgl. Appell für die Wolffsohn-Stiftung. In: *Jüdische Rundschau*, 21.08.1928, S. 475.

320 Vgl. Der Neubau der Universitätsbibliothek. In: *Jüdische Rundschau*, 15.01.1929, S. 24.

321 Zu Lotte Cohn vgl. Ines Sonder: *Lotte Cohn. Baumeisterin des Landes Israel; eine Biographie*. Berlin: Jüdischer Verlag 2010; Lotte Cohn: *Eine schreibende Architektin in Israel*, hrsg. v. Ines Sonder, 2 Bde. Berlin: Neofelis 2016–2017.

322 Vgl. Der neue Bau der Universitäts-Bibliothek in Jerusalem. In: *Jüdische Rundschau*, 30.04.1929, S. 219; Verband zur Förderung der Universität Jerusalem. In: *Jüdische Rundschau*, 17.11.1925, S. 756; *David Wolffsohn House of the Jewish National and University Library*, S. 15.

323 Vgl. Uebersiedlung der jüdischen National-Bibliothek. In: *Jüdische Rundschau*, 07.04.1929, S. 276.

insgesamt ca. 225.000[324] Bände, ein Großteil davon deutschsprachige Literatur.[325] Das mit Metallregalen, Glasfußboden, Klimaanlage und Aufzug ausgestattete Gebäude war genau für diesen Buchbestand ausgelegt[326] und sollte später um einen Flügel für weitere 250.000 Bände ergänzt werden.[327]

6. Die neuen ‚Soncinat*innen'[328]

Am 15. Mai 1924 konstituierte sich in Berlin unter großer Beachtung der Presse[329] die erste bibliophile jüdische Gesellschaft in der Geschichte – die Soncino-Gesellschaft der Freunde des jüdischen Buches. Der Bücher- und Kunstsammler Herrmann Meyer war zweifelsohne der Motor der Initiative, er war Loewe zufolge ihre „Seele"[330]. In seinen Erinnerungen berichtet Loewe, wie Meyer zu ihm kam und die Gründung jener jüdischen bibliophilen Gesellschaft vorschlug. Er hätte sich gern bereit erklärt, Meyer nicht nur auf der Suche nach potentiellen Interessent*innen in Bundesbrüder-[331] und sonstigen Kreisen behilflich zu sein, sondern sagte auch seine persönliche Mitarbeit zu. Wie Ulrich Heider in seiner 2006 erschienenen Schrift zur Soncino-Gesellschaft feststellt, ist es auffällig, dass ein Großteil jener neuen ‚Soncinat*innen' zugleich in diversen zionistischen Kontexten aktiv war.[332]

324 Vgl. *David Wolffsohn House of the Jewish National and University Library*, S. 15.

325 Vgl. ebd., S. 49. Von 216.000 Bänden, die eine Statistik des Buchbestands der JNUL zählt, waren 92.000 deutschsprachige Titel. Dies entspricht fast 43 % des Gesamtbestands.

326 Vgl. Die National- und Universitätsbibliothek. Zur heutigen Eröffnung des Wolffsohnhauses auf dem Skopus. In: *Jüdische Rundschau*, 16.04.1930, S. 211.

327 Vgl. *David Wolffsohn House of the Jewish National and University Library*, S. 22.

328 Das Kapitel ist bearbeitet erschienen als Frank Schlöffel: Zionismus und Bibliophilie – Heinrich Loewe und die neuen ‚Soncinaten'. In: Karin Bürger / Ines Sonder / Ursula Wallmeier (Hrsg.): *Soncino – Gesellschaft der Freunde des jüdischen Buches. Ein Beitrag zur Kulturgeschichte*. Berlin: de Gruyter 2014, S. 25–40. Der Band gewährt einen hervorragenden Überblick über die Geschichte und Aktivitäten der Gesellschaft und einzelner Mitglieder. Er enthält zudem einem umfangreichen Anhang, der u. a. eine Mitgliederliste und eine Bibliographie der von der Soncino-Gesellschaft veröffentlichten Publikationen wiedergibt.

329 In diversen Zeitungen erschienen Ankündigungen und (knappe) Berichte über die Gesellschaft, darunter in der *Jüdischen Telegraphen Agentur*, *Frankfurter Zeitung* (Stadtblatt), *Berliner Tageblatt*, *Wiener Morgenzeitung*, *Zionistische Korrespondenz*, *Jüdisches Wochenblatt*, *Jüdische Rundschau*, *Vossische Zeitung*, *Jüdische Liberale Zeitung*, *Jüdische Presse*, *Selbstwehr*, *Kölnische Zeitung* (Beil. zur Abend-Ausg.), *Leipziger Jüdische Zeitung*, *Jüdische Presse Zentrale*, *Börsenblatt des deutschen Buchhandels*, *Das Jüdische Echo*, *Jüdische Illustrierte Zeitung*, *Gutenberg Museum*, *Literatur Kalender*. Die Zeitungsausschnitte hat Herrmann Meyer in einem großen Folioband gesammelt. Dieser befindet sich in seinem Nachlass im Archiv des Jüdischen Museums Berlin (Die Soncino-Gesellschaft der Freunde des jüdischen Buches, Sammlung Herrmann Meyer, B112).

330 Heinrich Loewe: Sichronot. Kap. Die Soncino Gesellschaft. CZA, A146/75, S. 1.

331 Vgl. ebd.

332 Vgl. Ulrich Heider: *Die Soncino Gesellschaft der Freunde des Jüdischen Buches e. V. (1924–1937)*. Köln: Privatdruck 2006, S. 15–16.

Verfügte ein Teil der ersten Mitglieder über mit bibliophilen Kostbarkeiten gespickte private Büchersammlungen, kann Loewe keineswegs als ein im klassischen Sinn Bibliophiler bezeichnet werden. Loewes Privatbibliothek, die „Bibliothek eines armen Mannes“[333], wie er sie selbst bezeichnete, war hingegen eine Arbeitsbibliothek, eine Gebrauchsbibliothek zur jüdischen, vor allen Dingen zur zionistischen Geschichte und Kultur, die nur in seltenen Fällen – etwa im Fall der Soncino-Schriften, die Loewe freilich in die Sammlung aufnahm – bibliophile Züge aufwies.[334] Am Inhalt der meisten Bücher, welche die Regale in der Flemingstraße füllten und die Loewe wohl zum Großteil mit eigens dafür angefertigten Exlibris versah, hatte er ein konkretes Erkenntnisinteresse. Büchersammeln diente ihm zum Erwerb von Wissen und seiner Klassifizierung, zudem als Kampf gegen die Zerstreuung, die schon 1914 im Rahmen der Propaganda für die JNUL stark gemacht wurde: „Können wir auch nicht alle Zerstreuten Israels im Lande der Väter sammeln, aber die zerstreuten Bücher Israels, die überall herumgetragenen Gedanken des hebräischen Geistes zu sammeln, dazu sind wir imstande.“[335] Auch mit seiner Privatbibliothek schuf Loewe einen Ort, der das Periphere in einem Zentrum vereint, der die jüdische Welt von gestern versammelt, um die Welt von heute zu deuten und sich gegen die Welt von morgen abzusichern.[336]

Die von den zukünftigen Vorständen verabschiedete Satzung der Soncino-Gesellschaft der Freunde des jüdischen Buches, die sich offensichtlich zunächst, die zionistische Kulturagenda stärker affirmierend, „Gesellschaft der Freunde des hebräischen Buches“

333 Heinrich Loewe: Sichronot. Kap. Aus meiner Bibliothek. CZA, A146/168, S. 1.

334 Die Einzeltitel strikt alphabetisch geordnet, ist ein handschriftlich abgefasster Katalog eines der wenigen Zeugnisse der privaten Büchersammlung Loewes vor seiner Migration nach Tel Aviv. Unklar ist, ob der Katalog sämtliche von Loewe gesammelten Bände verzeichnet. Ein gewisser Emil Hartwich half Loewe offensichtlich bei der Verzeichnung der Bücher. Das Büchlein befand sich im offenen Bestand des Loewe-Archivs in Bet Ariela. In diesem Nachlass sind zudem Bestandslisten überliefert, die Loewe im Zuge seiner Übersiedlung nach Tel Aviv abgefasst hatte. Insgesamt 53 Bücherkisten (vgl. Daniel Feilchenfeld an Shoshana Persitz, 25.10.1933. Shaar Zion, Boxnr. 9), die zwei Drittel der Privatbibliothek ausmachten (vgl. Heinrich Loewe an Otto Rendi, 07.01.1938. Shaar Zion, offener Bestand), hatte Loewe verschickt. Zum Inhalt von 28 Bücherkisten existieren überwiegend handschriftliche Notizen. Vier dieser Kisten führten Loewe zufolge bibliophile Drucke, darunter Soncino-Spendendrucke, „meist in 2 Exemplaren“ (Heinrich Loewe: Bestandsliste Privatbibliothek, Kiste HLT.Aviv 19–20. Shaar Zion, offener Bestand), einzelne Jahrgänge der *Soncino-Blätter*, einen bibliographischen Sonderdruck der Soncino-Gesellschaft (vgl. ebd., Kiste HLT.Aviv 24 גדעון [Gideon] – 25), „Kleine Soncino-Drucke (Satzungen usw.)“ (ebd., Kiste HLT.Aviv 26–27) und nicht zuletzt weitere bibliophile Bücher, die Loewes Sohn Gideon besaß (ebd., Kiste HLT.Aviv 29–30).

335 *Jüdische Kulturarbeit. Der Jüdische Kulturfonds Kedem*, התרבות הדעברית קרן„קדם“, S. 14. Zum Motiv der Zerstreuung, ferner zum Verhältnis von Sammeln, Totalität und Fragment vgl. Manfred Weinberg: Ein Seismograph für geistigen Erbgutsverkehr. Sieben Bemerkungen zur Kulturwissenschaftlichen Bibliothek Aby Warburgs sowie zu Sammeln, Bibliophilie und Exzentrik. In: Aleida Assmann / Monika Gomille / Gabriele Rippl (Hrsg.): *Sammler, Bibliophile, Exzentriker.* Tübingen: Narr 1998, S. 117–138.

336 Vgl. Justin Stagl: Homo Collector. Zur Anthropologie und Soziologie des Sammelns. In: Ebd., S. 37–54, hier S. 39–40.

nennen wollte,[337] trat knapp einen Monat nach der konstituierenden Versammlung am 17. Juni 1924 durch Eintragung des Vereins im Berliner Vereinsregister in Kraft. Das Hauptziel der Soncino-Gesellschaft bestand in der Schaffung einer neu-alten Form des jüdischen Buchs; der „Herausgabe seltener Texte und wertvoller Drucke von Werken jüdischen Inhalts und jüdischen Geistes unter besonderer Berücksichtigung von hebräischen Werken“[338], wolle man sich widmen. In einem Zirkular, das 1924 an potentielle Mitglieder in zionistischen Organisationen versandt wurde, präzisierte der Vorstand jenes Anliegen und verwob die Idee der ‚kulturellen Hebung‘, welche bspw. Loewe bereits in seinen Entwürfen für die zeitgenössische jüdische Kulturgeographie Palästinas mit den Zielen des zionistischen Kollektivs verknüpft hatte,[339] mit denen der Soncino-Gesellschaft. Auch die Vorstellung, mit Dingen Repräsentationsformen zu schaffen, die ‚zivilisatorische Höhe‘ adäquat abbilden würden, setzte auf tradierte zionistische Diskurselemente auf:

> Die Soncino-Gesellschaft, deren Bestand bereits durch eine Mitgliedschaft von über 200 Einzelpersonen und Bibliotheken gesichert ist, soll sich zu einem wichtigen Faktor innerhalb der allgemeinen jüdischen Kulturbestrebungen entwickeln; sie hat sich die Aufgabe gestellt, die jüdische Buchherstellung durch Beratung und Kritik auf den der jüdischen Allgemeinkultur entsprechenden Stand zu heben und dahin zu wirken, daß die Form des jüdischen Buches als repräsentativ für das jüdische Geistesleben gelten darf.[340]

Hier wie in der Satzung wurde kodifiziert, was Chaim Nachman Bialik bereits 1913 implizit eingefordert und als Zeitdiagnose der jüdischen Literatur festgehalten hatte:

> Die jüdischen Literaturkenner wundern sich schon längst über eine sonderbare Erscheinung: unser Volk besitzt eine alte Literatur, die in sich die verschiedensten Literaturformen vereinigt und reichste

337 Entsprechender Signet-Entwurf, der den Namen „Soncino-Gesellschaft der Freunde des hebräischen Buches“ führt, findet sich im Archiv des Jüdischen Museums (Mappe 2).

338 Satzungen der Soncino-Gesellschaft der Freunde des jüdischen Buches, 15.05.1924. JMB, Sammlung Hermann Meyer, M2, § 2 Abs. b.

339 Vgl. den Abschnitt „Kulturarbeit, Komitees und Kapital“, S. 264–273.

340 Werbebrief der Soncino-Gesellschaft der Freunde des jüdischen Buches (Endgültig II), [1924]. JMB, Sammlung Hermann Meyer, M3. Von diesem Zirkular wurden unterschiedliche Varianten angefertigt Die endgültigen Textfassungen orientierten sich an den Adressat*innen des Schreibens. Im zitierten Brief, der – wie erwähnt – an zionistische Aktivist*innen geschickt wurde, verwies man darauf, dass man größtes Interesse an „kulturell interessierten Kreise[n] der zionistischen Bewegung“ hätte. Ferner bat man darum, in „Ihren Kreisen (Ortsgruppe, Zirkel, Verbindung) aktiv für einen Beitritt in die Gesellschaft zu werben.“ Diese Textfassung wurde von Herrmann Meyer gezeichnet. Eine weitere von Siegfried Wolff und Moritz Simon gezeichnete Variante wurde an Mitglieder des Bnei Brit versandt (Rundbrief der Soncino Gesellschaft der Freunde des jüdischen Buches (Werbebrief der Soncino-Gesellschaft der Freunde des jüdischen Buches (Endgültig I), [1924]. JMB, Sammlung Hermann Meyer, M3). Ein weiteres, allgemein gehaltenes Anschreiben verwies als einziges darauf, dass die Gesellschaft „durch das Zusammenwirken kulturell interessierter Vertreter *aller Richtungen des Judentums* [Herv. F. S.]“ entstanden sei.

Inhalte bietet; wir besitzen eine neue junge Literatur, die ebenfalls an hervorragenden Begabungen reich ist; wir haben auch viele wertvolle Werke von Juden in vielen fremden Sprachen – und trotz alledem vermögen wir nicht, einem gebildeten jüdischen Zeitgenossen wenigstens eine kleine Anzahl von Büchern in die Hand zu geben, die wert sind, von ihm liebgewonnen zu werden, so dass er sich in Stunden geistigen Hungers an ihnen sättigt.[341]

Besonders bemerkenswert ist der von Bialik aufgeworfene Topos der Liebe zum Buch. Dieser spielt auch in einem nach Gründung der Soncino-Gesellschaft entstandenen Manuskript Loewes eine zentrale Rolle. Als „ihre Geliebte"[342] porträtiert er das Buch in Bezug auf die Gesellschaft, als Ding, dem man durch eine spezifische Formgebung die ‚Energie' verleihe, positive Gefühle bei Leser*innen zu evozieren: „[M]itempfinden" sollen „auch andere die Freude an der Schönheit",[343] schreibt er. Simchat Torah – die Freude der Torah, welche im gleichnamigen jüdischen Feiertag institutionalisiert ist – scheint hier als Archetypus jüdischer Buchliebe chiffriert zu sein, ein Bild, das Ludwig Blau, ebenfalls Mitglied der Soncino-Gesellschaft, deutlich herausarbeitete, indem er für die erste Ausgabe der *Soncino-Blätter* von 1925 mit Blick auf die Torahschreiber vergangener Jahrhunderte festhielt:

Die alten Freunde des hebräischen Buches schöpften gleichfalls ihre Buchliebe aus der Liebe zur Thora und ihrer sinnfälligen Erscheinung.[344]

Dann baut Blau die Brücke in die Gegenwart, hin zur Soncino-Gesellschaft, deren ehrgeizigstes Projekt in der „mit den Mitteln unserer Zeit die uralte Wahrheit zum neuen Ausdruck"[345] bringenden Herstellung der *Chamischa Chumsche Thorah* bestand:

Mögen nun die neuen „Freunde des hebräischen Buches" zu Beginn ihrer Tätigkeit ihren Blick zu jenem Buche erheben, aus welchem letzten Endes jedes hebräische Buch hervorgesprossen ist, zu jener altehrwürdigen Buchrolle, welche den Jahrtausenden gestrotzt und als einzige überlebende Vertreterin der alten Bücherwelt dasteht. Aus ihrem ewigen Bestande wollen wir Mut und Begeisterung, Ausdauer und Festigkeit zur vollen Erfüllung unserer idealen Aufgaben schöpfen, den alten Freunden des hebräischen Buches stets neue zu werben.[346]

341 Chaim Nachman Bialik: Das hebräische Buch, gekürzte Uebersetzung aus dem Hebräischen (Monatsschrift „Ha-Schiloach", Odessa Novemberheft 1913) von Baruch Krupnik. In: *Neue Jüdische Monatshefte* 4,2/4 (1919), S. 25–37, hier S. 25.

342 Heinrich Loewe: Das jüdische Buch. Shaar Zion, Boxnr. 12, S. 4.

343 Ebd.

344 Ludwig Blau: Das Schreiben des Sefer Thora. In: *Soncino-Blätter* 1,1 (1925), S. 16–28, hier S. 20.

345 Martin Buber: [Notiz an die Soncino Gesellschaft]. JMB, Sammlung Hermann Meyer, o. Sign.

346 Blau: Das Schreiben des Sefer Thora, S. 20.

Unter den Kennzeichen für eine adäquate Buchausstattung erlangte über den Einband und das Papier hinaus das Schriftbild – vor allem das hebräische Schriftbild – einzelner Publikationen der Soncino-Gesellschaft besondere Bedeutung. Während allerdings in den Straßen Palästinas, etwa an den Litfaßsäulen Tel Avivs, das Hebräische seine „mit der religiösen Tradition verbundene Gestalt hinter sich"[347] ließ, war es erklärtes Anliegen einer Vielzahl von Buchprojekten der Gesellschaft, die Gestalt ausgezeichnet hergestellter, religiöser Druckwerke wiederzugeben, ihre Druckverfahren zu imitieren, sie zuweilen qualitativ zu übertreffen. Diese geplante Verknüpfung von Moderne und Blütezeit der hebräischen Buchproduktion deutet sich an allererster Stelle im Namen der Gesellschaft an. Man übernahm nicht nur den Namen der bekannten Druckerfamilie Soncino, die Ende des 15. Jahrhunderts im gleichnamigen oberitalienischen Städtchen eine ihrer vielen Druckereien errichtete und zu den „großen Meister[n] aus der frühen Zeit der hebräischen Druckkunst"[348] gehörte, sondern auch deren Signet – den Turm, der als charakteristisches Erkennungszeichen in simplifizierter Form sämtliche Drucke der Soncino-Gesellschaft zierte.

Das „aktive Zentrum"[349] der Gesellschaft bildete ihr Vorstand. Neben Herrmann Meyer, der bis zu seiner Immigration über Amsterdam nach Palästina im Jahr 1933 Geschäftsführer der Initiative blieb, und den beiden weiteren Initiatoren – den Verlegern Abraham Horodisch und Moses Marx – gehörten Josef Altmann, Willi David, Sammy Gronemann, Moritz Simon, Felix Struck, Siegfried Wolff und nicht zuletzt Heinrich Loewe zum ersten gewählten Vorstand.[350] Dieser agierte Horodisch zufolge als „Arbeitsgremium"[351], d. h. die Mehrzahl seiner Mitglieder war aktiv in Auswahl und Gestaltung der Soncino-Veröffentlichungen involviert. Auch Loewe, der nach dem plötzlichen Tod von Siegfried Wolff im März 1926 bis zu seiner Übersiedlung nach Tel Aviv den Vorsitz der Gesellschaft übernahm, erfüllte nicht nur repräsentative Aufgaben, etwa Einführungen und sonstige Redebeiträge auf den jährlichen Versammlungen, sondern betreute auch eigenverantwortlich Buchprojekte von der Idee bis zur Drucklegung.

347 Messner: Tel Aviv, S. 24.

348 Abraham Horodisch: Ein Abenteuer im Geiste. Die Soncino Gesellschaft der Freunde des jüdischen Buches. In: Siegfried Joost (Hrsg.): *Bibliotheca Docet. Festgabe für Carl Wehmer*. Amsterdam: Verl. d. Erasmus Buchhandlung 1963, S. 181–208, hier S. 182. Neben Soncino war Daniel Bomberg als Namensgeber im Gespräch. Der von Horodisch vorgeschlagene Bomberg war im Gegensatz zu den Soncinaten ein christlicher Drucker. Aus Antwerpen stammend, begann er Anfang des 16. Jahrhunderts mit der Drucklegung hebräischer Werke.

349 Heider: *Soncino Gesellschaft*, S. 12.

350 Bis zur offiziellen Gründung der Gesellschaft war Abraham Horodisch Vorsitzender. Ab spätestens 1928 waren anstelle von Willy David, Abraham Horodisch und Moses Marx, Menko Max Hirsch, Hofgerichtsrat Dr. Rosenberg und Max Scholem im Vorstand vertreten. Ein Jahr später kehrte Horodisch in den Vorstand zurück. Zudem wurden Martin Brunn, Gotthard Laske, Carl Lewin, Karl Schönberg, Max Strauß, Walther Michaelis und Erich Scholem in den Vorstand gewählt. Max Scholem und Rosenberg wurden damit ersetzt. Spätestens ab 1931 war auch Leo Heskel im Vorstand aktiv.

351 Horodisch: Abenteuer im Geiste, S. 183.

Die Soncino-Gesellschaft, die 1938 unter Druck der Nazis aufgelöst wurde, publizierte mehr als 100 bibliophile Einblatt-, Gelegenheits- und Spendendrucke, Zeitschriftenbände, Bücher und Vereinsdrucksachen. Besondere Bedeutung hatten die Sonderpublikationen, deren Ausgabe die Mitglieder Jahr für Jahr regelrecht zelebrierten: Ordentliche Mitglieder der Gesellschaft trafen sich regelmäßig zu großen Versammlungen, die vermutlich bereits ab 1926 jeweils an zwei Tagen im Jahr in Berlin stattfanden (ab 1931 tagte man auch andernorts, etwa in Frankfurt am Main)[352]. Das Programm folgte dabei einem festgelegten Ablauf: Nach Ausgang des Shabbat begaben sich die Versammlungsteilnehmer*innen zu einem ‚Begrüßungsabend' in einen prachtvollen Berliner Saal. Erwähnt seien hier das Hotel Prinz Albrecht (1926) in der gleichnamigen Straße, das Deutsche Opernhaus in der Bismarckstraße 34–37 (1929) und das Hotel Kaiserhof am Wilhelmplatz (1930). Die Begrüßungsabende waren mit diversen Ansprachen und Vorträgen gefüllt. Am folgenden Tag fand die eigentliche Jahreshauptversammlung statt. Der Ansprache des Vorsitzenden (ab 1926 Heinrich Loewe) folgten Verhandlungen von Vereinsinterna – etwa der Tätigkeitsbericht, Aussprachen und Mitteilungen. Den Höhepunkt der Jahreshauptversammlungen, die ab spätestens 1928 im Sitzungsaal der Repräsentantenversammlung der Berliner Jüdischen Gemeinde stattfanden, bildete ein Festvortrag, der die Versammlung abschloss. Anschließend fanden sich die Gäste in einem anderen Saal zum ‚Gesellschaftsabend' zusammen. Der Gesellschaftsabend, zu dem stets Abendgarderobe erbeten wurde, bestand aus einem Festessen und den an die Soncino-Gesellschaft gespendeten Sonderpublikationen. Gegen Vorlage der aufwendig gestalteten Ausweise erhielten die Gäste ihre Eintrittskarten. Diese mit Lochstreifen versehenen Ausweise umfassten u. a. Coupons, gegen die die Teilnehmer*innen nach dem Essen die bereitgestellten bibliophilen Drucke eintauschen konnten.

Mit insgesamt zehn Buchprojekten war Heinrich Loewe einer der herausragenden Autoren bzw. Herausgeber der Soncino-Gesellschaft. Unter den bibliophilen Ausgaben, die Loewe abfasste oder redigierte, fanden sich volkskundliche Schriften, die entweder biblische und religionsgeschichtliche Themengebiete auseinandersetzen, sich der jüdischen Namensforschung, jüdischer Spielkultur oder dem jüdischen Humor widmeten. Ferner publizierte er vergleichsweise umfangreiche Würdigungen von Aaron Ember und Ignaz Goldziher. Weiterhin bearbeitete Loewe religiöse Texte, die als Reproduktionen veröffentlicht wurden, darunter eine bilinguale Ausgabe des *Goldenen Aleph-Beth* und das wohl aufwendigste Buch Loewes für die Soncino-Gesellschaft, eine Faksimile-Ausgabe der *Pessach-Haggadah des Gerschom Kohen* samt eines Beihefts.[353]

352 Vgl. Heider: *Soncino Gesellschaft*, S. 13.

353 Die von Loewe für die Soncino-Gesellschaft publizierten Bücher sind in entsprechenden Abschnitt der Bibliographie im Anhang aufgeführt.

Die *Pessach-Haggadah*, im Dezember 1526 in Prag erschienen und die früheste vollständig erhaltene illustrierte Haggada, wurde 400 Jahre nach ihrer Erstveröffentlichung, ab 1926, von Josef Altmann als erster Band der Reihe „Monumenta Hebraica et Judaica" verlegt. Loewe hatte Altmann bereits im Vorfeld der Gründung der Soncino-Gesellschaft über seine damalige „Schülerin" Jenny Wilde kennengelernt,[354] die viele Jahre als Bibliothekarin der Hochschule für die Wissenschaft des Judentums arbeitete. Infolge der Inflation ging Altmanns Geschäft allerdings in den 1920er Jahren Pleite, so dass die *Pessach-Haggadah* der einzige Band der „Monumenta" blieb, der jemals veröffentlicht wurde. Die Reihe hatte das Ziel, „die älteste hebräische Literatur in photographischen Wiedergaben [...] und zwar, so weit es nur irgend möglich ist, die Erstausgaben"[355] zu versammeln. Aus einem Brief Loewes an Alexander Marx, Bibliothekar am Jewish Theological Seminary in New York, geht hervor, dass die Herausgabe der Haggada eher Notlösung als stringent von Anfang an im Kreise des Soncino-Vorstands geplant war. Ursprünglich sollte nämlich an einer Reproduktion des *Soncino-Talmuds* gearbeitet werden, der als erster Band der Reihe erscheinen sollte. Das Unternehmen erwies sich aber Loewe zufolge in einer Zeit „wirtschaftlicher Nöte in Deutschland" als zu kostspielig.[356]

Gemeinsam mit Benzion Katz machte sich Heinrich Loewe kurz nach der konstituierenden Sitzung der Soncino-Gesellschaft an die Vorarbeiten für die Reihe und für die Ausgabe der *Kohen-Haggada* im Besonderen. Am 6. Juni 1924 versandten Loewe und Katz

354 Heinrich Loewe: Sichronot. Kap. Jenny Wilde. CZA, A146/71, S. 2. Jenny Wilde wurde von den Nazis offensichtlich Anfang der 1940er Jahre nach Theresienstadt (Terezín) deportiert. Dort als wissenschaftliche Bibliothekarin weiterhin eingesetzt, schilderte sie ihre Arbeit, die im Zusammenhang mit dem nazistischen Buchraub stand, in einem bemerkenswerten Brief an Loewe von 1946: „Annehmend, dass Sie über mein Leben der letzten Jahre aus meinem Brief [wissen], wenn er Sie erreicht hat, oder auch nicht, will ich wiederholen, dass ich 3 volle Jahre in Theresienstadt war und dort trotz der bekannten Zustände, Hunger, Not, allen Krankheiten, fachwissenschaftlich gearbeitet habe. Sämtliche Judaica, Hebraica aus allen Ländern, die jüd[ische] Institute besassen, sind geräubert worden, um sie dem Münchener Forschungshaus einzuverleiben. Sogar die Frankfurter Stadtbibliothek, die ihre Schätze gutwillig nicht gab, beschlagnahmte man. Ich bekam den ehrenvollen Auftrag, [...] ausserhalb des Ghettos die Leitung und Anfertigung des Kataloges zu übernehmen. 40 Rabbiner und jüd[ische] Gelehrte mussten erst in die Arbeit, nach preuss[ischem] System, angeleitet werden, zuerst war es nicht leicht, aber später ging es. Wenn nur die Lebensverhältnisse nicht so schwer für uns gewesen wären, dass mann [*sic*] physisch und psychisch oft zusammenbrach. Hier in B[er]l[i]n, wird weiter gelitten. Wir sind an Entbehrung und Hunger gewöhnt. Ich bin wohnungslos, mein Haus ein Trümmerfeld, alles Hab und Gut zerstört, keine Aussicht, je wieder eine Selbststä[n]digkeit zu haben. Jetzt werde ich wieder verschoben ins Jüd[ische] Kinderheim nach Niederschönhausen, Moltkestr. 8–11. Gern würde ich arbeiten, aber meine Handschriften und Kraft versag[en] nach der Not, die man hatte und jetzt ist es unter dem Darben nicht besser." (Jenny Wilde an Heinrich Loewe, 03.04.1946. CZA, A146/135.) Zur „Ghetto-Bibliothek in Theresienstadt" vgl. Markus Kirchhoff: *Häuser des Buches. Bilder jüdischer Bilbiotheken*. Leipzig: Reclam 2002, S. 138–141; Miriam Intrator: The Theresienstadt Ghetto Central Library. Books and Reading: Intellectual Resistance and Escape during the Holocaust. In: *LBI Year Book* 50 (2005), S. 3–28.

355 Heinrich Loewe an Victor Avigdor Aptowitzer, 06.06.1924. Archiv der JNUL, ARC 40, 1209/122.

356 Heinrich Loewe an Alexander Marx, 03.09.1925. Shaar Zion, offener Bestand. Alexander Marx erwähnt in einem Brief an Loewe vom 17. September 1925 bereits andere hebräische Werke, die für die „Monumenta" offensichtlich geplant waren – darunter neben dem *Soncino-Talmud* und der *Soncino-Bibel* auch das *Mashal Ha-Kadmoni* (Alexander Marx an Heinrich Loewe, 17.09.1925. Shaar Zion, Boxnr. 25).

erste Briefe an jüdische Wissenschaftler aus ganz Europa, die bei der Herstellung des kritischen Kommentars zu den einzelnen Traktaten der *Haggada* behilflich sein könnten – in den folgenden Wochen wurden weitere Zirkulare ausgeschickt. Aufgrund ihrer zeitlichen Belastung durch andere Arbeiten, gesundheitlicher Probleme oder des Gefühls, der falsche Ansprechpartner für ein derartiges Projekt zu sein, sagten etwa Victor Aptowitzer (Wien), Aron Freimann (Frankfurt am Main), Meier Hildesheimer (Berlin) und Max Wiener (Stettin) die Mitarbeit am kritischen Kommentar der Haggada ab.[357] Während Heinrich Brody (Prag) und Josef Wohlgemuth (Berlin) bspw. unentschlossen blieben,[358] waren unter Loewes Adressaten auch eine Reihe von Gelehrten, die gern an der Herstellung des Kommentars mitarbeiten wollten, darunter etwa Michael Guttmann und Israel Rabin aus Breslau, Arthur Marmorstein (London), Hanoch Albeck (Wien), Julius Lewy (Gießen), Hugo Greßmann (Berlin-Schlachtensee), Lajos Blau (Budapest) und Umberto Cassuto (Florenz).[359] Ein Teil der Gelehrten monierte allerdings, dass ihnen von Loewe und Katz kein konkreter Editionsplan vorgelegt worden war. Trotz allem trieben die beiden den Herstellungsprozess der *Haggada* in den folgenden Monaten voran. Zunächst mussten Druckvorlagen beschafft werden, was sich als vergleichsweise schwieriges Unterfangen herausstellte, da von der *Kohen-Haggada* weltweit nur noch drei Exemplare – an der Bibliothek des Jewish Theological Seminary in New York, an der Stadtbibliothek in Frankfurt am Main und am British Museum in London – existierten. Es war offenbar Aron Freimann, Mitherausgeber des *Mitteilungsblatts* der Soncino-Gesellschaft und Leiter der orientalischen Sammlungen in Frankfurt, zu verdanken, dass die Stadtbibliothek ihr Exemplar nach Berlin transferierte.[360] Auf Vermittlung von Arthur Marmorstein, der seinerzeit am Jew's College unterrichtete, gelang es ferner, das Exemplar des British Museum zu bekommen. Frühestens im Februar 1925 erreichte das Original aus Frankfurt Berlin.[361] Von dort aus ging es vermutlich für beide Haggadot weiter nach Leipzig, wo die Firma Brockhaus den Druck besorgte.

357 Vgl. Postkarte von Victor Aptowitzer an Heinrich Loewe, 24.06.1924. Shaar Zion, Boxnr. 23; Postkarte von Aron Freimann an Heinrich Loewe, 10.06.1924. Ebd.; Meier Hildesheimer an Heinrich Loewe, 12.06.1924. Shaar Zion, Boxnr. 24. Max Wiener an Heinrich Loewe, 22.06.1924. Shaar Zion, offener Bestand.

358 Vgl. Heinrich Brody an Heinrich Loewe, 27.06.1924. Shaar Zion, Boxnr. 2; Josef Wohlgemuth an Heinrich Loewe, 14.07.1924. Shaar Zion, Boxnr. 26.

359 Vgl. Michael Guttmann an Heinrich Loewe, 20.06.1924. Shaar Zion, Boxnr. 24; Israel Rabin an Heinrich Loewe und Benzion Katz, 25.06.1924. Shaar Zion, Boxnr. 25; Arthur Marmorstein an Heinrich Loewe, 16.07.1924. Ebd.; Hanoch Albeck an Heinrich Loewe und Benzion Katz, 27.06.1924. Shaar Zion, Boxnr. 23; Julius Lewy an Heinrich Loewe, 08.07.1924. Shaar Zion, Boxnr. 24; Hugo Greßmann an Heinrich Loewe, 12.07.1924. Ebd.; Lajos Blau an Heinrich Loewe, 13.07.1924. Shaar Zion, Boxnr. 23; Umberto Cassuto an Heinrich Loewe, 15.07.1924. Ebd.

360 Vgl. Postkarte von Aron Freimann an Heinrich Loewe, 16.01.1925. Shaar Zion, Boxnr. 23.

361 Vgl. Postkarte von Aron Freimann an Heinrich Loewe, 16.02.1925. Shaar Zion, Boxnr. 23.

Man druckte im Quart-Format. Die Gesamtauflage der Faksimile-Ausgabe belief sich auf 300 Exemplare. Das auf Van-Gelder-Bütten gesetzte und in Leinen eingeschlagene Buch, welches einen handgefertigten Einband und ein „handumstochenes Kapital"[362] aufwies, wurde in Umschlag und Futteral an die Mitglieder ausgeliefert. Zwei Ausgaben waren verfügbar. Die erste (und zu 16,50 Mark preiswertere) Ausgabe besaß einen „Pappband mit Pergament-Verstärkung an den Ecken und Kapitalen mit Kopfabschnitt", die zweite Ausgabe zu 18 Mark war mit Halbpergament bezogen und hatte einen Kopfgoldanschnitt.[363] 75 Seiten umfasste der *Haggada*-Text und 16 Seiten die erläuternden Einführungen zu Sederabend und *Kohen-Haggada*, die dem Buch beigegeben wurden.[364] Bruno Kirschner, der regelmäßig in der *Jüdischen Rundschau* über die Soncino-Gesellschaft schrieb, fasste die Qualität des Druckerzeugnisses, wie folgt, zusammen:

> Es ist ein Werk von unvergleichlicher Schönheit, das der Verlag von Josef Altmann [...] dem kunstsinnigen Publikum vorlegt. Diese Haggada ohne Mätzchen, ihr einfach-klares architektonisch gegliedertes Satzbild, die monumental gequaderten Konsonanten mit den breitgezogenen dünnen Vokalzeichen, die Anordnung der Anmerkungen und vor allem die Holzschnitte sind eine wahrhafte Erquickung.[365]

Aber auch Kritik wurde laut. Kirschner und auch Alexander Marx, der eine kurze Besprechung der *Haggada* im *Jewish Quarterly Review* veröffentlichte, monierten einige Punkte an der Neuausgabe. Die Anmerkungen, die von den von Loewe und Katz eingeladenen Experten abgefasst worden waren, seien teilweise unleserlich.[366] Zurückzuführen sei dies auf abgenutzte Lettern, die von der Leipziger Druckerei benutzt worden wären. Eine Seitenzählung wäre zum Nachteil für die Leser*innen nicht eingefügt worden. Außerdem habe man in das Originalarrangement der *Haggada* eingegriffen. Während im Kohen-Druck von 1526 die erste Seite im Innenteil des Buchs frei blieb und der Text auf der Rückseite des ersten Blattes begann, verrückte man die erste Textseite im Druck der Soncino-Gesellschaft um eine Seite nach vorne und begann so mit dem Text auf der Vorderseite des ersten Blattes. „To my taste", kommentierte Marx, „the effect of the original arrangement is much finer and more artistic."[367]

Konzentrierten sich Kirschner und Marx auf die technischen Feinheiten der Reproduktion in ihrer Kritik, entspann sich 1932 anlässlich der *Chamischa Chumsche Thorah*

362 Rundschreiben an die Mitglieder der Soncino-Gesellschaft, 25.03.1926. JMB, Sammlung Herrmann Meyer, M1.

363 Ebd.

364 Vgl. ebd.

365 Bruno Kirschner: Adel des Buches. In: *Jüdische Rundschau*, 11.09.1925, S. 612–613.

366 Vgl. ebd.; Alexander Marx: Two Illustrated Haggadah. In: *The Jewish Quarterly Review* 16,4 (1926), S. 471–474, hier S. 471.

367 Ebd.

innerhalb der jüdischen Gemeinschaft Berlins eine pikante Debatte um die ‚Authentizität' des Druckerzeugnisses der Soncino-Gesellschaft, dessen Realisierung auch in Soncino-Kreisen durchaus umstritten war.[368] Beachtenswert ist im Zusammenhang dieser Debatte die Analogie zwischen den Argumenten Karl Schwarz', Kunsthistoriker, Kustos der Kunstsammlung der Jüdischen Gemeinde sowie später Leiter des Jüdischen Museums in Berlin und des Tel Aviv Museum of Art,[369] und jenen Loewes, die dieser im Rahmen seiner Volkskundevorlesungen Ende der 1910er Jahre entwickelt hatte.[370] Das Erscheinen der *Chamischa Chumsche Thorah*, welche von der Soncino-Gesellschaft in Kooperation mit dem renommierten, nicht-jüdischen Schriftgestalter und Buchkünstler Marcus Behmer und der von Eduard Wilhelm Tiefenbach betriebenen Handpresse Officina Serpentis in Steglitz hergestellt wurde, gab Anlass, den ästhetischen Anspruch des Buchprojekts zu verhandeln. In der *Berliner Jüdischen Zeitung* äußerte sich Karl Schwarz Anfang 1932 betont kritisch über die Entscheidung des Vorstands der Soncino-Gesellschaft, Marcus Behmer mit der Schriftgestaltung der hebräischen Bibel zu beauftragen. Er zweifelte an der Originalität der Bibel als dezidiert jüdisches, als authentisch jüdisches Werk. Er biologisierte das Kunstschaffen, indem er einen Zusammenhang zwischen Abstammung und Qualität künstlerischer Produktion konstruierte: Die Übersetzung jüdischen ‚Geistes' in die Monumentalausgabe sei zweifelsohne missglückt: „Was wir [...] vermissen", notierte er mit Blick auf den Satz der Neuausgabe, sei „das Lebendige und Ursprüngliche, das nicht e r l e r n t u n d e r d a c h t und durch keine Erfahrung ersetzt werden kann, das a n g e b o r e n ist und im Blute l i e g t, ererbt durch Generationen und wie die Muttersprache natürlich gewachsen sein muss."[371] Gleiches gelte für den Ornamentschmuck und die Initialen des Buchs. Als „unbefriedigende[n] Versuch mit falschen Mitteln" brandmarkte Schwarz den Versuch, mit der hebräischen Bibel einen verdinglichten Ausdruck jüdischer Renaissance zu schaffen.[372] Herrmann Meyer trat Schwarz' Kritik in einem längeren Brief von Anfang Februar 1932 entschieden entgegen. Er verteidigte die Wahl des Schriftgestalters durch den Vorstand. Keinesfalls wären, wie Schwarz dies in seinem Artikel bemerkte, zahlreiche jüdische

368 Vgl. Martin Brandus / Bruno Kirschner / Samson Buttenwieser: Unsere Monumentalausgabe der Bibel. In: *Mitteilungen der Soncino-Gesellschaft* 1,2 (1928), S. 2–7.

369 Zur Biographie Karl Schwarz' und zu seinem Engagement für das Jüdische Museum Berlin vgl. Karl Schwarz: *Jüdische Kunst – Jüdische Künstler. Erinnerungen des ersten Direktors des Berliner Jüdischen Museums*, hrsg. v. Chana C. Schütz / Hermann Simon. Berlin: Hentrich & Hentrich 2001; Chana C. Schütz: Von Berlin nach Tel Aviv – der Lebensweg des Museumsdirektors Karl Schwarz. In: *Kunst und Politik. Jahrbuch der Guernica-Gesellschaft* 6 (2004), S. 65–78; Tobias Metzler: Collecting Community: The Berlin Jewish Museum as Narrator between Past and Present, 1906–1939. In: Richard I. Cohen (Hrsg.): *Visualizing and Exhibiting Jewish Space and History*. New York: Oxford UP 2012, S. 55–79, insb. S. 60–61.

370 Vgl. S. 354–359.

371 Karl Schwarz: Die künstlerische Neuschöpfung des jüdischen Buches. Die Bibelausgabe der Soncino-Gesellschaft. In: *Berliner Jüdische Zeitung*, 15.01.1932, o. P.

372 Ebd.

Buchkünstler für die Gestaltung der Schrift des Buchs in Frage gekommen, einfach aus dem Grund, weil es sie nicht gebe. Ferner sei Behmer „nur" dafür verantwortlich gewesen, basierend auf der traditionellen hebräischen Drucktype eine moderne Variante zu entwickeln.[373] Zwei Briefe wechselten in den folgenden Monaten zwischen den beiden, die Positionen zur *Soncino-Bibel* blieben allerdings festgefahren. Von einer Veröffentlichung des Disputs, zu dem Schwarz Meyer aufforderte, sah Meyer ab. Mit sarkastischem Unterton formulierte er im Oktober 1932 und beendete offensichtlich diese Debatte:

> Da Sie nun einmal davon leben, dass andere Sie auf solchen Gebieten für einen Fachmann halten, erschien es mir trotz Ihres Verhaltens unnötig, dass durch meine Mitwirkung Ihnen irgend ein Nachteil erwächst. Ich werde deshalb von mir aus keine Veröffentlichung unseres Schriftwechsels in die Wege leiten.[374]

Auch nach 1933 blieb die bibliophile Vereinigung im Gegensatz zu anderen signifikanten Zusammenschlüssen, die sich 1933 auflösten,[375] noch einige Jahre aktiv. Sie wurde offensichtlich unter Aufsicht der Gesellschaft der Bibliophilen in Weimar gestellt und fortan von der Gestapo überwacht.[376] Wenn Herrmann Meyer in einem Erinnerungsfragment schreibt, dass Soncino 1933 als „staatsfeindlich aufgelöst wurde"[377], spricht daraus weniger historische Realität, sondern vermutlich eher die Unzufriedenheit mit der Entwicklung der Gesellschaft unter ihrem neuen Vorsitzenden Walther Michaelis nach 1933. Obwohl Michaelis Mitglied in der Maximilian-Gesellschaft, Vorstandsmitglied des Berliner Bibliophilen-Abends und des Fontane-Abends war, fiel Altmanns Urteil über ihn schlecht aus: „Es war ein grosser Fehler", schrieb er bspw. im Januar 1938 an Loewe, „diesen völlig an hebr[äischen] u[nd] jüd[ischen] Dingen uninteressierten Leuten die Gesellschaft zu überlassen."[378] Zahlreiche Mitglieder der Soncino-Gesellschaft waren zu diesem Zeitpunkt bereits geflüchtet und hatten damit ihre Lebensmittelpunkte sowie Aktionsräume verschoben. Fern von Berlin plante Loewe schon 1935 die Neugründung einer Gesellschaft der Freunde des jüdischen Buchs in Tel Aviv.[379]

373 Herrmann Meyer an Karl Schwarz, 10.02.1932. JMB, Sammlung Hermann Meyer, M9.

374 Herrmann Meyer an Karl Schwarz, 04.10.1932. JMB, Sammlung Hermann Meyer, M9.

375 Vgl. Ernst Fischer: Zerstörung einer Buchkultur. Die Emigration jüdischer Büchersammler aus Deutschland nach 1933 und ihre Folgen. http://www.bibliophilie.de/index2.html?fischer.html~main (Zugriff am 03.12.2012).

376 Vgl. Josef Altmann an Heinrich Loewe, 15.02.1934. Shaar Zion, Boxnr. 7; Heinrich Loewe an Josef Altmann, 06.03.1934. CZA, A146/122. Zur Umstrukturierung der bibliophilen Gesellschaften nach 1933 Andreas Hansert: *Georg Hartmann (1870–1954). Biografie eines Frankfurter Schriftgießers, Bibliophilen und Kunstmäzens*. Wien / Köln / Weimar: Böhlau 2009, S. 115–116.

377 Zit. n. Fischer: Zerstörung einer Buchkultur.

378 Josef Altmann an Heinrich Loewe, 12.01.1938. Shaar Zion, offener Bestand.

379 Vgl. Heinrich Loewe an Kurt Freyer, 11.03.1935. Shaar Zion, Boxnr. 7; Heinrich Loewe an Alexander Marx, 09.04.1935. Ebd.

IX.
(Neu-)Ankommen –
Tel Aviver Fragmente

1. In der Passage

1933 endete für Heinrich Loewe, seine Frau Johanna, seine beiden Kinder Hadassa und Gideon das Leben in Berlin. Unmittelbar nachdem Loewe seine Stellung als Bibliothekar an der Berliner Universitätsbibliothek verloren hatte, begannen die Vorbereitungen für die Übersiedlung nach Tel Aviv, wo Loewe, eingeladen von Meir Dizengoff, bis 1948 als Direktor der Stadtbibliothek Shaar Zion wirkte. Die letzten Monate in Berlin waren für den mittlerweile 64-Jährigen und seine Familie ein ‚zermürbendes'[1] Leben im Wartestand, ein Leben „zwischen Tür und Angel"[2], de-organisiert zudem.
Das von Joachim Schlör beschriebene Leben im ‚Dazwischen',[3] in der Passage zwischen Deutschland und ‚Eretz Israel', begann schon viele Monate, bevor die Loewes das Schiff, welches sie im Dezember 1933 über Marseille nach Tel Aviv bringen sollte, betreten hatten. Unterstützt von Shoshana Persitz, die für die Stadtverwaltung Tel Aviv tätig war, mussten zunächst Einwanderungszertifikate und Visa besorgt, mit dem internationalen Handels- und Speditionshaus Brokerhoff & Lipschütz die Übersiedlung des Loewe'schen Haushalts organisiert, mit den zuständigen deutschen Ministerien und der ehemaligen Arbeitsstelle die Fortzahlung der Pension ins Ausland und nicht zuletzt mit zuständigen Institutionen die mögliche Übernahme von durch den Transfer entstehenden Kosten geklärt werden.
Schon im September 1933 hatten Heinrich und Johanna Loewe ihre alte Wohnung in der Flemingstraße verlassen, sie mieteten sich anschließend bei Bekannten in Berlin,

1 Vgl. Heinrich Loewe an Shoshana Persitz, 28.07.1933. Shaar Zion, Boxnr. 9.
2 Daniel Feilchenfeld an Shoshana Persitz, 25.10.1933. Shaar Zion, Boxnr. 9.
3 Vgl. Schlör: Konstruktionen und Imaginationen vom Heiligen Land.

den Rosenthals, in einem „Zimmerchen“[4] ein. „Sie koennen sich ungefaehr denken, in welcher Situation wir sind“, schrieb Loewe an Persitz: „Unsere Moebel und Sachen sind bereits beim Spediteur [...]. Lange kann das natürlich nicht dauern und ich bin in großer Sorge, wie ich von hier wegkommen kann“[5] – ein Leben auf Abruf. „Ich [...] stehe dem Nichts gegenüber“[6], notierte er. Hadassa war längst nach Scheveningen in Holland abgereist und wartete hier auf Nachrichten aus Berlin, wann es nach Tel Aviv losgehen könne. Gideon befand sich – vermutlich mit Touristenvisum – bereits in Tel Aviv, um für die Familie eine passende Wohnung zu finden.

Die Sachen der Familie machten sich Ende Oktober 1933 auf den Weg – und damit mehr als einen Monat, bevor ihre Besitzer*innen emigrierten. Ein Stück Berlin wurde ab September 1933 erst in Kisten, dann in Liftvans verpackt,[7] um auf die Reise nach Tel Aviv zu gehen. Diese in und mit den Lifts wandernden „Garanten [einer] erschütterten, aber nicht verlorenen Identität“[8], diese „hartnäckige[n] Zeugnisse einer fortbestehenden Verbindung, deren Lösung doch sein musste“[9], wurden gezwungenermaßen ausgewählt und aus ihrem ursprünglichen Kontext herausgelöst: Zwar nicht alles, aber vermutlich nahezu alles aus dem Haushalt von Johanna und Heinrich Loewe sowie aus dem ihrer Tochter wurde mitgenommen und füllte mit einem Gesamtgewicht von fast sieben Tonnen[10] zwei Liftvans und sieben Verschläge: Betten und Kissen, Silber und Messing, Gardinen, Geschirr, darunter Pessachgeschirr, Porzellan, Kristall, Glas und ein Tafelservice, Schlafanzüge und Unterwäsche, sämtliche Möbel aus Vorderzimmer, Speisezimmer, Schlafzimmer, Küche und dem Zimmer Gideons, Teppiche, Dekorationsartikel und „Vitrinensachen“, Lampen, Bestecke, Küchengerät und Töpfe.[11] Von seiner Bibliothek jedoch verkaufte er „gut ein Drittel“.[12] Während diese Dinge, ohne Loewes Abruf abzuwarten, vom Spediteur mit dem Schiff Ammon (Deutsche Levantelinie) verschickt wurden, reisten jene zwei Drittel der Privatbibliothek, insgesamt 53 Bücherkisten,[13] separat

4 Heinrich Loewe an Shoshana Persitz, 18.09.1933. Shaar Zion, Boxnr. 4.

5 Ebd.

6 Heinrich Loewe an Shoshana Persitz, 06.09.1933. Shaar Zion, Boxnr. 9.

7 Vgl. ebd.

8 Joachim Schlör: Messusot entfernen – Türschilder entfernen. Die Emigration der Gegenstände von Deutschland nach Palästina. In: Wolfgang Schmale / Martina Steer (Hrsg.): *Kulturtransfer in der jüdischen Geschichte*. Frankfurt am Main: Campus 2006, S. 153–172, hier S. 172.

9 Joachim Schlör: *Endlich im Gelobten Land? Deutsche Juden unterwegs in eine neue Heimat*. Berlin: Aufbau 2003, S. 44.

10 M. Dizengoff & Company an Heinrich Loewe, 26.01.1934. Shaar Zion, Boxnr. 47.

11 Heinrich Loewe an Nordstern AG, 28.05.1934. Shaar Zion, offener Bestand. Insgesamt umfasst die Liste mit Dingen 14 Seiten, in denen detailliert die Bezeichnung und Stückzahl der einzelnen Gegenstände aufgezählt wird.

12 Heinrich Loewe an Otto Rendi, 07.01.1938. Shaar Zion, offener Bestand.

13 Vgl. Daniel Feilchenfeld an Shoshana Persitz, 25.10.1933. Shaar Zion, Boxnr. 9. Zur Bibliothek Loewes vgl. auch S. 375.

mit der Dora (Atlantic Reederei).[14] Mitte bzw. Ende November 1933 trafen sie in Jaffa ein. Einiges war auf dem Weg dorthin zu Bruch gegangen, Möbel, teilweise auch Porzellan.[15] Was zu reparieren ging, wurde später repariert. Die „zertrümmerten" Möbel bspw. besserte ein Tischler „notdürftig" aus, so dass sie, wie Loewe im Juli 1934 notierte, in der neuen Wohnung, im Haus Ben-Jehuda-Straße 72, Tel Aviv, wieder zu gebrauchen waren.[16]

Am 21. Dezember 1933 erreichten Heinrich und Johanna die Küste ‚Eretz Israels'.[17] Die Kinder landeten bereits 14 Tage zuvor. Der einzige überlieferte Brief wurde aus Juan-les-Pins, einem Seebad an der Côte d'Azur, abgesandt, bevor die Loewes während der Chanukkafeiertage 1933 in der zweiten Klasse von Marseille (über Alexandria) nach Haifa übersetzten. Ab hier schreibt sich die zweite Etappe der Geschichte des Ankommens einer jüdischen Familie,[18] die, nimmt man rechtliche Kontexte als Maßstab, erst 1939 mit der offiziellen Anerkennung Loewes als *Palestinian Citizen* bzw. 1940 mit der Aberkennung der deutschen Staatsangehörigkeit durch die Nazis abgeschlossen wurde.[19]

Nach Zwischenmiete in Lotte Robinsons Hotel in Jerusalem zogen die Loewes nach vier Wochen in ihre Wohnung ein. Sie lebten zunächst aus und zwischen den Kisten. Die Bibliothek blieb noch zwei Jahre eingepackt, sie stand in der Zwischenzeit in Kartons auf dem Speicher des Hauses, unangetastet – wie wahrscheinlich bei vielen anderen Migrant*innen, die tausende Bücher mitbrachten –,[20] bevor Loewe sie offenbar Anfang 1936 in den Räumen der Shaar-Zion-Bibliothek auf- und den Benutzer*innen zur

14 Heinrich Loewe an Meir Dizengoff, 12.11.1933. Shaar Zion, Boxnr. 4.

15 Vgl. Nordstern AG an Heinrich Loewe, 12.06.1934. Shaar Zion, offener Bestand.

16 Vgl. Heinrich Loewe: an Nordstern AG, 11.07.1934. Shaar Zion, offener Bestand.

17 Vgl. Heinrich Loewe an Max Jungmann, 13.12.1933. CZA, A94/14.

18 Zeitgleich ist es aber auch die Geschichte der Zurückgebliebenen: Während nämlich ein Großteil der Familien Loewe und Auerbach nach Palästina auswanderte, sich Schritt für Schritt in die ‚jeckische' Migrant*innengemeinschaft des Mandatsgebiets einlebte, blieben einige Familienmitglieder zurück, Heinrichs Bruder Richard etwa, der im März 1940 im Jüdischen Krankenhaus in Berlin an Krebs starb (Arthur Spanier an Heinrich Loewe, 29.03.1940. CZA, A146/135). Auch in ‚Eretz Israel' blieben die Loewes von Familientragödien nicht verschont. Boris Segalowitsch, der Ehemann Hadassas, starb bereits kurz nach der Ankunft in Tel Aviv im Juli 1934 an einer Grippe (Heinrich Loewe an Präsidium des KJV, 05.07.1934. Shaar Zion, Boxnr. 4); drei Jahre später starb Gideons Ehefrau nach einer Fehlgeburt, auch die Zwillinge, die sie zur Welt bringen wollte, starben (Heinrich Loewe an Majer Balaban, 05.12.1937. Shaar Zion, offener Bestand).

19 Vgl. Heinrich und Johanna Loewe – Application for Palestinian Citizenship (Serial Number 56490), 1939. Staatsarchiv Israels, Mem-2984; Aberkennung der deutschen Staatangehörigkeit Heinrich Loewes durch „Der Reichsführer-SS und Chef der Deutschen Polizei im Reichsministerium des Innern" vom 1. April 1940. Politisches Archiv des Auswärtigen Amtes, R 99859.

20 Vgl. Schlör: *Endlich im Gelobten Land*, S. 48. Erstmals beschäftigt sich Caroline Jessen in ihrer Dissertation mit der literarischen Kultur deutsch-jüdischer Einwander*innen in Palästina/Israel. Unter dem Titel „Kanon im Exil" fragt sie u. a. nach dem „emigrierten ‚deutschen' Literaturkanon" und seiner in Büchern und Buchsammlungen materialisierten Erinnerungsfunktion (Caroline Jessen: Abstract zum Dissertationsprojekt „Der literarische Kanon deutsch-jüdischer Immigranten in Palästina/Israel nach 1933"

Verfügung stellte.[21] Die Wohnung in der Ben-Jehuda-Straße wurde noch saniert, als Loewes einzogen, das ganze Haus überhaupt erst gebaut. In der Wohnung war es feucht, alles im Übergang, sie waren angekommen im Durcheinander als Einwanderer*innen in der „Stadt der Einwanderung"[22].

2. Stadtbilder

Loewe berichtete (ohne die gewohnten Umlaute zu verwenden) an Max Jungmann nach Deutschland aus der im Werden begriffenen, „nachher wahrscheinlich [...] recht gemuetlichen Heimat"[23]:

> Du wirst Dich wundern, dass Du bisher keinen Brief von mir bekommen hast. Aber wenn Du wuesstest, in welchen Zores wir hier sitzen, wuerde Dir das Wundern vergehen. Das Schlimmste ist, dass mein Schwiegersohn seit fuenf Wochen sehr schwer krank hier im Krankenhause liegt, und dass wochenlang unmittelbare Lebensgefahr bestand. [...]
> Ausserdem aber haben wir anderer Schwierigkeiten genug, so dass ich nicht weiss, um was ich mich zuerst kuemmern soll. Freilich hoffe ich ihrer demnaechst einigermassen Herr zu werden.
> Jetzt wirst Du verstehen, dass ich keine Zeit und keinen freien Kopf hatte, um zu schreiben. Auch in unserer Wohnung, auf die wir vier Wochen gewartet haben, und an der immer noch weiter gebaut werden muss, ist es nicht so, dass wir uneingeschraenkt erbaut sein koennen. Denn abgesehen davon, dass sie noch ganz nass ist und noch lange sein wird, haben wir unsere Moebel noch nicht, und hausen weiter auf und mit den Koffern. Das ist eine peinliche Sache, denn wir koennen nichts ordnen und nicht uebersehen.[24]

Erst viele Monate nach den ersten Bestandsaufnahmen der eigenen vier Wände, dem Eingeständnis, er sei nur Wissenschaftler und in Dingen der Neuorganisation seines Lebens, um die sich in Berlin meist Freund*innen kümmerten, in vielerlei Hinsicht „völlig hilflos"[25], begann sich Loewe in Briefen mit der Stadt auseinanderzusetzen, in der er und seine Familie nun lebten. Es entstand ein Panorama des Meeres vor der Haustür, erste Blicke auf die entstehende Metropole am Mittelmeer wurden geworfen. Während

(Friedrich-Wilhelms-Universität Bonn, im Privatbesitz des Autors). Vgl. auch Caroline Jessen: „Vergangenheiten haben ihr eigenes Beharrungsvermögen ..." Josef Kastein and the Troublesome Persistence of a Canon of German Literature in Palestine/Israel. In: *LBI Year Book* 57 (2012), S. 35–51.

21 Vgl. Heinrich Loewe an Berthold Rosenthal, 16.03.1936. Shaar Zion, offener Bestand; Heinrich Loewe an Friedrich Eckstein, 12.02.1936. Shaar Zion, offener Bestand.

22 J. Ornstein: Tel Aviv, die Stadt der Einwanderung. In: *Mitteilungsblatt der HOG*, 12(I)/1935, S. 11–12.

23 Heinrich Loewe an Max Jungmann, 04.02.1934. CZA, A94/14.

24 Ebd.

25 Heinrich Loewe an Shoshana Persitz, 18.01.1934. Shaar Zion, Boxnr. 6.

folgen. „Nicht nach dem Takt eines Berliner Operettenschlagers“ solle man durch das „nächtliche Jerusalem“ ziehen, im Falle von Immigrantinnen aus Deutschlands nicht als „Kurfürstendamm-Dame“ auftreten. „Unsere hebräische Kultur und unsere hebräische Umgangssprache“, so Gavriel, werde keinesfalls „auch nur einen einzigen Schritt zurück weichen“. Auf die Mentalität in dem für die Einwander*innen neuen Raum versuchte Kurt Witkowski kurze Zeit später vorzubereiten. Geduld sei, Witkowski folgend, der Schlüssel zu einem Lebensalltag „voller Charme“[36], u. a. in Tel Aviv – die Stadt, ein „Wunder“[37].

3. Selbstorganisation

Für den Kreis von Einwandernden, in dem sich Loewe bewegte, begann der Weg in die neue Gemeinschaft mit ihrer Selbstorganisation in Tel Aviv. Vielleicht aus einem „Grundgefühl kultureller Verlassenheit“[38] heraus, das Tom Segev als Erbe seiner Mutter erachtet, bildete die eingeübte Kulturpraxis der ‚Jeckes‘ einen der signifikanten Aspekte der Identitätspolitik deutscher Einwander*innen in Tel Aviv. Loewe schrieb in seinen Erinnerungen von einem „kulturellen zionistischen Zentrum für die deutschen Juden“, das zum Zweck der Erlangung neuer Selbstsicherheit und alt-neuer „Heimatliebe“ geschaffen werden müsse.[39] Es sollte die Praxis der JVP aufnehmen und die Kulturarbeit, die in der jüdischen Diaspora zwangsläufig abbrach, deren Spuren Stück für Stück verschwanden, in ‚Eretz Israel‘ wiederaufnehmen, fortsetzen und weiterentwickeln. Eine „erkennbare Gruppe“ von deutschen zionistischen Aktivist*innen hätte zu entstehen, die ihren Beitrag zum Aufbau einer jüdischen Einheitsgemeinde in Palästina leisten würde,[40] eine „nationale und religiöse Arbeitsgemeinschaft“, die ihre Mitglieder schrittweise „in die neue jüdische und hebräische Gemeinschaft“[41] einführen würde. Als „Derech Eretz“ stellte Emil Nathan Levy dieses von der unter Beteiligung Loewes entstandenen national-religiösen Gemeinde Ichud verfolgte ‚Integrationskonzept‘ der aus Deutschland Einwandernden vor.[42]

Land Israel. In: Stiftung Jüdisches Museum Berlin / Stiftung Haus der Geschichte der Bundesrepublik Deutschland (Hrsg.): *Heimat und Exil. Emigration der deutschen Juden nach 1933*. Frankfurt am Main: Jüdischer Verlag 2006, S. 103–104.

36 Kurt Witkowski: „Macht nichts! Gleich gehts weiter!“. Tagessorgen in Palästina. In: *Jüdische Rundschau*, 27.10.1933, S. 707.

37 Ebd.

38 Tom Segev: „Ach, gäbe es doch noch einmal Karpfen wie an der Rehwiese“. In: Dachs (Hrsg.): *Die Jeckes*, S. 28–41, hier S. 29.

39 Loewe: Sichronot. Kap. Mitarbeit in Tel Aviv, S. 1.

40 Ebd.

41 Ebd., S. 4.

42 Vgl. Emil N. Levy: Derech Erez. In: *Mitteilungsblatt der HOG*, 04/1935, S. 10–11.

Ichud gründete sich unter dem Vorsitz der beiden ehemaligen Volksparteimitglieder Max Kollenscher und Heinrich Loewe 1934. Neben Loewe und Kollenscher waren vor allem Lina Wagner-Tauber und der Rabbiner Emil Nathan Levy in den Gründungsprozess der Gemeinde involviert. Im August 1934, vier Tage nach Tisha Be-Av, begannen die ersten Gottesdienste in Tel Aviv. Der zuletzt in Berlin tätige Rabbiner Levy übernahm die Leitung der Gottesdienste, die, wie Loewe einen Monat später nach Berlin berichtete, „in der Art […] der Synagoge Münchenerstrasse"[43] in Berlin veranstaltet wurden. Ein Stück jüdisches Berlin, jüdische Religionspraxis der Diaspora, wurde nach Tel Aviv transferiert: „Schöne Riten aus Deutschland" wie der *Kiddush in Schul* und die alten hebräischen Melodien, die in den Synagogen Berlins gesungen wurden, behielt man Loewe zufolge unter Zustimmung des damaligen Oberrabbiners Rav Kook bei.[44] Die Vielfalt der religiösen Riten in Tel Aviver Synagogen wurde zunächst im Jascha-Heifetz-Saal, der sich in der Hauptverkehrsstraße Tel Avivs, in der Allenbystraße 94, befand und im Stadtteil Tel Nordau Magnet für deutsche Einwander*innen war,[45] so um eine weitere „jüdische Poesie"[46] ergänzt. Über die Gottesdienste, Bildungs- und hebräischen Sprachkurse hinaus, die ab Frühjahr 1935 teilweise in Kooperation mit der Tel Aviver Ortsgruppe der Hitachdut Olej Germania organisiert wurden,[47] hielt Ichud regelmäßige Versammlungen ab, in welchen mindestens einmal pro Woche diverse Problemstellungen diskutiert wurden. Mit Nachdruck wies Loewe in einem Vortrag, den er vermutlich in den ersten Monaten des Bestehens von Ichud hielt, darauf hin, dass sich der Zusammenschluss weder als „Betverein" noch als Vereinigung, der „kleine Killepolitik" betreibt,[48] formieren würde. Auf Grundlage westeuropäisch-jüdischer Religionspraxis, die er mit der in der Diaspora erprobten zionistischen Kulturpraxis verknüpft wissen wollte, sollte Ichud zum Instrument der Durchsetzung kulturpolitischer Interessen auf der großen politischen Bühne werden. Vergleichbar den ersten Versammlungen des Russisch-jüdisch wissenschaftlichen Vereins, der Anfang der 1890er Jahre ‚Nationaljudentum' in die Berliner jüdische politische Debattenkultur eingeführt hatte, waren augenscheinlich auch jene Versammlungsorte, an denen der Ichud Veranstaltungen organisierte, Orte, wo stärker durch ihre geographische Herkunft determinierte

43 Heinrich Loewe an Daniel Feilchenfeld, 23.10.1934. Shaar Zion, Boxnr. 62.

44 Vgl. Loewe: Sichronot. Kap. Mitarbeit in Tel Aviv, S. 2–3.

45 Ebd., S. 7.

46 Ebd., S. 3.

47 Zur Abgrenzung der Arbeitsgebiete vgl. die Vereinbarungen zwischen der Hitachdut Olej Germania und dem ‚Ichud' (Agudat Leumit Datit. In: *Mitteilungsblatt der HOG*, April 1935, S. 9–10). Hierzu auch Michael Volkmann: *Neuorientierung in Palästina. Erwachsenenbildung deutschsprachiger jüdischer Einwanderer 1933 bis 1948*. Köln: Böhlau 1994, S. 171–172. Zur jüdischen Erwachsenenbildung in Tel Aviv vgl. ebd., S. 99–123.

48 Heinrich Loewe: [Notizen zu einem Vortrag über Ichud], o. J. CZA, A146/127.

Allianzen entstanden.[49] Standen allerdings Ende des 19. Jahrhunderts die zionistischen Aktivist*innen öffentlich sichtbar in Opposition zu (großenteils) ‚assimilierten' Wortführenden, berichtet Loewe über die erste öffentliche Versammlung der Ichud von einer anders gelagerten Konstellation: Die Trennlinie verlief zwischen Ost und West in einem weiteren geographischen Rahmen, zwischen Alteingesessenen auf der einen Seite und den Einwander*innen aus Deutschland bzw. Westeuropa – den Neuankommenden – auf der anderen Seite. Die Klammer, notierte Loewe, solle die Vorstellung von Judentum als Nationaljudentum bilden: „Wer nicht national [ist], gehört nicht zu uns."[50] Ichud fusionierte schließlich mit der ebenfalls von deutschen Jüd*innen gegründeten Tel Aviver Religionsgemeinde Shivat Zion. Loewe, der bis zu Max Kollenschers Tod im Jahr 1937 Ichud leitete, zog sich alsbald aus der Organisationsarbeit der neu entstandenen Vereinigung zurück.[51] Etwa in diesem Zeitraum ergab sich für ihn jedoch ein anderes Arbeitsfeld in Tel Aviv – der im Entstehen begriffene städtische Zoo. In seinen Erinnerungen berichtet Loewe über die erste Begegnung mit Max Schornstein, der, in der Stadt eine qualitativ anders gelagerte Verbindung von Mensch und Tier anbahnend,[52] als ‚geistiger Vater' und Initiator des Tel Aviver Zoos gelten kann:

> Als ich eines Tages durch die Scheinkinstrasse mit meinem Uri [Loewes Enkel, F. S.] an der Hand schlendere, sehe ich da einen kleinen Laden, in dem Vögel feilgehalten werden, und da ich solche Tierchen sehr gern sehe, und weil ich sie meinem Jungen zeigen wollte, blieb ich stehen. Da las ich als Firma: [„]Zoologischer Garten" und darunter Eintritt pro Person ½ Grusch. Da kommt aber plötzlich

49 Ab Dezember 1936 stand mit dem alten Hotel Gat Rimon (Ha-Yarkon-Straße 78) im Norden Tel Avivs eine zweite große Räumlichkeit zur Verfügung (Ichud: Einladung zur Einweihung der neuen Ichud-Synagoge im alten Gat Rimon Hotel, [1936]. CZA, A146/127). In erster Linie hielt man in dem zur Gemeindesynagoge umfunktionierten Hotel Gottesdienste ab. Aller Wahrscheinlichkeit nach haben hier aber auch andere vom Ichud organisierte Veranstaltungen stattgefunden.

50 Heinrich Loewe: [Notizen zu einem Vortrag über Ichud], o. D. CZA, A146/127.

51 Vgl. Loewe: Sichronot. Kap. Mitarbeit in Tel Aviv, S. 7. Der Verband zählte 1938 bereits 925 zahlende Gemeindemitglieder, verfügte mittlerweile über drei Synagogen, die Platz für 1.000 Besucher*innen boten. Eine Chevra Kadisha, eine eigens für die Kulturarbeit zuständige Kommission und eine bilinguale Monatsschrift wurden vom Verband eingerichtet. Lazarus Barth, der für das Lesepublikum in Deutschland diesen Überblick gab, monierte aber auch, dass die Mittel der ‚jeckischen Eroberung' Tel Avivs und des Yishuv, die Gottesdienste und die Zeitschrift, weitgehend von der deutschen Sprache geprägt waren, auf Hebräisch also verzichteten. Einzige Ausnahme würden die *Schiurim* und jene Veranstaltungen bilden, die explizit die Jugendlichen adressierten. Ähnlich der JVP in Berlin und jener Kreise und Initiativen, die sich mit ihr assoziieren lassen, entfaltete Ichud Shivat Zion in den folgenden Jahren eine rege und ambitionierte Kultur- und Bildungsarbeit. Fünf schwerpunktmäßige Gebiete, die man ausbauen wollte, nannte ein Plan von 1943/44, der die zukünftige Arbeit des Verbands projektierte: Regelmäßige Schiurim, Vorträge an Shabbatabenden, Gemeindeabende, Lerntagungen und Fortbildungskurse. Die Jugendarbeit und die „Hebraisierung und Verstärkung der nationalen Komponente" waren zudem Kernpunkte des Programms (Lazarus Barth: Von dem religiös-kulturellen Leben in Tel Awiw. In: *Zion – Monatsblätter für Lehre, Volk und Land* 10,6 (1938), S. 7–11, hier S. 10–11).

52 Vgl. Heinrich Loewe: Sichronot. Kap. Zoo. CZA, A146/6, S. [1].

> aus dem Laden heraus der mir aus der Arbeit der Jüdischen Volkspartei im Volksstaate Sachsen sehr wohlbekannte Herr Rabbiner Dr. M[ax] Schornstein, und lädt mich ein, einzutreten. Ich durfte kein Entree zahlen. Dafür sah ich drinnen eine Vogelhandlung, in der auch ein paar andere Tiere zu sehen waren. Er klagte Stein und Bein, wie man ihn behandle. Aber er werde noch seinen Zoologischen Garten durchsetzen.[53]

Loewe sagte Schornstein zu, bei der Einrichtung eines Zoos zu helfen. Er hätte in der Stadt viel Tierquälerei gesehen, was aus der „Naturfremdheit" der Stadtbevölkerung resultiere, die erst lernen müsse, dass „auch ein Tier eine Seele hat" und dass es nicht ausschließlich dazu bestimmt sei, von Menschen gegessen zu werden.[54] Die Agudat Chovevei Gan Ha-Chajot (Gesellschaft der Freunde des Zoologischen Gartens) wurde gegründet, die fortan als Trägerverein agierte. Ihr erster Vorsitzender wurde Heinrich Loewe, neben ihm waren u. a. Schornstein und der städtische Veterinärarzt und Direktor des städtischen Schlachthofs Leibl Lewit aktiv, später auch Schlomo Yoffe und die Architekten Itzchak Reich und Leopold Lustig.

Nachdem Schornstein interimsmäßig den Zoo auf dem Grundstück einer belgischen Gesellschaft in der Ha-Yarkon-Straße eingerichtet hatte – hier wohnte er und mit ihm die beiden Löwen Gibbor und Tamar –, erwirkte er bei der Tel Aviver Stadtverwaltung, dass diese das von der Shlomo-Ha-Melech-Straße und dem Keren-Kayemet-Boulevard begrenzte Grundstück im Nordosten der Stadt – ein Teil des Pardes Portalis –, für den Zoo zur Verfügung stellte. Im Dezember 1938 öffnete der Zoo seine Pforten. Die ersten Gebäude und Käfige wurden nach Plänen des Architekten Leopold Lustig gebaut. Max Schornstein übernahm die Leitung des Zoos, der seine Fläche und die Vielfalt der zur Schau gestellten Tiere in den nächsten Jahrzehnten stetig erweiterte.[55]

Die Beziehung zwischen den Vorstandsmitgliedern der Agudat Chovevei Gan Ha-Chajot indes war in den Jahren nach der Eröffnung des Zoos keinesfalls harmonisch. In seinen Erinnerungen bezeichnet Loewe Schornstein als ein „Stück Querulant"[56], der in den wöchentlichen Vorstandssitzungen und in Briefen häufig Kritik an den organisatorischen Verhältnissen des Zoos übte. Waren es bspw. im April 1939 Streitigkeiten, die sich aus den vertraglichen Vereinbarungen zwischen Schornstein und der Gesellschaft ergaben, dokumentieren Briefe der folgenden Monate Streitigkeiten wegen

53 Loewe: Sichronot. Kap. Mitarbeit in Tel Aviv, S. 8.

54 Vgl. Loewe: Sichronot. Kap. Zoo, S. [1].

55 Vgl. Memories of the Zoo. http://www.eretzmuseum.org.il/e/163/ (Zugriff am 04.12.2012).

56 Loewe: Sichronot. Kap. Zoo, S. 3.

unklaren Kompetenzverteilungen in der alltäglichen Arbeit im Zoo.[57] Ähnlich wie im Fall Loewe in den 1920er Jahren spitzten sich die Auseinandersetzungen soweit zu, dass Schornstein, entgegen des Rats von Loewe, ein Schiedsgericht anrief, das die Besitzrechte am Zoo klären sollte – zu Ungunsten Schornsteins, dem jegliche Rechte am Zoo (und zunächst sogar die Pensionszahlungen) abgesprochen wurden.[58] Im Zuge dieser Auseinandersetzungen trat Loewe vom Vorsitz der Gesellschaft zurück, er blieb ihr aber als Ehrenvorsitzender, als „inaktives Mitglied“[59] mit Repräsentationsfunktion, erhalten.

4. Bücher für die Stadt

Während sich Loewe zugleich aus der aktiven Arbeit für den Zoo und weitgehend aus der kulturpolitischen Arbeit im Ichud Ende der 1930er Jahre zurückzog, leitete er die Stadtbibliothek Tel Avivs noch bis ins hohe Alter. Im Rahmen des thematischen und systematischen Ausbaus der Bibliothek spielte das Sammeln der Bücher eine signifikante Rolle. Erzählen hunderte, aus Europa nach 1933 an Loewe gesandte Briefe die Geschichten der Jüd*innen, für die er einer der wenigen Ansprechpartner wurde, der versuchte, sie bei ihrer Flucht aus Deutschland (nicht nur) nach Palästina zu unterstützen,[60] berichten mindestens ebenso viele Briefe von den (Migrations-)Geschichten der Bücher, die Privatleute, Vereine, Zeitungsredaktionen, jüdische Gemeinden usf. an die Stadtbibliothek in Tel Aviv sandten. Vor allen Dingen zwischen seiner alten Heimatstadt Berlin, in der die mittlerweile von der BZV betreute Zentralsammelstelle in den Kellern des Hauses Meinekestraße 10 arbeitete, und der Stadtbibliothek entwickelte sich ein reger Bücherverkehr, im Zuge dessen tausende Bücher, meist aus privaten Sammlungen, von Deutschland nach ‚Eretz Israel‘ transferiert wurden. Loewe, der seine Arbeit als Direktor der Bibliothek kurz nach seiner Ankunft in Tel Aviv im Januar 1934 antrat, stand bis 1938 in ständigem Kontakt mit der Zentralsammelstelle in Berlin. Ihm, so schrieb er im Januar 1934 an den ebenfalls in Berlin ansässigen Philo-Verlag, „läge

57 Vgl. Max Schornstein an Heinrich Loewe, 26.04.1939. CZA, A146/128; Max Schornstein an Heinrich Loewe, 21.05.1939. CZA, A146/128; Max Schornstein an Heinrich Loewe, 23.06.1939. CZA, A146/128.

58 Vgl. Loewe: Sichronot. Kap. Zoo, S. 4.

59 Ebd., S. 9.

60 Zur Emigration deutscher Jüd*innen als transnationaler Erfahrung vgl. Joachim Schlör: „Irgendwo auf der Welt“. The Emigration of Jews from Nazi Germany as a Transnational Experience. In: Jay Howard Geller / Leslie Morris (Hrsg.): *Three-Way Street. Jews, Germans, and the Transnational.* Ann Arbor: University of Michigan Press 2016, S. 220–238; ders.: „Solange wir auf dem Schiff waren, hatten wir ein Zuhause“. Reisen als kulturelle Praxis im Migrationsprozess jüdischer Auswanderer. In: *Voyage* 10 (2014), S. 226–246.

daran, den Zusammenhang mit den deutschen Juden hier im Lande und in Deutschland lebendig zu erhalten [...].“[61]

Die Berliner Zentralsammelstelle wurde zwischen Frühjahr 1933 und Februar 1938 von dem Bibliothekar Ernst Hoffmann (später an der Yeshurun-Bibliothek in Jerusalem tätig)[62] geleitet, bevor dieser, da er kein „Reichsangehöriger“[63] war, von den Nazis gezwungen wurde, von seiner Position zurückzutreten. Der Rechtsanwalt Rudolf Pick, einer der letzten Leiter des Palästinaamts, ersetzte Hoffmann. Er koordinierte den recht kostspieligen Büchertransfer von Berlin nach ‚Eretz Israel‘ vermutlich nur noch wenige Monate. Während des Novemberpogroms wurden die Räume des Palästinaamts erstmals verwüstet, was eine vorübergehende Schließung zur Folge hatte. Ende 1938 begannen die Nazis zudem mit der Konfiszierung jüdischer Kulturgüter, darunter zahlreiche Bibliotheks-, Archiv- und Kunstsammlungen. Die ca. 50.000 Bände der Bibliothek der Gesellschaft der Freunde der Hebräischen Universität und Bibliothek zog man bspw. ein.[64] Im Winter 1939 wurden die Kellerräume der Gesellschaft in der Wexstraße 2 (Berlin-Schöneberg), die ebenfalls als Lagerraum für die Bücher dienten, versiegelt, die Gesellschaft auf behördliche Anordnung aufgelöst.[65] Am 21. Mai 1941 wurden auch die Büros in der Meinekestraße endgültig geschlossen.

Regelmäßig erhielt Loewe Listen – direkt aus Berlin, ab Anfang 1935 auch aus Jerusalem, auf denen er zu notieren hatte, welche der Bücher in Shaar Zion gebraucht werden würden. Aus den Briefen dieser Zeit geht hervor, dass Loewe nicht nur für die Bestandsentwicklung von Shaar Zion zuständig war, sondern auch dafür, dass jene Bücher, die nicht für die JNUL in Jerusalem bestimmt oder dort nicht zu gebrauchen waren, auf andere jüdische Bibliotheken verteilt wurden. In diesem Zusammenhang entstand zwischen Shaar Zion und der JNUL ein regelrechter Konkurrenzkampf, den man selbst in Berlin wahrnahm und in dem Ernst Hoffmann offenbar um die Jahreswende 1934/1935 zu vermitteln versuchte. Obwohl Loewe sich um Verständigung in dem aufbrechenden Konflikt bemühte und zugestand, dass „man seinem eigenen Kinde keine Konkurrenz machen kann“[66], schrieb er wenig später, als es um die Verteilung der Bibliothek von Max Hirsch ging, an Ernst Hoffmann: „Schade: In Jerusalem auf dem Skopus

61 Heinrich Loewe an Philo-Verlag, 09.01.1934. Shaar Zion, Boxnr. 7.

62 Vgl. Jütte: *Emigration der deutschsprachigen „Wissenschaft des Judentums“*, S. 101.

63 Rudolf Pick an Heinrich Loewe, 22.02.1938. Shaar Zion, offener Bestand.

64 Vgl. Konfiszierung jüdischer Kulturgüter ... In: Annegret Ehmann et al. (Hrsg.): *Juden in Berlin. 1671–1945. Ein Lesebuch*. Berlin: Nicolai 1988, S. 298–299, hier S. 299. Zum nazistischen Buchraub in und außerhalb Deutschlands vgl. Regine Dehnel (Hrsg.): *Jüdischer Buchbesitz als Raubgut*. Frankfurt am Main: Klostermann 2006; dies. (Hrsg.): *NS-Raubgut in Bibliotheken. Suche. Ergebnisse. Perspektiven*. Frankfurt am Main: Klostermann 2008; dies (Hrsg.): *NS-Raubgut in Museen, Bibliotheken und Archiven*. Frankfurt am Main: Klostermann 2012.

65 Vgl. Daniel Feilchenfeld an Heinrich Loewe, 10.02.1939. CZA, A146/120.

66 Heinrich Loewe an Ernst Hoffmann, 15.01.1935. Shaar Zion, Boxnr. 7.

kommen diese nicht in so unmittelbare Berührung mit dem Publikum wie bei uns, wo sich eine Gebrauchsbibliothek entwickelt."[67] Einige Monate zuvor hatte Loewe in einem Brief an Arthur Spanier bereits über die mangelnde finanzielle Ausstattung von Shaar Zion geklagt: Nicht nur dass die JNUL weit mehr Bücher aus aller Welt gestiftet bekäme, auch der Etat sei mit 3.000 Palästinischen Pfund jährlich vierzigfach höher als das Budget der Tel Aviver Stadtbibliothek.[68]

Ohne ausreichende finanzielle Mittel war die Entwicklung der Bibliothek, ähnlich der JNUL nach Einrichtung der Hauptsammelstelle in Berlin 1914, in den ersten Jahren des Direktorats Loewes abhängig von Spendengeldern und Bücherstiftungen.[69] Mit in Berlin erprobten Werbemethoden müsse man „in der ganzen Welt wegen Büchern betteln"[70], schrieb Loewe an Alexander Marx im Oktober 1934. Wiewohl Shaar Zion, was Bücherakquise und finanzielle Ausstattung betraf, im regionalen Vergleich hinter der JNUL zurücktreten musste, entwickelte sie sich in Tel Aviv zur größten Bibliothek unter den zehn Bibliotheken und Sammlungen, die zwischen 1891 und 1946 in der Stadt gegründet wurden.[71] In seiner Amtszeit gelang es Loewe und seinen Kolleg*innen[72], den Buchbestand um 250 % zu vergrößern: Zählte die Stadtbibliothek 1932/1933 nur 26.650 Bände, stieg der Umfang der Sammlung bis 1947/1948 auf 68.605 Bände an.[73] Auch der von der Stadtverwaltung zur Verfügung gestellte Etat erhöhte sich bis 1946/1947 deutlich auf 1.683 Palästinische Pfund.

Verlief der Bücher- und Gelderzulauf relativ zäh – brauchte es wie im Fall der Bibliothek von Davis Trietsch Jahre, bis die Verhandlungen abgeschlossen und die Bücher in Shaar Zion aufgestellt wurden –, besserte sich die räumliche Situation der Stadtbibliothek vergleichsweise schnell. Während die als Nukleus für eine Spezialbibliothek zur wissenschaftlichen Auseinandersetzung mit der „jüdischen Renaissance-Bewegung"[74] angelegte Nachlassbibliothek Achad Haams im Haus Achad-Haam-Straße 20 verblieb, zog Loewe mit der Shaar-Zion-Bibliothek im Januar 1936 in die Montefiorestraße 8 um. Das neue Gebäude, welches Zeev Gluskin zur Einrichtung als Bibliothek stiftete, wurde zuvor nach den Plänen von Itzchak Reich umgebaut, etwa um zwei Stockwerke

67 Heinrich Loewe an Ernst Hoffmann, 08.01.1936. CZA, A146/122. Hierzu auch Ernst Hoffmann an Hugo Bergmann, 27.05.1934. Shaar Zion, Boxnr. 7.

68 Vgl. Heinrich Loewe an Arthur Spanier, 07.08.1935. Shaar Zion, offener Bestand.

69 Zur finanziell schwierigen Situation Tel Avivs im Allgemeinen und der Stadtbibliothek im Besonderen vgl. Heinrich Loewe: Geisteskultur und Kulturgeist im Aufbau. In: *Ostjüdische Zeitung*, 11.03.1936, S. 1–2.

70 Heinrich Loewe an Alexander Marx, 16.10.1934. Shaar Zion, Boxnr. 7.

71 Vgl. Dov Schidorsky: The Municipal Libraries of Tel Aviv during the British Mandate, 1920–1948. In: *Libraries and Culture* 31,3/4 (1996), S. 540–556, hier S. 543.

72 Zu Loewes Mitarbeitern zählten u. a. Shimon Ernst, Abraham Zoch und Curt Wormann.

73 Vgl. ebd., S. 544.

74 Heinrich Loewe an Beth-Ahad-Haam, 19.02.1936. CZA, A146/122.

erweitert. Ausreichend Platz sollte für die Ausdehnung des Bücherkontingents vorhanden sein, die Bibliothek im neuen Haus zur hochfrequentierten Landesbibliothek entwickelt werden.[75] Tatsächlich berichtet Loewe zum Jahreswechsel 1937/1938, dass der 210 m² große Lesesaal der Bibliothek, der mit internationalen Presseerzeugnissen gespickte Zeitungslesesaal und der für Wissenschaftler*innen und Schriftsteller*innen eingerichtete Sonderraum von 10:00 Uhr morgens bis 8:00 Uhr abends „dicht besetzt"[76] seien, 60 bis 100 Besucher*innen täglich in die Bibliothek kämen. Auch die Zahl der ausgeliehenen Bücher nehme ständig zu, weshalb man kaum dazu käme, mit der Katalogisierung der eingehenden Bücher hinterherzukommen. Im April 1938 begannen Loewe und seine Mitarbeiter*innen, im Magazin der Bibliothek zusätzliche Stahlregale, die Platz für insgesamt 30.000 Bände boten, aufzustellen.[77]

Als Leistung der Stadt Tel Aviv porträtierte Loewe den bis 1938 fortgeschrittenen Auf- und Ausbau der Bibliothek. Das Kulturinstitut „gereiche [...] der ersten hebräischen Stadt zur Zierde und zur Ehre"[78]. Zu Recht: Das gesamte Bibliotheksnetz Tel Avivs betrachtend, fasst Dov Schidorsky zusammen, dass es den öffentlichen Bibliotheken der Stadt tatsächlich gelang, eine adäquate, benutzerorientierte Infrastruktur einzurichten. Sie hatten dadurch einen erheblichen Anteil an der Etablierung Tel Avivs als *dem* kulturellen Zentrum des Yishuv.[79] Die Entwicklung Shaar Zions unter Leitung Loewes ist hierfür beispielhaft. Die Bibliotheksangestellten hatten die Bewegungen innerhalb der kulturellen, wissenschaftlichen und Bildungstopographie Tel Avivs, die Bedürfnisse einzelner Einrichtungen sowie spezifischer Berufs- und Sprachgruppen stets im Blick: 1935 begann etwa der Aufbau einer Lehrerbibliothek,[80] kurze Zeit später, als Reaktion auf die 1934 gegründete School of Law and Economics, die Einrichtung einer Spezialsammlung rechtswissenschaftlicher Bücher.[81] Intensiv bemühten sich Loewe und andere ab 1937/1938 um den Aufbau einer Musikbibliothek – 1936 hatte sich das Palestine Orchestra (heute Israel Philharmonic Orchestra) in Tel Aviv gegründet. „Das Bedürfnis danach ergab sich von selbst aus dem aufblühenden musikalischen Leben des Landes und vor allem der Stadt Tel-Aviv"[82], heißt es in einem von Loewe verfassten Bericht. Die

75 Vgl. Heinrich Loewe an Arcadio Silberstein, 20.12.1937. Shaar Zion, offener Bestand.

76 Heinrich Loewe an M. Lichtheim, 20.12.1937. Shaar Zion, offener Bestand; Heinrich Loewe an Josef Weszel, 13.01.1938. Ebd.

77 Vgl. Heinrich Loewe an Rudolf Pick, 11.04.1938. Shaar Zion, offener Bestand.

78 Heinrich Loewe: Die Stadtbibliothek in Tel Awiw. In: *Gemeindeblatt der Jüdischen Gemeinde zu Berlin*, 23.01.1938, S. 6.

79 Vgl. Schidorsky: Municipal Libraries of Tel Aviv, S. 551–553.

80 Vgl. Heinrich Loewe an Ernst Hoffmann, 15.02.1935. Shaar Zion, Boxnr. 7.

81 Vgl. Heinrich Loewe an Ernst Hoffmann, 05.06.1935. Shaar Zion, Boxnr. 7; Heinrich Loewe an Ernst Hoffmann, 03.12.1935. Ebd.

82 Heinrich Loewe: Bericht über die Musik-Bibliothek, Montefiorestr. 8. Shaar Zion, offener Bestand.

Auslastung der Bibliothek durch Studierende, Forschende und sonstige Facharbeiter*innen stieg bis 1947 auf 90 %, 1930 waren es gerade einmal 50 %.[83] Für die verschiedenen Gruppen von Einwandernden wurden in Shaar Zion Spezialsammlungen eingerichtet, eine Praxis, die dem radikalen Hebraismus, der vielfach im Yishuv und insbesondere in der ‚ersten hebräischen Stadt' vertreten wurde, entgegenstand.[84] Curt Wormann, seit 1937 an der Bibliothek und später Direktor der JNUL,[85] war in diesem Zusammenhang bis 1947 verantwortlich für die europäischsprachigen Sammlungen. Zusammen mit Wormann, der 1956 mit Hilfe der UNESCO sogar eine Bibliothekarsschule gründete, richtete Loewe schon während seines Direktorats an der Stadtbibliothek von Tel Aviv ein zweijähriges Ausbildungsprogramm für Bibliothekar*innen ein. Die praktische und theoretische Ausbildung, die erste ihrer Art in ‚Eretz Israel', orientierte sich inhaltlich an der bibliothekarischen Fachausbildung vor 1914 an seiner ehemaligen Arbeitsstätte in Berlin.[86]

Trotz dieser Erfolge blieb Loewe bis zuletzt (selbst-)kritisch: „Sie hat noch grosse Mängel", notierte er mit Blick auf die Bibliothek, deren Leiter er einst war, und setzte hinzu:

> Ich habe dauernd mit den denkbar größten Schwierigkeiten kämpfen müssen. Und heute, wo ich seit 5/4 Jahren im Ruhestande bin, ist von allen Lesern und Besuchern niemand so unzufrieden wie der bisherige Direktor.[87]

83 Vgl. Schidorsky: Municipal Libraries of Tel Aviv, S. 552.

84 Vgl. etwa Anat Helman: "Even the Dogs in the Street Bark in Hebrew": National Ideology and Everyday Culture in Tel-Aviv. In: *The Jewish Quarterly Review* 92,3/4 (2002), S. 359–382; Zohar Shavit: Tel-Aviv Language Police. In: Maoz Azaryahu / S. Ilan Troen (Hrsg.): *Tel-Aviv, the First Century. Visions, Designs, Actualities*. Bloomington / Indianapolis: Indiana UP 2012, S. 191–211; Azaryahu: *Tel Aviv*, S. 84–92 (Kap. „'Be Hebrew in Your Speech'").

85 Zu Wormann vgl. Ernst Simon: Curt Wormann's Road to Jerusalem. In: Mordechai Nadav / Jacob Rothschild (Hrsg.): *Essays and Studies in Librarianship Presented to Curt David Wormann on His Seventy-Fifth Birthday*. Jerusalem: Magnes 1975, S. 1–14.

86 Vgl. Schidorsky: Germany in the Holy Land, S. 32.

87 Heinrich Loewe: Sichronot. Kap. Shaar-Zion. CZA, A146/168, S. 4.

X.
Zusammenfassende Betrachtungen

Heinrich Loewes Engagement als zionistischer Aktivist begann 1889. Durch den Umzug von Magdeburg nach Berlin, den die vorliegende Studie als Übergang von einem Stadt- zum ‚hochmobilen' Großstadtbewohner kennzeichnet, kam er in Kontakt zu vornehmlich gleichaltrigen Juden, mit denen er in den folgenden Jahren signifikante Produktionsstätten zionistischer Kultur gründete. Obschon in ihrer politischen Wirkungskraft zunächst begrenzt, dienten diese als Experimentierfelder – der Russisch-jüdisch wissenschaftliche Verein und Jung Israel bspw. –, als *Zirkel der Assoziation*, wo mit der öffentlich sichtbaren Konstruktionsarbeit des Zionismus und der Anhäufung damit verbundenen Wissens begonnen wurde. Erste Texturen zionistischer Semantik entstanden, die nicht nur in der Presse zirkuliert und auf Veranstaltungen propagiert, sondern auch in Dinge eingeschrieben wurden.

Der Magen David diente schon Anfang der 1890er Jahre der politischen Emblematisierung des im Entstehen begriffenen Kollektivs, er war Teil des materiellen Inventars, das die jungen Jüd*innen als zionistische Aktivist*innen markierte und in den folgenden Jahrzehnten stetig weiterentwickelt wurde. Auch das koschere Essen, auf das Loewe seinen Haushalt 1890 umstellte, und der fünfte Band von Graetz' *Geschichte der Juden* wurden in der formativen Phase des zionistischen Kollektivs in Berlin, um mit Michel Serres zu sprechen, „erstaunliche[...] Bildner von Intersubjektivität."[1] Wie gezeigt werden konnte, spielten in Loewes Biographie auch in anderen Kontexten Dinge eine herausragende Rolle: Landwirtschaftlich und handwerklich produzierte Erzeugnisse aus den jüdischen Siedlungen Palästinas 1896 im Treptower Park, zionistische Lichtbilder nach 1911 an zahlreichen Veranstaltungsorten der jüdischen Diaspora konstituierten,

1 Serres: *Der Parasit*, S. 349.

vergleichbar den Reiseberichten Willy Bambus' und Heinrich Loewes, Repräsentationsräume eines produktivierten Palästinas. Unabdingbar war der Texte produzierende Hektograph für die zionistische Pressepraxis während der ersten Palästinaexkursion Loewes. Ohne moderne Druck- und photographische Reproduktionsmaschinen wäre die zionistische Propaganda im beschriebenen Umfang undenkbar gewesen. Jene Bücher, die Loewe nach 1914 als Leiter der Hauptsammelstelle für die JNUL in Berlin sammelte, manifestierten sich als Ausdruck kultureller ‚Hebung' des Landes. Als Ausdruck der ‚kulturellen Höhe' des jüdischen Kollektivs insgesamt wurden die Veröffentlichungen der Soncino-Gesellschaft der Freunde des jüdischen Buches seit den 1920er Jahren angelegt. Zugleich wurden Bücher zu Erinnerungsorten im Sinne Pierre Noras.[2] Als solche konstruierte Loewe jene Bücher für die JNUL durch die anberaumte sichtbare Kennzeichnung mit den Namen ihrer Spender*innen, die nach Einrichtung der Hauptsammelstelle ‚Bausteine' der JNUL als Dokumentationszentrum seiner Erbauer*innen in ‚Eretz Israel' werden sollten. Die migrierenden Bücher indes gehörten auch zu den Zeugen einer im Auflösen begriffenen jüdischen Existenz in Deutschland nach 1933. Loewes Privatbibliothek, die auf Erkenntnisgewinn ausgelegte Bibliothek eines Gelehrten, ist Teil jener Sammlung von Dingen, die im Oktober 1933 per Schiff dem europäischen Kontinent den Rücken zuwandten und offenbar erst Anfang 1936 in der von Loewe geleiteten Stadtbibliothek Tel Avivs, Shaar Zion, aufgestellt wurden. Sie ist nur eine von vielen Büchersammlungen, die auf diesem oder ähnlichen Wegen Deutschland verließen.

Loewes Kulturphilosophie des Zionismus, die sich in zahlreichen Zeitungs- und Zeitschriftenartikeln niederschlug und sich als politisches Programm zudem in der Agenda der JVP wiederfindet, entstand Ende des 19. Jahrhunderts im Spannungsfeld von identitärer Politik und wissenschaftlicher Analyse. Konzeptionell auf die Einheit des Judentums mit gemeinsamer Sprache und Geschichte angelegt, lassen sich diesbezüglich wesentliche Fluchtpunkte im hegemonialen Diskurs der Nation des Fin de siècle finden. Loewe affirmierte bspw. wesentliche Elemente der von Heymann Steinthal und Moritz Lazarus entworfenen Völkerpsychologie und integrierte diese in eine dezidiert subjektivistische Vorstellung des jüdischen Kollektivs. Unter der Annahme, es gäbe einen ‚Volksgeist', der Jüd*innen als Kollektiv forme und sich in gemeinsamer Sprach- und Kulturpraxis materialisiere, gelte es, dessen „Existenz [zu] erhalten und […] geistige Sonderart [zu] wahren und fort[zu]entwickeln", proklamierte Loewe bereits 1895.[3] Jene Übertragung des ‚Volksgeistes' in ‚jüdischen Kulturgeist' trat, korrespondierend mit den Überlegungen Achad Haams, besonders deutlich zutage, als 1914 der jüdische

2 Vgl. Nora: Between Memory and History.

3 Vgl. S. 103.

Kulturfonds Kedem gegründet wurde. In die Propagandaarbeit für den Fonds eingebunden, dessen Mittel für den Aufbau der jüdischen Kultur- und Bildungsinfrastruktur vorgesehen waren, forderte Loewe die Entfaltung des „freien Kulturgeist[es]"[4] in Palästina, der, auf die kulturelle und bildungspolitische Hebraisierung des Landes abzielend, Palästina in eine ‚Sendestation' hebräischer Kultur transformieren sollte.

Über die Konstruktion von Räumlichkeit des jüdischen Kollektivs hinaus, dessen Zentrum Loewe in *Eretz Israel*, der biblisch überlieferten jüdischen ‚Heimat', verortete, spielte die Konstruktion von Zeitlichkeit eine signifikante Rolle in seiner zionistischen Kulturphilosophie. Als handlungslegitimierende Verlängerung zionistischer Geschichte offenbart sich diese in zahlreichen programmatischen Artikeln und Schriften Loewes, sie ‚übersetzte' sich ebenso in zionistische Kultur- und Agitationspraxis, indem bspw. jüdische Feiertage – Chanukka etwa – zionistisch inszeniert wurden oder aber die Semantik Palästinas im Rahmen der Lichtbildvorträge, die Loewe für den JNF erarbeitete, mit anderen, der Genese des zionistischen Kollektivs Ende des 19. Jahrhunderts zeitlich vorgelagerten und auf kulturelle Autonomie abzielenden jüdischen Siedlungsprojekten verknüpft wurden. Zum Gegenstand wissenschaftlicher Betrachtungen macht er jenen vermeintlich die Zeit überdauernden ‚Geist' schließlich im Rahmen seiner Vorlesungen zur Jüdischen Volkskunde an der Freien Jüdischen Volkshochschule in Berlin. Als beobachtende, mikrologische „Lebensbeschreibung" der jüdischen Gegenwart angelegt, konzipiert Loewe *seine* Volkskunde als Spurensuche nach einer kollektivpsychologischen Verfasstheit des jüdischen ‚Volkes', die bestimmt sei, vor dem Hintergrund der Kulturgeschichte reflektiert zu werden. In diesem Zusammenhang erlangten Theoreme des deutschsprachigen Rassediskurses in Loewes Ausführungen erstmals bedeutende Wirkmacht, er stellte das jüdische Kollektiv als *eine* ‚Rasse' vor. Dieser rassische Essentialismus, welchen Loewe ebenfalls als vergemeinschaftendes Element einsetzte, verflüssigte sich allerdings späterhin. Ende der 1920er Jahre verwies er nachdrücklich auf die innere Vielfalt der Judenheit.

Kernelement der zionistischen Arbeit in Berlin war schon vor dem 1. Zionistenkongress von 1897 die (transregionale) Assoziationsarbeit. Einerseits verknüpften Loewe und andere Mitglieder des Berliner zionistischen Kollektivs sich mit der von Nathan Birnbaum geleiteten *Selbst-Emancipation*, jenem lange Zeit einzigen zionistisch vergemeinschaftenden Propagandainstrument, für das sie Beiträge verfassten und agitierten. Außerdem begann aber auch frühzeitig die Assoziationsarbeit mit nicht dezidiert zionistischen Aktivist*innen. Mit der Jüdischen Lesehalle und Bibliothek entstand bspw. ein Ort jüdischer Kooperation, der, wie die nachgezeichnete Debatte von Winter 1892 über „Nationalismus, Palästina, ‚Ostjuden'" zeigt, im krassen Gegensatz zu öffentlich

4 Vgl. S. 268.

produzierten, ideologische Demarkationslinien schaffenden Narrativen stand. Gleiches gilt für die Ausstellung der Erzeugnisse jüdischer Dörfer in Palästina auf der Berliner Gewerbeausstellung von 1896, die Arbeitsergebnis einer heterogenen politischen Allianz war. Diese jüdische Kooperationsarbeit setzte sich über die Jahre hinweg fort. Vor allen Dingen nach dem Ersten Weltkrieg wurden mit dem Jüdischen Schulverein, den von ihm getragenen Initiativen, mit der Hauptsammelstelle für die JNUL bzw. der Gesellschaft der Freunde der Jerusalem-Bibliothek und der Soncino-Gesellschaft der Freunde des jüdischen Buches Orte geschaffen, an denen es möglich war, über politische Grenzen hinweg gemeinsam tätig zu werden. Wenn auch durch den Einzug der JVP erzwungen, kann dies zudem für die Repräsentantenversammlung der Jüdischen Gemeinde zu Berlin gelten. Funktionierende kultur- und bildungspolitische Arbeit konnte auch hier nur durch Kompromissschließung auf „bestimmten Gebieten", wie Alfred Klee 1931 im Zusammenhang mit der Gründung eines Lehrstuhls der Berliner Gemeinde an der Hebräischen Universität in Jerusalem betonte, gewährleistet werden.[5]

Konfliktbehaftete Auseinandersetzungen, die divergierende Zionis*men* zur Schau stellten, entspannen sich zahlreich nach dem 1. Zionistenkongress. Während Anfang der 1890er Jahre öffentlich wahrnehmbare Debatten um die Handlungslegitimation des zionistischen Kollektivs geführt wurden, tritt die narrative Kultur des Zionismus um die Jahrhundertwende in eine neue Phase. Mit der Ausdifferenzierung der zionistischen Presselandschaft und der zunehmenden Fraktionierung des zionistischen Kollektivs wird dieses als relativ heterogenes Sammelbecken verschiedenster politischer Allianzen erkennbar. Anhand der scharf geführten Debatten um die ideologische Ausrichtung der Berliner Zionist*innen nach dem 1. Zionistenkongress und der sogenannten Uganda-Kontroverse, in der Loewe als Chefredakteur der *Jüdischen Rundschau* zu einem zentralen Akteur avancierte, wurde dieser Transformationsprozess, im Zuge dessen zionistische Streitkultur aus den Versammlungsräumen in jüdische Zeitschriften und Zeitungen getragen wurde, beispielhaft analysiert. Streitpunkt war allerdings nicht nur die ideologische Ausrichtung der neu entstandenen WZO, ihrer Unterorganisationen, assoziierten Institutionen und förderungswürdigen Initiativen, sondern auch materielle Interessen von in zionistischen Organisationen Tätigen, die man – wie im Fall Loewes – allerdings hinter den Kulissen führte. Innerhalb der vorliegenden Studie wurden die sich daraus ergebenden spezifischen Konstellationen, in denen Geld als wichtiges persönliches Handlungsmotiv auftritt, insbesondere im Rahmen zweier Kontexte herausgearbeitet: der Korrespondenz, die Loewe aufgrund seiner prekären finanziellen Situation ab Frühjahr 1898 in der Absicht führte, einen bezahlten Posten in einer der zionistischen Organisationen zu erhalten, sowie im Rahmen der Auseinandersetzungen um

5 Vgl. S. 323.

Loewes Arbeit für die JNUL Anfang der 1920er Jahre. Neben der Wirkungsmacht des Geldes, die auch anhand diverser gescheiterter Initiativen bzw. ständig aufgeschobener Realisierungspläne von zionistischen (Kultur-)Projekten offenbar wird, zeigen jene Korrespondenzen exemplarisch, inwieweit sich der bürokratische Apparat der WZO und damit verbunden die Kommunikationswege zwischen Organisation und Mitglied entwickelt hatten: Kommunizierte Loewe per Brief 1898 noch direkt mit herausragenden zionistischen Funktionären, sah er sich später einem ausdifferenzierten bürokratischen Apparat gegenüber, der eher selten direkte Kommunikation mit Entscheidungsträgern zuließ und stattdessen Vermittler in sein Machtgeflecht einband. Gleichfalls markieren jene Episoden beispielhaft ‚Bruchstellen' in der Biographie Loewes. Nonlinear, teilweise von Zufällen bestimmt, konstituierte sich sein Weg als zionistischer Aktivist. Sein Ort im Kollektiv blieb stets in Bewegung, er blieb Verhandlungssache.

Neben dieser Ortsbestimmung des Einzelnen wurde im Rahmen der vorliegenden Studie versucht, Fragmente der sich um die Jahrhundertwende entwickelnden Topographie des Zionismus nachzuzeichnen. Abschließend soll ein Blick auf deren Typologie geworfen werden. Schon in den Anfangsjahren des Berliner zionistischen Kollektivs wird deutlich, dass sich Orte und Räume zu einem mit Bedeutungen aufgeladenen Geflecht und zu einer imaginierten wie physisch realen zionistischen Geographie verknüpften. Zu den wichtigsten kulturellen Produktionsstätten zählten in diesem Zusammenhang zunächst die Wohnungen und Zimmer der Aktivist*innen, die bis zuletzt nicht abgeschlossen, sondern durchlässig und multifunktional blieben. Loewes permanent wechselnde Stuben, später seine Wohnung in der Flemingstraße, waren zugleich Redaktionsräume der Zeitungen, die er redigierte. Ebenfalls organisierte er von der Flemingstraße aus die Büchersammlung für die JNUL nach 1914 und nutzte seine Wohnung und eine weitere, die er im gleichen Haus anmietete, als Lagerraum für die Bücher. Demgemäß sind die Privatwohnungen in mehrfacher Hinsicht Orte der Akkumulation. Kulturelle Güter, physische Artefakte, bspw. technisches Gerät und ‚zionisierte' Gegenstände, wie jene gesammelten Bücher und die von Loewe – teilweise unter Mithilfe von Mitarbeiter*innen – konzeptionierten Zeitschriftenausgaben von *Jüdischer Volkszeitung*, *Zion* und *Jüdischer Rundschau*, wurden hier angehäuft bzw. von hier aus zirkuliert. Es sind insofern *Raum schaffende Orte*, als hier die Geographie des Zionismus montiert wurde. Als markantes Beispiel für die Qualität der in den Privatwohnungen entstandenen Zeitschriftenausgaben, Räume zu konstituieren und miteinander zu verbinden, können die Korrespondenzspalten gelten, die schon in der Frühzeit des Zionismus vor den Augen der Leser*innen ein transregionales Netz zionistischer Wirkungsstätten entstehen ließen. Gleiches gilt bspw. für die ausführlichen Listen des JNF, die die *Jüdische Rundschau* unter Leitung Loewes führte. Sie dokumentierten die Konvertierung jüdischer Haushalte in Arbeitsstätten des JNF und verbanden diese dadurch, weithin sichtbar, mit dem zionistischen Archipel. Ein weiteres ausdrucksvolles Beispiel für die Raum schaffende Qualität der Periodica ist die Abbildung der Uganda-Kontroverse durch die *Jüdische Rundschau*. Zum Archiv der innerzionistischen Auseinandersetzungen firmierend, besetzte das Blatt die für das zionistische Kollektiv bedeutenden Orte mit spezifischen Semantiken: Kischinew als Ort des Pogroms, das Loewe, korrespondierend mit der Eröffnungsrede Herzls auf dem 6. Zionistenkongress, als jederzeit und überall möglich porträtierte, Britisch-Ostafrika, zunächst von Loewe als „Kraftstation" bezeichnet,[6] kurze Zeit später allerdings von ihm als solche fallen gelassen, und nicht zuletzt Palästina, dessen Imagination freilich auch an vielen anderen Orten und in anderen Kontexten – in den Reiseberichten, anderen zionistischen Periodica, auf den Kongressen, in den Lichtbildvorträgen und in zahlreichen von zionistischen Aktivist*innen allein oder kooperativ organisierten Vortragsveranstaltungen – *die* zentrale Rolle spielte.

Einerseits waren zionistische Aktivist*innen wie Loewe bemüht, dem von ihnen vorgestellten Palästina einen Platz im jüdischen Zukunftsdiskurs zu erringen und eine stabile geistige und physische Passage zwischen ihrem ‚Zukunftsland' und der jüdischen Diaspora zu errichten, die den *bidirektionalen* Transfer von Wissen, Menschen und Dingen ermöglichen sollte, anderseits galt es, durch den Ausbau der urbanen zionistischen Topographie Jüd*innen für die zionistische Idee zu mobilisieren und in das Kollektiv einzubinden. Die damit verknüpfte räumliche Praxis, die ‚Eroberung' und semantische Besetzung von Cafés, Restaurants und Hotels, die als Herbergen für Versammlungen und Vortragsveranstaltungen dienten, war in diesem Zusammenhang die erste auf die Erhöhung der Sichtbarkeit abzielende Strategie zionistischer Aktivist*innen in und um den Russisch-jüdisch wissenschaftlichen Verein und Jung Israel. Die Orte bildeten Schmarjahu Levin zufolge jene „Brennpunkt[e]", die sich neben zentralen Orten zionistischer Rekrutierung, den großen Einwanderungsbahnhöfen und den Räumlichkeiten der Hochschule für die Wissenschaft des Judentums sowie denen der Friedrich-Wilhelms-Universität, als Kontaktzonen konstituierten.[7] Nachdem sich die Veranstaltungsräume mehrere Jahre stetig verschoben hatten, gelang es, in Berlin einen beständigen Ort zu finden, das Hotel Centrum in der Alexanderstraße, ein früher zionistischer Kristallisationspunkt, welcher beiden Zusammenschlüssen als Vereinslokal diente, vorübergehend auch die Jüdische Lesehalle und Bibliothek, und im Rahmen der Werbearbeit für die *Jüdische Volkszeitung* als zionistische ‚Antwortenmaschine'

6 Vgl. S. 233.
7 Vgl. S. 80.

vorgestellt wurde. Vergleichbare Räume zionistischer Konzentration finden sich auch in der späteren Berliner Geschichte. Um die Jahrhundertwende erlangte bspw. das Café Monopol mit seinem orientalisierten Setting in dieser Hinsicht herausragende Bedeutung. Mit der Gründung des Zentralbüros der ZVfD und dem Zionistischen Zentralbüro, Abteilung Berlin, wurde die zionistische Topographie Anfang des 20. Jahrhunderts sich nach Westen verschiebend weiter zweckmäßig ergänzt. Die beiden Schaltstellen des nationalen und internationalen Zionismus – letztere ging durch den Umzug nach London 1917 in doppelter Hinsicht auf Distanz – bildeten organisatorische Knotenpunkte und gaben dem Zionismus in Berlin eine fixe Adresse. Insbesondere die zionistische Bürogemeinschaft in der Bleibtreustraße (später Sächsische Straße und Meinekestraße) kann in diesem Zusammenhang als herausragendes Beispiel räumlicher Verdichtung gelten. Von Harald Reissig als „Zentrale des deutschen Zionismus" bezeichnet,[8] beherbergte sie bis 1938 auch die Redaktionsräume der *Jüdischen Rundschau*, die Arbeitsräume des Palästinaamts und nicht zuletzt die Zentralsammelstelle für die JNUL, von wo aus der Büchertransfer und die Verschickung anderer kultureller Güter nach Palästina organisiert wurden.

Bemerkenswert ist die Entwicklung der zionistischen Veranstaltungspraxis in Berlin. Eine Zäsur diesbezüglich lässt sich 1898 festmachen. Erstmals wurde mit dem Auftritt Theodor Herzls im Saal des Königsstädtischen Kasinos eine zionistische Massenveranstaltung inszeniert, die in ihrer Wirkung – auch wenn man in den Periodica gemachten Angaben zu Besucherzahlen misstrauisch gegenüberstehen sollte – bspw. weit über jene ab 1894 von Jung Israel organisierten Dichterabende hinausgegangen sein dürfte. Jene Dichterabende indes deuteten programmatisch bereits an, was sich in größerem Maßstab in den 1920er Jahren endgültig materialisieren sollte: die Verknüpfung dezidiert zionistischer Kultur- und Bildungspraxis mit einer allgemeineren jüdischen Kultur- und Bildungspraxis an überwiegend spezifisch jüdischen Orten der Großstadt. Die von der FJV organisierten Veranstaltungen, die in weiten Teilen des Berliner Stadtgebiets abgehalten wurden, stehen exemplarisch für diese kooperative Wissensvermittlung, welche eine das *jüdische* Kollektiv fragmentierende narrative Praxis konterkarierte. Die FJV-Veranstaltungen wurden funktionell auf die dauerhafte Bindung von Jüd*innen an *jüdische* Kultur angelegt und in Konkurrenz zu großstädtischen Unterhaltungsinstitutionen wie dem Café, dem Kino und dem Radio veranstaltet. Die wichtigsten Produktionsstätten jüdischer Kultur waren in diesem Zusammenhang in den 1920er und Anfang der 1930er Jahre die Synagogen, welche von der FJV überwiegend als Veranstaltungsorte genutzt wurden. Als in dieser Zeit *Jewish Space* entgrenzend können bspw. die Veranstaltungen der Soncino-Gesellschaft betrachtet werden.

8 Reissig: Das Haus der Zionistischen Organisationen, S. 425.

Jene vermeintliche kollektive Selbstaufgabe der Jüd*innen im Exil, die Initiativen wie der FJV ideologisch ein Gerüst gaben, diagnostizierte Loewe Anfang der 1920er Jahre als „Entjudung" des Judentums.[9] Hauptsächlich wäre der kulturpraktische ‚Zusammenbruch' auf die Transformation der jüdischen Gemeinschaft Deutschlands in eine urbane Gemeinschaft zurückzuführen. Dieser antiurbane Gestus explizierte sich nicht nur in den zionistischen Projektionen Palästinas, das Loewe mit Blick auf Jaffa und die jüdischen ‚Kolonien' der 1890er Jahre retrospektiv, um 1940, als Archipel jüdischer, den Boden und das Land produktivierender, europäisierter Inseln des Fortschritts zeichnete. Auch im Zuge der Propagandaarbeit für die jüdische Gartenstadt bei Berlin schrieben zionistische Beitragende Ende der 1910er Jahre gegen die Großstadt. Jene Gartenstadt wurde als Gegenort, als durch jüdische Kultur determiniertes Territorium modelliert, das Loewe, angelehnt an den zionistischen Diskurs, als Passage auf dem Weg nach Palästina deutete und das später – als Hachshara-Zentrum – sogar eine solche wurde.
Die Konstruktion Palästinas war zentraler Bestandteil der zionistischen Arbeit Loewes. Nach 1902 war es im Kontext des allgemeinen Aufbaus zionistischer Kultureinrichtungen insbesondere die jüdische Nationalbibliothek, die Loewe mit der diskursiven Praxis des zionistischen Kollektivs verknüpfte. Bestimmte bis 1914 die Imagination der Bibliothek in Jerusalem seine Arbeit, die er nach dem Ersten Weltkrieg zu einer umfangreichen Philosophie des zionistischen Bibliothekswesens in Palästina ausbaute, definierte sich Loewes Rolle nach Übernahme des Direktorats der Hauptsammelstelle für die JNUL neu. Obschon seine Pläne, Direktor der Bibliothek zu werden, scheiterten, wurde Loewe nicht nur im übertragenen Sinne zu einem der Architekten der Bibliothek. Die von ihm zusammen mit Otto Vanselow entwickelten raumgestalterischen Vorstellungen des Wolffsohnhauses, das, 1930 eröffnet, die JNUL beherbergte, flossen augenscheinlich in die architektonischen Planungen ein. Das wissenschaftliche Areal auf dem Skopusberg, zu dem das ehemalige Gebäude der JNUL bis heute gehört, war nicht nur als Instrument zur zionistischen Hegemonisierung des Stadtraums Jerusalems intendiert, sondern zugleich, wie Loewe formulierte, als Katalysator der zionistischen Hegemonisierung Palästinas insgesamt.[10] Der eigentliche Ausdruck ‚kultureller Höhe' sei jedoch das jüdische Bibliothekswesen. Mit Übernahme des Direktorenpostens der Stadtbibliothek Tel Avivs 1933 wurde Loewe einer der zentralen Akteure dieses im Entstehen begriffenen Bibliothekswesens. Er und seine Mitarbeiter*innen hatten herausragenden Anteil daran, dass sich die Stadt am Mittelmeer zum kulturellen Zentrum des ‚Neuen Yishuv' entwickelte.

9 Loewe: Sichronot. Kap. Deutsche Juden, S. 3.
10 Vgl. S. 361.

Ziel dieser Studie war es, das Verhältnis von Individuum und Kollektiv innerhalb spezifischer raum-zeitlicher Settings zu untersuchen. Meine Beobachtungen mussten freilich fragmenthaft bleiben; sie sind lediglich Ausschnitte aus der Biographie eines Einzelnen und den sich mit ihr verknüpfenden Menschen, Dingen, Narrativen, Orten und Räumen. Obschon Letztgenannte, die Jewish Spaces, nach wie vor vielbeforschte Territorien der Jüdischen Studien sind, fehlt eine *systematische* Erschließung jüdischer Räume, die – wie ich auch versucht habe zu zeigen –, um die Jahrhundertwende keine exklusiven Geschichte*n* aufweisen, sondern in Berlin als Teil städtischer kultureller Praxis insgesamt erscheinen. Derartige Passagen zu einer jüdischen/nicht-jüdischen Beziehungsgeschichte der Großstadt sind bspw. die weit verstreuten Versammlungsstätten zionistischer Aktivist*innen in Berlin. Sie waren in dieser Hinsicht *Orte der Überlappung*. Jenen ephemeren Produktionsstätten jüdischer Kultur, die hier beispielhaft vorgestellt wurden, aber auch den vielen anderen, teilweise von heute vergessenen jüdischen Organisationen bespielten Orten, die etwa in den Archiven und nichtprominenten Abschnitten zeitgenössischer Periodica, in den Korrespondenzspalten der jüdischen und nicht-jüdischen Presse ihre Spuren hinterließen, gilt es, in Zukunft weitaus größere Aufmerksamkeit zu schenken. Dies kann allerdings aus meiner Perspektive nur in groß angelegten Forschungsprojekten gelingen, die, gestützt auf mikrologische Recherchearbeit und sich den Möglichkeiten neuer Informationstechniken bedienend, die vor allen Dingen in Europa zum größten Teil verschwundenen und zerstörten Archipele jüdischer Kulturen freilegen, von denen anhand der Biographie Heinrich Loewes einzelne Knotenpunkte und die sie verbindenden Fäden präsentiert werden konnten.

Anhang

Abkürzungen

AC	Aktionskomitee
AIU	Alliance Israélite Universelle
BJC	Bund Jüdischer Corporationen
BZV	Berliner Zionistische Vereinigung
CAHJP	Central Archive for the History of the Jewish People
COVIC	Colonial Office Visual Instruction Committee
CV	Central Verein deutscher Staatsbürger jüdischen Glaubens
CZA	Zionistisches Zentralarchiv
EAC	Engeres Aktionskomitee
FJV	Freie jüdische Volkshochschule
GAC	Großes Aktionskomitee
HOG	Hitachdut Olej Germania
IOME	Irgun Olej Merkas Europa
ITO	Jewish Territorialist Organization
JCT	Jewish Colonial Trust
JMB	Jüdisches Museum Berlin
JNF	Jüdischer Nationalfonds
JNUL	Jüdische National- und Universitätsbibliothek (seit 2010 Nationalbibliothek Israels)
JVP	Jüdische Volkspartei
KfdO	Komitee für den Osten
KJV	Kartell Jüdischer Verbindungen
LBI	Leo Baeck Institut
NYPL	New York Public Library
PLDC	Palestine Land Developement Company
VJSt	Vereinigung jüdischer Studierender
WIZO	Women's International Zionist Organization
WZO	Zionistische Weltorganisation
ZVfD	Zionistische Vereinigung für Deutschland

Abbildungsverzeichnis

Abb. 1: Straßenschild Elyqumstraße, Tel Aviv, 2013. © Frank Schlöffel.

Abb. 2: Blick in die Elyqumstraße, Tel Aviv, von Süden nach Norden, 2013. © Frank Schlöffel.

Abb. 3: Grabstein Heinrich und Johanna Loewes auf dem Trumpeldor-Friedhof, Tel Aviv, 2009. © Frank Schlöffel.

Abb. 4: Otto M. Lilien: „Heinrich Loewe auf dem Dach der Stadtbibliothek Tel Aviv", 1935. Shaar Zion – Bet Ariela, Tel Aviv. Courtesy of the Beit Ariela Library, Tel Aviv.

Abb. 5: Gruppenporträt des „engeren" Kreises des Russisch-jüdisch wissenschaftlichen Vereins, Sommer 1891. CZA, Jerusalem, PHG/1001714.

Abb. 6: Heinrich Loewe, Berliner Gewerbeausstellung, August 1896. CZA, Jerusalem A146/26.

Quellenverzeichnis

Archive

Vereinsregister des Amtsgerichts Charlottenburg, Berlin

Bibliothek für Bildungsgeschichtliche Forschung des Deutschen Instituts für Internationale Pädagogische Forschung, Berlin Chaim-Weizmann-Archiv, Rechovot

Central Archives for the History of the Jewish People, Jerusalem

Albert Einstein Archives, Jerusalem

Humboldt-Universität zu Berlin

Jüdische National- und Universitätsbibliothek, Jerusalem

Jüdisches Museum Berlin

Kunstmuseum Kloster Unser Lieben Frauen, Magdeburg

Leo Baeck Institut Jerusalem

Landesarchiv Berlin

Maccabi World Union, Tel Aviv

Niedersächsische Staats- und Universitätsbibliothek, Göttingen

Politisches Archiv des Auswärtigen Amts, Berlin

Privatarchiv Esthi Ben-Joseph, Jerusalem

Shaar Zion – Bet Ariela, Tel Aviv

Staatsarchiv Israels, Jerusalem

Stiftung „Neue Synagoge" Berlin – Centrum Judaicum

The Immanuel Velikovsky Archive (http://www.varchive.org (Zugriff am 23.05.2017))

Zionistisches Zentralarchiv, Jerusalem

Zeitgenössische Periodica

Amtliche Verzeichnisse des Personals und der Studierenden der Königlichen Friedrich-Wilhelms-Universität zu Berlin

Allgemeine Zeitung des Judentums (inkl. Supl. Der Gemeindebote)

Amtliches Kreisblatt Wanzleben

Berichte über die (Hochschule) Lehranstalt für die Wissenschaft des Judentums

Berliner Adressbücher

Berliner Jüdische Zeitung

Berliner Vereinsbote

Blätter für Volksbibliotheken und Lesehallen

Centralblatt der Bauverwaltung

Davar

Deutsch-Soziale Blätter

Deutsche Bauzeitung

Deutsches Wochenblatt

Die Freistatt

Der Israelit

Der Jude

Der Jüdische Student

Die Jüdische Presse

Die Welt

Die Weltbühne

Dr. Bloch's Oesterreichische Wochenschrift

Frankfurter Israelitisches Gemeindeblatt

Gemeindeblatt der Jüdischen Gemeinde zu Berlin

Im Deutschen Reich

Israelitische Wochenschrift

Israelitisches Gemeindeblatt Köln

Jahrbuch für jüdische Geschichte und Literatur

Jahrbuch für Jüdische Volkskunde

Jerubbaal

Jewish Chronicle

Jüdische Rundschau (inkl. Supl. Literaturblatt)

Jüdische Volkszeitung

Jung Juda

Menorah

Mitteilungen der Gesellschaft für Jüdische Volkskunde

Mittheilungen aus dem Gebiete des Seewesens

Mittheilungen aus dem Verband für jüdische Geschichte und Litteratur

Mitteilungen der Soncino-Gesellschaft

Mitteilungsblatt der HOG

Neue Jüdische Monatshefte

Neueste Weltbegebenheiten. Erzählt von einem Weltbürger

Ost und West

Palästina

Preußische Jahrbücher

Reichs-Gesetzblatt

Selbst-Emancipation

Statistisches Jahrbuch der Stadt Berlin

Stenographisches Protokoll der Verhandlungen der Zionistenkongresse

The American Hebrew

The Times

Volk und Land

Völkischer Beobachter

Zeitschrift des Architekten- und Ingenieur-Vereins

Zeitschrift für bildende Kunst

Zeitschrift für Demographie und Statistik der Juden

Zeitschrift für Hebräische Bibliographie

Zentralblatt für Bibliothekswesen

Zion – Monatsblätter für Lehre, Volk und Land

Zion – Monatsschrift für die nationalen Interessen des Jüdischen Volkes

Enzyklopädien, Lexika, Handbücher

Companion Encyclopedia of Middle Eastern and North African Film, hrsg. v. Oliver Leaman. London: Routledge 2001.

Deutsche Wörter jiddischer Herkunft. Ein Lexikon, hrsg. v. Hans Peter Althaus. München: Beck 2009.

Encyclopaedia Judaica, hrsg. v. Michael Berenbaum / Fred Skolnik. Detroit: Macmillan Reference USA 2007.

Handbuch der Architektur, Bd. 4,4: Entwerfen, Anlage und Einrichtung der Gebäude, hrsg. von Josef Durm / Herrmann Ende / Eduard Schmidt / Heinrich Wagner. Darmstadt: Diehl 1884.

Handbuch des Antisemitismus. Judenfeindschaft in Geschichte und Gegenwart, hrsg. v. Wolfgang Benz. München: de Gruyter / Saur 2008–.

Handbuch der deutschen Nationalliteratur von Luther bis zur Gegenwart für die oberen Klassen höherer Lehranstalten, hrsg. v. Heinrich Viehoff, neu bearb. v. H. Leisering. Braunschweig: Westermann 1901.

Handbuch der Gesellschaften mit beschränkter Haftung im Deutschen Reiche. Ein Hand- und Nachschlagebuch für Bankiers, Kaufleute, Industrielle, Kapitalisten etc. Leipzig: A. Schumann's 1898.

Handbuch der Presse für Schriftsteller, Redaktionen, Verleger überhaupt für Alle, die mit der Presse in Beziehung stehen, hrsg. v. Joseph Kürschner. Berlin/Eisenach/Leipzig: Hillger 1902.

Handbuch der romanischen Philologie (Gekürzte Neubearbeitung der „Encyklopädie und Methodologie der romanischen Philologie"), hrsg. v. Gustav Körting. Leipzig: Reisland 1896.

Jüdisches Lexikon. Ein enzyklopädisches Handbuch in vier Bänden, hrsg. v. Georg Herlitz / Bruno Kirschner. Berlin: Jüdischer Verlag 1927–1930.

Palästina und Syrien. Handbuch für Reisende, hrsg. v. Karl Baedeker. Leipzig: Baedeker 1891.

Metzler-Lexikon jüdischer Philosophen. Philosophisches Denken des Judentums von der Antike bis zur Gegenwart, hrsg. v. Andreas B. Kilcher. Darmstadt: WBG 2003.

Populäre und traditionelle Lieder. Historisch-kritisches Liederlexikon, hrsg. v. Eckhard John. http://www.liederlexikon.de (Zugriff am: 18.06.2012).

Slang and its Analogues Past and Present. A Dictionary, Historical and Comparative of the Heterodox Speech of all Classes of Society for more than Three Hundred Years, hrsg. v. John Stephen Farmer. London: Poulter 1890.

Sperlings Zeitschriften-Adressbuch, enthaltend die Zeitschriften und hervorragenden politischen Tagesblätter Deutschlands, Österreichs und der Schweiz. Hand- und Jahrbuch der deutschen Presse, hrsg. v. H. O. Sperling. Stuttgart: Sperling 1908.

The Encyclopedia of Censorship, hrsg. v. Jonathon Green / Nicholas J. Karolides. New York: Facts on File 1990.

The Jewish Encyclopedia. A Descriptive Record of the History, Religion, Literature, and Customs of the Jewish People from the Earliest Times to the Present Day, hrsg. v. Cyrus Adler / Isidor Singer et al. New York / London: Funk and Wagnalis Company 1901–1906.

World Biographical Information System (WBIS) Online. de Gruyter. http://db.saur.de/WBIS/login.jsf;jsessionid=64be94899ca9e7d0650d7cf12a94. (Zugriff am 06.12.2013)

Zionistisches ABC-Buch, hrsg. v. Zionistische Vereinigung für Deutschland. Berlin: Zionistisches Zentralbureau 1908.

Bibliographie Heinrich Loewe

Selbstständige Publikationen

// *Richard von San Germano und die ältere Redaktion seiner Chronik*. Halle an der Saale: Niemeyer 1894.

// *Liederbuch für Jüdische Vereine*; nebst einem Anhange enthaltend Gedichte jüdischen Inhalts zum Vortrage (= Jüdische Volksbibliothek, Bd. 1–2). Berlin: Schildberger 1894 (4. Aufl. 1898).

// *Antisemitismus und Zionismus*. Eine zeitgemäße Betrachtung. Berlin: Schildberger [1894] (3. Aufl. 1895).

// *Zionistenkongress und Zionismus eine Gefahr? Eine zeitgemässe Betrachtung* (= Jüdische Aufklärungsschriften, Bd. 2). Berlin: Schildberger 1897 (2. Aufl. im gleichen Jahr).

// *Zur Kunde von den Juden im Kaukasus aus zwei alten deutschen Zeitungen*. Charlottenburg: Vollrath in Leipzig 1900.

// *Der Liberalismus macht selig und der Sonntagsgottesdienst macht liberal*; ein Wort zur Verständigung an Herrn Gustav Levinstein, hrsg. v. d. Berliner Zionistischen Vereinigung. Berlin: Hermann 1901.

// (Hrsg.): *Neu-Judea. Entwurf eines selbstständigen jüdischen Reiches von C. L. K; als Beitrag zur Vorgeschichte des Zionismus*. Berlin: Jüdische Rundschau 1903.

// *Eine jüdische Nationalbibliothek*. Berlin: Jüdischer Verlag 1905.

// *Dr. Vogelsteins Propaganda für den Zionismus*. Berlin: Jüdische Rundschau 1906.

// *A. H. Heymann: Lebenserinnerungen*; nach seiner Niederschrift, i. Auftr. seiner Kinder hrsg. Berlin: Poppelauer 1909.

// *Die Sprachen der Juden*. Köln: Jüdischer Verlag 1911.

// *Jüdische Volksarbeit im Lande Israel*. [Köln]: Jüdischer Nationalfonds [1911].

// *Reste von altem jüdischen Volkshumor*. Berlin: Selbstverlag 1922.

// *Treibende Kräfte*. Berlin 1911.

// *Die Juden in der katholischen Legende*. Berlin: Jüdischer Verlag 1912.

// *Theologie* (= Schriften zur Einführung in die Benutzung der Berliner Universitäts-Bibliothek, Heft 3). Berlin: Reimer 1914.

// *Führer durch den Lesesaal: C* (= Schriften zur Einführung in die Benutzung der Berliner Universitäts-Bibliothek, Heft 4). Berlin: Reimer 1914.

// *Die jüdischdeutsche Sprache der Ostjuden*. Berlin: Komitee für den Osten 1915.

// *Die Juden im Türkischen Orient*. Berlin: Scholem 1915.

// *Aus dem Leben einer toten Sprache*; Sonderabdruck aus „Jüdischer Nationalkalender 5677". Berlin 5676 [1916].

// *Berlin, Mark Brandenburg und Altmark*. Berlin: Preuss [1919].

// zus. mit Moritz Steinhardt / Cheskel Zwi Klötzel (Hrsg.): *Das Jüdische Jugendbuch*. Berlin: Welt-Verlag 1920.

// *Schelme und Narren mit jüdischen Kappen* (= Die Weltbücher. Eine jüdische Schriftenfolge, Bd. 8). Berlin: Welt-Verlag 1920.

// *Die Jüdische National-Bibliothek*. Berlin 1921.

// *Jüdisches Bibliothekswesen im Lande Israel*. Jerusalem: National- u. Universitätsbibliothek 1922.

// *Eine hebräische Universitäts-Bibliothek in Jerusalem*. Berlin: Scholem [1922].

// *Wege jüdischer Kultur*. Berlin [1925].

// *Das Goldene Aleph-Beth der starken hebräischen Frau überreicht, wie es im Schlußkapitel der biblischen Sprüche für immer aufbewahrt*; den Freundinnen des jüdischen Buches zur II. Jahresversammlung der Soncino-Gesellschaft; Leipzig: Hadl 1926.

// *In Memoriam Aaron Ember*; dem Andenken des Mitgliedes der Soncino-Gesellschaft Aaron Ember und seiner Frau Regina, geb. Mandelstamm, zur zweiten Jahresversammlung der Gesellschaft gewidmet von Frieda und Hermann Stahl 29. Kislew 5687. Berlin: 5687 [1926].

// *Proselyten. Ein Beitrag zur Geschichte der jüdischen Rasse*; [...] den zur Jahresversammlung der Soncino-Gesellschaft vereinigten Freunden des jüdischen Buches überreicht. Berlin: Scholem 1926.

// zus. mit Benzion Katz (Hrsg.): *Die Pessach-Haggadah des Gershom Kohen 5287/1527* (= Monumenta Hebraica et Judaica, Bd. 1). Berlin: Altmann 1926 [3 Tafeln aus dem Neudruck wurden den Teilnehmern der 1. Jahresversammlung der Soncino-Gesellschaft, Berlin den 24. Mai 1925 gespendet; ebenfalls 1926 erschien ein Beiheft].

// *Der Aufbau der Jerusalem-Bibliothek*; Sonderdruck aus den Soncino-Blättern, Beiträge zur Kunde des jüdischen Buches, hrsg. v. der Soncino-Gesellschaft der Freunde des jüdischen Buches. Berlin [1927].

// *Geschichten von jüdischen Namen. Ein Beitrag zum jüdischen und deutschen Aberglauben*; aus dem Volksmunde gesammelt, [...] den Mitgliedern und Freunden der Soncino-Gesellschaft zum Gesellschaftsabend am 17. Februar 1929 von Simon Braun überreicht. Berlin: Officina Serpentis 1929 (2. Aufl. im gleichen Jahr).

// *Ignaz Goldziher*; den am 7. Adar 5689 zur Jahresversammlung der Soncino-Gesellschaft vereinigten Freunden des jüdischen Buches überreicht von Josef Altmann und Buchdruckerei Max Lichtwitz. [Berlin]: Lichtwitz 5689 [1929].

// *Der Jüdische Spieler*; eine Gelegenheitsschrift, [...] den am 30. März 1930 zur Jahresversammlung der Soncino-Gesellschaft vereinigten Freunden des jüdischen Buches und des jüdischen Spieles als Spende überreicht. Berlin: Scholem 1930.

// *Jüdischer Feuersegen. Ein Beitrag zum jüdischen und deutschen Aberglauben*; [...] den zur Jahresversammlung der Soncino-Gesellschaft versammelten Freundes des jüdischen Buches als Spende überreicht. Berlin: Scholem 1930.

// *Alter jüdischer Volkshumor aus Talmud und Midrasch*; den Teilnehmern an der Jahresversammlung der Soncino-Gesellschaft ... von ihren Mitgliedern in d. Čechoslovakischen Republik als Festgabe überreicht. Reichenberg: Stiepel 1931.

Unselbstständige Publikationen

// Die Rückkehr in's Heimatland (Nach Psalm 126.). In: *Jüdischen Familienblatt* 7,7 (1890), S. 28. (ebenfalls veröffentlicht in *Selbst-Emancipation*, 15.12.1890, S. 7.)

// Psalm 124; übersetzt von Ben Jehuda. In: *Jüdisches Familien-Blatt* 7,31 (1890), S. 122.

// Ueber das Verhältnis von Nation und Religion der Juden. In: *Selbst-Emancipation*, 16.06.1890, S. 2–4; 01.07.1890, S. 1–5.

// Zionslieder. Mein Gruß an Zion. In: *Selbst-Emancipation*, 18.08.1890, S. 7.

// Seid nicht wie Eure Väter! In: *Selbst-Emancipation*, 03.10.1890, S. 2–3.

// Das Judentum in Gegenwart und Zukunft. In: *Selbst-Emancipation*, 02.11.1890, S. 2–3.

// Das Schiff im Sturme. In: *Jüdisches Familienblatt* 8,31 (1891), S. 122.

// Mahnwort an alle Vereine für die Colonisation Palästinas! (Ein Zuruf aus dem Deutschen Reiche). In: *Selbst-Emancipation*, 01.04.1891, S. 2–3.

// Dem Isch Jehudi in Grodek [Sprechsaal]. In: *Selbst-Emancipation*, 18.05.1891, S. 8.

// Wohin mit den russischen Juden? In: *Allgemeine Zeitung des Judentums*, 24.07.1891, S. 350.

// Judenthum und Socialdemokratie in Deutschland. In: *Selbst-Emancipation*, 18.08.1891, S. 4–5.

// Zionslieder. Klage Zions um Jehuda In: *Selbst-Emancipation*, 18.08.1890, S. 7.

// Professor Dr. H. Graetz. In: *Selbst-Emancipation*, 18.09.1891, S. 2.

// Beiträge zur jüdischen Frage. Von einem deutschen Juden. In: *Selbst-Emancipation*, 16.10.1891, S. 2–3.

// Zur Lösung der Judenfrage. In: *Israelitische Wochenschrift*, 17.11.1891, S. 149–150.

// Zum bevorstehenden Kongress des Baron Hirsch. Ein Mahnwort an alle Zionisten. In: *Selbst-Emancipation*, 17.12.1891, S. 2–4.

// [Betr. Gründung v. Jung Israel]. In: *Selbst-Emancipation*, 21.06.1892, S. 125.

// Zur Geschichte des jüdischen Handels im frühen Mittelalter. Eine historische Skizze von Heinrich Loewe. In: *Allgemeine Zeitung des Judentums*, 24.06.1892, S. 305–308.

// Der Nationaljude. In: *Selbst-Emancipation*, 18.07.1892, S. 142–144; 29.08.1892, S. 168–169; 09.10.1892, S. 186–187; 15.11.1892, S. 202.

// Wie sollen wir Gemeindebibliotheken gründen? In: *Allgemeine Zeitung des Judentums*, 22.07.1892, S. 357.

// Hierosolyma est perdita. In: *Jüdische Volkszeitung*, 06.02.1894, S. 1–3.

// Antisemiten und Zionisten. In: *Jüdische Volkszeitung*, 20.02.1894, S. 1–3.

// Lieder eines Semiten. In: *Jüdische Volkszeitung*, 20.02.1894, S. 10–11.

// Anpassung und Strebertum. Berliner Brief. In: *Jüdische Volkszeitung*, 08.05.1894, S. 1–2.

// Zur Schulfrage (Berliner Brief 2). In: *Jüdische Volkszeitung*, 17.05.1894, S. 1–3.

// Judentaufen (Berliner Brief III.). In: *Jüdische Volkszeitung*, 19.06.1894, S. 1–2.

// Agitation (Berliner Brief IV.). In: *Jüdische Volkszeitung*, 03.07.1894, S. 1.

// Esra (Berliner Brief V.). In: *Jüdische Volkszeitung*, 10.07.1894, S. 1.

// Die Wissenschaft des Judenthums (Berliner Brief VI.). In: *Jüdische Volkszeitung*, 17.07.1894, S. 1–2.

// Die Verwaltung der Berliner jüdischen Gemeinde (Berliner Brief VII.). In: *Jüdische Volkszeitung*, 24.07.1894, S. 2–4.

// Central-Verein für die Interessen der jüdischen Gemeinde (Berliner Brief VIII.). In: *Jüdische Volkszeitung*, 30.07.1894, S. 2–4.

// Jüdische Geschichtsvereine (Berliner Brief IX.). In: *Jüdische Volkszeitung*, 21.08.1894, S. 1–2.

// Leopold Zunz. In: *Jüdische Volkszeitung*, 21.08.1894, S. 3–4.

// Die evangelische Generalsynode (Berliner Brief X.). In: *Jüdische Volkszeitung*, 13.11.1894, S. 1–2.

// Zwei Seelen wohnen ach, in meiner Brust (Berliner Brief XII). In: *Jüdische Volkszeitung*, 05.12.1894, S. 1.

// Berliner Gemeindewahlen (Berliner Brief XII.). In: *Jüdische Volkszeitung*, 19.12.1894, S. 1–2.

// Wo hinaus? In: *Jüdische Volkszeitung*, 02.01.1895, S. 1–2.

// Der Nationalismus. In: *Zion*, 15.02.1895, S. 1–8; 15.03.1895, S. 33–41.

// Die jüdische Journalistik. In: *Zion*, 15.05.1895, S. 88–97; 17.06.1895, 148; 29.12.1895, S. 325.

// Die Taufen. In: *Die Jüdische Presse*, 21.03.1895, S. 115–117.

// Ein jüdisches Museum. In: *Zion*, 17.06.1895, S. 122–126.

// Was wir wollen. In: *Wochenblatt* (hrsg. v. der Großloge der Bnei-Brit-Vereinigung in Deutschland), 05.05.1895, S. 1.

// Unser Kulturkampf. In: *Zion*, 15.09.1895, S. 225–231; 15.10.1895, S. 258–263.

// Palästina. In: *Zion*, 25.11.1895, S. 281–286; 29.12.1895, S. 321–325; 30.01.1896, S. 1–10.

// Die Makkabäer. In: *Zion*, 29.12.1895, S. 317–321.

// Baron Hirsch. In: *Zion*, 17.05.1896, S. 105–109.

// In eigener Sache. In: *Zion*, 17.05.1896, S. 158–159.

// Eine jüdische Palästina-Ausstellung in Berlin. In: *Berliner Vereinsbote*, 10.06.1896, S. 1–2; 24.06.1896, S. 1–3.

// Eine jüdische Palästina-Ausstellung in Berlin. In: *Zion*, 15.07.1896, S. 161–167.

// Jehuda Leib Gordon. In: *Zion*, 30.08.1896, o. P.

// An die Leser des „Zion". In: *Zion*, 01.10.1896, S. 255–256.

// Archiv zu einer künftigen Geschichte der national-jüdischen Bewegung. In. *Zion*: 30.02.1897, S. 43–48.

// Ein Brief aus Palästina. In: *Die Welt*, 16.07.1897, S. 9–10.

// Baseler Eindrücke. In: *Die Welt*, 10.09.1897, S. 2–3.

// Zur Lage in Deutschland. In: *Die Welt*, 15.10.1897, S. 3–4.

// Der Zionisten-Kongreß in Basel. In: *Zion*, 10/1897, S. 265–266.

// Die Makkabäer. In: *Die Welt*, 24.12.1897, S. 3–5.

// An die Förderer zionistischer Dichtung. In: *Die Welt*, 04.02.1898, S. 11–12.

// Der Deutsche Rabbinertag. In: *Die Welt*, 17.06.1898, S. 6–7.

// Eine Fahrt ins Hl. Land I. von Berlin nach Constantinopel. In: *Die Welt*, 04.11.1898, S. 14–15.

// Ein literarischer Streitfall. In: *Die Welt*, 18.01.1901, S. 10–12.

// Ein jüdisches Museum. In: *Die Welt*, 03.04.1901, S. 16–17.

// Eine Hand wäscht die Andere. Betrachtungen eines deutschbürtigen Juden. In: *Die Welt*, 14.06.1901, S. 5–6.

// Wer spricht Jargon? In: *Die Welt*, 06.12.1901, S. 15–16.

// Sonntag. Ein Epilog zu den Berliner Gemeindewahlen. In: *Die Welt*, 20.12.1901, S. 8–9.

// Lesehalle und Judenfrage. In: *Der Jüdische Student* 1,9 (1902–1903), S. 131–136.

// Nation und Nationalismus. In: *Der Jüdische Student* 1,7–8 (1902–1903), S. 110–122.

// Ararat. Ein Beitrag zur Vorgeschichte des jüdisch-nationalen Gedankens. In: *Die Welt*, 31.01.1902, S. 8–9.

// An unsere Leser. In: *Israelitische Rundschau*, 09.05.1902, S. 1–3.

// Dann nehme ich den Pfuiruf zurück. In: *Israelitische Rundschau*, 06.06.1902, S. 2–3; 10.06.1902, S. 4–5.

// Gemausert. In: *Israelitische Rundschau*, 10.06.1902, S. 2–3.

// Ethische Kultur. Betrachtungen zum Schabuothfeste. In: *Israelitische Rundschau*, 10.06.1902, S. 1–3.

// Zur Vorgeschichte des Zionismus. Über den Plan zur Gründung eines alten Judenstaates. In: *Israelitische Rundschau*, 27.06.1902, S. 6–7; 04.07.1902, S. 7–8; 11.07.1902, S. 7–8; 25.07.1902, S. 6–7; 01.08.1902, S. 6–7; 15.08.1902, S. 6–7.

// Mut und Kraft. In: *Israelitische Rundschau*, 27.06.1902, S. 2–3.

// Rabbiner und Zionisten. In: *Israelitische Rundschau*, 18.07.1902, S. 1–2.

// Ein alter Zionist. In: *Israelitische Rundschau*, 01.08.1902, S. 3–4.

// Die Zerstörung Jerusalems. In: *Israelitische Rundschau*, 08.08.1902, S. 1–3.

// Ist es Frömmigkeit? In: *Israelitische Rundschau*, 22.08.1902, S. 1–3.

// Die Fraktion und ihr Programm. In: *Israelitische Rundschau*, 19.09.1902, S. 1–3.

// Der Zionismus in Trauer. In: *Israelitische Rundschau*, 26.09.1902, S. 1–3.

// Rosch ha-schanah. In: *Jüdische Rundschau*, 01.10.1902, S. 1–2.

// Jude und Israelit. In: *Jüdische Rundschau*, 01.10.1902, S. 3–4.

// Fasten wie es uns geboten wurde. In: *Jüdische Rundschau*, 10.10.1902, S. 1–2.

// An unsere geehrten Mitarbeiter und Leser. In: *Jüdische Rundschau*, 10.10.1902, S. 9.

// Bemerkungen über die Nationalbibliothek zu Jerusalem. In: *Jüdische Rundschau*, 15.10.1902, S. 19–21.

// Noch ein Wort über die Chalukah. In: *Jüdische Rundschau*, 31.10.1902, S. 1–2.

// Zur Geschichte des jüd. Handels im Mittelalter. In: *Jüdische Rundschau*, 07.11.1902, S. 42–45; 14.11.1902, S. 50–51; 21.11.1902, S. 58–60.

// Die Zionistische Jahreskonferenz. In: *Jüdische Rundschau*, 07.11.1902, S. 1.

// Eine jüdische Hochschule. In: *Jüdische Rundschau*, 21.11.1902, S. 57–58.

// Zur Erforschung von Palästina. In: *Jüdische Rundschau*, 21.11.1902, S. 59–60.

// Aus meinem Märchenbuche. Die Wunderblume. In: *Jüdische Rundschau*, 05.12.1902, S. 76–77.

// Aus meinem Märchenbuche. Der Sonnenstrahl. In: *Jüdische Rundschau*, 12.12.1902, S. 83–84.

// Nur ein Luach. In: *Jüdische Rundschau*, 12.12.1902, S. 81–82.

// Aus meinem Märchenbuche. Die Orange ein Chanukahgeschenk für unsere Kinder. In: *Jüdische Rundschau*, 24.12.1902, S. 98–104.

// Die Makkabäer. In: *Jüdische Rundschau*, 24.12.1902, S. 97–98.

// Jüdisches Selbstbewusstsein. In: *Der Jüdische Student* 1,12 (1902–1903), S. 200–201.

// Weihnachten und Chanukah. In: *Jüdische Rundschau*, 02.01.1903, S. 4.

// Der neue Jahrgang. In: *Jüdische Rundschau*, 02.01.1903, S. 1–2.

// Quid Novi de Africa? In: *Jüdische Rundschau*, 16.01.1903, S. 17–18.

// Judentum ohne Hebräisch. In: *Jüdische Rundschau*, 30.01.1903, S. 33–34.

// Prozess Nardenkötter. In: *Jüdische Rundschau*, 20.02.1903, S. 57–58.

// Macht der Zionismus Fortschritte? In: *Jüdische Rundschau*, 27.02.1903, S. 65.

// Männerstolz von Königsthronen. In: *Jüdische Rundschau*, 06.03.1903, S. 77–79.

// Purimfreude. In: *Jüdische Rundschau*, 13.03.1903, S. 89–91.

// Nachbemerkung der Redaktion zu A. J. Winter. Misrachi. In: *Jüdische Rundschau*, 20.03.1903, S. 104.

// Kein altes Mütterchen. In: *Jüdische Rundschau*, 10.04.1903, S. 140–141.

// Und Sie bewegt sich doch. In: *Jüdische Rundschau*, 24.04.1903, S. 149–151.

// Kulturelle Streifzüge durch den jüdischen Orient. In: *Jüdische Rundschau*, 01.05.1903, S. 163–167; 08.05.1903, S. 175–180; 12.06.1903, S. 232–238; 19.06.1903, S. 244–245; 03.07.1903, S. 270–272; 10.07.1903, S. 282–287; 17.07.1903, S. 292–293; 01.08.1903, S. 316–322; 07.08.1903, S. 330–333; 14.08.1903, S. 341–343; 21.08.1903, S. 353–356; 11.09.1903, S. 388–390; 18.09.1903, S. 403–405; 25.09.1903, S. 422–423; 02.10.1903, S. 430–435; 23.10.1903, S. 456–461.

// Jüdische Stammesbrüder. In: *Jüdische Rundschau*, 08.05.1903, S. 173.

// Martinique in Kischinew. In: *Jüdische Rundschau*, 08.05.1903, S. 174–176.

// Ein Markstein. In: *Jüdische Rundschau*, 22.05.1903, S. 197.

// Die Waisen von Kischinew. In: *Jüdische Rundschau*, 05.06.1903, S. 221–222.

// Die Königswahl in Serbien. In: *Jüdische Rundschau*, 10.07.1903, S. 243–244.

// Moderne Scheherezaden. In: *Jüdische Rundschau*, 10.07.1903, S. 280.

// Land! Land! Land! In: *Jüdische Rundschau*, 24.07.1903, S. 303–306.

// Tischah-b'Abh und Jobel! In: *Jüdische Rundschau*, 01.08.1903, S. 315–316.

// Die Notwendigkeit einer Programmänderung. In: *Jüdische Rundschau*, 07.08.1903, S. 327–328.

// Zum sechsten Zionistenkongress. In: *Jüdische Rundschau*, 14.08.1903, S. 340–341.

// Im eisernen Ofen von Kischinew. In: *Jüdische Rundschau*, 14.08.1903, S. 339–340.

// Auf nach Basel! In: *Jüdische Rundschau*, 21.08.1903, S. 351–352.

// Die Zionisten unterwegs [Von einem alten Monopolschwärmer]. In: *Jüdische Rundschau*, 21.08.1903, S. 356–357.

// Ueber die Russlandreise Dr. Herzls. In: *Jüdische Rundschau*, 25.08.1903, S. 373.

// God save the English King. In: *Jüdische Rundschau*, 25.08.1903, S. 368.

// Das Sartyrspiel. In: *Jüdische Rundschau*, 25.08.1903, S. 372.

// Judenmuskeln. In: *Die Welt* (Kongressausgabe), 29.08.1903, S. 15–16.

// In der Luftlinie. In: *Jüdische Rundschau*, 01.09.1903, S. 376.

// Der Arbeiterkongress. In: *Jüdische Rundschau*, 11.09.1903, S. 387–388.

// In der Basler Synagoge. In: *Jüdische Rundschau*, 11.09.1903, S. 391.

// Die Quellen des Zionismus. In: *Jüdische Rundschau*, 25.09.1903, S. 415–416.

// Das praktische Ideal. In: *Jüdische Rundschau*, 16.10.1903, S. 441–442.

// Das ostafrikanische Projekt des sechsten Kongresses. Einleitung. In: *Jüdische Rundschau*, 16.10.1903, S. 453–455.

// Das Ostafrikanische Projekt des sechsten Kongresses. In: *Jüdische Rundschau*, 23.10.1903, S. 490–491.

// Das ostafrikanische Projekt des sechsten Kongresses. Zionismus oder Ussischkinismus? In: *Jüdische Rundschau*, 13.11.1903, S. 490–491.

// Gegenwartsarbeit in Palästina. In: *Jüdische Rundschau*, 13.11.1903, S. 489–490.

// Jüdische Künstler. In: *Jüdische Rundschau*, 04.12.1903, S. 525–526.

// Liberalismus und jüdischer Liberalismus. In: *Jüdische Rundschau*, 25.12.1903, S. 559–561.

// Die Dorfschule in Palästina. In: *Altneuland* 1,3 (1904), S. 71–76.

// Der neue Jahrgang. In: *Jüdische Rundschau*, 01.01.1904, S. 1–2.

// Die Erben des Zionismus. In: *Jüdische Rundschau*, 08.01.1904, S. 11–13.

// Die Konferenz in Charkow. In: *Jüdische Rundschau*, 15.01.1904, S. 22–23.

// Das ostafrikanische Projekt des sechsten Kongresses; ein Wort an die Neinsager. In: *Jüdische Rundschau*, 22.01.1904, S. 33.

// Wer spricht Jargon? In: *Jüdische Rundschau*, 22.01.1904, S. 33–35.

// Orgelton und Glockenklang. In: *Jüdische Rundschau*, 05.02.1904, S. 49–50.

// Die aufgehende Sonne. In: *Jüdische Rundschau*, 12.02.1904, S. 59–60.

// Weiss und Gelb. In: *Jüdische Rundschau*, 19.02.1904, S. 69–70.

// Kanaan und Hellas. In: *Jüdische Rundschau*, 19.02.1904, S. 70–74; 25.03.1904, S. 120–122; 30.03.1904, S. 134–139.

// Schlemiel – Illustriertes Jüdisches Witzblatt. In: *Jüdische Rundschau*, 19.02.1904, S. 74.

// Purim, ein Nationalfeiertag. In: *Jüdische Rundschau*, 26.02.1904, S. 79–80.

// Einsicht ist besser als guter Wille. In: *Jüdische Rundschau*, 04.03.1904, S. 89–90.

// Juden beim Militär. In: *Jüdische Rundschau*, 18.03.1904, S. 109–110.

// Das mausetote Judentum in den „romanischen Forschungen". In: *Jüdische Rundschau*, 25.03.1904, S. 123–124.

// Die Tagung des grossen Aktionskomitees. In: *Jüdische Rundschau*, 30.03.1904, S. 133–134.

// Der Streit im grossen Aktionskomitee. In: *Jüdische Rundschau*, 22.04.1904, S. 133–161.

// Zur Frage der Taktik. In: *Jüdische Rundschau*, 06.05.1904, S. 187–188.

// Der allgemeine Frauenkongress in Berlin. In: *Jüdische Rundschau*, 10.05.1904, S. 241–242.

// Zum Delegiertentag der deutschen Zionisten. In: *Jüdische Rundschau*, 13.05.1904, S. 197–199.

// Der Grundgedanke. In: *Jüdische Rundschau*, 20.05.1904, S. 207–208.

// Der Delegiertentag der deutschen Zionisten in Hamburg. (Ein Epilog.). In: *Die Welt*, 10.06.1904, S. 3–5.

// Joseph ward eingetan zu seinen Vätern. In: *Jüdische Rundschau*, 08.07.1904, S. 285.

// Das Jüdische Volk in Trauer. In: *Jüdische Rundschau*, 08.07.1904, S. 284–285.

// Kischinowski. In: *Jüdische Rundschau*, 05.08.1904, S. 335–336.

// Der kleine Kongress. In: *Jüdische Rundschau*, 12.08.1904, S. 347–348.

// Der Tag der Erinnerung. In: *Jüdische Rundschau*, 09.09.1904, S. 390.

// Eine Herzlhalle in Jerusalem? In: *Jüdische Rundschau*, 16.09.1904, S. 398–399.

// Die Fraktionierung des Zionismus. In: *Jüdische Rundschau*, 14.10.1904, S. 335.

// Die demokratisch-zionistische Fraktion. In: *Jüdische Rundschau*, 14.10.1904, S. 336.

// Der Angriff aus Ost und West. In: *Jüdische Rundschau*, 18.10.1904, S. 362–264.

// In eigener Sache. In: *Jüdische Rundschau*, 21.10.1904, S. 352–353.

// Willy Bambus. In: *Jüdische Rundschau*, 11.11.1904, S. 336.

// Ein Ritt durch Galiläa. In: *Jüdische Rundschau*, 18.11.1904, S. 405–406; 30.12.1904, S. 468–470; 06.01.1905, S. 2–6.

// Liberale Kandidaten. In: *Jüdische Rundschau*, 18.11.1904, S. 391–392.

// Auf zur Wahl. In: *Jüdische Rundschau*, 18.11.1904, S. 404.

// Chassidismus und Kabbalah. In: *Jüdische Rundschau*, 24.11.1904, S. 411–412.

// Ein Nachruf auf Willy Bambus. In: *Die Welt*, 02.12.1904, S. 6–7.

// Der Grüne Tisch. Erster Berliner Gemeindebericht. In: *Jüdische Rundschau*, 09.12.1904, S. 429.

// Hänsel und Gretel. In: *Jüdische Rundschau*, 16.12.1904, S. 439–440.

// Der Ewige Jude. Eine literarische Skizze. In: *Literaturblatt der Jüdische Rundschau* 1,15 (1905), S. 113–117.

// Die Jüdische Nationalbibliothek; der vom VII. Kongress angenommene Antrag. In: *Literaturblatt der Jüdische Rundschau* 1,11 (1905), S. 87–89.

// Die Stimme der Wahrheit. In: *Literaturblatt der Jüdische Rundschau* 1,6 (1905), S. 41–43.

// Eine Anregung für unsere Nationalbibliothek. In: *Literaturblatt der Jüdische Rundschau* 1,14 (1905), S. 109–111.

// Eine Nationalbibliothek für das jüdische Volk. In: *Literaturblatt der Jüdische Rundschau* 1,1 (1905), S. 1–3.

// Eine Stadtschule in Palästina. In: *Altneuland* 2 (1905), S. 65–73.

// Ephraim Moscheh Lilien. In: *Literaturblatt der Jüdische Rundschau* 1,2 (1905), S. 9–11.

// Jüdisch-Deutsch und Hebräisch. In: *Literaturblatt der Jüdische Rundschau* 1,3 (1905), S. 17–19.

// Theodor Herzl's Zionistische Schriften hrsg. von Dr. Leon Keller. In: *Literaturblatt der Jüdische Rundschau* 1,7 (1905), S. 57–61.

// Vorgeschichtliches vom Zionismus. In: *Literaturblatt der Jüdische Rundschau* 1,12 (1905), S. 89–93; 1,13 (1905), S. 98–100; 1,16 (1905), S. 121–124; 1,20 (1905), S. 153–157; 2,3 (1906), S. 17–19; 2,7 (1906), S. 52–55; 2,8 (1906), S. 62–63; 2,9 (1906), S. 71–72; 2,13 (1906), S. 105–109; 2,18 (1906), S. 146–147; 2,21 (1906), S. 169–172; 2,22 (1906), S. 177–180; 2,24 (1906), S. 193–196; 2,25 (1906), S. 204–205.

// Die Landsucher. In: *Jüdische Rundschau*, 20.01.1905, S. 23–25.

// Schnorrer und Verschwörer. In: *Jüdische Rundschau*, 27.01.1905, S. 35–36.

// Von den Landsuchern. In: *Jüdische Rundschau*, 27.01.1905, S. 39–40.

// Städtebilder aus Palästina. Jaffa. In: *Jüdische Rundschau*, 31.03.1905, S. 138–143.

// Moses Hess. In: *Jüdische Rundschau*, 07.04.1905, S. 150–151.

// Aus dem Fremdenbuche zu Jericho. In: *Jüdische Rundschau*, 19.04.1905, S. 16.

// Die Nationalbibliothek in Jerusalem. In: *Die Welt*, 30.06.1905, S. 12–13.

// Gegenwartarbeit. In: *Jüdische Rundschau*, 15.09.1905, S. 461–464; 22.09.1905, S. 475–477.

// Das Neue Jahr. In: *Jüdische Rundschau*, 29.09.1905, S. 493–394.

// Einmal im Jahre. In: *Jüdische Rundschau*, 06.10.1905, S. 505–507.

// Hüttenfest. In: *Jüdische Rundschau*, 13.10.1905, S. 517–518.

// Zur Verständigung mit der Verständigung. In: *Jüdische Rundschau*, 13.10.1905, S. 526–527.

// Der Feiertage Schluss. In: *Jüdische Rundschau*, 20.10.1905, S. 535–536.

// Vertrauen. In: *Jüdische Rundschau*, 27.10.1905, S. 549–551.

// Aus meinem Märchenbuche. Der Ring des Propheten Elijjahu. In: *Jüdische Rundschau*, 27.10.1905, S. 550–553; 01.12.1905, S. 624–629; 15.12.1905, S. 664–666; 29.12.1905, S. 692–695; 19.01.1906, S. 32–36; 16.02.1906, S. 92–94; 09.03.1906, S. 138–142; 23.03.1906, S. 164–167; 30.03.1906, S. 180–183; 06.04.1906, S. 196–198; 27.04.1906, S. 236–239. (Bereits 1894 in *der Jüdischen Volkszeitung* veröffentlicht)

// Wehrt Euch! In: *Jüdische Rundschau*, 10.11.1905, S. 577–579.

// Franzo's letztes Werk. In: *Literaturblatt der Jüdische Rundschau* 2,2 (1906), S. 9–12.

// Aufruf! In: *Literaturblatt der Jüdische Rundschau* 2,9 (1906), S. 67–68.

// Der vorchristliche Jesus. In: *Literaturblatt der Jüdische Rundschau* 2,14 (1906), S. 113–114.

// Ein hebräisches Gymnasium. In: *Literaturblatt der Jüdische Rundschau* 2,23 (1906), S. 185–189; 2,24 (1906), S. 197–198.

// Für die jüdische Nationalbibliothek. In: *Literaturblatt der Jüdische Rundschau* 2,9 (1906), S. 65–66.

// Ein neuer Jahrgang. In: *Jüdische Rundschau*, 05.01.1906, S. 1–2.

// Die Brüsseler Konferenz. In: *Jüdische Rundschau*, 19.01.1906, S. 31–32.

// Purim. In: *Jüdische Rundschau*, 09.03.1906, S. 137–138.

// Hüben und Drüben. In: *Jüdische Rundschau*, 16.03.1906, S. 151–152.

// Die russische Seuche. In: *Jüdische Rundschau*, 30.03.1906, S. 179–181.

// Gesindel; auch eine Pessachfestbetrachtung. In: *Jüdische Rundschau*, 06.04.1906, S. 195–196.

// Der jüdische Mai. In: *Die Welt*, 04.05.1906, S. 3–5.

// Verständige und anständige Juden. In: *Jüdische Rundschau*, 11.05.1906, S. 267–268.

// Der zehnte Delegiertentag. In: *Jüdische Rundschau*, 25.05.1906, S. 318–318.

// Wochenfeste und Schekeltage. In: *Jüdische Rundschau*, 25.05.1906, S. 303–305.

// Bialystok und Gerechtigkeit. In: *Jüdische Rundschau*, 29.06.1906, S. 383–384.

// Ein Gedenktag. In: *Jüdische Rundschau*, 06.07.1906, S. 413–414.

// Auch ein Wort über unsere Nationalbibliothek. In: *Jüdische Rundschau*, 10.08.1906, S. 469–470.

// Stille Zeit. In: *Jüdische Rundschau*, 17.08.1906, S. 483.

// Jüdisches Allzujüdisches. In: *Jüdische Rundschau*, 24.08.1906, S. 501–502.

// Schofartöne. In: *Jüdische Rundschau*, 19.09.1906, S. 561–562.

// Liberaler Rischus. In: *Jüdische Rundschau*, 26.10.1906, S. 637–639.

// Der Hauptmann von Köpenick. In: *Jüdische Rundschau*, 16.11.1906, S. 668.

// Jeder der zum Herrn auszieht. In: *Jüdische Rundschau*, 30.11.1906, S. 707–708.

// Die Makkabäer. In: *Jüdische Rundschau*, 14.12.1906, S. 737–738.

// Ein neuer Jahrgang. In: *Jüdische Rundschau*, 06.01.1907, S. 1–2.

// Zwischen Wahl und Stichwahl. In: *Jüdische Rundschau*, 01.02.1907, S. 45–46.

// Ein Epilog zu den Wahlen. In: *Jüdische Rundschau*, 15.02.1907, S. 65–66.

// Alliance und Judentum. In: *Jüdische Rundschau*, 01.03.1907, S. 83–86.

// Judenpolitik. In: *Jüdische Rundschau*, 08.03.1907, S. 95–97.

// Osterzeit und Pessach. In: *Jüdische Rundschau*, 29.03.1907, S. 129–132.

// Die Gesellschaft Agudath-Netaim. In: Palästina, Mai 1907, S. 113–116.

// Zur Abwehr. In: *Jüdische Rundschau*, 07.06.1907, S. 229–230.

// Kulturbauern. In: *Die Welt*, 07.06.1907, S. 15–16.

// Gegenwartarbeit im Zionismus. In: *Die Welt*, 21.06.1907, S. 5–7; 28.06.1907, S. 5–7.

// Grossherzog Friedrich von Baden. In: *Jüdische Rundschau*, 03.10.1907, S. 405–406.

// Firma und Betriebskapital. In: *Jüdische Rundschau*, 04.10.1907, S. 432–434.

// Liberale Konsequenz. In: *Jüdische Rundschau*, 10.10.1907, S. 439–440.

// Die Lehranstalt der Wissenschaft des Judentums. In: *Jüdische Rundschau*, 25.10.1907, S. 465–466.

// Endziel und reale Arbeit. In: *Jüdische Rundschau*, 08.11.1907, S. 483–484.

// Chanukah. In: *Jüdische Rundschau*, 29.11.1907, S. 514.

// Der Totgesagte. In: *Jüdische Rundschau*, 06.12.1907, S. 522–524.

// Einige Kulturaufgaben für die nächste Zeit. In: *Literaturblatt der Jüdische Rundschau* 4,13 (1908), S. 102–103; 4,16 (1908), S. 125–126.

// Wehrpflicht – Ehrpflicht. In: *Jüdische Rundschau*, 07.02.1908, S. 51–52.

// Der Dank. In: *Jüdische Rundschau*, 14.02.1908, S. 60.

// Mugdanitis. In: *Jüdische Rundschau*, 06.03.1908, S. 87–88.

// Schlachmones. In: *Jüdische Rundschau*, 13.03.1908, S. 95–96.

// Kulturarbeit im Orient. In: *Jüdische Rundschau*, 20.03.1908, S. 105.

// Kreppchen nach Purim. In: *Jüdische Rundschau*, 27.03.1908, S. 115–116.

// Pogromversuch in Jaffa. In: *Jüdische Rundschau*, 03.04.1908, S. 121–122.

// Landtagswahl in Sicht. In: *Jüdische Rundschau*, 10.04.1908, S. 127–128.

// Der elfte Delegiertentag. In: *Jüdische Rundschau*, 22.05.1908, S. 183–184.

// Der XI. Delegiertentag. In: *Jüdische Rundschau*, 05.06.1908, S. 199–200.

// Die Drei Wochen. In: *Jüdische Rundschau*, 31.08.1908, S. 293–294.

// Die Berechtigung des Nationalismus. In: *Jüdische Rundschau*, 14.09.1908, S. 317–318.

// Salomon Neumann. In: *Jüdische Rundschau*, 25.09.1908, S. 387–388.

// Gewölk im Osten. In: *Jüdische Rundschau*, 09.10.1908, S. 401–402.

// Der Feiertag Schluss. In: *Jüdische Rundschau*, 16.10.1908, S. 413–415.

// Abgestellte Missstände. In: *Jüdische Rundschau*, 06.11.1908, S. 445–446.

// Die Grundlagen des Nationalismus. In: *Jüdische Rundschau*, 13.11.1908, S. 451–452.

// Pekidim und Amarkalim. In: *Jüdische Rundschau*, 20.11.1908, S. 461–462.

// Amerikanischer und deutscher Bäderantisemitismus. In: *Jüdische Rundschau*, 27.11.1908, S. 471–472.

// Das türkische Parlament. In: *Jüdische Rundschau*, 25.12.1908, S. 511–512.

// Gustav Karpeles. In: *Die Welt*, 30.07.1909, S. 686–688.

// Nach der Reise. In: *Jüdische Rundschau*, 03.09.1909, S. 415–416.

// Etwas über Bibliotheken. In: *Jung Juda* 10,2 (1910), S. 19–20.

// Theodor Herzl und der Zionismus. In: *Die Welt*, 20.05.1910, S. 484–486.

// Moses Montefiore. In: *Die Welt*, 12.08.1910, S. 786–788.

// Was soll der Delegiertentag. In: *Jüdische Rundschau*, 26.08.1910, S. 401.

// Deutscher Zionismus. In: *Jüdische Rundschau*, 02.09.1910, S. 414–415.

// Politischer Zionismus und Palästinaarbeit. In: *Jüdische Rundschau*, 09.09.1910, S. 425–426.

// Wie der Zionismus entstand. In: *Die Welt*, 07.10.1910, S. 963–965.

// Bibliotheken in Eretz Jisrael. In: *Die Welt*, 17.10.1910, S. 1066–1068.

// Chalukah. In: *Die Welt*, 18.11.1910, S. 1212–1214.

// Die Juden Preußens im Jahre 1817. In: *Zeitschrift für Demographie und Statistik der Juden* 7,3 (1911), S. 44–47.

// Die Zahl der Juden in Pommern. In: *Zeitschrift für Demographie und Statistik der Juden* 7,10 (1911), S. 146–149.

// Die Sprache der jüdischen Kultur. In: *Die Welt*, 24.03.1911, S. 260–262; 31.03.1911, S. 283–286.

// Die jüdische Schrift. In: *Dr. Bloch's Österreichische Wochenschrift*, 26.05.1911, S. 341–342; 02.07.1911, S. 358–359.

// zus. mit Dr. E. Z.: Die Waisen von Drohobycz. (Eine Anregung). In: *Jüdische Rundschau*, 14.07.1911, S. 323.

// Eine einzelne Kulturaufgabe. In: *Die Welt*, 04.08.1911, S. 761–763.

// Quer durch Abessinen. In: *Die Welt*, 15.09.1911, S. 979–990.

// Ein Weg zur jüdischen Kultur. In: *Die Welt*, 12.01.1912, S. 36–38.

// Die Juden in der Marienlegende. In: *Monatsschrift für Geschichte und Wissenschaft des Judentums*, 56,3 (1912), S. 257–284; 56,4 (1912), S. 385–416; 56,5 (1912), S. 612–621.

// Nur nicht nach Palästina. In: *Die Welt*, 23.02.1912, S. 233–234.

// Sehnsucht nach Palästina. In: *Die Welt*, 22.03.1912, S. 353–354.

// Aus den Wurzeln unserer Kraft. zu Liliens Bildern. In: *Die Welt*, 29.03.1912, S. 391–395.

// Mauserung. In: *Die Welt*, 12.07.1912, S. 335–337.

// Was sich das jüdische Volk erzählt. Historisches Allerlei vom jüdischen Volkshumor. In: *Dr. Bloch's Österreichische Wochenschrift*, 01.11.1912, S. 748–750; 15.11.1912, S. 782–784; 22.11.1912, S. 804–806; 29.11.1912, S. 820–822; 06.12.1912, S. 836–837; 13.12.1912, S. 854–856; 20.12.1912, S. 872–873; 27.12.1912, S. 892–894; 03.01.1913, S. 12–14.

// Die Ausländerfrage. Ein Brief an den Kartelltag. In: *Der Jüdische Student* 9,10 (1912–1913), S. 344–345.

// Zum fünfzehnten Schebat. In: *Die Welt*, 17.01.1913, S. 73–75.

// Palästina-Reisen. In: *Die Welt*, 07.03.1913, S. 297–299.

// Das Pessachfest der Zukunft. In: *Die Welt*, 18.04.1913, S. 490–492.

// Bilder zur Bibel; zum Schabuothfeste. In: *Die Welt*, 13.06.1913, S. 751–753.

// Der jüdische Witz. In: *Dr. Bloch's Österreichische Wochenschrift*, 23.06.1913, S. 462–464; 30.06.1913, S. 479–481; 07.07.1913, S. 495–496; 14.07.1913, S. 512–513; 28.07.1913, S. 543–545; 04.08.1913, S. 559–561.

// Hochschulsorgen. In: *Die Welt*, 11.07.1913, S. 886–888.

// Der jüdische Kulturfonds „Kedem". In: *Die Welt* (Kongressausgabe), 07.09.1913, S. 59–60.

// Der Wiener Zionistenkongress. ein Epilog. In: *Die Welt* (Kongressausgabe), 07.09.1913, S. 59–60.

// Eine Verleumdung. Erwiderung auf den Artikel im Oktoberhefte von „Ost und West". In: *Die Welt*, 21.11.1913, S. 1593–1595.

// Ein Kampf um die hebräische Sprache. In: *Dr. Bloch's Österreichische Wochenschrift*, 19.12.1913, S. 921–923.

// Von der hebräischen Sprache. In: *Wegweiser für die Jugendliteratur* 10,3 (1914), S. 19–21.

// Jüdische Sterblichkeitsstatistik in Jerusalem für die Jahre 5654–5658 (11. September 1893 bis 16. September 1898). In: *Zeitschrift für Demographie und Statistik der Juden* 10,4 (1914), S. 62–63.

// Eine Universitäts-Bibliothek in Jerusalem. In: *Der Jüdische Student* 11,1 (1914–1915), S. 6–10.

// Ein volkstümlicher Philosoph des Mittelalters. In: *Die Welt*, 13.02.1914, S. 169–171.

// An die Arbeit. In: *Die Welt*, 20.03.1914, S. 277–278.

// Eine Vorbedingung der Universität. In: *Die Welt*, 03.04.1914, S. 328–329.

// Aus den Ereignissen des Tages. Zur Gründung der hebräischen Universitätsbibliothek in Jerusalem. In: *Frankfurter Israelitisches Familienblatt*, 09.04.1914, S. 2.

// Hebräische Universitätsbibliothek Jerusalem. In: *Die Welt*, 24.04.1914, S. 420.

// Hebräische Universitäts-Bibliothek Jerusalem. In: *Die Welt*, 01.05.1914, S. 444–445.

// Hebräische Universität zu Jerusalem. In: *Die Welt*, 22.05.1914, S. 510–511.

// Hebräische Universitäts-Bibliothek zu Jerusalem. In: *Die Welt*, 22.05.1914, S. 510–511.

// Eine hebräische Universitätsbibliothek zu Jerusalem. In: *Jüdische Rundschau*, 05.06.1914, S. 242–243.

// Hebräische Universitätsbibliothek zu Jerusalem. In: *Die Welt*, 26.06.1914, S. 637–638.

// Hebräische Universität zu Jerusalem. In: *Die Welt*, 17.07.1914, S. 637–638.

// Feinde ringsum! In: *Jüdische Rundschau*, 07.08.1914, S. 343–344.

// Die Juden im Kriege. In: *Jüdische Rundschau*, 04.09.1914, S. 357–358.

// Jüdische Volkserzählungen aus Polen; mitgeteilt von Heinrich Loewe. In: Mitteilungen der Gesellschaft für Jüdische Volkskunde 18,3/4 (1915), S. 61–63.

// Dr. Ludwig Loewe. In: *Jüdische Rundschau*, 15.01.1915, S. 18.

// Wahrheit und Vertrauen. In: *Jüdische Rundschau*, 23.04.1915, S. 129–130.

// Erhaltung und Bestehen. In: *Jüdische Rundschau*, 30.04.1915, S. 134.

// Josef Chasanowisz. In: *Jüdische Rundschau*, 14.05.1915, S. 158–159.

// Standpunkt und Bewegung. In: *Jüdische Rundschau*, 21.05.1915, S. 165.

// Antisemitismus. In: *Jüdische Rundschau*, 23.07.1915, S. 239–240.

// Judentum und Rationalismus. In: *Jüdische Rundschau*, 09.09.1915, S. 296–297.

// Jüdische Erziehung. In: *Neue Jüdische Monatshefte* 1,1 (1916), S. 13–16.

// Vom Leben einer toten Sprache. In: *Jüdischer Nationalkalender* 2 (5677 [1916/17]), S. 197–198.

// Bibliographie des Zionismus. In: *Jüdische Rundschau*, 18.02.1916, S. 59.

// Amerika und der Krieg. In: *Israelitisches Gemeindeblatt Köln*, 12.05.1916, S. 155–157.

// Lag b'Omer. In: *Israelitisches Gemeindeblatt Köln*, 19.05.1916, S. 163–165.

// Rischus. In: *Israelitisches Gemeindeblatt Köln*, 26.05.1916, S. 171–173.

// Ein Kulturfest. In: *Israelitisches Gemeindeblatt Köln*, 02.06.1916, S. 179–181.

// Vertreter des Judentums. In: *Israelitisches Gemeindeblatt Köln*, 09.06.1916, S. 187–189.

// Unsere Rabbiner. In: *Israelitisches Gemeindeblatt Köln*, 16.06.1916, S. 195–197; 23.06.1916, S. 203–206.

// Westjuden. In: *Israelitisches Gemeindeblatt Köln*, 30.06.1916, S. 195–197; 23.06.1916, S. 211–213.

// Wahlen in Warschau. In: *Israelitisches Gemeindeblatt Köln*, 07.07.1916, S. 2–6.

// Landwirtschaft. In: *Israelitisches Gemeindeblatt Köln*, 14.07.1916, S. 2–6; 21.07.1916, S. 2–4.

// Russische Juden. In: *Israelitisches Gemeindeblatt Köln*, 28.07.1916 S. 2–4.

// Eine Reichsfettkarte. In: *Israelitisches Gemeindeblatt Köln*, 28.07.1916, S. 4–5.

// Tischah-b'Abh. In: *Israelitisches Gemeindeblatt Köln*, 04.08.1916, S. 2–4.

// Der Trost im Leid (שבת נחמו). In: *Israelitisches Gemeindeblatt Köln* 11.08.1916, S. 2–4.

// Russian Jews to the Front! In: *Israelitisches Gemeindeblatt Köln*, 18.08.1916, S. 2–6.

// Mittelstandspolitik. In: *Israelitisches Gemeindeblatt Köln*, 25.08.1916, S. 2–6.

// Galizische Juden. In: *Israelitisches Gemeindeblatt Köln*, 01.09.1916, S. 2–3.

// Amerikanische Juden. In: *Israelitisches Gemeindeblatt Köln*, 08.09.1916, S. 2–5.

// Der Rischus wächst. In: *Israelitisches Gemeindeblatt Köln*, 08.09.1916, S. 5–6.

// Judenschicksal in Rumänien. In: *Israelitisches Gemeindeblatt Köln*, 15.09.1916, S. 3–7.

// Jugendliteratur. In: *Israelitisches Gemeindeblatt Köln*, 22.09.1916, S. 3–5.

// Ein jüdischer Historiker. In: *Israelitisches Gemeindeblatt Köln*, 22.09.1916, S. 5–7.

// Rosch haschanah. In: *Israelitisches Gemeindeblatt Köln*, 27.09.1916, S. 2–6.

// Versöhnungstag. In: *Israelitisches Gemeindeblatt Köln*, 04.10.1916, S. 2–5.

// Laubhüttenfest. In: *Israelitisches Gemeindeblatt Köln*, 11.10.1916, S. 2–4.

// Eine neue Zeitschrift. In: *Israelitisches Gemeindeblatt Köln*, 11.10.1916, S. 4–6.

// Rumänische Juden. In: *Israelitisches Gemeindeblatt Köln*, 18.10.1916, S. 2–4.

// Simchath Thorah. In: *Israelitisches Gemeindeblatt Köln*, 18.10.1916, S. 4–5.

// Jüdische Dichter und jüdische Dichtung. In: *Israelitisches Gemeindeblatt Köln*, 27.10.1916, S. 2–6.

// Maulwurfsarbeit. In: *Israelitisches Gemeindeblatt Köln*, 03.11.1916, S. 2–5.

// Statistiken. In: *Israelitisches Gemeindeblatt Köln*, 10.11.1916, S. 2–5.

// K.C. und K.J.V [ab 2. Teil: Mindestforderungen]. In: *Israelitisches Gemeindeblatt Köln*, 17.11.1916, S. 2–5; 24.11.1916, S. 2–5; 01.12.1916, S. 2–3.

// Der Born Judas. In: *Israelitisches Gemeindeblatt Köln*, 08.12.1916, S. 2–5.

// Makkabäer. In: *Israelitisches Gemeindeblatt Köln*, 15.12.1916, S. 2–4.

// Weihnachten und Chanukah. In: *Israelitisches Gemeindeblatt Köln*, 22.12.1916, S. 2–4.

// Die Sprache der Juden in Osteuropa. In: *Deutsche Kriegzeitung von Baranowitschi*, 16.08.1916, S. 306–307.

// Dem Frieden entgegen. In: *Israelitisches Gemeindeblatt Köln*, 26.12.1916, S. 2–4.

// Wir aber fürchten uns nicht. In: *Israelitisches Gemeindeblatt Köln*, 05.01.1917, S. 2–4.

// Körperliche Regeneration. In: *Israelitisches Gemeindeblatt Köln*, 12.01.1917, S. 2–3; 19.01.1917, S. 2–3.

// Gemeinsame Arbeit. In: *Israelitisches Gemeindeblatt Köln*, 26.01.1917, S. 2–4.

// Friedensbotschaft. In: *Israelitisches Gemeindeblatt Köln*, 02.02.1917, S. 3–6.

// Deutsche Juden. In: *Israelitisches Gemeindeblatt Köln*, 09.02.1917, S. 2–3.

// Die neue Türkei. In: *Israelitisches Gemeindeblatt Köln*, 16.02.1917, S. 2–4.

// Synthese. In: *Israelitisches Gemeindeblatt Köln*, 23.02.1917, S. 2–4.

// Purim. In: *Israelitisches Gemeindeblatt Köln*, 02.03.1917, S. 2–3.

// Wer die Schule hat ... In: *Israelitisches Gemeindeblatt Köln*, 10.03.1917, S. 2–3.

// Die Umwälzung in Rußland. In: *Israelitisches Gemeindeblatt Köln*, 24.03.1917, S. 2–3.

// Dies ist das Brot der Armut. In: *Israelitisches Gemeindeblatt Köln*, 31.03.1917, S. 2–3.

// Peßach. In: *Israelitisches Gemeindeblatt Köln*, 06.04.1917, S. 2–3.

// Polnische Juden. In: *Israelitisches Gemeindeblatt Köln*, 13.04.1917, S. 2–4.

// Die Lage der Juden in Rußland. In: *Israelitisches Gemeindeblatt Köln*, 20.04.1917, S. 2–3.

// Jüdische Weltanschauung. In: *Israelitisches Gemeindeblatt Köln* 27.04.1917, S. 2–3.

// „Cuius regio ...". In: *Israelitisches Gemeindeblatt Köln*, 04.05.1917, S. 2–3.

// Bibelwissenschaftliche Irrungen. In: *Israelitisches Gemeindeblatt Köln*, 11.05.1917, S. 2–4.

// Fortbildung. In: *Israelitisches Gemeindeblatt Köln*, 18.05.1917, S. 2–3.

// Wochenfest. In: *Israelitisches Gemeindeblatt Köln*, 25.05.1917, S. 2–4.

// Verluste. In: *Israelitisches Gemeindeblatt Köln*, 01.06.1914, S. 3–5.

// Hilfe für das Land Israel. In: *Israelitisches Gemeindeblatt Köln*, 08.06.1917, S. 2–4.

// Die Juden in Polen. In: *Israelitisches Gemeindeblatt Köln*, 15.06.1917, S. 2–3.

// Organisation. In: *Israelitisches Gemeindeblatt Köln*, 22.06.1917, S. 2–4.

// Ein Vorschlag zur Lösung der Judenfrage. In: *Israelitisches Gemeindeblatt Köln*, 29.06.1917, S. 2–4.

// Zur zweiten Auflage von Raths Lehrbuch. In: *Jüdische Rundschau*, 16.03.1917, S. 92–93.

// Eine jüdische Gartenstadt in Berlin. In: *Jüdische Rundschau*, 22.06.1917, S. 209.

// zus. mit Davis Trietsch: Ein Projekt als Anregung. In: *Jüdische Rundschau*, 22.06.1917, S. 208–210.

// Wohin? In: *Israelitisches Gemeindeblatt Köln*, 06.07.1917, S. 1–3.

// Die hebräische Sprache. In: Israelitisches Gemeindeblatt Köln, 13.07.1917, S. 1–3; 20.07.1917, S. 3–5; 27.07.1917, S. 3–4; 03.08.1917, S. 2–4.

// Die jüdische Familie. In: *Israelitisches Gemeindeblatt Köln*, 10.08.1917, S. 1–2.

// Neue Männer. In: *Israelitisches Gemeindeblatt Köln*, 17.08.1917, S. 1–2.

// Zionismus. In: *Israelitisches Gemeindeblatt Köln*, 24.08.1917, S. 1–3.

// Ist das jetzt nötig? In: *Israelitisches Gemeindeblatt Köln*, 07.09.1917, S. 1–3.

// Ein neues Jahr. In: *Israelitisches Gemeindeblatt Köln*, 14.09.1917, S. 1–2.

// Die Judenfrage im Weltkriege. In: *Israelitisches Gemeindeblatt Köln*, 14.09.1917, S. 2–3.

// Laubhütten. In: *Israelitisches Gemeindeblatt Köln*, 28.09.1917, S. 1–3.

// Szimchath Thora. In: *Israelitisches Gemeindeblatt Köln*, 05.10.1917, S. 1.

// Judenfriede. In: *Israelitisches Gemeindeblatt Köln*, 05.10.1917, S. 1–4.

// Wirkung der Feindschaft. In: *Israelitisches Gemeindeblatt Köln*, 13.10.1917, S. 1–4.

// Friedenswünsche. In: *Israelitisches Gemeindeblatt Köln*, 19.10.1917, S. 1–3.

// Maximilian Horwitz. In: *Israelitisches Gemeindeblatt Köln*, 16.10.1917, S. 1.

// H. Graetz (Zu seinem 100. Geburtstage). In: *Israelitisches Gemeindeblatt Köln*, 26.10.1917, S. 1–3; 02.11.1917, S. 1–3,

// Die Reformation der Juden. In: *Israelitisches Gemeindeblatt Köln*, 02.11.1917, S. 1.

// Beziehungen zwischen Reformation und Juden (Betrachtungen zur 400-jährigen Jubelfeier der religiösen Umwälzung in Deutschland). In: *Israelitisches Gemeindeblatt Köln*, 09.11.1917, S. 1–2; 16.11.1917, S. 1–3; 16.11.1917, S. 1–2; 30.11.1917, S. 1–3; 14.12.1917, S. 3–4; 21.12.1917, S. 3–4.

// Eine jüdische Zeitschrift. In: *Israelitisches Gemeindeblatt Köln*, 16.11.1917, S. 1.

// Der Zionismus und die englische Regierung. In: *Israelitisches Gemeindeblatt Köln*, 23.11.1917, S. 1.

// Organisation der jüdischen Jugend. In: *Israelitisches Gemeindeblatt Köln*, 30.11.1917, S. 1.

// Chanukah. In: *Israelitisches Gemeindeblatt Köln*, 07.12.1917, S. 1.

// Demokratische Orientierung. In: *Israelitisches Gemeindeblatt Köln*, 14.12.1917, S. 1–3.

// Jüdische Staatsmänner. In: *Israelitisches Gemeindeblatt Köln*, 21.12.1917, S. 1–3.

// Zionistischer Jugendtag. In: *Neue Jüdische Monatshefte* 2,2 (1918), S. 44–46.

// Die Stellung des Judentums. In: *Israelitisches Gemeindeblatt Köln*, 04.01.1918, S. 1–2; 11.01.1918, S. 1–2.

// Die deutsche Regierung und die jüdischen Friedenserwartungen. In: *Israelitisches Gemeindeblatt Köln*, 11.01.1918, S. 2–3.

// Osmanische Judenfrage. In: *Israelitisches Gemeindeblatt Köln*, 18.01.1918, S. 1–2.

// Antisemitismus und jüdische Friedenshoffnungen. In: *Israelitisches Gemeindeblatt Köln*, 25.01.1918, S. 1–3.

// Gottes Volk. In: *Israelitisches Gemeindeblatt Köln*, 01.02.1918, S. 1–3.

// Staatsbürger. In: *Israelitisches Gemeindeblatt Köln*, 08.02.1918, S. 1–2.

// Ukraine. In: *Israelitisches Gemeindeblatt Köln*, 15.02.1918, S. 1–2.

// Ein Vierteljahrhundert. In: *Israelitisches Gemeindeblatt Köln*, 15.02.1918, S. 2–3; 22.02.1918, S. 2–3.

// Purim. In: *Israelitisches Gemeindeblatt Köln*, 22.02.1918, S. 1–2.

// Zeit wäre es. In: *Israelitisches Gemeindeblatt Köln*, 01.03.1918, S. 1–3.

// Jüdische Wissenschaft. In: *Israelitisches Gemeindeblatt Köln*, 08.03.1918, S. 2–4.

// Juden in Polen. In: *Israelitisches Gemeindeblatt Köln*, 15.03.1918, S. 1–2.

// Peßach. In: *Israelitisches Gemeindeblatt Köln*, 22.03.1918, S. 1.

// Rumänische Juden. In: *Israelitisches Gemeindeblatt Köln*, 22.03.1918, S. 1–5.

// Die Peßach-Megillah. In: *Israelitisches Gemeindeblatt Köln*, 28.03.1918, S. 1–2; 12.04.1918, S. 2–4.

// Volkstümliche Hochschulen. In: *Israelitisches Gemeindeblatt Köln*, 05.04.1918, S. 1–3.

// Herrmann Cohen. In: *Israelitisches Gemeindeblatt Köln*, 12.04.1918, S. 1–2.

// Jugendorganisationen. In: *Israelitisches Gemeindeblatt Köln*, 19.04.1918, S. 1–2.

// Randländer. In: *Israelitisches Gemeindeblatt Köln*, 26.04.1918, S. 1–2.

// Das alte Rezept. In: *Israelitisches Gemeindeblatt Köln*, 05.05.1918, S. 1–2.

// Abgelehnt. In: *Israelitisches Gemeindeblatt Köln*, 10.05.1918, S. 1–2.

// Das Wochenfest. In: *Israelitisches Gemeindeblatt Köln*, 17.05.1918, S. 1.

// Der Friede zu Bukarest. In: *Israelitisches Gemeindeblatt Köln*, 17.05.1918, S. 1–3.

// „Pro Palästina". In: *Israelitisches Gemeindeblatt Köln*, 24.05.1918, S. 1–2.

// Jüdische Kulturkunde. In: *Israelitisches Gemeindeblatt Köln*, 31.05.1918, S. 1–3.

// Jüdische Sorgen in Oesterreich. In: *Israelitisches Gemeindeblatt Köln*, 07.06.1918, S. 1–2.

// Monisten und Juden. In: *Israelitisches Gemeindeblatt Köln*, 14.06.1918, S. 1–3.

// Wiener Juden. In: *Israelitisches Gemeindeblatt Köln*, 21.06.1918, S. 1–2.

// Pogromgeist. In: *Israelitisches Gemeindeblatt Köln*, 28.06.1918, S. 1–2.

// Rumänische Juden. In: *Israelitisches Gemeindeblatt Köln*, 05.07.1918, S. 1–3.

// Tischah b'Abh. In: *Israelitisches Gemeindeblatt Köln*, 12.07.1918, S. 1–3.

// Jiddisch, eine Kulturerscheinung. In: *Israelitisches Gemeindeblatt Köln*, 19.07.1918, S. 1–3; 09.08.1918, S. 1–2; 16.08.1918, S. 1–3; 18.10.1918, S. 3–4; 25.10.1918, S. 2–3.

// Deutscher Volkstag. In: *Israelitisches Gemeindeblatt Köln*, 26.07.1918, S. 1–3.

// Juden in Ungarn. In: *Israelitisches Gemeindeblatt Köln*, 02.08.1918, S. 1–3.

// Rumänien des Nordens. In: *Israelitisches Gemeindeblatt Köln*, 25.08.1918, S. 1.

// Grenzschluß. In: *Israelitisches Gemeindeblatt Köln*, 30.08.1918, S. 1–3.

// Das neue Jahr. In: *Israelitisches Gemeindeblatt Köln*, 06.09.1918, S. 1–3.

// Versöhnung. In: *Israelitisches Gemeindeblatt Köln*, 13.09.1918, S. 1–3.

// In Laubhütten. In: *Israelitisches Gemeindeblatt Köln*, 20.09.1918, S. 1–3.

// Regenszeit. In: *Israelitisches Gemeindeblatt Köln*, 27.09.1918, S. 1–3.

// Gefahren. In: *Israelitisches Gemeindeblatt Köln*, 04.10.1918, S. 1–3.

// Neues und doch nichts Neues. In: *Israelitisches Gemeindeblatt Köln*, 11.10.1918, S. 1–3.

// Jüdischnationaler Jugendtag. In: *Israelitisches Gemeindeblatt Köln*, 18.10.1918, S. 1–3.

// Die Juden in Litauen. In: *Israelitisches Gemeindeblatt Köln*, 25.10.1918, S. 1–2.

// Die Hütte des Friedens. In: *Israelitisches Gemeindeblatt Köln*, 01.11.1918, S. 1–3.

// Der Zerfall Oesterreichs. In: *Israelitisches Gemeindeblatt Köln*, 08.11.1918, S. 1–3.

// Deutsch-Oesterreich und Böhmen. In: *Israelitisches Gemeindeblatt Köln*, 15.11.1918, S. 1–2.

// Die Umwälzung in Deutschland. In: *Israelitisches Gemeindeblatt Köln*, 22.11.1918, S. 1–3.

// Für die Bibliothek in Jerusalem. Ein Aufruf. In: *Jüdische Rundschau*, 22.11.1918, S. 378.

// Chanukah. In: *Israelitisches Gemeindeblatt Köln*, 29.11.1918, S. 1–2.

// Pogrommoral. In: *Israelitisches Gemeindeblatt Köln*, 06.12.1918, S. 1–3.

// Pogromluft. In: *Israelitisches Gemeindeblatt Köln*, 06.12.1918, S. 1–3.

// Jüdische Gemeinden in Deutschland. In: *Israelitisches Gemeindeblatt Köln*, 20.12.1918, S. 1–3.

// Jüdische Bibliotheken im jüdischen Lande. In: *Israelitisches Gemeindeblatt Köln*, 27.12.1918, S. 1–3.

// Aus der Sprachgeschichte der Juden. In: *Neue Jüdische Monatshefte* 3,9 (1919), S. 44–46.

// Ein Vergessener. Persönliche Erinnerungen. In: *Der Jude* 5,2 (1919), S. 105–109.

// Jüdische Bibliotheken im Lande Israel. In: *Neue Jüdische Monatshefte* 3,2 (1919), S. 169–170.

// Juedische Volkskunde. In: *Volk und Land* 1,10 (1919), Sp. 289–296; 1,12 (1919), Sp. 359–368.

// Judenpolitik der Hohenzollern. In: *Israelitisches Gemeindeblatt Köln*, 03.01.1919, S. 1–2; 10.01.1919, S. 1–2; 17.01.1919, S. 1–2; 28.01.1919, S. 1–2; 07.03.1919, S. 1–2; 14.03.1919, S. 1–3.

// Spartacus. In: *Israelitisches Gemeindeblatt Köln*, 24.01.1919, S. 1–2.

// Die Grundlagen des Nationalismus. In: *Israelitisches Gemeindeblatt Köln*, 31.01.1919, S. 1.

// Vor dem Frieden. In: *Israelitisches Gemeindeblatt Köln*, 07.02.1919, S. 1–2; 14.02.1919, S. 1–2; 21.02.1919, S. 1–2.

// Jüdisch-Stammestümlich. In: *Israelitisches Gemeindeblatt Köln*, 07.02.1919, S. 3–4.

// Freie Jüdische Volkshochschule. In: *Israelitisches Gemeindeblatt Köln*, 21.02.1919, S. 3.

// Purim. In: *Israelitisches Gemeindeblatt Köln*, 14.03.1919, S. 1.

// Reaktion. In: *Israelitisches Gemeindeblatt Köln*, 21.03.1919, S. 1–2.

// Zusammenschluß. In: *Israelitisches Gemeindeblatt Köln*, 28.03.1919, S. 1–2; 04.04.1919, S. 1–3.

// Pessach. In: *Israelitisches Gemeindeblatt Köln*, 11.04.1919, S. 1–2.

// Freie Jüdische Volkshochschule. In: *Gemeindeblatt der Jüdischen Gemeinde zu Berlin*, 11.04.1919, S. 29–30. (ebenfalls abgedruckt in *Israelitisches Gemeindeblatt Köln*, 13.05.1919, S. 2–4.)

// Soll sie immer so bleiben. In: *Israelitisches Gemeindeblatt Köln*, 18.04.1919, S. 1–2.

// Die Morgenröte der Freiheit. In: *Israelitisches Gemeindeblatt Köln*, 25.04.1919, S. 1–2.

// Jüdischer Bolschewismus. In: *Israelitisches Gemeindeblatt Köln*, 02.05.1919, S. 1–2.

// Die Kolonisation Palästinas. In: *Israelitisches Gemeindeblatt Köln*, 09.05.1919, S. 1–2; 16.05.1919, S. 1–2; 23.05.1919, S. 1–2; 30.05.1919, S. 1–3.

// Jüdischer Bolschewismus. In: *Israelitisches Gemeindeblatt Köln*, 30.05.1919, S. 3–4.

// Grenzverschiebungen. In: *Israelitisches Gemeindeblatt Köln*, 06.06.1919, S. 1–2.

// Juden im Polenlande. In: *Israelitisches Gemeindeblatt Köln*, 13.06.1919, S. 1–2.

// Wer hat Schuld? In: *Israelitisches Gemeindeblatt Köln*, 27.06.1919, S. 1–2.

// Haltet den Dienst. In: *Israelitisches Gemeindeblatt Köln*, 04.07.1919, S. 1–2.

// Friede. In: *Israelitisches Gemeindeblatt Köln*, 11.07.1919, S. 1–2.

// Zerfall und Aufbau. In: *Israelitisches Gemeindeblatt Köln*, 18.07.1919, S. 1–2.

// Der Schuldige. In: *Israelitisches Gemeindeblatt Köln*, 25.07.1919, S. 1–2.

// Tischah b'Abh. In: *Israelitisches Gemeindeblatt Köln*, 01.08.1919, S. 1–2.

// Wer hat die Revolution gemacht? In: *Israelitisches Gemeindeblatt Köln*, 08.08.1919, S. 1–2.

// Judenverfolgungen. In: *Israelitisches Gemeindeblatt Köln*, 15.08.1919, S. 1–2.

// Pogrom und Pogrömchen. In: *Israelitisches Gemeindeblatt Köln*, 22.08.1919, S. 1–2.

// Neue Verhältnisse. In: *Israelitisches Gemeindeblatt Köln*, 29.08.1919, S. 1–2.

// Gleichberechtigung. In: *Israelitisches Gemeindeblatt Köln*, 05.09.1919, S. 1–2.

// Ungarische Juden. In: *Israelitisches Gemeindeblatt Köln*, 12.09.1919, S. 1–2.

// Wandervolk. In: *Israelitisches Gemeindeblatt Köln*, 19.09.1919, S. 1–3.

// Rosch hasch-Schanah. In: *Israelitisches Gemeindeblatt Köln*, 24.09.1919, S. 1–2.

// Versöhnungstag. In: *Israelitisches Gemeindeblatt Köln*, 03.10.1919, S. 1–3.

// In Laubhütten. In: *Israelitisches Gemeindeblatt Köln*, 09.10.1919, S. 1–2.

// Schlußfest. In: *Israelitisches Gemeindeblatt Köln*, 16.10.1919, S. 1–2.

// Geschichtsauffassung. In: *Israelitisches Gemeindeblatt Köln*, 24.10.1919, S. 1–2; 31.10.1919, S. 1–2; 07.11.1919, S. 1–2.

// Die jüdische Dorfschule in Palästina. In: *Israelitisches Gemeindeblatt Köln*, 14.11.1919, S. 1–2; 21.11.1919, S. 1–2.

// Perpetuum mobile. In: *Israelitisches Gemeindeblatt Köln*, 28.11.1919, S. 1–2.

// Das neue Bild. In: *Israelitisches Gemeindeblatt Köln*, 05.12.1919, S. 1–2.

// Chanukah. In: *Israelitisches Gemeindeblatt Köln*, 12.12.1919, S. 1–2.

// Jüdische Demokratie. In: *Israelitisches Gemeindeblatt Köln*, 19.12.1919, S. 1–2; 24.12.1919, S. 1–2.

// Dr. Josef Bloch als Journalist. In: *Dr. Bloch's Österreichische Wochenschrift*, 20.01.1920, S. 10–11.

// Die Grenadierstraße. In: *Israelitisches Gemeindeblatt Köln*, 12.03.1920, S. 1–2; 19.03.1920, S. 1–2.

// Jüdische Aristokratie. In: *Israelitisches Gemeindeblatt Köln*, 02.01.1920, S. 1–2.

// Eine hebräische Universität. In: *Israelitisches Gemeindeblatt Köln*, 09.01.1920, S. 1–2; 16.01.1920, S. 1–2.

// Die Hetze gegen die Ostjuden. In: *Israelitisches Gemeindeblatt Köln*, 23.01.1920, S. 1–2.

// Die ostjüdische Gefahr. In: *Israelitisches Gemeindeblatt Köln*, 30.01.1920, S. 1–2.

// Die jüdische Gemeinde. In: *Israelitisches Gemeindeblatt Köln*, 06.02.1920, S. 1–2.

// Die Synagoge. In: *Israelitisches Gemeindeblatt Köln*, 13.02.1920, S. 1–2.

// Rückkehr zum Recht. In: *Israelitisches Gemeindeblatt Köln*, 20.02.1920, S. 1–2.

// Ernst. In: *Israelitisches Gemeindeblatt Köln*, 27.02.1920, S. 1–3; 05.03.1920, S. 1–2.

// Peßach. In: *Israelitisches Gemeindeblatt Köln*, 02.04.1920, S. 1–2; 009.04.1920, S. 1–2.

// Swastika. In: *Israelitisches Gemeindeblatt Köln*, 16.04.1920, S. 1–2.

// Wissenschaft des Judentums. In: *Israelitisches Gemeindeblatt Köln*, 30.04.1920, S. 1–2.

// Ausweisungen. In: *Israelitisches Gemeindeblatt Köln*, 07.05.1920, S. 1–2.

// Der Bürgerschreck. In: *Israelitisches Gemeindeblatt Köln*, 28.05.1920, S. 1–2.

// Israels Wohnungen. In: *Israelitisches Gemeindeblatt Köln*, 11.06.1920, S. 1–2; 18.06.1920, S. 1–2; 25.06.1920, S. 1–2; 09.07.1920, S. 1–2; 16.07.1920, S. 1–2.

// Der Zionistische Delegiertentag. In: *Israelitisches Gemeindeblatt Köln*, 02.06.1920, S. 1–3.

// Tischah b'Abh. In: *Israelitisches Gemeindeblatt Köln*, 23.06.1920, S. 1–2.

// Berliner Gemeindewahlen. In: *Israelitisches Gemeindeblatt Köln*, 30.06.1920, S. 1–2.

// Berliner Gemeindesorgen. In: *Israelitisches Gemeindeblatt Köln*, 06.08.1920, S. 1–2.

// Tohuwabohu. In: *Israelitisches Gemeindeblatt Köln*, 13.08.1920, S. 1–2.

// Giebt's Frieden? In: *Israelitisches Gemeindeblatt Köln*, 20.08.1920, S. 1–2.

// Wohin treibt's? In: *Israelitisches Gemeindeblatt Köln*, 27.08.1920, S. 1–2.

// Jüdische Welthilfskonferenz. In: *Israelitisches Gemeindeblatt Köln*, 03.09.1920, S. 1–2.

// Rosch hasch-Schanah. In: *Israelitisches Gemeindeblatt Köln*, 10.09.1920, S. 1–2.

// Kol Niedre. In: *Israelitisches Gemeindeblatt Köln*, 17.09.1920, S. 1–2.

// Zu Laubhütten. In: *Israelitisches Gemeindeblatt Köln*, 24.09.1920, S. 1–2.

// Der Feste Schluß. In: *Israelitisches Gemeindeblatt Köln*, 01.10.1920, S. 1–2.

// Die Juden als Rasse- und Kulturvolk. In: *Israelitisches Gemeindeblatt Köln*, 08.10.1920, S. 1–3.

// Neuerscheinungen des jüdischen Buchhandels. In: *Israelitisches Gemeindeblatt Köln*, 15.10.1920, S. 1–2; 22.10.1920, S. 1–3.

// Das europäische Gewissen. In: *Israelitisches Gemeindeblatt Köln*, 29.10.1920, S. 1–2.

// Es geht zum Winter. In: *Israelitisches Gemeindeblatt Köln*, 05.11.1920, S. 1–2.

// Jüdische Dichtung. In: *Israelitisches Gemeindeblatt Köln*, 12.11.1920, S. 1–2.

// Gastlichkeit. In: *Israelitisches Gemeindeblatt Köln*, 19.11.1920, S. 1–3.

// Ein Siebzigjähriger. In: *Israelitisches Gemeindeblatt Köln*, 26.11.1920, S. 1–2.

// Ein Fest der Makkabäer. In: *Israelitisches Gemeindeblatt Köln*, 03.12.1920, S. 1–2.

// Einheitsfront. In: *Israelitisches Gemeindeblatt Köln*, 10.12.1920, S. 1–2.

// Erziehungsfragen. In: *Israelitisches Gemeindeblatt Köln*, 17.12.1920, S. 1–2.

// Jüdische Kunst und jüdische Künstler. In: *Israelitisches Gemeindeblatt Köln*, 17.12.1920, S. 1–2; 31.12.1920, S. 1–2.

// Mitteilungen über die Bibliotheksarbeit für Erez-Israel. In: *Jüdische Rundschau*, 09.07.1920, S. 361–362.

// Jüdisches Bibliothekswesen im Lande Israel. In: *Jüdische Rundschau*, 24.08.1920, S. 459.

// Für die Universitätsbibliothek in Jerusalem. In: *Jüdische Rundschau*, 10.12.1920, S. 660.

// Mitteilungen über das Bibliothekswesen im Lande Israel. In: *Jüdische Rundschau*, 17.12.1920, S. 676.

// Mitteilungen über das Bibliothekswesen im Lande Israel. In: *Jüdische Rundschau*, 29.12.1920, S. 697.

// Die Arbeit für die National-Bibliothek. In: *Der Jüdische Student* 18,5 (1921), S. 212–221.

// Mitteilungen über die Arbeit für das Bibliothekswesen in Erez-Israel. In: *Jüdische Rundschau*, 01.02.1921, S. 58–59.

// Programm einer Obstbauversuchsstation in Palästina. In: *Jüdische Rundschau*, 09.05.1921, S. 258–259.

// Mitteilungen über die Arbeit für das Bibliothekswesen in Erez Israel. In: *Jüdische Rundschau*, 13.05.1921, S. 264.

// An jüdische Juristen! In: *Jüdische Rundschau*, 31.05.1921, S. 311.

// Die Jüdische Universität in Jerusalem. In: *Jüdische Rundschau*, 15.07.1921, S. 401; 19.07.1921, S. 408.

// Mitteilungen über die Arbeit für das Bibliothekswesen in Erez-Israel. In: *Jüdische Rundschau*, 16.08.1921, S. 467.

// Mitteilungen über das jüdische Bibliothekswesen in Erez-Israel. In: *Jüdische Rundschau*, 23.08.1921, S. 481.

// Zwei Almanache. In: *Jüdische Rundschau*, 16.12.1921, S. 714.

// Mitteilungen über das Bibliothekswesen in Erez-Israel. In: *Jüdische Rundschau*, 17.03.1922, S. 140.

// Mitteilungen über das jüdische Bibliothekswesen in Erez-Israel. In: *Jüdische Rundschau*, 22.09.1922, S. 510–511.

// Dem Fünfzigjährigen. In: *Jüdische Rundschau*, 29.12.1922, S. 673–674.

// Mitteilungen über das jüdische Bibliothekswesen in Erez-Israel. In: *Jüdische Rundschau*, 16.02.1923, S. 76.

// Bericht über das jüdische Bibliothekswesen in Palästina. erstattet an die Exekutive des Aktionskomitees der Zionistischen Organisation. In: *Jüdische Rundschau*, 23.02.1923, S. 92.

// Zum 50. Geburtstag von Frau Lina Wagner-Tauber. In: *Jüdische Rundschau*, 04.07.1924 1924, S. 383.

// Max Nordau. zu seinem 75. Geburtstag: 29. Juli 1924. In: *Jüdische Rundschau*, 25.07.1924, S. 421–422.

// Deutsche Gemeinden für Jerusalemer Universität. In: *Jüdische Rundschau*, 17.10.1924, S. 500.

// Jüdische Volkskunde. In: *Jüdische Rundschau*, 24.10.1924, S. 600–601.

// Namen (= *Sammelblätter jüdischen Wissens* 17/18 (1925)).

// Die Kampfmethoden des C. V. In: *Jüdische Rundschau*, 06.01.1925, S. 18.

// Zersetzung und Umkehr. In: *Jüdische Rundschau*, 16.04.1925, S. 219.

// Jüdische Volkskunde. In: *Jüdische Rundschau*, 04.06.1925, S. 315–316.

// Zur Notlage der hebräischen Literatur. In: *Jüdische Rundschau*, 14. September 1926, S. 519.

// Gustav Schwabe-Barlewin. In: *Jüdische Rundschau*, 13.08.1926, S. 450.

// Peßach. In: *Gemeindeblatt der Jüdischen Gemeinde zu Berlin*, 08.04.1927, S. 73–77.

// Namensänderungen. In: *Gemeindeblatt der Jüdischen Gemeinde zu Berlin*, 06.05.1927, S. 110–112.

// Tischa'h b'abh. In: *Gemeindeblatt der Jüdischen Gemeinde zu Berlin*, 05.08.1927, S. 180–181.

// Die Heiligkeit des Eides nach altjüdischer Auffassung. auch eine Kol Nidre Betrachtung. In: *Gemeindeblatt der Jüdischen Gemeinde zu Berlin*, 23.09.1927, S. 236–239.

// Soncino Gesellschaft. In: *Menorah* 28,6 (1928), S. 388–390.

// Aus unserer Gemeinde-Bibliothek. Neuanschaffungen. In: *Gemeindeblatt der Jüdischen Gemeinde zu Berlin*, 03.02.1928, S. 28–30.

// Jüdische Bräuche bei Verlöbnis und Heirat. In: *Gemeindeblatt der Jüdischen Gemeinde zu Berlin*, 07.06.1928, S. 165–172.

// Zur Aufforstung Palästinas. In: *Jüdische Rundschau*, 22.02.1929, S. 91.

// Die Juden in Deutschland. Bibliographische Notizen. In: *Zeitschrift für die Geschichte der Juden in Deutschland* 1,1 (1929), S. 75–87; 1,4 (1929), S. 337–360; 2,4 (1930), S. 310–332; 3,2/3 (1931), S. 151–171; 3,4 (1931), S. 282–306; 4,1 (1932), S. 157–172; 4,4 (1932), S. 223–244.

// Judensiedlung in Palästina. In: *Gemeindeblatt der Jüdischen Gemeinde zu Berlin*, August 1929, S. 386–389.

// Israel Belkind. In: *Jüdische Rundschau*, 01.10.1929, S. 514.

// Emil Levy fünfzig Jahre. In: *Jüdische Rundschau*, 04.10.1929, S. 527.

// Gustav Loesser. In: *Jüdische Rundschau*, 11.10.1929, S. 541.

// Zur Geschichte der Judensiedlung in Palästina. In: *Gemeindeblatt der Jüdischen Gemeinde zu Berlin*, November 1929, S. 582–584.

// Heilige und unheilige Gerüche. In: *Jeschurun* 17,5 (1930), S. 241–255.

// Jüdische Seelmänner. In: *Familienblatt des oberfränkisch-niederdeutschen Geschlechtes Seelmann* 14 (1930), S. 212.

// „Habimah" in Berlin. In: *Jüdische Welt*, 01.01.1930, S. 10–12.

// Freunde der Jerusalem-Bibliothek. In: *Jüdische Rundschau*, 18.03.1930, S. 150.

// Jüdische Stammesforschung. In: *Gemeindeblatt der Jüdischen Gemeinde zu Berlin*, Mai 1930, S. 236–238.

// Sportplatz der jüdischen Gemeinde. In: *Gemeindeblatt der Jüdischen Gemeinde zu Berlin*, Juni 1930, S. 290–291.

// Das Spiel bei den Juden. In: *Gemeindeblatt der Jüdischen Gemeinde zu Berlin*, Dezember 1930, S. 558–561.

// Vom Schicksal der hebräischen Sprache. In: *Bayrische Israelitische Gemeindezeitung*, 01.06.1931, S. 164–165.

// Gesellschaft der Freunde der Jerusalem-Bibliothek. In: *Jüdische Rundschau*, 06.10.1931, S. 469.

// Dr. J. Katan. In: *Jüdische Rundschau*, 16.10.1931, S. 484.

// Max Lewit. In: *Jüdische Rundschau*, 16.11.1932, S. 63.

// Moritz Sobernheim. In: *Jüdische Rundschau*, 10.01.1933, S. 11.

// Gustav Schwabe. In: *Jüdische Rundschau*, 24.02.1933, S. 77.

// Der ‚Russisch-jüdische Verein'. In: *Jüdische Rundschau*, 17.06.1933, S. 817.

// Ein Siebziger [Richard Loewe]. In: *Jüdische Rundschau*, 22.07.1933 1933.

// Eine Stadtbibliothek in Tel-Awiw. In: *Jüdische Rundschau*, 27.10.1933, S. 709.

// Der „Russisch-Jüdische Verein". In: *Jüdische Rundschau*, 17.11.1933, S. 817.

// Motzkins Berliner Zeit. Ein Kapitel jüdischer Geschichte vor Herzl. In: *Jüdische Rundschau*, 17.11.1933, S. 817.

// הספריה העירונית „שער ציון["] [Die Stadtbibliothek „Shaar Zion"]. In: *Yedioth Iriath Tel-Aviv* 6/7 (1934), S. 286–288.

// Jüd. Kulturarbeit „im Tore Zions". In: *Allgemeine Jüdische Zeitung*, 31.05.1934, S. 1.

// שבט ישראלי עתיק־ימים. [Der israelitische Shabbat in der Antike]. In: *Boust'nai Weekly*, 16.05.1934, S. 16–18.

// Ein Ueberrest Israels. Die Juden Georgiens. In: *Jüdische Rundschau*, 12.06.1934, S. 5.

// Namensänderungen. In: *Bayrische Israelitische Gemeindezeitung*, 15.07.1934, S. 285–287.

// איחוד [Ichud]. In: *Hazioni Haklali*, 24.08.1934, S. 3–4.

// Die Kattowitzer Konferenz. Ein fünfzigjähriges Jubiläum. In: *Jüdische Rundschau*, 26.10.1934, S. 6.

// Zur Gründung des Vereins „Ichud" in Palästina. In: *Jüdische Rundschau*, 23.11.1934, S. 5.

// Aus der Berufsgeschichte der Juden. In: *Jüdische Wohlfahrtspflege und Sozialpolitik* 5,1 (1935), S. 19–24.

// Menachem Sambursky. In: *Jüdische Rundschau*, 11.01.1935, S. 6.

// Erinnerungen ehemaliger Redakteure; bis 1908. In: *Jüdische Rundschau*, 17.04.1935, S. 19.

// Jüdisches Kunstleben in Tel Aviv. Zu Dr. Karl Schwarz' fünfzigstem Geburtstage. In: *Ostjüdische Zeitung*, 22.05.1935, S. 1–2.

// Ein Rambam Jugendbuch. In: *Jüdische Rundschau*, 28.06.1935, S. 6.

// Neues Jüdisch-Deutsch. Eine sprachgeschichtliche Betrachtung. In: *Mitteilungsblatt des Landesverbandes israelitischer Religionsgemeinden Hessen*, August 1935, S. 134–136.

// Ein Jahr rabbinische Tätigkeit. In: *Jüdische Rundschau*, 01.11.1935, S. 14.

// סיפרי ישרעאל [Bibliotheken Israels]. In: *Doar ha-Jom*, 08.11.1935, S. 5.

// Kulturstätten im neuen Lande. In: *Selbstwehr*, 23.11.1934, S. 4.

// Lina Wagner-Tauber. In: *Gemeindeblatt der Jüdischen Gemeinde zu Berlin*, 05.01.1936, S. 15.

// Geisteskultur und Kulturgeist im Aufbau. In: *Ostjüdische Zeitung*, 11.03.1936, S. 1–2.

// Bibliotheksfragen in Tel Aviv. In: *Jüdische Revue* 2,12 (1937), S. 750–754.

// Vorläufer der ZVfD. In: *Jüdische Rundschau*, 18.06.1937, S. 5.

// Der Schabbat im jüdischen Lande. In: *Jüdische Rundschau*, 23.07.1937, S. 10.

// Die Stadtbibliothek in Tel Awiw. In: *Gemeindeblatt der Jüdischen Gemeinde zu Berlin*, 23.01.1938, S. 6. (ebenfalls abgedruckt in *Mitteilungsblatt für den Jüdischen Buchhandel* 2 (1938), S. [1–3].)

// „In uns sind alle". In: *Selbstwehr*, 25.03.1938, S. 1.

// זיופים [Fälschungen] [1+2]. In: *Haaretz*, 03.06.1938, S. 15; 10.06.1938, S. 3.

// Arabische Eigenheiten. In: *Allgemeine Jüdische Zeitung*, 24.06.1938, S. 1.

// Notiz zur Vorgeschichte des Zionismus. In: *Jüdische Revue* 3,7 (1938), S. 374.

// „Gan Hachajoth". Der Zoo in Tel Awiw zieht um. In: *Jüdische Rundschau*, 13.09.1938, S. 15.

// הספר בשעת מלחמה [Das Buch im Krieg]. In: *Ha-Zofeh*, 29.12.1939, S. 39.

// Der Löwe von Juda. In: *Blumenthal's Neueste Nachrichten*, 09.10.1942, S. 3.

// Zum 70. Geburtstag von Rabb. Dr. Emil Nathan Levy. In: *Ichud Schiwath Zion*, Dezember 1949, S. 3–5.

// Freiheitsfeste in Israel. In: *Ichud Schiwath Zion*, März 1951, S. 1.

// Jung-Israel. Ein fünfzigjähriger Gedenktag. In: Eli Rothschild (Hrsg.): *Meilensteine: vom Wege des Kartells Jüdischer Verbindungen (KJV) in der Zionistischen Bewegung; eine Sammelschrift*. Tel Aviv: Präsidium des KJV 1972, S. 1–3.

// Der Jüdische Student (1902). In: Eli Rothschild (Hrsg.): *Meilensteine: vom Wege des Kartells Jüdischer Verbindungen (KJV) in der Zionistischen Bewegung; eine Sammelschrift*. Tel Aviv: Präsidium des KJV 1972, S. 8–9.

// Die jüdisch-deutsche Sprache der Ostjuden. In: Andreas Herzog (Hrsg.): *Ost und West. Jüdische Publizistik 1901–1928*. Leipzig: Reclam 1996, S. 28–39.

Monographien, Sammelbände, Aufsätze, Zeitungsbeiträge

Abrahams, Israel: Eine Universität in Jerusalem. In: *Die Welt*, 17.10.1910, S. 1031–1032.

Achad Haam: Ueber die Kultur. Referat von Achad Haam, erstattet auf der allrussischen Zionisten-Konferenz in Minsk, übers. v. Anna Brümann [I]. In: *Ost und West* 10,10 (1902), Sp. 655–660.

// „Altneuland". In: *Ost und West* 3,4 (1903), Sp. 227–244.

// Zur Sprachenfrage an den jüdischen Schulen Palästinas. In: *Ost und West* 14,1 (1914), Sp. 19–26.

Ackerstadt und Gartenstadt I. Das Ackerstadtproblem und der Sabbat. In: *Der Israelit*, 31.01.1918, S. 1–2.

Ackerstadt und Gartenstadt II. Eine jüdische Gartenstadt. In: *Der Israelit*, 07.02.1918, S. 1.

Agudah Leumith Dathith. In: *Mitteilungsblatt der HOG*, 04/1935, S. 9–10.

Aharonson, Ran: Settlement in Eretz Israel – A Colonialist Enterprise? "Critical" Scholarship and Historical Geography. In: *Israel Studies* 1,2 (1996), S. 214–229.

// *Rothschild and Early Jewish Colonization in Palestine*. Jerusalem: Magnes 2000.

Albanis, Elisabeth: Ostracised for Loyalty: Ernst Lissauer's Propaganda Writing and its Reception. In: *LBI Year Book* 43 (1998), S. 195–224.

Alexander, Gabriel E.: Die Demonstration der Erwerbslosen in der Repräsentantenversammlung. In: Hermann Simon / Jochen Boberg (Hrsg.): *„Tuet auf die Pforten" 1866–1995*. Berlin: Stiftung Neue Synagoge Berlin – Centrum Judaicum 1995, S. 154–163.

Alroey, Gur: Journey to New Palestine: The Zionist Expedition to East Africa and the Aftermath of the Uganda Debate. In: *Jewish Culture and History* 10,1 (2008), S. 23–58.

Amin, Ash / Nigel Thrift: *Cities. Reimagining the Urban*. Cambridge: Polity 2002.

An die deutschen Juden. In: *Im Deutschen Reich*, 09/1914, S. 339.

Anderson, Benedict R.: *Imagined Communities. Reflections on the Origin and Spread of Nationalism*. London / New York: Verso 2006.

Anderson, R. D.: *European Universities from the Enlightenment to 1914*. Oxford / New York: Oxford UP 2004.

Andrée, Richard: *Zur Volkskunde der Juden*. Bielefeld / Leipzig: Velhagen & Klasing 1881.

Althaus, Hans Peter: *Chuzpe, Schmus & Tacheles. Jiddische Wortgeschichten*. München: Beck 2004.

Appell für die Wolffsohn-Stiftung. In: *Jüdische Rundschau*, 21.08.1928, S. 475.

Architekten-Verein zu Berlin / Vereinigung Berliner Architekten (Hrsg.): *Berlin und seine Bauten*, Bd. 3: Der Hochbau, Teil 2. Berlin: Ernst & Sohn 1896.

Arendt, Hannah: Die verborgene Tradition. In: Dies: *Die verborgene Tradition. Acht Essays*. Frankfurt am Main: Suhrkamp 1976, S. 46–73.

// *Elemente und Ursprünge totaler Herrschaft. Antisemitismus, Imperialismus, Totalitarismus*. München / Zürich: Piper 1998.

Arnsberg, Paul: Jakob H. Schiff. Von der Frankfurter Judengasse zur Wallstreet. Frankfurt am Main: Kramer 1969.

Aschheim, Steven E.: *Brothers and Strangers. The East European Jew in German and German Jewish Consciousness 1800–1923*. Madison: University of Wisconsin Press 1982, S. 3–31.

// Caftan and Cravat. The *Ostjude* as a Cultural Symbol in the Development of German Anti-Semitism. In: Seymour Drescher / David Sabean / Allan Sharlin (Hrsg.): *Political Symbolism in Modern Europe. Essays in Honor of George L. Mosse*. New Brunswick: Transaction 1982, S. 81–99.

Assmann, Aleida: *Der lange Schatten der Vergangenheit Erinnerungskultur und Geschichtspolitik*. München: Beck 2006.

Atlasz, Robert (Hrsg.): *Barkochba. Makkabi – Deutschland, 1898–1938*. Tel-Aviv: Mitglieder des Bar Kochba-Hakoah 1977.

Auerbach, Elias: Worüber wir einig sind. In: *Jüdische Rundschau*, 24.03.1905, S. 130–131.

// Zur Entgegnung. In: *Jüdische Rundschau*, 31.03.1905, S. 144.

// Rassenkunde. In: *Der Jude* 5,1 (1920/21), S. 49–57.

// *Moses*. Amsterdam: Ruys 1953.

// *Pionier der Verwirklichung. Ein Arzt aus Deutschland erzählt vom Beginn der zionistischen Bewegung und seiner Niederlassung in Palästina kurz nach der Jahrhundertwende*. Stuttgart: DVA 1969.

Aufruf der Organisation für hebräische Sprache und Kultur. In: *Die Welt*, 13.05.1910, S. 424.

Awerbuch, Marianne: Die Hochschule für die Wissenschaft des Judentums. In: Reimer Hansen / Wolfgang Ribbe / Willi Paul Adams (Hrsg.): *Geschichtswissenschaft in Berlin im 19. und 20. Jahrhundert. Persönlichkeiten und Institutionen*. Berlin / New York: de Gruyter 2006, S. 517–552.

Azaryahu, Maoz: Mount Herzl: The Creation of Israel's National Cemetery. In: *Israel Studies* 1,2 (1996), S. 46–74.

// The Topography of National Rememberance. Two Israeli Cases. In: Yehuha Gradus / Gabriel Lipshitz (Hrsg.): *The Mosaic of Israeli Geography*. Beer Sheva: Ben-Gurion University of the Negev Press 1996, S. 253–260.

// A Tale of Two Monuments. In: Judith Tydor Baumel / Tova Cohen (Hrsg.): *Gender, Place and Memory in the Modern Jewish Experience. Re-Placing Ourselves*. London / Portland: Vallentine Mitchell 2007, S. 252–268.

// *Tel Aviv. Mythography of a City, Space, Place, and Society*. Syracuse: Syracuse UP 2007.

// Naming the Past. The Power of Commemorative Street Names. In: Lawrence D. Berg / Jani Vuolteenaho (Hrsg.): *Critical Toponymies. The Contested Politics of Place Naming*. Farnham / Burlington: Ashgate 2009, S. 53–70.

B. B.: Die Sprachen der Juden. In: *Zeitschrift für Demographie und Statistik der Juden* 8,4 (1912), S. 64.

Bach, Ulrich E.: Seeking Emptiness. Theodor Hertzka's Colonial Utopia Freiland (1890). In: *Utopian Studies* 22 (2011), S. 74–90.

Badt-Strauss, Bertha: Eine jüdische Gelehrten-Republik. Erinnerungen an das Alte Hansa-Viertel. In: *Aufbau*, 28.10.1955, S. 32.

Bambus, Willy: Vor fünfundzwanzig Jahren. In: *Die Jüdische Presse*, 01.08.1895, S. 313–314.

// Mahnende Zeichen. In: *Die Jüdische Presse*, 12.09.1895, S. 377–379.

// Meine Reise nach Palästina. In: *Die Jüdische Presse*, 16.10.1895, S. 435–436;23.10.1895, S. 442–444; 30.10.1895, S. 459–461; 06.11.1895, S. 475–476; 20.11.1895, S. 499–501; 28.11.1895, S. 511–512; 04.12.1895, S. 527–528; 11.12.1895, S. 541–543; 18.12.1895, S. 557–559; 25.12.1895, S. 571–572.

// *Die jüdischen Dörfer in Palästina. Ihre Entstehung und Entwicklung bis auf die Gegenwart*. Berlin: Cronbach 1896.

// Der Kongreß der Zionisten. In: *Die Jüdische Presse*, 16.06.1897, S. 265–266; 30.06.1897, S. 289–290; 07.07.1897, S. 294–95.

// Ideen zur Kolonisation Palästinas. In: *Zion*, 10/1897, S. 267–270.

// Der Zionismus in Berlin. In: *Zion*, 31.11.1897, S. 277–283.

// *Palästina, Land und Leute*. Berlin: Cronbach 1898.

Ballod, Carl: *Die Ackerstadt und die städtische Selbstversorgung*. Berlin: Welt 1918.

Bar-Gal, Yoram: Cultural-Geographical Aspects of Street Names in the Towns of Israel. In: *Names* 37,4 (1989), S. 329–344.

// Naming City Streets. A Chapter in the Cultural-Urban History of Tel Aviv. 1909–1947. In: *Contemporary Jewry* 10 (1990), S. 40–49.

// *Propaganda and Zionist Education. The Jewish National Fund, 1924–1947*. Rochester: University of Rochester Press 2003.

// The Blue Box and JNF Propaganda Maps, 1930–1947. In: *Israel Studies* 8,1 (2003), S. 1–19.

Barkai, Avraham: *Der Centralverein deutscher Staatsbürger jüdischen Glaubens 1893–1938*. München: Beck 2002.

Barkai, Avraham / Paul Mendes-Flohr: *Deutsch-jüdische Geschichte in der Neuzeit*, Bd. 4: Aufbruch und Zerstörung. 1918–1945. München: Beck 1997.

Barkow, Ben / Michael Lenarz / Raphael Gross (Hrsg.): *Novemberpogrom 1938. Die Augenzeugenberichte der Wiener Library, London*. Frankfurt am Main: Jüdischer Verlag 2008.

Bärsch, Claus-Ekkehard: *Max Brod im Kampf um das Judentum. Zum Leben und Werk eines deutsch-jüdischen Dichters aus Prag*. Wien: Passagen 1992.

Bartal, Israel: The Emergence of Modern Jewish Academe. From Religious Academies in Eastern Europe to a Secular University. In: Nicolas Berg / Omar Kamil / Markus Kirchhoff / Susanne Zepp (Hrsg.): *Konstellationen. Über Geschichte, Erfahrung und Erkenntnis. Festschrift für Dan Diner zum 65. Geburtstag*. Göttingen: Vandenhoeck & Ruprecht 2011, S. 15–44.

Barth, Lazarus: Von dem religiös-kulturellen Leben in Tel Awiw. In: *Zion – Monatsblätter für Lehre, Volk und Land* 10,6 (1938), S. 7–11.

Battegay, Caspar: *Das andere Blut. Gemeinschaft im deutsch-jüdischen Schreiben 1830–1930*. Köln / Weimar / Wien: Böhlau 2011.

Bechtel, Delphine: Babylon or Jerusalem. Berlin as Center of Jewish Modernism in the 1920s. In: Dagmar C. G. Lorenz / Gabriele Weinberger (Hrsg.): *Insiders and Outsiders. Jewish and Gentile Culture in Germany and Austria*. Detroit: Wayne State UP 1994, S. 116–123.

// Cultural Transfers between "Ostjuden" and "Westjuden". German-Jewish Intellectuals and Yiddish Culture, 1897–1930. In: *LBI Year Book* 42 (1997), S. 67–83.

// Jiddische Literatur und Kultur in Berlin im Kaiserreich und in der Weimarer Republik. In: Michael Brenner (Hrsg.): *Jüdische Sprachen in deutscher Umwelt. Hebräisch und Jiddisch von der Aufklärung bis ins 20. Jahrhundert*. Göttingen: Vandenhoeck & Ruprecht 2002, S. 85–95.

// Where is the New Jerusalem? Modernist Yiddish Journals in Berlin and Warsaw, 1922–1924. In: *Michael* 16 (2004), S. 35–50.

Becker, Julius: Der VII. Kongress [2]. In: *Jüdische Rundschau*, 01.09.1905, S. 440–441.

Bein, Alex: Archives in Israel. In: *Archivum. Revue Internationale des Archives* 11 (1961), S. 171–181.

// Franz Oppenheimer als Mensch und Zionist. In: *Bulletin des LBI* 7 (1964), S. 1–20. http://www.franz-oppenheimer.de/xbein1.htm (Zugriff am 19.09.2012).

// *Die Judenfrage. Biographie eines Weltproblems*, Bd. 1. Stuttgart: DVA 1980.

// *Theodor Herzl. Biographie*. Frankfurt am Main: Ullstein 1983.

// *Hier kannst du nicht jeden grüßen. Erinnerungen und Betrachtungen*. Hildesheim / New York: Olms 1996.

Belke, Ingrid: Liberal Voices on Antisemitism in the 1880s. Letters to Moritz Lazarus, 1880–1883. In: *LBI Year Book* 23 (1978), S. 61–88.

Beranek, Leo: *Concert Halls and Opera Houses: Music, Acoustics, and Architecture*. New York: Springer 2004.

Berek, Mathias: *Kollektives Gedächtnis und die gesellschaftliche Konstruktion der Wirklichkeit. Eine Theorie der Erinnerungskulturen*. Wiesbaden: Harrassowitz 2009.

// Schnittpunkt sozialer Kreise statt völkischer Verwurzelung – Die Entstehung moderner Sozialtheorie aus der deutsch-jüdischen Lebenswelt des 19. Jahrhunderts am Beispiel Moritz Lazarus. In: *Medaon* 5 (2009). http://www.medaon.de/pdf/A_Berek-5-2009.pdf (Zugriff am 06.12.2013).

Bericht des Palästinaressorts. In: *Jüdische Rundschau*, 21.08.1908, S. 328–332.

Bericht über den Zehnten Delegiertentag der deutschen Zionisten. In: *Die Welt*, 08.06.1906, S. 1–12.

[Berichtigung]. In: *Jüdische Rundschau*, 11.09.1914, S. 364.

Berg, Meike: Jüdische Reformschule im Herzogtum Braunschweig. Die Jacobson-Schule in Seesen von der Spätaufklärung bis zur Reichsgründung. In: Britta L. Behm / Uta Lohmann / Ingrid Lohmann (Hrsg.): *Jüdische Erziehung und aufklärerische Schulreform. Analysen zum späten 18. und frühen 19. Jahrhundert*. Münster: Waxmann 2002, S. 253–268.

Berggrün, Nissan: Die Hebräische Sprachschule zu Berlin. In: *Jüdische Rundschau*, 28.05.1925, S. 380–381.

Berggrün, Nissan / Betty Berggrün: Historische Reminiszenzen. Aus der Geschichte der hebräischen Arbeit in Berlin. In: *Jüdische Rundschau*, 04.09,1936, S. 6.

Bergmann, Hugo: Unsere Stellung zum Jiddischen. In: *Die Welt*, 20.02.1914, S. 177–180.

// *Tagebücher & Briefe*, Bd. 1, hrsg. v. Miriam Sambursky. Königstein: Jüdischer Verlag 1985.

Berkowitz, Michael: *Zionist Culture and West European Jewry before the First World War.* Cambridge: Cambridge UP 1993.

// *Western Jewry and the Zionist Project, 1914–1933*. Cambridge: Cambridge UP 1997.

// Zion's Cities. Projections of Urbanism and German-Jewish Self-Consciousness, 1900–1933. In: *LBI Year Book* 42 (1997), S. 111–121.

// *The Jewish Self-Image in the West*. New York: New York UP 2000.

// Toward an Understanding of Fundraising, Philanthropy and Charity in Western Zionism, 1897–1933. In: *Voluntas. International Journal of Voluntary and Nonprofit Organizations* 7,3 (2009), S. 241–258.

Berlin Museum (Hrsg.): *Synagogen in Berlin. Zur Geschichte einer zerstörten Architektur*, Berlin: Arenhövel 1983

Berliner Jüdische Gemeinde. (Von unserem Berichterstatter). In: *Jüdische Rundschau*, 10.07.1925, S. 475.

Bernfeld, Simon: Zwei jüdische Kongresse. In: *Ost und West* 10,2 (1910), Sp. 70–78.

Bernstein, S.: Sprachenkampf und Volk. In: *Die Welt*, 08.05.1914, S. 451–453.

„Beth Am Iwri". In: *Jüdische Rundschau*, 15.02.1929, S. 82.

Bertz, Inka: Politischer Zionismus und Jüdische Renaissance vor 1914. In: Reinhard Rürup (Hrsg.): *Jüdische Geschichte in Berlin. Essays und Studien*. Berlin: Edition Hentrich 1995, S. 149–180.

// Jewish Renaissance – Jewish Modernism. In: Emily D. Bilski (Hrsg.): *Berlin Metropolis. Jews and the New Culture, 1890–1918*. Katalog zur gleichnamigen Ausstellung im Jewish Museum, New York. Berkeley / Los Angeles / London: University of California Press 1999, S. 164–187.

// Trouble at the Bezalel. Conflicting Vision of Zionism and Art. In: Michael Berkowitz (Hrsg.): *Nationalism, Zionism and Ethnic Mobilization of the Jews in 1900 and Beyond*. Leiden: Brill 2004, S. 247–285.

Bezirksamt Treptow von Berlin (Hrsg.): *Die verhinderte Weltausstellung. Beiträge zur Berliner Gewerbeausstellung 1896*. Berlin: Berliner Debatte 1996.

// *Die Berliner Gewerbeausstellung 1896 in Bildern*. Berlin: Berliner Debatte 1996.

Bhabha, Homi K.: Introduction. Narrating the Nation. In: Ders. (Hrsg.): *Nation and Narration*. London / New York: Routledge 1990, S. 3–8.

Biale, David (Hrsg.): *Cultures of the Jews. A New History*. New York: Schocken 2002.

Bialik, Chaim Nachman: Das hebräische Buch, gekürzte Uebersetzung aus dem Hebräischen (Monatsschrift „Ha-Schiloach", Odessa Novemberheft 1913) von Baruch Krupnik. In: *Neue Jüdische Monatshefte* 4,2/4 (1919), S. 25–37.

Bieger, Laura: *Ästhetik der Immersion. Raum-Erleben zwischen Welt und Bild. Las Vegas, Washington und die White City*. Bielefeld: Transcript 2007.

Biemann, Asher D.: The Problem of Tradition and Reform in Jewish Renaissance and Renaissancism. In: *Jewish Social Studies* 8,1 (2001), S. 58–87.

// *Inventing New Beginnings. On the Ideal of Renaissance in Modern Judaism*. Stanford: Stanford UP 2009.

Bilski, Emily D.: Introduction. In: Dies. (Hrsg.): *Berlin Metropolis. Jews and the New Culture, 1890–1918*. Katalog zur gleichnamigen Ausstellung im Jewish Museum, New York. Berkeley / Los Angeles / London: University of California Press 1999, S. 2–13.

Birnbaum, Nathan: Osten oder Westen? In: *Selbst-Emancipation*, 17.10.1890, S. 1–3.

// Der jüdische Jargon. In: *Selbst-Emancipation*, 02.11.1890, S. 1–2.

// Die Emancipationsfeier in Frankreich. In: *Selbst-Emancipation*, 16.10.1891, S. 1–2.

// Der neue Cours (Ein Wort an alle Zionisten). In: *Selbst-Emancipation*, 02.11.1891, S. 1–3

// Die Principien des Zionismus [1]. In: *Selbst-Emancipation*, 01.02.1892, S. 27–28.

// Die „Israelitische Wochenschrift". In: *Selbst-Emancipation*, 23.02.1892, S. 50.

// Parteiprogramme. In: *Selbst-Emancipation*, 21.06.1892, S. 115–117.

// Hebräische Sprache. In: *Selbst-Emancipation*, 18.07.1892, S. 140–141

// Nach dem elften Zionistenkongress. In: *Die Freistatt* 1,8 (1913/14), S. 437–444.

Blau, Ludwig: Das Schreiben des Sefer Thora. In: *Soncino-Blätter* 1,1 (1925), S. 16–28.

Blau, Peter M.: Contrasting Theoretical Perspectives. In: Jeffrey C. Alexander / Bernhard Giesen / Richard Münch / Neil J. Smelser (Hrsg.): *The Micro-Macro Link*. Berkeley / Los Angeles / London: University of California Press 1987, S. 71–85.

Blumenfeld, Kurt: Splendid Isolation. In: *Die Welt*, 30.01.1914, S. 105–106.

// Der Rückzug. In: *Die Welt*, 06.02.1914, S. 129–130.

// Drei Zeitabschnitte. Von der Gründung bis 1904. In: *Jüdische Rundschau*, 18.06.1937, S. 4.

Bluntschli, Johann Caspar: *Lehre vom modernen Staat*, 3. Teil: Politik. Stuttgart: Cotta 1876.

Bödeker, Erich / Gerd-Josef Bötte (Hrsg.): *NS-Raubgut, Reichstauschstelle und Preußische Staatsbibliothek. Vorträge des Berliner Symposiums am 3. und 4. Mai 2007*. München: Saur 2008.

Bodenheimer, Alfred: *Wandernde Schatten. Ahasver, Moses und die Authentizität der jüdischen Moderne*. Göttingen: Wallstein 2002.

Bodenheimer, Max: An die russischen Juden. *Allgemeine Zeitung des Judentums*, 22.05.1891, S. 264.

// *Wohin mit den russischen Juden? Syrien ein Zufluchtsort der russischen Juden*. Hamburg: Menorah 1891.

// Zionisten aller Länder vereinigt Euch! In: *Die Menorah*, 04.09.1891, 419–420.

// *So wurde Israel*, hrsg. v. Henriette Hannah Bodenheimer. Frankfurt am Main: EVA 1958.

Boeckh, Richard: *Der Deutschen Volkszahl und Sprachgebiet in den europäischen Staaten Eine statistische Untersuchung.* Berlin: Guttentag 1869.

Boehlich, Walter: *Der Berliner Antisemitismusstreit.* Frankfurt am Main: Insel 1965.

Böhm, Adolf: *Die zionistische Bewegung.* Erw. Auflage. Tel Aviv: Hozaah Ivrith 1935–1937.

Böhnisch, Lothar / Wolfgang Schroer / Hans Thersch: *Sozialpädagogischen Denken. Wege der Neubestimmung.* Weinheim / München: Juventa 2005.

Bonacchi, Silvia: Robert Musils Berliner Studienjahre. In: Annette Daigger / Peter Henninger (Hrsg.): *Robert Musils Drang nach Berlin. Internationales Kolloquium zum 125. Geburtstag des Schriftstellers.* Bern / Berlin / Brüssel / Frankfurt am Main / New York / Oxford / Wien: Lang 2008, S. 37–84.

Borutta, Manuel / Nina Verheyen (Hrsg.): *Die Präsenz der Gefühle: Männlichkeit und Emotion in der Moderne.* Bielefeld: Transcript 2010.

Borchard, Beatrix / Heidy Zimmermann (Hrsg.): *Musikwelten – Lebenswelten. Jüdische Identitätssuche in der deutschen Musikkultur.* Köln: Böhlau 2009.

Boß, Heinz: Deutsche Juden in Erez Israel. In: *Jüdische Rundschau*, 17.02.1933, S. 66.

Boyarin, Daniel / Jonathan Boyarin: Introduction / So What's New? In: Dies. (Hrsg.): *Jews and Other Differences. The New Jewish Cultural Studies.* Minneapolis / London: University of Minnesota Press 1997, S. vii–xxii.

Brandus, Martin / Bruno Kirschner / Samson Buttenwieser: Unsere Monumentalausgabe der Bibel. In: *Mitteilungen der Soncino-Gesellschaft* 1,2 (1928), S. 2–7.

Brauch, Julia / Anna Lipphardt / Alexandra Nocke: Exploring Jewish Space. An Approach. In: Dies. (Hrsg.): *Jewish Topographies: Visions of Space, Traditions of Place.* Aldershot / Burlington: Ashgate 2008, S. 1–23.

Brenner, David A.: *Marketing Identities. The Invention of Jewish Ethnicity in Ost und West.* Detroit: Wayne State UP 1998.

Brenner, Michael: The Jüdische Volkspartei – National Jewish Communal Politics During the Weimar Republic. In: *LBI Year Book* 35 (1990), S. 219–243.

// Zwischen Ost und West. Berlin als Zentrum Jüdischer Kultur in der Weimarer Republik. In: Reinhard Rürup (Hrsg.): *Jüdische Geschichte in Berlin. Essays und Studien*, Berlin: Edition Hentrich 1995, S. 197–214.

// Warum München nicht zur Hauptstadt des Zionismus wurde – Jüdische Religion und Politik um die Jahrhundertwende. In: Ders. / Yfaat Weiss (Hrsg.): *Zionistische Utopie – Israelische Realität.* München: Beck 1999, S. 39–52.

// *Jüdische Kultur in der Weimarer Republik.* München: Beck 2000.

Brenner, Michael / Derek Jonathan Penslar: *In Search of Jewish Community. Jewish Identities in Germany and Austria 1918–1933.* Bloomington / Indianapolis: Indiana UP 1998.

Brinkmann, Tobias: Topographien der Migration. Jüdische Durchwanderung in Berlin nach 1918. In: Dan Diner (Hrsg.): *Synchrone Welten. Zeitenräume jüdischer Geschichte.* Göttingen. Vandenhoeck & Ruprecht 2005, S. 175–198.

// „Mit Ballin unterwegs". Jüdische Migranten aus Osteuropa im Transit durch Deutschland vor dem Ersten Weltkrieg. In: *Aschkenas* 17 (2007), S. 75–96.

// Ort des Übergangs. Berlin als Schnittstelle der jüdischen Migration aus Osteuropa nach 1918. In: Verena Dohrn / Gertrud Pickhan (Hrsg.): *Transit und Transformation. Osteuropäisch-jüdische Migranten in Berlin 1918–1939.* Göttingen: Wallstein 2010, S. 25–44.

// Jüdische Migration. http://www.ieg-ego.eu/de/threads/europa-unterwegs/juedische-migration/tobias-brinkmann-juedische-migration (Zugriff am 20.11.2012).

Brody, Heinrich [Ps.: H. Salomonsohn]: *Widerspricht der Zionismus unserer Religion?* Berlin: Selbstverlag 1898.

Buber, Martin: Gegenwartsarbeit. In: *Die Welt*, 08.02.1901, S. 4–5.

// Juedische Renaissance. In: *Ost und West* 1,1 (1901), Sp. 7–10.

// Die hebräische Sprache und der Kongress für hebräische Sprache und Kultur. In: *Jüdische Rundschau*, 14.01.1910, S. 13–14; 21.01.1910, S. 25–26.

// „Kulturarbeit". Zu den Delegiertentagen der deutschen und der holländischen Zionisten. In: *Der Jude* 1,12 (1916/1917), S. 792–793.

// Brief an die Redaktion der Welt vom 8.2.1912. In: *Die Welt*, 16.02.1912, S. 215.

Buber, Martin / Berthold Feiwel / Chaim Weizmann: *Eine Jüdische Hochschule*. Berlin: Jüdischer Verlag 1902.

Bücher für Palästina. In: *Jüdische Rundschau*, 24.05.1938, S. 4.

Büchersammelstelle für die Nationalbibliothek. In: *Jüdische Rundschau*, 13.08.1935, S. 4.

Bullock, Nicholas: A Short History of Everyday Berlin, 1871–1989. In: David Goodman / Colin Chant (Hrsg.): *European Cities and Technology. Industrial to Post-Industrial Cities*. London: Routledge 1999, S. 225–256.

Burbules, Nicholas C.: Rethinking Dialogue in Networked Spaces. In: *Cultural Studies <=> Critical Methodologies* 6,1 (2006), S. 107–122.

Büschel, Hubertus: Das Schweigen des Subalternen. Die Entstehung der Archivkritik im Postkolonialismus. In: Anja Horstmann / Vanina Kopp (Hrsg.): *Archiv – Macht – Wissen. Organisation und Konstruktion von Wissen und Wirklichkeiten in Archiven*. Frankfurt am Main / New York: Campus 2010, S. 73–88.

Buschmann, Arno (Hrsg.): *Nationalsozialistische Weltanschauung und Gesetzgebung 1933–1945*. Wien: Springer 2000.

Büsow, Johann: *Hamidian Palestine: Politics and Society in the District of Jerusalem 1872–1908*. Leiden / Boston: Brill 2011.

Buzelin, Hélène: Translations 'in the Making'. In: Michaela Wolf / Alexandra Fukarin (Hrsg.): *Constructing a Sociology of Translation*. Amsterdam / Philadelphia: Benjamins 2007, S. 135–169.

C.: Der ‚National-Jude'. In: Die *Jüdische Presse*, 18.02.1892, S. 81–82.

Carmel, Alex: Impressionen aus Palästina. In: Heiko Haumann (Hrsg.): *Der Erste Zionistenkongress von 1897. Ursachen, Bedeutung, Aktualität*. Basel: Karger 1997 S. 46–50

Caro, [Ezekiel]: Ein Wort zur Verständigung. In: *Selbst-Emancipation*, 19.02.1891, S. 58–59.

Certeau, Michel de: Der Raum des Archivs oder die Perversion der Zeit. In: Stephan Günzel / Knut Ebeling (Hrsg.): *Archivologie. Theorien des Archivs in Wissenschaft, Medien und Künsten*. Berlin: Kadmos 2009, S. 113–121.

Chasanowicz, Josef: Die jüdische Nationalbibliothek in Jerusalem. In: *Die Welt*, 01.12.1899, S. 5.

Chowers, Eyal: Ahad Ha'am and the Jewish Volksgeist. In: Abraham Ben-Zvi / Aaron S. Kleiman (Hrsg.): *Global Politics. Essays in Honour of David Vital*. Portland: Cass 2001, S. 267–281.

// *The Political Philosophy of Zionism. Trading Jewish Words for a Hebraic Land*. Cambridge: Cambridge UP 2012.

Chwolson, Daniel A.: *Die Semitischen Völker. Versuch einer Charakteristik*. Berlin: Duncker 1872.

Clifford, James: Traveling Cultures. In: Lawrence Grossberg / Cary Nelson / Paula A. Treichler (Hrsg.): *Cultural Studies*. New York: Routledge, S. 96–112.

Cohn, Lotte: *Eine schreibende Architektin in Israel*, hrsg. v. Ines Sonder, 2 Bde. Berlin: Neofelis 2016–2017.

Coetzee, Jan K. / Geoffrey Wood: The Fragmentary Method in Biographical Research: Simmel and Benjamin. In: Bettina Völter / Bettina Dausien / Helma Lutz / Gabriel Rosenthal (Hrsg.): *Biographieforschung im Diskurs*. Wiesbaden: VS / Westdeutscher Verlag 2004, S. 119–137.

Coles, Tim / Dallen J. Timothy: 'My Field ist the World'. Conceptualizing Diasporas, Travel and Tourism. In: Dies. (Hrsg.): *Tourism, Diasporas and Space*. Oxon / New York: Routledge 2004, S. 1–29.

Coleman, James Samuel: *Foundations of Social Theory*. Cambridge: Belknap 1990.

Conrad I., Lawrence: The Khalidi Library: In: Sylvia Auld / Robert Hillenbrand (Hrsg.): *Ottoman Jerusalem*, Bd. 1. London: Altajir World of Islam Trust 2000, S. 191–209.

Costa, Isaac da: *Israel and the Gentiles. Contributions to the History of the Jews from the Earliest Times to the Present Day*. London: Nisbet 1850.

Craig, Gordon A.: *Deutsche Geschichte 1866–1945*. München: Beck 2006.

Dahm, Volker: *Das jüdische Buch im Dritten Reich*. München: Beck 1993.

Das Comitee des Zion: P. P. In: *Zion*, 10/1897, S. 261.

Das Comité zur Verwaltung der „Jüdischen Volkszeitung": An unsere Leser! In: *Jüdische Volkszeitung*, 23.01.1895, S. 1.

Das Feldstein-Institut. In: *Die Welt*, 01.11.1912, S. 1365.

„Das Land unserer Sehnsucht". In: *Israelitische Wochenschrift*, 07.07.1888, S. 173.

Das neue Haus der Nationalbibliothek. In: *Jüdische Rundschau*, 06.08.1926, S. 442.

Das Zentralkomitee der „Histadruth Ibrith": Hebräertag. In: *Die Welt*, 01.05.1914, S. 445–446.

Davidowicz, Klaus: *Gershom Scholem und Martin Buber. Die Geschichte eines Missverständnisses*. Neukirchen-Vluyn: Neukirchener 1995.

// Chanukka und der Zionismus in Deutschland. http://www.david.juden.at/kulturzeitschrift/70-75/75-davidowicz.htm (Zugriff am: 18.10.2012).

Daxelmüller, Christoph: Jüdische Volkskunde in Ost- und Mitteleuropa. In: *Aschkenas* 2 (1992), S. 173–204.

// Hundert Jahre jüdische Volkskunde. Dr. Max (Meïr) Grunwald und die „Gesellschaft für jüdische Volkskunde". In: *Aschkenas* 9 (1999), S. 133–143.

// Jüdische Volkskunde – jüdische Volkskultur. In: *Handbuch der Geschichte der Juden in Europa*, hrsg. Elke-Vera Kotowski, Julius H. Schoeps und Hiltrud Wallenborn. Darmstadt: WBG 2001, S. 204–217.

// Hamburg, Wien, Jerusalem. Max Grunwald und die Entwicklung der jüdischen Volkskunde zur Kulturwissenschaft. In: Birgit Johler / Barbara Staudinger (Hrsg.): *Ist das jüdisch? Jüdische Volkskunde im historischen Kontext*. Wien: Österreichisches Museum für Volkskunde 2010, S. 375–394.

Dehnel, Regine (Hrsg.): *NS-Raubgut in Museen, Bibliotheken und Archiven*. Klostermann 2012.

// (Hrsg.): *NS-Raubgut in Bibliotheken. Suche. Ergebnisse. Perspektiven*. Klostermann 2008.

// *Jüdischer Buchbesitz als Raubgut*. Frankfurt am Main: Klostermann 2006.

Der Achte Kongress. In: *Palästina* 4,9/12 (1907), S. 221–226.

Der Herzl-Wald (die Baum-Spende). Den Haag [1916].

Der Kampf um die hebräische Unterrichtssprache. In: *Neue National-Zeitung*, 09.01.1914, S. 4–7.

Der Neubau der Universitätsbibliothek. In: *Jüdische Rundschau*, 15.01.1929, S. 24.

Der neue Bau der Universitäts-Bibliothek in Jerusalem. In: *Jüdische Rundschau*, 30.04.1929, S. 219.

Der Preßausschuß der Zionistischen Vereinigung für Deutschland: Erklärung. In: *Israelitische Rundschau*, 24.01.1901, S. 1.

Der Tatbestand. In: *Die Welt*, 30.01.1914, S. 107–110.

Der zionistische Delegiertentag [1]. In: *Frankfurter Israelitisches Gemeindeblatt*, 03.01.1919, S. 3–4.

Deleuze, Gilles / Félix Guattari: What is a Minor Literature? In: *Mississippi Review* 113 (1983), S. 13–33.

Delius, Hans: *Das preußische Vereins- und Versammlungsrecht, unter besonderer Berücksichtigung des Gesetzes vom 11. März 1850.* Berlin: Heymann 1891.

Demel, Michael: *Gebrochene Normalität. Die staatskirchenrechtliche Stellung der jüdischen Gemeinden in Deutschland.* Tübingen: Mohr Siebeck 2011.

Derrida, Jacques: *Dem Archiv verschrieben. Eine Freudsche Impression.* Berlin: Brinkmann + Bose 1997.

Deutsche Juden! In: *Jüdische Rundschau*, 07.08.1914, S. 343.

Deutsche Wissenschaftler hinter Adolf Hitler. In: *Völkischer Beobachter. Berliner Ausgabe / Ausgabe A*, 19./20.08.1934, S. 2.

Dickhaut, Kirsten: *Verkehrte Bücherwelten. Eine kulturgeschichtliche Studie über deformierte Bibliotheken in der französischen Literatur.* München: Fink 2004.

Die Ankunft der zionistischen Delegation in Amerika. In: *Jüdische Rundschau*, 08.04.1921, S. 189.

Die Anlage und die Bauten der Berliner Gewerbe-Ausstellung des Jahres 1896. In: *Deutsche Bauzeitung* 30,34 (1896), 209–211; 30,36 (1896), S. 225–227; 30,38 (1896), S. 237–238; 30,42 (1896), S. 265–267; 30,44 (1896), S. 277; 30, 50 (1896), S. 317–317; 30,58 (1896), S. 356–366.

Die Bautechnik auf der Berliner Gewerbe-Ausstellung 1896. In: *Deutsche Bauzeitung* 30,60 (1896), S. 382–383; 30,62 (1896), S. 391–395; 30,64 (1896), S. 403–405; 30,72 (1896), S. 453–455.

Die Beratungen über die Jerusalemer Universität. In: *Jüdische Rundschau*, 25.07.1924, S. 421.

Die Bibliothek des verstorbenen Barons Günzburg. In: *Die Welt*, 17.02.1911, S. 152.

Die Centralbibliothek in Jerusalem. In: *Die Welt*, 26.10.1900, S. 7.

Die Charkower Konferenz. In: *Die Welt*, 25.12.1903, S. 4–5.

Die Freie jüdische Volkshochschule. In: *Im Deutschen Reich*, 03/1919, S. 134–135.

Die Freie Jüdische Volkshochschule. In: *Jüdische Rundschau*, 18.02.1919, S. 100.

Die Generalversammlung des Rabbinerverbandes. In: *Allgemeine Zeitung des Judentums*, 10.06.1898, S. 265–266.

Die Jahreskonferenz. In: *Die Welt*, 21.08.1908, S. 1–19.

Die Jüdische Central-Bibliothek in Jerusalem. Ihre Entstehung und Entwicklung. Jerusalem: Luncz 1910.

Die Hebraisierung des Technikums. In: *Die Welt*, 27.02.1914, S. 205–206.

Die hebräische Weltkonferenz (Ein Epilog). In: *Jüdische Rundschau*, 05.09.1913, S. 373–374; *Die Welt* (Kongressausgabe), 03.09.1913, S. 17–18.

Die Judenpogrome in Russland, hrsg. i. A. d. Zionistischen Hilfsfonds in London v. d. zur Erforschung der Pogrome eingesetzten Kommission. Köln / Leipzig: Jüdischer Verlag 1910.

Die Konferenz für die hebräische Sprache und Kultur in Berlin. In: *Die Welt*, 24.12.1909, S. 1155–1156.

Die Königliche Friedrich-Wilhelms-Universität zu Berlin. Systematische Zusammenstellung der für dieselbe bestehenden gesetzlichen, statutarischen und reglementarischen Bestimmungen, bearb. v. Paul Daude. Berlin: Müller 1887.

Die Nationalbibliothek in Jerusalem. In: *Die Welt*, 12.11.1897, S. 10.

Die National- und Universitätsbibliothek. Zur heutigen Eröffnung des Wolffsohnhauses auf dem Skopus. In: *Jüdische Rundschau*, 16.04.1930, S. 211.

Die Palästina-Ausstellung. In: *Die Jüdische Presse*, 27.05.1896, S. 243–45.

Die Palästina-Ausstellung. In: *Die Jüdische Presse*, 28.10.1896, S. 473–474; 04.11.1896, S. 481–483.

Die philosophische Doktorwürde an den Universitäten Deutschlands mit Textabdruck der amtlichen Satzungen, hrsg. v. Otto Schröder. Halle an der Saale: Buchhandlung des Waisenhauses 1908.

Die Redaktion [des *Zion*]: o. T. In: *Zion*, 10/1897, S. 261–262.

// An unsere Leser! In: *Zion*, 01/1898, S. 1–2.

// An unsere Leser. In: *Zion*, 10/1897, S. 263–264.

// An unsere Leser! In: *Zion*, 30.04.1897, S. 97–98.

Die russischen Landeskonferenz der Organisation für hebräische Sprache und Kultur [2]. In: *Jüdische Rundschau*, 18.11.1910, S. 527–528.

Die russische Landeskonferenz der Organisation für hebräische Sprache und Kultur. In: *Die Welt*, 02.11.1912, S. 1280–1281.

Die Tagung des grossen Aktionskomitees. In: *Jüdische Rundschau*, 30.03.1904, S. 133–134.

Die Tätigkeit der Histadruth Ibrith. In: *Die Welt*, 10.05.1912, S. 579.

Die Tätigkeit der Wolffsohn-Stiftung im Jahre 1922. In: *Jüdische Rundschau*, 19.06.1923, S. 307.

Die Verfassung des Deutschen Reichs. In: *Reichs-Gesetzblatt* 152 (1919), S. 1383–1418.

Die Vorlesungen an der Freien Jüdischen Volkshochschule in Berlin. In: *Jüdische Rundschau*, 21.02.1919, S. 108.

Die zionistische Kulturarbeit. Bericht des Departements für Erziehung und Kultur beim Zionistische Zentralbüro in London. *Jüdische Rundschau*, 13.02.1920, S. 78–79.

Die Zionistische Jahreskonferenz. In: *Die Welt*, 14.08.1908, S. 1–16.

Diner, Dan: Ubiquitär in Zeit und Raum. Annotationen zum jüdischen Geschichtsbewusstsein. In: Ders. (Hrsg.): *Synchrone Welten. Zeitenräume jüdischer Geschichte*. Göttingen: Vandenhoeck & Ruprecht 2005, S. 13–36.

// *Zeitenschwelle. Gegenwartsfragen an die Geschichte*. München: Pantheon 2010.

Döhring, Helge: *Damit in Bayern Frühling werde! Die syndikalistische Arbeiterbewegung in Südbayern von 1914 bis 1933*. Lich: Edition AV 2007

Doris Francis / Leonie Kellaher / Georgina Neophytou: The Cemetery. A Site for the Construction of Memory, Identity and Ethnicity. In: Jacob Climo / Maria G. Cattell (Hrsg.): *Social Memory and History. Anthropological Perspectives*. Walnut Creek: AltaMira 2002, S. 95–110.

Dreesbach, Anne: *Gezähmte Wilde. Die Zurschaustellung „exotischer" Menschen in Deutschland 1870–1940*. Frankfurt am Main / New York: Campus 2005.

Dolev, Diana: Architectural Orientalism in the Hebrew University. The Patrick Geddes and Frank Mears Master-Plan. In: *Assaph* 3 (1998), S. 217–234.

// Academia and Spatial Control. The Case of the Hebrew University Campus on Mount Scopus, Jerusalem. In: Haim Yacobi (Hrsg.): *Constructing a Sense of Place. Architecture and the Zionist Discourse*. Aldershot: Ashgate 2004, S. 227–246.

Dror, Yuval: *'National Education' through Mutually Supportive Devices. A Case Study of Zionist Education*. Bern: Lang 2007.

Dubnow, Simon: *Weltgeschichte des jüdischen Volkes. Von seinen Uranfängen bis zur Gegenwart*, Bd. 1: Älteste Geschichte. Berlin: Jüdischer Verlag 1925.

Ebbrecht-Hartmann, Tobias: *Übergänge. Passagen einer deutsch-israelischen Filmgeschichte*. Berlin: Neofelis 2014.

Ebeling, Knut: Das Gesetz des Archivs. In: Stephan Günzel / Knut Ebeling (Hrsg.): *Archivologie. Theorien des Archivs in Wissenschaft, Medien und Künsten*. Berlin: Kadmos 2009, S. 61–88.

Ehlert, Martin-Heinz: Die zionistische Theodor-Herzl-Schule in Berlin bis 1939. In: Bibliothek für Bildungsgeschichtliche Forschung des Deutschen Instituts für Internationale Pädagogische Forschung (Hrsg.): *„Wir gehen gern in unsere Schule". Eine Ausstellung über die zionistische Theodor-Herzl-Schule in Berlin bis 1939. Ein dokumentarischer Katalog zur Ausstellung*. Berlin: Selbstverlag 2006. http://bbf.dipf.de/publikationen/ausstellungskataloge/pdf/wirgehengern.pdf (Zugriff am 23.11.2012)

Ehmann, Annegret et al. (Hrsg.): *Juden in Berlin. 1671–1945, Ein Lesebuch*. Berlin: Nicolai 1988.

Eidherr, Armin / Gerhard Langer / Karl Müller: Vorwort. In: Dies. (Hrsg.): *Diaspora – Exil als Krisenerfahrung. Jüdische Bilanzen und Perspektiven*. Klagenfurt: Drava 2006.

Ein Musterartikel. In: *Selbst-Emancipation*, 01.02.1892, S. 28–29.

Eine Hebräertagung in Amerika. In: *Jüdische Rundschau*, 23.10.1914, S. 399.

Eine jüdische Gartenstadt bei Berlin. In: *Jüdische Rundschau*, 14.12.1917, S. 405.

Eine jüdische Vereins-Bibliothek. In: *Mittheilungen aus dem Verband der Vereine für jüdische Geschichte und Literatur* 2 (1895), S. 17–23.

Einstein und Keren Hajessod. In: *Jüdische Rundschau*, 25.2.1921, S. 107.

Einsteins Amerikareise. In: *Jüdische Rundschau*, 01.03.1921, S. 115.

Elbogen, Ismar / J. Höniger: *Lehranstalt für die Wissenschaft des Judentums. Festschrift zur Einweihung des eigenen Heims*. Berlin: H. S. Hermann 1907.

Eliasberg, Ahron: Eine freie jüdische Volkshochschule. In: *Jüdische Rundschau*, 06.09.1918, S. 231.

// Von der Freien Jüdischen Volkshochschule. In: *Jüdische Rundschau*, 06.05.1919, S. 251.

Eloni, Yehuda: *Zionismus in Deutschland. Von den Anfängen bis 1914*. Gerlingen: Bleicher 1987.

// Die umkämpfte nationaljüdische Idee. In: Werner Eugen Mosse / Arnold Paucker (Hrsg.): *Juden im Wilhelminischen Deutschland 1890–1914*. Tübingen: Mohr Siebeck 1998, S. 633–688.

Engel, Helmut / Wilhelm Treue / Stefi Jersch-Wenzel (Hrsg.): *Geschichtslandschaft Berlin. Orte und Ereignisse*, Bd. 2: Tiergarten, Teil 2: Moabit. Berlin: Nicolai 1987.

Engel, Martin: Das ‚Forum Fridericianum' in Berlin. Ein kultureller und politischer Brennpunkt im 20. Jahrhundert. In: Ernst Seidl (Hrsg.): *Politische Raumtypen. Zur Wirkungsmacht öffentlicher Bau- und Stadt-Strukturen im 20. Jahrhundert*. Göttingen: Vandenhoeck & Ruprecht 2009, S. 35–46.

Erickson, Ansley: Historical Research and the Problem of Categories: Reflections on 10,000 Digital Notecards. http://writinghistory.wp.trincoll.edu-/2010/10/06/erickson-research/ (Zugriff am 20.06.2012).

Erlass, betreffend die Befähigung zum wissenschaftlichen Bibliotheksdienst bei der Königlichen Bibliothek zu Berlin und den Königlichen Universitäts-Bibliotheken. In: *Zentralblatt für Bibliothekswesen* 11,1/2 (1894), S. 77–79.

Ernst, Wolfgang: Das Archiv als Gedächtnisort. In: Stephan Günzel / Knut Ebeling (Hrsg.): *Archivologie. Theorien des Archivs in Wissenschaft, Medien und Künsten*. Berlin: Kadmos 2009, S. 177–200.

Eschelbacher, Klara: Die Wohnungsfrage. In: *Neue Jüdische Monatshefte* 4,11/12 (1920), S. 255–261.

Eschelbacher, Max: Zur Einführung. In: *Menorah* 4,6/7 (1926), S. 319–324.

Estermann, Leib: Worüber wir nicht einig sind. In: *Jüdische Rundschau*, 31.03.1905, S. 143–144.

Exiner, Martin: Die Gartenstadt – ein jüdisches Sportzentrum. In: *Jüdische Rundschau*, 06.07.1917, S. 223–224.

Fabian, Bernhard: Zur Reform des preußisch-deutschen Bibliothekswesens in der Ära Althoff. In: Ders. (Hrsg.): *Der Gelehrte als Leser. Über Bücher und Bibliotheken*. Hildesheim: Olms / Weidmann 1998, S. 149–174.

Fehrs, Jörg H.: *Von der Heidereutergasse zum Roseneck. Jüdische Schulen in Berlin 1712–1942*. Berlin: Edition Hentrich 1993.

Feiwel, Berthold [Ps: Told]: *Die Judenmassacres in Kischinew*. Berlin: Jüdischer Verlag [1903].

Felcht, Frederike: „die Straßenbahnen und Omnibusse sind gestopft und gepfropft und mit Menschen garniert". Überlegungen zur Aufhebung des Anthropozentrismus von Mensch-Ding-Beziehungen. In: Elisabeth Tietmeyer / Claudia Hirschberger / Karoline Noack / Jane Redlin (Hrsg.): *Die Sprache der Dinge. Kulturwissenschaftliche Perspektiven auf die materielle Kultur*. Münster / New York / München / Berlin: Waxmann 2010, S. 43–52.

Feldman, Jacki: Between Yad Vashem and Mt. Herzl: Changing Inscriptions of Sacrifice on Jerusalem's "Mountain of Memory". In: *Anthropological Quarterly* 80,4 (2007), S.1147–1174.

Feldmann, Jehoshua: *Die jemenitischen Juden*. Köln: Verlag des Hauptbureaus des Jüdischen Nationalfonds [1912].

Feldstein, Ariel L.: Filming the Homeland. Cinema in Eretz Israel and the Zionist Movement, 1917–1939. In: Miri Talmon / Yaron Peleg (Hrsg.): *Israeli Cinema. Identities in Motion*. Austin: University of Texas Press 2011, S. 3–15.

Fellman, Jack: The Role of Eliezer Ben Yehuda in the Revival of the Hebrew Language: An Assessment. In: Joshua A. Fishman (Hrsg.): *Advances in Language Planning*. Den Haag / Paris: Mouton 1974, S. 427–455.

Fick, Richard: Der Preußische Gesamtkatalog. In: *Preußische Jahrbücher* 118 (1904), S. 313–327.

Fischer, Ernst: Zerstörung einer Buchkultur. Die Emigration jüdischer Büchersammler aus Deutschland nach 1933 und ihre Folgen. http://www.bibliophilie.de/index2.html?fischer.html~main (Zugriff am 03.12.2012).

Fishman, David E.: *The Rise of Modern Yiddish Culture*. Pittsburgh: University of Pittsburgh Press 2005.

Fishman, Joshua A.: The Tshernovits Conference Revisited. The First World Conference for Yiddish, 85 Years Later. In: Ders. (Hrsg.): *The Earliest Stage of Language Planning. The "First Congress" Phenomenon*. Berlin / New York: Mouton / de Gruyter 1993, S. 321–332.

Fishman, Robert: *Urban Utopias in the Twentieth Century. Ebenezer Howard, Frank Lloyd Wright, and Le Corbusier*. Cambridge / London: MIT Press 1982.

Flössel, Ernst: *Volksbildung und Jugenderziehung mit Rücksicht auf die Zuchtlosigkeit unter der Jugend. Ein Beitrag zur Lösung der sozialen Frage durch systematische Jugendpflege*. Leipzig: Werther 1891.

Förster, Uwe: Zu Ausstellung und Katalog. In: Matthias Puhle (Hrsg.): *Zwischen Kanzel und Katheder. Das Kloster Unser Lieben Frauen Magdeburg vom 17. bis 20. Jahrhundert*. Ausstellungskatalog Kunstmuseum Kloster Unser Lieben Frauen. Calbe: Grafisches Centrum Calbe 1998, S. 17–19.

Frank, Michael C.: *Kulturelle Einflussangst. Inszenierungen der Grenze in der Reiseliteratur des 19. Jahrhunderts*. Bielefeld: Transcript 2006.

Frankel, Jonathan: *Prophecy and Politics: Socialism, Nationalism and the Russian Jews 1862–1917*. Cambridge et al.: Cambridge UP 1981.

// *The Damascus Affair. „Ritual Murder", Politics, and the Jews in 1840*. Cambridge: Cambridge UP 1997.

Franzos, Karl Emil: *Aus Halb-Asien. Kulturbilder aus Galizien, der Bukowina, Südrußland und Rumänien*. Leipzig: Duncker & Humblot 1876.

// *Die Juden von Barnow. Novellen*. Stuttgart: Hallberger 1877.

Freie Jüdische Volkshochschule Berlin. Bericht über die Geschäftsjahre 1919 und 1920. In: *Jüdische Rundschau*, 14.01.1921, S. 24.

Freie Jüdische Volkshochschule e. V. Berlin. Vorlesungen im Winterhalbjahr 1920. In: *Gemeindeblatt der Jüdischen Gemeinde zu Berlin,* Dezember 1919, o. P.

Freie zionistische Gruppe Erez Israel zu Berlin (Hrsg.): *Die Wahrheit über Charkow.* Berlin: Bernfeld 1904.

Friedemann, Adolf: Antisemitismus und Umsturz. In: *Jüdische Presse*, 21.03.1895, S. 123.

// Ostafrika. In: *Jüdische Rundschau*, 23.10.1903, S. 455–456.

Friese, Karl: *Geschichte der Königlichen Universitäts-Bibliothek zu Berlin*. Berlin: Reimer 1910.

Frevert, Ute: Was haben Gefühle in der Geschichte zu suchen? In: *Geschichte und Gesellschaft* 35,2 (2009), S. 183–208.

Frevert, Ute et al. (Hrsg.): *Gefühlswissen. Eine lexikalische Spurensuche in der Moderne*. Frankfurt am Main / New York: Campus 2011.

Focke, Rudolf: Das Volksbibliothekswesen in der Provinz Posen. In: *Blätter für Volksbibliotheken und Lesehallen* 10,7/8 (1909), S. 109–119.

Fosdick, Raymond B.: *European Police Systems*. London: Allen & Unwin 1915.

Foucault, Michel: *Überwachen und Strafen. Die Geburt des Gefängnisses*. Frankfurt am Main: Suhrkamp 1976.

// *Dispositive der Macht. Über Sexualität, Wissen und Wahrheit*. Berlin: Merve 1978.

// Von anderen Räumen. In: Ders.: *Dits et Ecrits,* Bd. 4: 1980–1988, hrsg. v. Daniel Defert / François Ewald. Frankfurt am Main: Suhrkamp 2005, S. 931–942.

Friedrich, Thomas: *Hitler's Berlin. Abused City*. New Haven / London: Yale UP 2012.

Für die Jerusalem-Bibliothek. In: *Jüdische Rundschau*, 11.01.1927, S. 20.

Gaisbauer, Adolf: *Davidstern und Doppeladler. Zionismus und jüdischer Nationalismus in Österreich 1882–1918*. Wien / Köln / Graz: Böhlau 1988.

Garten- und Landwirtschaftsschule Buckow bei Berlin. In: *Jüdische Rundschau*, 23.05.1922, S. 273.

Gavriel, Mosche Y. Ben: Ein Wort an die Einwanderer aus Deutschland. In: *Jüdische Rundschau*, 12.09.1933, S. 511.

Gebhardt, Walter: Georg Leyh 1877–1977. In: *Zeitschrift für Bibliothekswesen und Bibliographie* 24 (1977), S. 209–244.

Geiger, Brigitte: Die Rassentheorie von Johann Caspar Bluntschli. In: *Zürcher Taschenbuch* 114 (1994), S. 143–171.

Geisel, Eike: Das Scheunenviertel, Beschreibung eines Zenotaphs. In: Ders. (Hrsg.): *Im Scheunenviertel. Bilder, Texte und Dokumente*. Berlin: Severin & Siedler 1981, S. 10–33.

Geisthövel, Alexa / Habbo Knoch: Einleitung. In: Dies. (Hrsg.): *Orte der Moderne. Erfahrungswelten des 19. und 20. Jahrhunderts*. Frankfurt am Main / New York: Campus 2005, S. 9–14.

Gelber, Mark H.: Max Brod's Zionist Writings. In: *LBI Year Book* 33 (1988), S. 437–448.

// *Melancholy Pride. Nation, Race, and Gender in the German Literature of Cultural Zionism*. Tübingen: Niemeyer 2000.

// The Life and Death of Herzl in Jewish Consciousness. Genre Issues and Mythic Perspectives. In: Ders. / Vivian Liska (Hrsg.): *Theodor Herzl: From Europe to Zion*. Tübingen: Niemeyer 2007, S. 173–187.

Gelber, Natan Michael: *Zur Vorgeschichte des Zionismus. Judenstaatsprojekte in den Jahren 1695–1845*. London: Phaidon 1927.

Gennep, Arnold van: *Übergangsriten*, aus dem Franz. v. Klaus Schomburg / Sylvia M. Schomburg-Scherff. Frankfurt am Main / New York: Campus 2005.

Gerlach, Hellmut von: *Von Rechts nach Links*. Frankfurt am Main: Fischer 1987.

Gesellschaft der Freunde der Jerusalem-Bibliothek in Deutschland. In: *Jüdische Rundschau*, 03.11.1922, S. 578–579.

Giskala, Johannes: Zum zehnten Stiftungstage des Vereins Jüdische Lesehalle und Bibliothek. In: *Ost und West* 5,2 (1905), Sp. 137–142.

Glaßberg, Abraham: *Im Kriegsjahr 1914. Bittgebet für Kaiser, Volk und Vaterland*. Berlin: Itzkowski [1914].

Glover, David: Imperial Zion. Israel Zangwill and the English origins of Territorialism. In: Eitan Bar-Yosef / Nadia Valman (Hrsg.): *'The Jew' in Late Victorian and Edwardian Culture: Between the East End and East Africa*. Basingstoke: Palgrave Macmillan 2009, S. 131–143.

Glücksohn, M.: Hebräisch und Jiddisch. In: *Die Welt*, 03.04.1914, S. 325–327.

Goldsmith, Emanuel S.: *Modern Yiddish Culture. The Story of the Yiddish language Movement*. New York: Fordham UP 1997.

Gonen, Amiram: Choosing the Right Place of Rest. The Socio-Cultural Geography of a Jewish Cemetery in Jerusalem. In: Harold Brodsky (Hrsg.): *Land and Community. Geography in Jewish Studies*. Maryland: UP of Maryland 1997, S. 87–104.

Gordon, Adi: The Ideological Convert and the "Mythology of Coherence": The Contradictory Hans Kohn and his Multiple Metamorphoses. In: *LBI Year Book* 55 (2010), S. 273–293.

Gouaffo, Albert: *Wissens- und Kulturtransfer im kolonialen Kontext. Das Beispiel Kamerun–Deutschland (1884–1919)*. Würzburg: Königshausen & Neumann 2007

Graetz, Heinrich: *Geschichte der Juden*. Leipzig: Leiner 1909.

Gräfe, Thomas: *Antisemitismus in Deutschland 1815–1918. Rezensionen, Forschungsüberblick, Bibliographie*. Norderstedt: BoD 2007.

Greve, Jens / Annette Schnabel / Rainer Schützeichel: Das Makro-Mikro-Makro-Modell der soziologischen Erklärung – zur Einleitung. In: Dies. (Hrsg.): *Das Mikro-Makro-Modell der soziologischen Erklärung. Zur Ontologie, Methodologie und Metatheorie eines Forschungsprogramms*. Wiesbaden: VS 2008.

Greenblatt, Stephen: Cultural Mobility: An Introduction. In: Ders. (Hrsg.): *Cultural Mobility. A Manifesto*. Cambridge, UK / New York: Cambridge UP 2010, S. 1–23.

Gries, Rainer: Zur Ästhetik und Architektur von Propagemen. Überlegungen zu einer Propagandageschichte als Kulturgeschichte. In: Ders. / Wolfgang Schmale (Hrsg.): *Kultur der Propaganda*. Bochum: Winkler 2005; S. 9–35.

Gromova, Alina / Felix Heinert / Sebastian Voigt (Hrsg.): *Jewish and Non-Jewish Spaces in the Urban Context*. Berlin: Neofelis 2015.

Gronemann, Sammy: „Ost und West". In: *Jüdische Rundschau*, 24.04.1903, S. 155–157; 01.05.1903, S. 162–164

// Heinrich Loewe s. A. In: *Mitteilungsblatt*, 10.08.1951. S. 3.

// *Schalet. Beiträge zur Philosophie des „Wenn Schon"*, hrsg. v. Joachim Schlör. Leipzig: Reclam 1998.

// *Erinnerungen*, hrsg. v. Joachim Schlör Berlin: Philo 2002.

// *Erinnerungen an meine Jahre in Berlin* hrsg. v. Joachim Schlör. Berlin: Philo 2004.

Grünberg: Dr. Leon Pinsker. In: *Selbst-Emancipation*, 05.01.1892, S. 1–2.

Grunwald, Max: Einleitung. In: *Mitteilungen der Gesellschaft für Jüdische Volkskunde* 1,1 (1898), S. 3–8.

// Rasse, Volk, Nation. In: *Jahrbuch für Jüdische Volkskunde* 26/27 (1925/1926), S. 307–343.

Gt.: Die Schreckenstage von Kischinew. In: *Die Welt*, 15.05.1903, S. 3–4.

Gurevitch, Zali: The Double Site of Israel. In: Eyal Ben-Ari / Yoram Bilu (Hrsg.): *Grasping Land. Space and Place in Contemporary Israeli Discourse and Experience*. Albany: State University of New York Press 1997, S. 203–216.

Gurevitch, Zali / Gideon Aran: The Land of Israel. Myth and Phenomenon. In: Jonathan Frankel (Hrsg.): *Reshaping the Past. Jewish History and the Historians*. New York: Oxford UP 1994, S. 195–210.

Guth Biasini, Nadia: Basel und der Zionistenkongress. In: Heiko Haumann (Hrsg.): *Der Erste Zionistenkongress von 1897. Ursachen, Bedeutung, Aktualität*. Basel: Karger 1997, S. 131–140.

Gutmann, Joseph: *The Jewish Sanctuary*. Leiden: Brill 1983.

H.: Die hebräische Konferenz in Wien. In: *Frankfurter Israelitisches Familienblatt*, 05.09.1913, S. 2–3.

Haase, Yorck Alexander: Die Bibliothekarstage in der Zeit des Nationalsozialismus. In: Engelbert Plassmann / Ludger Syré (Hrsg.): *Verein Deutscher Bibliothekare 1900–2000. Festschrift*. Wiesbaden: Harrassowitz 2000, S. 81–100.

Hackspiel-Mikosch, Elisabeth: *Die zivile Uniform als symbolische Kommunikation. Kleidung zwischen Repräsentation, Imagination und Konsumption in Europa vom 18. bis zum 21. Jahrhundert*. Stuttgart: Steiner 2006.

Halpern, Ben: *A Clash of Heroes. Brandeis, Weizmann, and American Zionism*. New York: Oxford UP 1987.

Hambrock, Matthias: *Die Etablierung der Außenseiter. Der Verband nationaldeutscher Juden 1921–1935*. Köln / Weimar / Wien: Böhlau 2003.

Hammerstein, Kurt: Die Tätigkeit des Jüdischen Schulvereins in Berlin. In: *Jüdische Rundschau*, 28.05.1925, S. 380.

Harshav, Benjamin: *Hebräisch. Sprache in Zeiten der Revolution*. Frankfurt am Main: Jüdischer Verlag 1995.

Hart, Mitchell B.: *Jews and Race. Writings on Identity and Difference, 1880–1940*. Waltham: Brandeis UP 2011.

Hartung, Ulrike: *Verschleppt und verschollen. Eine Dokumentation deutscher, sowjetischer und amerikanischer Akten zum NS-Kunstraub in der Sowjetunion (1941–1948)*. Bremen: Edition Temmen 2000.

Hasan-Rokem, Galit: Contemporary Perspectives of Tradition. Moving on with the "Wandering Jew". In: Nicolas Berg / Omar Kamil / Markus Kirchhoff / Susanne Zepp (Hrsg.): *Konstellationen – über Geschichte, Erfahrung und Erkenntnis. Festschrift für Dan Diner zum 65. Geburtstag*. Göttingen: Vandenhoeck & Ruprecht 2011, S. 309–332.

Hassack, Karl / Karl Rosenberg: *Die Projektionsapparate, Laternbilder und Projektionsversuche in ihren Verwendungen im Unterrichte*. Wien / Leipzig: A. Pichlers Witwe & Sohn 1907.

Hatuka, Revital: *Violent Acts and Urban Space in Contemporary Tel Aviv. Revisioning*. Austin: University of Texas Press 2010.

Haubl, Rolf: Be-dingte Emotionen. Über identitätsstiftende Objekt-Beziehungen. In: Ders. / Hans Albrecht Hartmann (Hrsg.): *Von Menschen und Dingen. Funktionen und Bedeutung materieller Kultu*r. Wiesbaden: Westdeutscher Verlag 2000 S. 13–36.

Hebraeisch. „Der Waad-Halaschon". In: *Jüdische Rundschau*, 28.06.1912, S. 243.

Hebräische Berichte über die Judenverfolgungen während des Ersten Kreuzzuges, hrsg. v. Eva Haverkamp. Hannover: Hahn 2005.

Hebräische Konferenz in Wien. In: *Jüdische Rundschau*, 22.08.1913, S. 350.

Hebräische Kultur. In: *Der Israelit*, 30.12.1909, S 2.

Hebräische Sprachschule in Berlin. *Jüdische Rundschau*, 07.01.1919, S. 10.

Heider, Ulrich: *Die Soncino Gesellschaft der Freunde des Jüdischen Buches e. V. (1924–1937)*. Köln: Privatdruck 2006.

Heim, [Ludwig]: Das Monopol-Hotel in Berlin. In: *Centralblatt der Bauverwaltung* 10,5 (1890), S. 47–48.

Hein, Annette: *„Es ist viel ‚Hitler' in Wagner". Rassismus und antisemitische Deutschtumsideologie in den „Bayreuther Blättern" 1878–1938.* Tübingen: Niemeyer 1996.

Heine, Heinrich: Prinzessin Sabbath. In: Ders.: *Historisch-Kritische Gesamtausgabe der Werke*, Bd. 3/1, hrsg. v. Manfred Windfuhr. Hamburg: Hoffmann & Campe 1992, S. 125–129.

Heitmann, Margarete: ‚Mein Leben begann also damit, daß ich zu Festung verurteilt wurde'. Arnold Zweig und seine Geburtsstadt Glogau. In: Julia Bernhard / Joachim Schlör (Hrsg.): *Deutscher, Jude, Europäer im 20. Jahrhundert. Arnold Zweig und das Judentum.* Bern / New York: Lang 2004, S. 25–40.

Helman, Anat: East or West? Tel-Aviv in the 1920s and 1930s. In: *Studies in Contemporary Jewry* 15 (1999), S. 68–79.

// Was There Anything Particularly Jewish about "The First Hebrew City"? In: Barbara Kirshenblatt-Gimblett / Jonathan Karp (Hrsg.): *The Art of Being Jewish in Modern Times.* Philadelphia: University of Pennsylvania Press 2008, S. 116–127.

// "Even the Dogs in the Street Bark in Hebrew": National Ideology and Everyday Culture in Tel-Aviv. In: The *Jewish Quarterly Review* 92,3/4 (2002), S. 359–382.

// *Young Tel Aviv. A Tale of Two Cities.* Waltham: Brandeis UP 2010.

Herlitz, Georg: *Mein Weg nach Jerusalem. Erinnerungen eines zionistischen Beamten.* Jerusalem: Rubin Mass 1964.

Herzberg, Julia: Russische Trojaner. Über das Eindringen bäuerlicher Autobiographik in das Archiv. In: *L'Homme* 20,1 (2009), S. 111–123.

Herzl, Theodor: A Solution of the Jewish Question. In: *Jewish Chronicle*, 17.01.1896, S. 12–13.

// *Der Judenstaat. Versuch einer modernen Lösung der Judenfrage.* Leipzig / Wien: Breitenstein 1896.

// Eine ‚Lösung der Judenfrage'. In: *Zion*, 30.01.1896, S. 11–18.

// Der Congreß. In: *Die Welt*, 04.06.1897, S. 2.

// Protestrabbiner. In: *Die Welt*, 16.07.1897, S. 1–2.

// *Altneuland.* Leipzig: Seemann [1902].

// *Briefe und Tagebücher*, hrsg. v. Alex Bein / Hermann Greive / Moshe Schaerf / Julius H. Schoeps / Johannes Wachten Berlin / Frankfurt am Main: Propyläen / Ullstein 1983–1996.

Hever, Hannan: The Zionist Sea: Symbolism and Nationalism in Modernist Hebrew Poetry. In: *Jewish Culture and History* 13,1 (2012), S. 25–41.

Heymann, Michael: *The Uganda Controversy*, Bd. 1. Jerusalem: Israel UP 1970.

Hillebrand, Anne-Katrin: *Erinnerung und Raum. Friedhöfe und Museen in der Literatur.* Würzburg: Königshausen & Neumann 2001.

Hillenbrand, Klaus: Ägypten, Zypern, Ostafrika? In: *taz*, 13.05.2006, S. 1001–1003.

Hirschfeld, Magnus: *Die Weltreise eines Sexualforschers.* Brugg: Bözberg 1933.

Hitzer, Bettina: *Im Netz der Liebe. Die protestantische Kirche und ihre Zuwanderer in der Metropole Berlin (1849–1914).* Köln / Weimar / Wien: Böhlau 2006.

Hoba, Katharina / Joachim Schlör: Die Jeckes. Emigration nach Palästina. Einwanderung in das Land Israel. In: Stiftung Jüdisches Museum Berlin / Stiftung Haus der Geschichte der Bundesrepublik Deutschland (Hrsg.): *Heimat und Exil. Emigration der deutschen Juden nach 1933.* Frankfurt am Main: Jüdischer Verlag 2006, S. 103–104.

Hoffmann, Christhard: Wissenschaft des Judentums in der Weimarer Republik und im „Dritten Reich". In: Michael Brenner / Stefan Rohrbacher (Hrsg.): *Wissenschaft vom Judentum. Annäherungen nach dem Holocaust.* Göttingen: Vandenhoeck & Ruprecht 2000, S. 25–41.

Hohorst, Gerd / Jürgen Kocka / Gerhard A. Ritter (Hrsg.): *Sozialgeschichtliches Arbeitsbuch. Materialien zur Statistik des Kaiserreichs 1870–1914.* München: Beck 1975

Hollstein, Bettina / Florian Straus (Hrsg.): *Qualitative Netzwerkanalyse. Konzepte, Methoden, Anwendungen.* Wiesbaden: Verlag für Sozialwissenschaften 2006.

Holzmann, Jehuda: Zur Lösung der jüdischen Frage. In: *Zion*, 30.01.1896, S. 11–18.

Horn, Klaus-Peter / Jörg-W. Link (Hrsg.): *Erziehungsverhältnisse im Nationalsozialismus. Totaler Anspruch und Erziehungswirklichkeit.* Bad Heilbrunn: Klinkhardt 2011.

Horodisch, Abraham: Ein Abenteuer im Geiste. Die Soncino Gesellschaft der Freunde des jüdischen Buches. In: Siegfried Joost (Hrsg.): *Bibliotheca Docet. Festgabe für Carl Wehmer.* Amsterdam: Verl. d. Erasmus Buchhandlung 1963, S. 181–208.

Hortzschansky, Adalbert / Paul Schwenke: *Berliner Bibliotheksführer.* Berlin: Weidmannsche Buchhandlung 1906.

Horstmann, Anja / Vanina Kopp: Einleitung. In: Dies. (Hrsg.): *Archiv – Macht – Wissen. Organisation und Konstruktion von Wissen und Wirklichkeiten in Archiven.* Frankfurt am Main / New York: Campus 2010, S. 9–22.

Houben, Heinrich Hubert: *Jungdeutscher Sturm und Drang.* Leipzig: Brockhaus 1911.

Humboldt, Wilhelm von: *Schriften zur Sprache.* Frankfurt am Main: Zweitausendeins 2008.

Hysler Rubin, Noah: Geography, Colonialism and Town Planning: Patrick Geddes' Plan for Mandatory Jerusalem. In: *Cultural Geographies* 18,2 (2011), S. 231–248.

Inber, Josef: Elisabethgrad, 9. August. In: *Selbst-Emancipation*, 18.08.1891, S. 6.

In der Berliner Gewerbe-Ausstellung I. In: *Allgemeine Zeitung des Judentums*, 15.05.1896, S. 239–240; 05.06.1896, S. 275–276.

Instruktionen für die alphabetischen Kataloge der preußischen Bibliotheken und für den preussischen Gesamtkatalog vom 10. Mai 1899. Berlin: Asher 1899.

Intrator, Miriam: The Theresienstadt Ghetto Central Library. Books and Reading: Intellectual Resistance and Escape during the Holocaust. In: *LBI Year Book* 50 (2005), S. 3–28.

Irwin Lewis, Beth: Lustmord: Inside the Windows of the Metropolis. In: Charles Werner Haxthausen / Heidrun Suhr (Hrsg.): *Berlin. Culture and Metropolis.* Minneapolis: University of Minnesota Press 1990, S. 111–140.

Jaeger, Achim / Wilhelm Terlau / Beate Wunsch: *Positionierung und Selbstbehauptung. Debatten über den Zionistenkongress, die „Ostjudenfrage" und den Ersten Weltkrieg in der deutsch-jüdischen Presse.* Tübingen: Niemeyer 2003.

Janiszewski, Bertram: *Das alte Hansa-Viertel in Berlin. Gestalt und Menschen.* Norderstedt: BoD 2008.

Jansen, Dorothea: *Einführung in die Netzwerkanalyse. Grundlagen, Methoden, Forschungsbeispiele.* Wiesbaden: VS 2006.

Jelavich, Peter: Modernity, Civic Identity and Metropolitan Entertainment. Vaudeville, Cabaret and Revue in Berlin 1900–1933. In: Charles Werner Haxthausen / Heidrun Suhr (Hrsg.): *Berlin. Culture and Metropolis.* Minneapolis: University of Minnesota Press, 1990, S. 95–110.

Jensen, Uffa: *Gebildete Doppelgänger. Bürgerliche Juden und Protestanten im 19. Jahrhundert.* Göttingen: Vandenhoeck & Ruprecht 2005.

Jersch-Wenzel, Stefi: *Jüdische Bürger und kommunale Selbstverwaltung in preußischen Städten* 1808–1848. Berlin: de Gruyter 1967.

Jessen, Caroline: „Vergangenheiten haben ihr eigenes Beharrungsvermögen ..." Josef Kastein and the Troublesome Persistence of a Canon of German Literature in Palestine/Israel. In: *LBI Year Book* 57 (2012), S. 35–51.

Johler, Birgit / Barbara Staudinger (Hrsg.): *Ist das jüdisch? Jüdische Volkskunde im historischen Kontext.* Wien: Österreichisches Museum für jüdische Volkskunde 2010.

Jonge, Morris de: *Jüdische Schriften.* Berlin: Schildberger 1903.

// Das Recht auf Hebräisch im Volksschulunterricht. In: *Die Welt*, 03.03.1911, S. 189–191.

Joris, A. S.: Kultur oder Fetisch. In: *Die Freistatt* 1,9 (1913/1914), S. 499–508.

Judge, Edward H.: *Ostern in Kischinjow. Anatomie eines Pogroms.* Mainz: Decaton 1994.

Jüdische Gartenbauschule Berlin. In: *Jüdische Rundschau*, 10.05.1921, S. 260.

Jüdische Gartenstadt bei Berlin. In: *Frankfurter Israelitisches Gemeindeblatt*, 08.03.1918, S. 3.

Jüdische Kulturarbeit. Der Jüdische Kulturfonds Kedem, "קרן התרבות הדעברית „קדם. Berlin: 5674 [1913].

Jüdische Lesehalle und Bibliothek (Hrsg.): *Bericht für das Jahr 1910.* Berlin: Selbstverlag [1910].

// *Rückblick auf das erste Jahrzehnt der Lesehalle 1895–1905.* Berlin: Selbstverlag 1905.

Jüdische Nationalbibliothek. In: *Selbst-Emancipation*, 01.11.1893, S. 4.

Jüdische Volkshochschule. In: *Jüdische Rundschau*, 13.10.1905, S. 520–521.

Jungmann, Max: *Erinnerungen eines Zionisten.* Jerusalem: Rubin Mass 1959.

Jütte, Robert: *Die Emigration der deutschsprachigen „Wissenschaft des Judentums". Die Auswanderung jüdischer Historiker nach Palästina 1933–1945.* Stuttgart: Steiner 1991.

K. L.: Zur Lage des deutschen Judentums. Das Ende der Illusionen. In: *Jüdische Rundschau*, 28.11.1933, S. 864.

Kaiser, Wolf: *Palästina, Erez Israel. Deutschsprachige Reisebeschreibungen jüdischer Autoren von der Jahrhundertwende bis zum Zweiten Weltkrieg*, Hildesheim / New York: Olms 1992.

Kampe, Norbert: *Studenten und ‚Judenfrage' im Deutschen Kaiserreich.* Vandenhoeck & Ruprecht 1988.

// Von der „Gründerkrise" zum „Berliner Antisemitismusstreit". Die Entstehung des modernen Antisemitismus in Berlin 1875–1888. In: Reinhard Rürup (Hrsg.): *Jüdische Geschichte in Berlin. Essays und Studien.* Berlin: Edition Hentrich 1995, S. 85–100.

Kark, Ruth: *Jaffa. A City in Evolution, 1799–1917.* Jerusalem: Yad Yitzchak Ben Zvi 1990.

Kark, Ruth / Michal Oren-Nordheim: *Jerusalem and its Environs. Quarters, Neighborhoods, Villages, 1800–1948.* Jerusalem / Detroit: Magnes / Wayne State UP 2001.

[Kaufmann, Fritz Mordechai]: Zum Programm der Freistatt. In: *Die Freistatt* 1,1 (1913/1914), S. 3–5.

Kaufmann, Irene / Daniela Gauding: *Die Hochschule für die Wissenschaft des Judentums (1872–1942).* Teetz / Berlin: Hentrich & Hentrich 2006.

Kauffmann, Richard: Zum Problem einer jüdischen Gartenstadt in Berlin. In: *Jüdische Rundschau*, 14.09.1917, S. 304–305.

Kedar, Benjamin Z.: *The Changing Land. Between the Jordan and the Sea. Aerial Photographs from 1917 to the Present.* Jerusalem: Yad Yitzchak Ben Zvi 1999.

Kien, Grant: Actor-Network Theory. Translation as Material Culture. In: Phillip Vannini (Hrsg.): *Material Culture and Technology in Everyday Life. Ethnographic Approaches.* New York: Lang 2009, S 27–44.

Kipp, Angelika: *Jüdische Arbeits- und Berufsfürsorge in Deutschland 1900–1933*. Berlin: Metropol 1999.

Kirchhoff, Markus: *Häuser des Buches. Bilder jüdischer Bibliotheken*. Leipzig: Reclam 2002.

// *Text zu Land. Palästina im wissenschaftlichen Diskurs 1865–1920*. Göttingen: Vandenhoeck & Ruprecht 2005.

Kirschner, Bruno: Warum brauchen wir die jüdische Schule? In: *Jüdische Rundschau*, 14.11.1919, S. 625–627.

// Freie Jüdische Volkshochschule Berlin. In: *Jüdische Rundschau*, 26.10.1923, S. 540.

// Adel des Buches. In: *Jüdische Rundschau*, 11.09.1925, S. 612–613.

// Die Freie Jüdische Volkshochschule in Berlin. In: *Jüdische Rundschau*, 10.10.1924, S. 584.

// Die Winterarbeit der Freien Jüdischen Volkshochschule. In: *Gemeindeblatt der Jüdischen Gemeinde zu Berlin*, 26.01.1925, S. 8–9.

// Zehn Jahre Freie Jüdische Volkshochschule, Berlin. In: *Jüdische Rundschau*, 25.01.1929, S. 42.

Klee, Alfred: Der Lehrstuhl der Berliner Gemeinde. In: *Jüdische Rundschau*, 21.08.1931, S. 395–396.

Kleinberg, Aviad: The Enchantment of Judaism: Israeli Anxieties and Puzzles. In: Françoise Meltzer / Jaś Elsner (Hrsg.): *Saints. Faith without Border*. Chicago: Chicago UP 2011, S. 235–252.

Kliot, Nurit: Place Names as a Manifestation of Culture and Politics. In: Yehuha Gradus / Gabriel Lipshitz (Hrsg.): *The Mosaic of Israeli Geography*. Beer Sheva: Ben-Gurion University of the Negev Press 1996, S. 247–252.

Knoch, Habbo: Das Grandhotel. In: Ders. / Alexa Geisthövel (Hrsg.): *Orte der Moderne*. Frankfurt am Main / New York: Campus 2005, S. 131–140.

Kohn, Hans: *Nationalismus. Ueber die Bedeutung des Nationalismus im Judentum und in der Gegenwart*. Wien / Leipzig: Löwit 1922.

Kohn, S. Joshua: Mordecai Manuel Noah's Ararat Project and the Missionaries. In: *American Jewish Historical Quarterly* 55,2 (1965–1966), S. 162–198.

Koinzer, Thomas: *Wohnen nach dem Krieg. Wohnungsfrage, Wohnungspolitik und der Erste Weltkrieg und Deutschland und Großbritannien (1914–1932)*. Berlin: Duncker & Humblot 2002.

Kommission für die Jüdische Nationalbibliothek. ועד לבית אוצר הספרים הלאומי בירשלם. In: *Jüdische Rundschau*, 01.09.1905, S. 448.

Komorowski, Dariusz: Rütli. National Foundation Myth from an Individual Perspective. Hermann Burger's Novel *Die künstliche Mutter*. In: Barbara Burns / Joy Charnley (Hrsg.): *Crossing Frontiers Cultural Exchange and Conflict. Papers in Honour of Malcolm Pender*. Amsterdam / New York: Rodopi 2010, S. 27–41.

Kongreß für hebräische Sprache und Kultur. In: *Die Welt*, 19.11.1909, S. 1041.

König, Gudrun M.: *Konsumkultur. Inszenierte Warenwelt um 1900*. Wien: Böhlau 2009.

Konstantinowsky, J[acob]: In's Heimatland. Reisebilder eines Emigrierten. In: *Selbst-Emancipation*, 17.10.1890, S. 3–4; 02.11.1890, S. 3–4; 02.01.1891, S. 3–4.

Korff, Gottfried: Mentalität und Kommunikation in der Großstadt. Berliner Notizen zur „inneren" Urbanisierung. In: Theodor Kohlmann / Hermann Bausinger (Hrsg.): *Großstadt. Aspekte empirischer Kulturforschung*. Berlin: Staatliche Museen Preußischer Kulturbesitz 1985, S. 343–362.

Kornberg, Jacques: At the Crossroads. An Introductory Essay. In: Ders. (Hrsg.): *At the Crossroads. Essays on Ahad Ha-am*. Albany: State University of New York Press 1983, S. xv–xxvii.

Kracauer, Siegfried: *Geschichte – Vor den letzten Dingen*. Frankfurt am Main: Suhrkamp 1973.

Kremer, Arndt: *Deutsche Juden – deutsche Sprache. Jüdische und judenfeindliche Sprachkonzepte und -konflikte 1893–1933*. Berlin / New York: de Gruyter 2007.

Krieger, Karsten (Hrsg.): *Der „Berliner Antisemitismusstreit" 1879–1881. Eine Kontroverse um die Zugehörigkeit der deutschen Juden zur Nation*, Bd. 2. München: Saur 2003, S. 579–583.

Krone, Kerstin von der: Die Berichterstattung zur Damaskus-Affäre in der deutsch-jüdischen Presse. In: Martin Liepach / Gabriele Melischek / Josef Seethaler (Hrsg.): *Jewish Images in the Media*. Wien: Verlag der Österreichischen Akademie der Wissenschaften 2007, S. 153–176.

Kroner, Ph[ilipp]: Der Höhepunkt des Nationalitätsschwindels. In: *Israelitische Wochenschrift*, 03.05.1888, S. 135.

Kroll, Zwi / Zadok Leinman: ספר בית הקברות הישן בתל אביב [Buch des Alten Friedhofs in Tel Aviv]. Tel Aviv [1939].

Kroyanker, David: *Jerusalem Architecture, Periods and Styles. The Jewish Quarters Outside the Old City Walls, 1860–1914.*

Krueger, Joachim: Die Entwicklung der Aufstellung sowie der Standort- und Sachkatalogisierung in der Universitäts-Bibliothek Berlin. In: Christa Schwartz (Hrsg.): *Aus der Arbeit der Universitätsbibliothek Berlin*. Berlin: Univ.-Bibl., 1971, S. 6–22.

Krug, Carl: *Geschichte des ebräischen Zeitalters*. Berlin: Nauck 1894.

// *Offizieller Führer durch die Special-Abtheilung Kairo der Berliner Gewerbe-Ausstellung*. Berlin: Verlag des ‚Kleinen Journals' 1896.

Krummrey, Hans: Manuskriptherstellung und Drucklegung von CH^Bänden im Wandel der Technik. In: Marlis Weinmann-Walser (Hrsg.): *Historische Interpretationen. Gerold Walser zum 75. Geburtstag, dargebracht von Freunden, Kollegen und Schülern*. Stuttgart: Steiner 1995, S. 97–122.

Krupnik, Baruch: Hebräisches Zentrum in Berlin. In: *Jüdische Rundschau*, 12.02.1929, S. 73.

Kugelmass, Jack: Jewish Icons. Envisioning the Self in Images of the Other. In: Daniel Boyarin / Jonathan Boyarin (Hrsg.): *Jews and Other Differences. The New Jewish Cultural Studies*. Minneapolis: University of Minnesota Press 1997, S. 30–53.

Kuhn, Gerd: „Wildes" Siedeln und „stille" Suburbanisierung. Von den Wohnlauben zu den privaten Stadtrandsiedlungen. In: Alena Janatková / Hanna Kozińska-Witt (Hrsg.): *Wohnen in der Großstadt 1900–1939. Wohnsituation und Modernisierung im europäischen Vergleich*. Stuttgart: Steiner 2006 S. 111–132.

Kuperminc, Jean-Claude / Rafaële Arditti (Hrsg.): *Preserving Jewish Archives as Part of the European Cultural Heritage*. Paris: Alliance Israélite Universelle 2001.

Kuzar, Ron: *Hebrew wand Zionism. A Discourse Analytic Cultural Study*. Berlin / New York: Mouton / de Gruyter 2001, S. 41–120.

Labach, Michael: Der VDB während des Nationalsozialismus'. In: Engelbert Plassmann / Ludger Syré (Hrsg.): *Verein Deutscher Bibliothekare 1900–2000. Festschrift*. Wiesbaden: Harrassowitz 2000, S. 59–80.

Lambroza, Shlomo: The Pogroms of 1903–1906. In: Ders. / John Kliers (Hrsg.): *Pogroms. Anti-Jewish Violence in Modern Russian History*. Cambridge / New York: Cambridge UP 1992, S. 195–247.

Laminski, Adolf: Ein Berliner Bibliothekar. In: *Wolfenbütteler Notizen zur Buchgeschichte* 30,1 (2005), S. 75–85.

Landau, Saul Raphael: *Unter jüdischen Proletariern. Reiseschilderungen aus Ostgalizien und Russland*. Wien: Rosner 1898.

Landesleitung des Irgun Merkas Olej Europa: Traueranzeige Professor Dr. Heinrich Eljakim Loewe. In: *Mitteilungsblatt*, 10.08.1951. S. 9.

Langewiesche, Dieter: *Liberalismus in Deutschland*. Frankfurt am Main: Suhrkamp 1988.

// Mobilität in deutschen Mittel- und Großstädten. Aspekte der Binnenwanderung im 19. und 20. Jahrhundert. In: Werner Conze / Ulrich Engelhardt (Hrsg.): *Arbeiter im Industrialisierungsprozess. Herkunft, Lage und Verhalten, Industrielle Welt*. Stuttgart: Klett-Cotta 1997, S. 70–93.

Larsen, Jonas / John Urry / Kay Axhausen: *Mobilities, Networks, Geographies.* Aldershot / Burlington: Ashgate 2006.

Lässig, Simone: *Jüdische Wege ins Bürgertum. Kulturelles Kapital und sozialer Aufstieg im 19. Jahrhundert.* Göttingen: Vandenhoeck & Ruprecht, 2004.

Latour, Bruno: *Science in Action. How to Follow Scientists and Engineers through Society.* Cambridge: Harvard UP 1987.

// *Eine neue Soziologie für eine neue Gesellschaft. Einführung in die Akteur-Netzwerk-Theorie.* Frankfurt am Main: Suhrkamp 2007.

Laukötter, Anja: *Von der „Kultur" zur „Rasse" – vom Objekt zum Körper. Völkerkundemuseen und ihre Wissenschaften zu Beginn des 2. Jahrhunderts.* Bielefeld: Transcript 2007.

Lavsky, Hagit: *Before Catastrophe. The Distinctive Path of German Zionism.* Jerusalem: Magnes 1998.

Law, John: Objects and Spaces. In: *Theory, Culture & Society* 19,5/6 (2002): S. 91–105.

Lazarus, Moritz: *Das Leben der Seele in Monographien über seine Erscheinungen und Gesetze.* Berlin: Dümmler 1883.

// Was heißt national? In: Ders.: *Treu und frei. Gesammelte Reden und Vorträge über Juden und Judenthum von Prof. Dr. M. Lazarus.* Leipzig: Winter'sche 1887, S. 53–110.

// Ueber den Begriff und die Möglichkeit einer Völkerpsychologie [1851]. In: Ders.: *Grundzüge der Völkerpsychologie und Kulturwissenschaft*, hrsg. v. Klaus Christian Köhnke. Hamburg: Meiner 2003, S. 3–25.

Lazarus, Moritz / Heymann Steinthal: Einleitende Gedanken über Völkerpsychologie als Einladung zu einer Zeitschrift für Völkerpsychologie und Sprachwissenschaft. In: *Zeitschrift für Völkerpsychologie und Sprachwissenschaft* 1,1 (1860), S. 1–73.

Lederhendler, Eli: Interpreting Messianic Rhetoric in the Russian Haskalah and Early Zionism: In: Jonathan Frankel (Hrsg.): *Jews and Messianism in the Modern Era. Metaphor and Meaning.* New York: Oxford UP 1991, S. 14–33

Lee Gordon, Benjamin: *Jewish Life in Modern Palestine.* Philadelphia: Greenstone 1919.

Lefebvre, Henri: *The Production of Space*, aus d. Franz. v. Donald Nicholson Smith. Malden / Oxford / Carlton: Blackwell 1991.

// Die Produktion des Raums (1974). In: Jörg Dünne / Stephan Günzel (Hrsg.): *Raumtheorie. Grundlagentexte aus Philosophie und Kulturwissenschaften.* Frankfurt am Main: Suhrkamp 2006, S. 330–342.

Lehmann, Siegfried: Notwendigkeit der neuen Gemeinschaft. Beitrag zum Programm einer neuen jüdischen Jugendgemeinschaft [1]. In: *Jerubbaal* 1 (1918/1919), S. 85–91.

Lehn, Walther / Uri Davis: *The Jewish National Fund.* London / New York: Kegan Paul 1988.

Leimkugel, Frank: *Botanischer Zionismus. Otto Warburg (1859–1938) und die Anfänge institutionalisierter Naturwissenschaften in „Erez Israel".* Berlin: Botanischer Garten und Botanisches Museum Berlin-Dahlem 2005.

Lemm, Alfred: Groszstadtunkultur und Juden. In: *Der Jude* 1,5 (1916/17), S. 319–326.

Lenzen, Verena: *Jüdisches Leben und Sterben im Namen Gottes. Studien über die Heiligung des göttlichen Namens (Kiddusch HaSchem).* Zürich / München: Pendo 2002.

Lepsius, Johannes: Der Zionisten-Kongress in Basel. In: *Der Christliche Orient*, 10/1897, S. 433–443.

Levin, Schmarjahu: *Jugend in Aufruhr.* Berlin: Rowohlt 1933.

Levine, Glenn S.: Jiddish Publishing in Berlin and the Crisis in Eastern European Jewish Culture 1919–1924. In: *LBI Year Book* 42 (1997), S. 85–108.

LeVine, Mark: *Overthrowing Geography. Jaffa, Tel Aviv, and the Struggle for Palestine, 1880–1948.* Berkeley / Los Angeles / London 2005.

Levy, Emil N.: Derech Erez. In: *Mitteilungsblatt der HOG*, 04/1935, S. 10–11.

Lichtheim, Richard: *Geschichte des deutschen Zionismus.* Jerusalem: Rubin Mass 1954.

Liebeschütz, Hans: Objektivität und Werturteil. In: Hans Tramer / Siegfried Moses (Hrsg.): *In zwei Welten. Siegfried Moses zum fünfundsiebzigsten Geburtstag.* Tel Aviv: Bitaon 1962, S. 607–626.

// Treitschke and Mommsen on Jewry and Judaism. In: *LBI Year Book* 7 (1962), S. 153–182.

Lilienthal, Georg: Die jüdischen „Rassenmerkmale". Zur Geschichte der Anthropologie der Juden. In: *Medizinhistorisches Journal* 28 (1993), S. 173–198.

Lindenberg, Paul: *Pracht-Album photographischer Aufnahmen der Berliner Gewerbe-Ausstellung 1896 und der Sehenswürdigkeiten Berlins und des Treptower Parks, Alt-Berlin, Kolonial-Ausstellung, Kairo etc.* Berlin: The Werner Company 1896.

Lipphardt, Veronika: *Biologie der Juden. Jüdische Wissenschaftler über „Rasse" und Vererbung 1900–1935.* Göttingen: Vandenhoeck & Ruprecht 2008.

Litteraturvereine. In: *Allgemeinen Zeitung des Judentums*, 26.02.1892, S. 97.

Livnat, Andrea: *Der Prophet des Staates. Theodor Herzl im kollektiven Gedächtnis Israels.* Frankfurt am Main / New York: Campus 2011.

Loewe, Richard: Unser Polarstern. In: *Selbst-Emancipation*, 01.06.1891, S. 2–4.

// *Barkiden und Makkabäer.* Berlin 1903.

Lowenstein, Steven M.: The Rural Community and the Urbanization of German Jewry. In: *Central European History* 13,3 (1980), S. 218–236.

// *The Berlin Jewish Community. Enlightenment, Family and Crisis, 1770–1830.* New York / Oxford: Oxford UP 1994.

Loewy, Joseph: Wie kommen wir zu einer jüdischen Gartenstadt bei Berlin. In: *Jüdische Rundschau*, 06.07.1917, S. 224.

// Zum Projekt einer jüdischen Gartenstadt. In: *Jüdische Rundschau*, 18.01.1918, S. 19–20.

Lurije, Joseph / Leo Mozkin: Brief an Nathan Birnbaum vom 11. April 1891. In: *Selbst-Emancipation*, 03.05.1891, S. 8.

Luz, Ehud: The Limits of Toleration. The Challenge of Cooperation between the Obvservant and the Nonoberservant during the Hibbat Zion Period, 1882–1895. In: Shmuel Almog / Jehuda Reinharz / Anita Shapira (Hrsg.): *Zionism and Religion.* Hanover: Brandeis UP 1998, S. 44–54.

m.: Rez. zu: Dr. Franz Stödtner, Katalog von Lichtbildern über Kunstgewerbe und Dekoration. Berlin 1898. In: *Zeitschrift für bildende Kunst* 10 (1898/1899), S. 158–159.

Maeda, Ai / James A. Fujii: Berlin 1888. Mori Ōgai's „Dancing Girl". In: Dies. (Hrsg.): *Text and the City. Essays on Japanese Modernity.* Durham: Duke UP 2004, S. 295–328.

Mährlein, Christoph: *Volksgeist und Recht. Hegels Philosophie der Einheit und ihre Bedeutung in der Rechtswissenschaft.* Würzburg: Königshausen und Neumann 2000.

Mainz, Annie: *Das ist Tel-Aviv!* Hamburg: Leßmann 1935.

Mann, Barbara E.: Modernism and the Zionist Uncanny. Reading the Old Cemetery in Tel Aviv. In: *Representations* 18,69 (2000), S. 63–95.

// The Archaeology of Memory on Tel Aviv's Rothschild Boulevard. In: Michael Berkowitz (Hrsg.): *Nationalism, Zionism and Ethnic Mobilization of the Jews in 1900 and Beyond.* Leiden / Boston: Brill 2004, S. 83–98.

// *A Place in History. Modernism, Tel Aviv, and the Creation of Jewish Urban Space.* Stanford: Stanford UP 2006.

// *Space and Place in Jewish Studies.* New Brunswick: Rutgers UP 2012.

Mann, Erika: *Zehn Millionen Kinder. Die Erziehung der Jugend im Dritten Reich.* Berlin: Neues Leben 1988.

Maor, Zoar: Hans Kohn and the Dialectics of Colonialism: Insights on Nationalism and Colonialism from Within. In: *LBI Year Book* 55 (2010), S. 255–271.

Margulies, Heinrich: *Kritik des Zionismus.* Wien: Löwit 1920.

Marmur, Dow: *The Star of Return. Judaism after the Holocaust.* Westport: Greenwood 1991.

Marten-Finnis, Susanne / Heater Valencia: *Sprachinseln. Jiddische Publizistik in London, Wilna und Berlin.* Köln / Weimar / Berlin: Böhlau 1999.

Marx, Alexander: Two Illustrated Haggadah. In: *The Jewish Quarterly Review* 16,4 (1926), S. 471–474.

Massari, Giuseppe / Ernst Bezold: *Cavour. Biographische Aufzeichnungen.* Leipzig: Barth 1874.

Matthäus, Jürgen: Deutschtum and Judentum under Fire. The Impact of the First World War on the Strategies of the Centralverein and the Zionistische Vereinigung. In: *LBI Year Book* 33,1 (1988), S. 129–147.

Mayer, Max: Von den hebräischen Sprachschulen und Kursen in Deutschland. In: *Jüdische Rundschau*, 08.11.1927, S. 631.

Max Nordau in Berlin (Telegraphischer Bericht). In: *Die Welt*, 29.04.1898, S. 10.

Meier-Cronemeyer, Hermann: *Kibbuzim, Geschichte, Geist und Gestalt*, 1. Teil. Hannover: Verlag für Literatur und Zeitgeschehen 1969.

Memories of the Zoo. http://www.eretzmuseum.org.il/e/163/ (Zugriff am 04.12.2012).

Mendelssohn, Peter de: *Zeitungsstadt Berlin. Menschen und Mächte in der Geschichte der deutschen Presse.* Frankfurt am Main: Ullstein 1982.

Mendes-Flohr, Paul: Zarathustras Apostel: Martin Buber und die „Jüdische Renaissance". In: Jacob Golomb (Hrsg.): *Nietzsche und die jüdische Kultur.* Wien: WUV-Universitätsverlag 1998, S. 225–235.

Messner, Philipp: *Die Kulturzeitschrift* Ost und West *(1901–1923) und der Diskurs um eine jüdisch-nationale Identität.* Magisterarbeit, Philosophische Fakultät III der Humboldt-Universität zu Berlin 2008 (= Leo Winz und die Diskurse jüdisch-nationaler Identität um 1900. http://www.isotype.ch/assets/Uploads/Winz/Leo%20Winz.pdf (Zugriff am 09.02.2013).

// Tel Aviv und die Revolution des hebräischen Schriftbilds. In: *Pardes* 15 (2009), S. 22–38.

Metzler, Tobias: *Jews in the Metropolis. Urban Jewish Cultures in London, Berlin, and Paris, ca. 1880–1940.* Dissertation, University of Southampton 2008.

// Secularization and Pluralism: Urban Jewish Cultures in Early Twentieth-Century Berlin. In: *Journal of Urban History* 37,6 (2011), S. 871–896.

// Collecting Community: The Berlin Jewish Museum as Narrator between Past and Present, 1906–1939. In: Richard I. Cohen (Hrsg.): *Visualizing and Exhibiting Jewish Space and History.* New York: Oxford UP 2012, S. 55–79.

// *Tales of Three Cities: Urban Jewish Cultures in London, Berlin, and Paris (1880–1940).* Wiesbaden: Harrassowitz 2014.

// "Strangers within our Gates". Reading London through Foreign Spectacles. Unveröff. Manuskript.

Meybohm, Ivonne: *David Wolffsohn. Aufsteiger, Grenzgänger, Mediator. Eine biographische Annäherung an die Geschichte der frühen Zionistischen Organisation (1897–1914).* Göttingen: Vandenhoeck & Ruprecht 2013.

Meyer, Michael A.: Heinrich Graetz and Heinrich von Treitschke. A Comparison of their Historical Images of the Modern Jew. In: *Modern Judaism* 6,1 (1986), S. 1–11.

// *Antwort auf die Moderne. Geschichte der Reformbewegung im Judentum.* Wien: Böhlau 2000.

// The Imagined Jew. Heinrich Heine's "Prinzessin Sabbath". In: William Cutter (Hrsg.): *History and Literature. New Readings of Jewish Texts in Honor of Arnold J. Band.* Providence: Brown UP 2002, S. 209–221.

Meyer-Rewerts, Ulf Gerrit / Hagen Stöckmann: Das „Manifest der 93". Ausdruck oder Negation der Zivilgesellschaft? In: Johanna Klatt / Robert Lorenz (Hrsg.): *Manifeste. Geschichte und Gegenwart des politischen Appells.* Bielefeld: Transcript 2011, S. 135–168.

Michaeli, Ilana / Irmgard Klönne (Hrsg.): *Gut Winkel – die schützende Insel. Hachschara 1933–1941.* Berlin: Lit 2007.

Misrachi. In: *Jüdische Rundschau*, 20.03.1903, S. 102–104.

Mitteilungen der Organisation für hebräische Sprache und Kultur. In: *Jüdische Rundschau*, 28.10.1910, S. 490.

Mitteilungen der Organisation für hebräische Sprache und Kultur (Histadruth Ibrith). *Jüdische Rundschau*, 02.02.1912, S. 36.

Mittelbauer, Helga: Verflochten und Vernetzt. Methoden und Möglichkeiten einer Transkulturellen Literaturwissenschaft. In: *Moderne* 1 (2005), S. 15–30.

Mittelmann, Hanni: *Sammy Gronemann (1875–1952): Zionist, Schriftsteller und Satiriker in Deutschland und Palästina.* Frankfurt am Main / New York: Campus 2004.

Mittwoch, Eugen: Aufruf des deutschen Komitees für hebräische Sprache und Kultur. In: *Die Welt*, 15.07.1910, S. 684–685.

Mommsen, Wolfgang J.: Objektivität und Parteilichkeit im historiographischen Werk Sybels und Treitschkes. In: Reinhart Koselleck / Wolfgang J. Mommsen / Jörn Rusen (Hrsg.): *Objektivität und Parteilichkeit in der Geschichtswissenschaft.* München: dtv 1977, S. 134–198.

Mozkin, Leo: Wohin mit den russischen Juden? In: *Selbst-Emancipation*, 18.08.1891, S. 1–2.

// Korrespondenz, Berlin, 11. November. In: *Selbst-Emancipation*, 16.11.1891, S. 5–6.

Müller, Samuel / Johan Adriaan Feith / Hans Kaiser / Wilhelm Wiegand: *Anleitung zum Ordnen und Beschreiben von Archiven.* Leipzig: Harrassowitz 1905.

Musner, Lutz / Christian Gerbel: Kulturwissenschaften: work in progress. In: Lutz Musner: *Kultur als Textur des Sozialen. Essays zum Stand der Kulturwissenschaften.* Wien: Löcker 2004, S. 15–35.

Nadav, Mordechai: An Account of Efforts Made to Acquire the Baron David Ginsburg Collection for the Jewish National Library in Jerusalem. In: Ders. / Jacob Rothschild (Hrsg.): *Essays and Studies in Librarianship Presented to Curt David Wormann on his Seventy-Fifth Birthday.* Jerusalem: Magnes 1975, S. 81–95.

Nash, Stanley: *In Search of Hebraism. Shai Hurwitz and His Polemics in the Hebrew Press.* Leiden: Brill 1980.

Nathan, Arthur: Hebräische Sprache und Beth Am Iwri. In: *Jüdische Rundschau*, 27.08.1929, S. 434.

Nationalbibliothek in Jerusalem. In: *Die Welt*, 01.04.1898, S. 8.

Nationalfonds-Ausstellung. In: *Die Welt*: 07.09.1913, S. 77.

Nationalfonds-Lichtbildvortrag. In: *Die Welt*, 11.08.1911, S. 813.

Naumann, Friedrich: Berliner Gewerbeausstellung 1896. In: Ders.: *Ausstellungsbriefe Berlin, Paris, Dresden, Düsseldorf 1896–1906.* Gütersloh / Berlin: Bauverlag 2007, S. 15–45.

Nemtsov, Jascha: *Der Zionismus in der Musik. Jüdische und nationale Idee.* Wiesbaden: Harrassowitz 2009.

Neumann, Boaz: *Land and Desire in Early Zionism.* Waltham: Brandeis UP 2011.

Nicholson, Christopher: *Richard and Adolf. Did Richard Wagner incite Adolf Hitler to commit the Holocaust?* Jerusalem / New York: Gefen 2007.

Niedhammer, Martina: *Nur eine „Geld-Emancipation"? Loyalitäten und Lebenswelten des Prager jüdischen Großbürgertums 1800–1867.* Göttingen: Vandenhoeck & Ruprecht 2013.

Nora, Pierre: Between Memory and History. Les Lieux de Mémoire. In: *Representations* 7,26 (1989), S. 7–24.

Nordau, Max: *Entartung.* Berlin: Duncker 1893.

// Achad Haam über „Altneuland". In: *Die Welt*, 13.03.1903, S. 1–5.

// Achad Haam über „Altneuland". In: *Jüdische Rundschau*, 13.03.1903, S. 92–96; 20.03.1903, S. 105–106.

// *Der Zionismus und seine Gegner. Vortrag, gehalten in Berlin*, hrsg. v. d. Berliner Zionistischen Vereinigung. Berlin [1905].

Nordau und Achad-Haam. In: *Jüdische Rundschau*, 24.04.1903, S. 153.

Nottmeier, Christian: *Adolf von Harnack und die deutsche Politik 1890–1930.* Tübingen: Mohr Siebeck 2004.

Nowak, Heinz: *Juden und Judengemeinden in der Magdeburger Börde und in den eingeschlossenen Teilen Anhalts. Bibliographisches – Regesten; ein Versuch.* Ummendorf 1990. Unveröffentl. Manuskript.

O. A., Dr.: *Lebende Bilder aus Palästina*. In: *Die Welt*, 03.09.1913, S. 19.

oe: Bücher für Palästina! Aus der Arbeit der Berliner Sammelstelle. In: *Jüdische Rundschau*, 10.10.1935, S. 23.

Oltmer, Jochen: *Migration und Politik in der Weimarer Republik*. Göttingen: Vandenhoeck & Ruprecht 2005.

Oppenheimer, Max: Jüdische Studenten-Vereinigungen. In *Allgemeine Zeitung des Judentums*, 21.10.1892, S. 508.

Oppenheimer, Franz: *Die Siedlungsgenossenschaft. Versuch einer positiven Überwindung des Kommunismus durch Lösung des Genossenschaftsproblems und der Agrarfrage*. Leipzig: Duncker & Humblot 1896.

// *Erlebtes, Erstrebtes, Erreichtes. Lebenserinnerungen; ergänzt durch Berichte und Aufsätze von und über Franz Oppenheimer*, hrsg. v. Yehuda Ludwig. Düsseldorf: Melzer 1964.

Or, Tamara: *Vorkämpferinnen und Mütter des Zionismus. Die deutsch-zionistischen Frauenorganisationen (1897–1938).* Frankfurt am Main: Lang 2009.

// Berlin, Nachtasyl und Organisationszentrum. Die hebräische Bewegung 1909–1933. In: Verena Dohrn / Gertrud Pickhan (Hrsg.): *Transit und Transformation. Osteuropäisch-jüdische Migranten in Berlin 1918–1939.* Göttingen: Wallstein 2010, S. 136–155.

Organisation für hebräische Sprache und Kultur. In: *Die Welt*, 25.03.1910, S. 266.

Organisation für hebräische Sprache und Kultur. In: *Jüdische Rundschau*, 18.04.1913, S. 160.

Organisation für hebräische Sprache und Kultur. In: *Die Welt*, 25.04.1913, S. 539–540, hier S. 539.

Organisation für hebräische Sprache und Kultur (Histadruth ibrith). In: *Die Welt*, 12.01.1912, S. 51.

Organisation für hebräische Sprache und Kultur (Histadrut ibrith). In: *Die Welt*, 19.04.1912, S. 484–485.

Organisation für hebräische Sprache und Kultur (Mitteilungen des Zentralbureaus). In: *Die Welt*, 09.01.1914, S. 42.

Ornstein, J.: Tel Aviv, die Stadt der Einwanderung. In: *Mitteilungsblatt der HOG*, 12(I)/1935, S. 11–12.

Palästina. Ansichten von denkwürdigen Stätten des heiligen Landes und Dörfern jüdischer Bauern. Berlin: Schildberger 1896.

Palästina-Ausstellung in Hamburg. In: *Zion*, 30.04.1897, S. 196.

Panwitz, Sebastian: *Die Gesellschaft der Freunde 1792–1935. Berliner Juden zwischen Aufklärung und Hochfinanz.* Hildesheim / Zürich / New York: Olms 2007.

Parmer, Daniel: Mordecai Manuel Noah. A Jew's Struggle for Identity in the United States. In: *Queen's College Journal of Jewish Studies* 6 (2004), S. 57–63.

Patai, Raphael: *On Jewish Folklore.* Detroit: Wayne State UP 1983.

Patai, Raphael / Jennifer Patai Wing: *The Myth of the Jewish Race.* New York: Wayne State UP 1989.

Pedersen, Ulf: *Bernhard Rust. Ein nationalsozialistischer Bildungspolitiker vor dem Hintergrund seiner Zeit.* Braunschweig: Gifhorn 1993.

Peled Ginsburg, Michal / Moshe Ron: *Shattered Vessels. Memory, Identity, and Creation in the Work of David Shahar.* Albany: State University of New York Press 2004.

Penslar, Derek Jonathan: *Zionism and Technocracy. The Engineering of Jewish Settlement in Palestine, 1870–1918.* Bloomington: Indiana UP 1991.

// *Shylock's Children. Economics and Jewish Identity in Modern Europe.* Berkeley / Los Angeles: University of California Press 2001.

Perets, Rachel: Die Vermittlung der hebräischen Sprache in Deutschland vor 1933. In: Michael Brenner (Hrsg.): *Jüdische Sprachen in deutscher Umwelt. Hebräisch und Jiddisch von der Aufklärung bis ins 20. Jahrhundert.* Göttingen: Vandenhoeck & Ruprecht 2002, S. 76–84.

Peters, F. E.: Jerusalem: one City, one Faith, one God. In: Tamar Mayer / Suleiman Ali Mourad (Hrsg.): *Jerusalem. Idea and Reality.* London / New York: Routledge 2008, S. 14–26.

Peters, Peter Frank: *Time, Innovation and Mobilities. Travel in Technological Cultures.* London / New York: Routledge 2006.

Petry, Erik: Akkulturation versus Zionismus? Der „Galut"-Begriff bei Heinrich Loewe. In: *Judaica* 57,1 (2001): S. 41–57.

// *Ländliche Kolonisation in Palästina. Deutsche Juden und früher Zionismus am Ende des 19. Jahrhunderts.* Köln: Böhlau 2004.

// Zwischen nationalem Bekenntnis und Pragmatismus. Heinrich Loewe und Willy Bambus. In: Andrea Schatz / Christian Wiese (Hrsg.): *Janusfiguren. „Jüdische Heimstätte", Exil und Nation im deutschen Zionismus.* Berlin: Metropol 2006, S. 189–212.

Pfeffer, Anshel: State Renews Efforts to Bring Disputed Jewish Manuscripts from Russia. In: *Haaretz*, 12.07.2008. http://www.haaretz.com/print-edition/features/state-renews-efforts-to-bring-disputed-jewish-manuscripts-from-russia-1.247641 (Zugriff am 28.01.2013).

Philippson, Ludwig: Esterka, ein Trauerspiel in vier Aufzügen. In: Ders.: *Saron: Gesammelte Dichtungen in metrischer und prosaischer Form*, Bd. 1. Magdeburg: Falckenberg 1844, S 267–391.

Pianko, Noam: Did Kohn Believe in the "Kohn Dichotomy"? Reconsidering Kohn's Journey from The Political Idea of Judaism to the Idea of Nationalism. In: *LBI Year Book* 55 (2010), S. 295–311.

Pickus, Keith H.: *Constructing Modern Identities. Jewish University Students in Germany, 1815–1914.* Detroit: Wayne State UP 1999.

Pieck, Wilhelm: *Gesammelte Reden und Schriften*, Bd. 2. Berlin: Dietz 1959.

Pilarczyk, Ulrike: *Gemeinschaft in Bildern. Jüdische Jugendbewegung und zionistische Erziehungspraxis in Deutschland und Palästina/Israel.* Göttingen: Wallstein 2009.

// ‚Ostjuden' im Scheunenviertel. Eine bildanalytische Recherche. In: Stiftung Jüdisches Museum Berlin / Osteuropa-Institut, Freie Universität Berlin (Hrsg.): *Berlin Transit. Jüdische Migranten aus Osteuropa in den 1920er Jahren.* Ausstellungskatalog. Göttingen: Wallstein 2012, S. 65–69.

Pinchevski, Amit / Efraim Torgovnik: Signifying Passages. The Signs of Change in Israeli Street Names. In: *Media Culture Society* 24,3 (2002), S. 365–388.

Pinsker, Shachar M.: Spaces of Hebrew and Yiddish Modernism – The Urban Cafés of Berlin. In: Verena Dohrn / Gertrud Pickhan (Hrsg.): *Transit und Transformation. Osteuropäisch-jüdische Migranten in Berlin 1918–1939.* Göttingen: Wallstein 2010, S. 56–76.

// *Literary Passports. The Making of Modernist Hebrew Fiction in Europe.* Stanford: Stanford UP 2011.

Pirtle, Wayne G.: German Adult Education Following the Unification of 1871. In: *Adult Education Quarterly* 23,2 (1973), S. 99–114.

Plassmann, Engelbert / Hermann Rösch / Jürgen Seefeldt / Konrad Umlauf: *Bibliotheken und Informationsgesellschaft in Deutschland. Eine Einführung.* Wiesbaden: Harrassowitz 2006.

Popst, Hans: Die Entwicklung der Alphabetischen Katalogisierung in Deutschland. In: Bernd Lorenz (Hrsg.) *Bibliothek und Philologie. Festschrift für Hans-Jürgen Schubert zum 65. Geburtstag.* Wiesbaden: Harrassowitz 2005, S. 92–97.

Pratt, Mary Louise: Arts of the Contact Zone. In: *Profession* (1991), S. 33–40. http://writing.colostate.edu/files/classes/6500/File_EC147617-ADE5-3D9C-C89FF0384AECA15B.pdf (Zugriff am: 11.12.2012).

Presner, Todd: Muscle Jews and Airplanes. Modernist Mythologies, the Great War, and the Politics of Regeneration. In: *Modernism/Modernity* 13,4 (2006), S. 701–728.

// *Mobile Modernity. Germans, Jews, Trains.* New York: Columbia UP 2007.

// Muscular Judaism. *The Jewish Body and the Politics of Regeneration.* London / New York: Routledge 2007.

Preußischer Landesverband jüdischer Gemeinden. Ergebnis der Wahlen zum ersten Verbandstag des Preußischen Landesverbandes jüdischer Gemeinden. In: *Gemeindeblatt der Jüdischen Gemeinde zu Berlin,* 08.05.1925, S. 81–84.

פרופ. ה. לווה [Prof. H. Loewe]. *Davar,* 03.08.1951, S. 1.

Professor Einsteins Abreise. In: *Jüdische Rundschau,* 23.03.1921, S. 152.

Professor Heinrich Loewe nach Tel-Awiw berufen. In: *Jüdische Rundschau,* 04.07.1933, S. 303.

Protokoll der Vertrauensmänner-Beratungen, die am 23. November (6. Dezember) 1903 in Warschau stattgefunden hat. In: *Jüdische Rundschau,* 15.01.1904, S. 23–24.

Pulzer, Peter G. J.: *Die Entstehung des politischen Antisemitismus in Deutschland und Österreich 1867–1914.* Göttingen: Vandenhoeck & Ruprecht 2004.

Pyka, Markus: *Jüdische Identität Bei Heinrich Graetz.* Göttingen: Vandenhoeck & Ruprecht 2008.

R.: Der nationale oder universelle Charakter des Judenthums. In: *Israelitische Wochenschrift,* 21.04.1883, S. 193–94.

Raffalovich, I. / M. E. Sachs: *Ansichten von Palästina und den jüdischen Colonien.* Berlin: Lamm 1899.

Rahden, Till van: *Juden und andere Breslauer. Die Beziehungen zwischen Juden, Protestanten und Katholiken in einer deutschen Großstadt 1860–1925.* Göttingen: Vandenhoeck & Ruprecht 2000.

// Von der Eintracht zur Vielfalt. Juden in der Geschichte des deutschen Bürgertums. In: Ders. / Andreas Gotzmann / Rainer Liedtke: (Hrsg.): *Juden, Bürger, Deutsche. Zur Geschichte von Vielfalt und Differenz, 1800–1933.* Tübingen: Mohr 2001, S. 9–32.

// Germans of the Jewish Stamm. Visions of Community between Nationalism and Particularism 1850 to 1933. In: Neil Gregor / Nils H. Roemer / Mark Roseman (Hrsg.): *German History from the Margins.* Bloomington: Indiana UP 2006, S. 27–48.

Rath, Moses: *Lehrbuch der hebräischen Sprache für Schul- und Selbstunterricht.* Krakau 1914.

Rathenau, Walther: *Von kommenden Dingen.* Berlin: Fischer 1917.

// *Die neue Wirtschaft*. Berlin: Fischer 1918.

Redaction und Verlag der „Zeitschrift für Hebräische Bibliographie". In: *Zeitschrift für Hebräische Bibliographie* 4,1 (1900), S. 1.

Redaktion der „Jüdischen Rundschau": Jüdische Stammesbrüder! In: *Jüdische Rundschau*, 08.05.1903, S. 173–174.

[Redaktion *Ost und West*]: Nachwort der Redaktion. In: *Ost und West* 14,1 (1914), Sp. 25–36.

Regneri, Günther: Salomon Neumann's Statistical Challenge to Treitschke: The Forgotten Episode that Marked the End of the ‚Berliner Antisemitismusstreit'. In: *LBI Year Book* 43 (1998), S. 129–153.

Reissig, Harald: Das Haus der Zionistischen Organisationen. In: Helmut Engel / Wilhelm Treue / Stefi Jersch-Wenzel (Hrsg.): *Geschichtslandschaft Berlin. Orte und Ereignisse*, Bd. 1: Charlottenburg, Teil 2: Der Neue Westen. Berlin: Nicolai 1985, S. 424–441.

Reinharz, Jehuda (Hrsg.): *Dokumente zur Geschichte des deutschen Zionismus 1882–1933*. Tübingen: Mohr 1981.

// Laying the Foundation for a University in Jerusalem. Chaim Weizmann's Role, 1913–1914. In: *Modern Judaism* 4,1 (1984), S. 1–38.

Reuveni, Gideon: *Reading Germany. Literature and Consumer Culture in Germany before 1933*. New York / Oxford: Berghahn Books 2006.

Richarz, Monika: *Der Eintritt der Juden in die akademischen Berufe in Deutschland 1678–1848*. Tübingen: Mohr Siebeck 1974.

Rippner, Benjamin: *Heinrich Graetz*. Leipzig: Leiner [1891].

// Der Nationaljude. In: *Israelitische Wochenschrift*, 22.01.1892, S. 25–26.

// Selbstemanzipation. In: *Israelitische Wochenschrift*, 12.02.1892, S. 50–51.

Rive, William de La / Károly Mária Kertbeny: *Graf von Cavour. Skizzen und Erinnerungen* Leipzig: Purfürst 1863.

Robinsohn, A.: Priester. ohne Volk (Über die „Bne Mosche" und ihr Schicksal). In: *Der Jude* 1,6 (1916), S. 378–386.

Rodenberg, Julius: *Bilder aus dem Berliner Leben*, Bd. 1. Berlin: Paetel 1891.

Roemer, Nils: *Jewish Scholarship and Culture in Nineteenth-Century Germany. Between History and Faith*. Madison: University of Wisconsin Press 2005.

Röhl, Vera: *„Es gibt kein Himmelreich auf Erden". Heinrich Margulies – ein säkularer Zionist*. Würzburg: Königshausen & Neumann 2014.

Röhle, Theo: *Der Google-Komplex. Über Macht im Zeitalter des Internets*. Bielefeld: Transcript 2010.

Roosevelt, Theodore: Transcript of Theodore Roosevelt's Corollary to the Monroe Doctrine (1905). http://www.ourdocuments.gov/doc.php?doc=56&page=transcript (Zugriff am 13.09.2012).

Rosenstrauch, Hazel (Hrsg.): *Aus Nachbarn wurden Juden. Ausgrenzung und Selbstbehauptung 1933–1942*. Berlin: Transit 1988.

Rosenzweig, Franz: *Der Stern der Erlösung*. Frankfurt am Main: Kauffmann 1921.

// *Briefe*, unter Mitw. v. Ernst Simon, ausgew. u. hrsg. v. Edith Rosenzweig. Berlin: Schocken 1935.

Roth, Andreas: *Kriminalitätsbekämpfung in deutschen Großstädten 1850–1914. Ein Beitrag zur Geschichte des strafrechtlichen Ermittlungsverfahrens*. Berlin: Schmidt 1997.

Rothschild: Sind die Juden ein ‚Volk' oder eine ‚Nation'? In: *Israelitische Wochenschrift*, 10.07.1890, S. 213–214.

Rubinstein, Robert L.: The Ethnography of the End of Life. The Nursing Home and Other Residential Settings. In: *Annual Review of Gerontology and Geriatrics* 20 (2000), S. 259–272.

Rülf, Isaak: Der Nationaljude. In: *Selbst-Emancipation*, 01.02.1892, S. 29–31.

Rülf, Schlomo: *Ströme im dürren Land. Erinnerungen*. Stuttgart: DVA 1964.

Rümelin, Gustav: Ueber den Begriff des Volkes, 1872. In: Ders: *Reden und Aufsätze*, Bd. 1. Tübingen: Laupp 1875, S. 88–116.

Rürup, Miriam: Gefundene Heimat? Palästinafahrten national-jüdischer deutscher Studentenverbindungen 1913/1914. In: *Leipziger Beiträge zur jüdischen Geschichte und Kultur* 2 (2004), S. 167–190.

// *Ehrensache. Jüdische Studentenverbindungen an deutschen Universitäten 1886–1937*. Göttingen: Wallstein 2008.

Rürup, Reinhard: Der ‚Geist von 1914' in Deutschland: Kriegsbegeisterung und Ideologisierung des Kriegs im Ersten Weltkrieg. In: Bernd-Rüdiger Hüppauf (Hrsg.): *Ansichten vom Krieg. Vergleichende Studien zum Ersten Weltkrieg in Literatur und Gesellschaft*. Königstein: Forum Academicum 1984, S. 1–30.

Rust, Bernhard: Grundlagen der Erziehung. In: *Führung und Verführung. Pädagogik des Nationalsozialismus. Eine Quellensammlung*, hrsg. v. Hans-Joch Gamm. Frankfurt am Main / New York: Campus 1984, S. 127–130.

Ryan, James R.: *Picturing Empire. Photography and the Visualization of the British Empire*. Chicago: University of Chicago Press 1997.

// On Visual Instruction. In: Vanessa R. Schwartz / Jeannene Przyblyski (Hrsg.): *The Nineteenth Century Visual Culture Reader*. London: Routledge 2004, S. 145–150.

Sabelus, Esther: Gefahr und Gefährdung. Arbeiterjugendliche um 1900 im Blick bürgerlicher Jugenderzieher. In: Rolf Linder (Hrsg.): *„Wer in den Osten geht, geht in ein anderes Land". Die Settlementbewegung in Berlin zwischen Kaiserreich und Weimarer Republik*. Berlin: Akademie 1997, S. 95–108.

Sahuwi, Nathanja: Die jüdische Nationalbibliothek. In: *Ost und West* 2,2 (1902), Sp. 101–108.

Said, Edward: Zionism from the Standpoint of its Victims. In: *Social Text* 1 (1979), S. 7–58.

Salis Gross, Corina: *Der ansteckende Tod. Eine ethnologische Studie zum Sterben im Altersheim*. Frankfurt am Main / New York: Campus 2001.

Saposnik, Arieh Bruce: "... Will Issue Forth from Zion"? The Emergence of a Jewish National Culture in Palestine and the Dynamics of Yishuv-Diaspora Relations. In: *Jewish Social Studies* 10,1 (2003), S. 151–184.

Saß, Anne-Christin: *Berliner Luftmenschen: Osteuropäisch-jüdische Migranten in der Weimarer Republik*. Göttingen: Wallstein 2012.

// Das Scheunenviertel. Zur Urbanität eines Stadtquartiers. In: Stiftung Jüdisches Museum Berlin / Osteuropa-Institut, Freie Universität Berlin (Hrsg.): *Berlin Transit. Jüdische Migranten aus Osteuropa in den 1920er Jahren*. Ausstellungskatalog. Göttingen: Wallstein 2012, S. 62–64.

// Scheunenviertel. In: Ebd., S. 44–45.

Sch. W.: Die russische Landeskonferenz der Organisation für hebräische Sprache und Kultur [1]. In: *Jüdische Rundschau*, 11.11.1910, S. 516.

Schach, Fabius: Persönliche Erinnerungen. In: *Jüdische Rundschau*, 17.06.1933, S. 817.

Schäfer, Barbara: The KEDEM – A Cultural Foundation for Hebrew Culture in Palestine. An Attempt that Failed. In: Judit T. Borrás / Angel Sáenz-Badillos (Hrsg.): *Jewish Studies at the Turn of the Twentieth Century*, Bd. 2. Leiden: Brill 1999, S. 368–374.

// Hebräisch im zionistischen Berlin. In: Michael Brenner (Hrsg.): *Jüdische Sprachen in deutscher Umwelt. Hebräisch und Jiddisch von der Aufklärung bis ins 20. Jahrhundert*. Göttingen: Vandenhoeck & Ruprecht 2002, S. 68–75.

// Jewish Renaissance and Tehiyya – Two that Are One? In: *Jewish Studies Quarterly* 10,4 (2003), S. 320–335.

// *Berliner Zionistenkreise. Eine vereinsgeschichtliche Studie.* Berlin: Metropol 2003.

Schäfer, Julia: *Vermessen, gezeichnet, verlacht. Judenbilder in populären Zeitschriften 1918–1933.* Frankfurt am Main / New York: Campus 2005.

Schatz, Christine: Angewandte Volkskunde. Die „Gesellschaft für Jüdische Volkskunde" in Hamburg. In: *Vokus. Volkskundlich-kulturwissenschaftliche Schriften* 14,1 (2004), S. 121–134.

Scheer, Regina: *AHAWAH. Das vergessene Haus: Spurensuche in der Berliner Auguststraße.* Berlin Aufbau 2004.

Scheinhaus, Leon: Ein Edler in Israel. Dr. Isaak Rülf. In: *Jahrbuch für jüdische Geschichte und Literatur* 15 (1912), S. 198–211.

Schidorsky, Dov: Note on the Beginnings of the "Shaar Zion" Library in Jaffa. In: Mordechai Nadav / Jacob Rothschild (Hrsg.): *Essays and Studies in Librarianship Presented to Curt David Wormann on his Seventy-Fifth Birthday.* Jerusalem: Magnes 1975, S. 108–113.

// Heinrich Loewe's Conception of the Role of Public Libraries in Palestine. In: *Yad la Kore* 18,1 (1979), S. 90–101.

// Jewish Nationalism and the Concept of a Jewish National Library. In: Ders. (Hrsg.): *Library Archives and Information Studies.* Jerusalem: Magnes 1989, S. 49–59.

// The Municipal Libraries of Tel Aviv during the British Mandate, 1920–1948. In: *Libraries and Culture* 31,3/4 (1996), S. 540–556.

// Libraries in Late Ottoman Palestine between the Orient and the Occident. In: *Libraries and Culture* 33,3 (1998), S. 260–276.

// Germany in the Holy Land: Its Involvement and Impact on Library Development in Palestine and Israel. In: *Libri* 49,1 (1999), S. 26–42.

// גווילים נשרפים ואותיות פורחות: תולדותיהם של אוספי ספרים וספריות בארץ ישראל ונסיונות להצלת שרידיהם באירופה לאחר השואה [Verbrannte Schriftrollen und fliegende Briefe. Eine Geschichte der Büchersammlungen und Bibliotheken in Eretz Israel und der Rettungsversuche ihrer Überreste in Europa nach der Shoah]. Jerusalem: Magnes 2008.

Schildberger, Hermine: Ein zionistischer Abend in Berlin. In: *Die Welt*, 21.01.1898, S. 9–10.

Schläppi, Daniel: Die Emotionalisierung bürgerlicher Eliten. Zum Umgang mit der schweizerischen Helden- und Befreiungsgeschichte am Ende des 19. Jahrhunderts. In: *Moderne. Kulturwissenschaftliches Jahrbuch* 3 (2007), S. 112–127.

Schmid, Hans Bernhard: Individuum und Kollektiv bei Moritz Lazarus (1824–1903). In: *Zeitschrift für Kulturphilosophie* 16,1 (2005), S. 157–170.

// *Plural Action Essays in Philosophy and Social Science.* Dordrecht / New York: Springer 2009.

Schmidt-Clausing, Fritz: *Das Hansa-Viertel. Von den Schöneberger Wiesen zur „Stadt von Morgen".* Berlin: Selbstverlag [1957].

Schlöffel, Dajena: *Aus dem Scheunenviertel ins Heilige Land – Idee und Alltag zionistischer Erziehung bei Siegfried Lehmann im Spiegel dreier Einrichtungen.* Magisterarbeit, Philosophischen Fakultät der Universität Potsdam 2009.

Schlöffel, Frank: Land und Redner_innen ein Maß geben. Ein Blick auf frühzionistische Text-Bild-Propaganda vor dem 1. Weltkrieg. In: *Nebulosa* 2,4 (2013), S. 10–13.

// Zionismus und Bibliophilie – Heinrich Loewe und die neuen ‚Soncinaten'. In: Karin Bürger / Ines Sonder / Ursula Wallmeier (Hrsg.): *Soncino – Gesellschaft der Freunde des jüdischen Buches. Ein Beitrag zur Kulturgeschichte.* Berlin: de Gruyter 2014, S. 25–40.

Schlör, Joachim: *Nachts in der großen Stadt. Paris, Berlin, London 1840–1930.* München: dtv 1994.

// *Tel Aviv – vom Traum zur Stadt. Reise durch Kultur und Geschichte.* Gerlingen: Bleicher 1996.

// *Endlich im Gelobten Land? Deutsche Juden unterwegs in eine neue Heimat.* Berlin: Aufbau 2003.

// Heinrich Loewe und die jeckische Bibliophilie. In: Gisela Dachs (Hrsg.) *Die Jeckes* (Jüdischer Almanach des LBI). Frankfurt am Main: Jüdischer Verlag 2005, S. 53–59.

// *Das Ich der Stadt. Debatten über Judentum und Urbanität 1822–1938.* Göttingen: Vandenhoeck & Ruprecht 2005.

// Messusot entfernen – Türschilder entfernen. Die Emigration der Gegenstände von Deutschland nach Palästina. In: Wolfgang Schmale / Martina Steer (Hrsg.): *Kulturtransfer in der jüdischen Geschichte.* Frankfurt am Main: Campus 2006, S. 153–172.

// Tel Aviv: (With Its) Back to the Sea. In: *Journal of Modern Jewish Studies* 8,1 (2009), S. 215–235.

// Konstruktionen und Imaginationen vom Heiligen Land im deutschen Judentum: Berichte von unterwegs. In: *Aschkenas* 17,1 (2009), S. 167–183.

// Berlin 1900. In: Christian Hermansen Cordua (Hrsg.): *Manifestoes and Transformations in the Early Modernist City.* Ashgate: Aldershot 2010, S. 255–270.

// Jewish Cultural Studies – eine neue Heimat für die jüdische Volkskunde. In: Birgit Johler / Barbara Staudinger (Hrsg.): *Ist das jüdisch? Jüdische Volkskunde im historischen Kontext.* Wien: Institut für jüdische Geschichte Österreichs / Verein für Volkskunde 2010, S. 415–434.

// „Alte Wege, die wir wandern" Vagabondage in Repräsentationen des Jüdischen. In: Johanna Rolsoven / Maria Maierhofer (Hrsg.): *Das Figurativ der Vagabondage. Kulturanalysen mobiler Lebensweisen.* Bielefeld: Transcript 2012, S. 143–162.

// *Jüdisches Leben in Berlin 1933–1941. Fotografien von Abraham Pisarek.* Berlin: Braus 2012.

// „Solange wir auf dem Schiff waren, hatten wir ein Zuhause". Reisen als kulturelle Praxis im Migrationsprozess jüdischer Auswanderer. In: *Voyage* 10 (2014), S. 226–246

// „Irgendwo auf der Welt". The Emigration of Jews from Nazi Germany as a Transnational Experience In: Jay Howard Geller / Leslie Morris (Hrsg.): *Three-Way Street. Jews, Germans, and the Transnational.* Ann Arbor: University of Michigan Press 2016, S. 220–238.

Schochow, Werner: *Die Berliner Staatsbibliothek und ihr Umfeld. 20 Kapitel preussisch-deutscher Bibliotheksgeschichte.* Frankfurt am Main: Klostermann 2005.

Schoeps, Julius H.: The Beginning of Vienna Kadimah. In: *LBI Year Book* 43 (1998), S. 155–170.

Scholem, Gershom: *Von Berlin nach Jerusalem. Jugenderinnerungen.* Frankfurt am Main: Suhrkamp 1977.

// *Das Davidschild. Geschichte eines Symbols.* Erw. Fassung. Berlin: Jüdischer Verlag 2008.

Schulte, Christoph: Nicht nur zur Einleitung. In: Ders. (Hrsg.): *Deutschtum und Judentum. Ein Disput unter Juden aus Deutschland.* Stuttgart: Reclam 1993.

// *Psychopathologie des Fin de Siècle. Der Kulturkritiker, Arzt und Zionist Max Nordau.* Frankfurt am Main: Fischer 1997.

Schulze, Hagen: Entwürfe historischer Welten von Humboldt bis Meinecke. In: Reimer Hansen / Wolfgang Ribbe / Willi Paul Adams (Hrsg.): *Geschichtswissenschaft in Berlin im 19. und 20. Jahrhundert. Persönlichkeiten und Institutionen.* Berlin / New York: de Gruyter 2006, S. 657–676.

Schütz, Chana C.: Von Berlin nach Tel Aviv – der Lebensweg des Museumsdirektors Karl Schwarz. In: *Kunst und Politik. Jahrbuch der Guernica-Gesellschaft* 6 (2004), S. 65–78.

Schwara, Desanka: Verortung und Grenzziehung. Imaginationen des Nationalen im modernen Europa. In: Nicolas Berg / Omar Kamil / Markus Kirchhoff / Susanne Zepp (Hrsg.): *Konstellationen. Über Geschichte, Erfahrung und Erkenntnis, Festschrift für Dan Diner zum 65. Geburtstag*. Göttingen: Vandenhoeck & Ruprecht 2011, S. 215–230.

Schwartzman, Helen B.: *The Meeting. Gatherings in Organizations and Communities*. New York: Plenum 1989.

Schwarz, Johann Valentin: ‚A New German-Jewish Public Sphere'. Konzeptionelle Überlegungen zu einer Gesamtgeschichte der jüdischen Presse in Deutschland von den Anfängen bis zur Gegenwart. In: Susanne Marten-Finnis / Markus Bauer / Markus Winkler (Hrsg.): *Die jüdische Presse. Forschungsmethoden, Erfahrungen, Ergebnisse*. Bremen: Edition Lumière 2007, S. 39–54.

Schwarz, Karl: Die künstlerische Neuschöpfung des jüdischen Buches. Die Bibelausgabe der Soncino-Gesellschaft. In: *Berliner Jüdische Zeitung*, 15.01.1932, o. P.

// *Jüdische Kunst – Jüdische Künstler. Erinnerungen des ersten Direktors des Berliner Jüdischen Museums*, hrsg. v. Chana C. Schütz / Hermann Simon. Berlin: Hentrich & Hentrich 2001.

Segev, Tom: „Ach, gäbe es doch noch einmal Karpfen wie an der Rehwiese". In: Gisela Dachs (Hrsg.): *Die Jeckes* (Jüdischer Almanach des LBI). Frankfurt am Main: Jüdischer Verlag 2005, S. 28–41.

Sendtner, Florian: „Phantastisch bis zum Vertrackten". Der unbekannte expressionistische Schriftsteller Alfred Lemm (1889–1918). In: *Menorah* 6 (1995), S. 181–198.

Serres, Michel: *Der Parasit*. Frankfurt am Main: Suhrkamp 1987.

Shavit, Zohar: Tel-Aviv Language Police. In: Maoz Azaryahu / S. Ilan Troen (Hrsg.): *Tel-Aviv, the First Century. Visions, Designs, Actualities*. Bloomington / Indianapolis: Indiana UP 2012, S. 191–211.

Shilony, Zvi: *Ideology and Settlement. The Jewish National Fund, 1897–1914*. Jerusalem: Magnes 1998.

Shur, Shimon A.: Modern Hebrew in the Light of Language Planning Terminology, History, and Periodization. In: *Hebrew Studies* 37 (1996), S. 39–54.

Sieg, Ulrich: *Jüdische Intellektuelle im Ersten Weltkrieg: Kriegserfahrungen, weltanschauliche Debatten und kulturelle Neuentwürfe*. Berlin: Akademie 2001.

Siepmann, Judith: Ein Mikrokosmos der deutschsprachigen Emigration. Heinrich Loewe und die Sammlung des Beit Ariela. In: *Naharaim* 7,1–2 (2013), S. 217–238.

Silberstein, Laurence J.: Others Within and Other Without. Rethinking Jewish Identity and Culture. In: Ders. / Robert L. Cohn (Hrsg.): *The Other in Jewish Thought and History Constructions of Jewish Culture and Identity*. New York: New York UP 1994, S. 1–37.

Silver-Brody, Vivienne: *Documentors of the Dream. Pioneer Jewish Photographers in the Land of Israel, 1890–1933*. Jerusalem: Magnes 1998.

Simmel, Georg: Über soziale Differenzierung. Soziologische und psychologische Untersuchungen. In: Ders.: *Gesamtausgabe*, Bd. 2: Aufsätze 1887 bis 1890, hrsg. v. Heinz-Jürgen Dahme. Frankfurt am Main: Suhrkamp 1989, S. 109–295.

// *Soziologie. Untersuchungen über die Formen der Vergesellschaftung. Gesamtausgabe*, Bd. 11, hrsg. v. Otthein Rammstedt. Frankfurt am Main: Suhrkamp 1992.

Simmenauer, Felix: *Die Goldmedaille. Erinnerungen an die Bar Kochba-Makkabi Turn- und Sportbewegung 1898–1938*. Berlin: Edition Hentrich, 1990.

Simon, Dieter: Der Ort der Akademie. Topologische Impressionen. In: Wilhelm Vosskamp (Hrsg.): *Ideale Akademie. Vergangene Zukunft oder konkrete Utopie?* Berlin: Akademie 2002, S. 131–144.

Simon, Ernst: הינריך לוה (אליקים בן יהודה) [Heinrich Loewe (Eljakim Ben Jehuda)]. Tel-Aviv: Drimer 1939.

// Curt Wormann's Road to Jerusalem. In: Mordechai Nadav / Jacob Rothschild (Hrsg.): *Essays and Studies in Librarianship Presented to Curt David Wormann on his Seventy-Fifth Birthday*. Jerusalem: Magnes 1975, S. 1–14.

Simon, Gerd: Chronologie Krüss, Hugo Andres. http://homepages.uni-tuebingen.de/gerd.simon/ChrKruess.pdf (Zugriff am 21.11.2012).

Simonsohn, Emil: *Die jüdische Volksgemeinde*. Berlin: Jüdischer Verlag 1919.

Smith, Anthony D.: *Ethno-Symbolism and Nationalism. A Cultural Approach*. London / New York: Routledge 2009.

Sufian, Sandra M.: *Healing the Land and the Nation. Malaria and the Zionist Project in Palestine, 1920–1947*. Chicago: University of Chicago Press 2007.

Sohns, Jan-Arne: *An der Kette der Ahnen. Geschichtsreflexion im deutschsprachigen historischen Roman, 1870–1880*. Berlin / New York: de Gruyter 2004.

Soja, Edward D: *Thirdspace. Journeys to Los Angeles and Other Real-and-Imagined Places*. Cambridge: Blackwell 1996, S. 24–82.

// Thirdspace. Towards a New Consciousness of Space and Spatiality. In: Karin Ikas / Gerhard Wagner (Hrsg.): *Communicating in the Third Space*. New York / London: Routledge 2009, S. 49–61.

Sokolow, Nahum: Palästinismus und Nationalsprache. In: *Die Welt*, 17.10.1910, S. 1003–1008.

// *History of Zionism, 1600–1918*. London et al.: Longmans, Green 1919.

// *Geschichte des Zionismus*, Bd. 1, aus dem Engl. übertr. v. Stefan Hofer. Wien, Interterritorialer Verlag „Renaissance" [1921].

// *Geschichte des Zionismus*, Bd. 2: Der Zionismus während des Krieges, aus dem Engl. übers. v. Lothar Hoffmann. Wien, Interterritorialer Verlag „Renaissance" [1921].

Sonder, Ines: *Gartenstädte für Erez Israel. Zionistische Stadtplanungsvisionen von Theodor Herzl bis Richard Kauffmann*. Hildesheim / New York / Zürich: Olms 2005.

// *Lotte Cohn. Baumeisterin des Landes Israel; eine Biographie*. Berlin: Jüdischer Verlag 2010.

// „Das wollten wir. Ein neues Land…" Deutsche Zionistinnen als Pionierinnen in Palästina, 1897–1933. In: *Medaon* 14 (2014). http://www.medaon.de/pdf/MEDAON_14_Sonder.pdf (Zugriff am 18.05.2017).

Sorkin, David: *The Transformation of German Jewry 1780–1840*. New York: Oxford UP 1987.

// *The Religious Enlightenment. Protestants, Jews, and Catholics from London to Vienna*. Princeton / Oxfordshire: Princeton UP 2008.

Spendet Bücher zur Zehnjahresspende der „Gesellschaft der Freunde der Jerusalem-Bibliothek e. V. In. *Jüdische Rundschau*, 03.09.1935, o. P.

Spotts, Frederic: *Bayreuth. A History of the Wagner Festival*. New Haven: Yale UP 1994.

Stagl, Justin: Homo Collector. Zur Anthropologie und Soziologie des Sammelns. In: Aleida Assmann / Monika Gomille / Gabriele Rippl (Hrsg.): *Sammler, Bibliophile, Exzentriker*. Tübingen: Narr 1998, S. 37–54.

Stehr, Nico: *Knowledge Societies*. London / Thousand Oaks / New Dehli: Sage 1994.

Stein, Leslie: *The Hope Fulfilled. The Rise of Modern Israel*. Westport: Praeger 2003.

Stenzel, Jürgen: Rhetorischer Manichäismus. Vorschläge zu einer Theorie der Rhetorik. In: Franz Josef Worstbrock / Helmut Koopmann (Hrsg.): *Formen und Formgeschichte des Streitens. Der Literaturstreit*. Tübingen: Niemeyer 1986, S. 3–11.

Sternfeld, Richard: *Französische Geschichte*. Leipzig: Göschen 1898.

// *Richard Wagner und der heilige deutsche Krieg*. Oldenburg: Stalling 1915.

Stewart, Susan: *Crimes of Writing. Problems in the Containment of Representation.* New York: Oxford UP 1991.

Steer, Martina: Einleitung. Jüdische Geschichte und Kulturtransfer. In: Dies. / Wolfgang Schmale (Hrsg.): *Kulturtransfer in der jüdischen Geschichte.* Frankfurt am Main: Campus 2006, S. 10–20.

Sternberg, Meir: Proteus in Quotation-Land. Mimesis and the Forms of Reported Discourse. In: *Poetics Today* 3 (1982), S. 107–156.

Sösemann, Bernd: Berlin im Kaiserreich. Stadt großer Zeitungen und Verleger. In: Roland Berbig / Iwan-M. D'Aprile / Helmut Peitsch / Erhard Schütz (Hrsg.): *Berlins 19. Jahrhundert. Ein Metropolen-Kompendium.* Berlin: Akademie 2011, S. 215–228.

Stoetzler, Marcel: *The State, the Nation, & the Jews. Liberalism and the Antisemitism Dispute in Bismarck's Germany.* Lincoln: University of Nebraska Press 2008.

Streckeisen, Ursula: Doing Death. Expertenpraktik in den Kontexten von Lebenserhaltung, Verlust und Wissenschaft. In: Ronald Hitzler / Anne Horner / Christoph Meader (Hrsg.): *Expertenwissen. Die institutionalisierte Kompetenz zur Konstruktion von Wirklichkeit.* Opladen: Westdeutscher Verlag 1994, S. 232–246.

Sztif, Nochem [Ps. Bal Dimien]: Der Hebraismus und die Reaktion. In: *Die Freistatt* 2,1 (1914), S. 8–15.

Tempel, Ulrich: Religion and Politics in the Berlin Jewish Community: The Work of the Repräsentantenversammlung, 1927–1930. In: *LBI Year Book* 46 (2001), S. 215–240.

Terpitz, Olaf: An Enclave in Time? Russian-Jewish Berlin Revisited. In: Jörg Schulte / Olga Tabachnikova / Peter Wagstaff (Hrsg.): *The Russian Jewish Diaspora and European Culture, 1917–1937.* Leiden / Boston: Brill 2012, S. 179–199.

Tietmeyer, Elisabeth / Claudia Hirschberger / Karoline Noack / Jane Redlin: Vorwort. In: Dies. (Hrsg.): *Die Sprache der Dinge. Kulturwissenschaftliche Perspektiven auf die materielle Kultur.* Münster: Waxmann 2010, S. 7–8.

The David Wolffsohn House of the Jewish National and University Library. Jerusalem [1930].

The Zionist Congress. In: *The Times*, 02.08.1905, S. 5.

Theilhaber, Felix: *Der Untergang der deutschen Juden. Eine volkswirtschaftliche Studie.* München: Reinhardt 1911.

Thon, Osias: Zur geschichtsphilosophischen Begründung des Zionismus [1]. In: *Selbst-Emancipation*, 01.12.1896, S. 319–323.

Theison, Philipp: *Die Urbarkeit der Zeichen. Zionismus und Literatur – eine andere Poetik der Moderne.* Stuttgart / Weimar: Metzler 2005.

Tobler, Titus: *Nazareth in Palästina; nebst Anhang der vierten Wanderung.* Berlin: Reimer 1868.

Toury, Jacob: Jüdische Buchhändler und Verleger in Deutschland vor 1860. In: *Bulletin des LBI* 9 (1960), S. 58–69.

Traubenberg, Bernhard: Gründet Gemeindebibliotheken! In: *Allgemeine Zeitung des Judentums*, 24.06.1892, S. 302.

Treitschke, Heinrich von: Cavour. In: Ders.: *Historische und Politische Aufsätze.* Leipzig: Hirzel 1871.

// Unsere Aussichten. In *Preußische Jahrbücher* 44 (1879), S. 559–576.

// *Deutsche Geschichte im neunzehnten Jahrhundert.* Leipzig: Hirzel 1882.

Tryster, Hillel: *Israel before Israel. Silent Cinema in the Holy Land.* [Jerusalem]: Steven Spielberg Jewish Film Archive / Hebrew University / CZA 1995.

Tubal: Zur Pressefrage. In: *Jüdische Rundschau*, 06.10.1905, S. 507–508.

Tucholsky, Kurt [Ps. Theobald Tiger): Der Geist von 1914. In: *Die Weltbühne*, 07.08.1924, S. 204.

Uebersiedlung der jüdischen National-Bibliothek. In: *Jüdische Rundschau*, 07.04.1929, S. 276.

Urry, John: *Cultural Mobilities*. Cambridge / Malden: Polity 2007.

Vannini, Philip: The Cultures of Alternative Mobilities. In: Ders. (Hrsg.): *The Cultures of Alternative Mobilities. Routes Less Travelled*. Surrey / Burlington: Ashgate 2009, S. 1–18.

Verband zur Förderung der Universität Jerusalem. In: *Jüdische Rundschau*, 17.11.1925, S. 756.

Verhey, Jeffrey: *Der „Geist von 1914" und die Erfindung der Volksgemeinschaft*. Hamburg: Hamburger Edition 2000.

Vertrauenskommission zur Erhaltung freistudentischen Lebens an der Universität Berlin (Hrsg.): *Zur Einführung in das akademische Leben an der Universität Berlin*. Berlin: Verl. Freistudentischer Schriften 1908.

Verordnung betreffend die Form der Diensteide, vom 6. Mai 1867. In: *Preußische Beamten-Gesetzgebung, enthaltend die wichtigsten Beamtengesetzte in Preußen*, hrsg. v. Carl Pfafferoth. Berlin: Guttentag 1905, S. 1–2.

Vierhaus, Rudolf: Rankes Begriff der historischen Objektivität. In: Reinhart Koselleck / Wolfgang J. Mommsen / Jörn Rusen (Hrsg.): *Objektivität und Parteilichkeit in der Geschichtswissenschaft*. München: dtv 1977, S. 153–182.

Vilas Bohlman, Philip: Before Hebrew Song. In: Michael Berkowitz (Hrsg.): *Nationalism, Zionism and Ethnic Mobilization of the Jews in 1900 and Beyond*. Leiden / Boston: Brill 2004, S. 25–60.

// *Jüdische Volksmusik. Eine mitteleuropäische Geistesgeschichte*. Wien: Böhlau 2005.

Vissmann, Cornelia: Arché, Archiv, Gesetzesherrschaft. In: Stephan Günzel / Knut Ebeling (Hrsg.): *Archivologie. Theorien des Archivs in Wissenschaft, Medien und Künsten*. Berlin: Kadmos 2009, S. 89–103.

Vital, David: *The Origins of Zionism*. Oxford: Clarendon 1975.

Vizetelly, Henry: *Berlin under the New Empire. Its Institutions, Inhabitants, Industry, Monuments, Museums, Social Life, Manners, and Amusements*. London: Tinsley Brothers 1879.

Vodosek, Peter: Zwischen Philantropismus und Sedativ. ‚Die Bücherhallenbewegung'. In: Mark Lehmstedt / Andreas Herzog (Hrsg.): *Das bewegte Buch. Buchwesen und soziale, nationale und kulturelle Bewegungen um 1900*. Wiesbaden: Harrassowitz 1999, S. 397–408.

Voigt, Isabell: Korrespondenzbüros als Hilfsgewerbe der Presse. In: Jürgen Wilke (Hrsg.): *Unter Druck gesetzt. Vier Kapitel deutscher Pressegeschichte*. Köln: Böhlau 2002, S. 69–124.

Voigts, Manfred: Fichte as "Jew-hater" and Prophet of the Zionists. In: *LBI Year Book* 45 (2000), S. 81–91.

// *Die deutsch-jüdische Symbiose. Zwischen deutschem Sonderweg und Idee Europa*. Tübingen: Niemeyer 2006.

Volkov, Shulamit: Jüdische Assimilation und jüdische Eigenart im Deutschen Kaiserreich. Ein Versuch. In: *Geschichte und Gesellschaft* 9,3 (1983), S. 331–348.

Volkmann, Michael: *Neuorientierung in Palästina. Erwachsenenbildung deutschsprachiger jüdischer Einwanderer 1933 bis 1948*. Köln: Böhlau 1994.

Vom 9. Zionisten-Kongress. In: *Palästina* 7,2 (1910). S. 51–55.

Wagner, Richard: *Was ist deutsch? Schriften und Dichtungen des Meisters für die Zeit des Heiligen deutschen Krieges*, hrsg. v. Richard Sternfeld. Leipzig: Breitkopf & Härtel, 1915, S. III–IV.

Was ist und was bezweckt der Jüdische Nationalfonds? Wien: Selbstverlag des Vereines Erez Israel (Zentralbureau des Jüdischen Nationalfonds) in Wien 1906, S. 8–10.

Weingrad, Michael: Messiah, American Style. Mordecai Manuel Noah and the American Refuge. In: *AJS Review* 31,1 (2007), S. 75–108.

Weldler, Norbert: *Die Jüdische National- und Universitätsbibliothek in Jerusalem*. Zürich: „Der Scheideweg" 1957.

Weiser, Kalman / Joshua A. Fogel (Hrsg.): *Czernowitz at 100. The First Yiddish Language Conference in Historical Perspective*. Lanham: Lexington 2010.

Weizmann, Chaim: *Trial and Error. The Autobiography of Chaim Weizmann*. Illustr. Ausg. London: Horovitz 1950.

Wagner, Volker: *Die Dorotheenstadt im 19. Jahrhundert. Vom vorstädtischen Wohnviertel barocker Prägung zu einem Teil der modernen Berliner City*. Berlin / New York: de Gruyter 1998.

Walkenhorst, Peter: *Nation – Volk – Rasse. Radikaler Nationalismus in Deutschen Kaiserreich 1890–1914*. Göttingen: Vandenhoeck & Ruprecht 2007.

Walkowski, Shebach: מכתבי הוראה - אונטערריכטסבריעף [Unterrichtsbriefe]. Krakau: Fischer / Deutscher 1910.

Walter, Dirk: *Antisemitische Kriminalität und Gewalt. Judenfeindschaft in der Weimarer Republik*. Bonn: Dietz 1999.

Walzer, Michael: *Interpretation and Social Criticism*. Cambridge: Harvard UP 1987.

Warneken, Bernd Jürgen: „Völkisch nicht beschränkte Volkskunde". Eine Erinnerung an die Gründungsphase des Fachs vor 100 Jahren. In: *Zeitschrift für Volkskunde* 95,2 (1999), S. 169–196.

Warschauer, Malwin: *Im jüdischen Leben. Erinnerungen des Berliner Rabbiners Malwin Warschauer*. Berlin: Transit 1995.

Weber, Max: Die Wirtschaftsethik der Weltreligionen. Das antike Judentum, In: Ders.: *Gesamtausgabe*, Bd. I.21,1, hrsg. v. Eckart Otto. Tübingen: Mohr Siebeck 2008, S. 234–606.

Wegeler, Cornelia: *„... wir sagen ab der internationalen Gelehrtenrepublik". Altertumswissenschaft und Nationalsozialismus das Göttinger Institut für Altertumskunde 1921–1962*. Köln / Weimar / Wien: Böhlau 1996.

Wehde, Susanne: *Typographische Kultur. Eine zeichentheoretische und kulturgeschichtliche Studie zur Typographie und ihrer Entwicklung*. Tübingen: Niemeyer 2000.

Wehler, Hans-Ulrich: *Deutsche Gesellschafts-Geschichte*, Bd. 3: 1849–1914. München: Beck 1995.

Weinberg, Jehuda Louis: *Aus der Frühzeit des Zionismus. Heinrich Loewe*. Jerusalem: Rubin Mass 1946.

Weinberg, Manfred: Ein Seismograph für geistigen Erbgutsverkehr. Sieben Bemerkungen zur Kulturwissenschaftlichen Bibliothek Aby Warburgs sowie zu Sammeln, Bibliophilie und Exzentrik. In: Aleida Assmann / Monika Gomille / Gabriele Rippl (Hrsg.): *Sammler, Bibliophile, Exzentriker*. Tübingen: Narr 1998, S. 117–138.

Welter, Volker M.: The Geddes Vision of the Region as City – Palestine as a "Polis". In: Jeannine Fiedler (Hrsg.): *Social Utopias of the Twenties. Bauhaus, Kibbutz and the Dream of the New Man*. Wuppertal: Müller + Bussmann 1995, S. 72–79.

Wengeler, Martin: Von den kaiserlichen „Hunnen" bis zu Schröders „uneingeschränkter Solidarität". Argumentative und lexikalischen Kontinuitäten und Veränderungen in deutschen „Kriegsbotschaften" seit 1900. In: Ders. / Dietrich Busse / Thomas Niehr (Hrsg.): *Brisante Semantik. Neuere Konzepte und Forschungsergebnisse einer kulturwissenschaftlichen Linguistik*. Tübingen: Niemeyer 2005, S. 209–232.

Werbeschild der Bötzow Brauerei. http://www.museum-digital.de/berlin/index.php?t=objekt&suinin=5&oges=637 (Zugriff am 10.03.2014).

Werner, Michael / Benédicte Zimmermann: Vergleich, Transfer, Verflechtung. Der Ansatz der Histoire croisee und die Herausforderung des Transnationalen. In: *Geschichte und Gesellschaft* 28 (2002), S. 607–636.

// Beyond Comparison. Histoire Croisee and the Challenge of Reflexivity. In: *History and Theory* 45,1 (2006), S. 30–50.

Wertheimer, Jack: *Unwelcome Strangers. East European Jews in Imperial Germany*. New York: Oxford UP 1987.

Wettstein, Howard: Coming to Terms with Exile. In: Ders. (Hrsg.): *Diasporas and Exiles*. Berkeley / Los Angeles / London: University of California Press 2002.

Wex, Michael: *Born to Kvetch. Yiddish Language and Culture in all its Moods*. New York: St. Martin's 2005.

Wexler, Paul: *The Schizoid Nature of Modern Hebrew: A Slavic Language in Search of a Semitic Past*. Wiesbaden: Harrassowitz 1990.

Wiedebach, Hartwig / Annette Winkelmann (Hrsg.): *Chajim H. Steinthal. Sprachwissenschaftler und Philosoph im 19. Jahrhundert*. Leiden / Boston / Köln: Brill 2002.

Wiener Cohen, Naomi: *Jacob H. Schiff: A Study in American Jewish Leadership*. Hanover: Brandeis UP 1999.

Wiese, Christian: Introduction: The Legacy of Hans Kohn. In: *LBI Year Book* 55 (2010), S. 251–254.

Wildmann, Daniel: *Der veränderbare Körper. Jüdische Turner, Männlichkeit und das Wiedergewinnen von Geschichte in Deutschland um 1900*. Tübingen: Mohr Siebeck 2009.

Wilhelm, Kurt: Der zionistische Rabbiner. In: Hans Tramer / Siegfried Moses (Hrsg.): *In zwei Welten. Siegfried Moses zum fünfundsiebzigsten Geburtstag*. Tel Aviv: Bitaon 1962, S. 55–70.

Willemsen, Martina: *Fritz Mordechai Kaufmann und „Die Freistatt". Zum alljüdischen Literaturkonzept einer deutsch-jüdischen Monatsschrift*. Tübingen: Niemeyer 2007.

Wirsching, Andreas: *Vom Weltkrieg zum Bürgerkrieg? Politischer Extremismus in Deutschland und Frankreich 1918–1933/39. Berlin und Paris im Vergleich*. München: Oldenbourg 1999.

Wistrich, Robert S.: The Clash of Ideologies in Jewish Vienna (1880–1918). The Strange Odyssey of Nathan Birnbaum. In: *LBI Year Book* 33 (1988): S. 201–230.

// *Die Juden Wiens Im Zeitalter Kaiser Franz Josephs*. Wien / Köln / Weimar: Böhlau 1994.

// Theodor Herzl.: Between Myth and Messianism. In: Mark H. Gelber / Vivian Liska (Hrsg.): *Theodor Herzl: From Europe to Zion*. Tübingen: Niemeyer 2007, S. 7–22.

// *Laboratory for World Destruction. Germans and Jews in Central Europe*. Lincoln: University of Nebraska Press 2007.

Witkowski, Kurt: „Macht nichts! Gleich gehts weiter!". Tagessorgen in Palästina. In: *Jüdische Rundschau*, 27.10.1933, S. 707.

Wobick-Segev, Sarah E.: German-Jewish Spatial Cultures. Consuming and Refashioning Jewish Belongings in Berlin, 1890–1910. In: Gideon Reuveni / Nils Roemer (Hrsg.): *Longing, Belonging, and the Making of Jewish Consumer Culture*. Leiden / Boston: Brill 2010, S. 39–60.

// Buying, Selling, Being, Drinking. Jewish Coffeehouse Consumption in the Long Nineteenth Century. In: Dies. / Gideon Reuveni (Hrsg.): *The Economy in Jewish History. New Perspectives on the Interrelationship between Ethnicity and Economic Life*. New York: Berghahn 2011.

Woodward, Ian: Material Culture and Narrative. Fusing Myth, Materiality and Meaning. In: Phillip Vannini (Hrsg.): *Material Culture and Technology in Everyday Life. Ethnographic Approaches*. New York: Lang 2009, S. 59–72.

XV. Delegiertentag der Zionistischen Vereinigung für Deutschland. In: *Jüdische Rundschau*, 14.01.1919, S. 27–29.

Y. St.: Ein Zionsabend in Berlin. In: *Die Welt*, 26.11.1897, S. 9–10.

Yacobi, Haim: Academic Fortress. The Case of Hebrew University on Mount Scopus, Jerusalem. In: Wim Wiewel / David C. Perry (Hrsg.): *Global Universities and Urban Development. Case Studies and Analysis*. Cambridge / Armonk: Sharpe 2008, S. 257–272.

Zakim, Eric: *To Build and Be Built. Landscape, Literature, and the Construction of Zionist Identity*. Philadelphia: University of Pennsylvania Press 2006.

Zangwill, Israel: *Dreamers of the Ghetto*. Philadelphia: The Jewish Publication Society 1898.

Zeiß-Horbach, Auguste: *Der Verein zur Abwehr des Antisemitismus. Zum Verhältnis von Protestantismus und Judentum im Kaiserreich und in der Weimarer Republik*. Leipzig: Evangelische Verlagsanstalt 2008.

Zeitlin, Irving M.: *Jews. The Making of a Diaspora People*. Cambridge / Malden: Polity 2012.

Zentralbureau der Organisation für hebräische Sprache. In: *Die Welt*, 04.03.1910, S. 198.

Zer-Zion, Shelly: The Wander's Shoe: The Cobbler's Penalty: The Wandering Jew in Search of Salvation. In: Edna Nahshon (Hrsg.): *Jews and Shoes*. Oxford / New York: Berg 2008, S. 133–148.

Zerubavel, Yael: *Recovered Roots. Collective Memory and the Making of Israeli National Tradition*. Chicago / London: University of Chicago Press 1995.

// Desert and Settlement. Space Metaphors and Symbolic Landscapes in the Yishuv and Early Israeli Culture. In: Julia Brauch / Anna Lipphardt / Alexandra Nocke (Hrsg.): *Jewish Topographies. Visions of Space, Traditions of Place*. Aldershot/Burlington: Ashgate 2008, S. 201–222.

Zeugin, Bettina: Drei Tage in Basel. In: Heiko Haumann (Hrsg.): *Der Erste Zionistenkongress von 1897. Ursachen, Bedeutung, Aktualität*. Basel: Karger 1997, S. 141–148.

Ziegner, Carl: *Deutsche überregionale Presse in Litauen seit 1991 untersucht am Beispiel der Monatszeitung Baltische Rundschau*. Norderstedt: GRIN 2006.

Zimmermann, Bénédicte: Histoire Croisée and the Making of Global History. http://www.iue.it/HEC//ResearchTeaching/20082009-Autumn/SS-reading-Zimmermann.pdf (Zugriff am: 19.06.2012).

Zionistischen Actions-Comité (Hrsg.): *Im Kampf um die hebräische Sprache*. Berlin: Selbstverlag [1914].

Zipperstein, Steven J.: Symbolic Politics, Religion, and the Emergence of Ahad Haam. In: Shmuel Almog / Jehuda Reinharz / Anita Shapira (Hrsg.): *Zionism and Religion*. Hanover: Brandeis UP 1998, S. 55–66.

Zudrell, Petra: *Der Kulturkritiker und Schriftsteller Max Nordau. Zwischen Zionismus, Deutschtum und Judentum*. Würzburg: Königshausen & Neumann 2003

Zur Selbstkritik des Zionismus. In: *Jüdische Rundschau*, 10.10.1902, S. 11–12.

Zwi Kleniec, Selman ben: Der ewige Jude in Basel. In: *Jüdische Rundschau*, 04.12.1903, S. 526–527.

Zwicker, Lisa F.: *Duelling Students. Conflict, Masculinity, and Politics in German Universities, 1890–1914*. Ann Arbor: University of Michigan Press 2011.

Personenregister

Aaron, Louis 144
Abb, Gustav 329
Abrahams, Israel 270
Abu Nabtah 175
Achad Haam 48, 75, 229, 244, 265, 269, 284, 286, 290, 317, 397, 401
Agadati, Baruch 47
Agnon, Samuel Josef 295
Ahasver (legend.) 238
Ahronstamm, o. A. 132, 147
Albeck, Hanoch 381
Lehmann, Alfred ▸ Alfred Lemm
Althaus, Hans Peter 60
Althoff, Friedrich 247, 251, 253
Altmann, Josef 362, 378, 380, 382, 384
Andersen, Hans Christian 14
Anderson, Benedict 83
Andrée, Richard 355, 358
Aptowitzer, Victor 381
Arlozoroff, Chaim 47
Arnon, Jochanan 24
Aschkenazy, Hirsch 288
Auerbach, Baruch Mendel 49
Auerbach, Elias 23, 40–41, 184, 207–208, 221, 223, 226, 239–240, 321, 357–358
Auerbach, Nanny ▸ Nanny Margulies-Auerbach
Auerbach, Selig 190
Azaryahu, Maoz 46
Bade, Wilfrid 59
Badt-Strauss, Bertha 60, 217
Baeck, Leo 354, 362
Baerwald, Alex 246, 325, 371
Ballod, Carl 337
Bambus, Willy 18, 82, 128–133, 138, 140, 142, 145, 151, 154–157, 160, 164–177, 179, 181–183, 190, 194–195, 197–201, 204–206, 208, 296, 401
Baneth, Eduard 284–285, 288, 342, 348
Barouch, Lina 24, 46
Barth, Lazarus 393
Becker, Julius 222, 226, 228, 240, 261, 317
Beethoven, Ludwig van 96
Behmer, Marcus 383–384
Behr, Ludwig 219–220
Bein, Alex 21–23
Belkowski, Zwi G. 234
Belkowsky, Gregoire 91
Ben Gabirol, Salomon 140
Ben Gavriel, Moshe Yaakov 390–391
Ben Jehuda, Eliezer 174, 181, 243, 246, 278, 286, 308
Ben Joseph, Esthi 222
Ben Zwi Kelniec, Salman 238, 240
Benjamin, Walter 35
Bentwich, Herbert 181
Bentwich, Norman 265
Berdiaew, Nikolai 100
Berek, Mathias 47, 97
Berggrün, Betty 342, 346
Berggrün, Nissan 346
Bergmann, Hugo 324, 364
Bergmann, Julius 350, 354
Bergmann, Lina 215
Berkowitz, Michael 28, 296
Bernfeld, Simon 287
Bernstein, S. 288
Bernstein-Kohan, Jacob 234
Berri-Burckhardt, Melchior 191
Bertz, Inka 31, 104
Biale, David 28
Bialik, Chaim Nachman 48, 284, 289, 376–377
Bieger, Laura 152
Biermann, Johannes 92
Bilski, Emily D. 62
Biram, Arthur 288, 291, 348
Birnbaum, Nathan 18, 54, 56, 73, 86–87, 91, 106, 119, 123, 125–128, 141–142, 156, 160–161, 278, 283, 402
Bismarck, Otto von 145
Blau, Lajos 381
Blau, Ludwig 377
Blau, Peter M. 34
Bleichröder, J. (Rabbiner) 288
Blumenfeld, Kurt 278, 321–322, 327
Bodenheimer, Alfred 238
Bodenheimer, Max 109, 112, 126–128, 138, 142, 150, 164, 192, 195, 197, 201, 205, 210–211, 214, 219, 228, 234, 257, 281, 298, 305, 313, 362
Bodenstein, Julius 179
Böckel, Otto 85
Boeckh, Richard 102–103
Boehlendorff, Wilhelm 129, 131–134, 144, 154
Böhm, Adolf 28, 64, 283
Bötzow, Julius 80
Bomberg, Daniel 378
Boschwitz, Clara 339
Boschwitz, Isaak 342, 344
Boß, Heinz 390
Boyarin, Daniel 28
Boyarin, Jonathan 28
Bradt, Gustav 362
Brainin, Ruben 160, 285
Brauch, Julia 29
Braude, Jacob 172
Braude, Markus 133
Brenner, Michael 315, 321, 328, 344
Brod, Max 312
Brody, Heinrich 207–208, 249, 381
Bronner, Simon J. 28

Bruck, Zwi G. 234
Brunn, Martin 378
Buber, Martin 211, 214, 229, 240, 252, 264, 275, 279, 284–286, 289, 316–317, 335, 348
Calvary, Moses 316
Caro, Ernst 144
Caro, Ezekiel 123
Cassel, David 93, 105, 137, 138
Cassirer, o. A. 63
Cassuto, Umberto 381
Cavour, Camillo Benso Graf von 97
Chaikin, Benjamin 371
Chamberlain, Joseph 232
Chamitzer, Raphael 362
Chasanowicz, Josef 241–246, 252, 254–257
Churs, o. A. (Schutzmann) 62
Chwolson, Daniel A. 355
Coetzee, Jan K. 35
Cohen, Israel 366
Cohen, Pinchas 288
Cohn, Bernhard 204
Cohn, Lotte 373
Cohn, Oskar 322
Coleman, James S. 33–34
Conrad, Lawrence I. 243
Costa, Isaac da 163
Cronbach, Siegfried 179
Dammann, Emil 362
Danziger, o. A. 63
Daude, Paul 92
David (bibl.) 115
David, Willy 378
Dernburg, Heinrich 92
Derrida, Jacques 21
Diamant, Max 278
Dizengoff, Meir 174, 385
Dolev, Diana 325
Dorn, Moritz 179
Dubnow, Simon 238
Duncker, Max 100
Eck, Ernst 92
Eder, Montague David 367
Ehrenpreis, Markus 45, 132
Eichert, Otto 247
Einstein, Albert 308, 343, 362–363, 327
Einstein, Elsa 363
Eisenstadt, Josua 171–172, 174, 191
Elbogen, Ismar 343, 362
Eliasberg, Ahron 349, 351
Elija (bibl.) 207
Eliot, Charles 237
Eloni, Yehuda 26, 30, 64, 202, 205, 209, 218
Ember, Aaron 379
Engels, Friedrich 127
Erman, Wilhelm 213
Ernst, Shimon 397
Eschelbacher, Ernestine 362
Eschelbacher, Klara 335
Eschelbacher, Max 358
Esser, Hartmut 33–34
Esterka (legend.) 139
Estermann, Leib 131–132, 134, 154–155, 196–197, 239
Ettinger, Akiva (?) 91
Exiner, Martin 339
Faisal I. 324
Feitelberg, David 147
Feiwel, Berthold 211, 214, 229–230, 252, 265, 285
Feldstein, Moses 265–266, 270, 273
Fels, Mary 372
Fichte, Johann Gottlieb 14, 268
Flavius Josephus 90
Formanski, Birgit 19
Foucault, Michel 20, 152
Foy, Karl 110
Fraenkel, Joseph 285
Franke, Johannes 250–251, 277
Frankenstein, Betty 214
Franzos, Karl Emil 118, 138
Freimann, Aron 249, 381
Friedeberg, Willy 188
Friedemann, Adolf 128, 134–135, 144–146, 148, 151, 157, 204, 218–219, 228, 235, 265, 281, 348
Friedenwald, Harry 372
Friedländer, o. A. 87
Friedländer, Betty 11
Friedländer, Siegbert 134
Friedrich Wilhelm II. 66
Friedrich Wilhelm III. 13
Frischmann, David 284
Frumkin, Yisrael Dov 243
Gabriel, Hermann 220
Gans, o. A. 39
Gaster, Moses 254
Gaudenzi, Augusto 143
Gause, Carl 340
Geddes, Patrick 325, 370–371
Geiger, Ludwig 150, 213
Geis, Saly 309
Gelfand, Israil Lasarevitsch ▸ Alexander Parvus
Gerhard, Karl 251
Gerhardt, Carl Jakob Adolf Christian 92
Gerson, Georg 288
Ginzburg, Asher ▸ Achad Haam
Ginzburg, David 308
Ginzburg, Mathilde 308
Ginzburg, Vladimir 293–294, 308
Glaßberg, Abraham 274
Glatthaar, o. A. (Maler) 57
Glückmann, o. A. (Gärtner) 187
Gluskin, Zeev 42, 397
Goethe, Johann Wolfgang von 178
Goldberg, Albert 133, 147
Goldberg, Yitzhak Leib 234
Goldziher, Ignaz 379

Gonzer, Meir Alter 288
Gordon, Yehudah Leib 241
Gorki, Maxim 234
Gottheil, Richard 185
Gottlieb, o. A. 285
Graetz, Heinrich 67–70, 90, 99, 101, 119, 150, 157, 247
Grasowski, Jehuda 42
Greenberg, Leopold 232
Greßmann, Hugo 381
Grey-Hill, Caroline 325
Grey-Hill, John 325
Gries, Rainer 108
Grimm, Jacob 14
Grimm, Wilhelm 14
Grisebach, Hans 178
Grodzin, Berta 133
Grodzin, Lina 133
Gronemann, Sammy 45, 60, 69, 181, 184, 193, 204, 206–207, 229, 261, 288, 319, 378
Gronemann, Selig 190
Gross, Nathan 257, 305
Grosz, George 335
Grunwald, Max 354, 356–358
Guttmann, Jacob 190
Guttmann, Michael 381
Hamburg, Bertrand 288, 348
Hammerstein, Kurt 345–346
Hanff, Sally 218–219
Hannes 105
Hantke, Arthur 142, 146, 214, 218–221, 226–228, 235, 261, 266, 272, 321–322
Hantke, Robert 145
Harnack, Adolf von 253
Hartmann, Martin 110
Hartmann, Rudolf 132, 161
Hartwich, Emil 375
Hasse, Ernst 103
Hecht, Emanuel 247
Hegel, Georg Wilhelm Friedrich 268
Heider, Ulrich 374
Heimann, Lajos 185
Hein, Annette 96
Heine, Heinrich 69
Herder, Johann Gottfried 268
Herlitz, Georg 21–22
Herzberg, Julia 20
Herzl, Theodor 23, 45, 50, 130, 141, 163–164, 184, 189–192, 195, 197–200, 203, 205, 207–208, 210, 219–220, 229–233, 236–238, 327, 405–406
Hess, Moses 87, 139
Heymann, Hans Gideon 61
Hildesheimer, Esriel 105, 137
Hildesheimer, Hirsch 105, 114, 117, 128–129, 140, 145, 165, 179, 181, 189–190, 198
Hildesheimer, Meier 362, 381
Hildesheimer, Moses 165, 185, 187
Hill, Clement 232
Hillel (tannaitisch) 147
Hirsch, Julius 291
Hirsch, Max 396
Hirsch, Menko Max 378
Hirsch, Samson Raphael 150
Hirschfeld, Otto 143
Hitler, Adolf 328
Hoch, o. A. 78
Hochstein, o. A. (Immobilienmakler) 371
Hoecker, Rudolf 329
Höflich, Eugen ▸ Moshe Yaakov Ben Gavriel
Hoffacker, Karl 178
Hoffmann, Ernst 396
Holzmann, Jehuda 163–164, 181, 208
Homer 247
Horodisch, Abraham 378
Horovitz, Markus 190
Howard, Ebenezer 328, 339
Hübler, Bernhard 92
Humboldt, Alexander von 251
Humboldt, Wilhelm von 251, 280
Hurwitz, Shai 284–286, 288, 290
Ihne, Ernst von 246
Inber, Josef 87
Isaac, Julius 148–149, 151
Itelson, Gregory 101
Jabotinsky, Vladimir 313
Jacobsohn, Julius 210
Jacobson, Israel 15
Jacobson, Victor 61, 64, 79, 234, 272
Jaeger, Achim 113
Jaroschewsky, o. A. (Schriftsteller) 63
Jean Paul 14
Jellinek, Adolph 116
Jelsky, Israel 98–99, 105
Jesaja (bibl.) 326
Jessen, Caroline 24, 387
Jhering, Rudolf 234, 343
Joffe, Hillel 171
Jona (bibl.) 122
Jonas, o. A. (Rechtsanwalt) 179
Jonge, Morris de 234, 343
Joris, A. S. 268
Josefowicz, o. A. 133
Jungmann, Max 132, 134–135, 146–147, 184, 388
Kähler, Wilhelm 333
Kahn, Arthur 339
Kaiser, Wolf 167
Kaisermann, Nahum 171
Kaisermann, Nathan 191
Kalischer, Zwi Hirsch 243
Kalmus, o. A. (Bankier) 134
Kalmus, Ernst 132–134
Kaminitz, Bezalel 170, 173
Kaminka, Armand 107, 111–112, 114, 194
Kaminsky, Eugen 133

Kampffmeyer, Theodor 285
Kann, Jacobus 368, 373
Kareski, Georg 323
Karpeles, Gustav 90, 114, 116–117, 119, 127–128, 130, 138, 145, 151, 247
Katz, Albert 138, 148, 285
Katz, Benzion 380–382
Katznelson, Berl 369
Kauffmann, Richard 338–339, 368, 371–372
Kayserling, Emanuel 247
Kilcher, Andreas 31
Kirchhoff, Markus 30, 110
Kirschner, Bruno 327, 343, 352–354, 382
Klausner, Max Albert 208
Klee, Alfred 197, 220–221, 315, 323, 344, 347–348, 403
Klötzel, Cheskel Zwi 354
Klotz, Moritz 93, 105
Klughaupt, Simon 331
König, Gudrun M. 176
Körting, Gustav 98
Kohn, Hans 85
Kohn, Leo 370
Kollenscher, Max 319, 366, 392–393
Konstantinowsky, Jacob 108
Kook, Abraham Isaak 392
Kopfstein, Meir 198
Korkis, Abraham 254
Kremer, Arndt 281
Kresse, Oscar 222
Kroner, Philipp 115
Krüss, Hugo Andres 329
Krug, Carl 237
Krupnik, Baruch 345
Krupnik, Chaim 342, 344
Landau, Leopold 148
Landau, Saul Raphael 242
Landauer, Gustav 320
Landsberg, Lewis 372
Lapin, Abel 313
Laske, Gotthard 378
Latour, Bruno 17, 37
Lavi, Jakob Georg 44
Lavsky, Hagit 67, 322
Law, John 36
Lazare, Bernard 160
Lazarus, Moritz 97–98, 101–103, 106, 138, 269, 355, 401
Lazarus, Paul 313
Lefebvre, Henri 32, 37
Lehfeld, Joseph 14
Lehmann, Siegfried 335
Lemm, Alfred 335–336
Lenz, Friedrich 222
Lenz, Max 143
Leopold, Louis 132
Lepsius, Johannes 192
Leschnitzer, Georg 42
Leszynsky, Eduard 214, 220, 261–362, 368
Levin, Schmarjahu 64, 69–70, 74, 79–80, 82–83, 93, 95, 100, 103–105, 117, 265, 272, 285, 291, 324, 359, 364, 405
LeVine, Mark 169
Levy, Benas 353
Levy, Berthold 231
Levy, Emil 285, 288, 291, 348
Levy, Emil Nathan 391–392
Levy, Joseph ▸ Joseph Lehfeld
Levy, Wilhelm 220
Lewin, Carl 342–343, 378
Lewin, Joshua Heschel 243
Lewin-Epstein, Eliyahu Wolf 172
Lewinski, Elchanan Leib 212
Lewit, Leibl 394
Lewy, Julius 381
Lewy, Wilhelm 348
Lichtenstein, Abraham 131
Lichtheim, Richard 30, 64
Liebermann, Arthur 342
Liebermann von Sonnenberg, Max 145
Lifshitz, Malkah 281
Lilien, Ephraim Moses 50, 211, 230
Lilien, Otto M. 50
Lilienblum, Moshe Leib 290
Lilienthal, Georg 355
Lin, Josef 285, 288
Lipphardt, Anna 29
Lipphardt, Veronika 355, 358
Lissauer, Ernst 274
Loeb, Moritz A. 339–340, 347–348
Löbl, Leopold Paul 154
Loewe, Betty 14, 18, 53–54, 59, 70, 87–89, 106
Loewe, Eduard 15, 54, 89, 106
Loewe, Gideon 19, 40–42, 215, 293, 375, 385–387
Loewe, Hadassa 19, 23, 42, 215, 221, 385–387
Loewe, Johanna 15, 18, 41, 48–49, 215, 221, 370, 385–387
Loewe, Louis 13–16, 18, 53, 87–89, 106–107, 209, 211
Loewe, Moritz 15
Loewe, Richard 15–17, 54, 82, 86–87, 89, 97, 99, 105, 107, 109, 117, 123, 126–128, 130, 132–133, 145, 165, 223, 387
Loewe, Uri 42, 393
Loewengard, Alfred 187
Loewenstein, Julius (?) 140
Loewenthal, o. A. (Gebr.) 90
Loewy, Joseph 339–340
Losener, o. A. 58
Lothringen, Friedrich von 143
Lowenstein, Sol 372
Lowenstein, Steven M. 66
Lublinkski, Samuel 204
Ludvipol, Abraham 191
Luncz, Abraham Moses 166

Lurije, Joseph 64, 70, 81, 88, 105
Luschan, Felix von 358
Lustig, Leopold 394
Luther, Martin 14
Maarbes, Erwin 92
Magnes, Judah Leib 286
Mainz, Annie 389
Majerowitsch, Bertha 220–221
Mann, Barbara 29, 48
Mann, Erika 333
Marcus, o. A. 90
Margaliot-Kalvarisky, Chaim 171–172, 174
Margulies, Heinrich 85
Margulies, Isidor 265
Margulies-Auerbach, Nanny 222
Marmorstein, Arthur 381
Marx, Alexander 372, 380, 382, 397
Marx, Karl 127
Marx, Moses 378
Masie, Aaron Meir 189
Maybaum, Sigmund 104, 190
Mears, Frank 325, 369–371
Meisl, Joseph 288
Messner, Philipp 50
Metzler, Tobias 37
Meybohm, Ivonne 27
Meyer, Herrmann 26, 374, 378, 383–384
Meyer, Michael A. 99
Meyer-Cohn, Heinrich 130, 209, 213
Michaelis, Walther 378, 384
Mittelmann, Ahron 105
Mittwoch, Eugen 285, 288–289, 343
Mocatta, Frederic D. 245
Montefiore, Moses 173
Moses (bibl.) 238
Mossinsohn, Benzion 294
Mozkin, Israel 60
Mozkin, Leo 60–64, 72–78, 81, 88–89, 93, 107, 109, 112, 132–133, 146, 151, 211, 264, 284–286, 293–295, 348–349
Müller, Joël 104
Müller, Ruth 133
Munk, Walter 145, 220
Naiditsch, Jitzchak Asher 286, 294
Nash, Stanley 285
Nathan, Paul 179
Naude, Albert 100
Naumann, Friedrich 178–179
Nemtsov, Jascha 28, 141
Neumann, Boaz 260
Neumann, Salomon 213
Neutra, Richard 371
Niego, Joseph 172
Nietzsche, Friedrich 356
Noah, Mordechai Manuel 162, 306
Nocke, Alexandra 29
Nordau, Max 48, 66, 96, 121, 190, 207–208, 212, 223, 227, 229, 232, 234
Nossig, Alfred 232, 261
Nowak, Heinz 13
Oltmer, Jochen 331
Oppenheimer, Franz 62, 241, 254, 275, 281, 334
Oppenheimer, Max 129, 140, 144–145, 151, 155, 210, 259
Otto, Adolf 340
Parsons, Talcott 33
Parvus, Alexander 100
Peiser, Grete 41–42
Pelteson, o. A. (Gastwirt) 153
Penslar, Derek Jonathan 167
Perlmann, S. 288
Pernice, Alfred 92
Persitz, Shoshana 385–386
Petry, Erik 26, 31, 168
Petty-Fitzmaurice, Henry 232
Pfleiderer, Otto 92
Philippson, Ludwig 139–140
Philippson, Martin 129, 140, 151–152
Pick, Rudolf 396
Pieck, Wilhelm 320
Pinsker, Leon 87, 107, 113–114
Pisarek, Abraham 353
Plaskow, o. A. 245
Plutarch 247
Porath, Ephraim 345
Pratt, Mary Louise 38
Presner, Todd 169, 276
Press, Jesaias 257
Prins, Lipman 197
Rabin, Israel 381
Rabinowisz, Leib 243
Rahden, Till van 17
Rahmer, Moritz 16, 56, 106–107, 117, 123–124, 247
Ranke, Leopold von 99
Rappaport, Samuel 147
Raschi 94
Raßmann, August 247
Rath, Moses 292
Rathenau, Walther 331, 337
Reich, Itzchak 394
Reinhold, o. A. (Bildhauer) 179
Reinus, Marie 11
Reissig, Harald 406
Remy, Nahida 138
Renzer, Jakob 288
Reuß, Heinrich 292
Reuter, Fritz 14
Reuveni, Gideon 176
Richter, o. A. (Jurist) 219
Rippner, Benjamin 117–122
Robinson, Lotte 387
Rodenberg, Julius 57
Roemer, Nils 153
Rosenberg, o. A. (Hofgerichtsrat) 378
Rosenberg, Adam 194, 200

Rosenbloom, Sol 362, 372
Rosenblüth, Felix 212, 342, 344
Rosenblum, Simcha 78, 88–89, 108–109, 172
Rosenfeld, Jettchen 15
Rosenthal, o. A. 386
Rosenthal, Herbert 254
Rosenthal, Herman 254–255
Rosenthal, Litman 254
Rosenthal, Willy 362
Rosenzweig, Franz 76, 327–328
Rothenberg, o. A. (Gastwirt) 136–137
Rothschild, Edmond James de 167, 174, 179, 183, 186–189
Rubin, David D. 50
Rubinstein, Elieser 138
Rülf, Isaak 87, 112, 114, 120–123, 190, 197, 209
Rürup, Miriam 79
Ruppin, Arthur 212, 261, 299–300
Rust, Bernhard 333
Rust, Werner 330, 333
Sachs, Felix 155, 159, 161
Sachs, Margarete 11, 133
Sade, Jehudit 23, 50
Said, Edward 169
Salz, Abraham 154
Salzmann, Siegfried 57, 59
Samson, Willi 220
San Germano, Richard von 143
Sasponik, Arieh Bruce 260
Saß, Anne-Christin 58
Schach, Fabius 64, 131, 138, 148, 197
Schachtel, Hugo 306, 312–313
Schäfer, Barbara 26, 29, 345
Schäfer, Julia 358
Schaeper, o. A. (Ökonomierat) 15
Schapira, Hermann 192–193, 197, 245
Schatz, Boris 259
Schauer, Rudolf 196
Schechter, Solomon 270
Scheffer-Boichorst, Paul 143
Scheid, Elie 187
Schidorsky, Dov 23, 30, 43, 243, 398
Schiff, Jakob 308
Schild, Max 90
Schildberger, Hermine 208
Schildberger, Hugo 129, 132, 134, 141, 181, 234
Schindler, Ernst 132
Schlör, Joachim 24, 29, 31, 335, 385
Schmitz, Bruno 178
Schmuilow, Wladimir 100
Schnirer, Moses 194–195
Schocken, Salman 295, 316, 335
Schönberg, Karl 378
Scholem, Erich 378
Scholem, Gershom 76–77, 161, 276
Scholem, Max 378
Scholem, Siegfried 161
Schornstein, Max 393–395
Schottländer, Moritz 313
Schoub, Mosche David 176, 180–181
Schrader, Eberhard 143
Schreiner, Martin 97
Schüler-Springorum, Stefanie 27
Schulze, Franz Eilhard 92
Schwarz, Karl 383–384
Schwechten, Franz 137
Schwenke, Paul 251
Segalowitsch, Boris 42
Segev, Tom 391
Shakespeare, William 14
Silbergleit, Richard 204, 208
Simmel, Georg 33–35
Simon, Ernst 43
Simon, Heinrich 309
Simon, Moritz 288, 378
Simon, Otto 89
Simons, David 372
Simonsohn, Emil 214, 220, 318, 348
Smoira, Mosche 342, 345
Smolenskin, Perez 83, 138
Sobernheim, Max 189
Sobernheim, Mosche 362, 367
Sokolow, Nahum 27, 262–263, 267–268, 272, 285
Solovyov, Vladimir 308
Soloweitschik, Leonty 100
Soncino (Druckerfamilie) 378
Sonnenfeld, o. A. (Rechtsanwalt) 179
Soskin, Selig 75, 77, 83, 89, 109, 131–132, 135, 144–145, 165, 188, 200, 234, 254, 259
Spanier, Arthur 397
Spanier, Moritz 247
Spear, Isidor 133–134
Spinoza, Baruch 14
Splewkowsky, o. A. 208
Stehlin, Johann Jacob 300
Steinberg, Willy 129, 132, 154, 157
Steinhardt, Moritz 354
Steinitz, Walter 312
Steinthal, Chaim Heymann 93, 98–99, 101, 269, 355, 401
Stenzel, Jürgen 157
Sternfeld, Richard 96–97, 100, 142
Stewart, Susan 69
Stödtner, Franz 299, 303
Strack, Hermann Leberecht 213
Strauß, Max 345, 349, 351, 378
Strauß, Simon 362
Struck, Felix 378
Struck, Hermann 343
Struve, Peter 100
Suchowolsky, David 254
Sufian, Sandra Marlene 174
Syrkin, Jehoshua 241, 243
Syrkin, Nachman 64, 239

Szando, Alexander 316
Täubler, Eugen 348–349
Tarde, Gabriel 35
Tauber, Lina 215, 220, 288, 319, 392
Temkin, Zeev Vladimir 234
Tennenbaum, Miriam 310
Terlau, Wilhelm 113
Theilhaber, Felix 65, 341
Theison, Philipp 28
Thomaszewski, Emma 133
Thomaszewski, Hulda 133
Thon, Osias 132–133, 140, 145, 187
Thonn, Rosa 11, 133
Tiefenbach, Eduard Wilhelm 383
Timar, Ignaz 312–313
Tischendorf, Paul Andreas von 189
Tonn, Heinrich 132
Traubenberg, Bernhard 150, 152
Treitschke, Heinrich von 95, 97–101
Treuenfels, Abraham 17
Trietsch, Davis 229, 232, 239, 334, 339, 351, 397
Tschlenow, Yehiel 234, 272
Tucholsky, Kurt 274
Türk, Moritz 347
Tugan-Baranovski, Michail 100
Tugendreich, Julius 348
Ussischkin, Menachem 236, 262, 266, 270, 272, 285, 313, 364
Vanselow, Otto 360–361, 367–368, 370, 389, 407
Veit, Moritz 14
Velikovsky, Immanuel 326–327
Vizetelly, Henry 56
Vogelstein, Heinemann 206–207
Volkov, Shulamit 17
Wagner, Jacob 220
Wagner, Richard 96–97
Wagner-Tauber, Lina ▸ Lina Tauber
Waldener, Wilhelm 92
Walkowski, Shebach 293
Walter, o. A. (Rechtsanwalt) 362
Walter, Dirk 58
Warburg, Otto 51, 212, 214, 254–257, 259–260, 262, 265, 272, 294–295, 362–363, 368, 370–371
Warschauer, Malwin 54, 94–95, 97–99, 103–104, 208, 285, 342, 354
Wassermann, Jacob 336
Wattenbach, Wilhelm 100, 142–143
Weber, Max 321
Wehler, Hans Ullrich 249
Weil, Gotthold 288, 348
Weinberg, Jehuda Louis 30, 43–44, 359
Weizmann, Chaim 211, 229, 252, 270–272, 311, 324, 360, 363, 366, 368
Weldler, Norbert 312
Weltsch, Robert 364
Werner, Michael 34
Werner, Mose Cossmann 190
Wertheimer, Jack 111
Wiener, Max 381
Wiesenthal, Alfred 16
Wilde, Jenny 380
Wilensky, Leib 285
Wilhelm II. 189, 274
Winz, Leo 135, 148
Wischewiansky, Samuel 134
Witkowski, Kurt 391
Witkowsky, Gustav 348
Wobick-Segev, Sarah E. 63
Wohlberg, Robert 218
Wohlgemuth, Gabriel 179
Wohlgemuth, Josef 381
Wolf, Isidor 291
Wolff, Alfred 288
Wolff, David 218
Wolff, Siegbert 341
Wolff, Siegfried 376, 378
Wolffenstein, o. A. (Sekretärin) 40
Wolffsohn, David 192, 197, 209–212, 222, 262
Wood, Geoffrey 35
Wormann, Curt 397, 399
Wunsch, Beate 113
Yellin, David 244, 283, 291, 370–371
Yoffe, Shlomo 394
Zangwill, Israel 192
Zeller, Paul 143
Zimmermann, o. A. (Maurer) 62
Zimmermann, Benédicte 34
Zlatopolsky, Hillel 270, 294
Zlocisti, Eugen 133
Zlocisti, Selma 133
Zlocisti, Theodor 69, 132–133, 140, 142, 145–147, 218–221, 348–349
Zoch, Abraham 397
Zunz, Leopold 139, 150

Ortsregister

Akko 176
Alexandria 169, 187, 191, 387
Antwerpen 378
Baltimore 372
Basel 18, 50, 77, 113, 131, 164–165, 189, 191, 195–196, 205, 212, 247, 252, 262, 269, 300–301
Będzin 310
Ben Shemen 301, 335
Bendzin ▸ Bęździn
Bensonhurst 372
Berlin
  Ackerstraße 61
  Albrechtstraße 73
  Alexanderplatz 80, 137, 188, 352
  Alexanderstraße 80, 136, 149, 160, 405
  Alte Schönhauser Straße 80, 104–105, 136
  Alt-Moabit 297
  Artilleriestraße 60, 105, 346, 352
  Auguststraße 19, 61, 160, 217
  Bergstraße 319
  Berliner Straße (Charlottenburg) 290–291
  Berliner Straße (Neukölln) 353
  Beuthstraße 137, 139
  Bismarckstraße 379
  Bleibtreustraße 214, 218, 227, 261, 287, 406
  Burggrafenstraße 353
  Burgstraße 137–138, 150–153, 208
  Calvinstraße 60
  Charlottenstraße 220, 246
  Chausseestraße 149
  Dorotheenstraße 245–246, 299
  Dragonerstraße 60
  Elsässer Straße 59
  Englische Straße 61
  Fasanenstraße 342, 352–353
  Fischerstraße 57, 59
  Flemingstraße 215, 310, 375, 385, 404
  Friedrichstraße 63, 73, 80, 97, 144, 177, 202–204, 214, 406
  Fruchtstraße 277
  Gipsstraße 59, 105, 290
  Grenadierstraße 60, 218
  Grolmannstraße 342
  Große Frankfurter Straße 155, 160
  Große Hamburger Straße 346
  Große Präsidentenstraße 345
  Hamburger Straße 59
  Hardenbergstraße 340
  Heidereitergasse 57–58, 70, 352
  Heidereutergasse ▸ Heidereitergasse
  Heilige-Geist-Straße 57, 186, 319, 345
  Holzmarktstraße 207, 222–223
  In den Zelten 61
  Invalidenstraße 59
  Jannowitzbrücke 207, 222
  Joachimstraße 59, 87, 160
  Johannisstraße 161
  Kaiser-Wilhelm-Straße 137
  Kaiserstraße 315
  Kantstraße 287
  Karlstraße 59
  Kirchstraße 60
  Kleiststraße 349, 352, 362
  Klopstockstraße 342
  Knesebeckstraße 287, 353
  Königstraße 136, 149
  Köpenicker Landstraße 179
  Krausnickstraße 61
  Kurfürstendamm 58, 203, 284, 331, 391
  Kurfürstenstraße 353
  Kurstraße 186
  Lehrter Straße 215, 217, 221
  Leipziger Straße 219, 332, 352
  Lessingstraße 161, 342–343, 345
  Levetzowstraße 352
  Lindenstraße 158
  Linienstraße 59, 347
  Luckauerstraße 319
  Lützowplatz 96
  Lützowstraße 208
  Luisenstraße 58
  Lutherbrücke 61
  Märkisches Ufer 291
  Marienstraße 220–221
  Meinekestraße 218, 362, 395–396, 406
  Melanchthonstraße 59, 61, 215, 217
  Mittelstraße 290
  Molkenmarkt 320
  Moltkestraße 380
  Münchenerstraße 392
  Neanderstraße 218
  Neue Friedrichstraße 159, 161, 228
  Neue Wilhelmstraße 249
  Opernplatz 94
  Oranienburger Straße 57, 150, 316, 342, 346–347, 352
  Pasteurstraße 320
  Pestalozzistraße 155
  Potsdamer Platz 317, 331
  Prenzlauer Allee 80
  Prinz-Albrecht-Straße 379
  Prinzregentenstraße 352
  Raupachstraße 59
  Rosenstraße 353
  Rosenthalerstraße 61, 63
  Rykestraße 342, 347, 352
  Sächsische Straße 218, 264, 266, 287, 313, 406

Schillerstraße 353
Schöneberger Ufer 340
Schönhauser Allee 160, 319
Sebastianstraße 161
Sophienstraße 285, 291, 319
Spandauer Straße 137, 146–147, 150
Spenerstraße 60
Spichernstraße 319
Steglitzer Straße 347, 352
Tauentzienstraße 352
Tiergarten 61
Treptower Park 130, 179, 184, 400
Universitätsstraße 246, 299
Unter den Linden 63, 94, 137, 177, 202, 206, 246
Weinmeisterstraße 58
Werderscher Markt 186–187
Wexstraße 396
Wilhelmplatz 379
Wilhelmstraße 116, 137
Wilmersdorfer Straße 61, 155
Yorckstraße 347, 352
Zehdenickerstraße 61
Zimmerstraße 217
Bern 113, 312
Bernau 133, 212
Białystok 75, 217, 241–242, 257
Bingen 196
Birkbusch 133
Bologna 168
Bonn 19
Boston 372
Bremen 201
Breslau 17, 68, 117, 130, 228, 312, 362, 381
Brindisi 168
Buckow 341
Budapest 381
Bukarest 312
Chaderah 174–175, 301
Charkow 236–237
Chicago 179, 372
Chişinău 32, 217, 230–233, 332
Cincinnati 372
Cleveland 372
Czernowitz 278, 281, 284
Damaskus 162
Darmstadt 130
Deganyah 301
Den Haag 255, 259, 373
Detroit 372
Dresden 75, 77
Düsseldorf 305, 358
Egeln 14
Ekron 172
Elisabethgrad ▸ Kirovohrad
Emden 201
Erlangen 130
Falkenberg 340
Florenz 177, 381
Foggia 168
Frankfurt am Main 130, 181, 186, 196, 249, 308, 363, 379–381
Fürth 130, 186
Gederah 172, 301
Genf 191
Genua 370
Gießen 381
Glogau 117
Göppingen 303
Goniądz 241
Gródek 86
Guben 138
Haifa 39–41, 46, 89, 168, 174, 176–177, 181, 324, 387
Halberstadt 15, 185
Hamburg 186–187, 201, 214, 237, 259, 284, 223, 303, 356, 363
Hannover 186
Havelberg 15
Heidelberg 97, 140
Hirschberg ▸ Jelenia Góra
Homel 217, 231, 290, 332
Ismailia 169
Istanbul 291, 304
Jaffa 84, 108, 133, 168–173, 177, 183, 186–189, 246, 261–262, 294, 299–301, 348, 387, 389, 407
Jelenia Góra 138
Jerusalem 19–20, 24, 26, 30, 43, 84, 87, 124, 157, 163, 166, 168, 172–174, 177, 180–182, 189, 241–244, 246–247, 252–253, 255–259, 267, 271, 301, 308–309, 311, 323–326, 342, 359–364, 366, 370–373, 387, 396, 403, 407
Jever 201
Juan-les-Pins 387
Kairo 169, 178
Kansas City 372
Kapstadt 20
Karlsbad 142, 325, 360
Kassel 362
Kattowitz 154, 186
Kertsch 75
Kiew 289–290
Kinneret 301
Kirovohrad 87
Kiryat Sefer 262
Kischinew ▸ Chişinău
Klaipède 112, 120, 197
Köln 112, 138, 142, 164, 184, 186, 196–197, 201, 205, 212, 214, 220, 257, 297–301, 303–307, 326, 362
Königsberg 186, 389
Konstantinopel ▸ Istanbul

Kowno 313, 335
Krakau 293, 329
Leipzig 177, 311, 327, 362
Lemberg 123, 290
Łódź 236, 273
London 53, 84, 192, 209, 212, 230, 244, 256–266, 290, 296, 308, 314, 323–324, 363–364, 366, 368, 370, 381, 406
Machanayim 177
Magdeburg 13, 15–16, 53, 55–56, 77, 84, 87–90, 92–93, 106, 112, 117, 119, 123, 185, 209, 211, 400
Marbach 24
Marburg 85
Marseille 191, 385, 387
Memel ▸ Klaipède
Mikweh Yisrael 172, 181, 189
Mishmar Ha-Yarden 172, 177
Moskau 286, 290
München 189, 380
Náchod 249
Nazareth 177
Neapel 177
Nes Zionah 172
New York City 185, 198, 254–255, 308, 363, 372–373, 380–381, 389–390
Norden 201
Nürnberg 130, 134
Odessa 53, 75, 78, 84, 91, 108, 190, 212, 239, 290, 313, 368
Oldenburg 201
Oschersleben 14
Paris 66, 75, 111, 179, 190, 237, 290, 293, 324, 348, 363
Petach Tikwah 168, 174, 301
Philadelphia 179, 372
Pittsburgh 372
Port Said 169, 177, 191
Posen ▸ Poznań
Potsdam 20
Poznań 186, 309
Prag 303, 312, 380
Qalqiliya 175
Ramat Gan 23
Ramleh 172
Raudnitz 105
Rechovot 171–172, 180
Rishon Le-Zion 172, 180, 187, 189–190, 195, 301
Romny 75
Rosh Pinah 176
Rzeczenica 231
Safed 42, 177, 182
Sankt Petersburg 290, 308
San Remo 324
Sarajevo 312
Scheveningen 386
Seesen 15
Shitomir 217
Simferopol 245
Soncino 378
Southampton 372
Sowetsk 138
Stegers ▸ Rzeczenica
Stendal 87
Stettin 206, 381
Strelitz 14, 124
Tanturah 174
Tarnów 154
Tel Aviv 20, 23–24, 31, 39–41, 43, 45–50, 52, 169, 174, 260, 301, 319, 333, 337, 375, 378, 383–395, 397–398, 401, 407
Terezín 380
Theresienstadt ▸ Terezín
Tiberias 177
Tilsit ▸ Sowetsk
Triest 168, 187, 312
Urim 51
Wanzleben 13–16
Warschau 75, 91, 186, 190, 231, 236, 312
Washington, D.C. 372
Weimar 384
Wien 11, 18, 53, 56, 72–73, 75, 83–84, 91, 112, 116, 120, 123, 128–129, 131, 142, 147, 154–155, 168, 177, 201, 258, 283, 290, 307, 336, 356, 368, 381
Wilna 290
Wronke 18
Yehudah 301
Yesud Ha-Maalah 177
Zichron Yaakov 89, 167–168, 174–176, 180

Zugl. Dissertation an der Phil. Fak. der Universität Potsdam, 2015.

Bibliografische Information der Deutschen Nationalbibliothek
Die Deutsche Nationalbibliothek verzeichnet diese
Publikation in der Deutschen Nationalbibliografie;
detaillierte bibliografische Daten sind im Internet
über http://dnb.d-nb.de abrufbar.

Umschlaggestaltung: Marija Skara
Lektorat & Satz: Neofelis Verlag (mn / ae)
Druck: PRESSEL Digitaler Produktionsdruck, Remshalden
Gedruckt auf FSC-zertifiziertem Papier.
ISBN (Print): 978-3-95808-026-3
ISBN (PDF): 978-3-95808-086-7